GUIDE PITTORESQUE

DU

VOYAGEUR EN FRANCE.

I.

Sommaire du Tome Premier.

ROUTE DE NANTES.

SEINE-ET-OISE.
LOIRET.
LOIR-ET-CHER.
INDRE-ET-LOIRE.
MAINE-ET-LOIRE.
LOIRE-INFÉRIEURE.

ROUTE DE GENÈVE.

SEINE-ET-MARNE.
YONNE.
CÔTE-D'OR.
JURA.
AIN.
DOUBS.

ROUTE DE ROUEN.

EURE.
SEINE-INFÉRIEURE.

ROUTE DE BAYONNE.

Pour la description des départements qui précèdent celui de la Vienne, voyez ci-dessus, ROUTE DE NANTES.

VIENNE.
CHARENTE.
CHARENTE-INFÉRIEURE.
GIRONDE.
LANDES.
BASSES-PYRÉNÉES.

TYPOGRAPHIE DE FIRMIN DIDOT FRÈRES,
RUE JACOB, 56.

GUIDE PITTORESQUE DU VOYAGEUR EN FRANCE,

PUBLIÉ EN 100 LIVRAISONS,

contenant chacune

LA DESCRIPTION COMPLÈTE D'UN DÉPARTEMENT;

Par une Société de Gens de lettres, de Géographes et d'Artistes.

Ire SÉRIE.

Routes de Nantes, Genève, Rouen et Bayonne.

PARIS.

FIRMIN DIDOT FRÈRES, RUE JACOB, N° 24.

1835.

GUIDE PITTORESQUE

DU

VOYAGEUR

EN FRANCE,

Contenant la Statistique et la Description complète
DES 86 DÉPARTEMENTS,

ORNÉ DE 740 VIGNETTES ET PORTRAITS GRAVÉS SUR ACIER,

De 86 Cartes de Départements,

ET D'UNE GRANDE CARTE ROUTIÈRE DE LA FRANCE;

PAR UNE SOCIÉTÉ DE GENS DE LETTRES, DE GÉOGRAPHES ET D'ARTISTES.

TOME PREMIER.

PARIS,
FIRMIN DIDOT FRÈRES, LIBRAIRES,
RUE JACOB, 56.

M DCCC XXXVIII.

Guide Pittoresque
DU
VOYAGEUR EN FRANCE.

Ire ROUTE DE PARIS A NANTES,

TRAVERSANT LES DÉPARTEMENTS
DE SEINE-ET-OISE, DU LOIRET, DE LOIR-ET-CHER, D'INDRE-ET-LOIRE,
DE MAINE-ET-LOIRE, ET DE LA LOIRE-INFÉRIEURE.

DÉPARTEMENT DE SEINE-ET-OISE.

Itinéraire de Paris à Nantes.

	lieues.		lieues.
De Paris à Montrouge... ⊠	1	Écure................⊠...☞..	1 1/2
Bourg-la-Reine........⊠	1	Veuves...................☞..	1 1/2
Berny...................☞.	1	Amboise............⊠...☞..	3
Antony...............⊠........	1/2	La Frillère..............☞..	3
Lonjumeau..........⊠...☞.	1 1/2	Vouvray............⊠...☞..	1
Linas................⊠...☞.	2	Tours...............⊠...☞..	2 1/2
Arpajon............⊠...☞.	1	Luynes.................☞..	3
Étrechy.............⊠...☞.	3	Langeais...........⊠...☞..	3
Étampes............⊠...☞.	2	Trois-Volets............☞..	3
Mondesir................☞.	2	Chouzé.............⊠...☞..	3
Angerville..........⊠...☞.	2 1/2	Saumur (la Croix-Verte) ⊠...☞..	4 1/2
Thoury..................☞.	3 1/2	Roziers................☞..	4
Artenay............⊠...☞.	3	St-Mathurin.......⊠...☞..	2 1/2
Chevilly............⊠...☞.	2	Angers.............⊠...☞..	5
Orléans............⊠...☞.	3 1/2	St-Georges........⊠...☞..	4 1/2
St-Ay................⊠...☞.	3	Champtocé..............☞..	2
Meun................⊠...☞.	1 1/2	Ingrande..........⊠......	1
Beaugency........⊠...☞.	1 1/2	Varades............⊠...☞..	2
Mer.................⊠...☞.	3	Ancenis...........⊠...☞..	3 1/2
Menars.............⊠...☞.	3	Oudon.............⊠...☞..	2 1/2
Blois................⊠...☞.	2	La Sailleraye..........☞..	3 1/2
Chouzy..................☞.	3	Nantes.............⊠...☞..	3

ASPECT DU PAYS QUE PARCOURT LE VOYAGEUR
DE PARIS A ANGERVILLE.

On sort de Paris par la barrière d'Enfer ou par celle du Maine, selon le quartier d'où l'on part; les deux avenues se réunissent au hameau du petit Montrouge. On distingue, à droite, Saint-Cloud et Meudon, et sur la gauche l'hospice et le château de Bicêtre. La route traverse le grand Montrouge, où le docteur Gall avait fixé son séjour, et les jésuites leur pépinière. Peu après se présente, sur la gauche, le village d'Arcueil, remarquable par un bel aqueduc moderne qui conduit à Paris les eaux du Rungis. L'aspect du pays, entrecoupé de coteaux et de plaines plantés de vignes et d'arbres à fruit, offre un coup d'œil agréable jusqu'à Bourg-la-Reine, joli village, embelli par une maison de campagne où Henri IV venait oublier, auprès de la belle Gabrielle, les erreurs et le fanatisme de son siècle : on montre encore la chambre qu'y occupait ce monarque; elle est telle qu'il

Ire Livraison. (SEINE-ET-OISE.)

l'avait fait meubler et orner. En sortant de Bourg-la-Reine on longe les murs de Sceaux, village auquel se rattachent les souvenirs les plus brillants de la cour de Louis XIV, et dont le château, aujourd'hui détruit, rassembla long-temps tout ce que Paris offrait de plus distingué par les dons de l'esprit, du bon ton et de l'amabilité. Lorsqu'on a dépassé Berny, le pays s'embellit de plus en plus; la route traverse Antony, village, après lequel on découvre les châteaux de Villemilan, de Chissy et de Morangis. Le premier endroit que l'on rencontre ensuite est Lonjumeau, bourg agréablement situé, sur la petite rivière d'Yères; c'est l'ancienne demeure de Th. de Bèze, l'un des plus éloquents défenseurs de la religion réformée. En sortant de ce bourg, on aperçoit, à droite, le château de Montluchet, et à gauche celui de Balainvilliers. On passe au Plessis-Saint-Père; sur la droite se présentent les châteaux de Villebousin, de Maillé, et sur la gauche le riche village de Longpont. Bientôt après on longe le pied du mont isolé occupé par la ville de Montlhéry, que domine la tour ruinée de ce nom; cette tour, les restes du château qui l'environnent, la petite chapelle gothique, la situation pittoresque de ce lieu, tout donne au paysage un aspect austère et mélancolique. En sortant de Montlhéry, on traverse Linas; on laisse à gauche le château massif de Chanteloup, et peu après se présente Arpajon. Au sortir de cette ville on remarque, sur la gauche, le village et le beau château de Chamarande. En descendant la colline, avant d'arriver à Étrechy, on jouit d'une superbe vue sur un pays riche et bien cultivé. Après Étrechy, on laisse à gauche le château de Gœurs; ensuite on aperçoit le château de Brunehaut, et à peu de distance, sur une hauteur, la grosse tour de Guinette, reste de l'ancien château fort d'Étampes. En sortant de cette ville, on entre dans les plaines de la Beauce. On traverse le hameau de Mondesir; à une lieue plus loin on laisse à gauche le chemin qui conduit au magnifique château de Méréville, puis on arrive à Angerville, jolie petite ville, située aux confins des départements de Seine-et-Oise, d'Eure-et-Loir et du Loiret.

DÉPARTEMENT DE SEINE-ET-OISE.

APERÇU STATISTIQUE.

Ce département tire son nom des rivières de Seine et d'Oise qui y coulent et s'y réunissent au-dessous de Pontoise. Il est borné au nord par le département de l'Oise; à l'ouest, par ceux de l'Eure et de l'Eure-et-Loir; au sud, par celui du Loiret; au sud et à l'est par celui de Seine-et-Marne. — La température est en général douce, variable et humide. L'air y est vif et sain, à l'exception de quelques endroits où les eaux sont disséminées sur un grand espace. Les vents dominants sont ceux du sud-ouest, de l'ouest, du nord-ouest, du nord et du nord-est.

Le département de Seine-et-Oise est compris dans le bassin de la Seine, lequel est séparé sur un assez grand espace du bassin de la Loire par le vaste plateau de la Beauce. Sa surface est assez montueuse et entrecoupée de collines et de coteaux; cependant on n'y trouve pas de montagnes qui méritent véritablement ce nom. L'aspect du pays est en général très-varié; sur tous les points le département offre des champs cultivés, des enclos, de belles forêts, des parcs charmants, de riants villages, de magnifiques châteaux, et une quantité innombrable de maisons de campagne et d'habitations délicieuses. Le territoire renferme des plaines étendues et fertiles en grains de toute espèce; les bords de l'Oise et de la Seine offrent de bonnes prairies et d'excellents pâturages. Le sol est, en général, fertile en toute sorte de grains et de fruits. L'agriculture n'y laisse presque rien à désirer; mais sur plusieurs points une grande partie du terrain se trouve comprise dans de vastes parcs fermés de murs, dépendant des maisons de plaisance appartenant à d'opulents habitants de Paris.

L'arrondissement de Versailles est traversé par la Seine qui y forme plusieurs contours, dans l'un desquels est resserrée la belle forêt de Saint-Germain. Il renferme plusieurs étangs où sont tenues en réserve les eaux qui alimentent les bassins de Versailles. On y trouve une belle manufacture de porcelaine, et plusieurs fabriques de toiles peintes, de châles cachemires, etc., etc.

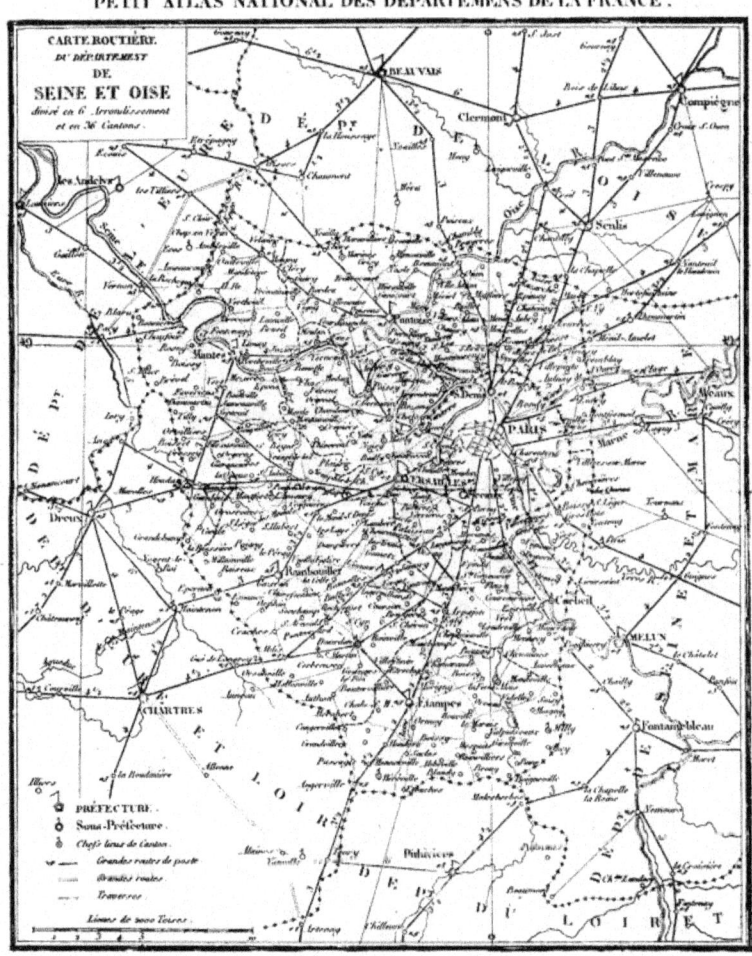

ARRONDISSEMENT DE VERSAILLES.

L'arrondissement de Pontoise est arrosé par l'Oise, la Seine, la Marne, le Sausseron, la Viosne, la Crould, etc. Il est très-fertile en grains et renferme plusieurs belles forêts.

L'arrondissement de Corbeil est traversé par la Seine, l'Yères, l'Essonne, l'Orge, etc. Il est en général peu fertile en froment, mais on y récolte beaucoup de menus grains, des foins et du vin médiocre.

Le sol de l'arrondissement d'Étampes est uni, découvert et sablonneux. Il est traversé par la Juine et par l'Essonne, et est principalement fertile en grains, que l'on convertit en farines, dont il se fait un commerce considérable.

Le territoire de l'arrondissement de Mantes est mélangé de plaines et de coteaux fertiles en grains et en fruits de toute espèce.

Une grande partie de l'arrondissement de Rambouillet est sillonnée par une multitude de ruisseaux, qui se jettent dans l'Orge et dans la Mauldre. Le tiers de son étendue est couvert de forêts. Les principales productions consistent en blé, en bois et en pâturages.

Le département de Seine-et-Oise a pour chef-lieu Versailles. Il est divisé en 6 arrondissements et en 36 cantons. On y compte 676 villages et hameaux, et 12 villes ou bourgs, formant en tout 688 communes. — Superficie 287 l. carrées. — Population 448,180 habit.

MINÉRALOGIE. Mines de fer oxidé, situées horizontalement au milieu de sables. Belles carrières de pierres à plâtre, de pierres de taille, de moellon, de grès à paver, de pierres meulières, de craie, de marne, d'argile recherchée pour les fabriques de porcelaine.

SOURCES MINÉRALES à Enghien, à Mont-Lignon, à Orgeval.

PRODUCTIONS. Froment, seigle, méteil, orge, sarrasin, avoine, en quantité plus que suffisante pour les besoins. — Légumes secs et potagers; fruits abondants; nombreuses pépinières; belles prairies et foins d'excellente qualité; — 20,000 hectares de vignes; — 72,521 hectares de forêts.—Grand et menu gibier.—Bon poisson.—Nombreux troupeaux de mérinos. — Élève en grand des chevaux, des porcs et de la volaille.

INDUSTRIE. Manufactures de toiles peintes, porcelaine, armes, draps, savon, colle-forte, acides minéraux, verreries, et quantité d'autres établissements industriels importants.

COMMERCE considérable de grains, vins, eaux-de-vie, fruits, bestiaux, etc., etc.

VILLES, BOURGS, VILLAGES, CHATEAUX ET MONUMENTS REMARQUABLES, CURIOSITÉS NATURELLES ET SITES PITTORESQUES.

ARRONDISSEMENT DE VERSAILLES.

ANDREZY. Grand et beau village, bâti dans un aspect riant, au-dessous du confluent de l'Oise avec la Seine. L'église paroissiale, dont la construction paraît remonter au XIII siècle, est fort jolie; elle est décorée de galeries élégantes, et surmontée d'un clocher remarquable par la hardiesse et la légèreté de son architecture. On voit à Andrezy des restes de portes et des ruines de tours qui annoncent que ce lieu était autrefois fort considérable. A 6 l. de Paris.

ARGENTEUIL. Bourg considérable, qui doit son origine à un monastère de filles, dont la sœur de Charlemagne était abbesse en 824, et où Héloïse, femme si célèbre par sa beauté, son esprit et ses grâces, prononça des vœux éternels, après le malheur arrivé à Abeilard. Argenteuil était jadis une place forte très-importante, entourée d'épaisses murailles flanquées de tours, et dont l'enceinte avait trois quarts de lieue; on y entrait par seize portes. On distingue encore aujourd'hui les ruines de ces fortifications.— Ce bourg a beaucoup souffert dans les guerres de religion; il fut pris d'assaut en 1565. Lors de la déplorable invasion étrangère, les Français y battirent les Anglais, le 2 juillet 1815, et leur prirent deux drapeaux.

Argenteuil est dans une agréable situation, sur une petite colline plantée de vignes, et variée par un grand nombre de jardins qui s'abaissent jusqu'à la rive droite de la Seine, que l'on passe en cet endroit sur un bac. A 3 l. 1/4 de Paris. — Le château de MARAIS dépend de la commune d'Argenteuil: les eaux, qui y sont distribuées en abondance, et les belles plantations de son port, le rendent un des plus pittoresques des environs de Paris. Il appartenait, avant la première révolution, au célèbre Mirabeau, et servit

Ire Livraison. (SEINE-ET-OISE.) 1.

souvent de réunion à plusieurs de ses amis, qui plus tard furent membres de l'Assemblée Constituante.

BESONS. Village fort ancien et très-agréable, qui mérite d'être visité pour son site pittoresque et les belles promenades qui l'environnent. Il est dans une jolie situation, sur la Seine, que l'on passe sur un pont construit en remplacement de celui brûlé en 1815. On y voit un château, dont le parc, qui aboutit au pont, est fermé par une superbe grille, et une belle habitation, avec un parc dessiné par Le Nôtre, et embelli de bassins et d'eaux jaillissantes, élevées au moyen d'un moulin à vent. A 3 l. de Paris.

BIÈVRES. Joli village, situé sur un coteau boisé, au pied duquel coule la rivière de son nom, avec un château, bâti par le marquis de Bièvres, auteur du *Séducteur*, et célèbre par ses calembourgs. Il est situé à 116 pieds au-dessus du niveau de l'église Notre-Dame de Paris, et possède une source d'eau minérale saline. A 3 l. 1/2 de Paris.— Le hameau de ROCHES, remarquable par une habitation antique en pierres grises, dépend de cette commune.

BOUGIVAL. Village situé au milieu de prairies bien arrosées. On y remarque une église gothique, dont le chœur paraît être du XIIe siècle. — Le château de LA JONCHÈRE, plus remarquable par sa situation pittoresque que par sa construction, fait partie de la commune de Bougival; il a été successivement habité par Louis Bonaparte, par le comte Bertrand et par l'ex-fournisseur Ouvrard. L'antique château de LA CHAUSSÉE, construit en briques, sur la rive gauche de la Seine, était une dépendance de cette propriété : on sait qu'il fut long-temps habité par Gabrielle d'Estrées; le parc offre plusieurs points de vue infiniment agréables sur Marly, Luciennes, Saint-Germain, Maisons, Nanterre, Ruel et le Mont-Valérien. A 3 l. 1/2 de Paris.

BUC. Joli village, bâti en amphithéâtre sur le penchant d'un coteau, au pied duquel la Bièvre coule entre des coteaux boisés d'un aspect très-pittoresque. On y admire un bel aqueduc de 66 pieds de hauteur, percé de 19 arches, construit en 1686 pour conduire à Versailles les eaux de plusieurs étangs. Ce village, dont le site est un des plus gracieux des environs de Paris, est embelli par une multitude de maisons de campagne, parmi lesquelles on remarque celle dite de LA GUÉRINIÈRE. A 4 l. 1/2 de Paris.

BURES. Village situé dans une vallée agréable, sur l'Yvette, petite rivière bordée de jolies maisons de plaisance. L'une des plus remarquables est le château de GRANDMÉNIL, où l'on voit un charme, âgé d'environ 200 ans, entre les branches duquel est un salon de verdure, où l'on peut placer une table de vingt couverts, non compris l'espace nécessaire pour le service. A 4 l. 1/2 de Paris. — Sur une éminence, on remarque le château de MONTJAI, d'où l'on jouit d'une vue des plus pittoresques.

CARRIÈRES-SAINT-DENIS. Village situé sur la pente d'une colline qui borde la Seine. On y remarque les restes d'un château fort, ancien manoir royal, où Philippe-le-Bel et Philippe de Valois rendirent plusieurs ordonnances.

CELLE-LEZ-SAINT-CLOUD (la). Village situé près du joli bois de son nom, remarquable par un beau château dont Louis XV fit cadeau à Mme de Pompadour. Il s'y célèbre chaque année, le premier dimanche après la St-Pierre, une fête patronale, très-fréquentée par la meilleure société de Paris et des environs. A 4 l. 1/2 de Paris.—Le magnifique château de BEAUREGARD, bâti sur une éminence au milieu d'un bois et entouré d'un ruisseau d'eau vive, est une dépendance de cette commune.

CHATOU. Village bâti dans une charmante situation, sur la rive droite de la Seine, avec un beau château, où l'on remarque une longue terrasse d'où l'on jouit d'une vue délicieuse sur le riant paysage qui borde les deux rives du fleuve : dans le parc, on admire une grotte pittoresque construite sur les dessins de Soufflot. Nous mentionnerons aussi l'église, surmontée d'un beau clocher, ouvrage du XIIe siècle, et la maison de campagne de LA FAISANDERIE. A 3 l. 1/2 de Paris.

CLOUD (SAINT-). Joli bourg et château royal, très-agréablement situé sur la pente d'une colline qui borde la rive gauche de la Seine, que l'on y passe sur un beau pont.

Ce bourg doit sa fondation à Clodoald, petit-fils de Clovis, qui y fonda un monastère en 551. Henri III y fut assassiné par J. Clément, en 1589. Le général Bonaparte y fut nommé premier consul, après en avoir chassé par la force les représentants de la nation. Sous l'empire, le château était la résidence du chef du gouvernement pendant la belle saison, et, depuis la restauration, il a toujours été le palais de prédilection des rois de France, qui y font chaque année un séjour plus ou moins prolongé. Les mémorables ordonnances de juillet furent datées de Saint-Cloud.

ARRONDISSEMENT DE VERSAILLES.

Le château de Saint-Cloud, bâti sur la pente d'une colline, est dans une des plus belles situations des environs de Paris. Il est composé d'un grand corps de bâtiment et de deux ailes en retour, avec chacune un pavillon. Tous les appartements sont richement meublés, et renferment un grand nombre de statues, de vases de porcelaine, et plus de 200 tableaux des plus célèbres peintres anciens et modernes. Les parties les plus remarquables de ce palais sont la chapelle, l'orangerie, la salle de spectacle, le pavillon d'Artois, les écuries, le manège, le grand commun et le bureau des bâtiments.

Le parc s'étend depuis le bord de la Seine jusqu'à Guarche, et a environ 4 lieues d'étendue; il a été planté par Le Nôtre, et se divise en grand et en petit parc. Le premier renferme plusieurs belles allées, dans l'une desquelles se tient la célèbre foire de Saint-Cloud; c'est aussi dans cette partie que se trouvent les cascades. Le petit parc entoure le château, et s'étend à droite jusqu'au sommet de la colline; il renferme des jardins et des parterres ornés de bosquets, de gazons, de bassins et de statues.

Les pièces d'eau et les cascades méritent l'attention des curieux, particulièrement la grande cascade, qui a 108 pieds de face sur autant de profondeur. La distribution des eaux est si bien entendue que, par l'arrangement et la distribution des chutes, des jets, des nappes, des bouillons et des lames, on prendrait cette cascade pour un vaste théâtre de cristal jaillissant. Le grand jet d'eau, placé à gauche des cascades, vis-à-vis d'une grande et belle allée, s'élance avec une force et une rapidité incroyable à la hauteur de 125 pieds.

On remarque encore dans le parc le joli monument de Lysicrate, appelé vulgairement la Lanterne de Démosthène, construit sur un des points les plus élevés du coteau qui domine à la fois Saint-Cloud, Sèvres et l'immense bassin au milieu duquel est situé Paris; le jardin fleuriste; les pavillons de l'allée des Soupirs, de Montretout et de Breteuil; la glacière, etc.

La fête ou foire de Saint-Cloud est l'une des plus célèbres des environs de Paris; elle commence le 7 septembre et dure trois semaines, et pendant trois dimanches elle attire une foule innombrable d'habitants de Paris et des campagnes environnantes. Pendant la durée de cette foire, les cascades jouent, les grands appartements du château sont ouverts, et le public peut les visiter. Le soir, le parc et la grande avenue sont illuminés.

Saint-Cloud est la patrie de Louis-Philippe, duc d'Orléans, père du roi actuel. A 2 l. de Paris, 2 l. 1/2 de Versailles.

CONFLANS - SAINTE - HONORINE. Grand et beau village, situé au pied d'un coteau élevé, sur la rive droite de la Seine, un peu au-dessus du confluent de l'Oise. Sur le flanc du coteau, on remarque les ruines de deux anciennes forteresses, et non loin de là des grottes curieuses renfermant de belles congélations. Ce lieu possède un beau château moderne et plusieurs maisons de plaisance fort agréables. A 6 l. 1/2 de Paris.

CORMEILLES - EN - PARISIS. Bourg situé sur une éminence. A 5 l. de Paris.

CROISSY. Village dans une belle situation, vis-à-vis de la Malmaison, sur la rive droite de la Seine, qui forme en cet endroit une grande île, appelée l'île de la Loge. On y voit plusieurs belles habitations, dont une entre autres est remarquable par la bizarrerie de son architecture. L'association rurale de Naz a formé à Croissy un bel établissement pour le lavage des laines de son magnifique troupeau. A 4 l. de Paris.

CYR (SAINT-). Village qui doit sa formation à une magnifique habitation construite sur les dessins de Mansard et fondée par Louis XIV, à la sollicitation de Mme de Maintenon, pour l'instruction gratuite de 250 demoiselles nobles. La révolution ayant changé la destination de cette maison, on en fit d'abord une succursale des militaires invalides; ensuite le Prytanée français y fut établi; maintenant elle est affectée à une école militaire spéciale, créée pour former des officiers de l'armée.

La maison de Saint-Cyr se divise en douze corps de bâtiments principaux qui renferment cinq cours. Le tout forme, avec les jardins et autres dépendances, un polygone de 140,000 mètres de surface. Les jardins sont dignes d'attention; on y remarquait jadis seize bassins ou jets d'eau; dans le fond, au nord, était un pavillon destiné aux visites mystérieuses que Louis XIV faisait à Mme de Maintenon.

C'est à Saint-Cyr, en présence de Mme de Maintenon, et devant toute la cour, que fut représentée, en 1689, par de jeunes pensionnaires, la tragédie d'Esther, où Racine, sous les noms de Vasthi et d'Esther, faisait allusion à Mme de Montespan et à Mme de Maintenon qui la remplaça. Athalie y fut représentée en 1691; mais comme on s'aperçut que le goût de la représentation détournait les demoiselles de Saint-Cyr de leurs pieuses occupations, on supprima ce genre de récréation.

FLINS. Village avec un beau château, d'où l'on jouit d'une vue magnifique sur les rives de la Seine et sur les coteaux environnants. Dans le parc, orné de bosquets bien distribués, on admire une belle fontaine ombragée par d'énormes marronniers.

GAILLON. Village agréablement situé près du ruisseau de Moutiers. On y voit un château remarquable par son site agreste et par ses points de vue pittoresques. Entre les montagnes qui l'environnent, on découvre la ville de Meulan et plusieurs villages éloignés.

GERMAIN-EN-LAYE (SAINT-). Jolie ville et ancien château royal, dans une belle situation sur une colline élevée, à peu de distance de la rive gauche de la Seine, près de la belle forêt de son nom. Elle est bien bâtie, les rues sont larges, bien pavées, mais percées irrégulièrement. On y compte trois places publiques : celle du Château, qui est vaste et assez régulière, la place Royale et la place de Pontoise. C'est une ville peu commerçante ; le seul genre d'industrie un peu importante consiste dans la fabrication des cuirs, qui occupe un assez grand nombre d'ouvriers.

L'origine de Saint-Germain remonte au commencement du XIIe siècle. Louis-le-Gros y avait un château royal en 1124, que les rois ses successeurs firent augmenter et embellir. François Ier fit réparer ce château et y fixa sa résidence. Henri IV, qui se plaisait beaucoup dans ce lieu, ordonna la construction d'un nouveau bâtiment, qu'on appela le Château neuf. C'est à Louis XIV que l'on doit la construction des cinq pavillons qui flanquent le bâtiment construit par François Ier, et c'est aussi ce roi qui fit achever la magnifique terrasse commencée par Henri IV. Le château actuel présente un pentagone régulier, flanqué de cinq pavillons et entouré d'un large fossé. Ce château domine au loin toute la contrée et est remarquable par la beauté de ses appartements et de ses jardins. Sa situation est une des plus belles des environs de Paris. Il ne reste plus du château neuf qu'une tour qui tombe en ruine, où est né Louis XIV.

On remarque encore à Saint-Germain l'église paroissiale, la halle au blé, la salle de spectacle, les écuries, l'hôtel de Noailles ; mais ce qu'on ne se lasse pas d'admirer, c'est la terrasse, magnifique promenade qui s'étend sur une longueur de 1,200 toises, depuis le château jusqu'à une des portes de la forêt, qu'elle longe dans toute son étendue. — Patrie de Marguerite de Valois, fille de François Ier, de Henri II, de Charles IX, de Louis XIV. A 5 l. 1/2 de Paris. ✉ ⚘. *Hôtel* des Étrangers.

La forêt de Saint-Germain, l'une des plus vastes des environs de Paris, est ceinte de murs et contient plus de 8,500 arpents, traversés en tous sens par 380 lieues de routes. Le parc qui joint le château a une étendue de 350 arpents.

A une lieue 1/2 de Saint-Germain, on remarque le château du Désert, situé à l'extrémité d'un beau vallon, et dont le jardin, dans le genre pittoresque, est un des plus agréables des environs de Paris. Il renferme, dans une enceinte de 80 arpents, une tour tronquée à laquelle on a donné la forme d'un débris de colonne gigantesque et cannelée. Le premier étage prend jour par des portes croisées ; au second, les baies sont carrées ; au troisième, elles sont ovales ; enfin le quatrième étage ne reçoit la lumière que par des lézardes qui paraissent naturelles.

GRIGNON. *Voy.* Thiverval, page 11.

HERBLAY ou **ERBLAY.** Village agréablement situé, dans une plaine, sur les bords de la Seine. On y voit une ancienne église, ornée de peintures à fresque, et surmontée d'un clocher massif, dont la construction remonte au XIIe siècle. Aux environs sont plusieurs belles habitations ; l'une des plus remarquables possède une terrasse élevée de 300 pieds au-dessus des eaux de la Seine. A 5 l. de Paris. ⚘.

JOUY. Joli village, situé dans un vallon agréable sur la Bièvre, qui y fait mouvoir plusieurs moulins. Jouy possède un magnifique château, dont dépendent un parc de 300 arpents et une belle orangerie. Il est célèbre par une manufacture considérable de toiles peintes, qui occupe 1,200 ouvriers. — Haras. A 4 l. de Paris.

LOUVECIENNES ou **LUCIENNES.** Charmant village, bâti dans une riante situation, sur la pente d'une montagne ; près de la rive gauche de la Seine. On y remarque un bel aqueduc long de 660 mètres et percé de 36 arcades, et un assez joli château dont dépend un pavillon élégant, construit pour la célèbre comtesse Dubarry.

Le village de Louveciennes est digne de fixer l'attention des amateurs de la belle nature, par les sites délicieux qui l'environnent. Vu des bords de la Seine, le château offre un aspect pittoresque et paraît comme suspendu en l'air. De cette jolie habitation, on domine une grande étendue de pays; la Seine paraît être à deux pas; sur la gauche, on distingue la forêt et la terrasse de Saint-Germain; dans l'enfoncement, on aperçoit Mareil; sur la droite, le Mont-Valérien; en face, la Seine se déroule avec ses longs replis, et la vue s'étend sur la vallée de Chatou, terminée par le bois de Vésinet; les montagnes éloignées de Pontoise, de Saunois et d'Écouen, servent de cadre à ce magnifique tableau. A 4 l. 1/2 de Paris.

MAISONS. Village bâti dans une heureuse situation, sur la rive gauche de la Seine, que l'on passe sur un beau pont. On y voit un des plus beaux châteaux des environs de Paris, construit sur les dessins de Mansard. L'entrée de ce château, du côté du village, s'annonce par une vaste avant-cour, accompagnée de pavillons, qui s'ouvre sur trois longues avenues qui traversent le parc. Le château est isolé et entouré de fossés secs ainsi que la cour d'honneur, qui est bordée d'une belle balustrade. A l'ensemble harmonieux de cet édifice se joignent les plus beaux détails.

Le parc, clos de murs et entouré par la forêt de Saint-Germain, est d'une vaste étendue, et répond par sa distribution à la magnificence du château. A 5 l. de Paris.

MALMAISON (la). *Voy.* Ruel, page 10.

MAREIL-MARLY. Village remarquable par sa situation pittoresque. Il est bâti sur le haut d'une colline d'où la vue s'étend sur Saint-Germain et sur Marly, et domine une vallée agréable, au fond de laquelle se trouve le hameau de Démonval; à droite est le village de l'Étang; à gauche le château de Grandchamp; le sommet de la colline est couronné par un bois qui s'étend jusqu'à Marly. A 5 l. de Paris.

MARLY-LE-ROI. Joli bourg, situé sur la pente d'une montagne, près de la rive gauche de la Seine. On y remarque les vestiges d'une machine hydraulique exécutée sous le règne de Louis XIV pour conduire à Versailles les eaux de la Seine. Cette machine a été remplacée par une pompe à feu, construite en forme de pavillon, où l'on parvient par un perron, de chaque côté duquel des fontaines jettent en cascades une eau abondante. Un petit canal de dérivation amène l'eau de la rivière dans le fond du bâtiment, d'où les corps de pompe, mus par une machine à vapeur, l'élèvent jusque dans l'aqueduc, au moyen de conduites d'un seul jet, posées sur un glacis bordé de gazon et ombragé par un double rang de peupliers. L'aqueduc a 1,980 pieds de long, et 90 pieds de hauteur; il est formé de 36 arcades de 30 pieds d'ouverture, sur 70 à 71 de hauteur, et terminé par deux massifs, dont un supporte le réservoir de dégorgement, et l'autre renferme les tuyaux de chute. A 5 l. de Paris.

MEUDON. Bourg et château bâti sur une éminence, dans une des plus belles situations des environs de Paris. Rien n'est ravissant comme la belle vallée que le château domine; le site pittoresque du village, les nombreuses habitations qui couvrent sa riche campagne, ses hauteurs couronnées de bois, le parc et l'immense avenue, offrent un ensemble admirable.

Le château de Meudon ne présente qu'un grand corps de bâtiment, dont la solidité fait le principal mérite: des colonnes doriques ornent son avant-corps du côté de l'entrée. Une belle terrasse, qui précédait l'ancien château bâti par Philibert de Lorme (aujourd'hui détruit), domine le bourg. Cette terrasse a 780 pieds de longueur, 360 de largeur et plus de 60 de hauteur: on y découvre, non seulement la ville de Paris, mais encore les rives gracieuses de la Seine et les nombreux villages qui bordent à droite et à gauche le cours de cette belle rivière. Le petit parc, clos de murs, contient 500 arpents; le grand est d'une étendue immense. Les bois de Meudon sont très-fréquentés par les habitants de la capitale: on sait qu'ils faisaient les délices de la célèbre Mme Roland. Leur proximité de Paris, et surtout l'agréable ombrage qu'ils fournissent, les font rechercher de tous les amateurs des promenades solitaires. A 2 l. 1/2 de Paris.

Le joyeux Rabelais (dont un portrait, gravé d'après une belle miniature, ornera notre quatrième Livraison), après avoir été cordelier, bénédictin, docteur en médecine, puis encore bénédictin, mourut curé de Meudon. On sait qu'au moment de rendre le dernier soupir, il se fit apporter un domino, s'en enveloppa, et dit: *Beati qui in domino morientur;* peu après il ajouta: « Tirez le rideau, la farce est jouée. »

Au Bas-Meudon, est une verrerie considérable, appelée vulgairement Verrerie de Sèvres. — Sur l'emplacement du château de Bellevue, on a construit plusieurs habitations remarquables par leur admirable situation. Rien n'est plus magnifique que le tableau qui s'offre au spectateur placé sur les terrasses de l'ancien château : l'œil embrasse une campagne immense, et se promène sur les bourgs, les villages, les bois et coteaux qui bordent l'horizon. Au pied de la montagne, la Seine, que l'on voit s'approcher, disparaître, serpenter pour se perdre encore, offre une vue réellement enchanteresse.

MEULAN. Jolie petite ville, placée dans une situation charmante, au milieu de prairies et de coteaux plantés de vignes, sur la rive droite de la Seine. Elle est bâtie partie en amphithéâtre et partie dans une île formée par un bras de la Seine, que l'on passe sur un pont d'où la vue est très-agréable. Cette ville était autrefois fortifiée, et opposa une résistance opiniâtre aux troupes du duc de Mayenne, qui fut forcé d'en lever le siège. A 7 l. de Paris.

ORGEVAL. A peu de distance de ce village, dans un pré attenant aux bâtiments de l'ancienne abbaye d'Abbecourt, on trouve une source d'eau minérale enfermée dans une salle carrée de 14 pieds de haut sur 18 de large. Au milieu de cette salle, où l'on descend par 13 degrés, est le bassin de la fontaine. L'eau minérale d'Abbecourt est froide et d'un goût éminemment ferrugineux. Elle s'emploie avec succès dans les faiblesses d'estomac, les fièvres intermittentes, la jaunisse, etc. La saison la plus favorable est depuis la fin de juin jusqu'au 15 septembre. A 6 l. de Paris.

ORSAY. Village situé en amphithéâtre sur le penchant d'une colline au bas de laquelle coule l'Ivette. Il y existait jadis une forteresse, sur l'emplacement de laquelle on a construit un vaste et beau château entouré de fossés remplis d'eau vive. Dans le parc, se trouve un canal qui a plus de 600 toises de longueur sur 13 de largeur, à l'extrémité duquel s'élève un joli pavillon, décoré d'un porche de 6 colonnes ioniques, d'un très-bon style.

Le château de LAUNAY, charmante habitation qu'embellissent les eaux de l'Ivette, et celui de CORBEVILLE, situé sur une montagne qui offre une vue étendue, font partie de cette commune. A 6 l. 1/2 de Paris.

PALAISEAU, bourg situé dans une vallée agréable sur l'Ivette, où l'on remarque les ruines d'un château fort détruit vers la fin du XVIIIe siècle. A 4 l. de Paris.

PECQ (le). Village situé sur la pente d'une montagne rapide, qui s'abaisse jusqu'à la Seine. On y trouve une fontaine d'eau minérale. A 5 l. 1/2 de Paris.

POISSY. Petite ville très-ancienne, avantageusement située sur la rive gauche de la Seine, que l'on passe sur un pont très-long, à cause des îles qu'y forme cette rivière. C'était jadis une place forte entourée de murailles flanquées de tours, construites sous le règne de saint Louis. Les vieilles fortifications existent encore en partie ; les tours même ne sont pas entièrement détruites, et leur aspect, qui rappelle le temps des guerres civiles, donne à cette ville un air triste et sombre. Elle est d'ailleurs très-mal bâtie, malpropre et mal pavée.

L'église paroissiale est un édifice remarquable, dont la construction paraît remonter au XIIe siècle. Elle a 205 p. de long sur 100 de large, et est divisée en trois nefs. Cette église, d'une architecture gothique fort riche, n'a jamais été achevée ; il y manque le portail, et l'on y entre par le côté.—Il existe à Poissy une maison de détention, composée de deux bâtiments parallèles, à quatre étages, destinée à renfermer les condamnés des dép. de la Seine et de Seine-et-Oise.—Poissy est célèbre dans l'histoire par les conférences connues sous le nom de Colloque de Poissy.—Saint Louis y fut baptisé en 1215.—Un des principaux marchés de bestiaux destinés à la consommation de Paris est établi dans cette ville. A 6 l. de Paris. Marché considérable de bestiaux, tous les jeudis.

PORT-MARLY. Joli village, bâti dans une riante situation, au bas d'une colline qui borde la Seine. On y voit un joli château et les restes de l'ancienne machine hydraulique de Marly. (Voyez page 9, l'article MARLY.)

ROCQUENCOURT. Village et château, à 4 l. et 1/2 de Paris. Une jolie fabrique dans le genre italien, environnée de bois et dans l'une des situations les plus pittoresques des environs de Paris, tel est l'aspect que présente le château de ROCQUENCOURT. — Le 1er juillet 1815, le village de Rocquencourt fut témoin d'un combat opiniâtre où les troupes prussiennes furent forcées de mettre bas les armes, et de se rendre prisonnières à un petit nombre de Français.

RUEL. Joli bourg, remarquable par sa belle situation au pied d'une colline plantée de vignes, dans une contrée fertile et bien cultivée ; il est bien bâti, propre, et environné de maisons de campagne des plus agréables. On y remarque un beau château, ancienne habitation du cardinal de Riche-

TORONTO.

lieu, qui fit long-temps de Ruel sa résidence; une belle église, surmontée d'un clocher en pierre de forme pyramidale, et de vastes casernes. A 3 l. de Paris.

La Malmaison, l'un des séjours les plus agréables des environs de Paris, est une dépendance de la commune de Ruel. Le château ne présente rien de bien remarquable sous le rapport de l'architecture. On y entre par un porche en forme de tente, servant de premier vestibule. Un second vestibule, décoré de quatre colonnes, divise l'édifice en deux parties : d'un côté se trouvent le salon, la salle de billard et la galerie; de l'autre la salle à manger, la salle du conseil et le cabinet. L'étage supérieur est distribué en appartements. Ce château devint en 1793 la propriété de Mme Bonaparte, qui devait atteindre à de si hautes destinées. Ses goûts simples et purs l'engagèrent à faire embellir les jardins qui, sous ses yeux, devinrent bientôt un véritable lieu de délices; par ses soins, une serre magnifique, un jardin de botanique, une ménagerie et une école d'agriculture y furent établis. Le jardin de botanique contient les plantes les plus rares ; la ménagerie renfermait tous les animaux terrestres, aquatiques et volatils, qui peuvent vivre dans notre hémisphère; l'école d'agriculture était consacrée à des expériences utiles.

La Malmaison avait fait les plus chères délices de Joséphine pendant la période de sa grandeur ; après sa déchéance, elle fit sa plus douce consolation. Cette femme célèbre, généralement regrettée de tous ceux qui ont eu le bonheur de l'approcher, fut enterrée à Ruel, où un monument très-simple indique sa dernière demeure.

SARTROUVILLE. Beau village, bâti dans une situation riante, vis-à-vis de Maisons, sur la rive droite de la Seine. L'église paroissiale est surmontée d'un clocher en pierre, remarquable par son élévation et par la délicatesse de sa construction. A 4 l. 1/2 de Paris.

SÈVRES. Joli bourg, très-agréablement situé au pied d'un coteau, sur la rive gauche de la Seine, que l'on passe sur un beau pont de pierre. Il est traversé par la grande route de Paris à Versailles, et contigu aux murs du parc de St.-Cloud.

Ce bourg possède une importante manufacture de porcelaine, la plus célèbre de l'Europe par la beauté des matières, la pureté de dessin, l'élégance des formes et la richesse des ornements de ses produits. On y voit une espèce de musée qui renferme une collection complète de toutes les porcelaines étrangères, et des matières premières qui servent à leur fabrication ; une autre collection de toutes les porcelaines, faïences et poteries de France, et des terres qui entrent dans leur composition ; enfin une collection de modèles de vases, d'ornements, de services, de figures, de statues, etc., qui ont été faits dans la manufacture depuis sa création. Ces différents modèles ou échantillons sont rangés par ordre, et forment un coup d'œil extrêmement curieux. Le bâtiment de la manufacture est vaste et régulier, mais d'une décoration fort simple. — Sèvres compte encore une manufacture de faïence de couleur, une autre d'émaux, et une verrerie qui dépend de la commune de Meudon. A 2 l. 1/2 de Paris.

THIVERVAL. Village situé à 9 l. de Paris, remarquable par une belle ferme expérimentale, établie dans le domaine de Grignon.

Le château de Grignon, remarquable par l'étendue et par la belle distribution de son parc, est solidement construit en briques, d'une architecture simple, et se compose d'un corps central flanqué de deux pavillons carrés, à la suite desquels se trouvent deux ailes qui forment retour à angle droit sur le corps principal, et qui se terminent par des pavillons semblables à ceux de la façade. — La terre de Grignon, dont la valeur est d'un million, a été réunie au domaine de la couronne et mise gratuitement à la disposition d'une société d'actionnaires qui l'exploitent par les meilleurs procédés aujourd'hui connus, et où 300 élèves reçoivent un enseignement théorique et pratique sur la culture des champs et des jardins.

Grignon est célèbre parmi les naturalistes, par un amas étonnant de coquilles fossiles, renommées par leur variété et surtout par leur belle conservation, que renferme son parc, fréquemment visité par les géologues et les conchyliologistes de tous les pays. M. de France a compté à Grignon près de 600 espèces différentes de coquilles, dont beaucoup ont encore leurs analogues bien reconnues, et vivant dans des mers éloignées, à des distances immenses de l'endroit où l'on trouve aujourd'hui ces fossiles.

TRIEL, bourg très-agréablement situé sur la rive droite de la Seine, que l'on y passe sur un bac. Il est très-commerçant, et possède une église regardée comme un chef-d'œuvre d'architecture gothique. Nous joignons à notre première Livraison une jolie vue de ce bourg, dont la situation est l'une des plus pittoresque qu'offre le cours de la Seine. A 8 l. 1/4 de Paris.

VERSAILLES. Grande et superbe ville, chef-lieu du département, d'un arrondissement et de trois cantons. Tribunaux de première instance et de commerce. Société des sciences, lettres et arts. Société d'agriculture. Collége royal. École gratuite de dessin. Évêché. Bureau et relais de poste. Population, 29,791 habitants.

Cette ville n'était jadis qu'un chétif village, qui commença à avoir quelque importance en 1627, époque où Louis XIII y fit bâtir un petit château, qui servait de rendez-vous de chasse. Sa position ayant paru agréable à Louis XIV, ce monarque résolut d'en faire le lieu ordinaire de sa résidence ; il appela de toutes parts les artistes les plus célèbres, et, en peu de temps, le petit pavillon de Louis XIII fut métamorphosé en un palais immense, où fut réuni tout ce que l'art joint à la magnificence pouvait produire de plus séduisant. Le séjour de la cour, qui offrait tant de perspective de fortune, ne tarda pas à attirer dans ce lieu une multitude d'individus qui, à l'envi les uns des autres, y firent construire des demeures somptueuses, ce qui fit qu'au bout de quelques années Versailles se trouva bâti comme par enchantement. Quoique déchue aujourd'hui de son ancienne splendeur, Versailles est encore l'une des plus belles villes de France, et l'on peut même ajouter que peu de villes en Europe peuvent lui être comparées, tant pour le nombre des édifices qui la décorent que pour la régularité de ses constructions. Les rues en sont larges, tirées au cordeau et ornées d'un grand nombre de fontaines. On y arrive de Paris, de Sceaux et de St.-Cloud par trois magnifiques avenues plantées de beaux arbres : toutes les promenades des alentours sont charmantes ; et sa proximité de Paris rend le séjour de cette ville on ne peut plus agréable.

Versailles possède un grand nombre de beaux édifices. Les principaux sont : l'église Notre-Dame et l'église St.-Symphorien ; l'hôtel de ville ; l'hôtel de la préfecture ; le collége royal, superbe bâtiment, construit en 1766 ; la bibliothèque publique, qui renferme 48,000 volumes ; la salle du jeu de paume, fameuse par le serment qu'y prêtèrent les députés réunis en Assemblée Nationale : on y voit les deux inscriptions suivantes :

« Les représentants des communes de
« France, constitués le 17 juin 1789 en
« Assemblée Nationale, ont prêté ici, le

« 20 du même mois, le serment qui suit :

« NOUS JURONS DE NE JAMAIS NOUS SÉPARER,
« ET DE NOUS RASSEMBLER PARTOUT OU LES
« CITOYENS L'EXIGERONT, JUSQU'A CE QUE LA
« CONSTITUTION DU ROYAUME SOIT ÉTABLIE
« ET AFFERMIE SUR DES FONDEMENS SOLIDES. »

Placé le 20 juin 1790, par une société de patriotes.

« ILS L'AVAIENT JURÉ, ILS ONT ACCOMPLI LEUR SERMENT. »

On distingue encore à Versailles la salle de spectacle, qui peut contenir 1500 personnes ; l'hospice royal ; le grand commun ; l'hôtel de la guerre ; les écuries de la Reine ; les grandes et petites écuries ; majestueux édifices qui séparent les trois avenues à l'entrée de la place d'armes.

LE CHATEAU DE VERSAILLES s'annonce sur la place d'armes par une vaste avant-cour, fermée par une belle grille de 60 toises de long, enrichie d'ornements dorés et terminée par deux pavillons. De ce côté, ce château n'a que peu d'apparence ; l'ensemble des bâtiments renferme quatre à cinq petites cours intérieures, entourées de façades irrégulières. Mais du côté des jardins, il déploie une façade imposante, de 300 toises de long, composée d'un rez-de-chaussée, d'un premier étage et d'un attique couronné d'une balustrade ; elle est décorée dans toute sa longueur de pilastres ioniques, avec des avant-corps soutenus par des colonnes du même ordre, ornés de statues de treize pieds de haut, représentant les quatre saisons, les douze mois de l'année et les arts. En considérant l'immensité de cette façade, son bel ensemble, l'unité parfaite qui règne entre toutes les parties, la magnificence et la richesse des ordres d'architecture, on peut avec raison la placer au nombre des plus belles productions de l'art en France et même en Italie.

On admire dans l'intérieur la grande galerie et les grands appartements, décorés de magnifiques peintures, et désignés sous les noms de salons d'Hercule, de l'Abondance, de Vénus, de Diane, de Mercure, d'Apollon, de la Guerre, de la Paix ; l'appartement et le salon de la Reine ; le salon du grand couvert ; la salle des gardes ; l'appartement du roi ; l'œil-de-bœuf, et la chambre de Louis XIV.

La chapelle du château, par sa belle architecture et par la richesse de ses ornements intérieurs, est un objet d'admiration pour tous les connaisseurs.

La salle de l'opéra est une des plus belles et des plus grandes de l'Europe ; elle peut contenir 3000 personnes.

Le parc du château de Versailles est un

Gravé sur acier par Hopwood

Ducis.

Labruyère

magnifique accompagnement de ce superbe palais. Il comprend dans son enceinte les jardins et les bosquets, ornés de statues de bronze et de marbre, de colonnades, de rampes, de fontaines, et embellis de jets d'eau et de groupes en bronze, d'une orangerie et d'un canal. Sa forme est un pentagone irrégulier, dont la plus grande longueur est de 2400 toises, et la plus grande largeur de 1600 toises. Lorsque les grandes eaux jouent, le parc et les jardins offrent un coup d'œil ravissant : en se plaçant au milieu de la terrasse ou parterre d'Eau, on découvre en face le bassin de Latone, l'allée du Tapis vert, le bassin d'Apollon et le canal ; à droite, le parterre du Nord, la fontaine de la Pyramide, la cascade, l'allée d'Eau, la fontaine du Dragon et le bassin de Neptune ; à gauche, le parterre des Fleurs, l'orangerie, et dans le lointain la pièce d'eau dite des Suisses. La vue des jardins de Versailles étonne par la variété, par la richesse et l'abondance des plantations, par les superbes effets des eaux, et surtout par la rareté des sculptures qui les décorent avec une profusion sans égale.

En arriere du parc qui renferme les jardins, s'étend le grand parc, de 4 lieues de long, dans lequel sont enclavés les châteaux du grand et du petit Trianon. — Le grand Trianon, situé à l'extrémité d'un des bras du canal, est dû au génie de Mansard ; sa construction orientale est aussi élégante que magnifique ; il a 62 toises de surface extérieure, et n'est composé que d'un rez-de-chaussée divisé en deux pavillons, réunis par un péristyle soutenu de 22 colonnes d'ordre ionique ; entre les croisées sont des pilastres du même ordre. Sur le comble à la romaine, règne une balustrade ornée de vases et de groupes de petits amours. — Le petit Trianon est situé à l'une des extrémités du parc du grand Trianon : il consiste en un pavillon carré de douze toises en tous sens, et est composé d'un rez-de-chaussée et de deux étages. La façade principale est décorée de six colonnes corinthiennes cannelées ; les autres faces n'ont que des pilastres.

On remarque dans l'intérieur le boudoir de la Reine, dont les murs sont parsemés de riches arabesques, et la chambre à coucher, dont le plafond est, comme toute la pièce, drapé en étoffe de soie bleue. Le joli lit, garni de mousseline brodée en or qu'on y voit, n'a servi, dit-on, qu'à l'impératrice Marie-Louise. Les jardins de ce petit palais sont délicieux : le jardin anglais surtout est décoré par les plus jolies constructions ; on y voit un belvédère charmant, un rocher d'où l'eau sort à gros bouillons et va se perdre dans un lac bordé de sept à huit maisons rustiques à l'extérieur, mais élégamment meublées, et dominées par la tour de Malboroug.

Versailles est la patrie de plusieurs hommes célèbres. Les principaux sont : Ducis, poète et auteur dramatique, dont nous donnons le portrait ; l'abbé de l'Épée, fondateur des Sourds-Muets ; le général Hoche, le maréchal Berthier, le général Gourgaud ; Guyot de Merville, Poinsinet, Nogaret, littérateurs ; le journaliste Gorsas, M. Tissot, professeur de poésie latine, digne successeur de Delille, etc., etc., etc.

Versailles est situé à 4 l. 1/2 de Paris, sur la grande route de cette ville à Chartres. *Hôtels* d'Elbeuf, de France, de la Chasse royale, de l'Europe. *Restaurants*, Hennequin, Lemerle.

VILLE-D'AVRAY. Village situé sur la pente d'une colline escarpée d'où l'on jouit d'une vue fort étendue. On y voit un vaste et beau château, dont le parc, distribué en jardin paysager, est arrosé par de belles eaux. L'église, de construction moderne, est remarquable par sa simplicité ; à peu de distance, sont de vastes réservoirs qui alimentent les eaux du parc de St.-Cloud. A 3 l. de Paris.

VILLEPREUX. Bourg situé dans une vallée, à 5 l. de Paris. C'était jadis une ville murée où l'on entrait par 4 portes. ⊠

VIROFLAY. Village situé à 4 l. 1/2 de Paris. Au petit Viroflay, on remarque une cave immense creusée dans le roc, et un beau haras.

ARRONDISSEMENT DE PONTOISE.

ARNOUVILLE. Joli village, qui a été presque entièrement rebâti vers le milieu du XVIIIe siècle par l'ancien garde-des-sceaux de Machault. Ses rues sont très-régulières, plantées d'arbres, et aboutissent toutes à une vaste place décorée d'une belle fontaine. Le château, qui n'a jamais été achevé, est un édifice d'un très-bon goût ; la chapelle, l'orangerie et les écuries sont particulièrement remarquables. On voit à Arnouville de vastes jardins et un parc de 300 arpents, où les eaux de la petite rivière de la Crould

ARRONVILLE. Village situé dans une vallée agréable, sur le Sausseron. Le château de BALINCOURT, remarquable par son architecture et ses décorations extérieures, fait partie de cette commune. A 4 l. 1/2 de Paris.

ASNIÈRES-SUR-OISE. Village situé près de la rive gauche de l'Oise, à 8 l. 1/2 de Paris. C'était jadis une terre royale, où Louis IX et quelques-uns de ses successeurs résidèrent souvent. Parmi les nombreuses maisons de plaisance qui embellissent ses alentours, on cite le château de TOUTEVILLE, le château dit de la REINE-BLANCHE, et celui de LA COMMÉZIE. — Royaumont est un joli village dépendant de la commune d'Asnières, où existait autrefois une célèbre abbaye fondée par saint Louis : une superbe filature, des fabriques de tissus, une blanchisserie de toiles, ont remplacé cet ancien monastère, et vivifient les villages des environs.

BEAUMONT-SUR-OISE. Jolie petite ville, agréablement située sur la croupe d'une montagne au pied de laquelle passe l'Oise. Elle est assez bien bâtie, et dominée par une vieille tour en ruine, seul reste de son ancien château. Sur un des côtés de la ville règne une jolie promenade en terrasse, d'où l'on jouit d'une vue agréable sur la riche vallée de l'Oise. A 8 l. de Paris. ✉ ☞ *Hôtel du Paon*, du *Grand-Cerf*.

BRICE (SAINT-). Village renommé pour la salubrité de l'air qu'on y respire, avec un beau château. A 4 l. 1/2 de Paris.

CHARS. Bourg situé dans une jolie vallée, sur la Viosne, à 12 l. 1/2 de Paris. L'église est remarquable par une tour d'une belle architecture.

DEUIL. Joli village de la vallée de Montmorency. Parmi les nombreuses maisons de campagne qui l'environnent, on cite les châteaux de LA BARRE et D'ORMESSON, ainsi que celui de LA CHEVRETTE, ancienne habitation de Mme d'Épignay, qui se plaisait à y réunir les hommes les plus célèbres du XVIIIe siècle. A 4 l. de Paris.

EAUBONNE. L'un des villages les plus agréables de la vallée de Montmorency. Il est situé au fond d'un vallon et célèbre par ses bosquets enchanteurs, sous l'ombrage desquels Saint-Lambert chanta les saisons et écrivit son Cathéchisme universel. C'est là que Rousseau passa dans la société de Mme d'Houdetot ces doux moments qu'il a si bien décrits dans ses Confessions. Franklin habita aussi Eaubonne : on y voit encore le chêne qu'il y planta en l'honneur de la liberté; c'est un fort bel arbre qui semble avoir été conservé pour assister à son triomphe. A 4 l. de Paris.

ÉCOUEN. Bourg bien bâti, situé sur la pente d'une colline pittoresque, dominée au couchant par un magnifique château, construit sous le règne de François Ier. L'aspect du château d'Écouen est plus imposant qu'il n'est romantique; on n'y voit point de ces tours couvertes de lierre, de ces créneaux délabrés, de ces flèches aiguës qui couronnent les toits des anciens châteaux féodaux; mais l'œil se repose avec plaisir sur des formes pures, sur des détails pleins de goût et de délicatesse. Ce château forme un carré parfait de 32 toises de côté, flanqué de 4 pavillons et entouré d'un fossé sec. La façade du côté de Paris présente un avant-corps décoré des ordres ionique et dorique, avec un attique surmonté d'un campanille. L'ordonnance des corps de bâtiments de gauche se compose de 4 colonnes corinthiennes cannelées, élevées sur un stylobate et couronnées par un entablement, dont la frise est enrichie de trophées d'armes de la plus belle exécution. L'autre avant-corps est décoré des deux ordres dorique et ionique, l'un sur l'autre. Avant la restauration le château d'Écouen était affecté à une maison d'éducation pour 300 filles, nièces ou sœurs de membres de la Légion d'honneur. En 1814, cette maison fut réunie à celle de St.-Denis, et le château rendu à la maison de Condé. Il appartient aujourd'hui au duc d'Aumale. On assure (décembre 1833) que le château et ses dépendances viennent d'être achetés par le roi pour y placer une des succursales de la Légion d'honneur. A 5 l. 1/2 de Paris. ✉ ☞

ENGHIEN. Village célèbre par un bel établissement d'eaux thermales sulfureuses, bâti dans une situation charmante, sur le bord oriental de l'étang de Montmorency. Le bâtiment des bains est un vaste édifice, d'une architecture aussi simple qu'élégante, élevé par M. L. Moreau. Il renferme les sources, et 40 chambres de maîtres, élégamment meublées et fort commodes, qui toutes ont vue sur les endroits les plus pittoresques de la vallée de Montmorency. Les bains d'Enghien sont ouverts depuis le 15 juin jusqu'à la fin de septembre. Le beau parc de St.-Gratien et les bords de l'étang de Montmorency forment une magnifique dépendance de l'établissement sanitaire, et procurent aux baigneurs des promenades variées, sur une étendue de plus de 500 arpents. A 4 l. 1/2 de Paris.

ÉPINAY-CHAMPLATREUX. Village

où l'on voit un des plus beaux châteaux des environs de Paris. Ce château, élevé sur les dessins de Chevrotet, est décoré d'un ordre de colonnes doriques, surmonté d'un ordre ionique; l'avant-corps du milieu de la façade du côté du jardin est couronné par un fronton représentant Diane partant pour la chasse. Le château de Champlatreux est bâti sur une éminence, et domine un vaste et beau paysage; sa construction noble et régulière, un parc et des jardins d'une belle ordonnance, des dispositions intérieures où le bon goût a présidé, donnent à cette belle habitation un intérêt qui s'accroît par le souvenir du célèbre président Molé, son fondateur. A 7 l. 1/2 de Paris.

ÉRAGNY. Village à 7 l. 1/2 de Paris, sur l'Oise. On voit à Neuville, qui en est une dépendance, un joli château dont le parc renferme l'un des plus beaux cèdres du Liban qui soit en France.

FRANCONVILLE. Joli bourg, situé au bas d'une colline, dans la partie la plus agréable de la vallée de Montmorency. Il est environné de maisons de campagne charmantes, parmi lesquelles on distinguait celle de M. Camille d'Albon, dont les jardins paysagers s'étendaient jusqu'au sommet de la colline, d'où l'on jouit d'une vue admirable. A 4 l. 1/2 de Paris.

Le premier arbre de la liberté a été planté à Franconville, par M. Camille d'Albon, bien avant la révolution. Il s'élevait au-dessus d'un groupe de ruines et supportait deux inscriptions: la première, adressée à Guillaume Tell, restaurateur de la liberté helvétique:

HELVETICO LIBERATORI GUILLELMO TELL,
ANNO 1782.

La seconde portait:

A LA LIBERTÉ, CAMILLE D'ALBON,
1782.

GARGES. Village très-ancien où le roi Dagobert avait un manoir royal qu'il habitait fréquemment. Il possède un magnifique château, dont les jardins et le parc, baignés par la rivière de la Crould, offrent des paysages enchanteurs. A 8 l. 1/2 de Paris.

GONESSE. Bourg situé dans une plaine fertile, à 4 l. de Paris. L'église est remarquable par la beauté de son architecture gothique.

GRATIEN (SAINT-). Joli village de la vallée de Montmorency, remarquable par un magnifique château, où mourut le maréchal de Catinat. On y voit un bel orme, planté de la main du maréchal, et, dans l'église, le monument funèbre de ce guerrier avec une épitaphe digne du sujet. L'étang de Saint-Gratien ou de Montmorency ressemble à un lac par son étendue. Les plantations et les promenades qui le bordent font de cette habitation une des plus belles propriétés des environs de Paris. A 4 l. 1/2 de Paris.

ILE-ADAM (l'). Joli bourg, dans une belle situation, sur la rive gauche de l'Oise, et vis-à-vis d'une île que forme cette rivière. On y voyait jadis un superbe château, dont il ne reste plus que deux pavillons. — Le château de Cassant, remarquable par ses belles décorations intérieures, par ses riants jardins et ses beaux ombrages, est une dépendance de l'Ile-Adam. A 9 l. de Paris.

LEU-TAVERNY (SAINT-). Grand village, remarquable par un château d'une belle construction, ancienne propriété de la reine Hortense, qui y fit faire de nombreux embellissements. Le jardin et le parc sont ornés de fabriques et traversés en tous sens par des ruisseaux d'eau courante. On y jouit d'une belle vue sur la vallée de Montmorency. A 6 l. de Paris.

LIVRY. Village fort ancien, jadis célèbre par son château détruit par Louis-le-Gros, et par son abbaye, dont la fondation remontait à l'an 1200.

Le château du Raincy, propriété de S. M. Louis-Philippe, fait partie de la commune de Livry. Une partie de ce château a été abattue; il ne reste du péristyle que six colonnes ioniques. Les écuries et le chenil sont d'un beau style, et parfaitement accompagnés par des masses d'arbres groupés avec art. Un hameau, formé d'une suite de maisons élégantes qui s'étendent le long d'une belle pièce d'eau, offre d'agréables logements aux hôtes du château, lorsqu'ils sont très-nombreux. L'orangerie mérite aussi d'être remarquée. Le parc est un des premiers qui aient été plantés dans le genre paysager. La disposition des fabriques, des rochers, des ponts jetés sur des eaux courantes, et des plantations, en font un modèle en ce genre. A 4 l. de Paris.

LOUVRES. Bourg très-ancien, où l'on voit une église dont le portail à plein cintre paraît être du XIe siècle.

LUZARCHES. Petite ville fort ancienne, construite sur l'emplacement d'un palais habité par quelques-uns des rois de la première race, dont il reste encore des ruines remarquables. Elle est bâtie dans une riante situation, au milieu d'une contrée fertile, et jouit de points de vue délicieux sur des prairies entrecoupées de ruisseaux et parsemées d'arbres de toute espèce. A 7 l. de Paris.

MARINES. Bourg fort ancien, situé à 11 l. 1/2 de Paris.

MONTFERMEIL. Beau village situé sur la lisière de la forêt de Bondy. A 4 l. 1/2 de Paris.

MONTLIGNON. Village sur le territoire duquel se trouve une source d'eau minérale ferrugineuse froide, qu'on a cherché à utiliser, mais dont, après de grandes dépenses, on a abandonné l'exploitation. A 5 l. de Paris.

MONTMORENCY. Petite ville fort ancienne, bâtie sur le sommet d'une colline, d'où la vue s'étend sur une forêt de châtaigniers, et sur une vallée délicieuse, peuplée de beaux villages et d'une multitude de châteaux et de maisons de campagne. C'était jadis une forteresse importante, et plusieurs parties de l'enceinte fortifiée subsistent encore. L'église, que l'on peut comparer à une cathédrale, est un des plus beaux ouvrages gothiques du XIVe siècle. Il ne reste plus rien de l'ancien château seigneurial; mais celui dit de Luxembourg mérite de fixer l'attention par ses magnifiques points de vue, l'abondance de ses eaux et ses élégantes plantations.

Tous les sites des environs de Montmorency sont pleins de souvenirs de J.-J. Rousseau, qui composa dans cet endroit ses principaux ouvrages. L'ermitage que Mme d'Épinay lui avait fait bâtir se trouve à l'entrée d'une antique forêt de châtaigniers. Cet ermitage, dans lequel mourut Grétry, est une petite habitation fort simple, placée à mi-côte; quelques appartements ont encore la même distribution et les mêmes meubles qu'au temps de Rousseau, dont le buste se voit dans une niche formée dans le mur du jardin. La Châtaigneraie, voisine de l'Ermitage, est l'endroit où l'on se réunit pour la danse aux fêtes patronales de Montmorency. A 4 l. 1/2 de Paris.

NESLES. Village où l'on remarque une tour carrée à trois étages, bâtie par le poëte Santeuil. A 10 l. de Paris.

NEUILLY-SUR-MARNE. Village bâti dans une position charmante, sur la rive droite de la Marne. A 4 l. de Paris.

NOISY-LE-GRAND. Village bâti en amphithéâtre sur une colline qui borde la rive droite de la Marne; c'est en ce lieu que le jeune Clovis, fils de Chilpéric, fut assassiné par ordre de Frédégonde. A 4 l. de Paris.

OUEN (SAINT-). Joli village, situé sur la pente d'un coteau qui domine la vallée de l'Oise. On y remarque un beau château, dont le parc a été planté sur les dessins de Le Nôtre. — Près de Saint-Ouen était la célèbre abbaye de Maubuisson, fondée par la reine Blanche, qui y mourut en 1252, et détruite pendant la révolution. L'église renfermait les tombeaux de Bonne de Luxembourg, de la princesse d'Antioche, et de la célèbre Gabrielle d'Estrées.

PONTOISE. Petite ville, chef-lieu de sous-préfecture et de l'arrondissement de son nom. C'était autrefois une place très-forte, dont les Anglais s'emparèrent en 1437; Charles VII la prit en 1441, après un siège de trois mois. Henri III et Henri IV s'en rendirent maîtres tour à tour pendant les guerres de la Ligue. Cette ville est située en amphithéâtre, dans une position agréable, au confluent de la Viosne et de l'Oise, que l'on passe sur un beau pont. Elle est assez bien bâtie, mais la plupart des rues sont étroites et très-escarpées: les anciennes murailles qui l'entouraient autrefois existent encore en partie. — Patrie de Tronçon Ducoudray, du général Leclerc, de l'alchimiste Hamel et de l'architecte Mercier. A 6 l. de Paris. *Hôtels* des Messageries, du Pot-d'Étain.

TAVERNY. Village qui semble n'être qu'une continuité de celui de Saint-Leu. On y remarque une des plus belles églises de tout le diocèse de Paris. Les dehors sont peu de chose, mais les détails intérieurs sont charmants par la délicatesse du gothique, par la beauté des galeries qui règnent tout autour, et par celle de l'apside : c'est une reconstruction du XIIIe ou du XIVe siècle. Autour de la clôture du chœur on voit, en dehors, la représentation en relief de l'histoire de la Passion. A 6 l. de Paris.

THÉMÉRICOURT. Village où l'on remarque un ancien château flanqué de tours, que l'on croit construit par les Anglais. A 12 l. de Paris.

VAUJOURS. Village situé dans une vallée profonde, au pied de la montagne de Montauban. Le château de VAUJOURS, ancienne propriété de Mme LaVallière, est remarquable par sa situation sur une colline élevée, qui a pour perspective un paysage des plus variés. A 5 l. 1/2 de Paris.

VIGNY. Village qui a donné naissance au célèbre naturaliste Sébastien Vaillant. On y voit un beau château gothique, d'une parfaite conservation; il est flanqué de tou-

VIGNY.

CHÂTEAU DE LA ROCHEGUYON

Restauration de M. Le Duc François de la Rochefoucauld.

EGLISE DE MONTMORENCY.

relles et entouré de larges et profonds fossés remplis d'eau vive. Ce château, dont nous donnons une jolie vignette, a été construit par le cardinal George d'Amboise, premier ministre de Louis XII, qui y résidait souvent. On connaît la puissante influence qu'exerça ce prélat sur les affaires du temps; le poste élevé qu'il occupa fut la récompense de son dévouement au duc d'Orléans et de la longue captivité qu'il avait subie pour la cause de ce prince avant qu'il fût roi. A 12 l. de Paris.

ARRONDISSEMENT DE CORBEIL.

ARPAJON. Jolie petite ville, bien bâtie et très-agréablement située sur l'Orge, qui y reçoit la Remarde. Elle est entourée de promenades bien plantées et possède une halle très-vaste. A 8 l. de Paris.

BOISSY-SAINT-LÉGER. Beau et grand village, situé sur le sommet d'un coteau planté de vignes et entouré de belles maisons de campagne; celle appelée le PIPLE est remarquable par sa construction et son agréable position. A 4 l. 1/2 de Paris.

Le château de GROSBOIS, l'une des plus belles habitations des environs de Paris, fait partie de la commune de Boissy-Saint-Léger; il se compose de trois corps de logis auxquels viennent aboutir de magnifiques avenues. Les jardins sont vastes et agréablement plantés. Le parc, dont la contenance est de 1,700 arpents, est entièrement clos de murs, planté en grande partie en bois; son immense étendue a permis d'y renfermer toute espèce de bêtes fauves.

BRUNOY. Village où l'on remarquait autrefois un magnifique château, aujourd'hui détruit et remplacé par plusieurs maisons de campagne, dont une des plus remarquables a été construite par le célèbre tragédien Talma. A 6 l. de Paris.

BRUYÈRES. Village bâti dans une situation riante, sur la route de Paris à Dourdan. Il est environné de maisons de plaisance fort agréables et possède des promenades très-fréquentées dans la belle saison. Le château est un monument de la féodalité, bâti sur un tertre qui domine toutes les maisons du village; un pont-levis, une herse en fermaient l'entrée; un donjon, des tours, des créneaux, des machicoulis, le rendaient formidable pour la défense; ses fossés étaient remplis d'eau; ses prisons, ses cachots, encore existants, attestent les trois degrés de justice que le seigneur exerçait autrefois. Ces fortifications ont été démolies en 1793, à l'exception des tours qui joignent l'habitation principale. A 8 l. de Paris.

CORBEIL. Petite ville, chef-lieu de sous-préfecture, agréablement située sur la rive droite de la Seine, au confluent de l'Essonne. Les environs de cette ville sont très-riants; mais la partie qui est la plus agréable est celle qui s'étend dans le vallon qu'arrosent les ramifications de l'Essonne. On y remarque le magasin à grains, les moulins à douze tournants mus par l'Essonne, la halle au blé, la salle de spectacle, et une petite bibliothèque publique de 4 à 5,000 volumes. A 12 l. de Paris.

CROSNE. Village situé dans un petit vallon arrosé par l'Yères. Patrie de Boileau.

ÉPINAY-SUR-ORGE. Village dont dépend le château d'Épinay, placé dans une belle situation. Au bas d'Épinay, on remarque la petite propriété d'ENGELTHAL, dans la construction de laquelle on a employé différents ornements provenant de l'église de Corbeil, bâtie par la reine Blanche. A 5 l. 1/2 de Paris.

ESSONNE. Joli bourg, percé d'une large et belle rue, situé au fond d'un vallon, sur deux bras de la Seine. Aux environs, sont plusieurs maisons de campagne, dont une des plus agréables a été habitée par Bernardin de Saint-Pierre. A 7 l. 1/2 de Paris. *Hôtel* du Dauphin.

ÉVRY. Village situé sur la Seine et environné de sites pittoresques. On y voit le château de PETIT-BOURG, d'une élégante construction, où l'on arrive par une belle avenue. A 7 l. de Paris.

GENEVIÈVE (SAINTE-). Village situé sur une hauteur près de la forêt de Crécy, et remarquable par une petite église gothique couverte de lierre et surmontée d'un clocher pyramidal d'un effet très-pittoresque. A 7 l. de Paris.

JUVISY. Village situé dans une belle vallée, sur l'Orge, que l'on traverse sur deux ponts, dont un est particulièrement remarquable; il a 60 pieds de largeur entre les têtes, et est formé d'une seule arche à plein cintre de 40 pieds d'ouverture et de 50 pieds de hauteur sous clef. La disposition de ce pont le fait paraître comme s'il était composé de deux étages d'arcades; les parapets sont décorés de deux fontaines. A 4 l. 1/2 de Paris.

LINAS. Bourg contigu à Montlhéry. A 6 l. 1/2 de Paris. ✉

LONJUMEAU. Gros bourg, situé sur l'Ivette et consistant en une rue fort longue, bordée de maisons bien bâties. On y remarque le portail de l'église paroissiale, d'une belle construction gothique. A 5 l. de Paris. ✉ ⚘ *Hôtel* de France.

LONGPONT. Village autrefois célèbre par une riche abbaye, convertie en maison de campagne. Son église paroissiale, dont on a été obligé d'abattre le chœur et le chevet, est encore une des plus belles des environs de Paris; les détails du portail sont surtout remarquables par des sculptures gracieuses et d'une grande légèreté. A 6 l. de Paris.

Le château de VILLEBOUZIN est une dépendance de Longpont. La chapelle, la salle de spectacle, l'orangerie, et le parc, arrosé par des eaux vives, en font une habitation des plus agréables.

MENNECY. Bourg situé dans un vallon agréable, arrosé par la Juine. A 9 l. 1/2 de Paris. ✉

MONTGERON. Beau village situé sur la route de Melun, à 5 l. de Paris. On y voit un magnifique château dont l'orangerie et les jardins sont particulièrement remarquables.

MONTLHÉRY. Bourg dont l'origine remonte à la fin du VIIIe siècle. Il était autrefois défendu par une fameuse forteresse, qui fut pendant long-temps l'effroi des rois de France, et que Louis-le-Gros fit démanteler. La tour du Donjon, encore debout au milieu des ruines de cette relique féodale, a résisté pendant huit siècles aux ravages du temps ; elle a encore 96 pieds de haut, et paraît avoir été beaucoup plus élevée. A cette tour en est accolée une seconde de moindre dimension, où se trouvait l'escalier; les alentours présentent les ruines des murs et des tours qui formaient la forteresse.

Montlhéry est une petite ville bien bâtie, sur la pente de la montagne dont la tour occupe le sommet. La place principale est vaste, les rues sont larges, propres et assez bien percées. A 6 l. de Paris. ✉ de Linas.

QUEUE (la). Village situé à 5 l. de Paris. C'était autrefois une ville forte, entourée de murs, où l'on entrait par trois portes. On y voit encore les ruines d'une tour assez élevée, restes d'une forteresse démolie par les Anglais. ✉

RIS. Village situé près de la rive gauche de la Seine, où l'on voit un beau château qui a été habité par Henri IV.—Au château de FROMONT, dépendance de Ris, on remarque un beau jardin de botanique, consacré à l'enseignement et au perfectionnement des différentes parties de l'horticulture. A 6 l. 1/2 de Paris. ✉

SAVIGNY. Village remarquable par un beau château gothique, entouré de fossés d'eau vive et flanqué de quatre tours. L'antique structure de ce château, ses vastes et belles dépendances en font une des habitations les plus agréables des environs. A 6 l. de Paris.

VILLENEUVE - SAINT - GEORGES. Joli bourg, situé sur la rive droite de la Seine, au confluent de l'Yères. Il est environné de plusieurs maisons de campagne, parmi lesquelles on distingue le château de BEAUREGARD, bâti sur un coteau élevé, d'où l'on domine une grande partie du vaste bassin de la Seine. De cette habitation, on découvre les dômes, les tours et autres grands édifices de la capitale ; les montagnes de Montmartre, du Calvaire, et, du côté opposé, l'antique tour de Montlhéry. A 4 l. 1/2 de Paris. ✉ ⚘ *Auberge*, le Cygne.

VIRY. Village très-agréablement situé, sur la pente d'une montagne boisée, dans un riant bassin arrosé par la rivière d'Orge. Il est environné de belles maisons de plaisance, parmi lesquelles on remarque celle de PIED DE FER, ornée d'une galerie en coquillage de la plus grande beauté. A 6 l. de Paris.

VRAIN (SAINT-). Village situé à 9 l. de Paris. — Le château du PETIT SAINT-VRAIN, bâti par la Dubarry, fait partie de cette commune. C'est un gracieux édifice, en forme de pavillon, surmonté d'un dôme, et ayant onze croisées sur les grandes faces et cinq sur les petites. On y arrive par un beau perron, élevé sur un soubassement formant terrasse. L'entrée est décorée d'un petit péristyle de 4 colonnes d'ordre dorique, couronné d'un fronton. Un parc d'une grande étendue, où l'art ajoute à la nature sans la dépouiller de ses charmes, de belles eaux, de nombreux ornements, font de ce château le séjour le plus attrayant. A 9 l. de Paris.

YÈRES. Joli bourg, agréablement situé dans une prairie arrosée par la rivière de son nom. A 5 l. de Paris.

ARRONDISSEMENT D'ÉTAMPES.

ANGERVILLE. Jolie petite ville, bien bâtie, propre et bien percée, située à 17 l. de Paris, sur la route d'Orléans. ✉ ⚜

BLANDY. Bourg, au milieu duquel on remarque les restes d'un ancien château fort, consistant en cinq tours inégales, avec des murs de clôture de 9 pieds d'épaisseur, et des fossés de 60 pieds de large. La plus grosse des tours, qui renfermait une partie des principaux appartements, sert aujourd'hui de logement au fermier. A 17 l. de Paris.

BOISSY-LE-SEC. Village situé à 13 l. de Paris; on y voit un château flanqué de tourelles, construit en 1339, qui forme une des plus jolies habitations des environs d'Étampes.

BOURAY. Village situé près de la rive droite de la Juine, dont dépend le château de FRÉMIGNY, remarquable par son architecture, sa position et ses points de vue pittoresques. A 10 l. 1/2 de Paris.

CHAMARANDE. Village bâti dans une vallée sauvage, bordée de rochers et traversée par la Juine. On y voit un château d'un aspect sévère, construit en grès et en briques, et entouré de larges fossés. A 11 l. de Paris.

CHAMPMOTEUX. Village à une demi-lieue duquel se trouve le château de VIGNAY, édifice considérable où est mort l'illustre chancelier de l'Hôpital, dont les restes mortels sont déposés dans l'église paroissiale de Champmoteux. Son tombeau, qui avait été transporté au musée des Petits-Augustins, a été replacé dans cette église en 1818. A 16 l. de Paris.

COURANCE. Village situé à 6 l. d'Étampes. On y voit un château dont le parc est embelli d'eaux vives agréablement distribuées, provenant de la rivière d'École.

ÉTAMPES. Ville ancienne, chef-lieu de sous-préfecture, située dans une vallée, sur deux petites rivières dont les eaux se réunissent à celles de la Juine; elle est bien bâtie, bien percée, et environnée de promenades plantées de beaux arbres et bordées de courants d'eaux vives. Étampes et ses faubourgs forment, sur la grande route de Paris à Orléans, une rue qui a près d'une lieue de long. Vers un des angles que forment la grande rue et la route de Dourdan, était sur un tertre élevé l'ancien château d'Étampes, démantelé par Henri IV. Il ne reste plus de cette forteresse qu'une tour fort élevée, appelée la tour de Guinette, dont le plan extraordinaire se compose de quatre sections de cercle. — Au bout de la plaine des Sablons, au milieu des prés, on voit les restes d'un vieux bâtiment, qui porte le nom de tour de Brunehaut. Sur les ruines de cet ancien édifice, M. Ch. Viart en a fait élever un nouveau, qui présente, sous des formes pittoresques, une forteresse isolée. — Sur les bords de la rivière de la Louette, près de la porte de Chaufour, on rencontre des fossiles en forme de tuyaux de différentes longueurs et de différents diamètres, que l'on désigne vulgairement sous le nom de pétrifications d'Étampes. A 13 l. de Paris. ✉ ⚜ *Auberges*, le Grand-Courrier, Bois de Vincennes, Trois-Rois.

ÉTRECHY. Bourg situé sur la grande route, près de la rive gauche de la Juine. A peu de distance de ce bourg, dans un vallon sauvage entouré de bois, on trouve les ruines de ROUSSAY, ancien château fort, dont les fossés profonds et les hautes tours rappellent la tyrannie féodale. A 11 l. de Paris. ✉ ⚜

FERTÉ-ALAIS (la). Petite ville située dans une belle vallée, sur l'Essonne; on y voit les vestiges d'un château qui a servi de prison d'état. A 11 l. de Paris. ✉

MAINE. Bourg situé dans une vallée arrosée par l'Essonne. A 15 l. de Paris.

MÉRÉVILLE. Bourg situé dans une vallée agréable, sur la Juine, et remarquable par un des plus beaux châteaux des environs de Paris.

Le château de MÉRÉVILLE est situé à mi-côte et domine tout le parc. C'était jadis un de ces donjons gothiques, flanqué de tours aux quatre angles, auquel on a joint deux ailes remarquables par leur harmonie avec le caractère du bâtiment. On y retrouve l'art, si perfectionné en Angleterre, de tirer parti des anciens édifices, en se rapprochant de leur style, au lieu de les dénaturer pour les ramener à des formes plus régulières et plus modernes. Le parc, d'une étendue de 100 arpents, est embelli de tous côtés par la rivière de Juine, qui forme plusieurs îles charmantes, et des cascades d'un bel effet, dont les eaux viennent se perdre dans des grottes immenses. Dans une île, non loin d'un moulin en forme de châlet suisse, on remarque une colonne rostrale en marbre bleu turquin, dédiée aux deux frères Delaborde, qui, partis avec l'expédition de Lapeyrouse, périrent victimes d'un acte de courage et de générosité aux côtes de la Californie. Plusieurs tours, un temple magnifique, des châteaux gothiques, un sarcophage dédié à Cook, et un grand nombre d'autres monuments placés çà et là, ajoutent aux agréments de ce beau séjour. A 18 l. de Paris.

MILLY. Petite ville très-ancienne, située dans une vallée fertile, sur l'École. Elle était jadis fortifiée, et défendue par un château de construction gothique, qui est encore dans un bon état de conservation. On y remarque une vaste place, une halle spacieuse et un hôtel-dieu. A 14 l. 1/2 de Paris.

ARRONDISSEMENT DE MANTES.

BONNIERES. Village agréablement situé, à 20 l. de Paris, sur la route de Caen.

BUHY. Village situé à 19 l. de Paris, où l'on voit un beau château, ancienne propriété de Duplessis Mornay.

CLAIR-SUR-EPTE (SAINT-). Bourg situé dans une jolie vallée sur l'Epte. On y voit les restes d'un ancien château fort qui a soutenu plusieurs sièges. A 20 l. de Paris.

DAMMARTIN. Bourg situé à 14 l. 1/2 de Paris.

FALAISE. Village situé dans une vallée traversée par la Maudre. Aux environs, sur la pente d'une montagne qui domine une assez grande étendue de pays, se trouve un château bâti dans une agreste situation, et remarquable par ses points de vue pittoresques.

GARGENVILLE. Village situé près de la grande route de Paris à Rouen. Le château d'Hénecourt, d'où l'on jouit d'une multitude de beaux points de vue sur les bords de la Seine et sur quantité de villages et de châteaux, fait partie de Gargenville. Les jardins et l'orangerie sont particulièrement remarquables.

HAUTE-ISLE. Village situé au bord de la Seine, sur un long banc de rochers, dans lequel on a creusé l'église, ainsi qu'un ancien château dont il reste encore une partie. A 18 l. de Paris.

HOUDAN. Petite ville, située au confluent de la Vesgre et de l'Opton. C'était jadis une ville forte entourée de murailles flanquées de tours, dont une très-solide et fort élevée existe encore. L'église, fondée par Robert-le-Pieux, est un des plus beaux monuments d'architecture gothique du département. A 16 l. de Paris. *Auberges*, l'Écu, le Cygne.

LIMAY. Bourg contigu à la ville de Mantes, dont il n'est séparé que par la Seine. On y remarque un joli ermitage taillé dans un rocher, où il se fait annuellement un pèlerinage qui attire un grand concours de monde. A 13 l. 1/2 de Paris.

MAGNY. Jolie petite ville, bien bâtie et agréablement située, sur le ruisseau de l'Aubette. C'était jadis une place forte, entourée de murailles, de tours et de remparts. L'église paroissiale possède un baptistaire curieux. — A l'entrée de la ville, on voit une jolie maison construite dans le goût italien, et aux environs les restes d'un camp romain. A 15 l. de Paris. *Auberge*, le Grand-Cerf.

MANTES. Jolie petite ville, bâtie dans une situation charmante, sur la rive gauche de la Seine, qui la sépare du bourg de Limay, avec lequel elle communique par deux beaux ponts. Les rues sont propres, bien percées et ornées de plusieurs fontaines. Mantes est une ville fort ancienne, dont on prétend que les Druides furent les fondateurs; c'était autrefois une place forte autour de laquelle on remarque encore des tours et des bastions qui ont échappé à l'injure du temps. Guillaume-le-Conquérant la brûla en 1087; les Anglais la prirent vers le milieu du XIVe siècle; Duguesclin la reprit en 1363, mais elle retomba au pouvoir des Anglais, qui la conservèrent jusqu'en 1449.—On y remarque l'église Notre-Dame, curieuse par la délicatesse des ornements qui la décorent, et la tour de l'église Saint-Maclou, précieux monument d'architecture gothique. — Les bords de la Seine offrent de très-jolies promenades, dites de l'île Champion et des Cordeliers. — Bibliothèque publique, 3,400 vol. A 14 l. de Paris. *Auberges*, le Grand-Cerf, le Cheval-Blanc, la Chasse-Royale.

ROCHEGUYON (la). Bourg bâti dans une situation pittoresque, au pied d'un rocher escarpé, sur la rive droite de la Seine, que l'on passe en cet endroit sur un bac. Il est célèbre par son antique château, édifice d'une grande dimension, adossé à un rocher

taillé à pic, et composé de divers corps de bâtiments anciens et modernes, dont quelques-uns remontent, dit-on, au temps de la première invasion des Normands. Les seules constructions remarquables qui aient résisté aux injures du temps et aux désastres de la guerre dont la Rocheguyon fut souvent le théâtre, sont une chapelle pratiquée dans le roc, à une très-grande élévation, et une tour à double enceinte qui s'élève majestueusement sur le sommet du rocher, domine toute la contrée, et communique au château par un long escalier creusé dans la montagne. Le château de la ROCHEGUYON a été agrandi et embelli par plusieurs membres de la famille La Rochefoucauld : on distingue principalement les écuries, un immense réservoir creusé dans le rocher, qui peut contenir 2,200 muids d'eau, de beaux jardins, un vaste potager et une magnifique promenade, établie à grands frais sur le roc, auparavant nu et aride. La chapelle renferme plusieurs tombeaux, parmi lesquels on remarque celui de la duchesse d'Enville.

Sous le règne malheureux de Charles VI, le duc de Bourgogne ayant soumis, en 1418, toute la contrée, à l'exception de Gisors, de Pont-de-l'Arche et de la Rocheguyon, ce dernier point fut enlevé, dans le cours de la même année, par le comte de Warwick. Une femme, fille de Jean Bureau, chambellan du roi de France, et veuve de Guy VI, sire de la Rocheguyon, tué à la bataille d'Azincourt, occupait alors la forteresse ; sommée de prêter serment au roi d'Angleterre, elle refusa, et fut dépouillée de sa seigneurie. Charles VII, pour récompenser sa fidélité, la nomma quelques années après dame d'honneur de la reine.

La vue du site de la Rocheguyon est une des plus belles qu'offre le cours de la Seine ; on en jugera par la gravure que nous joignons à cette première Livraison. A 18 l. 1/2 de Paris.

ROLLEBOISE. Joli village, très-agréablement situé sur la rive gauche de la Seine, et la grande route de Paris à Caen. A peu de distance de l'église, on voit les restes d'une ancienne tour bâtie sur le sommet d'une petite montagne, d'où l'on découvre d'immenses et riches campagnes arrosées par la Seine, couronnées d'un côté par de riants coteaux, et bornées de l'autre par le parc et la forêt de Rosny. Une galiote part journellement de Rolleboise pour Poissy, dont le trajet par eau est on ne peut plus agréable. A 18 l. de Paris.

ROSNY. Village situé sur la rive gauche de la Seine, qui forme en cet endroit deux îles, dans l'une desquelles on voit un vaste et beau château construit en briques, flanqué de quatre pavillons carrés et entouré de larges et profonds fossés. Rosny est la patrie de Sully, qui y naquit en 1559. Ce fut dans ce château que se retira Henri IV, après la sanglante et mémorable journée d'Ivry, où l'on sait que Sully fut dangereusement blessé. Rosny était naguère la maison de plaisance de la duchesse de Berri, qui fonda, en 1820, pour les indigents du village, un hospice de douze lits, avec une chapelle où on a déposé dans un cénotaphe de marbre blanc le cœur de son mari. A 15 l. 1/2 de Paris.

SEPTEUIL. Village situé au fond d'un vallon dont les coteaux sont couronnés de bois, au confluent des ruisseaux de Septeuil et de Vaucouleurs. Le château de SEPTEUIL est remarquable par sa situation pittoresque ; il est précédé d'une belle cour d'honneur, et se compose d'un corps de bâtiment flanqué de deux pavillons carrés, construits sur l'emplacement de vieilles tours qui durent faire partie d'un château beaucoup plus ancien. L'architecture de cet édifice n'offre rien d'intéressant ; mais tout a été calculé pour faire de cette habitation un séjour délicieux. A 14 l. de Paris.

VÉTHEUIL. Beau village, très-agréablement situé sur la rive droite de la Seine. Il était autrefois défendu par un château fort, dont il ne reste plus que des ruines. On y remarque une belle église d'architecture gothique, divisée en trois nefs ; le portail est décoré de jolies sculptures. A 15 l. de Paris.

VILLIERS-EN-ARTHIES. Village où l'on voit un joli château, environné d'un beau parc, dans lequel est une ancienne tour qui porte le nom de la reine Blanche. A 15 l. 1/2 de Paris.

ARRONDISSEMENT DE RAMBOUILLET.

ABLIS. Petite ville, située à 16 l. de Paris.

ARNOULT (SAINT-). Petite ville, située près de la forêt des Ivelines, sur la Remarde. Elle était autrefois entourée de fortifications, dont on voit encore quelques ruines. Les vitraux de l'église sont remarquables. On trouve dans les environs une source d'eau minérale. A 14 l. de Paris.

BOINVILLE. Village situé à 15 l. de Paris. Aux environs, on remarque l'ancien château de Bréau-sous-Napes, flanqué de quatre tours et entouré de fossés secs.

BONNELLES. Joli village, bâti dans une riante situation, et embelli par un beau château entouré de fossés remplis d'eau vive, avec des ponts-levis. A 10 l. de Paris.

BRIIS-SOUS-FORGES. Village autrefois fermé de murs et défendu par un château, dont il ne reste plus que le donjon et une tour, assez bien conservés. C'est dans ce château qu'Anne de Boulen fut élevée jusqu'à l'âge de 15 ans. A 8 l. de Paris.

CELLES-LES-BORDES. Village situé à 10 l. de Paris, dans une belle vallée, près de la forêt des Ivelines. On remarque dans les environs le château de la Celle, qui occupe l'emplacement d'un ancien oratoire de saint Germain. Au hameau des Bordes est un autre château, de construction gothique, qui mérite de fixer l'attention.

CERNAY. Village dont dépend le hameau de Vaux-de-Cernay, où existait jadis une abbaye de l'ordre de Cîteaux. Le hameau de Vaux-de-Cernay est remarquable par sa situation pittoresque. A la chute de l'étang de Vaux, on voit les ruines de l'abbaye, dont la fondation date de 1128; et dans une maison de campagne des environs, une belle terrasse plantée d'arbres, qui repose sur un vaste cellier percé d'arcades et partagé dans toute sa longueur par une file de piliers qui supportent des retombées de voûtes en ogive. A 4 l. 1/2 de Rambouillet.

CHÉRON (SAINT-). Village situé à 11 l. de Paris. On remarque sur son territoire la fontaine la Rachée, belle source d'eau vive qui sort d'un rocher par neuf ouvertures différentes, et forme une fontaine abondante; c'est sans contredit une des plus belles sources de la contrée.

CHEVREUSE. Petite ville bâtie dans une situation pittoresque, sur la pente d'un coteau qui domine une vallée agréable arrosée par l'Ivette. C'était jadis un lieu important, défendu par l'un des plus forts châteaux de la province. Ce château, célèbre par son antiquité, ses barons et ses ducs, était placé au sommet le plus élevé de la hauteur sur laquelle est bâtie la ville. Aujourd'hui, il ne présente plus qu'un monceau de ruines, où l'on peut cependant encore apercevoir qu'il était carré et environné de 8 ou 10 tours.

Lors des guerres qui désolèrent la France sous Charles VI, la ville de Chevreuse fut prise d'abord par le duc de Bourgogne, puis reprise, en 1417, par Tannegui du Châtel, prévôt de Paris; le château resta au duc, et la ville fut entièrement pillée. Quelque temps après, la ville et le château tombèrent au pouvoir des Anglais, qui les possédèrent jusqu'en 1448.

A quelque distance de Chevreuse, on voit au milieu d'un bois les ruines d'un autre château, nommé Méridan, dont la fondation remonte au XIIIe siècle. A 8 l. 1/2 de Paris.

DAMPIERRE. Village où l'on remarque un vaste et beau château que le cardinal de Lorraine fit augmenter et embellir sur les dessins de J.-H. Mansard. La situation de ce château au fond d'un vallon, ses larges fossés et les eaux qui l'environnent, l'emploi simultané de la brique et de la pierre dont on s'est servi pour sa construction, lui donnent un aspect sévère, qu'on retrouve dans la plupart des édifices du même genre bâtis vers le commencement ou le milieu du XVIe siècle. Le parc, traversé par l'Ivette, est d'une étendue considérable. De vastes pièces d'eau, de belles plantations, des jardins charmants, embellis de jets d'eau, de cascades, de bosquets, de labyrinthes, d'îles ombragées et distribuées avec art, font de cette belle propriété une des plus agréables des alentours. A 9 l. de Paris.

DOURDAN. Ancienne ville, située près de la forêt de son nom, dans la riante et spacieuse vallée de l'Orge. C'était autrefois une place importante, défendue par un château fort, construit dans le VIe siècle, et qui existe encore en partie. Il est composé d'une très-grosse tour et de huit autres tours qui se joignent l'une à l'autre par une courtine flanquée de bastions, bordée de larges et profonds fossés. Dans ces derniers temps, ce château avait été converti en une maison de détention, qui depuis a été transférée à Poissy. On remarque encore à Dourdan l'église paroissiale, dont le portail est surmonté de deux flèches semblables à celles de la cathédrale de Chartres; et la halle aux grains. A 16 l. de Paris.

Dourdan est la patrie du célèbre moraliste La Bruyère. Il ne nous reste que peu de détails sur sa vie. On sait seulement qu'il fut trésorier de France à Caen, et chargé ensuite d'enseigner, sous la direction de Bossuet, l'histoire au duc de Boure; qu'il passa le reste de ses jours auprès de ce prince en qualité d'homme de lettres, avec une pension de mille écus; qu'il fut reçu à l'académie française le 15 juin 1695, et qu'il mourut d'apoplexie à Versailles, le 10 mai 1696. C'était un philosophe qui ne cherchait qu'à vivre tranquillement avec des amis et des livres, toujours livré à une joie modeste, ingénieux à la faire naître, poli dans ses manières et sage dans ses discours, fuyant toute sorte d'ambition, même celle de montrer de l'esprit.

Lorsque parut son livre des Caractères, en 1687, il fut lu avec avidité, non-seulement parce qu'il était excellent, mais parce qu'on supposait à l'auteur des intentions qu'il n'avait pas eues : on voulut reconnaître dans la société les personnages tracés par La Bruyère; on plaça des noms au bas de ses caractères et de ses portraits. La malignité contribua d'abord au succès de l'ouvrage, autant peut-être que le mérite qu'on y trouvera toujours, et qui le fera rechercher dans tous les temps.

Le château du MARAIS, dont l'architecture parfaitement régulière rappelle les fabriques italiennes, fait partie de la commune de Dourdan. Il est situé au fond d'une vallée assez large qu'arrose une petite rivière. En face est une grande pièce d'eau de 300 toises de long; du côté du jardin s'étend une vaste pelouse, qui se prolonge jusqu'aux pâturages de la vallée. A droite, le sol s'élève par une pente douce jusqu'au sommet d'un coteau, d'où l'on jouit d'un coup d'œil enchanteur sur une multitude de villages, de châteaux et d'habitations champêtres.

HILLARION (SAINT-). Village situé à 14 l. de Paris, sur la route de Chartres. De cette commune dépend le château des VOISINS, dont le parc renferme une masse énorme de rochers, digne d'exercer les crayons des artistes et de fixer l'attention des naturalistes.

JOUARS. Village dont dépend le hameau de Pontchartrain, où l'on remarque un magnifique château, situé près de la grande route, dans une large vallée où serpentent plusieurs ruisseaux. Près de l'église, on voit un monument sépulcral de forme gothique, entouré d'une masse de peupliers qui présente un aspect imposant. A 9 l. 1/2 de Paris.

Le château de PONTCHARTRAIN est fort bien bâti et d'un aspect très-agréable. Le parc est bordé presque entièrement par la rivière de Maudre, qui, par des canaux, répand ses eaux dans l'intérieur; de magnifiques bosquets, ornés d'arbustes de toute espèce, et même de plantes exotiques, multiplient les agréments de ce jardin.

LIMOURS. Petite ville, située dans une vallée agréable, à peu de distance de la grande route. A 8 l. de Paris.

On ne connaît aucun titre qui fasse mention de cette ville avant le XIe siècle. La terre de Limours fut réunie à la couronne en 1538; François Ier la donna, en 1545, à la duchesse d'Étampes, sa maîtresse, qui y fit bâtir un superbe château. Le séjour de ce lieu parut si agréable à François Ier qu'il le choisit pour y dissiper le double ennui que lui causaient et la mort de Henri VIII, roi d'Angleterre, et les accès de la fièvre lente dont il fut attaqué quelques jours avant de mourir. Henri II donna ce château à Diane de Poitiers, qui le transmit à ses héritiers. Le cardinal de Richelieu l'acquit en 1623, et y fit de grands embellissements; par ses soins il fut orné de statues, de tableaux, de fontaines, et devint l'une des plus magnifiques demeures du royaume. Quelques années après, le cardinal s'étant dégoûté de cette habitation, la vendit à Gaston d'Orléans, frère de Louis XIII. Le château a été démoli au commencement du XIXe siècle.

L'église paroissiale de Limours est un bâtiment assez beau, construit sous le règne de François Ier. Elle est bâtie en forme de croix, mais sans ailes. A côté du portail est une tour commencée par Gaston d'Orléans, et qui n'a jamais été achevée.

MAGNY-LES-HAMEAUX. Village situé à l'extrémité d'une longue plaine terminée par le bois de Trapes. On voit dans les environs les ruines de l'ancienne abbaye de Port-Royal-des-Champs, détruite par arrêt du conseil du roi, du 27 octobre 1709. — Ce monastère était situé dans une vallée pittoresque, mais humide et malsaine. Il devait son origine à une chapelle de saint Laurent, qui fut érigée en communauté, en 1204. Plus tard les religieuses furent transférées à Paris; mais au bout de quelques années elles rentrèrent dans leur ancienne abbaye, qui prit seulement alors le nom de *Port-Royal-des-Champs.* — Patrie de Desault. A 7 l. 1/2 de Paris.

MARCOUSSY. Village fondé en 661, par saint Wandrille, qui y fit bâtir une église et un monastère. On y remarquait autrefois un château fort bâti vers la fin du XIVe siècle, et démoli en 1807. Le château de MARCOUSSY passait pour une des plus fortes places du royaume : l'entrée était couverte par un ouvrage avancé, ou avant-château, dans lequel on ne pouvait entrer que par deux ponts-levis. Après avoir traversé une cour carrée, on entrait dans le château par un second pont-levis. La forme était celle d'un parallélogramme allongé, dont les quatre angles étaient flanqués de quatre grosses tours, munies de courtines, de machicoulis et de demi-tours découvertes. Au-dessus de la porte d'entrée s'élevait un donjon, où l'on voyait une statue de Charles VI. L'église paroissiale est de construction gothique : sous le portail, on a représenté le mystère de la Trinité, figuré par un triple corps à trois faces et à plusieurs mains, lequel a beaucoup de ressemblance avec les idoles qui ornent les temples des Indiens. A 7 l. 1/2 de Paris.

MAUREPAS. Village situé à 9 l. de Paris, remarquable par les ruines pittoresques d'un ancien château fort, qui fut jadis le repaire d'une horde de brigands gentilshommes qui volaient, massacraient et dévastaient les maisons de Paris, sous les règnes de Charles VI et de Charles VII.

MONTFORT L'AMAURY. Jolie petite ville, bien bâtie en amphithéâtre, sur un coteau, dont le pied est baigné par une petite rivière. C'était autrefois une place forte, défendue par un bon château, qui a soutenu plusieurs siéges. Elle tomba au pouvoir des Anglais, auxquels elle fut enlevée deux fois, en 1189 et en 1203. On voit encore, sur un mamelon escarpé qui domine la ville, les ruines de l'ancien château : les sculptures qui ornent les portes de deux tours encore existantes, indiquent que sa construction date du XIIIe siècle, époque la plus brillante de l'architecture gothique. Sur les flancs du mamelon on a construit récemment une jolie promenade, d'où l'on jouit d'une vue très-étendue. — L'église est d'une belle construction et ornée de riches vitraux. A 10 l. 1/2 de Paris. ✉

NÉAUPHLE-LE-CHATEAU. Bourg bâti dans une situation agréable, sur une éminence, d'où la vue s'étend fort loin. A 9 l. de Paris. ✉

RAMBOUILLET. Fort jolie petite ville, située dans une belle vallée, près de la vaste forêt de son nom. Elle est bien bâtie, traversée par des rues larges, propres, bien percées, et remarquable par un ancien château royal environné de canaux et flanqué de cinq tours antiques, dans l'une desquelles est mort François Ier, en 1547. Le château de RAMBOUILLET est en partie construit en briques, sur un plan très-irrégulier. La décoration en est simple. Le rez-de-chaussée est peu élevé ; au-dessus de l'étage principal règne un deuxième étage, placé en partie dans les combles. Les appartements se ressentent de l'irrégularité de l'édifice. L'entrée, placée dans l'axe d'une belle avenue, est une construction moderne. La cour est étroite et petite.

Les contours des jardins, dessinés par Le Nôtre, se lient très-heureusement au parc et à la forêt qui les entourent. Leur plus bel ornement est une pièce d'eau, dont la surface, d'une étendue de 90 arpents, présente un trapèze que quatre grandes îles et deux petites, toutes couvertes de verdure et plantées d'arbres et d'arbustes, partagent en plusieurs canaux. Au-delà de ces canaux, du côté de la forêt, est un jardin pittoresque, remarquable par l'abondance de ses eaux, par les monuments qui le décorent, et par la beauté des arbres exotiques qu'il renferme. Deux sarcophages antiques, placés au milieu d'une épaisse futaie, y produisent un effet tout à fait pittoresque. Plus loin, et toujours à peu de distance du château, sont un parc où on élève la bête fauve, et une vaste faisanderie.

Rambouillet est principalement connu par son beau parc, dans lequel fut fondée la première ferme-modèle établie en France, et par sa bergerie, qui servit de dépôt au premier troupeau de mérinos que nous ayons possédé, troupeau qui servit de souche à la race pure et aux races métis qui sont aujourd'hui une des plus grandes richesses du royaume. La forêt, qui tient au parc, a une contenance de 30,000 arpents ; elle est percée de belles routes et offre des promenades fort agréables. A 12 l. de Paris. ✉ ⚜. *Auberges* du Lion-d'Or, du Grand-Saint-Martin, de Saint-Pierre. — Bibliothèque publique.

FIN DU DÉPARTEMENT DE SEINE-ET-OISE.

Guide Pittoresque

DU

VOYAGEUR EN FRANCE.

Ire ROUTE DE PARIS A NANTES,

TRAVERSANT LES DÉPARTEMENTS

DE SEINE-ET-OISE, DU LOIRET, DE LOIR-ET-CHER, D'INDRE-ET-LOIRE,
DE MAINE-ET-LOIRE, ET DE LA LOIRE-INFÉRIEURE.

DÉPARTEMENT DU LOIRET.

Itinéraire de Paris à Nantes.

	lieues.			lieues.
De Paris à Montrouge... ✉	1	Écure... ✉...☞..	1 1/2
Bourg-la-Reine... ✉	1	Veuves... ☞..	1 1/2
Berny... ☞.	1	Amboise... ✉...☞..	3
Antony... ✉	1/2	La Frillère... ☞..	3
Longjumeau... ✉...☞.	1 1/2	Vouvray... ✉...☞..	1
Linas... ✉...☞.	2	Tours... ✉...☞..	2 1/2
Arpajon... ✉...☞.	1	Luynes... ☞..	3
Étrechy... ✉...☞.	3	Langeais... ✉...☞..	3
Étampes... ✉...☞.	2	Trois-Volets... ☞..	3
Montdésir... ☞.	2	Chouzé... ✉...☞..	3
Angerville... ✉...☞.	2 1/2	Saumur (la Croix-Verte). ✉ ...☞..	4 1/2
Thoury... ☞.	3 1/2	Roziers... ☞..	4
Artenay... ✉...☞.	3	St-Mathurin... ✉...☞..	2 1/2
Chevilly... ☞.	2	Angers... ✉...☞..	5
Orléans... ✉...☞.	3 1/2	St-Georges... ✉...☞..	4 1/2
St-Ay... ☞.	2	Champtocé... ☞..	2
Meun... ✉...☞.	1 1/2	Ingrande... ✉..	1
Beaugency... ✉...☞.	1 1/2	Vardes... ✉...☞..	2
Mer... ✉...☞.	3	Ancenis... ✉...☞..	3 1/2
Menars... ✉...☞.	3	Oudon... ✉...☞..	2 1/2
Blois... ✉...☞.	2	La Sailleraye... ☞..	3 1/2
Chouzy... ☞.	3	Nantes... ✉...☞..	3

ASPECT DU PAYS QUE PARCOURT LE VOYAGEUR

D'ANGERVILLE A BEAUGENCY.

En partant d'Angerville on traverse une voie romaine allant de Sens à Chartres, et l'on trouve un poteau indiquant la triple limite des départements de Seine-et-Oise, d'Eure-et-Loir et du Loiret. Au bout d'une demi-lieue, on laisse à droite l'avenue du château d'Arbouville, et, du même côté, le village de Barmainville; on traverse Bel-Air, Champilory, Toury, village avec relais de poste dépendant du département d'Eure-et-Loir, qui forme sur cette route une légère échancrure. La route que l'on parcourt traverse de vastes plaines cultivées en blé jusqu'à Artenay, bourg où est le relais de poste; passé ce bourg, elle est bordée de beaux arbres; sur la droite on remarque le château d'Auvilliers; on trouve le hameau de la Croix-Briquet, et peu après le relais de Chevilly,

IIe Livraison. (LOIRET.)

village bien bâti et très-agréable, où l'on voit un joli château précédé d'une belle avenue. Après ce relais succèdent aux plaines fertiles de la Beauce les plaines sablonneuses de l'Orléanais; on entre dans la vaste forêt d'Orléans, si élaguée le long de la route, qu'on ne se douterait pas de la traverser. On passe au village de Cercottes, situé dans un vaste espace de la forêt; au hameau de Montjoie, d'où l'on descend dans une belle vallée jusqu'à celui de la Poterie, à peu de distance duquel se présentent les premières maisons du faubourg des Aides, qui a plus d'une demi-lieue de long, et prend, près d'Orléans, le nom de faubourg Bannier.

On sort d'Orléans par la porte de la Madelaine. La plaine riante, couverte de vignes et parsemée de jolies habitations, que suit la route à l'issue de cette ville, se termine à la Loire, qu'on longe, sans discontinuer, et presque sans la voir, jusqu'à Saint-Ay, village situé en terrasse sur la rive droite du fleuve; de cet endroit on jouit d'une vue délicieuse sur la rive opposée: l'objet le plus frappant qui s'y présente est la petite ville de Notre-Dame de Cléry, où fut enterré Louis XI, remarquable par la haute église qui la domine. Après Saint-Ay, dont le territoire est la principale source des vins dits d'Orléans, on traverse les hameaux de Cropel, de Bel-Air, de Saint-Pierre, et la petite ville de Meun, au sortir de laquelle on remarque le joli château de ce nom, dont les jardins règnent en terrasse sur la Loire. En s'éloignant de Meun, la route traverse de campagnes fécondes, de riches vignobles, et s'éloigne du fleuve, que l'on retrouve à Beaugency, ville agréablement située dans un territoire fertile en vins renommés dont il se fait un grand commerce.

DÉPARTEMENT DU LOIRET.

APERÇU STATISTIQUE.

Le département du Loiret est formé du ci-devant Orléanais propre, du Gatinais, du Dunois orléanais et d'une petite partie du Berri. Il tire son nom d'une petite rivière qui, après un cours de deux lieues seulement, se jette dans la Loire au-dessous d'Orléans. Ses bornes sont: au nord, les départements de Seine-et-Oise et de Seine-et-Marne; à l'est, ceux de l'Yonne et de la Nièvre; au sud, ceux de Loir-et-Cher et du Cher; à l'ouest, celui d'Eure-et-Loir. Le climat est sain et tempéré: celui de Montargis passait autrefois pour si salubre, que les reines de France choisissaient le château de cette ville pour y passer le temps de leurs couches. Dans quelques parties cependant, les exhalaisons du canal et de quelques étangs rendent le climat fiévreux.

Le territoire de ce département est divisé en deux parties bien distinctes par la Loire. La partie située au sud de ce fleuve faisait autrefois partie de la Sologne, et n'offre qu'un sol ingrat et sablonneux, où l'on trouve cependant quelques coteaux plantés de vignes qui donnent des vins rouges et blancs d'assez bonne qualité. La partie au nord de la Loire se compose de plaines fertiles et bien cultivées, de vastes forêts, de belles prairies et de nombreux pâturages. Une chaîne de collines peu élevées traverse le département du sud-est au nord-ouest.

L'arrondissement d'Orléans produit toutes sortes de grains, d'excellents vins, des légumes, du chanvre, du safran, des fruits de toute espèce. Au nord, le pays est entrecoupé de coteaux boisés et de vallons fertiles; à l'est, il est traversé par le canal d'Orléans et par une partie de la forêt de ce nom. La partie qui s'étend sur la rive gauche du fleuve n'offre qu'un pays sablonneux et peu productif. — La Loire traverse l'arrondissement de Gien dans toute sa longueur. Au nord-ouest il est couvert par la forêt d'Orléans: on y trouve des plaines et des coteaux fertiles qui produisent des grains, du vin, du safran et des fruits. Au sud, le pays offre une assez grande quantité de landes et de bruyères. — Le territoire de l'arrondissement de Montargis est traversé par les canaux de Briare et d'Orléans, par le Loing, et par une multitude de ruisseaux qui prennent leurs sources dans des étangs, et sur les bords desquels s'étendent de riches prairies qui nourrissent un grand nombre de bestiaux. Au nord et à l'est, le pays est couvert de forêts, dont la

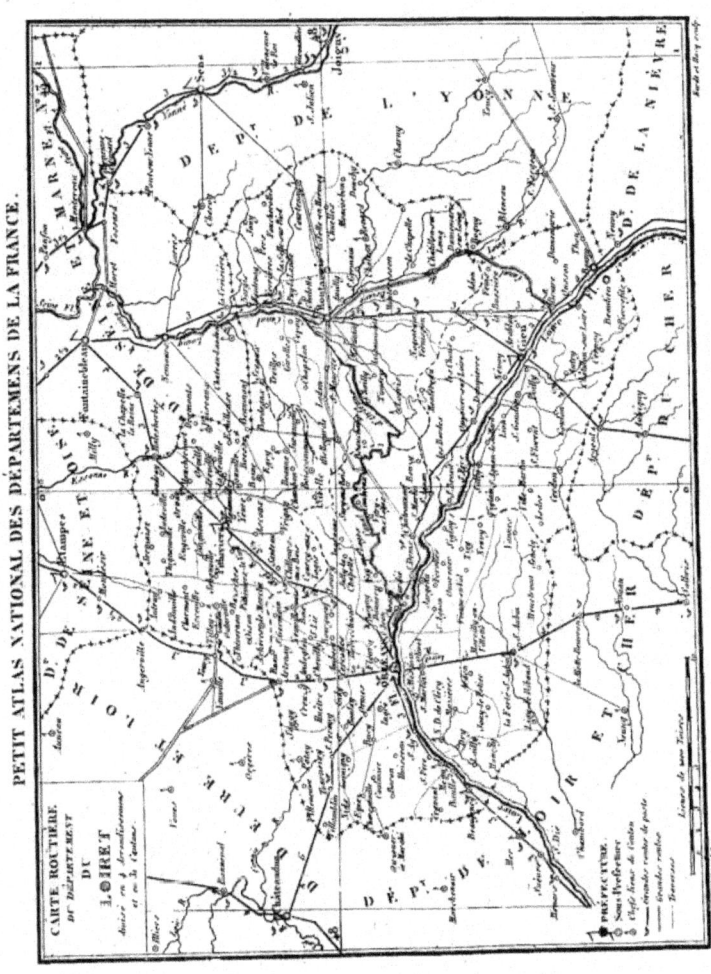

BEAUGENCY.

plus considérable est celle de Montargis. — L'arrondissement de Pithiviers, traversé du sud-ouest au nord-est par le ruisseau de l'OEuf, est en général uni, fertile et bien cultivé : on y récolte quantité de grains, et du safran qui passe pour le meilleur de la France.

Le département du Loiret a pour chef-lieu Orléans. Il est divisé en 4 arrondissements et en 31 cantons, renfermant 358 communes. — Superficie, 342 l. carrées. — Population, 305,276 habitants.

MINÉRALOGIE. Mines d'antimoine. Carrières de pierres à bâtir, pierres à chaux ; pierres susceptibles de recevoir un beau poli, dites diamants d'Olivet ; marne, terre à potier.

SOURCES MINÉRALES à Segray, à Beaugency, à Châteauneuf, à Noyers, à Ferrières, et dans plusieurs autres communes.

PRODUCTIONS. Froment de bonne qualité, beaucoup d'avoine, orge, seigle et méteil ; récolte au-delà des besoins. Plantes potagères et légumineuses d'excellente qualité. Arbres à bons fruits. Culture assez importante de safran. — 39,000 hectares de vignes, répartis sur le territoire de 339 communes, et produisant annuellement 1,095,515 hectol. de vins estimés comme vins d'ordinaire : les meilleurs crus sont ceux de Beaugency, Beaulette, Guignes, Saint-Jean de Bray, la Chapelle, Saint-Ay, Fourneaux, Saint-Jean-le-Blanc, Meun, Sandillon, Saint-Denis-en-Val et Combleux ; Saint-Mermin, Marigny et Rebréchin produisent de bons vins blancs. — 95,950 hectares de forêts. — Élève des bestiaux et des mérinos. Éducation soignée des abeilles et de la volaille. — Jardin de botanique à Orléans.

INDUSTRIE. Fabriques de bonneterie et de couvertures de laine. Nombreuses raffineries de sucre. Distilleries d'eau-de-vie. Vinaigreries. Blanchisseries de cire. Tanneries renommées.

COMMERCE. Situé presque au centre de la France, traversé par deux canaux de navigation, par un grand fleuve et par plusieurs grandes routes, ce département est le centre d'un commerce important, dont la ville d'Orléans est l'entrepôt. Les principaux objets consistent en grains, vins, eaux-de-vie, vinaigre, sucre, miel excellent, safran, laines, volailles et bestiaux.

VILLES, BOURGS, VILLAGES, CHATEAUX ET MONUMENTS REMARQUABLES ; CURIOSITÉS NATURELLES ET SITES PITTORESQUES.

ARRONDISSEMENT D'ORLÉANS.

ARTHENAY. Joli bourg, situé sur la grande route de Paris à Orléans. ✉ ☞ Pop. 1,150 h. A 5 l. 1/2 d'Orléans.

AY (SAINT-). Beau village, situé en amphithéâtre sur le penchant d'un coteau qui borde la rive droite de la Loire, dans un territoire fertile en vins estimés : on y jouit d'une vue délicieuse sur la petite ville de Cléry, dominée par sa belle et haute église, et sur les riants paysages qu'offrent les rives gracieuses du fleuve. Pop. 900 h. A 3 l. d'Orléans.

BAULLE. Village bâti dans une situation très-agréable, sur la levée et la rive droite de la Loire, à 1 l. de Beaugency. Commerce de safran et de vins estimés que produit son territoire. *Fabrique* de sucre de betteraves. Pop. 2,200 h.

BEAUGENCY. Ville ancienne, très-agréablement située sur le penchant d'un coteau et dans le fond d'un vallon qui borde la Loire, que l'on traverse en cet endroit sur un pont en pierre de trente-neuf arches. L'antiquité de cette ville est constatée par des médailles des empereurs romains, trouvées dans différents lieux de son enceinte, et par une tour ancienne et très-élevée, qui est l'un des édifices principaux de la vue générale de cette ville, que nous joignons à cette Livraison. Elle était jadis défendue par un ancien château fort, sur les ruines duquel fut construit plus tard celui dont on voit encore les restes. Le château de Beaugency, quoique bien fortifié, ne put cependant préserver la ville des ravages qu'y exercèrent Attila en 451, Odacre, roi des Saxons, en 480, les Normands en 854 et années suivantes, le prince de Galles en 1367, les Anglais en 1411 et 1428. Le duc d'Alençon et Jeanne d'Arc l'enlevèrent aux Anglais en 1429. Dans le XVIe siècle, la ville fut si souvent prise et reprise pendant les guerres de religion, qu'elle ne s'est jamais relevée des désastres qu'elle éprouva à cette époque.

La tour de Beaugency, étonnante par sa construction et par son élévation, offre un parallélogramme de 72 pieds de long sur 62 pieds de large; elle était jadis environnée de murailles particulières; sa couverture, qui était en plomb et en ardoise, fut brûlée en 1568, par suite de l'incendie d'une abbaye qui en était très-proche, et à laquelle les protestants mirent le feu. En 1767, son élévation était de 125 pieds; mais on fut forcé alors d'en démolir environ dix pieds qui menaçaient ruine : deux vedettes ou guérites étaient construites à ses deux angles supérieurs nord-est et sud-est, et il régnait tout autour un rempart qui faisait un peu saillie au-dehors des murs, dont l'épaisseur pouvait être de huit à neuf pieds.

L'origine de cette tour est fort ancienne, mais on ne saurait en fixer l'époque. La partie inférieure est séparée du reste du monument par des voûtes en pierre, bâties en plein cintre, et qui reposent sur de forts piliers carrés. Elle est éclairée par des jours étroits; un puits très-large s'y trouvait pratiqué. On arrivait aux étages supérieurs par un escalier dont il ne reste plus que quelques degrés, et par une communication établie entre le premier étage et le château. Des arcs à plein cintre, reposant sur des colonnes et s'appuyant sur des buttées saillantes dans l'intérieur, partagent la tour en deux parties presque égales du nord au sud, depuis le premier étage : ces arceaux et ces colonnes, superposées les unes sur les autres, soutenaient les planchers. Quatre corps de cheminées ont été pratiqués par-dessus les uns des autres dans l'épaisseur des murs, à l'est et à l'ouest; ils servaient aux quatre étages supérieurs, et sont plus récents que le reste de la tour; leur forme est celle qu'on leur donnait du temps de François Ier. La tour de Beaugency offre encore aujourd'hui une masse imposante qui fait distinguer cette ville de très-loin; elle est adossée du côté de l'ouest à un monticule d'environ 30 pieds de hauteur et de 100 pieds de surface, qui paraît avoir été fait de main d'homme dans les temps les plus reculés.

L'hôtel-de-ville de Beaugency est encore un des édifices remarquables de cette ville. Il offre une façade élégante et gracieuse, presque semblable, mais dans des dimensions plus petites, à celle de l'ancien hôtel-de-ville d'Orléans. Cette façade est sculptée avec goût, ornée de bas-reliefs, de portraits, et d'une salamandre qui caractérise le règne de François Ier.

Beaugency était autrefois totalement entouré de murs, flanqués de tours et de bastions, dont il reste encore une partie. Les fortifications du château s'étendaient alors jusqu'au pont; elles ont été détruites en 1767. Au-delà du pont, et très-près de la ville, existe une fontaine d'eau minérale ferrugineuse froide, découverte en 1787.

A 1 l. 1/2 de Beaugency, près de la métairie de Ver, au centre du clos qui produit l'excellent vin de Guignes, on remarque, à peu de distance du beau château d'AVARAY, un dolmen d'une dimension considérable. Formé d'une pierre immense, il était soutenu par huit autres pierres placées verticalement; la table horizontale, divisée aujourd'hui en trois morceaux, avait 20 à 21 pieds de long sur 14 de large; son épaisseur est de 3 pieds; la moitié environ est encore soutenue par trois pierres verticales. Divers lichens et des plantes parasites croissent sur ces débris; un orme, qui s'échappe de dessous la partie que le temps et les orages ont respectée, s'élève à 30 pieds au-dessus du dolmen, et couvre de son ombrage ce monument aussi recommandable par son antiquité que par sa masse imposante.

Beaugency est la patrie d'Aignan, littérateur et auteur dramatique, et du physicien Charles, qui, le premier, appliqua le gaz hydrogène aux aérostats. — *Fabriques* de draperies; distilleries d'eau-de-vie; nombreuses tanneries. Commerce de vins très-estimés de son territoire, d'eau-de-vie, grains et farines. Pop. 5,000 h. A 6 l. d'Orléans. ✉ ⚒. *Hôtels* de la Forêt; du Grand-Cerf, de l'Écu.

CHATEAUNEUF-SUR-LOIRE. Bourg situé sur la grande route d'Orléans à Nevers, près de la rive droite de la Loire. *Fabriques* de draperies, raffinerie de sucre de betterave. Pop. 4,500 h. A 5 l. 1/2 d'Orléans. ✉ ⚒. *Hôtel* d'Orléans.

CLÉRY-SUR-LOIRE. Jolie petite ville, bâtie dans une belle situation sur la rive gauche de la Loire. Elle était autrefois entourée de murs, de tours, de fossés, et paraît devoir son origine à un oratoire sous le vocable de la Vierge-Marie, qui, suivant saint Liphard de Meung, existait dès 550. Simon de Melun y fonda un chapitre sous l'invocation de Sainte-Marie, en 1302. Philippe de Valois posa, en 1330, la première pierre d'une église qui fut entièrement terminée sous son règne. Cette église fut en partie détruite par le comte de Salisbury, en 1428; mais Louis XI la fit reconstruire avec magnificence, la dota de 2,330 écus d'or, et la désigna par son testament pour le lieu de sa sépulture.

L'église de Cléry est dans le genre gothique, et digne de fixer l'attention des artistes et des archéologues. Intéressante sous le rapport historique, elle ne l'est pas moins sous celui de l'art par ses ornements. Le portail est majestueux et élégamment couronné par une petite campanille. A côté de l'entrée latérale nord, est une grosse tour carrée, jadis surmontée d'une flèche. Des contre-forts nombreux et bien disposés ajoutent encore à son aspect monumental extérieur. La forme de cet édifice est celle d'une croix, du centre de laquelle s'élève un clocher en forme de pyramide. A l'intérieur, la nef principale est éclairée par vingt-trois croisées, dont les vitraux peints devaient produire un bel effet, à en juger par ceux de la croisée et du rond-point, les seuls conservés. Des basses nefs entourent la nef principale et contribuent à la beauté de l'édifice. Les ornements de la porte de la sacristie et de celle du chapitre font à juste titre l'admiration des artistes; les guirlandes qui entourent ces portes sont sculptées avec une grace, une délicatesse infinie. Les stalles offrent des têtes bizarres et des ornements curieux, dessinés avec goût et fort bien sculptés. Dans la grande nef, on remarque le monument de Louis XI, exécuté en 1622, dont le bon La Fontaine a donné la description suivante, dans son voyage en Limousin:

« Louis XI est enterré à Cléry; on le
« voit à genoux sur son tombeau, quatre
« enfants aux coins : ce sont quatre anges,
« et ce pourrait être quatre amours, si on
« ne leur avait point arraché les ailes. Le
« bon apôtre de roi fait là le saint homme,
« et est bien mieux pris que quand le Bour-
« guignon le mena à Liége.

. Je lui trouvai la mine d'un matois;
. Aussi l'étoit ce prince dont la vie
. Doit rarement servir d'exemple aux rois,
. Et pourroit être en quelques points suivie.

« A ses genoux, sont ses heures et son
« chapelet, et autres menus ustensiles, sa
« main de justice, son sceptre, son chapeau
« et sa Notre-Dame; je ne sais comment le
« statuaire n'y a point mis le prévôt Tris
« tan; le tout est en marbre blanc et m'a
« semblé d'assez bonne main. »

Ce monument, que l'on a vu figurer à Paris au Musée des monuments français, a été replacé à Cléry en 1816. Il est élevé sur un piédestal orné de quatre colonnes, et porte pour principale inscription : *A la mémoire de Louis XI, roi de France, et de Charlotte de Savoie, son épouse.*

On remarque encore à Cléry la maison qu'habita Louis XI, et l'hôtellerie où descendirent Louis XIII, Louis XIV et la marquise de Pompadour; cette habitation conserve encore des plafonds peints à fresque, avec des devises, des emblèmes et des amours: on y voit aussi une très-belle rampe d'escalier en fer, ornée d'LL entrelacés, d'assez bon goût et en cuivre. — Le château du Mardreau, sur la pelouse duquel les habitants d'Orléans et des environs se rendent en foule pour danser, à la Notre-Dame de septembre, est une habitation très-agréable et digne d'être visitée. — Pop. 2,250 h. A 4 l. d'Orléans.

CYR-EN-VAL (SAINT-). Village situé à 3 l. d'Orléans. Le château de la Source, où prend naissance le Loiret, est une dépendance de cette commune.

Les sources du Loiret ont été de tout temps un objet de curiosité : on les distingue en grande source ou abime, et en petite source ou bouillon. La grande source, placée vis-à-vis les cuisines du château, ne produit qu'un léger frémissement à sa surface; la petite source, située à l'est, occupe à peu près le centre d'un bassin circulaire assez vaste, où commence le lit du Loiret; on en voit facilement le fond, qui présente la forme d'un entonnoir. Entre les deux sources, on remarque un bassin naturel, de forme demi-circulaire, qu'on appelle le gouffre ou le Gèvre, dans lequel vient se perdre la petite rivière de Duis.

Le Loiret, dont le cours est à peine de trois lieues, porte bateau presqu'au sortir de sa source; il est navigable depuis les moulins de la chaussée inférieure jusqu'à son embouchure. Dans les grandes chaleurs, la température des eaux de cette rivière ne s'élève pas au-dessus de 12 degrés du thermomètre de Réaumur, et dans les plus grands froids, elle ne descend guère qu'à 8 degrés au-dessous de zéro.

FERTÉ-SAINT-AUBIN (la). Bourg situé sur la rive gauche du Cosson. On y remarque le château de la Ferté-Saint-Aubin ou Lowendal, aujourd'hui propriété du fils du maréchal Masséna. Cette terre, d'une étendue de 1,500 arpents, fait partie de la Sologne, contrée pauvre et stérile, dont les vastes surfaces étaient cependant couvertes de forêts du temps de Jules César. Des traces de camps romains attestent que cette partie de la Gaule offrait des ressources dont elle est maintenant dépouillée. Le château est situé sur le Cosson, dont les eaux alimentent ses larges fossés ; il se compose de deux parties distinctes : l'une très-ancienne, et dont l'origine remonte jusqu'au XIIe siècle ; l'autre construite par le maréchal de la Ferté, sur les dessins de Mansard, vers le milieu du XVIIe siècle. — Pop. 1,590 hab. A 5 l. d'Orléans.

JARGEAU. Petite ville située sur la rive gauche de la Loire, à 4 l. d'Orléans. Pop. 2,500 h.

MESMIN (SAINT-). Village situé sur le Loiret, qui commence en cet endroit à être navigable. Il possédait jadis une ancienne abbaye, dont une partie des bâtiments forme aujourd'hui une jolie habitation particulière. — *Fabrique* de papier ; moulins à farine. A 1 l. d'Orléans.

MEUN ou **MEHUN.** Petite ville bien bâtie et fort agréablement située sur la rive droite de la Loire et sur la grande route d'Orléans à Tours. On y voit un joli château, qui faisait jadis partie du domaine des évêques d'Orléans. C'est la patrie de Jean Clopinel, connu sous le nom de Jean de Mehun, qui, quarante ans après la mort de Guillaume de Lorris, acheva le roman de la Rose : on sait que le même auteur dédia à Philippe-le-Bel la traduction du traité de la Consolation, par Boëce. — *Fabriques* de feutres ; nombreuses tanneries ; superbes moulins à farine ; belles papeteries. — Commerce considérable de farines et de cuirs estimés. A 4 l. 1/2 d'Orléans. Pop. 5,150 h. *Auberges* du Grand-Turc, du Bon-Français.

NEUVILLE-AUX-BOIS. Petite ville située à 5 l. 1/2 d'Orléans. Pop. 2,250 h.

OLIVET. Bourg situé sur le Loiret, à 1 l. 1/2 d'Orléans. Pop. 3,300 h. Commerce de vins.

ORLÉANS. Grande et très-ancienne ville, chef-lieu du département. Cour royale, tribunaux de première instance et de commerce ; bourse et chambre de commerce ; académie, société des sciences, belles-lettres et arts ; collège royal ; écoles gratuites de dessin et d'architecture ; évêché. Pop. 40,161 hab.

Cette antique cité, bâtie sur la rive droite de la Loire et sur la pente modérément inclinée d'un coteau fertile, se déploie majestueusement au nord du fleuve, et offre un très-bel aspect. Sa situation, à peu près au centre de la France, à l'embranchement des grandes routes qui conduisent à tous les points du royaume, vers le milieu d'un des plus beaux fleuves de l'Europe, qui facilite le transport des productions et des objets d'industrie d'une grande partie de nos plus riches départements, en fait naturellement l'entrepôt d'une quantité considérable de marchandises, et le centre d'un grand commerce.

Les maisons d'Orléans, dans les quartiers les plus anciens, sont généralement mal bâties, et pour la plupart en bois. Mais la plus grande partie de la ville se compose de rues larges, propres, bien percées et bordées de maisons d'une belle construction ; la rue Royale, qui conduit en droite ligne de la place du Martroy au pont, est l'une des plus belles de France. Les places publiques sont vastes, mais peu régulières. La ville est environnée de nombreuses maisons de campagne, et précédée de beaux et très-longs faubourgs qui annoncent l'opulence d'une grande cité. Un beau pont de neuf arches traverse la Loire et joint la ville au joli bourg d'Olivet.

L'origine d'Orléans remonte à une époque très-reculée. On prétend qu'elle a été bâtie sur les ruines de l'ancienne *Genabum*, qui fut prise et brûlée par César ; mais il parait prouvé aujourd'hui que c'est Gien qui occupe l'emplacement de *Genabum*. C'était l'une des premières cités de la Gaule sous la domination romaine. En 450, elle soutint un siège mémorable contre Attila, et ne dut son salut qu'au courage de ses habitants et à la valeur d'Aëtius, qui forcèrent ces barbares à la retraite. Après la chute de l'empire romain, elle tomba au pouvoir des Francs, et devint, sous les successeurs de Clovis, la capitale d'un royaume formé pour composer l'héritage d'un de ses fils. A la mort de Thierry, elle fut réunie à la couronne, et gouvernée ensuite par des comtes ou seigneurs suzerains, qui la possédèrent jusqu'à ce que Hugues Capet la réunit de nouveau à la couronne. En 1429, sous le règne de Charles VII, les Anglais, déjà maîtres de toute la France au nord de la Loire, l'assiégèrent et étaient sur le point de s'en rendre maîtres, lorsqu'ils furent contraints par l'héroïsme de Jeanne d'Arc et de Dunois de renoncer à leur entreprise,

ORLÉANS

MARION.

après sept mois d'efforts inutiles. Les guerres de religion furent une nouvelle cause de désastres pour Orléans; en 1567, elle fut prise par les calvinistes, qui la ravagèrent. Cinq conciles se sont assemblés dans ses murs.

Les édifices et établissements les plus remarquables d'Orléans sont :

La CATHÉDRALE, connue sous le nom de Sainte-Croix; c'est un des plus beaux édifices religieux que possède la France. Les premiers fondements en furent jetés par l'évêque saint Euverte. Brulée ainsi que la ville par les Normands, en 865, la piété des rois de France la releva de ses ruines. Elle fut encore détruite en 999, et rebâtie par l'évêque Arnoul. Les calvinistes la ruinèrent presque entièrement en 1567; il ne resta que quelques chapelles et six piliers de la nef. Henri IV assigna des fonds, en 1599, pour sa reconstruction. Depuis cette époque, les travaux ont été suspendus et continués à diverses reprises, et sont sur le point d'être achevés : encore quelques années, et ce superbe édifice sera offert à l'admiration des siècles.

Le plan de l'église Sainte-Croix est d'un bel ensemble et n'offre aucune disparate; malgré toutes les vicissitudes qui ont entravé sa construction, on le croirait d'un seul jet et d'un seul architecte. Le portail est d'une élégance remarquable : les deux tours, ouvrage de Gabriel, sont construites avec beaucoup de grace et de légèreté, et terminées par une espèce de couronnement; elles surpassent ce que nous offre de plus élégant en ce genre l'architecture gothique. On remarque aussi les portails latéraux, l'audace irrégulière et gigantesque des voûtes, la richesse des détails et l'effet hardi de l'intérieur. Le chevet est orné d'une chapelle dont les lambris, le rétable et le pavé sont de marbre noir et blanc.

L'église SAINT-AGNAN offre un joli vaisseau gothique. C'est, après la cathédrale, le plus bel édifice religieux d'Orléans; mais la nef a été abattue lors de la prise de cette ville par les calvinistes : le clocher, qui était resté debout, a été démoli depuis peu. La chapelle souterraine de cette église mérite d'être visitée par les artistes.

L'église SAINT-PIERRE-LE-PUELLIER est la plus ancienne de toutes les églises d'Orléans. Elle est petite et mal éclairée; quelques-unes de ses chapelles, vers le chevet, offrent à l'extérieur des portions qui remontent à la plus haute antiquité. Dans l'intérieur, on lit une inscription singulière en l'honneur d'une jeune fille nommée Rose de Palis.

L'église SAINT-EUVERTE, qui sert aujourd'hui de magasin, est une des plus jolies d'Orléans; elle est surmontée d'une tour construite en 1566, qui a servi long-temps à fabriquer du plomb de chasse.

La chapelle SAINT-JACQUES, aujourd'hui magasin à sel, est ornée d'une jolie façade gothique dont les ornements variés sont dignes par leur disposition et leur exécution d'attirer les regards des artistes. L'époque de sa construction est très-incertaine; on présume qu'elle fut bâtie par Louis-le-Jeune, vers 1155. M. Pensée a donné un joli dessin de la chapelle Saint-Jacques dans l'Album du Loiret, publié par M. Romagnési.

L'ancien HÔTEL-DE-VILLE, occupé aujourd'hui par le Musée, est un édifice dont la construction a été commencée sous Charles VIII et achevée par Louis XII, en 1498. Il est décoré d'une façade remarquable, dont M. Romagnési a publié une lithographie dans l'Album du Loiret. Dans la cour, se trouve une tour carrée très-ancienne, qui faisait partie de la première enceinte d'Orléans, et dont le sommet est maintenant surmonté d'un télégraphe.

MUSÉE. La ville d'Orléans possède un musée fondé en 1825, et déjà très-riche en tableaux et en objets précieux dus à la libéralité des habitants et à quelques dons du gouvernement. On y voit des tableaux de Mignard, de Vien, du Guide, de Philippe de Champagne, de Benedetto Luti, de Van Romain, du Guerchin, de Drouais, de Rigaud, de Fragonard, etc. Les portes qui servent d'entrée intérieure à cet établissement sont celles de l'ancien jubé de Sainte-Croix.

MAISON D'AGNÈS SOREL. Cette maison, située rue du Taboury, n° 15, est bâtie avec un soin particulier et un luxe de sculpture, qui annoncent, au premier coup d'œil, qu'elle a dû être habitée autrefois par de riches et puissants seigneurs. La façade extérieure du bâtiment offre des croisées très-ornées, et les deux portes d'entrée sont remarquables par les bas-reliefs en bois qu'y sont sculptés.

Le premier de ces bas-reliefs, placé sur la porte principale, représente un vaisseau amarré; une échelle, appliquée à son bord, indique une descente d'hommes armés qui enlèvent des femmes; un vieillard en retient une qui paraît être sa fille, et supplie vainement un des ennemis, dont le glaive est levé, de ne pas la lui ravir; un autre soldat perce de son épée un homme renversé auprès d'une jeune fille qu'il relève brutalement et emmène de force; des gens de la campagne, effrayés, fuient de tous côtés et cherchent un abri dans leurs demeures.

Le second bas-relief de la même porte offre, au milieu, une espèce d'autel: à gauche sont des femmes qui tiennent des cornes d'abondance, remplies de fleurs et de fruits; la première d'entre elles, et la plus rapprochée de l'autel, porte un miroir ovale et à manche, semblable à celui qui caractérise la Vérité; à ses pieds, et sur les degrés de l'autel, est un homme étendu et vêtu à peu près comme les paysans; il semble sortir d'un profond sommeil. Du côté droit de l'autel sont des guerriers à cheval et d'autres à pied, tenant en main la bride de leurs chevaux; ils sont tous dans l'attitude du repos, et ont leurs yeux fixés sur l'autel.

Le troisième bas-relief se trouve sur la petite porte d'entrée: on y voit un homme placé sur un char à quatre roues très-basses, et recevant la foudre des mains d'un ange qui descend du ciel; dans le même char est un enfant qui tient sur ses genoux les restes d'un petit coffre ou de l'écusson mutilé du principal personnage; une femme, assise sur le devant du char, joue d'un long instrument terminé en pavillon; le char est traîné par des femmes qui jouent aussi de divers instruments; en avant, une autre femme, montée sur un cheval, semble représenter la Renommée.

La cour de l'intérieur de la maison est pavée avec soin; elle présente, dans le milieu, un compartiment en mosaïque de pierres noires et blanches; au fond se trouve un puits garni de son antique ferrure, et dont la cerche, en partie conservée, est ornée d'une tête de lion; on voyait encore, il a peu d'années, au sommet de sa toiture, un chardon en plomb, peint d'or et d'azur.

A gauche de la cour, une galerie, soutenue par trois arcades en plein cintre et par de fortes colonnes de six à sept pieds de fût d'un seul morceau, surmontées de riches chapiteaux bien exécutés, offre à l'œil une délicatesse de travail bien rare. Cette galerie supporte le corridor du premier étage; son plafond est orné de nombreux caissons dans lesquels on a sculpté avec beaucoup d'art des cœurs percés de flèches, des torches enflammées et en sautoir, des amours, une tortue, un soleil et une assiette de poires ressemblant à celles qui sont connues sous le nom de Rousselet; enfin, des fleurs de lis au nombre de quatre et très-élancées. Dans le mur du fond de la galerie, sont incrustées deux têtes en demi-relief, l'une d'homme et l'autre de femme. A l'extrémité, se trouve une troisième tête, et en face de la galerie, dans la cour, il y en avait une quatrième qui est maintenant mutilée.

Au-dessus de la galerie on distingue une descente de gouttière en plomb, rubannée d'or et d'azur en spirale; l'or, qui avait sans doute été placé à l'huile, est bien conservé; l'azur a beaucoup noirci.

Cette galerie servait de péristyle à un magnifique escalier en pierre et à une salle très-vaste, qui est en ce moment divisée en plusieurs cénacles. L'escalier règne depuis le haut de la maison jusqu'au fond des caves spacieuses et voûtées qui sont pratiquées dessous; de jolis culs-de-lampe sont placés à chaque repos, et les marches, d'une seule pierre, ont environ six pieds de long et deux pieds dans leur plus grande largeur. La grande salle, dont il est beaucoup parlé dans les anciens titres, avait environ soixante pieds de long et quarante de large; une seule et vaste cheminée, ornée d'arabesques bizarres et bien conservés, était destinée à l'échauffer; les poutres et les solives de cette salle, dont on distingue encore les moulures, laissent apercevoir, sous la peinture grossière qui les recouvre, les traces de l'or et de l'azur qu'on y avait prodigués.

Les armoiries qui étaient placées dans divers endroits de cette maison n'existent plus; plusieurs écussons avaient disparu avant 1792, les autres ont été mutilés à cette époque: on aperçoit seulement, dans l'un des cartouches de la façade de la galerie, les marques de trois fleurs de lis, disposées comme elles le sont aujourd'hui dans les armes de France.

On a pensé pendant long-temps que cet hôtel avait été construit et habité par le père de Marie Touchet; d'autres ont prétendu qu'il avait été bâti par le cardinal Briçonnet; mais, d'après la tradition successive de ceux qui y ont demeuré, il est plus généralement reconnu qu'il a été élevé et décoré par Charles VII.

Tout annonce d'ailleurs que cette élégante construction a été faite pour la cour ou pour quelque personnage marquant avant 1470. Le soin qu'on a mis à le décorer, les ornements et les armoiries qu'on y avait sculptés, les fleurs de lis qu'on y voit encore, et celles dont on reconnaît la trace dans l'un des écussons, sont autant d'indices qui se joignent à la tradition pour nous convaincre qu'on ne doit en attribuer la fondation qu'à Charles VII, qui l'a fait décorer pour Agnès Sorel, et qu'il a voulu, en outre, caractériser le pays de sa maîtresse et son goût pour les fruits de la Touraine, où elle était née, en plaçant une assiette de poires dans l'un des lieux les plus apparents de la galerie.

On sera encore porté à adopter cette opinion, lorsqu'en examinant avec attention les portraits placés à l'extérieur du mur de la grande salle, on leur trouvera quelque ressemblance avec celui d'Agnès Sorel, tel qu'il est sculpté sur le monument d'albâtre qui lui a été érigé à Loches, et avec l'effigie de Charles VII, d'après les médailles frappées sous son règne.

Maison de François Ier. Cette maison, située rue de Recouvrance, n° 28, forme l'angle sud-ouest de la rue de la Chèvre qui danse; elle a porté à différentes époques diverses dénominations, mais elle est connue généralement sous le nom de François Ier, à raison des emblèmes qui s'y trouvent. Elle a d'ailleurs été bâtie évidemment sous son règne.

Il devient impossible de savoir positivement pour qui cette maison a réellement été ornée avec tant de soin; seulement on voit que les ouvriers du roi l'ont sculptée au moment de la plus grande faveur de la duchesse d'Étampes, et que Guillaume Toutin était bien vu à la cour, et lié étroitement avec Jean de la Brosse, auquel François Ier fit épouser sa maîtresse, alors Mlle de Heilly. Les salamandres qui s'y trouvent encore, les chiffres enlacés dans plusieurs salles, et aujourd'hui mutilés, les armes de France, celles du duc d'Orléans et du dauphin, que le propriétaire actuel a été contraint de faire disparaître, tout indique qu'elle a été destinée à devenir l'habitation de personnes marquantes du règne de François Ier.

Une partie des armoiries, des chiffres, des emblèmes qu'on voyait dans cette maison, avait disparu en 1567, lors des troubles religieux; une portion plus considérable a subi des mutilations difficiles à éviter en 1793; le temps a aussi exercé ses ravages sur la pierre tendre employée à la construction du bâtiment dans ses façades exposées au midi et au couchant; néanmoins il attire encore, et à juste titre, les regards des artistes et des explorateurs de monuments d'une architecture élégante.

La façade principale de cette maison, sur la rue de Recouvrance, est évidemment plus récente et d'un autre style que l'intérieur de la cour, dont toutes les parties offrent aux regards des sculptures dignes de remarque. Les galeries ont été construites avec beaucoup de soin, et leurs colonnes sont d'une proportion gracieuse. Les chapiteaux corinthiens du rez-de-chaussée sont ornés de faunes, de satyres et de figures, bien exécutés. Les chapiteaux ioniques de la seconde galerie sont d'une grande pureté. Au-dessus de chacune des colonnes de la première galerie on avait placé des emblèmes et des écussons; il n'en reste plus qu'un seul, au centre duquel se trouvent des flammes tournantes, et plus haut une molette d'éperon, le tout sur un fond d'argent, environné d'un massacre ou bois de cerf, entouré lui-même d'une couronne de laurier. Deux pavillons terminent ces galeries à droite et à gauche; chacun d'eux contient un escalier en pierre. Dans le fronton de la porte d'entrée du premier, on voit une salamandre au milieu des flammes, très-grande, très-bien sculptée, et si bien conservée qu'elle a servi de type à quelques artistes pour des compositions modernes : plus haut que cette salamandre se trouve une pierre carrée, jadis couverte d'arabesques, et évidemment rapportée dans ce lieu; on y lit, sur une espèce de fanon déployé, la date de 1607; c'est à peu près tout ce qui reste des reliefs qui y existaient, et cette époque nous semble être celle de la construction de la façade principale.

En face des deux pavillons dont nous venons de parler, sont construites deux tourelles, autrefois de même hauteur, et dont l'une a été baissée vers 1785. Dès son origine elle était tronquée, comme aujourd'hui, à sa base, pour donner accès à la descente d'une cave, et elle était soutenue par un cul-de-lampe, ou plutôt une coquille renversée, divisée en caissons qui contiennent chacun un motif de sculpture. On y remarque une salamandre, un faucon, une femme nue, poursuivie par un amour armé d'un arc; enfin, la date de 1540, qui indique l'époque où les bâtiments semblent avoir été terminés, car tous les autres ornements sont dans le même goût et paraissent du même temps.

Monument de Jeanne d'Arc. Brûlée en 1431, reconnue innocente en 1436, les habitants d'Orléans regardèrent Jeanne d'Arc dans tous les instants comme la victime de la vengeance des perfides Anglais et de l'ingratitude de la cour : aussi à peine la révision de son procès fut-elle connue, qu'on s'empressa de lui élever un monument sur le pont même témoin de ses premiers exploits. Les dames et les demoiselles d'Orléans en firent tous les frais. C'est faussement que les auteurs vénaux ou terrifiés du règne de Louis XI en ont attribué tout l'honneur à Charles VII, pour qu'il rejaillit sur son fils; car il est constant, d'après d'autres autorités, que ce sont les Orléanais qui en conçurent l'idée et la mirent à exécution avec les deniers de la ville et les parures de leurs femmes.

En 1803, la ville d'Orléans obtint du gouvernement la permission d'élever un monument nouveau à la mémoire de la Pucelle, et désigna une statue de Jeanne d'Arc, modelée par M. Gois fils : cette statue frappa les yeux de l'administration municipale qui la choisit, au lieu d'ouvrir un concours ou d'employer tout autre moyen pour obtenir des artistes les plus recommandables un projet digne de la reconnaissance de la ville et de tous les Français. Le modèle en plâtre, posé provisoirement sur le Martroi, entre la rue Bannier et la rue Royale, y resta environ une année; on s'aperçut facilement que cet endroit de la place ne convenait point à la petitesse de la statue, qu'on enleva pour la mettre dans le jardin de l'hôtel-de-ville, où elle se trouve encore. — Le 20 mars 1804 on éleva le piédestal dans le lieu où il est maintenant, et, peu de temps après, la statue en bronze et ses accessoires se trouvèrent achevés et placés. La dépense, remplie en grande partie par les souscriptions des habitants, s'est élevée à 40,000 francs environ, y compris une médaille frappée pour perpétuer le souvenir de cette restauration. La statue a 8 pieds de hauteur, et repose sur un piédestal de 9 pieds de haut sur 4 pieds de large, revêtu de très-beaux marbres, et orné de 4 bas-reliefs: celui du sud représente le combat des Tourelles; celui de l'ouest rappelle le moment où Jeanne d'Arc reçut l'épée des mains du roi; le troisième, à l'est, retrace l'instant du sacre de Charles VII, et le quatrième, la mort affreuse de la Pucelle. On lit sur la face de l'ouest cette simple et convenable inscription :

A JEANNE D'ARC.

La statue de cette héroïne représente une femme dans la vigueur de l'âge, coiffée d'un chapeau dont les bords sont relevés, et surmonté de panaches; sa figure et son cou sont découverts; une riche cuirasse dessine sa poitrine et sa taille robuste; les bras sont défendus par une cotte de mailles; une longue robe passe sous la cuirasse, et descend jusqu'aux pieds, chaussés de souliers carrés et très-ornés. Un large ceinturon, passé sur l'épaule, soutient le fourreau d'une épée placée dans la main droite, et dont la pointe est tournée vers la terre; la main gauche tient un drapeau arraché avec violence à l'ennemi, ce qui imprime à la figure un air farouche qu'on est peu habitué à trouver dans les divers portraits et reliefs de Jeanne d'Arc; les pieds sont supportés par des débris, sur lesquels on aperçoit trois léopards.

En 1820, M. Romagnési, statuaire à Paris, et né à Orléans, présenta au conseil municipal le projet d'un autre monument, mieux approprié à la place qu'il devait occuper, le centre du Martroi, et plus digne, par son importance, de l'attachement voué à Jeanne d'Arc par les Orléanais. Elle devait être représentée à cheval, sur un très-beau piédestal et en marbre blanc; ce projet, qui reçut dans le temps l'approbation du conseil municipal et du préfet, resta malheureusement sans exécution, en raison des événements qui survinrent depuis.

Le palais de justice est un bâtiment d'une agréable distribution, construit en 1821. Le milieu de la façade est décoré de quatre colonnes doriques, surmontées d'un fronton, formant un péristyle exhaussé de huit ou dix marches, accompagnées de deux belles figures de sphinx.

On remarque encore à Orléans la bibliothèque publique, dont le joli vaisseau renferme 26,000 volumes; la maison du célèbre jurisconsulte Pothier; le jardin de botanique, orné d'une terrasse d'où l'on jouit d'une fort belle vue.

La salle de spectacle offre l'avantage assez rare en province d'avoir un parterre assis.

Orléans est la patrie de Pothier; d'Amelot de La Houssaye; d'Étienne Dolet, imprimeur, poète et grammairien, brûlé comme athée à Paris, en 1546; du P. Peteau, littérateur et savant érudit.

Fabriques de bonneterie pour le Levant, de poterie d'étain, de poterie de terre renommée. Filatures de laine et de coton. Nombreuses et belles raffineries de sucre. Vinaigreries considérables. Blanchisseries de cire. Tanneries. *Commerce* considérable de vins, eaux-de-vie, vinaigres, d'épicerie, droguerie, bois de teinture, etc., etc.

Hôtels de France, de la Boule-d'Or, des Trois-Empereurs, du Lion-d'Argent. — A 14 l. de Blois, 29 l. 1/2 de Paris.

St BENOIT-SUR-LOIRE.

ARRONDISSEMENT DE GIEN.

PATAY. Bourg célèbre par la défaite des Anglais par Jeanne d'Arc, en 1429. A 6 l. d'Orléans. *Fabriques* importantes de couvertures de laine. Pop. 1250 hab.

ARRONDISSEMENT DE GIEN.

BEAULIEU. Petite ville, située près de la rive gauche de la Loire. A 5 l. de Gien. Pop. 2150 hab.

BONNY. Petite ville située sur la rive droite de la Loire, à 4 l. de Gien. Pop. 1200 habit.

BRIARE. Petite ville très-agréablement située sur la rive droite de la Loire, à la jonction du canal de Briare avec ce fleuve. La partie construite sur le bord du canal offre une suite de maisons bien bâties, le long desquelles règne un joli quai bordé de deux rangs d'arbres, qui forme un port commode, et un abri pour les bateaux pendant la mauvaise saison ou le chômage du canal. L'autre partie de la ville ne consiste qu'en une seule rue, traversée par la grande route.

Le canal de Briare est le premier ouvrage de ce genre qui ait été effectué en France; il a été commencé sous Henri IV, et ne fut achevé qu'en 1740, sous le règne de Louis XV. Ce canal établit avec celui du Loing une communication entre la haute Loire et la Seine, et joint à Montargis le canal du Loing.

Commerce de vins, bois, charbons. A 2 l. de Gien. Pop. 2250 hab.

BUSSIÈRE (la). Village situé sur la grande route de Paris à Lyon, remarquable par un joli château qui rappelle un donjon du XVe siècle. Il est bâti au milieu d'une belle pièce d'eau, qu'il faut traverser sur un pont-levis pour y arriver. A 3 l. de Gien.

Ce village a été le théâtre de plusieurs sanglants événements pendant les guerres de religion. En 1563, trente ou quarante soldats de la religion réformée y furent massacrés par les gens qui y étaient à la solde de du Tillet, seigneur de la Bussière. Quelque temps après, les huguenots prirent dans ce même château une revanche bien cruelle. Quinze prêtres, pour se soustraire aux massacres qui se commettaient à Gien, se retirèrent au château de la Bussière, croyant qu'ils y seraient en sûreté, ou qu'il leur serait facile de s'y défendre; mais ils y furent bientôt assiégés, et le défaut de provisions les obligea de se rendre, le 18 octobre 1567, sous la condition qu'on leur laisserait la vie sauve. On ne peut rapporter sans horreur ce qui se passa à la prise de ce château; on vit alors ces gens qui reprochaient, non sans raison, aux catholiques de manquer à leur parole, violer sans scrupule le droit des gens, et inventer des tourments inconnus aux tyrans les plus cruels. Malgré la parole qu'ils avaient donnée aux assiégés de leur sauver la vie, leur fureur alla jusqu'à leur couper les oreilles et les parties honteuses; quelques-uns même étalèrent ces marques de leur barbarie sur des chasubles ou autres ornements d'église, dont ils s'étaient revêtus, criant de toute leur force: *Chapelets de papistes; à cinq sols, la messe de la Bussière, à cinq sols.* On croit qu'ils jetèrent ensuite les corps des quinze prêtres dans les fossés du château.

CHATILLON-SUR-LOIRE. Petite ville située à 3 l. de Gien, sur la rive gauche de la Loire. Pop. 2,250 hab.

FLEURY-SUR-LOIRE. Bourg, connu généralement sous le nom de Saint-Benoît, situé sur la rive droite de la Loire. A 8 l. d'Orléans.

Ce bourg était autrefois considérable, et célèbre par une abbaye, regardée comme la première de la règle de saint Benoît qui ait été fondée en France. Les restes de saint Benoît passent pour y avoir été transportés du mont Cassin, vers 653, par le moine Aygulfe. Cette abbaye fut ravagée par les Normands en 864 et en 866. Elle fut rétablie en 868 par l'abbé Théodebert, et entourée de murs, de tours et de fossés, sous le règne de Louis-d'Outremer, en 953. Philippe Ier y fut enterré en 1148. Il ne reste plus aujourd'hui de ce somptueux monastère qu'une église qui offre aux archéologues des restes de construction du IXe siècle. La tour Saint-Michel, qui date du XIe siècle, est remarquable par ses voûtes et ses piliers, flanqués de colonnes dont les chapiteaux sont chargés de figures historiques, allégoriques ou bizarres, assez grossièrement exécutées en demi-relief. L'entrée principale de l'église est sous les piliers de cette tour, qui lui forment un imposant péristyle. La seconde entrée, qui a été murée, il y a un grand nombre d'années, se trouvait au nord; elle est très-digne d'attention pour les sculptures, presque en ronde bosse, qui en décorent le pourtour et le cintre, et qui sont évidemment postérieures à celles de la tour Saint-Michel. L'intérieur de l'église figure une croix latine, dont le centre est formé d'un grand pendentif, surmonté d'un clocher, qui n'est nullement en harmonie avec l'ensemble de l'édifice. La nef principale est étroite relativement à son élévation et à sa longueur; la simplicité et la forme de ses piliers, dépourvus de tout ornement, lui donnent un aspect sévère et imposant. Le sanctuaire est pavé en mosaïques précieuses, mais d'un mauvais dessin. Le tombeau de Philippe Ier, placé autrefois au milieu du chœur, en a été enlevé en 1793; il se trouve aujourd'hui dans la chapelle Saint-Benoît. (Voyez la gravure que nous joignons à cette Livraison.)

GIEN. Petite ville, chef-lieu de sous-préfecture, bâtie dans une situation agréable sur la rive droite de la Loire, qu'on y passe sur un beau pont. Son aspect est remarquable du côté du sud, où elle s'étend en amphithéâtre sur le penchant d'un coteau, couronné par l'église Saint-Louis et par un antique château.

L'antiquité de Gien est constatée par les commentaires de César, qui désigne sa position sous le nom de *Genabum*. Le premier titre où il est fait mention de cette ville est un acte de Pepin-le-Bref, de 760. Vers la fin du VIIIe siècle, Charlemagne y fit bâtir un château, qui devint la propriété d'Étienne de Vermandois, descendant du second fils de ce monarque. En 1410, les noces de la fille de Jean-sans-Peur, duc de Bourgogne, avec le comte de Guise, furent célébrées au château de Gien. En 1420, on y signa le traité connu sous le nom de ligue de Gien, conclu entre Ch. d'Orléans, J. de Berri et Ch. d'Armagnac, contre le duc de Bourgogne, qui avait fait assassiner le duc d'Orléans. C'est aussi dans ce château que Jeanne-d'Arc détermina Charles VII à marcher sur Reims pour s'y faire sacrer. En 1494, Anne de France, fille de Louis XI, régente du royaume pendant la minorité de Charles VIII, fit réparer et agrandir le château, ainsi que l'enceinte de la ville. François Ier l'habita en 1523, et Louis XIV en 1652. Aujourd'hui le château de Gien appartient au département, et renferme la sous-préfecture, la mairie et le tribunal de première instance.

Manufacture de faïence façon anglaise. Tanneries. Commerce de sel, grains, vins, safran, laines, etc. A 17 l. d'Orléans, 38 l. de Paris. ✉ ⚑ Pop. 5,177 hab. *Auberges* de l'Écu, de la Madelaine, de la Levrette.

GONDON (SAINT-). Bourg situé à 2 l. de Gien. Pop. 850 hab. On y trouve une source d'eau minérale.

LANGESSE. Village situé à 4 l. de Gien. Pop. 200 hab. — Langesse est remarquable par les ruines d'anciens édifices, notamment dans les bois du Chesnoy, où l'on voit encore des fossés très-larges et très-profonds qui entouraient l'ancien château. Les bois qui couvrent actuellement l'emplacement ne permettent pas d'en reconnaître ni la forme ni l'étendue; on n'y découvre plus que l'entrée des caves, dans lesquelles il est difficile de pénétrer. Le nouveau château, qu'on nomme aujourd'hui Langesse, et qui est éloigné de l'autre d'environ mille toises, paraît aussi très-ancien. C'était un rendez-vous de chasse lorsque la cour séjournait à Lorris.

OUZOUER-SUR-LOIRE. Village situé près de la rive droite de la Loire. A 3 l. 1/2 de Gien. Pop. 700 hab.

OUZOUER-SUR-TRÉZÉE. Bourg situé sur le canal de Briare. Pop. 1,400 hab. A 3 l. de Gien.

SULLY-SUR-LOIRE. Petite ville bâtie sur la rive gauche de la Loire, et remarquable par un beau château. A 5 l. 1/2 de Gien.

Le château de SULLY, ancienne demeure des sires de la Trémoille, a été restauré et presque entièrement reconstruit par le fidèle ministre de Henri IV, qui, après la mort de ce monarque, se retira à Sully, où il employa ses moments de loisir à embellir sa demeure. Une cour presque carrée se trouve au milieu des bâtiments; au nord-est est la partie moderne du château, construite et meublée sous le règne de Louis XV. Les bâtiments du nord contiennent, au rez-de-chaussée, une vaste cuisine, et au-dessus une salle immense, ayant vue sur la Loire; à l'extrémité se trouve une petite salle de spectacle qui faisait les délices de Voltaire pendant le séjour qu'il fit à Sully, où l'on sait qu'il a composé une partie de la Henriade. Une porte basse conduit de la cour dans la partie sud-est du bâtiment de la façade principale; elle sert d'entrée à la salle des gardes et au vestibule qui précédait les appartements du plus grand ministre qu'ait eu la France, dont les plafonds sont chargés de caissons qui offrent des aigles déployés, armés de la foudre. L'étage supérieur contient, outre l'ancienne salle de réception, la chambre qu'occupa Henri IV

CHATEAU DE SULLY.

lorsqu'il vint à Sully. La grosse tour du château, baignée par le magnifique canal qui sépare le château de la ville, avoisine ces salles; elle est parfaitement conservée, et porte le nom de tour de Béthune. C'est dans cette tour que Sully fit établir l'imprimerie qui a servi à l'impression de la première édition de ses Économies royales.

On voit encore à Sully une des anciennes portes de la ville et quelques anciens murs de son enceinte.

ARRONDISSEMENT DE MONTARGIS.

BELLEGARDE. Village situé à 5 l. 1/2 de Montargis, sur la route de cette ville à Orléans. Commerce de miel, cire et safran. Pop. 900 hab.

BUGES. Hameau situé à 1 l. de Montargis, près du canal de Briare. Papeteries.

CEPOY. Village situé à 2 l. de Montargis, sur le canal du Loing. Pop. 800 hab. C'était autrefois une ville assez considérable. Aux environs, on remarque les débris d'un pont d'une très-longue étendue, que l'on présume de construction romaine, et les restes d'une salle de bains, pavée en mosaïques.

CHANTECOQ. Village situé à 4 l. 1/2 de Montargis, où existait jadis un manoir royal dont on voit encore des débris et des souterrains. Pop. 520 hab.

CHATEAU-REGNARD. Petite ville qui doit son origine à un château fort construit par Regnard-le-Vieux, comte de Sens, vers le milieu du Xe siècle. Louis-le-Gros détruisit ce château en 1230; mais Robert, comte de Joigny, le fit reconstruire et entourer de fortes murailles flanquées de tours, dont il existe encore quelques restes assez bien conservés. La ville, située sur la rivière d'Ouanne, était aussi fortifiée; mais étant devenue un des remparts des calvinistes pendant les guerres de religion, Louis XIII en fit démolir les fortifications en 1627. — *Fabriques* de draps pour l'habillement des troupes. Commerce de toiles, laine et safran.

CHATILLON-SUR-LOING. Petite ville située dans une vallée agréable, sur la rivière et le canal du Loing. Elle est dominée par un ancien château où est né l'amiral Coligny, dont le tombeau se voit dans la chapelle de cet édifice, avec ceux des seigneurs de Chatillon.

Cette ville a considérablement souffert lors des guerres de religion. Les calvinistes la possédèrent de 1562 à 1569, et y commirent toutes sortes d'excès. Après l'assassinat de l'amiral Coligny, un arrêt du parlement de Paris, du 27 octobre 1572, ordonna que son château seigneurial de Chatillon-sur-Loing serait rasé, sans qu'on pût jamais le rebâtir; que les arbres du parc seraient coupés à la moitié de leur hauteur, qu'on sèmerait du sel sur le terrain de la maison, et qu'on élèverait dans la cour une colonne sur laquelle on graverait cet arrêt; mais, par un autre arrêt du 15 mai 1576, ces dispositions ne furent point exécutées.

François, duc de Montmorency, qui s'était retiré à Chantilly peu de temps avant le massacre, envoya un de ses valets de chambre, nommé Antoine, avec ordre de détacher, pendant la nuit, le cadavre de l'amiral du gibet de Montfaucon, et de le faire transporter à Chantilly, ce qui fut exécuté. Il fit cacher ce cadavre dans un lieu secret, après qu'on l'eut enfermé dans un cercueil de plomb; il défendit qu'on le mît dans la chapelle, de peur qu'on ne vînt l'en tirer. On fit depuis consumer les chairs dans la chaux, et les os furent gardés jusqu'en 1582, qu'on les transporta à Montauban. Ils furent donnés à Louise de Coligny, fille de l'amiral, et veuve de Téligny, qui les fit transporter plus tard à Chatillon-sur-Loing, où ils furent renfermés dans un tombeau de marbre noir, sur lequel on grava une magnifique épitaphe, composée par Scaliger. — A 5 l. 1/2 de Montargis. ✉ Pop. 2,100 hab.

CORQUIL-LE-ROY. Village situé à 1 l. 1/2 de Montargis. Pop. 900 h. Le château du Chatelet, dont les environs sont remplis de souvenirs et d'antiquités romaines, fait partie de cette commune.

COURTENAY. Petite ville bâtie dans une situation agréable au pied d'une colline, sur le ruisseau de Clare. On y voit un ancien château, qui fut le berceau de l'ancienne maison de Courtenay. A 6 l. 1/4 de Montargis. Pop. 2,300 h. ✉

FERRIÈRES. Bourg situé près d'un étang considérable, qui donne naissance au

Clairy. Il était autrefois célèbre par une des plus anciennes abbayes du royaume. — *Fabriques* de bas; tanneries. A 3 l. de Montargis. Pop. 1,600 h.

LANGLÉE. Village situé près du canal de Briare, à 1/2 l. de Montargis. — Belle filature éclairée par le gaz hydrogène.

LORRIS. Petite ville fort ancienne, située dans une contrée marécageuse, coupée par une multitude de ruisseaux. Cette ville possédait jadis un manoir royal, qui a été habité par plusieurs rois de France; elle était alors assez considérable, et occupait un espace très-étendu, ainsi que le démontrent les ruines de deux vieilles tours situées maintenant hors des murs, et d'anciens fossés qui se prolongent à une assez grande distance. Le château, dont il reste encore des vestiges dans une enceinte nommée les Salles, fut rebâti sur la fin du XIe siècle.

La ville de Lorris est célèbre par ses coutumes, qui passaient pour les plus anciennes du royaume, et qui ont régi pendant long-temps une assez grande partie de la France; coutumes qui ont donné lieu au proverbe suivant :

    C'est un proverbe et commun ris,
    Qu'à la coutume de Lorris,
    Quel qu'on ayt juste demande,
    Le battu paye l'amende.

Suivant les anciens usages de ce pays, lorsqu'en matière civile ou criminelle il se présentait quelque cas difficile à résoudre, et que les parties ne pouvaient appuyer leurs réclamations de témoignages ou de preuves écrites, le juge ordonnait le combat ou le duel, à l'épée pour les gentilshommes, et à coups de poing pour les roturiers. Suivant l'historien du Gatinais, « le « combat était modéré par deux règles : l'une, « que le combat à outrance ne serait permis, sinon en cas de crime. Trois choses « concourantes, à savoir : crime capital autre que larcin, commencement de preuves, « et grande conjecture et présomption, et « la preuve non entière. Les casuistes toutefois admettent seulement deux causes légitimes de duel.—La première est : quand « un prince justement offensé, n'a pas assez « gent suffisant, ni assez de gens pour faire « la guerre, lors il peut demander le combat singulier.—La seconde, quand quelqu'un calomnié à tort, prévoit par la déposition de faux témoins, qu'il sera mis à « mort, ou aura quelque membre coupé, il « lui est permis d'accepter le duel.

« L'autre règle était qu'en matière civile « on ne combattait à outrance, mais de personne à personne avec les poings. On combattait en présence du juge, qui donnait « la cause gagnée au vainqueur, d'où est « venu le sudit proverbe, qu'en la coutume « de Lorris, le battu paie l'amende ; car celui qui était vaincu était battu, perdait « sa cause, et payait à justice l'amende de « sa folle litigation. Pour le duel d'un serf « l'amende était de sept sols six deniers, et « pour l'homme libre l'amende était de cent « douze sols. »

L'histoire a consacré aussi, sous le nom de *Paix de Lorris*, le traité conclu dans cette ville entre saint Louis et Raimond comte de Toulouse. C'est la patrie de Guillaume de Lorris, auteur du roman de la Rose, et contemporain de Philippe-Auguste. A 5 l. de Montargis. Pop. 1,750 h.

MONTARGIS. Ville très-ancienne, chef-lieu de sous-préfecture, avec tribunaux de première instance et de commerce. Pop. 6,787 hab.

Montargis est une ville assez bien bâtie, près de la forêt de son nom, à la jonction des canaux de Briare, d'Orléans et du Loing, dans une plaine que domine un coteau élevé, sur le sommet duquel on voyait naguère les restes d'un vaste et beau château, construit par Charles V sur l'emplacement d'une tour élevée, dit-on, par Clovis pour protéger le pays contre les incursions des barbares. Ce château était considérable, bien fortifié, et pouvait contenir 6,000 hommes de garnison. Il était de forme elliptique, environné de profonds fossés et de fortes murailles flanquées d'énormes tours couronnées de créneaux. Trois vastes cours précédaient le logement du roi, attenant au donjon, bâtiment où l'on remarquait une vaste salle, dont tous les historiens parlent comme d'une chose extraordinaire. La longueur intérieure de cette salle était de 172 pieds, et sa largeur de 50 pieds; elle était décorée de peintures, de devises, d'armoiries, et percée de 17 croisées de 16 pieds de haut sur 8 de large, ornées de beaux vitraux. Six cheminées, de 10 pieds d'ouverture chacune, servaient à l'échauffer : sur celle du midi était représentée l'histoire du célèbre chien d'Aubry de Montdidier, qui combattit, dit-on, en présence de Charles VIII, le chevalier Macaire, meurtrier de son maître. Il est reconnu depuis long-temps que ce combat est une fable.

Le château de Montargis a fait long-temps partie du domaine de la couronne;

t les rois de France y tinrent souvent leur ~~~. Il était très-important par sa position ~ d'une défense facile. Il en reste à peine ~ujourd'hui quelques ruines, qui sont loin ~ donner l'idée de ce qu'il fut autrefois.

Les habitants de Montargis ont donné ~ans plusieurs circonstances des preuves de ~ur valeur et de leur attachement à leur ~ays. En 1427, les Anglais, commandés ~ar les comtes de Suffolk et de Warwick, ~inrent mettre le siège devant cette ville; ~ais les habitants, dirigés par le brave ~illards, gouverneur du château, firent ~ne sortie, fermèrent les écluses de la rivière et rompirent la chaussée des étangs : ~ientôt une inondation rapide couvrit le ~ays, fit périr près de 3,000 Anglais, et ~orça le reste de l'armée à lever le siège. ~n 1431, le château retomba par trahison ~x mains des Anglais, qui furent forcés ~ l'abandonner l'année suivante. Le duc ~ Bourbon s'en empara en 1585.

Montargis est la patrie de Marie de La ~othe-Guyon, fameuse quiétiste; de P. Ma~el, homme de lettres et membre de la ~onvention nationale, mort sur l'échafaud ~ 1793; de Girodet-Trioson, l'un des ~us grands peintres de l'école moderne.

Fabriques de draps communs, tanneries, papeteries. Commerce de grains, safran, cire, miel, cuirs, laines et bestiaux. — A 9 l. 1/2 d'Orléans, 28 l. de Paris. ✉ ⚜.
Hôtels de Lyon, de Saint-Antoine, de l'Ange.

NOGENT-SUR-VERNISSON. Village situé sur la grande route de Lyon, à 4 l. 1/2 de Montargis. — Pop. 650 h. ✉ ⚜

A une lieue est de ce village, on voit dans l'enclos d'un château appelé Chenevier, d'assez beaux restes d'un amphithéâtre romain. L'architecture en est très-simple : ce sont des assises égales de petites pierres cubiques, semblables à celles dont sont construits les aqueducs de Lyon, l'amphithéâtre de Fréjus, la tour Magne de Nîmes, etc. Ce monument, ignoré de la plupart des antiquaires, n'en est pas moins un des plus remarquables que possède la France, et le seul qui existe dans les environs de Paris.

NOYERS. Village situé à 4 l. de Montargis, où l'on trouve des sources d'eau minérale.

SELLE-SUR-LE-BIED (la). Village situé à 4 l. de Montargis, sur le ruisseau de Cléry. — Papeterie. Pop. 900 hab.

ARRONDISSEMENT DE PITHIVIERS.

ACHÈRES-LE-MARCHÉ. Bourg situé à 1 l. 1/2 de Pithiviers. Pop. 1,300 hab.

AUXY. Bourg situé à 5 l. de Pithiviers. ~p. 1,600 hab. — Commerce de miel et ~ran.

BEAUNE-LA-ROLLANDE. Bourg situé à 4 l. de Pithiviers. Pop. 2,100 hab. ~ntre de la culture du safran de première ~alité, et d'un grand commerce de cire et ~miel. Forts marchés tous les mercredis.

BOIS-COMMUN. Petite ville très-an~ne, située à 5 l. de Pithiviers. Elle dé~daitt autrefois du domaine de la cou~ne, et devint en 1267 l'apanage d'un fils ~saint Louis, qui y fit bâtir un château ~Louis XI séjournait lorsqu'il se rendait ~château de la Mothe-d'Igry. — L'église ~oissiale est fort belle et possède un des ~s beaux jubés de France. ✉ Pop. 1,200

BOYNES. Petite ville située à 3 l. de ~iviers. Pop. 2,000 hab. — Commerce de ~, cire, miel et safran. ✉

MALESHERBES. Petite ville située dans un vallon marécageux, sur la rivière d'Essonne. Elle est dominée par un coteau boisé, dont le sommet est couronné par un joli château d'où l'on jouit d'une vue riante et pittoresque. Ce château a dans ses dépendances un bois de 300 arpents, percé de belles routes, et contigu à un beau parc orné de bosquets et de charmilles : on y voit encore quelques-uns des arbres exotiques plantés par le vertueux président Lamoignon de Malesherbes, défenseur de Louis XVI. A 4 l. 1/2 de Pithiviers. Pop 1,650 hab. ✉ ⚜

OUTARVILLE. Village situé à 3 l. d Pithiviers. Pop. 500 hab.

PITHIVIERS. Petite ville, chef-lieu de sous-préfecture, avec tribunal de première instance. Pop. 3,957 hab.

Cette ville, appelée aussi Piviers, et autrefois Fluviers, est située sur la croupe et le penchant d'une colline, sur le ruisseau de l'Œuf. Elle est assez bien bâtie, bien percée, et possède une place publique très-vaste, mais irrégulière. Son territoire offre des sites très-pittoresques et quelques lieux intéressants : outre le château d'Yèvre-le-Châtel (*Voy.* ci-après YÈVRE) et la fontaine minérale de Segrais, on montre à une demi-lieue de la ville la grotte donnée à saint Grégoire d'Arménie par Aloïse de Champagne. Aux environs, la petite rivière de l'Œuf serpente dans un vallon délicieux et baigne plusieurs maisons de campagne agréables, parmi lesquelles on remarque celle de M. Duhamel du Monceau, qu'embellissent une multitude de beaux arbres exotiques.

Pithiviers était peu connu avant le X° siècle. Vers 990, Aloïse de Champagne y fit bâtir un château quadrangulaire, flanqué au sud-est d'une tour très-élevée, dont on voit encore d'assez beaux restes. En 1058, Henri Ier assiégea et prit la ville et le château, qui furent en proie à un horrible incendie. Les Anglais l'assiégèrent sans succès en 1350. Le comte de Salisbury s'en empara, en 1428, après une résistance opiniâtre. Le prince de Condé la prit et la ravagea en 1562 et en 1567. Henri IV fit démanteler les fortifications en 1589.

Commerce de laines, vins, miel, et particulièrement de safran estimé, que l'on récolte sur le territoire. Les gâteaux d'amandes et les pâtés d'alouettes, qu'on fabrique à Pithiviers, font les délices des gastronomes, et jouissent à juste titre d'une renommée européenne. A 9 l. d'Orléans, 21 l. de Paris. ✉ ✆ *Hôtels* de l'Écu, de la Ville-d'Orléans.

PUISEAUX. Petite ville située à 4 l. 1/2 de Pithiviers. Pop. 2,000 hab. Commerce de vins, cire, miel et safran.

YÈVRE-LE-CHATEL. A une lieue environ de Pithiviers, au milieu d'une plaine immense animée par la plus belle végétation, s'élève un monticule couronné par les restes de l'antique château fort d'Yèvre-le-Grand. Les tours de cette forteresse dominent au loin sur la campagne, et les murailles assez bien conservées d'une vieille église qui l'avoisine, ajoutent à l'aspect pittoresque de ces ruines imposantes. Un charmant vallon, ombragé par de nombreux peupliers, entoure ce château au nord et à l'est. Des fossés larges et profonds en défendaient autrefois l'accès; deux portes, dont l'une est presque entière, fortifiée de deux tours, d'un pont-levis et d'une double herse, conduisaient dans la première enceinte, où se trouvaient quelques bâtiments, remplacés maintenant par des habitations villageoises, et un oratoire, qui sert aujourd'hui d'église paroissiale.

Une seconde enceinte enfermait la citadelle; on montait quelques degrés pour parvenir à l'entrée principale, qui était protégée par un pont-levis, une herse et une porte formée d'épais madriers; un guichet, percé près de la tour du nord-est, communiquait par un autre pont-levis avec les ouvrages de la première enceinte. Ce fort occupait, à l'ouest, environ la moitié du terrain contenu dans les murs du château; bâti sur la partie la plus élevée, il commandait à tout le reste. Sa forme est un carré presque parfait. Quatre tours très-hautes sont construites aux quatre angles; une cinquième tour est placée au milieu de la façade de l'est; elle était séparée des murs par deux arcs en ogive, qui soutenaient sans doute un pont-levis; sa construction paraît avoir été postérieure à celle des autres tours. On avait ménagé sur le haut des murs, et dans la moitié de leur épaisseur, des remparts ou courtines qui régnaient tout autour du fort. Des escaliers en pierre, pratiqués dans chaque tour, conduisaient à ces courtines et aux étages supérieurs, séparés par des voûtes en plein cintre.

L'espace compris entre les murailles et les tours pouvait être, dans l'intérieur, de 100 pieds d'un angle à l'autre : il était divisé en deux parties; l'une, à l'est, devait servir de cour ou de place d'armes; quelques arbres et de vieux buis y végètent aujourd'hui, et annoncent qu'on a voulu y faire un jardin. L'autre partie était occupée par les bâtiments destinés au logement du châtelain. Trois pièces d'inégale dimension et à trois étages formaient sa demeure; des fûts de colonnes et quelques chapiteaux grossièrement sculptés, des demi-colonnes et leurs bases encore incrustées dans le mur et sans appui, attestent qu'on avait apporté quelque soin à la décoration de ces appartements.

On prétend que les tours et les bâtiments du fort n'avaient point d'autre couverture que d'épaisses voûtes en pierre, et que de vastes souterrains, creusés dans le monticule, avaient des sorties au loin dans la campagne. (*Voyez la gravure.*)

FIN DU DÉPARTEMENT DU LOIRET.

IMPRIMERIE DE FIRMIN DIDOT FRÈRES,
RUE JACOB, N° 24.

THE TOMB OF CEPHREN.—YEZYDEH.

Guide Pittoresque
DU
VOYAGEUR EN FRANCE.

Ire ROUTE DE PARIS A NANTES,

TRAVERSANT LES DÉPARTEMENTS

DE SEINE-ET-OISE, DU LOIRET, DE LOIR-ET-CHER, D'INDRE-ET-LOIRE,
DE MAINE-ET-LOIRE, ET DE LA LOIRE-INFÉRIEURE.

DÉPARTEMENT DE LOIR-ET-CHER.

Itinéraire de Paris à Nantes.

	lieues.		lieues.
De Paris à Montrouge	1	Écure	1 1/2
Bourg-la-Reine		Veuves	1 1/2
Berny	1	Amboise	3
Antony	1/2	La Frillère	3
Lonjumeau	1 1/2	Vouvray	1
Linas	2	Tours	2 1/2
Arpajon	1	Luynes	3
Étrechy	3	Langeais	3
Étampes	2	Trois-Volets	3
Montdesir	2	Chouzé	3
Angerville	2 1/2	Saumur (la Croix-Verte)	4 1/2
Thoury	3 1/2	Roziers	4
Artenay	3	St-Mathurin	2 1/2
Chevilly	2	Angers	5
Orléans	3 1/2	St-Georges	4 1/2
St-Ay	3	Champtocé	2
Meun	1 1/2	Ingrande	1
Beaugency	1 1/2	Vardes	2
Mer	3	Ancenis	3 1/2
Menars	3	Oudon	2 1/2
Blois	2	La Sailleraye	3 1/2
Chouzy	3	Nantes	3

ASPECT DU PAYS QUE PARCOURT LE VOYAGEUR

DE BEAUGENCY A VEUVES.

Au-dessous de Beaugency commence une succession de sites et de scènes que l'on pourrait comparer à ceux de la plus vaste et de la plus brillante galerie de tableaux de paysages, existant soit en Italie, soit en Flandre, si la nature, original inépuisable et sublime, n'était pas au-dessus de toutes les copies qu'essaie d'en faire même le génie. A la fertilité du sol à laquelle contribue la Loire, à l'industrie que sa navigation favorise, s'unit le spectacle de cent coteaux aussi variés dans leur forme que dans leurs productions. Les beautés des arts se groupent avec celles de la nature. Partout des coteaux que décorent des châteaux, des maisons de campagne et des édifices élégants et pompeux : séjour de l'opulence, où les mœurs simples des champs font alliance avec celles des villes pour les épurer, et rendre meilleurs ceux qui viennent y goûter le calme et la paix.

La route est on ne peut plus agréablement diversifiée jusqu'à Mer, petite ville de 3,000 habitants, située sur le ruisseau de Tronne. En quittant cette ville, on suit une plaine à perte de vue, coupée de champs, de vignes et d'habitations nombreuses. Au hameau des Landes on jouit d'une belle vue sur le vaste parc du château de Chambord, situé sur la rive gauche du fleuve. Après avoir traversé le bourg de Suèvres, on trouve à 1 l. 1/2 plus loin le petit village de Menars, remarquable par un superbe château qui a appartenu à Mme de Pompadour, et dont les terrasses bordent la rive droite de la Loire : on y jouit de points de vues magnifiques, tant sur le fleuve que sur les campagnes qui embellissent la rive opposée, campagnes embellies elles-mêmes par les forêts de Bussy et de Boulogne. Au-dessous de Ménars, même plaine et même genre de route, toujours le long de la Loire. Avant d'arriver à Blois, la route se divise en deux branches : l'une mène à la ville haute, et l'autre conduit par une pente douce à la ville basse en longeant un beau quai. Du point où s'opère cette bifurcation, on a une fort belle vue sur la rive gauche de la Loire, dont de nombreux hameaux, des bourgs, des villes, des châteaux bordent les deux rives et réfléchissent leur image dans ses eaux. Avant de quitter Blois, arrêtez-vous sur le pont ancien qui traverse le fleuve. Regardez vers sa source : quel magnifique tableau ! Ces coteaux, ces bois, ces hameaux, ces villes, ces châteaux, ces tours isolées qui vous ont arrêté si long-temps, rassemblés et groupés en amphithéâtre, offrent une superbe perspective, de plus de six lieues d'étendue. Du côté opposé, quelle agréable variété ! Le fleuve, en décrivant une courbe presque insensible qui se prolonge à perte de vue, semble vouloir montrer toute sa magnificence. Voyez ces coteaux, ces vignobles, ces peupliers, ces sites romantiques, ces caprices de la nature ! Tout cela surpasse ce que peut créer la plus riche imagination ; et cependant, ce n'est que le prélude des beautés sans nombre qui se succèdent à chaque pas pendant plus de soixante lieues.

La même succession de sites romantiques, de tableaux ravissants et de riants paysages, qui devance Blois depuis Beaugency, continue, s'enchaîne et accompagne le voyageur au-delà de cette ville, soit sur l'une, soit sur l'autre des rives du fleuve. D'autres châteaux, d'autres demeures paisibles, douces retraites des amis des champs, auxquelles se groupent d'humbles cabanes qui relèvent, par la simplicité de leur construction, le luxe de l'architecture et de l'opulence, se montrent de toutes parts ombragées par des vergers, des vignobles et des bois, qui prodiguent à l'envi les bienfaits de Bacchus, de Pomone et de Palès, à l'une des plus riches provinces de la France. Le premier relais que l'on rencontre est Chouzy ; un peu plus loin on trouve le hameau de Pont, et peu après celui d'Écure, d'où l'on jouit d'un point de vue magnifique sur le château pittoresque de Chaumont, ancienne demeure de Catherine de Médicis. Veuves est sur cette route le dernier village du département de Loir-et-Cher.

A Blois commencent ces magnifiques *levées* de la Loire, le plus bel ouvrage qui existe en ce genre. Les eaux du fleuve étant en général peu encaissées, il a fallu, dans le double but de les réunir en temps de sécheresse et de les contenir lors des grandes crues et des débâcles de glaces, construire à droite et à gauche de son lit des digues qui en dirigent le cours et opposent une barrière insurmontable à ses inondations. Ces digues portent le nom de *levées;* elles ont communément 22 pieds de hauteur, 24 pieds de largeur à leur sommet, et sont revêtues, dans les parties les plus exposées au choc des eaux, de maçonnerie en pierres sèches, nommée *perré.* Le milieu de la chaussée, pavée dans presque toute sa longueur, offre une des plus belles routes du monde, bordée de deux rangs de peupliers et peuplée de villes, de villages, de maisons de plaisance, qui, se succédant sans interruption, en font une promenade continuelle.

On ignore l'époque précise à laquelle furent construites ces levées, ouvrage si imposant par son étendue, qui réunit à l'avantage d'offrir en tout temps des communications sûres et faciles, celui de préserver des inondations de la Loire les propriétés voisines de ce fleuve. Quelques auteurs en ont attribué l'établissement à Charlemagne ; mais l'édit rendu à ce sujet en 819 est de son fils Louis-le-Débonnaire. Ce prince, touché des représentations que lui firent les habitants de la Touraine et de l'Anjou, dont les débor-

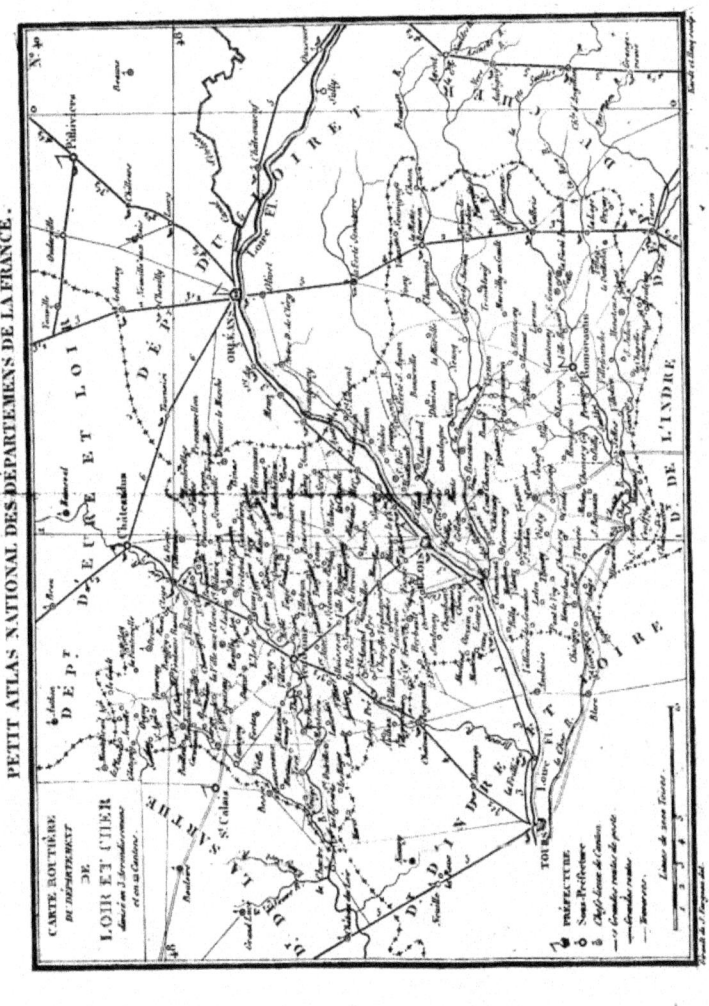

de.nents de la Loire détruisaient fréquemment les récoltes, ordonna l'exécution d'une turcie ou levée sur la rive droite seulement de ce fleuve, et chargea Pepin, son fils, roi d'Aquitaine, de faire surveiller les travaux de cette levée, qui formait la limite septentrionale de son royaume. Mais les arts, qui parurent refleurir un instant sous Charlemagne, avaient déjà dégénéré depuis la mort de ce prince. La construction de cette levée s'en ressentit. On se contenta d'élever de petites digues de terre, très-étroites, et qui suivaient exactement toutes les sinuosités du fleuve. Il y avait loin de là, sans doute, aux levées que nous admirons aujourd'hui; mais c'était déjà beaucoup de faire pressentir au peuple, par cet essai, tous les avantages qu'il pourrait un jour retirer de travaux plus considérables et mieux conduits. Une médaille fut frappée pour consacrer la mémoire de ces travaux. On voyait d'un côté l'effigie de l'empereur, de l'autre la Loire et une maison à côté de la levée, avec cette légende : *Vias tuas edoce me, Domine*, et pour exergue : *Ligeris*. Cette médaille se voit dans l'ouvrage intitulé *La France métallique*.

On peut fixer vers le commencement du XIe siècle la formation de la levée entre les villes d'Angers et de Saumur; mais elles n'étaient composées à cette époque que de petites digues isolées, placées devant les endroits les plus exposés aux ravages des eaux. On regardait alors comme impossible de l'élever en entier et sans interruption sur des dimensions capables de lui donner la force de résister aux plus grandes eaux du fleuve. Ce ne fut que vers l'an 1160, sous le règne de Henri II, roi d'Angleterre et comte d'Anjou, que ces travaux importants furent terminés par la réunion et l'accroissement de toutes ces digues partielles. Mais la levée, dans cet état même, n'offrait aucune ressource pour les communications, puisqu'en 1296, Guillaume Lemaire, nommé à l'évêché d'Angers, fut obligé, pour se rendre de Tours dans cette première ville, de passer par Beaufort et Brion. Sous Philippe de Valois, lorsque l'agriculture commença à faire des progrès dans les plaines protégées par la levée, on sentit la nécessité de fortifier cette digue conservatrice. On battit deux rangs de pilotis pour en consolider la base et servir d'appui au mur de revêtement qui fut construit du côté de la rivière. La levée alors fut élargie, élevée, et ensuite couverte de gros sable, et même pavée en quelques endroits de manière à pouvoir servir de chemin public.

DÉPARTEMENT DE LOIR-ET-CHER.

APERÇU STATISTIQUE.

Le département de Loir-et-Cher est formé du Blaisois, du Vendômois et d'une grande partie de la Sologne, qui dépendaient du ci-devant Orléanais. Il tire son nom des rivières du Loir et du Cher qui l'arrosent; la première, dans sa partie septentrionale du nord-est au sud-ouest, et la seconde, dans sa partie centrale, de l'est à l'ouest. — Il est borné, au nord-ouest, par le département de la Sarthe; au nord-est, par celui du Loiret; au sud, par celui de l'Indre; au sud-est, par celui du Cher, au sud-ouest par celui d'Indre-et-Loire. — Le climat est en général doux et tempéré. L'air y est pur et sain, à l'exception de quelques parties de l'arrondissement de Romorantin, dont les marécages et les étangs entretiennent des exhalaisons nuisibles à la santé des habitants.

Le sol de ce département est généralement assez élevé et ne renferme, à proprement parler, aucune montagne, mais un grand nombre de vastes plaines dont la pente est peu sensible. Il est traversé par la Loire, qui le divise en deux parties presque égales; une longue suite de collines et de coteaux plantés de vignes ou d'arbres fruitiers borde les deux rives du fleuve et repose agréablement la vue; çà et là, de jolis villages ombragés de bouquets d'arbres embellissent les plus charmants paysages, animés sans cesse par le passage de la grande route et par une navigation presque continuelle. « La nature champêtre, sous quelque forme qu'elle se présente, observe M. Petitain, dans son Annuaire du département de Loir-et-Cher, a toujours des droits de plaire à celui qui peut sentir et sait en apprécier les beautés. Mais il est des pays qui semblent être à cet égard plus favorisés, qui paraissent plus propres à constituer un séjour agréable et vraiment fait pour l'homme. Les plaines immenses, couvertes d'abondantes moissons, donnent, avec l'idée de l'abondance qu'elles font naître, celle de grande culture, de richesses et de prospérité publique, qui naturellement s'y lient. Dans les pays de montagnes, de grands accidents, des masses gigantesques, une variété infinie de sites et d'aspects, tour à tour délicieux et effrayants, semblent promettre chaque jour des plaisirs nouveaux. Ici, la nature toujours vivante et animée, moins silencieuse que dans les plaines, moins bruyante que dans les montagnes, lui réserve des plaisirs plus doux et d'autant plus variés, qu'il peut y réunir toutes les productions propres aux deux extrêmes, sans aucune des privations qu'on peut y ressentir. Car presque dans toutes les parties du département, un propriétaire, sans être grand-terrien, peut voir presque tout à la fois d'un coup d'œil ses champs couverts de moissons, ses taillis, ses vignobles, et de là reposer sa vue sur l'émail des prairies. Sans que nous fassions les frais d'une description étudiée, le lecteur imaginera aisément les sites agréables et variés à l'infini que, dans leur mélange et leur combinaison, ces différents objets peuvent offrir. Sur le plus beau fleuve de la France, de grands et nombreux bateaux voguant à la faveur de leurs voiles blanches et étendues, dont la courbure élégante, se dessinant sur le coteau, forme de loin un contraste piquant avec la verdure; partout ailleurs des rivières ou des ruisseaux limpides, promenant leurs eaux sinueuses dans de longues vallées qui s'étendent et se resserrent successivement; là, des bouquets de bois suspendus sur les coteaux; dans la plaine, avec des ombrages frais, une culture variée; plus loin une vaste forêt qui rembrunit et couronne l'horizon; puis enfin des hauteurs plus ou moins escarpées, d'où la vue embrassant simultanément tous ces objets, jouit d'un ensemble ravissant, à la fois imposant et flatteur, et où la nature paraît dans sa plus douce majesté : tel est en général le département de Loir-et-Cher. Mais l'arrondissement de Romorantin (l'ancienne Sologne) offre un aspect bien différent. Dans cet arrondissement, le sol n'offre à sa superficie qu'un sable clair, assez fin, mélangé de gravier et de cailloux, toujours peu chargé de terre végétale, et peu propre aux riches cultures. On peut en dire autant de la partie nord-ouest de l'arrondissement de Vendôme, qui n'offre qu'un terrain aride et en général couvert de landes. »

Le département de Loir-et-Cher a pour chef-lieu Blois. Il est divisé en 3 arrondissements et en 24 cantons, renfermant 300 communes. — Superficie, 330 l. carrées. — Population, 235,720 hab.

Minéralogie. Mines de fer; carrières d'albâtre, de pierre de taille, de silex pyromaque qui fournissent la France entière et une partie de l'Europe de pierres à fusil; marne excellente; argile à tuile et à potier.

Sources minérales à Saint-Denis, à Saint-Mandé.

Productions. Toutes les céréales, récoltes plus que suffisantes; fruits et légumes de toute espèce; quantité de beau chanvre; mûriers; excellents pâturages. — 28,000 hect. de vignes. — 70,800 hect. de forêts. — Élève de bestiaux et de moutons mérinos et indigènes; éducation des abeilles, des vers à soie et de la volaille.

Industrie. Manufactures de grosses draperies, couvertures de laine, molletons, cotonnades. Fabriques de bonneterie, gants de peau. Raffinerie de sucre de betterave. Filatures de laine et de coton. Tanneries, verreries, faïenceries et poteries.

Commerce considérable de grains, vins, eaux-de-vie et laines; de draperie, bas et gants de laine, cuirs, gants de peau, pierres à fusil, etc., etc.

**VILLES, BOURGS, VILLAGES, CHATEAUX ET MONUMENTS REMARQUABLES;
CURIOSITÉS NATURELLES ET SITES PITTORESQUES.**

ARRONDISSEMENT DE BLOIS.

AIGNAN (SAINT-). Petite ville située sur la rive gauche du Cher, où elle a un port qui facilite un commerce assez considérable. Elle était autrefois défendue par un château fort dont on voit encore les ruines, entre autres une tour assez bien conservée qui porte le nom d'Agar.

Saint-Aignan doit son origine à une maison d'ermites sortis de l'abbaye de Saint-Martin de Tours. Par l'effet du concours des pélerins à la chapelle de ces ermites, des habitations se formèrent successivement autour de l'ermitage et du château; et au mois d'août 1019, les ermites dédièrent l'église qui existe encore aujourd'hui à saint Aignan, dont la ville a pris le nom.

On remarque aux environs les immenses carrières de silex pyromaque de Meusne et de Couffy, qui fournissent des pierres à fusil à tout le royaume et à plusieurs pays étrangers. (*Voy.* ci-après Meusne.) — Fabriques de draps et de poterie; tanneries. A 10 l. de Blois. Pop. 3,000 hab. ✉

BLOIS. Grande et très-ancienne ville, chef-lieu du département. Tribunaux de première instance et de commerce. Bourse de commerce. Société d'agriculture. Collége communal. Pop. 11,400 hab. ✉ ✌

Cette ville est bâtie en amphithéâtre, sur la rive droite de la Loire, dans un des plus beaux sites de la France. Sa position, au sommet et sur le penchant d'un coteau, la divise naturellement en haute et basse ville. La partie supérieure, qui forme la ville proprement dite, est en général assez mal bâtie; les rues sont étroites, mal percées et pour la plupart inaccessibles aux voitures, mais propres et ornées de fontaines. La ville basse offre une suite de maisons bien bâties le long d'un quai superbe et d'une prodigieuse étendue, lequel forme la grande route, et va, en longeant le cours de la Loire, s'unir à la belle levée de Tours. Un très-beau pont, porté sur onze arches en pierres de taille, traverse le fleuve et unit la ville basse à un des principaux faubourgs.

Blois doit plaire à tout voyageur par sa belle situation et par les souvenirs historiques qu'il rappelle. Son origine se perd dans la nuit des temps. Sous Charles-le-Chauve, c'était déjà une ville considérable, dont il est fait mention dans un des capitulaires de ce prince. Pendant les guerres de la féodalité, Thibaud, comte de Chartres, en fit la conquête ainsi que de tout son territoire, et la transmit ensuite à la maison de Châtillon. Les comtes de Blois la possédèrent jusqu'en 1391, où Guy II de Châtillon la vendit avec tout le comté au duc d'Orléans, qui fut depuis Louis XII.

Le château de Blois fut pendant plusieurs siècles la demeure des comtes de ce nom, et ensuite le séjour favori des rois de France. Il a été habité par plus de cent princes ou têtes couronnées. Louis XII y est né; François Ier, Henri II, Charles IX, Henri III y ont tenu leurs cours. Les princes dont la légèreté, la superstition ou la cruauté ont été le plus funestes à leur royaume, ont porté dans cette belle contrée les passions de leur ambition malade, de leur haine souvent impuissante et de leurs honteuses amours. Du fond des voûtes obscures de ce château sortent en foule d'effrayants souvenirs, comme ces fantômes qui nous apparaissent et nous troublent dans un rêve sombre et mélancolique.

Dans le nombre considérable d'événements remarquables dont les murs de ce château furent les témoins, figure la mort de cette intéressante et vertueuse Valentine de Milan, qui, nouvelle Cornélie, demanda à la France entière justice du sang si indignement versé de son époux, Louis d'Orléans, et n'ayant pu l'obtenir, vint déplorer dans le silence de ces paisibles murs la plus cruelle des pertes. Après avoir servi de retraite à la vertu, ce château sert de prison au crime. Isabeau de Bavière, cette Messaline des Français, y pleure non son époux, plus malheureux que Claude et non moins déshonoré, mais le chevalier Bourdon, son amant. C'est peu de ces scènes d'une douleur tour à tour vertueuse ou criminelle; c'est peu de ces souvenirs des passions de deux princesses qui se sont rendues immortelles, l'une par sa tendresse conjugale, l'autre par l'oubli qu'elle en a osé faire: ces lieux ont été postérieurement le théâtre d'événements plus tristement célèbres.

Les guerres de religion, pendant lesquelles l'un des Guises fut tué, désolaient la France; les états, connus sous le nom d'états de Blois, furent convoqués dans ce château pour qu'ils cicatrisassent, s'il était possible, les blessures profondes du royaume. Henri III, ce prince qui n'eut que des vices, après avoir montré des vertus, les présidait. Les Guises, artisans et chefs de la Ligue par leur ambition, mais l'idole du peuple par leur bravoure et une grandeur d'ame qui n'appartient qu'à l'héroïsme, s'y rendirent. C'est en vain que des avis secrets avaient appris à l'un d'eux qu'on en voulait à ses jours, il dédaigna ces avis; et, réuni au cardinal son frère, il va pour assister à une séance de ces états tumultueux. En s'y rendant, il voit la garde renforcée et cent Suisses rangés sur les degrés; il entre dans la première salle du château, et la porte est aussitôt fermée sur lui. Il prend sans affectation la contenance la plus ferme, et salue, avec cette grace et cette dignité qui lui était familière, tous les personnages rassemblés; et c'est lorsque appelé par ordre du roi, il veut entrer dans son cabinet, qu'il est percé, en soulevant la tapisserie, de plusieurs coups de poignard, sans pouvoir même porter la main à la garde de son épée.

Quoique revêtu de la pourpre romaine, si puissante dans ces temps, puisque la Ligue avait pour principal levier la cour de Rome, son frère n'en fut pas plus respecté. On le conduisit le lendemain, avec l'archevêque de Lyon, dans une salle obscure de la tour du château. Là, des soldats les massacrent à coups de pertuisane, une des armes en forme de hallebarde alors en usage; ils jettent le corps du cardinal dans le large foyer d'une des cheminées, et lorsque le corps est consumé, ils en dispersent les cendres, dans la crainte que les ligueurs n'en fissent des reliques.

Des traités solennels, des fêtes éclatantes, de brillants tournois, dont ces lieux ont encore été les témoins, ajoutent leurs joyeux souvenirs à des souvenirs aussi sombres. Le mariage de Charles, duc d'Alençon, avec Marguerite d'Anjou, fut célébré au château de Blois; et les pompes du mariage bien plus célèbre encore de Henri IV avec Marguerite de Valois s'y préparèrent. Tels sont les faits principaux qui immortalisent ce château et le rendent un des plus dignes d'être vus de tous ceux qui couvrent la France.

Séjour d'un grand nombre de princes, qui tour à tour se plurent à l'embellir et à l'augmenter, les fondements du château de Blois furent jetés pendant la domination des comtes suzerains dont nous avons parlé. Réédifié et reconstruit plusieurs fois, il ne lui reste de gothique qu'une tour qui semble n'être encore debout, malgré le poids des siècles et l'invasion de l'architecture moderne, que pour rappeler que là fut le théâtre des plus sanglants excès du pouvoir. Louis XII fit rebâtir, en 1498, la partie orientale du château et augmenta celle du midi. François Ier bâtit celle du nord, donnant sur la place du Collége; on y voit encore son chiffre sculpté et ses armes où figure une salamandre; Gaston d'Orléans fit construire, en 1635, sur les dessins de Mansard, la belle façade qui regarde l'occident, laquelle n'a jamais été terminée. Ce château sert actuellement de caserne: on y montre encore la salle des États, la chambre de la reine, celle où fut assassiné le duc de Guise, et la tour où son frère reçut la mort.

Le plus bel édifice moderne de Blois est l'ancien évêché, aujourd'hui la préfecture, bâti sur les dessins de Gabriel, architecte de Louis XIV. Les jardins sont en terrasses régulières, et leur situation procure la plus belle vue qu'il soit possible de décrire: vers le cours supérieur du fleuve, l'œil embrasse plus de six lieues d'étendue et se repose avec plaisir sur les riants coteaux et sur les délicieux paysages qui bordent ses deux rives; tandis que du côté opposé se déploie sur un immense horizon une foule de sites variés et pittoresques, offrant une suite de tableaux agréables dont l'œil a peine à saisir l'ensemble.

On remarque encore à Blois l'ancienne église des jésuites, bâtie sur les dessins de Mansard. — L'aqueduc qui fournit les eaux à une partie de la ville, ouvrage précieux fait en forme de grotte et coupé dans le rocher avec un tel art que plusieurs personnes peuvent presque partout y marcher de front. — La belle promenade des allées; elle forme à l'extrémité nord-ouest de la ville une magnifique avenue d'une demi-lieue de long qui aboutit à une vaste forêt; le mail qui borde le quai de la Loire; la bibliothèque publique,

CHAMBORD.

qui renferme 17,000 volumes, parmi lesquels on remarque quelques ouvrages rares; la salle de spectacle; les abattoirs; la poissonnerie; l'hôpital, pourvu d'un jardin de botanique.

Fabriques de ganterie renommée, faïenceries, tanneries et corroieries.—*Commerce* d'eau-de-vie dite d'Orléans, de vinaigre, draps, papiers, faïence, cuirs, etc.; pépinière; dépôt d'étalons.

Hôtels de France, d'Angleterre, de l'Europe, de la Galère.— A 15 l. de Tours, 14 l. d'Orléans, 26 l. du Mans, 43 l. de Paris.

BRACIEUX. Village situé sur le ruisseau de Bonneheure, près son confluent avec le Beuvron. A 4 l. 1/2 de Blois. Pop. 800 hab.

CHAMBORD. Magnifique château, situé au centre d'une vaste forêt, près du village de son nom, sur la rivière du Cosson, à 4 l. ouest de Blois.

Dès l'an 1090, Chambord était un château de plaisance et un rendez-vous de chasse des comtes de Blois. Depuis long-temps les rois de France en avaient fait l'acquisition, lorsque François Ier fit édifier par le Primatice, sur les ruines de l'ancien château, l'édifice qu'on admire encore de nos jours. Depuis 1526 jusqu'à sa mort, François Ier occupa à la construction de Chambord dix-huit cents ouvriers, et dépensa, suivant les comptes du trésor royal, 444,570 livres, somme qui représente plus de cinq millions de notre monnaie. Après la mort de ce monarque, le mauvais état des finances empêcha Henri II, Henri III et Charles IX de dépenser, pour la continuation de l'édifice, plus de 391,000 liv., somme qui, réunie à la première, donne une douzaine de millions de notre monnaie. Cependant, malgré de si énormes dépenses, jamais les bâtiments du château n'ont été complétement achevés. Le Primatice mourut sans voir son chef-d'œuvre exécuté, et Louis XIV, plus ardent à fonder Versailles qu'à achever ce que ses prédécesseurs avaient laissé incomplet, se contenta de faire combler les fossés et de construire quelques bâtiments supplémentaires pour le service de sa maison.

Ce château, situé au milieu d'un parc de douze mille arpents clos de murs, dont l'enceinte a près de huit lieues, réunit, par la variété des sites et les accidents du terrain, ce qui peut favoriser tous les genres de chasse. Des taillis immenses et des forêts spacieuses sont peuplés de cerfs, de biches, de chevreuils et de sangliers; des garennes, des terriers nombreux et de vastes prairies, y attirent et y fixent du gibier de toute espèce; la rivière du Cosson, qui traverse le parc et dont les rives touchent presque aux murs du château, offre tous les agréments de la pêche; ses bords, ombragés par des touffes de joncs et de roseaux, servent de retraite aux oiseaux aquatiques; le parc, coupé par de larges allées et par des sentiers battus, favorise les chasses les plus nombreuses et les plus brillantes; les chevaux et les voitures peuvent le parcourir en tout sens. C'est de ces différentes routes que le château se présente sous divers aspects aux voyageurs. On découvre de loin ses dômes, ses donjons, ses tourelles et ses terrasses. La belle lanterne qui couronne l'escalier et s'élève majestueusement au-dessus de l'édifice, est aperçue de la levée de la Loire et des hauteurs du château de Blois. (*Voyez la gravure.*)

Le château de Chambord est de forme quadrangulaire, de 24 toises de diamètre, connu sous le nom de Donjon. Ce donjon est flanqué de quatre grosses tours, et entouré d'un bâtiment rectangulaire, dont les quatre angles sont aussi marqués par des tours fort en usage dans les anciens châteaux, mais dont deux, situées du côté du midi, sont beaucoup moins élevées, la plus grande partie de ces derniers bâtiments n'ayant été achevée que sous le règne de Louis XIV. Le bâtiment rectangulaire est d'une architecture semi gothique bien inférieure à celle du château; la forme des cours qui l'environnent est désagréable à l'œil et nuit à l'effet pyramidal de ce bâtiment. Les quatre tours du donjon ont chacune 60 pieds de diamètre. Au milieu de cet édifice s'élève une cinquième tour de trente pieds de diamètre sur cent pieds de hauteur, ce qui donne une forme pyramidale très-ingénieuse à ce monument, couvert en partie par des terrasses et en partie par des combles terminés par une multitude de lanternes qui, entre-mêlées avec les souches des cheminées, ornées de salamandres et s'élevant comme de beaux fûts de colonnes au-dessus des bâtiments, annoncent un lieu d'habitation important et d'un aspect fort singulier. Le château est composé de trois rangs d'étages. A l'extérieur, il est orné de pilastres, espacés de quinze pieds et couronnés chacun d'un entablement d'un travail recherché. La distribution intérieure de l'édifice n'est pas moins intéressante : le grand escalier est pratiqué dans la tour placée au centre du bâtiment; on y arrive au rez-de-chaussée par quatre salles des gardes, de 50 pieds de longueur et de 30 pieds de largeur; en sorte que dans les quatre massifs angulaires sont distribués à chaque étage autant d'appartements complets. Ce qui mérite surtout les plus grands éloges, c'est la disposition ingénieuse de cet escalier à double rampe, se croisant l'une sur l'autre, et toutes deux communes à un même noyau : on ne peut, en effet, trop admirer la légèreté de son ordonnance, la hardiesse de son exécution et la délicatesse de ses ornements, perfection qui, aperçue de la plate-forme du château, frappe, étonne et laisse à peine concevoir comment on a pu parvenir à imaginer un dessin aussi pittoresque, et comment on a pu le mettre en œuvre.

Le caractère d'architecture du château de Chambord a quelque chose de particulier qui l'éloigne autant des formes gothiques que des proportions élégantes des édifices grecs et romains; on serait tenté de croire que le Primatice a voulu laisser un monument singulier, pour indiquer l'époque qui a séparé la barbarie de la renaissance des arts. Le donjon, flanqué de ses quatre grosses tours, rappelle les constructions uniformes du XIIe et du XIIIe siècle; mais les galeries qui en prolongent la façade lui donnent une élégance qui était inconnue jusqu'alors. Il y a dans l'ensemble de l'édifice un caractère de force, on pourrait même dire de lourdeur, qui ne manque cependant pas de noblesse, et qui contraste merveilleusement avec la richesse et le fini des détails. Le corps de bâtiment, composé de trois ordres de pilastres, présente d'abord à l'œil une grande simplicité; mais au-dessus des terrasses qui couronnent le troisième étage, les ornements sont prodigués avec une telle profusion, les pilastres, les colonnes, les bas-reliefs, les frises, y sont si richement sculptés, qu'on a peine à concevoir, après en avoir attentivement examiné le travail, admirer la délicatesse et la prodigieuse variété des formes, que douze années aient pu suffire pour exécuter tant de chefs-d'œuvre de dessin et de sculpture.

Le nom de François Ier est inséparable de Chambord; tout y rappelle ce monarque. On attribue à la chasse sa prédilection pour ce lieu, et surtout aux souvenirs de ses premières amours avec la châtelaine de Montfrault et la brillante comtesse de Thoury. Les constructions mystérieuses de ce château favorisaient les galantes inclinations de ce roi; et c'est à leur aide qu'il parvint à satisfaire à l'amour que lui inspirait Diane de Poitiers, sans éveiller les soupçons de la duchesse d'Étampes. On sait que dans les voyages de la cour où se trouvait la reine, la belle Diane ne logeait point au château; elle occupait une maison construite au milieu du parc et connue sous le nom de l'hôtel de Montmorency. Le roi ne manquait pas de s'y rendre dans le plus strict incognito chaque soir après son coucher. Mais comme l'heure en était régulièrement fixée, Brissac, qui captivait le cœur de la favorite, pouvait aussi, sans crainte d'être surpris, passer auprès d'elle tous les instants que le roi ne lui consacrait pas. Vers la fin de sa carrière, François Ier éprouvait encore une secrète jouissance à revoir des lieux empreints des plus doux souvenirs : cependant il parait que parfois il s'y mêlait des regrets : ce fut sans doute dans l'un de ces moments de jalousie ou de dépit qu'à l'aide d'un diamant il traça, sur l'une des vitres de la croisée de sa chambre, ces vers dont on chercherait vainement la trace :

« Souvent femme varie
Est bien fol qui s'y fie. »

Louis XIII fit de Chambord sa résidence favorite, après l'exil de Mlle de Lafayette. Louis XIV habita ce château plusieurs années et y donna de brillantes fêtes; ce fut dans l'une d'elles, au mois d'octobre 1670, que le *Bourgeois Gentilhomme* y fut joué par Molière et sa troupe pour la première fois. Pélisson, dans une lettre en vers et en prose adressée à Mlle de Scudéri, donne les détails de cette fête : on y trouve une gracieuse description de Chambord et de son parc, avec d'ingénieuses allusions aux royales amours dont ses arbres touffus avaient été les discrets confidents et les muets témoins.

Louis XV donna Chambord à Stanislas, roi de Pologne, son beau-père : celui-ci y demeura long-temps. A Stanislas succéda le maréchal de Saxe, qui y vécut en prince. Le maréchal de Saxe étant mort sans postérité, ce beau domaine passa au comte de Frise son neveu, et après lui il retourna à la couronne. La famille de Polignac en obtint la jouissance de Louis XVI, en 1777. Pendant la révolution, un dépôt de remonte y fut établi. Sous l'empire, Napoléon l'assigna en dotation à la Légion d'honneur. Après la bataille de Wagram, l'empereur érigea Chambord en principauté et en fit don au maréchal Berthier, sous la condition de faire terminer le château d'après les dessins du Primatice. Berthier étant mort, la princesse de Wagram fut forcée d'aliéner ce domaine, qui

CHAUMONT.

fut mis en vente en 1820, et racheté pour être offert, soi-disant par la France, au duc de Bordeaux, au moyen d'une souscription prétendue volontaire ouverte par ordre du ministère, mais réellement imposée aux fonctionnaires publics et à tous les employés des diverses administrations. Tout le monde a lu le spirituel pamphlet que l'inimitable Paul-Louis Courier publia, à l'occasion de cette souscription, pour détourner les habitants de Chambord de contribuer à cette acquisition.

CHAUMONT. Village bâti dans une situation délicieuse, sur la rive gauche de la Loire, au pied d'un joli coteau boisé dont le sommet est couronné par un vaste et antique château d'un aspect on ne peut plus pittoresque. Il est difficile de rencontrer un point de vue plus agréable que celui qu'offre le château de Chaumont ; le voyageur qui parcourt la belle levée de Tours l'aperçoit constamment, pendant plus de six lieues, sous des aspects on ne peut plus variés et toujours plus enchanteurs. (*Voyez la gravure.*)

Ce château occupe l'emplacement d'un manoir féodal dont la fondation est attribuée à Gueldin, chevalier danois, et que Thibaud-le-Grand, comte de Blois, fit démolir. Le château actuel fut reconstruit par les seigneurs d'Amboise, dans la maison desquels il resta jusqu'en 1550. A cette époque, il passa aux seigneurs de la Rochefoucault, qui le vendirent à la reine Catherine de Médicis pour la somme de cent vingt mille livres. C'est dans le château de Chaumont que cette reine artificieuse sacrifiait aux absurdes croyances du temps où elle vivait les moments qu'elle pouvait dérober à sa politique ombrageuse ; c'était là qu'elle asservissait son génie fier et dominateur aux bizarres pratiques de l'astrologie judiciaire, et qu'elle cherchait à connaître un avenir que le cri de sa conscience devait lui rendre redoutable. A la mort de Henri II, Catherine de Médicis, pour satisfaire la haine qu'elle portait à Diane de Poitiers, la contraignit à lui céder Chenonceaux en retour de Chaumont, et cet échange forcé fut ratifié par la duchesse de Valentinois, en 1559.

Le château de Chaumont a son entrée principale au midi. C'est un édifice peu régulier, construit à diverses époques, mais très-remarquable dans ses détails ; les bâtiments les plus anciens sont ceux qui dominent la Loire. On y voyait encore, à la fin du XVIIe siècle, les meubles qui avaient appartenu à Catherine de Médicis. — A 5 l. de Blois. Pop. 100 hab. *Fabriques* de poterie de terre.

CHITENAY. Village situé à 3 l. de Blois. Pop. 1,000 hab.

CHOUZY. Bourg situé sur la levée et la rive droite de la Loire, à 3 l. de Blois. Pop. 1,100 hab.

En 1802, M. Corbigny, préfet du département, est parvenu, en profitant des moyens d'irrigation qu'a procurés le voisinage de la petite rivière de Cisse, à former sur le territoire de la commune de Chouzy, et dans une terre assez médiocre, une pépinière départementale, dans laquelle on compte une multitude de sujets en ormes, frènes et mûriers blancs, ainsi que plusieurs milliers de pieds d'arbre en bois blanc. Le voyageur qui chemine sur la levée de la Loire est agréablement surpris en voyant aujourd'hui une végétation vigoureuse sur une vaste étendue où naguère il n'apercevait que des bruyères, et même un sable nu.

CLAUDE (SAINT-). Bourg situé près de la Loire, à 2 l. de Blois. Pop. 1,540 h.

CONTRES. Bourg situé sur la rive droite de la Bièvre, à 5 l. 1/4 de Blois. Pop. 1,400 hab. — *Fabriques* de toiles et de droguet.

DENIS-SUR-LOIRE (SAINT-). Village situé à 1 l. de Blois. Pop. 900 hab. On y trouve une source d'eau minérale.

DYÈ-SUR-LOIRE (SAINT-). Petite ville située à 3 l. de Blois, sur la rive gauche de la Loire, où elle a un petit port qui favorise un commerce assez considérable. *Manufacture* de couvertures. *Fabriques* de vinaigre. Pop. 1,320 hab.

FOUGÈRES. Village situé à 4 l. 1/2 de Blois. Pop. 500. *Fabriques* de draps ; filature de laine.

FRÉCHINES. Château situé au milieu d'un paysage riche et varié, à 4 l. de Blois, entre cette ville et Vendôme. Le château de Fréchines, remarquable par son élégance, fut construit en 1774. Deux parcs en dépendent : l'un, d'une vaste étendue, occupe une surface de 850 arpents ; l'autre, d'une moins grande dimension, dessiné avec art dans le genre pittoresque, se distingue par la variété des sites, et par de nombreux embellissements dus aux soins et au bon goût du propriétaire actuel. De belles eaux, des fabriques, un vallon délicieux qui s'y trouve compris, donnent à ce riant tableau un intérêt qui s'accroît encore par le souvenir du grand homme qui l'habita, du célèbre

Lavoisier : on y voit encore l'appartement qu'il consacrait à ses travaux chimiques.

HERBAULT. Bourg situé à 4 l. de Blois. Pop. 720 hab. ✉

HUISSEAU. Village situé à 2 l. de Blois. Pop. 1,200 hab.

LANDES. Village situé à 4 l. de Blois. Pop. 800 hab. Aux environs, on voit sur une petite éminence les restes d'un dolmen gigantesque. Il est formé d'une pierre de 13 pieds de long, 9 pieds de large, et 16 pouces d'épaisseur, posée horizontalement et portée par neuf grosses pierres, dont quatre sont écroulées.

MARCHENOIR. Petite ville aujourd'hui bien peu considérable, mais qui eut autrefois un assez haut degré d'importance, ainsi que l'attestent les ruines de sa forteresse, deux portes et les vestiges de ses murailles entourées de larges et profonds fossés. Les Bourguignons et les Anglais s'en sont successivement emparés comme d'un poste nécessaire à la défense du pays ; ces derniers y établirent un gouverneur au nom du roi d'Angleterre, après avoir détruit les faubourgs, crainte de surprise. Deux siècles après, elle avait réparé toutes ses pertes ; mais la révocation de l'édit de Nantes lui enleva les trois quarts de sa population, son commerce et son industrie. Enfin l'hiver de 1709 anéantit ses dernières ressources ; on y compte à peine aujourd'hui 500 hab. A 7 l. de Blois.

MENARS-LE-CHATEAU. Village situé à 2 l. de Blois, sur la rive droite de la Loire. Pop. 450 hab. ✉ ☞.

Ce village possède un des plus beaux châteaux de France, construit vers le milieu du XVIIe siècle ; l'architecture, qui tient à l'école de Mansard, quoique incorrecte dans quelques-unes de ses parties, a cependant quelque chose d'imposant et de monumental. Sur le bord de la Loire, s'élèvent de superbes terrasses qui dominent la contrée, et d'où l'on jouit de vues délicieuses, tant sur le fleuve que sur les riches paysages des environs. A l'un des plans reculés du vaste tableau qu'on a sous les yeux, on aperçoit, à une distance de neuf lieues, la flèche de l'église de Notre-Dame de Cléry (Loiret) où fut enterré Louis XI.

MER ou MENARS. Petite ville située sur le ruisseau de Tronne, à 5 l. de Blois. Pop. 2,000 hab. *Commerce* de vins, eau-de-vie et vinaigre ; tanneries et corroieries. ✉ ☞.

MER est la patrie du célèbre Pierre Jurieu, ministre protestant. Les calvinistes y avaient un temple avant la révocation de l'édit de Nantes.

MEUSNE. Village situé à 11 l. de Blois, célèbre par ses carrières de silex pyromaque, qui fournissent des quantités innombrables de pierres à fusil.

Les carrières d'où l'on extrait le silex sont situées dans les communes de Meusne, Lie et Couffy ; elles occupent une superficie d'environ huit lieues carrées, et sont ouvertes depuis plus de 160 ans. Les cailloux propres à être taillés en pierres à fusil se trouvent par bancs horizontaux, plus ou moins enterrés dans des marnes, à la profondeur de 45 à 50 pieds. L'extraction et la fabrication des cailloux sont accompagnées de dangers de toute nature, qui rendent très à plaindre la condition des caillouteurs, hommes, femmes et enfants qui s'en occupent. Aussi la plupart de ces ouvriers meurent asthmatiques au bout de vingt à trente ans, après avoir toussé et langui pendant six mois.

L'adresse avec laquelle on taille les cailloux est étonnante : d'un coup d'une espèce de marteau, qui en petit ressemble à la pioche des tailleurs de pierre, on détache un copeau qui n'a guère plus de trois lignes d'épaisseur, et qui se termine par un biseau vif, tel qu'on le voit, et auquel on ne touche pas. Dans ce copeau on trouve une ou deux pierres à fusil, ou plusieurs de pistolet, d'arçon ou plus petits.

Un ouvrier, travaillant du matin au soir, peut tailler 400 pierres fines de la première qualité, ou 600 de la seconde. Cent chefs de famille, livrés communément à ce genre de travail avec leurs femmes et leurs enfants, peuvent fabriquer par an trente millions de pierres à feu de toute espèce. Le prix varie de 75 cent. à 4 fr. le mille, selon le degré d'activité du commerce et surtout la qualité de la pierre. Meusne est le chef-lieu de cette fabrique, la seule qui existe en France, et est en possession de fournir de pierres à fusil tout le monde commerçant.

L'exploitation de ces cailloux est si considérable que dans Meusne, près de l'église, il y a un amas de copeaux inutiles de plus de quinze ou dix-huit pieds de haut, et de plus de soixante pieds de circonférence ; et on en rencontre de pareils sur tous les chemins et dans tous les hameaux.

MONTRICHARD. Petite et ancienne ville, située sur une colline au pied de laquelle coule le Cher, qui y forme un port assez fréquenté. C'était autrefois une ville très-forte, défendue par un château bâti en 1010 par Foulques Nerra, au retour de son premier voyage de la Terre-Sainte, pour réprimer les courses des seigneurs de Pont-le-Voy et de Saint-Aignan, qui incommodaient les habitants d'Amboise et de Loches. Rigord, historien presque contemporain, dit qu'il fut nommé *Montrichard*, c'est-à-dire *montricheur*, ou *trompeur*, parce qu'il fallait y monter par un chemin fort étroit et presque impraticable; mais cette étymologie nous parait hasardée. La propriété du fonds où fut bâti ce château appartenait à Gelduin, seigneur de Saumur et de Pont-le-Voy, qui se plaignit de cette entreprise à Eudes II, comte de Toulouse et de Blois. Le comte aussitôt manda ses vassaux pour l'aider à venger Gelduin. Ayant donc rassemblé ses troupes, il leur donna rendez-vous à Pont-le-Voy, où il ne tarda pas à les rejoindre. Foulques Nerra, instruit de sa marche, ne manqua pas de son côté d'assembler également ses milices, qui furent renforcées par celles que lui amena Herbert, son ami, comte du Maine, surnommé Éveil-Chien. Ils dirigèrent leur marche le long de la rivière du Cher, et arrivèrent à Montrichard le même jour que le comte de Tours prenait ses quartiers dans Pont-le-Voy. Les deux armées, voisines l'une de l'autre de trois petites lieues, ne tardèrent pas à se reconnaître. Elles sortirent en même temps de leur camp, le 16 juillet 1016, avec une égale ardeur de combattre : l'affaire fut très-sanglante de part et d'autre. Le comte de Tours eut d'abord l'avantage, et donna avec tant de vigueur sur l'aile droite des Angevins, qu'elle fut contrainte de plier. Foulques Nerra, qui la commandait, y fut blessé et fait prisonnier; mais Herbert, comte du Maine, qui était à la tête de l'aile gauche, ayant rompu les rangs des troupes qui lui étaient opposées, répara pour un moment l'échec que l'aile droite avait éprouvé. Malgré cela, le désordre s'était mis dans les rangs des Angevins, et Herbert, craignant que le comte Eudes ne tombât sur lui avec toutes ses forces, songea à opérer sa retraite, qui se fit en très-bon ordre. Eudes, qui tenait Foulques Nerra en son pouvoir, se voyant maître du champ de bataille, au lieu de pousser vivement sa victoire, fit prendre du repos à son armée sur les bords du Cher, où elle s'accula imprudemment. Herbert, en capitaine habile, voyant le comte de Tours dans une aussi fausse position, rallia promptement toutes ses troupes, et fondit sur celles de Eudes avec tant de promptitude et de bravoure, qu'il les battit complètement, et, dans le désordre de leur défaite, parvint à délivrer Foulques Nerra, ainsi que tous les autres prisonniers.

Le château de MONTRICHARD étant tombé au pouvoir des seigneurs d'Amboise, héritiers de Gelduin, Hugues Ier, fit bâtir la grosse tour de Montrichard, avec la grande salle à côté. Il fut depuis fortifié de nouveau par les rois d'Angleterre, comtes de Touraine, qui étaient obligés d'y entretenir une garnison de cinq cents hommes pendant la guerre. La ville et le château furent pris d'assaut, en 1188, par Philippe-Auguste : mais deux ans après ils furent rendus au roi d'Angleterre par le traité de Colombiers, près Tours, le 5 juillet 1190, et Richard Cœur-de-Lion fit alors rétablir le château et renfermer la ville de murs. Ce château fut pris ensuite par Foulques Guidas. Au mois de septembre 1589, Montrichard fut pris par Claude de Marolles, l'un des plus fameux ligueurs. Ayant fortifié le château à la hâte, il fit des courses jusqu'aux portes de Tours; mais la Trémouille, ayant été désigné pour marcher contre lui, et le roi étant alors près de se rendre à Tours, Marolles n'attendit pas son arrivée, et rendit la place.

Il ne reste plus de ce château que quelques ruines très-pittoresques, dont une partie s'écroula en 1755, en écrasant une église située au-dessous et à mi-côte. Les anciens murs de la ville, percés de quatre portes et flanqués de tours de distance en distance, sont encore assez bien conservés. — A 7 l. de Blois. Pop. 2,200 hab. *Commerce* de vins et de bois; *fabriques* de serges; tanneries. ✉.

Aux environs, sur les bords d'un ruisseau, on remarque deux tumulus, élevés non loin de l'emplacement où existait autrefois une ville nommée Vieuvy.

OUQUES. Bourg situé à 7 l. de Blois. Pop. 1,300 hab.

OUZOUER-LE-MARCHÉ. Bourg situé à 10 l. de Blois. Pop. 700 hab.

PONT-LE-VOY. Bourg très-agréablement situé à 7 l. de Blois, célèbre par un bel établissement d'instruction publique. Avant la première révolution, le collège de Pont-le-Voy était dirigé par des bénédictins, dont l'abbaye fut fondée en ce lieu au XIe siècle. Ces religieux, si distingués par leurs travaux historiques et littéraires, y tenaient une école qui a toujours joui d'une grande prospérité, et qui soutient aujourd'hui sa célébrité. On y compte particulièrement beaucoup d'enfants d'étrangers, surtout des Espagnols. Pop. 1,250 h.

SUÈVRES. Bourg situé près de la levée, à 3 l. de Blois. Pop. 1,700 hab.

VICOMTÉ (la). Beau château gothique bâti sur les ruines d'un antique manoir, à 1 l. de Blois.

VIEUVY. Village bâti dans une situation pittoresque, à 8 l. 3/4 de Blois. Pop. 500 h. On y voit les restes d'une tour antique, non loin de laquelle est une source d'eau minérale.

ARRONDISSEMENT DE ROMORANTIN.

CHAUMONT-SUR-TARONNE. Bourg situé à 8 l. de Romorantin. Pop. 1,200 hab. *Fabriques* de faïence et de poterie.

FERTÉ-IMBAULT (la). Bourg situé sur la rive gauche de la Sauldre, à 4 l. de Romorantin. Pop. 1,100 hab. On y remarque un des plus beaux châteaux que possède le département.

FERTÉ-SAINT-AGNAN (la). Bourg situé sur la rive gauche du Cosson, à 9 l. de Romorantin. Pop. 500 hab.

MENETOU-SUR-CHER. Petite ville bâtie dans une situation agréable, sur la rive droite du Cher. Pop. 900 hab. *Fabriques* de parchemin et de bonneterie.

MOTTE-BEUVRON (la). Village situé sur la rive droite du Beuvron, à 9 l. de Romorantin. Pop. 420 hab.

NEUNG-SUR-BEUVRON. Bourg situé sur la rive droite du Beuvron, à 9 l. 1/2 de Romorantin. Pop. 1,000 hab.

ROMORANTIN. Jolie petite ville, chef-lieu de sous-préfecture; tribunaux de première instance et de commerce; société d'agriculture; collège communal. Pop. 6,985 hab.

Cette ville est dans une situation agréable, sur la Sauldre, qui y reçoit le Morantin. Ce n'était dans l'origine qu'un château bâti dans une île que forme la Sauldre, et qui dépendait de la paroisse de Leuthenay, qui en est à trois quarts de lieue. Le seigneur y avait une chapelle : l'habitant de la campagne s'accoutuma à y venir entendre l'office, en s'épargnant ainsi la peine de se rendre à Leuthenay. Ce concours fit élever successivement des habitations au nord et au sud de la rivière, et une nouvelle paroisse se forma. On ignore le temps où fut tracée la première enceinte, où Romorantin prit le nom de ville, et celui où l'église qui existe aujourd'hui remplaça la chapelle. Quoi qu'il en soit, la population s'augmenta rapidement aux dépens des communes voisines, notamment de Selles-sur-Sauldre (ou Saint-Genoux) d'où les fabricants de draps transférèrent leur établissement à Romorantin, parce qu'il s'y trouve aux environs une terre fort propre aux dégrais, et que les eaux de la petite rivière de Rive, mêlées avec celles de la Sauldre, ont, dit-on, la propriété d'accélérer le foulage et de rendre le déchet des laines moins considérable.

Cette ville possède une petite salle de spectacle, et jouit d'une promenade publique fort étendue, plantée de beaux arbres, et baignée en partie par les eaux du Morantin. Elle s'est beaucoup embellie depuis une vingtaine d'années, et elle a surtout beaucoup gagné sous le rapport de la salubrité et de l'agrément par des alignements réguliers et bien entendus, par la construction de beaucoup de maisons dans le goût moderne, par le pavage et l'élargissement d'un grand nombre de rues.

Romorantin fut assiégé et pris, en 1366, par le prince de Galles, fils d'Édouard III, roi d'Angleterre. Froissard parle de son artillerie, et c'est la première fois qu'il est fait mention dans notre histoire de l'usage de cette arme pour le siège des places. Le roi Jean, qui était à Chartres, rassembla des troupes, fit lever le siège, poursuivit le prince de Galles, et l'ayant atteint près Poitiers, lui livra imprudemment cette fameuse bataille dont le résultat fut si funeste à la France.

C'est à Romorantin que le célèbre chancelier de l'Hôpital sauva la France des horreurs et de la honte de l'inquisition, par l'édit connu sous le nom d'édit de Romorantin.

Manufactures considérables de draps et d'étoffes de laine. Belles filatures hydrauliques, tanneries et parcheminerie. *Commerce* de draps, laines, cuirs et pierres à feu. A 10 lieues de Blois, 17 l. d'Orléans, 16 l. de Bourges. — *Hôtels* de France, du Lion d'Or.

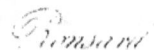

Ronsard

MIDEŁAJA.

SALBRIS. Bourg situé sur la Sauldre, à 6 l. 1/2 de Romorantin. Pop. 1,400 hab. *Fabriques* de serges. ✉ ☞

SELLES-SUR-CHER. Petite ville située dans une contrée fertile, sur le Cher, que l'on y passe sur un beau pont. Pop. 3,000 hab. ✉

Cette ville n'était autrefois qu'une bourgade ; elle tire son nom de sa ci-devant abbaye, qui elle-même tirait son origine de la cellule ou ermitage d'un pieux solitaire, nommé Eusin. Le roi Childebert allant faire la guerre en Espagne, et traversant le Berri, se recommanda aux prières de ce saint homme, et ayant eu un plein succès dans son expédition, il crut lui en être redevable, et voulut lui en témoigner lui-même sa reconnaissance ; mais l'ayant trouvé mort à son retour, il fit bâtir sur son tombeau une belle église, et y fonda un monastère, qui fut d'abord occupé par des bénédictins, puis par des chanoines, et enfin par des feuillants qui l'habitaient encore en 1789. On ne tarda pas à bâtir des maisons autour de cette abbaye, qui devint l'église paroissiale, et insensiblement il s'y forma une petite ville.

Les environs de Selles sont des plus agréables, et ne le cèdent en rien au tableau qu'offrent presque toutes les villes situées sur la Loire. A l'une de ses extrémités est un beau château, bâti par Philippe de Béthune, frère de Sully. — *Fabriques* de draps. *Commerce* de grains, vins, fourrages et pierres à feu. A 4 l. 1/2 de Romorantin.

SOINGS. Bourg situé à 5 l. de Romorantin. Pop. 800 hab. Aux environs, on remarque deux tumulus d'environ 50 pieds de diamètre, placés au bord d'un lac d'environ 40 arpents de superficie, près d'un champ où l'on a trouvé des vases antiques et plusieurs médailles romaines.

VOUZON. Bourg situé à 12 l. 1/2 de Romorantin. Pop. 1,200 hab.

ARRONDISSEMENT DE VENDOME.

AMAND (SAINT-). Bourg situé sur la petite rivière de Bresme, à 4 l. de Vendôme. Pop. 500 hab.

ARTINS. Bourg situé sur la rive droite du Loir, à 6 l. de Vendôme. Au temps des Celtes ou des Romains, c'était une ville assez considérable. On y voit encore les piles d'un pont antique que l'eau ni les siècles n'ont pu ébranler. L'église a été élevée sur les ruines d'un temple qui était consacré à Jupiter.

Ce bourg était encore très-peuplé il y a trois cents ans. On le traversait pour aller de Tours à Chartres et dans la Normandie. C'était une route militaire ; mais depuis que le pont n'offre plus que des piliers isolés, la population a été chaque année en décroissant ; la plupart des maisons sont tombées en ruines, et leurs toits déserts ne servent plus qu'à indiquer aux voyageurs qu'Artins a été autrefois plus florissant.

Entre Artins et Sougé, s'étend un terrain rempli de tombes antiques. Sur la rive gauche du Loir, se trouvent les fermes de Fins, qu'on croit être le *Fines Carnutum* des anciennes cartes de Ptolomée.

COUTURES. Village situé dans le beau vallon du Loir, à 7 l. 1/2 de Vendôme. Pop. 900 hab.

A un quart de lieue de ce village, on remarque le château de la POISSONNIÈRE, où est né, en 1524, Ronsard, *ce prince des poètes de son temps*, presque toujours inintelligible, mais plein de verve ; dur, mais plein d'invention ; admirable quelquefois, comme poète inspiré, mais toujours ridicule par ses prétentions et sa vanité puérile ; enflé d'orgueil par les faveurs d'une grande princesse et par les bienfaits de quatre monarques.

Ronsard entra de très-bonne heure au service du duc d'Orléans, fils de François Ier, en qualité de page. Il fut ensuite attaché dans le même emploi à Jacques Stuart, roi d'Écosse, qui était venu en France pour épouser la princesse Marie de Lorraine. Ronsard suivit ce roi en Écosse et y passa trois ans. De retour en France, il rentra au service du duc d'Orléans, qui l'employa dans quelques affaires secrètes en Irlande, en Zélande et en Écosse. Dans ces différents voyages, Ronsard acquit la connaissance de plusieurs langues. Une surdité qui lui survint ensuite fut la première cause de ses études littéraires ; pendant cinq ans il suivit les leçons de J. Daurat, d'Adrien Turnèbe, acquit une grande connaissance de la langue grecque, et traduisit en vers français le Plutus d'Aristophane. Ses premières poésies eurent un grand succès. Il fut couronné aux Jeux floraux, et, au lieu du prix accoutumé, l'églantine, les magistrats de Toulouse lui décernèrent une **Minerve** d'argent massif, et rendirent un décret, par lequel il était proclamé le poète français par excellence. Ronsard, ébloui de sa grande fortune, se regarda dès lors comme le législateur du Parnasse français. Voulant tout régler, il brouilla tout. Toutefois aucun poète ne fut ni plus loué ni mieux récompensé. La goutte et d'autres infirmités accélérèrent sa vieillesse. Il passa ses dernières années retiré du monde, et mourut dans les environs de Tours, en 1585. Il s'exerça dans tous les genres de poésies : le premier il composa des odes, et fit passer dans notre langue l'hymne et l'épithalame.

C'était le père de Ronsard qui avait fait bâtir la Poissonnière. Sous ce poète, ce château devint le séjour de la volupté et de la licence. Les portes et les fenêtres offrent encore plusieurs inscriptions latines à moitié effacées. Sur la porte de la cave, on lit : *vide qui ders.....*; ailleurs, on trouve cette autre inscription plus apparente : *Voluptati et Gratiis*. Au-dessus de la porte intérieure est un buste défiguré par le temps. Les uns croient y reconnaître Ronsard, d'autres pensent que c'est le buste de sa maîtresse. Près de là coule encore la fontaine de la belle Iris, appelée par corruption dans le pays : *Fontaine de la Bellerie*. A une lieue du château, dans la forêt de Gatines, est la fontaine de Miracon, encore plus célèbre que la première. Aux environs, sur un coteau qui borde le Loir, s'élève l'antique château de la RIBAUCHÈRE. Tous ces lieux sont encore pleins du souvenir de Ronsard, dont le tombeau placé dans l'église de Coutures fut détruit à l'époque de la révolution.

DROUÉ. Bourg situé à 7 l. de Vendôme. Pop. 950 hab.

FONTAINES. Village situé à 5 l. de Vendôme. Pop. 750 hab.

FRÉTEVAL. Petite ville, située sur le Loir, à 3 l. de Vendôme. Pop. 800 hab. Le nom de cette ville est devenu célèbre dans notre histoire par la bataille décisive et malheureuse pour la France qui se donna sur son territoire, en 1194, entre Philippe-Auguste et le roi d'Angleterre. Les Anglais s'étaient placés en embuscade au lieu dit Beaufort. Philippe y perdit son sceau et tous les actes de la chancellerie royale, que les rois de France avaient alors coutume de faire porter à leur suite : ce malheureux événement les fit renoncer à cet usage, et c'est de cette époque que date l'établissement en France des chambres permanentes dépositaires des actes publics et de tous les titres de la couronne. — Haut-fourneau, forges, fonderie et martinets.

JEAN-FROIDMENTEL (SAINT-). Village situé à 5 l. de Vendôme. Pop. 700 hab. Verreries.

LAVARDIN. Bourg situé dans le vallon du Loir, à 4 l. de Vendôme. Pop. 500 hab. Il est bâti sur le penchant d'un coteau, au pied d'une tour antique, restes de l'ancien château de Lavardin, démantelé par ordre de Henri IV. Ces grandes ruines, les profonds ravins dans lesquels la tour descend à pic, les précipices qui en défendent l'approche sont dignes d'exercer les crayons des artistes, et nous ont engagé à en donner une gravure que nous joignons à cette livraison.

Fabriques de grosse bonneterie. Blanchisserie de toiles.

MESLAY. Village situé à 3/4 de l. de Vendôme, où l'on voit un château qu'habita Henri IV pendant qu'il faisait le siège de cette ville. Pop. 300 h.

MONDOUBLEAU. Jolie petite ville, très-agréablement située sur une éminence, au pied de laquelle coule la petite rivière de la Graisne, qui arrose son fertile territoire. Un château fort, qui subsiste en grande partie avec ses tours et ses larges fossés; d'épaisses murailles flanquées de tourelles qui entourent encore un tiers de la ville, dénotent par leur genre d'architecture que sa fondation remonte aux premiers temps de la féodalité. C'était jadis une place très-forte, qui défendait de ce côté avec Montmirail, Saint-Calais et Troo, les frontières de l'ancienne province du Maine.

Fabriques importantes de serges et de cotonnades; tanneries. *Commerce* de fruits secs et de graines de trèfle. A 7 l. de Vendôme. Pop. 1,750 hab. ✉

MONTOIRE. Jolie petite ville située sur la rive droite du Loir, au pied de l'antique château de Saint-Outrille. C'était autrefois une place forte, entourée de murailles dont une partie existe encore. Au centre est une fort belle place que le duc de Tallard a fait construire lorsqu'il en était seigneur.

Fabriques de toiles, de bonneterie de laine. Tanneries. A 4 l. de Vendôme. ✉ Pop. 2,100 hab.

CAPARRUN.

MORÉE. Petite ville située sur la rive gauche du Loir, à 5 l. de Vendôme. Pop. 1,000 hab. — Elle est entourée d'un mur exactement carré, et flanquée de bastions à chaque angle.

PLESSIS-DORIN (le). Village situé à 9 l. de Vendôme. Pop. 900 hab. — Belle verrerie de verre blanc, où l'on fabrique une quantité considérable de gobeleterie, des cristaux, et surtout de beaux instruments de chimie, qui s'expédient à Paris, à Tours, à Rouen, et même en Amérique.

ROCHES. Bourg situé sur la rive droite du Loir, à 3 l. 1/2 de Vendôme. C'était jadis sur le Loir un passage important, qu'un ancien évêque avait fortifié. Là, on voit un coteau taillé à pic, qui s'élève près de la rive droite du Loir, devant une plaine dont la fertilité est le prix d'un travail facile. Mais ce que les cultivateurs n'ont dû qu'à des efforts opiniâtres, ce sont leurs habitations creusées dans le roc même. Elles suffisent pour eux et pour leurs bestiaux, et ils les préfèrent, par économie, à des maisons ordinaires. Là, en effet, ils n'ont besoin ni d'architectes, ni de charpentiers, ni de maçons, pour élever des demeures dont la nature et le travail font tous les frais. Souvent, à la vérité, ceux qui n'ont pas su choisir, pour creuser leurs grottes, un tuf assez dur, les voient bientôt s'ébouler; heureux s'ils n'y sont pas ensevelis au milieu de leur sommeil! Ces malheurs, trop fréquents, n'effraient pas les habitants des Roches, et ne font que leur donner plus de prudence pour l'avenir. Ils tiennent singulièrement à ce genre d'habitations; on le conçoit sans peine. Ils donnent à ces grottes des dimensions régulières. L'été, à leur retour des champs, ils y trouvent une agréable fraîcheur; l'hiver, l'humidité n'y pénètre jamais. Leurs grains, enfermés dans des tonneaux, leur vin et leur laitage, n'y perdent rien de leurs qualités. C'est là que le soir se réunissent dans une même chambre, le laboureur, sa femme, ses enfants et ses bestiaux, qu'ils regardent comme faisant partie de la famille.

Dans ce bourg remarquable, composé de deux cents grottes, on compte quinze cents habitants heureux et tranquilles. C'est l'hiver surtout, où les soirées commencent de bonne heure, qu'ils aiment à se rassembler dans les plus spacieuses de ces habitations souterraines, appelées *veillons*, qui contiennent cinquante, soixante, et même cent personnes. A la chute du jour, on y voit arriver, de tous les côtés, des paysans et des paysannes de tout âge, qui viennent, en famille, se livrer au travail et à la gaîté. Les unes filent le chanvre qu'elles ont recueilli; d'autres s'occupent à tricoter des bas; d'autres rejoignent les mailles de l'épervier déchiré par des pêches abondantes. Ici, une vieille, entourée de ses petits-enfants, leur raconte des histoires de sorciers ou de revenants qui l'effraient elle-même; là, on entend répéter un joyeux refrain, au son duquel se forme une danse générale, qui prolonge souvent jusqu'au milieu de la nuit les plaisirs de la veillée.

SAVIGNY-SUR-BRAYE. Bourg situé sur la rive gauche de la Braye. A 6 l. de Vendôme. Pop. 2,600 hab.

SELOMMES. Village situé à 2 l. 1/2 de Vendôme. Pop. 700 hab.

SOUGÉ. Village situé au pied d'un coteau dont le sommet offre encore plusieurs traces d'un camp romain. Avant l'invention de l'artillerie, c'était une forte position qui ne put échapper aux conquérants des Gaules qui, quoique assurés de la victoire, n'oubliaient jamais rien de ce qui préserve d'une défaite. Leur camp, placé au confluent de deux rivières, était défendu de front par le Loir, à droite par la Braye, et à gauche par un coteau très-escarpé. Sur les derrières s'étend une vaste plaine où ils pouvaient ranger en bataille leur armée entière. De cette hauteur on jouit d'une vue délicieuse sur un vallon pittoresque où serpente le Loir.

TROO. Bourg bâti en amphithéâtre sur la rive droite du Loir. A 5 l. de Vendôme. Pop. 1,200 hab.

Ce bourg est composé, en très-grande partie, de maisons et de grottes taillées en étages dans le tuf. On y voit le château de la Voute, remarquable par ses jardins en terrasses, d'où la vue domine sur le plus gracieux paysage. Aux environs, carrières d'albâtre non exploitées.

VENDOME. Ville ancienne, chef-lieu de sous-préfecture. Tribunal de Ire instance. Société d'agriculture. Collége communal. ✉ ☛ Pop. 7,771 hab.

Cette ville est dans une situation très-agréable, au pied d'un coteau couvert de vignes, sur le Loir, qui s'y divise en deux branches et alimente plusieurs canaux. Elle est bien bâtie, bien percée, et dominée par les ruines pittoresques de l'ancien château des ducs de Vendôme, d'où l'on jouit d'une vue délicieuse sur une suite non interrompue de coteaux ombragés, et de sites champêtres qui se réfléchissent dans le Loir, et dont les châteaux de Meslay et de Rochambeau sont les principaux ornements.

Vendôme doit son origine à un château fort, dont la construction première remonte au temps des Romains. Au temps où le roi n'était qu'un seigneur puissant, et auquel les grands vassaux devaient rendre seulement l'hommage, le Vendômois fut une des provinces dont les comtes se rendirent indépendants. En 1514, ce comté fut érigé en duché-pairie, qui, dans la suite, passa à César de Vendôme, bâtard de Henri IV. A l'époque de la Ligue, les réformés se rendirent maîtres de la ville, et s'y livrèrent à de grands désordres. Les ligueurs s'en emparèrent en 1586; Henri IV, l'ayant fait sommer inutilement de se rendre, la prit d'assaut, et en fit pendre le gouverneur.

Le château de Vendôme fut démantelé peu après cet évènement par ordre de Henri IV. Il ne resta plus aujourd'hui que des ruines de cette antique forteresse, qui était autrefois entourée de fossés profonds et de murailles flanquées de six grosses tours. Le parlement de Paris s'y est assemblé en 1227, pendant la minorité de saint Louis, et en 1458, pour juger le duc d'Alençon, accusé d'avoir voulu livrer la France aux Anglais. Charles VII et François Ier l'habitèrent pendant quelque temps. On y voyait, avant la révolution, les tombeaux de Jeanne d'Albret et de plusieurs membres de la famille des Bourbons. Enfin, on sait que dans ces derniers temps, c'est à Vendôme que siégea la haute cour nationale, instituée en 1795, pour le jugement des fonctionnaires publics accusés du crime de lèse-nation.

En 1797, le chef de chouans Rochecotte tenta sans succès de faire insurger les paisibles habitants de Vendôme et des environs. On sait qu'il avait alors pour secrétaire particulier M. Piet (membre très-influent, à une certaine époque, de la Chambre des députés) qui le secondait dans cette honorable mission, que les Bourbons ne manquèrent pas de récompenser largement à leur rentrée en France.

Avant la révolution de 1789, on faisait à Vendôme, le vendredi de la Passion, une grande et bizarre procession où l'on portait la *sainte larme* de Jésus-Christ, versée sur le tombeau de Lazare, laquelle était suivie par un prisonnier couvert d'un simple drap, tenant dans sa main un gros cierge, et qui à la fin de cette cérémonie obtenait sa grâce. Cet usage était fondé sur un privilége accordé en 1428, par Louis de Bourbon, comte de Vendôme. Ce prince, ayant été fait prisonnier à la bataille d'Azincourt et renfermé dans la tour de Londres, fit un vœu à la *sainte larme* pour sa délivrance. Il trouva en effet le moyen de s'échapper, et se rendit à Vendôme, où il crut devoir se présenter comme criminel, et ordonna que chaque année les juges de la ville en absoudraient un, en mémoire de la liberté qu'il avait recouvrée.

On remarque encore à Vendôme un beau collége, un quartier de cavalerie, plusieurs jolies promenades, une petite salle de spectacle, et une bibliothèque publique de 3,000 vol.

Aux environs, près du gué du Loir, on voit une maison de campagne appelée la Bonne-Aventure, d'abord couvent, ensuite auberge, puis maison de plaisance d'Antoine de Navarre, père de Henri IV, qui y tenait une espèce de sérail. Elle fut célébrée par Ronsard, dans cette chanson si connue par son refrain : *La bonne aventure, au gué.*

Fabriques de gants de peau, étoffes de laine, cotonnades. Filature de coton. Tanneries. Papeteries.—A 8 l. de Blois, 14 l. 1/2 de Tours. *Hôtel* du Lion-d'Or.

LIERVILLE

Restitution de M. de Courtavel.

Guide Pittoresque
DU
VOYAGEUR EN FRANCE.

Ire ROUTE DE PARIS A NANTES,
TRAVERSANT LES DÉPARTEMENTS
DE SEINE-ET-OISE, DU LOIRET, DE LOIR-ET-CHER, D'INDRE-ET-LOIRE, DE MAINE-ET-LOIRE, ET DE LA LOIRE-INFÉRIEURE.

DÉPARTEMENT D'INDRE-ET-LOIRE.

Itinéraire de Paris à Nantes.

	lieues.		lieues.
De Paris à Montrouge... ✉	1	Écure............ ✉ ... ⚒ ..	1 1/2
Bourg-la-Reine..... .... ✉	1	Veuves........................	1 1/2
Berny....................... ⚒ ..	1	Amboise......... ✉ ... ⚒ ..	3
Antony............. ✉	1/2	La Frillère.............. ⚒ ..	3
Longjumeau............ ⚒ ..	1 1/2	Vouvray............... ✉ ... ⚒ ..	1
Linas................ ✉ ... ⚒ ..	2	Tours.............. ✉ ... ⚒ ..	2 1/2
Arpajon................ ⚒ ..	1	Luynes..................... ⚒ ..	3
Étrechy............ ✉ ... ⚒ ..	3	Langeais............ ✉ ... ⚒ ..	3
Étampes............ ✉ ... ⚒ ..	2	Trois-Volets.............. ⚒ ..	3
Mondesir..................	2	Chouzé............ ✉ ... ⚒ ..	3
Angerville............ ✉ .. ⚒ ..	2 1/2	Saumur (la Croix-Verte) ✉ ... ⚒ ..	4 1/2
Thoury................. ⚒ ..	3 1/2	Roziers................... ⚒ ..	4
Artenay.................	3	St-Mathurin...... ✉ ... ⚒ ..	2 1/2
Chevilly............ ✉ .. ⚒ ..	2	Angers................... ⚒ ..	5
Orléans............ ✉ ... ⚒ ..	3 1/2	St-Georges......... ✉ ... ⚒ ..	4 1/2
St-Ay.......................	3	Champtocé.............. ⚒ ..	2
Meun................. ✉	1 1/2	Ingrande............ ✉	1
Beaugency........ ✉ ... ⚒ ..	1 1/2	Varades............ ✉ ... ⚒ ..	2
Mer........................	3	Ancenis............ ✉ ... ⚒ ..	3 1/2
Menars....................	3	Oudon .... ✉ ... ⚒ ..	2 1/2
Blois............ ✉ ... ⚒ ..	2	La Sailleraye............. ⚒ ..	3 1/2
Chouzy................. ⚒ ..	3	Nantes........... ✉ ... ⚒ ..	3

ASPECT DU PAYS QUE PARCOURT LE VOYAGEUR
DE VEUVES A CHOUZY, ET JUSQUE VIS-A-VIS DE CANDES.

Après Veuves, un poteau, planté au bord de la route, apprend au voyageur qu'il passe du département de Loir-et-Cher dans celui d'Indre-et-Loire. La colline qui borde la vallée à droite s'éloigne à une demi-lieue; la colline de la rive opposée borde la Loire. On entre dans le jardin de la France; mais quoique déja bien belle, la vallée de la Loire ne déploie cependant pas encore ici tous ses charmes ni toute sa richesse aux yeux du voyageur.

On ne rencontre aucun lieu remarquable jusqu'à Amboise, ville située sur la rive gauche du fleuve, et dominée par un antique château, dont l'aspect est on ne peut plus pittoresque. La route ne passe pas à Amboise, mais dans le faubourg bâti sur la rive

4e Livraison. (INDRE-ET-LOIRE.)   4

droite de la Loire, que l'on passe en cet endroit sur un pont nouvellement reconstruit. En sortant de ce faubourg, on longe à droite le village de Négron; on suit toujours la levée, bordée d'un parapet peu élevé, au bas duquel coule la Loire. Sur la rive opposée on aperçoit le château de Chanteloup, dont on voit la haute pagode. La contrée s'embellit de plus en plus; la vue s'égare sur une vallée verdoyante et fertile; sur de riants coteaux, où sont creusées des habitations souterraines, surmontées de jardins et de vignes; sur le cours de la Loire, couverte de grosses barques voguant à pleines voiles contre le courant : on éprouve un véritable charme à parcourir cette riche contrée dans la belle saison.

Après La Frillère, hameau où est le relais de poste, on passe sur un pont jeté sur la Cisse, près de son embouchure dans la Loire. Trois quarts de lieue plus loin on traverse le hameau de Verneries, laissant à droite le village de Vouvray, embelli par le château de Moncontour. A peu de distance de là on remarque la tour pittoresque de l'antique château de la Roche-Corbon. La route que l'on parcourt ressemble à un village qui se continue indéfiniment. Les maisons règnent sans cesse jusqu'à Tours; la plupart sont creusées dans le coteau, et les cheminées ressortent bizarrement au-dessus du sol qui couvre le rocher, couronné lui-même d'arbres fruitiers, de vignes ou de jardins.

A une lieue de Verneries on laisse à droite le village de Saint-Georges, et l'on passe devant le hameau des Rochettes, dont presque toutes les maisons sont creusées, à diverses hauteurs, dans un roc calcaire, tendre et facile à exploiter. Quand on pénètre dans ces maisons souterraines, on est étonné de voir qu'elles ne sont pas aussi humides qu'on pourrait s'y attendre; la propreté y règne presque ordinairement, aussi bien que la salubrité. Le même enchantement qui a surpris le voyageur depuis qu'il a atteint les rives de la Loire ne discontinue pas : il se prolonge et semble devoir se perpétuer. Toujours des points de vue plus gracieux et plus pittoresques, un horizon plus agréable et plus varié, des villages bien bâtis et propres; des habitants gais et bien vêtus; toujours des collines charmantes, des terrains bien cultivés, parsemés çà et là de rochers, dont l'aspérité contraste avec la teinte douce et riante du paysage, et qui semblent avoir été placés là exprès pour mêler la fierté à la grace et l'âpreté à la mollesse : tout annonce qu'on est dans la riche et belle Touraine.

Une lieue avant d'arriver à Tours on trouve le village de Saint-Radegonde, et un peu plus loin celui de Saint-Symphorien. Peu après on laisse à droite les ruines de l'antique abbaye de Marmoutiers. On arrive par un superbe quai au magnifique pont de Tours, dont deux belles places embellissent les deux extrémités.

En sortant de Tours on continue à suivre la levée, le long de laquelle règne, à droite, une espèce de corniche adossée au rocher qui borde le fleuve. Le pays est couvert de riches vignobles, de jardins et de gracieuses maisons de plaisance. On traverse les hameaux de la Maison-Blanche, de la Guignière, de Port-Martigny, de Port-Corbeau. La route parcourt sans cesse une chaussée bordée d'habitations charmantes : sur l'autre rive, on jouit d'une délicieuse perspective. Sur la droite est situé le village de Fondettes, où l'on voit les restes curieux d'un aqueduc romain, nommé les Arènes. Peu après s'offre à la vue le joli château des Châtaigniers. On passe ensuite aux hameaux de Port-Foucault, de la Bertellerie, du Port, et l'on arrive à Luynes, petite ville adossée à un coteau que couronnent les ruines pittoresques d'un vieux château. La route suit toujours la levée, bordée dans cette partie d'un coteau, dans lequel sont encore creusés des hameaux entiers, dont les habitations souterraines offrent des grottes d'une propreté et d'une élégance surprenante. Au hameau de Pont-de-Pile on remarque, sur la rive opposée, à travers de riants bosquets qui bordent la Loire, le beau château de Villandry. En arrivant au hameau de Gravier on aperçoit dans le lointain, sur le sommet de la colline qui borde la route, la tour pittoresque de Saint-Mars-la-Pile. La route quitte la levée, tourne à droite, et offre en perspective le joli château de la Farinière. La vallée s'élargit et présente un paysage gracieux, encadré par des collines boisées ou couvertes de vignes jusqu'à Langeais, petite ville remarquable par un château gothique d'une belle conservation.

En sortant de Langeais on se rapproche de la riche vallée de la Loire. Sur le côté, à droite, se présentent le village de Saint-Michel et le château de Plainchoury; en face, sur l'autre rive, est le joli village de la Madelaine, bâti dans l'île de Bréhémont. Après avoir dépassé les hameaux de la Flanière et de la Roche, la route suit sans cesse le cours de la Loire, qui offre des tableaux de plus en plus enchanteurs. Au relais des Trois-Volet

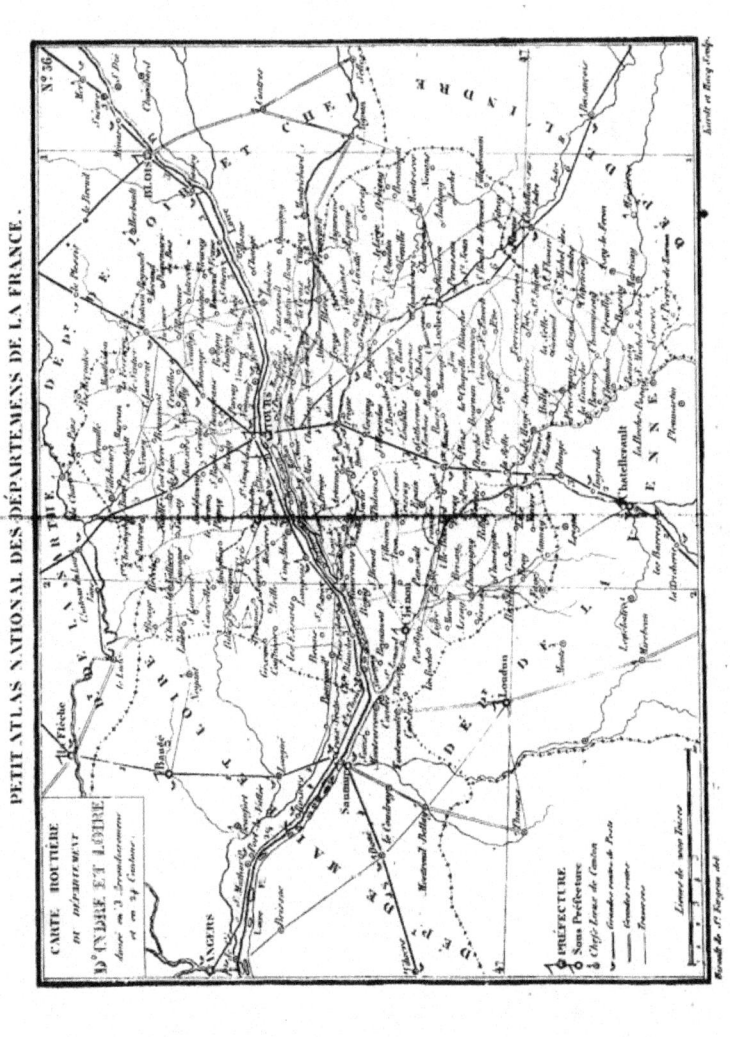

on jouit d'une belle perspective sur le magnifique château d'Ussé, et sur une infinité d'îles charmantes que forme la Loire. La levée suit les sinuosités du fleuve à travers des vergers et des bosquets continuels, interrompus de distance en distance par les hameaux de la Hudandrie, des Trois-Maries, du Tartre, de la Chapelle-Blanche, des Hiverts, de la Tache. Après ce dernier hameau, la route parcourt un pays riche, fertile et bien cultivé, qui présente toujours de beaux points de vue. Au hameau de Port-Boulet, la levée devient dangereuse par le défaut de parapet, jusqu'à Chouzé, bourg avec relais de poste. Au sortir de ce bourg la levée sinueuse suit un verger continuel, au milieu d'un des plus riches pays de la France, peuplé des hameaux de Saint-Médard, de la Perche et de la Rivière. Sur le point de franchir la limite du département, on aperçoit sur la rive gauche du fleuve la petite ville de Candes, bâtie dans une situation pittoresque, au confluent de la Loire et de la Vienne.

DÉPARTEMENT D'INDRE-ET-LOIRE.

APERÇU STATISTIQUE.

Le département d'Indre-et-Loire est formé en entier de l'ancienne province de Touraine, et tire son nom de l'Indre, une des rivières du second ordre qui l'arrosent, et de la Loire, qui le traverse de l'est à l'ouest et le divise en deux parties, l'une septentrionale et l'autre méridionale. — Ses limites sont : au nord-est, le département de Loir-et-Cher; au nord-ouest, celui de la Sarthe; au sud-est, celui de l'Indre; au sud-ouest, celui de la Vienne; à l'ouest, celui de Maine-et-Loire. — Le sol de ce département est si agréablement varié par la douceur de sa température, qui ne comporte habituellement ni les chaleurs excessives, ni les hivers trop rudes et trop prolongés, qu'il s'est acquis la réputation d'être l'un des départements les plus agréables de la France. Ses fleuves, ses nombreux ruisseaux, ses coteaux vignobles, ses prairies, ses varennes, la facilité des communications, l'abondance et la beauté des fruits, tout concourt, en effet, à rendre ce pays aussi cher à ses habitants que recherché par les étrangers, qui de tout temps ont eu pour son séjour une prédilection toute particulière.

La surface de ce département présente des coteaux, des collines, d'assez vastes plaines au nord et au midi, et des vallées creusées par les principales rivières qui l'arrosent. Au nord de la Loire règne une longue suite de coteaux qui ne sont interrompus que par des gorges où coulent diverses petites rivières affluentes de ce fleuve. Au-delà de ces coteaux, le pays est coupé par un grand nombre de petits courants d'eau, dont la plupart ont creusé leur lit entre des collines peu élevées. Cette partie septentrionale offre une assez vaste étendue de friches, ou de terrains arides, mal cultivés à défaut de bras, et surtout de bétail suffisant pour les engrais. Les habitations, plus rares, annoncent que la terre n'y répond pas aux vœux du cultivateur, ou peut-être que ceux-ci négligent d'en tirer tout ce qu'elle pourrait lui donner. On y trouve deux vastes étangs et trois grandes forêts.

En se rapprochant des bords de la Loire, au-delà et en-deçà de ce fleuve, la culture prend un aspect bien différent. Là, se trouvent des terres fertiles et bien cultivées, formées d'un sable gras, et connues vulgairement sous le nom de varennes; des prairies excellentes, et des vignobles de première qualité, parmi lesquels on distingue les vins blancs de Vouvray et les vins rouges de Saint-Nicolas et de Bourgueil. On y récolte des fruits dont l'exportation forme une des branches du commerce du département, du chanvre, du maïs, de la réglisse, de l'anis, de la coriandre et autres productions précieuses qui attestent également la fertilité du territoire et l'industrieuse activité des habitants.

Dans la partie méridionale, entre les bassins de l'Indre et de la Vienne, et les sources de plusieurs petites rivières, se trouve un plateau qui renferme l'immense dépôt de coquillages connus sous le nom de falunières; c'est aussi dans le midi de la Touraine que se récoltent abondamment les légumes et les fruits si vantés dans ce jardin de la France. Cette même partie contient les grandes forêts d'Amboise, de Loches et de Chinon, qui fournissent de beaux bois de construction et alimentent plusieurs forges.

En s'avançant vers le midi, on trouve d'abord les varennes sablonneuses qui séparent le Cher de la Loire; en remontant vers l'est, les coteaux qui embrassent la forêt d'Amboise et les vignobles précieux dont les vins sont connus sous le nom de vins du Cher; au sud-est, les belles prairies de l'Indre, et au sud-ouest le sol fertile du Véron. En général, presque toute la partie méridionale renferme des terres à froment, des prairies, des vignobles et beaucoup d'arbres fruitiers.

Le département d'Indre-et-Loire a pour chef-lieu Tours. Il est divisé en trois arrondissements et en 24 cantons, renfermant 285 communes.—Superficie, 309 lieues carrées.—Population, 297,019 habitants.

Minéralogie. Mines de fer abondantes; de cuivre argentifère non exploitées. Carrières de belle pierre de taille; de moellons et de pierres tendres, qui fournissent du salpêtre en grande quantité. Marne très-abondante; argile à briques, à poterie et à faïence. Fungites et ficoïdes. Nombreux fossiles.

Sources minérales à Semblançay et dans les environs de Château la-Vallière.

Productions. Toutes les céréales, dont les produits se sont sensiblement accrus depuis quelques années; pendant long-temps ils suffisaient rarement à la consommation des habitants et des animaux; quelquefois même ils étaient d'un quart au-dessous des besoins; maintenant ils fournissent à l'exportation hors du département. Excellents fruits de toute espèce et en abondance, chanvres, bois, vins de bonne qualité. Prairies excellentes. Pépinières d'arbres fruitiers. Vers à soie, abeilles, grand et menu gibier, très-bon poisson. 73,524 hectares de forêts. 36,000 hectares de vignes.

Industrie. Manufactures de grosses draperies, de soieries pour meubles, toiles de ménage, eaux-de-vie, fer, acier, limes, plomb de chasse. Filatures de laine. Raffineries de sucre de betteraves. Faïencerie, papeteries, salpêtrières et raffinerie de poudre.

Commerce de vins, fruits de toute espèce, cire, miel, cuirs, fers, etc., etc.

VILLES, BOURGS, VILLAGES, CHATEAUX ET MONUMENTS REMARQUABLES, CURIOSITÉS NATURELLES ET SITES PITTORESQUES.

ARRONDISSEMENT DE TOURS.

AMBOISE. Ville ancienne, bâtie dans une belle situation, sur la rive gauche de la Loire, au pied d'un coteau élevé, dont le sommet est couronné par un antique château, d'un aspect très-pittoresque. Suivant une ancienne tradition, ce château occupe l'emplacement d'un fort que fit bâtir Jules César cinquante ans avant l'ère chrétienne. Ce qu'il y a de plus certain, c'est que vers 540, saint Baud, sixième évêque de Tours, était seigneur du château qui existait alors. En 860, Charles-le-Chauve disposa du château d'Amboise en faveur de Tertulle, comte d'Anjou, qui l'avait puissamment secondé contre les Bretons et les Normands. Plusieurs rois de France l'ont habité et successivement embelli. Louis XI y institua l'ordre de Saint-Michel, en 1469, et exempta la ville de tailles par lettres-patentes de 1482. Charles VIII, qui y naquit en 1470, y resta jusqu'à son avénement au trône, et avait intérieurement le désir d'y établir son séjour. Aussi, voulant rendre le château d'Amboise le plus magnifique de ceux qui existaient alors, il avait appelé auprès de lui les meilleurs artistes de l'Italie; mais sa mort prématurée fit évanouir ce projet. Il n'y eut d'achevé que la chapelle et les deux tours qui s'élèvent depuis le pied du roc jusqu'au corps de logis qui s'appelle les Sept-Vertus. Louis XII, son successeur, fit faire la grande galerie et le balcon qui regarde du côté de l'ancien couvent des Minimes. On dut ensuite à François Ier l'appartement du roi et de la reine. Enfin la superstitieuse Catherine de Médicis fit construire à côté une chambre soutenue par quatre piliers de pierre, et qui n'avait qu'une simple couverture sur le plancher, ce qu'elle fit pour éviter la prédiction d'un astrologue qui l'avait avertie de craindre la chute d'un grand édifice. En 1761, le château d'Amboise fut donné par Louis XV, à titre d'échange, au duc de Choiseul, à la mort duquel il devint la propriété du duc de Penthièvre; il appartient aujourd'hui au roi Louis-Philippe.

Le château d'Amboise est embelli de jardins fort agréables, élevés en terrasses, à 80 pieds au-dessus du sol de la ville. Il est flanqué de deux belles tours, dans l'intérieur desquelles on peut monter en voiture jusqu'au sommet, l'une au nord du côté de la Loire, et l'autre au midi du côté de l'Amasse. De la plate-forme de la première de ces tours, on jouit d'une des plus belles vues qu'offre le cours de la Loire; l'œil s'égare avec plaisir sur les riants coteaux et sur les charmants paysages qui bordent les deux rives du fleuve, et distingue dans le lointain les clochers de la ville de Tours, placée à six lieues de distance.

Près de l'ancien couvent des Minimes, on remarque des souterrains très-curieux, connus sous le nom de greniers de César. Ce sont deux édifices taillés dans le roc, ayant chacun quatre étages, au milieu desquels est un escalier en pierre de cent vingt marches, communiquant de l'un à l'autre. Dans le premier se trouve une cave qui a 210 pieds de long sur 58 de large, et au-dessus, trois greniers l'un sur l'autre, voûtés en pierre, carrelés, et enduits en mortier fin, tel que celui dont on se servait autrefois pour appliquer les peintures à fresque. Au plus haut étage, sont quatre caves taillées dans le roc, revêtues de briques cimentées en dedans, ayant environ 40 pieds de profondeur sur 9 pieds de largeur, et se terminant en une voûte qui se ferme avec une pierre de deux pieds et demi de diamètre. Le second édifice est pareil au premier, excepté qu'il ne s'y trouve point de caves. A l'extrémité de ces deux greniers, au midi, on voit deux tours rondes également creusées dans le roc en forme de puits: on présume qu'elles servaient d'entonnoirs ou de conduits, par lesquels on jetait le blé déposé sur la plate-forme, pour l'emmagasiner dans les greniers.

La ville d'Amboise, peu considérable dans son principe, commença à prendre de l'accroissement sous le gouvernement des comtes d'Anjou; mais ce fut principalement sous les règnes de Charles VII, de Louis XI et de Charles VIII, qu'elle parvint au degré de prospérité où elle est aujourd'hui. Elle est, en général, assez mal bâtie, mal percée, mais assez vivante, ce qu'elle doit à un commerce assez considérable de vins, dont la Loire favorise le transport, et au pont construit sur ce fleuve, qui la fait communiquer avec la grande route de Tours.

C'est dans cette ville que les guerres civiles pour cause de religion éclatèrent, et que l'épithète injurieuse de *Huguenots* fut donnée aux calvinistes en 1560, pour la première fois. Lors de la découverte de la conjuration d'Amboise, un grand nombre de conjurés ayant été pris, il en fut pendu, noyé et décapité près de 1200: les rues d'Amboise ruisselaient de sang; la Loire était couverte de corps morts, et les places publiques garnies de gibets.

On remarque à Amboise l'église paroissiale de Saint-Denis, bâtie par saint Martin; on y voit le tombeau du duc de Choiseul, renversé à l'époque de la révolution et restauré en 1802, aux frais de M. Pérault, habitant d'Amboise; la chapelle de Saint-Florentin, érigée en paroisse en 1044: cette église renferme un monument assez curieux, surtout quand on en connaît l'allégorie; c'est un sarcophage ouvert par le devant, laissant voir le Christ étendu mort. Sur le derrière sont sept figures debout, en costume oriental, au nombre desquelles sont quatre femmes. Elles représentent Nicodème à la tête du tombeau; au pied Joseph d'Arimathie; à gauche on remarque la Vierge, saint Jean-Baptiste et une des saintes femmes: à la gauche de saint Jean sont deux autres saintes femmes. Les quatre figures de femmes sont les portraits fort ressemblants de Marie Gudin, épouse de Babou, et de ses trois filles, qui furent successivement maîtresses de François Ier. Celui-ci est parfaitement reconnaissable dans le Joseph d'Arimathie, et le Christ est le portrait non moins ressemblant de Ph. Babou, pour lequel ce tombeau fut exécuté. Il est en terre cuite peinte, ainsi que les autres figures. On croit que le Nicodème et le saint Jean représentent les deux fils de Babou. Auprès de ce tombeau est une autre figure en marbre blanc, qu'on dit être celle de l'épouse du père de Ph. Babou. Cette figure représente une vieille femme nue, près de rendre le dernier soupir; elle tient de la main gauche un linceul, qui, se repliant sous son cou, vient, en passant sous le coude, cacher le ventre et une partie des cuisses, laissant les jambes à découvert. (*Voyez* VERETZ, page 11.) — Aux environs, on voit la belle pagode du parc de CHANTELOUP, bâti par d'Aubigny et démoli en 1823. On se rappelle que ce château fut le lieu de l'exil du duc de Choiseul, ministre sous Louis XV, dont on voit le mausolée dans le cimetière d'Amboise.

Manufactures de draps, droguets, étamines, limes, râpes et acier cémenté. Tanneries et corroieries. *Commerce* de vins, eau-de-vie, vinaigre. Entrepôt de pierres à feu de Meusne. A 6 l. de Tours, 9 l. de Blois. ✉ ☞. Pop. 4,613 hab. *Hôtel* du Lion-d'Or.

ANTOINE-DU-ROCHER (SAINT-). Village situé à 3 l. 1/2 de Tours. Pop. 600 h. On voit aux environs un dolmen d'une dimension considérable, assez bien conservé, connu dans le pays sous le nom de grottes des Fées. Il est formé de douze pierres, dont deux à l'ouverture, trois à gauche, une au fond, trois à droite, et trois placées horizontalement au-dessus. Ce monument est placé à mi-côte, à peu de distance de la rivière de Croisille; il a 34 pieds de long, 11 pieds de haut et 9 pieds de large dans œuvre.

ATHÉE. Village situé près de la rive gauche du Cher, à 5 l. de Tours. Pop. 1,250 hab. Il existe sur cette commune 15 à 16 fontaines réunies, d'où partent des canaux dont le genre de construction paraît appartenir aux Romains; la voûte, très-élevée dans son principe, va s'abaissant jusqu'à la hauteur de deux à trois pieds et règne le long du coteau qui domine le Cher. Comme ces conduits passent par Azay, Larçay et Saint-Avertin, il est probable qu'ils portaient l'eau dans la ville de Tours.

AZAY-SUR-CHER. Village situé sur la rive gauche du Cher, à 3 l. 1/2 de Tours. Pop. 1,400 hab.

BLÉRÉ. Petite ville, bâtie dans une situation agréable, sur la rive gauche du Cher, que l'on y traverse sur un pont construit vers le milieu du XIIe siècle, par Henri II, roi d'Angleterre. Sa position avantageuse sur cette rivière et sur la route d'Amboise à Châtellerault, jointe à l'industrieuse activité de ses habitants, la rend très-commerçante. Elle est l'entrepôt des bois de la forêt de Loche, et de la plupart des marchandises qui descendent par le Cher du Bourbonnais et du Berry. C'est près de cette ville, à la source du ruisseau de Fontenay, que commence le canal voûté dont nous avons parlé à l'article ATHÉE.

Patrie de Tallien. — *Commerce* de vins ✉. Pop. 2,700. A 6 l. de Tours.

BOURDAISIÈRE. *Voy.* VERETZ, p. 11.

CHATEAU-LA-VALLIÈRE. Joli bourg situé sur le bord d'un étang que traverse la rivière de la Fare, près d'une forêt considérable, à 8 l. de Tours. ✉ ☞. Pop. 2,580 hab. Elle est bien bâtie et célèbre pour avoir soutenu un long siège contre un comte du Maine. — Forges à l'anglaise très-curieuses; fabrique d'essieux estimés et d'instruments aratoires.

CHATEAU-REGNAULT. Petite et ancienne ville, située au pied et sur le penchant d'une colline, dans un pays charmant, sur la Brenne qui la divise en deux parties. Elle est généralement mal bâtie, et tire son nom d'un vieux château dont la construction remonte au XIe siècle. — *Fabriques* de draperies et de flanelle. Tanneries renommées. Tuileries importantes. A 7 l. de Tours. ✉ ☞. Pop. 2,000 hab. *Auberges* de l'Écu de France, de Saint-Michel.

CHENONCEAUX. Petit bourg, situé à 8 lieues de Tours, sur le Cher, où l'on remarque un des plus beaux châteaux que possède le département. Pop. 350 hab.

La fondation du château de CHENONCEAUX paraît remonter au XIIIe siècle. Ce n'était alors qu'un très-simple manoir, appartenant à la famille de Marquis, dont l'un des descendants le vendit à Thomas Bohier, qui jeta, sous le règne de François Ier, les fondations du château que l'on admire aujourd'hui. Henri II l'acheta, en 1535, et le donna à Diane de Poitiers avec le duché de Valentinais. Diane porta dans les embellissements qu'elle fit à Chenonceaux la magnificence et le goût qui lui étaient naturels; mais elle fut arrêtée dans ses projets par Catherine de Médicis, qui la contraignit, après la mort de Henri II, à lui céder Chenonceaux en échange de la terre de Chaumont-sur-Loire. Catherine, devenu maîtresse de Chenonceaux, se piqua de surpasser sa rivale dans les différents travaux qu'elle y fit exécuter.

Le château de Chenonceaux est construit sur un pont qui traverse le Cher; c'est dans les premières piles, qui sont creuses, que sont pratiquées les cuisines. Au-dessus règne une longue et belle galerie, à l'aide de laquelle on est porté sans s'en apercevoir sur la rive opposée. Ce château est parfaitement conservé, et de beaux tableaux en décorent l'intérieur.

CHRISTOPHE (SAINT-). Bourg situé à 7 l. de Tours. ✉ Pop. 1,600 hab. *Fabriques* de faïence, d'étoffes de laine et de toiles de coton. Tanneries.

CORMERY. Petite ville très-commerçante, bâtie dans une situation agréable,

SOCRATES.

sur l'Indre, à 5 l. de Tours. ⚓. Pop. 1,000 hab. On y voit les restes d'une abbaye fondée en 780, et détruite par les Anglais en 1358.

COURÇAY. Village bâti dans une situation pittoresque, sur l'Indre, à 6 l. de Tours. Pop. 950 hab. Cette commune possède deux papeteries que font mouvoir des fontaines qui sortent de rochers très-élevées. L'eau de ces fontaines est incrustante et forme des stalactites fort curieuses.

Cet endroit mérite aussi de fixer l'attention des naturalistes par les anfractuosités d'une suite de rochers nus, d'un quart de lieue de longueur, et plus encore par les écroulements multipliés d'énormes blocs de rochers épars au milieu des bois, des prés et des jardins, dans une multitude de directions.

COURCELLES. Village situé à 12 l. de Tours. Pop. 520 hab. On y trouve des traces de mines d'étain argentifère non exploitées.

GEORGES (SAINT-). *Voyez* ci-après ROCHE-CORBON, page 9.

JOUÉ. Village situé dans un territoire fertile en excellents vins, à 1 l. de Tours. Pop. 1,600. On y remarque une fontaine dont les eaux forment des incrustations calcaires, qui ont la propriété de conserver parfaitement les plantes et autres objets qu'on y dépose.

LOUESTAULT. Village situé à 6 l. 1/2 de Tours; on y remarque le château de Fontenailles, ancienne habitation d'Agnès Sorel et de Charles VII.

LUYNES. Petite ville bâtie dans une situation très-pittoresque, près de la rive droite de la Loire, à l'entrée d'un vallon qui débouche, au midi, dans une fertile varenne. Cette ville conserve des restes précieux d'antiquités. Elle est adossée à un rocher calcaire, dans lequel sont creusées la plupart des habitations, et dont le sommet est couronné par les restes d'un ancien château, qui domine au loin la contrée. (*Voy. la gravure.*)

A peu de distance de Luynes, on remarque les ruines d'un aqueduc fort ancien; une cinquantaine de piliers carrés sont encore debout, mais il ne reste plus que huit arcades entières, dont l'élévation est de 24 pieds du cintre à la base, qui repose sur un mur de fondation ou espèce de chaussée pratiquée dans toute l'étendue que parcourait l'aqueduc. Les piliers ont 5 pieds 6 pouces à la base sur chacune de leurs quatre faces, mais ils diminuent progressivement d'environ 6 pouces par toise. Tous sont construits en moellon dur, de pierre calcaire de 6 pouces de parement, posés sur un lit de mortier à ciment, d'un pouce d'épaisseur. L'ouverture de chaque arcade est de 10 pieds à la base et de 12 pieds 6 pouces vers le cintre.

Luynes est la patrie de Paul-Louis Courier, savant helléniste et l'un des écrivains les plus originaux de notre époque, qui fut assassiné près de cette ville en 1824. Ses brochures politiques, remarquables par la naïveté du style, par la finesse et la vérité des observations, resteront comme des modèles en ce genre.

Fabriques de passementeries. Blanchisseries de cire ⚓. Pop. 2,400 hab. A 3 l. de Tours.

MARMOUTIERS. *Voy.* ci-après SAINTE-RADEGONDE.

MIRÉ. Village situé à 3 l. 1/2 de Tours. C'est dans les landes de cette commune que se donna, en 722, la célèbre bataille, dans laquelle Charles-Martel défit les Sarrasins, commandés par Abdérame, qui y perdit la vie, ainsi que la plus grande partie de son armée.

MONTBAZON. Petite ville, bâtie dans une situation riante, sur la rive gauche de l'Indre, que l'on passe sur un pont de pierre, au pied d'une colline dont le sommet est couronné par un antique château construit au commencement du XIe siècle par Foulques Nerra, comte d'Anjou. Charles VII tint sa cour dans ce château, en 1459, et y reçut de François II l'hommage du duché de Bretagne. — *Commerce* de grains. ✉ ⚓. Pop. 1,050 hab.

A peu de distance de cette ville, sur la rivière d'Indre, se trouve la poudrerie du Ripault, un des plus complets et des plus beaux établissements de ce genre que l'on connaisse, dont la fabrication annuelle s'élève à environ 250,000 kil. de poudre de toute espèce. Le salpêtre nécessaire à cette fabrication est en grande partie fourni par les carrières de tufeau des environs, qui a la propriété de se convertir presque entièrement en salpêtre.

NEUILLÉ-PONT-PIERRE. Village situé à 6 l. de Tours. ✉ ⚓. Pop. 1,600 hab. A peu de distance, près de la ferme de Marcilly, on remarque un dolmen d'une belle dimension.

NEUVY-LE-ROI. Bourg situé à 6 l. 1/2 de Tours. ✉ Pop. 1,700 hab. *Fabriques* d'étoffes de laine.

PLESSIS-LES-TOURS. *Voy.* ci-après RICHE.

RADEGONDE (SAINTE-). Village situé à 3/4 de l. de Tours, où l'on remarque les ruines de la célèbre abbaye de Marmoutiers. Cette abbaye, dont l'origine remonte au IVe siècle, devait sa fondation à saint Martin de Tours : on sait qu'elle était dépositaire d'une relique nommée sainte ampoule, qui servit pour la première fois au sacre de Henri IV. L'église et les vastes bâtiments de cet ancien monastère, reconstruits dans le siècle dernier, ont été vendus en 1797, et, si complétement livrés à la démolition, qu'il n'en reste pas aujourd'hui la moindre trace, si ce n'est le vieux portique qui formait la principale entrée au midi. Le superbe escalier, qui naguère encore faisait l'admiration des voyageurs, a lui-même disparu.

REUGNY. Bourg situé à 3 l. 3/4 de Tours. Pop. 1,250 hab.

RICHE. Village situé à 1/4 l. de Tours, où l'on retrouve quelques restes du château de Plessis-lès-Tours, célèbre par le long séjour qu'y fit Louis XI.

Ce château, assez vaste, mais de mauvais goût, était presque entièrement construit en briques, au milieu d'un parc qui tirait son principal agrément du voisinage du Cher; la chapelle était d'une assez belle architecture. Pendant les dernières années de Louis XI, le château du Plessis était devenu une véritable forteresse, dont chacun craignait d'approcher, et au fond de laquelle ce roi soupçonneux se condamnait lui-même à une prison perpétuelle. « C'est sur une montée peu rapide et qui n'est ombragée d'aucun arbre, buisson, arbuste, ni décorée de fleurs d'aucune espèce, dit le chroniqueur Saint-Wandulfe, qu'est édifié le château de Plessis-les-Tours. L'art des fortifications a découvert ainsi cette place; non qu'elle fût plus stérile que les autres belles parties de la Touraine, mais on a jeté sur le sol, pierres, gravats, fragments de roches, sables et autres ingrédients, pour que les arbres n'y pussent provenir, et que l'ennemi fût, en temps de guerre, aperçu du haut des tournelles à la plus grande distance possible. En outre de cette précaution, plusieurs chausse-trapes sont répandues çà et là sur le terrain, ce dont on ne peut trop avertir le voyageur imprudent qui pourrait aller s'enferrer dans leurs pointes aiguës. Le château présente d'abord au coup d'œil trois murailles qui s'élèvent l'une derrière l'autre, et chacune plus haute que la précédente. Devant la première, il y a un fossé rempli d'eau et bordé à l'intérieur de longues pointes de fer. Entre chacune des autres murailles se trouve un fossé pareil au premier et défendu de la même manière. C'est au milieu de ces trois fossés et de ces trois remparts que se trouve le château, composé de bâtiments inégaux, dont le plus élevé est une tour gigantesque qui n'a pour fenêtres que des trous oblongs ou barbacanes, pour placer des mousquets et de là tirer sur l'ennemi. Il n'y a pas de fenêtres à l'intérieur, et, pour dire le vrai, l'effet n'en est nullement plaisant; car les seules ouvertures pratiquées donnent dans une cour inférieure; vous diriez plutôt une geôle qu'un palais. Des tours fort grosses sont placées à toutes les murailles; il y en a deux surtout qui défendent la porte d'entrée et qui sont remarquables par leur grosseur. D'autres tours flanquent les deux remparts intérieurs, mais à des distances et dans des directions différentes; de sorte que ces tours, étant placées en échelon sur les trois remparts, le château paraît dans le lointain être entièrement garni de tours. Des nids d'hirondelles, ou guérites de fer, sont placés comme des niches le long de tous les remparts et garnis de soldats, qui ont ordre de foudroyer celui qui oserait se présenter sans savoir le mot d'ordre. »

C'est dans cette affreuse demeure que Louis XI, malade et tremblant chaque jour pour sa vie, attendait vainement sa guérison des prières de saint François de Paule. C'est là que par des actes de sévérité, par des exécutions sanglantes, et surtout par des actes d'une dévotion puérile, ce monarque cherchait à se distraire de l'idée de la mort qu'il voyait s'approcher lentement, et qui vint enfin mettre un terme à ses jours, le 30 août 1483.

C'est dans la grande salle du château de Plessis-les-Tours que les états-généraux, assemblés en 1506, donnèrent à Louis XII ce beau nom de Père du peuple.

Le château du Plessis, converti, vers 1778, en un dépôt de mendicité, fut vendu à l'époque de la révolution. Le donjon est tout ce qui reste du vieil édifice; il renferme l'escalier du château. Les rampes en pierre sont fort belles; des ornements d'une précieuse exécution décorent les pendentifs de la voûte, et la nervure gothique qui la surmonte retombe gracieusement sur une colonne prolongement du limon. C'est dans cette tour que Charles VIII passa son enfance. A l'extrémité d'une terrasse, on voit le puits des Oubliettes, recouvert par un pavillon de chaume. C'est près de là, dans un caveau pratiqué sous la terrasse, que la nuit on abritait le cardinal La Balue, renfermé dans une de ces cages de fer dont il fut l'exécrable inventeur.

ROCHE-CORBON. Village situé à 1 l. de Tours, sur un coteau qui règne le long de la Loire. Pop. 1,600 hab. On y remarque des grottes très-curieuses remplies de congélations, qui se terminent par une fontaine d'eau vive sortant du rocher.

A l'entrée de la jolie vallée de Roche-Corbon s'élèvent, sur le sommet des rochers, les ruines du château des ROCHES, bâti au commencement du XIe siècle. Il ne reste plus de ce château qu'une tour carrée, qui communiquait jadis par des signaux avec le château d'Amboise, et à laquelle on donne vulgairement le nom de Lanterne de Roche-Corbon. Cette tour elle-même n'a pas plus de trente pieds de haut, mais elle est construite sur le point le plus élevé du coteau : quelques pans de murailles viennent s'y rattacher et, comme elles, menacent, par leur position avancée, de s'abîmer au premier éboulement du rocher.

Aux environs de Roche-Corbon, à l'entrée d'un des vallons formés par une chaîne de rochers qui bordent la rive septentrionale de la Loire, on remarque le curieux escalier de Saint-Georges, de 122 marches et 5 paliers, taillé dans le roc, qui n'a d'autre usage aujourd'hui que d'offrir une communication facile du fond de la vallée au point le plus élevé de sa partie orientale, mais qui formait jadis une espèce de chemin couvert qui conduisait au château de Saint-Georges, dont l'issue facile à défendre permettait la sortie et la rentrée des troupes, ainsi que l'introduction sans danger des approvisionnements du château.

SAVIGNÉ. Village situé à 6 l. de Tours. Pop. 1,050 hab.

SAVONIÈRES. Bourg situé à 3 l. de Tours. Pop. 1,400. A peu de distance de ce village, on remarque les caves gouttières de Villandry, qui ont beaucoup de ressemblance avec les fameuses grottes d'Arcy (Yonne), et qui méritent de fixer l'attention des naturalistes et des voyageurs curieux. Ces caves sont si sombres qu'on n'y entre qu'avec de la lumière. L'eau qui tombe de leurs voûtes forme des ruisseaux qui coulent sans cesse, et dépose une chaux carbonatée, blanche et diaphane, qui produit, avec le temps, une multitude de stalactites que l'on ne détache qu'avec peine des voûtes de ces rochers.

SEMBLANÇAY. Bourg situé à 3 l. 1/2 de Tours. Pop. 650 hab. Il était jadis célèbre par un château fort, bâti au milieu d'un étang que sa largeur et sa profondeur rendaient impraticable.

Dans le fond des rochers qui servaient autrefois de fondations à cet antique château, coule une source minérale ferrugineuse, qui a beaucoup d'analogie avec celle de Forges, mais qui est loin d'en avoir la célébrité, peut-être parce que le village n'offre point aux étrangers les nombreux objets de distraction qu'on est habitué de trouver dans les établissements d'eaux minérales. Ces eaux, auxquelles on attribue de grandes propriétés médicinales, mériteraient d'être analysées avec soin et de fixer l'attention de l'autorité locale.

SORIGNY. Bourg situé à 6 l. de Tours. ⌧ ℺. Pop. 1,450 hab. On y remarque le château de TAIX, où est né Jean de Taix, à qui l'on doit le gain de la bataille de Cérisoles, en 1544.

TOURS. Grande, belle, riche et très-ancienne ville, chef-lieu du département. Tribunaux de première instance et de commerce. Chambre de commerce. Société d'agriculture, sciences, arts et belles-lettres. Collège communal. Évêché. Chef-lieu de la 4e division militaire. ⌧ ℺ Pop. 23,235 h.

L'époque de la fondation de Tours est très-ancienne. Abstraction faite de toutes les fables dont on a voulu l'entourer, on peut la faire remonter au temps où les Gaulois, excités par l'exemple de Marseille, fondèrent divers établissements de commerce et de navigation sur les rives de la Garonne, de la Loire, de la Seine, etc.; et comme les *Turones* formaient déjà un peuple assez considérable lors de la venue de César dans les Gaules, la fondation de leur ville capitale a dû précéder cette époque de plus d'un siècle. Après la conquête des Gaules, cette ville devint la capitale de la troisième Lyonnaise. Occupée ensuite par les Visigoths et par les Francs, elle fut réunie à la couronne, en 1202, ainsi que la Touraine, dont elle était la capitale. Les états-généraux y furent assemblés en 1470, 1484 et 1506; Henri III y transféra le parlement de Paris, ainsi que les autres cours supérieures, en 1589.

Cette ville est très-agréablement située, sur la rive gauche de la Loire, dans une plaine charmante qui s'étend entre ce fleuve et le Cher. L'entrée offre un spectacle unique au monde : un pont, regardé comme le plus beau de l'Europe, d'une immense étendue et d'une largeur étonnante, traverse la Loire qui, dans cet endroit, a la largeur d'un fleuve majestueux. A l'issue de ce superbe pont, s'ouvre une des plus belles rues qu'il soit possible de voir, large, spacieuse, formée de maisons construites avec élégance, et bordée de chaque côté de larges trottoirs. Cette rue traverse la ville dans le sens de sa largeur et aboutit à la route de Poitiers, qui semble en être le prolongement, et qui s'élève jusqu'au pied d'une colline couronnée par un massif de verdure, que surmonte un pavillon de construction antique. Des quais, bordés d'édifices remarquables, aboutissent au pont ; les eaux de la Loire sont couvertes de bateaux qui s'avancent à l'aide de la voile et de la rame : l'île charmante placée au milieu du fleuve ; la tranchée qui se prolonge au-delà du pont du côté de Chartres ; les maisons bâties sur les bords de la levée ; de beaux coteaux, de riches vignobles ; partout l'abondance et la grace, la fertilité, la beauté, toutes les séductions de la nature. C'est un lieu choisi, un séjour de paix et de jouissance, où il semble que la vie doive s'écouler exempte de travaux et de peines, fréquenté journellement par une multitude de voyageurs de toutes les nations, et habité constamment par plus de deux mille Anglais que la beauté du climat, les agréments de la ville et l'aménité des habitants attirent et fixent à Tours.

La partie ancienne de Tours est généralement mal bâtie, formée de rues étroites, tristes, mal percées, où l'on trouve cependant quelques beaux quartiers. L'intérieur de la ville n'offre aucun monument d'antiquité : le château, presque entièrement détruit et converti en caserne de cavalerie, ne datait que du XIIe siècle, ayant été construit par Henri II, roi d'Angleterre ; une seule tour est encore debout ; c'est celle où fut enfermé le fils du duc de Guise, dit le Balafré. On remarque principalement à Tours :

La TOUR DE CHARLEMAGNE, reste de l'ancienne église Saint-Martin, élevée, à ce qu'on présume, sur le tombeau de l'une des femmes de ce monarque.

La CATHÉDRALE, dédiée à saint Gatien. Cette église, fondée par saint Martin, en 347, fut incendiée en 561, et rebâtie plus vaste et plus belle par Grégoire de Tours. Un second incendie la consuma sous Louis VII, à la fin du XIIe siècle, et les travaux de reconstruction se firent avec tant de lenteur, qu'ils ne furent entièrement achevés qu'en 1550. Cette église offre un monument d'architecture très-remarquable. Le portail est accompagné de deux tours fort élevées, et orné au milieu d'une rose très-délicatement travaillée. L'intérieur ne renferme d'autres objets d'art que le tombeau des enfants Charles VIII, en marbre blanc ; ouvrage des frères Just, célèbres de Tours.

La FONTAINE DE BEAUNE, récemment restaurée, qui occupe la place du marché ; encore un bel ouvrage des frères Just. Le bassin est d'une forme octogone ; au milieu s'élève une pyramide, d'où l'eau s'échappe par quatre jets. Une grande quantité de sculptures et d'arabesques décorent cette pyramide, sur laquelle on distingue entre autres ornements l'écusson de Louis XII, un porc-épic, une hermine, etc.

Le PONT SUR LA LOIRE, un des plus magnifiques ouvrages de ce genre dont la France puisse se glorifier, avant celui qui vient d'embellir la ville de Bordeaux. Il est en pierres de taille, fondé sur pilotis, exécuté partie par batardeaux et partie par caissons. La longueur de ce pont entre les culées est de 434 mètres 18 centimètres ou 1,332 pieds ; sa largeur est de 14 mètres 60 centimètres ou 47 pieds ; le diamètre de ses arches, au nombre de 15, est de 24 mètres 60 centimètres ; sa hauteur au-dessus de l'étiage est de 35 pieds 6 pouces.

Les autres monuments et établissements publics qui méritent de fixer l'attention sont : le palais archiépiscopal, l'un des plus beaux du royaume ; le palais de justice ; le collége ; l'hospice général ; l'hôtel de ville ; l'hôtel de la préfecture, où vient d'être transférée la bibliothèque publique, qui compte 40,000 volumes et plusieurs manuscrits précieux ; le musée de peinture et d'histoire naturelle ; le jardin de botanique ; le Mail ; les promenades à droite et à gauche de l'entrée de la ville, où se tiennent deux belles foires, le 10 mai et le 10 août.

Tours est la patrie de Grécourt, de Destouches, de l'historien André Duchesne, du mathématicien Dutens, de l'imprimeur Jeanson, de l'architecte Gabriel, du philantrope Graslin, à qui la ville de Nantes doit une partie de ses embellissements ; du célèbre chirurgien Heurteloup, du général du génie Marescot, etc.

Fabriques d'étoffes de soie, rubans, draps, serges, tapis de pieds, passementeries, amidon, bougies. Filatures de laine. Tanneries. *Commerce* de grains, vins, eau-de-vie, pruneaux et fruits secs renommés, cire, chanvre, laines, etc. A 15 l. de Blois, 28 l. d'Angers, 58 l. 1/2 de Paris. *Hôtels* du Faisan, de la Boule d'or, des Trois-Barbeaux, de Saint-Julien, de la Galère.

VERETZ. Village situé sur la rive gauche

AZAY - ILE - BIDEAU

CHATEAU D'USSÉ.

du Cher, à 2 l. 1/2 de Tours. Pop. 950 hab.

On y voyait autrefois un des plus beaux châteaux de la Touraine, ancienne propriété du cardinal de Mazarin, dont il ne reste plus aujourd'hui aucun vestige. C'est au château de la Bourdaisière, qui n'était séparé de Veretz que par le Cher, qu'est née la célèbre Gabrielle d'Estrées, en 1565. Le château de la Bourdaisière a été démoli par le duc de Choiseul. (*Voy.* Amboise.)

VERNON. Joli village bâti dans une situation pittoresque sur la Brême, entre des coteaux plantés de vignes qui produisent un vin délicieux. A 5 l. de Tours. Pop. 1000 h.

VILLANDRY. Village situé vers l'embouchure du Cher dans la Loire, à 3 l. 1/2 au-dessous de Tours. Pop. 1,000 hab.

Il existait autrefois dans ce lieu un petit château connu sous le nom de Colombiers, où fut signé le traité de paix conclu, en 1189, entre Philippe-Auguste et Henri II, roi d'Angleterre et comte de Touraine. Ce château fut rebâti par Jean le Breton, qui en devint acquéreur en 1532. Vers le milieu du XVIIIe siècle, il passa au marquis de Castellane, qui le fit reconstruire tel qu'il existe aujourd'hui. Après la mort de ce seigneur, la terre de Villandry fut possédée par différents particuliers. Le propriétaire actuel du château, homme aussi connu par son goût exquis que par son inépuisable bienfaisance, et dont le nom est justement vénéré dans toute la contrée, y a fait faire, depuis quelques années, de nombreux embellissements qui en rendent le séjour très-agréable, et en font une des plus délicieuses habitations des bords de la Loire.

VILLEBOURG. Village situé sur le ruisseau de Long, à 8 l. de Tours. Pop. 600 h.

VOUVRAY. Bourg bâti dans une belle situation, sur la levée, au confluent de la Cisse et de la Loire, dans une contrée fertile en vins blancs très-renommés. Il est dominé par le château de Moncontour, et renferme un grand nombre de maisons bâties avec élégance, qui se succèdent presque sans interruption jusqu'aux portes de la ville de Tours, dont il est éloigné de 2 lieues. Pop. 2,500 hab. à la Frillière.

ARRONDISSEMENT DE CHINON.

AZAY-LE-RIDEAU. Petite ville bâtie dans une situation très-agréable, sur l'Indre, à 2 l. de son embouchure dans la Loire, et à 5 l. N. E. de Chinon. Pop. 1,760 hab. *Fabriques* de toiles et d'étamines.

Le château d'Azay-le-Rideau, qui nous a fourni le sujet d'une des plus jolies gravures de notre collection, est, par sa belle situation dans une ile formée de l'Indre, digne d'être cité comme l'un des plus pittoresques de France, et doit être mis, par la richesse des détails de son architecture, au nombre des plus beaux monuments de la renaissance. Ce château, élevé sur pilotis, est flanqué de tourelles qui forment, avec les deux principaux corps de bâtiment, une masse aussi imposante que remarquable par l'élégance de son architecture. Il est entouré au nord et au midi par la rivière d'Indre qui, au couchant, se divise de manière à former plusieurs petites îles couvertes d'arbres. A l'extrémité, du côté de la route de Chinon à Tours, se trouve une belle chute d'eau, formée par le bras de la rivière qui sépare les jardins d'un ancien pont, sur lequel on voit un passage continuel.

Le portail du château d'Azay sert de façade à l'entrée de l'édifice, et rappelle, par l'élégance, la pureté du style, le beau faire de Jean Goujon; les frises et les bas-reliefs qui le décorent retracent de toutes parts les devises de François Ier et de Diane de Poitiers. Ce portail, composé de trois ordres d'architecture, pris dans les modèles de la renaissance, renferme un escalier des plus curieux. Les deux bas-reliefs de la première frise représentent l'un une hermine, l'autre une salamandre au milieu des flammes. Cinq colonnes surmontées de niches, dans la frise desquelles est écrit:

ung seul désir,

servent à lier le rez-de-chaussée avec les étages supérieurs, dont les pilastres, les architraves et toutes les autres parties sont recouverts d'arabesques du meilleur goût. Le portail se termine par un fronton, sur lequel on distingue quelques traces d'armoiries, le chiffre de Diane de Poitiers, et des ornements d'une exécution très-soignée. L'intérieur du château renferme une riche collection de portraits historiques d'un très-beau choix et des meilleurs maîtres.

BOURGUEIL. Petite ville située dans un territoire fertile en vins rouges d'excellente qualité, sur la rive droite du Doit, qui prend en cet endroit le nom d'Authion. On y voit les restes d'une abbaye de bénédictins, fondée en 990 par Guillaume de Poitiers, qui, la même année, fut défait près de cette ville, dans une bataille sanglante que lui livra Hugues-Capet.

Bourgueil est environné de jardins agréables, où l'on cultive en abondance des légumes, du lin, du chanvre, de l'anis, de la réglisse, etc. *Commerce* de vins rouges, fruits tapés et cuits, huile de noix, beurre renommé, graine d'oignon, millet, maïs, etc. ✉ Collége communal. Pop. 3,550 hab. et à 3 l. 1/2 de Tours.

CANDES. Petite ville, bâtie dans une situation très-pittoresque, sur la rive gauche de la Loire, au confluent de la Vienne et à peu de distance de Montsoreau (Maine-et-Loire). On y voit une belle église de construction gothique, qui renferme le tombeau de saint Martin. A 4 l. de Chinon. Pop. 600 hab. *Fabrique* de tonneaux. Port sur la Loire.

CHAMPIGNY. Bourg situé à 3 l. de Chinon, au confluent de la Malbe et de la Vende. Pop. 1,000 hab. On y remarque une sainte chapelle bâtie par Louis de Bourbon. Les vitraux représentent la vie de saint Louis.

CHAPELLE-BLANCHE (la). Bourg situé à 2 l. 1/2 de Chinon, sur la rive droite de la Loire. ✉ Pop. 3,450 hab.

CHINON. Ville ancienne, chef-lieu de sous-préfecture, tribunal de première instance, collége communal. Pop. 6,959 hab. A 11 l. de Tours.

Cette ville, dont nous donnons une fort jolie vue que nous devons au burin de M. Schroeder, est bâtie dans une situation on ne peut plus pittoresque, sur la rive droite de la Vienne, et resserrée entre cette rivière et la montagne sur laquelle on remarque les ruines de son ancienne forteresse, qui, quoiqu'elle semble aujourd'hui n'avoir formé qu'un tout, se composait de trois châteaux différents, réunis dans la même enceinte, mais construits à trois époques différentes. Ainsi que tous les châteaux forts situés dans l'intérieur de la France, le château de Chinon a été livré à la destruction rapide du temps, lorsque le royaume n'a plus eu à craindre d'être troublé par des guerres intestines; mais telle est la masse imposante de ses ruines, que peut-être plusieurs siècles encore n'en auront pu faire disparaître les traces, s'ils ne sont secondés par la main des hommes. On entre dans le fort du milieu, le plus considérable de tous, par un portail flanqué d'une tour d'environ 60 pieds de hauteur, où est placée aujourd'hui l'horloge de la ville. On voit encore les vestiges de la chambre où Jeanne d'Arc vint trouver Charles VII, et la tour d'Argenton, d'où l'on communiquait par un souterrain à la maison Roberdeau, qu'habitait la belle Agnès Sorel, lorsque ce monarque demeurait à Chinon. Du sommet de la plus haute tour de ce château, l'œil se plaît à suivre, depuis l'île Bouchard jusqu'à Candes, les contours de la Vienne, dans une plaine immense qu'elle vivifie, et dont la culture variée et la fertilité annoncent l'industrie et l'aisance de ses habitants.

L'époque de la fondation de Chinon est fort incertaine. On sait seulement que c'était déjà une ville assez considérable dans le Ve siècle.

Chinon est la patrie de Rabelais, qui y naquit en 1483; son père le plaça chez les moines de l'abbaye de Seuilly, mais Rabelais y faisant peu de progrès, on l'envoya au couvent de la Bamette à Angers, d'où il sortit pour embrasser l'état monastique au couvent de Fontenay-le-Comte, où il paraît qu'il acquit de lui-même la plus grande partie de son savoir, qui était véritablement étonnant. Une bouffonnerie, d'autres disent une aventure scandaleuse, le fit mettre *in pace*, c'est-à-dire renfermer en quatre murailles au pain et à l'eau pour le reste de ses jours. Étant parvenu à s'échapper, il obtint du pape l'autorisation de passer dans un autre ordre, mais il ne tarda pas à se dégoûter du joug régulier; il quitta l'habit, et alla étudier la médecine à Montpellier, fut reçu docteur et professa avec succès en cette qualité. Le cardinal du Bellay l'emmena à Rome, où il réjouit le pape par ses saillies. De retour en France, Rabelais obtint la cure de Meudon, où il fut à la fois le pasteur et le médecin de sa paroisse, et mourut à Paris, dans la rue des Jardins, le 9 avril 1553; il fut enterré dans le cimetière de l'église Saint-Paul, au pied d'un arbre qu'on y a conservé longtemps pour rappeler son souvenir.

Le portrait de Rabelais, que nous donnons ici, a été gravé sous la direction de M. Paul Delaroche, d'après une miniature fort remarquable qui orne un manuscrit de la Bibliothèque royale.

CINAIS. Village situé à 1 l. 1/2 de Chinon. Pop. 550 hab. On y remarque les restes d'un ancien camp, que, suivant l'usage, on attribue aux Romains, mais qui paraît être un ouvrage de Henri II, roi d'Angleterre.

CINQ-MARS-LA-PILE ou **CINQ-MAARS.** Bourg bâti dans une situation pit-

PONT ET SITE DE ST AVERTIN.

Rabelais.

toresque, près de la rive droite de la Loire, sur le penchant d'un coteau, où l'on remarque les ruines d'un ancien château, à peu de distance desquelles s'élève une tour légère très-curieuse, dont plusieurs antiquaires se sont vainement efforcés de pénétrer l'origine.

La pile Cinq-Mars est un pilier quadrangulaire de 86 pieds 5 pouces de hauteur, et de 12 pieds 6 pouces de largeur sur chacune de ses quatre faces. Cette largeur est égale depuis la base jusqu'au sommet, qui est surmonté de cinq piliers de 10 pieds de haut, assez semblables à ceux qu'on remarque sur les mosquées; celui du milieu a été renversé par un ouragan, en 1751, et ceux des quatre angles sont seuls restés debout. Cette pile est un massif plein, qui n'a ni escalier ni fenêtres, entièrement composé de briques de la plus grande dimension (13 pouces 3 lig. de longueur sur 9 pouces 8 lig. de largeur, et 1 pouce 1/2 d'épaisseur), séparées par des couches de mortier à chaux et à ciment. La construction de cette tour, que l'on aperçoit de très-loin lorsque l'on parcourt la belle levée de Tours, est attribuée par quelques auteurs aux Romains, et par d'autres aux Visigoths ou aux Sarrasins. — A 4 l. 1/2 de Tours, 7 l. de Chinon. Pop. 1,260 hab.

CROUZILLE. Village très-ancien, où l'on voit un dolmen remarquable, à 3 l. 1/2 de Chinon. Pop. 410 hab.

ÉPAIN. Bourg sur le territoire duquel on remarque l'ancien château de MONT-GAUGER; il est sur la rive droite de la Manse, à 5 l. de Chinon. Pop. 2,000 hab.

FAYE-LA-VINEUSE. Bourg situé à 6 l. de Chinon, où l'on voyait autrefois un château et une collégiale, fondés par Foulques Nerra, comte d'Anjou. Pop. 700 hab.

GIZEUX. Village situé à 6 l. de Chinon, où l'on remarque un château construit par les seigneurs du Bellay dans le XIIe siècle. L'église paroissiale possède deux magnifiques tombeaux. Le premier est élevé à la mémoire de René du Bellay et de Marie du Bellay, princesse d'Ivetot, sa cousine et son épouse.

Le second tombeau est celui de Martin de Bellay et de Louise de Sapvenière, sa première épouse.

ILLE-BOUCHARD (l'). Petite ville située dans une île formée par la Vienne, qui la divise en deux parties, à l'embouchure de la Manse. Elle forme deux communes distinctes; l'une, au nord, sous le nom de Saint-Gilles, et l'autre, au sud, sous celui de Saint-Maurice.

Dans le milieu de la Vienne, existait autrefois un château fort, construit vers le IXe ou le Xe siècle, par les baron de l'Ille-Bouchard. Les comtes d'Anjou tentèrent vainement à différentes reprises de s'emparer de cette place. Les Anglais la surprirent sous le règne du roi Jean, mais ils furent contraints de la rendre par le traité de Brétigny. Elle fut prise, en 1652, par les religionnaires, qui y commirent de grandes cruautés.

Commerce de vins, eau-de-vie, huile de noix, fruits secs, cire, etc. ✉ A 4 l. de Chinon.

LANGEAIS. Petite ville très-ancienne, située dans une belle et fertile contrée, sur la rive droite de la Loire, entre le fleuve et le coteau, à 6 l. de Tours. ✉ ⚘ Pop. 2,500 hab.

Cette ville est une des premières où saint Martin prêcha l'Évangile, et où il bâtit une église. Vers la fin du Xe siècle, Foulques Nerra y fit construire un château fort, dont il existe encore quelques vestiges, à peu de distance du château actuel, édifice gothique d'une belle conservation, bâti au milieu du XIIIe siècle, par Pierre de Brosse, ministre favori de Philippe-le-Hardi. C'est dans la grande salle de ce château, aujourd'hui convertie en écurie, que fut célébré, en 1491, le mariage de Charles VIII et de la duchesse Anne de Bretagne, par suite duquel la Bretagne fut réunie à la couronne; époque historique que rappellent quelques sculptures que l'on remarque au-dessus d'une ancienne cheminée. Une partie du château de Langeais est actuellement convertie en prison.

Fabrique considérable de toiles de ménage, de tuile et de carreaux qui s'expédient au loin. *Commerce* de grains, graines diverses, vins, excellents fruits, etc. — *Auberge* de la Poste.

LERNÉ. Bourg situé à 2 l. 1/4 de Chinon, où l'on voit un beau château construit en 1336, par Boutillier de Chavigny, surintendant des finances. Pop. 750 hab.

MAURE (SAINTE-). Petite ville située à 7 l. 1/2 de Chinon, sur la Manse. ✉ ⚘ Pop. 2,589 hab. On y voit un ancien château. — *Fabriques* de toiles. *Commerce* de grains.

PATRICE (SAINT-). Bourg situé à 5 l. de Chinon. Pop. 1,100 hab. On y voit le château de ROCHECOTTE, ancienne habitation et lieu de naissance du chef de chouans de ce nom. Le comte de Rochecotte fut élevé à l'école militaire, d'où il sortit pour entrer au régiment du roi infanterie. Ce fut dans le semestre de l'année 1788, qu'il vint passer en Touraine, que cinq ou six officiers du même corps assassinèrent avec lui, sous l'apparence d'un duel, le jeune Bruley, qui eut l'imprudence d'aller seul au rendez-vous. La révolution, et l'émigration de la plupart des auteurs de ce meurtre, éteignirent les poursuites criminelles qui avaient déjà frappé le plupart des complices. Après la défaite de l'armée de Condé, Rochecotte se mit à la tête des brigands qui, sous le nom de chouans, arrêtaient les diligences et pillaient les propriétés des acquéreurs de domaines nationaux; il avait alors pour secrétaire particulier M. Piet, petit homme à ailes de pigeon, qui depuis fut le chef de la coterie de son nom, à la chambre des députés. Rochecotte devint l'un des principaux agents de toutes les trames qui s'ourdissaient à Paris pour troubler et renverser le gouvernement d'alors; reconnu malgré le faux nom qu'il avait pris, il fut arrêté, traduit devant une commission militaire, condamné à mort et fusillé au Champ de Mars, en 1798.

RICHELIEU. Jolie petite ville, située dans une contrée fertile en vins, sur la Mable, à 4 l. de Chinon. ✉ Pop. 2,700 h.

Cette ville n'était autrefois qu'un chétif village qui, en 1637, fut transformé, par le cardinal de Richelieu, en une cité régulièrement bâtie, formée de rues larges, propres, tirées au cordeau, et aboutissant à une belle place publique. On y remarquait autrefois un superbe château où les ornements de tout genre, les marbres les plus rares, les chefs-d'œuvre des plus grands maîtres en sculpture et en peinture y étaient répandus avec profusion. Mais depuis long-temps toutes ces richesses ont disparu, et le château lui-même n'offre plus qu'un monceau de ruines.

Fabriques de sucre de betteraves. Distilleries d'eau-de-vie. *Commerce* très-considérable de vins, eau-de-vie, fruits et autres productions du pays.

RIGNY. Village situé à 2 l. de Chinon. Pop. 1,100 hab. On y remarque une fontaine intermittente, qui tarit et qui reparaît plusieurs fois dans le jour.

Le château d'Ussé, situé sur la rive gauche de la Loire, au confluent de l'Indre, fait partie de la commune de Rigny; il est bâti sur le penchant d'un coteau escarpé, et domine les superbes bois qui l'entourent, le vaste bassin de la Loire et les bords champêtres de l'Indre. Ce château est dans un bel état de conservation; ses vastes bâtiments, sa belle et noble architecture en font l'un des plus beaux édifices de ce genre que possède le département. Il est en partie l'ouvrage du célèbre Vauban, qui venait quelquefois, dans cette agréable retraite, passer chez son gendre les courts instants de loisir que lui permettaient les innombrables occupations qui remplirent sa vie; ce fut sur ses plans et ses dessins que les travaux en furent exécutés. — La chapelle du château est d'un joli style gothique et d'un bon goût.

ARRONDISSEMENT DE LOCHES.

BEAULIEU. Petite ville, située à 1/4 l. de Loches, dont elle n'est séparée que par une longue suite de ponts qui traversent plusieurs bras de l'Indre. Elle a eu pour dame la belle Agnès Sorel, dont on y montre encore la demeure, et renfermait jadis une riche abbaye, fondée en 1010 par Foulques Nerra. *Fabriques* de draps et filatures de laine. Pop. 1,850 hab.

BETZ. Village, où l'on remarque les restes d'un ancien château fort, situé à 5 l. de Loches. Pop. 1,150 hab. Aux environs se trouve le petit étang de Génault, d'environ trois arpents de surface, dont les eaux ont la propriété de former des pétrifications plus ou moins parfaites; mais cette propriété ne s'exerce que sur les bois seulement, auxquels elles donnent différentes couleurs, telles que le brun, le jaune, le rouge et le violet, tout en conservant les caractères distincts du bois.

BOSSÉE, situé à 8 l. de Loches. Population, 700 hab. C'est principalement sur le territoire de cette commune, et sur ceux de Mantelan, Louhoul, Sainte-Catherine et Sainte-Maure, que se trouve le prodigieux amas de coquilles auquel on a donné le nom de Falun. Cet immense dépôt a de 4 à 5 l. de longueur de l'est à l'ouest, sur à peine 2 l. de largeur, et quatre ou six pieds de profondeur. Le falun comprend des coquilles marines de presque toutes les familles, les unes plus rares, les autres plus communes. Parmi les plus rares, nous citerons les oreilles-de-mer, les oursins et surtout les cames, les cœurs et les peignes avec leurs deux valves. Beaucoup de ces coquilles sont d'une ex-

e petitesse ; la plupart sont broyées en
euts très-menus. Toutes sont dé-
uillées de leur nacre, qui ne se fait remar-
uer que sur des pélerines de très-petite di-
ension, qui conservent encore une partie de
ur couleur intérieure.

BOUSSAY. Village situé à 11 l. de Lo-
hes. Pop. 950 hab. On y voit un ancien
hâteau entouré de fossés remplis d'eau vive,
t les restes d'un camp attribué aux Romains.
trie du général Menou, qui succéda à
leber dans le commandement de l'armée
'Égypte.

CATHERINE DE FIERBOIS (S^{te}.).
illage très-ancien, situé à 6 l. de Loches.
p. 600 hab. On remarque sur son terri-
oire le vieux château de COMONACRE. C'est,
t-on, derrière l'autel de la chapelle de ce
teau, dans le tombeau d'un ancien che-
lier (d'autres disent dans le tombeau de
inte-Catherine), que Jeanne d'Arc envoya
hercher, en 1429, l'épée de Charles Martel,
ui délivra la France des Sarrasins, et dont
tte héroïne fit un si noble usage. L'église
tuelle, qui est d'un joli style gothique, ne
te que du règne de François Ier.

CHAPELLE-BLANCHE (La). Village
itué à 5 l. de Loches. Pop. 500 hab. On y
marque l'ancien château de GRILLEMOONT,
ui a été possédé par le fameux Tristan l'Her-
ite et habité par Louis XI.

CIRAN. Village situé à 3 l. 1/2 de Loches.
op. 520 hab. Aux environs, on voit le
vieux château flanqué de tours de la ROCHE-
BRETEAU.

FERRIÈRES-LARÇON. Village situé à
l. de Loches. Pop. 1000 hab. L'église pa-
issiale, qui date du XIe siècle, est remar-
uable par la hardiesse de son architecture,
et paraît avoir été destinée à quelque cor-
poration célèbre. — *Fabriques* de toiles.

GUERCHE (La). Petite ville située sur
la Creuse ; on y remarque un beau château que Charles VII fit bâtir pour Agnès
Sorel, et sous lequel sont de vastes magasins voûtés à l'abri de toute humidité, quoiqu'au niveau des eaux de la Creuse. L'église
paroissiale passe pour une construction du
Xe siècle. A 8 l. de Loches. Pop. 800 hab.

HAYE-DESCARTES (La). Petite ville
située sur la rive droite de la Creuse.
Pop. 1,150 hab. C'était jadis une place forte
où le roi Jean rassembla en 1356 l'armée
qui poursuivait le prince de Galles. Les Anglais essayèrent vainement de s'en emparer
en 1359, et Henri IV tenta inutilement de
l'enlever aux ligueurs en 1587. Le château
et les fortifications ont été démolis.

Ce fut à la Haye que naquit l'illustre René
Descartes, le 31 mars 1596. On y conserve
encore religieusement la maison où reçut le
jour le père de la philosophie moderne ; la
chambre qui fut son berceau est décorée
d'un buste en terre cuite envoyé au propriétaire de cette maison par le ministre de l'intérieur, et solennellement inauguré par le
général Pommereul, préfet d'Indre-et-Loire,
le 2 octobre 1802. Depuis cette époque, la
ville a pris le nom de la Haye-Descartes. On
se rappelle à ce sujet une plaisanterie de
Voltaire ; il raconte qu'étant à la Haye en
Hollande, on lui adressa une lettre qui fut
dirigée sur la Haye en Touraine, mais que
le directeur de la poste écrivit au dos : *In-
connu dans le pays*.

Commerce de pruneaux, cire, miel et
denrées du pays. Belle usine hydraulique à
12 paires de meules.

LIGUEIL. Petite ville située sur la rivière de l'Estrigneuil, qui y arrose de belles prairies. C'était autrefois une ville fermée de murs et défendue par un château
fort. Les protestants s'en emparèrent en 1562
et y commirent de grands excès ; mais, peu
de temps après, les catholiques étant parvenus à la reprendre, s'y livrèrent à des actes de cruauté dignes des nations les plus
barbares : ils massacrèrent tous les protestants qui leur tombèrent sous la main, se
saisirent du ministre, lui crevèrent les yeux,
et le firent brûler sur la place publique.

C'est dans cette commune et dans celles
limitrophes que se récoltent les excellents
pruneaux de la Touraine. — A 4 l. de Loches. Pop. 1750 hab.

LOCHES. Ville très-ancienne, chef-lieu
de sous-préfecture, tribunal de première
instance, collège communal. Population, 4,774 hab.

Cette ville est très-agréablement située,
dans une contrée fertile, sur la rive gauche
de l'Indre, à peu de distance de Beaulieu,
dont elle n'est séparée que par une suite de
ponts jetés sur plusieurs bras de l'Indre.
Elle est bâtie en amphithéâtre, et dominée
par les restes d'un antique château.

La construction du château de Loches
paraît remonter au commencement de la
monarchie française. Il passa sous la domination des ducs d'Aquitaine, puis sous celle
des comtes d'Anjou.

Ce château, bâti sur un rocher isolé et
entièrement escarpé de trois côtés, ne consistait dans le principe qu'en une tour carrée, à laquelle on ajouta une enceinte de
petites tours rondes, dont les restes existent

encore : ensuite, on doubla cette étendue et l'on construisit un palais qui fut successivement habité par les rois Charles VII, Louis XI, Charles VIII, Louis XII, François Ier, Henri II et par Charles IX. Le donjon, qui sert aujourd'hui de maison de détention, est parfaitement conservé, ainsi que la partie des bâtiments où on a établi la sous-préfecture.

Le château de Loches a servi de prison à plusieurs illustres personnages, entre autres au cardinal de la Balue, au duc d'Alençon en 1456, à Charles de Melun, qui y eut la tête tranchée en 1468; à Philippe de Commines en 1486.

Au plus haut du château est bâtie une église, couverte en pierre, qui offre à son sommet deux pyramides hautes d'environ 150 pieds, accompagnées de deux clochers.

Au milieu du chœur se voyait le tombeau d'Agnès Sorel, élevé par les chanoines de Loches, auxquels la gente Agnès avait légué deux mille écus d'or.

On sait que cette femme célèbre par sa beauté et par son amour pour la gloire, ayant allumé dans l'ame d'un monarque fainéant des sentiments que la reine ne lui avait jamais inspirés, eut du moins assez d'élévation dans l'ame pour faire tourner sa défaite au salut du royaume morcelé et pillé par les Anglais. Un jour que Charles VII la pressait de se rendre, elle l'assura qu'un astrologue lui avait prédit qu'elle serait la maîtresse d'un grand roi. « Mais, ajouta-t-elle, cela ne peut regarder votre majesté. Le roi d'Angleterre est assurément plus grand que vous, puisqu'il possède ses terres et les vôtres, et l'on croira de même qu'il l'est en mérite, si vous l'en laissez le paisible possesseur : je prie donc votre majesté de me permettre de passer en Angleterre. » Cette plaisanterie toucha Charles et lui dessilla les yeux. Le désir de se rendre digne des affections d'une jeune beauté qui montrait tant de patriotisme, lui fit entreprendre toutes les actions mémorables qui ont rendu son règne illustre, et qui lui ont valu le titre de *Victorieux*.

Le tombeau d'Agnès Sorel, qui remonte à la naissance des beaux-arts en France, était tout-à-fait dégradé et avait été relégué dans une chapelle, où il était menacé d'une destruction totale. Par les soins du général Pommereul, préfet d'Indre-et-Loire, il a été restauré en 1806 ainsi que la statue d'Agnès, et placé dans une tour dont l'entrée donne sur la terrasse du château.

Fabriques de toiles et de grosses draperies. Filatures de laine. Papeterie, *Commerce* de vins, bois et bestiaux. — A 10 l. de Tours, 15 l. 1/2 de Chinon. *Hôtels* de France, du Cheval-Blanc, de la Promenade.

MONTRÉSOR. Petite ville située sur la rive gauche de l'Indroye, à 4 l. de Loches, ✉ Pop. 800 hab. On y voit les ruines d'un ancien château fort, autrefois flanqué de tours et entouré de douves profondes. — *Fabriques* de draperie.

PAULMY. Village situé à 8 l. de Loches. Pop. 800 hab. LE CHATELLIER, ancien château fort dont on voit encore de beaux restes assez bien conservés, est une dépendance de cette commune.

PRESSIGNY-LE-GRAND. Petite ville située à 8 l. de Loches, où l'on voit les ruines d'un vieux château construit au commencement du XIIIe siècle. Pop. 1,100 hab. — Papeterie.

PREUILLY. Petite ville située sur la Claise, à 8 l. de Loches. Pop. 2,100 hab. — Forges.

REIGNAC. Village situé à 3 l. de Loches, près de la rive droite de l'Indre. Population, 600 hab. — Papeterie.

SELLE-GUENEAU (La). Village situé à 7 l. de Loches, où l'on remarque les ruines d'un antique castel bâti sur une éminence, ainsi qu'une église fort ancienne. Pop. 800 hab.

VERNEUIL. Village situé à 2 l. de Loches. Pop. 220 hab. On y remarque un des plus beaux châteaux modernes du département.

FIN DU DÉPARTEMENT D'INDRE-ET-LOIRE.

IMPRIMERIE DE FIRMIN DIDOT FRÈRES,
RUE JACOB, N° 24.

Guide Pittoresque
DU
VOYAGEUR EN FRANCE.

Ire ROUTE DE PARIS A NANTES,

TRAVERSANT LES DÉPARTEMENTS

DE SEINE-ET-OISE, DU LOIRET, DE LOIR-ET-CHER, D'INDRE-ET-LOIRE, DE MAINE-ET-LOIRE, ET DE LA LOIRE-INFÉRIEURE.

DÉPARTEMENT DE MAINE-ET-LOIRE.

Itinéraire de Paris à Nantes.

	lieues.		lieues.
De Paris à Montrouge...	1	Écure...	1 1/2
Bourg-la-Reine...	1	Veuves...	1 1/2
Berny...	1	Amboise...	3
Antony...	1/2	La Frillère...	3
Longjumeau...	1 1/2	Vouvray...	1
Linas...	2	Tours...	2 1/2
Arpajon...	1	Luynes...	3
Étrechy...	3	Langeais...	3
Étampes...	2	Trois-Volets...	3
Montdesir...	2	Chouzé...	3
Angerville...	2 1/2	Saumur (la Croix-Verte)...	4 1/2
Thoury...	3 1/2	Roziers...	4
Artenay...	3	St-Mathurin...	2 1/2
Chevilly...	2	Angers...	5
Orléans...	3 1/2	St-Georges...	4 1/2
St-Ay...	3	Champtocé...	2
Meun...	1 1/2	Ingrande...	1
Beaugency...	1 1/2	Vardes...	2
Mer...	3	Ancenis...	3 1/2
Menars...	3	Oudon...	2 1/2
Blois...	2	La Sailleraye...	3 1/2
Chouzy...	3	Nantes...	3

ASPECT DU PAYS QUE PARCOURT LE VOYAGEUR
DE CHOUZÉ A INGRANDE.

Au sortir du bourg de Chouzé, on voit une plaine plantée de vignes s'étendre à perte de vue sur la droite. A gauche, la rivière et la vallée sont masquées par une immense quantité d'arbres de toute espèce, qui finissent par s'emparer des deux côtés de la route, et l'on voyage au milieu d'un bosquet ou d'un verger continuel, à travers lequel serpente la levée. Au bout d'une lieue, on passe du département d'Indre-et-Loire dans celui de

Maine-et-Loire. En face du hameau de Petit-Champ, on aperçoit, au confluent de la Loire et de la Vienne, les villes de Candes et de Montsoreau. Au hameau de Gorre, on retrouve la Loire, qui forme sans cesse un grand nombre d'îles d'un aspect pittoresque. On traverse le village de Villebernier, vis-à-vis duquel on remarque, sur la rive opposée, celui de Dampierre, dernier séjour et tombeau de Marguerite d'Anjou, reine d'Angleterre. De cet endroit on découvre, dans le lointain, le château-fort de Saumur, bâti sur un roc qui domine les alentours. On arrive à cette ville par le faubourg de la Croix-Verte, où est le relais de poste, Saumur étant situé sur l'autre rive de la Loire, qui, divisée dans cette partie en divers bras, présente une largeur d'un quart de lieue.

Après Saumur, la levée continue à serpenter le long de la rive droite du fleuve, qui se dérobe sous un des massifs d'arbres. Les fertiles campagnes qui s'étendent à droite, jusqu'au pied des collines, sont couvertes des plus riches cultures, distribuées en plates-bandes, comme nos jardins potagers. Des arbres fruitiers de toute espèce les ombragent sans en diminuer la richesse, et des treillages se communiquent d'un arbre à l'autre en forme de guirlande : c'est une cumulation de trois récoltes sur le même sol, en même temps qu'une suite continuelle de vergers et de paysages. Au bout d'une demi-lieue, on traverse le village de Saint-Lambert ; une demi-lieue plus loin, on passe devant l'avenue du château de Lamotte, et à une demi-lieue plus loin encore, on aperçoit, à droite, le château de Boumois. En face de ce village de Saint-Martin on voit, sur l'autre rive, le village de Tuffeaux, remarquable par ses belles carrières, et à peu de distance, sur la même rive, le lieu intéressant de Chenehutte, que nous aurons occasion de décrire dans le cours de cette Livraison.

A une lieue et demie de Saint-Martin on traverse le village de Saint-Clément-des-Levées, en face duquel brillent, sur l'autre rive, à travers un bocage qui les entoure, diverses maisons d'une blancheur éclatante. Du milieu de ce groupe d'arbres et de maisons s'élève une tour gothique, reste du château de Trèves, et non loin de là l'église gothique de Cunault, monument remarquable du VIIe siècle, dont nous donnons plus loin la description. Une lieue après Saint-Clément, on traverse le joli bourg des Roziers ; en face se présente la petite ville de Gennes, l'un des plus beaux sites qu'offre le cours de la Loire. Les vergers et les bosquets diminuent graduellement et font place à des terres cultivées, entremêlées de haies vives et de bosquets. Vis-à-vis la maison isolée du Cadran on aperçoit le joli village de Thoureil ; et plus loin, sur la même rive gauche, se font remarquer les bâtiments de l'ancienne abbaye de Saint-Maur. Peu après on trouve Saint-Mathurin, gros bourg avec relais de poste. En sortant de ce bourg la route suit toujours la levée, d'où l'on jouit d'une belle vue sur l'autre rive du fleuve, bordée de coteaux aussi riants que variés. On traverse ensuite la Daguenière, village bien bâti en pierres de taille. Enfin, à une demi-lieue de là, on quitte la levée et les bords charmants de la Loire : on entre dans les plaines fertiles de l'Anjou, et l'on arrive à Angers, ville à l'entrée de laquelle on remarque de profondes carrières d'ardoises, exploitées à ciel ouvert.

En sortant d'Angers, on passe devant l'ancienne abbaye de Saint-Nicolas. La route traverse des plaines fertiles jusqu'à Saint-Georges, joli bourg avec relais de poste. Une demi-lieue avant ce relais on longe, à gauche, la grille du magnifique château de Serrant, dont nous aurons occasion de parler. Après Saint-Georges on trouve les hameaux de la Bunaudière, de la Haye, de la Janière et de Verger ; près de là, la rivière de la Rome forme un bel étang, non loin duquel sont les ruines imposantes d'un antique château. Au relais de Champtocé, on retrouve les rives de la Loire, qui présente toujours des sites gracieux et pittoresques ; vis-à-vis de ce village, sur l'autre rive du fleuve, apparaît le bourg de Montjean, renommé par ses houillères, qui communiquent sous le lit de la Loire avec celles de Montrelais, et dont l'aspect offre un des plus beaux points de vue qu'il soit possible de rencontrer. De Champtocé la route suit presque constamment le bord de la Loire jusqu'au hameau de la Riotère, bâti vis-à-vis de la petite ville d'Ingrande.

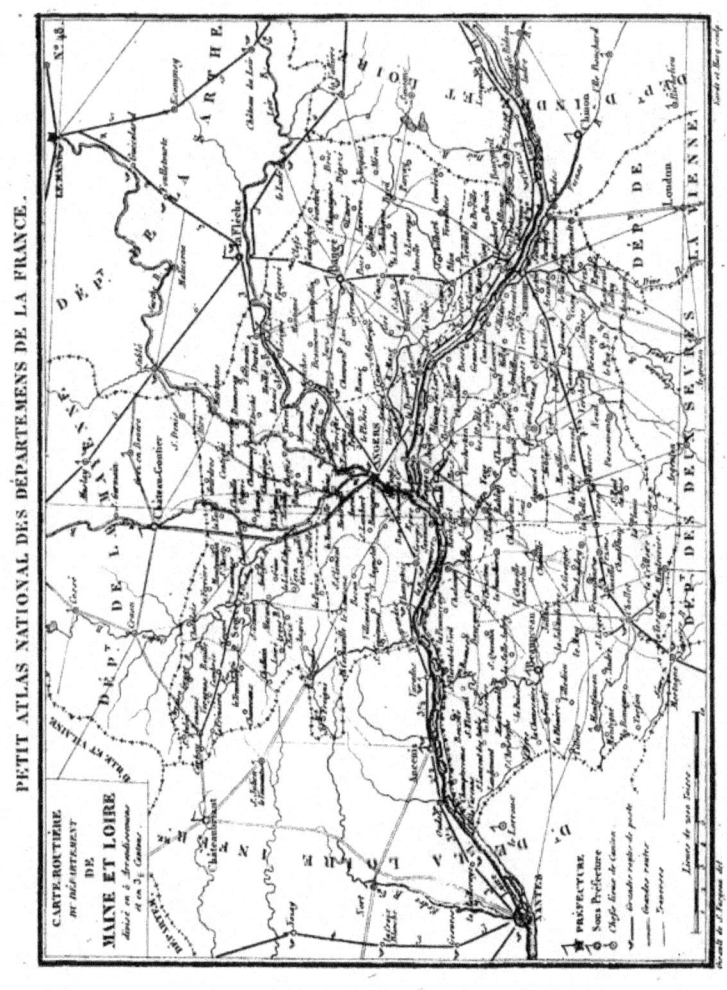

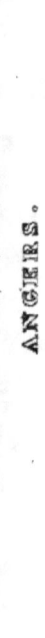

ANGERS.

DÉPARTEMENT DE MAINE-ET-LOIRE.

APERÇU STATISTIQUE.

Ce département est formé de la majeure partie de la ci-devant province d'Anjou, et tire son nom des deux grandes rivières, la Loire et la Mayenne, qui l'arrosent et se réunissent au-dessous d'Angers; la seconde prend le nom de Maine à partir de sa jonction avec la Sarthe.

Ses limites sont : au nord, le département de la Mayenne; au nord-est, celui de la Sarthe; à l'est, celui d'Indre-et-Loire; au sud-est, celui de la Vienne; au sud, ceux des Deux-Sèvres et de la Vendée; à l'ouest, celui de la Loire-Inférieure.— Le climat est en général sain et tempéré.

Le territoire du département de Maine-et-Loire est agréablement varié de collines, pour la plupart plantées de vignes, et de plaines où la terre à bruyère domine, mais très-productives. La presque totalité des possessions y sont closes, entourées de fossés bordés d'un rempart en terre de deux ou trois pieds de hauteur, plantés de haies vives, au milieu desquelles s'élèvent de distance en distance des bosquets d'arbres, qui donnent à la physionomie de ce pays un aspect fort agréable. Quoiqu'il s'y trouve une assez grande étendue de bruyères et de landes, le sol y est cependant très-fertile en blé, seigle, orge, avoine et légumes de toute espèce. On y récolte, en abondance, des vins de bonne qualité, particulièrement des vins blancs, et beaucoup d'excellents fruits. Les pâturages y nourrissent une grande quantité de bestiaux, qui sont une des principales richesses du pays. Le gibier y est très-bon et très-abondant, ainsi que le poisson, particulièrement l'alose et le saumon.

Ce département a pour chef-lieu Angers. Il est divisé en 5 arrondissements et en 34 cantons, renfermant 356 communes. — Superficie, 363 lieues carrées. — Population, 467,871 habitants.

Minéralogie. Mines de fer, houille, carrières inépuisables d'ardoise; marbres de toutes couleurs, granit, pierres de taille, grès.

Source minérale à Martigné-Briand.

Productions. Céréales de toutes espèces, récoltées en quantité plus que suffisante pour la consommation. Légumes secs, légumes potagers, melons. Arbres fruitiers, surtout pommiers à cidre, pruniers et amandiers. Chanvre et lin cultivés en grand. Belles prairies et excellents pâturages.

Industrie. Manufactures de toiles à voiles et de toiles communes, de toiles dites *cholettes*, de mouchoirs de toutes couleurs et qualités. Teintureries, papeteries, tanneries, huileries, forges et hauts fourneaux. Exploitation en grand des carrières d'ardoise.

Commerce de grains, légumes secs, graine de trèfle, vins, eaux-de-vie, bestiaux, ardoises, cuirs, fers, etc.

**VILLES, BOURGS, VILLAGES, CHATEAUX ET MONUMENTS REMARQUABLES;
CURIOSITÉS NATURELLES ET SITES PITTORESQUES.**

ARRONDISSEMENT D'ANGERS.

ANGERS. Grande et très-ancienne ville, chef-lieu du département. Cour royale d'où ressortissent les départements de la Mayenne, de la Sarthe et de Maine-et-Loire. Tribunaux de première instance et de commerce. Bourse de commerce. Chambre des manufactures. École des arts et métiers. Académie universitaire. Institution des sourds-muets. Collége royal. Cours d'enseignement médical. Evêché. Pop. 32,743 hab.

L'origine d'Angers se perd dans la nuit des temps. C'était autrefois la capitale des Andecaves. Sous les Romains elle fut embellie par de nombreux édifices dont il reste à peine quelques vestiges. Childéric l'assiégea dans le Ve siècle; les Normands la saccagèrent dans le IXe. Elle a été plusieurs fois attaquée, prise et reprise par les Bretons, les Anglais et les Français. Le château fut surpris par les huguenots en 1585, et la ville attaquée en 1793 par une armée de 90,000 Vendéens. Il s'y est tenu six conciles, en 455, 1055, 1279, 1366, 1448 et 1583, et les célèbres conférences, connues sous le nom de conférences d'Angers, en 1713 et 1714.

Cette ville est dans une magnifique situation sur la Mayenne, un peu au-dessous de son confluent avec la Sarthe. Elle est bâtie en amphithéâtre, sur le penchant d'un coteau qui s'abaisse jusqu'au bord de la rivière, qui a dans cet endroit la largeur d'un grand fleuve et forme un port commode et très-fréquenté. La plupart des rues sont étroites, sombres, escarpées, d'un accès difficile (quelques-unes même impraticables pour les voitures) et bordées de vieilles maisons construites, les unes en pans de bois plaquées d'ardoises sur les façades, les autres en pierres d'ardoise, ce qui leur donne un aspect triste et désagréable à l'œil. On y trouve cependant quelques beaux quartiers, notamment celui qui avoisine la préfecture, et il règne autour de la vieille ville une ceinture de nouveaux édifices construits avec goût, alignés avec soin, de boulevards aérés et bien plantés. Parmi les édifices et établissements remarquables, on cite principalement :

La Cathédrale, dédiée à saint Maurice. Cette belle église n'a qu'une nef; sa forme est celle d'une croix latine ; sa longueur, depuis la porte principale jusqu'au fond du chœur, est de 280 pieds, et sa largeur de 50 pieds 6 pouces. Cette nef est une des plus larges qu'il y ait en France ; les deux ailes ont chacune 46 pieds 1/2 de longueur sur autant de largeur; elles sont éclairées par de grandes roses d'une élégante construction et vitrées en verres de couleur. Des faisceaux de colonnes adossés aux murs supportent de belles voûtes de forme ogive, avec des nervures sur les arêtes ; leur hauteur est de 80 pieds. On doit remarquer que ces voûtes n'ont pour appui que les murs; il n'y a au dehors, malgré la grande largeur de la nef, aucun de ces arcs boutants qu'on voit à presque toutes les anciennes églises, et qui ressemblent à des étais soutenant un bâtiment près de tomber en ruine. Les architectes qui se sont succédé pendant les cinq siècles que l'on a mis à construire ce monument, ont eu le bon esprit de suivre le plan du premier, en sorte qu'on doit le considérer comme appartenant au XIIIe siècle. Le portail est surmonté de deux jolis clochers en pierre, à flèches, séparés par un troisième en dôme, qui font un heureux effet; l'église étant bâtie sur une éminence, on voit de divers endroits ces clochers à une distance de huit à dix lieues. — Le maître-autel est formé de différents marbres précieux; six belles colonnes corinthiennes en marbre rouge en supportent le baldaquin. Le buffet d'orgue, placé au-dessus de la porte principale, est un beau morceau de menuiserie; il contient un des meilleurs orgues de l'Europe, soutenu par quatre cariatides colossales. De l'orgue, on peut faire le tour intérieur de l'église au moyen d'une belle balustrade en fer, posée sur la retraite des murs au-dessous des naissances des voûtes. Le principal bénitier est formé d'une magnifique pièce de vert antique.

L'Église de la Trinité, une des plus belles d'Angers; elle a été bâtie en 1062. On y remarque l'emploi simultané du style plein cintre et de l'ogive; les voûtes sont bien exécutées et les nervures d'assez bon goût ; toutes les ouvertures extérieures sont à plein cintre.

L'Église Saint-Sergue, édifice construit vers le milieu du XIe siècle ; c'est un des plus beaux monuments d'architecture gothique que possède le département. Les voûtes du chœur, de forme ogive, sont portées en partie par six colonnes très-sveltes, qui rendent cette construction aussi hardie qu'elle est élégante. La nef est un ouvrage du XVe siècle.

L'Hôtel-Dieu, bel édifice fondé en 1155, par Henri II, roi d'Angleterre, qui s'est distingué entre tous les princes de son temps par son zèle pour le bien public. Il le fit bâtir sur un vaste emplacement, situé entre la rive droite de la Mayenne, qui en baigne les murs, et l'église Saint-Laurent. Si l'on veut se reporter à l'époque de la fondation de cet établissement, on le trouvera digne de la munificence royale de son fondateur. Le bâtiment destiné aux malades est un vaste carré long, divisé en trois salles par trois rangs de colonnes corinthiennes qui portent de belles voûtes de forme ogive; rien n'est plus élégant et plus hardi que cette construction. La chapelle est bâtie dans le même genre, et cette architecture paraît être une imitation de celle du chœur de l'église de Saint-Sergue. Les grandes caves, bien voûtées, et les greniers qui sont placés au-dessus, ne sont pas moins dignes de remarque que les salles et la chapelle. Le plan de ces greniers est aussi un grand parallélogramme, divisé en trois parties par deux rangs d'arcs à plein cintre, dont l'un est porté sur des colonnes corinthiennes accouplées, l'autre sur des piliers carrés qui remplacent depuis peu d'années les colonnes que le temps avait détériorées. En examinant avec attention ces divers édifices, et particulièrement les greniers, on aperçoit un contraste frappant entre les constructions du dedans et celles du dehors. En effet, les murs extérieurs ne sont bâtis qu'avec des pierres brutes, comme ceux des maisons les plus communes, et ils ne sont pas même revêtus d'un enduit de chaux, tandis que l'intérieur est décoré de colonnes ornées de bases attiques et de chapiteaux corinthiens, d'une belle pierre dure, calcaire, étrangère à l'Anjou. Ce contraste entre les décorations extérieures et intérieures porte à croire que ces ornements d'architecture ont été enlevés à quelques monuments romains. Les colonnes que l'on voit à l'Hôtel-Dieu ont été faites sur deux modules différents; celles des salles et de la chapelle sont beaucoup plus grandes que celles des greniers; les premières ont pu appartenir soit à des temples, soit à l'amphithéâtre, ou à d'autres monuments.

Le Château d'Angers, commencé sous le règne de Philippe-Auguste et achevé par Louis IX; c'est une ancienne forteresse bâtie sur un rocher escarpé du côté de la Mayenne, au-dessus de laquelle il s'élève à près de cent pieds; il est entouré de dix-huit grosses tours en pierres d'ardoise qui lui donnent un aspect imposant, et environné d'un fossé taillé dans le roc, de 90 pieds de largeur et de 33 pieds de profondeur. Du haut de la terrasse de cet édifice, qui servait tout à la fois d'habitation et de citadelle aux ducs d'Anjou, on jouit d'une vue agréable sur une partie de la ville et sur le cours de la Mayenne. Cette forteresse sert aujourd'hui de prison et de dépôt des poudres.

Un des plus singuliers monuments historiques d'Angers est une colonne fort simple, placée à l'extrémité de la rue du faubourg Saint-Laud, et à laquelle se rapporte la tradition suivante. Un riche bénéficier, chanoine de Saint-Laud, nommé Pierre Frétaud, entretenait publiquement, comme sa maîtresse, une des plus jolies femmes d'Angers, nommée Agnès de Beaupréau, qu'on appelait, à cause de sa rare beauté, la belle Agnès. Cette dame avait le malheur d'être très-jalouse, et malheureusement aussi son amant joignait, à beaucoup d'ardeur et de passion, une égale inconstance. Les dames qui, au XVe siècle, n'étaient ni moins faibles ni moins vaines que celles d'un temps plus rapproché, virent d'un œil favorable le conquérant de la belle Angevine. Agnès s'aperçut du changement qui avait lieu dans le cœur de celui qu'elle aimait. Son amour avait pris des forces dans la solitude, et son imagination dévote, mélancolique et véhémente, exagéra les torts du volage : ne pouvant le fixer à son gré, elle résolut de se venger de ses perfidies. Un soir, ou plutôt une nuit, elle se saisit d'un rasoir, et à peine le chanoine de Saint-Laud a-t-il fermé les paupières, qu'il s'éveille, baigné dans son sang, incapable de commettre de nouvelles infidélités; mais cette violente correction coûta la vie au bénéficier. Agnès fut arrêtée, mise en jugement et condamnée à être brûlée vive; ce qui fut exécuté sur la place qui est au-devant de l'académie d'équitation et qu'on nommait alors la place des Lisses. La maison du chanoine fut rasée; et pour perpétuer le souvenir du crime et de la punition, on éleva sur le lieu même où était le bûcher, une colonne de dix-huit à vingt pieds de hauteur sur laquelle fut placée la statue d'Agnès. Elle était représentée ayant une bride de cheval à la main droite, un rouleau de papier dans la gauche, et une boule sous le pied gauche. Les auteurs contemporains expliquent d'une manière assez bizarre cette allégorie mystérieuse. Le rouleau de papier fermé signifiait, disent-ils, l'impénétrable destinée qui nous attend; la boule, l'instabilité des choses humaines; et la bride, emblème plus moral et plus facile à comprendre, indiquait la nécessité de réprimer ses passions. Dans la suite, la colonne et la statue furent transportées au coin de la même place, à l'angle formé par le clos des Récollets et la rue du faubourg Saint-Laud. Mais le peuple, ayant oublié peu à peu l'origine de ce monument, lui rendit en passant les mêmes honneurs qu'aux images des saints; ce qui obligea d'enlever la statue et de la remplacer sur la colonne par une croix que l'on y voyait encore en 1790.

On remarque encore à Angers les bâtiments de l'ancienne abbaye de Saint-Nicolas, située à l'extrémité du faubourg Saint-Jacques, dont la magnifique façade ressemble à celle d'un vaste palais. — L'ancienne école d'équitation, d'une construction noble et élégante. — La salle de spectacle. — La jolie maison gothique connue sous le nom d'Hôtel d'Anjou, située au coin des deux rues Haute et Basse du Figuier. — La bibliothèque publique, contenant 26,000 vol. et plusieurs manuscrits précieux. — La galerie de tableaux, où l'on voit beaucoup de tableaux originaux des plus grands maîtres de l'école française et des meilleurs artistes de nos jours. — Le cabinet d'histoire naturelle. — Le beau jardin de botanique. Il renferme un grand nombre d'arbres exotiques, qui, groupés sur un terrain inégal, avec l'aimable désordre d'un jardin anglais, forment une heureuse diversité de promenades. De toutes les parties élevées de ce jardin on jouit d'une belle perspective sur la façade de Saint-Sergue. — Le Champ-de-Mars, terre-plein carré auquel aboutit le Mail, la principale promenade de la ville; il est, après celui de Paris, le plus vaste et le plus régulier que l'on connaisse. Le Mail consiste en trois allées parallèles, longues d'un quart de lieue et terminées par une espèce de portique. — La promenade du Bout-du-Monde, terminée par un parapet, d'où l'on domine la ville et une partie de la campagne; celle de la Lice, et celle de la Turcie, longue allée située dans le quartier de la Doutre, partie de la ville bâtie sur la rive droite de la Mayenne, où se trouve l'école des arts et métiers. — Le dépôt national d'étalons, un des plus beaux et des mieux tenus du royaume. — Les carrières d'ardoises exploitées à ciel ouvert, à 200 pieds de profondeur, près de l'un des faubourgs.

Angers est la patrie du voyageur Bernier; de Gilles Ménage, savant et célèbre écrivain du XVIIe siècle; de La Réveillère-Lepeaux, ex-directeur de la république française; de M. Félix Bodin, historien et député, auteur d'un excellent ouvrage sur le Haut et le Bas-Anjou, où nous avons puisé la plupart des détails qui pourront intéresser dans cette cinquième Livraison de notre Guide du voyageur en France.

Industrie. Manufacture royale de toiles à voiles. Fabriques de toiles, mouchoirs, bas de fil, étamines. Filatures de coton; raffineries de sucre; blanchisseries de cire. Tanneries. — Commerce de grains, graine de trèfle, vins, eaux-de-vie, chanvre, cire, miel, ardoises, chevaux, bestiaux, etc.

A 22 l. de Nantes, 23 l. de Tours, 23 l. du Mans, 73 l. 1/2 de Paris. *Hôtels* du Faisan, du Cheval-Blanc, de la Boule-d'Or.

BEHUARD. Village situé à 4 l. d'Angers, entre l'Aubance et la rive gauche de la Loire. Pop. 270.

Vis-à-vis de ce village, la Loire forme une île charmante, sur laquelle s'élève une jolie chapelle gothique: rien n'est plus pittoresque ni plus agréable que la situation de ce petit monument. Au milieu du fleuve, sur un sol uni, sablonneux, planté d'une multitude d'arbres de différentes espèces, offrant partout la plus riche culture, s'élève une seule roche de schiste de 25 à 30 pieds de hauteur, sur laquelle est placée la chapelle. Cette roche se termine en pointe si aiguë, que son sommet, qu'on n'a pas voulu aplanir, perce la nef et se montre à cinq ou six pieds au-dessus du pavé. C'est sur cette roche, au pied de laquelle viennent se briser les vagues de la Loire lorsque l'île est submergée, que quelques étymologistes prétendent qu'il y avait autrefois un temple consacré à Bélus. Dans cette chapelle, que la révolution a respectée, on voit partout des ex-voto, des fers de captifs revenus d'Alger, et un portrait de Louis XI peint sur bois.

BRIOLAY. Bourg situé entre le Loir et la Sarthe, un peu au-dessus du confluent de ces deux rivières, à 2 l. 1/2 d'Angers. Pop. 1,000 hab. Ce bourg était anciennement défendu par un château qui passait pour une des plus fortes places de l'Anjou; il fut assiégé et pris, en 1103, par Geoffroy Martel. Vers le XIIe siècle, il appartenait à Lisard de Sablé, qui y faisait souvent sa résidence. Ce seigneur était si puissant, qu'il osa faire la guerre à Geoffroy Plantagenet, le plus redouté des comtes d'Anjou, qui assiégea, prit et ruina Briolay en 1140. Dans la suite ce château fut rétabli. Il ne reste plus de cet édifice qu'une masse informe de pierres, provenant de la tour de Briolay, espèce de forteresse qui existait même en 1789, et qu'on apercevait très-distinctement d'Angers; elle était environnée d'un large et profond fossé qui paraît encore, et qu'on traversait sur un pont-levis.

BRISSAC. Petite ville, bâtie sur le penchant d'une colline, sur l'Aubance, à 3 l. d'Angers. ⌧ Pop. 1,000 hab. Elle est remarquable par un des plus beaux châteaux du département, et renommée par les marchés de blé qui s'y tiennent tous les jeudis. Deux événements remarquables l'ont rendue célèbre : la défaite de Geoffroy Barbu, comte d'Anjou, en 1067, et la réconcilia-

CHÂTEAU DE BEHLIN·G.

tion de Louis XIII avec Marie de Médicis, sa mère, en 1620.

Le château de BRISSAC appartient par son architecture à différentes époques; mais malgré ses irrégularités et son défaut d'ensemble, il présente néanmoins une masse imposante, qui annonce bien la grandeur et la puissance des seigneurs qui l'ont fait élever. La face principale est au levant, et se trouve resserrée entre deux tours de l'ancien château Brochessac, dont l'une est en partie démolie, et l'autre renferme une chapelle dans laquelle on voit une jolie vierge en marbre blanc. Dans le pavillon de gauche, se trouvent un beau vestibule et le grand escalier, dont les rampes sont très-larges, bien éclairées, et les paliers ornés de niches destinées à recevoir des statues. Le pavillon qui se trouve au milieu de la façade principale est décoré des cinq ordres d'architecture en pilastres, formant cinq étages, compris le rez-de-chaussée. Une campanille, couverte en plomb, surmontée d'une statue de même métal, couronnait ce pavillon; l'une et l'autre ont été détruites en 1793. (*Voyez la gravure*.)

Le château de Brissac est situé entre deux collines : sur l'une est placée la ville ; sur l'autre, qui est beaucoup plus élevée et d'où l'on découvre un vaste horizon, est un monument remarquable, destiné au culte des tombeaux. Il a la forme d'un carré long, divisé par deux rangs de colonnes; les deux faces latérales, au nord et au sud, sont ornées de pilastres; celle du côté de l'occident est terminée par un péristyle de six colonnes cannelées qui supportent un fronton triangulaire. Cette chapelle sépulcrale, construite en tuf blanc, est élevée sur un socle de pierre dure, qui règne tout autour et forme un avant-perron de sept degrés. L'ordre dorique grec, dans toute sa pureté, décore l'intérieur de ce monument, qu'on nomme dans le pays le *Mausolée*.

CHALONNES. Petite ville, située à 6 l. d'Angers. ✉ Pop. 4,969 hab. Elle est bâtie dans une position fort agréable, au pied d'un coteau, entre le Layon et la Loire, dans un territoire fertile en assez bons vins, près des îles de la Lombardière, qui offrent l'un des plus beaux pays que présente le cours de la Loire.

Chalonnes est une ville fort ancienne, dont l'origine paraît remonter avant la domination romaine. Elle était autrefois protégée par un château fort, assis sur un rocher élevé, baigné au nord par la Loire et défendu sur les autres points par un large fossé. Ce château existait encore au temps de la Ligue; il fut pris par le duc de Mercœur, repris par La Rochepot, et démoli à la fin de la guerre, comme beaucoup d'autres forteresses. On en voit encore des restes considérables, des pans de murs et des tours en partie détruites.

Fabriques de mouchoirs, serges, siamoises, distilleries d'eau-de-vie.

CHAMPTOCÉ. Joli bourg, situé à l'extrémité d'un petit vallon, traversé par la petite rivière de Rome, qui forme en cet endroit un bel étang. A 6 l. 1/2 d'Angers. ✆ Pop. 1700 hab. On y remarque les ruines imposantes d'un vieux château, ancienne propriété de Gilles de Champtocé, second fils de Jeanne de France, sœur de Charles VII, que François Ier, duc de Bretagne, son frère, fit condamner à mort et étouffer entre deux matelas, en 1450. On ignore l'époque de la destruction de ce château, qui fut témoin des crimes du maréchal de Retz, et retentit si souvent des cris de ses infortunées victimes; on présume seulement qu'elle date des guerres civiles du XVIe siècle.

CHARCÉ. Village situé à 1 l. 1/2 d'Angers. Pop. 800 hab. On y voit deux peulvans et les restes d'un dolmen.

CHAVAGNE. Bourg situé à 8 l. d'Angers. Pop. 1300 hab.

DENÉE. Bourg situé à 3 l. d'Angers. Pop. 1,600 hab.

GEORGES (SAINT-). Joli bourg, situé à 4 l. 1/2 d'Angers. ✉ ✆ Pop. 2,400 hab. Aux environs, on remarque les ruines du château de la Roche-Serrant, où Louis, fils de Philippe-Auguste, depuis Louis VIII, battit les Anglais, commandés par Jean-sans-Terre.

GONNORD. Bourg situé à 8 l. 1/2 d'Angers. Pop. 1,800 hab.

INGRANDE. Petite ville, située au pied d'une colline d'où l'on jouit d'une vue très-étendue sur le cours magnifique de la Loire. ✉ Pop. 1,200 hab. —Verrerie considérable. Entrepôt de houille.

JEAN-DES-MAUVRETS (SAINT-). Joli bourg, situé près de la rive gauche de la Loire, à 3 l. d'Angers. Pop. 1,200 hab. On y remarque une chapelle dédiée à Notre-Dame-de-Lorette, qui est le but d'un pélerinage tres-fréquenté.

LAMBERT DE LA POTERIE. Bourg situé à 2 l. d'Angers. Pop. 500 hab.

LOUROUX (LE). Bourg situé à 6 l. d'Angers. Pop. 2,400 hab.

MATHURIN (SAINT-). Joli bourg, situé dans une belle et fertile vallée, sur la rive droite de la Loire. Les maisons en sont rangées en haie sur le côté septentrional du fleuve, dont le côté opposé règne en terrasse, avec parapet sur la Loire. L'autre rive est bordée par des coteaux aussi riants que variés. ✉ ⚒ A 5 l. d'Angers.

PLESSIS-BOURÉ. Château dépendant du village de Bourg, situé à peu de distance de la rive droite de la Sarthe, à 4 l. d'Angers. C'est un vaste bâtiment carré, flanqué à chaque angle d'une grosse tour ronde, dont une, plus élevée que les autres, a reçu le nom de donjon. Les murs et les tours de ce château, épais de six pieds, sont crénelés et revêtus en dedans et en dehors de belles pierres de tuf blanc. Un fossé, rempli d'eau vive, environne cette ancienne forteresse féodale, et lui donne un aspect imposant ; elle fut mise en état de siège pendant la Ligue ; mais on voit, par l'état de conservation de ses murs, qu'elle ne fut point attaquée.

PLESSIS-MACÉ. Bourg situé à 3 l. N.-E. d'Angers. Pop. 600 hab. On y remarque les restes de l'ancien château de Plessis-Macé, une des plus belles ruines qui existent en Anjou. Ce château est abandonné depuis environ un siècle ; l'enceinte, formée d'une épaisse muraille flanquée de tours de distance en distance, existe encore presque en entier ; le fossé circulaire qui l'environne est rempli de grands arbres qui annoncent que des siècles se sont écoulés depuis qu'il a cessé de servir à la défense de cette forteresse. Le donjon est la partie la mieux conservée ; sa forme est carrée ; des tourelles, placées sur les angles, et un pavillon qui occupe le milieu de la face principale, s'élèvent au-dessus des créneaux et des machicoulis, et lui donnent une forme pyramidale qui produit un bon effet. Une jolie chapelle moins ancienne que ce donjon, des restes considérables des divers bâtiments, annoncent la richesse et la puissance des anciens seigneurs du Plessis-Macé. Ces ruines exercent souvent les crayons des artistes.

PONT-DE-CÉ. Petite ville, située sur la Loire à 1 l. 1/2 d'Angers. Pop. 3,665 hab. Elle est formée de deux communes, et consiste en une suite de ponts et de chaussées bordées de maisons, qui commencent à une lieue d'Angers, et franchissent, sur une longue étendue, les bras et les îles de la Loire qui les séparent. Les ponts sont au nombre de quatre. Le premier, en arrivant du côté d'Angers, est composé d'une chaussée et de sept arches en pierres ; sa longueur est de 335 mètres. Il se termine au faubourg Saint-Aubin, séparé de la ville par un autre pont de 17 arches en pierres et deux travées en bois ; sa longueur est de 312 mètres. Après avoir traversé le faubourg qui donne son nom à ce second pont, on trouve le troisième, placé sur l'ancien lit de la Vienne et qui forme actuellement le principal bras de la Loire ; on le nomme pont Saint-Maurille : il est composé de 19 travées en bois et de deux arches en pierres ; sa longueur est de 280 mètres. Le quatrième pont, qui réunit la ville au coteau méridional, est sur le bras de la Loire qu'on nomme le Louet, et qui passe dans l'ancien lit du Thouet : il a 52 arches en pierres et 9 travées en bois ; sa longueur est de 900 mètres. Ces quatre ponts, réunis à la ville et au faubourg Saint-Aubin, forment une ligne d'environ 3000 mètres de longueur, dans laquelle on compte 109 arches tant en pierres qu'en bois.

Ces ponts forment l'un des passages les plus importants qu'il y ait sur la Loire ; plusieurs événements les ont rendus célèbres : Louis XIII y défit les troupes de sa mère, Marie de Médicis, le 8 août 1620 ; une bataille sanglante s'y livra, à l'époque de la révolution, entre les Vendéens et les républicains.

A une demi-lieue au-dessous de Pont-de-Cé, on trouve sur la rive droite du fleuve le fameux camp de César et le château de Saint-Gemmes ; au-delà, jusqu'à l'embouchure de la Maine, le rivage est égayé par de jolies maisons de plaisance. Le camp de César avait la figure d'un triangle presque équilatéral, dont l'un des côtés était formé par la Loire, l'autre par la Maine, et la base par un large retranchement ou levée de terre, qui s'étendait de l'une à l'autre rivière. Ce vaste triangle avait 14,400 mètres de pourtour ; l'espace compris entre ces trois lignes pouvait contenir facilement une armée de cent mille hommes, avec les emplacements nécessaires pour les manœuvres et les magasins. Le retranchement existe encore depuis le village de Frémur jusqu'auprès de la rive droite de la Loire ; en quelques endroits il a 7 mètres de hauteur. La grande quantité de médailles de Constantin que l'on a trouvées et que l'on trouve tous les jours dans le camp, porte à croire qu'il était encore occupé dans le quatrième siècle par les légions romaines.

RABLAY. Bourg situé à 10 l. 1/2 d'Angers. Pop. 550 hab.

ROCHEFORT-SUR-LOIRE. Bourg situé à 4 l. d'Angers. Pop. 2,450 hab.

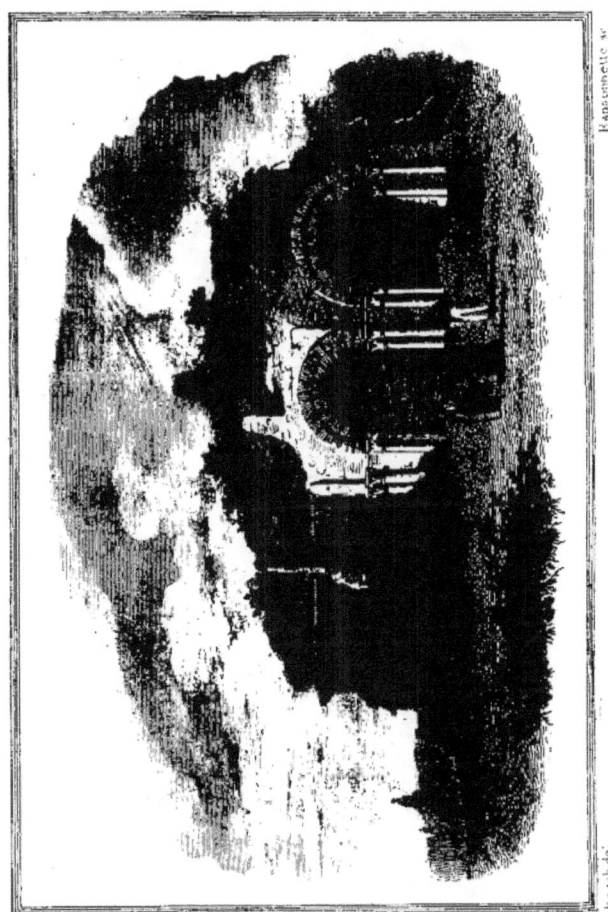

A peu de distance de ce bourg, qu'on appelait anciennement Sainte-Croix, s'élèvent à une assez grande hauteur trois roches contiguës, dont les plateaux sont plus ou moins vastes. La roche située à l'est des deux autres, autrefois occupée par une forteresse nommée Rochefort, était unie par un pont à une seconde roche plus considérable, sur laquelle existait une ville défendue par des murailles, des tours et un château, que l'on nommait Saint-Symphorien. Un château fort, détruit dans le XVe siècle, couronnait la troisième roche, située vis-à-vis et à une portée de fusil de Saint-Symphorien; on l'appela successivement la roche Gauzie, Gueuzie et enfin Dieuzie.

La ville de Saint-Symphorien a joué un rôle important dans les guerres de religion. Desmarais, chef de calvinistes, prit le château et la ville en 1562. Le duc de Montpensier l'assiégea et la prit d'assaut, et fit prisonnier Desmarais, qui fut conduit à Angers, jugé et condamné à être rompu vif, ce qui fut exécuté; il demeura douze heures sur la roue avant d'expirer. En 1590, cette ville devint une des principales places des ligueurs en Anjou; Hurteaud de Saint-Offange en avait le commandement. Le maréchal d'Aumont l'assiégea en 1592, sans pouvoir s'en rendre maitre; ce ne fut qu'en 1598 qu'elle se rendit à Henri IV, qui en ordonna la démolition de fond en comble, ce qui fut immédiatement exécuté, sous l'inspection des magistrats d'Angers. Sa destruction se continua pendant dix mois; il ne reste plus aujourd'hui que les bases de quelques tours, et un pan de mur du château. Le bourg de Sainte-Croix, qui prit alors le nom de Rochefort, servit de refuge à une partie des malheureux habitants.

SAVENIÈRES. Bourg situé sur la rive droite de la Loire, vis-à-vis de l'île de Béhuard, à 3 l. d'Angers. Pop. 2,500 h. L'église de ce bourg, encore très-bien conservée, est la plus ancienne de l'Anjou et peut-être de toute la France; on fait remonter l'époque de sa construction au IVe siècle. Cette église passe pour un monument romain. La porte de forme ogive n'est pas antique, mais celle qu'on voit dans la façade du côté de la Loire a été faite en même temps que les premières constructions de l'édifice; elle est décorée de colonnes et de figures antérieures au Ve siècle. Quatre larges cordons de briques, posées en forme de feuilles de fougère et d'environ deux pieds de hauteur, décorent les murs à l'extérieur; le reste du parement est en petites pierres très-dures, cailloux et marbre noir, dont la couleur contraste singulièrement avec les cordons de briques d'un rouge-brun assez vif. La couverture, qui est très-élevée, comme celle de presque toutes les églises bâties dans les derniers siècles, l'était beaucoup moins autrefois, comme on peut le voir par le pignon exhaussé de dix à douze pieds, qui, par la différence des constructions, laisse distinguer ce qui est moderne d'avec ce qui est antique.

A peu de distance de Savenières, sont les ruines du fameux château DE LA ROCHE-AU-MOINE, qui rappelle l'important souvenir de la défaite de Jean-sans-Terre.

SERRANT. Magnifique château, bâti dans un site très-agréable, entre la rive droite de la Loire et la grande route de Nantes à Angers, à 4 l. de cette dernière ville. C'est un vaste édifice, composé de plusieurs corps de bâtiments élevés dans les trois derniers siècles; et ce mélange de différents genres d'architecture, loin d'offrir à la vue des disparates désagréables, sert au contraire à donner à l'ensemble un caractère imposant et pittoresque. La façade qui donne sur la Loire, que l'on aperçoit des croisées du premier étage, est flanquée à ses deux extrémités de deux belles tours rondes, couronnées d'un entablement qui règne tout autour du château. La façade principale est du côté de la route; elle se trouve entre deux grandes ailes qui forment deux des côtés de la cour d'honneur. Ce château est composé d'un rez-de-chaussée et de deux étages, chacun desquels est décoré d'un ordre d'architecture en pilastres, qui règne sur toutes les faces; l'ionique au rez-de-chaussée, le corinthien au premier, et le composite au second. Le grand escalier est magnifique, et dut être un des plus beaux de France à l'époque où il fut construit. Un fossé de 80 pieds de large environne tout l'édifice.

Les dehors du château de Serrant répondent à sa magnificence; le parc, qui l'environne presque de toutes parts, est dessiné dans le genre paysager; il contient près de 300 arpents. L'orangerie est une des plus belles de France, après celles des châteaux royaux.

Dans la chapelle on remarque un superbe tombeau, élevé à la mémoire du marquis de Vaubrun, tué à Altenheim, le 1er août 1675. Cette chapelle est décorée d'un ordre corinthien en colonnes et pilastres de marbre noir. Les murs sont en belles pierres blanches, ainsi que la voûte, qui est ornée de caissons à rosaces et de rinceaux très-bien exécutés. Le tombeau est du célèbre Coysevox; il est placé dans un renfoncement re-

5e *Livraison.* (MAINE-ET-LOIRE.)

vêtu en marbre noir, et dont les angles sont occupés par deux colonnes de même marbre, avec bases et chapiteaux en bronze. Le sarcophage, dont la face principale offre un bas-relief en plomb doré, représentant le combat dans lequel le marquis de Vaubrun perdit la vie, est élevé sur un piédestal, dont le dé est orné de l'épitaphe gravée en lettres d'or. Ce sarcophage sert de support aux statues des deux époux. Le marquis, près de rendre le dernier soupir, est à demi couché sur un trophée d'armes; il s'appuie sur le bras droit et tient encore dans sa main le bâton de commandement. Devant lui, son épouse à genoux, la tête appuyée sur la main droite, est en partie couverte d'un grand manteau. A quelques pieds au-dessus de ce beau groupe, on voit la Victoire qui descend du ciel, levant d'une main un trophée, et de l'autre un couronne qu'elle va poser sur la tête du guerrier. Tout ce monument est en marbre blanc.

THOUARCÉ. Village situé à 9 l. de Saumur. Pop. 1,650 hab.

ARRONDISSEMENT DE BAUGÉ.

BAUGÉ. Petite ville, chef-lieu de sous-préfecture. Tribunal de première instance. Collége communal. ⊠ ⚜ Pop. 3,553 hab.

Cette ville est située à peu de distance de Baugé-le-Vieil, près du Couesnon, que l'on traverse en cet endroit sur un beau pont en pierres de taille. On y remarque un des plus beaux hospices de la province, dont la plupart des améliorations sont dues à la libéralité de Mlle de Melun, qui passa dans cet hôpital les trente dernières années de sa vie dans la pratique de toutes les vertus qui honorent la religion et l'humanité. On voit un portrait de cette respectable fille dans la pharmacie.

En 1421, les Anglais furent défaits sous les murs de Baugé par le maréchal de La Fayette, et obligés d'évacuer l'Anjou.

Fabriques de toiles communes, étoffes de laine, ouvrages en corne. Commerce de toiles, bois de charpente et bestiaux. — A 9 l. 1/2 d'Angers. 8 l. N. de Saumur.

BAUGÉ-LE-VIEIL. Village situé sur la rive droite du Couesnon, à 1/4 de l. de Baugé. Pop. 1,800 hab. On y remarque les ruines de l'ancien château des ducs d'Anjou, dont la construction date du XIe siècle.

BEAUFORT. Petite ville, très-avantageusement située dans une belle et fertile contrée, près de la rive gauche du Couesnon, un peu au-dessus de son confluent avec l'Authion.

Beaufort était anciennement une des principales villes d'Anjou. Placée sur la rive droite de la Loire, au milieu d'un canton extrêmement fertile, elle était l'entrepôt, le port et le commerce de toute la vallée. Possédant un beau château, dont on voit encore les ruines, elle jouissait de tous les avantages réservés dans ce temps-là au principal manoir d'un seigneur riche et puissant. Mais depuis que la Loire s'en est éloignée, depuis que la confection de la levée a changé la direction de la route de Tours à Angers, qui passait dans ses murs, elle est totalement déchue de son ancienne prospérité. Cependant c'est encore une des villes les plus considérables du département; elle doit principalement cet avantage à une belle manufacture de toiles à voiles, composée de 200 métiers, à un grand nombre de fabriques de toiles communes, qui occupent plus d'un tiers de la population, et à ses marchés importants où affluent les divers produits de la contrée.

Cette ville est assez bien bâtie. On y remarque l'église paroissiale, dont la belle tour s'aperçoit au loin, et produit un effet pittoresque au milieu du riche paysage de la vallée; le collége; deux grands hospices et une vaste halle. Aux environs, on voit les restes d'une voie romaine.

Fabriques de toiles, de sabots; tanneries. Commerce considérable de grains, vins, huile, fruits, légumes, chanvre, etc. — A 4 l. de Baugé, 6 l. d'Angers. ⊠ *Auberge*, le Lion-d'Or.

CORZÉ. Bourg situé à 4 l. 1/2 de Baugé. Pop. 1,620 hab. ⚜

DURTAL. Petite ville, très-agréablement située au bas et sur le penchant d'une colline, sur la rive droite du Loir, qu'on y passe sur un joli pont en pierres de taille.

En 1040, Foulques Nerra construisit dans ce lieu un château fort, dont il ne reste plus aucun vestige; celui qui existe, commencé

sur un plan irrégulier, mais très-vaste, n'a point été achevé. Deux grosses tours, couronnées de créneaux et de machicoulis, sont placées aux deux extrémités de la façade qui est du côté de la ville. Le principal corps de bâtiment, qui est du côté du pont, paraît avoir été construit vers le milieu du XVIIe siècle. Ce château est placé sur un coteau élevé, au pied duquel coule le Loir, et présente un aspect imposant et pittoresque. (Voyez la gravure.)

Fabriques de toiles, de poterie de terre. Tuileries et briqueteries. Papeterie. — A 4 l. de Baugé. ✉ ☞ Pop. 3,465 hab.

JARZÉ. Joli bourg et beau château, situés à 2 l. de Baugé. Pop. 1,600 habitants. Le château de Jarzé, placé sur un coteau élevé, est un des plus grands et des plus beaux édifices de l'Anjou. Du haut de ses tours, la vue s'étend à 7 ou 8 l. à la ronde sur une campagne bien cultivée, et dont les sites sont agréablement diversifiés par des collines, des vallons, des plaines et des forêts.

On voit dans le château deux portraits remarquables ; le premier est celui du ministre J. Bourré ; le second celui du marquis de Jarzé, qui osa prendre la liberté grande de faire une déclaration d'amour à la reine Anne d'Autriche, veuve de Louis XIII, alors âgée de plus de cinquante ans. Le marquis, beau, bien fait et le plus fat des courtisans de son temps, crut entrevoir que cette princesse ne dédaignerait point ses hommages ; ébloui, enivré des plus brillantes espérances, il osa écrire. Anne d'Autriche reçut la lettre, la lut avec mépris, et l'aventure en serait restée là, sans le cardinal Mazarin, qui obligea la régente à chasser de la cour le marquis.

LONGUÉ. Petite ville, située sur le Laton, à 4 l. de Baugé. ✉ ☞ Pop. 4,491 hab. — *Fabriques* de sabots, huileries ; tanneries. Commerce de grains, graine de trèfle, fruits, chanvre, bœufs, sangsues, etc.

MAZÉ. Bourg considérable, situé dans un territoire fertile en excellents légumes, dont il se fait des exportations jusqu'à Paris. A 4 l. de Baugé. Pop. 3,897 hab.

Le château de MONTGEOFFROY, un des plus beaux édifices de l'Anjou, une dépendance de la commune de Mazé. On y arrive par trois belles avenues disposées en patte-d'oie ; celle du milieu se trouve perpendiculaire à la route. Ce château, d'un style simple et noble tout à la fois, se compose d'un rez-de-chaussée et de deux étages ; le milieu est décoré d'un fronton ; aux deux extrémités sont deux ailes en retour, et au devant, à quelque distance du corps de logis, on voit deux belles tours rondes, reste de l'ancien château, qui servent d'appui aux deux extrémités d'une balustrade en pierre, renfermant la cour. Dans la chapelle, qui paraît avoir été bâtie vers le milieu du XVIe siècle, on voit le tombeau, en marbre noir, du maréchal de Contades, sans autre ornement que ses armoiries et une épitaphe.

MORANNES. Bourg situé sur la rive gauche de la Sarthe, à 8 l. de Baugé. Pop. 2,350 hab. — Papeterie.

NOYANT. Village situé à 4 l. de Baugé. ✉ Pop. 1,100 hab.

PONTIGNÉ. Village situé à 1 l. de Baugé. Pop. 800 hab. On y remarque un dolmen long de 13 p. 6 p. et large de 7 p. dans œuvre ; mais il n'a que 4 p. 6 p. de hauteur. Au devant de la porte est un vestibule de 5 p. de largeur sur 6 p. de profondeur ; deux pierres, dont l'une est triangulaire, servent de couverture à ce dolmen. A quelque distance de là est un peulvan de 13 p. 1/2 de hauteur.

SEICHES. Village situé sur la rive gauche du Loir, à 5 l. de Baugé. Pop. 1,450 hab. On y trouve une fontaine d'eau minérale. — Belle papeterie.

VERNANTES. Bourg situé à 6 l. de Baugé. Pop. 1,850 hab. En 1121, Foulques V, comte d'Anjou, fonda dans ce lieu la belle abbaye cistercienne du Louroux, dont les vastes bâtiments offrent un aspect des plus imposants. Il ne reste plus cependant des constructions de Foulques V que l'église, dont une partie a été démolie vers la fin du siècle dernier. Elle avait 150 pieds de longueur sur 30 de largeur ; le grand vitrail du chœur en verre peint est bien conservé ; on y voit le portrait du fondateur et celui de son épouse, l'un et l'autre à genoux devant une représentation de la Vierge. La tour ou clocher est remarquable par sa construction et sa grande élévation ; elle avait cinq étages, dans l'un desquels était la salle des gardes où on logeait une garnison de deux cents hommes, qui servaient à garder l'abbaye en temps de guerre.

L'abbaye du Louroux a plus l'air d'une forteresse que d'un monastère. Son aspect est si imposant, qu'un détachement d'infanterie de 26 à 30 hommes de la division de l'armée prussienne cantonnée, en 1815, dans l'arrondissement de Baugé, envoyé pour s'y loger, s'arrêta devant à plus de quarante pas de distance; il considéra quelque temps cette masse de bâtiments, qu'il crut être un fort, puis rebroussa chemin. Le lendemain, un détachement de cavalerie de la même armée, qui devait y prendre son logement, éprouva la même surprise, et n'osa entrer.

ARRONDISSEMENT DE BEAUPREAU.

BEAUPREAU. Petite ville, chef-lieu de sous-préfecture. Tribunal de première instance. ✉ Pop. 3,207 hab.

Cette ville est située dans une contrée fertile, sur l'Erve, au confluent de l'Oudon et de la Vezée; c'était jadis une place forte, dont on voit encore les murs d'enceinte et quelques vieilles tours. Sur le haut de la colline au pied de laquelle coule la petite rivière d'Erve, on remarque l'ancien château de BEAUPREAU, qui se présente avantageusement du côté de la prairie. Il est flanqué de plusieurs tours solidement construites, et couronné d'un entablement à console. Incendié, ainsi que la ville, pendant la guerre de la Vendée en 1793, il fut restauré par le maréchal d'Aubeterre, qui vint s'y établir après la révolution, et qui, par un noble et généreux emploi de sa fortune, a beaucoup contribué au rétablissement de la ville de Beaupreau.

Comme ouvrage de l'art, le château de Beaupreau n'a rien qui mérite de fixer l'attention; mais il doit figurer parmi nos monuments historiques, puisqu'il vit naître les premières amours de ce fameux cardinal de Retz, qui fit tant de bruit par ses intrigues politiques, ses aventures galantes et ses duels, qui, comme il le dit lui-même, avait l'ame la moins ecclésiastique qu'il y eût dans l'univers, portait volontiers un poignard en guise de bréviaire, et donnait plus de coups d'épée que de bénédictions.

Beaupreau possède un des meilleurs collèges du département, fondé au commencement du XVIIIe siècle, mais entièrement reconstruit en 1779. C'est un grand édifice à trois étages qui peut contenir 400 pensionnaires; il renferme entre ses ailes une vaste terrasse élevée au-dessus du jardin, arrosé par l'Erve; la façade de ce côté a plus de 300 pieds de longueur. Heureusement échappé à l'incendie de la ville en 1793, ce collège servit, en 1804, à placer l'école des arts et métiers, qu'on a transférée, en 1815, à l'abbaye du Ronceray à Angers; ce qui a permis de le rendre à sa première destination.

Fabriques de mouchoirs, toiles, flanelle, étoffes de laine et de fil. Tanneries. — A 15 l. d'Angers, 5 l. de Cholet, 13 l. de Nantes. — *Auberge*, la Boule-d'Or.

BOUZILLÉ. Village situé à 5 l. de Beaupreau, Pop. 1,700 hab. — Le château de la BOURGONNIÈRE, bâti entre deux collines, fait partie de cette commune. Ce château est un des plus anciens de l'Anjou. L'époque de sa fondation est incertaine. Presque détruit pendant la guerre de la Vendée, le bâtiment principal a été reconstruit dans le style moderne. Deux édifices qu'on aperçoit à chacun de ses côtés ont seuls échappé aux ravages du temps et des hommes. L'un est une tour dont les murs épais, les créneaux, le donjon qui la surmonte, rappellent le génie guerrier de nos pères; l'autre est une chapelle qui, jadis fortifiée, semble avoir traversé les siècles pour nous redire l'ancienne alliance du glaive et de la croix. Ce dernier monument est surtout remarquable: à l'extérieur, ses tours, ses ogives, ses murs couverts de croix de templier; au dedans, ses vitraux où se retrouve le même signe de cet ordre célèbre, avec la coquille des pelerins et le cimeterre arabe, lui donnent un aspect tout à la fois religieux et guerrier. Sous la voûte, formée de nombreux arceaux et qui brille d'or et d'azur, les souvenirs des anciens temps assiègent la pensée; on rêve les champs de la Palestine, le tombeau du Christ, et l'on murmure les noms de Philippe-Auguste et de saint Louis, de Villehardouin et de Joinville. Une statue de proportions colossales attire particulièrement les regards; elle représente un homme attaché par des liens à une croix: il est revêtu d'une tunique d'or; sa tête, d'une expression noble et imposante, porte une couronne de comte: à ses côtés sont Charlemagne et saint Louis; et une multitude d'arabesques d'un fini précieux sont sculptées à l'entour.

CHAMPTOCEAU. Bourg bâti dans une charmante situation sur la rive gauche de la Loire, presque en face d'Oudon, à 8 l. de Beaupreau. Pop. 1,150 hab.

Champtoceau est placé sur un coteau qui

s'élève d'environ 150 pieds au-dessus du fleuve. Cette position agréable et forte tout à la fois lui fit donner le nom de *Castrum Celsum*. Autour de ce château on bâtit des maisons, et peu à peu il se forma une ville qui devint considérable, que l'on environna d'une forte muraille flanquée de tours, et d'un fossé large et profond. Cette ville fut prise, en 1173, par les troupes de Henri II, roi d'Angleterre et comte d'Anjou. Saint Louis l'assiégea et la prit aussi en 1230. Jean, duc de Normandie, s'en empara en 1341. Le duc de Bretagne assiégea cette place et la prit en 1420, et fit détruire la ville, le château et toutes les fortifications. Quatre siècles se sont écoulés depuis cette époque, et Champtoceau présente encore aujourd'hui les plus grandes ruines féodales qu'il y ait en Anjou ; elles sont près du bourg qui porte ce nom, et qui, dans l'origine, était le faubourg de la ville. Le mur d'enceinte existe presque en entier avec quatre tours, dont deux servaient de défense à la seule porte qu'il y eût. Tout l'intérieur de la ville, dans laquelle on voyait des églises et plusieurs grands édifices, n'offre plus qu'une campagne cultivée et environnée de murs, ce qui lui donne l'air d'un parc. A quelque distance, on aperçoit plusieurs pans de murailles entassés les uns sur les autres, et qui forment, pour ainsi dire, une petite montagne ; ce sont les restes du formidable château. Il était séparé de la ville par un large fossé et une double enceinte de murs très-épais et de la plus solide construction. Par sa position, il commandait tout le pays d'alentour ; ses restes, imposants par leurs grandes masses, sont couverts de broussailles, d'arbustes, de lierre, et présentent, sous divers aspects, des points de vue pittoresques.

CHEMILLÉ. Petite ville très-ancienne, située près de la rive droite de la petite rivière d'Ionne, à 5 l. 1/2 de Beaupreau. Pop. 3,694 hab. — *Fabriques* de toiles de toute espèce, de mouchoirs, siamoises, calicot. Filatures de coton. Blanchisseries de toiles. Papeterie.

CHOLET. Petite ville manufacturière, située à 5 l. de Beaupreau. Tribunal de commerce. Chambre des manufactures. Conseil des prud'hommes. Collège royal. ⊠ ☛ Pop. 7,345 hab.

Cette ville est dans une situation très-agréable, sur la rive droite de la Moine. Elle possédait autrefois un très-beau château, qui a été détruit, ainsi qu'une partie de la ville, pendant les guerres de la Vendée. Cholet, incendié d'abord par les Vendéens, et ensuite par les républicains qui achevèrent de le détruire, resta pendant plusieurs années enseveli sous ses ruines. Les ateliers et les fonds des fabriques furent entièrement anéantis ; une partie des fabricants périt, l'autre fut dispersée. Cependant en 1795, aussitôt après la première pacification de la Vendée, ceux qui avaient survécu aux désastres de leur pays s'empressèrent d'y rentrer, mirent tout en œuvre pour faire sortir la fabrique de dessous ses cendres, et parvinrent non-seulement à la rétablir, mais encore à lui donner plus d'importance qu'elle n'en avait jamais eu.

Manufactures renommées de toiles, dites cholettes, de mouchoirs de la plus grande beauté, de siamoises, flanelle, calicots, etc. Filatures de coton. Tanneries. Commerce considérable de bestiaux, bœufs gras, et principalement d'articles de ses nombreuses manufactures, qui s'expédient dans toute la France et à l'étranger. — *Auberges*, le Lion-d'Or, le Dauphin, le Faisan, la Descente de la Diligence.

FLORENT-LE-VIEIL (SAINT-). Petite ville bâtie dans une situation très-agréable, sur une colline escarpée qui borde la rive gauche de la Loire. Elle doit son nom à une ancienne abbaye de bénédictins, qui fut brûlée, ainsi qu'une partie de la ville, dans les guerres de la Vendée. On vient d'en rétablir l'église et le clocher ; et, quoique bien inférieur à ce qu'il était autrefois, cet édifice offre cependant un aspect très-pittoresque. De la plate-forme, et mieux encore de la butte nommée le Cavalier, on jouit d'une vue délicieuse sur le cours de la Loire, sur ses bords riants et fertiles, sur les îles ombragées qui la divisent en plusieurs bras, et sur une immense prairie qui s'étend à perte de vue.

On remarque dans l'église de Saint-Florent un monument qui rappelle de douloureux souvenirs et un beau trait d'humanité. En 1793, les Vendéens avaient entassé 4,000 prisonniers dans cette église ; ne pouvant les emmener dans leur retraite précipitée, après la bataille de Cholet, ils allaient les massacrer, lorsqu'un de leurs chefs, mortellement blessé, le généreux Bonchamps, obtint par ses pressantes prières qu'on leur accordât sur-le-champ la vie et la liberté. Honneur à la mémoire de Bonchamps ! Un pareil trait, dans une guerre civile, est plus glorieux qu'une victoire.—Sur un soubassement décoré de festons et de cyprès et de deux figures allégoriques en bas-relief, l'une représentant la Religion, l'autre la France, on voit la statue du marquis de Bonchamps. Couché sur un brancard qui sert à le transporter, le général vendéen vient de soulever la partie supérieure de son corps, en s'appuyant sur le bras gauche; il lève le bras droit en étendant la main, et prononce d'une voix expirante ce dernier commandement: *Grâce aux prisonniers! Bonchamps l'ordonne!* Cet ordre mémorable est gravé au-dessous du brancard. Les profils de l'architecture de ce monument sont purs, dans le style antique, et tout l'ensemble du monument offre le caractère d'une noble simplicité.

JALLAIS. Bourg situé sur l'Oudon, à 2 l. 1/2 de Beaupreau. Pop. 3,163 hab. — *Fabriques* d'étoffes de laine.

JUMELLIÈRE (la). Bourg situé à 6 l. de Beaupreau. Pop. 1,600 hab.

MACAIRE (SAINT-). Bourg situé à 3 l. de Beaupreau. Pop. 1,500 hab. On remarque dans cette commune, sur les terres de la métairie de la Bretellière, un peulvan de la plus grande dimension; c'est un bloc de granit brut posé verticalement, dont la circonférence est de vingt-un pieds et la hauteur de vingt-deux.

MARILLAIS. Bourg situé sur l'Erve, à 5 l. de Beaupreau. Pop. 1,050 h. Ce bourg est très-ancien. Dès le VIIIe siècle, il possédait une chapelle dédiée à la Vierge, qui était déjà l'objet d'un pèlerinage fameux. Charlemagne fit démolir la chapelle de Marillais et lui substitua une des vingt-quatre églises qu'il fit construire avec l'intention de les faire correspondre avec les vingt-quatre lettres de l'alphabet. Quoique Marillais soit considérablement déchu de son ancienne célébrité, cependant il réunit encore, le jour de N.-D., un grand nombre d'habitants des campagnes de la Bretagne, du Poitou et de l'Anjou; mais le commerce et le plaisir ont aujourd'hui beaucoup plus de part au pèlerinage que la dévotion. Une vaste prairie, arrosée par l'Erve, sert à dresser des tentes destinées à recevoir les nombreux pèlerins, ou plutôt les étrangers qui la plupart s'y rendent la veille et ne s'en retournent que le lendemain.

L'intérieur de l'église n'a rien de remarquable; mais sa porte latérale, et surtout les restes de la galerie qui était au-devant de la porte principale, conservent encore, quoique en ruine, les preuves de leur origine carlovingienne.

MAULEVRIER. Petite ville située sur les confins du département des Deux-Sèvres, à 8 l. de Beaupreau. Pop. 700 hab.

MONTFAUCON. Petite ville, située sur la rive droite de la Moine, à 3 l. 1/2 de Beaupreau. Pop. 700 hab. On y voit une tombelle qui a environ 110 toises de circonférence à la base, et 35 à 40 pieds de hauteur.

MONTJEAN. Village bâti dans une charmante situation sur la rive gauche de la Loire, à 6 l. de Beaupreau. Pop. 1,850 h. Il possède des houillères considérables qui communiquent sous le lit de la Loire avec celles de Montrelais.

MONTREVAULT (le grand). Bourg situé sur la rive droite de l'Erve, à 1 l. 1/2 de Beaupreau. Pop. 500 h. On y voit un vieux château qui n'offre rien d'intéressant, et près de ce château une tombelle qui a environ 200 toises de circonférence à la base, 14 au sommet, et 45 à 50 pieds de hauteur.—*Fabriques* de toiles, mouchoirs, flanelles et autres étoffes de laine.

MONTREVAULT (le petit). Village situé à 4 lieues de Beaupreau. On y voyait autrefois une des plus belles tombelles de ces contrées. Sa hauteur est encore de plus de soixante pieds du côté du nord; sa circonférence à la base pouvait être de 150 toises. Mais ce qui la rendait plus digne de remarque, c'est qu'elle portait un château fort détruit vers la fin du siècle dernier, et dont il ne subsiste plus que le puits et quelques caves.

POMMERAYE (la). Bourg situé à 5 l. 1/2 de Beaupreau. Pop. 3,100 hab. On remarque dans cette commune un chêne nommé Rognon, dont la grosseur et l'état de vétusté peuvent faire évaluer l'âge à plus de deux mille ans. Les plus anciennes rentes en grains assises sur les terres de la Pommeraye étaient payables sous l'ombrage du chêne Rognon, comme ailleurs on assignait un château ou un autre lieu pour les recevoir. Ce chêne a trente pieds de circonférence; sa partie supérieure est détruite depuis longtemps, il ne reste que le tronc et quelques branches inférieures.

TESSOUAILLE (la). Bourg situé à 7 l. de Beaupreau. Pop. 1,200 hab.

TOURLANDRY (la). Bourg situé à 6 l. de Beaupreau. Pop. 1,800 hab.

TRÉMENTINE. Bourg situé à 6 l. de Beaupreau. Pop. 1,850 hab.—*Fabriques* de toiles, indiennes et mouchoirs.

VEZINS. Bourg situé à 6 l. 1/2 de Beaupreau; *cy.* Pop. 1,900 h. C'était autrefois une place forte, qui appartenait, en 1565, à Louise de Maillé, veuve du baron de Vezins. Cette dame y demeurait, lorsqu'un de ses voisins, le sieur de La Crilloire, forma le dessein de l'épouser de gré ou de force. S'étant emparé du château, il intima à Louise de Maillé, le pistolet sous la gorge, l'ordre de l'épouser à l'instant; sur son refus, il la fit traîner dans la chapelle du château, où le curé fut contraint de les marier. Les parents et les amis de la dame de Vezins, instruits de ce qui venait de se passer dans ce château, s'assemblèrent pour en faire le siége. La Crilloire ne s'y croyant pas en sûreté, en sortit et alla se réunir à l'armée du roi de Navarre, mais ayant été pris dans une embuscade, le présidial d'Angers lui fit son procès, et il eut la tête tranchée.

Le château de Vezins, incendié et entièrement ruiné en 1793, vient d'être reconstruit sur un nouveau plan. C'est aujourd'hui une belle maison de plaisance.

ARRONDISSEMENT DE SAUMUR.

BAGNEUX. Village situé à 1 l. de Saumur. Pop. 220 hab. On y voit un des plus grands dolmens que possède le département. Vingt, trente, quarante siècles, peut-être davantage, se sont écoulés depuis qu'il est élevé! Combien de temples, construits à grands frais par des rois puissants et des artistes célèbres, ont été détruits, relevés et renversés encore depuis ce laps de temps, sans qu'un seul atome se soit détaché des quinze pierres qui forment celui-ci! La solidité et la simplicité de sa construction semblent nous reporter aux premiers âges du monde. On ne voit là aucune trace de l'art, mais on y reconnaît la main de l'homme; et, en examinant ce monument, on croit contempler l'un de ses premiers ouvrages.

BESSÉ. Village situé à 4 l. de Saumur. Pop. 400 hab. On y remarque un peulvan nommé vulgairement la pierre longue. Il a six pieds de largeur et trois pieds d'épaisseur à sa base; sa hauteur est de vingt pieds.

BRAIN. Bourg situé à 3 l. 1/2 de Saumur. Pop. 1,600 hab. — Le château de la COUTANCIÈRE fait partie de cette commune. Il était autrefois environné d'un large fossé rempli d'eau, que l'on traversait sur un pont-levis; une grande galerie en aile réunissait le principal corps de logis à la chapelle. Aujourd'hui les fossés sont en partie comblés, la galerie et la chapelle démolis; cependant, tel qu'il est, ce château annonce encore l'habitation d'un puissant seigneur. Il fut le théâtre des derniers exploits de Bussy d'Amboise, gouverneur ou plutôt tyran de l'Anjou.

Bussy d'Amboise était un des hommes les plus débauchés de son siècle; il se vantait publiquement des faveurs qu'il prétendait avoir reçues des premières femmes de la cour. L'une de celles qu'il mettait au rang de ses conquêtes était la comtesse de Montsoreau, dont les graces et la beauté attiraient à sa suite ce qu'il y avait de plus distingué parmi les courtisans. Elle était alors au château de la Coutancière, où il allait la voir souvent. Il en fit imprudemment la confidence au duc d'Anjou, dans une de ses lettres, et, par une odieuse indiscrétion, il s'y permit les détails les plus humiliants pour cette dame, sur toutes les faiblessses qu'elle avait eues pour lui. Le duc plus imprudent, ou plus méchant encore, en fit part au roi son frère, qu'il savait mécontent de Bussy. « Le gouverneur de Saumur, dit un jour le roi, est un mauvais chasseur, il a laissé prendre sa bête dans les rets de Bussy. » Cette cruelle plaisanterie ne fut que trop fidèlement rapportée au comte de Montsoreau, qui, furieux, part aussitôt, et se rend à sa terre de la Coutancière. Il entre brusquement dans l'appartement de la comtesse, l'accable des plus violents reproches, la menace de sa vengeance, la contraint, en lui mettant le pistolet à la gorge, d'écrire sur-le-champ à Bussy, et de lui donner un rendez-vous dans l'un de ses appartements pour une nuit qu'il lui indique. Bussy, persuadé de l'absence du comte de Montsoreau, se rend à l'heure indiquée, il est introduit dans l'appartement désigné, où, au lieu d'y trouver celle qu'il souhaitait, il voit paraître le comte, et dix à douze de ses domestiques armés, qui tous se jettent à la fois sur lui, et l'assaillent. Bussy tire son épée, blesse grièvement quatre de ses adversaires, et se défend avec fureur jusqu'au moment où son épée s'étant rompue, il ne lui en resta plus que le tronçon dans la main. Les bancs, les escabeaux qu'il put saisir, lui servirent encore quelques moments, et, tout blessé qu'il était, il épiait le moment de se lancer, par une des croisées ouvertes, dans les fossés du château, lorsqu'un nouveau coup, porté par derrière, le fit tomber mort aux pieds de son ennemi.

BRÉZE. Bourg situé à 3 l. de Saumur. Pop. 1,000 hab. Il était autrefois défendu par un château fort qui a été remplacé par un autre château bâti vers le commencement du XVI⁰ siècle. Ce château est à peine terminé à moitié; il devait être composé d'un autre corps de bâtiment, renfermant une tour carrée au milieu, et dont les angles extérieurs devaient être flanqués de tours. Sa construction a quelque chose de très-remarquable par la bizarrerie du fait. Le principal corps de bâtiment est décoré d'un ordre corinthien en pilastres, dont la corniche, au lieu d'être en pierre comme le reste de l'édifice, a sa partie supérieure en bois. La porte du vestibule, du côté de la face principale, est ornée d'un ordre ionique antique, avec quatre colonnes de marbre rouge. Mais ce qu'il y a de plus intéressant à voir au château de Brézé, c'est le fossé qui l'entoure; il est creusé dans le tuf, sa largeur est de 30 pieds, sa profondeur de 35. On a pratiqué dans ce fossé des logements pour 500 à 600 hommmes; on y voit une salle dans laquelle on prétend que le maréchal de Brézé faisait battre de la fausse monnaie.

CHACÉ. Village situé à 1 l. 1/2 de Saumur. Pop. 520 hab. Dans une prairie, à peu de distance de ce village, on voit près de la rive droite du Thouet un peulvan composé d'une seule pierre brute posée verticalement; sa hauteur est de 15 pieds, sa largeur de 6 sur 3 d'épaisseur. Cette énorme pierre, la seule qui soit dans cette grande prairie, produit de loin un très-bel effet, soit qu'elle se réfléchisse dans l'eau, dont elle est environnée à chaque débordement du Thouet, soit qu'au printemps elle se détache par sa blancheur de la verdure naissante qui lui sert de fond.

CHEMELLIER. Bourg situé à 10 l. de Saumur. Pop. 700 hab.

CHENEHUTTE. Village situé à 2 l. au-dessous de Saumur, sur la rive gauche de la Loire. Pop. 1,000 hab.

On remarque à Chenehutte le seul ouvrage romain qui soit parvenu presque entier jusqu'à nos jours; c'est un camp retranché, situé près de l'ancienne église, sur le sommet d'un coteau dont le pied touche la rive gauche de la Loire, et qui s'élève à 120 ou 150 pieds au-dessus de ce fleuve, ce qui le rend inaccessible du côté du nord. A l'est et au sud, ce camp est défendu par un ravin profond, au milieu duquel coule un ruisseau qui entre dans la Loire au-dessus du bourg des Tuffaux. A l'ouest, il est séparé de la plaine par un large rempart, dans lequel on remarque de gros blocs de grès; sa hauteur est d'environ 21 pieds à quelques endroits, et 12 à 15 dans d'autres, suivant qu'il s'approche ou qu'il s'éloigne des points qui l'unissent à l'escarpement du coteau; sa plus grande largeur à la base est de 90 pieds; ce rempart existe encore dans toute sa longueur, qui est de 760 pieds. Le fossé, qui était au pied du côté de la plaine, est comblé; on en voit à peine la trace.—La forme de ce camp est un polygone irrégulier qui approche de l'ovale. Sa circonférence est d'environ 950 mètres, sa largeur de 240, et sa longueur de 370. Ainsi, il n'y en avait guère que le quart de fortifié par l'art; le bon choix de la position faisait la force et la défense du surplus. Le camp de Chenehutte pouvait contenir une demi-légion, c'est-à-dire environ 3,000 hommes.

A peu de distance de Chenehutte, sur la rive gauche du ruisseau de la fontaine d'Enfer, on voit un petit dolmen placé sur le penchant de la colline.

CORON. Bourg situé à 10 l. 1/2 de Saumur. Pop. 2,100 hab.

CUNAULT. Bourg situé sur la rive gauche de la Loire, à 3 l. 1/2 au-dessous de Saumur. Pop. 450 hab.

Ce village possède un des monuments les plus remarquables du département, et mérite de fixer l'attention de l'ami des arts; c'est l'église Notre-Dame de Cunault, bâtie par Dagobert dans le VII⁰ siècle. Elle est composée de trois nefs; le plan est presque dans le genre de la décoration théâtrale; sa longueur, y compris une chapelle qui a été démolie, est d'environ 72 mètres, sa largeur du côté de la porte principale de 23, et à l'endroit où commence le rond-point, elle n'est que de 20 mètres. Plusieurs chapiteaux des colonnes de cette église sont curieux : on en voit un dans la nef à gauche, en entrant, sur lequel on a représenté un combat entre deux Gaulois.

DAMPIERRE. Village situé sur la rive gauche de la Loire, à 1 l. de Saumur. Pop. 600 hab. C'est dans cet endroit que mourut, en 1482, Marguerite d'Anjou, reine d'Angleterre, que ses grandes qualités, ses malheurs et son courage ont rendue si célèbre.

DOUÉ. Petite et très-ancienne ville, située à 4 l. de Saumur. ✉. ✆. Pop. 2,479 h.

Cette ville est assez bien bâtie, dans une contrée fertile et bien cultivée. Elle possède une superbe fontaine, qui passe pour une des plus belles qu'il y ait en France, tant par son architecture que par l'abondance de ses eaux. Cette fontaine est en fer à cheval, et a 72 pieds de circuit sur deux pieds trois pouces de profondeur. Ses eaux se déchargent dans un bassin qui est à sept ou huit pieds au-dessous, et qui a 150 pieds de long; à l'extrémité de ce bassin est un pont de pierre, sous lequel passent les eaux, qui servent ensuite à une douzaine de tanneries, font tourner six moulins, et arrosent plusieurs belles prairies. Cet ouvrage, qui serait digne des Romains, a été exécuté tant aux frais du trésor royal qu'aux frais de M. Foullon.

Dagobert Ier, roi de France et comte d'Anjou, faisait ordinairement sa résidence à Doué, lorsqu'il visitait cette province. Il habitait un palais dont on attribue la fondation aux rois d'Aquitaine, et dont il reste encore quelques vestiges. Non loin de là on voit les ruines d'un amphithéâtre qui, par son ancienneté et sa singularité, mérite d'attirer les regards des curieux. Cet amphithéâtre n'a pas été élevé au-dessus du sol, on l'a creusé dans une espèce de roc tendre, formé par un grand banc de pierres coquillières, sur lequel la ville de Doué est placée. L'arène a, dans ses plus grandes dimensions, environ 35 mètres de longueur, 28 de largeur, et 7 à 8 de profondeur. Le plan est un polygone irrégulier. Ce qu'il y a de plus remarquable dans la taille de cette roche coquillière, est une vaste galerie, destinée à mettre le peuple à couvert lorsque la pluie interrompait les jeux.

Industrie. Exploitation de houille. Commerce de grains, toiles, fers, bestiaux.

FLORENT-L'ABBAYE (SAINT-). Village situé sur la rive gauche du Thouet, à 1 l. 1/2 au-dessous de Saumur. On y voyait jadis une célèbre abbaye, fondée en 1022.

FONTEVRAULT. Petite ville, située à 3 l. S. E. de Saumur. ✉ Pop. 1,500 hab.

Cette ville est bâtie dans le fond d'un vallon, au milieu d'un bois. Elle doit sa fondation à la célèbre abbaye de ce nom, une des plus belles et des plus riches qu'il y ait en France, et la seule dans son genre qui existât dans le monde chrétien. L'abbaye de FONTEVRAULT, chef d'un ordre unique, où les hommes étaient soumis à la puissance des femmes, fut fondée, en 1099, par Robert d'Abrissel, célèbre prédicateur breton, qui fut chargé par le pape Urbain II de prêcher en faveur de la première croisade. Des cinq églises qu'elle renfermait, il n'en reste plus qu'une, la plus grande de toutes, qui ressemble à une cathédrale; c'est un monument du XIIe siècle, remarquable par son genre de construction. A cette époque, on faisait toutes les voûtes des églises en ogive avec des nervures sur les arêtes; celles de cette nef, au contraire, sont sphériques, portées sur des arcs à plein cintre, ce qui lui donne un air de solidité et de simplicité qui approche beaucoup de l'antique. Ce bel édifice n'est plus église que par son extérieur; en dedans c'est une prison, comme tout le reste de l'abbaye, transformée en maison centrale de détention pour onze départements.

Dans la seconde cour de l'abbaye de Fontevrault, on voit un monument fort intéressant sous le rapport de l'art; c'est la tour d'ÉVRAULT, dont la couleur brune et la masse pyramidale forment un contraste frappant avec les bâtiments modernes qui l'environnent. Sa construction est singulière : elle s'élève sur trois plans; le premier octogone, le second carré, et le troisième est aussi un octogone, dont les angles répondent au milieu des faces du premier; chaque face du premier plan est ouverte par une arcade ogive, portée par deux colonnes, et donne entrée dans une chapelle demi circulaire, percée de trois petites fenêtres. On présume que ce monument était autrefois une chapelle sépulcrale, placée au milieu d'un cimetière, et qu'il a été construit au commencement du XIIe siècle.

On remarque à Fontevrault le cimetière des rois d'Angleterre, comtes d'Anjou, dont il reste encore quatre tombeaux, ceux de Henri II, de Richard-Cœur-de-Lion, son fils, d'Aliénor ou Éléonore de Guienne, femme du premier et mère du second, et d'Élisabeth, épouse de Jean-sans-Terre. Ces restes, extrêmement mutilés, n'ont échappé à une entière destruction que par les soins de M. Félix Bodin, aussi zélé conservateur qu'érudit historien des monuments de l'Anjou.

GENNES. Petite ville située sur la rive gauche de la Loire, dans un des plus beaux sites qu'offre le cours de ce fleuve, à 4 l. de Saumur. Pop. 1,600 hab. On y remarque les restes d'un temple romain, qu'on a, pour ainsi dire, enchâssé dans les murs de l'église de Saint-Eusèbe ; la plus grande partie est au nord, c'est un pan de mur, d'environ 7 mètres de longueur sur autant d'élévation. Au milieu, est une porte à plein cintre, dont les voussoirs sont formés alternativement en briques et en tuf blanc. Toute cette construction est en petits moellons et divisée par trois rangs de longues briques. Cette église de Saint-Eusèbe est placée sur le sommet d'un coteau très-élevé, d'où l'on découvre un magnifique point de vue.

L'église de Saint-Vétérin, dans l'intérieur de la ville, est également remarquable par plusieurs portions de murs, de colonnes et de voûtes, qui ont aussi appartenu à un temple antique. A peu de distance de Saint-Vétérin, on trouve encore les ruines d'un autre monument romain et les vestiges d'un aqueduc antique.

Aux environs de Gennes on voit un dolmen de 33 pieds de long sur 12 de large et 9 de hauteur, et deux peulvans.

MARTIGNÉ-BRIAND. Bourg situé à 7 l. de Saumur, canton de Doué. Pop. 2,100 hab.

On trouve à une demi-lieue de ce bourg plusieurs sources d'eaux minérales froides, connues sous le nom de Joanette, et une source d'eau sulfureuse thermale. Ces sources appartiennent à la commune de Martigné-Briand, qui fait les frais de leur entretien, et en perçoit la rétribution [1].

Les eaux de Joanette sourdent d'un coteau qui renferme dans son sein de puissants principes minéralisateurs ; non loin de là sont des mines de houille exploitées depuis long-temps, un minerai de fer qui n'est pas exploité, mais qui pourrait l'être, des pierres calcaires de beaucoup d'espèces, des coteaux couverts de riches vignobles qui donnent les bons vins du Bas-Anjou ; çà et là, l'aspect des débris de vieux châteaux rappelle d'anciens souvenirs et offre les points de vue les plus pittoresques. L'air est très-salubre, mais particulièrement pour ceux qui habitent des lieux bas, ombragés ou humides ; aussi y voit-on arriver des buveurs des départements de l'ouest, à qui ces eaux rendent des services remarquables.

Ces eaux furent observées dès 1706 ; mais ce n'est guère que vers le milieu du siècle dernier que M. Linacier, médecin distingué de Chinon, fut chargé de les analyser, et sur son rapport, le gouvernement fit les frais d'un des établissements existants aujourd'hui, et qui ont été augmentés par M. le professeur Bourdon et par M. le comte Frottier de Bagneux, alors préfet du département.

Les établissements consistent : 1° dans une vaste salle qui sert à abriter les buveurs ; 2° dans une maison de bains, grande et élégante ; 3° dans une autre maison pour le médecin inspecteur. Ces différents corps de logis ont été faits par le gouvernement.

Le bâtiment des bains renferme huit baignoires, placées chacune dans un cabinet séparé, et fournies de tout ce qui est nécessaire pour la commodité et la propreté ; et des lits pour ceux des malades qui ont besoin de repos après le bain. Des domestiques des deux sexes, très-intelligents, prodiguent aux baigneurs tous les soins nécessaires.

SAISON DES EAUX. On prend les eaux depuis la mi-juin jusqu'en septembre. Le nombre des buveurs, qui était jadis très-considérable, s'élève annuellement à environ deux cents.

L'établissement est orné de jardins paysagers très-bien ombragés ; les monticules qui l'environnent présentent des perspectives très-agréables, qui s'étendent à la distance de cinq ou six lieues. Une petite rivière (le Lagon) coule non loin de là à travers de belles prairies qu'ombragent des peupliers d'Italie.

PRIX DU LOGEMENT ET DE LA DÉPENSE JOURNALIÈRE. On trouve à Martigné, et à Chavagnes, bourg peu éloigné, plusieurs pensions où les étrangers peuvent se procurer toutes les commodités convenables. Le prix de la pension est de 4 fr. par jour, et, pour ce prix, on y est fort bien.

TARIF DU PRIX DES EAUX, BAINS ET DOUCHES. Chaque buveur paie pour la saison 5 fr. ; le bain coûte 1 fr. 30 c. ; la douche 2 fr.

PROPRIÉTÉS PHYSIQUES. Ces eaux sont claires, limpides, inodores, et l'abondance des pluies n'altère point ces qualités ; leur quantité ne varie point et conserve la température de l'atmosphère ; elles déposent par le repos un sédiment ocracé, et se recouvrent d'une légère pellicule irisée.

La source sulfureuse ou thermale est louche et a une saveur saline et savonneuse.

PROPRIÉTÉS CHIMIQUES. M. le docteur Linacier fit analyser ces eaux vers le milieu du siècle dernier. Récemment elles l'ont été de nouveau par M. Paltice, pharmacien

---

[1] Nous devons cet article à l'obligeance de M. Baillergeau, médecin à Doué, inspecteur des eaux minérales de Martigné-Briand.

à Doué, sous l'inspection du médecin. L'analyse a démontré qu'elles tiennent en dissolution (la sulfureuse exceptée) de l'acide carbonique libre, du carbonate de fer dans une forte proportion (surtout dans la source du nord, où il existe à la quantité de deux à trois grains par litre d'eau), du carbonate de chaux, de l'hydochlorate de soude et de magnésie, des sulfates de chaux et de soude. Les trois sources contiennent à peu près les mêmes principes et ne diffèrent que par la quantité.

La quatrième contient les mêmes principes, mais le carbonate de fer y est en moins grande quantité; il y a en outre un peu de matière animale extractive. Les boues de cette source, traitées par l'acide hydrochlorique, dégagent une grande quantité d'hydrogène sulfuré.

PROPRIÉTÉS MÉDICINALES. L'effet des eaux de Joanette est de toniser très-efficacement tous les systèmes de l'organisme, aussi sont-elles un excellent remède contre les aménorrhées, les leucorrhées, les obstructions, les faiblesses d'estomac, les scrofules, les maladies chroniques, longues et invétérées, etc.

MODE D'ADMINISTRATION. On prend de six à douze verres de cette eau chaque matin, pendant vingt-cinq à trente jours et plus. On en boit aux repas.

MARTIN-DE-LA-PLACE (SAINT-). Village situé à 3 l. de Saumur. Pop. 1,250 h.

Le château de Boumois, bâti sur la rive droite de la Loire, fait partie de cette commune. Son architecture n'a rien de bien remarquable; plusieurs vieilles tours, réunies à quelques bâtiments modernes fort simples, voilà tout. Mais il a été le berceau d'Aristide du Petit-Thouars, distingué par son esprit, ses talents et son courage, et, sous ce rapport, il doit être considéré comme un des monuments historiques de cet arrondissement. — On sait qu'Aristide du Petit-Thouars commandait à la fatale bataille d'Aboukir le vaisseau *le Tonnant;* frappé par un boulet, il fait étancher son sang, commande tant que ses forces soutiennent l'énergie de son ame, et expire en criant: *Équipage du Tonnant, ne vous rendez pas!*

MAUR (SAINT-). Bourg situé sur la rive gauche de la Loire, à 5 l. 1/2 de Saumur. Pop. 1,300 hab. On y remarque les restes de l'ancienne abbaye des bénédictins de Saint-Maur, l'une des plus anciennes qu'il y ait en France, et la première où l'on observa la règle de saint Benoît. Il est peu, ou peut-être il n'est point de monastères dont le nom rappelle une aussi longue suite d'hommes célèbres; c'est là qu'au commencement du XVIIe siècle prit naissance cette congrégation fameuse d'où sont sortis les Félibien, les Montfaucon, les Lobineau, les Vaissette, les d'Autine, les Mabillon, les Brial, et une foule d'autres non moins illustres par leur savante et profonde érudition.

L'abbaye de Saint-Maur, ruinée par les Normands vers le milieu du IXe siècle, rétablie dans le même siècle sous le règne de Louis-le-Bègue, avait été, suivant l'usage de ces temps, bâtie et fortifiée comme une place de guerre, dans l'endroit où on voit aujourd'hui les bâtiments modernes. Il ne reste plus de traces de cette forteresse. Une partie de l'église encore debout, quelques tronçons de colonnes, des décombres et des ronces, voilà tout ce que l'on peut voir des premières constructions de cet ancien monastère.

MONTREUIL-BELLAY. Petite ville, située sur le Thouet, qui commence en cet endroit à être navigable, à 3 l. 1/2 de Saumur. ⊠ Pop. 1,907 hab.

Cette ville doit sa fondation à Foulques Nerra, comte d'Anjou, qui fit construire en cet endroit un château fort et y fonda un prieuré. Montreuil ne consista pendant longtemps que dans le château, le couvent et le Boècle, c'est-à-dire, quelques maisons autour du château, auquel on ne pouvait monter que par des chemins étroits, escarpés et difficiles. Sa position et une grosse tour très-élevée le faisaient considérer comme une des plus fortes places de la province. En 1148, Geoffroy Plantagenet assiégea cette forteresse, la prit par famine, et la fit démolir. La tour est encore dans l'état où la laissa Geoffroy; ce qu'il en reste peut avoir 28 à 30 pieds de hauteur; on y entrait par un pont-levis, dont on voit encore la porte. Par son élévation, elle dominait tout le pays d'alentour; on voit au fond un puits, un four et les restes d'un moulin à bras. On y voit aussi la porte d'un souterrain qui était l'entrée secrète de la forteresse: ce souterrain communique à la Motte-Bourbon, qui en est éloignée d'une lieue, et passe, dit-on, sous la rivière de Dive.

MONTSOREAU. Petite ville, bâtie dans une situation très-agréable, sur la rive gauche de la Loire et près du confluent de la Vienne, à peu de distance de Candes, et à 3 l. de Saumur. ⊠ Pop. 850 h. —L'ancien château de cette ville offre aux voyageurs qui passent sur la levée un point de vue très-pittoresque: sa longue façade, percée d'une multitude de portes et de croisées, ses hautes tours crénelées, ses toits pyramidaux, produisent un bel effet; mais pour jouir de ce que cet antique manoir conserve encore de noble, de grand, il faut le voir de loin. Approchez-en, vous ne voyez plus qu'une masse irrégulière, laquelle ne semble exister que pour rappeler le nom d'un grand seigneur devenu fameux par ses forfaits, celui du comte de Montsoreau, qui dirigea, dans l'Anjou, l'assassinat des protestants ordonné par Charles IX. Ce château, dont l'ancienneté paraît remonter au XIIe siècle, n'est remarquable que par la solidité de sa construction, la grandeur des appartements et la beauté de la charpente; il a été vendu, en 1804, à divers particuliers, artisans et journaliers, et ne sert aujourd'hui qu'à loger leurs familles et à former des magasins pour l'entrepôt du port de Montsoreau. — *Commerce* de grains.

NEUILLÉ. Bourg situé à 2 l. de Saumur. Pop. 800 hab.

PASSAVANT. Bourg situé à 6 l. 1/2 de Saumur. Pop. 1,300 hab.

PUY-NOTRE-DAME. Petite ville, située à 4 l. de Saumur, sur une colline qui domine une plaine fertile, où l'on voit plusieurs jolies maisons de campagne. Pop. 1,600 hab.

Cette ville est très-ancienne : on y trouve souvent divers monuments d'antiquité et des médailles dont la plupart sont des premiers siècles de notre ère, mais on ne connaît point son origine. Au XIe siècle, Guillaume VI, comte de Poitiers, y fit bâtir un château, une église et un monastère. Le monastère et le château n'existent plus; il ne reste que l'église, une des plus belles du département. Son plan est une croix latine, avec trois nefs séparées par deux rangs de piliers qui soutiennent les voûtes. Mais ce qui la distingue particulièrement de la plupart des grands édifices du même genre, qui presque tous laissent apercevoir que leur construction a duré des siècles, c'est que l'on voit que celle là fut faite d'un seul jet, s'il est permis de s'exprimer ainsi; architecture, sculpture, tout semble être sorti de la même main.

A l'époque de la révolution, l'église de Puy-Notre-Dame jouissait d'une grande célébrité; on s'y rendait de toutes parts en pèlerinage, pour y voir la *ceinture de la Vierge*, apportée, dit-on, de Constantinople, par Charles-le-Chauve. Presque toutes les femmes enceintes allaient l'invoquer et la ceindre, pour obtenir une **heureuse délivrance**. Cette ceinture, qui naguère était l'objet de la dévotion des peuples et des rois, est reléguée aujourd'hui dans un coin de la sacristie; c'est une lanière assez malpropre, de cinq pieds de longueur, composée de trois bandes de damas cramoisi, recouvertes de damas blanc et réunies par deux médaillons d'argent doré.

ROZIERS (la). Joli bourg, situé sur la rive droite de la Loire, à 4 l. de Saumur. ✉ ☙ Pop. 1,500 hab.

SAUMUR. Grande et belle ville, chef-lieu de sous-préfecture. Tribunaux de première instance et de commerce. Collège communal. École d'équitation. ✉ (☙ à la Croix-Verte). Pop. 10,652 hab.

Cette ville est dans une situation charmante sur la rive gauche de la Loire, que l'on traverse sur un magnifique pont en pierres de taille, qui joint la ville au faubourg de la Croix-Verte, construit sur la levée et sur plusieurs îles que forme la Loire.

La ville de Saumur est bâtie au pied et sur le penchant d'une colline, au sommet de laquelle s'élève un château fort, d'où l'on découvre les vastes et riants paysages qu'offre le cours majestueux de la Loire. La partie située sur la rive gauche du fleuve est formée de maisons construites avec élégance, le long desquelles règne un fort beau quai, qui aboutit au port : la ville haute est irrégulièrement construite, les rues en sont mal percées, et quelques-unes même d'un accès difficile.

Le fondation de Saumur remonte à une époque très-reculée. Au IXe siècle, c'était déjà une ville importante, qui tomba au pouvoir de Foulques Nerra, comte d'Anjou. Le comte de Poitiers la surprit et l'incendia en 1067. Après la condamnation de Jean-sans-Terre, Philippe-Auguste la réunit à la couronne. Duguesclin choisit cette ville pour quartier-général, lorsqu'il entreprit de chasser les Anglais de la France, et Charles VII vint y tenir sa cour en 1424 et 1425. A cette époque, elle était défendue par un château formidable, ceinte d'une bonne muraille flanquée de tours, environnée d'un large fossé rempli d'eau vive, et était déjà citée par sa force et sa belle situation. Lors de la réforme, Saumur embrassa le protestantisme. Duplessis Mornay, qui en fut gouverneur, y fonda une académie et y protégea les calvinistes; ceux-ci y portèrent les arts et l'industrie, y établirent des **fabriques de tout genre**; mais la **révocation de l'édit**

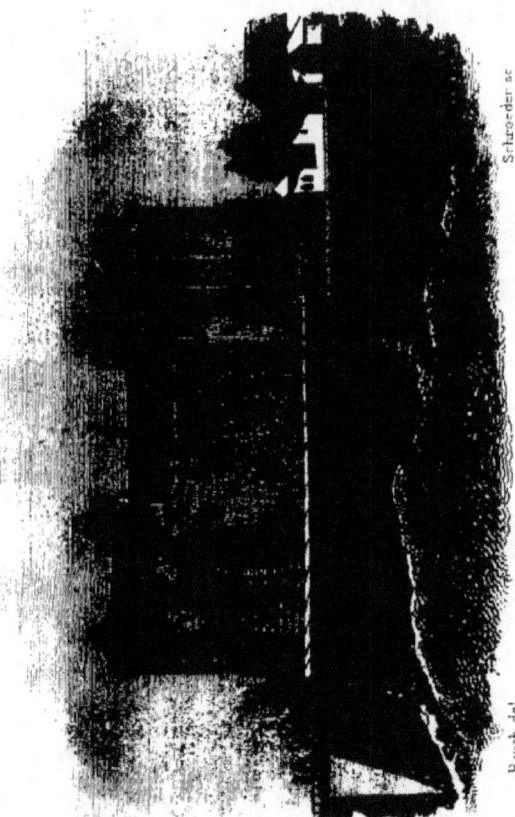

CHÂTEAU DE SAUMUR.

de Nantes détruisit en un jour le succès d'un siècle; manufactures, industrie, arts, commerce et même académie, tout fut anéanti.

Le Château de Saumur, qu'on nomme le donjon, a été construit à plusieurs reprises, comme on le voit par les différentes hauteurs des étages et l'irrégularité de sa décoration extérieure. Tout porte à croire qu'il a été commencé au XIe siècle, sur l'emplacement de l'ancien château du Tronc, construit par Pepin, et qu'il a été achevé vers le milieu du XIIIe. Il était composé autrefois de quatre corps de bâtiments, renfermant une tour carrée, flanqués aux quatre angles extérieurs d'une grosse tour, construite sur deux plans, la première circulaire jusque vers le milieu de la hauteur, et le surplus de forme octogone avec un pilier à chaque angle. L'un de ces quatre corps de bâtiments est détruit depuis long-temps. Les deux tours situées au sud existent en entier; des deux autres, placées vers le nord; l'une, qui menaçait ruine, a été démolie en partie; l'autre présente dans ses restes des caractères appartenant à deux siècles différents. Ce château, bâti sur un roc, domine au loin toute la contrée; avant la révolution de 1789, il servait de prison d'état; dans les troubles civils de l'ouest, il a servi de boulevard contre l'armée vendéenne, qui s'en empara en 1793. Aujourd'hui il est consacré à un arsenal pouvant contenir cent mille fusils, sans compter beaucoup de pièces d'artillerie et de munitions de guerre.

L'Église Saint-Pierre est un ouvrage du Xe ou du XIIe siècle. Elle est construite en croix latine, et couverte de belles voûtes en ogive; une tour carrée, placée à la rencontre de la nef, du chœur et des bras de la croisée, sert de clocher. Son ancien portail, qui s'écroula vers la fin du XVIIe siècle, était dans le genre de la cathédrale d'Angers. Il a été remplacé quelques années après par le nouveau portail, morceau d'architecture le plus moderne qu'il y ait à Saumur. Il est composé de trois ordres d'architecture, placés l'un sur l'autre.

L'Église de Nantilly est un des édifices les plus anciens et les plus curieux de Saumur; sa nef mérite surtout de fixer l'attention. On ignore l'époque de sa construction, mais on peut la considérer comme appartenant au Ve ou au VIe siècle. Son architecture est presque dans le style antique; les deux murs latéraux sont ornés de colonnes engagées, portant sur leurs chapiteaux des arcs-doubleaux qui suivent le contour des voûtes de la nef, laquelle est en berceau. Il ne reste à l'extérieur que deux façades, une latérale du côté du nord, percée de six vitraux d'une belle proportion, et, du côté de l'occident, le frontispice où est la porte principale. Cette porte est décorée de deux colonnes, dont les chapiteaux, ainsi que ceux des colonnes de l'intérieur, sont composés de figures d'animaux bizarres. Le chœur et les deux bras de la croisée sont des ouvrages du XIIe ou du XIIIe siècle, qui n'offrent rien d'intéressant.

L'Église Notre-Dame des Ardilliers est une des plus jolies de Saumur. Sa construction date de 1553. Dans la suite, César, duc de Vendôme y vint en pélerinage, et fit bâtir la belle sacristie qui est auprès. En 1634, le cardinal de Richelieu y vint aussi, et ajouta une jolie chapelle à l'église, en forme de bas-côté, et vingt ans après le marquis de Sablé en fit construire une absolument semblable, du côté opposé. Ce dernier décora en outre le retable de l'autel d'un tableau de Philippe de Champagne, représentant Siméon à l'entrée du temple de Jérusalem.

En 1654, Abel Servien, surintendant des finances, fit élever au-devant de la nef un magnifique dôme, de quarante pieds de hauteur, au-dessus du rez-de-chaussée; l'intérieur, de 60 pieds de diamètre, est décoré d'un grand ordre corinthien en pilastres. Sa circonférence, au rez-de-chaussée, est percée de huit arcades, dont six forment l'entrée d'autant de petites chapelles, et deux servent de communication, l'une avec la nef, et l'autre avec le portail. Le dôme est éclairé par huit grands vitraux, entre lesquels on voit des bas-reliefs en pierre représentant les évangélistes et quatre pères de l'église. Dans l'une des six chapelles on voit le tombeau, en marbre noir, de la duchesse de Meilleraye.

L'église, les bâtiments, les jardins et l'enclos de Notre-Dame-des-Ardilliers n'ayant point été vendus à l'époque de la première révolution, l'administration municipale de Saumur demanda et obtint, en 1796, cette propriété pour y transférer l'hospice de la Providence, qui y est établi depuis cette époque. La belle exposition de cette maison, au pied de laquelle coule la Loire; celle de l'enclos, qui s'élève en terrasse sur le penchant d'un coteau couronné par un joli bouquet de bois; une multitude de grottes taillées dans le roc, et du fond desquelles la vue découvre un magnifique paysage; tout semble avoir été ordonné, dès

La Caserne de Saumur est l'un des plus beaux édifices de ce genre qui soit en France. Elle est située entre la Loire et le Thouet, et composée d'un grand corps de bâtiments ayant à ses deux extrémités deux grandes ailes qui donnent à son plan la forme d'un H. Elle a quatre étages, compris le rez-de-chaussée et les logements pratiqués dans les combles; on peut y loger 1,200 hommes. Au-devant est une vaste esplanade autour de laquelle sont les écuries, le manége et les magasins.

On remarque encore à Saumur l'hôtel-de-ville, édifice carré, bâti comme un petit fort du XIVe ou du XVe siècle. — Le pont sur la Loire, un des plus beaux de France, après ceux de Bordeaux et de Tours. Il a 852 pieds de long et est composé de douze arches de 60 pieds d'ouverture chacune. — La bibliothèque publique. — La salle de spectacle. — Les bains. — L'île de Poneau, longue de près d'une lieue, et qui offre une perspective délicieuse à travers d'épais vergers. — Les promenades du Mail.

Les environs de Saumur étaient jadis couverts de monuments celtiques, dont il reste encore plusieurs assez bien conservés, qui peuvent donner une idée du grand nombre de ceux qui existaient autrefois. Tous ces monuments sont placés sur la rive gauche de la Loire, et s'étendent depuis le commencement de Montreuil-Bellay jusqu'à Charcé, où finit l'arrondissement. Les principaux de ces monuments sont : 1° le dolmen de Chacé, situé à l'entrée de la prairie de ce nom, vers l'extrémité du faubourg de Nantilly; c'est une sorte de chambre, composée de plusieurs grandes pierres élevées sur d'autres posées sur champ; 2° le petit dolmen de Varrains, situé près du chemin de Saumur à ce bourg; 3° le peulvan de Chacé (voyez ce nom, page 15); 4° le dolmen situé dans le marais de la commune de Ditré, sur la rive gauche du Thouet; 5° A peu de distance de la tour de Ménive, au milieu d'un champ, est un dolmen de six mètres de longueur sur trois de largeur et un mètre et demi de hauteur, dont l'intérieur est divisé en deux petites cellules par une pierre posée verticalement; 6° le dolmen de Riou, composé de six pierres; trois forment le côté du nord, celui de l'ouest, une autre celui du sud, et la sixième sert de toit; 7° le grand dolmen de Ragneux (voyez ce nom, p. 14); 8° les dolmens de la commune des Ulmes, de Rou, de Gennes, de Saint-Georges-des-Sept-Voies, de Coutures, de Trémout, de Chemellier, de Saint-Maur, etc.

Patrie de Mme Dacier.

Fabriques de toiles, mouchoirs, ouvrages en émail, renommés pour leur fini. Chapelets en coco et en verroterie. Raffineries de salpêtre. Tanneries. — *Commerce* considérable de grains, farines, maïs, légumes secs, vins du pays, chanvre, lin, fer, tuffeau, etc. — *Hôtels* des Trois-Pigeons, de la Boule-d'Or, de l'Épée. — A 11 l. d'Angers, 16 l. de Tours.

TOUREIL. Joli bourg, situé à 3 l. au-dessous de Saumur, sur la rive gauche de la Loire. Pop. 1,100 hab. On y remarque les ruines d'une ancienne forteresse, que la tradition nomme la Tour de Galles. Son plan est un parallélogramme d'environ 17 mètres de longueur sur 14 de largeur. On ne peut dire quelle était sa hauteur, mais celle des murs qui existent encore est de 15 à 16 pieds. Il n'y a qu'une seule ouverture, c'est une porte à plein cintre, placée du côté de l'ouest. Les murs de ce fort avaient 8 pieds d'épaisseur; leurs parements étaient en pierres de tuf blanc, bien taillées, et le milieu était rempli de pierres dures de diverse nature, jetées au hasard dans un bain de mortier, manière de bâtir des Romains, que Vitruve nomme *amplecton*. Il ne reste plus que ce noyau de maçonnerie; on voit que les parements ont été enlevés pour être employés ailleurs; peut-être ont-ils servi à bâtir l'ancienne église qu'on voit auprès. Cette tour est située sur le plan incliné du coteau, à huit ou dix mètres au-dessus du niveau de la Loire, et à trente ou quarante de la rive gauche de ce fleuve. On ne sait si elle a été bâtie par les Gaulois ou par les Romains, mais on peut assurer que sa construction est antique.

TRÈVES. Bourg situé sur la rive gauche de la Loire, à 3 l. de Saumur. Pop. 400 hab. Les maisons de ce bourg sont bâties en pierres d'une blancheur éclatante, qui contrastent singulièrement avec la verdure d'une multitude d'arbres qui les entourent, et forment un des plus jolis paysages des bords de la Loire. Du milieu de ce groupe d'arbres et de maisons s'élève une tour gothique crénelée, qui produit le plus heureux effet. Ces maisons et cette tour sont les restes de la ville et du château de Trèves, ville qui n'a plus aujourd'hui que le titre de bourg et qu'une faible population. La tour du château de Trèves a 100 pieds de hauteur sur 50 pieds de diamètre; elle est très-bien conservée. L'église paroissiale renferme le tombeau de Robert le Maçon, chancelier de Charles VI et de Charles VII, mort au château de Trèves en 1442.

A peu de distance de l'église, on voit, sur le coteau au pied duquel elle est bâtie, les jolies ruines de la chapelle de Saint-Macé. Si ces ruines, dont nous donnons une charmante gravure, étaient dans le camp de Chenehutte, on les prendrait pour celles d'un temple romain; elles en ont le caractère; mais en examinant la construction, on reconnaît qu'elle a été formée de briques et de débris provenant du camp de Chenehutte ou de la ville d'Orvane. (Voyez la gravure.)

VERCHERS (les). Bourg situé à 5 l. 1/2 de Saumur. Pop. 1,650 hab.

VIHIERS. Petite ville, située près d'un étang, à 8 l. 1/2 de Saumur. Pop. 1,000 hab.

Cette ville, une des plus anciennes de l'Anjou, était autrefois enceinte d'un fossé et d'un mur flanqué de tours dont il reste encore quelques vestiges. Elle a considérablement souffert dans toutes les guerres civiles, et a été trois fois incendiée, au commencement du XIV° siècle, en 1594 et en 1793. Il ne reste plus du château que les caves, les murs et quelques tourelles qui tombent en ruine. Près de ce château, on remarque une tombelle dont la circonférence, à la base, est de deux cents mètres; au sommet, de soixante-douze, et la hauteur de dix-huit: on la nomme la Petite-Motte ou la Motte-du-Château. Une autre tombelle se trouve à cinq ou six cents pas de la ville de Vihiers, sur un coteau au bas duquel coule la petite rivière du Lys; on l'appelle la Grosse-Motte ou la Motte-aux-Fées, parce que, suivant l'opinion populaire, ce sont les fées qui l'ont construite. Sa circonférence, à la base, est de deux cent seize mètres, de vingt-huit au sommet, et sa hauteur de vingt-quatre.
— *Commerce* considérable de bestiaux.

ARRONDISSEMENT DE SEGRÉ.

BRISSARTHE. Bourg situé sur la rive droite de la Sarthe, à 7 l. 1/2 de Segré. C'est près de la porte de l'église de ce village que Robert-le-Fort fut tué, en 866, par les Normands, qui s'étaient retirés dans cet édifice. Voici à quelle occasion: Hasting, leur chef, ayant remonté la Loire avec une flotte formidable, Robert appelle à son secours Ranulphe, duc d'Aquitaine. Tous deux rassemblent ce qu'ils peuvent réunir d'Angevins, de Gascons et de Poitevins, et marchent au-devant d'Hasting, qui, ayant quitté ses barques, avait déjà pénétré bien avant dans l'Anjou avec une partie de ses troupes. Robert et Ranulphe se placent entre Hasting et sa flotte et lui coupent la retraite. Hasting aperçoit une église, celle de Brissarthe; il y court, et s'y enferme avec tous ceux qui ont pu le suivre. Les Français arrivent bientôt après lui, entourent l'église, et persuadés que l'ennemi ne peut leur échapper, ils remettent l'attaque au lendemain, et s'occupent tranquillement à établir leur camp pour y passer la nuit. Robert désarmé, ainsi que la plupart de ses soldats, ne pensait qu'à se reposer des fatigues de la journée, lorsque tout-à-coup de grands cris se font entendre; ce sont les Normands, qui, mettant à profit la sécurité des Français, sortent impétueusement de l'église et commencent le combat. Cette attaque imprévue jette le désordre parmi les Angevins et les Aquitains; on se bat dans le plus grand désordre; Robert est tué un des premiers; Ranulphe est blessé mortellement, et l'armée française, découragée par la perte de ses principaux chefs, se dissout et bat en retraite. La mort de Robert rend l'église de Brissarthe un monument historique du plus grand intérêt, non seulement pour l'Anjou, mais pour la France entière. Elle a été bâtie à différentes époques, mais sa nef est bien celle dans laquelle les Normands se tinrent renfermés; sa construction paraît être du VIII° ou du commencement du IX° siècle; le côté de cette nef, à droite en entrant, est percé de trois petits vitraux à plein cintre, d'un pied de largeur sur quatre de hauteur.

CANDÉ. Petite ville, située au confluent de la Mandée et de l'Erdre, à 4 l. 1/2 de Segré. ✉ Pop. 1,100 hab. — *Fabriques* de toiles. Commerce de grains, maïs, légumes secs, vins, huiles, pruneaux, etc. — Aux environs mines de fer et carrières de pierres.

CHATEAUNEUF - SUR - SARTHE. Bourg situé dans un pays fertile en grains et en pâturages, sur la rive droite de la Sarthe, à 7 l. de Segré. Pop. 1,250 hab. C'était autrefois une petite ville qui portait le nom de Séronne. En 1131, Geoffroi le Bel l'entoura de fortifications et y fit construire un château fort pour défendre le pont sur la Sarthe. La ville alors changea de nom, et fut appelée, ainsi que le château, Châteauneuf. On y voit encore quelques restes des anciennes fortifications. — Filatures de lin, tanneries, tuileries. Commerce de vins, lin et ardoises.

LION D'ANGERS (le). Joli bourg bien bâti et très-agréablement situé sur l'Oudon, un peu au-dessus de son confluent avec la Mayenne, à 3 l. 1/2 de Segré. ✉ Pop. 2,500 hab. — Commerce de vins, cidre, bestiaux, merceries, etc.

POUANCÉ. Petite ville située à 7 l. de Segré. ✉ Pop. 1,350 hab. — Hauts fourneaux, forges et martinets.

POUÈZE (la). Bourg situé à 9 l. 1/4 de degré. Pop. 900 hab. On voit sur le territoire de cette commune une **tombelle** nommée la Motte de la Villenière, dont le plan est elliptique. Son plus grand diamètre au sommet est de cent pieds, le plus petit de cinquante, et son élévation d'environ quarante-cinq. Du côté de l'est, une rampe de plus de deux cents pieds de longueur sur cent de largeur sert à conduire du sol naturel au sommet de cette tombelle. — Carrière d'ardoises.

SEGRÉ. Petite ville, chef-lieu de sous-préfecture. Tribunal de première instance et de commerce. ✉ Pop. 1,263 hab.

Cette ville est située sur l'Oudon, dans un pays fertile en grains, vin, chanvre et abondant en excellents pâturages.

Fabriques de toiles. Commerce de fil, toiles, bestiaux et ardoises.

FIN DU DÉPARTEMENT DE MAINE-ET-LOIRE.

IMPRIMERIE DE FIRMIN DIDOT FRÈRES,
RUE JACOB, N° 24.

Guide Pittoresque
DU
VOYAGEUR EN FRANCE.

Ire ROUTE DE PARIS A NANTÈS,
TRAVERSANT LES DÉPARTEMENTS
DE SEINE-ET-OISE, DU LOIRET, DE LOIR-ET-CHER, D'INDRE-ET-LOIRE, DE MAINE-ET-LOIRE, ET DE LA LOIRE-INFÉRIEURE.

DÉPARTEMENT DE LA LOIRE-INFÉRIEURE.

Itinéraire de Paris à Nantes.

	lieues.		lieues.
De Paris à Montrouge	1	Écure	1 1/2
Bourg-la-Reine	1	Veuves	1 1/2
Berny	1	Amboise	3
Antony	1/2	La Frillère	3
Longjumeau	1 1/2	Vouvray	1
Linas	2	Tours	2 1/2
Arpajon	1	Luynès	3
Étrechy	3	Langeais	3
Étampes	2	Trois-Volets	3
Mondésir	2	Chouzé	3
Angerville	2 1/2	Saumur (la Croix-Verte)	4 1/2
Thoury	3 1/2	Roziers	4
Artenay	3	St-Mathurin	2 1/2
Chevilly	2	Angers	5
Orléans	3 1/2	St-Georges	4 1/2
St-Ay	3	Champtocé	2
Meun	1 1/2	Ingrande	1
Beaugency	1 1/2	Varades	2
Mer	3	Ancenis	3 1/2
Menars	3	Oudon	2 1/2
Blois	2	La Sailleraye	3 1/2
Chouzy	3	Nantes	3

ASPECT DU PAYS QUE PARCOURT LE VOYAGEUR
D'INGRANDE A NANTES.

EN sortant d'Ingrande, ou plutôt du hameau de la Riotière, on passe du département de Maine-et-Loire dans celui de la Loire-Inférieure, et de l'Anjou dans la Bretagne. La route s'éloigne un peu du bord de la Loire, et traverse une contrée fertile, couverte en partie de riches vignobles qui donnent les meilleurs vins de toute la contrée. Sur la gauche, entre la route et la Loire, est le village de Montrelais, dont les houillières méritent d'être visitées. Vient ensuite le hameau de l'Infernier, puis celui de Bois-Chaudeau, d'où l'on découvre une fort jolie vue. Le bourg de Varades, où est le premier relais, domine agréablement la vallée, qui offre, dans cette partie, une immense largeur occupée par des prairies et des pâturages à perte de vue, où se dérobent derrière les arbres les divers bras du fleuve, séparés par des îles bocagères, derrière lesquelles s'élève, sur la rive opposée, l'église gothique de Saint-Florent-le-Vieil. Pour bien jouir de cette belle vue, le voyageur doit gravir la butte de la Madeleine, que couronnent les ruines pittoresques d'un vieux château.

Au-delà de Varades, la route continue à être bordée de vignes. Après avoir dépassé la jolie maison du Coteau et les hameaux de l'École, de la Turmelière, de la Faucherie, on aperçoit, sur la gauche, une belle colline plantée de vignes et peuplée de hameaux, de maisons pittoresquement situées, au milieu desquels s'élève le joli village de Saint-Herbelon. A un quart de lieue plus loin, se présente, sur la droite, le château de Vair, précédé d'une longue avenue. Sur la gauche, est le bourg d'Anetz, situé entre la rivière et la route, qui est presque toujours bordée de vignes, comme le fleuve de prairies. On laisse à droite la route de Châteaubriant, et l'on jouit d'un riche coup d'œil sur les environs et sur la jolie petite ville d'Ancenis, intéressante par son agréable situation et par son port sur la Loire.

En sortant d'Ancenis, on passe devant un beau quartier de cavalerie qui occupe les bâtiments d'un ancien couvent d'ursulines. La route parcourt un paysage continuel, au milieu de coteaux plantés de vignes, de vues répétées et toujours intéressantes qu'offre le cours majestueux de la Loire. On traverse successivement les hameaux du Bois, de la Pommeraye, de la Poultière et de la Blanche-Lande; vis-à-vis de ce dernier on découvre, sur la rive gauche du fleuve, le bourg de Champtoceaux et l'on jouit d'une belle vue sur le magnifique château de Clermont, qui occupe le sommet d'une colline escarpée. Un quart de lieue plus loin est Oudon, bourg avec relais de poste, bâti dans une belle situation, sur le bord de la Loire, et remarquable par une tour octogone bien conservée, dont la construction paraît remonter au IXe siècle. Après Oudon, les vignes commencent à disparaître pour faire place aux genêts et aux bruyères. Un peu avant d'arriver à la Seilleraye, on franchit la montagne de Gaubert, entre deux roches de schiste qu'on a escarpées à une hauteur de 40 à 50 pieds, pour adoucir la pente de la route. La Sailleraye est un hameau avec relais de poste, où l'on voit un magnifique château dont nous donnons ci-après la description. Au-delà de la Sailleraye, la route s'éloigne de la Loire, en laissant entre elle et le fleuve plusieurs villages ; mais le plus considérable est celui de Thouaré, dans les environs duquel on jouit d'une belle échappée de vue sur la Loire et la ville de Nantes, dont on distingue la cathédrale, et où l'on arrive par le long faubourg de Saint-Clément.

DÉPARTEMENT DE LA LOIRE-INFÉRIEURE.

APERÇU STATISTIQUE.

Le département de la Loire-Inférieure est formé d'une partie de la Haute-Bretagne, et tire son nom du cours physique de la Loire qui le traverse de l'est à l'ouest et s'y embouche dans l'Océan. Il est borné au nord par les départements du Morbihan et d'Ille-et-Vilaine ; à l'est, par ceux de la Mayenne et de Maine-et-Loire ; au sud, par celui de la Vendée ; et à l'ouest, par l'Océan. — Le climat est assez sain, quoique habituellement humide : on y éprouve peu de grands froids, mais les transitions des vents dominants, ceux du sud-sud-ouest et du nord-est, causent souvent des variations brusques dans la température, dont le terme moyen est de $+ 11°$ R. Les variations barométriques sont considérables au printemps et pendant l'automne.

La surface de ce département offre un pays plat, entrecoupé de collines, sans montagnes

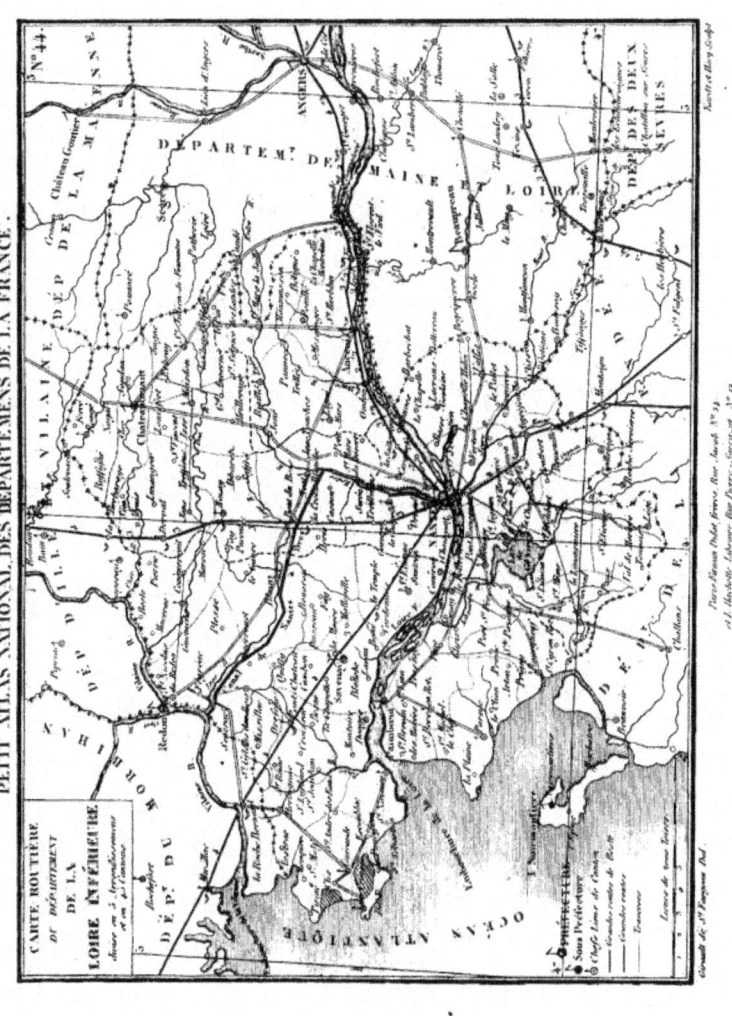

proprement dites, et sillonné par un grand nombre de rivières, dont plusieurs sont navigables. Il a environ vingt lieues de côtes, que les atterrissements de la mer agrandissent sans cesse en plusieurs endroits; les marais salants qui s'y trouvent sont d'un grand rapport. Le sol, généralement uni, n'offre sur plus d'un tiers de son étendue que des forêts, des landes et des marais; le reste consiste en terres labourables, qui produisent toutes sortes de grains; en vignes, en prairies et en pâturages.

L'arrondissement de Nantes, traversé par la Loire, arrosé par l'Erdre, par la Sèvre-Nantaise et par plusieurs autres rivières et ruisseaux, offre une multitude de sites pittoresques et de charmans paysages. Au nord, il est traversé par l'Erdre, rivière navigable qui, sur une partie de son cours, forme un lac charmant bordé de collines verdoyantes et peuplé de villages et de maisons de campagne. On remarque principalement sur les bords de ce lac les ruines du château de la Verrière, qu'une tradition généralement accréditée désigne comme l'ancienne demeure du redoutable Barbe-Bleue: dans ces ruines se trouve une petite salle tapissée de lierre, autour de laquelle on a planté sept arbres funéraires, monument expiatoire élevé aux mânes des sept épouses du seigneur félon. Plus loin se présente le château de la Gâcherie, surmonté de son beffroi féodal. Rien n'est surtout plus pittoresque que les rives de l'Erdre, de la Gâcherie au village de Sucé. — Dans la partie sud-ouest de cet arrondissement se trouve le lac de Grandlieu, vaste réservoir de 15,000 arpents de superficie qui, suivant une ancienne tradition, occupe l'emplacement d'une ancienne ville nommée Herbadilla, engloutie en 580: les mêmes circonstances que l'antiquité rapporte de la destruction de Sodome et de la création du lac Asphaltique, se retrouvent, à peu de chose près, dans l'histoire du lac de Grandlieu et de l'ancienne cité d'Herbadilla. A l'est du lac de Grandlieu, commence la contrée connue sous le nom du Bocage, qui s'étend jusque dans le département de la Vendée. «Le Bocage, dit M. Alph. de Bonchamps, diffère par son aspect et plus encore par les mœurs de ses habitants de la plupart des provinces de France: ainsi que l'indique son nom, il est couvert d'arbres; on y voit peu de grandes forêts, mais chaque champ, chaque prairie, est entouré d'une haie vive qui s'appuie sur des arbres plantés irrégulièrement, et fort rapprochés; ces arbres n'ont point un tronc élevé, ni de vastes rameaux; tous les cinq ans on coupe leurs branchages, et on laisse une tige de 12 à 15 pieds. Ces enceintes ne renferment jamais un grand espace. Le terrain est fort divisé; il est peu fertile en grains; souvent des champs assez étendus restent longtemps incultes; ils se couvrent alors de genêts ou d'ajoncs épineux. Toutes les vallées et même les dernières pentes des coteaux sont couvertes de prairies. Vue d'un point élevé, la contrée paraît toute verte; seulement, au temps des moissons, des carreaux jaunes se montrent de distance en distance entre les haies. Quelquefois les arbres laissent voir le toit aplati et couvert de tuiles rouges de quelques bâtimens, ou la pointe d'un clocher, qui s'élèvent au-dessus des branches. Presque toujours cet horizon de verdure est très-borné; quelquefois il s'étend à trois ou quatre lieues. Les chemins du Bocage sont tous comme creusés entre deux haies; ils sont étroits, et quelquefois les arbres, joignant leurs branches, les couvrent d'une espèce de berceau; ils sont bourbeux l'hiver et raboteux l'été. Souvent ils suivent le penchant des collines, et servent en même temps de lit à un ruisseau; ailleurs ils sont taillés dans le rocher, et gravissent les hauteurs par degrés irréguliers: tous ces chemins offrent un aspect du même genre. Au bout de chaque champ, on trouve un carrefour qui laisse le voyageur dans l'incertitude sur la direction qu'il doit prendre; les habitans s'égarent eux-mêmes fréquemment, lorsqu'ils veulent aller à trois ou quatre lieues de leur séjour. Le territoire du Bocage est divisé en métairies: chacune renferme un ménage et quelques valets. La vente des bestiaux forme le principal revenu, et c'est surtout à le soigner que s'occupent les métayers.»

L'arrondissement d'Ancenis, traversé au nord par l'Erdre, et baigné au sud par la Loire, offre aussi un aspect assez agréable. Il est principalement fertile en vins, en grains, et possède une assez vaste étendue de bois et de bons pâturages.

L'arrondissement de Châteaubriant est âpre et triste, et n'offre presque qu'une forêt continuelle. Il produit cependant du froment, du seigle, du lin, du cidre d'automne et des vins médiocres.

L'arrondissement de Paimbœuf se compose de landes étendues et de quelques cantons

---

1 Mémoires de Mme La Rochejaquelin, page 77.

fertiles. Il est baigné en grande partie par l'Océan et par la Loire. On y trouve des terres labourables assez bien cultivées, des vignes et des pâturages.

L'arrondissement de Savenay se divise en deux parties distinctes ; les contours sont cultivés et fertiles ; l'intérieur n'offre qu'une vaste plaine presque partout inculte et déserte. On y trouve des marais d'une étendue immense, coupés par une multitude de ruisseaux et de canaux : les terrains que ces marais renferment sont appelés des îles ; quelques-unes sont couvertes de villages très-populeux, qui communiquent les uns aux autres par des chaussées ferrées ou pavées, et par des canaux. La Brière est une vaste tourbière, d'environ 25 lieues de circonférence, y compris les marais qui l'environnent : lorsque, dans les hautes eaux, la Loire inonde les campagnes, elle couvre la Brière, et cette vaste plaine est transformée en un lac immense, où l'on découvre çà et là quelques hameaux bâtis sur de petites éminences, dont les habitants ne peuvent sortir qu'à l'aide de leurs toues, petites embarcations attachées à la porte de chaque maison. Lorsque les eaux se retirent, le lac devient une belle prairie où l'on élève de nombreux troupeaux. Cet arrondissement produit du blé, du seigle, du lin et du cidre. On y compte près de 30,000 œillets de marais salants.

Le département de la Loire-Inférieure a pour chef-lieu Nantes. Il est divisé en 5 arrondissements et en 45 cantons, renfermant 209 communes. — Superficie 352 lieues carrées. — Pop. 470,093 hab.

MŒURS ET USAGES. Les vertus caractéristiques des habitants de la Loire-Inférieure sont la franchise, la charité et la modestie ; tous les devoirs qu'inspirent l'humanité, la famille, la patrie, ils les remplissent naturellement et sans ostentation. Dans les cantons les moins favorisés de la nature, comme dans les cantons les plus riches et les plus fertiles, jamais un individu malheureux ne se présente à la porte d'une ferme ou d'une chaumière sans recevoir des secours ou l'hospitalité : le pauvre, si souvent rebuté dans les villes, va réellement chercher sa vie dans les campagnes ; il la trouve à toutes les portes ; il s'assied à tous les foyers, il n'est jamais éconduit, et la misère, si hideuse, si désolante dans les cités, n'occasionne ici ni honte ni confusion à celui qui la supporte. On demande sa vie dans les campagnes parce qu'on est enfant et qu'on ne peut encore gagner sa vie, parce qu'on est trop vieux et qu'on ne peut plus la gagner. On la trouve partout dans ce pays, à ces deux époques de la vie ; et le malheureux, admis à partager le pain du laboureur, est encore souvent servi le premier. Peu de paysans savent lire et écrire, et encore le font-ils fort mal ; mais si le Breton ne se distingue pas par une vaste instruction, il cause avec bon sens de ce qu'il connaît, et se distingue par l'extrême pureté de ses mœurs, par sa probité, par son respect et par sa compassion pour l'infortune d'autrui et la noble patience avec laquelle il supporte lui-même le malheur. Persuadé que nulle puissance humaine ne peut modifier la destinée qu'il doit subir, il s'y soumet sans effort, sans murmure. Se sent-il dangereusement malade, son premier soin est d'appeler un prêtre, et il attend ensuite paisiblement, sur son grabat, le dénoûment qui doit décider de son sort, fortement assuré que s'il doit guérir, il n'a pas besoin de médecin, et que s'il succombe, il a du moins épargné une dépense inutile à ses héritiers. Mais cet être si borné peut-il, en conscience, envier ces jouissances qu'il nous voit acheter si chèrement, lorsque, pour lui, le suprême bonheur est de vivre sur le modeste domaine qu'il a hérité de ses aïeux ; d'avoir un porc salé dans son charnier ; sa provision de seigle, de sarrasin et de cidre assurée ?

Vertueux plus par intérêt que par réflexion, le premier titre à ses yeux est celui d'honnête homme, et quiconque a cessé de le mériter, n'est plus pour lui, quelle que soit sa position sociale, qu'un être dégradé, pour lequel il ne dissimulera jamais son mépris. Il voue le même sentiment aux mœurs licencieuses, aux délateurs, et, de tous les vices, l'ivrognerie est le seul auquel il accorde plus que de la tolérance. Le père de famille est toujours grave et austère avec sa femme et ses enfants adultes, qu'il n'a point l'habitude de tutoyer et envers lesquels il n'est pas prodigue de caresses. Aux soins particuliers qu'il prend de son bétail et à l'empressement qu'il met à faire appeler le matois rusé qui usurpe la qualification de vétérinaire, tandis qu'il abandonne à la Providence seule un frère ou un père en danger, on serait tenté de croire qu'il a plus d'attachement pour ses bestiaux que pour sa famille. Cependant il est loin d'en être ainsi.

Les progrès de la civilisation, en dissipant les ténèbres et les préjugés de l'ignorance, tendent chaque jour à détruire les traditions superstitieuses ; cependant ils conservent encore quelques lieux de retraite. En Bretagne surtout, des habitations éparses, des habitudes d'isolement, si favorables à la superstition, entretiennent les erreurs du vulgaire. La magie, la sorcellerie ne passent pas pour des chimères, et les sorciers de Montoir sont encore un objet d'horreur et d'effroi. Ce sont eux qui, dans leurs danses nocturnes, tracent sur la prairie les cercles magiques où l'on voit l'herbe jaune et flétrie ; brûlée sous leurs pieds, elle ne doit plus reverdir : ce sont eux qui, pendant la nuit, prennent plaisir à tresser la crinière des chevaux égarés, et malheur au téméraire qui oserait démêler les crins nattés par leurs mains infernales. Un laboureur voit-il ses brebis périr d'une maladie inconnue, elles sont ensorcelées ; si, frappé lui-même, il ignore la cause du mal qui le dévore, s'il souffre, s'il languit, c'est qu'on lui a jeté un sort ; si ses récoltes trompent ses espérances, c'est que, transportées par un pouvoir magique, elles ont passé dans un champ voisin ; ainsi, lorsqu'il éprouve quelques revers, c'est toujours un sorcier qui en est la cause. Des revenants, des bruits sourds, des flammes nocturnes annoncent ce qui doit arriver de sinistre, et la crainte d'un maléfice arrache souvent une aumône que n'aurait pu obtenir la seule indigence. A l'époque des veillées, les ménages se visitent dans les hameaux et travaillent en commun. Les hommes s'occupent à tailler quelques ustensiles en bois, à réparer leurs instruments, ou à quelques ouvrages de vannerie. Les femmes filent, et les enfants, qui entourent le foyer, écoutent attentivement la conversation, dont le sujet ordinaire n'est pas ce qui intéresse l'agriculture, mais ce que suggère la superstition. On apprend là par quelles dévotions il faut honorer le saint qui préserve de la grêle ou procure la pluie ; à quelle fontaine il faut aller boire pour se guérir de la fièvre ou prévenir les maléfices, etc., etc. Ce qu'on doit remarquer, c'est que la vieillesse, qui seule peut citer des époques éloignées et des témoins qui n'existent plus, n'est pas seule à raconter ces merveilles. Celui qui prend la parole connait un homme qui s'est donné au diable ; il a vu un revenant et s'est signé pour le chasser ; il a porté toute une lieue le lutin qui avait sauté sur ses épaules ; il a perdu tout son troupeau, parce qu'un sorcier, déguisé en mendiant, et auquel il avait refusé l'aumône, a jeté un sort dans son étable. Ainsi s'accréditent les fables les plus absurdes ; ainsi se transmettent les traditions les plus ridicules......

Chaque canton de ce département offre quelque variété dans le costume. En général, le bleu est la couleur favorite des vêtements. Le costume des femmes est éclatant par l'emploi fréquent des rubans brochés d'or. Dans quelques cantons, les femmes comme les hommes portent, aux jours de cérémonie, des manteaux courts à collet droit, et qui dépassent la tête. Un peuple particulier habite les tourbières, c'est le Briéron qui, habillé de la bure brune qu'il tond de ses brebis noires, coiffé de longs cheveux, la barbe hérissée, la figure enfumée et sauvage, semble être sorti de la tourbe bretonne. Dans le canton de Guérande, les habitants d'Escoublac, de Saint-André-des-Eaux, de Saint-Liphar et autres lieux voisins, se font remarquer par un costume singulier et bizarre, composé d'une veste et d'un gilet d'étoffe de laine brune, d'un haut-de-chausses et de guêtres d'une étoffe mélangée de laine de couleur foncée et de fil croisé ; ils portent un chapeau de forme ronde et basse dont les contours n'ont au plus que trois doigts de largeur. Dans les campagnes, presque toutes les femmes se servent d'une espèce de voile taillé en coiffe, qui prend la forme de la tête, s'étend sur les épaules, se retrousse par devant ou se baisse de manière à ne pas cacher la figure. Mais de tous ces costumes, celui des paludiers, nommé costume guérandais, est le plus singulier. Ces paludiers, qui habitent le bourg de Batz et les villages environnants, portent un vêtement qui rappelle celui des Gaulois ; c'est encore la souquenille de toile de nos ancêtres, leurs larges braies. Les jours de fête, ils remplacent la blouse par trois ou quatre gilets de différentes couleurs, disposés en étage, tandis qu'en toute saison leurs cuisses ne sont couvertes que d'un caleçon de toile. Lorsqu'ils assistent à quelques cérémonies, ils jettent sur leurs épaules un petit manteau noir à l'espagnole. Le costume des jeunes mariées est surtout digne de fixer l'attention ; leurs cheveux, séparés avec art, sont retenus par un ruban sous une petite coiffe de batiste, aussi remarquable par sa blancheur que par sa finesse ; une collerette de dentelle annonce une recherche de toilette et une élégance peu communes en Bretagne, parmi les villageoises ; un corset de drap blanc, bordé de velours noir, fait ressortir l'éclat des manches écarlates, et sur la poitrine l'on voit briller un ruban broché d'or qui sert à lacer le corset. Ce corset, soutenu par d'épaisses baleines, larges de trois doigts, ne ressemble pas mal aux cuirasses des anciens chevaliers, et pour compléter cette espèce d'armure, les femmes portent trois ou quatre jupons fort épais, qui semblent destinés à les protéger contre toute entreprise téméraire ; ces jupons sont assez courts, et laissent à découvert un bas de laine rouge à fourchette bleue.

MINÉRALOGIE. Les arrondissements d'Ancenis et de Châteaubriant possèdent de fer limoneuses, très-abondantes, qui alimentent treize forges et sept ou fonderies. Dans la commune de Piriac, on trouve une mine d'étain, et plomb dans celle de Crossac. L'aimant se trouve en morceaux isolés sur la rive la Loire, à la pointe de la Ville-ès-Martin. La houille abonde et est exploitée tage à Nort et à Montrelais. A Nantes, à Vigneux, à Orvault, on exploite de belles carrières de granit; du schorl noir aux environs de Guérande. L'arrondissement de Châteaubriant possède des carrières d'ardoises exploitées. La pierre de taille, l'argile à briques, sont généralement répandues dans tout le département.

SOURCES MINÉRALES. Des sources d'eaux minérales existent à Forges, à Pornic, à la Plaine, à la Barberie et à l'Ebaupin.

PRODUCTIONS. Froment, seigle et méteil, orge en petite quantité, sarrasin, avoine. Beaucoup de pommes de terre. Récoltes à peu près suffisantes pour la consommation des habitants. Plantes potagères et légumineuses abondantes. Culture en grand du pommier à cidre et du châtaignier. — 80,000 hectares de vignes. — 38,736 hect. de forêts. — Chevaux de petite taille. Belle espèce de bêtes à cornes. Environ 300,000 moutons. Porcs très-nombreux et de belle race. Pêche très-abondante du maquereau, de la sardine, du hareng, de la raie, du saumon, de l'alose, de la lamproie, etc., etc.

INDUSTRIE. Fabriques de toiles de lin, de fil et de coton; de mouchoirs, toiles peintes, étoffes de laine communes; cordages et biscuits pour la marine, câbles en fer, feutre pour le doublage des vaisseaux. Papeteries, faïenceries, verreries, forges, fonderies et hauts fourneaux. Chantiers de construction de navires.

COMMERCE de grains, vins, fruits, sel, beurre de Bretagne, pour la consommation intérieure. Grand et petit cabotage. Armements au long cours et pour la pêche de la baleine dans les mers du Nord, pour celle de la morue au banc de Terre-Neuve et au cap Breton, pour la pêche du maquereau, du hareng et de la sardine.

**VILLES, BOURGS, VILLAGES, CHATEAUX ET MONUMENTS REMARQUABLES;
CURIOSITÉS NATURELLES ET SITES PITTORESQUES.**

ARRONDISSEMENT DE NANTES.

AIGREFEUILLE. Bourg situé sur le penchant d'un coteau au pied duquel coule la petite rivière pittoresque de la Maine. Pop. 900 hab. *Fabriques* de coutils pour lits de plumes.

BIGNON (le). Village situé près de la forêt de Tuffou, à 3 l. 1/2 de Nantes. Pop. 1,710 hab. On remarque près de la route de Nantes à la Rochelle les débris énormes de l'ancien château fort de Tuffou, que la mine a fait sauter.

BOISSIÈRE-DU-DORÉ (la). Bourg situé au milieu de landes immenses, à 3 l. 1/2 de Nantes. Pop. 710 hab. Aux environs, sur les bords pittoresques de la petite rivière de la Divatte, on montre une grotte mystérieuse, que la tradition désigne comme l'ancienne demeure d'un sorcier.

BOUAYE. Village situé sur une hauteur, à 4 l. 1/2 de Nantes. Pop. 1,120 hab. *Commerce* de bestiaux.

BOUGUENAIS. Village bâti dans une situation agréable, à peu de distance de la Loire, sur un rocher qui s'élève à plus de 100 pieds au-dessus des eaux du fleuve, à 1 l. 1/2 de Nantes. Pop. 900 hab. *Commerce* de vins et de bestiaux.

BURON (le). *Voy.* SAUTRON, page 14.

CARQUEFOU. Bourg situé à 2 l. 1/2 de Nantes. Pop. 1,720 hab.

CHAPELLE-BASSE-MER (la). Bourg situé sur une hauteur, à 4 l. de Nantes. Pop. 3,250 hab. *Commerce* de vin, lin, sel et bestiaux.

CHAPELLE-SUR-ERDRE (la). Bourg

CLISSON.

bâti dans une situation pittoresque, sur la pente d'un coteau, près de la rive gauche de l'Erdre. Pop. 2,250 hab. Aux environs, on remarque le vieux château de LA GACHERIE, où la reine de Navarre composa une partie des contes enjoués et naïfs qui portent son nom. Il est peu de communes du département qui présentent autant de sites remarquables que celle de la Chapelle-sur-Erdre.

EAUX MINÉRALES DE FORGES. A 1/4 de lieue de la Chapelle, et à peu de distance du pont de Forges, on trouve, dans une situation on ne peut plus pittoresque, la source d'eau minérale ferrugineuse de Forges, découverte il y a environ 17 ans, par M. Daubuisson, un de nos plus célèbres géologues.

Propriétés physiques de l'eau de Forges. Cette eau est parfaitement limpide, d'une saveur ferrugineuse très-prononcée. Sa température varie de 1 à 3° R.

Propriétés chimiques. L'eau de Forges rougit légèrement la teinture de tournesol, et verdit faiblement le sirop de violette. La poudre de noix de galle lui donne immédiatement une couleur pourpre qui, après quelques heures, passe au violet tirant sur le noir.

Propriétés médicinales. Cette eau s'emploie dans les cas de chlorose avec atonie, chez les jeunes personnes; dans l'œdématie avec engorgement des viscères abdominaux; après les fièvres intermittentes; enfin, dans le plus grand nombre d'affections qui dépendent de la faiblesse ou de l'atonie des organes de la digestion.

CHATEAU-THEBAUD. Joli bourg, situé à l'extrémité d'un riant vallon arrosé par la Maine, à 3 l. 1/2 de Nantes. Pop. 1,600 h.

« Le bourg de Château-Thébaud est bâti sur un coteau formé de rocs énormes, et dont l'un, coupé perpendiculairement à pic comme un mur, à 125 pieds de hauteur, paraît soutenir l'église au bord du précipice. Un peu plus loin et sur le même coteau, sont les jardins en amphithéâtre, qui rendent cette partie moins agreste. Ces jardins, par le moyen des terrasses qui se succèdent, sont établis au milieu des rochers, sur une pente difficile et presque à pic; ils semblent suspendus et étonnent l'imagination. Les arbrisseaux odoriférants, les bosquets et les fleurs dont ils sont ornés, contrastent merveilleusement avec le roc nu, les buissons et les arbustes sauvages qui les entourent. De ces terrasses, on a sous les yeux un des plus beaux points de vue du département de la Loire-Inférieure. Le vallon de la Maine déploie toutes ses beautés; les prairies, divisées par des frênes alignés symétriquement, ou par des rideaux de peupliers, se déroulent aux regards dans une grande étendue. Rien n'est plus frais que ce délicieux vallon, dont la verdure s'allie si bien avec la surface argentée de la rivière. Sur un côté opposé au bourg, on aperçoit, au-dessus des arbres, une tour gothique démantelée, et les murailles en ruines du château de CHASSELOIR, détruit pendant la révolution. Un chemin tournant et à mi-côte conduit à ce château. On entre dans une cour spacieuse; à gauche se voit la chapelle, aujourd'hui abandonnée; plus loin, on aperçoit des pans de murs renversés, des poutres noircies par le feu, des décombres et les restes de la maison principale. Ces ruines forment un triste contraste avec la magnificence de la nature dans cette belle contrée [1]. »

CLISSON. Petite ville très-ancienne, située dans un pays extrêmement couvert, au confluent de la Sèvre et de la Maine, à 7 l. de Nantes. ✉ Pop. 1,200 hab.

« Cette ville est bâtie sur le penchant de deux collines qui encaissent les deux rivières qui s'y réunissent, rivières dont les bords riants offrent des sites délicieux, comparables à ceux de la Suisse et de l'Italie, et où l'on trouve distribué par des hasards heureux tout ce que ces deux pays offrent de plus curieux. Sur un roc qui domine la ville et ses charmants alentours, s'élèvent les ruines majestueuses du vaste et antique château de CLISSON, dont les hautes tours, d'une couleur rougeâtre, et les créneaux, festonnés de lierre, offrent un aspect imposant et des plus pittoresques. Près de la porte du sud, qui sert aujourd'hui de porte de ville, commencent les murailles fortifiées qui environnaient la ville et le château. A côté de cette porte, on monte sur un boulevard garni d'arbres dans sa longueur, qui offre une promenade paisible dans un lieu qui a vu tant de combats. On arrive aux secondes douves, remplies d'acacias, de pins, et on s'introduit par la petite porte de l'esplanade, sur laquelle s'attachent des graminées, des violiers, et où deux pieds de lierre gravissent de chaque côté, pour remplacer par des colonnes naturelles celles que le temps va achever de détruire. L'entrée ordinaire est par la grande porte du nord; elle est accompagnée d'une plus petite qui, comme elle, avait son pont-levis. A gauche, des lierres

---

[1] *Site de Saint-Fiacre et de Château-Thébaud*, par M. Tribuchet.

descendent en guirlandes sur ces murs antiques, et cet arbuste, dont les anciens couronnaient les déités champêtres, tapisse aujourd'hui, de ses festons toujours verts, ces débris dont la structure massive n'atteste que le génie belliqueux des temps féodaux. Les créneaux mutilés laissent à découvert, audessus d'eux, les branches de deux ormeaux. On passe dans la première cour, toute garnie d'arbres : on y rencontre partout les vestiges des ravages des hommes, aussi terribles, mais moins éloquents que les injures du temps. Au milieu de ces restes d'une grandeur qui n'est plus, on remarque des bâtisses récentes. Sur la gauche, on descend dans des caveaux humides ; c'étaient des cachots qui ne recevaient le jour que par des grilles. Si l'on veut pénétrer dans le lieu où se retiraient les anciens possesseurs du château, il faut revenir sur ses pas. On entre dans un bastion qui protège deux ormes, dont la vieillesse témoigne si bien de la vétusté de ces ruines. Après avoir franchi dix portes, dont plusieurs sont garanties par des ponts-levis et des herses ménagées dans des murs de dix pieds d'épaisseur, on parvient à la dernière cour. C'est là que se trouvaient les habitations de ces guerriers qui faisaient une prison de leur séjour, et qui ne se croyaient en sûreté que lorsqu'ils étaient inaccessibles. Le château de Clisson, un des plus remarquables qu'il y ait en France, par son étendue, par son genre de construction et par la majesté de ses ruines, a été acquis par M. Lemot, membre de l'Institut, qui y a fait faire les réparations nécessaires pour en arrêter l'entière destruction [1]. »

Parmi les sites enchanteurs qu'offrent les environs de Clisson, on cite surtout la Garenne, l'un des plus beaux jardins paysagers que l'on connaisse. Le cadre que nous avons adopté ne nous permettrait pas de décrire tous les objets remarquables que renferme cette Garenne, nous nous contenterons d'indiquer la Grotte d'Héloïse, charmant réduit où l'on présume que cette amante infortunée accoucha d'un fils que sa beauté fit nommer Astrolabe ; l'ancien Musée Cacault ; le Bain de Diane ; le Temple de Vesta ; l'Obélisque ; le Moulin à papier de la Feuillée ; enfin des masses de rochers, des cascades, des îles bocagères, des chemins formés d'arbres raboteux et encore revêtus de leur écorce, et plusieurs autres beautés de tous les genres que la nature s'est plu à y réunir avec une profusion vraiment extraordinaire.

Fabriques d'étoffes de laine. Filatures de coton. Papeteries. Tanneries. Commerce de grains et de grosses étoffes de laine fabriquées dans les environs.

ÉTIENNE-DE-CORCOUÉ (SAINT-). Bourg situé dans un pays fertile en vins, à 7 l. 1/2 de Nantes. Pop. 1,120 hab.

FIACRE (SAINT-). Bourg situé sur une hauteur qui domine deux vallons charmants, dont l'un est traversé par la Sèvre, et l'autre par la Maine. A 3 l. 1/4 de Nantes. Pop. 610 hab.

GOULAINE (HAUTE-). Village situé à 1 l. 1/2 de Nantes. Pop. 1,520 hab. On y remarque un antique château, construit en 944. Sur une des portes en ogives d'une des tours d'entrée, on voit un buste de femme : la tête est coiffée d'un casque, et un poignard est rapproché du sein. C'est une Yolande de Goulaine qui, dans l'absence de son père, défendit le château contre les Anglais. Elle avait résisté plusieurs semaines : les provisions manquaient aux assiégés ; il fallait se rendre. Elle préférait la mort et allait se la donner, lorsque du haut d'une tour elle aperçut des hommes d'armes : c'était le sire de Goulaine qui les amenait. Avec ces renforts, il battit les Anglais, sauva sa fille et délivra le toit de ses pères.

HERBLAIN (SAINT-). Village situé à 2 l. 1/2 de Nantes. Pop. 2,400 hab.

INDRE (BASSE-). Bourg situé au-dessous de Nantes, sur la rive droite de la Loire. Pop. 1,950 hab. Ce bourg est bâti sur l'emplacement du château de Budic, construit en 1005, dont on voit encore quelques vestiges près du calvaire placé au sommet de la colline. De ce calvaire, un des points les plus élevés de la côte, la vue embrasse toute la Loire depuis Nantes jusqu'à Paimbœuf.

On voit à la Basse-Indre une vaste et belle usine à laminer le fer, mue par une machine à vapeur de la force de 55 chevaux. Vis-à-vis du bourg est l'île d'Indret, où se trouve un établissement considérable pour la fabrication des machines à vapeur pour la marine royale.

JULIEN-DE-CONCELLES (SAINT-). Village situé dans un fertile territoire, à 3 l. 1/4 de Nantes. Pop. 2,250 hab.

LÉGÉ. Petite ville, très-agréablement située dans une contrée fertile et bien cultivée, près de la rive droite de la Logne. Elle est bâtie sur une éminence d'où l'on jouit d'une

---

[1] *Voyage pittoresque dans le département de la Loire-Inférieure*, par M. Ed. Richer.

CHÂTEAU DE LA GALISSONIÈRE.

CHÂTEAU DE LA SAILLERAYE
Habitation de Mr. de Bec de Lièvre

vue très-étendue sur les campagnes environnantes.

Cette ville a considérablement souffert dans la guerre de la Vendée. Pendant plusieurs années ce ne fut qu'un amas de décombres, remplacés aujourd'hui par environ deux cents maisons bien bâties. L'église paroissiale est un bel édifice en granit.

Dans les environs, on remarque le château de Bois-Chevalier, bel édifice flanqué de six pavillons et surmonté au milieu d'un dôme très-élevé.

Commerce de bestiaux d'une belle race, de grains, vins, fruits de toute espèce, etc.

LOROUX-BOTTEREAU (le). Petite ville, située dans un territoire fertile en vins de bonne qualité, à 4 l. de Nantes. Pop. 4,991 hab. Elle était jadis défendue par un château fort dont on aperçoit les ruines sur le sommet d'un coteau dont le pied est baigné par un étang. — *Commerce* de vins et de bestiaux.

LUMINE-DE-COUTAIS (SAINTE-). Village situé à 5 l. de Nantes. Pop. 1,200 h.

MACHECOUL. Petite ville, située dans un territoire fertile et bien cultivé, à 8 l. de Nantes. Pop. 3,665 hab.

Cette ville est bâtie dans une plaine fort étendue, sur le Faleron, à peu de distance de la forêt de son nom. Elle a été brûlée et presque entièrement détruite dans la guerre de la Vendée ; les rues en sont assez larges, mais malpropres et mal percées.—*Commerce* de chevaux et de bestiaux.

MAUVES. Bourg situé à l'extrémité d'une vaste prairie, à 3 l. de Nantes. Pop. 850 h. (✉ à la Sailleraye). Ce bourg est dominé par des coteaux d'où l'on découvre tout le cours de la Loire depuis Oudon jusqu'à Nantes. D'un côté, ce sont des collines qui succèdent à des collines depuis Mauves jusqu'au Cellier ; de l'autre, c'est la belle prairie que termine la masse isolée de Saint-Pierre, comme un rocher jeté dans un pays de plaine. Au-delà de ces eaux resplendissantes, de ces îles couvertes de saules qui en cachent les détours, s'élèvent, l'une après l'autre, les collines embaumées du pays de Mauges. Au bord même de la rivière, ce sont des rochers nus, brisés dans tous les sens et qui forment quelquefois une muraille perpendiculaire de plus de cent pieds d'élévation. La nacelle qui passe au pied de ces rochers énormes ajoute encore à leur hauteur par sa petitesse, et l'on jouit de trouver la nature si magnifique, tout en regrettant de voir l'homme si faible. Ni les rochers de Clisson, ni ceux de Piriac, du Croisic ou de Saint-Gildas, ne sont à comparer à ceux-ci : la majesté du spectacle seule le cède ici au coup d'œil imposant de la mer. La crête de ces rochers nus est couverte de débris construite de briques romaines : on y trouve encore un mur entier, qui faisait sans doute partie d'une ancienne forteresse.

Le château de la Sailleraye fait partie de cette commune, dont il occupe l'extrémité. La cour d'entrée, ornée d'un tapis circulaire de gazon, est remarquable ; le vestibule l'est encore davantage ; il est très-vaste et parfaitement éclairé ; un escalier majestueux, surmonté d'un dôme élevé et décoré de figures peintes, conduit à la galerie supérieure, soutenue par des arcades d'une architecture simple et hardie. Les jardins et le parc sont dignes de cette belle habitation, l'une des plus remarquables de la Bretagne.

MONNIÈRES. Village situé à 4 l. 3/4 de Nantes. Pop. 1,100 hab.

A peu de distance de ce village, on remarque les ruines pittoresques du château de la Galissonnière, édifice qui n'offre plus qu'un monceau de ruines, et dont les seules parties qui soient encore debout sont presque entièrement couvertes de lierre. Ce château fut habité long-temps par Barin de La Galissonnière, lieutenant général des armées navales, connu par la victoire qu'il remporta sur l'amiral anglais Bing. (*Voyez la gravure.*)

MONTBERT. Village situé près de la rive gauche de l'Oignon, à 4 l. 1/2 de Nantes. Pop. 1,620 hab. *Commerce* de bestiaux.

MOUZILLON. Village situé dans un territoire fertile en vins estimés, à 5 l. 1/2 de Nantes. Pop. 2,000 hab.

NANTES. Ancienne, grande, riche et belle ville maritime, chef-lieu du département. Tribunaux de première instance et de commerce ; chambre et bourse de commerce ; banque ; hôtel des monnaies (lettre T) ; école d'hydrographie de première classe ; collège royal ; société académique ; chef-lieu de la 12e division militaire ; direction des douanes ; évêché. ✉ Pop. 87,191 hab.

L'origine de Nantes se perd dans la nuit des temps. Avant la conquête des Gaules par les Romains, cette ville était la capitale des *Namnètes*, et elle formait déjà une cité assez puissante pour secourir les peuples qui osaient résister à ces conquérants. En 445, elle soutint avec courage pendant soixante jours un siége terrible contre les Huns. Le 24 juin 843, elle fut prise d'assaut par les

Normands; l'évêque, tout le clergé et une grande partie des citoyens furent passés au fil de l'épée; la cathédrale fut pillée et presque entièrement détruite. Les Normands s'en emparèrent une seconde fois en 853. Quarante-quatre ans après, ces mêmes Normands la prirent de nouveau et la ruinèrent de fond en comble; mais ayant été vaincus par Alain Barbe-Torte, ils furent enfin forcés de l'abandonner; Alain fit rebâtir la ville, qui dut à son heureuse situation de se repeupler bientôt. En 992, elle fut prise par Geoffroy, comte de Rennes. Assiégée par les Anglais, en 1343; attaquée par le comte de Buckingham en 1380, et délivrée par Olivier de Clisson, elle fut assiégée en 1491 par Charles VIII, qui s'en empara par trahison, moyennant 1,100 écus d'or. Pour assurer et légitimer les droits qu'il venait d'acquérir sur l'héritage de la duchesse Anne de Bretagne, Charles VIII résolut de l'épouser. La proposition en fut faite aux états le 8 octobre; le mariage fut célébré au château de Langeais, le 6 décembre 1491, et la Bretagne fut, ainsi que la ville de Nantes, réunie à la couronne.

Le 29 juin 1793, les troupes vendéennes, fortes de 50,000 hommes, sous les ordres de Cathelineau qu'elles venaient de choisir pour chef, attaquèrent Nantes, où commandaient les généraux Beysser et Canclaux. Deux parlementaires se présentèrent devant la place pour exiger sa reddition : *Mourir ou assurer le triomphe de la liberté*, fut la réponse énergique que leur fit le maire Baco. L'armée de Cathelineau commandée par Bonchamp, Spéçaux, d'Autichamp et Fleuriot, fit ses dispositions pour assaillir la ville sur la rive droite de la Loire, tandis que Charette l'inquiétait sur la rive gauche. Le combat commença sur neuf points à la fois. Il fut long et sanglant; on fit de part et d'autre des prodiges de valeur. Enfin, l'artillerie républicaine, mieux dirigée que celle des Vendéens, fit un ravage horrible dans les rangs de ces derniers. Repoussés de toutes parts, ils opérèrent leur retraite emportant avec eux Cathelineau, qui mourut quelques jours après de ses blessures. Les efforts remarquables de la garde nationale nantaise contribuèrent particulièrement au succès de cette journée.

Après des triomphes suivis de défaites sanglantes, l'armée royale résolut de passer la Loire et de porter en Bretagne le théâtre de la guerre. Les villes d'Ancenis, de Laval, d'Ernée, de Fougères et de Dol, tombèrent bientôt en son pouvoir. La guerre civile était alors dans toute sa fureur Convention envoya à Nantes membres, en lui recommandant de les mesures les plus fortes et les plus contre les royalistes. Cet homme était crable Carrier, procureur à Aurillac, dépourvu d'instruction et de moralité, dominé par le fanatisme politique, par un tempérament fougueux, et muni de pouvoirs illimités.

Avant son arrivée à Nantes, on venait d'y établir une commission militaire, qui condamnait à mort 150 et jusqu'à 200 individus par jour. Le premier acte de Carrier fut la confirmation de cette commission qui, dans l'espace de vingt jours, avait fait périr plus de quatre mille victimes. Bientôt, pour détruire avec plus de rapidité, Carrier ordonna des exécutions en masse et sans jugement. Il imagina les bateaux à soupape, les déportations verticales, les mariages républicains. La Loire ensanglantée ne roula plus que des cadavres!

Les souvenirs affreux de la mission de Carrier ne s'effaceront jamais de la mémoire des habitants de Nantes; mais cette malheureuse cité commença enfin à respirer à la première pacification de la Vendée; ce fut alors que Charette traita avec la Convention. Cette paix si ardemment désirée ne fut pas de longue durée; aucun des deux partis ne tint ses engagements, et l'on courut de nouveau aux armes. Charette, entraîné dans une nouvelle guerre, fut pris par les républicains et fusillé à Nantes, le 9 germinal an IV (29 mars 1795). Depuis cette époque, Nantes a joui d'une assez grande tranquillité.

Cette ville est dans une situation très-agréable, à l'extrémité d'immenses prairies bordées de coteaux couverts de vignes, sur la rive droite de la Loire, qui s'y divise en plusieurs bras, au confluent de l'Erdre et de la Sèvre-Nantaise. Elle est en général très-bien bâtie, bien percée et remarquable par la régularité de ses places publiques; l'île Feydeau, le quartier Graslin, la place Royale, peuvent être comparés aux beaux quartiers de la capitale. Les quais surtout sont superbes; le coup d'œil frappant de la Loire couverte de navires et de bateaux de toute espèce; les îles et les prairies qui s'étendent le long du fleuve; les ponts au bout desquels on aperçoit pour ainsi dire une seconde ville; le port de la Fosse, feront toujours l'admiration des étrangers.

Les plus beaux quartiers de Nantes ont été bâtis sur la fin du siècle dernier, par

M. Graslin, riche financier, dont le souvenir sera toujours cher à ses compatriotes, qui se sont empressés d'éterniser son nom en le donnant à la plus belle de leurs places publiques.

Le quai ou port de la Fosse s'étend sur une longueur d'une demi-lieue, depuis le château jusqu'à l'ermitage. Du côté du fleuve, il est ombragé de beaux arbres sur une grande partie de sa longueur, et bordé de très-belles maisons, ornées de balcons somptueux et variés à l'infini. Les quais qui bordent ce port, couvert de navires de toutes les nations, forment une promenade très-fréquentée, qu'animent sans cesse les arrivages, les départs et les travaux de la navigation. La multitude des matelots et des ouvriers qui amènent les marchandises, et qui font les déchargements; les nombreux et vastes magasins qui occupent le rez-de-chaussée des hôtels de ce quai, d'une situation si précieuse pour tout ce qui tient au commerce; la perspective du fleuve et de ses îles, tout contribue à donner à ce port un air de splendeur et de magnificence. Au bout de cette belle promenade et de ses nombreux et riches embarcadères, sont les quais de Chézine, couverts d'actifs chantiers de construction.

Les monuments les plus remarquables de Nantes sont :

Le Chateau, bâti par Alain Barbe-Torte, en 938. C'est une énorme masse de bâtiments irréguliers, flanquée de tours rondes, et dominée aujourd'hui de toutes parts. Il n'est plus d'aucune défense pour la ville, et sert maintenant de magasin à poudre.

Le Chateau du Bouffay, bâti sur la fin du Xe siècle. La tour polygonale très-élevée qu'on y voit aujourd'hui, fut construite en 1662 : elle renferme l'horloge et la cloche du beffroi.

L'Église cathédrale, dédiée à saint Pierre, bel édifice construit en 1434.

Cette cathédrale, quoique très-élevée, fait peu d'effet extérieurement, parce qu'on ne l'a pas finie, non plus que les deux tours du portail, dont la hauteur, qui est de 160 pieds, excède à peine celle du comble. Le portail, composé de trois entrées, est décoré d'un grand nombre de figurines en pierre, qui font un effet admirable : distribuées en petits groupes et sculptées en hauts-reliefs, elles sont d'une pureté de dessin qui étonne pour le siècle où elles ont été exécutées. Plusieurs sont mutilées ou détruites par le double effet du temps et de la révolution.

L'intérieur de l'église consiste presque tout entier dans une belle nef, qui paraît d'autant plus haute qu'elle est moins grande. Dix piliers suffisent pour la soutenir : ils semblent s'élever jusqu'aux nues. La nef transversale, qui devait former la croix latine, et le chœur, qui devait être la plus belle partie de cet ensemble, restent encore à faire. Le chœur lourd, bas et sombre de la vieille église, bâtie par saint Félix au VIe siècle, conservé lors de la reconstruction, fut bizarrement adapté dans le XVIIe siècle à cette majestueuse nef du XIVe, et au lieu d'achever la nef transversale, on la supprima. La partie qui s'est trouvée construite forme, à droite du chœur, une espèce d'avant-sacristie où a été transporté de l'église des Carmes, démolie dans la révolution, le tombeau que la reine Anne fit élever à François II, son père, dernier duc de Bretagne.

Ce magnifique mausolée, chef-d'œuvre de Michel Columb, fut exécuté en 1507. Il est entièrement en marbres blanc, noir et rouge, élevé de cinq pieds et posé sur un socle de marbre blanc, couvert d'une mosaïque qui entrelace des lettres F et des hermines. Sur le tombeau sont couchées deux statues en marbre blanc, de grandeur plus que naturelle, représentant François II et Marguerite de Foix, sa seconde femme, ayant une couronne et le manteau ducal. Des carreaux, soutenus par trois anges, supportent leur tête, et, à leurs pieds, un lion et un lévrier tiennent entre leurs pattes les armes de Bretagne et de Foix. Aux quatre angles, quatre statues de hauteur naturelle représentent avec leurs attributs les vertus cardinales, la justice, la tempérance, la prudence et la force. Dans la statue emblématique de la justice est représentée Anne de Bretagne, sous le costume et sous les attributs de reine et de duchesse, avec la couronne fleurdelisée et fleuronnée sur la tête. Aux deux côtés sont les douze apôtres en marbre blanc, dans des niches de marbre rouge. Au bout, et du côté de la tête du tombeau, sont saint François d'Assise et sainte Marguerite, patrons du duc et de la duchesse; du côté des pieds se trouvent Charlemagne et saint Louis. La base est ornée de seize petites figures représentant des pleureuses, dont le visage et les mains sont en marbre blanc et le reste du corps en marbre noir.

L'Hotel de la Préfecture, bâti en 1777. C'est le plus bel édifice de Nantes. Il a deux belles façades d'ordre ionique : la principale, donnant sur la rue qui conduit à la cathédrale, est ornée d'un fronton supporté par quatre colonnes qu'accompagnent douze pilastres distribués à droite et à gauche. La façade qui donne sur l'Erdre n'a qu'un fronton isolé et quatre colonnes sans accompagnement. Dans l'intérieur, on remarque le vestibule, l'escalier à double rampe qui conduit aux appartements, la vaste salle des pas perdus, et la salle des délibérations du conseil. Les plans d'élévation, de décoration et de distribution de ce riche palais sont dus à l'habile architecte nantais Ceyneray.

La Bourse, édifice achevé en 1812. La façade du côté de la promenade est ornée d'un beau péristyle de dix colonnes ioniques supportant un entablement couronné d'autant de statues qui répondent à chaque colonne. La partie opposée offre aussi une belle façade; c'est un portique d'ordre dorique portant, au-dessus d'une balustrade servant de balcon, quatre statues représentant Jean-Bart, Dugay-Trouin, Duquesne et Cassart. La salle où se tient la bourse est grande et belle; le plafond en est supporté par huit colonnes corinthiennes.

La Salle de Spectacle, construite sur la place Graslin, en 1810. Un beau péristyle de huit colonnes d'ordre corinthien en forme la façade; les quatre colonnes du milieu sont répétées à l'entrée d'un vestibule, auquel on arrive par un vaste perron qui occupe toute la largeur de la façade. L'intérieur, formé de quatre rangs de loges, peut contenir 1,300 personnes. C'est une des plus belles salles de spectacle des départements, après celles de Bordeaux et de Dijon. Huit statues représentant les muses couronnent le frontispice.

Le Muséum d'Histoire naturelle, situé dans un quartier isolé et tranquille, propre à la méditation qu'exige l'étude de la nature. Le corps de bâtiment est entre une grande cour et un jardin qui laisse la liberté de tirer des jours francs sans ombrages et sans réflexions. La pièce du milieu, qui est octogone, a 24 pieds environ de diamètre; on y parvient par un vestibule d'un ordre d'architecture simple, mais élégant, qui fait face à une allée de lauriers. Deux salles latérales, de 16 pieds d'élévation et de 24 pieds de longueur chacune, communiquent à cette pièce par des portes de huit pieds de hauteur sur quatre de largeur; ainsi on peut, du centre de l'édifice, en embrasser toute l'étendue d'un seul coup d'œil. La salle du milieu est surmontée d'une coupole dont l'élévation a permis d'y établir un étage supérieur, dans lequel sont rangés exclusivement les produits minéralogiques du département.

La salle du milieu est consacrée aux productions minéralogiques qui, pour leur nombre, leur richesse, et surtout leur variété, ne le cèdent qu'à celles de Paris. On y rencontre même beaucoup de corps que l'on chercherait vainement ailleurs. La salle qui est à droite renferme la partie ornithologique; les oiseaux les plus rares et les plus brillants y étalent le luxe de leur plumage, en même temps que de nombreuses espèces zoologiques y piquent vivement l'attention. L'autre salle latérale offre la réunion des animaux ichtyologiques, des reptiles et des insectes. Le vestibule renferme une superbe momie, et sa boîte en sycomore, présent du célèbre voyageur Cailliaud.

Ce beau muséum naturel, si propre à exciter l'admiration, est dû entièrement aux soins sans cesse répétés du conservateur, M. le professeur Dubuisson. Fondateur d'un établissement que les sciences de ce département réclamaient hautement, il lui a consacré ses veilles; et c'est à ses travaux que Nantes est redevable de cette intéressante collection des minéraux du département que renferme la salle supérieure.

On remarque encore à Nantes: l'église Saint-Similien; la chapelle de Saint-François de Salles; l'Hôtel-Dieu; l'hospice du Sanitat; l'hôtel des Monnaies; le Musée de peinture; la Bibliothèque publique, renfermant 30,000 volumes imprimés et un grand nombre de manuscrits précieux; la Halle au blé; la Halle aux toiles; la maison dite du Chapitre, située sur la place de la Cathédrale, dont le balcon est décoré par quatre cariatides en bas-reliefs, d'après les cartons de Pujet; l'hôtel Briord; l'hôtel de Rosmadec, ancienne demeure des sires de Goulaine; l'hôtel d'Aux; l'hôtel Deurbroucq; les maisons du quai Brancas, dont l'immense façade, ornée de pavillons et de pilastres d'ordre ionique et dorique, présente l'aspect d'un véritable palais; l'observatoire de la marine et celui de la place Graslin, etc., etc., et, dans les nouveaux quartiers, un grand nombre de beaux hôtels d'une riche architecture.

On compte à Nantes 33 places publiques, tant grandes que petites, et 450 rues. La place Royale est vaste et régulière. Son contour est formé de neuf masses de bâtiments élégamment construits sur un plan symétrique. Elle offre des boutiques magnifiques, comparables à celles de Paris et de Londres. La place Graslin, un peu moins grande que la place Royale, est entourée de beaux hôtels et de maisons bien bâties; régulièrement carrée du côté du théâtre, elle s'arrondit en fer-à-cheval du côté opposé.

Les cours Saint-Pierre et Saint-André, situés à la suite l'un de l'autre, offrent une promenade spacieuse, formée de quatre rangs d'arbres et bordée de belles maisons. Ils s'étendent d'un côté jusqu'à la Loire, et de l'autre jusqu'à l'Erdre. Au bout du cours Saint-Pierre s'élève le vieux château des ducs de Bretagne, vis-à-vis duquel on a placé les statues d'Anne de Bretagne et d'Arthur III : à l'extrémité du cours Saint-André, sont celles d'Olivier de Clisson et de Duguesclin.—Le cours Henri IV est une jolie promenade formée d'une large allée et de deux contre-allées plantées de quatre rangs de beaux arbres. — Le cours du Peuple est aussi une fort belle promenade bordée de maisons bien bâties, et terminée par un bâtiment élégant.

INDUSTRIE. Fabriques renommées de biscuit de mer, de couvertures de laine, serge, flanelle, mouchoirs, etc. Manufactures de toiles peintes, de feutres pour le doublage des navires, de chapeaux en feutre verni, de cordages pour la marine, de produits chimiques, de colle-forte. Filatures de coton; nombreuses raffineries de sucre; blanchisseries de toiles, etc., etc. Chantiers de construction pour des navires de 1,000 tonneaux et au-dessous. Armements pour la pêche de la morue et de la baleine.

COMMERCE. Le commerce particulier de cette ville consiste en productions de son territoire, charbon de terre, grès, bois propre à faire des cercles, biscuit de mer, farines étuvées, beurre pour la mer, vins, eau-de-vie, vinaigre, outils aratoires et autres objets de son industrie. Elle fournit à l'intérieur beaucoup de sels provenant des salines de Noirmoutier, du Croisic, etc. Mais c'est au commerce maritime que cette ville doit toute sa splendeur. Ses vaisseaux portent dans le Nord des vins, des eaux-de-vie, du miel, du sucre, des draps et autres étoffes de laine et de soie; ils se chargent, en retour, de mâts de navires, de planches, de goudron, de chanvre, de cuivre, d'acier et de plomb. Ils portent en Espagne, en Portugal, aux îles Canaries, et dans les ports de la côte d'Afrique, de la morue, des papiers, des toiles, des étoffes de soie, des dentelles d'or et d'argent, du sucre, de la mercerie et de la quincaillerie; ils en rapportent des vins de liqueur, de l'or, de l'argent, des diamants, des laines, du coton, de l'huile, de la cochenille, de la cannelle, des bois propres à la teinture, des gommes, de l'ivoire et des parfums. Les cargaisons de ceux destinés pour les Indes, l'Amérique et les colonies, consistent en toutes sortes de choses nécessaires à la vie, en toiles, coutils, siamoises, étoffes de soie, mercerie, quincaillerie, meubles, glaces, livres, modes, etc., etc. Le commerce de Nantes emploie 200 bâtiments pour les voyages au long cours.

BIOGRAPHIE. Patrie d'Anne de Bretagne; du poète René le Pays; du célèbre marin Cassard; de l'historien Travers; de l'architecte Boffrand; de Cacault, littérateur et diplomate; du voyageur Cailliaud; du célèbre médecin Laënec; de M. Français de Nantes; de M. Ed. Richer, auteur du Voyage pittoresque dans le département de la Loire-Inférieure, et d'un excellent précis de l'histoire de Bretagne; de M. Dubuisson, savant naturaliste, etc., etc.

Nantes est à 21 l. d'Angers, 28 l. de Rennes, 95 l. de Paris. *Hôtels* de France, des Voyageurs, des Étrangers, du Cheval-Blanc, de la Croix-Verte, de la Belle-Étoile, de la Boule-d'or, du Pélican, de la Maison-Blanche, de l'Europe.

ORVAULT. Bourg situé à l'extrémité d'une jolie vallée, à 2 l. de Nantes. Pop. 2,120 hab.

Ce bourg est bâti sur un coteau élevé, entre deux rochers énormes, au pied desquels est un petit étang; on y parvient par deux chemins sinueux, dont l'un est un véritable escalier. Il occupe le centre d'une commune d'environ 5 lieues de circonférence, et consiste en une douzaine de maisons groupées autour de l'église bâtie sur un rocher. Les maisons de la commune sont dispersées çà et là dans une jolie vallée et rassemblées en petits hameaux de l'aspect le plus agréable.

PALLET (le). Bourg situé sur la Sanguèse, à 4 l. 1/2 de Nantes, sur la route de cette ville à Clisson. Pop. 900 hab. C'est la patrie d'Abeilard. Derrière l'église, on remarque une enceinte de vieilles murailles, seuls restes de l'ancien château où cet homme célèbre reçut le jour.

PHILIBERT-DE-GRAND-LIEU (SAINT-). Bourg situé à 6 l. de Nantes, sur la rivière navigable de la Boulogne, qui y forme un port très-fréquenté par les habitants des communes environnantes.

A peu de distance de Saint-Philibert se trouve le lac de Grand-Lieu, belle nappe d'eau d'une lieue et demie d'étendue dans son plus petit diamètre, qui communique à la Loire par l'Achenau. — *Commerce* de grains, vins, eau-de-vie et bestiaux.

REZÉ. Bourg situé à 3/4 de l. de Nantes. Pop. 5,000 hab. Ce bourg passe pour être bâti sur l'emplacement de l'ancienne Ratiate, détruite par les Romains : des fragments de tombeaux antiques, d'armes, de poteries, que l'on y remarque, attestent que c'était jadis une ville considérable.

Vis-à-vis de Rezé, on remarque l'ILE DE TRENTEMOUX, habitée en grande partie par des marins, dont les maisons ont presque toutes un premier étage où l'on monte par un escalier extérieur, et où l'on se retire dans le temps des grandes crues de la rivière.

SAILLERAYE (la). *Voy.* MAUVES, p. 9.

SAUTRON. Bourg situé à 3 l. de Nantes. Pop. 1,100 hab.

Le château de BURON est une dépendance de cette commune. On y arrive par une magnifique avenue dont les arbres ont de 90 à 100 pieds d'élévation ; c'est un bâtiment assez considérable, en pierres de granit ; sa construction annonce qu'il a été bâti à plusieurs reprises ; la portion la plus ancienne date de 1385. Les alentours présentent de tous côtés des traces de la nature aidée par l'art, et non point gâtée par lui ; le jardin renferme une des plus nombreuses collections d'arbres verts de toute la contrée.

Le château de Buron a été la demeure de Mme de Sévigné. On y conserve religieusement la chambre qu'a habitée cette femme illustre, qui a mis tout le charme d'un entretien familier dans le style épistolaire : cette chambre se trouve dans un petit pavillon situé au midi, dans la partie la plus éloignée du château ; sa forme est celle d'un petit pentagone, meublé à l'antique, et dont les boiseries sculptées rappellent le goût du siècle de Louis XIV.

Au-delà du Buron, on trouve les carrières de granit de la Faverie, dont les rochers amoncelés en désordre offrent un aspect des plus pittoresques.

SÉBASTIEN (SAINT-). Village bâti dans une belle situation, sur la rive gauche de la Loire, à 1/4 de l. de Nantes.

Patrie du général Cambronne.

SUCÉ. Bourg bâti dans une situation pittoresque, à l'extrémité d'une baie profondément encaissée, sur la rive droite de l'Erdre, à 3 l. 1/2 de Nantes.

En face de ce bourg on remarque, sur la rive droite de l'Erdre, les restes d'un ancien château qui servit long-temps de maison de plaisance aux évêques de Nantes. Ce château, autour duquel régnait un double fossé taillé dans le roc, fut démoli en 1677 ; il n'en reste plus aujourd'hui que la porte principale, conservée dans son entier.

TEILLÉ. Bourg situé dans un territoire fertile en cidre estimé, entre plusieurs vallons bordés de collines boisées, à 8 l. de Nantes. — *Commerce* de grains, vins, cidre et bestiaux.

TREILLIÈRES. Bourg situé dans une vallée agréable, traversée par le ruisseau de la Verrière, à 3 l. 3/4 de Nantes. Pop. 1,220 hab.

Aux environs, on remarque la chapelle pittoresque des DONS, dont l'entrée est obstruée par les troncs de deux ifs énormes, qui attestent son ancienneté.

VALLET. Bourg situé sur une hauteur, au milieu de riches vignobles qui produisent les vins les plus estimés du département. Pop. 5,967 hab.

VERTOU. Bourg situé près de la rive droite de la Sèvre, à 2 l. de Nantes. Pop. 5,686 hab.

A peu de distance de ce bourg, sur la rive gauche de la Sèvre, est la maison de l'Ébeaupin, où l'on trouve une source d'eau minérale ferrugineuse, découverte en l'an VIII, par M. Hectot. On voit aussi sur le territoire de cette commune plusieurs peulvans, dont le plus remarquable est celui de la Haute-Lande. — *Commerce* de bestiaux.

VIEILLE-VIGNE. Bourg situé sur la rive gauche de l'Ognon, à 7 l. de Nantes. Pop. 5,451 hab.

ARRONDISSEMENT D'ANCENIS.

ANCENIS. Jolie petite ville, chef-lieu de sous-préfecture; tribunal de première instance; société d'agriculture; collège communal. ✉ ☞ Pop. 3,749 hab.

Cette ville est dans une situation très-agréable, sur la rive droite de la Loire, qui baigne ses murs et devient souvent très-dangereuse par ses inondations. Elle est environnée de riantes collines couvertes de vignes, et dominée par un coteau escarpé surmonté d'un gothique château, qui offre un des points de vue les plus remarquables de cette magnifique contrée. De la terrasse du château et d'un endroit appelé Juigné, situé à une petite distance de la ville, on jouit d'une fort belle vue sur le cours du fleuve et sur les îles nombreuses que forme cette rivière : sur la rive gauche, la vue s'étend depuis Varades jusqu'au château de Clermont; et sur l'autre rive, depuis Saint-Florent jusqu'à Champtoceaux. — Ancenis possède un beau collège et d'agréables promenades; son port sert d'entrepôt et de station aux bateaux qui naviguent sur la Loire.

Ancenis était autrefois une place forte qui passait pour la clef de la Bretagne. Le château, dont la construction ne remonte que vers le milieu du Xe siècle, fut assiégé, en 987, par Geoffroy-Grise-Gonelle, comte d'Anjou, qui fut tué devant cette place. Henri III, roi d'Angleterre, s'empara d'Ancenis et le conserva jusqu'à la fin de la domination anglaise. Louis XI s'en rendit maître en 1468, et y signa la paix avec le duc de Bretagne, François II. En 1488, La Trémouille assiégea Ancenis et en détruisit les remparts et les fortifications : les habitants, chassés de leur ville ruinée et réduite en cendres, se retirèrent à Nantes. Pendant les guerres de la Ligue, le château fut de nouveau fortifié, mais après le traité conclu entre Henri IV et le duc de Mercœur, les fortifications d'Ancenis furent démolies en 1599. En 1700, le château tombant en ruine fut reconstruit, mais sans fortifications.

Industrie. Fabriques de sucre de betteraves; éducation des chevaux et des abeilles. Aux environs, forges et exploitation de houille. *Commerce* de grains, vins, bois de chauffage et de construction, houille, fer et bestiaux. — A 9 l. de Nantes.

ANETZ. Village situé dans une contrée fertile, à 1 l. d'Ancenis. Pop. 1,300 hab. On y remarque le château de Vers, en face duquel on aperçoit le château de Bourgonnière, avec sa tour et sa chapelle du plus beau gothique. (*Voy. la 4e livraison, Maine-et-Loire, page 11.*)

CELLIER (le). Bourg situé sur un coteau, près de la rive droite de la Loire, à 4 l. d'Ancenis. Pop. 2,000 hab.

On remarque dans cette commune le beau château de Clermont, bâti sur un plateau élevé, et l'ancien château Guy, dont les fortifications ont été démantelées en 1387. L'église paroissiale date de la fin du Xe siècle.

COUFFÉ. Bourg bâti dans une situation pittoresque, sur un coteau élevé, près de la petite rivière du Havre, à 3 l. d'Ancenis. Pop. 1,800 hab. Patrie du général vendéen Charette.

JOUÉ. Bourg situé sur la rive gauche de l'Erdre, à 7 l. d'Ancenis. Pop. 2,100 hab. On y remarque le joli château de la Chauvelière, bâti sur le penchant d'un coteau qui s'abaisse jusqu'à l'Erdre. — Aux environs, forges et fonderie. *Commerce* de grains.

LIGNÉ. Village bâti sur une petite colline, à 4 l. 1/2 d'Ancenis. Pop. 2,100 hab.

MARS-LA-JAILLE (SAINT-). Village situé à 4 l. 1/2 d'Ancenis. Pop. 1,100 hab. — Carrière d'ardoise. *Commerce* de grains et de bestiaux.

MESANGER. Village situé à 2 l. 1/2 d'Ancenis. Pop. 1,100 hab. *Commerce* de bestiaux.

MONTRELAIS. Bourg bâti dans une belle situation, sur un coteau élevé d'où l'on jouit d'une vue magnifique sur le cours de la Loire et sur une partie du département de Maine-et-Loire.

Cette commune possède des mines de houille considérables, dont les filons s'étendent au sud-est jusque sous le lit de la Loire, et communiquent aux houillières de Monjean (Maine-et-Loire). A l'O.-N.-O., la couche se dirige depuis Montrelais jusqu'à Nort, où ont été découverts récemment les gisements de Mouzeil. Les mines de Mouzeil et de Montrelais fournissent annuellement 4 à 500,000 hectolitres de houille. Les charbons qu'on extrait de Montrelais se transportent en sacs, sur des chevaux, jusqu'à Ingrande, d'où ils descendent la Loire et s'entreposent à Nantes.

OUDON. Petite ville, très-agréablement située, sur la rive droite de la Loire, à 2 l. 1/2 d'Ancenis. ✉ ☿ Pop. 1,650 hab.

Cette ville possède un des monuments les plus remarquables et le mieux conservé du département. C'est une tour octogone fort élevée et très-pittoresque, dont les historiens de Bretagne font remonter la fondation à l'année 840. De la plate-forme de cet édifice, dont nous donnons une jolie gravure, on jouit d'une vue magnifique sur les riches vignobles qui bordent le cours de la Loire, et sur les îles nombreuses qui en couvrent toute la surface. Vis-à-vis s'élève le bourg de Champtoceaux, dominé par les ruines imposantes de son antique château; et au bord du rivage, s'avancent dans le fleuve les restes d'un ancien pont. Ce site est l'un des plus remarquables du cours de la Loire.

RIAILLÉ. Bourg situé à 5 l. d'Ancenis. Pop. 1,520 hab.

Aux environs, à l'endroit nommé le Haut-Rocher, on trouve une source d'eau minérale, dont les eaux forment une cascade qui s'élance d'une hauteur de 60 pieds. — Forges et hauts fourneaux. Commerce de bois de chauffage.

VARADES. Bourg fort agréablement situé, au bord de la Loire, sur un coteau élevé d'où l'on domine un charmant paysage. A 3 l. d'Ancenis. Pop. 3,506 hab.

C'est devant Varades que l'armée vendéenne, poursuivie par l'armée de Mayence, exécuta le passage de la Loire en 1793. On voit de là, au milieu de la rivière, l'île de la Meilleraie, où le général vendéen Bonchamp est mort de ses blessures. Commerce de vins blancs estimés, que produit le territoire.

ARRONDISSEMENT DE CHATEAUBRIANT.

ABARETZ. Bourg bâti dans une situation pittoresque, sur le penchant d'une colline fort élevée dont l'église occupe le sommet. A 5 l. de Châteaubriant. Pop. 1,220 hab. — Forges, affineries et hauts fourneaux.

AUVERNÉ. Bourg situé sur une hauteur près de l'étang de ce nom, à 4 l. de Châteaubriant. Pop. 1,450 hab. — Carrières d'ardoise exploitées.

CASSON. Village situé à 10 l. 1/2 de Châteaubriant. Pop. 900 hab. On y remarque un château construit sur l'emplacement d'un ancien castel flanqué de quatre tours, entouré de douves, et où l'on entre par un pont-levis.

CHAPELLE-GLAIN (la). Village situé à 4 l. 1/2 de Châteaubriant. Pop. 1,000 hab. Commerce de bestiaux.

CHATEAUBRIANT. Petite ville fort ancienne, chef-lieu de sous-préfecture. Tribunal de première instance; société d'agriculture. ✉ Pop. 3,700 hab.

L'origine de cette ville paraît remonter au temps de la domination romaine. En 1015, Briant, comte de Penthièvre, y fit bâtir un château auquel il donna son nom ainsi qu'à la ville, qui perdit celui de Cadète, qu'elle avait porté jusqu'alors, pour prendre celui de Châteaubriant. Sous le règne de Charles VIII, La Trémouille assiégea cette ville, qui soutint avec courage plusieurs assauts; mais les assiégés, ne recevant point de renforts, furent obligés de capituler. Les Français détruisirent le château, les tours, les fortifications, et réduisirent la ville dans l'état où elle est aujourd'hui. Il ne reste plus du vieux château bâti par Briant que la tour du donjon et deux autres tours fort élevées. Au pied de ces tours se groupent quelques centaines de maisons: leurs façades bizarres, l'irrégularité des ouvertures, leurs toits avancés, dénotent l'ancienneté de leur construction et le mauvais goût de l'époque. L'antique chapelle de cette forteresse et la salle des gardes, autrefois décorée de trophées, rappellent la piété et les occupations guerrières de nos aïeux. Dans le nouveau château, appelé le Château neuf, on admire une magnifique galerie composée de quarante arcades; le grand escalier voûté en pierres; un autre escalier merveilleusement exécuté en colimaçon; et l'appartement qu'occupait Françoise de Foix; c'est une grande pièce lambrissée et séparée en deux par une balustrade travaillée avec goût; les vitraux sont petits et laissent apercevoir quelques restes de peinture; la cheminée, soutenue par des cariatides, est sculptée en entier suivant le goût du temps. De cette pièce on entre, par une double porte basse et étroite, dans une tour qui était entièrement dorée et où se trouve une alcôve: on l'appelle le cabinet doré. La boiserie est couverte de sculptures et offre encore des dorures d'une grande fraîcheur. C'est dans ce lieu que, suivant des bruits fabuleux, madame de Châteaubriant aurait perdu la vie, victime de la jalousie de son époux.

Le point de vue le plus favorable pour jouir de l'aspect vraiment romantique de l'antique donjon et des constructions ruinées qui l'entourent, est à la Torche, de l'autre côté de la petite rivière appelée le Cher. De là, on aperçoit, sur un monticule peu élevé, le donjon de forme carrée, avec ses crevasses, ses machicoulis et ses festons de lierre. Au pied se trouve un marais de peu d'étendue, où croissent les jeunes saules aux rameaux légers et gracieux, entourés de plantes aquatiques en fleur, que surmonte la glaïeul à fer de lance. A gauche, la partie plus récente et encore habitée du château présente un amas irrégulier de tourelles élancées. Cet ensemble pourrait fournir à un pinceau exercé une étude de paysage et de ruines.

Fabriques d'étoffes de laine communes, de conserves d'angélique renommées. Tanneries. *Commerce* considérable de bestiaux, de grains, bois, fer, cuirs, etc. — A 13 l. de Nantes.

DERVAL. Petite ville, située sur la route de Nantes à Rennes, à 5 l. 1/2 de Châteaubriant. Pop. 1,850 hab. A une demi-lieue au nord de cette ville, existait autrefois un château que l'on regardait comme une des places fortes les plus considérables de la Bretagne. En 1373, ce château appartenait à Robert Knolle, qui y fut assiégé par Duguesclin. Les assiégés, après s'être courageusement défendus pendant quelque temps, capitulèrent, obtinrent un délai, et donnèrent des ôtages pour gage de leur parole. Le terme expiré, le duc d'Anjou se rendit lui-même devant le château, et envoya un héraut pour sommer la garnison de se rendre. Knolle, qui avait eu le temps de réparer ses fortifications et de se mettre en état de défense, répondit qu'il n'avait consenti que malgré lui au traité, et qu'il ne rendrait la place que par la force des armes. Le duc, informé de la réponse des assiégés, leur fit dire que si, dans l'instant, le château ne lui était pas rendu, il allait faire couper la tête aux ôtages qu'on lui avait donnés. Knolle répondit que ces menaces ne l'intimidaient point, parce qu'il avait les moyens d'user de représailles. Les ôtages furent amenés à la vue du château, et eurent la tête tranchée. Knolle, qui avait vu cette exécution, s'en vengea aussitôt, en faisant placer un échafaud sur la fenêtre la plus élevée du château, et en y faisant décoller trois des personnes qu'il retenait prisonnières. Leurs têtes tombèrent dans le fossé !... A ce sanglant spectacle, le duc et le connétable levèrent le siège. En 1590, le château de Derval fut assiégé et pris par les troupes du duc de Mercœur. Enfin, il fut pris pour la dernière fois, en 1593, par les troupes de Henri IV, qui en fit démolir les fortifications. Aujourd'hui, Derval ne conserve plus aucune trace de château, de remparts ni de fortifications. — *Commerce* de bestiaux.

FERCÉ. Village situé dans une contrée peu fertile, à 2 l. de Châteaubriant. Pop. 700 hab. — Verrerie de verre blanc, où l'on fabrique de la gobeleterie.

HÉRIC. Bourg situé à 11 l. de Châteaubriant, près du point de partage du canal de Nantes à Brest. Pop. 3,389 hab.

JULIEN DE VOUVANTES (SAINT-). Bourg situé à 4 l. de Châteaubriant. Pop. 1,400 hab. — *Commerce* de grains et de bestiaux.

MEILLERAIE. Bourg situé à l'extrémité de la forêt de Voireau, à 5 l. de Châteaubriant. Pop. 810 hab. — A un quart de lieue de Meilleraie, on trouve l'abbaye de la Trappe, ancien monastère de l'ordre de Citeaux, fondé en 1132, vendu comme bien national en 1793, et racheté en 1816 par d'anciens trappistes qui ont fondé dans ce lieu une école d'agriculture.

Patrie de M. Bignon, législateur et diplomate.

MOISDON. Bourg situé sur une hauteur, à 3 l. 1/2 de Châteaubriant. Pop. 2,000 h.

NORT. Petite ville, bâtie dans une situation agréable, sur la rive droite de l'Erdre, qui commence en cet endroit à être navigable, à 8 l. de Châteaubriant. ✉ Pop. 4,751 hab.

A une demi-lieue de cette ville, sont les houilles de Languin, dont l'exploitation, abandonnée depuis long-temps, a été reprise en 1828. — *Fabriques* de cuirs. Entrepôt considérable de bois; fer, houille, etc. *Commerce* important de bestiaux, beurre, volailles et autres denrées qui s'expédient pour les marchés de Nantes.

NOZAY. Petite ville, située à 6 l. de Châteaubriant, sur la route de Nantes à Rennes. ✉ ✆ Pop. 2,150 hab. — Filatures de coton. *Commerce* considérable de grains et de bestiaux.

ROUGÉ. Bourg situé sur une hauteur,

à 2 l. de Châteaubriant. Pop. 2,000 hab. — Mines de fer exploitées. *Commerce* de grains, bestiaux, bois, etc.

RUFFIGNÉ. Village situé à 2 l. de Châteaubriant. Pop. 900 hab. — Aux environs, verrerie de verre blanc.

SAFFRÉ. Bourg situé à la source de l'Isaac, à 7 l. de Châteaubriant. Pop. 2,300 hab. La source de l'Isaac est dans un gouffre profond et très-poissonneux, qui occupe le milieu d'une plaine marécageuse. *Commerce* de grains.

SION. Village situé à 4 l. de Châteaubriant. Pop. 2,250 hab. — Aux environs, forges de la Huandière.

VINCENT-DES-LANDES (SAINT-). Bourg situé à 2 l. 1/2 de Châteaubriant. Pop. 1,400 hab. Carrière d'ardoise exploitée.

ARRONDISSEMENT DE PAIMBŒUF.

BOURGNEUF. Petite ville maritime, située sur l'Océan, vis-à-vis de l'île de Noirmoutiers, au fond de la baie de son nom, qui y forme un petit port très-fréquenté. A 7 l. de Paimbœuf. ⊠ Pop. 2,300 hab.

Cette ville est bâtie sur un terrain bas et marécageux, près d'anciens marais en partie desséchés qui en rendent le séjour malsain. — Exploitation de marais salants. Pêche de poissons frais. Armements pour la pêche de la morue. — *Commerce* considérable d'eau-de-vie et de sel.

CLION (le). Village situé à 4 l. 1/2 de Paimbœuf. Pop. 2,000 hab.

FROSSAY. Joli bourg, bâti dans une belle situation, sur une hauteur d'où l'on jouit d'un point de vue magnifique, à 2 l. de Paimbœuf. Pop. 1,900 hab. — *Commerce* de vins et de bestiaux.

JEAN DE BOISSEAU (SAINT-). Bourg situé près de la rive gauche de la Loire, à 4 l. 1/4 de Paimbœuf. Pop. 1,950 hab.

MOUSTIERS (les). Bourg situé sur le bord de la mer, à 5 l. 1/2 de Paimbœuf. Pop. 1,700 hab.

PAIMBŒUF. Ville maritime, chef-lieu de sous-préfecture. Tribunal de première instance; école d'hydrographie; société d'agriculture; collège communal. ⊠ Pop. 3,648 hab. (Établissement de la marée du port, 5 heures 30 minutes.)

Cette ville, située sur la rive gauche de la Loire, n'était, au commencement du XVIIIe siècle, qu'un hameau habité par quelques pêcheurs. Sa position à l'embouchure d'un grand fleuve, son port, où peuvent mouiller les plus grands vaisseaux, et sa proximité de Nantes, en ont fait une ville importante. Elle consiste principalement en une seule rue bien bâtie sur un long quai qui borde le fleuve. On y remarque un môle de toute beauté, de 200 pieds de long sur 20 de large, élevé au-dessus du niveau calculé des plus fortes marées. Ce môle est entièrement revêtu de pierres de taille; douze escaliers sont disposés à son pourtour et servent d'abord aux embarcations qui communiquent avec la terre.

Paimbœuf possède deux promenades agréables. C'est dans cette ville qu'il faut aller pour voir la Loire dans toute sa largeur; partout ailleurs on trouve des îles qui empêchent de l'apercevoir en entier: là, rien n'arrête la vue, qui s'étend jusqu'au rivage opposé, éloigné de près d'une lieue.

PELLERIN (le). Petite ville maritime, bâtie en amphithéâtre, sur un coteau qui borde la rive gauche de la Loire, qui y forme un port où s'arrêtent les vaisseaux qui ne peuvent entrer à Nantes. — Construction de navires.

Patrie de l'ex-ministre Fouché.

PÈRE-EN-RETZ (SAINT-). Bourg situé à 1 l. 3/4 de Paimbœuf. Pop. 1,600 h.

PLAINE (la). Bourg situé à peu de distance de l'Océan, à 5 l. de Paimbœuf. Pop. 1,550 hab.

Non loin de ce bourg, sur la côte de la baie de Bourgneuf, jaillit d'un rocher une source d'eau minérale ferrugineuse, que les médecins de Nantes prescrivent à un grand nombre de leurs malades. On ne commence guère l'usage de ces eaux avant la fin de juin, et on le cesse dans le courant de septembre. Chaque matin, dès qu'on les a bues, on se livre à l'exercice de la promenade, que l'on fait ordinairement le long de la belle côte qui se termine à la pointe de Saint-Gildas, où la mer se brise avec fureur. Les eaux de la Plaine sont éminemment toniques et fondantes, elles réussissent dans les embarras et les obstructions des viscères abdominaux; dans les asthénies qui surviennent à la suite des grandes éva-

CHÂTEAU DE PORNIC.

cuations muqueuses; dans la paralysie qui succède aux coliques opiniâtres; dans l'ictère de la dyspepsie, les affections nerveuses, calculeuses, scrofuleuses, laiteuses, utérines, etc. Elles sont nuisibles dans les phlegmasies et les suppurations, surtout dans celles des poumons; elles en hâtent les progrès et poussent violemment à la catastrophe.

La Plaine ne se recommande pas seulement par ses eaux minérales, ses bains de mer jouissent aussi d'une assez grande réputation. Sur toute la côte, on rencontre çà et là des lieux commodes pour prendre les bains. La main de la nature semble avoir elle-même creusé ces baignoires, et la réunion de deux remèdes naturels, présentant aux malades le concours de leur action, recommande encore la fréquentation de ces eaux minérales. Si l'on ajoute à cela l'influence d'un air pur, vif et fortifiant, on aura une réunion d'éléments sanitaires, qu'il serait difficile de trouver ailleurs.

Commerce de grains. Pêche du poisson frais. Cabotage.

PORNIC. Petite ville maritime, située sur la côte septentrionale de la baie de Bourgneuf, à 4 l. de Paimbœuf. ✉ Pop. 850 hab.

Cette ville est bâtie en amphithéâtre sur un coteau élevé de près de 80 pieds au-dessus du niveau de la mer; elle se divise en haute et basse-ville. Quelques-unes des rues sont de véritables escaliers, et plusieurs maisons, semblables à ces grottes creusées dans le coteau calcaire qui borde la Loire aux environs de Tours, ont leurs jardins au-dessus des toits. L'air y est vif et très-sain.

La ville de Pornic a été brûlée dans la révolution par l'armée vendéenne commandée par Charette. Depuis cette époque, elle a été entièrement rebâtie, et l'on peut dire qu'il y a eu émulation de la part des habitants pour l'embellir. Au sommet d'une prairie très-aérée et renfermée dans la ville, on trouve un hôpital fondé en 1721. Sur un des coteaux qui forment le port, on voit les ruines restaurées d'un ancien château d'où l'on jouit d'une fort belle vue sur la baie de Bourgneuf et l'embouchure de la Loire.

L'entrée du port a environ 200 toises de large, et se prolonge, sur une longueur de 600 toises, entre deux coteaux hérissés de rochers jusqu'à la ville qui en forme le fond et dont la situation en amphithéâtre offre un aspect pittoresque. Une écluse, construite au fond du port, retient l'eau de la rivière de Haute-Perche, ainsi que celle qu'y introduisent les marées, et permet de remonter ce canal à environ deux lieues dans les terres. Ce port est fréquenté par 40 à 50 petites barques de 18 à 20 tonneaux, et par quelques navires de 100 à 120 tonneaux, qui viennent y charger du froment.

La ville de Pornic est renommée par les excellents marins qu'elle produit. On y compte plusieurs capitaines au long cours, recommandables par leur probité et leurs connaissances. Les habitants sont très-vifs, laborieux, propres dans leur ameublement et très-affables envers les étrangers. Les femmes se font remarquer par un costume particulier et fort élégant : elles portent des coiffures carrées très-hautes et garnies de larges dentelles; leurs cheveux sont repliés par derrière, de manière à recouvrir la nuque du cou. Elles sont en général fort jolies, bien faites et d'un beau sang; les jeunes filles surtout sont remarquables par leur fraîcheur.

Pornic est une ville très-fréquentée dans la belle saison pour ses bains de mer; on les prend à la lame sur une belle grève ou dans des grottes paisibles que le temps a creusées au pied des rochers, et dans lesquelles l'eau se renouvelle à chaque marée. Ces grottes sont d'autant mieux disposées pour prendre les bains de mer, qu'elles offrent un abri constant contre les vents du sud et d'ouest, qui règnent souvent et battent en plein la côte.

A environ un quart de lieue, sur la côte en tirant vers la Bernerie (petit port de pêcherie), se trouve une source d'eau minérale salino-ferrugineuse, moins chargée d'oxide de fer que celle de la Plaine, mais qui lui est quelquefois préférée. Ces eaux s'emploient avec succès dans diverses maladies et particulièrement dans les obstructions. L'usage et l'expérience en ont démontré toute l'efficacité.

Commerce de grains. Pêche du poisson frais. Cabotage.

PORT-SAINTE-PÈRE. Bourg situé sur l'Acheneau, à 7 l. de Paimbœuf. Pop. 1,300 hab.

ARRONDISSEMENT DE SAVENAY.

BATZ. Bourg situé au milieu des marais salants, sur le bord de l'Océan, où il a un port très-favorable pour la pêche, à 4 l. 1/2 de Savenay. Pop. 3,643 hab.

Ce bourg est fort agréable et bien bâti; les maisons, construites en granit et couvertes en ardoises, sont toujours garnies de fenêtres hautes; l'intérieur est remarquable par une propreté bien entendue, garni de meubles cirés et décoré avec soin. Le costume est plus remarquable encore que l'ameublement; il est même tellement particulier aux habitants de Batz, qu'il ne se trouve sur aucun point de la France; ce costume se transmet de père en fils sans se permettre d'y rien innover. (*Voyez l'aperçu statistique, page 5.*)

Le bourg de Batz est presque entièrement environné de marais salants, exploités par les paludiers. Les salines sont de grands bassins, divisés en plusieurs compartiments ou œillets dans lesquels on introduit l'eau de la mer à chaque marée, par des canaux ou étiers, bordés de chaussées élevées de quelques pieds au-dessus du marais, qui servent de chemins sur lesquels on dépose le sel nouvellement recueilli. La récolte du sel ne commence guère que vers la fin du printemps; tout l'hiver les salines sont cachées sous l'eau, afin que la gelée ne puisse ameublir la terre argileuse qui en forme le fond.

L'objet le plus curieux du bourg de Batz est l'église, construite en pierres de taille, et dont le clocher carré, haut de 171 pieds, est terminé par une coupole élégante. Construite en 1690, à cinquante toises du bord de la mer, elle est le premier point qu'on aperçoit en venant du large, et sert de remarque aux navigateurs pour passer le Four et la Blanche, deux écueils très-dangereux, situés à 2 lieues de l'entrée de la Loire. A côté de l'église, on voit les murs de Notre-Dame, dont les ogives sont conservées entières. On ne sait de quelle année date ce monument.

A une lieue et demie E. de Batz, se trouvent le port et la petite ville du POULIGUEN, dépendant de cette commune. Le port, assez vaste et bordé de quais réguliers, ne reçoit que des chasse-marées d'une moyenne grandeur. Comme tous ceux de la côte, depuis Piriac, il assèche à toutes les marées. Au nord des quais, on distingue quelques gros villages qui dominent le Pouliguen, entre autres, celui du Carheil, défendu autrefois par un château fort dont on voit encore les ruines. Au sud, les quais sont terminés par une butte, promenade ordinaire des habitants, d'où l'on embrasse d'un coup d'œil la baie du Pouliguen, qui s'étend depuis la pointe de Painchâteau jusqu'à celle de Pornichet, et dont les dunes d'Escoublac et l'ancien port de ce nom occupent le fond. Le sel est l'unique commerce de Pouliguen: on y entrepose cependant quelques vins de Bordeaux pour les petites villes voisines. Une raffinerie de sel y est établie depuis quelques années.

BESNÉ. Bourg situé au milieu de marais immmenses, connus sous le nom de marais de Donges, à 3 l. de Savenay. Pop. 1,000 hab.

BLAIN. Petite ville fort ancienne, située près de la rive droite de l'Isaac, à 4 l. 1/2 de Savenay. Pop. 4,899 hab.

Blain était autrefois défendu par un château fort, construit en 1105 par Alain Fergent, duc de Bretagne, qui obligea tous ses vassaux, éloignés de moins de 6 à 7 lieues, d'y venir travailler par corvée. Ce château devint ensuite la propriété de la famille de Clisson, et passa après dans celle de Rohan par le mariage de Béatrix, fille du connétable, avec le vicomte de Rohan. Il ne reste plus qu'une aile entière de ce vaste édifice, antique demeure des souverains de la Bretagne, et magnifique séjour d'Olivier de Clisson.

Le château de Blain, ruine imposante, débris majestueux d'une grandeur passée, reste encore debout comme un monument de la puissance féodale; mais des neuf tours disposées en jeu de quilles qui l'ornaient jadis, deux seulement sont encore debout. L'une d'elles a été construite par Olivier de Clisson; elle conserve encore le nom de Tour-du-Connétable. Des salles désertes, où l'araignée tend sa toile impure; des toits entr'ouverts, où le vent se précipite avec bruit, et que le hibou seul habite encore; des cours abandonnées, où croissent l'echium à la tige hérissée et le verbascum aux feuilles tomenteuses, qui se plaisent tous deux dans les lieux incultes, voilà tout ce qui frappe la vue dans un lieu jadis si renommé. Ces mu

LE FOUR.

railles féodales, ces antiques croisées, ces voûtes sombres, ces fossés, ces ponts-levis, où les chaînes sont encore en place, comme si la vieille ruine avait encore besoin d'être défendue d'une attaque imprévue, rappellent en foule les aventures de chevalerie qui charment tous les âges. Dans la grande salle, une large cheminée, soutenue par des piliers massifs en granit, et couverte de sculptures à demi effacées, s'avance de dix pieds à chaque extrémité de l'appartement, et annonce que jadis d'énormes brasiers ont brillé dans ces larges foyers. L'épaisseur des murailles, dans les anciennes parties de l'édifice, est d'environ 8 à 10 pieds. Les murs sont construits de gneiss et revêtus extérieurement de fragments de grès taillés comme des pavés. Les caveaux, qui s'étendent sous les terrasses et ne vont pas audelà des murs extérieurs du château, sont presque comblés aujourd'hui. Leurs voûtes offrent de nombreuses stalactites, qui se brisent aisément.

Autrefois la position du château de Blain, son étendue, ses fortifications, le rendirent une des places les plus imposantes de la Bretagne. En 1586, il fut assiégé par le duc de Mercœur, qui força le gouverneur Le Goust à capituler. Ce gouverneur fut fait prisonnier, le château à demi brûlé, et les fortifications très-endommagées. En 1628, Louis XIII, pour punir le duc de Rohan de s'être joint aux calvinistes, ordonna la démolition du château de Blain, dont une partie fut rasée. (*Voy. la gravure.*)

CAMBON. Bourg situé à 2 l. de Savenay. Pop. 4,930 hab.

CHAPELLE-LAUNAY. Bourg situé à 3/4 de l. de Savenay. Pop. 1,220 hab.

CORDEMAIS. Bourg situé à 2 l. de Savenay. Pop. 2,500 hab.

COUÉRON. Gros bourg, très-agréablement situé, sur la rive droite de la Loire qui y forme un port commode pour le radoub et le carénage des vaisseaux. A 5 l. de Savenay. Pop. 4,053 hab. — Verrerie pour verre à vitres.

CROISIC (le). Jolie petite ville maritime, bâtie dans une situation fort agréable, à l'extrémité d'une langue de terre qui s'avance dans l'Océan, sur la rive méridionale d'un petit golfe qui y forme un port excellent. École d'hydrographie. Syndicat maritime. Bourse de commerce. ⊠ Pop. 2,288 h. (Établissement de la marée du port, 4 h. 18 m.)

Cette ville est située au milieu de marais salants très-étendus, dont l'exploitation remonte à une époque très-reculée. L'intérieur en est triste, les rues sont mal pavées, et les maisons assez mal bâties. Elle est disposée sur une ligne demi-circulaire, dont les promenades élevées de l'Esprit et de l'Enigo occupent les extrémités : au centre est l'église paroissiale, édifice très-vaste, surmonté d'un clocher en pierres de taille d'une forme élégante, et d'une hauteur extraordinaire; il sert à diriger les navires qui cherchent l'embouchure de la Loire. Le port est très-riant : c'est une vaste baie, formée par la nature, qui peut contenir 200 navires.

LE FOUR. En face du Croisic, à deux ou trois lieues en mer, existe un écueil fameux en naufrages. C'est un banc de rochers nommé le Four, dont l'étendue à basse mer est de plus d'une lieue dans la direction du N.-N.-E. au S.-S.-O.; les parties les plus hautes ne découvrent que d'environ deux mètres à l'époque des grandes marées. Les naufrages étant très-fréquents, et pour ainsi dire annuels sur cet écueil, le gouvernement, pour protéger les intérêts du commerce, y a fait élever, depuis quelques années, un phare indicateur, dont les feux perpétuels font connaître aux navigateurs les dangers qu'ils doivent éviter. La tour, de soixante pieds de hauteur, se divise en deux étages; le premier, auquel on monte par une échelle perpendiculaire incrustée dans le mur, est le magasin; le second, l'appartement des guetteurs; et sur sa plate-forme, autour de la lanterne, règne une galerie de deux pieds de largeur, qui leur sert de promenade. Là, deux gardiens, habitants assidus, sont chargés d'entretenir le feu sacré, se condamnant volontairement à une réclusion perpétuelle dans une tour de neuf pieds de diamètre, qui semble un vaisseau à l'ancre au milieu des flots. Lorsque la lune est aux quadratures, la mer ne cesse de couvrir le rocher sur lequel est construit le phare, de sorte que les gardiens ne peuvent en sortir un seul instant; car on leur défend d'avoir un canot, de peur qu'entraînés par quelque orage, ils ne laissent éteindre le feu indicateur au moment où il serait le plus nécessaire. Tous les huit jours une chaloupe vient de terre apporter leur nourriture et fournir à leurs besoins; mais quelquefois, et surtout à l'approche des équinoxes, époque où les tempêtes sont les plus violentes, les communications sont interrompues, et les habitants de la tour demeurent des semaines entières sans pouvoir sortir et sans voir un seul être vivant. La hauteur totale de la tour est de

18 mètres 47 centimètres. La mer monte dans son maximum de 6 mètres 14 centimètres. En conséquence, le feu, au moment le plus défavorable, est à 12 mètres 33 centimètres de hauteur.

Lorsqu'aux approches de l'hiver les nuages épais s'amoncellent à l'horizon, que les vents d'ouest commencent à souffler avec violence, et que, sur la surface de l'Océan, l'on voit les vagues se gonfler, s'étendre et rouler sur le rivage une écume blanchissante; lorsqu'enfin l'orage éclate avec violence, rien n'est plus majestueux que le spectacle dont on jouit du haut de la plateforme du phare qui domine les rochers du Four. Si les torrents de pluie qui se précipitent du ciel forcent l'observateur à se réfugier dans l'intérieur de la tour, il peut en toute sûreté contempler, par une petite ouverture pratiquée du côté de la pleine mer, la scène d'horreur qu'offrent les éléments déchaînés. Quel spectacle magnifique et terrible à la fois! Depuis long-temps le soleil a disparu derrière les énormes masses de nuages qui couvrent l'occident, une profonde obscurité règne sur les eaux, et ne laisse distinguer au loin que l'écume blanchissante des vagues qui se brisent contre les rochers. Quelquefois, cependant, la sombre lueur des éclairs rend les ténèbres visibles, et l'on aperçoit la foudre qui, déchirant le sein des nuages par des sillons de feu, va frapper quelque écueil éloigné. Tout est bouleversé dans la nature; la mer, soulevée par les vents, s'agite avec fureur; tantôt les vagues s'élèvent au-dessus de la tour et l'engloutissent en un instant, tantôt se brisant à ses pieds, elles l'enveloppent d'un nuage d'une poussière humide. La foudre gronde avec fracas, et sa voix, se mêlant au sifflement des vents et au tumulte des flots, forme un horrible concert. L'onde bat avec fureur les murs de la tour, les aquilons déchaînés redoublent de violence pour l'arracher de ses fondements, et quelquefois se balançant sur sa base, elle semble prête à céder à leurs efforts. (*Voy. la gravure.*)

Industrie. Fabriques de soude de Warech. Pêche du hareng, du maquereau et de la sardine. Construction de navires. Cabotage. — Commerce de sel, vins, eaux-de-vie, bestiaux, etc.

CROSSAC. Bourg situé dans une contrée marécageuse, à 4 l. 1/4 de Savenay. Pop. 1,300 hab. — Aux environs, on remarque un dolmen connu dans le pays sous le nom de la Barbière.

DONGES. Bourg situé à l'extrémité des immenses marais de son nom, à 3 l. de Savenay. Pop. 2,500 hab.

A trois quarts de lieue au nord-est de Donges, près de la route de Guérande à Savenay, se trouve la butte de Cesne, d'où l'on jouit d'un point de vue magnifique. Du sommet de cette butte on découvre 6 villes et 26 paroisses. Le Sillon de Bretagne forme un demi-cercle de l'est à l'ouest. Toute la pente de cette colline s'y développe depuis Saint-Étienne jusqu'à Pont-Château. Le calvaire voisin de cette dernière ville se montre au loin comme un cordon noirâtre. A vos pieds, d'un côté, sont des collines et des vallons qui descendent à la Loire jusqu'à Donges; de l'autre sont les immenses marais de Donges. Au midi, une lisière d'arbres borde la Loire, dont le bassin se déploie dans son entier. En face, est Paimbœuf; dans le sud-ouest, s'avance la pointe basse de Mindin; au-delà fuit dans l'espace, à une distance de 12 lieues, la côte occidentale de Noirmoutiers. A l'ouest règne l'arc aplani de l'Océan.

Commerce de grains, vins, bestiaux, et particulièrement de sangsues, dont il s'expédie annuellement en Angleterre pour environ cent mille francs.

ESCOUBLAC. Bourg situé près de la côte, à 7 l. 1/2 de Savenay. Pop. 1,100 hab.

Escoublac est un bourg moderne, bâti près de la côte, à un quart de lieue de l'ancien bourg de ce nom, enseveli sous les sables de l'Océan vers le milieu du XVIIIe siècle. La mer, jetant tous les jours sur ce rivage une grande quantité de sables, a commencé par en amonceler des masses énormes, qui, poussées par le vent, ont fini par gagner le village, que les habitants ont été forcés d'abandonner. Il y a quelques années que l'on voyait encore la flèche du clocher de l'église; mais elle a fini par subir le sort des habitations ensevelies dont elle indique la place.

FOUR (le). *Voy.* Croisic (le).

GAVRE (le). Bourg situé près de la vaste forêt de son nom, à 4 l. 1/2 de Savenay. Pop. 1,150 hab. C'était autrefois une ville défendue par un château fort dont il ne reste plus aucun vestige.

La forêt du Gavre contient environ 9,500 arpents, tant en taillis qu'en futaie. Dix routes principales, ayant entre elles un développement de 42,797^m, la traversent et se réunissent à un endroit nommé l'Étoile, d'où l'on jouit d'un coup d'œil vraiment remarquable; chacune des routes, à son som-

verture, a environ 20^m de largeur, et son extrémité ne paraît que comme une petite porte ouverte. Au centre de l'Étoile, on a bâti un petit temple circulaire où se réunissent les chasseurs. Il est entouré de pieds d'arbres qui en forment les colonnes naturelles. A l'intérieur, il est tapissé de mousse, et son toit de jonc ne ressemble pas mal à celui d'une hutte sauvage.

GILDAS-DES-BOIS (SAINT-). Village situé sur une hauteur, au milieu des marais, à 4 l. 1/2 de Savenay. Pop. 1,300 hab.

GUÉMÉNÉ-PANFAO. Petite ville, située sur une hauteur, près de la rive droite du Don, qui commence en cet endroit à être navigable. Pop. 3,798 hab.

GUÉRANDE. Ville fort ancienne, située sur un coteau couvert de vignes, à 1 l. de l'Océan et 12 l. de Savenay. ✉ Pop. 8,190 h.

Cette ville doit son origine aux Romains. Elle est dominée par un château flanqué de vieilles tours, entourée de murs d'un aspect triste et bâtie presque entièrement en granit. Les remparts, revêtus d'un parement en pierres de taille, garnis de dix tours, forment une figure irrégulière. On y entre par quatre tours, placées aux quatre points cardinaux. Du haut de ces fortifications antiques l'œil découvre une plaine immense qui n'a de bornes que l'horizon; au sud et au sud-est on aperçoit la baie de Bourgneuf, l'île de Noirmoutiers, l'Océan, et toute la plaine entre le Pouliguen, Batz et le Croisic, où sont situées les salines; à l'ouest, on découvre Belle-Ile, et au nord-ouest, les îles de Hédic, d'Houat, la baie et la pointe de Quiberon.

Guérande fut assiégée sans succès par les Normands en 919 et 953. Pendant les guerres de Jean de Montfort et de Charles de Blois, elle fut prise d'assaut et ses habitants passés au fil de l'épée.

Cette ville a deux hôpitaux, l'un affecté aux malades, l'autre destiné aux indigents. M. de La Bouexière, ancien sénéchal de cette ville, a consacré, dans l'espace de trente-deux ans, une somme de 120,000 livres au rétablissement de l'Hôtel-Dieu, fondé en 1650. La mémoire de ce vertueux citoyen est impérissable, ses bienfaits l'ont gravée dans le cœur des pauvres.

On compte dans la commune plus de 18,000 œillets salants, lesquels, année commune, produisent environ 900 muids de sel très-blanc, très-léger, que l'on exporte par terre et par mer pour l'intérieur de la France et à l'étranger.

Fabriques de toiles de lin, basins, serges. Filatures de laine et de coton. Commerce de grains, vins blancs, sel, chevaux et bestiaux.

HERBIGNAC. Bourg situé sur une petite éminence, à 7 l. de Savenay. Pop. 3,175 hab. On trouve dans cette commune de nombreuses fabriques de poteries de terre, qui occupent près de 1,500 habitants.

A un quart de lieue d'Herbignac, on remarque les ruines imposantes de l'antique manoir de Renroiset, grand bâtiment carré, flanqué aux quatre angles de tours rondes bien conservées, et environné de douves toujours remplies d'eau; on y entrait par un pont-levis, défendu par une demi-lune ceinte elle-même d'un fossé.

JOACHIM (SAINT-). Bourg situé au centre des marais de la grande Brière, à 5 l. de Savenay. Pop. 3,061 hab.

MESQUER. Village situé à peu de distance de l'Océan, à 9 l. 1/2 de Savenay. — Cabotage; exploitation des marais salants.

MISSILLAC. Village situé dans une belle plaine, à 5 l. de Savenay. Pop. 2,200 hab.

Aux environs, on remarque les ruines pittoresques de l'ancien château de LA BRETESCHE, bâti au bord d'un étang, près de la forêt de son nom. Le bâtiment principal, assez bien conservé, est construit en pierres de taille; le centre est occupé par une galerie dont les voûtes se prolongent en arcades élégantes, tandis qu'aux deux extrémités s'élèvent deux petits pavillons bâtis en briques. Mais tout le reste ne présente qu'un monceau de ruines; le chardon, l'ortie, qui se plaisent au milieu des décombres, croissent dans les remises et dans les cours; le lierre et les ronces, tristes symptômes de la solitude et de l'abandon, tapissent le pied des murailles, et étouffent les arbustes qui ornaient jadis les terrasses.

MONTOIRE. Bourg situé sur une hauteur, à l'extrémité du vaste marais de son nom, à 4 l. de Savenay. ✉ Pop. 3,985 hab. — *Fabriques* de vitriol. Extraction de tourbe, qui s'expédie à Nantes et aux environs.

NAZAIRE (SAINT-). Bourg maritime, situé à l'embouchure de la Loire dans l'Océan, à 10 l. de Savenay. Pop. 3,789 hab.

Ce bourg possède un port assez fréquenté, mais qui ne peut contenir que des barques, à cause du grand nombre de rochers qui en encombrent le fond. La rade elle-même est peu sûre, ce qui n'empêche pas cependant les navires de s'y arrêter. C'est à Saint-Nazaire que résident presque tous les pilotes lamaneurs qui dirigent l'entrée des navires dans la Loire.

A une demi-lieue nord-ouest de ce bourg on remarque un des plus beaux dolmens du département, composé d'une pierre longue de 9 pieds, large de 5, et épaisse de 13 pouces, supportée par deux autres pierres, enfoncées en terre et élevées de 6 pieds au-dessus du sol. — Commerce de grains et de sel. Pêche de poisson frais. Cabotage.

NICOLAS-DE-REDON (SAINT-). Village situé sur la rive gauche de la Vilaine, près de Redon (Ille-et-Vilaine), à 8 l. 1/2 de Savenay. Pop. 1,450 hab.

PIRIAC. Joli bourg maritime, situé sur l'Océan, à 12 l. de Savenay. Pop. 1,100 h.

L'aspect de ce bourg est riant; toutes les maisons sont bâties en granit et couvertes en ardoises. Il est dominé par un château construit sur un coteau élevé, et possède une belle église paroissiale, surmontée d'un élégant clocher qui s'aperçoit de très-loin en mer.

Piriac possède des bains de mer assez fréquentés dans la belle saison. — La côte, qui s'étend à l'ouest, offre une roche de nature schisteuse. La mer creuse des anses dans cette roche feuilletée, et laisse quelquefois des saillies qui s'avancent comme des éperons informes pour défendre ces bassins naturels; l'un d'eux présente une cavité creusée dans le roc comme une guérite. C'est là que les dames qui vont prendre les bains de mer quittent leurs vêtements. L'art n'aurait pu parvenir à présenter à la pudeur quelque chose de plus gracieux que cette voûte si simple et si bien cachée sous le coteau. La pointe la plus avancée de Piriac est celle de Castelli; là les formes de rochers sont encore plus variées; quelques-uns se prolongent comme des pans de murs qui viennent de s'écrouler, ou comme des tours renversées. Quelquefois des anses de sable apparaissent semblables à un cirque qu'on aurait ouvert dans ces masses écartées tout-à-coup. Les unes forment des îles près de la rive, les autres se rejoignent confusément ensemble, s'élèvent, s'abaissent tour à tour, et, dans une hauteur verticale de trente-six pieds, sont entassées comme les décombres d'un édifice gigant les grottes que forment ces rochers se prolongent sous la colline sans qu'on puisse en découvrir le fond. Une de ces cavités est celle qui porte le nom de la Grotte-à-Madame : c'est une ouverture spacieuse de 30 pas de profondeur sur 12 de largeur, et de 15 pieds d'élévation. Plusieurs grottes, semblables à cette dernière, ne portent pas de nom dans le pays, tant on y est habitué à ces sortes de jeux de la nature. Toutes les ouvertures sont comblées à marée haute; et la vague s'y précipite en bouillonnant, entraînant avec elle les goëmons et les sables du rivage.

PLESSÉ. Bourg situé à 5 l. de Savenay. Pop. 3,652 hab.

PONT-CHATEAU. Bourg situé sur la rive gauche du Brivé, à 4 l. de Savenay. ✉ ☛ Pop. 3,300 hab. Aux environs, on remarque un calvaire, que sa position sur une hauteur fait apercevoir de très-loin. — Commerce de grains. Tanneries et mégisseries.

POULIGUEN (le). *Voy.* BATZ.

SAVENAY. Petite ville, chef-lieu de sous-préfecture. Tribunal de première instance. Société d'agriculture. ✉ (☛ à la Moëre.) Pop. 1,800 hab. Elle est en général très-mal bâtie, sur le penchant d'un coteau, d'où la vue embrasse une immense étendue de pays.

Le 22 décembre 1793, l'armée vendéenne fut défaite sous les murs de cette ville par le général Kléber. Le carnage fut horrible : plus de 6,000 cadavres furent amoncelés dans les rues de Savenay, et peu de Vendéens échappèrent à cet affreux massacre.

Commerce de grains, sel et bestiaux. — A 8 l. de Nantes.

TEMPLE (le). Bourg situé sur la route de Nantes à Vannes. ☛ Pop. 450 hab.

VIGNEUX. Bourg situé dans un pays plat, à 3 l. de Savenay. Pop. 2,400 hab.— Aux environs sont plusieurs belles carrières de granit, exploitées depuis un temps immémorial.

FIN DU DÉPARTEMENT DE LA LOIRE-INFÉRIEURE.

IMPRIMERIE DE FIRMIN DIDOT FRÈRES,
RUE JACOB, N° 24.

Guide Pittoresque
DU
VOYAGEUR EN FRANCE.

ROUTE DE PARIS A GENÈVE,

TRAVERSANT LES DÉPARTEMENTS

DE SEINE-ET-OISE, DE SEINE-ET-MARNE, DE L'YONNE, DE LA CÔTE-D'OR,
DU JURA ET DE L'AIN.

DÉPARTEMENT DE SEINE-ET-MARNE.

Itinéraire de Paris à Genève.

	lieues.			lieues.
De Paris à Charenton...	2		Avallon...........	2
Maisons..........	1/2		Rouvray..........	4 1/2
Villeneuve-Saint-Georges.	2		Maison-Neuve.....	4
Montgeron........	1/2		Vitteaux..........	4
Lieursaint........	3		La Chaleur........	3 1/2
Melun............	3 1/2		Pont de Pasny.....	3
Le Châtelet.......	2 1/2		Dijon.............	5
Panfou...........	2		Genlis............	4
Montereau........	2 1/2		Auxonne..........	3 1/2
Fossard..........	1		Dôle..............	4
Bichain..........	1 3/4		Mont-sous-Vaudray.	5
Villeneuve-la-Guyard.	1/4		Poligny...........	4 1/2
Pont-sur-Yonne...	3		Montrond.........	2 1/2
Sens.............	3		Champagnole......	2 1/2
Villeneuve-le-Roi..	3 1/2		Maison-Neuve.....	3
Villevallier.......	2		Saint-Laurent.....	3
Joigny...........	2		Morey............	3
Bassou...........	3		Les Rousses.......	3
Auxerre..........	4		La Vatay..........	3 1/2
Saint-Bris........	2 1/2		Gex...............	4
Vermanton.......	4		Ferney...........	2 1/2
Lucy-le-Bois......	4 1/2		Genève (Suisse)...	1 1/2

Communication de Dôle à Besançon (DOUBS).

	lieues.			lieues.
De Dôle à Orchamps.....	4		Saint-Fergeux..........	3 1/4
Saint-Vit...............	3		Besançon..............	3/4

ASPECT DU PAYS QUE PARCOURT LE VOYAGEUR
DE PARIS A VILLENEUVE-LA-GUYARD.

Deux routes conduisent à Charenton : l'une par Bercy et Charenton, l'autre par la Gare. Lorsqu'on prend la première de ces routes, on sort de Paris par le faubourg Saint-Antoine, à l'entrée duquel on quitte la grande et belle rue qui mène à la barrière du Trône, pour suivre une rue étroite qui aboutit à la barrière de la Grande-Pinte. Une

7ᵉ *Livraison.* (SEINE-ET-MARNE.)   7

lieue après cette barrière, on longe à droite le château de Bercy, et un peu plus loin celui de Conflans. Sur la gauche, on aperçoit, dans le lointain, le donjon du château de Vincennes. En arrivant à Charenton, on voit, à gauche, une belle maison en briques, bâtie par Henri IV pour Gabrielle d'Estrées : une rue étroite et escarpée conduit au pont remarquable jeté sur la Marne, un peu au-dessus du confluent de cette rivière avec la Seine. Lorsqu'on prend la seconde route, on sort de Paris par la barrière de la Gare, en suivant sur la rive gauche de la Seine une chaussée que les eaux de cette rivière recouvrent en partie lors des grandes crues. La vue dont on jouit depuis la barrière jusqu'à Charenton est réellement délicieuse. On découvre le village et le port de Bercy, qui communique avec la rive gauche de la Seine par un beau pont suspendu de construction récente. A l'extrémité de ce village, on longe les murs du vaste parc du château de Conflans, ancienne maison de plaisance des archevêques de Paris, dont les jardins ont été, dit-on, plantés par Le Nôtre. Immédiatement après, se présentent les villages de Conflans, des Carrières, et les premières maisons de Charenton, bâties en amphithéâtre sur le coteau qui domine le fleuve, que l'on traverse sur un pont d'une construction hardie, vis-à-vis du confluent de la Marne. A Alfort, la route tourne à droite, vis-à-vis du château de ce nom, où est établie une célèbre école vétérinaire. On côtoie, à travers des champs fertiles, la rive droite de la Seine, par un chemin plat, aligné, bordé d'une double rangée de beaux ormes. Au bout d'un quart de lieue, on traverse le village de Maisons. La route borde toujours, jusqu'au relais, la rive droite de la Seine, et toute cette distance est embellie par la vue continuelle de la rive opposée, toute parsemée de maisons de plaisance, de villages et de bourgs : le premier qu'on aperçoit est Ivry, le second Vitry, le troisième Choisy, le quatrième Villeneuve-le-Roi. On sort du département de la Seine pour entrer dans celui de Seine-et-Oise un peu au-dessus de Villeneuve-Saint-Georges, joli bourg bâti au confluent de la Seine et de l'Yères, et dominé par le château de Beauregard. A une demi-lieue plus loin, on traverse le beau village de Montgeron. Peu après Montgeron, la route traverse la forêt de Senart, à l'issue de laquelle on passe du département de Seine-et-Oise dans celui de Seine-et-Marne. Le premier village que l'on rencontre est Lieursaint ; au sortir de cet endroit, la route est droite, plate et peu intéressante jusqu'à l'avenue de Melun, ville où l'on arrive par une pente courte et rapide.

En sortant de Melun, la route devient monotone et peu variée. On traverse d'abord le hameau de Sivry, ensuite celui du Châtelet, puis le hameau de l'Écluse, et le village de Panfou, où est le relais de poste. Après Panfou, on rencontre Valence, village situé près d'une forêt, dont le trajet est de près d'une lieue. Une assez forte descente conduit à Montereau, jolie petite ville, bâtie au confluent de la Seine et de l'Yonne.

A une lieue au-dessous de Montereau on rejoint la route de Paris à Sens par Fontainebleau au hameau de Fossard, où est placé le relais de poste. Un peu plus loin est le Grand-Fossard, dernier village que l'on rencontre avant d'arriver à Villeneuve-la-Guyard, petite ville du département de l'Yonne.

DÉPARTEMENT DE SEINE-ET-MARNE.

APERÇU STATISTIQUE.

Le département de Seine-et-Marne est formé d'une partie de la Brie et du Gâtinais, qui dépendaient autrefois des ci-devant provinces de Champagne et de l'Ile-de-France. — Il est borné, au nord, par le département de l'Oise et de l'Aisne ; à l'est, par ceux de la Marne et de l'Aube ; au sud, par ceux de l'Yonne et du Loiret ; à l'ouest, par ceux du Loiret et de Seine-et-Oise. — L'air y est sain ; la température douce, humide et sujette à de grandes variations.

Le territoire de ce département se compose de plaines très-étendues et d'une grande fertilité, sillonnées çà et là de collines peu élevées, qui marquent les bassins où coulent

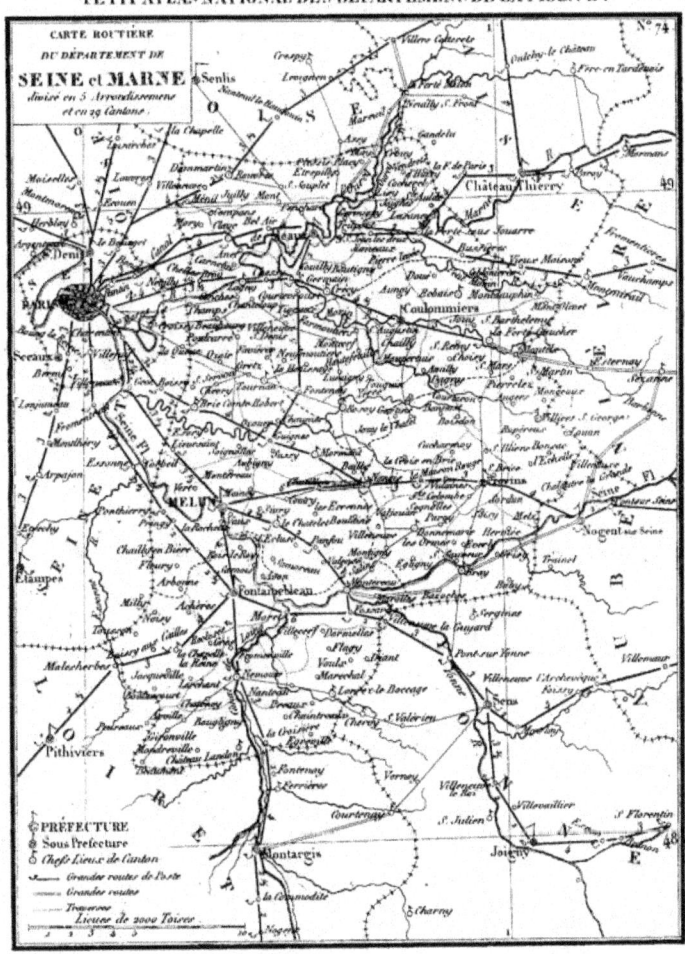

plusieurs rivières et ruisseaux. Les plus grandes inégalités du sol se font remarquer dans l'arrondissement de Fontainebleau : les formes du terrain y sont plus tourmentées et offrent une apparence minéralogique toute particulière. On trouve dans ce département de vastes et belles forêts, dont la plus considérable est celle de Fontainebleau; quelques coteaux plantés de vignes, qui donnent des vins de médiocre qualité; de belles prairies et de bons pâturages où l'on élève une grande quantité de bestiaux et de superbes troupeaux de moutons, pour la plupart de pure race mérinos; et beaucoup d'étangs qui abondent en excellents poissons, notamment dans l'arrondissement de Coulommiers.

Les principales rivières qui l'arrosent sont la Seine, la Marne, l'Yonne et le Grand-Morin, qui y sont navigables (le dernier seulement à partir de Tigeaux); la Beuvronne, le Petit-Morin, la Térouenne, le Loing, l'Yères, la Voulzie, le Suzain, le Lunain et l'Aubetin. Les canaux du Loing, de l'Ourcq et de Provins le traversent.

MINÉRALOGIE. Nombreuses carrières de pierres meulières et de pierres de taille ; grès à paver très-abondant et en grande masse dans la forêt de Fontainebleau; albâtre, pierres à chaux et à plâtre, argile à faïence et à poterie, sable blanc, tourbe.

SOURCES MINÉRALES à Provins.

PRODUCTIONS. Céréales de toute espèce, en grande quantité, et plus que suffisantes pour la consommation des habitants. Légumes secs et potagers; fruits, raisins de table renommés; melons recherchés. Chanvre, graines oléagineuses; nombreuses prairies naturelles et artificielles; bons pâturages. — 15,331 hectares de vignes, qui donnent des vins médiocres. — 88,818 hectares de forêts. — Grand et menu gibier. — Très-bon poisson. — Élève en grand des bestiaux, des porcs, des moutons et de la volaille.

INDUSTRIE. Manufactures de toiles peintes, mouchoirs, indiennes, acier, limes, essieux, bougie, porcelaine. Faïenceries et poteries. Verreries à vitre. Nombreuses tanneries dont les produits sont très-estimés. Filatures de coton. Blanchisseries de toiles, belles papeteries, etc., etc., etc.

COMMERCE important de grains, farines, fruits, fromages de Brie, œufs, laine, chanvre, bestiaux, cuirs, bois et charbon pour l'approvisionnement de Paris.

VILLES, BOURGS, VILLAGES, CHATEAUX ET MONUMENTS REMARQUABLES, CURIOSITÉS NATURELLES ET SITES PITTORESQUES.

ARRONDISSEMENT DE MEAUX.

BAILLY-ROMAINVILLIERS. Village situé à 3 l. 1/2 de Meaux. Pop. 306 hab. On y voit les restes d'un château fort construit en briques, consistant en un corps de bâtiments flanqué de tourelles et entouré de fossés.

BUSSY-SAINT-MARTIN. Village situé sur la croupe d'une montagne, à 4 l. 1/2 de Meaux. Pop. 300 hab. C'est le lieu de naissance d'Alexandrine Avalle, f. Goujon, héroïne obscure du dévouement et de la charité, qui a obtenu, en 1828, un des prix de vertu fondés par le vénérable Monthyon, pour avoir, étant elle-même dans l'indigence, partagé avec son maître tombé dans le malheur, le pain trempé de ses sueurs, et obtenu quelquefois par le secours d'une mendicité à laquelle elle s'était volontairement condamnée.

Le joli château de RENTILLY, construit dans le goût le plus moderne, à l'italienne, est une dépendance de cette commune.

CHAMIGNY. Village situé à peu de distance de la rive droite de la Marne, à 5 l. de Meaux. Pop. 700 hab.

L'église paroissiale de Chamigny est une des plus anciennes du diocèse. Elle a été bâtie à différentes époques : le chœur est de construction gothique, et les petites figures d'hommes et d'animaux qui décorent les chapiteaux des piliers, indiquent que cette construction remonte au Ve ou au VIe siècle. Sous le chœur est une chapelle souterraine très-remarquable qui en occupe toute l'étendue; elle est voûtée en ogive et forme trois carrés égaux. Quatre piliers, placés dans le milieu, soutiennent la masse énorme de l'édifice; ils sont, ainsi que les socles, formés d'une seule pierre, et n'ont que huit pouces de diamètre. Cette chapelle est éclairée par quatre croisées; on y descend du milieu de la nef par douze degrés. L'entrée, décorée d'une espèce de portique, est surmontée d'une rampe en fer travaillé.

Le château de TANQUEUX, dont le site est un des plus beaux de la contrée, celui du SAUSSOY, bâti dans une situation très-agréable, et celui de ROUGE-BOURSE, dépendent de la commune de Chamigny.

CHAMPS-SUR-MARNE. Village situé sur une colline qui borde la rive gauche de la Marne, à 6 l. 1/2 de Meaux. Pop. 350 h. On remarque à l'extrémité de ce village un magnifique château, bâti au commencement du siècle dernier par Bourvalès, sur les dessins de Chamblin; les points de vue en sont admirables. L'église paroissiale, édifice qui a la forme d'une grande chapelle sans ailes, mais fort propre, est dans une situation très-agréable.

CHAPELLE-SUR-CRÉCY (la). Village situé sur la route de Coulommiers à Paris, à 3 l. de Meaux. Pop. 1,250 hab.

L'église paroissiale est une des plus belles du département après celle de Meaux. C'est un édifice gothique très-élevé, de la fin du XIIIe siècle ou du commencement du XIVe, remarquable par son architecture et par sa régularité. Cette église est surmontée d'une tour également gothique, placée à l'extrémité occidentale de l'aile gauche, et terminée par quatre pignons au-dessus desquels s'élève une haute flèche octogone couverte en ardoise.

On voit aussi dans ce village un vieux château bâti par Sully; c'est un ancien manoir, aujourd'hui inhabité et tombant en ruine, entouré de larges et profonds fossés remplis d'eau vive, et aussi agréablement qu'avantageusement situé.

SERBONNE est un hameau considérable dépendant de la Chapelle-sur-Crécy, situé sur la rive droite du Grand-Morin, qui le sépare d'une haute montagne de roches. Il est remarquable par la belle perspective qu'offre sa situation; par un moulin d'un mécanisme ingénieux, et par un joli pont suspendu en fil de fer, dont l'arche unique a plus de soixante pieds d'ouverture.

CHELLES. Bourg situé sur la route de Paris à Coulommiers, à 6 l. de Meaux. Pop. 1,450 hab.

Sous la première race des rois francs, Chelles possédait un manoir royal, où Chilpéric, qui y résidait souvent, fut assassiné en 584. Voici la cause et les détails de cet assassinat: Un maire du palais de Chilpéric, nommé Landri, était l'amant favorisé de Frédégonde. Un matin, le roi entra dans la chambre de son épouse; elle était courbée et se lavait la tête; il la frappa par derrière avec sa canne. La reine croyant que ce coup partait de la main de son favori, dit: Pourquoi me frappes-tu ainsi, Landri? Bientôt, levant la tête, au lieu de son amant, elle voit le roi son époux. A cette vue, Frédégonde est saisie d'effroi; et Chilpéric, irrité, part brusquement pour la chasse. Après son départ, Frédégonde fit appeler Landri, lui raconta l'événement, et tous deux résolurent, plutôt que de souffrir la torture et la mort, de faire tuer le roi. Celui-ci, arrivant à Chelles au commencement de la nuit, fut frappé, en descendant de cheval, de plusieurs coups de couteau par les satellites de Frédégonde, et expira sur-le-champ. L'endroit où ce roi a été assassiné est marqué par un piédestal.

Chelles possédait autrefois une des plus riches abbayes du royaume, fondée au VIIe siècle par Bathilde, femme de Clovis II. L'abbaye de Chelles était une des plus opulentes de France, et son trésor rivalisa long-temps de richesses et de magnificence avec celui de Saint-Denis. Cette antique et célèbre abbaye fut supprimée en 1790, en partie démolie trois ans après, vendue par lots, et convertie dans la suite en habitations particulières.

CLAYE. Bourg situé sur la Beuvronne, et traversé par le canal de l'Ourcq, à 4 l. de Meaux. Pop. 1,000 h. — *Manufacture* de toiles peintes. *Fabrique* de châles. Blanchisseries de toiles.

CRÉCY. Petite ville, très-agréablement située dans un beau vallon, sur la rive droite du Grand-Morin, qui s'y divise en plusieurs bras et partage la ville en trois îlots: on y entre par trois portes et autant de ponts. C'est une ville fort ancienne, qui était jadis fortifiée de doubles remparts flanqués de cinquante tours, dont une partie existe encore, avec de très-bons fossés alimentés par la rivière qui l'environne de toutes parts.

Plusieurs de ces tours ont été converties en logements ; les plus remarquables sont : la Tour-Fallot, et la Grosse-Tour, dont les murs sont encore dans un état parfait de conservation.

Fabriques de dentelles et de toiles de coton. Tanneries. *Commerce* de toiles de ménage qui se fabriquent dans les environs, de fil, grains, bois, chevaux et bestiaux. ✉ Pop. 1,000 hab.

CRÉGY. Village bâti dans une belle situation, à 1/2 l. de Meaux. Pop. 300 hab. Le rocher de Crégy, détruit lors de la construction du canal de l'Ourcq, était remarquable par une grotte qui renfermait de belles pétrifications.

CROUY-SUR-OURCQ. Petite ville, située dans un joli vallon entouré de bois, sur la rivière d'Ourcq, à 5 l. 1/2 de Meaux. Pop. 1,450 hab. Il ne reste plus de son ancien château, aujourd'hui converti en ferme, qu'une tour antique qui sert aujourd'hui de prison. L'église paroissiale, fondé en 1550, offre un beau vaisseau ; mais on regrette que le bas côté droit n'ait pas été achevé. La voûte est hardie, et les piliers qui la supportent sont d'une grande délicatesse.

DAMMARTIN. Jolie petite ville, située en amphithéâtre sur une montagne d'où l'on jouit d'une vue magnifique, qui s'étend de tous les côtés à plus de 15 ou 16 lieues. ✉ ☞ Pop. 1,711 hab.

A la sortie de cette ville, près du grand chemin qui conduit à Nanteuil, sont les restes solides du fameux château de Dammartin, dont il est tant parlé dans l'histoire. Ce château, dont l'origine se perd dans la nuit des temps, et que l'on croit avoir été fondé par les Romains, a été démantelé lors de la mort et de la confiscation des biens d'Anne de Montmorency, à qui il appartenait. Il était bâti en briques, flanqué de huit énormes tours octogones, et environné de larges fossés ; il a fait place à une plantation d'arbres, qui forme aujourd'hui une promenade des plus agréables.

Commerce considérable de bestiaux et principalement de moutons.

FERTÉ-SOUS-JOUARRE (la). Petite ville, très-agréablement située dans une vallée fertile, bien cultivée et peuplée de châteaux et de maisons de plaisance, à 5 l. de Meaux. ✉ ☞ Pop. 3,927 hab.

Cette ville est assez bien bâtie, sur la Marne, qui y forme une île et un beau port. C'était jadis une place forte, défendue par un château dont il ne reste plus qu'un pavillon, remarquable par sa solidité et son architecture gothique. A l'époque des guerres de religion, les calvinistes la considéraient comme leur chef-lieu dans la Brie. Pendant la Ligue, les ligueurs l'enlevèrent à Henri IV en 1589 ; elle retomba ensuite au pouvoir de ce roi, et fut prise de nouveau par le duc de Mayenne, en 1590, puis rendue vers la fin de la même année.

Près de la rive droite de la Marne, on remarque le château de la Barre, édifice flanqué de tourelles, d'où l'on jouit d'une fort belle vue, qui s'étend sur toute la ville de la Ferté, sur le bourg de Jouarre et sur les villages environnants.

La ville de la Ferté-sous-Jouarre est renommée pour la supériorité de ses meules à moulin, dont on fait un commerce considérable. Plusieurs sociétés s'occupent de ce genre d'industrie, qui procure du travail à une grande partie des habitants.

FORFRY. Village situé à 3 l. de Meaux. Pop. 200 hab. On remarque à l'une des extrémités de ce village l'ancien château de Boissy, flanqué de tours et environné de fossés.

FRESNE. Village situé à peu de distance de la Marne, à 2 l. 1/2 de Meaux. Pop. 250 hab. On y remarque une très-belle chapelle, formant un pavillon d'un magnifique château démoli en 1828. Cette chapelle, construite sur les dessins de F. Mansard, est le modèle de celle du Val-de-Grâce à Paris, et passe pour un chef-d'œuvre en ce genre.

JEAN-LES-DEUX-JUMEAUX (St-). Village situé sur la route de Paris à Châlons, à 3 l. de Meaux. ☞ Pop. 800 hab.

JOUARRE. Bourg distant de 5 l. de Meaux. Pop. 2,800 hab. Il est bâti dans une situation délicieuse, sur une haute éminence d'où l'on jouit d'une vue unique pour la variété et la beauté du paysage : de ce point, on découvre la ville entière de la Ferté, traversée par la Marne, avec une grande étendue de cette rivière, ainsi que quantité de villages, hameaux, châteaux et autres habitations, disséminés dans une superbe vallée dont les deux côtés sont couverts de vignes et couronnés de bois.

On remarque dans le cimetière de l'église paroissiale une petite chapelle basse, en forme de grotte ou crypte, sous le vocable de saint Paul, à laquelle est adossée une autre chapelle souterraine. On descend dans ce double sanctuaire, connu sous le nom de sainte chapelle de Jouarre, par un degré de cinq marches, qui mène à un parvis soutenu de tous côtés par des murs en terrasses, et de ce parvis on descend par un autre degré de neuf marches. Cette chapelle contient six rangs de tombeaux, placés sur une estrade le long du mur. Six colonnes corinthiennes, dont deux d'albâtre cannelées, deux de jaspe et deux de porphyre, toutes surmontées d'une corniche d'un dessin différent, en soutiennent la voûte. Un septième tombeau occupe l'angle du fond. — Tous les ans, le mardi de la Pentecôte, les habitants des environs viennent en pèlerinage à la sainte chapelle de Jouarre; l'affluence est quelquefois si considérable qu'on y compte jusqu'à dix mille personnes.

Commerce de grains, bestiaux et meules à moulin.

JUILLY. Village situé dans une petite vallée, à 4 l. 3/4 de Meaux. Pop. 500 hab.

En 1182, un seigneur nommé Foucauld bâtit dans ce lieu une église, qui peu de temps après fut érigée en abbaye. En 1555, le cœur du roi de Navarre, Henri d'Albret, y fut déposé. En 1638, des pères de l'Oratoire furent établis à Juilly, où ils fondèrent un collége devenu célèbre dans la suite. Ce collége reçut de Louis XIII le titre d'académie royale; il devint célèbre par les principes d'ordre et les solides études qui s'y faisaient remarquer. La révolution n'a point détruit cet établissement, qui jouit encore aujourd'hui d'une réputation justement méritée. La maison n'est pas remarquable, mais elle est convenablement distribuée. Un parc de trente arpents, bien planté, contribue, avec la bonté de l'air et des eaux, à rendre cet établissement très-salubre; aussi la jeunesse qui l'habite y jouit d'une santé parfaite.

LAGNY. Petite ville très-ancienne, bâtie dans une situation fort agréable, sur la rive gauche de la Marne, entre deux coteaux couverts de vignes et de belles prairies. ✉ ⚓ Pop. 1,869 hab.

Au VIIe siècle, un seigneur écossais y fonda une abbaye, que les comtes de Champagne Thibaut II et Thibaut IV comblèrent de biens considérables. En 1358, la ville fut prise et brûlée par les Anglais, lesquels cependant, quelque temps après, jetèrent les fondements de l'église qui existe aujourd'hui. En 1418, les Armagnacs, partisans de Charles VII, s'emparèrent de Lagny. Sous le règne de François Ier, les moines de l'abbaye, auxquels s'étaient joints les habitants de Lagny, se révoltèrent contre les troupes du roi, qui envoya le capitaine de Lorges pour les soumettre. En 1544, ce capitaine vint mettre le siége devant les habitants se défendirent cou De Lorges, indigné de leur résistance, vivement ses attaques, donna assaut sur assaut, et parvint à s'emparer de la ville. Le soir même il ordonna une fête où il invita toutes les dames de Lagny; mais cette conduite pacifique en apparence cachait des projets de violence et de perfidie : au milieu de la fête, de Lorges fait fermer les portes, et dans un instant, tous les hommes en état de porter les armes furent massacrés, et toutes les femmes livrées sans distinction à l'impétueuse luxure des soldats. Lagny fut dépeuplé d'hommes. Les femmes, fécondées par les caresses brutales des militaires, produisirent bientôt une nouvelle génération qui repeupla la ville.

Les habitants de Lagny, auxquels dans la suite on reprocha leur origine, ne peuvent encore aujourd'hui souffrir qu'on la leur rappelle. Ils entrent alors en fureur, et prouvent leur excessive sensibilité au reproche d'un événement dont ils furent les malheureuses victimes. Celui qui, pour faire allusion au capitaine de Lorges, demanderait, à Lagny, *Combien vaut l'orge?* serait très-mal accueilli par les habitants. Ils étaient autrefois dans l'usage de faire arrêter le questionneur indiscret, en criant *l'orge! l'orge!* de le traîner vers une fontaine très-abondante qui est au milieu de la ville, de lui faire faire plusieurs fois le tour du bassin, et puis de le tremper suffisamment dans l'eau.

Commerce de grains, farines, fromages de Brie, bois, plâtre, chanvre, volailles et bestiaux. — Manufacture d'albâtre.

LIZY-SUR-OURCQ. Bourg situé dans une vallée agréable, au confluent de l'Ourcq et de la Marne, à la naissance du canal de l'Ourcq, à 3 l. 1/2 de Meaux. ✉ Population, 1,100 hab.

Commerce considérable de grains et de farines. Filatures de laine; huileries. Carrière de pierres de taille.

MAUREGARD. Village où l'on remarque un joli château, surmonté de terrasses d'où l'on jouit d'une vue fort étendue. A 6 l. de Meaux. Pop. 350 hab.

MAY-EN-MULTIEN. Joli village, situé à 4 l. 1/2 de Meaux. ✉ Pop. 850 habitants. L'église paroissiale est une des plus anciennes du département; les pleins-cintres de ses deux portiques paraissent être du IXe siècle. Sa tour est la plus belle de toutes celles du diocèse, après celle de la cathédrale de Meaux.

NIEAUX

MEAUX. Ancienne et assez jolie ville, chef-lieu de sous-préfecture. Tribunaux de première instance et de commerce. Société d'agriculture, sciences et arts. Collège communal. Évêché. Séminaire diocésain. ✉ ☞
Pop. 8,737 hab.

L'origine de Meaux est inconnue. Sous les Romains, c'était déjà une ville importante, dont le premier nom fut *Jatinum*, selon Ptolomée, et *Fixituinum*, selon la table théodosienne. Elle fit partie du royaume d'Austrasie jusqu'au règne de Clotaire II, qui réunit la monarchie tout entière sous sa puissance. Les Normands s'en emparèrent en 862; mais par les soins de Charles-le-Chauve elle fut préservée du pillage. Quelques années après, elle fut prise et en partie consumée par les flammes. Lors de la guerre de la Jacquerie, le château et la plupart des maisons situées au pied des remparts furent incendiés. Les Anglais s'en emparèrent en 1421; le connétable de Richemont la reprit en 1436, mais en 1439 elle retomba de nouveau sous la domination anglaise. En 1595, Meaux était au pouvoir des ligueurs. L'Hôpital de Vitry, qui les commandait, la rendit à Henri IV, moyennant 20,000 écus, et à condition qu'il en serait nommé bailli et gouverneur.

Cette ville est très-agréablement située, près du canal de l'Ourcq, sur la Marne qui la divise en deux parties inégales et y fait mouvoir un grand nombre de moulins, servant particulièrement à la mouture des grains destinés à l'approvisionnement de Paris. Elle est assez bien bâtie; la place publique est vaste, mais irrégulière; les promenades sont belles, mais peu fréquentées.

La Cathédrale de Meaux, dédiée à saint Étienne, est un chef-d'œuvre d'architecture gothique. Elle a été commencée dans le XIe siècle par Gautier Ier, évêque de Meaux, sur l'emplacement de l'ancienne cathédrale détruite par les Normands, et n'a jamais été achevée; une de ses tours reste à construire. Les dernières constructions datent du XVIe siècle. Le chœur et le sanctuaire sont admirables; les ornements en sont riches et d'une extrême délicatesse. Cet édifice est redevable de sa perfection à Jeanne, reine de Navarre, dont on voit le buste à la clef de la voûte.

Cette église porte, depuis le grand portail jusqu'à la chapelle Notre-Dame-du-Chevet, cinquante-deux toises de long sur vingt-deux de large; dans la croisée, depuis la porte du midi jusqu'à celle du nord, elle a seize toises sous clef de hauteur, sans compter neuf autres toises d'espace entre le dessus de la voûte et le faîte du bâtiment. La tour a environ deux cents pieds de hauteur; elle était couverte de sculptures extrêmement déliées, dont une partie existe encore du côté du nord et de l'est : à l'extrémité est une plate-forme environnée d'une balustrade d'où, quand le temps est beau, on découvre facilement Montmartre et le Mont-Valérien. Le sanctuaire est un des plus beaux que présentent nos églises gothiques; dix-huit piliers en faisceau, ou colonnes rondes, soutiennent les voûtes de la nef, et quatorze celles du chœur. Les six colonnes qui ferment ce sanctuaire sont particulièrement remarquables par leur hauteur et par leur délicatesse; elles sont disposées avec tant d'art, que la lumière se répand par toute l'église, et la rend parfaitement claire. Le chœur a vingt toises de long sur dix de large; les chapelles qui règnent autour offrent un ouvrage achevé; elles sont d'une forme circulaire, et si bien proportionnées, que du milieu du sanctuaire on les découvre à travers les arcades. C'est dans cette église qu'est placé le monument que le département de Seine-et-Marne a fait ériger à Bossuet.

Outre l'église cathédrale, on remarque encore à Meaux le bâtiment, le jardin et la terrasse de l'évêché, où l'on a conservé le cabinet de Bossuet; la bibliothèque publique, contenant 14,000 vol.; le collège; les hospices; la salle de spectacle; l'hôtel-de-ville et un beau quartier de cavalerie.

Fabriques de calicots, d'indiennes, de poterie de terre, de colle-forte, de salpêtre. Nombreux moulins à farine. Tanneries et corroieries. — *Commerce* considérable de grains, farines, avoine, fromages de Brie, laines, volailles et bestiaux. Les marchés de Meaux sont très-importants par le grand nombre de riches cultivateurs qui s'y réunissent; les ventes annuelles de fromage de Brie surpassent trois millions de kilogr. — A 13 l. de Melun, 11 l. de Paris. *Hôtels* de la Sirène, des Quatre-Fils-Aymond, des Trois-Couronnes, des Trois-Rois, du Cheval-Rouge.

MÉNIL-AMELOT. Village situé à 5 l. 1/2 de Meaux. ☞ Pop. 680 hab.

MITRY. Grand village, situé sur le canal de l'Ourcq, à 5 l. de Meaux. Pop. 1,400 h.

L'église de ce village est belle, ornée et bien entretenue; le peintre Le Sueur avait décoré jadis le maître-autel d'un de ses meilleurs tableaux représentant l'Annonciation, qui orne maintenant le musée royal.

MONCEAUX. Village situé à 2 l. de Meaux. Pop. 500 hab. On y remarque les ruines d'un ancien château royal, construit par Catherine de Médicis et embelli par Henri IV, qui dans la suite le donna à Gabrielle d'Estrée.

MONTHYON. Village situé sur une montagne, d'où la vue s'étend très-loin de tous côtés sur les plaines les plus fertiles en grains du département. A 1 l. 1/2 de Meaux. Pop. 1,000 hab. Le dernier seigneur de ce village était l'estimable M. de Monthyon, fondateur des prix de vertu et de plusieurs établissements philanthropiques.

NANTOUILLET. Village situé à 3 l. 1/2 de Meaux. Pop. 300 hab. On y voit un ancien château fort bâti par François Ier et remarquable par son architecture, où mourut en 1535, à l'âge de 72 ans, le chancelier Duprat, odieux aux peuples qu'il avait foulés, et méprisé du prince dont il avait flatté les goûts licencieux. Les amateurs des ouvrages que la renaissance des arts a produits au XVIe siècle, trouveront dans diverses parties de ce château des détails d'un grand intérêt.

VILLEPARISIS. Village situé sur le canal de l'Ourcq, à 5 l. de Meaux. Pop. 550 hab.

VILLEVAUDÉ. Village bâti dans une situation charmante, d'où la vue embrasse un rayon de douze à quinze lieues. A 4 l. 3/4 de Meaux. Pop. 700 hab.

Le hameau de Montjay est une dépendance de cette commune; il jouit aussi d'une vue très-étendue. On y remarque l'ancienne tour de Montjay, reste d'un antique château fort, assiégé et pris par les Anglais en 1430. Il ne reste aucun vestige du château, mais la tour, haute d'environ 80 pieds, et dont la moitié s'est écroulée, laisse voir dans son intérieur trois voûtes formant trois étages, les restes d'un escalier en pierre, et plusieurs galeries pratiquées dans l'épaisseur du mur, épais d'environ douze pieds.

ARRONDISSEMENT DE COULOMMIERS.

AULNOY. Village bâti sur une colline, dans une situation agréable, à 1 l. de Coulommiers. Pop. 350 hab. On y remarque un château de forme antique, flanqué de quatre tours, entouré de fossés, et jouissant d'une vue très-étendue. Sur le sommet de la colline se trouve une source qui alimente une fontaine publique. Le château du Bû fait partie de cette commune.

BOISSY-LE-CHATEL. Village situé sur le Grand-Morin, à 1 l. de Coulommiers. Pop. 1,000 hab. Il tire son nom d'un ancien château fort, entouré de profonds fossés remplis d'eau vive, dont il ne reste plus qu'une grosse tour et les débris d'une chapelle.

COULOMMIERS. Petite ville, chef-lieu de sous-préfecture. Tribunal de première instance. ✉ ☞ Pop. 3,335 hab.

Coulommiers parait devoir son origine à une église dédiée à saint Denis, qui existait très-anciennement en ce lieu. Les comtes de Champagne en étaient seigneurs et y avaient un manoir où ils résidaient assez fréquemment. En 1321, Thibaut VI, comte de Champagne et de Brie, octroya aux habitants, à prix d'argent, une charte qui constituait ce qu'on appelait alors l'affranchissement des communes. Coulommiers souffrit beaucoup pendant les guerres civiles qui livrèrent la France aux Anglais. Cette ville fut distraite du comté de Champagne en 1404, et passa sous la domination du roi de Navarre; elle fut prise, pillée et en partie brûlée, le 13 janvier 1593, par les ligueurs. En 1630, Catherine de Gonzague, mère du duc de Longueville, y fit bâtir un château dans une île que forme la rivière du Morin. Le duc de Chevreuse fit abattre, en 1736, cette demeure seigneuriale, dont il ne reste plus que quelques ruines d'un aspect pittoresque. Près de ce château, il y avait naguère un couvent de capucins aujourd'hui détruit, à l'exception de l'église, qui se fait remarquer par une architecture élégante.

Cette ville est située dans une belle et fertile contrée, sur le Grand-Morin, qui y fait mouvoir plusieurs moulins. Elle n'offre rien de bien remarquable; les rues en sont étroites et en général assez mal percées. C'est la patrie du célèbre bibliographe Barbier, et du général Beaurepaire, qui préféra se brûler la cervelle à signer la capitulation de la ville de Verdun dont il était commandant en 1792.

Commerce considérable de grains, farines, de fromages de Brie, melons, laines, cuirs, chevaux et bestiaux. Nombreuses tanneries et moulins à tan. Aux environs (à Sainte-

LA GRANGE BLÉNEAU
Résidence de Lafayette

Marie) belle papeterie. — *Auberges* de la Croix-Blanche, du Coq-Gaulois, de l'Ours, du Palais-Royal.

COURPALAIS. Village situé à 5 l. 3/4 de Coulommiers. Pop. 1000 hab.

Le château de LA GRANGE-BLÉNEAU, habitation du général Lafayette, est une dépendance de cette commune. Cet antique château conserve encore un aspect imposant : trois corps de bâtiments, flanqués de cinq grosses tours bâties en grès, bordent de trois côtés une vaste cour, qui laisse voir du quatrième côté le riant tableau que présente le parc, dont la vue est on ne peut plus pittoresque. De belles masses de peupliers, de saules et d'arbres verts de plusieurs espèces, habilement distribuées et plantées par le général Lafayette, offrent à chaque pas de gracieux points de vue. L'entrée du château est remarquable : après le pont, construit sur le fossé, on rencontre une porte flanquée de deux grosses tours presque entièrement tapissées de lierre ; décoration qui inspire le plus vif intérêt, lorsqu'on apprend que ce lierre vigoureux fut planté par le célèbre Fox. Les amis de la liberté admirent avec intérêt dans l'intérieur du château deux salons et les objets qui les décorent : l'un, situé dans la tour du parc, est orné des portraits de tous les présidents des États-Unis de l'Amérique septentrionale, et de ceux de Bailly, de la Rochefoucauld, de Franklin, de Kosciusko, etc.; on y voit aussi le drapeau ou pavillon des États-Unis, offert, au nom de ces états, par les officiers du bâtiment que montait le général Lafayette lors de son dernier voyage en Amérique. L'autre salon contient la belle et nombreuse bibliothèque du général et divers objets de curiosité et d'histoire naturelle de l'Amérique.

COURTALIN. *Voy.* POMMEUSE.

DOUE. Village bâti dans une charmante situation, au pied d'une petite montagne, sur le sommet de laquelle est une ancienne église des Templiers, remarquable par sa forme et par ses vitraux. A 2 l. 1/2 de Coulommiers. Pop. 1,000 hab.

FARMOUTIER. Petite ville qui doit sa formation à une célèbre abbaye de l'ordre de saint Benoît, fondé au commencement du VIIe siècle. Cette abbaye fut détruite pendant la révolution ; il n'en reste aujourd'hui que les bâtiments de l'abbatiale, qui forme une résidence fort agréable par sa situation, ses points de vue et la beauté de ses jardins.

Farmoutier est situé sur le Petit-Morin, à 1 l. 3/4 de Coulommiers. Un pélerinage, connu sous le nom de Saint-Fare, y attire le 10 mai de chaque année un concours considérable de monde. ✉ Pop. 1,100 hab. *Commerce* de blé. Tuilerie et briqueterie. — On remarque aux environs la belle papeterie de Courtalin. (*Voy.* ci-après POMMEUSE.)

FERTÉ-GAUCHER (la). Petite ville, très-agréablement située, dans une vallée étroite, sur le Grand-Morin, à 4 l. 1/2 de Coulommiers. ✉ ☞ Pop. 1,930 hab. — *Fabriques* de serges, cuirs, papiers; moulin à tan. *Commerce* de grains, laines et bestiaux.

FONTENAY-TRÉSIGNY. Petite ville, située dans une plaine, à 5 l. 3/4 de Coulommiers. ✉ ☞ Pop. 1,050 hab. On y voit un château bâti par François Ier, où Charles IX fit plusieurs séjours, notamment en 1571. C'est aujourd'hui une belle habitation particulière.

GRANGE-BLÉNEAU. *Voy.* COURPALAIS.

JOUY-SUR-MORIN. Bourg situé sur le Grand-Morin, à 4 l. de Coulommiers. Pop. 1,800 hab. — Belles papeteries, chamoiseries, moulin à huile et à farine.

LÉCHEROLLES. Village situé sur le penchant d'un coteau, dans une gorge arrosée par des eaux claires et abondantes qui sortent de deux belles fontaines, dont l'une s'élève au milieu et l'autre à l'extrémité du village. A 5 l. de Coulommiers. Pop. 300 h.

MAUPERTUIS. Village situé sur l'Aubetin, à 1 l. 1/2 de Coulommiers. Pop. 400 h. — Le beau château de MAUPERTUIS, bâti dans la vallée qu'arrose l'Aubetin, a été démoli pendant la révolution. Les jardins qu'a célébrés dans ses vers le Virgile français, n'ont conservé que ce qu'ils tiennent de la nature, la plus magnifique végétation.

POMMEUSE. Village situé dans une vallée étroite, près de la rive gauche du Grand-Morin, à 1 l. 1/4 de Coulommiers. Pop. 1,400 hab. On y voit un ancien château entouré de fossés d'eau vive, où l'on entre par un pont-levis ; le parc, clos de murs, est distribué dans le genre paysager.

La papeterie de COURTALIN, une des plus considérables et des plus renommées de la France, est une dépendance de cette commune. Elle est située dans une belle vallée, sur le Grand-Morin, à peu de distance de la petite ville de Farmoutier. Cette papeterie fabrique toute espèce de papiers vélins pour l'imprimerie, l'écriture, la taille-douce et le dessin : elle possède un puits artésien où l'eau monte naturellement à une hauteur considérable ; c'est le premier puits de ce genre qui ait été établi dans les environs de Paris.

REBAIS. Petite ville, située à 3 l. de Coulommiers. ✉ Pop. 1,000 hab. Elle doit sa formation à une abbaye fondée par saint Ouen vers 636. — *Fabriques* de guêtres et de moutarde. *Commerce* de grains, laines et bestiaux. Pépinières.

ROZOY. Petite ville, située dans une vallée agréable et fertile, sur la petite rivière d'Yères, à 5 l. de Coulommiers. ✉ Pop. 1,500 hab. Elle est fermée de murs flanqués de tourelles de distance en distance, et entourée de remparts plantés de beaux arbres, qui offrent une fort jolie promenade. On y remarque une belle église de construction gothique, dont l'architecture est d'une grande légèreté et très-riche d'ornements. — *Fabriques* d'huile et de vinaigre. *Commerce* de bestiaux.

TOUQUIN. Bourg situé près de la source de l'Yères, à 2 l. 3/4 de Coulommiers. Pop. 850 hab. *Commerce* de bestiaux.

ARRONDISSEMENT DE FONTAINEBLEAU.

BAGNEAUX. Village situé dans une vallée agréable, sur le Loing et près du canal de ce nom, à 6 l. 1/4 de Fontainebleau. Pop. 250 hab. On y voit une belle verrerie où l'on fabrique des verres à vitres blancs façon de Bohême, des cylindres ronds, ovales, carrés, et de la gobleterie.

BARBEY. Village situé sur la rive droite de l'Yonne, dans une presqu'île formée par cette rivière et par la Seine, à 2 l. de Montereau ; 6 l. 1/2 de Fontainebleau. Pop. 200 hab. On y voit un beau château précédé d'une cour d'honneur fermée par une grille.

BEAUMONT. Petite ville, située sur le Fusin, à 10 l. de Fontainebleau. Pop. 1,150 hab. C'était jadis une ville fermée de murs et entourée de fossés, chef-lieu du duché de Beaumont, avec un beau et très-ancien château, qui fut considérablement augmenté dans le XVe siècle par Jacques Cœur.

BRAULES. Village situé dans une plaine, à 8 l. 1/2 de Fontainebleau. Pop. 420 hab. C'était autrefois une ville fermée de murs et entourée de fossés. Sous le règne de Philippe-le-Bel, il s'y donna, dit-on, une grande bataille, où périrent un grand nombre d'Anglais.

CANNES. Village situé sur la rive gauche de l'Yonne, à 6 l. 1/2 de Fontainebleau, avec un beau château flanqué de tourelles et entouré de fossés. Pop. 500 hab.

CHAPELLE-LA-REINE (la). Bourg situé sur une éminence où l'on ne peut se procurer de l'eau qu'au moyen de puits qui ont jusqu'à 220 pieds de profondeur. ✉ ⚒ Pop. 1,000 hab. A 4 l. de Fontainebleau.

CHATEAU-LANDON. Petite ville, située sur une éminence au pied de laquelle coule le Suzain, à 7 l. 1/2 de Fontainebleau. ✉ Pop. 2,200 hab.

Cette ville est très-ancienne, et tout porte à croire qu'elle existait sous la domination romaine. Le moine Aymoin raconte que saint Séverin y mourut en 503. Sous les rois de la seconde race, elle devint le chef-lieu d'un comté. Le roi Louis-le-Gros y avait un château où il séjourna en 1119, pendant les vives et longues querelles des chanoines d'Étampes et de l'abbé de Maurigny. En 1436, les Anglais s'emparèrent de la ville et du château, que le connétable de Richemont reprit d'assaut en 1437. Cette ville fut encore prise par les Reistres en 1587, et par les ligueurs en 1589.

L'église paroissiale, dédiée à Notre-Dame, est remarquable par son clocher, que fit, dit-on, construire un évêque de Poitiers vers le milieu du XVe siècle.

Fabriques de blanc dit d'Espagne. Exploitation de belles carrières de pierres dures, susceptibles de recevoir un beau poli, que l'on transporte par le canal du Loing : l'arc de triomphe de l'Étoile, à Paris, est construit en pierres de Château-Landon. — *Commerce* de grains et de vins.

ÉGREVILLE. Bourg situé à 8 l. de Fontainebleau. ✉ Pop. 1,500 hab. On y remarque un beau château, construit sous le règne de François Ier. — *Commerce* de grains, graines et bestiaux.

FONTAINEBLEAU. Jolie ville, chef-lieu de sous-préfecture. Tribunal de première instance. Collège communal. ✉ ⚒ Pop. 8,122 hab.

Cette ville, située au milieu d'une des plus belles forêts de la France, est régulièrement bâtie, les rues en sont larges, propres et bien percées. Elle doit sa formation à un château royal, dont l'origine remonte au-delà du XIIᵉ siècle, et qui servit souvent de résidence à Louis VII et à Philippe-Auguste. Saint Louis et tous les rois ses successeurs augmentèrent à l'envi cet agréable séjour ; mais une partie des premiers bâtiments étant tombée en ruine, François Iᵉʳ, qui affectionnait particulièrement ce séjour, fit presque entièrement reconstruire et décorer le château par les plus habiles artistes de l'Italie. Henri II, Charles IX et Henri III ont fait faire quelques constructions nouvelles ; mais Henri IV les surpassa beaucoup ; il y dépensa 2,440,850 liv. Louis XIII et Louis XIV l'imitèrent et mirent la dernière main à ce château magnifique. Sous le règne de Louis XV on y exécuta aussi de grands travaux ; Louis XVI y laissa quelques traces du sien, et Napoléon y fit exécuter de notables embellissements, dont la dépense s'éleva à 6,242,000 fr.

Le château de Fontainebleau est composé de six cours : la cour du Cheval-Blanc, la cour des Fontaines, la cour Ovale ou du Donjon, la cour ou jardin de l'Orangerie, la cour des Princes et la cour des Cuisines. Trois entrées principales y conduisent : l'entrée d'honneur, par la cour du Cheval-Blanc ; la seconde, par la cour des Cuisines ; le troisième, par l'allée de Maintenon, la Chaussée-Royale et la Porte-Dorée. Chaque cour est entièrement ou à peu près entourée de trois ou quatre corps de bâtiments.

La cour du Cheval-Blanc s'ouvre sur la place Ferrare ; elle doit son nom à un cheval en plâtre, copie du cheval de Marc-Aurèle, moulé à Rome en 1560 ; elle est fermée par une belle grille de 104 mètres de longueur, construite en 1810. L'aile droite de cette cour fut commencée sous Louis XV et achevée sous Louis XVI. La façade qu'on voit au fond est ornée d'un superbe escalier en fer à cheval, placé à l'extérieur, dont les deux rampes s'élèvent à la hauteur d'une terrasse placée dans les appartements du premier étage. L'aile gauche fut bâtie sous François Iᵉʳ ; elle servait de logement aux ministres.

Par la chaussée qui passe sous l'escalier, on se rend à la chapelle de la Trinité, remarquable par sa belle architecture. Le principal autel est décoré de quatre colonnes en marbre rare avec des chapiteaux en bronze doré, de quatre anges aussi en bronze doré, et des statues en marbre blanc de saint Louis et de Charlemagne.

La cour des Fontaines, entourée de bâtiments de trois côtés, s'ouvre du côté du sud sur les jardins ; elle est décorée d'un bassin dans lequel quatre mascarons versent de l'eau.

La cour Ovale est longue et peu large. Les bâtiments qui l'environnent sont plus anciens que ceux des autres cours ; les deux tiers de ces bâtiments offrent un balcon extérieur que supportent 45 colonnes de grès. Dans l'intérieur sont la salle de bal, la bibliothèque, les appartements du roi et de la reine, les salles du trône, du conseil, etc. : on montre dans un salon une petite table en bois d'acajou sur laquelle Napoléon signa en 1814 son abdication. C'est aussi par ces bâtiments qu'on arrive à la galerie de Diane, décorée de peintures exécutées par MM. Abel Pujol et Blondel.

Le jardin de l'Orangerie est aussi entouré de divers bâtiments, dans l'un desquels (la galerie des Cerfs) la reine Christine de Suède fit assassiner son grand-écuyer Monaldeschy. Le jardin est dessiné en jardin paysager, et doit son nom à une belle statue de Diane, en bronze, placée au milieu d'un bassin.

La cour des Princes est la plus petite du château. C'est dans les bâtiments qui l'entourent que logeait la fameuse Christine de Suède.

La cour des Cuisines est vaste, régulière, et entourée de trois corps de bâtiments construits sous le règne de Henri IV.

Le parc et les jardins se divisent en plusieurs parties et répondent à la magnificence du château : un beau et vaste jardin, dessiné dans le genre pittoresque, orne la partie sud du parc, et s'étend le long de la façade extérieure de l'aile neuve de la cour du Cheval-Blanc ; des eaux abondantes traversent et limitent ce jardin, et vont se perdre en passant sous un rocher dans la pièce appelée l'Étang. Le parterre, autrefois jardin du Roi ou du Tibre, est aujourd'hui riche d'ornements et de jets d'eau. Le parc doit ses principaux agréments à ses belles allées, à la superbe treille du roi, et à une magnifique cascade qui alimente un beau canal de 585 toises de long sur 23 de large.

La forêt de Fontainebleau est peut-être l'une des plus intéressantes de la France par la multitude de sites pittoresques qu'elle renferme ; sa surface est évaluée à 32,877 arpents ; elle est divisée en 176 triages et percée d'un grand nombre de routes. Tout cet espace présente de vastes plaines interrompues par des gorges dont les pentes offrent sur une multitude de points des roches de grès jetées pêle-mêle les unes sur les autres ; d'un côté d'arides sables, de l'autre des terrains où croissent des bois plus ou moins touffus, plus ou moins beaux, sur lesquels végètent d'immenses agarics. En sortant d'une vallée fertile, on se trouve dans un désert inhabitable. Partout, le naturaliste trouve des plantes et des insectes de quantité d'espèces différentes; le paysagiste peut venir y étudier la nature: des arbres et des rochers de toutes sortes de formes lui fourniront abondamment de quoi exercer ses pinceaux et ses crayons; c'est là que Lantara, misérable vacher d'Achères, a puisé le goût et fait les premiers essais d'un art où il est parvenu à se faire un nom. Il n'est point de forêt plus agréable pour les promenades à pied, à cheval ou en voiture, les routes y étant praticables en tout temps, même après les plus fortes pluies. Sur les bords de la forêt, les platières (plaines plus ou moins étendues qui occupent le sommet des rochers) offrent presque de tous côtés les plus beaux points de vue: de la montagne de Bouron, on découvre Nemours, au bout d'une allée charmante où coulent le Loing et le canal de Briare; des platières du Calvaire, la vue s'étend au loin du côté de Montereau et de Sens; mais la plus belle de toutes ces vues est à l'extrémité des monts de Faës, du côté du Cuvier et de Châtillon. On ne doit pas oublier de visiter le rocher de Saint-Germain, sur la route de Paris, dont les pierres sont presque toutes cristallisées, et l'ermitage de Franchard, construit dans la partie la plus agreste de la forêt, au milieu des sables et des rochers. Ce lieu est le but d'un pèlerinage où se rend chaque année, le mardi de la Pentecôte, une partie de la population de Fontainebleau et des villages environnants. On y voit un puits de 200 pieds de profondeur.

Le gibier est très-abondant dans la forêt de Fontainebleau; il est même difficile de voir ailleurs un plus grand nombre de cerfs, de biches, de daims et de sangliers. Une chose digne de remarque, c'est que dans toute l'étendue de la forêt, où l'on voit une multitude de gorges et de vallées, on ne trouve que peu de sources: la fontaine des Acacias; celle qui a donné le nom à Fontainebleau; celles du mont Chauvet et du Calvaire, et une très-jolie source située dans la partie du bois appelée la Madeleine, sont à peu près les seules que l'on y rencontre. Ces sources sont très-fréquentées dans la belle saison, et servent souvent de réunion pour des repas champêtres.

La ville de Fontainebleau possède deux beaux quartiers de cavalerie et plusieurs édifices et établissements remarquables. Les principaux sont: le château d'eau, contenant un réservoir alimenté par une source dont les eaux sont distribuées dans les différentes fontaines et les bassins du château, les hospices fondés par Anne d'Autriche et par Mme de Montespan; le collége; les bains publics; la bibliothèque publique, contenant 28,000 volumes. Au devant de l'entrée méridionale de la ville, est un obélisque d'une hauteur considérable, érigé en 1786, à l'occasion de la naissance des enfants de Louis XVI et de Marie-Antoinette.

Patrie de Dancourt.

Manufactures de porcelaine et de faïence. *Fabriques* de calicots. Tanneries. Exploitation en grand des carrières de grès pour le pavage de Paris et des routes environnantes. — *Commerce* de vins, fruits, chasselas de Fontainebleau, conserves de genièvre, chevaux et bestiaux. — A 16 l. de Meaux, 14 l. 1/2 de Paris. — *Hôtels* de la ville de Lyon, de l'Europe, de la Sirène, du Cadran-Bleu.

GERMAIN-LAVAL (SAINT-). Village situé près de la rive droite de la Seine, à 7 l. de Fontainebleau. Pop. 350 hab. On voit à peu de distance le beau château de COURBÉTON, bâti dans une situation très-agréable, et remarquable par une superbe terrasse, qui borde le cours de la Seine, d'où l'on jouit d'une vue délicieuse. — *Fabrique* de faïence. Éducation de mérinos.

LARCHANT. Bourg très-ancien, situé dans un fond, à 4 l. de Fontainebleau. Pop. 500 hab. C'était autrefois une petite ville fortifiée: on y voit encore une enceinte de fortes murailles et de fossés, avec des tourelles. L'église, remarquable par son ancienneté, a été en partie détruite par les calvinistes en 1567; il n'en reste plus que des voûtes légères, soutenues par des piliers élevés, un portail orné d'anciennes sculptures et une fort belle tour, dont l'aspect est on ne peut plus pittoresque.

LORRES-LE-BOCAGE. Bourg situé dans une vallée, sur le Lunain, à 7 l. de Fontainebleau. Pop. 800 hab. On y voit un château flanqué de tourelles et environné d'un double fossé rempli d'eau vive. — Tuilerie.

MONTEREAU. Ville ancienne, située au confluent de l'Yonne et de la Seine, à 6 l. de Fontainebleau. Tribunal de commerce. ✉ (✍ au Fossard) Pop. 4,153 hab.

Cette ville occupe une position romaine que l'itinéraire d'Antonin nomme *Condate*.

Vers l'année 1026, un comte de Sens, fameux par ses brigandages, y fit construire un château fort à l'extrémité de l'angle que forment les deux rivières. Ce château fut assiégé et pris sous le règne du roi Jean, en 1359.—Après la paix conclue en 1419, entre le roi de France, le duc de Bourgogne, le roi d'Angleterre, d'une part, et le dauphin, fils de Charles VI, d'une autre, on décida, pour opérer une réconciliation sincère, qu'une entrevue aurait lieu entre le dauphin et le duc de Bourgogne, sur le pont de Montereau. A cet effet, des barrières furent construites sur le pont, en face du château. Le duc de Bourgogne arriva sur le pont, et fut introduit avec dix hommes de sa suite dans la barrière. Tanneguy du Chastel, accompagné de quelques chevaliers, le reçut et le présenta au dauphin, qui prit le duc par la main et conversait avec lui, lorsque J. Louvet, président de Provence, s'avança vers le dauphin, lui parla à l'oreille; après quoi tous deux firent signe à Tanneguy du Chastel, qui lève sa hache sur la tête du duc. Les seigneurs de Noailles et de Vergy détournent le coup. Au même instant, les gens du dauphin crient : *Tue! tue!* Des gens de pied se précipitent dans la barrière, et un homme de haute taille frappe le duc sur la tête d'un coup d'épée; le coup, en descendant sur le visage, lui coupa le poignet qu'il levait pour se défendre. La victime était encore debout lorsque Tanneguy lui porte un coup de hache et l'abat au pied du dauphin. Des dix seigneurs qui accompagnaient le duc de Bourgogne, les uns furent tués, les autres faits prisonniers.

En 1420, le fils du duc de Bourgogne et le roi d'Angleterre, après avoir pris la ville de Sens, vinrent mettre le siège devant Montereau, dont ils s'emparèrent, ainsi que du château. Charles VII reprit cette ville et la livra au pillage en 1438; ceux qui tenaient le château furent presque tous pendus. En 1567, le duc d'Anjou chassa de Montereau les troupes du prince de Condé. En 1587, Montereau embrassa le parti de la Ligue. Deux ans après, cette ville fut prise par le duc d'Épernon. Henri IV l'assiégea, et la prit en 1590. Le 17 février 1814, les Français, commandés par Napoléon, battirent complétement, près de cette ville, les armées des puissances coalisées contre la France.

La ville de Montereau est dans une situation très-favorable pour le commerce, au confluent de deux rivières navigables, sur lesquelles sont jetés deux ponts d'une construction hardie. Elle est généralement bien bâtie, et dominée par une montagne rapide, sur le sommet de laquelle s'élève le château de SURVILLE, remarquable par sa belle position et par sa construction simple et moderne. De l'une des terrasses de ce château on jouit d'une vue admirable sur la ville, sur les deux ponts, sur le cours des rivières de l'Yonne et de la Seine, et sur les grandes routes environnantes. Dans l'église collégiale de Notre-Dame, on montre suspendue à la voûte l'épée du duc de Bourgogne.

Manufactures importantes de faïence et de poteries façon anglaise. Tanneries. — *Commerce* considérable de grains pour l'approvisionnement de Paris, de farines, bois flotté, bestiaux, etc. Tous les jours, départ des coches d'eau pour Auxerre ou pour Nogent-sur-Seine; départ trois fois la semaine d'un bâteau à vapeur pour Paris et retour.—*Auberges,* le Lion-d'Or, le Grand-Monarque, l'Ange.

MORET. Jolie petite ville, située près de la rive gauche de la Seine, à la jonction du Loing et du canal de ce nom, à 3 l. de Fontainebleau. ✉ Pop. 1,673 hab.

Moret est une ville très-ancienne, dont on ne connaît pas l'origine. Il s'y tint un concile en 850. Louis-le-Jeune y avait un palais en 1128. Cette ville est bien bâtie, propre, bien percée et d'un aspect agréable. C'était autrefois une place forte qui fut assiégée et prise, en 1420, par le roi d'Angleterre et le duc de Bourgogne. Charles VII la reprit d'assaut, vers 1430. Aujourd'hui, ses fortifications sont très-délabrées, à l'exception des deux portes d'entrée, dont la construction est élégante et d'une belle conservation. Le vieux château n'offre plus que des ruines pittoresques et un vieux donjon en terrasse. L'église est un joli édifice du XVe siècle.

Commerce de farines, chevaux, bestiaux, boissellerie, etc.

NEMOURS. Jolie petite ville, située à 4 l. de Fontainebleau. ✉ ⚘ Pop. 3,939 hab.

Nemours était jadis une place forte qui fut prise par les Anglais à l'époque où ils possédaient une partie de la France, et reprise par Charles VII en 1437. Cette ville est bâtie dans une situation très-pittoresque au fond d'un vallon, environnée de tous côtés de collines et de rochers, d'où descendent plusieurs ruisseaux qui se réunissent pour se perdre dans le Loing. Elle est généralement bien bâtie, percée de rues larges, spacieuses, et est entourée par le canal du Loing et par la rivière du même nom, sur laquelle est un beau pont, construit d'après les dessins du célèbre architecte Peyronnet. On y remarque un ancien château flanqué de quatre tours, devant lequel est une place assez vaste. Les bords du canal, ceux du Loing, et le vallon arrosé par cette rivière, offrent des promenades agréables.

Fabriques de vinaigre. Brasseries. Tanneries importantes. Nombreux moulins à farine. Tuileries, briqueteries, fours à chaux. Ateliers de marbrerie. Belles pépinières. — *Commerce* de grains, farines, bois, fers, charbons, etc.

PALEY. Village situé à 6 l. 1/2 de Fontainebleau. Pop. 350 hab. On y remarque un château de la plus haute antiquité, qui présente l'aspect d'une véritable forteresse; il est environné d'un fossé sec d' profondeur, entouré de murs de 22 pieds de hauteur et de 6 pieds d'épaisseur, avec une grande terrasse et une grosse tour à l'un des angles.

A l'extrémité du village, on voit les ruines considérables d'un therme construit par les Romains, situé près d'une belle fontaine, appelée la Fontaine carrée.

SAMOIS. Village situé sur un coteau, près de la rive gauche de la Seine, au milieu de la forêt de Fontainebleau, et à 1 l. 1/2 de la ville de ce nom. Pop. 1,000 hab.

SAMOREAU. Village bâti dans une situation pittoresque, près de la rive droite de la Seine, à 1 l. de Fontainebleau. Pop. 250 hab. On y voit un château construit sous le règne de François Ier, dont le parc et les jardins, distribués en terrasses, sont très-remarquables.

ARRONDISSEMENT DE MELUN.

BEAUVOIR. Village situé à 4 l. 1/2 de Melun. Pop. 320 hab. On y remarque un beau château entouré de fossés remplis d'eau vive, précédé de plusieurs cours et d'une belle avenue qui aboutit à l'ancien chemin des Romains.

BLANDY. Village situé à 1 l. 3/4 de Melun. Pop. 800 hab. On y voit les restes d'un ancien château fort, transformé en l'une des plus belles fermes des environs. Ce qui reste de cette forteresse féodale donne une idée de son importance : aux cinq angles s'élèvent cinq tours réunies par des courtines ; les trois tours placées au sud-ouest, du côté de la plaine, sont plus fortes et plus hautes que les autres ; il en est une, entre autres, dont le diamètre est de trente-six pieds, et la hauteur d'environ cent pieds. Cette tour contenait les appartements, et l'entrée en était défendue par une forte herse que l'on voit encore suspendue dans ses rainures.

L'église de Blandy est une des plus grandes et des plus belles des environs.

BRIE-COMTE-ROBERT. Petite ville, située dans une contrée fertile, sur la rive droite de l'Yères, à 4 l. 1/2 de Melun. ✉ ⚜ Pop. 2,762 hab.

Cette ville était anciennement fortifiée et défendue par un château construit vers la fin du XIIe siècle. Les Anglais la prirent d'assaut en 1430. Le duc de Bourbon la reprit par trahison en 1434. Pendant la guerre de la Praguerie, les princes révoltés contre Charles VII s'en emparèrent en 1440; mais ce monarque la reprit peu de temps après. Cette ville fut encore prise d'assaut du temps des guerres civiles de la Fronde, le 24 février 1649.

Le château de Brie, situé à l'extrémité de la ville, près de la route de Paris, se composait d'une enceinte carrée, dont les angles étaient flanqués de tours rondes, et de trois autres tours placées au milieu de trois côtés du carré; celle qu'on nommait la tour de Brie, qui était haute d'environ 100 pieds et bien conservée, a été démolie en 1830; ce château ne présente plus aujourd'hui que des ruines.

L'église paroissiale, où l'on voit plusieurs tombeaux remarquables, est élégamment bâtie et date du XIIIe siècle. Elle n'offre qu'une seule nef, accompagnée de deux bas-côtés qui ne tournent point autour du chœur. Cette nef est percée par huit arcades ogives surmontées de galeries délicates et de grandes croisées. Le portail est une restauration du XVIe ou du XVIIe siècle.

Fabriques de plumes à écrire. Tuileries. Tanneries. — *Commerce* considérable de grains et de fromages de Brie.

CÉLY. Village situé à 3 l. de Melun. Pop. 600 hab. On y voit un beau château bâti par Jacques Cœur, en 1400, dont le parc renferme une belle collection de plantes rares et d'arbres précieux.

VAUX LE PRASLIN.

Rauch del.
Schneider sc.

7.º Lieu en Seine et Marne.

CHAMPEAUX. Bourg situé près de la source de la Vervanne, à 3 l. de Melun. Pop. 500 hab. C'était autrefois une petite ville fermée de murs, qui renfermait une collégiale. L'église est remarquable par une belle tour carrée et par la délicatesse de son architecture.

Le château d'Aunoy, entièrement construit en grès et embelli de jardins bien distribués, est une dépendance de cette commune.

CHARTRETTES. Joli village, bâti dans une belle situation, sur un coteau qui borde la rive droite de la Seine, à 1 l. 1/4 de Melun. Pop. 500 hab. On y remarque, entre autres plusieurs belles habitations, le château du Pré, que Henri IV fit bâtir pour Gabrielle d'Estrées.

CHATELET (le). Bourg situé à 2 l. 1/2 de Melun. Pop. 1,100 hab.

CHATRES-EN-BRIE. Village situé à 5 l. 3/4 de Melun. Pop. 200 hab. L'église paraît être une construction du XIIe siècle.

CHAUMES. Petite ville, située sur un coteau, près de l'Yères, à 4 l. 3/4 de Melun. Pop. 1,800 hab. L'église paroissiale est ornée d'un beau tableau de Philippe de Champagne.

COUBERT. Village situé à 4 l. de Melun. Pop. 500 hab.

DAMMARIE-LES-LYS. Village bâti dans une belle situation, sur la rive gauche de la Seine, à 1 l. de Melun. Pop. 750 hab. On y remarquait autrefois la célèbre abbaye du Lys, fondée en 1244 par Blanche de Castille, et détruite à l'époque de la révolution.

FLEURY-D'ARGOUGES. Village situé à 1 l. de Melun. Pop. 500 hab. On y remarque un magnifique château construit par Côme Closses, sous le règne de Henri II, et possédé ensuite par le cardinal de Richelieu, qui y fit faire plusieurs embellissements. Le principal corps de bâtiment a été récemment presque entièrement reconstruit à neuf ; on admire dans les jardins une superbe terrasse et deux parterres dans le genre anglais, dans l'un desquels est une belle pièce d'eau.

FONTAINE-LE-PORT. Village situé sur la rive droite de la Seine, à 2 l. 1/2 de Melun. Pop. 308 hab. De cette commune dépendait autrefois la célèbre abbaye du Barbeau, fondée en 1147 par Louis-le-Jeune, qui y fut enterré. L'église de ce vaste monastère a été démolie, mais ses immenses bâtiments ont été conservés et forment une belle habitation, qui avait été donnée par Napoléon à la Légion d'honneur, pour en faire une maison d'éducation des orphelines de l'ordre.

GRISY-SUINES. Village situé dans une plaine, à 4 l. 1/2 de Melun. Pop. 900 hab.

Le château de la Grange-le-Roi, bâti par François Ier, fait partie de cette commune. Le principal corps de logis et les six pavillons qui le composent sont entourés de fossés remplis d'eau vive, avec des ponts-levis.

GUIGNES. Joli bourg, situé à 4 l. de Melun. Pop. 850 hab.

HÉRICY. Village situé sur la rive droite de la Seine, à 3 l. 3/4 de Melun. Pop. 1,000 hab.

C'était autrefois une petite ville entourée de fossés et fermée de murs, dont on voit encore quelques débris. On y remarque les ruines d'un pont construit, dit-on, par les Romains, et détruit sous le règne de Louis XI. Ce pont était très-étendu, et dans son état de destruction il offre de belles ruines antiques, remarquables par la hardiesse et la solidité des cintres des arches. L'église paroissiale est grande, régulière et l'une des plus belles des environs.

JARD (le). *Voy.* Voisenon.

LÉSIGNY. Village situé à 3 l. de Melun. Pop. 400 hab. On y voit un beau château, construit en pierres et en briques, précédé d'une belle avant-cour en hémicycle terminée par deux pavillons à jour.

LIEURSAINT. Village situé à 3 l. 1/2 de Melun. Pop. 500 hab.

LISSY. Village situé à 2 l. 1/2 de Melun. Pop. 200 hab. Le château de Lissy était flanqué de trois tourelles, dont deux ont été détruites lors de la révolution ; la troisième, n'ayant pu être démolie, existe encore en très-bon état ; elle a soutenu jadis plusieurs sièges.

MAINCY. Village situé à 1 l. de Melun. Pop. 1,000 hab.

Le château de Vaux-le-Praslin est une dépendance de cette commune. Ce château fut commencé en 1653 par le surintendant des finances Fouquet. L'architecte Le Vau construisit les bâtiments ; les jardins commencèrent la réputation de Le Nôtre ; les peintures furent exécutées par Le Brun et par les meilleurs artistes du temps. (*Voy. la gravure.*)

L'avant-cour du château de Vaux est décorée de portiques et fermée, du côté de l'avenue, par une grille que soutiennent des cariatides; deux bassins, enrichis de groupes, l'ornent; et l'édifice est lui-même entouré de larges fossés remplis d'eau vive, et bordés d'une balustrade en pierre. Un superbe vestibule communique à un grand salon ovale dont l'architecture se compose d'arcades et de pilastres d'ordre composite. Les appartements sont ornés de figures en stuc et de peintures magnifiques. Du côté des jardins, la façade offre deux pavillons ornés de pilastres ioniques. Deux petits avant-corps, qui les accompagnent, sont surmontés d'une balustrade régnant pareillement sur le dôme, qui est terminé par une campanille. Le milieu de la façade est décoré de quatre colonnes doriques; au-dessus sont autant de pilastres ioniques avec un fronton; et sur l'entablement s'élèvent quatre figures. De magnifiques bassins; une belle pièce d'eau d'un arpent carré, au centre de laquelle est une figure en marbre représentant Neptune sur une conque marine tirée par trois chevaux; une chute d'eau; un canal d'un quart de lieue de long: tels sont les principaux ornements de cette immense propriété. Fouquet, possesseur d'un séjour si somptueux, y réunissait tout ce que la ville et la cour pouvaient offrir d'aimable et de grand : jamais dissipateur des finances d'un état ne fut plus noble et plus généreux. On sait que cet homme, qui osa porter un regard téméraire sur la maîtresse de son roi, que l'opulent financier, le seigneur aimable qui pensionnait le mérite, qui choisissait Pélisson pour son commis, La Fontaine pour son poète; celui qui faisait faire ses divertissements par Molière et par Lulli, ses parcs par Le Nôtre, ses peintures à Le Brun, l'ami des beaux-arts et de Sévigné, termina misérablement ses jours dans un cachot de la forteresse de Pignerol.

MELUN. Ancienne et jolie ville, chef-lieu du département. Tribunal de première instance. Collége communal, école gratuite de dessin. ☒ ☞ Pop. 6,622 hab.

Cette ville occupe l'emplacement d'une ancienne forteresse gauloise, mentionnée dans les commentaires de César, sous le nom de *Melodunum*. Clovis s'en empara en 494. Les Normands la prirent, la brûlèrent et la ravagèrent en 845, 848, 861, 866 et 883. Dans le Xe siècle, un comte de Troyes la prit d'assaut. Charles-le-Mauvais s'en rendit maître en 1358, mais il fut obligé de la rendre à Duguesclin peu de temps après. Cette ville fut encore assiégée et prise plusieurs fois par les Anglais et par le duc de Bourgogne : les premiers la prirent par famine en 1420; mais dix habitants, fatigués de la d glaise, chassèrent les troupes tion et reçurent celles de C Henri IV l'assiégea, et la prit lation en 1590.

Melun est une ville agréablement située au pied d'une colline, et traversée par la Seine, qui la divise en trois parties. Elle est généralement bien bâtie, bien percée et d'un aspect agréable. Dans la partie orientale d'une île que forment les deux bras de la Seine, on voit les ruines d'un palais que plusieurs rois de France ont habité, et où la reine Blanche, mère de saint Louis, tint sa cour pendant quelque temps. Près de là est l'église paroissiale de Saint-Aspais, remarquable par sa construction et par les peintures de ses vitraux, ouvrage des plus habiles maîtres en ce genre. Le clocher est d'un aspect imposant. Sur un côté de la place publique, qui est vaste et régulière, s'élève le clocher de l'abbaye de Saint-Pierre, seul reste de l'église de ce monastère.

On remarque encore à Melun la bibliothèque publique, contenant 8,000 volumes; la salle de spectacle; les promenades.

Melun est la patrie d'Amyot, qui y naquit le 30 octobre 1513 de parents fort pauvres. Il fit ses études à Paris, où il arriva sans autre secours qu'un pain que sa mère lui envoyait chaque semaine : pour exister, il fut obligé de servir de domestique à d'autres écoliers de son collège. Après avoir fait ses cours d'éloquence et de poésie latine, il obtint une chaire de grec et de latin. Pendant douze ans qu'il occupa cette chaire, il traduisit le roman grec de Théogène et Chariclée, et quelques vies des hommes illustres de Plutarque. François Ier, auquel il dédia cet essai, lui ordonna de continuer l'ouvrage, en lui faisant présent de l'abbaye de Belloyane. Personne ne rendit plus de services que lui à la langue française, et sa traduction a, dans le vieux style du temps, une grace que Racine ne croyait pas pouvoir être égalée dans notre langue moderne. Amyot mourut évêque d'Auxerre le 6 février 1593, dans sa quatre-vingtième année; un superbe tombeau lui a été élevé dans la cathédrale de cette ville, dont il est un des beaux monuments.

Fabriques de draps, étoffes de laine, toiles peintes, calicots. Filatures de coton. Tanneries. — *Commerce* de grains, farines, fromages, laine et bestiaux. — Maison centrale de détention pour cinq départements.

A 11 l. 1/2 de Paris, 13 l. de Meaux,

Amyot.

12 l. 1/2 de Provins. — *Hôtels* de France, de la Galère, du Grand-Monarque.

MORMANT. Joli bourg, situé à 6 l. de Melun. ✉ ☛ Pop. 1,000 hab. Il est bien bâti et traversé par la grande route de Paris à Troyes. On remarque aux environs le château de Bressoy, entouré de fossés remplis d'eau vive, où l'on arrive par une belle avenue pavée. L'église paroissiale est dominée par une belle tour carrée, terminée par une flèche élégante qu'on aperçoit de fort loin.

PANFOU. Village situé à 4 l. 1/2 de Melun. ☛ Pop. 150 hab.

PONTHIÉRY. Hameau situé à 2 l. de Melun. ✉ ☛

TOURNAN. Jolie petite ville, située dans une vallée, à 7 l. de Melun. ✉ Pop. 1,827 hab. On remarque aux environs le château de Combreux et plusieurs belles maisons de campagne. — *Commerce* de grains, farines, laines, etc.

VOISENON. Village situé à 1 l. de Melun. Pop. 300 hab.

Le château du Jard est une dépendance de cette commune. Ce château, ancienne habitation de la seconde femme de Louis-le-Jeune, fut transformé en abbaye en 1199. A l'époque de la révolution il fut vendu, comme bien national, à M. de Vergie, et passa ensuite à M. Rouillé-d'Orfeuil, qui se plut à l'embellir : un parc percé de routes de chasse et rempli de rochers pittoresques, un grand canal alimenté par des sources d'eau vive et traversant un parterre planté avec goût, font de cette propriété une des habitations les plus agréables de la contrée.

ARRONDISSEMENT DE PROVINS.

BRAY-SUR-SEINE. Petite ville, bâtie dans une situation agréable, sur la rive droite de la Seine, que l'on y passe sur un pont en pierre de vingt-deux arches. A 4 l. 3/4 de Provins. Pop. 1,992 hab.

En 1192, il se commit en cette ville un attentat horrible, qui donne une étrange idée des mœurs de ce temps. Les juifs, dit-on, avec la permission de la comtesse de Champagne, se saisirent d'un chrétien, le couronnèrent d'épines, le déchirèrent à coups de fouet, et dans cet état l'attachèrent à une croix, sur laquelle il expira. Philippe-Auguste, de retour en cette année de la troisième croisade, crut devoir tirer une éclatante vengeance de ce forfait : il n'eut rien de plus pressé que de se rendre en personne au château de Bray, où le crime s'était commis; et pour l'expier d'une manière qui imprimât la terreur, il fit brûler vifs plus de quatre-vingts juifs !...

CHALAUTRE-LA-GRANDE. Village situé près de la forêt de Sordun, à 3 l. 1/2 de Provins.

CROIX-EN-BRIE (la). Bourg bâti dans une situation riante, au milieu d'une contrée fertile, à 4 l. de Provins. Pop. 800 h. L'église paroissiale est remarquable par son architecture. Aux environs, on voit l'ancien château du Saussoy, flanqué de quatre tourelles.

DONNEMARIE. Jolie petite ville, située dans un beau vallon tapissé de prairies, bordé de collines couvertes de vignes, et traversé par une petite rivière qui sépare la ville du village de Dontilly. A 4 l. 3/4 de Provins. ✉ Pop. 1,100 hab. — Tanneries, tuileries et fours à chaux.

JAULNES. Village situé à 5 l. 1/2 de Provins. Pop. 400 hab. Ce village a été le théâtre d'une fameuse bataille dont parlent Pithou dans ses notes sur la coutume de Troyes, et l'abbé Velly dans son histoire de France, t. II, page 57. Mais ni l'un ni l'autre ne nous dit à quelle occasion cette bataille fut donnée, et quelles en furent les suites. Tout ce que l'on en sait, c'est que les nobles de Champagne furent défaits aux fossés de Jaulnes, qu'ils périrent presque tous, et que les comtes de Champagne, pour rétablir le corps de la noblesse qui, sans cela, aurait couru les risques d'une entière extinction, furent forcés de déroger à l'usage constant de la France, en accordant aux Champenois le droit de pouvoir tirer leur noblesse du côté de la mère. Ce droit, par lequel *le ventre ennoblit*, est ainsi exprimé dans le premier article de la coutume de Troyes. « Les aucuns sont nobles, les « autres non nobles : ceux sont nobles qui « sont issus en mariage de père ou de mère « noble, et suffit que le père ou la mère « soit noble, posé que l'autre desdits con- « joints soit non-noble, ou de serve con- « dition. »

JOUY-LE-CHATEL. Bourg situé à peu

de distance de la source de l'Yères, à 3 l. 1/2 de Provins. Pop. 1,200 hab. C'était anciennement une petite ville, et l'on voit à l'une de ses extrémités un donjon en ruine, qui tient à l'ancien château de Vigneaux.

LOUAN. Village situé à 4 l. 1/4 de Provins. Pop. 300 hab.

A peu de distance de Louan, on remarque les ruines majestueuses et pittoresques du château fort de Montaiguillon, dont plusieurs parties sont dans un bel état de conservation et méritent à plusieurs égards de fixer l'attention. Cette ancienne forteresse est située sur un mont sablonneux au milieu d'une forêt de 700 arpents; elle passait autrefois pour la plus forte place de la Brie. Les Anglais l'assiégèrent sans succès en 1424. L'ordre de Malte la possédait en 1432, époque où elle fut prise et brûlée par les Anglais, après le siège qu'ils firent de Provins. On lit dans une chronique de Villenauxe, que la forteresse de Montaiguillon fut démantelée en 1613 par ordre de Louis XIII, qui donna en dédommagement à M. de Villemontée, son possesseur, une somme de 60,000 écus. La situation de ces ruines isolées au milieu d'un bois, leur masse imposante, les arbustes et le lierre rampant qui en tapissent les murs, tout se réunit pour leur donner un aspect des plus romantiques. Le château se composait de plusieurs tours rondes encore debout, réunies par des terrasses au haut desquelles on avait pratiqué un chemin de ronde que l'on voit encore en partie. Des pans de murs énormes, détruits par les efforts de la mine, et qui semblent être tombés d'hier, gisent dans les larges douves qui environnent la forteresse : de nombreux étages multipliaient les logements pour les seigneurs et leur suite, mais la séparation de ces étages a disparu; on aperçoit seulement les ruines dispersées d'une chapelle, ainsi que quelques débris d'escaliers et de cheminées gothiques, qui pendent dans les angles des murs à 30 ou 40 pieds de hauteur.

On ignore l'époque de la construction du château de Montaiguillon. Tout porte à croire qu'il fut bâti vers le milieu du XIIIe siècle, par des chevaliers de Malte.

LUISETAINE. Village situé à 4 l. 1/2 de Provins. Pop. 300 hab.

La position de cette commune est très-agréable, et l'on y jouit de points de vue superbes sur une vallée riante que la Seine fertilise par ses nombreuses sinuosités.

NANGIS. Jolie petite ville, assez bien bâtie et très-agréablement située, dans un des plus jolis bassins de la Brie, à 6 l. de Provins. Pop. 1,963 hab. L'église paroissiale est solidement construite en grès ; elle est d'un assez bon style gothique, mais tous les détails en sont mal exécutés : les bas-côtés se prolongent en rond-point ; les arcades de la nef et du chœur sont surmontées de galeries et de grandes croisées en ogives. A peu de distance de cette église, on voit les restes d'un ancien château fort, aujourd'hui converti en ferme, dont il existe encore deux tours construites en grès et bien conservées. — Tanneries. *Commerce* considérable de bestiaux, grains, fromages de Brie, volailles, etc.

PROVINS. Ancienne et assez jolie ville, chef-lieu de sous-préfecture. Tribunaux de première instance et de commerce. Société d'agriculture. Collège communal. ✉ ⚜ Pop. 5,665 hab.

Provins est une ville fort ancienne, dont quelques auteurs attribuent la fondation à Jules César; mais, comme le fait observer judicieusement le plus consciencieux et le plus instruit des historiens modernes, M. Dulaure, J. César détruisit et pilla beaucoup dans les Gaules, ne construisit rien, et par conséquent ne fut point le fondateur de Provins. Cette ville d'ailleurs n'est mentionnée dans aucun monument historique appartenant aux Romains, pas même dans les itinéraires. Le premier titre qui en fasse mention est un capitulaire de Charlemagne, de 802. Sous les premiers rois de la seconde race, c'était déjà une ville importante, munie d'un château fort. En 1048, Thibaut III, comte de Troyes, y fit bâtir un monastère sous le nom de Saint-Ayoul, et dans le commencement du XIe siècle, saint Quiriace y fonda une collégiale sur les ruines d'un ancien temple d'Isis. Plusieurs autres établissements religieux y furent fondés dans le XIIe et le XIIIe siècle, ce qui, joint aux longs séjours que faisaient au château de Provins les comtes de Champagne et de Brie, dont la cour rivalisait avec celle du roi, accrut promptement la population de cette ville. Mais ce qui contribua le plus à sa prospérité, ce fut l'établissement de nombreuses manufactures et de foires importantes où se rendaient des marchands de toutes les parties de la France et des pays étrangers. Ces foires se tenaient dans la ville basse, et pour protéger les commerçants qui les fréquentaient, Thibaut IV fit entourer cette partie de Provins de murailles et de tours, qui existent encore en partie. Provins, sous les règnes de Charles VI

(Seine et Marne.)

ANCIEN CHÂTEAU DE PAROI.

et de Charles VII, partagea les maux effroyables qui désolèrent la France. En 1361, Charles-le-Mauvais s'empara de cette ville, qu'il fut obligé d'abandonner par l'effet du traité de Brétigny. En 1432, les Anglais la prirent par escalade, mais elle fut reprise au commencement de 1433, et la garnison anglaise passée au fil de l'épée. En 1592, Henri IV vint en personne assiéger Provins, dont les habitants avaient embrassé le parti de la Ligue : la ville se rendit, après trois jours d'une résistance opiniâtre.

Cette ville est située sur le sommet et au pied d'un coteau élevé, dans un vallon agréable, arrosé par les petites rivières du Durtein et de la Vouzie, qui y font tourner un grand nombre de moulins. Elle est généralement bien bâtie, et se divise en haute et basse ville : la plupart des rues de la ville basse sont larges, propres, bien percées, et ornées de fontaines publiques. La ville haute est ancienne, formée de rues escarpées et d'un accès difficile. Ces deux parties de la ville sont ceintes de murailles flanquées de tours de distance en distance, assez bien conservées ; des promenades, en forme de boulevard, entourent une partie de la ville basse et forment un couvert agréable. A l'extrémité sud-ouest de la ville haute s'élève un ancien édifice, vulgairement nommé la Tour de César, qui domine sur les campagnes environnantes. Cette tour, dont la hauteur est d'environ 140 pieds, présente un carré à pans coupés, flanqué à chaque angle d'une tourelle circulaire qui, engagée d'abord dans la maçonnerie, s'en détache vers le milieu de sa hauteur, à l'endroit où cette grosse tour prend la forme d'un octogone parfait, et laisse entre elle et les tourelles un espace où sont placés les arcs-boutants. Des chambres, des prisons occupent l'intérieur des quatre tourelles, surmontées, ainsi que la tour principale, de toitures pyramidales. L'intérieur offre deux vastes salles, placées l'une au-dessus de l'autre, dont les voûtes à arêtes sont courbées en ogives. De quelque point de vue qu'on observe cet édifice, il offre une masse imposante et très-pittoresque : c'est un des plus beaux ouvrages de l'architecture du moyen âge.

Deux principales portes donnent entrée à la ville haute : l'une, dans la fortification de l'ouest, est appelée la porte Saint-Jean ; l'autre, pratiquée dans la partie du nord, a pris le nom de porte de Jouy. Ces portes sont composées de plusieurs cintres ou arcades. Celle de Saint-Jean a huit toises d'étendue en profondeur, et autant en largeur ; c'est une masse carrée, d'un aspect imposant, dont on ne sait pas quelle était la hauteur, mais où l'on comptait, il y a peu d'années, plusieurs étages où l'on montait par des doubles escaliers. (*Voy. la gravure.*) La porte de Jouy, bâtie sur un autre plan, avait aussi, à ce qu'il paraît, une grande hauteur, et les mêmes largeur et profondeur.

Les principaux édifices de Provins sont l'église de Saint-Quiriace, située dans la ville haute, à peu de distance de la grosse tour. Cette église est remarquable par son étendue et l'élégance de son architecture ; le chœur est parfait et semble avoir les dimensions de celui de Notre-Dame de Paris. Un dôme, surmonté d'une campanille, s'élève au-dessus de la toiture. Le portail est très-simple ; au-devant est une place plantée d'ormes. — L'église Saint-Ayoul n'a rien de bien remarquable : l'intérieur offre une grande nef avec des bas-côtés, sans croisées et sans rond-point. Le grand-autel est orné d'un magnifique retable et d'un beau tableau de Stella. — L'église Sainte-Croix est bâtie sur l'emplacement d'une ancienne chapelle incendiée en partie en 1309, et reconstruite en 1538 ; la partie épargnée par le feu forme au nord un des bas-côtés de l'édifice.

On remarque encore à Provins l'hôpital-général, autrefois couvent des cordelières, où se trouve le monument de Thibaut IV ; les caves de l'Hôtel-Dieu ; la cave de la Grange-aux-Dîmes ; les souterrains de l'église du Refuge ; les ruines de l'église du Collége ; l'hôtel des Lions (auberge de la Croix-Blanche), au bas du petit escalier qui conduit à Saint-Pierre ; le quartier de cavalerie, etc., etc., etc.

EAUX MINÉRALES DE PROVINS.

Provins possède des sources d'eau minérale ferrugineuse froide, douées de propriétés très-énergiques, et qui cependant ne sont pas aussi renommées qu'elles méritent de l'être. Leur découverte date de l'année 1648. Elle est due au docteur Prevot, qui rassembla les différentes veines des sources dans un bassin, et les appliqua le premier aux usages de la médecine. Étienne Rose, maire de Provins, contribua à l'établissement et à l'ornement de la fontaine minérale ; c'est à lui que l'on doit la construction du puits qui existe aujourd'hui. Cette fontaine joint à l'avantage d'être située près de la ville, celui d'être sur une très-belle promenade,

Le puits minéral était depuis long-temps isolé sur le bord de la prairie, mal fermé et exposé aux inondations et aux tentatives des malveillants qui pouvaient y introduire quelque chose de nuisible, lorsqu'en 1804 M. Opoix fut nommé inspecteur de ces eaux; son premier soin fut de mettre la fontaine à l'abri d'accidents, d'en décorer l'extérieur, et d'inspirer plus de confiance aux malades. En 1805, M. Magin, inspecteur-général de la navigation de l'intérieur, abandonné, pour ainsi dire, des médecins de la capitale, ayant trouvé dans ces eaux une guérison presque miraculeuse, profita d'une occasion qui lui fut indiquée par M. Opoix, d'éterniser sa reconnaissance. Il fit construire à ses frais, sur les dessins de Moreau jeune, un petit temple tétrastyle, d'une forme élégante, qui semble avoir été élevé à la déesse de la santé. Sa forme est demi-circulaire. Le portique se compose de quatre colonnes d'ordre toscan, qui soutiennent un entablement et un fronton.

Depuis quelques années on a bâti sur le mur du rempart un bâtiment commode, pour l'usage des buveurs. La fontaine avait toujours été la propriété de la ville; mais en 1818 le gouvernement s'en est emparé.

SAISON DES EAUX. On a coutume de prendre les eaux de Provins en deux saisons. La première commence au milieu du printemps, et la seconde finit au commencement de l'automne. Chaque saison est d'environ six semaines.

PROPRIÉTÉS PHYSIQUES. Ces eaux ont une odeur et un goût ferrugineux, douceâtre, astringent et un peu styptique. Dans les temps de sécheresse on leur trouve une petite acidité, due à une certaine quantité de gaz acide carbonique. En même temps que cette acidité légère se fait sentir, l'odorat distingue quelque chose de sulfureux; avec la poudre de noix de galles, elles prennent une couleur rouge qui passe de suite au violet foncé et presque noir. Exposées à l'air, elles se troublent, en déposant une matière d'un jaune pâle.

PROPRIÉTÉS CHIMIQUES. D'après l'analyse faite dans ces derniers temps par MM. Vauquelin et Thénard, l'eau de Provins contient de l'acide carbonique, du carbonate de chaux, du fer oxidé, de la magnésie, du manganèse, de la silice, de l'hydrochlorate de soude, quelques traces de matière grasse et d'hydrochlorate de chaux.

PROPRIÉTÉS MÉDICINALES. Les eaux de Provins s'emploient avec le plus grand succès dans la chlorose, les leucorrhées, les obstructions au foie, à la rate et au mésentère, le catarrhe de la vessie, les coliques néphrétiques, la débilité de l'estomac, les fièvres intermittentes, et dans les convalescences accompagnées d'un état de langueur. On peut les employer aussi dans les paralysies commençantes, l'hypocondrie, etc. Elles contribuent à dissiper la mélancolie, les vapeurs et quelques maladies de nerfs.

Les eaux de Provins ne se prennent qu'en boisson, à la dose de deux ou trois verres jusqu'à douze ou quinze.

Ces eaux excitent, chez quelques personnes, un appétit auquel il faut mettre des bornes, et même savoir résister.

On associe avec succès à l'usage des eaux minérales celui des conserves de roses de Provins, médicament éminemment stomachique, qui facilite puissamment la digestion et convient dans toutes les maladies qui proviennent de relâchement.

Fabriques de tiretaine, poterie de terre, conserves de roses. — *Commerce* considérable de grains et de farines pour l'approvisionnement de Paris; de roses, dites de Provins, cultivées sur le territoire depuis un temps immémorial; de laines, cuirs, etc. — A 12 l. de Melun, 21 l. 1/2 de Paris. — *Hôtels* de la Boule-d'Or, de la Fontaine.

VILLIERS-SAINT-GEORGES. Village situé près de la source de l'Aubetin, à 31 l. 3/4 de Provins. Pop. 500 hab.

FIN DU DÉPARTEMENT DE SEINE-ET-MARNE.

IMPRIMERIE DE FIRMIN DIDOT FRÈRES, RUE JACOB, N° 24.

Guide Pittoresque

DU

VOYAGEUR EN FRANCE.

ROUTE DE PARIS A GENÈVE,

TRAVERSANT LES DÉPARTEMENTS

DE SEINE-ET-OISE, DE SEINE-ET-MARNE, DE L'YONNE, DE LA CÔTE-D'OR, DU JURA ET DE L'AIN.

DÉPARTEMENT DE L'YONNE.

Itinéraire de Paris à Genève.

	lieues.		lieues.
De Paris à Charenton	2	Avallon	2
Maisons	1/2	Rouvray	4 1/2
Villeneuve-Saint-Georges	2	Maison-Neuve	4
Montgeron	1/2	Vitteaux	4
Lieursaint	3	La Chaleur	3 1/2
Melun	3 1/2	Pont de Passy	3
Le Châtelet	2 1/2	Dijon	5
Paufou	2	Genlis	4
Montereau	2 1/2	Auxonne	3 1/2
Fossard	1	Dôle	4
Bichain	1 3/4	Mont-sous-Vaudray	5
Villeneuve-la-Guyard	1/4	Poligny	4 1/2
Pont-sur-Yonne	3	Montrond	2 1/2
Sens	3	Champagnole	2 1/2
Villeneuve-le-Roi	3 1/2	Maison-Neuve	3
Villevaillier	2	Saint-Laurent	3
Joigny	2	Morey	3
Bassou	3	Les Rousses	3
Auxerre	4	La Vatay	3 1/2
Saint-Bris	2 1/2	Gex	4
Vermanton	4	Ferney	2 1/2
Lucy-le-Bois	4 1/2	Genève (Suisse)	1 1/2

Communication de Dôle à Besançon (DOUBS).

	lieues.		lieues.
De Dôle à Orchamps	4	Saint-Fergeux	3 1/4
Saint-Vit	3	Besançon	3/4

ASPECT DU PAYS QUE PARCOURT LE VOYAGEUR
DE VILLENEUVE-LA-GUYARD A ROUVRAY.

En sortant de Villeneuve-la-Guyard, on traverse une belle plaine, en côtoyant, à droite, Villeblevin, Chaumont, et plus loin le Port-Renard et Champigny. La route parcourt une campagne fertile et variée par des jardins, par des plantations de noyers, et par des coteaux plantés de vignes : à gauche, on suit presque constamment le cours de l'Yonne; à droite, s'étend une chaîne de montagnes. Après le hameau de la Chapelle, on se trouve vis-à-vis d'une gorge remplie d'arbres et de vignes qui règne sur la ... on jouit d'une vue agréable et très-étendue sur une plaine bien cultivée et ... de Serbonnes. On traverse Villemanoche, peu après lequel on découvre un ... de vue sur le cours de l'Yonne et sur la rive opposée. A une demi-lieue plus ..., on passe à Pont-sur-Yonne, petite ville assez mal bâtie, mais environnée de prairies qui offrent des points de vue gracieux. En sortant de cette ville, on traverse l'Yonne sur un pont très-long; la route suit les bords de cette rivière, que l'on a alors à droite. On longe à gauche Gizy; au-delà de l'Yonne, on aperçoit Villeperet; sur la gauche se présentent les villages d'Évry et de Cury, et plus loin, à droite, celui de Villenavotte; un peu après, on est vis-à-vis le château de Nolon. On passe à Saint-Denis-sur-Yonne, à Saint-Clément, et l'on arrive à Sens par le faubourg et la porte de Saint-Didier.

On sort de Sens par la porte Dauphine et le faubourg de Saint-Pregs. La route est on ne peut plus agréable par sa direction continuelle le long de la rive droite de l'Yonne, toujours au pied, quelquefois sur le penchant des collines qui règnent sur la gauche. Le sol crayeux et blanchâtre des coteaux se dérobe sous un long tapis de vigne. La rivière serpente au milieu d'une riche plaine cultivée, entremêlée de prairies; elle coule presque au niveau de terre, et offre un aspect riant par ses fréquentes sinuosités et par les nombreux trains de bois dont elle est couverte dans la belle saison. On passe près du village de Maillot, à Rosoy, à la Maison-Blanche, ferme où l'on jouit d'une belle vue sur un charmant coteau de vignes qui borne l'horizon. Sur l'autre rive, on aperçoit Véron, village où se trouve une fontaine renommée par ses incrustations, et les villages de Marsangis et de Rousson. On passe près de Passy, et de là à Villeneuve-sur-Yonne. La route traverse cette petite ville par une rue large, tirée au cordeau, terminée à chaque bout par une belle porte de ville, et ornée dans son milieu d'un beau frontispice d'église. Villeneuve consiste presque tout entière dans cette belle rue; elle est entourée d'une belle promenade dont les arbres, taillés en berceau, offrent le plus beau couvert. En sortant de cette ville, la route suit toujours les bords de l'Yonne; sur la gauche s'élèvent des collines calcaires couvertes de vignes: on passe à Saint-Savinien, à Armeau, à Villevaillier, gros village avec relais de poste, vis-à-vis duquel se présente la petite ville de Saint-Julien-du-Saut, connue par ses vins; peu après on traverse Villecin, Saint-Aubin-sur-Yonne; sur l'autre rive est Cézy. On côtoie un coteau qui produit d'excellents vins, et l'on arrive à Joigny par une belle grille qui ressemble à celle d'un château: peu de villes ont un abord plus riant. Un quai spacieux règne le long de l'Yonne; vers le milieu de ce quai, on traverse la rivière sur un beau pont. La route suit la rive gauche de l'Yonne; elle est large, très-plate et bordée de beaux arbres qui lui donnent l'air d'une promenade. On passe à Voves, à Charmoy, à Bassou, village avec relais de poste. Après ce village, on continue à longer la rivière d'Yonne, et à droite un petit coteau de vignes. On passe à Appoigny; deux lieues plus loin, on descend la côte rapide et longue de Migrenne, renommée par ses excellents vins. De cet endroit, on jouit d'un beau coup d'œil sur la vallée de l'Yonne et sur la ville d'Auxerre.

Après avoir passé l'Yonne sur un pont d'où l'on découvre une belle perspective, que nous avons essayé de rendre par la gravure, on monte pendant plus d'une heure une côte assez douce pour arriver au relais de Saint-Bris. A une lieue de là, on aperçoit, à droite, les célèbres vignobles d'Irancy, de Coulanges-la-Vineuse, et la petite ville de Cravant; dans le lointain est celle de Vézelai. Une descente continuelle conduit à Vermanton, petite ville, située au confluent de l'Yonne et de la Cure. A deux lieues de là sont les fameuses grottes d'Arcy, dont nous aurons occasion de parler. A Vermanton, la route quitte la vallée de l'Yonne pour suivre celle de la Cure. On passe devant les bâtiments de l'ancienne abbaye de Ligny, et l'on arrive, par des plaines arides, au village de Lucy-le-Bois. Les vignes disparaissent, et la route continue à travers une contrée peu fertile jusqu'auprès du beau château de Sauvigny, d'où l'on découvre la jolie petite ville d'Avallon, environnée de sites riants et pittoresques.

En sortant d'Avallon, la route se dirige par Cussy-les-Forges et devient agréable et variée. On passe devant le beau château de Presle, à Sainte-Magnance, et, après avoir traversé une demi-lieue de forêt, on arrive au bourg de Rouvray, situé au-delà de la limite qui sépare le département de l'Yonne de celui de la Côte-d'Or.

DÉPARTEMENT DE L'YONNE.

APERÇU STATISTIQUE.

Le département de l'Yonne est formé en grande partie de l'Auxerrois, qui dépendait autrefois de la ci-devant province de Bourgogne, et tire son nom de la rivière d'Yonne, qui le traverse du sud-est au nord-ouest, et commence à porter bateau à Auxerre. Il est borné, au nord-ouest et au nord, par le département de Seine-et-Marne; au nord-est, par celui de l'Aube; à l'est, par celui de la Côte-d'Or; au sud, par celui de la Nièvre; et à l'ouest, par celui du Loiret. — Le climat est doux et salubre, excepté dans quelques contrées marécageuses de la partie occidentale.

Le territoire de ce département est entrecoupé de nombreux coteaux couverts de riches vignobles, de quelques collines arides et peu fertiles, de belles et productives vallées, de forêts très-étendues, d'étangs considérables, et d'excellents pâturages où l'on élève quantité de bestiaux. Le sol, en général inégal et pierreux, est néanmoins très-fertile en toute sorte de grains. Les vignes couvrent presque tous les coteaux, et sont d'une grande ressource pour les habitants; parmi les vins du pays, on distingue ceux de Coulanges, d'Auxerre, de Chablis, de Tonnerre, de Saint-Bris, Irancy, Joigny, Cravent, etc.

Le département de l'Yonne a pour chef-lieu Auxerre. Il est divisé en 5 arrondissements et en 37 cantons, renfermant 479 communes. — Superficie, 370 lieues carrées. — Population, 352,487 habitants.

MINÉRALOGIE. Minerai de fer; ocre rouge et jaune. Carrières de pierres de taille, pierres meulières, pierres lithographiques; grès à paver, argile.

SOURCES MINÉRALES à Toucy, Appoigny, Neuilly, Villefranche, Pourrain, Vézelai.

PRODUCTIONS. Céréales de toute espèce et en abondance; récoltes plus que suffisantes; légumes, fruits, châtaignes, truffes, chanvre, excellents pâturages. — 159,123 hectares de forêts. — 37,212 hectares de vignes. — Élève de bestiaux. Poisson d'étangs et de rivière abondant. Grand et menu gibier. Éducation des abeilles.

INDUSTRIE. Fabriques de grosses draperies, de couvertures de laine, de serges, de feuillettes, de raisinet dit de Bourgogne, de glu. Tanneries considérables, dont les produits sont très-estimés; tuileries renommées; faïenceries et poteries; distilleries d'eau-de-vie de marc.

COMMERCE de grains, vins, vinaigre, bois et charbon pour l'approvisionnement de Paris; merrain, feuillettes, tan, laines, bestiaux, fer, ocre, etc.

VILLES, BOURGS, VILLAGES, CHATEAUX ET MONUMENTS REMARQUABLES;
CURIOSITÉS NATURELLES ET SITES PITTORESQUES.

ARRONDISSEMENT D'AUXERRE.

APPOIGNY. Bourg situé dans une plaine fertile, près de la rive gauche de l'Yonne, à 2 l. d'Auxerre. Pop. 1,400 hab. On y trouve une source d'eau minérale ferrugineuse, située sur les bords de l'Yonne, et recouverte une partie de l'année par les eaux de cette rivière.

ARCY-SUR-CURE. Village situé sur le penchant d'une colline, au pied de laquelle coule la Cure, à 7 l. d'Auxerre. Population, 1,600 hab.

Ce village est renommé par ses grottes profondes, composées de plusieurs vastes salles qui communiquent les unes aux autres par des passages souvent très-resserrés, et dont quelques-uns sont si étroits qu'on est obligé de se coucher à plat ventre pour les franchir. Les grottes d'Arcy sont creusées dans une roche calcaire stratifiée, d'environ 90 pieds de hauteur, dont les couches sont horizontales. Pendant les pluies, les eaux pénètrent la roche, entraînent les sels calcaires, et couvrent, par leurs infiltrations, les parois de ces grottes de concrétions formées de chaux carbonatée, fistulaires, cylindriques, stratiformes, connues sous les noms de stalactites et de stalagmites, qui produisent, à la lumière, un effet admirable.

L'entrée des grottes est sur le bord de la Cure. On y pénètre par un large vestibule, dont la voûte plate peut avoir trente pas de largeur sur vingt pieds de hauteur; le sol de cette salle va en descendant et est tout parsemé de quartiers de pierres d'une grosseur énorme, qui ont été détachées de la voûte. De cette salle on passe dans une autre beaucoup plus spacieuse, qui peut avoir 80 pieds de longueur.—A droite, se trouve un lac de 120 pieds de diamètre, dont les eaux sont bonnes à boire; à gauche, on entre dans une troisième salle, longue de 250 pieds, dont la voûte, un peu cintrée, a une hauteur de 18 pieds; ce qu'il y a d'extraordinaire, c'est qu'on voit trois voûtes l'une sur l'autre (la plus haute est supportée par deux autres plus basses); un grand nombre de colonnes renversées sont disséminées au milieu de cette salle. — A droite, on aperçoit une petite grotte de deux pieds carrés, remplie d'une grande quantité de petites pyramides, à l'extrémité de laquelle est une voûte de deux pieds et demi de haut, et longue de douze pieds, remplie de tuyaux de formes bizarres. Cette voûte conduit à une autre plus élevée, où sont des piliers de toutes formes et de toute grandeur. — Un peu plus avant, du même côté, on rencontre une petite grotte fort enfoncée et très-étroite, étonnante par la quantité de stalactites et de stalagmites qu'elle renferme; c'est dans cet endroit que les curieux ont coutume de rompre quelques-unes de ces concrétions pour meubler leurs cabinets ou enrichir leurs collections.— Sur la droite se trouve une entrée qui conduit dans une autre salle très-spacieuse, où l'on voit, à gauche, une figure connue sous le nom de la Vierge, puis une espèce de petite forteresse, composée de quatre tours. — Deux entrées mènent, par une pente rapide, dans une autre salle, de trois cents pieds de longueur, sur trente de largeur et vingt de hauteur : la voûte est toute nue; au milieu on voit un nombre infini de chauves-souris. — On parvient ensuite, au milieu de colonnes de diverses formes et par des passages fort étroits, dans une autre salle, dont la voûte a quatre-vingt-cinq pieds de hauteur, quarante pieds de largeur et quatre cents pas de longueur : à son extrémité est une énorme stalagmite de huit pieds de haut, dont la base a cinq pieds de diamètre. — On passe de cette salle dans une autre, où le travail de la nature se présente fort en grand : ce sont des piliers énormes, des colonnes variées, des pilastres d'un travail riche, des dômes élégants, des cuvettes de différentes formes et grandeurs : presque toutes ces concrétions ont la compacité et la blancheur de l'albâtre gypseux.

On peut parcourir en totalité ces grottes sans revenir sur ses pas, au moyen de la continuité des communications. On recommande de les visiter par un temps sec; l'époque la plus favorable est pendant les mois d'août et de septembre. Les deux postes de Vermanton et de Lucy-le-Bois y conduisent également : les voyageurs, en passant par Arcy, n'alongent leur route que d'une lieue.

AUXERRE. Grande et très-ancienne ville, chef-lieu du département. Tribunaux de première instance et de commerce. Société d'agriculture. Collège communal. ✉ ☞ Pop. 11,439 hab.

L'origine d'Auxerre remonte à une époque très-reculée. Sous la domination romaine, cette ville était déjà célèbre sous le nom d'*Autissiodorum*. Jules-César la prit en 52. Saint Pélerin, qui fut martyrisé à Eutrains pendant la persécution de Dioclétien, en fut le premier évêque. Les Sarrasins s'en emparèrent en 732. Les Normands la pillèrent et la brûlèrent en partie, en 887. Plusieurs incendies la détruisirent presque entièrement en 1035, 1075, 1209 et en 1216. Les Anglais prirent Auxerre d'assaut le 10 mars 1359, et y commirent de grands ravages. En 1567, les calvinistes s'en rendirent maîtres et détruisirent les églises, les monastères, les images, les autels, les châsses, et jetèrent les reliques dans la boue. Auxerre embrassa le parti de la Ligue, et fut une des dernières cités qui se rendit à Henri IV.

Cette ville est dans une situation agréable, au milieu d'un riche vignoble dont les produits jouissent d'une réputation méritée. Elle est bâtie au sommet et sur le penchant d'une colline qui s'abaisse jusqu'au bord de l'Yonne, qui y forme un port commode et

AUXERRE.

très-fréquenté, vis-à-vis duquel se trouve une île, ombragée de bouquets d'arbres et occupée par des moulins dont l'aspect est on ne peut plus pittoresque. Dans l'intérieur, on trouve plusieurs beaux quartiers, des rues larges et bien percées, et quelques constructions modernes qui ne sont pas dépourvues d'élégance. Le quai qui borde l'Yonne est bordé de maisons en général assez bien bâties. Une promenade en forme de boulevards enceint la ville jusqu'au quai.

La Cathédrale, dédiée à saint Étienne, est un des plus beaux édifices gothiques qui existent en France. L'église souterraine fut commencée en 1035. Le grand-autel a été consacré en 1119. Le chœur est une construction de la fin du XIIe et du commencement du XIIIe siècle. La nef et le grand portail datent du XIVe siècle. Le portail du nord a été bâti en 1415 et 1426. La tour a été achevée vers l'an 1543.

Cette grande cathédrale a 300 pieds de long sur 120 pieds de large; les voûtes ont 100 pieds d'élévation sous clef, et la tour 183 pieds d'élévation au-dessus du sol. Il est difficile d'exprimer l'admiration que l'on éprouve à l'aspect de cette superbe basilique. Que d'efforts, que de sacrifices n'a-t-il pas fallu faire pour élever ce chef-d'œuvre de l'architecture arabesque! On ne peut se lasser d'observer la grandeur et la régularité des masses, la perfection des détails, la légèreté, l'élévation et le grand nombre des colonnes; les moulures qui accompagnent les piliers, les roses, les ogives; enfin cette variété étonnante d'ornements, de figures, de plantes et de bas-reliefs qui décorent les murs : aucune église du moyen âge ne présente, dans les masses, une architecture plus régulière et plus élégante. Les vitraux sont principalement l'objet de l'admiration des étrangers; on n'en trouve plus de semblables, en aussi grand nombre et aussi bien conservés, dans aucune église de France.

Le grand-autel est d'une noble et belle simplicité : une croix, plantée sur un globe, deux beaux candélabres, et un tombeau en marbre bleu de Gênes, en composent tout l'ornement. Plus loin, on aperçoit entre les deux piliers du sanctuaire la statue de saint Étienne, en marbre blanc, sur un soubassement décoré d'un bas-relief qui représente la lapidation de ce premier martyr.

A gauche de l'autel, contre le pilier de la porte latérale du chœur, on remarque un monument en marbre blanc, représentant un vieillard à longue barbe, priant dans une chaire; c'est la figure d'un ancien évêque d'Auxerre, de Jacques Amyot, traducteur de Plutarque, dont nous avons donné une notice biographique dans notre 7e Livraison (article Melun).

A droite de l'autel est un autre monument en marbre blanc, élevé en 1713 à la mémoire de Nicolas Colbert, évêque d'Auxerre et frère du ministre de ce nom.

La chapelle de la Vierge renferme le monument en marbre blanc du maréchal et de l'amiral de Chatellux. Ces deux guerriers sont couchés avec leurs cottes d'armes sur un tombeau dont le bas-relief représente la bataille de Cravant.

Il existait autrefois dans la cathédrale d'Auxerre une statue colossale de saint Christophe, qui était peut-être la plus monstrueuse de toutes celles qui se trouvaient dans diverses églises de France. Elle avait 29 pieds de haut; la largeur de son corps d'une épaule à l'autre était de 16 pieds; chaque œil avait un pied de fente, et 9 pouces d'ouverture du haut en bas; la bouche avait 15 pouces et demi de large; la longueur de chaque bras était de 6 pieds 2 pouces; celle des mains de 3 pieds 2 pouces, et celle des jambes de 6 pieds. Les mollets avaient chacun 6 pieds 2 pouces de circonférence. L'Enfant-Jésus était sur les épaules du saint, et il avait les jambes placées autour de son cou. Ce saint tenait dans ses mains une boule qui représentait le monde; il avait, de la tête aux reins, 10 pieds et demi, et chaque pied avait 2 pieds 8 pouces de long. Le bâton qu'il portait de la main droite, et que le peuple d'Auxerre appelait sa petite badine, était un tronc d'arbre, garni de nœuds, de la grosseur d'une feuillette, et de la longueur de 32 pieds. Dessous les pieds du saint étaient sculptées des ondes remplies d'animaux aquatiques; le piédestal sur lequel le tout était posé avait 11 pieds de haut. A côté du saint, était la figure d'un ermite prosterné. C'était sans doute la *pourtraiture* du personnage auquel on devait ce monument grotesque, *pourtraiture* dont il était parlé dans une inscription placée sur le piédestal. Les peintres et les sculpteurs de ce temps étaient dans l'usage de représenter, dans un coin de leurs ouvrages, les figures ressemblantes des fondateurs, mais habillés en moines ou en religieux. Dans la partie inférieure était un bas-relief représentant le martyre de saint Christophe attaché à un poteau, et les soldats qui lui lançaient des flèches. Une inscription dans le bas portait que cet ouvrage avait été commencé en 1539. La démolition de ce colosse fut décidée à l'unanimité par le chapitre d'Auxerre, assemblé le 28 avril 1768, et des ouvriers furent de suite employés pour faire disparaître cette masse informe et ridicule, qui ne servait qu'à amuser le peuple. La cathédrale de Paris possédait aussi une figure gigantesque de saint Christophe, qui avait un pied de moins que celle dont nous venons de parler. Le chapitre l'a fait détruire en 1786.

L'ÉGLISE SAINT-EUSÈBE, fondée en 640, fut consacrée en 1384. Le sanctuaire est d'une construction hardie : il a été commencé en 1530 : c'est un mélange d'architecture arabesque et romaine. Le clocher, construit en pierres de taille, présente un aspect agréable et pittoresque.

L'ÉGLISE SAINT-PIERRE fut commencée vers la fin du XVIe siècle et achevée en 1672; elle est remarquable par son étendue et par sa régularité. C'est un heureux assemblage des architectures arabesque et romaine. Les voûtes en ogive sont portées par dix-sept colonnes et trente-trois pilastres d'ordre corinthien. La tour est beaucoup plus ancienne : on lisait naguère une inscription indiquant que les fondements en avaient été jetés le 6 juin 1536. Cette tour est couverte de statues et d'arabesques : on y remarque les figures des apôtres prêchant au peuple l'Évangile écrit sur des rouleaux.

L'ÉGLISE SAINT-GERMAIN. Cette église dépendait de l'ancienne abbaye royale de Saint-Germain, dont la fondation remonte avant l'année 623. L'architecture de cette église est très-belle; les piliers et les voûtes ont un air de grandiose qui frappe au premier aspect. L'église souterraine est extrêmement curieuse; elle renferme les tombeaux de soixante saints, d'un grand nombre d'évêques et de martyrs du premier siècle du christianisme : un énorme tombeau, placé au centre de cette vaste et sombre demeure de la mort, est principalement en grande vénération; c'est celui de saint Germain, à qui les Parisiens ont dédié l'église de Saint-Germain-l'Auxerrois. A gauche de la porte d'entrée de cette crypte, un escalier conduit à une seconde église souterraine construite sous la première; on y voit les tombes en grès de trois comtes d'Auxerre.

Les bâtiments de l'ancienne abbaye sont occupés aujourd'hui par l'Hôtel-Dieu, l'un des plus beaux établissements en ce genre que possède la France.

L'HÔTEL DE LA PRÉFECTURE est l'ancien palais épiscopal. La façade sur la rue est remarquable par des ornements d'un très-bon goût.

L'HORLOGE d'Auxerre tion particulière. Elle est éta de la cité, contiguë aux bâti l'ancien château des ducs de Bourgogne, et la sonnerie est placée dans la tour de cette porte, nommée la tour gaillarde. Le double cadran de cette horloge, exécuté en 1670, est décoré d'arabesques au-dessus desquelles on remarque les dernières armoiries de la ville; il contient deux divisions de douze heures, ou la mesure entière du jour, sur un cercle décrit avec un rayon d'un mètre cinquante centimètres. L'aiguille qui porte la figure du soleil correspond à une horloge solaire; elle indique les heures solaires moyennes. Le cadran intérieur de cette horloge présente deux petites aiguilles; l'une marque le temps moyen du cadran intérieur, l'autre, le temps vrai. L'aiguille qui porte le globe de la lune correspond à une horloge lunaire, et marque par conséquent les heures lunaires : ces deux aiguilles se rencontrent à peu près à midi, dans les nouvelles lunes, et à minuit dans les pleines lunes. Ainsi, par un mécanisme très-simple et très-ingénieux, cette horloge indique à la fois l'heure solaire, le lever, le coucher et les phases de la lune. Nous avons essayé de reproduire par la gravure le joli aspect qu'offrent la porte et la tour de cette horloge, dont la flèche, incendiée en 1825, a été rétablie en 1826.

LA BIBLIOTHÈQUE PUBLIQUE est placée dans les bâtiments de l'ancienne abbaye de Saint-Marien. Elle contient environ 25,000 volumes, et près de 200 manuscrits, dont quelques-uns sont du IXe siècle; un cabinet d'antiques et d'histoire naturelle; des momies d'enfants et d'ibis, des armes et d'autres objets curieux, rapportés du Levant par M. le baron Grand-d'Énon, qui les a donnés à la ville avec une collection de médailles grecques, trouvées dans sa terre d'Énon, près de Brinon.

On remarque encore à Auxerre le collège; la salle de spectacle; les promenades qui entourent une partie de la ville; le jardin de botanique, formé en 1827; l'hôpital général; les casernes; le haras.

Auxerre est la patrie de l'abbé Lebeuf, de Sainte-Palaye, de Sedaine, de Rétif de la Bretonne, du typographe Fournier, etc.

INDUSTRIE. *Fabriques* de grosses draperies, couvertures de laine, cordes d'instruments de musique, futailles, faïences. Brasseries et tanneries. — *Commerce* de vins

TOUR DE L'HORLOGE D'AUXERRE.

estimés, cuivre, chanvre, fer, acier, bois de chauffage, cercles, feuillettes, tan, ocre, etc. — Départ, deux fois par semaine, des coches d'eau pour Paris.

A 14 l. 1/2 de Sens, 19 l. 1/2 de Troyes, 41 l. 1/2 de Paris. — *Hôtels* du Léopard, de Beaune, du Faisan.

BRIS (SAINT-). Jolie petite ville, située sur la grande route de Paris à Auxerre, à 2 l. de cette dernière ville. ✉ ☞ Pop. 1,948 hab. Le hameau de BAILLY est une dépendance de cette commune. On y voit de vastes carrières de pierres de taille, éclairées par des lampes, où les voitures peuvent circuler jusqu'à la profondeur de 500 mètres.

CHABLIS. Petite ville, située sur la rive gauche du Serain, au milieu d'un riche vignoble qui donne des vins blancs très-renommés, à 4 l. d'Auxerre. Pop. 2,555 h.

COULANGES-LA-VINEUSE. Petite ville, située dans un territoire fertile en excellents vins, à 3 l. d'Auxerre. ✉ Pop. 1,500 hab. C'était autrefois une place forte, qui fut prise d'assaut par les ligueurs en 1589.

COULANGES-SUR-YONNE. Petite ville, située dans une contrée fertile en vins de bonne qualité, sur la rive gauche de l'Yonne, à 7 l. d'Auxerre. ✉ Pop. 1,000 hab. On y remarque les restes d'un ancien château, où a séjourné le roi d'Angleterre Édouard III. — *Commerce* considérable de bois.

COURSON. Village situé sur la route de Paris à Nevers, à 5 l. d'Auxerre. ✉ Pop. 1,200 hab. Il possède des carrières souterraines très-remarquables, d'où l'on tire la plus grande partie de la pierre de taille employée à Auxerre dans les constructions.

CRAVANT. Petite ville, située au confluent de l'Yonne et de la Cure, dans une contrée fertile en vins estimés, à 4 lieues d'Auxerre. Pop. 1,000 hab.

Cravant était autrefois une place forte dont les Bourguignons s'emparèrent en 1423. Les troupes de Charles VII tentèrent de la reprendre dans la même année; au moment où ces troupes étaient occupées à en faire le siège, elles furent attaquées par les Anglais et les Bourguignons, que les assiégeants battirent complètement et forcèrent à la retraite.

La plupart des anciennes fortifications de cette ville existent encore. L'église paroissiale est un assez bel édifice, surmonté d'un clocher d'une architecture élégante.

DRUYES. Bourg situé sur le sommet d'une montagne, au pied de laquelle est une fontaine excellente, qui forme, à quelque distance, une petite rivière très-poissonneuse. A 7 l. d'Auxerre. Pop. 800 hab.

Ce bourg est très-ancien. On prétend même qu'il fut nommé Druyes, parce qu'il était le séjour des druides, qui avaient un temple dédié au dieu Teutatès sur le haut de la montagne.

On remarque à Druyes une grotte curieuse par les nombreuses congélations qu'elle renferme, et qui, sous différents rapports, est aussi intéressante que les célèbres grottes d'Arcy-sur-Cure. Aux environs, il existe un souterrain nommé la Grotte-des-Fées, près duquel sont les ruines d'un ancien édifice où l'on a trouvé une grande quantité de médailles antiques.

FLORENTIN (SAINT-). Jolie petite ville, très-agréablement située, sur le canal de Bourgogne, au confluent de l'Armance et de l'Armançon, à 7 l. d'Auxerre. ✉ ☞ Pop. 2,442 hab.

Plusieurs auteurs ont écrit que cette ville occupe l'emplacement de l'ancienne *Eburobrinca*, position romaine indiquée dans l'itinéraire d'Antonin; mais il est reconnu aujourd'hui que cette place ne pouvait être qu'Avrolles, village à 3/4 l. de Saint-Florentin. Il est peu fait mention de cette ville pendant les premiers siècles de la monarchie. En l'année 511, les Bourguignons vinrent faire le siège du château Florentin, au mois de novembre, et obligèrent les habitants de se rendre. Ils gardèrent cette place pendant quelques années, durant lesquelles ils firent bâtir un fort dans une petite île formée par l'Armançon, à 1/4 l. vers le sud-est. Ce fut dans cet asile que la reine Brunehaut, vers l'an 597, se retira pour se mettre à couvert des poursuites de Théodebert II, roi d'Austrasie, son petit-fils. Thierry, roi de Bourgogne, lui avait procuré ce refuge. Mais Frédégonde, ayant découvert sa retraite, l'y fit attaquer par Landry, son favori. Brunehaut se défendit avec vigueur, et ayant reçu du secours, elle fit lever le siège, après quoi elle tomba si à propos sur l'armée de Frédégonde, qu'elle contraignit Landry d'abandonner son camp et ses équipages. L'endroit où était ce camp, sur les bords de l'Armance, s'appelle encore Champ-Landry, ou, par corruption, Chalandry (*campus Landerici*), et le fort, dont il ne reste que quelques vestiges, s'appelle, du nom de la reine Brunehaut, Brinchefort ou Brunefort. Pepin fit raser cette forteresse aussitôt qu'il fut monté sur le trône, en 752, parce qu'elle offrait une retraite sûre aux séditieux. On a trouvé fréquemment, et l'on trouve encore dans les ruines et les fossés de ce fort, des médailles romaines et des monnaies des rois de Bourgogne et autres princes, en or, en argent et en bronze, ce qui est une preuve non équivoque de son antiquité.

En 879, les Normands, qui ravageaient la France depuis plus d'un demi-siècle, s'avancèrent jusqu'aux portes de Tonnerre. Richard-le-Justicier, duc de Bourgogne, les battit et les repoussa. Les Normands, qui s'étaient habitués sans beaucoup de peine aux vins de Tonnerre, ne quittèrent ce pays qu'à grand regret; ils vinrent de là à Saint-Florentin, dont ils firent le siége. Les habitants de la ville et ceux des villages voisins, qui s'y étaient rendus en grand nombre, jusqu'aux femmes et aux enfants, se défendirent long-temps et vigoureusement. Le duc de Bourgogne, qui ne cherchait qu'à se rendre maître de cette ville, fit dire aux habitants qu'ils pouvaient se défendre sans crainte, et qu'il viendrait incessamment à leur secours. Oubliant les anciennes querelles qu'ils avaient eues avec les Bourguignons, et ne désirant rien tant que d'être délivrés des Normands, ils ouvrirent les portes de leur ville; le duc chargea les Normands, et aidé des secours des habitants, il força les ennemis à lever le siége. En 892, il se donna une grande bataille près de Saint-Florentin; elle est indiquée par Delille, dans sa carte du duché de Bourgogne; on n'a pas de détails sur cette bataille. En 936, les comtes de Champagne vinrent assiéger Saint-Florentin. Après quelques jours de siége et quelques assauts que les Bourguignons soutinrent courageusement, le nombre l'emportant sur la valeur, il fallut céder à la force. Les habitants capitulèrent, mais les Bourguignons, ne voulant pas entrer en composition, prirent le parti de se retirer pendant la nuit.

Saint-Florentin est une petite ville assez bien bâtie et environnée de promenades agréables; elle possède une assez jolie place publique, décorée d'une belle fontaine. Sur le canal, on remarque un beau pont-aqueduc, sous lequel passe l'Armance. De la promenade du Prieuré, élevée sur un monticule, on jouit d'une fort belle vue sur un grand nombre de villages, sur le canal de Bourgogne et sur le cours de l'Armançon. L'église paroissiale, bâtie en 1376 sur l'emplacement d'un ancien château royal, est décorée de sculptures d'un assez bon dessin : elle n'a point été achevée; il n'en reste que le chœur, qui est d'une belle l'entrée principale, du côté précédée d'un escalier d'en degrés.

Commerce de grains, chanvre, ler et charbon de bois. Tanneries. de la Poste.

FONTENAY-EN-PUISAYE. Village situé à 6 l. d'Auxerre, canton de Saint-Sauveur. Ce village est célèbre par la bataille sanglante qui s'y livra le 25 juin 842, entre les enfants de Louis-le-Débonnaire. Cent mille Français s'y firent égorger pour la querelle de leurs princes. « On y vit, dit « Mézeray, toutes les forces de la chrétienté « divisées en deux; chrétien contre chrétien, fils contre père, frères contre frères, « oncles contre neveux, non pour maintenir la gloire de leur nation, ni la sainteté « de leur religion, se portant eux-mêmes « comme désespérez le fer dans les entrailles, s'entrechoquer furieusement. Les soldats, exercez en mesme discipline, combattent sous pareilles enseignes, et distinguez seulement par la rage qui les pousse, « font merveille d'être aussi vaillants que dénaturez. » Lothaire, dont l'ame se faisait un jeu de la perfidie, avait rassemblé ses troupes pendant que ses frères l'attendaient à Attigny pour signer un traité de pacification qu'il avait déjà approuvé. Ses frères, indignés de ce manque de foi, vont le chercher à la tête de son armée. Ils le rencontrent sur les confins de la Lorraine. Lothaire, se sentant le plus faible, évite la bataille et diffère jusqu'à l'arrivée de Pepin, duc d'Aquitaine, qui devait réunir ses forces aux siennes. Cette manœuvre lui ayant fait traverser une partie de la Champagne et de la Bourgogne pour hâter cette jonction, il est rencontré par ses deux frères dans les plaines de Fontenay. C'est près de ce lieu que se trouvèrent enfin en présence quatre grandes armées qui venaient de traverser la malheureuse France en différents sens. La science militaire présida moins à cette bataille que la rage et le désespoir. Lothaire, dix fois vaincu, revint dix fois à la charge; mais il lui fallut, a dit un historien, dix fois escalader des remparts de cadavres que chacune de ses retraites mettait entre ses frères et lui. Enfin, accablé par la fortune, il se vit forcé de fuir.

GERMIGNY. Village situé au milieu d'une belle plaine, sur le canal de Bourgogne, à 6 l. d'Auxerre. Pop. 600 hab. L'église paroissiale est remarquable par la beauté de son architecture.

St SAUVEUR EN PUISAYE.

IRANCY. Bourg situé dans un territoire fertile en excellents vins, à 3 l. d'Auxerre. Pop. 1,200 hab. En 1568, les habitants de ce bourg ayant tué l'enseigne des gens du prince de Condé, les troupes allemandes, pour se venger, passèrent au fil de l'épée tous les habitants, sans même épargner les femmes et les enfants, dont ils jetèrent les corps dans les puits.

Patrie de Soufflot, architecte de l'église Sainte-Geneviève de Paris (aujourd'hui le Panthéon).

LIGNY. Bourg situé sur la rive droite du Serain, à 3 l. d'Auxerre. ⌧ Pop. 1,400 h. — *Fabriques* de couvertures. — *Commerce* de grains.

MAILLY-LE-CHATEAU. Village situé à 5 l. d'Auxerre. Pop. 1,050 hab. C'était autrefois une petite ville fortifiée, défendue par un bon château. En 1180, elle fut détruite en partie par un incendie. Charles VII s'en empara en 1426. Les Bourguignons l'assiégèrent et la prirent par capitulation en 1427. Elle fut reprise par les royalistes en 1431; mais elle retomba de nouveau au pouvoir des Bourguignons en 1437. — *Commerce* de bois.

MONT-SAINT-SULPICE. Bourg situé sur un plateau élevé, d'où l'on domine plusieurs vallées agréables arrosées par l'Armance et par l'Armançon, à 4 l. d'Auxerre. Pop. 1,300 hab. L'église paroissiale, remarquable par l'étendue de son vaisseau, est un des plus beaux édifices religieux de la contrée; la solidité, la délicatesse des piliers, la forme extérieure des arcs-boutants, font présumer que sa construction remonte au moins au Xe siècle.

PONTIGNY. Bourg situé dans une île formée par le Serain, que l'on traverse sur un beau pont, à 4 l. d'Auxerre. Pop. 500 h. Il y avait dans ce bourg une ancienne abbaye de l'ordre de Citeaux, fondée en 1114, qui a joui long-temps d'une célébrité européenne. Ce monastère a servi d'asile à plusieurs prélats d'Angleterre qui furent obligés de s'expatrier sous le règne des Plantagenets. L'illustre Thomas Becket, archevêque de Cantorbéry, y séjourna deux ans.

L'abbaye de Pontigny fut supprimée en 1790, ainsi que les autres congrégations religieuses. L'église a été conservée; c'est, après les cathédrales de Sens et d'Auxerre, et l'église de Vézelay, le plus beau et le plus vaste édifice religieux du département. Sa longueur, dans l'intérieur, est de 324 pieds; sa largeur de 67 pieds et demi; sa hauteur, sous les clefs des voûtes, de 63 pieds.

On y voit quelques débris de son ancienne splendeur. La menuiserie du chœur est d'une grande beauté; on admire surtout les ornements et les fleurs qui décorent les compartiments des stalles. La châsse qui est au fond du sanctuaire contient le corps de saint Edme, qui est en grande vénération dans le pays.

POURRAIN. Bourg situé sur une montagne sablonneuse, à 3 l. d'Auxerre. Pop. 1,450 habitants. Ce bourg possède plusieurs exploitations d'ocre jaune, que l'on trouve par filons sous la terre végétale dans les terrains de sédiment. Aux environs, près du hameau de Meurs, est une fontaine d'eau minérale ferrugineuse, qui a une odeur sulfureuse très-prononcée, à laquelle on donne, dans le pays, le nom de fontaine Punaise.

SAUVEUR-EN-PUISAYE (SAINT-). Petite ville très-ancienne, bâtie dans une situation pittoresque, sur un des points les plus élevés de la Puisaye, près de la source du Loing, à 9 l. d'Auxerre. Pop. 1,360 h.

Dès le VIIIe siècle, Hermend, comte d'Auxerre, bâtit dans cet endroit un monastère, lequel fut, par la suite, converti en un prieuré qui jouissait d'un revenu considérable. Près du château, existe une tour ancienne, fort élevée et d'une grande solidité, dont on ignore l'origine, mais qui paraît être une construction du moyen âge. Cette tour, d'un aspect imposant, se composait de plusieurs étages, détruits depuis un temps immémorial: elle est presque entièrement couverte des ramifications d'un lierre vigoureux qui a pris racine dans l'intérieur; c'est sans contredit une des plus belles ruines du département, que nous signalons à l'attention des artistes, et sur laquelle nous regrettons de n'avoir pu nous procurer de plus amples renseignements.

Le château n'a par lui-même rien de remarquable, mais il est bâti dans une belle situation, et jouit d'une vue délicieuse sur l'une des plus riches contrées du beau pays de Puisaye: de toutes parts se présentent des champs onduleux d'une grande fertilité, contigus à d'excellents pâturages, dont ils sont séparés par des haies vives; sur les bords du Loing, s'étendent de riantes prairies; çà et là, quelques habitations animent ce riant paysage, que circonscrit de toutes parts une vaste et sombre forêt.

Aux environs de Saint-Sauveur, on remarque les ruines de l'ancienne abbaye de Moutiers, et le vaste étang de ce nom, dont les eaux alimentent le canal de Briare.

A une lieue de là, non loin de l'ancien prieuré de Boutissein, on a trouvé, au milieu des forêts, un grand nombre de médailles et plusieurs vases antiques en airain, qui paraissent y avoir été cachés à l'époque du renversement des idoles. Une partie de ces médailles et de ces ustensiles ornent le cabinet formé à Saint-Sauveur par M. Desormes, ancien officier supérieur de l'armée d'Égypte, d'un profond savoir, à qui le département de l'Yonne doit la découverte d'un grand nombre d'antiquités, qu'il recherche avec un zèle et une persévérance digne des plus grands éloges. Quelques-uns de ces objets décorent le musée d'Auxerre.

SEIGNELAY. Jolie petite ville, située sur un coteau, non loin de la rive gauche du Serain, à 3 l. d'Auxerre. ✉ Pop. 1,450 h. On y remarquait autrefois un magnifique château construit vers l'an 1410, et démoli vers la fin du siècle dernier. ✉ —*Fabriques* de draps, serges, couvertures de laine. — *Commerce* de grains, vins, laines et châtaignes.

TOUCY. Petite ville, située sur la rivière d'Ouane, à 5 l. d'Auxerre. ✉ Pop. 2,300 h.

Cette ville est très-ancienne. Au commencement du Ve siècle, elle fut donnée par saint Germain à l'église Saint-Étienne d'Auxerre. Saint Héribert, frère de Hugues-Capet, y fit construire un château où il est mort en 995. Ce château a été rebâti vers le XIIe siècle par Guillaume de Toucy, qui y fit construire une chapelle, remplacée en 1273 par une église. Une inscription en langue vulgaire, placée sur la grande tour du donjon, apprend que Toucy a été brûlée par les Anglais le 24 août 1423, que l'église fut détruite, et qu'il ne resta de la ville que les murailles. Des indulgences furent accordées pour la construction d'une nouvelle église, qui fut bâtie sur l'emplacement de ce donjon, et dédiée le 13 juillet 1522; le culte fut rétabli provisoirement dans le chœur de l'ancienne, et il paraît qu'on avait aussi le projet de le car on a placé les autels, dans la nef, à l'occident, contre l'ancien prescrit de les mettre à l'orient.

Toucy est bâtie dans la vallée de au milieu d'une prairie et sur le peu d'une colline, entre des montagnes couvertes de bocages et d'habitations isolées. Le sol offre un terrain sablonneux, mêlé de grès ferrifères, recouvert dans plusieurs parties par des dépôts calcaires d'une formation récente. Sur les hauteurs, on rencontre quelques fossiles, des oursins avec leurs piquants renfermés dans des silex, des térébratules, etc.

A trois quarts de lieue du faubourg Capureau, près du chemin de Fontenoy, on trouve, dans le domaine de Mainpou, une fontaine d'eau minérale ferrugineuse dont les eaux sont employées avec succès dans les engorgements des viscères, l'inappétence, et dans les maladies où il convient de rétablir le ton et le ressort des parties relâchées.

Dans les environs, on remarque des traces de plusieurs exploitations qui indiquent que le fer est répandu abondamment dans cette contrée; ce sont des tas énormes de scories de fer, déposés çà et là dans les forêts ou dans les terrains défrichés, sur une étendue de pays d'environ dix lieues de long, où il ne se trouve aucune forge. Ces scories servent à construire les grandes routes et les chemins vicinaux.

Fabriques de grosses draperies et de feuillettes. Tanneries. — *Commerce* de cuirs, bois, paisseaux, poulongies, etc.

VERMANTON. Petite ville, bâtie dans une position riante, au pied d'une colline, sur la rive droite de la Cure. ✉ ⚜ Pop. 2,830 hab. Elle fut prise par les calvinistes en 1570.

Commerce de vins de son territoire, et de bois flotté, qui y arrive du Morvan. C'est à Vermanton que le flottage s'arrête, et que l'on construit la plupart des trains qui descendent à Paris par l'Yonne et la Seine.

ARRONDISSEMENT D'AVALLON.

AVALLON. Ancienne et jolie petite ville, chef-lieu de sous-préfecture. Tribunaux de première instance et de commerce. Collége communal. ✉ Pop. 5,569 hab.

Avallon occupe l'emplacement de l'*Aballo* de l'itinéraire d'Antonin et des tables de Peutinger. Dans le VIe siècle, c'était une place forte, appelée *Castrum Avallonense*, que se disputèrent dans la suite les rois de France et les ducs de Bourgogne. Charles VII la prit en 1433, mais le duc Philippe-le-Bon y rentra peu de temps après.

Cette ville est dans une charmante situation, sur la rive droite du Cousin, à l'issue d'une jolie vallée bordée de coteaux fertiles en excellents vins. Elle est régulièrement bâtie, formée de rues larges, propres, bien percées, et possède plusieurs belles promenades. De celle du Petit-Cours, on jouit d'une vue charmante sur les sites agréables qu'offrent les environs. A l'une des extrémités de la ville, la rivière du Cousin forme plusieurs sinuosités dans une vallée de près de cent pieds de profondeur presque à pic, dont les hauteurs sont garnies de pointes de rochers qui percent à travers de riants bosquets; çà et là, des jardins en terrasses paraissent suspendus sur le penchant des collines; et, à l'extrémité de cette étroite vallée, apparaît une vaste plaine cultivée, bordée de toutes parts par d'immenses forêts. On croit voir un coin de la Suisse au milieu de la France.

L'hôpital-général et une jolie salle de spectacle sont les seuls édifices un peu remarquables d'Avallon. Le portail de l'église présente dans son architecture gothique des colonnes torses d'un genre bizarre et d'une extrême délicatesse.

Fabriques de grosses draperies, merrain, feuillettes. Tanneries. Papeteries. — *Commerce* de grains, vins, bois, laines communes, chevaux et bestiaux. — *Hôtels* du Lion-d'Or, de la Poste. — A 12 l. 1/2 d'Auxerre.

GUILLON. Village situé sur la rive droite de Serain, à 3 l. d'Avallon. Pop. 800 hab.

ISLE-SUR-LE-SERAIN (l'). Bourg situé sur le Serain, à 3 l. d'Avallon. Pop. 900 hab.

MONTRÉAL. Bourg situé sur la croupe d'une montagne plantée de vignes qui donnent d'assez bons vins, sur la rive gauche du Serain, à 2 l. d'Avallon. Pop. 700 hab. Ce bourg était autrefois défendu par un château fort, bâti dans une position formidable au-dessus de la rivière du Serain. On croit que ce château était la *villa Brucariaca*, où résidait la reine Brunehaut dans le VIe siècle. En 1348, le duc de Bourgogne Eudes IV y conclut un traité avec Amédée de Savoie. Les états de Bourgogne, où assista François Ier, y furent réunis en 1541.

QUARRÉ-LES-TOMBES. Village situé vers les confins du département de la Nièvre, à 4 l. d'Avallon. Pop. 1,850 hab. Il doit son nom à une grande quantité de tombeaux vides et de pierres sépulcrales sans inscriptions, dont l'origine et la destination est inconnue, et qui ont excité à différentes époques la curiosité des antiquaires.

VÉZELAY. Petite ville, située dans un territoire fertile en bons vins, sur une colline élevée, près de la rive droite de la Cure, à 4 l. d'Avallon. Pop. 1,600 hab.

La ville de Vézelay, au moyen âge, n'avait que le titre de bourg, mais était, selon toute apparence, plus grande et plus peuplée qu'aujourd'hui. La principale cause de sa prospérité était une église bâtie en l'honneur de sainte Marie-Madeleine, et vers laquelle on se rendait de fort loin pour acquitter des vœux ou faire des pèlerinages. Cette église dépendait d'une abbaye fondée au IXe siècle par le comte Gherard, si célèbre dans les romans de chevalerie sous le nom de Gherard de Roussillon.

Le 31 mars 1145, il se tint à Vézelay un concile présidé par saint Bernard, qui prêcha en faveur d'une nouvelle croisade, et conseilla à Louis VII, présent à cette assemblée, de se mettre en personne à la tête de l'expédition, pour expier le crime qu'il avait commis en 1142, en brûlant 1300 prisonniers dans une église à Vitry. Comme il n'y avait point à Vézelay d'édifice assez grand pour cette assemblée, on dressa en pleine campagne un échafaud, sur lequel le saint monta avec le roi. De tous côtés on s'écria pour demander des croix; on en avait préparé une grande quantité qui fut bientôt distribuée, et comme elle fut loin d'être suffisante, saint Bernard y suppléa en mettant sa robe en pièces. Plusieurs de ceux qui l'environnaient l'imitèrent et mirent également leurs vêtements en lambeaux. Saint Bernard, non-seulement harangua fortement le peuple, mais le roi lui-même, qui s'était placé près de lui, parla aussi, et leurs discours excitèrent un grand enthousiasme. Aussitôt la colline, sur laquelle était rassemblé ce peuple innombrable, retentit long-temps de ces mots : « Dieu le veut ! Dieu le veut ! La croix ! la croix ! » Louis-le-Jeune la reçut le premier, à genoux, des mains de l'abbé de Clairvaux. Les seigneurs suivirent l'exemple du monarque; et toutes les femmes, la reine à leur tête, reçurent aussi la croix des mains du saint abbé.

Nous avons vu que Gherard de Roussillon avait fondé l'abbaye de Vézelay. Mais en transportant à cette abbaye tous les droits de propriété et de seigneurie sur le bourg et sur les habitants, le comte Gherard avait voulu qu'elle en jouît en toute franchise et liberté, c'est-à-dire qu'elle fût à jamais exempte de toute juridiction temporelle ou ecclésiastique, excepté de celle de l'église de Rome. Il obtint, à cet égard, un diplôme de l'empereur Karle-le-Chauve, affranchissant l'église de Vézelay et les hommes, tant libres que serfs, de la juridiction de tout empereur, roi, comte, vicomte ou évêque présent ou à venir. En outre, le pape régnant prononça solennellement l'anathème contre tout seigneur ecclésiastique ou laïque qui oserait enfreindre les libertés d'une église fille de celle de Rome. — Malgré la charte impériale et les menaces d'excommunication contenues dans la bulle du souverain pontife, les héritiers des droits du comte Gherard, dans l'Auxerrois et le Nivernais, essayèrent, à plusieurs reprises, de faire rentrer le bourg de Vézelay sous leur autorité seigneuriale. Le fait suivant leur fournit un prétexte pour faire valoir leurs prétentions. Un des religieux, passant à cheval près d'une forêt de l'abbaye, trouva un homme occupé à couper du bois, quoique cela fût défendu; il courut sur lui et voulut lui enlever sa cognée; mais cet homme l'en frappa si rudement qu'il le renversa de cheval. Le coupable fut saisi et eut les yeux crevés, par sentence de la cour abbatiale. A la nouvelle de cet arrêt, le comte de Nevers éprouva ou feignit d'éprouver beaucoup d'indignation; il s'emporta avec violence contre les moines, les accusant de cruauté, d'iniquité et d'usurpation de ses propres droits, comme seigneur haut-justicier. Ne se bornant point aux invectives, il donna rendez-vous aux habitants de Vézelay dans une plaine voisine du bourg, et, quand ils y furent réunis, il leur parla en ces termes:

« Hommes très-illustres, renommés au « loin pour votre prudence, forts de votre « courage et riches du bien que vous avez « acquis par votre mérite, je suis affligé au « fond du cœur de la misérable condition « où vous vous trouvez réduits; car, pos« sesseurs, en apparence, de beaucoup de « choses, réellement vous n'êtes maîtres de « rien. En songeant à l'état où vous êtes et « à ce que vous pourriez devenir avec un « peu de résolution, je me demande où est « cette énergie avec laquelle autrefois vous « mîtes à mort votre seigneur l'abbé Ar« taud. C'était un homme qui ne manquait « ni de sagesse, ni d'autres bonnes qualités, « et tout le mal qu'il voulait vous faire con« sistait en une nouvelle taille imposée à « deux maisons. Aujourd'hui vous souffrez, « sans mot dire, l'excessive dureté de cet « étranger, de cet Auvergnat si arrogant « dans ses propos et si bas dans sa conduite, « qui se permet non-seulement des vexa« tions sur vos biens, mais « lences contre vous! Séparez- « homme et liez-vous à moi par « réciproque; si vous y consentez, je « l'engagement de vous affranchir désormais « de toute exaction, et même de toute re« devance. »

Les habitants renoncèrent immédiatement à leur foi envers l'abbé et l'église de Sainte-Marie, jurèrent tous de se défendre l'un l'autre, et de n'avoir qu'une seule volonté; ils formèrent une commune, dans laquelle entra le comte de Nevers, et se choisirent des *consuls* comme ceux des communes du Midi. Ainsi élevés de la triste condition de sujets taillables d'une abbaye au rang d'alliés politiques d'un des plus puissants seigneurs, les habitants de Vézelay cherchèrent à s'entourer des signes extérieurs qui annonçaient ce changement d'état. Ils élevèrent autour de leurs maisons, chacun selon sa richesse, des murailles crénelées, ce qui était alors la marque et la garantie du privilège de liberté. L'abbé de Sainte-Marie se retira à Cluny, et obtint du pape l'excommunication des bourgeois de Vézelay. Ceux-ci n'en tinrent compte; et l'un d'eux étant mort, ils l'enterrèrent entre eux sans le concours d'un prêtre, s'emparèrent de l'église, dont ils firent une forteresse, et assiégèrent les moines dans leur monastère. L'abbé implora l'appui de Louis-le-Jeune, qui rassembla un corps de troupes qu'il dirigea sur Vézelay en 1155. Les bourgeois, abandonnés par le comte de Nevers, s'en rapportèrent à la décision du roi, qui les condamna à payer à l'abbé 40,000 sols, et leur enjoignit de démolir leurs fortifications; condition que l'abbé ne put faire exécuter que long-temps après.

En 1190, le roi Philippe-Auguste et Richard-Cœur-de-Lion, roi d'Angleterre, vinrent à Vézelay à la tête d'armées formidables. Ils prirent la croix, reçurent les insignes des pèlerins, et, après avoir passé deux jours dans cette petite ville, ils allèrent s'embarquer pour la Palestine, Philippe à Gênes et Richard à Marseille.

La ville de Vézelay fut prise par les huguenots en 1569; Charles IX tenta sans succès de s'en emparer en 1571. On y entre par deux portes, celle de Saint-Étienne qui conduit à Clamecy, et la fausse porte qui mène à Auxerre. Sa situation au sommet d'une colline fort élevée lui procure une vue d'une étendue immense.

L'église de Vézelay est, après les cathédrales d'Auxerre et de Sens, le plus bel édifice religieux du département. La façade a trois portes ornées de sculptures; au-dessus de celle du milieu sont des statues d'apôtres; de chaque côté étaient deux belles tours carrées, dont une seule a été conservée. On entre par ces trois portes dans une première église dite des Catéchumènes, qui a 175 pieds de long, et ensuite on entre dans la grande église par trois autres portes. Comme dans la première, ces portes sont aussi très-bien décorées de sculptures, mais celle du milieu, qui est la plus grande, est particulièrement remarquable; elle est surmontée d'un zodiaque sculpté, dont les signes sont représentés d'une manière bizarre. On sait que plusieurs architectes ont placé de ces zodiaques aux frontispices de nos anciennes églises, sans songer qu'autrefois ils ne se voyaient qu'à l'entrée des temples consacrés au soleil. — La grande église a 200 pieds de long; de chaque côté s'élèvent onze piliers, dont les chapiteaux sont formés de figures grotesques. — Le chœur est magnifique; il a 66 pieds d'élévation, et la voûte, qui est très-hardie, est supportée par 10 belles colonnes d'une seule pièce. Il est entouré de bas-côtés latéraux comme la nef, et au-dessous est une crypte ou grotte souterraine, où l'on conservait autrefois les reliques de sainte Marie-Madeleine. Autour du chœur extérieur sont des restes de chapelles sépulcrales. La longueur totale de l'édifice dans l'intérieur est de 375 pieds.

Aux environs de Vézelay on trouve une source d'eau minérale et une source d'eau salée.

ARRONDISSEMENT DE JOIGNY.

AILLANT. Bourg situé près du Tholon, à 3 l. 1/4 de Joigny. ✉ Pop. 800 hab. — *Fabriques* de grosses draperies.

BASSOU. Bourg qui occupe l'emplacement de l'ancien *Bauditum* de la table de Peutinger. Il est situé au confluent de l'Yonne et du Serain, à 3 l. de Joigny. ✉ ⚭ Pop. 600 hab. — *Commerce* de vins.

BLÉNEAU. Petite ville, située sur la rive droite du Loing, à 13 l. de Joigny. Pop. 1,300 hab. C'est à peu de distance de cette ville que Turenne battit l'armée du prince de Condé, au moment où celui-ci était sur le point de s'emparer de Louis XIV, de sa mère et du cardinal Mazarin, qui s'étaient retirés à Gien.

BRINON. Jolie petite ville, très-agréablement située sur le canal de Bourgogne et sur la rive droite de l'Armançon, à 4 l. de Joigny. ✉ Pop. 2,556 hab.

Cette ville est bien bâtie, propre, bien percée, et d'un aspect agréable. Elle est fort ancienne : c'était, dans le moyen âge, la propriété de saint Loup, archevêque de Sens, qui y est mort vers l'an 622. Les Bourguignons s'en emparèrent en 1431 et en 1434; le duc de Biron la prit sur les ligueurs en 1593.

Fabriques de draps communs. Filatures de laine. Tanneries. — *Commerce* considérable de bois à brûler, charbons, grains, etc.

CERISIERS. Bourg situé dans une vallée resserrée, à 4 l. de Joigny. ✉ Pop. 1,200 hab. Il a été presque entièrement détruit par une inondation terrible en 1736.

CÉZY. Village situé sur la rive gauche de l'Yonne, à 1 l. de Joigny. Pop. 1,100 h. C'était autrefois une ville forte que le duc de Bourgogne fit assiéger en 1434. Le célèbre Jacques Cœur y avait un des plus beaux châteaux de la paroisse.

CHAMPLAY. Village situé à 1 l. 1/4 de Joigny. Pop. 800 hab. Vers le XIVe siècle, il y avait aux environs une forteresse dite la Motte de Champlay, que les Anglais assiégèrent en 1359.

CHARNY. Bourg situé sur la rive droite de l'Ouanne, à 7 l. de Joigny. ✉ Pop. 850 h. On y voyait autrefois un château qui fut long-temps occupé par les Anglais.

DIXMONT. Bourg situé à 3 l. 3/4 de Joigny. Pop. 1,200 hab.

FARGEAU (SAINT-). Jolie petite ville, très-agréablement située sur le Loing, à 13 l. de Joigny. ✉ Pop. 2,132 hab.

Saint-Fargeau est une ville ancienne dont il est parlé au VIIe siècle dans le testament de saint Vigile. Vers 980, Héribert, évêque d'Auxerre, y fit bâtir un château qui, dans la suite, appartint aux barons de Toucy. Au XIIIe siècle, ce château passa dans la maison de Bar, par le mariage de Jeanne de Toucy avec Thibaut de Bar. En 1450, Jean de Montferrat, comte de Bar, le vendit, avec la châtellenie de Toucy, à Jacques Cœur, argentier du roi Charles VII, pour la somme de 12,000 écus d'or. Après la disgrâce de Jacques Cœur, dont les biens furent confisqués et vendus à l'enchère, le château de Saint-Fargeau fut acheté en 1455 par Antoine de Chabannes, avec la châtellenie de Toucy, pour 20,000 écus : ce même Antoine de Chabannes fonda l'église paroissiale, où il fut inhumé en 1489. La terre de Saint-Fargeau passa successivement à René d'Anjou, gendre de Jean de Chabannes, et à Nicolas d'Anjou, en faveur duquel cette seigneurie fut érigée en comté par François Ier, en 1541, lequel comté fut ensuite érigé en duché-pairie en faveur de François de Bourbon, duc de Montpensier. Ce dernier n'eut qu'une fille, qui épousa Gaston, frère du roi Louis XIII ; elle mourut en laissant pour unique héritière Mlle de Montpensier, qui dépensa des sommes considérables pour faire bâtir le château de Saint-Fargeau que l'on admire aujourd'hui. Par son testament du 27 février 1685, cette princesse donna la terre de Saint-Fargeau au duc de Lauzun, qu'elle avait épousé secrètement. Celui-ci vendit cette propriété à M. Lepelletier des Fors, dans la famille duquel elle est restée ; elle appartient aujourd'hui à M. le marquis de Boisgelin.

Le château de Saint-Fargeau est un édifice entièrement construit en briques et très-bien conservé. La porte d'entrée, qui donne sur la principale place de la ville, offre un bel aspect. L'étendue de ce château, le grand nombre de salles qu'il renferme, son parc immense, agréablement planté en jardin paysager, et embelli par une vaste pièce d'eau, lui donnent encore l'aspect d'une maison royale. On remarque sur les murs les armoiries et le chiffre de Mlle de Montpensier, et, dans l'intérieur, la chambre du roi, qui a été habitée par Louis XIV. La chapelle renferme les tombeaux de Lepelletier de Saint-Fargeau, assassiné à Paris en 1793, de sa fille unique, et de son mari, M. Lepelletier de Morfontaine, tué dans le parc par un cheval fougueux. On montre dans les archives une copie du procès de Jacques Cœur.

Patrie de Regnaud de Saint-Jean-d'Angely.

Fabriques de cuirs. Moulins à tan. Aux environs, forges, verreries et poteries. — *Commerce* de bois de chauffage pour l'approvisionnement de Paris.

FERTÉ-LOUPTIÈRE (la). Petite ville située sur le ruisseau de Vrin, à 3 l. de Joigny. Pop. 1,220 hab. C'était autrefois une ville forte, dont une partie des murs existe encore, ainsi que deux tours et les fossés, qui ont plus de quarante pieds de profondeur. Le château est extrêmement ancien : il a été construit par les Courtenay, et les armes de France s'y voient encore sur l'une des portes.

JOIGNY. Ville ancienne, chef-lieu de sous-préfecture. Tribunaux de première instance et de commerce. Collége communal. ✉ ⚘ Pop. 5,537 hab.

Quelques auteurs pensent que Joigny occupe l'emplacement de l'ancienne *Bandritum*, que les tables de Peutinger placent entre Sens et Auxerre.

Cette ville est bâtie en amphithéâtre sur un coteau au pied duquel coule la rivière d'Yonne. On y entre, du côté de Sens, par une belle grille, après laquelle un quai spacieux et très-élevé règne le long de l'Yonne, jusqu'à une grille semblable placée à son extrémité, où aboutit la route de Dijon. Vers le milieu du quai, on traverse l'Yonne sur un beau pont de pierre qui conduit à un faubourg où aboutit la route d'Auxerre. La ville proprement dite est groupée au-dessus du quai, contre la pente du coteau qui règne le long de la rive droite de l'Yonne. Les rues en sont étroites, mal percées et d'un accès difficile ; quelques-unes même ne sont praticables qu'au moyen de rampes en fer, fixées le long des maisons. Dans la partie la plus élevée, sont les restes d'un ancien château, commencé par le duc de Villeroy, mais qui n'a jamais été achevé ; les murs sont en bossages rustiques d'un genre singulier. Des terrasses de ce château, on jouit d'une vue magnifique sur les bords de l'Yonne et sur la campagne environnante.

La cathédrale est un édifice du XVe siècle, très-élégant et très-orné ; à la voûte du chœur est une clef en saillie d'une sculpture immense. Cette église se trouvait autrefois dans l'enceinte du château, ainsi qu'une jolie chapelle bâtie sur le sommet du coteau, et convertie aujourd'hui en paroisse.

On remarque encore à Joigny le quartier de cavalerie et la salle d'audience du tribunal.

Fabriques de grosses draperies, toiles, feuillettes. Distilleries d'eau-de-vie. Vinaigreries. Tanneries. — *Commerce* de grains, vins, tonneaux, bois, charbon, etc. Marchés considérables pour les grains, les mercredis et samedis. — A 7 l. d'Auxerre, 7 l. 1/2 de Sens. — *Hôtels* des Cinq-Mineurs, du Duc de Bourgogne.

YONNE.

29. CHÂTEAU DE ST FARGEAU.
Habitation de M. de Bourgoin.

ARRONDISSEMENT DE SENS.

JULIEN-DU-SAULT (SAINT-). Petite ville située sur la rive gauche de l'Yonne, dans un territoire fertile en vins de bonne qualité. Pop. 2,000 hab. — *Fabriques* de draps communs. Filature de lin. Tanneries et moulin à tan.

ROGNY. Village situé sur le Loing, à 12 l. de Joigny. Pop. 900 hab. Le canal de Briare traverse Rogny, où sont construites sept écluses contiguës et l'une au-dessus de l'autre, pour faire monter les bateaux sur la montagne, où les eaux des étangs de Moutiers et de Saint-Fargeau sont amenées par une dérivation qui commence à Saint-Privé.

TANNERRE. Bourg situé à 9 l. 1/2 de Joigny. Pop. 800 hab.

VILLEFRANCHE. Village situé à 5 l. de Joigny. Pop. 820 hab. On y trouve une source d'eau minérale ferrugineuse, dont le roi Louis-le-Gros fit usage avec succès, ce qui a valu dans le temps à ces eaux une grande célébrité.

VILLENEUVE-SUR-YONNE. Jolie petite ville, située sur la rive droite de l'Yonne, à 4 l. de Joigny. ✉ ☞ Pop. 4,966 hab. Elle est bien bâtie, bien percée, et traversée dans sa longueur par une rue large et tirée au cordeau, terminée, à chaque extrémité, par une belle porte de ville. De chaque côté des portes s'étendent de belles allées taillées en berceau, qui entourent la ville. — *Fabriques* de grosses draperies. Tanneries. Pépinières. — *Commerce* de vins, eaux-de-vie, raisinet dit de Bourgogne, bois, charbon, etc.

ARRONDISSEMENT DE SENS.

BRAMAY. Village situé sur le penchant d'un coteau, à 3 l. de Sens. Pop. 460 hab.

Le château a été construit vers le milieu du siècle dernier par Gilles de Moinville, dont on cite le trait suivant : Ce seigneur avait fait aux Indes une fortune immense, et avait amené à Bramay plusieurs domestiques de couleur. L'un d'eux s'éprit d'une domestique du château, qui répondit à sa passion, et eut le malheur de mettre au monde un fruit de ses noires amours. Ce fait étant venu à la connaissance du sire de Moinville, il fit saisir le coupable et lui fit subir le même traitement que jadis Fulbert infligea à Abeilard. Cette malheureuse victime survécut à ce traitement barbare, et mourut à Bramay en 1808 :

> Les jours heureux, la gentille amusette,
> L'aimable temps que le temps qui n'est plus.

CHEROY. Petite ville, située sur une hauteur au bas de laquelle coule le Lunain, à 5 l. 1/2 de Sens. ✉ Pop. 840 hab. Elle est assez bien bâtie, et possède deux grandes places et une petite promenade. En 1587, les Reitres assiégèrent Cheroy, mais les habitants se défendirent avec courage et forcèrent ces troupes à lever le siège. On voit encore dans l'église une inscription constatant cet événement. — *Commerce* de grains et de fourrages. Marchés aux chevaux renommés.

COURLON. Village très-agréablement situé sur la rive droite de l'Yonne, à 5 l. de Sens. Pop. 1,100 hab. Il est bâti en amphithéâtre et jouit d'une fort belle vue sur un riant paysage entrecoupé de prairies, de coteaux couverts de vignes, et peuplé de villages et de nombreuses maisons de plaisance.

L'église paroissiale est une des plus belles des environs. Elle est bien voûtée, régulière, avec deux bas-côtés. Le chœur surtout se distingue par son étendue et son élévation ; il est éclairé par cinq grandes croisées, et revêtu de lambris richement sculptés. Le baldaquin du maître-autel est soutenu par huit colonnes cannelées d'ordre corinthien, surmontées d'une archivolte, du centre duquel tombent des draperies bien imitées, et couronné par un pélican qui nourrit ses petits.

DOLLOT. Village situé dans une contrée riante, sur le penchant d'un coteau, au pied duquel coule l'Orvanne, à 4 l. 1/2 de Sens. Pop. 440 hab. On y remarque les ruines d'un ancien château fort, flanqué de tourelles, aujourd'hui converti en ferme. Aux environs, dans le bois de la Garenne, on voit les ruines d'un autre château fort, environné de larges et profonds fossés.

ÉTIGNY. Village situé à 2 l. 1/2 de Sens. Pop. 300 hab. Il est célèbre par les conférences qui précédèrent le traité de paix conclu entre Catherine de Médicis et le duc d'Alençon, en 1576, traité qui accordait aux protestants le libre exercice de la religion réformée.

LAILLY. Village agréablement situé à l'extrémité d'une grande prairie arrosée par le Lalain, à 5 l. 3/4 de Sens. Pop. 500 hab. L'abbaye royale de Vauluisant, fondée en 1127, dépendait de cette commune. L'église, construite dans le XII° siècle, est un édifice d'une belle proportion ; le sanctuaire est majestueux ; les piliers qui soutiennent la coupole n'ont pas deux pieds de diamètre, et sont travaillés avec une grande délicatesse.

PONT-SUR-VANNE. Bourg situé sur la Vanne, à 3 l. de Sens. Pop. 500 hab.

PONT-SUR-YONNE. Petite ville, située au milieu de belles prairies, sur l'Yonne, que l'on passe sur un beau pont. ✉ ⚓ Pop. 1,550 hab. — *Fabriques* de grosses draperies, de tuiles dites de Bourgogne renommées ; tanneries.

SENS. Grande, belle et très-ancienne ville, chef-lieu de sous-préfecture ; tribunal de première instance et de commerce ; collége communal ; archevêché. ✉ ⚓ Pop. 9,276 hab.

Sens, que Scaliger, d'Anville et d'autres savants regardent comme l'*Agedincum* de Jules César, est une ville ancienne de la Celtique, dont l'origine se perd dans la nuit des siècles. Sous Valens, elle devint la métropole de la quatrième Lyonnaise ; elle a été beaucoup plus considérable qu'elle ne l'est aujourd'hui, et elle soutenait encore son lustre sous le règne de Charlemagne. Sous celui des faibles descendants de ce monarque, Sens eut des comtes particuliers. Dès le milieu du premier siècle de l'ère chrétienne, Savinien et Polentien y jetèrent les fondements de la religion chrétienne.

Cette ville est dans une belle situation, sur la rive droite de l'Yonne, un peu au-dessous de son confluent avec la Vanne. Elle est généralement bien bâtie : les rues en sont larges, assez bien percées, propres et rafraîchies par des ruisseaux d'eau courante dont on peut augmenter ou diminuer le volume ; ordinairement cette eau coule en plus grande abondance pendant la nuit, et chaque rue devient alors une petite rivière qu'on ne peut traverser qu'en certains endroits à l'aide de pavés exhaussés et disposés convenablement.

Sens est encore entourée de vieilles murailles ; conservées, réparées et quelquefois défigurées dans les siècles féodaux, mais incontestablement de construction romaine. Ces murs sont fondés sur des pierres énormes de quatre à cinq pieds de longueur sur trois ou quatre pieds de hauteur et d'épaisseur. Le mur construit sur ces blocs est un massif, de maçonnerie dont le parement est formé de petits pavés carrés de quatre à cinq pouces, séparés de distance en distance par trois rangées de briques. On entre dans cette ville par neuf portes, dont trois paraissent antérieures au XIV° siècle ou construites à cette époque : ce sont celles de Notre-Dame, de Saint-Antoine et de Saint-Remy. Les fossés ont été peu à peu comblés ; maintenant ils ont disparu et fait place à de belles promenades plantées d'arbres.

La Cathédrale de Sens est un bel édifice gothique, commencé en 972 par Anastase, qui en dirigea le plan jusqu'en 997. Ce plan a été suivi par ses successeurs, à l'exception de la croisée, qui ne fut achevée que dans le courant du XIII° siècle. Cette église ayant été considérablement endommagée par le feu en 1184, Philippe-Auguste la fit réparer, et l'augmenta d'une tour, dite la tour de Plomb. En 1267, la tour de Pierre s'écroula avec un fracas épouvantable, et ne fut relevée que long-temps après. Ce ne fut guère que sous l'épiscopat de Salazar que cette cathédrale put être regardée comme achevée ; ce prélat fit élever la tour de Pierre jusqu'à la lanterne qui la termine, mais la lanterne même ne fut construite que sous le cardinal Duprat.

L'intérieur de l'église métropolitaine de Sens présente un vaisseau gothique d'une vaste dimension et d'un bel ensemble ; les proportions en sont, dans toutes les parties, un peu au-dessous de celles de Notre-Dame de Paris. L'architecture de cet édifice semble être aussi moins svelte et plus lourde que celle de celui de la capitale. Le maître-autel est placé au centre de quatre colonnes corinthiennes en marbre ; elles supportent un baldaquin élevé en 1742, d'après les dessins de Servandoni. Au chevet de l'église, derrière le rond-point du chœur, est la chapelle de Saint-Savinien. Un fort bel ouvrage en stuc représente le martyre de ce premier évêque de Sens : la figure du saint, et celle du soldat qui le frappe de sa hache, sont pleines de vérité et d'expression.

Au milieu du chœur on remarque un mausolée en marbre blanc, érigé en l'honneur du Dauphin, fils de Louis XV, qui y a été inhumé, ainsi que Marie-Josèphe de Saxe, son épouse. La première figure est celle de l'Amour conjugal, dont les regards se dirigent sur un enfant, qui, placé à ses pieds, brise l'hymenée. Sur le dernier plan apparait la figure du Temps, couvrant d'un

voile funéraire deux urnes unies ensemble par des guirlandes de cyprès et d'immortelles. Sur le devant du monument, le Génie des sciences et des arts paraît plongé dans la douleur, tandis que l'Immortalité réunit en faisceau les attributs symboliques des vertus des deux époux, et que la Religion pose sur leurs urnes une couronne.

La cathédrale de Sens renfermait autrefois plusieurs autres mausolées, qui attiraient l'attention des amateurs. Ceux de l'archevêque Salazar, des deux Duperron, ainsi que celui du cardinal Duprat, d'odieuse mémoire, ont été détruits; il ne reste de ce dernier que les bas-reliefs qui entouraient la base du cénotaphe. Ces bas-reliefs sont de la plus grande beauté: leur longueur totale est de 15 pieds. On y remarque Duprat siégeant à la chancellerie; son entrée à Paris en qualité de légat du saint-siège; l'assemblée du concile qu'il présida; l'entrée du corps du cardinal dans la ville de Sens, avec le cortège funèbre qui accompagnait ce convoi. Ces bas-reliefs se font remarquer par un dessin correct, des airs de tête remplis de finesse et d'expression, des costumes heureusement reproduits et fidèlement rendus.

On remarque à Sens la salle de spectacle; la bibliothèque publique renfermant 6,000 volumes; le muséum du collége, où l'on conserve comme l'un des plus curieux monuments de la folie humaine, le célèbre dyptique qui contient l'office des fous et la prose de l'âne. Cette fête, grossière imitation des saturnales, se célébrait aux fêtes de Noël; l'âne en était le héros: vêtu d'une belle chape, on le conduisait en cérémonie à l'autel, en chantant: *Orientis partibus, adventavit asinus pulcher, etc.*; le cri de l'âne était le refrain, et tous les assistants finissaient par braire en chœur!......

Fabriques de serges, droguets, bougies, colle-forte, clepsydres. Filatures de coton. Brasseries, nombreuses tanneries. — *Commerce* de grains, farines, vins, chanvre, laine, bois, charbon, merrain, feuillettes, briques, tuiles, tan, cuirs, etc. — A 14 l. 1/2 d'Auxerre, 16 l. de Troyes. — *Hôtel* de l'Écu.

SERBONNES. Village situé à 4 l. 1/2 de Sens. Pop. 550 hab. Patrie du fanatique Jacques Clément, assassin de Henri III.

SERGINES. Bourg situé à 5 l. 1/2 de Sens. Pop. 1,500 hab. — *Fabriques* d'étoffes de laine. *Commerce* de vins.

SOUCY. Village situé dans une vallée agréable, sur le ruisseau de Voisines, à 1 l. 1/2 de Sens. Pop. 730 hab. C'est la patrie de Jean Cousin, peintre du XVIe siècle, qui excellait dans la peinture sur verre. On lui doit aussi plusieurs ouvrages sur la géométrie, la perspective et les proportions du corps humain. On voit encore à Soucy la maison de ce peintre célèbre.

THORIGNY. Bourg situé à la naissance de l'Oreuse, qui prend sa source sous l'église, à 5 l. 1/2 de Sens. Pop. 700 hab.

VALÉRIEN (SAINT-). Village situé à peu de distance de la belle source de l'Orvanne, à 4 l. de Sens. Pop. 820 hab.

VALLERY. Joli village, très-agréablement situé sur l'Orvanne, à 4 l. de Sens. Pop. 650 hab. Il est bien bâti, et dominé par un magnifique château, construit sur les dessins de Philibert de Lorme.

L'église paroissiale de ce village renferme un superbe mausolée, érigé en l'honneur de Henri de Condé. Ce monument consiste en trois grandes arcades en marbre noir, décorées de bas-reliefs en marbre blanc et de divers ornements dorés. L'arcade du milieu, qui est la plus large, sert de porte d'entrée à une chapelle; les deux autres, beaucoup plus étroites, sont deux ouvertures qui figurent des croisées grillées. Au-dessus de l'arcade principale est un sarcophage en marbre noir, qui est censé contenir les dépouilles du prince, et sur lequel sa statue colossale est représentée à demi-couchée. Le héros, le front ceint d'une couronne de laurier, couvert d'un manteau parsemé de fleurs de lis, se relève du bras gauche sur son séant, et tient sa main droite appuyée sur le bâton de maréchal de France. Ses regards sont tournés du côté du sanctuaire; son attitude est fière et imposante. De chaque côté du tombeau, on remarque un génie ailé, qui soutient un bouclier ou un écusson sur lequel étaient les armes des Condé, et plus loin, également de chaque côté, une urne cinéraire. Au-dessous du mausolée, sont placées, du côté du chœur, quatre cariatides, qui représentent autant de vertus avec leurs attributs. Ces cariatides, en bas-reliefs de marbre blanc, sont surmontées de chapiteaux ioniques. La première tient un serpent et un miroir; la seconde, un frein et une bride; la troisième, un bouclier et une massue; la quatrième, une épée et une balance. Enfin, au-dessus des arcades sont des trophées fort ingénieusement composés, et une tête de mort soutenue par deux ailes de chauve-souris.

VÉRON, Village situé à 2 l. de Sens. Pop. 1,100 hab. On y trouve une fontaine renommée par ses incrustations. — *Fabriques* de feuillettes. Tuilerie.

VILLEMANOCHE. Village situé à 4 l. 1/2 de Sens. Pop. 720 hab. — *Fabriques* de tuiles renommées.

VILLENEUVE-LA-GUYARD. Petite ville, située sur la rive gauche de l'Yonne, à 6 l. de Sens. ✉ ⚘ Pop. 1,794 hab. — *Fabriques* de papier. *Commerce* de bestiaux.

VILLENEUVE-L'Alie petite ville, située dans une p sur la rive droite de la Vanne. ✉ ⚘ 1,991. Cette ville était jadis fermée de murs; elle a considérablement souffert dans les guerres du XVe et du XVIe siècle, et fut plusieurs fois prise et reprise par divers partis. — *Fabriques* de draps communs. Filature de laine. Tanneries. Moulins à tan et à foulon. *Commerce* de vins, charbon, laine, chanvre, étoffes de laine, etc.

ARRONDISSEMENT DE TONNERRE.

ANCY-LE-FRANC. Joli bourg, bâti dans une situation agréable, sur le canal de Bourgogne et sur la rive droite de l'Armançon, à 4 l. de Tonnerre. ✉ Pop 1,250 hab. On y remarque un magnifique château, construit par Antoine de Clermont, comte de Tonnerre.

Sous le règne de François Ier, les habitations, en devenant plus commodes, se dégagèrent d'une partie de ces formes irrégulières et barbares qu'elles avaient eues jusqu'alors, et prirent enfin celles réclamées par le bon goût et les principes de la belle architecture. Le Primatice, architecte et peintre bolonais, l'un des plus célèbres élèves de l'école de Jules Romain, fut particulièrement chargé de la direction des travaux ordonnés par ce grand prince, qui le fit venir exprès d'Italie : les palais de Fontainebleau et de Chambord, commencés d'après les plans de cet architecte habile, offrirent pour la première fois des monuments dignes de la grandeur et de la majesté de la nation. De semblables exemples fructifièrent et devinrent le germe d'une noble émulation ; les possesseurs de domaines considérables cherchèrent, à l'imitation du souverain, à orner leurs propriétés d'édifices remarquables par une élégance et une régularité qui contrastaient singulièrement avec le sombre aspect des manoirs féodaux de leurs prédécesseurs. Parmi les ouvrages construits dans le cours de cette période, les connaisseurs distinguent le château d'Ancy-le-Franc, qui, par l'exactitude, la sévérité et le grandiose du style de son architecture extérieure, présente sur le développement de ses quatre façades, entièrement uniformes, une perfection à laquelle la durée de plusieurs siècles n'a fait subir aucune sorte d'altération. Ce superbe et imposant édifice fut commencé en 1555, sous le règne de Henri II, sur les dessins du Primatice, et achevé sous la direction de ses élèves, en 1622. Rien de ce qui peut contribuer à la décoration intérieure ne fut non plus négligée. Le Primatice chargea le peintre qu'il employait le plus habituellement, Nicolo d'Ellabate, d'y exécuter plusieurs tableaux sur toile ou à fresque : le fils et le petit-fils de cet artiste continuèrent ces travaux importants, parmi lesquels on se plaît à remarquer les scènes les plus intéressantes et les plus pathétiques du *Pastor fido* : ces peintures sont encore dans le plus bel état de conservation. La pièce qui les renferme peut à elle seule donner une idée du goût et de la somptuosité de ces premiers temps de la renaissance des arts ; il en est de même de la chapelle, qui est unique en son genre, et l'une des plus belles que renferme l'habitation d'un homme opulent.

En 1688, le marquis de Louvois fit l'acquisition du château d'Ancy-le-Franc, ainsi que de tout le comté de Tonnerre, auquel furent réunies de vastes possessions limitrophes, appartenant à Anne de Souvré, sa épouse, alors la plus belle et la plus riche héritière de France. Ce château, d'où dépendent des forêts et des propriétés immenses, est encore aujourd'hui possédé par M. le marquis de Louvois, pair de France, qui en a récemment embelli les jardins et rendu plus moderne la distribution intérieure.

Le parc du château d'Ancy-le-Franc est limité, d'un côté, par le canal de Bourgogne. A l'une de ses extrémités sont deux hauts-fourneaux, que M. le marquis de Louvois a fait établir pour utiliser les minerais de fer des environs, dont la fonte est comparable aux meilleures fontes étrangères. M. de Louvois est aussi le fondateur d'une scierie hydraulique et des verreries consi-

CHATEAU DANS LE BRABANC.

16. CHÂTEAU DE TANLAY.
Habitation de M. le Marquis de Tanlay.

YONNE.

CHÂTEAU DE FLEURIGNY.

H Vallon del.

Nyon j.t sc.

dérables de Maulne, où l'on fabrique des verres et des bouteilles.

La vue du château que nous joignons à cette 8e Livraison a été gravée d'après un tableau que M. de Louvois a eu l'obligeance de mettre à notre disposition.

CRUZY. Petite ville, située à 4 l. de Tonnerre. Pop. 1,350 hab. On y remarque une très-belle fontaine. — *Commerce* de truffes, et de raves d'une espèce particulière.

FLOGNY. Bourg situé sur le canal de Bourgogne, à 3 l. 1/2 de Tonnerre. Pop. 410 hab. A peu de distance de ce bourg, on remarque, sur les bords de l'Armançon, les vestiges d'un camp romain. Quoique le temps lui ait fait éprouver plusieurs dégradations, ce camp est encore reconnaissable. Il a la forme d'un trapèze et s'appuie au midi sur l'Armançon, et à l'est sur un ravin; au nord, son parapet occupe le sommet d'un plan incliné. Du côté du midi, il était inaccessible, à cause de la rivière; des trois autres côtés, il était environné d'un grand fossé, qui a encore aujourd'hui cinq toises de largeur et deux de profondeur.

NEUVY-SAUTOUR. Bourg situé à 7 l. de Tonnerre. Pop. 1,450 hab.

NOYERS. Petite ville, agréablement située dans un vallon bordé de coteaux couverts de vignes, sur le Serain, qui l'entoure presque de toutes parts. A 4 l. de Tonnerre. Collége communal. ⊠ Pop. 1,900 h. Elle est ceinte de murailles flanquées d'un grand nombre de tours construites en pierres de taille; on y entre par deux portes, près de chacune desquelles est une fontaine. — *Fabriques* de serges, beiges, toiles de ménage, bonneterie, bougies. Blanchisseries de cire. Tanneries. — *Commerce* de grains, vins, laines, etc.

RAVIÈRES. Petite ville, bâtie sur le penchant et au pied d'une colline, sur la rive droite de l'Armançon et le canal de Bourgogne. Pop. 1,100 hab. — Papeterie.

TANLAY. Joli bourg, situé sur le canal de Bourgogne, près de la rive droite de l'Armançon, à 2 l. de Tonnerre. Pop. 702 h.

Tanlay possède un des plus beaux châteaux du département. Ce château, remarquable surtout par ses belles eaux et par ses vastes dépendances, a été commencé, en 1520, par Guillaume de Montmorency, terminé par Coligny d'Andelot, en 1559, et beaucoup embelli par Perticelli d'Émery, en 1642. Un incendie l'ayant consumé en 1662, Perticelli d'Émery, qui était alors surintendant des finances, le fit rétablir; on prétend qu'il y dépensa quatre millions. Cette belle propriété passa vers la fin du XVIIe siècle au marquis de Taulay.

TONNERRE. Ancienne et jolie petite ville, chef-lieu de sous-préfecture. Tribunal de première instance. Société d'agriculture. Collège communal. ⊠ ☛ Pop. 4,247 hab.

Dans le Ve siècle, Tonnerre était déjà une place forte. Grégoire de Tours, historien du VIe siècle, la désigne sous le nom de *Castrum Tornodorense*. En 898, les Normands furent battus sous ses murs par le duc de Bourgogne Richard. Edouard III, roi d'Angleterre, la ruina en 1359. Jean-sans-Peur, duc de Bourgogne, la détruisit en 1414, et fit entièrement démolir l'ancien château, situé près de l'église Saint-Pierre, sur un rocher qui domine la vallée de l'Armançon.

Cette ville est agréablement située, dans un territoire fertile en excellents vins, près du canal de Bourgogne, et sur le penchant d'une colline au pied de laquelle coule l'Armançon. Elle est bien bâtie, en pierres de taille, et formée de rues assez bien percées. Au pied de la colline, sur laquelle s'élève l'église, on voit une source d'eau claire et limpide, assez abondante pour faire tourner un moulin; elle forme un bassin d'une profondeur considérable, nommé la Fosse-Dionne. Dans la vallée, on remarque un ancien château, qui a été habité par la reine Marguerite de Sicile; c'est aujourd'hui la propriété de M. le marquis de Louvois, pair de France. Aux environs, on exploite de belles carrières de pierres de taille tendre qu'on emploie à Paris pour les sculptures et les ouvrages d'architecture. On doit aussi visiter la promenade du Pâtis, l'Ermitage de Saint-Loup et l'abbaye de Saint-Michel, dans l'intérieur de laquelle se trouve une jolie fontaine.

Tonnerre possède un magnifique hôpital, fondé par Marguerite de Bourgogne, belle-sœur de saint Louis, qui le dota d'un revenu en biens-fonds d'environ quarante mille francs, dont il jouit encore aujourd'hui. Sur les murs de cet hôpital, on voit un grand gnomon, tracé en 1786, qui passe pour un des plus beaux monuments en ce genre qui aient été élevés aux sciences.

L'église de Saint-Pierre, bâtie sur un rocher d'où l'on jouit de beaux points de vue, est remarquable par son étendue; elle est surmontée d'un clocher en forme de tour gothique, et renferme un mausolée en marbre blanc, érigé à la mémoire de Marguerite de Bourgogne, reine de Sicile : elle est représentée couchée sur son tombeau, et soutenue par la Charité. Cinq siècles se sont écoulés depuis la mort de cette reine bienfaisante, et son nom n'a pas discontinué d'être vénéré dans cette contrée : elle a voulu que le jour anniversaire de son décès fût célébré par un service suivi d'un repas. Chaque année, on réunit à cette occasion les ecclésiastiques et les fonctionnaires; la table est placée dans une vaste salle, en face du portrait de la donatrice, qui semble présider elle-même ce banquet, où chacun se plait à rappeler les principaux événements de sa vie et surtout de sa bienfaisance.

Un autre mausolée en marbre attire dans l'église les regards du public; c'est celui de Michel le Tellier, marquis de Louvois, ministre de la guerre sous Louis XIV. Il est revêtu du costume de cour et couché sur son tombeau : une femme à genoux, tenant un livre à la main, représente l'Histoire; elle tourne vers lui ses yeux mouillés de larmes, et parait lui montrer les pages où ses opérations dans le Palatinat sont rapportées. Ce monument, qu'on a vu successivement dans l'église des Capucines à Paris et au musée des Petits-Augustins, est l'ouvrage du célèbre Girardon; l'exécution en est très-soignée. Deux statues en bronze, représentant la Sagesse et la Vigilance, décorent le soubassement.

Fabriques de faïence et de poterie de terre. Tanneries. Clouteries. Aux environs, forges et papeteries. — *Commerce* de vins estimés, grains, faïence, cuirs, papiers, etc. — A 7 l. 1/2 d'Auxerre. — *Hôtels* de la Poste, de la Ville-de-Lyon, du Lion-d'Or.

FIN DU DÉPARTEMENT DE L'YONNE.

IMPRIMERIE DE FIRMIN DIDOT FRÈRES,
RUE JACOB, N° 24.

Guide Pittoresque
DU
VOYAGEUR EN FRANCE.

ROUTE DE PARIS A GENÈVE,
TRAVERSANT LES DÉPARTEMENTS
DE SEINE-ET-OISE, DE SEINE-ET-MARNE, DE L'YONNE, DE LA CÔTE-D'OR, DU JURA ET DE L'AIN.

DÉPARTEMENT DE LA COTE-D'OR.

Itinéraire de Paris à Genève.

	lieues.			lieues.
De Paris à Charenton	2		Avallon	2
Maisons	1/2		Rouvray	4 1/2
Villeneuve-Saint-Georges	2		Maison-Neuve	4
Montgeron	1/2		Vitteaux	4
Lieursaint	3		La Chaleur	3 1/2
Melun	3 1/2		Pont de Pasny	3
Le Châtelet	2 1/2		Dijon	5
Panfou	2		Genlis	4
Montereau	2 1/2		Auxonne	3 1/2
Fossard	1		Dôle	4
Bichain	1 3/4		Mont-sous-Vaudray	5
Villeneuve-la-Guyard	1/4		Poligny	4 1/2
Pont-sur-Yonne	3		Montrond	2 1/2
Sens	3		Champagnole	2 1/2
Villeneuve-le-Roi	3 1/2		Maison-Neuve	3
Villevaillier	2		Saint-Laurent	3
Joigny	2		Morey	3
Bassou	3		Les Rousses	3
Auxerre	4		La Vatay	3 1/2
Saint-Bris	2 1/2		Gex	4
Vermanton	4		Ferney	2 1/2
Lucy-le-Bois	4 1/2		Genève (Suisse)	1 1/2

Communication de Dôle à Besançon (DOUBS).

	lieues.			lieues.
De Dôle à Orchamps	4		Saint-Fergeux	3 1/4
Saint-Vit	3		Besançon	3/4

ASPECT DU PAYS QUE PARCOURT LE VOYAGEUR
DE ROUVRAY A DÔLE.

EN sortant du bourg de Rouvray, on suit quelque temps, dans un pays montagneux, sablonneux et granitique, la route de Lyon, jusqu'à l'embranchement où on la quitte à droite. On laisse à gauche le village de Sincey, situé derrière les bois. Après avoir gravi par une pente douce une colline assez élevée, on jouit d'un fort beau point de vue avant

9ᵉ *Livraison.* (CÔTE-D'OR.)

d'arriver à une descente rapide : la route est taillée dans la montagne, et les toits de quelques maisons que l'on rencontre, se trouvent au niveau de la chaussée, tant elle est élevée. Au hameau de Clermont, on voit un pont d'une seule arche, fort élevé, jeté sur la rivière de l'Argentalet. On monte une côte assez roide, jusqu'au hameau de Villars, d'où l'on descend, par une pente douce, au hameau de Pont-d'Aisy, où l'on passe le Serain. Non loin de là, on trouve la Maison-Neuve, joli village avec relais de poste, au sortir duquel on gravit une côte longue et roide, d'où l'on jouit d'une vue pittoresque sur le château de Thil. La route monte et descend continuellement jusqu'à Marcigny, où l'on passe l'Armançon. Après ce village, la contrée devient plus agréable ; on traverse le canal de Bourgogne, dont les bords sont peuplés, à droite et à gauche, de beaux villages, jusqu'au relais de Vitteaux. En sortant de cette jolie petite ville, on gravit, pendant une demi-heure, une montagne assez rapide : la route est creusée entre deux tertres taillés dans un rocher calcaire ; au haut est un télégraphe, d'où l'on découvre de beaux points de vue. On continue à monter et à descendre jusqu'au relais de la Chaleur, et même jusqu'à Sombernon, bourg qui offre une belle vue sur des bassins montagneux et des croupes boisées. Peu après ce bourg, on descend la chaîne primitive des montagnes, regardée comme une des grandes ramifications des Alpes, et l'on passe du bassin de la Seine dans le bassin du Rhône. Le pays que l'on parcourt est agréablement varié de plaines fertiles, de vallons, de bois, de prairies et de coteaux couverts de vignes. Au relais de Pont-de-Pasny, on traverse l'Ouche et le canal de Bourgogne, dont on côtoie les bords jusqu'au joli village de Plombières, où l'on traverse de nouveau le canal et la rivière d'Ouche. Peu après cet endroit, s'offre une belle échappée de vue sur Dijon et sur un riant vallon, parsemé de jolies habitations, de vignobles, de rochers, de bois et de prairies arrosées par une rivière limpide où se réfléchit une grande partie du charmant paysage qu'on ne se lasse pas d'admirer.

On sort de Dijon par la porte de Dôle, en suivant une chaussée qui fait le tour de la ville et rejoint, près d'une belle promenade, la route de Lyon. Le voyageur parcourt une superbe vallée cultivée en blé et en vignes, jusqu'au charmant village de Genlis. Après ce relais, on longe, à droite, la Tille, que l'on passe à Longeau. Même genre de route qu'avant Genlis, jusqu'à Soirans, où l'on passe l'Arnisson. On entre dans la forêt d'Auxonne, au sortir de laquelle on jouit d'une magnifique perspective sur la ville de ce nom et sur les immenses prairies qui tapissent la riche vallée de la Saône. On parcourt cette vallée sur une levée d'une demi-lieue de long, construite pour faciliter le passage pendant les inondations de la rivière, que l'on traverse sur un pont de bois sous les remparts d'Auxonne.

On sort de cette ville par la porte de Comté. La route va toujours en montant jusqu'à la limite des départements de la Côte-d'Or et du Jura, placée à 1 l. 1/2 d'Auxonne, près du moulin de la Vignette. De cet endroit, l'œil se repose avec plaisir sur un riant vallon, que bornent, d'un côté, le mont Férit, et de l'autre le mont Croupon.

DÉPARTEMENT DE LA COTE-D'OR.

APERÇU STATISTIQUE.

Ce département est l'un des quatre formés de la ci-devant province de Bourgogne, et comprend l'Auxois, l'Auxonnais, le Nuyton, le Beaunois et la Montagne ; il tire son nom d'une chaîne de collines qui, de Dijon, s'étend vers le sud-ouest, et qu'on nomme Côte-d'Or à cause des excellents vins qu'on y récolte. — Ses limites sont : au nord, le département de l'Aube ; au nord-est, celui de la Haute-Marne ; à l'est, ceux de la Haute-Saône et du Jura ; au sud, celui de Saône-et-Loire ; à l'ouest, ceux de la Nièvre et de l'Yonne. — Le climat est tempéré ; l'air vif et sain, et en général très-pur.

Le territoire du département de la Côte-d'Or est entrecoupé de plaines d'une grande fertilité, de collines et de montagnes. Les plaines présentent une grande variété de culture, et renferment de nombreux pâturages où l'on élève quantité de bestiaux, prin-

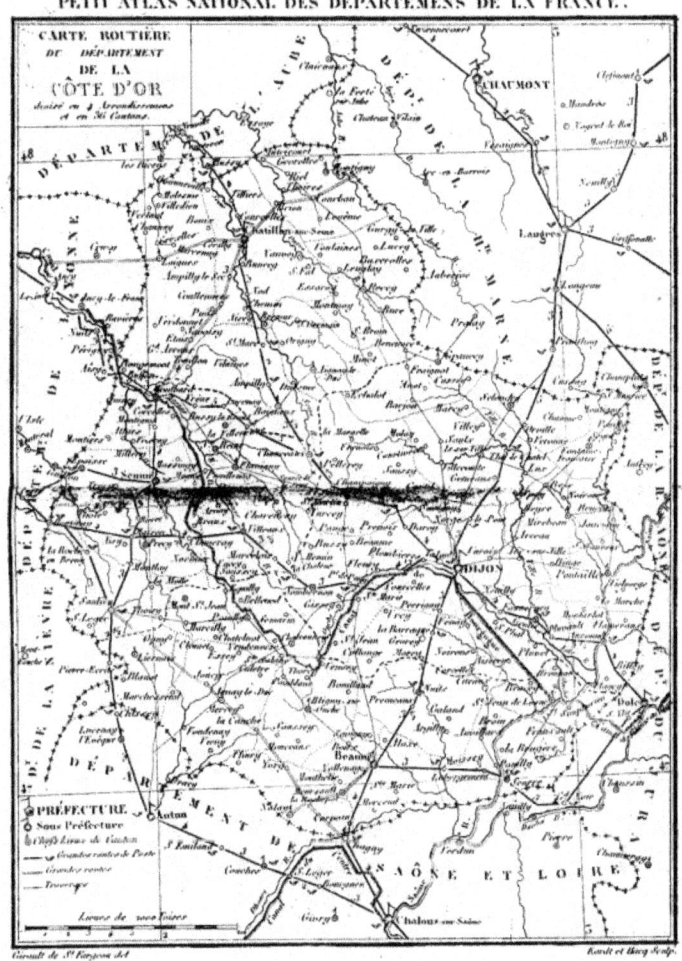

cipalement des bœufs et des chevaux : les prairies naturelles sont particulièrement très-abondantes sur les bords de la Saône. — Les collines sont en partie plantées d'arbres fruitiers et de vignes qui produisent en abondance les vins les plus délicats de l'Europe. A une demi-lieue sud-ouest de Dijon commence cette chaîne célèbre de collines à laquelle on a donné le nom de Côte-d'Or, et qui se prolonge jusqu'à la rivière de Dheune, où finit le Beaunois. — Les montagnes sont couronnées de forêts peuplées de gibier, et fournissent toute sorte de bois de construction, de chauffage et de merrain.—
En général, ce département est en premier ordre de ceux de la France, sous le rapport de l'étendue de ses forêts ; il est le quatrième, pour le nombre des communes ; le cinquième, sous le rapport de l'étendue en superficie ; le quinzième, sous celui des produits en grains ; le vingt-cinquième, sous le rapport de la population et des contributions.

Ce département a pour chef-lieu Dijon. Il est divisé en 4 arrondissements et en 36 cantons, renfermant 730 communes.—Superficie, 445 l. carrées.—Population, 375,877 habit.

MINÉRALOGIE. Nombreuses mines de fer en grains et en roche, houille, tourbe. Carrières de marbre, albâtre, porphyre, pierres statuaires, pierres lithographiques, pierres de taille, pierres meulières, bonnes meules à aiguiser, gypse, argile à potier et à briques, etc.

SOURCES MINÉRALES à Alize-Sainte-Reine, à Prémeaux, à Auvillars, à Corcelles, à Bussy-le-Grand, à Cessey-les-Vitteaux, etc. — Sources salées à Aignay, Diancey, Lucenay, Maizières, Mimeures, Pouillenay.

PRODUCTIONS. Toutes les céréales, maïs, millet, navets, lentilles, melons, truffes, raiforts, oignons ; culture en grand de la betterave. Pépinières d'arbres à fruits.—*Vins*, 20,053 hectares de vignes, fournissant les vins ci-après dénommés dans l'ordre qu'on assigne à leur qualité : Côte de Nuits, la Romanée-Conti, la Romanée-Saint-Vivant, le Clos-Vougeot, la Tache, le Chambertin, le Tart-sur-Morey, le Saint-Jacques-sur-Gevrey, Côte-Beaunoise, Vollenay, Pommard, Beaune, Aloxe (Corton), Savigny, Chassagne, Monthélie, Auxey et Santenay. — 243,088 hectares de forêts. — Chevaux petits et nombreux, bêtes à cornes, moutons mérinos et métis. Éducation en grand des abeilles. Bêtes fauves et menu gibier. Rivières poissonneuses.

INDUSTRIE. Fabriques de toiles, draps, couvertures de laine. Acides minéraux et végétaux. Moutarde renommée. Filatures de laine et de coton. Raffineries de sucre de betteraves. Distilleries d'eau-de-vie. Vinaigreries. Blanchisseries de cire. Faïenceries. Papeteries. Huileries. Brasseries. Tanneries. Trente-neuf hauts-fourneaux, produisant gueuse et moulerie ; soixante-deux forges et dix fours d'affinerie, donnant fer, acier naturel et cémenté. Clouteries et autres usines pour le travail du fer.

COMMERCE. Le commerce, favorisé par le canal de Bourgogne, est considérable ; il consiste en vins fins, eaux-de-vie de marc, vinaigre de vin et de bois, moutarde, huiles, cuirs, laines, chanvre, fer, acier, clous, meules à aiguiser, bois de chauffage et de construction, etc.

**VILLES, BOURGS, VILLAGES, CHATEAUX ET MONUMENTS REMARQUABLES ;
CURIOSITÉS NATURELLES ET SITES PITTORESQUES.**

ARRONDISSEMENT DE DIJON.

AHUY. Village situé à 1 l. 1/2 de Dijon, sur un coteau d'où l'on découvre parfaitement cette ville. Pop. 450 hab. Il tire son nom d'un aqueduc souterrain qui existe au midi du village sur presque toute sa longueur, et dont on ignore la fondation. A peu de distance de l'église, on voit les restes de l'ancien château de Vergy, consistant en deux tourelles, placées de chaque côté de la porte d'entrée de cet ancien édifice.—Carrières de pierres de taille.

APOLLINAIRE (SAINT-). Village situé à 1 l. 3/4 de Dijon. Pop. 300 hab. C'était autrefois un bourg assez considérable, brûlé et détruit en 1513 par les Suisses qui assiégeaient Dijon. Le château, appelé la Tour ou la Motte-Saint-Apollinaire, échappa aux flammes ; c'est une belle tour carrée, environnée de fossés, où les magistrats de Dijon se retirèrent pour éviter la peste en 1529.

ARC-SUR-TILLE. Village situé dans une plaine marécageuse, sur la Tille, à 1 l. 3/4 de Dijon. Pop. 1,250 hab. Arc fut brûlé et le château détruit par Galas en 1636. — Carrière de marbre jaune et rouge, susceptible d'un beau poli.

AUXONNE. Jolie et forte ville. Chef-lieu de canton. Tribunal de commerce. École d'artillerie. Place de guerre de quatrième classe. ✉ ☞ Pop. 5,287 hab.

Cette ville est dans une situation agréable, sur la rive gauche de la Saône, que l'on traverse sur un pont où aboutit une chaussée d'une demi-lieue de long, percée de 23 arches, pour laisser le passage libre aux eaux lors des inondations. Elle est généralement bien bâtie, bien percée, et entourée de beaux remparts qui servent de promenade publique.

Auxonne était autrefois la capitale d'une petite souveraineté, séparée du duché et du comté de Bourgogne, dont les souverains se qualifiaient comtes et prenaient le titre de *Sires d'Auxonne*. Ce comté, qui était administré par des états particuliers, fut réuni au duché par édit de Henri II, de 1552.

Le château, assez semblable à celui de Dijon, est l'ouvrage de Louis XII et de François Ier, dont on remarque la salamandre dans la cour avec les armes de différents gouverneurs ; il est flanqué de cinq grosses tours et d'un redan.

La ville, qui n'avait que des fossés, commença à se fermer à ses dépens en 1350. Elle était défendue par 33 tours avec 4 portes. Les fortifications actuelles ont été commencées en 1673. Deux ans après, Vauban y construisit 8 bastions, revêtus de plusieurs demi-lunes, une contre-garde et un chemin couvert. La porte de Comté fut construite sous Louis XII, en 1506, dans un temps de mortalité, comme il est marqué dans l'inscription.

Auxonne, servant de barrière au duché avant la conquête de la Franche-Comté, donna un exemple mémorable de fidélité, lorsqu'en 1526 elle refusa de se rendre au comte de Launai, qui venait en prendre possession au nom de l'empereur Charles V, à qui le roi l'avait cédée par le traité de Madrid. Sur le refus des habitants, Launai en forma le siège ; mais, par leur valeur, il fut contraint de le lever avec perte et de se retirer à Dôle.

Les habitants ne se défen vaillamment dans les troubles Heuri IV les remercia, en 1 pris le vicomte de Tavannes, qui intelligences avec l'Espagne, et conduits en bons Français. Le roi varre ajoute à la fin de sa lettre, datée de Montauban 25 janvier, et conservée dans les archives, ces mots de sa main : « Je vous prie assurément de croire que je « n'oublierai jamais le service que vous avez « rendu au roi en si importante occasion, et « que je vous en ai beaucoup d'estime pour « votre fidélité et ferme persistance en vos « devoirs ; et suis votre entièrement bon et « affectionné ami, Henri. » — En 1586, le duc de Guise vint assiéger Auxonne, que le gouverneur et les habitants ne voulaient pas remettre au duc de Mayenne. Ils furent cependant obligés de rendre la place le 17 août, après une vigoureuse défense.

Auxonne possède un arsenal de construction, avec tous les établissements nécessaires ; trois beaux corps de casernes ; une belle place d'armes ; un très-beau magasin de vivres ; deux magasins à poudre ; une bibliothèque publique de 4,000 volumes.

Fabriques de serges, draps, mousselines, clous. Brasseries. — *Commerce* de grains, farines, melons excellents, vins, eaux-de-vie, bois, charbon, fer, clouterie, marbre, etc. — A 7 l. 1/2 de Dijon, 4 l. de Dôle. — *Auberges*, le Grand-Cerf, le Mont-Jura, Saint-Nicolas, le Soleil-d'Or.

BEAUMONT-SUR-VINGEANNE. Village situé près d'une voie romaine qui conduit à Mirebeau, sur la Vingeanne, que l'on passe sur un beau pont, à 6 l. de Dijon. Pop. 420 hab. On y remarque les ruines d'un château fort, bâti sur le sommet d'un rocher par les sires de Vergy : ce château fut pillé et détruit lors du siége de Dôle en 1636. — Aux environs s'élève, sur un rocher, la chapelle de Plantenet, ancienne commanderie de l'ordre de Malte. — Éducation des abeilles. Carrières de pierres de taille. Mine de fer.

BEIRE-LE-CHATEL. Joli village, situé dans une contrée agréable et très-fertile, sur la Tille, qu'on y passe sur deux ponts, à 3 l. 1/2 de Dijon. Pop. 650 hab. On y voit un ancien château, entouré de larges et profonds fossés remplis d'eau vive. — Éducation des abeilles. Teintureries, huileries. Moulins à plâtre et à foulon. Mines de fer et carrière de marbre en forme de brèche.

BÈZE. Village très-ancien, bâti à l'intersection des routes de Châtillon à Besançon, et de Gray à Dijon, à 5 l. 1/2 de cette dernière ville. Pop. 1,000 hab.

Ce village est dans une belle situation, à l'extrémité d'un vallon ouvert au sud-est, et fermé au nord par des rochers, sur le sommet desquels on jouit d'une vue fort étendue; par un ciel pur on aperçoit distinctement le Mont-Blanc. C'était jadis une ville fermée de murs; il en reste encore quelques vestiges, qui s'appuient à trois tours parfaitement conservées, restes d'une ancienne abbaye, fondée vers la fin du VIe siècle, dont les vastes bâtiments, en pierres de taille, sont aujourd'hui affectés à la mairie et à des écoles primaires pour les deux sexes; de vastes pressoirs communs sont placés au rez-de-chaussée, sous des voûtes magnifiques.

La rivière de Bèze prend sa source dans le village même; elle jaillit, en bouillonnant, d'une fosse ouverte au pied des rochers. Cette source, autour de laquelle on circule librement, est environnée d'une promenade agréable, et mérite de fixer l'attention.

Patrie du bénédictin dom Clément, estimable auteur de l'Art de vérifier les dates.

Industrie. Forges d'acier naturel. Laminoirs à tôle de fer et d'acier; fours anglais; fabriques de limes, étrilles, clous à froid, vis en fer à grands diamètres, avec écrous; tuiles en tôle vernissée, ayant la forme des tuiles romaines. Moulins à blé et à tan. Tanneries. Tuileries.

CHAMBOLLE. Village situé à l'entrée d'une gorge, sur le revers d'une montagne d'où l'on découvre une grande étendue de pays. A 3 l. 1/2 de Dijon. Pop. 550 hab. A peu de distance, on remarque des rochers escarpés, dans l'un desquels est une grotte de 60 pieds de long sur environ 20 pieds de large.

COURTIVRON. Village situé sur l'Ignon, dans un pays couvert de bois et de broussailles, à 7 l. 1/2 de Dijon. Pop. 310 hab. C'était autrefois une place forte dont il reste encore une tour carrée assez bien conservée. — Filature hydraulique de laine et de coton.

COUTERNON. Village situé sur la Norges, dans une vaste plaine, à 2 l. 1/4 de Dijon. Pop. 400 hab. — *Fabrique* de soude et d'acides minéraux.

DIENAY. Village situé à 5 l. 1/4 de Dijon. Pop. 300 hab. — Forges et hauts-fourneaux.

DIJON. Grande, riche, célèbre et très-belle ville, anciennement capitale de la Bourgogne et résidence des ducs de ce nom, aujourd'hui chef-lieu du département. Cour royale d'où ressortent les tribunaux des départements de la Côte-d'Or, de la Haute-Marne et de Saône-et-Loire. Tribunal et Bourse de commerce. Siége de la 8e conservation des forêts. Chef-lieu de la 18e division militaire. Faculté de droit, des sciences et des lettres. Académie universitaire. Collége royal. École spéciale des beaux-arts. École normale primaire. École secondaire de médecine. Évêché. Séminaire diocésain. Société d'agriculture et d'industrie agricole. ✉ ☞ Pop. 25,552 hab.

L'origine de Dijon est très-ancienne et remonte aux temps qui ont précédé la domination romaine; mais cette ville était alors peu considérable. Sous Marc-Aurèle, elle fut entourée de murailles et de trente-trois tours, qui lui donnèrent l'apparence d'une petite ville. Aurélien l'embellit et en augmenta l'étendue, vers l'an 274, et y éleva un temple aux divinités païennes, d'où l'on prétend que cette ville prit le nom de *Divio*. Les Sarrasins s'en emparèrent et la livrèrent aux flammes en 731; les Normands la saccagèrent en 888. Robert de Vermandois surprit Dijon et l'enleva à Othon en 959; mais elle fut reprise par Lothaire l'année suivante. En 1127, un incendie des plus violents la consuma presque entièrement. En 1357, Philippe de Rouvres, dernier duc de Bourgogne de la première race, fit commencer la nouvelle enceinte fortifiée de Dijon, telle qu'on la voit aujourd'hui. Les ducs de la seconde race entretinrent ces fortifications et les augmentèrent de seize tours et de plusieurs bastions. Vers le milieu du XVe siècle, Louis XI y fit construire un château entouré de fossés et flanqué de quatre tours, qui existe encore en partie, et sert aujourd'hui de caserne de gendarmerie. En 1513, les Suisses vinrent mettre le siége devant Dijon; cette ville, dépourvue de bonnes fortifications, n'ayant qu'une garnison de 6,000 hommes, et hors d'état de tenir contre les assiégeants, dont l'armée était forte de 40,000 hommes, demanda à capituler; cette proposition ayant été rejetée, les Suisses commencèrent le feu, auquel il fut riposté vigoureusement. Les murs croulaient de toutes parts, et l'ennemi se disposait à donner un assaut général, lorsque La Trémouille, qui commandait la place, hasarda un pourparler, dont le résultat fut un traité, par lequel, au moyen de la concession en Italie du duché de Milan, du comté d'Acs, et de 400,000 écus d'argent, pour lesquels il fut donné quatre otages, les Suisses levèrent le siége.

La ville de Dijon est située au pied d'une chaîne de montagnes dominées par le Mont-Afrique, dans un bassin agréable et fertile, qui s'étend jusqu'aux montagnes de la Franche-Comté et de la Savoie. Elle est en général très-bien bâtie; la plupart des rues sont larges, bien percées, propres et bordées de belles maisons et de beaux hôtels construits en pierres de taille. Cette ville est de forme ovale, et baignée par la rivière d'Ouche, qui passe au midi, et le torrent de Suzon, qui la traverse du nord au sud par un courant pratiqué sous les rues. Elle est ceinte de beaux murs et de remparts bien plantés et bien entretenus : on y entre par cinq portes. Rien n'égale la beauté des promenades publiques, et il est peu de villes en France dont les dehors soient plus riants, les alentours plus agréables et plus variés. Outre les remparts dont nous venons de parler, et d'où l'on jouit d'une vue délicieuse sur la campagne environnante, on remarque principalement les Chemins-Couverts, jolie promenade à proximité de la ville; les Allées de la Retraite, belle plantation de tilleuls sur quatre rangs, situées à l'est de la ville, près du Jardin des Plantes; le Creux d'Enfer, fontaine environnée de belles plantations; la Fontaine des Suisses, ombragée aussi de beaux arbres plantés en 1811; le Cours-Fleury, situé à l'entrée du Suzon dans la ville; la promenade des Marronniers, près de la porte Guillaume; la promenade de l'Arquebuse, disposée dans le genre paysager. Mais la plus vaste et la plus belle de toutes ces promenades, c'est sans contredit le Cours du Parc. Ce Cours a plus d'un quart de lieue de longueur, et est partagé, à son milieu, par un cercle spacieux; il aboutit à un grand parc, dessiné et planté par Le Nôtre, à l'extrémité duquel passe la rivière d'Ouche.

L'Église cathédrale, dédiée à saint Bénigne, occupe l'emplacement d'un ancien temple de Saturne; elle fut consacrée en 535. L'évêque Isaac rétablit, en 870, cette église, qui tombait en ruine. En 1106, elle fut entièrement reconstruite par l'abbé Guillaume : un ancien historien rapporte qu'on y comptait 372 colonnes, 120 fenêtres, 8 tours, 3 grandes portes et 24 entrées. Ce vaste édifice fut écrasé, en 1271, par la chute d'une haute tour qui s'élevait au milieu. Ce fut l'abbé Hugues qui fit reconstruire l'église que l'on voit aujourd'hui, et qui fut achevée en 1291.

L'Église Saint-Bénigne est remarquable par son étendue, sa légèreté et son exhaussement; elle a 213 pieds de long, 87 pieds de large dans les deux nefs, et 84 pieds d'élévation. La flèche qui s'élance du comble de l'édifice est un des ouvrages les plus hardis; sur un diamètre très-resserré, elle porte le coq qui la termine à 300 pieds de hauteur. Le portail, ouvrage du Xe siècle, représentait autrefois, sur les côtés, huit figures en bas-reliefs, aujourd'hui remplacées par des colonnes en pierres; il est surmonté d'un bas-relief, exécuté par Bouchardon, représentant le martyre de saint Étienne, qui décorait autrefois le fronton de l'église Saint-Étienne. L'intérieur renferme de beaux mausolées en marbre, dont les principaux sont ceux des présidents de La Berchère, de Berbisey et de Frémyot; on restaure en ce moment les superbes mausolées de Philippe-le-Hardi et de Jean-sans-Peur.

L'Église Notre-Dame est un édifice d'un beau gothique, construit de 1252 à 1334; elle a 142 pieds de long, 52 de large et 36 de hauteur. Dans le portail, qui est d'une légèreté extraordinaire, l'architecte a su allier la beauté du style grec à la délicatesse de l'architecture gothique; sur toute l'étendue du porche, ouvert en triple cintre, il opéra le développement des voûtes, sans l'emploi des contre-forts destinés à en empêcher l'écartement. Les massifs de toute la façade n'ont pas plus de cinq pouces d'épaisseur, et ils servent de fond à deux péristyles placés l'un au-dessus de l'autre, et offrant chacun 17 colonnes d'un seul jet. Sur le côté qui regarde le midi, s'élève le campanille de l'horloge. L'entrée de l'église est précédée d'un vaste porche, qui était jadis orné d'une multitude de statues. Dans l'intérieur, l'œil se repose avec plaisir sur les galeries qui règnent autour de la nef, du chœur et des croisées : rien de si délicat, de si léger, de si svelte que l'apside ou rond-point, décoré d'un superbe groupe de l'Assomption, chef-d'œuvre du sculpteur Dubois. La grande tour qui s'élève sur le milieu de la croisée, partage la délicatesse du vaisseau.

L'Église Saint-Michel est une construction du commencement du XVIe siècle, à l'exception des deux tours et de leur dôme, achevés en 1667. Cette église se fait remarquer par son portail, où l'imagination de Hugues Sambin déploya tout le luxe de l'architecture. Sur un socle percé d'un triple cintre, orné de caissons, d'arabesques, de statues et de bas-reliefs, s'élèvent deux tours jumelles, décorées de cinq ordres d'architecture, et surmontées de coupoles octogones, terminées chacune par une boule de bronze doré. Au-dessus de la grande porte est un bas-relief, composé de 40 figures, représentant le jugement dernier. Le vaisseau de cette église a 188 pieds de long, 60 de large et 64 de hauteur. Dans une chapelle, on remarque le mausolée, en marbre noir et blanc, érigé à la mémoire de Fyot de La Marche.

Le Palais des États est un bel édifice, surmonté d'une tour majestueuse, commencée en 1367 par Philippe-le-Hardi, et achevée par Charles-le-Téméraire. Cette tour, la salle des gardes, une portion des bâtiments du côté du nord et les cuisines, sont tout ce qui reste du palais des ducs de Bourgogne. Ce palais se compose aujourd'hui d'un corps de logis de trois étages, et de deux ailes terminées à leur extrémité par quatre colonnes formant deux beaux péristyles d'ordre toscan; il contient plusieurs vastes salles, dont quelques-unes sont occupées par les archives et par un des plus riches musées que possèdent les départements. La cour qui précède ce palais donne sur la principale et la plus belle place de Dijon, dont elle est séparée par une grille en fer, formée de piques droites entremêlées de faisceaux.

Le Palais de justice est un vaste et ancien édifice où l'on remarque la vaste salle des pas perdus et la belle salle des audiences publiques, dont le plafond est divisé en plusieurs caissons dorés et décorés de divers ornements.

La Salle de Spectacle est, après celle de Bordeaux, la plus belle que nous connaissions dans les départements. Sa façade principale, décorée d'un péristyle de huit colonnes d'ordre corinthien, donne sur la place Saint-Etienne; la masse a 61 mètres de longueur sur 22 mètres de largeur. L'intérieur offre trois rangs de loges; un grand foyer s'étend sur toute la largeur de l'édifice, au-dessus du péristyle.

Cabinet d'Histoire naturelle. Ce cabinet, qui occupe le premier étage de l'aile orientale de la cour d'entrée du Palais des états, provient en partie de M. J. de Chamblanc, magistrat très-versé dans les sciences naturelles, et qui le premier en a formé le noyau. Il a été bien augmenté depuis, et forme aujourd'hui un assemblage de plus de 2,500 articles; on y remarque surtout une riche et nombreuse collection de minéraux, madrépores, coquillages, etc., etc.; des anciennes armes, des arcs, des flèches et ustensiles dont se servaient les sauvages, et plusieurs autres objets d'art et de curiosité.

Ce cabinet, presque tout renouvelé par les soins de l'abbé Bertrand, compagnon de voyage de l'infortuné Lapeyrouse, et de feu M. Jacotot, professeur aussi modeste qu'érudit, renferme un grand nombre d'instruments de physique très-soignés et parfaitement entretenus, nécessaires pour les cours de physique expérimentale et de chimie.

Faculté de droit. Sur la demande des états de la province, une université avait été accordée à la ville de Dijon; mais d'après les observations de celles de Paris et de Besançon, elle fut restreinte à la Faculté de droit érigée par lettres patentes du 6 juillet 1722. Depuis 1806, cette nouvelle institution, qui a reçu le titre d'École de droit, occupe, pour les salles d'études, la partie de l'ancien collège qui était destinée aux classes de latin, de théologie, belles-lettres, physique, mathématiques, etc.; plus de trois cents jeunes légistes, l'espoir du barreau français, fréquentent cette école sous des maîtres aussi habiles que profonds dans l'étude des lois romaines et françaises. — La grand'salle de ses exercices publics est ornée de plusieurs tableaux estimés.

École des beaux-arts. L'école gratuite de dessin, ouverte en 1765, d'abord dans une maison de la rue Jeannhin, fut tellement fréquentée par les élèves qui y accouraient en foule, que l'on fut bientôt obligé de la transférer dans l'une des ailes du palais, qui est occupée actuellement par une partie du musée, depuis que cette école, sous le titre d'École des beaux-arts, a été transférée de nouveau dans l'église de l'ancien collège des jésuites. Cet utile établissement est dû en partie au zèle patriotique de M. Legouz-Gerland, qui décida feu M. Devosge père à se fixer à Dijon, médita avec lui les moyens de fonder en cette ville une école publique de dessin, employa toutes ses ressources pour l'exécution de ce projet, qu'il réussit enfin à faire adopter par les élus de la province.

Cette école ne fut pas plus tôt fondée, qu'il se trouva parmi les nombreux élèves des sujets de la plus grande espérance, qui décelaient de grands talents, et qui justifièrent, peu de temps après, la devise qu'elle avait adoptée: *Oriendo jam nitescit*.

Les tableaux des Gaguereaux, des Prudhon, des Naigeons, des Devosge, qui décorent aujourd'hui le musée, en sont une preuve vivante; les sculptures des Bertrand, des

Petitot, des Renaud, des Attiret, des Bornier, des Larmier, des Marlet, attesteront dans tous les temps que l'école de Bourgogne fut célèbre dès sa naissance.

On voit aujourd'hui dans les salles de l'École des beaux-arts plusieurs tableaux d'un mérite capital.

Collège royal. La façade de cet établissement se compose, sur la rue, d'un grand corps de logis à un seul étage, avec deux pavillons aux extrémités, ayant chacun deux autres étages. Le principal corps de cet édifice est percé de huit fenêtres au rez-de-chaussée, et autant au premier étage. Au centre, est une grande porte avec une grille en fer exécutée sur les dessins d'Ulriot de Montleu, ingénieur en chef du département. Cette porte est décorée d'impostes avec archivoltes, d'ordre ionique; les Victoires, en bas-relief, dans les tympans en pierre dure, et qui ne sont qu'ébauchées, sont dues à Larmier, statuaire dijonnais; on lit au-dessus cette inscription en lettres d'or: collège royal. Plus haut, et presque au couronnement de la porte, on voit un amortissement de pierres d'Anières, que l'on y a placé pour y sculpter un trophée composé des attributs des sciences et des arts.

Les deux pavillons faisant saillie sur le corps principal sont percés de trois baies de fenêtres à chaque étage et ont leurs angles décorés de chaînes en pierre de taille. Deux petites cours précèdent ces pavillons; elles sont renfermées par un mur de clôture, orné de pilastres, donnant sur la rue, et d'une grille en fer sur un plan demi circulaire, en face du corps de logis.

Cet édifice, dans lequel on a fait de grandes réparations, est vaste et bien distribué; les appartements sont bien aérés, les cours en sont spacieuses; en un mot, il est très-propre à remplir sa destination. Les professeurs de ce collège y jouissent d'une grande considération; c'est l'un des établissements, en ce genre, des plus beaux, des mieux organisés et des mieux tenus du royaume.

On remarque encore à Dijon l'hôtel de la préfecture; l'hôtel-de-ville; l'hôtel de l'académie; la bibliothèque publique, renfermant 40,000 volumes imprimés et 5 à 600 manuscrits; le jardin des plantes; l'hôpital-général; l'hospice Sainte-Anne, et plusieurs beaux hôtels, construits à grands frais par les seigneurs qui formaient autrefois la cour des ducs de Bourgogne.

Patrie de Jean-sans-Peur, de Bossuet, de Crébillon, de Piron, de Longepierre, de Daubenton, de Bazire, de Guyton-Morveau, du duc de Bassano, etc., etc., etc. Dijon s'est constamment distinguée par son goût pour les sciences et les lettres; cette ville soutient toujours son ancienne gloire et montre un grand intérêt pour la conservation et l'entretien de ses divers établissements relatifs à l'instruction.

Fabriques de draps, bonneterie, couvertures de laine, vinaigre, moutarde, bougies, chandelles. Filatures de laine, distilleries d'eau-de-vie, blanchisseries de cire. Raffinerie de salpêtre (à Argentières). — *Commerce* de grains, farines, vins, chanvre, laines, cuirs, etc.

Dijon est à 22 l. de Besançon, 36 l. d'Auxerre, 36 l. 1/2 de Troyes, 75 l. 1/2 de Paris. — *Hôtels* de la Cloche, du Chapeau-Rouge, de la Galère, du Parc.

ÉCHALOT. Village situé à la source du Beuvron, à 7 l. de Dijon. Pop. 400 hab. On y voit des vestiges de tours, restes de son ancien château.

ÉTAULE. Village situé à 2 l. 1/2 de Dijon. Pop. 260 hab. On remarque sur son territoire la fontaine de Jouvence, très-fréquentée dans la belle saison par les habitants de Dijon.

FAUVERNEY. Village situé à 2 l. 1/4 de Dijon, sur le penchant d'un monticule, d'où la vue s'étend sur une plaine magnifique, bornée par les montagnes de la Côte-d'Or et du Jura. — Haut-fourneau. Éducation des moutons et des abeilles.

FLEURY-SUR-OUCHE. Village situé dans un vallon borné par deux chaînes de montagnes, à 3 l. 1/2 de Dijon. Pop. 800 h. C'était autrefois une petite ville, fermée de murs, où l'on entrait par quatre portes, qui fut détruite du temps de la Ligue. Aux environs, on voit une grande plaine où Gondebaud fut défait par Clovis, en l'an 500. — Éducation des chevaux et des abeilles.

FONTAINE-FRANÇAISE. Bourg situé près de fontaines abondantes qui forment une belle nappe d'eau, près de la Vingeanne, à 7 l. 1/2 de Dijon. ✉ Pop. 1,100 hab. Ce bourg était autrefois fortifié; il fut assiégé en 1373 par le sieur de Mirebel. En 1595, Henri IV y défit, avec une très-faible cavalerie, une armée de 18,000 hommes, commandée par le duc de Mayenne; un monument a été élevé sur le lieu même où se donna le combat, pour en consacrer le souvenir.

Fontaine-Française possède un superbe château, un haut-fourneau, des brasseries et des fabriques de poteries communes. — *Commerce* de haricots.

gravé sur acier par Hopwood.

Crébillon.

Bossuet

FORGE-SUR-OUCHE. Village situé près de Dijon. — Forges, martinets pour les fers fins, cylindres, tirerie de fer et fabriques de clous d'épingles.

GÉMEAUX. Bourg situé au pied d'une éminence d'où jaillit une belle fontaine, à 3 l. 3/4 de Dijon. Pop. 1,500 hab. Près de l'église, on remarque les restes d'un ancien château fort qui fut pris et en partie démoli en 1433, lors de la guerre des seigneurs de Vergy et de Château-Vilain.
Patrie de Rameau.

GENLIS. Joli village, situé dans une belle et fertile plaine, sur la Tille, que l'on passe sur un beau pont, à 4 l. de Dijon. ✉ ⚘ Pop. 950 hab. Il est formé de maisons fort bien bâties, et offre un aspect riant. On y remarque les enceintes à doubles fossés de deux anciens châteaux forts, dont l'un était bâti dans le village même, et l'autre à quelque distance, au milieu de la prairie. — Élève de chevaux et de bestiaux.

GEVREY. Bourg situé dans une contrée fertile en excellents vins, à 2 l. de Dijon. Pop. 1,300 hab. On y voit les ruines d'un château flanqué de quatre tours, construit en 1257. Le bourg se divise en trois parties: la rue Haute, où sont le château, l'église et la fontaine; la rue Basse, et les Baraques. Le territoire produit l'excellent vin de Chambertin et des clos de Bèze.

GRANCEY-LE-CHATEL. Jolie petite ville, située près des confins du département de la Haute-Marne, à 9 l. 1/2 de Dijon. ✉ Pop. 650 hab. Elle est bien bâtie, et dominée par un beau château, construit sur le penchant de la montagne. Il y a de jolies promenades et une belle place publique.

Grancey possède deux églises, dont l'une est située dans l'enceinte du château; l'autre se trouve à 1/4 de l. au sud-est de la commune: cette dernière est fort ancienne. — *Fabriques* de draps. Éducation des abeilles. — *Commerce* de grains, fil et bestiaux. — Aux environs, forges et hauts-fourneaux.

IS-SUR-TILLE. Petite ville, située dans un vallon arrosé par l'Ignon, qui, dans son cours, depuis Pellerey jusqu'à Diénay, fait mouvoir plusieurs forges, fourneaux, moulins à blé et à écorce, etc. ✉ A 4 l. 1/2 de Dijon. Elle est en général assez mal bâtie; il y a cependant un hôtel-de-ville fort joli, élevé sur une assez belle place, et des promenades très-agréables.

Cette ville, autrefois fortifiée avec trois portes et pont-levis, a essuyé des révolutions qui ont causé sa décadence. En 1373, la duchesse Marguerite manda aux habitants de faire de bonnes fortifications autour de leur église, contre les incursions *des grandes compagnies de robeurs*. Le duc Jean ordonna la même chose en 1408. Ce fut, en 1418, le rendez-vous de la noblesse assemblée pour la défense de la province. Guillaume, évêque de Langres, en conformité des lettres de Philippe-le-Bon, de 1420, fit fortifier la ville. Ces sages précautions n'empêchèrent pas qu'elle ne fût pillée en 1433, pendant la guerre du sire de Château-Vilain, et en 1440 par *les écorcheurs*. Les lettres de Philippe-le-Bon apprennent qu'elle fut détruite de *tout en tout*, et que *de plus de neuf vingts feux, il n'en resta que quarante qui valent peu.*

Les Suisses, en septembre 1513, après avoir saccagé Fontaine-Française, Lux, Til-Châtel, Marey, entrèrent dans la maison forte d'Ys, brûlèrent devant l'église les titres cachés dans la maison de la confrérie, emportèrent les *coffres* et les *bons meubles* sur des chariots, et ruinèrent les murs, qui ne furent rétablis qu'en 1588, par permission de Henri III; mais le plus grand désastre arriva du temps de la Ligue. La ville, qui était royaliste, fut prise en juin 1589, par le duc de Nemours, à la tête de 6,000 Lorrains, *grands larrons et ligueurs*, disent les mémoires de Tavannes; ils y commirent toutes sortes d'excès pendant dix-huit jours qu'ils y restèrent. — Gaston, duc d'Orléans, campa le 21 juin 1632, durant deux jours, avec 1,200 hommes à Is, d'où il vint insulter Dijon en allant en Languedoc joindre le duc de Montmorency.

La peste enleva une partie des habitants en 1636 et 1637; enfin la révocation de l'édit de Nantes, en 1685, lui fit perdre beaucoup de son commerce et de sa population. Plusieurs gentilshommes et négociants sortirent de cette ville: cent familles se retirèrent à Genève, ou en Suisse.

La grosse tour carrée, reste de l'ancien château des ducs, est fameuse par l'ordonnance de François Ier, donnée en octobre 1535, appelée *l'ordonnance d'Is*, concernant la police des prisons.

« Ce prince, dit Saint-Julien de Baleure, « s'aimoit fort en ce bourg, situé en belle « assiette, tant pour le plaisir de la chasse « et de la volerie, qu'aux commodités favori- « sant son naturel. »

Patrie du général Bouchu.

Industrie. Forges et martinets. Filature hydraulique de laine. Moulins à blé, à tan et à foulon. Éducation des bestiaux et des abeilles.

LANTENAY. Village et beau château, situé au pied d'une montagne couverte de bois, à 3 l. 1/2 de Dijon. Pop. 400 hab.

LONGECOURT. Village situé à 3 l. 1/2 de Dijon. Pop. 600 hab. On y remarque un beau château de construction moderne, flanqué à chacun des quatre angles de quatre tours, restes d'un ancien château fort.

LUX. Village situé sur la Tille, à 5 l. 1/2 de Dijon. Pop. 650 hab. On y voit un ancien et vaste château d'un aspect imposant.

Aux environs, dans une contrée appelée le Val-d'Ognes, se trouvent les ruines de l'ancien bourg d'Ognes, détruit par l'empereur Aurélien lors de la fondation de Dijon. On y rencontre fréquemment des briques romaines, des fragments de vieilles armes, et des médailles du haut-empire.

Dans la plaine à 200 pas de la Tille, entre Lux et Thil-Châtel, il se tint, en 867, des assises générales ; on y comptait encore par nuits, suivant l'usage des Gaulois. Le 8 juin 1116, on y convoqua les grands plaids de Dieu pour remédier aux maux que causaient des troupes de brigands qui désolaient les campagnes et les monastères : l'assemblée s'y tint sous des tentes de feuillages ; les châsses des saints y furent exposées à la vénération publique. Guy de Bourgogne, qui devint pape sous le nom de Calixte II, alors archevêque de Vienne et légat de S. S., présida ces grandes assises, auxquelles assistèrent les souverains de la contrée, les évêques et les abbés des provinces de Bourgogne et de Champagne. Une multitude immense couvrait la plaine ; les injustices publiques y furent dénoncées avec véhémence par le légat, et réprimées ; une foule de différents particuliers y furent jugés. Les esprits se calmèrent, la paix générale fut jurée sur les reliques des saints, avec promesse de s'abstenir dorénavant de toutes malversations et rapines. — Belles carrières de pierres de taille, dont l'exploitation occupe annuellement 30 à 40 ouvriers.

MARSANNAY-LA-COTE. Village situé à 1 l. 1/2 de Dijon. Pop. 620 hab. Ce fut près de Marsannay, à l'arbre de Charlemagne, en un lieu appelé la Charme, que P. de Beauffremont, un des grands seigneurs de Bourgogne, donna, en 1443, le célèbre tournoi décrit par Olivier de La Marche dans ses Mémoires, liv. Ier, chap. IX, et rapporté par P. Ménétrier dans son Traité des carrousels.

Le lieu du combat fut d'abord assigné sur la chaussée d'Auxonne, à l'arbre des Hermites ; mais depuis il fut remis et exécuté à l'arbre de Charlemagne.

« Des pavillons, dressés en différents en-
« droits, étoient garnis de meubles, de vais-
« selle, de buffets, de vins et de serviteurs ;
« le tout de manière de faire si honorable,
« que tous gens de bien y étoient accueillis
« et servis si grandement, que mieux on ne
« le sauroit faire. »

Pendant quarante jours que dura la fête, le baron de Charny tint cour ouverte, avec une dépense extraordinaire. Il était si bien dans les bonnes graces du duc, que plus tard, il épousa Marie, sa fille naturelle, et obtint l'érection de Charny en comté. — Les « noces furent célébrées à Bruxelles, avec « telle somptuosité de festins et affluence « de noblesse, qu'on ne vit jamais une festi-« vité de si grand appareil. »

MESSIGNY. Village situé sur la croupe d'une montagne, à 2 l. de Dijon. Pop. 800 h.

Ce village est fort ancien. On sait qu'il existait déjà du temps du roi Gontran et que Mummol y faisait, dit-on, exploiter une mine d'or. Il fut détruit par les Normands au IXe siècle, fut rebâti et peuplé par les soins des moines, sous l'abbé Jareniou, au XIe siècle. Il a été brûlé par les ligueurs après l'affaire de Fontaine-Française, et ruiné par des gens de guerre français et suédois qui avaient quitté leurs cantonnements de Selongey, Gémeaux, etc.

La grande rue offre quelques maisons assez bien bâties. Une place très-grande est ornée d'une promenade entre deux belles fontaines publiques. Le bassin de la fontaine supérieure est remarquable. Il est d'une seule pièce et a 34 pieds de circonférence. La ligne de conduite des eaux a 3,320 mètres de longueur, non compris la distribution du village ; les tuyaux sont en fonte, ils ont un mètre de long, les joints sont de plomb. L'eau est prise dans la belle fontaine de Jouvence, renommée par la limpidité de ses eaux et par ses sites pittoresques. L'eau remonte de 26 mètres pour arriver au village, après en avoir descendu 28 en différentes pentes.

Le projet de cet établissement atteste le patriotisme de M. Frémiet, officier supérieur, qui, blessé grièvement et abandonné au pied des remparts du Mont-Servat, en Catalogne, le 28 juillet 1812, y éprouva le plus cruel tourment qu'il soit possible d'endurer, la soif. De retour ses foyers, M. Frémiet forma le projet de doter le village de Messigny de fontaines publiques, ce qu'il exécuta en 1829.

ARRONDISSEMENT DE DIJON.

On doit encore à M. Frémiet de grandes améliorations pour l'éducation des bestiaux, et l'introduction de la ruche des bois pour l'éducation des abeilles, innovation qui a complétement changé ce mode d'éducation, et centuplé les ruches, qui sont aujourd'hui répandues dans les forêts, où elles prospèrent et donnent des produits d'excellente qualité.

MIREBEAU. Bourg situé sur la Bèze, à 4 l. 3/4 de Dijon. Pop. 1,300 hab. C'était autrefois une ville assez considérable, que le roi Robert assiégea en 1015, pour chasser un parti de brigands qui s'y étaient fortifiés et pillaient les environs. Galas s'en empara après trois jours de siége, brûla le clocher, détruisit 118 maisons, et fit périr un grand nombre de personnes. Louis XIII, en considération de ces pertes et de la belle défense des habitants, leur accorda l'exemption de toutes impositions pendant vingt ans, et plusieurs priviléges.

Le château situé près de la porte de Bèze est une belle construction du commencement du règne de François 1er, à en juger par un F couronné que l'on remarque sur deux anciennes tours. On y jouit de points de vue admirables. La chapelle renferme un beau mausolée, érigé à la mémoire de Catherine de Beaufremont.

Fabriques de serges, droguets. Poterie de terre. Moulins à blé et à foulon.

MONTIGNY-SUR-VINGEANNE. Village situé sur la Vingeanne, à 9 l. de Dijon. Pop. 400 hab. — Forges et martinets.

MOREY. Joli village, situé dans un territoire fertile en excellents vins, à 3 l. de Dijon. Pop. 650 hab.

NOIRON-LES-CITEAUX. Village situé à 3 l. 1/2 de Dijon. On y voit un beau pont aqueduc, nommé le pont des Arvaux.

NORGES-LE-PONT. Village situé à 3 l. de Dijon.

PASQUES. Village situé à 3 l. 1/2 de Dijon. Pop. 250 hab. Dans les bois qui avoisinent le moulin de Val-Courbe, à 1/4 de l. de l'Abîme et sur le bord d'un précipice de difficile accès, on remarque trois grottes creusées dans le roc et fort bien distribuées ; la plus grande a 100 pieds de profondeur, sur environ 4 pieds de large et 6 de hauteur.

PELLEREY. Village situé à 5 l. de Dijon, commune de Curtil-Vergy. — *Fabrique* d'acides minéraux et végétaux.

PELLEREY-SUR-IGNON. Village situé sur l'Ignon, à 7 l. de Dijon. Pop. 400 hab. — Belles papeteries.

PONCEY. Village situé sur l'Ignon, à 7 l. 1/4 de Dijon. Pop. 300 hab. — Papeteries.

PONTAILLER. Bourg situé sur deux îles que forme la Saône, et en partie sur le bord de cette rivière, à 6 l. 1/4 de Dijon. Pop. 1,200 hab. Il est assez bien bâti, et jouit d'une vue agréable sur des coteaux plantés de vignes, sur des terres fertiles, des bois, des prairies et des villages populeux.

Ce bourg est fort ancien. Une grande partie de Montardon, *Mons arduus*, aujourd'hui couverte de vignes, au pied duquel est Pontailler, était autrefois habitée ; on y a trouvé beaucoup de médailles romaines. On y remarque encore des fondations de murs, des voûtes, puits, briques éparses qui annoncent de vieilles constructions. « Là souloit « être, dit Saint-Julien de Baleure, une am- « ple et spacieuse ville, de laquelle il n'est « plus que la mémoire qui en est venue de « père en fils. »

Sous Charles-le-Chauve, Pontailler avait une maison royale : une charte de ce prince est datée de la 34e année de son règne, vers 873. Ce bourg a été du domaine des ducs de Bourgogne jusqu'en 1477 qu'il fut réuni à la couronne.

Comme il était anciennement sur la frontière, il fut souvent pris et repris. Des seigneurs comtois ruinèrent le château appelé *la Salle*, qu'ils se soumirent à rétablir par traité en 1301. Les *Tard-Venus* le prirent, et ne l'évacuèrent qu'en 1364. Les grandes compagnies mirent le feu aux faubourgs et à six villages voisins en 1366. J. de Neufchâtel surprit ce bourg, et en fut maître jusqu'à ce que le duc de Bourgogne l'eût fait renfermer au donjon de Sémur en Auxois, où il mourut en prison. Ce prince ajouta, en 1390, au château deux tours et de gros murs, dont il ne reste presque plus de vestiges. Un parti d'*Écorcheurs* y logea de force en 1444. Un incendie terrible n'y laissa, en 1473, que 32 maisons. Mais le plus grand désastre arriva en 1636. Pontailler fut pris et pillé par Demandre durant le siége de Dôle. Mercy, l'un des généraux de Galas, irrité de la généreuse résistance des habitants, les força, les passa au fil de l'épée, et mit le feu partout le 28 août 1636. Selon le procès-verbal dressé le 15 février 1637, il ne restait plus que 22 habitants et 5 maisons qui avaient échappé aux flammes.

Fabriques d'huile. Teintureries. Éducation des abeilles. — *Commerce* de grains. Petit port sur la Saône servant à l'exportation des denrées du pays.

PONT-DE-PANY. Village situé sur le bord de l'Ouche et sur le canal de Bourgogne, à 4 l. 1/2 de Dijon.

REULLE. Village situé à 3 l. 3/4 de Dijon. Pop. 300 hab. Il est bâti en amphithéâtre sur le penchant d'une colline d'où l'on jouit de plusieurs beaux points de vue. A un quart de lieue au sud, se trouve la montagne de Vergy, centre de toute la paroisse. Là est bâtie l'église, dont la construction gothique annonce une grande ancienneté. Le sommet de cette montagne est terminé par de grosses roches d'un accès difficile, où s'élevait jadis l'antique forteresse de Vergy, si redoutée des princes français. Elle était bâtie en forme de vaisseau, longue de 300 toises et large d'environ 40 pieds : l'esplanade pouvait contenir deux bataillons. Le château de Vergy était très-ancien ; les uns en attribuent la fondation à Vercingétorix, qui ne s'arrêta pas assez dans ces cantons, étant continuellement harcelé par César ; les autres à Virginius, capitaine romain. Quoi qu'il en soit, il subsistait du temps de Saint-Léger, dont le frère, le comte Guérin, fut lapidé par les émissaires d'Ébroin, en 673.

Manassès-le-Vieil habitait, en 880, ce château, regardé comme une des plus fortes places du pays. Louis VII l'offrit, en 1159, au pape Alexandre III, fuyant la colère de l'empereur Frédéric, pour s'y retirer, comme dans une forteresse imprenable : *Vergiacum castrum quod erat inexpugnabile*. Le duc Hugues III l'assiégea en vain pendant dix-huit mois en 1183, voulant forcer Hugues de Vergy à lui faire hommage. Mais celui-ci eut recours à Philippe-Auguste, en offrant de tenir désormais son château en fief de la couronne de France. Ce prince entra en Bourgogne avec une puissante armée, prit Châtillon avec le fils du duc, et fit lever le siège de Vergy en 1185. Cette forteresse et la baronnie furent réunies au duché en 1193 par le mariage d'Alix de Vergy avec le duc Eudes III. Louis XI la rendit à Guillaume de Vergy ; mais elle lui fut ensuite ôtée, assiégée et prise en 1490, et démolie en 1609 par ordre de Henri IV ; il n'en reste presque plus de vestiges. Le vallon qui l'environne est vaste et profond.

ROUVRES. Village situé dans une vaste plaine, à 2 l. 1/2 de Dijon. Pop. 600 hab. Ce village était autrefois considérable et défendu par un château fort, qualifié de forteresse en 1287, que le duc Jean fit considérablement augmenter, embellir et fortifier en 1414. La duchesse de Savoie, sœur de Louis XI, y fut enfermée avec son fils en 1467, par ordre de Charles-le-Téméraire. Galas brûla Rouvres et fit détruire le château, en 1636, à l'exception de deux tours, qui ont été démolies en 1735.

L'église a été reconstruite en 1485. Elle est vaste et possède un autel, des statues, et quelques morceaux de sculptures qui méritent d'être remarqués.

SACQUENAY. Village situé à 9 l. de Dijon. Pop. 850 hab. Il est assez bien bâti sur le sommet d'un coteau qui domine un bassin charmant, varié par toute sorte de culture. Au milieu du village est un ancien château, dont les tours ont été démolies vers la fin du siècle dernier.

SALIVES. Village situé sur la Tille, qui y prend sa source au pied d'une ancienne tour rectangulaire, remarquable par l'épaisseur et la solidité de ses murs. A 8 l. 1/4 de Dijon. Pop. 750 hab.

SAULX-LE-DUC. Bourg situé à 5 l. 1/2 de Dijon. Pop. 500 hab. Il était jadis dominé par un château fort bâti sur une des plus hautes montagnes de la Bourgogne. Ce château, ayant été occupé par les ligueurs, fut démoli, en 1602, par ordre de **Henri IV**, qui l'appelait le **nid à rats de Saulx**.

Philippe-le-Bel posséda la seigneurie de Saulx qu'il donna, en 1303, à son fils aîné, et, à défaut d'héritiers, au duc de Bourgogne, à qui elle passa effectivement quelque temps après. C'est de cette cession que le bourg a pris le nom de Saulx-le-Duc. Sa belle situation en faisait aimer le séjour aux ducs de Bourgogne, qui trouvaient un lieu de sûreté dans la force du château et une source de plaisirs dans la beauté des eaux et des bois qui l'environnent. — Aux environs, forges et mines de fer.

SEINE-L'ABBAYE (SAINT-). Joli bourg, situé sur une des grandes routes de Paris à Dijon, à 6 l. de cette dernière ville. Pop. 1,020 hab. Ce bourg est bien bâti, mais très-resserré, dans une situation pittoresque au milieu d'une profonde vallée. Il possède deux places publiques, une belle promenade plantée de marronniers, et des fontaines magnifiques, alimentées par deux sources qui jaillissent à peu de distance.

Saint-Seine doit son origine à une abbaye fondée en 534, par saint Seine, fils du comte de Mesmont, qui y mourut en 580. L'église de ce monastère, dont la construction date du commencement du XVe siècle, est une des plus belles que possède le département ; elle est vaste, bien éclairée, et remarquable par la beauté de son architecture, qui ne le cède en rien aux belles églises de Dijon. Les bâtiments de l'ancienne maison abbatiale sont aussi fort remarquables.

SELONGEY. Petite ville, bâtie en amphithéâtre sur le penchant d'une colline au pied de laquelle coule la Venelle, à 4 l. 1/2 de Dijon. Pop. 1,687 hab. C'était autrefois une ville assez considérable, où l'on entrait par quatre portes. Elle fut prise par Philippe-le-Bon, en 1432; brûlée par les Français, en 1473; et en partie détruite par Galas, en 1636, après une vigoureuse résistance de la part des habitants. On y voit une belle église de construction gothique. — *Fabriques* de draps, chapeaux communs. Filatures de laine, distilleries d'eau-de-vie. Tanneries. Éducation en grand des abeilles. — *Commerce* de vins, fruits, légumes, laines, chevaux, moutons, etc. Dépôt de chiffons pour les papeteries. — Aux environs on remarque les sites pittoresques où sont construites les chapelles de Sainte-Anne et de Sainte-Gertrude.

SOMBERNON. Bourg situé sur une montagne d'où l'on jouit d'une fort belle vue, à 7 l. 1/2 de Dijon. Pop. 900 hab. — *Fabrique* de poterie de terre. — *Commerce* de laines, chanvres et grains.

TALANT. Village situé entre les deux routes de Dijon à Paris, sur une montagne d'où l'on jouit d'une jolie vue sur la ville de Dijon et ses riants alentours. On y remarque les ruines d'un ancien château fort, d'où les ligueurs tirèrent le canon sur Henri IV, lors de son entrée à Dijon en 1595. Le vicomte de Tavannes, qui tenait cette forteresse, exigea mille écus d'or pour sa reddition au roi, qui la fit démolir en 1607. — Aux environs, près de la fontaine des Fées, on remarque une grotte taillée dans le roc, dont l'accès est assez difficile. A 1/2 l. de Dijon.

THIL-CHATEL. Bourg situé au confluent de la Tille et de l'Ignon, sur le penchant d'une éminence dont le sommet est couronné par un ancien château fort. A 7 l. de Dijon. Pop. 920 hab. — Mines de fer, hauts-fourneaux, forges et martinets.

VAL-SUZON. Village bâti dans une situation pittoresque, au fond d'un vallon étroit, bordé de sombres forêts, de rochers et de précipices qui offrent une image des Alpes. A 4 l. de Dijon. Aux environs (à 1/2 l.) on remarque, au milieu des bois et des rochers, deux grottes curieuses par les stalactites qu'elles renferment et par leur position.

VERGY. *Voyez* REULLE.

ARRONDISSEMENT DE BEAUNE.

ALOXE. Village bâti dans une agreste situation, sur la montagne de Corton, d'où l'on découvre une grande étendue de pays. A 1 l. de Beaune. Pop. 250 hab. On y trouve une fontaine salée, et dans les environs une caverne profonde nommée le *Bel-Affreux*, au milieu de laquelle est un lac qui alimente les fontaines incrustantes de Bouilland et d'Autheuil. Le territoire d'Aloxe est fertile en vins fins de Corton, des Clos du Roi, de Charlemagne, etc.

ARNAY-LE-DUC. Petite ville, située dans une contrée montagneuse, près de la rive gauche de l'Arroux, qui y arrose de belles prairies. Pop. 2,563 hab. A 8 l. de Beaune. — *Fabriques* de draps, serges, droguets, toiles de chanvre. Tanneries. — *Commerce* de vins, grains, chanvre, laines, crin, volailles, cuirs et bestiaux.

AUVILLARS-SUR-SAONE. Village situé à 6 l. de Beaune. Pop. 500 hab. On y remarque un vaste et ancien château, surmonté d'une tour jadis très-forte — Fontaine d'eau minérale ferrugineuse.

AUXEY-LE-GRAND. Village fort ancien, situé dans un riant vallon arrosé par un ruisseau qui fait mouvoir sept à huit moulins et une scierie de marbre. A 3 l. de Beaune. Pop. 900 hab.

BEAUNE. Ancienne et jolie ville, chef-lieu de préfecture. Tribunal de première instance et de commerce. Société d'agriculture. Collège communal. Pop. 9,908 hab.

Beaune, *Belna, Belnum, Belno-Castrum*, capitale du Beaunois, paraît avoir une origine romaine. Les monuments, les inscriptions, les médailles découvertes en différents endroits annoncent qu'elle fut d'abord une castramétation, ensuite un château fort, et une place assez considérable au VIIe siècle. Une inscription trouvée dans les démolitions de l'ancien château, en 1683, et conservée dans la cour Segaud, portant : *Minerviæ cives*, semble indiquer qu'elle était alors appelée *Minervia*. On croit que, sous Aurélien, elle prit le nom de *Belenus*, sous lequel Apollon ou le soleil était honoré dans les Gaules, d'où on a fait *Belna*. Quelques-uns, fondés sur les anciennes armoiries de la ville, pensent qu'elle tire son nom de *Bellona*.

La situation avantageuse de Beaune, l'abondance de ses eaux, la salubrité de l'air, le bon état de ses fortifications, lui attirèrent un grand nombre de citoyens, qui y trouvaient un asile contre les incursions des Barbares. Ces différents avantages rendirent ainsi Beaune le chef-lieu du canton qui portait son nom au VIIIe siècle, *Pagus Belnensis, Belnisium*. L'enceinte du château ne pouvant contenir tous ceux qui venaient s'y établir, on bâtit au-delà du fossé les rues de Saint-Martin, des Tonneliers et de Saint-Étienne.

C'est au duc Eudes III, qui résidait souvent en cette ville, qu'elle doit l'établissement de sa commune en 1203. Cette commune prit pour sceau une Bellone d'argent, debout, tenant de la main droite une épée nue, et la gauche appuyée sur la poitrine. Elle quitta, en 1540, ces anciennes armoiries pour prendre le sceau de la collégiale, avec une légère différence. C'est une Vierge debout, portant l'enfant Jésus qui tient un pampre, avec ces mots : *Causa nostræ lætitiæ*. Comme les mauvais plaisants appliquaient cette devise au raisin plutôt qu'à la Vierge, on l'a changée en celle-ci : *Orbis et Urbis honos*.

Un incendie, qui dura trois jours, consuma les trois quarts de Beaune en 1401. Pour prévenir un pareil accident, on détourna les eaux de la belle fontaine de l'Aigue, et on les fit entrer dans la ville au moyen d'un aqueduc pratiqué dans le fossé. En 1502, Louis XII, voulant mettre Beaune à l'abri des partis autrichiens et comtois qui désolaient la province, y fit élever un château fort, flanqué de quatre tours, que Henri IV fit démolir en 1602, après les guerres de la Ligue, dont Beaune avait eu beaucoup à souffrir.

Dans le XVIIe siècle, Beaune était une ville florissante par ses manufactures, auxquelles étaient intéressées deux cents familles calvinistes qui y occupaient plus de deux mille ouvriers. Mais la révocation de l'édit de Nantes ayant obligé ces fabricants de sortir de France, ils portèrent ailleurs leur industrie, et depuis ce temps les manufactures sont entièrement tombées et n'ont pu se relever.

Cette ville est située dans un pays agréable, au pied d'un coteau fertile en excellents vins, sur la petite rivière de Bouzeoise, qui prend sa source à peu de distance. Elle est bien bâtie, percée de rues droites, propres et rafraîchies par les eaux de la fontaine de l'Aigue. Les remparts sont plantés de beaux arbres qui offrent des promenades charmantes.

Beaune possède un magnifique hôpital, fondé en 1443 par Nicolas Rollin, qui dota cet établissement de 1,000 livres de rente. La cour de cet hôpital offre de beaux restes d'architecture gothique.

On remarque encore à Beaune la bibliothèque publique, contenant 10,000 volumes; un vaste et beau jardin public, planté dans le genre paysager; la salle de spectacle; les bains publics; la belle fontaine de l'Aigue, où aboutit une jolie promenade, etc.

Patrie de Monge et du physicien Pasumot.

Fabriques de draps, serges, droguets, vinaigre, tonneaux. Raffineries de sucre de betterave. Teintureries renommées. Brasseries. Tanneries considérables. Belles pépinières d'arbres à fruits.

Commerce considérable de vins de Bourgogne de première classe, du territoire et de toute la Côte-d'Or, qui s'expédient dans toute la France et à l'étranger : environ quatre-vingts maisons s'occupent de ce commerce, et Beaune exporte annuellement trente à quarante mille pièces de vin. La côte Beaunoise produit les vins de Vollenay, Pommard, Beaune, Corton, Savigny, Chassagne, Mont-Rachet, Meursault, Auxey et Santenay. Commerce de grains, denrées, bestiaux, vinaigre, tonnellerie, etc. Principal marché de grains des plaines de l'Auxois. — A 9 l. 1/2 de Dijon, 11 l. d'Autun, 8 l. de Châlons-sur-Saône, 85 l. de Paris. — *Hôtels* Brian, de la Caille, du Chevreuil.

BLIGNY-SUR-OUCHE. Bourg situé dans un territoire fertile en vins estimés, sur l'Ouche, à 4 l. de Beaune. ✉ Pop. 1,300 hab. On y remarque une tour élevée, reste d'un ancien château fort, détruit en 1478. — *Fabriques* de chapeaux communs. Tanneries. — *Commerce* de grains, vins, chanvre, bestiaux, etc. — Chaque année, il se tient à Bligny, le dimanche après la Saint-Pierre, une réunion, appelée la foire des Moissonneurs, où tous les cultivateurs du canton viennent louer des moissonneurs pour faire leurs récoltes.

BRAZEY-EN-PLAINE. Village situé à 9 l. de Beaune. Pop. 1,618 h. C'était jadis un bourg assez considérable, où les ducs de Bourgogne avaient un château spacieux, qui fut assiégé et pris par le duc de Nemours en 1592, et entièrement détruit par Galas.

CHAMPIGNOLLES. Village situé à 6 l. de Beaune. Pop. 300 hab. Aux environs, on remarque le champ des Barres, où l'on trouve journellement beaucoup de débris et d'antiquités romaines.

CITEAUX. *Voy.* GILLY.

COMMARIN. Joli village, bâti dans une situation agréable, à 8 l. de Beaune. Pop. 350 hab. On y voit un fort beau château auquel tient un superbe parc d'une lieue de tour, dont l'usage est accordé par le propriétaire aux habitants, pour leur servir de promenade. Au milieu de la place publique est un tilleul remarquable par son volume et par l'étendue de ses branches, qui couvrent presque entièrement cette place de leur ombre.

CUSSY-LA-COLONNE. Village situé à 4 l. de Beaune. Pop. 180 hab. Ce village doit son surnom à un monument antique, d'autant plus intéressant qu'il est le seul de ce genre en France. C'est une colonne octogone, située à un quart de lieue du village, au milieu des champs, dans un fond entouré de montagnes de tous côtés. Le soubassement est composé de trois assises, dont chacune n'est qu'un bloc dans toute l'épaisseur du monument; la base forme un carré, dont les angles sont coupés, et qui a une rentrée demi-circulaire sur chacune des faces principales : la corniche dont elle est surmontée est d'un seul morceau. Sur cette base est posée une espèce d'autel octogone, orné de huit figures, représentant un Hercule, un captif, une Minerve casquée, Junon, Jupiter, Ganymède, un Bacchus et une nymphe. Au-dessus s'élève le fût de la colonne; il est orné, à sa partie inférieure, de rhombes, dans lesquels il y a une rosette comme on en voit à quelques plafonds; la partie supérieure est décorée d'une sculpture en forme d'écailles. Le haut de la colonne manque; les parties en sont éparses en divers endroits. Le chapiteau, d'ordre corinthien, se voit au lieu dit la Grange d'Auvernay, où il forme la margelle d'un puits (*voy.* SAINT-ROMAIN). Cette colonne a été restaurée en 1825, par les soins du préfet de la Côte-d'Or.

En rapprochant les opinions des savants sur l'objet et l'origine de ce monument, on est porté à croire qu'il a été élevé pour éterniser le souvenir d'une victoire obtenue dans ce lieu, vers le règne de Dioclétien et de Maximien.

ÉGUILLY. Village situé sur le penchant d'un coteau qui domine une vallée agréable, à 8 l. de Beaune. Pop. 200 hab. On y voit un château entouré de fossés remplis d'eau vive, dont on fait remonter la construction au XIe siècle.

GILLY-LES-CITEAUX. Village situé dans une plaine, à 4 l. 1/2 de Beaune. Pop. 520 hab. Au centre de ce village on remarque un ancien château entouré de fossés baignés par les eaux de la Vouge.

Le village de Citeaux, célèbre par son ancienne abbaye, dont on voit encore les magnifiques bâtiments, est une dépendance de cette commune. L'abbaye de Citeaux, chef-d'ordre d'où dépendaient 3,600 couvents des deux sexes, fut fondée par saint Robert, abbé de Molesme, en 1098. Saint Bernard y prit l'habit en 1113, et y jeta, la même année, les fondements de l'abbaye de la Ferté sur-Grône; de celle de Pontigny, en 1114; de celles de Clairvaux et de Morimont, en 1115, appelées les quatre Filles de Citeaux.—*Fabrique* de sucre de betteraves.

GROSBOIS-LES-TICHEY. Village situé sur une hauteur d'où la vue s'étend sur de belles forêts et sur une plaine magnifique, bornée par les montagnes du Jura, les Hautes-Alpes et le Mont-Blanc, que l'on distingue parfaitement de cet endroit. A 8 l. de Beaune. Pop. 160 hab.

JEAN-DE-LOSNE (SAINT-). Petite et très-ancienne ville, chef-lieu de canton. Tribunal de commerce. ✉ Pop. 1,744 hab.

Cette ville est avantageusement située dans un terrain aquatique, au milieu d'une vaste prairie, sur la rive droite de la Saône, à la jonction du canal de Bourgogne et près de l'embouchure du canal du Rhone au Rhin. Dès le VIIe siècle, c'était déjà une ville de quelque importance, où Dagobert tint une cour plénière en 629. Elle est célèbre par le siège que ses courageux habitants soutinrent en 1636, et qui lui valut le nom de *Belle défense*. La ville était peu fortifiée, n'avait que huit petites pièces de canon sans canonniers, une garnison de 150 hommes, très-mal disposés, qu'on ne put retenir qu'en leur payant comptant six cents écus d'or, et contenait à peine trois cents habitants capables de porter les armes. Mais quels prodiges n'opèrent pas les sentiments d'hon-

neur et l'amour de la patrie! Malgré le feu terrible d'une nombreuse artillerie, un furieux assaut de trois heures, une brèche ouverte de douze toises, ils tinrent ferme, et rien ne fut capable d'ébranler leur constance. Au moment où le feu de l'ennemi était le plus terrible, une délibération, formulée par les échevins Desgranges et Lapre, fut portée de poste en poste, et signée de presque tous les bourgeois; ils firent serment de combattre jusqu'à la mort pour le service de la patrie : « Si le nombre des as-
« siégeants l'emportait, il fut décidé qu'un
« chacun, au son de la grosse cloche, met-
« trait le feu à sa maison, périrait ensuite
« les armes à la main, en se défendant de
« rue en rue, en se retirant par la porte du
« pont de Saône dont on abattrait une arche,
« pour rendre cette conquête inutile aux
« ennemis. » Ainsi fortifiés, les citoyens soutinrent pendant quatre heures, avec une valeur incroyable, un second assaut encore plus meurtrier que le premier. Ils s'y battirent en désespérés, aidés de leurs femmes, qui donnèrent des preuves d'un courage au-dessus de leur sexe : elles versaient des graisses, des huiles bouillantes, du plomb fondu sur les assiégeants, dépavaient les rues pour les écraser à coups de pierres, prenaient les armes et la place de leurs maris, de leurs frères tués ou blessés, et combattaient avec tout l'acharnement du désespoir et de la vengeance. Malgré cette belle résistance, c'en était fait de la place, si douze habitants d'Auxonne, accourus au secours de leurs voisins, et qui partagèrent leurs périls à la dernière heure de l'assaut, n'eussent annoncé l'approche d'un secours qu'amenait le comte de Rantzau, qui arriva au commencement de la nuit, et força Galas à lever le siége. Ce fait mémorable, trop peu cité par les historiens, fut gravé sur une pierre placée dans le mur, à l'endroit où avait été faite une large brèche.

Fabriques de draps, serges. Brasseries.— *Commerce* considérable d'exportation, par la Saône et par les deux canaux, de grains, vins, bois, charbons, fer, briques, etc. — A 10 l. de Beaune, 7 l. 1/2 de Dijon. — *Hôtels* du Cerf, de la Ville-de-Lyon, du Lion-d'Or.

LIERNAIS. Village situé à 12 l. de Beaune. Pop. 1,000 hab.

MAVILLY. Village situé à 1 l. de Beaune. Pop. 400 hab. A une demi-lieue E. de ce village, dans la forêt de la Ferrée, on remarque une grotte renfermant de belles congélations, appelée dans le pays le creux de Chevroche.

MEURSAULT. Joli bourg, situé sur un coteau, près de la grande route de Paris à Lyon, au milieu d'un vignoble renommé par ses délicieux vins blancs; les coteaux des Charmes, des Perrières, des Genevrières et de la Goute-d'Or, sont les plus estimés; c'est aussi sur son territoire que l'on récolte l'excellent vin rouge de Sautenot. — L'aiguille du clocher, en pierres de taille et très-bien travaillée, est une des plus belles du département. — A 2 l. de Beaune. Pop. 2,066 hab. — *Commerce* de vins.

NOLAY. Bourg situé dans une contrée fertile en vins blancs d'excellente qualité, à 4 l. 1/2 de Beaune. ✉ Pop. 1,320 hab. On y remarque une ancienne tour, reste d'un fort beau château; une belle et vaste église, surmontée d'un clocher à flèche très-élevé; une belle fontaine et une promenade on ne peut plus pittoresque.

On doit visiter aux environs la belle source de la Cusanne, qui naît dans une grotte profonde, terminée par un bassin d'eau claire et limpide. Tout près de là est une cascade d'une élévation surprenante, dont les eaux serpentent à travers une petite prairie, fermée de trois côtés par de hautes montagnes.

A une demi-lieue de Nolay, sont les restes d'un camp romain qui couronnent la haute montagne de Châtillon. Ce camp, dont il reste encore quelques traces, avait 372 pieds de long sur 240 de large. Les vins de Chassagne et de Mont-Rachet se récoltent dans le canton de Nolay.

Patrie de Carnot.

Commerce de grains, vins, laines, bois de construction, tonneaux, cercles, etc.

NUITS. Jolie petite ville, très-agréablement située dans un territoire qui produit les meilleurs vins de la Bourgogne, sur le ruisseau de Meuzin. ⚘ Pop. 2,650 hab. Elle est assez bien bâtie et environnée de maisons de campagne charmantes. La côte de Nuits a cinq lieues d'étendue et comprend les cantons si renommés de Clos-Vougeot, la Romanée, Richebourg, de la Tache, des Échessaux, Mussigny, etc.

Nuits était un ancien bourg auquel Eudes III accorda une charte de commune en 1212. Elle était autrefois entourée de murs flanqués de huit tours, et fut prise et ruinée plusieurs fois, notamment en 1569, en 1576 et en 1636.

Fabriques de draps, vinaigre, vins de

RUINES DE ROCHEPOT.

CHATEAU DE MONTFORT.

Bourgogne mousseux. Tanneries. Aux environs, papeteries, forges, tuileries et briqueteries. — *Commerce* considérable de vins délicieux, de fruits, légumes, pierres à bâtir, etc. — A 3 l. 1/2 de Beaune, 6 l. de Dijon. — *Hôtels* des Trois-Maures, du Chapeau-Rouge, de la Croix-Blanche.

POMMARD. Village situé à 1 l. de Beaune, dans une contrée fertile en vins renommés. Pop. 1,200 hab. Il est assez bien bâti, sur le penchant d'un coteau d'où l'on jouit d'une vue fort étendue sur une plaine immense, qui n'a de bornes que les montagnes du Jura et de la Franche-Comté. On y voit une belle église d'architecture moderne, précédée d'une place plantée d'arbres, au milieu de laquelle s'élève une fontaine en forme d'obelisque. — *Commerce* de vins fins.

POUILLY-EN-MONTAGNE. Bourg situé sur le canal de Bourgogne, à 9 l. de Beaune. ✉ Pop. 1,200 hab. — *Fabrique* de ciment hydraulique.

POUILLY-SUR-SAONE. Village situé à 5 l. 1/2 de Beaune. Pop. 650 hab. — *Fabriques* de vinaigre concentré, sel de Saturne, verdet, jaune de chrôme, etc.

PRÉMEAUX. Village situé à 3 l. de Beaune, dans une contrée fertile en excellents vins. Pop. 320 hab. A peu de distance de ce village, on remarque la fontaine de Courtavaux, qui bouillonne et fume continuellement; elle est tiède en toute saison, et forme un bassin où l'on prenait jadis les bains. On voit encore les vestiges d'une maison fortifiée et environnée d'un double fossé, dans laquelle étaient autrefois reçus les malades. Les eaux de cette fontaine passent pour être salines et sulfureuses.

ROCHEPOT (la). Village situé à 4 l. de Beaune, sur la route de cette ville à Nolay. On y remarque les ruines d'un ancien château, autrefois flanqué de quatre superbes tours, et des grottes curieuses renfermant de belles congélations. Vis-à-vis du château et près de la grande route, existe un écho qui répète très-distinctement quatorze syllabes; c'est l'écho le plus étendu que l'on connaisse en France.

ROMAIN (SAINT-). Village situé à 3 l. 1/2 de Beaune, sur une montagne escarpée qui n'est abordable que du côté du nord. Du côté de l'ouest, on jouit d'une vue pittoresque sur une enceinte de rochers blancs, coupés à pic, d'où sort un ruisseau qui fait tourner six moulins contigus les uns aux autres. On voit aussi dans ce village les restes d'un ancien château.

La métairie d'Auvernay, où se trouve le couronnement de la colonne de Cussy, ornée de figures et de feuillages d'un bon goût, est une dépendance de cette commune. *Voy.* Cussy la-Colonne.

SANTENAY. Bourg situé dans un territoire renommé pour ses excellents vins, à 4 l. de Beaune. Pop. 1,450 hab. On y trouve une fontaine d'eau minérale saline, dont le bassin se voit dans un pré, au pied d'un monticule appelé la Tête-de-Fer. Ces eaux sont fréquentées annuellement par deux ou trois cents personnes dans la belle saison. — *Commerce* de vins fins des Gravières, du Morgeot, du Clos-Tavannes, etc.

SAVIGNY-LES-BEAUNE. Village situé à 1 l. de Beaune, dans une gorge assez pittoresque, et près d'un beau vallon où se trouve une fontaine qui, chaque année (au mois d'août), est le but d'une réunion considérable. Ce village est bien bâti, et possède une place publique, deux fontaines et de belles promenades.

SEURRE. Ancienne et jolie petite ville, chef-lieu de canton. Collège communal. ✉ ⚘ Pop. 3,591 hab.

Seurre, anciennement Saheure et Seheure, a été nommée aussi Bellegarde, du nom d'un de ses seigneurs. Suivant plusieurs historiens, cette ville a été située à une lieue de l'endroit où elle existe aujourd'hui, proche de la Villeneuve, entre le Doubs et la Saône, dans un lieu qui porte encore le nom de Vieux-Seurre. Tout porte à croire que Jules César y campa pour s'opposer, ou du moins pour disputer le passage de la Saône et du Doubs aux troupes suisses. En 1370, elle était très-forte, environnée de murailles en briques flanquées de tours, et défendue par une grande terrasse bordée de larges et profonds fossés; sa devise était : *loyale et sûre*. Elle fut brûlée et presque entièrement détruite par les ennemis du duc Charles, en 1473. François Ier et Henri II augmentèrent ses fortifications en 1526 et en 1549. Pendant les troubles de la Fronde, Seurre se déclara en faveur du prince de Condé; mais elle se rendit au roi par capitulation, après plusieurs jours de tranchée ouverte, le 21 avril 1650. Deux ans après, cette ville reprit les armes en faveur du même prince; elle fut assiégée de nouveau, et obligée de se rendre, faute de vivres, après un mois de tranchée ouverte. Cette fois ses fortifications furent rasées.

Seurre est une ville avantageusement et très-agréablement située, sur la rive gauche de la Saône, qui y est navigable, dans une plaine magnifique et de la plus grande fertilité. Du pont jeté sur la Saône, la vue se perd sur les arrière-montagnes de la Côte-d'Or : dans une étendue de quatre lieues, régnent des coteaux riants, embellis et peuplés par de nombreux villages bordés d'immenses prairies, qui, lors des inondations, ressemblent à un lac de plus de trois lieues d'étendue. Cette ville est bien bâtie et bien percée. La place publique, sur laquelle s'élève un hôtel-de-ville d'une belle construction, est petite, mais régulière. L'église paroissiale, surmontée d'un beau clocher, est un édifice de la fin du XIV⁰ siècle. On y remarque aussi un beau château, dans la construction duquel M. de Française voulut, à son retour d'Angleterre en France, donner un échantillon des châteaux anglais. Un beau et vaste parc est contigu à cette belle habitation, et sert de promenade publique aux habitants.

Fabriques de **châles**; fours à chaux et à plâtre; moulin à vapeur pour la mouture des grains. Tanneries, huileries. Construction de bateaux pour la Saône, la Loire et les canaux (4 chantiers). — *Commerce* considérable, par la Saône, de blés, fourrages, navettes, bois, charbon, et de vins communs pour la Suisse et l'Alsace. — A 6 l. de Beaune, 9 l. de Dijon. — *Hôtels* des Négociants, du Chapeau-Rouge.

USAGE (SAINT-). Village situé près de Saint-Jean-de-Losne, dont il n'est séparé que par une chaussée construite en 1767. A 9 l. 1/4 de Beaune. Pop. 620 hab. Aux environs, on remarque l'emplacement d'une ancienne ville ruinée, connue sous le nom de Miot.

VOLLENAY. Joli village, situé sur la grande route de Dijon à Lyon, dans un territoire fertile en vins délicieux et en toute sorte d'excellentes productions. Le vin de Vollenay est le plus léger, le plus fin et le plus agréable de tous les vins que produit la côte Beaunoise; il a, en outre, de la sève et un charmant bouquet. Les crus les plus distingués de ce territoire sont les **Caillerets**, la **Bouche-d'Or**, les **Angles**, les **Champons**, les **Taillepieds**, les **Chevrets** et les **Fremyet**.

Vollenay était jadis la demeure privilégiée des anciens rois et des premiers ducs de Bourgogne, qui y avaient un château dont ils aimaient le séjour à cause de sa vue variée, du bon air qu'on y respire, de l'excellence de ses vins, de l'abondance et de la limpidité de ses eaux. Ce village était autrefois défendu par un château entouré de fossés remplis d'eau et flanqué d'une grosse tour carrée. Ce château fut en partie ruiné du temps de la Ligue et en 1616; la tour a été démolie en 1749. — A 1 l. 1/2 de Beaune. Pop. 620 hab.

VOSNE. Village situé dans un territoire fertile en vins considérés comme les plus fins et les plus délicats de la côte Nuitonne. Les climats les plus distingués, car il n'y a point de vins communs à Vosne, sont, sur le coteau au-dessus de l'église, la **Romanée-Conti**, la **Romanée Saint-Vivant**, **Richebourg** (territoire très-étendu), et la **Tache**. — A 4 l. 3/4 de Beaune. Pop. 500 hab.

VOUGEOT. Village situé sur la Vouge, à 5 l. de Beaune. Pop. 150 hab. C'est à la sortie de ce village, en venant de Dijon, à l'extrémité du territoire de Flagey et à la source de la Vouge, qu'est situé le célèbre Clos-Vougeot, dont les vins jouissent, à juste titre, d'une si grande réputation. — Belle papeterie.

ARRONDISSEMENT DE CHATILLON.

AIGNAY-LE-DUC. Petite ville, située sur une montagne au pied de laquelle coule l'Aignay, à 8 l. de Châtillon. Pop. 900 hab. — *Fabriques* de toiles. Forges. Tanneries.

AISEY-SUR-SEINE. Bourg situé sur la rive gauche de la Seine, à 3 l. 1/4 de Châtillon. Pop. 520 hab. — Grande fabrique de feuillettes.

AMPILLY-LE-SEC. Village bâti dans une situation riante, au bord d'une vallée arrosée par la Seine, peuplée de fabriques, et embellie par de nombreuses plantations de peupliers. A 1 l. 1/2 de Châtillon. Pop. 250 hab. — *Fabriques* de clous. Forges à l'anglaise. Hauts-fourneaux, batterie de fer. Exploitation de belles carrières de pierres de taille, qui s'expédient jusqu'à Troyes.

ASNIÈRES. Village situé à 8 l. 1/2 de Châtillon. Pop. 450 hab. On remarque sur son territoire les ruines de l'ancien monastère du Puits-d'Orbe et du château de Rochefort. — Éducation des abeilles.

BAIGNEUX-LES-JUIFS. Bourg situé

CHATILLON-SUR-SEINE.

à 8 l. 1/4 de Châtillon. Pop. 500 hab. — Éducation des abeilles.

BELLENOT-SUR-SEINE. Village situé près de la rive droite de la Seine, à 5 l. 1/2 de Châtillon. Pop. 320 hab.

BENEUVRE. Village bâti partie dans un fond et partie en amphithéâtre, sur le penchant d'un coteau, à 10 lieues de Châtillon. Pop. 300 hab. Il est situé au pied d'un des points culminants de la chaîne qui forme la séparation du bassin du Rhône de celui de la Saône. On voit sur son territoire un chemin vicinal d'environ sept mètres de largeur, où de chaque côté les eaux s'écoulent en sens inverse, pour aller se perdre les unes dans l'Océan et les autres dans la Méditerranée. Non loin de cette élévation, on remarque les ruines d'une ancienne ville, que, par tradition, on nomme Velay ou Veley, et dans lesquelles on trouve journellement des médailles, des ustensiles, des armes et diverses autres antiquités.

BILLY-SUR-SEINE. Village fort ancien, situé dans un vallon très-étroit, à la source de la Seine, près de laquelle on voit les ruines d'un ancien château entouré de fossés creusés dans le roc. On ignore l'époque de la fondation de ce village, qui a dû être important, à en juger par les débris qu'on rencontre de toutes parts aux environs. En 1822, un propriétaire découvrit l'emplacement d'une fontaine dont les fondations renfermaient des médailles de l'empereur Adrien. A 10 l. de Châtillon. Pop. 300 h.

CHATILLON-SUR-SEINE. Ancienne et jolie petite ville, chef-lieu de sous-préfecture. Tribunaux de première instance et de commerce. Collége communal. ✉ ☯ Pop. 4,175 hab.

L'origine de cette ville remonte à une époque assez reculée, mais elle a éprouvé tant de révolutions et a été ruinée si souvent qu'on ne peut rien indiquer de précis pour prouver son antiquité. On ignore l'époque de sa fondation et par qui elle a été fondée. Cependant on est porté à croire que son origine remonte au IVe ou au Ve siècle. Elle formait autrefois deux villes distinctes, séparées par deux bras de la Seine, par des murs, des fossés et des portes. L'une portait le nom de Bourg, et l'autre était nommée Chaumont ou Chaulmont. Elles avaient chacune leur château : celui du Bourg était situé sur une petite montagne qui domine toute la ville et où on voit encore quelques restes de remparts; celui de Chaumont, bâti à l'extrémité occidentale de cette ville, était appelé Châtelot. Ces deux villes sont réunies depuis long-temps et ne forment plus qu'une seule commune.

Cette ville est dans une situation pittoresque, au centre d'un pays montagneux, sur la Seine, qui y reçoit la petite rivière de la Douix; cependant, comme dans les grandes sécheresses il arrive que les eaux de la Seine ne parviennent pas jusqu'à Châtillon, il en résulte que ce fleuve prend réellement naissance à la belle fontaine de la Douix qu'on n'a jamais vue tarir. Châtillon est une ville très-bien bâtie, propre, bien pavée, qui s'embellit et s'augmente tous les jours de nouveaux quartiers. L'air y est tempéré et très-sain; on voit assez souvent des étrangers venir y habiter pour se rétablir de longues et graves maladies.

Les édifices les plus remarquables sont : l'hôtel-de-ville, environné de beaux jardins qui servent de promenade publique; il occupe une partie de l'ancien couvent des bénédictines, où se trouve aussi la sous-préfecture; le nouveau palais de justice, établi dans l'ancien couvent des carmélites; l'église Saint-Nicolas, située au centre du quartier du Bourg, dont la construction remonte au XIIe siècle; l'église Saint-Vorle, ancienne chapelle du château des ducs de Bourgogne; le château du quartier de Chaumont, entouré d'un vaste et superbe parc, traversé par la Seine (autrefois le Châtelot): il a été fondé par les ancêtres du duc de Raguse, qui l'a embelli avec toute la magnificence dont sa situation le rendait susceptible, et y a fondé plusieurs établissements industriels importants, tels que des hauts-fourneaux, une forge à l'anglaise considérable, une raffinerie de sucre de betteraves, une distillerie, une vermicellerie, une poterie, des moulins, une scierie hydraulique, des lavoirs de laines, etc., etc., etc.

On remarque encore à Châtillon la bibliothèque publique, renfermant 7,000 volumes; le collége; les hospices. Aux environs, la fontaine de la Douix, et les restes d'une voie romaine qui allait de Langres à Auxerre.

Patrie de Petiet, ancien ministre de la guerre; du maréchal Marmont.

Fabriques de draps, serges, toiles, futailles. Hauts-fourneaux, forges, papeteries, tanneries, brasseries. Moulins à blé, à foulon et à écorce; blanchisseries de cire; distilleries. Exploitation de belles carrières de pierres de taille. — *Commerce* de fers de tous échantillons, de bois, laines, cuirs, meules à aiguiser. Entrepôt des produits des nombreuses forges des environs.

A 20 l. de Dijon, 16 l. 1/2 de Troyes. — *Hôtels* de la Côte-d'Or, du Soleil-d'Or.

COULMIER-LE-SEC. Village situé à 3 l. de Châtillon. Pop. 320 hab. On y voit une ancienne église d'une belle construction, dont le portail est fort remarquable. — Belles carrières de pierres de taille.

ESSARROIS. Village situé sur la Dive, près d'un étang très-poissonneux, à 5 l. 1/2 de Châtillon. Pop. 400 hab. Il est généralement bien bâti, et possède un superbe château dont le parc est distribué en jardin paysager de la plus grande beauté. — Hauts-fourneaux, fonderie, forges, salinerie à vapeur, moulins à blé et à foulon, huileries. Belles carrières de pierres de taille.

FONTAINE-EN-DUESMOIS. Village situé dans un territoire fertile en excellents pâturages, à 7 l. de Châtillon. Pop. 400 h. Il est très-ancien et clos de grands murs avec des portes et des tourelles. On y remarque une belle fontaine, dont le bassin est surmonté d'une petite chapelle. Cette fontaine ne tarit jamais, et, dans les grandes sécheresses, elle offre une grande ressource aux habitants des villages voisins. — Éducation des abeilles et des moutons.

LAIGNES. Bourg situé à la source de la Laignes, à 4 l. 1/4 de Châtillon. Pop. 1,550 hab. — *Fabriques* de toiles. Moulin à tan. — *Commerce* de chanvre, laines et bestiaux.

MOLESME. Petite ville, située sur la Laignes, à 5 l. de Châtillon. Pop. 850 hab. On voit les restes d'une ancienne abbaye de bénédictins, fondée par saint Robert au XIIe siècle. — *Fabriques* de toiles et de grosse draperie. Filature de laine. Carrières de belles pierres à bâtir.

MONTIGNY-SUR-AUBE. Bourg situé sur la rive gauche de l'Aube, à 5 l. 3/4 de Châtillon. Pop. 850 hab. — Haut-fourneau. Papeterie.

NICEY. Village situé à 5 l. de Châtillon. Pop. 720 hab. On remarque aux environs la fontaine de Saint-Gengoult qui était jadis le but d'un pèlerinage, et où il se réunit encore annuellement beaucoup de monde pour jouir du plaisir de la danse. L'église paroissiale est bien bâtie et l'une des plus belles des environs. — Éducation des abeilles et des moutons.

RECEY-SUR-OURCE. Bourg situé sur le penchant d'un coteau, à 5 l. 3/4 de Châtillon. Pop. 1,000 hab. — *Fabriques* de toiles de chanvre. — *Commerce* de chanvre et de tonneaux.

ARRONDISSEMENT DE SEMUR.

ALISE-SAINTE-REINE. Bourg situé au pied du Mont-Auxois, sur l'Ozerain, à 3 l. 1/2 de Semur. Pop. 600 hab. Ce bourg fut autrefois une des principales villes des Gaules, que César détruisit lors de la bataille décisive qui fut le dernier effort et le tombeau des Gaulois, commandés par le brave Vercingétorix. Après un engagement malheureux avec les Romains, Vercingétorix s'était jeté dans Alésia, où César vint l'assiéger. Le général gaulois se retrancha sous les murs de la ville; son camp était fortifié par un fossé et par un mur de pierres sèches de six pieds de hauteur : il renvoya sa cavalerie, et donna à chaque cavalier l'ordre de revenir avec tous ceux qui étaient en état de porter les armes. Les Gaulois choisirent dans chaque peuple une troupe d'élite et firent un grand effort pour se soustraire à l'esclavage; 250,000 hommes de pied et 8,000 cavaliers se rendirent sous les murs d'Alésia. Mais ils eurent l'imprudence de s'engager dans une gorge où ils furent battus par César, qui en fit un carnage épouvantable. Vercingétorix, ayant perdu tout espoir, fut forcé de se rendre à discrétion.

Alésia fut rebâtie sous les empereurs, et ce fut dans cette ville, au rapport de Pline, qu'on imagina d'argenter au feu les ornements des chevaux et le joug des bêtes attelées aux voitures roulantes. Plusieurs voies romaines y conduisaient, et attestent encore son importance. Lors de la chute de l'empire d'Occident, c'était le chef-lieu d'un pays étendu, dont il est fait mention dans les capitulaires des rois de la seconde race; et c'est de là que s'est formé le mot Auxois, nom qu'on a donné à cette contrée dont Semur était la capitale. On ne peut déterminer l'époque où Alise fut ruinée une seconde fois; en 865 il n'en restait plus que quelques vestiges.

On ne trouve sur le Mont-Auxois, où était Alise, aucuns restes d'antiquités apparentes : toute cette montagne est en terre labourable; mais on ne peut douter que si l'on faisait des fouilles, on ne trouvât des débris précieux de cette ville célèbre. En 1730, un particulier, en creusant, fit la découverte d'un bâtiment qui consistait en plusieurs chambres à cheminées; il y trouva des charbons, des cendres, de la vaisselle noire étamée; et ce qui restait des murs était couvert de pierres polies, toutes de même échantillon (d'un pied et demi de longueur sur quatre pouces d'épaisseur). On a découvert aussi quelques puits creusés dans le roc, et en général on rencontre sur la montagne de grands amas de briques fort épaisses et des débris d'anciens bâtiments. On y a trouvé aussi beaucoup de médailles romaines, des tombeaux de pierre, etc. En l'an XII, une pluie abondante étant tombée sur le Mont-Auxois, mit à découvert une grande quantité de pièces d'or; cette découverte encouragea des recherches, à la suite desquelles on trouva une aiguière d'argent remplie de médailles, d'une tasse en or et d'une assez grande quantité de pièces de même métal, pour la plupart de Théodose. Les Gaulois ayant dû enfouir à une grande profondeur une partie de leurs effets précieux, à l'époque du siége d'Alésia par César, tout porte à croire que si l'on faisait sur l'ancien emplacement de cette ville des excavations profondes et des recherches, on serait amplement dédommagé de ses peines.

Alésia a pris le nom de Sainte-Reine-d'Alise, par la translation qu'on y fit des reliques de cette sainte; le peu d'habitations qui s'y trouvèrent encore s'accrurent et formèrent une petite ville, que le pèlerinage des dévots a rendue vivante. On y lit encore une inscription qui a appartenu à l'ancienne Alise, dont voici la traduction : « Ti. Clau-
« dius-Professus Niger, après avoir passé
« par toutes les charges chez les Aduens et
« les Ligones, a ordonné, par son testa-
« ment, qu'on élevât au dieu Moritosgus un
« portique, en son nom, en celui de sa
« femme Julia Virguline, et de ses filles
« Claudia Professa et Julia Virgula. »

Le territoire d'Alise-Sainte-Reine renferme plusieurs mines de fer et deux fontaines d'eau minérale acidule, froide. La plus renommée est celle dite des Cordelières : c'est un réservoir de forme carrée, d'environ deux pieds de diamètre, situé dans une chapelle de l'église des ci-devant cordeliers; l'eau en est claire, abondante et ne tarit jamais. L'autre fontaine se trouve dans un champ, d'où elle. se rend par des canaux souterrains dans les jardins de l'hôpital. Ces eaux paraissent contenir de l'acide carbonique, du muriate de soude et du sulfate de fer. Sous les ducs de Bourgogne, un hôpital fut fondé à Alise-Sainte-Reine pour y recevoir les personnes affectées de maladies de la peau. En 1778, trois riches habitants de Paris fondèrent dans cet hôpital quarante lits pour recevoir les malades, qui affluaient dans cet endroit. L'hospice fit alors construire des salles de bains avec des cabinets à l'entour pour vingt maîtres et leurs domestiques. L'administration de cette maison de santé n'épargne rien pour que les baigneurs y soient commodément reçus et proprement soignés, à un prix modéré.

BIERRE. Village bâti dans une situation agréable, sur le Serain, à 2 l. de Semur. Pop. 300 h. On y remarque un vaste et beau château, auquel tient un parc de 500 arpents, clos de murs, distribué dans le genre paysager par l'ingénieur Morel, qui jouissait en ce genre d'une grande réputation. — Moulin à blé organisé pour la mouture dite économique. Moulins à plâtre et à ciment. Tuileries. — *Commerce* de farines.

BOUX. Village situé au fond d'un beau vallon, sur la Loze, à 5 l. de Semur. Ce village est très-ancien; c'était jadis une ville entourée de murs qui existent encore en partie, et autour desquels règne une jolie promenade. — Huileries, moulins à blé. Tannerie.

BUFFON. Village situé sur l'Armançon, à 5 l. 1/4 de Semur. Pop. 350 hab.—Hauts-fourneaux, forges et martinets, établis par l'immortel naturaliste de ce nom.

BUSSY-LE-GRAND. Village situé partie sur le penchant d'un coteau, et partie dans un vallon très-étroit et d'un accès difficile, à 4 l. de Semur. Pop. 1,000 hab. On y voit un ancien château, remarquable par sa singulière situation, où Roger, comte de Rabutin, a passé les dix-sept années de son exil. Ce château offre encore une multitude de devises, de sentences, de vers dont Bussy orna les appartements, et qui font tout à la fois connaître sa vanité, l'inquiétude de son esprit et ses galanteries réelles ou supposées. Millin a donné une description de ces détails dans son voyage dans le midi de la France. Nous y renvoyons le lecteur; ils ne seront pas indifférents à ceux qui connaissent la célébrité bizarre de Bussy de Rabutin, et l'histoire anecdotique du règne de Louis XIV. Patrie du général Junot, duc d'Abrantès.

CESSEY-LES-VITTEAUX. Village situé à 5 l. 1/2 de Semur. Pop. 120 hab. On y trouve une source d'eaux thermales.

CHANCEAUX. Joli bourg, situé non loin de la source de la Seine, à la jonction des deux routes de Paris à Dijon. Pop. 600 hab.

ÉPOISSES. Bourg situé dans un territoire extrêmement fertile, à 3 l. de Semur. Pop. 1,000 hab. On y remarque un beau château gothique entouré de fossés, et susceptible encore aujourd'hui d'une bonne défense. — *Commerce* de grains et de fourrages.

FLAVIGNY. Petite ville, située sur le sommet d'une montagne très-élevée et escarpée de trois côtés, d'où l'on domine sur un charmant vallon arrosé par l'Ozerain. A 3 l. de Semur. Pop. 1,300 hab.

Cette ville paraît devoir son origine à une abbaye fondée vers la fin du VIe siècle, dont les bâtiments existent encore en partie. Elle était autrefois divisée en trois parties : la cité, le bourg et le faubourg ; les deux premières ont été détruites ; il ne reste que la dernière, encore environnée de murailles, et où l'on entre par trois portes fortifiées, et par une quatrième porte sans fortifications. Celle qu'on nomme la Porte-du-Bourg est très-bien bâtie et double ; celle dite du Val est flanquée de deux tours avec créneaux, parapets, et est double aussi.

Flavigny était anciennement une place importante. En 1360, les Anglais, après avoir vaincu les Bourguignons, s'en rendirent maîtres, la brûlèrent en partie et s'y établirent pendant environ six semaines ; ils semèrent l'effroi dans la Bourgogne par les partis qu'ils envoyaient de toute part, ce qui détermina les états du pays à conclure avec eux un traité par lequel, au moyen de 200,000 moutons d'or, ils s'obligeaient de se retirer de la place et de la rendre au duc de Bourgogne.

L'église paroissiale est un bel édifice gothique, décoré de beaux vitraux ; les voûtes sont d'une grande solidité. On en doit la construction à Quentin-Ménard, archevêque de Besançon, né à Flavigny, qui fit élever ce monument pour illustrer le lieu de sa naissance. Le chœur renferme les reliques de sainte Reine, placées dans des châsses revêtues d'argent ; ces reliques attirent chaque année dans ce lieu un grand concours d'étrangers. Au-dessus des chapelles, règne une longue galerie qui couronne toute la nef, séparée du chœur par un magnifique jubé, dont les balustrades en pierres sont richement sculptées. La voûte inférieure de cette vaste tribune, d'où l'œil plonge sur toutes les parties du temple, offre un fond d'azur semé de paillettes d'or, sur lequel sont représentés les attributs des quatre évangélistes. Les stalles du chœur sont remarquables par la délicatesse de leur sculpture et par la bizarrerie des figures qui les décorent.

On remarque encore à Flavigny un superbe hôtel, transformé depuis peu en un couvent d'ursulines, dont les jardins, vastes et élevés en terrasses, ont été de tout temps visités par une foule d'étrangers ; ces terrasses sont construites sur la roche vive et à pic, et de là on découvre un charmant vallon arrosé par l'Ozerain, peuplé de riches métairies, et présentant ici des bois, là des vignes, ailleurs des prés et des champs fertiles.

Fabriques de tissus mérinos. Huileries ; tanneries ; moulins à blé et à foulon. — *Commerce* de grains, de farines, de laines et d'anis renommé.

FONTENOY. Village situé à 6 l. de Semur. — Papeterie.

FRESNE. Village situé à 3 l. 1/2 de Semur. Pop. 500 hab. — Éducation des chevaux et des bestiaux.

LEGER - DE - FOURCHES (SAINT-). Village situé à 7 l. 1/2 de Semur. Pop. 830 hab.

Patrie de Vauban.

MAISON-NEUVE. Joli village, bien bâti, sur les bords de la route de Paris à Dijon par Auxerre. A 3 l. de Semur. A peu de distance, on jouit d'une jolie vue sur une colline pittoresque couronnée par le vieux château de Thil-Châtel.

MONTBARD. Petite ville, remarquable par sa situation pittoresque, au pied et sur le penchant d'une colline, sur la Brenne et le canal de Bourgogne, à 4 l. de Semur. Pop. 2,074 hab. Elle est assez bien bâtie, mais les rues en sont escarpées et irrégulières. On y voit le château où est né le célèbre Buffon, dont les jardins, disposés en amphithéâtre et distribués en allées magnifiques, s'élèvent en terrasses les unes au-dessus des autres jusqu'au sommet de la colline, couronné par une vieille tour isolée, qu'on a eu le bon esprit de respecter lors de la destruction du château fort qui, dans les siècles de la féodalité, défendait ou menaçait la contrée. Le château de Montbard est un beau bâtiment construit avec une noble simplicité. Buffon, dont il fut le berceau et le séjour de prédilection, vivifiait les alentours et y répandait le bonheur, en même temps qu'il les embellissait par ses travaux et ses plan-

CHATEAU DE SEMUR.

gravé sur acier par Hopwood

Buffon

ations. On montre sur la plate-forme le pavillon où il s'enfermait pour nous tracer, d'un style brillant et noble, l'histoire de la nature; c'était son cabinet de travail. C'est là qu'il a composé presque tous ses ouvrages. On sait que J.-J. Rousseau, avant d'y entrer, se mit à genoux et baisa le seuil de la porte; c'était le génie qui se prosternait devant le génie.

Patrie de Buffon et de son collaborateur Daubenton.

Fabriques de draps, droguets, lacets, tresses. Tanneries.— *Commerce* de chanvre estimé, de bois, fil, laines, etc. Entrepôt de diverses marchandises qui s'expédient par le canal de Bourgogne.— *Hôtels* de la Poste, de l'Étoile.

MONTIGNY-MONTFORT. Village remarquable par les ruines pittoresques d'un ancien château propre à donner une idée exacte de la demeure d'un ancien paladin. A 2 l. 1/2 de Semur. Pop. 550 hab.

PRÉCY-SOUS-THIL. Bourg situé à peu de distance de la rive droite du Serain, à 3 l. de Semur. Pop. 600 hab. — Forges et martinets.

ROCHE-EN-BRENY (la). Village situé à 6 l. de Semur. ✉ Pop. 2,170 hab.

ROCHE-VANNEAU (la). Village situé entre deux montagnes, de l'une desquelles la vue s'étend à plus de quinze lieues à la ronde. On y remarque les ruines d'un ancien château fort, ainsi qu'une belle cascade dont les eaux servaient à l'usage des habitants du château.

ROUGEMONT. Petit village, situé sur la route de Paris à Dijon par Tonnerre, à 5 l. de Semur. Pop. 330 hab. On y remarque une belle église gothique et les ruines pittoresques d'une tour que l'on croit être une construction romaine. On prétend que Rougemont était autrefois une ville assez considérable. Des antiques qu'on y a trouvées, ainsi qu'une voie romaine qui traverse ce village, semblent fortifier cette opinion.

ROUVRAY. Bourg situé à 5 l. 1/2 de Semur. ✉ ⚘ Pop. 1,000 hab.— *Fabriques* de grosses draperies, serges, linge de table. — *Commerce* de bois.

SAULIEU. Petite et ancienne ville, agréablement située dans une contrée fertile, sur le penchant d'une montagne fort élevée, à 6 l. de Semur. Tribunal de commerce. Collége communal. ✉ ⚘ Pop. 3,052 hab.

Cette ville est très-ancienne, et l'on prétend qu'il y avait anciennement un bois consacré par les druides, qui y faisaient leur résidence : on y a trouvé de nos jours les restes d'un temple au soleil. Faustulus en était gouverneur sous l'empereur Aurélien. C'était autrefois une place forte qui fut prise et brûlée par les Anglais en 1359; Tavannes la prit sur les ligueurs en 1589. Elle est ceinte de murs et généralement mal bâtie, à l'exception des faubourgs qui sont très-agréables, et possède quatre places publiques, un beau champ de foires, et deux jolies promenades. On y jouit d'une vue charmante sur la vallée de l'Auxois.

L'église de Saint-Saturnin est remarquable par son antiquité. Celle de Saint-Andoche a été construite sous le règne de Charlemagne; le clocher est couvert en plomb et imite la forme de la couronne de cet empereur.

Fabriques de draps communs et de feuillettes. Filatures de coton. Tanneries. — *Commerce* de vin, blé, chanvre, laines, bois de chauffage et de construction, charbon de bois, merrain, cire, navets recherchés, poisson d'étang excellent.

SEMUR. Jolie petite ville, chef-lieu de sous-préfecture. Tribunal de 1re instance. Société d'agriculture. Collége communal. ✉ ⚘ Pop. 4,088 hab.

L'époque de la fondation de Semur n'est pas connue, mais elle est incontestablement très-ancienne; quelques historiens la font remonter à celle de la destruction d'Alésia par César.

Cette ville est dans une situation pittoresque, sur un rocher granitique, baigné de trois côtés par l'Armançon, que l'on passe sur deux beaux ponts, dont un d'une seule arche remarquable par sa hardiesse. Elle est généralement bien bâtie, bien percée, et divisée en trois parties qui sont : le Bourg, le Donjon et le Château. On y voit quatre places publiques et trois promenades. C'était autrefois une ville forte, entourée de murailles flanquées de tours qui subsistent encore en partie, ainsi que l'ancien donjon, consistant en quatre tours d'une hauteur et d'une grosseur peu communes, dont la construction parait remonter au VIIIe siècle. Henri IV y transféra le parlement de Dijon en 1590, pendant les troubles de la Ligue.

L'église paroissiale est un bel édifice gothique, bâti en 1065, par le duc de Bourgogne, Robert Ier, pour expier, dit-on, l'assassinat qu'il avait commis de sa propre main sur Dalmace, son beau-père. Elle a plus de 200 pieds de longueur; mais la nef est beaucoup trop étroite pour cette étendue. Le principal portail, dans un beau goût antique, est composé de trois portiques, ornés de statues et de bas-reliefs, surmontés de deux tours carrées, séparées dans le haut par une galerie. Le petit portail de gauche est aussi décoré de plusieurs figures. Au-dessus de la porte, quatre bas-reliefs désignent le meurtre de Dalmace, l'expiation du crime et la mort de Robert, qui passe la barque de Caron, accompagné d'un moine. On remarque dans cette église une chaire antique, attachée au mur, que l'on croit antérieure à la construction de l'édifice, et un obélisque d'une seule pierre de quinze pieds de haut.

Semur possède une bibliothèque publique, renfermant 15,000 volumes, et une petite salle de spectacle. Les environs sont agréablement variés par des jardins et des prairies arrosées par l'Armançon, qui forme dans le fond des vallons de fort jolies cascades.

Patrie de Saumaise.

Fabriques de draps communs, serges, droguets. Filature de laine. Moulins à tan et à foulon. Tanneries. — *Commerce* de grains, vins, chanvre, laine, chevaux e bestiaux. — A 15 l. de Dijon. — *Hôtels* de la Côte-d'Or, du Dauphin, de l'Arbre-Vert.

VILLEFERRY. Village situé à 5 l. de Semur. Pop. 150 hab. On y voit un antique château flanqué de deux tours rondes et de deux autres tours carrées, dont la construction paraît remonter à une époque fort reculée.

VITTEAUX. Jolie petite ville, bâtie dans une situation agréable, sur la Brenne, au milieu d'une plaine fertile, dominée à l'est et au sud par des montagnes plantées de vignes et couronnées par des bois et des rochers. On y remarque une jolie promenade plantée en platanes, et les ruines d'un ancien château, rasé en 1631 par ordre de Louis XIII. Dans les environs, on trouve des pierres herborisées, des astroïtes, du corail pétrifié et autres substances marines.

Fabriques de tissus mérinos. Moulin à mouture économique. Huilerie hydraulique. — *Commerce* de laines estimées, de chanvre, fil, lin, grains, excellents pruneaux, etc. — A 5 l. de Semur. Pop. 1,919 hab.

FIN DU DÉPARTEMENT DE LA CÔTE-D'OR.

IMPRIMERIE DE FIRMIN DIDOT FRÈRES,
RUE JACOB, N° 24.

Guide Pittoresque
DU
VOYAGEUR EN FRANCE.

ROUTE DE PARIS A GENÈVE,
TRAVERSANT LES DÉPARTEMENTS

DE SEINE-ET-OISE, DE SEINE-ET-MARNE, DE L'YONNE, DE LA CÔTE-D'OR, DU JURA ET DE L'AIN.

DÉPARTEMENT DU JURA.

Itinéraire de Paris à Genève.

	lieues.		lieues.
De Paris à Charenton	2	Avallon	2
Maisons	1/2	Rouvray	4 1/2
Villeneuve-Saint-Georges	2	Maison-Neuve	4
Montgeron	1/2	Vitteaux	4
Lieursaint	3	La Chaleur	3 1/2
Melun	3 1/2	Pont de Passy	3
Le Châtelet	2 1/2	Dijon	5
Paufou	2	Genlis	4
Montereau	2 1/2	Auxonne	3 1/2
Fossard	1	Dôle	4
Bichain	1 3/4	Mont-sous-Vaudray	5
Villeneuve-la-Guyard	1/4	Poligny	4 1/2
Pont-sur-Yonne	3	Montrond	2 1/2
Sens	3	Champagnole	2 1/2
Villeneuve-le-Roi	3 1/2	Maison-Neuve	3
Villevaillier	2	Saint-Laurent	3
Joigny	2	Morey	2
Bassou	3	Les Rousses	3
Auxerre	4	La Vatay	3 1/2
Saint-Bris	2 1/2	Gex	4
Vermanton	4	Ferney	2 1/2
Lucy-le-Bois	4 1/2	Genève (Suisse)	1 1/2

Communication de Dôle à Besançon (DOUBS).

	lieues.		lieues.
De Dôle à Orchamps	4	Saint-Fergeux	3 1/4
Saint-Vit	3	Besançon	3/4

ASPECT DU PAYS QUE PARCOURT LE VOYAGEUR
DE BILLAY AUX ROUSSES.

Le premier village que l'on rencontre, à droite, en sortant du département de la te-d'Or pour entrer dans le département du Jura, est celui de Saint-Vivans, qui a e fontaine minérale; un peu plus loin, après avoir gravi une double côte assez roide, n traverse Sampans, village qui possède des mines de fer et des carrières de marbre un. On franchit la montagne de Mont-Roland, d'où l'on jouit d'un vaste horizon,

10e *Livraison.* (JURA.)

et dont le sommet est couronné par les ruines d'un ancien monastère. Après Monnières, village environné de belles maisons de campagne, on monte une double côte, et l'on a une perspective de sept à huit lieues d'étendue sur les environs; à droite est une belle forge, et à gauche une superbe vallée bordée de beaux vignobles. La route continue à monter et à descendre jusqu'à Dôle.

En sortant de Dôle, on traverse sur deux ponts la rivière du Doubs et le canal du Rhône au Rhin; deux lieues plus loin, près du château du Petit-Parcey, on passe la Loue sur un beau pont de pierre. La plaine, jusqu'à ce pont, est agréablement diversifiée d'arbres et de prairies; c'est la basse plaine du Jura, qu'on parcourt jusqu'à Poligny. Après Névy, village situé près de la Cuisance, on laisse, à droite, une église ruinée. Trois quarts de lieue plus loin est le village de Souvans, après lequel on voit, à droite, celui de Bellemont, bâti dans une riche plaine, qui se prolonge jusqu'au joli village de Mont-sous-Vaudray, où est un relais de poste. La route se partage en trois embranchements, dont deux vont à Salins, l'un par Mouchard et l'autre par Arbois. Le troisième, qui est la route de poste, traverse d'abord une lieue et demie de forêts, puis un pays inégal et boisé, ensuite quelques champs et beaucoup de villages. Après celui d'Aumont, on passe la rivière de la Crozanne, et l'on découvre tout-à-coup, à l'extrémité d'une vaste plaine, la ville de Poligny, adossée à une montagne qui fait partie de la chaîne du Jura. La route traverse ensuite Montolier et Tourmont, dont le territoire renferme des sources salées et plusieurs restes d'antiquités. Un trajet d'une demi-lieue conduit à Poligny, à travers de beaux vignobles et une riche campagne ressemblant à un vaste potager.

Au sortir de Poligny, on gravit immédiatement une longue côte qui conduit sur les premières hauteurs du Jura. Ce premier plateau a cinq lieues de largeur jusqu'à l'ascension la plus prochaine, que l'on voit en face en tirant un peu sur la droite. Lorsque l'horizon est suffisamment pur, on aperçoit vers le sud-est, par-dessus la montagne brisée des Faucilles, située à une distance de quatorze lieues, la cime neigeuse du Mont-Blanc, dont on est au moins à trente-cinq lieues. Vers le milieu du jour, cette montagne gigantesque se montre d'un blanc vif, éclatant; mais le soir elle est agréablement et légèrement teintée de rose; dans tous les temps, ses bords nets, bien coupés, et le tranchant de sa couleur, empêchent de la confondre avec les nuages, dont le teint est toujours velouté, de même que leurs bords sont toujours fondants et leurs contours mollement arrondis: le couchant du soleil est l'instant le plus propice pour jouir de cette belle vue.

A trois lieues de Poligny, on traverse Montrond, village avec relais de poste, dominé par les ruines d'un château pittoresque; on y voit un grand nombre de citernes publiques, dont plusieurs raisons ont rendu l'usage presque universel sur ce plateau. Après le pont de Cratteroche, jeté sur l'Anguillon, la route est très-agréable jusqu'au joli bourg de Champagnolle, qu'on aperçoit, à une lieue de distance, au pied d'une montagne qui le cache au levant. En sortant de ce bourg, animé par les bruyantes eaux de l'Ain, dont un beau canal se détache pour donner le mouvement à une superbe filerie de fer, commence la région des hautes montagnes, qui s'élèvent subitement les unes au-dessus des autres. Il n'y a plus de plaines considérables, mais une succession continuelle de cimes très-élevées et de vallons très-creux, de petits plateaux et d'immenses vallées, de pics arrondis et de sommets allongés, de coteaux roides, où se montrent çà et là quelques sillons ou de frais pâturages, de côtes escarpées couvertes de bois d'une exploitation difficile, ou hérissées de roches immenses entièrement nues. Au hameau de la Billaude, on monte dans un vallon très-resserré entre deux coteaux élevés et couverts de sapins; le chemin se cisèle en montant sur la côte, ou plutôt dans la côte presque perpendiculaire qui est à gauche; quatre à cinq cents pieds au-dessous, on voit, on entend la rivière de l'Esule, qui bondit, circule et blanchit de chute en chute; elle fait vingt cascades, ou plutôt vingt torrents dans l'espace d'une lieue, depuis le pont appelé Pont-Cornu, jusqu'à la Maison-Neuve. C'est à juste titre qu'on pourrait nommer ce trajet la vallée des Cascades; elles y sont multipliées, ou plutôt elles s'y succèdent sans interruption, et leur fracas est le seul bruit qui s'y fasse entendre. Quoique cette vallée soit très-profonde, et que les montagnes s'élèvent encore d'une grande hauteur au-dessus du grand chemin, elle s'élargit et se rétrécit souvent, comme elle se contourne en sinuosités différentes, et qu'elle donne de temps en temps des rayons de soleil qui dorent ses forêts, elle offre

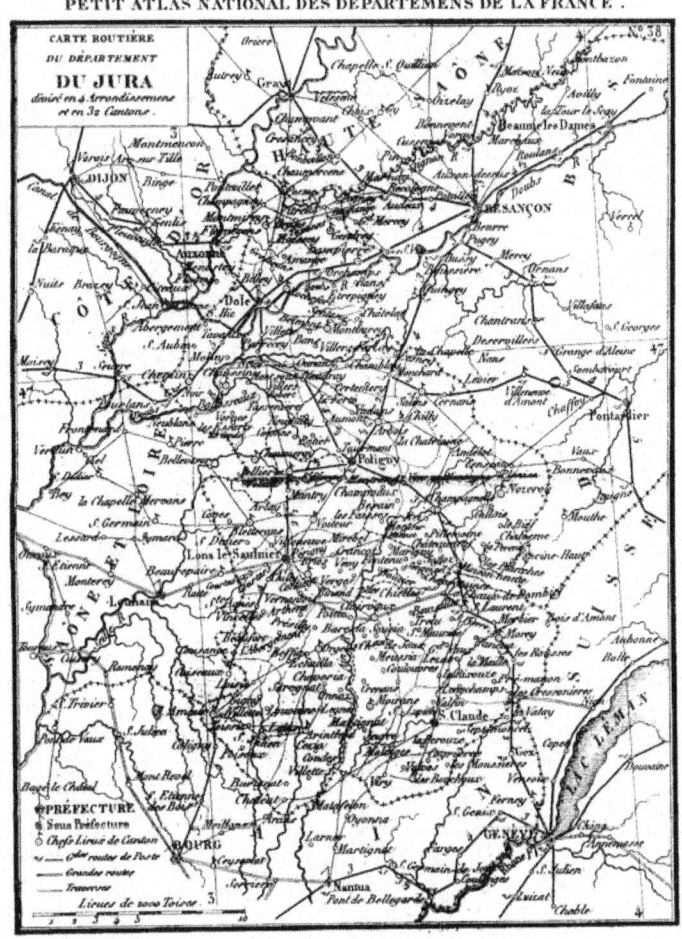

plusieurs fois l'aspect de plaines et de montagnes, de coteaux cultivés et d'habitations éparses sur les monts ; enfin, elle varie beaucoup ses aspects et tient toujours l'ame suspendue entre le besoin de voir, la volonté de sentir, et le plaisir d'admirer. — Jeune homme, qui ne songez qu'à presser amoureusement la main de votre amie qui dort à vos côtés, tandis que la voiture vous entraîne ; et vous, riche engourdi, qu'une digestion laborieuse abandonne au gré des secousses et des cahots, réveillez-vous ; hommes sans soucis, sortez de votre honteuse indifférence, et daignez ouvrir les yeux : la grande, la majestueuse nature vous accompagne ; elle est pendant vingt lieues à vos portières ; elle s'offre à vous, prenez la peine de jeter quelques regards sur elle, et qu'au retour, lorsque, dans les cercles de Paris ou dans les boudoirs, on lira des voyages en votre présence, vous puissiez vous rappeler du moins que vous avez vu des forêts de sapins, des montagnes et des torrents.

Au sommet de cette vallée, qui prend une ascension rapide, on est sur une petite plaine qui présente un beau spectacle l'hiver, et digne de remarque en tout temps : c'est une nappe d'eau de vingt pieds de haut et de cent pieds de large, qui coule sur des zones de rochers très-horizontales, et qui, sur le devant, sont taillées perpendiculairement ; elle est embellie par le tournant de quelques usines placées sur ses bords, et par un pont qui conduit à un grand bâtiment où se tient la poste, et qu'on nomme la Maison-Neuve. Le fracas perpétuel de cette cascade, celui des forges, des martinets, des moulins que la même rivière fait aller, suivent et étourdissent le voyageur deux ou trois cents pas au-delà. On rase, à gauche, le village d'Entre-deux-Monts : un peu après, la route, qui suit toujours le cours de l'Ain, est resserrée entre deux montagnes couvertes de sapins. Au hameau de Grange-sur-Villars, on passe le ruisseau du Dombief, et l'on entre dans un bassin ovale, entouré de montagnes plus ou moins élevées, couvertes de sapins ou de bois taillis, appelé les Mourillons : dans quelques endroits, la côte est rapide ; là, c'est insensiblement qu'elle s'exhausse ; ici, le rocher se montre à nu ; plus bas, la pente est facile et les regards glissent dans un léger vallon, ou montent entre deux coteaux nuancés de verts différents, et s'arrêtent sur les moissons qui couronnent le plateau. La route circule toujours en montant jusqu'au grand et riche village de Saint-Laurent, situé au milieu d'une vaste plaine que bornent de tous côtés de hautes montagnes. En sortant de Saint-Laurent, on traverse le Grand-Vaux, et l'on aperçoit plusieurs granges ou demeures agricoles isolées, de 80 à 120 pieds de surface, dont l'intérieur renferme le logement de la famille des cultivateurs, la grange, les écuries pour les chevaux et les bestiaux. Pendant environ deux lieues, on suit un vallon resserré entre des montagnes, des rochers et des bois de sapins. Arrivé sur une éminence, on voit à ses pieds un profond vallon, où est bâti, dans une gorge très-longue, le gros bourg de Morez. En quittant ce bourg, on remarque de divers côtés, sur le flanc des montagnes, des couloirs, où la route est froissée, brisée, réduite en petits cailloux, et formant plus de pente à mesure que des froissements nouveaux font descendre ces cailloux. C'est par ces couloirs qu'on laisse glisser du haut de la montagne des sapins énormes, qui arrivent dans une minute et sans frais sur le sol du vallon. De Morez, on suit pendant deux heures un chemin qui va toujours en montant dans le flanc de la montagne ; le vallon s'élargit, les coteaux s'éloignent, les forêts se reculent, les sommets s'élèvent successivement à l'horizon, et bientôt apparaît la cime des plus hauts monts du Jura, qui dominent sur la plaine aride où est bâti le village des Rousses, dont le clocher de l'église est le plus élevé du Jura, non par sa hauteur propre, mais par sa position dans la montagne.

DÉPARTEMENT DU JURA.

APERÇU STATISTIQUE.

Ce département est formé d'une partie de la ci-devant Franche-Comté, et tire son nom d'une longue chaîne de montagnes calcaires, parallèles aux Alpes, qui a conservé le nom de Jura depuis les Gaulois, et qui s'étend depuis l'extrémité méridionale du département de l'Ain jusque beaucoup au-delà du département du Haut-Rhin. Ses limites sont : au nord, le département de la Haute-Saône; au nord-est, celui du Doubs; à l'est, l'Ain et le Mont-Jura; au sud, le département de l'Ain; et à l'ouest, ceux de Saône-et-Loire et de la Côte-d'Or. — Formé de deux natures de sol bien opposés, la plaine et la montagne, la température de ce département offre une grande différence suivant l'élévation où l'on se trouve : en général les hivers sont longs, à cause des neiges dont les montagnes sont couvertes jusqu'au mois d'avril, et des vents et des pluies froides qui leur succèdent; la plaine est elle-même plus froide que les lieux éloignés des montagnes, placés sous la même latitude. L'air est humide et lourd dans la basse plaine; frais et pur sur le plateau; léger, froid, sec et très-vif dans les montagnes.

Le territoire du département du Jura est entrecoupé de montagnes, de plaines et de marais : aussi les productions y sont-elles différentes en raison de la nature du sol. Les deux tiers de son étendue se trouvent dans la partie des Alpes qui porte le nom de Jura, dont les plus hautes sommités sont le Reculet, la Dôle et le Mont-Poupet. Le sol semble être naturellement divisé dans toute sa longueur en trois zones très-distinctes : la première commence à l'ouest et se nomme la basse plaine; elle a environ trois lieues de largeur et aboutit à la seconde zone, celle du premier degré des montagnes, qui s'élève subitement comme un mur, et forme un plateau d'à peu près quatre lieues de large; enfin la haute montagne, qui n'est qu'une série sans fin de cimes très-élevées et de vallées très-creuses, forme à l'est la troisième zone, à peu près aussi large que les deux premières. En général, le sol du Jura est argileux, composé de lits alternatifs de terre et de galets en plaine, de poudingues très-nombreux sur la côte, et d'un rocher solide et plein de fossiles dans toutes les montagnes. Sa surface calcaire et marneuse est facile à labourer et assez productive; les récoltes, quoique abondantes dans les plaines, suffisent à peine à la consommation des habitants du département; les montagnes ne produisent que des menus grains, mais elles sont riches en pâturages, et l'on y nourrit, en été, beaucoup de gros bétail et des chevaux excellents. Pendant cette saison, des châlets, construits sur les hauteurs, servent d'habitation aux bergers et d'étables aux bêtes à cornes; on y fait du beurre et des fromages que l'on exporte dans plusieurs départements. Au commencement d'octobre, les bergers redescendent avec leurs troupeaux dans les régions inférieures; car les vents impétueux qui règnent dans les contrées élevées y rendent l'hiver rigoureux. C'est sur les plus hautes cimes de ces montagnes qu'on trouve les plantes qui s'emploient en vulnéraire ou thé suisse, dont il se fait une assez grande consommation. — Les habitations du premier degré des montagnes sont solidement bâties, mais peu élevées; écurie, grange, habitation des hommes et fenil, tout se communique, tout est sous le même toit, dans la même enceinte : c'est une sorte de pavillon carré fort aplati : les murs sont en pierres et chaux; le toit, couvert en gros tavaillons, et semé de pierres éparses nécessaires pour leur donner la résistance aux vents, n'offre pas plus d'élégance, et peut-être n'a-t-il pas plus de solidité qu'un toit couvert en chaume. Tous les animaux logent dans la même étable; elle est, comme dans toutes les montagnes, planchéiée en dessus et en dessous. Cette précaution est nécessaire pour deux motifs : l'excès du froid l'hiver, et la nécessité de tenir propres les animaux, auxquels on ne fait aucune litière; le plancher est assez déjoint pour que l'urine puisse s'écouler. Cette étable traverse le bâtiment d'un mur à l'autre; c'est une espèce de halle, où les animaux sont rangés sur la longueur, placés sur deux rangs, le derrière vers la muraille et la tête vers le milieu; ils sont liés à des crèches qui règnent aussi dans toute la longueur, parallèlement aux murs.

Cette description de l'étable laisse assez entrevoir quel doit être, à peu près, le logement des hommes : c'est, pour ainsi dire, une espèce de cheminée carrée de dix à douze pieds sur chaque face; un grand nombre de personnes se rangent aisément autour des brasiers, et la fumée s'élève perpendiculairement par le large tuyau qui est au-dessus; le plafond n'est élevé au-dessus du sol que de six à sept pieds, et c'est au milieu de ce plafond qu'est pratiqué le tuyau de cheminée, qui toute l'année sert de fenêtre, et qui, dans les hivers excessivement neigeux, sert de porte. Ce tuyau traverse le grenier, et s'élève d'un à deux pieds seulement au-dessus du toit; le haut se termine en forme de triangle sur deux faces, et se trouve à moitié couvert d'une espèce de trape qui est portée par un axe traversant la cheminée dans sa largeur, et reposant sur le sommet des deux triangles opposés; cette trape est un carré long que son axe partage dans le milieu, et chacune de ses parties peut couvrir un des côtés de la cheminée; elle conserve sur son axe le mouvement de bascule, et sa destination est de fermer la cheminée au vent, à la neige, à la grêle, qui s'introduiraient si aisément par sa large ouverture. Au moyen d'une perche accrochée à la trape, et qui descend dans l'appartement, on donne à la bascule le mouvement que l'on veut, et toujours on ferme le côté de la cheminée par où le vent souffle; l'autre côté, qui se trouve ouvert, donne entrée à la lumière. Dans les hivers très-abondants en neige, l'habitation en est quelquefois enveloppée jusqu'au-dessus du toit; c'est alors par la cheminée, qu'à l'aide d'une petite échelle on pénètre à l'extérieur. A côté de l'appartement où est la cheminée, se trouve une mauvaise chambre où sont deux grabats, l'un pour les père et mère, et l'autre pour les filles; quant aux garçons, ils n'ont d'autre lit que le grenier à fourrage.

Les châlets sont des habitations bâties fort solidement, qui ont la forme des maisons décrites ci-dessus, mais beaucoup moins de hauteur; elles ont, dans l'intérieur, une division pour les hommes, et c'est là que sont préparés les fromages; une autre division pour y placer les fromages faits; le reste n'est qu'une étable. Cette maison est à peu près au centre d'une étendue de trois ou quatre cents arpents, qui est cernée d'un petit mur en pierres sèches, où les vaches paissent et dorment en liberté. Les femmes n'habitent jamais à l'extrême hauteur où sont construites ces habitations; les hommes eux-mêmes n'y sauraient habiter l'hiver : ils n'y passent pas quatre mois, depuis le 1er juin jusqu'au 9 octobre. Il y a ordinairement un berger pour quinze ou vingt vaches, et un faiseur de fromages pour quatre-vingts vaches : les bergers n'ont que le soin de garder et de traire les vaches; les fruitiers cuisent et salent les fromages. Les vaches ne couchent jamais dans l'étable; elles y entrent d'elles-mêmes pour se faire traire, attendant leur tour, et ensuite elles retournent vaguer en liberté dans la vaste enceinte, soumise nuit et jour à leur domination. Le jour de la Saint-Denis est l'époque très-fixe du retour des vaches dans le pays bas, et c'est un spectacle intéressant de la localité : chaque berger ploie sa garderobe, qui n'est pas volumineuse, l'attache entre les cornes des vaches les plus distinguées; mais comme toutes les vaches ne sont pas du même village, le berger ne suit que celles du sien; les autres descendent seules, une conductrice générale en tête, se dirigent vers leur propre village, et chacune va d'elle-même se rendre à la maison du maître auquel elle appartient.

Les vignes sont un des objets considérables de la culture du Jura; elles donnent des vins de très-bonne qualité, notamment ceux d'Arbois, de Château-Châlons et des environs de Lons-le-Saulnier. — Le département renferme plusieurs petits lacs : le lac des Rousses, celui de Marigny et celui de Grand-Vaux. On y trouve aussi beaucoup d'étangs d'une étendue assez considérable. Dans les montagnes, on remarque plusieurs grottes ornées de stalactites et de pétrifications curieuses, de belles cascades et de magnifiques points de vue.

Le département du Jura a pour chef-lieu Lons-le-Saulnier. Il est divisé en 4 arrondissements, et en 32 cantons, renfermant 573 communes. — Superficie, 257 l. carrées. — Population, 312,504 habitants.

Minéralogie. Nombreuses mines de fer exploitées, qui sont une des principales richesses du Jura. Indices de mines d'or, de cuivre et de plomb. Carrières de marbre, d'albâtre gypseux, de plâtre d'un beau blanc, de pierres meulières, de pierres à chaux. Schistes inflammables, ocre, houille, tourbe. Sources salées exploitées à Salins et à Lons-le-Saulnier.

Productions. Froment, seigle, orge, avoine, maïs, sarrasin, chanvre, navette, noix, fruits, pâturages excellents, plantes médicinales et tinctoriales en grande quantité. — 17,041 hectares de vignes, donnant des vins très-recherchés en Suisse. — 140,959 hect. de forêts. — Grand et menu gibier. Poisson de rivières, de lacs et d'étangs. — Chevaux, mulets, bêtes à cornes, volailles, abeilles.

Industrie. Manufactures renommées de toute sorte d'ouvrages en corne, os, ivoire, écaille, buis et autre bois; d'horlogerie en bois, cuivre, fer et acier. Fabriques de grosses draperies, toiles, mouchoirs, acides minéraux, sel, futailles, acier, faux. Forges, martinets, fonderies, clouteries de toute espèce; nombreuses tuileries, papeteries; tanneries renommées. Travail des pierres fines et factices. Préparation en grand, dans la montagne, du fromage façon de Gruyère et du fromage de Sept-Moncel. — Émigration assez considérable d'ouvriers et de rouliers comtois, qui, avec leurs petits chariots dans la montagne et attelés d'un seul cheval, se répandent dans l'intérieur et y débitent leurs fromages, ou font un roulage très-actif.

COMMERCE de vins, eaux-de-vie, fromage façon de Gruyère, volailles, huile de navette, tabletterie, ouvrages au tour, horlogerie, boissellerie, planches de sapin, bois, merrain, etc., etc.

VILLES, BOURGS, VILLAGES, CHATEAUX ET MONUMENTS REMARQUABLES;
CURIOSITÉS NATURELLES ET SITES PITTORESQUES.

ARRONDISSEMENT DE LONS-LE-SAULNIER.

AMOUR (SAINT-). Petite ville, située sur la grande route de Bourg à Lons-le-Saulnier, à 8 l. 3/4 de cette dernière ville. ✉ ☞ Pop. 2,595 hab. On y voit les restes d'un ancien château dont les fortifications étaient jadis considérables. — *Fabriques* de clous, poterie de terre. Martinets; tanneries et corroieries; scierie hydraulique de marbre et de pierres.—*Commerce* de vins, bestiaux, volailles grasses et maigres, etc.

ARINTHOD. Bourg situé fort agréablement dans un vallon fertile, fermé à l'occident par une montagne au-dessus de laquelle se trouvent les ruines de l'ancien château de Dromelay. A 8 l. 3/4 de Lons-le-Saulnier. Pop. 1,800 hab. — Éducation et commerce de mulets, qui s'exportent dans la Provence, le Dauphiné et la Savoie.

ARLAY. Bourg situé sur le penchant d'une colline, près de la rive gauche de la Seille, à 2 l. 3/4 de Lons-le-Saulnier. Pop. 1,600 hab.

Le château d'ARLAY possède toutes les illustrations désirables pour accroître la célébrité de ses ruines. Des médailles, des antiquités gauloises, un pavé en mosaïque, prouvent évidemment que c'était déjà un lieu remarquable avant l'élévation de ses murs féodaux. La position de l'ancien château est fort belle; ses murs couvrent un vaste plateau; et de quelques-unes de ses portes ou de ses tours, dont les cimes bravent encore les efforts du temps, la vue s'étend au loin sur une contrée fertile, que ces vieux remparts commandaient autrefois. Du côté du Jura, elle embrasse la magnifique vallée de Château-Châlons, avec ses riches villages, le cours pittoresque de la Seille, et les innombrables restes des forteresses du moyen âge, toutes variées dans leur aspect et leur conservation. Le château d'ARLAY et ses admirables ruines sont aujourd'hui la propriété du prince d'Aremberg.

BALANOD. Village situé à 8 l. de Lons-le-Saulnier. — Papeterie.

BAUME-A-VAROUX. *Voy.* TOUR-DU-MEIX.

BAUME-LES-MESSIEURS. Village situé sur la Seille, à 3 l. de Lons-le-Saulnier. Pop. 820 hab. Il est bâti dans un précipice, au fond d'une fosse étroite, entre des montagnes immenses et d'arides rochers qui ne laissent apercevoir que la voûte des cieux: les rochers s'élèvent à plus de cent toises au-dessus des habitations; ils sont à nu dans leur moitié la plus haute, et ont l'air de faire saillie par leur partie supérieure, qui paraît s'avancer pour menacer le vallon. On arrive à cet endroit agreste et sauvage par une charmante vallée que la Seille arrose, et qui développe, à l'est, toute sa richesse. Cette vallée, quoique profonde, est un vignoble de bonne qualité; le grand village de Névy, qui se trouve au tiers de sa longueur, lui conserve un air de vie; mais sa solitude commence ensuite à naître à mesure qu'on avance dans ses sinuosités: elle se contourne plusieurs fois de Château-Châlons à Baume, qui n'en est qu'à la distance d'une lieue. Dans la portion haute et nue du rocher qui la borde, on remarque plusieurs baumes ou cavernes qui ont servi de retraite et de défense dans le temps des guerres du pays; celle qu'on nomme la Baume-à-Garry paraît être d'une grande étendue et mériterait d'être explorée avec soin.

En remontant vers les sources de la Seille, le vallon devient de plus en plus solitaire, sauvage, inculte: une seule prairie naturelle est l'unique partie du terrain qui rende quel-

CHÂTEAU DE ROSEMDUCK.

Rauch del. Schroeder sc.

CHATEAU D'ARLAY.

que produit agricole; des coteaux couverts de rocailles s'élèvent à deux cents pieds de chaque côté, et par-dessus ces coteaux, près de trois cents pieds de rochers se montrent à nu dans une coupe aussi perpendiculaire que la muraille la mieux construite. Le vallon se termine en fer à cheval, et les sources de la Seille sont à droite, quand on est en face de la culée. La plus basse est au-dessus du coteau, à la naissance du rocher nu : c'est une masse d'eau de six pieds de large et d'un demi-pied d'épaisseur, qui sort continuellement avec la même énergie entre des lits de rochers. A trente pas de cette source, on en voit une autre fort différente : celle ci sort du milieu de la masse d'un lit de rocher par une fente longitudinale et perpendiculaire à l'horizon. Cette ouverture paraît avoir environ dix-huit pieds de hauteur sur un de largeur ; elle est élevée au-dessus du coteau de la hauteur de vingt à trente pieds; par sa chute, l'eau s'est creusée, dans la roche et dans le coteau, un demi-canal en forme de cheminée, de quarante à cinquante pieds de profondeur, non compris la hauteur du point duquel elle sort; c'est donc environ soixante à quatre-vingts pieds de chute, après laquelle cette eau serpente dans une masse de tuf de cent cinquante pas de long, et de deux cents pieds de hauteur. Les deux sources réunies sillonnent cette masse de tuf par différents détours, et, dans le bas, mettent en mouvement deux moulins, seules habitations de ce lieu agreste. Dans les temps ordinaires, en posant une échelle contre le rocher, on peut entrer par l'ouverture verticale qui donne issue dans la seconde source de la Seille; on assure que par cette ouverture on pénètre fort loin sous la montagne, et que dans son intérieur on rencontre un lac où cette source s'alimente. Toute la masse de tuf qui s'élève du bas du vallon jusqu'au sommet de la côte, jusqu'à l'endroit où le rocher se montre à nu, est criblée de grottes et de cavernes toutes pleines de stalactites, dont on peut faire des habitations; les meuniers de cette solitude n'ont point d'autres écuries, d'autres étables, d'autres poulaillers. Les deux chaumières où se trouvent les rouages du moulin sont les seuls bâtiments que l'homme ait cru devoir construire.

On peut sortir de ce précipice par une scissure située dans la partie gauche du rocher : c'est ce qu'on nomme les Échelles. On y a pratiqué des degrés, et, quelque rapides qu'ils soient, les ânes et les mulets en descendent tous les jours pour le service du moulin.

BEAUFORT. Village situé à 4 l. de Lons-le-Saulnier. ✉ ✆ Pop. 1,200 hab.

BLETTERANS. Petite ville, située sur la Seille, à 3 l. de Lons-le-Saulnier. ✉ Pop. 1,200 hab. C'est le centre d'un commerce considérable de grains et de poisson d'étangs.

CHALAIN (LAC). *Voy.* MARIGNY.

CHATAGNAT. Village situé à 5 l. de Lons-le-Saulnier. On remarque à peu de distance de ce village, vers le pied d'une côte d'environ 600 pieds, coupée verticalement, un grand canal souterrain par lequel la montagne vomit, pendant l'hiver, un petit torrent; l'été, le lit de ce torrent est parfaitement à sec; il ne sort pas une goutte d'eau du rocher, mais il en sort un vent continuel.

CHATEAU-CHALONS. Bourg situé sur une montagne élevée à douze cents pieds au-dessus de la plaine, près de la rive droite de la Seille, à 3 l. 3/4 de Lons-le-Saulnier. Pop. 700 hab. Il est généralement mal bâti et formé de rues étroites et irrégulières. Sur le sommet de la montagne, au sud, on remarque les bâtiments d'une ancienne abbaye de bénédictines, formés de petites maisons isolées, séparées par des corridors plutôt que par des cours, sans alignement et rustiquement construites. Mais si ce bâtiment n'est pas un chef-d'œuvre, sa position est où ne peut plus belle : établi sur le bord méridional d'un pic très-haut, il domine une vaste étendue de pays; vers le couchant, les regards se déploient sur toute la Bresse et sur les côtes de la Bourgogne; au levant, la vue plonge sur un riche et grand vallon cultivé avec soin, entrecoupé de monticules également bien cultivés et couverts d'habitations que l'aisance et la paix semblent avoir choisies pour asile. La Seille descend en torrent dans ce gracieux vallon, revient et se reploie plusieurs fois sur elle-même, et forme, au bas de l'enclos, une cascade des plus agréables.

Des monuments de l'histoire il semble résulter que l'abbaye de Château-Châlons subsistait antérieurement au IXe siècle. Quelques ruines d'un château fort, appelé la Tour de Charlemagne, et qui ne tient point à l'abbaye, sont cependant les seuls restes de bâtiments qu'on puisse faire remonter à une haute antiquité. Ce qu'on y voit de plus remarquable, ce sont les citernes; l'une d'elles a douze pieds de large et quarante de profondeur, sans y comprendre la voûte.

Les environs de Château-Châlons sont

couverts de vignes dont les produits jouissent d'une grande réputation : très-peu de vins connus, en effet, surpassent en bonté les vins de gelée de Château-Châlons, quand ils ont vingt-cinq à trente ans; ils ont alors la couleur et le goût des célèbres vins de Tokaï.

CLAIRVAUX. Bourg situé à 5 l. de Lons-le-Saulnier. ✉ Pop. 1,300 hab. Il est situé au fond d'un vallon, sur un beau lac alimenté par un ruisseau qui fait mouvoir une des plus belles forges du département, et qui nourrit une grande quantité d'excellentes écrevisses. Les ouvriers de cette forge composent une petite population qui habite aux environs de l'usine, située dans une gorge étroite et profonde, qui aboutit au nord-ouest dans une plaine d'une lieue de diamètre, cernée de tous côtés par de hautes montagnes entièrement couvertes de bois. Cette plaine ou large vallée porte le nom de Combe-d'Ain : elle est belle, fertile, produit de riches moissons, et est traversée par la rivière d'Ain, qui y circule au milieu de vastes prairies. — Hauts-fourneaux, forges, martinets, fonderie, clouterie mécanique à froid. Papeterie. Tanneries.

CONLIÉGE. Bourg situé sur la Seille, à 1 l. 1/2 de Lons-le-Saulnier. Pop. 1,300 hab. On trouve dans ses environs des traces de mines de cuivre.

COURBOUZON. Village situé à 3 l. 1/4 de Lons-le-Saulnier. Pop. 420 hab. Près de là, s'élève majestueusement le Mont-Orient, l'un des points les plus élevés du grand plateau formant le premier degré des montagnes du Jura. De cet endroit, la vue s'étend sur le fertile bassin de la Bresse, borné par les montagnes de Saône-et-Loire et de la Côte-d'Or, traversé par la Saône et le Doubs, qui y forment des détours multipliés et s'y grossissent de mille petites rivières, et embelli par une multitude d'étangs qui réfléchissent la lumière du ciel, et semblent autant de glaces encadrées par la verdure des prairies, des champs et des bois. De riches vignobles s'étendent sans interruption sur les monts inférieurs; les forêts d'arbres communs s'entre-touchent partout, et le chêne y élève une tête orgueilleuse; mille villages et mille hameaux, qui séparent ces bois, couvrent de laboureurs les champs, et de bestiaux les prés. Ce superbe coup d'œil, s'il est moins imposant que celui dont on jouit sur de plus hautes montagnes, n'en est pas moins pour cela l'un des plus doux et des plus vivants, l'un des plus variés, et même l'un des plus étendus à avoir en France. Toute la bordure du premier plateau du département, et qui a dix-h long, offre continuellement les jets; mais ici on est à peu près de sa longueur, et l'on jouit co du coup d'œil que la débilité de nos organes et la confusion des lignes affaiblissent, en grande partie, pour ceux qui se trouvent aux extrémités.

COUSANCE. Bourg situé à 6 l. de Lons-le-Saulnier. ✉ Pop. 1,100 hab. Ce village offre aux amis de la table (et dans quel pays n'y en a-t-il pas?) de très-bonnes volailles, d'excellentes poulardes, dont il se fait commerce dans tout le département, et même dans les départements voisins. On y trouve aussi des carrières de marbre.—Aux environs, on remarque la vallée, ou plutôt la culée de Gisia. *Voy.* ci-après GISIA.

DOUCIER. Village situé à 5 l. de Lons-le-Saulnier. Pop. 360 hab. — *Fabriques* de faux, de poterie de terre, poêles, tuyaux pour la conduite des eaux; vannerie fine.

GIGNY. Bourg situé à 6 l. 3/4 de Lons-le-Saulnier. Pop. 850 hab. — On remarque aux environs les grottes de Loisia. *Voy.* ci-après LOISIA.

GISIA. Village situé à 6 l. de Lons-le-Saulnier, près de la vallée connue sous le nom de Culée de Gisia. Cette vallée est terminée par un rocher de cinq à six cents pieds de haut, coupé perpendiculairement dans ses deux tiers supérieurs : elle a suffisamment de largeur à son embouchure, et ses coteaux ne sont pas sans quelques productions; c'est la vallée du département où l'on cultive le plus de cerises, et c'est elle presque seule qui en fournit les marchés des environs ainsi que ceux de Lons-le-Saulnier. Dans ce qui fait l'extrémité du vallon, au fond même de la culée, les terres et les petits débris des pierres qui couvraient la montagne, forment une pente rapide, un coteau roide jusqu'au tiers à peu près de la hauteur du mont. Au sommet de cette pente, on voit sortir, entre deux couches du rocher, un petit torrent qui ne s'épuise jamais. Au-dessus de ce torrent, la roche n'est qu'un mur coupé à plomb, où l'on remarque, à trois cents pieds au-dessus de la vallée, une énorme caverne de cent pieds d'ouverture perpendiculaire, qui sert de retraite à une multitude de corbeaux. On monte au sommet de cette culée par un sentier taillé dans le roc.

JULIEN (SAINT-). Village situé à 8 l. 1/2 de Lons-le-Saulnier. Pop. 800 hab.

LAURENT-DE-LA-ROCHE (SAINT-). Village qui prend sa dénomination d'un pic très-haut, sur lequel il est bâti, et dont le sommet, qui s'élève encore fort haut au-dessus du village, est couronné par les ruines d'un ancien château d'où l'on découvre un horizon qui s'étend à plus de 15 lieues de distance. A 3 l. de Lons-le-Saulnier. Pop. 700 hab.

LOISIA. Village situé à 7 l. 3/4 de Lons-le-Saulnier. Pop. 550 hab. A peu de distance de ce village, on remarque les belles grottes de Loisia. Le chemin que l'on suit ordinairement pour y arriver, est dans la combe à droite en sortant de Gigny; il suit la direction de cette combe en remontant du midi vers le nord. On longe immédiatement la base de la montagne de droite, qui est fort élevée, mais dont la pente n'est pas très-rapide et se prête aisément à la culture des grains. Après une demi-heure de marche, ce fertile coteau se dérobe tout-à-coup; on est alors en face et au pied d'une belle demi-lune qui rentre dans la montagne : celle-ci se trouve échancrée régulièrement du haut en bas, et cette échancrure peut avoir deux cents pas entre ses deux extrémités, mais un peu moins de profondeur; elle fait interruption dans la colline et contraste avec elle par son aplomb. Les yeux sont frappés surtout de l'aspect aride d'une bande large et semi-circulaire qui couronne toute cette demi-lune ; c'est une bordure de rocher de soixante pieds de hauteur qui se coupe aussi verticalement qu'un mur, et ne prend naissance qu'à 500 pieds au-dessus de la plaine. La côte qui descend de cette bordure n'est point nue comme elle ; au contraire, elle est ornée de bois taillis dont la verdure fait ressortir encore plus l'éclatante nudité de ce demi-cercle pierreux qui la surmonte. C'est au fond de la demi-lune, à la haute élévation où commence la bordure du rocher, que se trouve l'entrée spacieuse des grottes de Loisia, dont l'ouverture est en forme de porte cintrée de douze pieds de large sur vingt pieds de haut. A gauche de cette ouverture, est un pilier taillé dans la roche ; il a trois pieds d'épaisseur, monte jusqu'au plafond de la grotte, et laisse entre la paroi latérale gauche et lui un espace vide et large d'un pied, formant une fenêtre verticale. L'intérieur de la grotte est assez bien cintré : elle se porte en ligne droite à 352 pieds dans la montagne ; à 50 ou 60 pieds de l'entrée, elle s'élargit et la voûte s'élève ; à 300 pieds, la voûte se rabaisse et va se terminer en cul-de-lampe. Vers les deux tiers de la longueur de cette grotte, s'ouvre, sur la gauche, une seconde grotte plus large, dont la longueur est de 72 pieds. Au milieu de cette seconde grotte, une ouverture d'environ quatre pieds introduit au milieu d'une troisième de soixante pieds de long ; et, dans celle-ci, un trou d'un pied et demi de large conduit dans une quatrième grotte de quatre-vingts pieds de long, qui est le dernier réduit où l'on puisse pénétrer. Les voûtes des quatre grottes et leurs parois latérales sont plus ou moins couvertes de stalactites et de pétrifications : on y voit une multitude de figures bizarres, auxquelles chacun attribue des ressemblances avec l'objet qu'il veut. Nulle part on ne peut, sans flambeaux, jouir du spectacle qu'offre l'intérieur de ces vastes cavernes : le sol y est jonché de pétrifications ; dans quelques endroits, il y a des tas d'une ordure infectante, provenant de la fiente de chauves-souris qui habitent ces cavités, aux voûtes desquelles elles sont accrochées, par groupes, les unes sous les autres. Combien de temps n'a-t-il pas fallu pour que, dans une des grottes, il ait pu se former un monceau de fumier de seize pieds de diamètre et d'environ cinq pieds de haut !

Les grottes de Loisia sont fréquemment visitées ; il ne s'y trouve point de cavités qui ne porte les noms ou les traces de la présence des voyageurs. A différentes époques, elles ont servi de retraites pendant les guerres civiles, mais aujourd'hui elles sont assez souvent un lieu de réunion pour la jeunesse des deux sexes de plusieurs communes du Jura, qui, tous les ans à des jours marqués, y viennent en caravanes joyeuses, guidées par la curiosité et escortées par le plaisir. Le lundi de Pâques est la fête réservée pour les pèlerins de Gigny : des vivres, des instruments de musique, de la gaîté, voilà les provisions de ce très-court voyage. On dîne, on chante, on danse ; la troupe folâtre s'enivre de joie, et les échos n'ont à répéter ce jour-là que de tendres déclarations et de doux serments d'amour.

LONS-LE-SAULNIER. Jolie ville, chef-lieu du département. Tribunaux de première instance et de commerce. Société d'agriculture. Collège communal. Pop. 7,913 h.

Lons-le-Saulnier passe pour une ville ancienne, qui était autrefois fortifiée. Les Français la prirent en 1395 ; l'empereur Maximilien la reprit en 1500 ; elle soutint encore un siège meurtrier en 1572 ; enfin, elle fut prise d'assaut par les Français, en 1637, et souffrit toutes les horreurs qu'entraîne après lui un pareil fléau.

Cette ville est située au fond d'un bassin d'environ une demi-lieue de large, formé par des montagnes d'environ cent cinquante à deux cents toises de hauteur. Ces montagnes, plantées de vignes jusqu'à leur cime, offrent des coups d'œil assez semblables dans leurs teintes, mais très-variés par la forme différente des coteaux : toutes les surfaces sont animées par la gaîté du pampre; la campagne est vivante comme le sont tous les vignobles soigneusement cultivés, et sur tous les côtés l'aspect en est riant pendant toute la belle saison. Par quelque côté que l'on arrive, hors celui du couchant, on plonge sur la ville, qui, à vue d'oiseau, paraît encore moins grande qu'elle ne l'est en effet. Elle est généralement bien bâtie, formée de rues larges et assez bien percées : la principale rue, celle qui est la plus marchande, est bordée d'arcades qui forment des espèces de galeries, comme on en voit à la Rochelle et dans quelques autres cités. Si cette ville n'a pas l'élégance et la régularité des villes nouvelles, elle n'a point aussi le coup d'œil misérable de la plupart des anciennes villes de l'intérieur, où les maisons, bâties assez souvent en torchis et en bois, annoncent l'indigence et excitent un sentiment de pitié. On y remarque plusieurs belles fontaines jaillissantes, notamment celle qui décore la place principale; elle forme un bassin elliptique d'environ vingt pieds de long sur quatorze de large, qui s'élève de trois pieds au-dessus du pavé, et que deux jets continuels tiennent toujours plein.

A l'angle septentrional de Lons-le-Saulnier est le puits très-remarquable des salines : il est de forme carrée, et a soixante pieds de profondeur sur environ quinze de largeur. Un tournant, mû par un courant d'eau douce, fait jouer quatre pompes qui tirent, sans discontinuer, l'eau salée du puits, la versent dans un auget de bois en forme de canal, qui le porte aux salines, situées à une demi-lieue de là, dans une gorge à l'ouest de la ville. L'eau douce qui a mis la mécanique en jeu suit aussi la même route pour faire mouvoir encore, à la saline même, d'autres tournants qui font monter les eaux salées à environ trente pieds de haut, d'où elles se répandent sous trois ailes de bâtiment de plus de douze cents pieds de façade chacun. C'est de ces bâtiments de graduation qu'elles filtrent, pour ainsi dire, goutte à goutte, à travers des épines amoncelées avec art, et qu' lent, par cette filtration, hétérogènes; elles parviennent des canaux souterrains, dans chaudières, sous lesquelles un feu égal les évapore, les cristallise et les en sel.

On remarque encore à Lons-le-Saulnier la bibliothèque publique, contenant 3,000 volumes; le musée de tableaux et d'antiques; la salle de spectacle.

Patrie du général Lecourbe.

INDUSTRIE. — *Fabriques* de bonneterie, de potasse. Nombreuses tanneries et corroieries. — *Commerce* considérable de sel qui se consomme dans les départements environnants, et qui s'exporte dans plusieurs cantons suisses; de fer, bois de construction, ustensiles de ménage en bois de sapin, vins, eaux-de-vie, fromage façon de Gruyère, etc. — Entrepôt du commerce du Jura pour Lyon et pour l'intérieur de la France.

A 24 l. de Dijon, 21 l. de Besançon, 22 l. de Genève, 100 l. de Paris. — *Hôtel* du Chapeau-Rouge.

MACORNAY. Village situé à 1 l. 1/2 de Lons-le-Saulnier. Pop. 620 hab. — Papeterie.

MARANGEA. Village situé à 6 l. 3/4 de Lons-le-Saulnier. Pop. 100 hab. On voit des grottes curieuses et très-vastes, qui méritent d'être visitées.

MARIGNY. Village situé à 5 l. de Lons-le-Saulnier. Pop. 500 hab. A peu de distance de ce village, on remarque le lac Chalain, dont les bords offrent un des sites les plus gracieux du département. C'est un bassin d'une demi-lieue de diamètre dans tous les sens, renfermé dans un cercle de montagnes couvertes de bois depuis leur base jusqu'à leur sommet; les coteaux les plus bas qui bordent le lac, sont livrés à la culture; leurs teintes, variées par diverses productions, forment des nuances décroissantes, qui, du coloris vert et foncé des bois, viennent se perdre doucement dans la blancheur transparente des eaux. Le cercle des montagnes, en s'entr'ouvrant au sud-ouest, forme l'entrée de ce riant bassin : au fond du fer à cheval est bâti à mi-côte un ancien château, d'où l'on embrasse d'un seul coup d'œil l'entrée des montagnes, les montagnes elles-mêmes, les coteaux cultivés, et le lac dans toute son étendue. Comme l'éloignement n'est pas considérable, tous les objets se distinguent à l'œil simple : dans la clarté du lac, ils se détachent, ils se prononcent parfaitement, et tous, au même instant, s'aperçoivent répétés dans le sein des eaux. Cette agréable solitude n'offre ni l'aspect majestueux et sombre des vastes forêts, ni celui imposant et triste des montagnes désertes ou des stériles rochers, mais bien celle d'une retraite charmante, où l'ami de la simple nature aimerait à couler ses jours, loin du tumulte du monde et de ses trompeuses illusions.

MAYNAL. Village situé à 5 l. 1/2 de Lons-le-Saulnier. Pop. 720 hab. — *Fabriques* de poterie, poêles, tuyaux, etc.

MEIX. *Voy.* TOUR-DU-MEIX.

MENOUILLES. Village situé près de la rive droite de l'Ain, à 10 l. de Lons-le-Saulnier. Pop. 320 hab. A peu de distance de ce village, l'Ain se précipitait autrefois par une cascade appelée le Saut-Mortier. Un particulier de Lyon entreprit de faire descendre par là des bateaux chargés de planches et de bois, et a réussi parfaitement; il a fait sauter le roc qui se coupait verticalement, et l'a taillé en plan incliné, dont la pente vient d'un peu loin, ce qui permet aujourd'hui à des trains de bois, et même à des bateaux chargés, de descendre jusqu'à Lyon.

MONAY. Village situé près de la route de Poligny à Lons-le-Saulnier, par Sellières. Pop. 400 hab. On y trouve une mine de fer très-remarquable; le minerai est en masse énorme continue, et tout à fait sans mélange: la carrière n'est qu'à dix minutes du grand chemin, et le voyageur curieux ne regrettera pas de s'être détourné pour voir une mine aussi riche. Elle est excavée dans la montagne dont elle fait une très-grande partie; c'est, pour ainsi dire, un vrai rocher de fer. A 5 l. de Lons-le-Saulnier.

MONTAIGU. Village situé sur le penchant d'une montagne qui domine la ville de Lons-le-Saulnier, ainsi que tout le bassin au fond duquel cette ville est bâtie. A 3/4 de l. de Lons-le-Saulnier. Pop. 750 hab. Patrie de Rouget de l'Isle, auteur de l'hymne sublime de *la Marseillaise*.

MOUTONNE. Village situé à 5 l. de Lons-le-Saulnier. Pop. 200 hab. On trouve sur son territoire une grande quantité de coquillages fossiles; la plupart sont simplement pétrifiés, d'autres sont complètement changés en minerai de fer, sans que leur forme soit altérée.

NÉVY. Village situé sur la Seille, à 3 l. 3/4 de Lons-le-Saulnier. Pop. 600 hab. — Aux environs, on remarque la Baume-à-Garry, caverne profonde qui s'étend, dit-on, à une lieue dans la montagne.

ORGELET. Petite ville, chef-lieu de canton. ⊠ Pop. 2,367 hab. Elle est située au pied d'une montagne, et dominée par les ruines d'un ancien château fort, dont une partie des salles et des cours ont été converties en jardins. C'était autrefois une place forte entourée de murs, dont une partie subsiste encore. — Nombreuses tanneries, dont les produits sont très-estimés. — On ne doit pas manquer de visiter dans les environs le pont de la Pile et la tour du Meix. (*Voy. ci-après* TOUR-DU-MEIX.)

POITTE. Village situé près de la rive droite de l'Ain, à 3 l. 3/4 de Lons-le-Saulnier. Pop. 450 hab. Au-dessus de ce village, on traverse l'Ain sur un pont qui porte le nom de pont de Poitte. Trente pas au-dessus du pont, le lit du fleuve n'est qu'une roche tranchée fort horizontalement, et remplie de crevasses différemment conformées et de grandeurs variées; ce lit pierreux, plat et strié, s'étend au-dessous du pont l'espace d'un petit quart de lieue, jusqu'à l'endroit nommé Port-de-la-Sez : là le rocher se coupe net et perpendiculairement, et le fleuve s'abat tout d'un coup; la nappe a 400 pieds de large et 50 pieds de haut; c'est vraisemblablement une des plus belles cascades de l'Europe. A la fin de l'été, lorsque les eaux sont très-basses, on peut avec précaution se promener sur ce rocher, dont la cime horizontale s'élève presque jusqu'à fleur de terre, interrompt le lit depuis là jusqu'au pont de Poitte, et force la rivière à murmurer dans son cours, en luttant contre les stries, les crevasses et les scissures de la pierre : ces crevasses offrent en mille endroits des baignoires très-bien taillées. Le voisinage d'une quarantaine d'usines qui embellissent et vivifient les deux rives, la perspective majestueuse des forêts et des montagnes, tout invite, dans un jour ardent, à jouir des plaisirs du bain dans les coupes charmantes préparées par la simple nature. Mais quand les pluies abondantes de l'hiver, ou quand, sur la fin du printemps, les eaux provenant de la chute des neiges ont rempli le lit de la rivière, c'est alors une mer qui roule avec impétuosité, se précipite avec furie dans le lit inférieur, remplit l'air de vapeur, épouvante par son mugissement terrible, et fait frémir au loin l'atmosphère. Le port de la Sez est le premier port du Jura et le premier endroit navigable de l'Ain. — Forges.

PONT-DE-PILE. *Voy*. Tour-du-Meix.

PRESSILLY. Village situé à 3 l. 3/4 de Lons-le-Saulnier. Pop. 250 hab. On y remarque les ruines majestueuses d'un château des plus curieux dans ses détails et des plus pittoresques dans son ensemble. Le pont-levis, les fossés, l'emplacement de la herse, les escaliers mystérieux, la chapelle, la tour au balcon élevé, rien n'y manque de tout ce que l'imagination peut rêver dans un pareil tableau. Pour l'amateur de grands vestiges du moyen âge, il est impossible de souhaiter un ensemble plus imposant et plus complet. (*Voyez la gravure*.)

REVIGNY. Village situé à 1 l. 3/4 de Lons-le-Saulnier. Pop. 450 hab. On y voit des grottes curieuses et d'une grande profondeur.

SCELLIÈRES. Bourg situé à 4 l. 1/2 de Lons-le-Saulnier. ✉ ☞ Pop. 1,450 hab. — *Fabriques* de bijouterie en fonte de fer. — *Commerce* de fromage, sel, gypse.

TOULOUZE. Village situé à 4 l. 1/2 de Lons-le-Saulnier. Pop. 750 hab. Aux environs, on remarque la belle mine de fer de Monay. (*Voy*. ci-dessus Monay.) — Haut-fourneau.

TOUR-DU-MEIX (la). Village situé à 6 l. 1/4 de Lons-le-Saulnier. Pop. 400 hab.

Ce village est bâti dans une situation pittoresque, au pied d'une montagne couronnée par les ruines d'un ancien château fort, détruit lors de la réunion de la Franche-Comté à la France.

A un quart de lieue de la Tour-du-Meix, la route de Saint-Claude passe entre deux dans de rochers, qui tous deux s'élèvent également dans une direction verticale; ils paraissent avoir 150 pieds de haut, et ne sont séparés que par le grand chemin. La montagne est coupée net et d'à plomb, mais ce n'est point perpendiculairement à son axe : la gorge formée par cette brisure décrit une courbe qui ne la rend que plus singulière. Pendant qu'on traverse cette espèce de puits allongé, sur le fond duquel on marche, la vue resserrée de tous côtés ne peut se porter qu'en haut; le firmament est le seul objet qu'elle rencontre. Dans le rocher de droite, en entrant dans la gorge, on remarque une ancienne ouverture de la grandeur d'une porte cochère, fermée depuis quelques années par un mur en maçonnerie; c'était l'entrée d'une caverne, qui s'étend, à ce qu'on dit, fort loin sous la montagne. Les parois des deux rochers qui forment cette gorge bizarre sont lisses et s'élèvent avec une hardiesse qui frappe l'imagination; leurs sommets sont de niveau: on voit que jadis ils ne faisaient qu'un corps, et le court espace qui les sépare est évidemment une lacune de la montagne. Est-ce l'œuvre de la nature, ou bien est-ce l'ouvrage de l'art? Rien, dans la localité, n'éclaire suffisamment ces questions. Plusieurs historiens de la Franche-Comté veulent que ce soit une des traces de la puissance des Romains, et quelques-uns insinuent qu'ils y ont employé une légion égyptienne.

A la sortie de cette gorge, un spectacle extraordinaire frappe le spectateur; il semble qu'au sortir d'un profond souterrain il est enfin rendu au jour, et c'est pour voir une étendue presque illimitée de monts et de forêts. Sur la gauche, est une plaine parfaitement horizontale, semi-circulaire, et d'environ cinq cents pieds de diamètre. La montagne qui l'entoure est composée de plusieurs zones ou couches placées les unes sur les autres, et chacune de ces zones se rétrécit de plusieurs pieds sur celle qui la précède, en sorte que, dans leur ensemble, elles présentent l'image parfaite d'un vaste amphithéâtre; elles sont couvertes d'une espèce de buis qui ne s'élève que d'environ deux à trois pieds, et qui ne semble qu'un coussin vert étendu sur chacun des gradins de ce cirque immense. En traversant l'esplanade qui forme l'arène de cet amphithéâtre, jusqu'à son extrémité opposée, on voit le coteau se prolonger sur la gauche de l'Ain, et devenir très-rapide en s'approchant de la rivière; mais le buis qui le couvre fait qu'on peut le remonter sans crainte. A six cents pieds au-dessus du lit de la rivière, au milieu des buis, on rencontre une scissure dont les bords se resserrent à dix pieds de profondeur, et ne laissent entre eux que le passage d'un homme. Ce couloir forme l'entrée d'une grotte d'environ quarante pieds de long, sur environ trente de large et dix de haut, qui porte dans le pays le nom de Baume-à-Varoux. Cette grotte, quoique ouverte, est à peine visible à cause des buis, des coudriers et des autres arbrisseaux qui croissent devant l'ouverture; à son extrémité, se trouve l'entrée d'une seconde grotte dont la voûte est très-élevée, et qui conduit à une troisième, taillée en dôme assez élevé, majestueux et bien coupé. A moitié de la hauteur de ce dôme, est une ouverture par laquelle on pénètre dans des grottes encore plus élevées et plus étendues sous la montagne.

Non loin de la scissure qui forme l'entrée

TOUR DES MILIEU.

de la Baume-à-Varoux, est le pont de la Pile, établi sur la rivière d'Ain. Il est d'une seule arche de cent vingt pieds d'ouverture, et construit au moyen de poutres de douze pieds de long chacune, arrangées bout à bout avec une inclinaison qui forme entre elles un angle très-obtus, de manière que les dix pièces qui font le cintre représentent chacune une corde d'une portion de cercle d'un diamètre considérable. Ces poutres sont recouvertes d'autres poutres de même longueur et de même grosseur qui se partagent avec égalité sur les poutres inférieures; elles sont retenues par des liernes ou clefs de bois qui embrassent en même temps la poutre de dessous et celle qui la couvre, à la manière usitée dans les charpentes des grands édifices. Cette sorte de cintre est d'une force incalculable; et comme les culées sont appuyées par les rochers de part et d'autre, une voûte pareille doit subsister nécessairement plusieurs siècles, c'est-à-dire, jusqu'à la pourriture des madriers qui composent les cintres sur lesquels se trouve établi le plancher qui porte le pavé.

VALFIN. Village situé à 10 l. 1/4 de Lons-le-Saulnier. Pop. 250 hab. Il est bâti au fond d'un vallon très-creux en forme de cul-de-lampe, circonscrit par des montagnes très-rapprochées, et qui s'élèvent de toutes parts à sept ou huit cents pieds; c'est un véritable entonnoir qui n'a d'issue que vers le nord, où la montagne est entr'ouverte. Sur un tertre, élevé de cent cinquante pieds au-dessus du fond de cet entonnoir, on remarque un ancien château, dont un des derniers propriétaires a converti une partie du rocher stérile, formant environ la moitié de cette vaste enceinte, en une multitude de jardins et d'enclos en terrasses, établis au moyen de terres rapportées, où la vigne, les arbres fruitiers, les légumes et les prairies artificielles réussissent très-bien.

VAUCLUSE. Village situé sur la rive droite de l'Ain. A 8 l. de Lons-le-Saulnier. On y remarque les bâtiments d'un ancien couvent de chartreux, bâti sur une des rives de l'Ain, à cent pieds à peu près au-dessus des eaux de cette rivière. Cette chartreuse est sur un coteau rapide, et ne pouvait prendre un grand développement, puisqu'il n'existe pas en cet endroit trente pieds de terrain qui soit horizontal; elle est peu large, et dirigée dans sa longueur suivant le cours du fleuve. Pour perspective, elle a en face, sur le bord opposé de l'Ain, une montagne à pic de 800 pieds de hauteur. Derrière l'abbaye, la montagne ne s'élève pas moins haut, mais elle a plus d'inclinaison; une large prairie forme au-dessus des bâtiments un vaste amphithéâtre, couronné par une forêt majestueuse. En cet endroit, le volume des eaux de l'Ain est assez considérable; son lit très-incliné le fait couler avec fracas à travers les rochers, qui le font écumer et blanchir de toise en toise. Cette maison n'était ni vaste, ni même belle dans son ensemble; mais on y voit quelque chose de très-remarquable : ce sont treize voûtes parallèles, chacune large et haute de vingt pieds, séparées et portées par des murs de sept pieds d'épaisseur, qui sont construits en pierres d'une grosseur considérable. Ces belles voûtes, qui rappellent les ouvrages des Romains en ce genre, sont bâties absolument sur le bord de l'Ain, et forment une espèce de quai, parementé de pierres magnifiques, qui s'élève très-à-plomb de quarante pieds au-dessus des eaux; elles ont été faites pour procurer au monastère, sur cette côte, une surface horizontale de quelque largeur, et porter un jardin.

VOITEUR. Joli bourg, situé au pied de la montagne de Château-Châlons, dans le riant vallon de la Seille, à 3 l. de Lons-le-Saulnier. Pop. 1,100 hab. Il est formé de maisons bien bâties, propre, fort vivant, et jouit d'une perspective délicieuse sur la montagne, les jardins et les bâtiments de Château-Châlons; sur un petit château flanqué de tours, élevé sur une des hauteurs de l'est; et au midi, sur une montagne couverte de granges, de vignes et de forêts. —Grande exploitation de très-bon gypse.

ARRONDISSEMENT DE SAINT-CLAUDE.

BELLEFONTAINE. Village bâti dans une situation agréable près des frontières de la Suisse, et de l'une des sources de la Bienne, et à 5 l. 1/2 de Saint-Claude. Pop. 700 hab.

Ce village, peuplé d'habitants industrieux, est on ne peut mieux partagé sous le rapport de l'abondance des eaux. Aucune rivière ne le traverse; mais les sources jaillissent de toute part; chaque maison a sa fontaine naturelle, et c'est de là, sans doute, qu'il a tiré sa dénomination. — *Fabriques* d'horlogerie, montres, pendules, tourne-broches, etc.

BOIS-D'AMONT. Village situé au pied du Jura, sur l'Orb, petite rivière qui sort du lac des Rousses, près des frontières de la Suisse, à 8 l. 1/2 de Saint-Claude. Pop. 1,100 hab. — *Fabriques* de clous d'épingles, planches, liteaux, échalas, sceaux, toute espèce de caisses, cabinets d'horloges peints, etc. Filature de lin.

BOUCHOUX (les), *ou* BONNEVILLE. Gros village situé sur le sommet d'un rocher, à 5 l. de Saint-Claude. Pop. 2,120 hab.

CHASSAL. Village situé à 2 l. de Saint-Claude. Pop. 300 hab. — Exploitation en grand de beaux marbres qui sont mis en œuvre dans les usines de Molinges.

CHIETTES (les PETITES). Village situé à 6 l. de Saint-Claude. Pop. 220 hab. A peu de distance de ce village, on voit une portion de fortifications à la Vauban produites par la nature : bastions, flancs, faces, courtines, tout s'y trouve, et même plusieurs rangs de batteries les unes au-dessus des autres ; quoique très-imparfait, tout y est figuré de manière à frapper au premier coup d'œil l'homme qui a la plus légère connaissance des fortifications ; ce n'est cependant autre chose que la portion supérieure d'un rocher conformé naturellement de cette manière, et qui s'élève de six à huit cents pieds au-dessus d'un vallon resserré par des montagnes couvertes de bois.

CLAUDE (SAINT-). Jolie ville, chef-lieu de sous-préfecture. Tribunaux de première instance et de commerce, chambre consultative des manufactures. Société d'agriculture. Collége communal. Évêché. ✉ Pop. 5,222 hab.

Cette ville est dans une situation on ne peut plus pittoresque, à l'extrémité d'une profonde vallée, circonscrite par de hautes montagnes boisées et par les rochers arides du Jura, au pied desquels elle se trouve comme ensevelie, et qui menacent, pour ainsi dire, perpétuellement de l'engloutir. Elle est bâtie à mi-côte, entre trois montagnes, au confluent de la Bienne et du Lizon. Un horrible incendie la détruisit presque entièrement, le 20 mai 1799. Le gouvernement de cette époque donna 750,000 fr. pour aider à la réédification d'un grand nombre de bâtiments ; ce qui, joint à des nombreuses collectes faites dans l'intérieur de la France, contribua promptement à sa reconstruction. C'est aujourd'hui une ville bien bâtie, bien percée, propre et ornée de plusieurs fontaines. On y remarque la cathédrale, et une jolie promenade pratiquée avec art dans les rochers dont le pied est baigné par les eaux de la Bienne, qui prêtent un charme indescriptible aux beautés champêtres du paysage environnant.

Saint-Claude est une ville très-ancienne ; et si l'on avait pu reculer les monts qui la pressent, il est probable que, malgré la rigueur de son climat, elle aurait acquis un développement plus considérable. Elle doit son origine à une célèbre abbaye de bénédictins fondée dans le Ve siècle, et érigée en évêché en 1742. Le renoncement de ces moines aux richesses et aux vanités du monde, leur fit, ainsi que partout ailleurs, obtenir de très-grands biens ; ils devinrent presque souverains, et leurs vassaux étaient complétement serfs. Leurs droits étaient si atroces, qu'un homme qui habitait pendant un an sur leur terre, devenait leur esclave, ses biens étaient arrachés à sa femme et à ses enfants, vendus et confisqués au profit de l'abbaye, n'importe en quelle contrée de la France ces biens se trouvaient. C'est le dernier lieu de la France où la servitude de droit subsistât à l'époque de la première révolution, et ce ne sera pas dans l'histoire une note sans intérêt, que l'évêque et le chapitre de Saint-Claude se soient refusés opiniâtrement à l'abolissement de la servitude sous leur juridiction, quand Louis XVI lui-même les y provoquait, et leur en donnait l'exemple en l'abolissant dans ses domaines.

Manufactures renommées de toute sorte d'ouvrages en corne, écaille, os, ivoire, bois, buis ; fabriques de boutons, tabatières, boîtes à musique, instruments à vent, peignes de corne, chapelets, quincaillerie ; clous d'épingles, crêpes. Filatures hydrauliques de coton. Tanneries. Papeteries. Tuileries et poteries. — *Commerce* de quincaillerie, clous, buis, et ouvrages au tour dits de Saint-Claude. Entrepôt de sel des salines de l'Est.

GRAND-VILLARS. Village situé à 4 l. de Saint-Claude. Pop. 175 hab. Au nord-est et à peu de distance de ce village, on remarque dans une contrée agreste une multitude de vestiges évidents d'une cité ancienne, que la plupart des historiens de la Franche-Comté s'accordent à nommer la ville d'Antres, et que des inscriptions encore visibles ont porté plusieurs d'entre eux à croire qu'elle avait été construite par une légion égyptienne à la solde des Ro-

mains. Tout ce qu'on y observe ne présente que l'image de la désolation opérée par la main incendiaire et dévastatrice des hommes; car les localités n'offrent aucun signe qui porte à soupçonner une destruction subite par un effet physique et violent de la nature. Un des monuments les mieux conservés est une portion d'un aqueduc auquel on a donné le nom de Pont-des-Arches. Il est entièrement composé de pierres de six pieds de long au moins, sur deux à trois pieds d'épaisseur, parfaitement équarries et posées par lits bien horizontaux. L'aqueduc était double, et ses deux portions parallèles n'étaient séparées que par un lit de ces pierres massives, qui sert également de soutien aux deux voûtes. Ce sont, si l'on veut, deux aqueducs réunis par un mur mitoyen ; chacun d'eux a trois pieds de large et neuf pieds de haut ; tous deux reposent sur le rocher solide, et leurs parois s'élèvent parallèlement et d'à plomb jusqu'à la hauteur de six pieds : à cette hauteur, les pierres font de chaque côté saillie en dedans ; elles se rapprochent donc, et ne laissent plus entre elles qu'une petite distance, qui est recouverte par de semblables masses posées à plat par-dessus. On voit environ 300 pieds de long de cet aqueduc, avec quelques origines où aboutissent des aqueducs latéraux : il est probable que la terre en cache une longueur beaucoup plus considérable ; mais ce qui est visible sans fouille est en très-grande partie découvert comme un simple canal. Au-dessus de cet aqueduc est une chute considérable, dont une portion se trouve revêtue de pierres massives comme celles que nous venons de décrire ; l'autre portion est prise dans le rocher même, qui montre une large rainure évidemment pratiquée à l'outil, pour la conduite des eaux et le jeu d'usines importantes. Des moulins sont établis aujourd'hui à quelque distance de cette chute.

A la droite du Pont-des-Arches, on voit encore les restes d'un bâtiment carré, construit avec des masses solides de pierres, que quelques historiens prétendent avoir été jadis un temple. Un grand nombre d'autres vestiges semblables sont épars dans cette vallée, très-élevée dans les montagnes, et surmontée elle-même par d'autres monts d'une grande hauteur. Derrière la montagne qui la forme du côté du levant, est le lac d'Antres, à quatre-vingts toises au moins d'élévation au-dessus des ruines : c'est sans doute lui qui satisfaisait autrefois aux besoins de la ville ; et maintenant il laisse encore passer sous la montagne la majeure partie des eaux qui coulent au Pont-des-Arches et dans plusieurs endroits de la vallée.

Avant d'arriver aux ruines, on remarque deux trous naturels fort profonds, de vingt à trente pieds de diamètre à leur ouverture : ce sont des espèces de soupiraux qui descendent à une profondeur inconnue, et par lesquels l'eau sort en torrent lors de la fonte des neiges. Vers la fin de l'été, l'eau de ces puits se trouve à trente pieds au moins au-dessous du niveau du sol.

LAURENT (SAINT-). Grand et riche bourg, situé au milieu d'une vaste plaine élevée sur une éminence entourée de tous côtés par de hautes montagnes. ⊠ ☞ Pop. 1,350 hab. — *Commerce* de bois et de fromage façon Gruyère. — Éducation des abeilles. — A 6 l. 1/2 de Saint-Claude.

MIJOUX. Village situé dans une profonde vallée, au pied des Faucilles, hautes montagnes qui forment la dernière chaîne du Jura du côté de Genève. A 6 l. de Saint-Claude.

Le passage des Faucilles, que nous décrirons dans la livraison suivante, consacrée à la topographie du département de l'Ain, est l'un des plus pittoresques qu'offre la chaîne du Jura ; dans la belle saison, il est journellement traversé par les habitants de la vallée de Mijoux, qui se rendent au marché de Gex.

MOIRANS. Petite ville située dans une gorge étroite, entre deux montagnes fort hautes qui la dérobent de toute part aux yeux du voyageur, à 5 l. de Saint-Claude. ⊠ Pop. 1,360 hab. Elle est généralement bien bâtie, formée de rues larges, propres et ornées de belles fontaines ; mais sa position au milieu des stériles rochers qui l'enveloppent, en rend l'aspect triste. L'espèce d'incarcération où elle se trouve, y a fait naître un usage assez rare dans les petites villes : c'est de ne commencer à habiter que le premier étage, où l'on jouit d'un air plus pur, d'une atmosphère plus saine ; les rez-de-chaussée forment des écuries, des caves et des décharges.

Aux environs, on trouve une mine de fer en roche, comme celle de Monay. — A une demi-lieue de là sont les ruines de la ville d'Antres et le Pont-des-Arches, que nous avons décrits à l'article Granvillars.

Fabriques de chapeaux de paille d'Italie. Filatures de coton. Teintureries.

MOLINGES. Village situé sur la Bienne, à 2 l. 3/4 de Saint-Claude. Pop. 280 hab.

On y voit une carrière de fort beau marbre, exploitée avec beaucoup de succès au moyen de machines hydrauliques fort simples, qui débitent le marbre en planches de fort grandes dimensions. Ce fut le curé du lieu, M. Le Clerc, qui découvrit cette carrière en 1768.

En face de la carrière de Molinges, de l'autre côté de la Bienne, on voit une grande caverne, fameuse par l'asile qu'elle a donné, dans les dernières guerres de la Franche-Comté, à un chef de parti qui s'y défendit long-temps comme dans un fort.

MOLUNES (les). Village situé à 4 l. 1/2 de Saint-Claude. Pop. 820 hab. — Travail de pierres fines, strass, etc.

MOREZ. Joli bourg, situé sur la Bienne, au fond d'une gorge très-longue qui laisse à peine assez d'espace pour deux rangs de maisons et pour la rue qui les sépare. Les montagnes qui forment cette gorge s'élèvent de part et d'autre de deux cents toises, avec aussi peu d'inclinaison et, pour ainsi dire, avec autant de nudité qu'un mur. A la ligne où cette nudité cesse, commencent des forêts qui couvrent la rondeur des monts, dont la cime boisée se rapproche encore des cieux d'une hauteur pareille. Dans cette position presque souterraine, on pourrait croire que Morez n'est qu'un tombeau; ce serait une erreur : la gorge au fond de laquelle ce bourg est bâti se dirige du nord au sud, se contourne, et s'ouvre beaucoup au midi, ce qui, d'un côté le défend du souffle de la bise, et d'un autre lui donne constamment le soleil pendant la plus longue et la plus vive partie du jour.

Le bourg de Morez peut être regardé comme une des sources de la prospérité des montagnes environnantes, par son industrieuse activité, que semble annoncer de loin l'élégance de ses habitations. Il doit lui-même son état prospère et peut-être son existence au torrent qui a creusé le lit du vallon au fond duquel il est situé. Dans nul endroit on n'a su tirer un meilleur parti d'un si faible cours d'eau, qui, dans un espace de quelques centaines de pas, fait mouvoir des forges, des moulins, des fileries de fer, et une multitude de manufactures. Tout le territoire de la commune ne produit pas des subsistances pour quatre jours entiers; mais l'eau, le feu et le fer sont perpétuellement unis par des mains actives, et procurent bien au-delà des besoins à sa population.

Manufactures d'horlogerie dite de Comté, mouvements de pendules, cadrans d'émail, limes, pointes de Paris, tours Forges et martinets. Tirerie de de coton. Nombreuses tanne *merce* de vins, blé, fer, clouterie, geric. Entrepôt de fromage de Gruyère fabriqué en Suisse et dans le Jura.

A 7 l. de Saint-Claude. ✉ ☛ Pop. 2,100 hab. — *Hôtel* de la Poste.

PETIT-VILLARS. Village situé sur la route de Saint-Claude à Moirans, à 1/2 l. de Grandvillars. Il est bâti dans une gorge formée par des montagnes d'une grande élévation et si resserrées, qu'elles ne laissent entre elles que le grand chemin. A la sortie de cette gorge, on entre dans la contrée la plus hérissée, la plus inégale et la plus aride de tout le Jura; la vue s'étend à plusieurs lieues entre des hautes montagnes et pardessus des monts; mais nul village, nul hameau, nulle grange ne fait soupçonner qu'on marche sur un sol habitable; c'est le désert des montagnes, qui s'étend jusqu'à environ une lieue et demie de Saint-Claude.

RIXOUSE (la). Village situé à 6 l. de Saint-Claude. Pop. 650 hab. — *Fabriques* de clous et de taillanderie. Tréfilerie de fer.

ROUSSES (les). Village situé à peu de distance du lac de son nom, près des frontières de la Suisse, à 6 l. de Saint-Claude. ☛ Pop. 2,200 hab.

Ce village occupe le sommet d'un plateau élevé, qui n'offre ni ombrage, ni fraîcheur, mais seulement quelques champs arides et une plaine généralement dépouillée. Il existe encore quelques maisons au-dessus de cette élévation, mais point d'église. Le clocher des Rousses est le clocher le plus élevé du Jura, non par sa hauteur propre, mais par sa position dans la montagne. Plus haut, on ne voit plus que quelques auberges, quelques belles granges éparses, ou quelques chalets, habitations des bergers, que la neige enveloppe dans l'hiver, et dont les animaux et les hommes descendent aux premières gelées. L'église des Rousses est remarquable sous un autre rapport : quand il pleut, le toit présente la particularité de donner d'un côté ses eaux à la mer d'Allemagne et de l'autre à la Méditerranée. Le lac des Rousses, qui reçoit une partie des eaux, les verse d'abord dans celui des Charbonniers, ensuite dans le lac de Neufchâtel par la rivière d'Orb, et celui-ci dans le Rhin par l'Aar; tandis qu'un autre côté du même village verse à l'opposite les eaux dans la Bienne, qui se rend dans l'Ain, l'Ain dans le Rhône, et ce fleuve dans la Méditerranée.

SEPT-MONCEL. Village situé dans une vallée de la troisième chaîne du Jura, parallèle aux Alpes, à 3 l. de Saint-Claude. Pop. 2,950 hab.

Ce village, environné de bons pâturages, est le centre d'une contrée où se fabriquent les excellents fromages qui portent le nom de Sept-Moncel; ce sont des fromages persillés comme ceux de Roquefort, et qui en approchent par le goût autant que par l'aspect de la coupe; c'est un des meilleurs fromages qui se fabriquent en France, et s'il n'y est pas généralement connu, c'est que l'arrondissement qui le fournit n'a pas une assez grande étendue pour en fabriquer une quantité bien considérable. La Chaud-Berthod est une vallée où il s'en fait le plus; les maisons de cette vallée, dès le mois de novembre jusqu'à la fin d'avril, sont quelquefois encombrées de sept à huit pieds de neige; les habitants y vivent cependant tout l'hiver, au moyen des provisions qu'ils ont le soin de se procurer par le commerce de leurs fromages et de leur industrie.

Dans une forêt de sapins, sur une des montagnes voisines de Sept-Moncel, on entend un écho singulier qui répète distinctement un grand nombre de syllabes.

Le village de Sept-Moncel a été presque entièrement détruit par un incendie en 1826. Depuis un temps immémorial, la taille des pierres fines et fausses y occupe un grand nombre d'ouvriers.

Fabriques d'ouvrages au tour, de bas de fil et de coton. Taille des pierres fines et du strass. — *Commerce* de fromages renommés. —*Auberges*, la Croix-d'Or, la Croix-Blanche.

VILLARDS-D'HÉRIA. Village situé à 4 l. de Saint-Claude. Pop. 320 hab. — Filature hydraulique de coton.

ARRONDISSEMENT DE DOLE.

AUDELANGE. Village situé à 2 l. de Dôle. Pop. 250 hab. — Haut-fourneau. Carrière de marbre gris et bleu clair exploitée.

BRANS. Village situé à 4 l. 1/4 de Dôle. Pop. 450 hab. — *Fabrique* d'absinthe du Jura.

CHAUMERGY. Village situé sur la rive gauche de la Brenne, à 7 l. 1/4 de Dôle. Pop. 450 hab.

CHAUSSIN. Bourg situé sur la rive gauche du Dorain, à 4 l. 1/4 de Dôle. Pop. 1,400 hab. C'était autrefois une ville assez importante, qui fut détruite par Galas, en 1636.

CHEMIN. Village situé à 5 l. de Dôle. ✉ Pop. 460 hab.

DAMPIERRE. Bourg situé à 5 l. de Dôle. Pop. 550 hab. — Haut-fourneau.

DOLE. Jolie ville, chef-lieu de sous-préfecture. Tribunaux de première instance et de commerce. Société d'agriculture. Collège communal. ✉ ☎ Pop. 9,927 hab.

Dôle est une ville très-ancienne, ainsi que l'attestent quelques vestiges d'un amphithéâtre, les débris d'un aqueduc, et quelques restes de cette voie magnifique que les Romains avaient construite de Lyon aux rives du Rhin. Dès le XIVe siècle, c'était déjà une ville importante. En 1435, les habitants repoussèrent avec perte le duc de Bourbon, qui, déjà maître de plusieurs places du duché de Bourgogne, s'était présenté sous leurs murs. Fidèles à l'héritier de Charles-le-Téméraire, ils parvinrent quelque temps à se dérober au joug du fourbe et sanguinaire Louis XI; mais, en 1479, la ruse fit ce que la force n'avait pu exécuter. D'Amboise introduisit ses soldats dans la ville; les habitants, surpris, défendirent le terrain pied à pied jusque sur la grande place, où ils aimèrent mieux périr les armes à la main que de se rendre. Voici comment cet événement est consigné dans les registres de la ville de Dôle : « L'an 1479, le 25e jour « du mois de mai, heure de midi, fut, par « les François et par trahison, prise la ville « de Dôle; la plupart des habitants d'icelle « occis et les autres prisonniers; et en cette « heure, y mirent lesdits François, le feu, « et furent brûlés les églises de Notre-« Dame, de Saint-Georges, les halles, audi-« toires, chambre du conseil, et moulins « dudit Dôle. La plupart de cette ville ex-« terminée, captive, ne sera vue par ceux « qui, ci-après liront, comme dessus, et ce « nous certifions sous nos seings manuels « ci-mis. » Il n'y eut, à l'époque de cette destruction, que trois édifices de conservés : la tour de Vergy, l'église des Cordeliers, qui servit d'asile aux femmes, aux enfants et aux vieillards, et la maison de Jean de Vurry, trésorier des ducs de Bourgogne, dans laquelle d'Amboise était logé.

Pendant plusieurs années, Dôle a subi le joug de l'Espagne avec toute la ci-devant

Franche-Comté, dont, malgré sa petitesse, elle fut long-temps la capitale. Charles-Quint en fit augmenter les fortifications en 1530, et depuis cette époque elle a été plusieurs fois le théâtre de la guerre. Le prince de Condé l'assiégea en 1636. Ayant sommé la garnison de se rendre : « Rien ne nous « presse, reprend le commandant de place « Laverne; après un an de siége nous déli-« bérerons sur le parti à prendre. » Condé multiplie les attaques, hasarde les sommations après les plus légers avantages. Sa conduite devint si ridicule, qu'on le somme enfin lui-même de lever le siége. Un trompette vint lui déclarer que, « s'il veut se « retirer, les habitants de Dôle lui accorde-« ront six jours francs, afin qu'il puisse « s'en aller en sûreté avec son armée; que « si son Altesse rejette cette offre, elle pourra « bien s'en trouver mal.—« Et moi, » répondit Henri II en colère, « je ne recevrai point « ceux de Dôle à composition, à moins qu'ils « ne me la viennent demander la corde au « cou. » Les assiégés poussent l'insulte encore plus loin : ils menacent d'arrêter le prince devant leurs murs aussi long-temps qu'il a demeuré dans le ventre de sa mère, et puis de l'obliger ensuite d'en lever le siége. Condé redouble d'efforts pour ne pas prendre un parti si honteux, auquel il fut cependant contraint après avoir épuisé toutes ses ressources.

Louis XIV s'empara de Dôle en 1668; mais il la rendit à l'Espagne au mois de mai suivant, par le traité d'Aix-la-Chapelle. Il reprit cette ville en 1674, et la paix de Nimègue du 17 septembre 1678 l'assura à la France ainsi que la Franche-Comté.

La ville de Dôle est dans une belle situation, au pied d'un coteau couvert de vignes, sur la croupe et le penchant d'une colline au bas de laquelle passent le Doubs et le canal du Rhône au Rhin. Elle est bien bâtie, assez bien percée, ornée de fontaines publiques, et environnée de charmantes promenades. Les alentours offrent aussi de fort belles maisons construites en pierres de taille, et de beaux jardins.

L'église paroissiale, située sur la place Royale, est un édifice gothique, composé de trois nefs soutenues par d'énormes piliers : le vaisseau est peut-être un peu trop élevé pour la largeur de l'édifice; on y voit un très-beau jeu d'orgues exécuté par Riepp.

On voit sur la place où s'élève cette église un bassin de fontaine assez bien sculpté, que surmonte un piédestal. Autour de la ville existent trois autres fontaines naturelles; celle dite fontaine de sort d'un rocher tapissé de lierre toujours verts, était a crée à Diane.

C'est toujours avec un que l'on parcourt les charmantes nades qui embellissent la ville de cours Saint-Maurice, qui occupe plateau élevé, de plusieurs arpents due, est décoré en tous sens de belles à son extrémité on jouit d'une richesse d'aspects qui fait l'admiration des étrangers, et qu'on essaierait vainement d'esquisser. — Le Pasquier est une jolie promenade, entourée d'eau de toutes parts; ses allées étendues et régulières, ses ombrages frais, ses sites pittoresques et gracieux en feraient un véritable Élysée, si l'on pouvait y braver impunément la fraîcheur des matinées et surtout l'air humide du soir. — Le jardin Philippe est une presqu'île ombragée de superbes tilleuls et de marronniers, où l'on jouit d'un point de vue très-varié.

On remarque encore à Dôle : la tour de Vergy, ancien édifice qui sert aujourd'hui de prison; le portail de la chapelle de la nouvelle maison d'arrêt, d'une grande pureté de style et d'une noble simplicité; l'ancien collége des jésuites; le palais de justice; le collége; la bibliothèque publique, contenant 6,000 volumes; l'école de dessin; le musée; l'Hôtel-Dieu; l'hôpital-général; la salle de spectacle; le dépôt de mendicité; le pont sur le Doubs, et le canal.

On doit visiter dans les environs la belle forêt de Chaux, percée de superbes avenues; et à quelque distance, sur les bords de cette forêt, la verrerie de Vieille-Loye.

Fabriques de bonneterie, de boules de bleu, de vinaigre. Tuileries, poteries, brasseries, scierie hydraulique. Forges. Éducation des vers à soie; culture en grand du mûrier et des fleurs, notamment des roses, tulipes, etc., dont il se fait des envois jusqu'en Russie. — *Commerce* de grains, farines, vins, eau-de-vie, vinaigre, bois, charbon, fer, marbre, et meules de moulin que l'on tire de l'arrondissement. — A 16 l. de Lons-le-Saulnier, 11 l. 1/2 de Dijon. — *Hôtels* de la Ville-de-Paris, de la Ville-de-Lyon, du Commerce.

FRAISANS. Village situé à 5 l. 1/2 de Dôle. Pop. 500 hab. — Hauts-fourneaux, forges, laminoirs et martinets.

GENDREY. Bourg situé à 5 l. de Dôle. Pop. 700 hab.

JOUHE. Village situé à 1 l. 1/2 de Dôle. Pop. 550 hab.

Sur le territoire de ce village, à l'extrémité d'une vallée agréable, on voit dans un pré une fontaine d'eau minérale assez abondante, dont les eaux forment un petit ruisseau qui ne tarit jamais. — *Propriétés physiques.* L'eau de Jouhe est très-limpide; son odeur est faiblement marécageuse; sa saveur est fade, légèrement salée et un peu styptique; sa température constamment à 9 degrés du th. de R. — *Propriétés chimiques.* D'après M. Masson-Four, cette eau contient du sulfate et du carbonate de chaux, de la magnésie, de l'hydrochlorate de soude et de magnésie, et une quantité inappréciable d'acide carbonique. — *Propriétés médicinales.* On fait usage de l'eau de Jouhe en boisson, à la dose de deux ou trois verres jusqu'à deux litres. Elle passe pour être efficace dans les maladies des viscères, les catarrhes invétérés, les maladies de la peau, etc. La saison la plus favorable est depuis le commencement de juin jusqu'à la fin de septembre.

À quelque distance de Jouhe, on voit des grottes curieuses par les congélations qu'elles renferment.

MENOTEY. Village situé à 2 l. de Dôle. Pop. 650 hab. — Carrières de meules.

MOISSEY. Village situé à 3 l. de Dôle. ✉ Pop. 900 hab. — Carrières de pierres meulières. Tuileries.

MONTBARREY. Bourg situé à 4 l. de Dôle. Pop. 500 hab.

MONTMIREY. Village situé à 3 l. 1/2 de Dôle. Pop. 550 hab.

MONT-ROLAND. Village situé à 1 l. 1/2 de Dôle, sur une montagne qui a servi de point de station au célèbre Cassini dans le levé de la carte de France : on y jouit d'un vaste horizon.

Mont-Roland doit son nom au célèbre paladin Roland qui, dit-on, y fit bâtir un moutier de moines noirs. La statue gigantesque du chevalier ornait autrefois une des chapelles, à gauche de l'autel principal. Il tenait d'une de ses mains sa lourde et longue épée, et portait sur l'autre le modèle du monastère dont on lui attribue la fondation. Il ne reste de ce colosse que des débris informes, qui se soutiennent comme par miracle au milieu des ruines pittoresques de l'église. (*Voy. la gravure*).

MONT-SOUS-VAUDEY. Joli village situé à 5 l. de Dôle. ✉ ☞ Pop. 1,000 hab. Ce village est agréable par la disposition de ses maisons, presque toutes écartées les unes des autres, proprement bâties, et entourées de petits enclos comme des maisons de campagne. On trouve à la poste une excellente auberge.

ORCHAMPS. Bourg situé à 4 l. de Dôle. ✉ ☞ Pop. 830 hab. — *Manufacture* de porcelaine à l'épreuve du feu, dite hygiocérame.

RANS. Village situé à 4 l. 1/4 de Dôle. Pop. 550 hab. — Forges et haut-fourneau.

ROCHEFORT. Village situé sur la rive droite du Doubs et sur le canal du Rhône au Rhin, au pied de rochers imposants et pittoresques, sur lesquels s'élèvent les vestiges d'une ancienne forteresse. L'aspect de ces rochers réveille de pénibles souvenirs : celui qui domine une modeste chapelle, ombragée de quelques ormes, et qui surplombe de sa hauteur menaçante le cours du Doubs, porte le nom de Saut-de-la-Pucelle, et le doit, dit-on, à la résolution héroïque d'une jeune fille, qui, poursuivie par des soldats effrénés, et forcée de choisir entre la mort et le déshonneur, se précipita du haut de ce rocher dans l'abîme, en invoquant le nom de la Vierge.

SAMPANS. Village situé à 1 l. 1/2 de Dôle. Pop. 700 hab. — Belles carrières de marbre.

VIEILLE-LOYE. Village situé au bord de la forêt de Chaux, à 3 l. 1/4 de Dôle. Pop. 750 hab. — Belle verrerie à bouteilles.

ARRONDISSEMENT DE POLIGNY.

AIN (rivière de l'). Voyez ci-après Seroo.

ARBOIS. Jolie petite ville, chef-lieu de canton. Tribunal de première instance de l'arrondissement. Collège communal. ✉ ☞ Pop. 6,741 hab.

Cette ville est située sur la petite rivière de Cuisance, au fond d'un entonnoir fort creux et fort évasé, formé par des montagnes couvertes de vignes qui donnent des vins justement renommés. Tous les vins d'Arbois sont bons, se transportent au loin, et sont particulièrement fort connus à Paris : ils sont généralement blancs et faits avec du raisin blanc; mais il en est une sorte infiniment supérieure au vin ordinaire, un vrai vin de liqueur, nommé vin de gelée, parce qu'il ne se fait effectivement qu'au commencement de l'hiver, ou sur la fin de l'automne, et souvent après les premières gelées.

Patrie du général Pichegru.

Manufacture de faïence. Fabriques d'huile. Papeterie. Tanneries. Martinet à fer. Belle nitrière. — *Commerce* d'excellents vins blancs du territoire. Eau-de-vie, huile, fruits, fleurs et jardinage. — A 2 l. 1/2 de Poligny, 4 l. de Salins. — *Hôtel* du Cerf.

ARDON. Village situé sur l'Anguillon, à 4 l. de Poligny. Pop. 150 hab. — Belle papeterie.

BOISSET. Village situé à 4 l. 3/4 de Poligny. Pop. 150 hab. — Forges. Papeterie.

CENSEAU. Village situé à 6 l. 1/4 de Poligny. Pop. 820 hab. — Commerce de grains, planches de sapin et bois de construction. Entrepôt de sel.

CHAMPAGNOLE. Joli bourg, bâti dans une situation pittoresque au pied du Mont-Rivel, sur la rive droite de l'Ain, à 5 l. de Poligny. ✉ ⚜ Pop. 2,934 hab.

Ce bourg ne consiste, pour ainsi dire, qu'en une première rue très-large, longue d'un demi-quart de lieue, dirigée du nord au sud, et coupée d'une seconde rue qui se dirige à l'occident : il est traversé dans toute sa longueur par la route de Paris à Genève, qui joint à son extrémité méridionale une autre grande route qui mène de Lyon en Suisse. Cette position avantageuse, le voisinage des frontières, la pureté de l'air et l'agrément naturel du site ont rendu cette bourgade une des plus belles, des plus riches et des plus populeuses du département. La rivière d'Ain y met en mouvement un grand nombre d'usines différentes, ainsi qu'une des plus belles tréfileries de fer qui existent en France; deux cents ouvriers y sont constamment occupés, tant au tirage du fil de fer qu'à la fabrication des clous d'épingles.

Cette belle manufacture fut consumée par un incendie, ainsi que la totalité du bourg de Champagnole, le 28 avril 1798. Le gouvernement a donné 13,000 pieds de beaux sapins et des secours en argent pour son rétablissement; et la bienfaisance des habitants du Jura y a joint le produit d'une quête montant à 150,000 fr. Le bourg et la manufacture ont été rebâtis sur un plan plus régulier, et présentent aujourd'hui un aspect aussi vivant qu'agréable. Le très-petit coteau sur lequel les maisons paraissent comme suspendues, le petit bassin animé par les bruyantes eaux de l'Ain, dont un magnifi-que canal se détache pour do ment à l'usine, pendant qu'un de cascade en cascade à traver verser le trop plein du lit pri un horizon des plus circonscrits, peut plus pittoresque.

A peu de distance de Champagnole on doit visiter Chateauvillain et les forges du bourg de Sirod. *Voy.* SIROD, CHATEAUVILLAIN.

CHATEAUVILLAIN. Château situé à 5 l. 1/2 S. E. de Poligny, canton de Champagnole. Il est bâti sur un roc d'une hideuse nudité, qui s'élève perpendiculairement de 500 pieds au-dessus d'un vallon cultivé; c'est le dernier et presque le seul château fort qui ait échappé à la démolition générale qui fut faite de ces forteresses lors de la réunion définitive de la Franche-Comté à la France. Ce château n'est, au reste, un peu fort que par sa situation sur la crête d'une montagne qui n'a de largeur que ce qu'il en a fallu pour asseoir les bâtiments. Il ne peut être accessible que vers le nord et vers le sud; mais l'arête de la montagne s'est coupée naturellement dans ces deux directions pour le rendre éminent de tous côtés. Le chemin de Sirod le tourne complétement vers le sud, en suivant une pente longue et médiocrement rapide qui mène au corps avancé des fortifications : c'est une sorte de tour carrée qui se trouve aux deux tiers de la hauteur du mont, et qui en remplit la coupure primitive. Cette tour est percée d'une arcade de l'épaisseur, hauteur et largeur d'une porte de ville, et ressemble à une vraie porte de citadelle.

Le point de perspective de Châteauvillain est unique et frappant; son isolement et son élévation lui donnent un air de majesté qui ne laisse jamais place à l'insensibilité que produisent communément l'habitude et l'uniformité. Ce château qui, du côté du sud, se montre sous un aspect imposant, n'a cependant rien de très-remarquable, ni pour la régularité du plan, ni pour l'élégance de la construction. Trois objets néanmoins méritent de fixer l'attention : le premier est la prison, creusée dans le rocher au-dessous des bâtiments; on y descend par un escalier qui n'a pas un pied et demi de large, et où le corps peut à peine passer; trois portes épaisses fermaient l'entrée de ce tombeau, où nulle fenêtre, nul tuyau, nul canal, ne permettaient ni à la lumière, ni à l'air, ni aux sons de s'introduire. Le deuxième objet remarquable est un puits de huit pieds de profondeur, alimenté par une source qui ne tarit jamais. Enfin, dans l'intérieur, on remarque, dans l'appartement de la princesse, une armoire fort commune dont on ne s'aviserait pas de soupçonner la destination : c'est le vestibule de l'appartement des jeunes princesses. Lorsque les battants sont ouverts, on ne voit qu'une armoire ; mais un secret fait ouvrir une partie du fond et donne passage dans un petit escalier par lequel on grimpe à deux cabinets boisés qui se communiquent, et dont les fenêtres sont disposées de manière à ne pouvoir donner d'espérance aux plus hardis galants.

Une voie de huit à neuf pieds de large, entaillée dans le flanc de la roche, offre une descente rapide du côté de la plaine de Sirod, qui décrit du sud au nord une parallèle à la ligne beaucoup plus douce par laquelle on gravit du nord vers le sud. Ce n'est point ici sur le rocher qu'est tracée la route, c'est dans le rocher même ; et si la tête venait à manquer, on roulerait, sans que rien pût retenir, dans la rivière d'Ain, qui roule ses eaux parmi les rochers à soixante toises plus bas.

FONCINE-LE-BAS. Village situé sur la Sène, à 8 l. 1/2 de Poligny. Pop. 1,600 h. — *Fabriques* d'horlogerie et d'outils de divers genres.

FONCINE-LE-HAUT. Village situé au pied de la montagne Pelée, sur la Sène. Pop. 600 hab.

A peu de distance de ce village et au pied d'un immense rocher qui couvre au nord tout le vallon des Foncines, on voit la source de la Sène, qui va former la Langouette au village des Planches. Cette source est dans un abri formé en portion de cercle qui rentre dans la montagne ; elle forme trois chutes semi-circulaires, d'environ soixante pieds de haut, et coule assez fortement pour pouvoir mettre en mouvement plusieurs usines. — *Fabriques* d'horlogerie.

MESNAY. Village situé à 3 l. de Poligny. Pop. 1,150 hab. — Papeterie.

MIGNOVILLARD. Village situé à 8 l. de Poligny. Pop. 750 hab. — Commerce de fromages et de bois de sapin. Carrière de marbre bleu et jaune exploitée.

MOUCHARD. Village situé à 4 l. 1/2 de Poligny. ✉ ☎ Pop. 550 hab.

NOZEROY. Jolie petite ville, bâtie dans une situation agréable, sur une montagne, au pied de laquelle coule la rivière d'Ain, à 7 l. de Poligny. Pop. 800 hab.

Cette ville doit son origine aux princes d'Orange, qui avaient fait construire sur son territoire une maison de chasse, autour de laquelle on éleva par la suite d'autres habitations. On y voit encore un vaste édifice qui servit de résidence à ces mêmes princes.

Le site des environs est gracieux et pittoresque. A peu de distance de la ville, une petite rivière qui fait mouvoir en descendant par degrés un grand nombre d'usines sur une très-petite étendue de terrain, tombe de la cime d'une roche perpendiculaire de 150 pieds d'élévation, et forme une nappe écumante dont les eaux vont non loin de là se confondre avec celles de l'Ain. — A 1 l. S.-E. de Nozeroy, on doit visiter la belle source de l'Ain près du village de Conte. *Voy.* ci-après SIROD.

Fabriques de bottes et de souliers de pacotille. Tanneries renommées. — *Commerce* de cuirs, souliers, bottes, chevaux de trait, bestiaux, etc.

PLANCHES (les). Village bâti dans un des sites les plus sauvages du département, entre des rochers fort hauts et très-rapprochés, garnis çà et là de quelques parties de forêts formées d'arbres rabougris, le plus souvent nus, et qui ne permettent pas à la vue de se porter au loin.

Quand on descend pour arriver aux Planches, tout porte à croire que ce village est au bas du vallon, et la rivière de la Sène qui coule au niveau des habitations doit naturellement le faire penser ; mais à l'entrée du village cette rivière fait tout à coup une chute perpendiculaire d'environ 80 pieds, et quelques pas après, elle en fait une seconde de 60 pieds, également perpendiculaire, puis elle coule, sans être vue, dans un lit profond, l'espace d'environ 600 pas avant de reparaître. Ce n'est pas une gorge resserrée entre des montagnes, c'est une caisse allongée d'une grande profondeur, et dont les parois sont coupées parallèlement dans le rocher, ou plutôt c'est un étroit espace entre deux murs très-élevés, découvert par le haut comme une rue, mais que son peu de largeur (12 à 15 pieds) et son extrême profondeur privent de la lumière comme le fond d'un puits. On nomme cette partie presque souterraine de la Sène, la Langouette.

PLANE. Village situé à 1/2 l. de Poligny, sur une montagne élevée d'au moins sept cents pieds au-dessus de la plaine. Le chemin que l'on suit pour y arriver est large et bien ouvert, mais sa pente est très-rapide ; et cependant, cet inconvénient a ses charmes dans la saison des frimas ; c'est le théâtre des plaisirs de la jeunesse de Poligny, quand la neige couvre d'un pied le terrain. On gravit le mont comme on peut, portant à la main un très-petit traîneau, qui n'a guère que dix-huit pouces de long sur un pied de large : quelque petit que soit ce traîneau, le plus communément on s'y met deux ; une demoiselle s'assied en avant ; le cavalier se tient fixement en arrière, et tous deux se laissent glisser jusqu'au pied de la montagne : beaucoup de traîneaux descendent à la fois ; c'est une vraie joute à qui sera le plus adroit et le plus prompt.

POLIGNY. Jolie petite ville, chef-lieu de sous-préfecture, dont le tribunal de première instance est à Arbois. Société d'agriculture. Collége communal. ✉ ☞ Pop. 6,554 hab.

Poligny est une ville très-ancienne. Félix Chevalier, auteur de mémoires historiques sur cette ville, a démontré qu'elle était désignée dans la notice de l'empire romain sous le nom de *Castrum alinum*, qu'elle était la résidence du gouverneur de la province séquanaise, et qu'avant de tomber sous la puissance romaine, elle avait des institutions druidiques. C'est au moins ce qui semble résulter de la découverte des monuments celtiques et romains dont elle était entourée, et parmi lesquels on remarque encore un reste de voie romaine. La belle situation de Poligny en fit une des habitations favorites des ducs et comtes de Bourgogne ; on y voit encore les vestiges du fort Grimont, où étaient déposés les titres de leur maison. Au IXe siècle, c'était une des villes les plus considérables de la Franche-Comté ; mais un incendie, en 1638, et le siège qu'en fit le duc de Longueville, en détruisirent les deux tiers.

Cette ville est située à l'extrémité d'une plaine immense, au pied d'une montagne qui fait partie de la chaîne du Jura, près de la source de la petite rivière de Glautine. Elle est en général bien bâtie, propre, assez bien percée, et consiste principalement en quatre longues rues parallèles entre elles et à la direction de la montagne. Vers le milieu de la cité, cette montagne est ouverte et forme un large et fertile vallon qui s'y enfonce et y rentre d'une demi-lieue, se termine là subitement, et qu'on nomme la Culée-de-Vaux. La grande rue, qui traverse la ville presque dans toute sa longueur, honorerait beaucoup de villes étendues et populeuses. L'hôtel-de-ville est orné de deux jolies fontaines, et sur la place publique on en voit une qui ne serait pas déplacée dans un des beaux quartiers de Paris : c'est un bassin rond en pierres de taille, de vingt pieds de diamètre, au milieu duquel s'élève une pyramide d'où sortent plusieurs jets d'eau. Chaque faubourg a ses fontaines également abondantes, et d'une eau très-pure et très-saine. Les boucheries de cette ville sont remarquables : elles sont bâties sur une voûte, sous laquelle passe un ruisseau qui prend sa source à peu de distance. Dans l'intérieur de cette voûte, on a ménagé plusieurs trapes sur lesquelles l'animal est mis à mort ; le sang et les immondices, emportés à l'instant même par l'eau courante, ne revoltent pas l'odorat et la vue comme dans tant d'autres villes.

A une lieue nord-ouest de Poligny est le village de Tourmont, près duquel on a découvert plusieurs restes d'antiquités. *Voy.* ci-après TOURMONT.

Patrie du général Travot.

Fabriques de faïence commune, futailles, salpêtre, huile. Martinets à fer. Teintureries, tanneries. Scieries hydrauliques de planches. Aux environs, carrières de marbre et d'albâtre exploitées. — *Commerce* de grains, farines, vins rouges estimés du territoire, eau-de-vie, ouvrages au tour, faïence, cuirs, navette, etc. — A 7 l. de Lons-le-Saulnier.

SALINS. Ancienne ville. Chef-lieu de canton. Collége communal. ✉ ☞ Pop. 6,554 hab.

Cette ville est située dans une gorge étroite, entre deux montagnes assez élevées, à l'extrémité d'une vallée fertile. Elle est bâtie sur la pente d'une colline, au pied de laquelle coule la rivière la Furieuse. Au milieu de la ville, le vaste établissement des salines, entouré d'épaisses murailles et flanqué de tours de distance en distance, se fait remarquer par son étendue ; il a 280 mètres de longueur sur une largeur de 92 mètres. C'est dans cette vaste enceinte que se trouvent réunies un grand nombre de fontaines salées, renfermées sous des voûtes immenses, dont la construction remonte au Xe siècle ; on descend jusqu'au fond de cet atelier souterrain par des escaliers ; il a près de 900 pieds de long sur environ 300 de large ; son fond est de rocher fort solide. La rivière la Furieuse longe tout l'établissement, et coule à plus de huit pieds au-dessus du sol des voûtes ; un filet d'eau, extrait de cette rivière, s'introduit dans l'atelier pour donner le mouvement aux machines hydrauliques, qui servent, les unes à élever les eaux salées, les autres à élever les eaux douces. Les fontaines salées sont à

CHÛTE DE L'AIN.

différents degrés de saturation : quelques-unes contiennent 8, 12 et même 15 livres de sel sur 100 livres d'eau; d'autres n'en contiennent que 3 à 4 livres seulement. On emploie les plus saturées dans la saline de Salins, en les faisant évaporer par l'ébullition. Les sources moins saturées sont conduites par deux files de tuyaux, sur une étendue de 5 l., dans la saline dite de la Chaux, construite en 1775, et à proximité de la forêt de la Chaux : là, ces eaux sont portées dans des bâtiments de graduation, où s'opère une première évaporation, qui consommerait trop de bois, si on l'obtenait sous le feu des chaudières. Lorsque ces eaux, ainsi évaporées et concentrées par le secours de l'air, ont acquis 11 à 12 degrés de saturation, à peu près comme les meilleures sources pures de Salins, on les fait évaporer suivant la même méthode. Les salines de Salins fournissent annuellement environ 100 mille quintaux de sel. Celles de la Chaux donnent environ 40 mille quintaux. Le site de Salins est fort agréable ; les coteaux environnants produisent d'excellents vins.

Au mois de juillet 1825, cette ville a été entièrement détruite par un horrible incendie, qui a duré trois jours entiers. L'hôpital et l'établissement des salines ont été seuls préservés. La France entière, touchée d'un événement aussi déplorable, s'est empressée de venir au secours des incendiés, et a voulu concourir à la reconstruction de leur ville ; de nombreuses souscriptions, ouvertes dans toutes les villes, bourgs, villages et hameaux, ont produit en très-peu de temps des sommes considérables, que l'on évalue à plus de 2 millions.

Au sommet d'une des montagnes qui couronnent Salins, sont les ruines de l'ancien fort Belin; sur une autre montagne s'élève le fort Saint-André, très-bien entretenu et en état de défense. A une lieue de Salins, est le mont Poupet, qui surpasse en hauteur tous les monts d'alentour; il a 2,400 pieds d'élévation au-dessus du fond de la gorge où Salins est assis : ses coteaux, tapissés de vignes, de bois et de rochers, offrent l'aspect le plus agréable. On jouit du haut de cette montagne d'une perspective immense ; l'œil plane et embrasse tour à tour les Alpes, la fertile plaine de la Bresse, le cours tortueux du Doubs, des vignobles et de riches campagnes : c'est un des plateaux les plus majestueux du Jura.

On doit visiter à une lieue de Salins, sur le territoire de Nans (Doubs), la belle source du Lison. (*Voy.* NANS, *livraison du Doubs, arrondissement de Besançon.*)

Fabriques de sel et de sulfate de soude. Exploitation considérable de gypse provenant des carrières environnantes. Distilleries d'eau-de-vie de marc. Tanneries. Dans le val de Salins, papeteries, forges, martinets, hauts-fourneaux. — *Commerce* de vins excellents du territoire, d'eau-de-vie, fromage, cire, miel, sel, bois de sapin et de chêne, plâtre, etc. — A 6 l. de Poligny.— *Auberges* de la Poste, de la Tête-d'Or, du Sauvage.

SIAM. Village situé à 6 l. 1/2 de Poligny, canton de Champagnole. A peu de distance de ce village, on voit dans un vallon, au pied d'une montagne, une fontaine intermittente, qui a sa source dans un enfoncement en forme de demi-lune, de 20 pieds de diamètre et de 9 pieds de profondeur dans le rocher. Les intermittences de cette fontaine sont à peu près réglées à sept minutes ; on la voit dans cet espace de temps croître et décroître d'une manière assez uniforme.

SIROD. Grand et beau village, situé dans un petit vallon, entre les hautes montagnes de Sirod et de la Côte-Poire, à peu de distance de l'Ain, qui forme près de cet endroit une superbe cascade : entre les deux montagnes, la rivière tombe sur une esplanade et offre, dans sa chute, une nappe d'eau de 50 pieds de haut et de plus de 130 pieds de large, plus ou moins écumante ou tumultueuse, et par conséquent d'une beauté plus ou moins majestueuse, selon l'abondance des eaux. Cette chute est la plus belle du Jura; elle ne cesse en aucun temps, mais elle éprouve, comme nous l'avons dit, de grandes variations. Au-dessus de la cascade, l'Ain se trouve entièrement recouvert par des rochers détachés des montagnes, sous lesquels il passe comme à travers un grand aqueduc.

A 3/4 l. sud-est de ce village, sont les forges du Bourg de Sirod, les plus importantes du département, parce que le bois et le minerai se rencontrent partout : elles forment une petite population; chaque ouvrier a sa famille, sa maison, son jardin.

En sortant du village de Sirod, et se dirigeant vers le nord, on trouve près du village du Comte, la source de l'Ain, située au fond d'un précipice en cul-de-sac, formé par deux montagnes très-rapprochées, ou plutôt par une montagne dans laquelle s'est faite une échancrure de 600 pieds de profondeur, taillée perpendiculairement par la nature, et si étroite que la lumière y passe à peine. Si l'on se sent assez de courage pour pénétrer au fond de la gorge, il faut aller cent pas plus loin, et descendre la côte, toujours très-rapide, en se suspendant aux arbrisseaux qui y croissent; on arrive alors à un rocher saillant, qui forme une banquette naturelle autour du gouffre, dont les parois descendent aussi perpendiculairement que celles d'un puits. L'eau a la transparence du cristal: on voit très-distinctement les pierres que l'on y jette descendre à une profondeur considérable.

TOURMONT. Village situé à 1 l. de Poligny. Pop. 750 hab. Près de Tourmont, au lieu nommé Estavoye, existent des restes d'antiquités, nommés les Chambrettes. Ce sont plusieurs petits pavés d'appartements avec quelques restes de murailles qui formaient diverses chambres d'un palais: ces pavés sont en forme de mosaïque, en beaux marbres de différentes couleurs, et représentent diverses figures d'hommes, de femmes, d'animaux, etc., exécutées avec beaucoup de soin et d'intelligence. Ce monument, demeuré enseveli pendant plusieurs siècles sous des ruines, fut découvert vers le milieu du XVIe siècle, recouvert ensuite, mis à jour en 1740 et en 1754. Depuis ce temps, il a été visité plusieurs fois; mais la curiosité des amateurs nuisant au propriétaire, il l'a fait recouvrir de nouveau, et deux ou trois pieds de terre cultivée cachent actuellement ce chef-d'œuvre.

VADANS. Bourg situé à 3 l. 1/2 de Poligny. Pop. 600 hab.

VILLERS-FARLAY. Bourg situé à 5 l. de Poligny. Pop. 920 hab.

FIN DU DÉPARTEMENT DU JURA.

IMPRIMERIE DE FIRMIN DIDOT FRÈRES
RUE JACOB, N° 24.

Guide Pittoresque
DU
VOYAGEUR EN FRANCE.

ROUTE DE PARIS A GENÈVE,
TRAVERSANT LES DÉPARTEMENTS
DE SEINE-ET-OISE, DE SEINE-ET-MARNE, DE L'YONNE, DE LA CÔTE-D'OR, DU JURA ET DE L'AIN.

DÉPARTEMENT DE L'AIN.

Itinéraire de Paris à Genève.

	lieues.		lieues.
De Paris à Charenton...	2	Avallon...	2
Maisons...	1/2	Rouvray...	4 1/2
Villeneuve-Saint-Georges...	2	Maison-Neuve...	4
Montgeron...	1/2	Vitteaux...	4
Lieursaint...	3	La Chaleur...	3 1/2
Melun...	3 1/2	Pont de Pasny...	3
Le Châtelet...	2 1/2	Dijon...	5
Panfou...	2	Genlis...	4
Montereau...	2 1/2	Auxonne...	3 1/2
Fossard...	1	Dôle...	4
Bichain...	1 3/4	Mont-sous-Vaudray...	5
Villeneuve-la-Guyard...	1/4	Poligny...	4 1/2
Pont-sur-Yonne...	3	Montrond...	2 1/2
Sens...	3	Champagnole...	2 1/2
Villeneuve-le-Roi...	3 1/2	Maison-Neuve...	3
Villevaillier...	2	Saint-Laurent...	3
Joigny...	2	Morey...	3
Bassou...	3	Les Rousses...	3
Auxerre...	4	La Vatay...	3 1/2
Saint-Bris...	2 1/2	Gex...	4
Vermanton...	4	Ferney...	2 1/2
Lucy-le-Bois...	4 1/2	Genève (Suisse)...	1 1/2

Communication de Dôle à Besançon (DOUBS).

	lieues.		lieues.
De Dôle à Orchamps...	4	Saint-Fergeux...	3 1/4
Saint-Vit...	3	Besançon...	3/4

ASPECT DU PAYS QUE PARCOURT LE VOYAGEUR
DES ROUSSES A GENÈVE.

UNE demi-lieue après les Rousses, on trouve le hameau de la Cure, composé des dernières maisons habitables en tout temps dans le Jura; toutes celles qui se trouvent plus élevées ne sont que des châlets qui se ferment et s'abandonnent lors de la première chute des neiges. Ce hameau est à l'embranchement des routes de Genève par Gex, et de Lausanne par Saint-Cergues et Nyon. Après la Cure, on entre dans le département de l'Ain ; le plateau des Rousses continue, avec quelques légères inégalités, jusqu'à ce que la route s'enfonce dans le défilé où elle doit franchir la dernière chaine du Jura. De distance en distance sont placés sur la route des poteaux en bois, de douze à quinze pieds de haut, dont l'usage est d'indiquer le chemin, recouvert en hiver par plusieurs pieds de neige; sans cette précaution, il serait quelquefois impossible d'avancer; hommes, animaux, chevaux, voitures, tout pourrait être englouti, quoique cependant il n'y a pas de précipice immense en cet endroit; mais on sent avec quelle difficulté l'on parviendrait à se tirer sous un volume de neige de quinze à seize pieds de hauteur, au fond duquel on coulerait en un instant. On côtoie pendant trois quarts de lieue, à gauche, la frontière suisse, qui, par un accord entre les deux gouvernements, a été un peu éloignée dans cette partie, afin que la route fût tout entière sur le territoire français. On rencontre divers châlets, en s'élevant toujours par une pente douce et presque insensible jusqu'au hameau de la Vatay, où l'on a été forcé de placer la poste, puisqu'on ne trouve à cette élévation que des châlets.

A la Vatay, on est au pied de Dôle, la plus haute cime du Jura, dont l'élévation est de 658 toises au-dessus du lac de Genève, et de 852 toises au-dessus du niveau de l'Océan. L'ascension de cette montagne est on ne peut plus facile, et le voyageur curieux ne doit pas négliger de faire cette excursion : l'on a pour deux petites heures à monter, dont une heure environ à travers une forêt de sapins. La cime de la Dôle est longue d'un demi-quart de lieue; sa direction est à peu près du nord-est au sud-ouest : au sommet, sa largeur est peu considérable; au sud, et du côté des Alpes, elle est coupée presque à pic; du côté de la France, la côte présente une courbe allongée. Sur le haut, une crête de rochers forme dans toute la longueur un mur naturel, qui offrait quelques interruptions que les bergers ont remplies de pierres, pour empêcher leurs vaches de passer sur le bord qui regarde les Alpes; cette espèce de terrasse de largeur inégale est élevée perpendiculairement au-dessus d'un précipice de plus de neuf cents pieds de profondeur. On prétend qu'au lever du soleil, par un temps parfaitement clair, on peut, du sommet de la Dôle, reconnaître sept différents lacs : le lac de Genève, celui d'Annecy, celui des Rousses, et ceux du Bourget, de Joux, de Morat et de Neufchâtel ; mais le plus ordinairement on n'aperçoit que les trois premiers. Ce que l'on voit bien clairement, et ce qui forme un magnifique coup d'œil du haut de la Dôle, c'est la chaîne des Alpes : on en découvre une étendue de près de cent lieues, depuis le Dauphiné jusqu'au Saint-Gothard; au centre de cette chaîne, s'élève le Mont-Blanc, dont les cimes neigeuses surpassent toutes les autres cimes, et qui, même à cette distance d'environ vingt-trois lieues, paraissent d'une hauteur étonnante. Cette ligne de montagnes s'élève avec audace; les cieux s'appuient sur son sommet; elle soutient le firmament; il n'y a point d'espace au-delà. On ne peut rien voir de plus majestueux que cette chaine, lorsque le soleil en dore les sommets de ses plus riches couleurs : on dirait des masses de rubis, d'émeraudes et de topazes, fixées sur un fond quelquefois d'une blancheur éclatante, et quelquefois d'une transparence qui éblouit. Toute cette richesse forme un cordon de hauteur inégale au-dessus de la Savoie, où l'œil se fixe, voudrait le considérer toujours; et plus il le contemple, plus il sent s'accroître l'impression de plaisir qui l'y tient attaché.

Mais abandonnons ce théâtre majestueux, et parcourons l'intervalle qui sépare les Alpes du Jura. Devant le spectateur, au pied du Mont-Blanc, est la Savoie; le lac Léman, qui la baigne au nord, se développe majestueusement jusqu'à Genève, où les eaux du Rhône, qui le traversent, viennent se joindre à celles de l'Arve. En face, sur l'autre rive du lac, est le riche pays de Vaud; sur la droite est celui de Gex, et les villes de Genève et de Carouge. Les montagnes du Dauphiné bornent la vue de ce côté; à gauche, les montagnes de la Suisse s'enchaînent avec la Dôle; au bas de ces monts, apparaît la Suisse même, et dans le lointain le lac de Neufchâtel. Le lac Léman s'élargit à mesure que la vue remonte vers le nord-est, en se recourbant vers les montagnes de la Savoie : cette plaine liquide, bleuâtre et demi transparente, de quatre lieues dans sa plus grande largeur, qui brille comme un vaste miroir au milieu des plaines terrestres fécondes et des montagnes énormes qui l'entourent, contribue d'une manière étonnante à l'embellissement de l'un des points de vue les plus étendus, les plus magnifiques et les plus variés que l'homme puisse se procurer.

Le riche pays de Vaud, à le prendre du pied des monts seulement jusqu'au lac, a trois

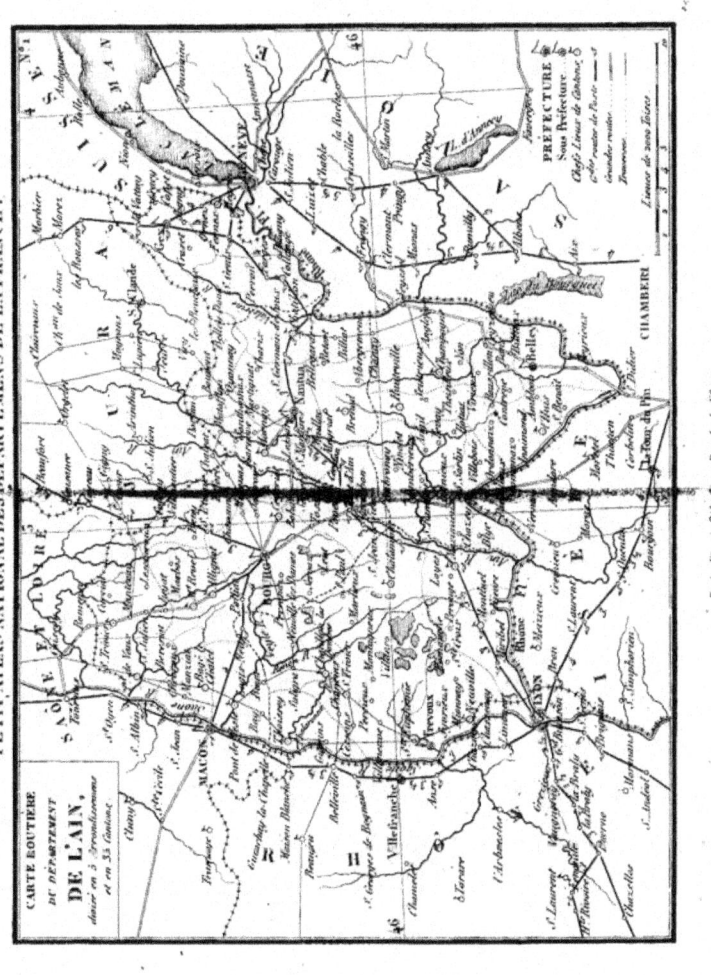

lieues de large : ainsi que le pays de Gex, qui l'avoisine, c'est une plaine très-fertile et parfaitement cultivée; mais ce ne sont point les plaines uniformes et ennuyeuses de la Flandre ou de la Beauce. Tous les héritages y sont séparés, comme dans l'ouest de la France et dans la Puisaye, par des haies vives ou par des fossés garnis d'arbres, et les portions différentes de chaque héritage sont elles-mêmes divisées et ornées de ces barrières verdoyantes et fructueuses; les cultures sont agréablement entremêlées; chaque chaumière a son jardin; la prairie succède au verger, et à celle-là les prairies artificielles et les terres cultivées; enfin, cette opulence agricole est encore relevée par la vigne, dont la culture empreint tous les lieux d'un grand ton de gaîté, précurseur naturel de la joie que son jus sait répandre : de riches et grands villages se remarquent çà et là dans la campagne, et plusieurs villes, dont les édifices se reflètent dans les eaux du lac, ajoutent un charme tout particulier à ce brillant tableau.

Depuis l'autre bord du lac Léman jusqu'à la cime la plus élevée des Alpes, il ne paraît exister qu'un glacis immense et sans interruption : ce glacis, dont la pente a plus de vingt lieues de long, semble tout voisin du spectateur; la partie la plus basse offre des nuances variées des produits différents d'une terre qui porte des fourrages et des grains. Les premiers coteaux se distinguent par le vert jaunâtre des vignobles et le vert plus foncé de quelques bois; plus haut, c'est la sombre verdure des forêts qui perdent leurs feuilles l'hiver; plus haut encore, la teinte se rembrunit et annonce les forêts de sapins; ensuite le coloris redevient plus clair par les forêts de mélèzes, dont le vert est moins foncé; le degré qui suit annonce les lieux où la neige ne fond plus, auxquels se joignent immédiatement ces masses monstrueuses de glaces éternelles, ces montagnes de glaces isolées qu'on nomme les glaciers, unis et séparés par des vallées de plusieurs lieues d'étendue, et au-dessus desquelles s'élève la masse pyramidale du Mont-Blanc.

Si l'on tourne le dos aux Alpes et au lac de Genève, on a la France devant soi. Dans cet autre demi-cercle, la vue s'étend à quarante lieues de rayon, sur les départements de l'Ain et du Jura, derrière lesquels s'élèvent les montagnes des départements de la Côte-d'Or et de Saône-et-Loire. On peut distinguer dans la basse plaine les habitations entre Dôle et Dijon; mais, dans toute l'étendue du Jura, on ne voit que les sommités des chaînes de montagnes, toutes dirigées parallèlement à la Dôle. Il ne faut point chercher la nature vivante sur cette montagne; pas un oiseau, pas une abeille, pas un insecte : on n'entend, on ne voit rien qui sente et qui remue; les aigles y passent quelquefois, mais ne s'y arrêtent pas; nul bruit ne frappe les oreilles; on voit les troupeaux errer dans les châlets qui sont à son pied, au plus haut degré des sapins, mais ni leurs mugissements, ni le son du cornet ne sont portés par les échos jusqu'à cette élévation, et le bruit du tonnerre est vraisemblablement le seul qui s'y fasse entendre.

« On trouve cependant au sommet de la Dôle, dit M. de Saussure, un terre-plein assez étendu, qui forme une belle terrasse couverte d'un tapis de gazon. Cette terrasse est, depuis un temps immémorial, aux deux premiers dimanches d'août, le rendez-vous de toute la jeunesse de l'un et de l'autre sexe des villages du pays de Vaud. Les bergers des châlets voisins réservent, pour ces deux jours, du lait, de la crème, et préparent toutes sortes de mets délicats qu'ils savent composer avec le simple laitage. On goûte là mille plaisirs variés; les uns jouent à des jeux d'exercice, d'autres dansent sur le gazon serré et élastique, qui repousse avec force les pieds robustes et pesants de ces bons Helvétiens. D'autres vont se reposer et se rafraîchir sur le bord du rocher, pour jouir du beau spectacle qu'il présente. L'un montre du doigt le clocher de son village : il reconnaît les prairies et les vergers qui l'entourent. Un autre, qui a voyagé, nomme toutes les villes du pays; il indique le passage du Mont-Cenis, le chemin qui conduit à Rome, cette ville si célèbre. Les plus hardis font preuve de courage en marchant sur le bord du précipice, situé de ce côté de la montagne. D'autres, moins vains et plus galants, n'emploient leur adresse qu'à ramasser les fleurs qui croissent sur les rochers escarpés; ils cueillent le *leontopodium*, remarquable par le duvet cotonneux qui le recouvre; le *senecio alpinus*, bordé de grands rayons dorés; l'œillet des Alpes, qui a l'odeur du lis; le *satyrium nigrum*, qui exhale le parfum de la vanille; et les échos des montagnes voisines retentissent de cette joie vive et sans contrainte, compagne fidèle des plaisirs simples et innocents. Mais un jour, cette joie fut troublée par un événement funeste : deux jeunes époux, mariés du même jour, étaient venus à cette fête avec toute leur noce; ils voulurent, pour s'entretenir un moment avec plus de liberté, s'approcher du bord de la montagne : le pied glissa à la jeune mariée; son époux voulut la relever, l'entraîna dans le précipice, et ils terminèrent ainsi leur vie dans son plus beau. On montre encore un rocher rougeâtre qu'on dit avoir été teint de leur sang. »

Après la Vatay, on jouit d'une belle échappée de vue sur la profonde vallée de Mijoux. Au bout d'une demi-lieue, on trouve l'embranchement de la route de Genève à Saint-Claude. Non loin de là, la route traverse un étroit et court défilé, où l'on perd de vue la belle combe de Mijoux; mais on en est bien dédommagé par le sublime spectacle qui s'offre tout-à-coup à l'issue de ce défilé : ce n'est plus, comme du haut de la Dôle, toute l'étendue des Alpes; ce n'est point cette confusion d'objets qui s'effacent en partie dans la vapeur du lointain; mais c'est une partie des Alpes et du lac de Genève, dont on est à la distance la plus convenable pour en bien jouir. En avançant, la vue s'étend à droite et à gauche : on passe sous une roche percée qui forme, sur la route, une espèce d'arc de triomphe. On a devant soi la ville de Gex, et dans la même direction celle de Genève, qui, vues à cette distance, paraissent très-peu éloignées l'une de l'autre : on est cependant encore à 7 l. de la seconde et à 3 l. de la première, où l'on arrive en descendant toujours, et décrivant sur le flanc de la montagne de la Fossille plusieurs tournants, dont l'un offre aux voyageurs la facilité de se désaltérer dans une superbe fontaine, découverte en escarpant la montagne.

De Gex à Genève on descend continuellement et presque insensiblement, en suivant une route constamment belle et presque droite, offrant de magnifiques points de vue sur le lac de Genève, le Mont-Blanc et les montagnes agrestes de la Savoie. On passe à Cessy, à Sagny, à Ornez et à Ferney, joli bourg dont le nom est inséparable de celui de Voltaire, qui en fut le fondateur. Peu après Ferney, on franchit la frontière, et l'on arrive par une montée courte, mais rapide, au Grand-Saconnex. De cet endroit jusqu'à Genève, la route offre une promenade continuelle, bordée à droite et à gauche d'une quantité innombrable de charmantes maisons de campagne.

DÉPARTEMENT DE L'AIN.

APERÇU STATISTIQUE.

Ce département est formé de la Bresse, du Bugey, du Valromey et de l'ancienne principauté de Dombes, qui dépendait de la Bourgogne. Il tire son nom de la rivière de l'Ain, qui le traverse du nord au sud. — Ses limites sont : au nord, le département du Jura et une partie du département de Saône-et-Loire; à l'est, la Suisse; au sud, le département de l'Isère; à l'ouest, ceux du Rhône et de Saône-et-Loire.

La température du département est variable: humide dans l'arrondissement de Trévoux, beaucoup moins dans l'arrondissement de Bourg, et excellente dans les arrondissements de Nantua, de Belley et de Gex. L'arrondissement de Trévoux, et une partie de celui de Bourg, sont exposés à des brouillards épais et méphitiques, occasionés par des étangs et des marais considérables, qui produisent de funestes effets sur la santé des habitants : dans toutes les autres contrées, le climat est en général fort sain.

Sous le rapport physique, le territoire du département de l'Ain peut se diviser en quatre parties : celle de l'est, celle du sud-est, celle du sud-ouest, et celle du nord. — La partie de l'est est traversée, du nord-est au sud sud-ouest, par plusieurs chaînes de montagnes parallèles entre elles, qui sont un prolongement du Jura : les vallées y sont profondes, bordées de montagnes élevées, de rochers taillés à pic, et sillonnées par des torrents extrêmement rapides; elles abondent en excellents pâturages et fournissent de très-bons fromages; les pentes extérieures des collines les plus favorablement exposées sont plantées en vignes; des forêts de sapins occupent le centre des chaînes, et il y croit aussi diverses autres essences de bois. En général, on trouve dans cette partie peu de terres labourables, et les récoltes en blé sont insuffisantes pour la consommation des habitants. — Dans la partie du sud, environnée de trois côtés par le Rhône et l'Ain, les chaînes de montagnes sont moins resserrées, leurs sommets moins âpres, moins déchirés; on y trouve des vignes assez bien cultivées, des terrains aussi fertiles qu'agréables, où l'on recueille toute sorte de grains, de fruits et de légumes. Dans cette partie, de charmants paysages, de beaux villages, des sources abondantes, de belles rivières, des prairies, de riches vignobles, beaucoup d'arbres et une végétation vigoureuse, présentent le plus riant tableau. — La partie occidentale, jusqu'à la Saône, est une plaine basse, dont le sol compacte et argileux retient les eaux, en même temps que le défaut de pente les empêche de s'écouler; des marais considérables, des étangs nombreux, des bois en assez mauvais état, peu de terres à froment, quelques champs de seigle et beaucoup d'avoine, voilà l'aspect général que présente cette division. On ne peut pas dire cependant que ce pays soit infertile; seulement les récoltes n'y suffisent pas à la consommation. Mais quand les étangs sont en eau, on y pêche d'excellent poisson; et lorsqu'ils sont à sec, on y récolte de l'orge et de l'avoine en abondance. Néanmoins, il n'y a guère que les bords de la Saône qui soient bien peuplés et cultivés avec soin : on y voit beaucoup de vignobles et des paysages riants et animés.— Au nord, se trouve la quatrième division; l'arrondissement de Bourg, les montagnes exceptées, et la partie septentrionale de l'arrondissement de Trévoux, la composent en entier. Le sol y est bon en général, bien cultivé, et produit du froment, du seigle, de l'orge, du sarrasin, du maïs, du chanvre, des légumes, etc. D'immenses et superbes prairies embellissent les bords de la Saône, et les bassins de la Reyssouse et de la Chalaronne sont couverts de prés très-productifs.

Dans les deux premières parties, l'élévation des montagnes, la profondeur des vallées, les torrents impétueux, les rochers suspendus au-dessus des précipices, l'aspect auguste et sombre des forêts, la variété pittoresque des sites, offrent une nature grande et imposante; tandis que les bords escarpés de l'Ain, son encaissement dans les montagnes taillées à pic, la perte du Rhône et celle de la fougueuse Valserine, des cascades remarquables, des grottes, des scissures énormes, de grands accidents de la nature, fournissent à l'observateur de nombreux sujets d'admiration.

Le département de l'Ain a pour chef-lieu Bourg. Il est divisé en 5 arrondissements et en 35 cantons, renfermant 441 communes. — Superficie, 290 lieues carrées. — Population, 346,030 habitants.

MINÉRALOGIE. Mines de fer en grains, oxide de fer et géodes ferrugineuses; indices de mine de cuivre; sables aurifères dans le Rhône; ocres; bleu de Prusse naturel. Carrières de différents marbres, d'albâtre, de pierres lithographiques; spaths transparents; stalactites en grandes masses et arborisées en rameaux très-fragiles; argile à potier, plâtre, marne. Mines d'asphalte.

SOURCES MINÉRALES à Ceyzeriat, Pont-de-Vaux, Saint-Jean-sur-Reyssouse, Saint-Jean-sur-Veyle, Serviguiat, Biziat, Polliac, Thoni, Seyssel, etc.

PRODUCTIONS. Froment, seigle, orge, avoine, maïs, millet, sarrasin, noix, truffes noires, fruits, légumes, cire, miel, chanvre.—18,992 hectares de vignes.— 62,200 hectares de forêts. — Quantité de chèvres, chevaux, bœufs, porcs, moutons, volailles excellentes. Éducation des vers à soie. — Bon poisson de rivières et d'étangs. Grand et menu gibier.

INDUSTRIE. Manufactures de toiles de ménage et d'emballage. Fabriques de draps moyens, toiles de coton, mousselines, chapeaux de paille, souliers de pacotille, horlogerie, boissellerie, ouvrages au tour façon de Saint-Claude. Affinage et tirage d'or et d'argent. Moulins à soie, scieries hydrauliques, faïenceries, clouteries, taillanderies, papeteries, verreries. Tanneries, corroieries et mégisseries.—Émigration annuelle de plusieurs milliers d'ouvriers peigneurs de chanvre, et de colporteurs de boissellerie.

COMMERCE de grains, vins, chanvre, cuirs, huile de noix, fromages de chèvre et façon Gruyère, poterie de grès, fil de chanvre, asphalte, carton, planches de sapin, boissellerie, chevaux de trait, ânes, mulets, bestiaux gras, chèvres, porcs, chapons et poulardes de la Bresse, etc., etc.

**VILLES, BOURGS, VILLAGES, CHATEAUX ET MONUMENTS REMARQU[ABLES],
CURIOSITÉS NATURELLES ET SITES PITTORESQUES.**

ARRONDISSEMENT DE BOURG.

BAGÉ-LE-CHATEL. Petite ville, agréablement située sur un petit mont qui domine une plaine agréable et fertile en grains de toute espèce, chanvre, pépinières de peupliers, etc. A 7 l. 1/2 de Bourg. Pop. 840 h. — *Fabriques* de toiles et de poterie de terre. Filature de laine; corderies; tuileries; tanneries. — *Commerce* considérable de volailles estimées, de bétail gras, vins, bois, grains, toiles de chanvre, etc. — *Auberges* de l'Écu, du Lion-d'Or.

BOURG. Ancienne et jolie ville, chef-lieu du département. Tribunal de première instance. Société d'agriculture et d'émulation. Collège communal. ✉ ☞ Pop. 8,996 h.

Cette ville est beaucoup plus ancienne qu'on ne le croit communément. Les différents monuments qu'on trouve à chaque pas ne laissent aucun doute sur l'existence en ce lieu d'une réunion importante de citoyens, sous la domination romaine. Le président de Thou pense que c'est là qu'existait l'ancien *Forum Sebusionorum*. Après la chute de l'empire romain, aux Ve et VIe siècles, Bourg fut successivement dépendante du premier royaume de Bourgogne : elle obéit à la France sous les deux derniers rois de la première race; aux Carlovingiens jusqu'au milieu du IXe siècle; au royaume d'Arles et duché de Bourgogne transjurans de l'Empire; les ducs de Savoie la possédèrent du XIe au XVIe siècle, et y firent construire une citadelle des plus régulières de l'Europe; le traité de Lyon du 17 janvier 1601 l'assura à la France. Elle a été prise deux fois par les Français, en 1536 et en 1600, et sa citadelle rasée en 1611, par ordre de Louis XIII.

La ville de Bourg est dans une charmante situation, près de la Veyle, sur la rive gauche de la Reyssouse. Du côté de l'est, elle domine un bassin agréable et varié, que terminent les coteaux de Revermont; au nord, le bassin se prolonge avec le cours de la Reyssouse, et la vue se perd dans de belles prairies qui s'étendent jusqu'à la Saône; l'ouest et le midi présentent un plateau cultivé, terminé à l'horizon par une vaste forêt. Cette ville est généralement bien bâtie, les rues en sont assez bien percées, propres et ornées de fontaines publiques, dont une, en forme de pyramide, a été érigée par les habitants à la mémoire du général Joubert, né à Pont-de-Vaux, où nous aurons occasion de voir sa statue.

Bourg a peu de commerce : sa situation au centre d'un pays purement agricole, le défaut de rivière navigable ou de canal sous ses murs, la rareté du numéraire, l'absence des ressources et l'inertie résultant de l'influence du climat, l'ont jusqu'ici tenue dans un état d'inactivité à cet égard. Cependant, quelque peu riche et quelque peu considérable que soit cette ville, elle fait les frais d'un théâtre assez joli, et souvent occupé par des troupes ambulantes.

Les promenades de Bourg font le principal agrément de cette ville; elles consistent en plusieurs belles avenues de peupliers, et en diverses allées, dont l'une, qui porte le nom de Mail, est remarquable par sa longueur. On y remarque encore sa bibliothèque publique, contenant 19,000 vol.; le musée départemental, et les cabinets de physique et de chimie; la halle au blé, bâtiment circulaire assez agréable. Dehors la ville, est un magnifique hôpital entouré de beaux jardins, et l'église gothique de Brou, qui mérite une attention particulière par la beauté de son architecture, le prix inestimable de ses vitraux de couleur, et les mausolées de la maison de Savoie qu'elle renferme.

L'église Notre-Dame de Brou fut construite par les ordres de Marguerite d'Autriche, fille de l'empereur Maximilien Ier, et tante de Charles-Quint. Cette princesse *qu'eut deux maris et si mourut pucelle*, avait adopté pour devise ces mots : *fortune, infortune, fort une*, répétés de toutes parts dans l'église de Brou. Elle appela, pour concourir à cette construction, les artistes les plus célèbres; quatre cents ouvriers furent promptement réunis, et un monument immense commencé en 1511 fut achevé en 1536. La façade extérieure est d'un goût

original. Le frontispice est couronné par trois frontons ; celui du milieu, qui est le plus élevé, offre un aspect qu'on ne trouve nulle part dans les monuments de la renaissance. Le portail, dont l'arc est surbaissé, est couvert d'ornements et d'arabesques remarquables par la richesse du travail et la perfection des détails. L'intérieur de l'édifice est généralement simple : ce n'est que dans le chœur que tout le luxe s'est déployé : la pierre éblouissante en blancheur, le marbre de Carrare le plus éclatant, et ces vitraux rehaussés de mille couleurs, qui multiplient avec tant de vérité le jeu pittoresque des rayons du soleil, tout donne à ce sanctuaire une magnificence qui rappelle ces temples chrétiens de Byzance, dont les voûtes recouvertes d'or étaient soutenues par des piliers de jaspe. C'est dans cette partie du chœur que se trouvent les trois mausolées en marbre blanc qui ont le plus contribué à la haute renommée de l'église de Brou. A droite est celui de Marguerite de Bourbon, femme de Philippe II, prince de Savoie, qui fit le vœu de bâtir l'église. Vis-à-vis est celui de Marguerite d'Autriche, sa belle-fille, qui exécuta ce vœu. Au milieu, est le plus beau des trois, celui de Philibert-le-Beau, fils du premier et mari de la seconde. Le prince est représenté mort au-dessus du mausolée, et mourant au-dessous : l'une et l'autre figure offrent le même fini et la même vérité. Ces monuments, d'un style admirable et d'une belle exécution, sont, ainsi que l'église, l'ouvrage de Colomban, artiste dijonais, dont on voit la statue en marbre non loin des tombeaux. On remarque encore dans la même église les boiseries du chœur, la sculpture gothique du jubé, et une chapelle du même style revêtue en marbre dont les ornements sont d'une délicatesse admirable et d'un fini précieux. Sur l'autel est un immense tabernacle construit d'une espèce d'albâtre, et tout couvert de sculptures délicieuses, dont les sujets sont pris dans les mystères de nos livres sacrés.

On rencontre souvent dans l'église de Brou les belles formes de l'école italienne, trop souvent le fini de l'école allemande ; mais les beautés sont en si grand nombre, qu'elles font excuser quelques imperfections qui tiennent au siècle, et qui sont toujours rachetées par une originalité pleine de séductions et d'enchantements.

Devant le portail, qui est d'un très-beau gothique, on voit un cadran elliptique de la classe de ceux qu'on nomme analématiques ou azimutaux, situé horizontalement en avant de la porte d'entrée. La première construction de ce cadran date du XVIe siècle, et sa reconstruction fut entreprise et exécutée aux frais du célèbre la Lande, qui donna, en 1757, une démonstration de ce genre de gnomon. Le grand axe de l'ellipse est d'environ 10 mètres 720 millim., et se dirige de l'ouest à l'est ; le petit axe est de 8 mètres 746 millim. Au centre de l'ellipse est tracée une ligne méridienne sur une table de pierre parallélogramme horizontale, coupée dans la longueur par la ligne méridienne. Sur chaque côté de cette ligne sont gravées les lettres initiales de chaque mois de l'année. En se plaçant sur la lettre du mois où l'on est, l'ombre de la personne va se projeter à la circonférence sur le chiffre qui doit indiquer l'heure. Ce monument curieux, qui donne une idée de ce qu'étaient les sciences exactes dans le XVIe siècle, est le seul monument de ce genre qui existe en France[1].

Bourg est la patrie de Vaugelas, célèbre grammairien du XVIe siècle ; de Jérôme la Lande, dont les découvertes en astronomie, et les lumières qu'il a répandues sur cette science, ont rendu le nom célèbre dans les deux mondes.

Fabriques de toiles, bonneterie. Filature de coton. Tanneries et corroieries. — *Commerce* considérable de blés, seigle, méteil, orge, avoine, menus grains, vins, cuirs, poulardes de Bresse, chevaux et bestiaux. Marchés très-importants pour les grains.

A 9 l. de Mâcon, 18 l. 1/2 de Lyon, 116 l. de Paris. — *Hôtels* de l'Europe, du Griffon, du Nord.

BOZ. Village situé à 7 l. 1/2 de Bourg. Pop. 600 hab. Ce village est regardé comme une ancienne colonie de Sarrasins, dont les habitants se distinguaient autrefois par des usages particuliers. — *Commerce* de bœufs.

CEYZERIAT. Joli bourg, situé à 2 l. de Bourg, sur la route de cette ville à Nantua. Pop. 1,100 hab. Dans les environs, on trouve une source d'eau minérale ferrugineuse, et plusieurs restes d'antiquités.

COLIGNY. Bourg situé à 4 l. 1/2 de Bourg. Pop. 1,800 hab.

---

[1] Nous avons déjà eu occasion de parler d'un gnomon très-remarquable qui se voit dans l'église de Tonnerre (8e *livraison*, *département de l'Yonne*) ; mais ce gnomon diffère essentiellement de celui de Notre-Dame de Brou.

CORVEYSSIAT. Village situé à 5 l. 1/2 de Bourg. ✉ Pop. 600 hab.

Près de ce village, on remarque une des plus belles grottes de tout le département : les stalactites colorées en lilas et en gris de lin d'une grande fraîcheur, qui décorent cette belle grotte ; sa situation, l'entrée, et la rivière qui s'en échappe en bouillonnant, forment un tableau très-remarquable et on ne peut plus pittoresque.

JEAN-SUR-REYSSOUSE (SAINT-). Village situé à 5 l. 1/2 de Bourg. Pop. 350 h. On y trouve une source d'eau minérale.

JEAN-SUR-VEYLE (SAINT-). Village situé sur la rive droite de la Veyle, à 5 l. 1/2 de Bourg. Pop. 1,000 hab. Il possède une source d'eau minérale.

LAURENT (SAINT-). Gros village, situé sur la rive gauche de la Saône, en face de Mâcon, à 6 l. de Bourg. Pop. 1,300 hab. — *Commerce* considérable de blé, seigle, méteil, orge, avoine, farines, planches de sapin, minerai, chanvre, chevaux, bestiaux, cuirs en poil, etc. Marchés considérables pour les grains : les marchés de Saint-Laurent sont, après ceux de Bourg, les plus forts du département. — Moulin à grains à vapeur.

LENT-SUR-VEYLE ou LENT-EN-DOMBES. Bourg situé sur la rive gauche de la Veyle, à 2 l. de Bourg. Pop. 1,050 hab. — *Commerce* considérable de chevaux.

MARBOZ. Bourg situé près de la rive gauche du Sevron, à 3 l. de Bourg. Pop. 2,400 hab.

MEILLONNAS. Village situé à 2 l. 1/2 de Bourg. Pop. 1,300 hab. — *Fabriques* de poterie de terre et de grès, briques réfractaires, creusets, poêles, etc.

MONTREVEL. Petite ville, située dans une contrée très-fertile, sur la rive gauche de la Reyssouse. Pop. 1,500 hab. — *Commerce* de grains et bestiaux.

POLLIAT. Village situé à 2 l. de Bourg. Pop. 1,350 hab. On y trouve une source d'eau minérale.

PONT-D'AIN. Petite ville, située sur la rive droite de l'Ain, au pied d'une montagne couronnée par un ancien château construit par les ducs de Savoie, qui présente l'aspect d'un grand couvent. ✉ ⚘ A 5 l. de Bourg. Pop. 1,200 hab.

Le nom de cette ville lui vient du pont sur lequel on y passe la rivière d'Ain, pour aller à Belley et à Chambéry. — Construction de bateaux pour Lyon et pour le Rhône.

PONT-DE-VAUX. Jolie tuée à 11 l. de Bourg. ✉ Pop.

Cette ville est régulièrement une situation très-agréable, au belle et fertile contrée, sur la rive de la Reyssouse et près de la rive de la Saône, avec laquelle elle communique par un canal d'une petite lieue de long ; elle possède une fontaine d'eau minérale. C'est la patrie du général Joubert, tué sur le champ de bataille de la Trébia, le 15 août 1799, à la mémoire duquel la ville de Pont-de-Vaux a érigé une statue le 25 juillet 1832.

Fabriques d'étoffes de coton, faïenceries, tanneries et chamoiseries. — *Commerce* de grains, millet, sarrasin, farines, vins, chanvre, fil, volailles, chevaux et bestiaux. Foires et marchés considérables.

PONT-DE-VEYLE. Petite ville, située dans un vallon fertile, environnée de coteaux couverts de vignes, sur la rive gauche de la Veyle, à 1/2 l. de son embouchure dans la Saône, et à 7 l. de Bourg. Pop. 1,350 h.

A un quart de lieue au nord-est de cette ville, on remarque dans un riant vallon deux fontaines d'eaux minérales ferrugineuses froides.

Commerce de grains, vins et fourrages.

PRIAY. Village situé à 5 l. de Bourg. Pop. 900 hab. Aux environs de ce village on remarque le long de la côte des dépôts de bois bitumisés, qui se montrent à découvert sur la rive droite de l'Ain : on y voit des arbres entiers parfaitement conservés, et dont l'intérieur est converti en jayet brillant.

ROCH (SAINT-). Village situé à peu de distance de Bourg. On y trouve du bleu de Prusse naturel, d'une couleur très-intense, disséminé sur des os, sur des coquillages, dans la vase d'un ruisseau, et dans de petites mottes terreuses composées de détritus de végétaux.

SERVIGNAT. Village situé à 6 l. de Bourg. Pop. 400 h. On y trouve une source d'eau minérale.

TRÉFORT. Petite ville, située à 5 l. de Bourg. Pop. 2,100 hab.

TRIVIER-DE-COURTOUX (SAINT-). Petite ville, située dans un pays fertile, à 6 l. de Bourg. Pop. 1,600 hab. — *Commerce* de blé et de poissons.

VARAMBOND. Bourg situé près de la rive droite de l'Ain, à 4 l. 1/4 de Bourg. Pop. 500 hab. Depuis ce village jusqu'à Priay, on remarque un dépôt de bois bitumisés, qui se montre à découvert sur la rive droite de l'Ain. (*Voy.* PRIAY.)

CHÂTEAU DE GROSLÉE.

ARRONDISSEMENT DE BELLEY.

AMBÉRIEUX. Petite ville, située près de la rive droite de l'Albarine, sur un coteau couronné par les ruines du château de Gondebaud, à 10 l. de Belley. ✉ Pop. 2,650 hab.
Fabriques de toiles, de draps pour l'habillement des troupes. Filatures de coton. Tanneries et papeteries. — *Commerce* de chevaux et de bestiaux.

AMBRONNAY. Bourg situé à 10 l. 1/4 de Belley. Pop. 1,900 hab. On y voyait jadis une célèbre abbaye de bénédictins, fondée en 800 par Bernard, archevêque de Vienne.
On trouve dans la plaine d'Ambronnay les vestiges d'un camp romain, qui porte aujourd'hui le nom de la Motte des Sarrasins, comme si les Sarrasins s'y fussent fortifiés dans la suite des temps; opinion qui parait confirmée par la tradition du pays, qu'il y eut là autrefois une forteresse aujourd'hui rasée, et que ces peuples l'occupèrent. Quoi qu'il en soit, l'histoire apprend que le camp de Galba, lieutenant de César, occupait précisément ce même poste, quand il alla repousser les Suisses, qui, lors de leur émigration, voulurent s'ouvrir un passage dans le pays des Nantuates. Les Romains, qui avaient senti l'importance de ce poste, y tinrent constamment des légions en station, depuis la défaite de Varus jusqu'à la chute de l'empire; aussi y a-t-on trouvé des médailles de presque tous les empereurs. — Tanneries.

AMEYZIEU. Village situé à 3 l. 1/2 de Belley. Pop. 530 hab. — Filature de soie, de duvet cachemire et laine. — A ARTEMARE, village dépendant de la commune d'Ameyzieu, *fabriques* d'outils au martinet; scieries et commerce de bois.

BELLEY. Ville ancienne, autrefois capitale du Bugey. Chef-lieu de sous-préfecture. Tribunal de première instance. Collège communal. Société d'agriculture. Évêché. ✉ Pop. 4,286 hab.
On assure que cette ville était déjà considérable et très-forte du temps de César, qui en fit une place forte contre les Allobroges. Brûlée par Alaric, en 390, elle fut rebâtie par Wibertus, en 412. Détruite de nouveau par un incendie, en 1385, elle dut sa reconstruction au duc de Savoie, qui la fit entourer de murailles. Elle fut cédée à la France par Charles Emmanuel, et réunie à la couronne en 1601.
Belley est agréablement située entre deux coteaux, dans un bassin fertile, traversé par le Rhône et arrosé par le Furan. C'est la patrie du célèbre médecin Richerand. On y remarque la bibliothèque publique, contenant 5,000 volumes; le musée d'antiques; le palais épiscopal; l'église paroissiale.
Fabriques d'indiennes, de mousselines. Tanneries. Éducation des vers à soie. Exploitation de carrières de pierres lithographiques, regardées comme les meilleures connues en France. — *Commerce* de bestiaux, bois de construction, saucissons renommés, etc.
A 17 l. 1/2 de Bourg, 17 l. de Genève, 133 l. de Paris.

CHAMPAGNE. Bourg situé sur la rive gauche du Seran, à 4 l. 1/2 de Belley. Pop. 390 hab.

CIMETIÈRE (le). Village situé à 8 l. 1/2 de Belley. — *Fabriques* de fromages bleus.

CULOZ. Village situé à 3 l. 1/2 de Belley. ✉ Pop. 1,100 hab.

HAUTEVILLE. Village situé à 8 l. 1/2 de Belley. Pop. 700 hab.

HUIS (l'). Village situé à 5 l. 3/4 de Belley. Pop. 1,100 hab.

LAGNIEUX. Petite ville, située à 11 l. de Belley. Pop. 2,285 h. Elle est bâtie près de deux montagnes couvertes de vignes, du pied desquelles sortent deux fontaines considérables dont les eaux alimentent plusieurs usines, se répandent dans la ville où elles entretiennent la propreté, et vont ensuite servir à l'irrigation des prairies environnantes.
Fabriques de chapeaux de paille façon d'Italie, et culture de cette paille. Tanneries. Moulins à blé.

LOMPNES. Village situé à 8 l. 1/2 de Belley. Pop. 500 hab. — Fruitières d'association pour la fabrique du fromage façon de Gruyère.

RAMBERT (SAINT-). Petite ville, chef-lieu de canton, à 9 l. de Belley. ✉ Pop. 2,420 hab.
Cette ville est située sur la rive droite de l'Albarine, dans un vallon resserré entre deux hautes montagnes, qui sont une branche du Mont-Jura appelée le Joux. Le natu-

raliste observateur doit visiter la gorge de Saint-Rambert, qui n'est qu'une énorme scissure ou séparation vive des rochers, dans une longueur d'environ cinq lieues. On remarque dans cet étroit et sinueux défilé, que les rochers, coupés perpendiculairement, sont presque toujours à une égale distance; que leurs couches se correspondent, et que les angles saillants et rentrants y sont parfaitement prononcés. Les stalactites et les tufs, qu'on y trouve en abondance, sont sciés en parallélogrammes, et servent à la construction des murs et des cheminées.

Industrie. Centre de la fabrique de toiles communes dites de Saint-Rambert. Fabrique de linge de table. Filature importante de soie de fantaisie, duvet cachemire et laine, qui occupe 500 ouvriers. — Aux environs, forges et fabriques de fer.

SEYSSEL. Petite ville, bâtie dans une situation pittoresque sur le Rhône, qui y est navigable et la divise en deux parties, réunies par un pont de bois. A 8 l. de Belley. ✉ Pop. 1,400 hab. — Construction de bateaux. Filature de coton. Scieries hydrauliques à doubles lames, où l'on débite pour Lyon les bois de la Suisse et de la Savoie qui descendent par le Rhône. — *Commerce* de vin, sel, bitume, bois de construction, etc. — C'est à deux lieues au-dessus de Seyssel que se trouve la perte du Rhône. (*Voy.* BELLEGARDE, pag. 16.)

TENAY. Village situé sur l'Albarine, à 5 l. 3/4 de Belley. Pop. 900 hab. — *Fabriques* de toiles. Filature de duvet cachemire pur ou mélangé de soie, de laine mérinos, anglaise pure, soie de fantaisie, etc. Blanchisserie de toiles. — *Commerce* considérable de toiles de chan fabriquent dans les environs.

VIEUS. Village situé à 4 l. Pop. 600 hab.

Ce village est très-ancien : une constante, appuyée de preuves apprend que ce fut jadis une ville populeuse. La nuit des temps a même couvert les causes de sa destruction, et on a vainement cherché à ce sujet des documents dans les titres anciens, où elle est indiquée comme une cité ; mais on ne peut douter de son antique splendeur, car l'eau est conduite à la fontaine publique par un aqueduc à double branche, de près d'une demi-lieue de long, presque entièrement creusé dans le roc vif, jusqu'à la profondeur de quatorze pieds, ce qui suppose de grands moyens de richesses et de puissance.

Les champs environnants de Vieus sont couverts de tuiles dont la forme et la couleur annoncent l'antiquité, et on y trouve fréquemment des tombeaux, des médailles et des vases antiques. Il paraît qu'il existait à Vieus un temple d'une grandeur considérable, dont la divinité est restée inconnue ; mais l'antiquité en est attestée par des débris de corniches, d'entablements, de colonnes, épars dans les environs, ou dont les habitants ont profité pour bâtir leurs maisons.

VILLEBOIS. Village situé à 9 l. 1/2 de Belley. Pop. 1,750 hab. — *Fabriques* de chaux hydraulique. Exploitation du minerai de fer, et des carrières d'excellentes pierres de taille. Forges.

VIRIEU-LE-GRAND. Bourg situé à 3 l. de Belley. Pop. 600 hab.

ARRONDISSEMENT DE GEX.

COLLONGES. Bourg situé à l'extrémité de la gorge que commande le fort l'Écluse (*Voyez* ci-après l'ÉCLUSE), au commencement d'un riche bassin qui s'étend jusques au-delà de Genève, et dont la perspective est magnifique. A 7 l. de Gex. ✉ ☞ Pop. 1,400 hab.

DIVONNE. Village situé à 2 l. 3/4 de Gex. Pop. 1,350 hab. — *Fabrique* de papier. Martinets. Battoirs écossais. — *Auberge* de la Balance.

ÉCLUSE (fort l'). Ancienne forteresse, située à 7 l. 1/2 de Gex, dans un défilé qui commence au sortir de Bellegarde, et que Jules César décrit dans le passage suivant de ses Commentaires (liv. 1er): *Angustum et difficile inter montem Juram et flumen Rhodanum, qua vix singuli carri ducerentur. Mons autem altissimus impendebat ut facile perpauci prohibere possent.* A ce tableau, il est impossible de méconnaître ce passage dominé à gauche par le Jura ; la route domine elle-même à droite le Rhône, qu'on voit écumer dans un profond encaissement, ou plutôt dans un profond abîme. Au milieu de ce défilé, s'élevait suspendu sur le fleuve, adossé à une masse verticale qui soutient une haute terrasse, et resserré entre deux ravins d'une effroyable profondeur, le fort l'Écluse, l'un des plus anciens bou-

CHÂTEAU DE GRAMMONT.

ROUTE DE NEUCHATEL

levards de la Savoie. Les Autrichiens l'ont détruit dans l'invasion de 1814 : ce qui en reste aujourd'hui ne présente plus aucune défense, et diffère peu d'une ruine. La route le traverse comme auparavant, ne pouvant passer ailleurs : elle y pénètre par un pont-levis et en sort par un autre.

FERNEY-VOLTAIRE. Joli bourg, situé à 3 l. de Gex et à 1 l. 1/2 de Genève. ✉ ☛ Pop. 1,000 hab.

Ce bourg est bâti au pied de la chaîne du Jura, dans un charmant vallon entrecoupé de prairies, de bouquets de bois, et de terres labourables entourées de haies vives, qui offrent une variété de culture des plus agréables. En 1758, ce n'était qu'un hameau marécageux, composé de 49 habitants. Voltaire forma le projet, en 1768, d'y établir une fabrique, et en peu de temps il fit édifier cent dix maisons. Voulant assurer quelque solidité à cette manufacture, il engagea le célèbre horloger Lépine à établir un comptoir à Ferney. Bientôt toutes les pièces d'une montre s'y fabriquèrent ; 800 ouvriers travaillaient pour cette manufacture, 4,000 montres emboîtées en sortaient par an, et s'expédiaient en partie pour l'étranger. Mais après la mort du philosophe, l'horlogerie du canton de Gex fut tourmentée par l'introduction de la maîtrise, et depuis 1815, elle a été considérablement entravée par la nouvelle circonscription du territoire, Ferney se trouvant placé à cinq lieues au-delà de la ligne des douanes, dont les premiers bureaux sont à Mijoux et aux Rousses : aussi le nombre des ouvriers ne s'y élève-t-il pas au-delà de deux cents, qui travaillent en partie pour Genève.

Ferney est un fort joli endroit, consistant seulement en deux longues rangées de maisons agréables qui bordent le grand chemin de deux côtés, et sont construites avec une régularité qui satisfait l'œil sans être monotone. Le genre d'architecture en est simple, mais du meilleur goût ; ce sont pour la plupart de petits pavillons carrés peu élevés, séparés entre eux, bien percés, bien couverts, précédés le plus souvent de petites cours ombragées par des arbres d'agrément, décorés de grilles en fer ou en bois, et quelquefois même accompagnés de jardins artistement plantés. Les deux rangs de maisons qui bordent longtemps la route en allant à Genève, et qui presque toutes doivent leur existence au philosophe de Ferney, sont ou des hôtelleries que l'affluence des curieux nécessitait, ou la demeure des artistes qu'il avait appelés, et qui ont trouvé près de lui des encouragements pour leur industrie, l'aisance, et le bonheur.

La jolie maison que Voltaire fit bâtir à Ferney, et qu'il habita pendant plus de vingt ans, se fait remarquer par son élégante simplicité. Elle est située à l'extrémité occidentale du bourg, au pied des montagnes, sur une petite éminence qui domine un bassin magnifique. De cet endroit, on découvre dans l'éloignement la ville de Genève et les bords de son lac enchanteur, une partie du riant pays de Vaud, et, de l'autre côté du lac, les montagnes agrestes de la Savoie, au-dessus desquelles le Mont-Blanc élève sa cime majestueuse, en tout temps couverte de neige.

On arrive à cette charmante habitation par une avenue de tilleuls qui coupe le grand chemin par un angle droit. Le bâtiment est de forme longue : il est agréable, mais simple ; c'est l'habitation régulière et bien distribuée d'un citoyen aisé, mais non la demeure somptueuse d'un seigneur opulent. L'appartement qui se présente en face de l'entrée principale était le cabinet d'étude de Voltaire ; situé au rez-de-chaussée, bien éclairé sur le jardin par des portes vitrées, il avait également la vue libre sur l'esplanade : au bout de ce cabinet, à gauche, une porte conduit dans la chambre à coucher du grand homme.

Fabriques d'horlogerie, de faïence commune et de poterie de terre. — *Auberge* de la Couronne.

GENIX (SAINT-). Beau village, situé à 2 l. 3/4 de Gex, dans une plaine riante, non loin du pied du Jura. On remarque à peu de distance une fort jolie source qui sort de la base du Jura, et forme un petit ruisseau dont les eaux se jettent dans le Rhône. ✉ ☛. Pop. 700 hab.

GEX. Petite ville, chef-lieu de sous-préfecture. Tribunal de première instance. Société d'agriculture. ✉ ☛ Pop. 2,834 hab.

Cette ville est située dans un pays des plus riants, sur le torrent de Jornans et sur une des bases escarpées du Jura. Elle consiste principalement dans une rue assez large, mais d'une pente rapide. D'une petite terrasse ombragée par de beaux arbres, qui s'élève au-dessus de cette rue principale, on jouit d'un point de vue charmant sur un magnifique bassin dont le fond est occupé par le lac de Genève ; on découvre même facilement cette ville, qui en est à quatre lieues', ainsi que les nombreux villages et les belles maisons de campagne qui l'avoisinent. L'œil plonge avec plaisir sur la vaste étendue du lac, sur les riches coteaux qui bordent ses rives, et sur les montagnes de la Savoie, dont les cimes sont surmontées par le pic neigeux du Mont-Blanc. En suivant le vallon, on aperçoit, depuis le col de Bellegarde jusque vers le sommet de la Dôle, la chaîne du Mont-Jura, qui s'étend sur une longueur de plus de douze lieues, et semble servir de rempart entre la Suisse et la France.

Patrie de M. Girod de l'Ain.

Fabriques de bons fromages de Gruyère, et fruitières d'association pour cette fabrication. Tanneries. Moulins à tan. Martinets, battoirs écossais. — *Commerce* de vins, cuirs, charbon; de fromages de Gruyère et d'excellents fromages de chèvre, dits fromages de Gex, qui se consomment à Genève.

A 23 l. de Bourg, 4 l. de Genève, 122 l. de Paris. — *Hôtels* de la Poste, du Pont-d'Arcole, de l'Écu de France.

On doit visiter aux environs de Gex les importantes bergeries de NAZ, renfermant de nombreux troupeaux de moutons mérinos et de béliers de choix.

VATAY (la). Hameau situé sur les confins des départements du Jura et de l'Ain, et dépendant en partie de ce dernier département. A 4 l. de Gex.

Ce hameau, composé de quelques châlets qui servent d'hôtelleries, est un peu au-dessus de la belle combe de Mijoux, sur la grande route qui traverse les monts Faucilles. Le grand chemin décrit de longues sinuosités sur les flancs de ces hautes et rapides montagnes, et revient plusieurs fois sur lui-même, sur l'un et l'autre côté. Le coteau de la chaîne méridionale est beaucoup plus rapide que celui de la chaîne septentrionale : souvent le rocher se coupe d'aplomb comme un mur, et dans la hauteur de deux à trois cents pieds; cependant on a trouvé moyen d'y pratiquer une route assez belle, et il ne faut guère plus d'une heure pour qu'une voiture la monte dans les beaux temps; mais dans les plis et replis qu'il a fallu faire faire à cette route sur elle-même, le sol manquant en plusieurs endroits, on a fait des échafaudages ou bâtis en bois de sapin, comme si l'on avait voulu faire des ponts; par-dessus les échafaudages on a mis un fort plancher, et par-dessus le plancher, la terre et l'empierrement, comme sur le reste du chemin.

Le passage des Faucilles est traversé tous les jours, dans la belle saison, par les habitants de la vallée de Mijoux, qui vont au marché de Gex; mais pour éviter les allées et venues du grand chemin, ils gravissent un petit sentier bien étroit, qui économise au moins la moitié du trajet. Au sommet de ce passage, on entre dans une gorge fort étroite, qui passe et se contourne entre des sapins; son issue vers Genève n'a de largeur exactement que celle du chemin, et il a fallu même entamer la roche pour former la route. Après avoir marché assez long-temps dans ce sentier sinueux, on arrive sur le revers méridional de la montagne, d'où l'on découvre tout à coup une des plus belles perspectives qu'il soit possible d'imaginer : la vue embrasse une grande partie du pays de Vaud, tout le pays de Gex, Carouge, Genève et son territoire opulent, une moitié de son lac, et une partie de la Savoie, que surmontent et couronnent si majestueusement ses immenses glaciers. Tout ce brillant tableau se déploie au même instant; c'est le vaste jardin de la nature, qui vient subitement étaler sous les yeux de l'observateur ses richesses variées, et secouer son imagination presque engourdie dans cette gorge triste, solitaire et sans vue.

ARRONDISSEMENT DE NANTUA.

ABERGEMENT-LE-GRAND (l'). Bourg situé sur le Seran, à 3 l. 1/2 de Nantua. Pop. 700 hab.

ARBENT. Village situé à 6 l. 1/2 de Nantua. Pop. 1,100 hab. On remarque dans les environs plusieurs restes d'antiquités. — *Fabriques* de bobines en bois, dites rochets.

BELLEGARDE. Bourg situé sur la rive droite du Rhône, au confluent de ce fleuve et de la Valserine, que l'on y passe sur un pont très-pittoresque.

A un quart de lieue au-dessus de Bellegarde se trouve la perte du Rhône, sur laquelle M. Boissel, qui a parcouru ce fleuve en bateau depuis Collonges jusqu'au Parc, a donné de précieux renseignements. Le Rhône, qui, dès sa sortie de Genève, a un cours majestueux, et remplit un lit de quarante à cinquante toises, se resserre tout à coup près du fort l'Écluse, au point de n'avoir plus que cinquante à quatre-vingts pieds de large, et reste ainsi encaissé jusqu'à Génisset. Près du pont de Brézin, les deux parois du roc vif s'avancent de part et d'autre, comme pour s'atteindre par leurs sommets. Elles forment sur le fleuve deux arcades naturelles, séparées par un rocher que les eaux ont laissé au milieu d'elles, et vers lequel elles s'inclinent. Les habitants, profitant du peu d'intervalle qui les sépare, ont achevé de les réunir en y jetant un pont rustique, dont les piles, la culée et la plus grande partie des cintres sont l'ouvrage de la nature. Le Rhône est réduit à ce débouché étroit et obscur ; encore, dans les basses eaux, n'occupe-t-il qu'une seule des deux arches. Au-dessous de ce passage, le cours du fleuve devient de plus en plus brisé, les rochers des bords prennent plus de hauteur et d'escarpement. Les eaux tombent deux fois par des espèces de cataractes très-prolongées, à la vérité, mais très-fougueuses : le bruit est plus fort, les obstacles plus multipliés et plus effrayants. Le Rhône rencontre plusieurs bancs de rochers inclinés en sens contraire à sa pente, et qu'il est obligé de franchir : il s'en présente enfin un plus dur et plus épais que les autres ; le fleuve n'ayant pu le percer, a creusé par dessous ; il s'y enfonce et disparaît l'espace de soixante pas : c'est ce qu'on appelle la Perte du Rhône. Toutefois, cette disparition totale du fleuve n'a lieu qu'en hiver : dans les mois de l'été, lorsque le fleuve est grossi par la fonte des neiges des hautes Alpes, ses eaux recouvrent tous les rochers.

Après sa réapparition, le Rhône reprend à quelque distance toute la rapidité qui le caractérise. C'est très-près de là qu'il reçoit la fougueuse Valserine, qui s'est aussi creusé un lit très-profond, mais moins cependant que celui du Rhône ; de sorte qu'elle se précipite dans ce fleuve par-dessus des rochers qui ont encore une assez grande hauteur. Au fond de l'abîme très-pittoresque formé par ce confluent, est le moulin de Mussel, et plus loin une voûte ténébreuse, formée par des rochers qui se rapprochent au-dessus du fleuve.

BRENOD. Bourg situé dans un vallon agréable, sur la rive droite de l'Albarine, à 3 l. de Nantua. Pop. 900 hab. — *Commerce* de bois, chevaux et bestiaux.

CERDON. Bourg situé au pied d'une montagne escarpée, sur le ruisseau de Veyron, à 5 l. de Nantua. ✉ ☛ Pop. 1,745 h.

Cerdon est sur la route de Pont-d'Ain à Nantua. Cette route, au sortir du village, offre une montée longue et assez difficile ; elle a été pratiquée en corniche sur un flanc escarpé de la montagne, qui a son versant de gauche à droite. Au bas est une gorge profonde, dont le ton sauvage rappelle quelques-unes de celles qui sillonnent les chaînes des Alpes et des Pyrénées. La cascade de Marcelin, qui se précipite du haut de la montagne opposée, ajoute à cette ressemblance : peu remarquable par son volume, cette cascade l'est beaucoup par sa hauteur et la beauté de sa chute ; mais elle tarit dans les grandes chaleurs. Sur un rocher, au-dessus de cette cascade, on voit les gothiques et pittoresques ruines du château de Labatie. Sur un autre rocher, s'élèvent les ruines de l'ancien château de Saint-Julien, qui n'offrent pas un effet moins extraordinaire.

A une lieue de Cerdon, la petite rivière de la Fouge forme une cascade magnifique, qui mérite que le voyageur se détourne du grand chemin pour la visiter. Elle tombe à la naissance d'une vallée des plus agrestes, et se termine par un tapis de gazon planté de beaux noyers, qui, élevé en terrasse sur le ruisseau produit par la cascade, en face même de la chute, présente un repos agréable dans un des plus solitaires et des plus frais asiles qu'il soit possible d'imaginer.

CHATILLON-DE-MICHAILLE. Joli bourg, propre et bien bâti, situé au confluent de la Semine et de la Valserine, à 4 l. 1/2 de Nantua. Pop. 1,300 hab.

DORTAN. Village situé sur la rive gauche de l'Ain, à 5 l. de Nantua. Pop. 1,350 h. Il a un port commode sur l'Ain, et fait un commerce assez considérable de bois de sapin pour Lyon. — Construction de bateaux pour Lyon et les canaux. Superbe filature de coton. — *Fabriques* d'ouvrages au tour façon de Saint-Claude. Nombreuses scieries hydrauliques de planches de sapin. Tanneries. — Aux environs, carrières de pierres lithographiques.

GERMAIN-DE-JOUX (SAINT-). Joli village, formé de maisons bien bâties, situé dans une gorge étroite et aride, à 3 l. de Nantua (☛ au hameau de la Voûte). Pop. 1,050 hab. — Scieries hydrauliques.

IZERNORE. Bourg situé à 2 l. de Nantua. Pop. 1,050 hab.

Le bourg d'Izernore occupe l'emplacement d'une ancienne ville de ce nom, qui était déjà considérable avant l'invasion des Romains ; il est bâti à peu près au centre d'une plaine qui a environ une lieue d'étendue du nord au sud, sur près d'une demi-lieue de l'est à l'ouest. Cette plaine est bornée au nord, à l'est et à l'ouest, par une petite vallée en demi-cercle, peu profonde, et qui ne ressemble pas mal à des fossés. Dans l'intérieur de cet espace, on voit, à des distances régulières, des jetées de terre qui paraissent avoir été des fortifications faites de main d'homme. Si jadis ces jetées furent revêtues de murs, c'est ce dont on ne saurait guère douter ; mais il n'en subsiste plus de traces. C'était précisément dans cette plaine, depuis les fortifications jusqu'au bourg actuel, qu'était bâtie l'ancienne Izernore. Dans le milieu de la plaine, entre le bourg et les fortifications, on voit encore des élévations ou tertres couverts de gazon et de cailloux. En quelque endroit que l'on fouille la terre au-dessous de ce que le soc peut retourner, on trouve des ruines, des emplacements de maisons, dans lesquelles on reconnaît jusqu'à la distribution des appartements. On a même découvert, en 1733, plusieurs souterrains antiques, dont la direction était du nord au sud : l'intérieur était recouvert d'un mastic de chaux et de briques pilées.

A quelque distance du bourg et à l'est de l'ancienne ville, on admire encore les restes d'un temple, dont la figure était un parallélogramme. Les trois angles encore subsistants démontrent que cet édifice avait soixante pieds de long sur quarante-cinq de large ; le massif du mur qui l'environnait ne s'élevait qu'à la hauteur de huit pieds environ, et avait quatre pieds et demi d'épaisseur. Ces murs étaient construits de blocs considérables, bien taillés en tous sens ; ils étaient assemblés sans mortier ni ciment, mais affermis et retenus par des boulons de cuivre qui entraient dans chacun de deux pouces environ. Sur les quatre angles de cet édifice s'élevaient quatre masses ou piliers angulaires, carrés par la partie extérieure, et, dans la partie intérieure, présentant deux sections ou quarts de colonne d'ordre toscan : autant qu'on en peut juger, l'ensemble de ces pilastres s'élevait à la hauteur d'environ dix-sept à dix-huit pieds. Ces pilastres sont en pierres du pays ; deux sont entiers et montent jusqu'au couronnement du fût, ou à l'astragale qui se voit au-dessous des chapiteaux ; ils sont formés de trois blocs ; leur diamètre, près de l'arête de l'angle jusqu'à la partie convexe la plus relevée, et près des bases, est à peu près de l'épaisseur du mur. Les deux pilastres angulaires encore entiers sont sans chapiteaux ; le troisième pilier ne monte qu'à la hauteur de dix ou douze pieds ; le dernier bloc qui le portait jusqu'au chapiteau a été enlevé, ainsi que le quatrième pilier et le mur latéral du côté du nord. Le carré du temple n'en est pas moins donné par l'alignement des piliers angulaires subsistants, et par les fossés même formés par l'enlèvement des fondations. Ce temple paraît d'une construction antérieure à l'arrivée des Romains dans ces contrées.

MAILLAC. Village situé dans un bassin fertile et bien cultivé, environné de montagnes arides. A 2 l. de Nantua. Pop. 400 hab.

MEYRIAT. Village situé à 4 l. de Nantua. Pop. 450 hab. — Au Vieux-d'Izernave, village dépendant de la commune de Meyriat, *fabrique* de produits chimiques.

MORNAY. Village situé à 2 l. 1/2 de Nantua. Pop. 550 hab.

NANTUA. Petite ville, chef-lieu de sous-préfecture. Tribunal de première instance. Chambre consultative des manufactures. Société d'agriculture. Collège communal. Pop. 3,701 hab.

Cette ville est située au milieu d'une gorge des plus sauvages de la chaîne du Jura, entre deux montagnes dont le sol aride et la pente escarpée n'admettent d'autre végétation que celle des ronces et des buis vers les bases, des hêtres et des sapins vers les cimes. Elle est bâtie en longueur au pied de la montagne, sur le bord oriental du lac qui porte son nom, et dans lequel les hautes cimes des montagnes qui la dominent réfléchissent leurs têtes bleuâtres. Trois rues à peu près parallèles composent cette petite ville : deux aboutissent à la route ; l'une est très-large et assez belle ; l'autre est plus belle que large, et entièrement construite à neuf ; la troisième est vieille, noire, étroite et assez malpropre.

La fondation de Nantua remonte à une époque fort reculée, mais qui n'est pas précise dans l'histoire ; sa position à l'ouverture de l'une de ces gorges de rochers des Alpes, si pittoresques et si formidables, a toujours été importante. Dans le moyen âge, on y éleva la tombe de Charles-le-Chauve, mort à Briords, en 877, au retour d'un voyage d'Italie.

L'église paroissiale est d'un beau style lombard ; le portail, quoique horriblement mutilé, offre encore des débris curieux ; c'est le bas empire, c'est l'âge grec de la

décadence dans toute sa naïveté. Au milieu du fronton circulaire se trouvait le poeme de l'Apocalypse, type commun à tous les temples élevés sous l'influence de l'école de Byzance.

Fabriques de mousselines, toiles de coton et de fil, calicots, tissus de cachemire, couvertures, tapis grossiers, peignes de corne. Filatures de coton, de soie, de laines peignées et de duvet cachemire. Tanneries. Belles papeteries. Clouteries. Scieries hydrauliques. — *Commerce* de souliers de pacotille, d'excellent poisson, et de fromages estimés. Entrepôt de grains et vins entre la France et la Suisse.

A 11 l. 1/4 de Bourg, 17 l. 1/2 de Genève, 125 l. de Paris. — *Hôtels* du Nord, de l'Écu-de-France.

NEYROLLES. Village situé à 3/4 l. de Nantua. Pop. 400 hab. — *Fabriques* de pointes de Paris.

OYONNAX. Bourg situé sur la route de Lyon à Saint-Claude, à 5 l. de Nantua. ✉ Pop. 1,974 hab. — *Fabriques* de tabletteries, ouvrages au tour, peignes de corne et de buis. Scieries. — *Commerce* de bois de construction et de marine, articles de Saint-Claude, articles de Saint-Crépin en buis (pour les cordonniers), etc.

PARC (le). *Voy.* SURJOUX.

PONCIN. Petite ville, située sur la rivière de l'Ain, au pied d'une montagne que couronnent les ruines gothiques d'un ancien château, à 5 l. de Nantua. Pop. 2,121 hab. — *Fabriques* de bonneterie et de tissus de fantaisie.

PRAUX. Village situé à 8 l. de Nantua.

— Grand marché de chanvre et de blé, fréquenté par les habitants de la Suisse.

SURJOUX. Village situé à 7 l. de Nantua. Pop. 300 hab. A peu de distance de ce village, on remarque sur la rive droite du Rhône, dans un site agréable et pittoresque, la mine d'asphalte du Parc.

D'immenses couches bitumineuses existent entre Châtillon-de-Michaille, Seyssel et le fort l'Écluse : elles y sont engagées en bancs épais et prolongés, souvent à la superficie, et apparentes au dehors en divers endroits, sur les bords escarpés du Rhône; mais c'est principalement dans les plateaux inclinés entre Biliat, Seyssel et le Rhône, que l'asphalte se montre, même à découvert, dans un espace de cinq lieues de long sur environ une lieue de large. On le trouve abondamment dans les communes de Jujoux, Chanay et Surjoux; la partie actuellement exploitée est dans cette dernière commune, entre le Parc et la Tuilerie. Dans cette partie, les couches bitumineuses s'inclinent de l'est à l'ouest, du pied de la montagne de Chanay jusqu'au Rhône; l'espace où elles paraissent être le plus riches est entre le torrent de la Verzeronne et celui de l'Hôpital. La meilleure couche a, dans cet endroit, environ trois pieds d'épaisseur; elle est très-tenace et contient douze ou treize centièmes de bitume, qui est séparé du sable au moyen de l'ébullition dans des chaudières remplies d'eau. L'asphalte de Surjoux est de bonne qualité; mêlé avec de l'huile, il s'étend facilement, durcit en se refroidissant, et devient d'un noir brillant [1].

VIEUX-D'IZENAVE. *Voy.* ci-dessus MEYRIAT.

ARRONDISSEMENT DE TRÉVOUX.

AMBÉRIEUX-EN-DOMBES. Bourg situé à 3 l. 1/2 de Trévoux. Pop. 400 hab. — *Fabriques* de toiles. Filatures de coton. Tanneries. Papeteries. — *Commerce* de bestiaux.

BIZIAT. Village situé à 12 l. de Trévoux. Pop. 1,000 hab. On y trouve une source d'eau minérale.

CHALAMONT. Petite ville, située sur une montagne, près de deux grands étangs qui nuisent à sa salubrité. A 10 l. 1/2 de Trévoux. Pop. 1,450 hab.

CHATILLON-SUR-CHALARONNE ou **CHATILLON-LES-DOMBES.** Petite ville, située entre deux collines, sur la Chalaronne, à 7 l. de Trévoux. Pop. 2,636 h. — *Fabriques* de papiers. — *Commerce* de vins.

MEXIMIEUX. Gros bourg, situé dans une position agréable et saine, sur le penchant d'une colline, non loin de la rive droite de l'Ain, à 10 l. 1/2 de Trévoux. ✉ ✆ Pop. 1,950 hab.

---

[1] On a pu voir des échantillons d'asphalte et de terre bitumineuse, exposés sous le n° 512, dans la salle n° I de l'exposition des produits de l'industrie (juin 1834)

MIRIBEL. Bourg situé à 5 l. de Trévoux. ✉ ⚒ Pop. 2,370 hab.

MONTLUEL. Petite ville, chef-lieu de canton. ✉ ⚒ Pop. 2,927 hab.

Cette ville est située dans une contrée fertile, au pied d'un coteau planté de vignes, au-dessus duquel se trouvent plusieurs étangs assez considérables. Elle est bâtie à l'entrée d'une gorge, sur la petite rivière de Seraine, qui s'y divise en plusieurs canaux, fait mouvoir de nombreux moulins à farine et un grand nombre de battoirs à chanvre.

Manufactures de draps pour l'habillement des troupes. — *Fabriques* de draps croisés, cuir-laine, castorine, toiles d'emballage, fil à coudre. — *Commerce* de grains, maïs, menus grains, colza, draperies, chanvre, fil. Grand commerce de graines de chanvre.

MONTMERLE. Bourg situé sur la rive gauche de la Saône, à 3 l. 1/2 de Trévoux. ✉ Pop. 1,800 hab. — *Fabriques* de poterie de terre. Tuileries. — *Commerce* de fruits, chanvre, boissellerie, merrain, cuirs, moutons, chevaux et bestiaux. Foire de 15 jours, le 8 septembre, très-fréquentée par les négocians du midi et du nord de la France, et par les étrangers.

PÉROUGES. Bourg situé à 10 l. de Trévoux. Pop. 900 hab.

THOISSEY. Jolie petite ville, très-agréablement située au milieu d'une belle et fertile contrée, sur la Chalaronne, non loin de l'embouchure de cette rivière dans la Saône. ✉ Pop. 1,545 hab. C'est la patrie du célèbre médecin Bichat. — *Fabriques* de bougies, vannerie. Blanchisserie de cire. Tanneries. — *Commerce* de grains.

TRÉVOUX. Petite ville très-ancienne, chef-lieu de sous-préfecture. Tribunal de première instance. Société d'agriculture. ✉ Pop. 2,555 hab.

L'origine de cette ville remonte à une époque reculée. L'empereur Sévère battit sous ses murs son compétiteur Albinus. En 1535, François Ier y établit un parlement, qui, rendu sédentaire par le duc du Maine, fut supprimé avant la révolution, et son ressort réuni au parlement de Dijon. Les jésuites y établirent un journal, et on y composa le dictionnaire qui porte le nom de Dictionnaire de Trévoux.

Cette ville est bâtie en amphithéâtre, sur le penchant d'une colline qui domine une vaste et fertile plaine, dans une situation riante et pittoresque, sur la rive gauche de la Saône.

Fabriques d'orfévrerie, joaillerie, ouvrages au tour. Affinage, tirage et battage d'or et d'argent.

A 13 l. de Bourg, 6 l. 1/2 de Lyon, 112 l. de Paris. — *Hôtels* de l'Europe, de l'Écu-de-France, du Sauvage.

TRIVIER-EN-DOMBES (SAINT-), ou SAINT-TRIVIER DE MOIGNANS. Petite ville, bâtie dans une situation agréable, entre trois petites forêts et un grand étang formé par la rivière de Moignans, à 4 l. de Trévoux. Pop. 1,350 hab.

FIN DU DÉPARTEMENT DE L'AIN.

IMPRIMERIE DE FIRMIN DIDOT FRÈRES,
RUE JACOB, N° 24.

Guide Pittoresque
DU
VOYAGEUR EN FRANCE.

ROUTE DE PARIS A GENÈVE,
TRAVERSANT LES DÉPARTEMENTS
DE SEINE-ET-OISE, DE SEINE-ET-MARNE, DE L'YONNE, DE LA CÔTE-D'OR,
DU JURA ET DE L'AIN.

DÉPARTEMENT DU DOUBS.

Itinéraire de Paris à Genève.

	lieues.			lieues.
De Paris à Charenton	2		Avallon	2
Maisons	1/2		Rouvray	4 1/2
Villeneuve-Saint-Georges	2		Maison-Neuve	4
Montgeron	1/2		Vitteaux	4
Lieursaint	3		La Chaleur	3 1/2
Melun	3 1/2		Pont de Pasny	3
Le Châtelet	2 1/2		Dijon	5
Panfou	2		Genlis	4
Montereau	2 1/2		Auxonne	3 1/2
Fossard	1		Dôle	4
Bichain	1 3/4		Mont-sous-Vaudray	5
Villeneuve-la-Guyard	1/4		Poligny	4 1/2
Pont-sur-Yonne	3		Montrond	2 1/2
Sens	3		Champagnole	2 1/2
Villeneuve-le-Roi	3 1/2		Maison-Neuve	3
Villevaillier	2		Saint-Laurent	3
Joigny	2		Morey	3
Bassou	3		Les Rousses	3
Auxerre	4		La Vatay	3 1/2
Saint-Bris	2 1/2		Gex	4
Vermanton	4		Ferney	2 1/2
Lucy-le-Bois	4 1/2		Genève (Suisse)	1 1/2

Communication de Dôle à Besançon (DOUBS).

	lieues.			lieues.
De Dôle à Orchamps	4		Saint-Fergeux	3 1/4
Saint-Vit	3		Besançon	3/4

ASPECT DU PAYS QUE PARCOURT LE VOYAGEUR
DE DÔLE A BESANÇON.

On sort de Dôle par la porte de Besançon, en laissant, à gauche, la route de Gray, et à droite le cours Saint-Maurice. La route longe le cours du Doubs et le canal du Rhône au Rhin. Sur la gauche, on rase un bois d'où l'on voit le village de Baverans, et un peu plus loin la Grange-d'Hébé. Après plusieurs montées et descentes, on aperçoit, sur la droite, la ville de Rochefort, située sur le Doubs, au pied de rochers imposants et pittoresques, sur lesquels s'élèvent les vestiges d'une ancienne forteresse. De Rochefort, on passe successivement à Audelange et à la forge du Moulin-Rouge. Orchamp est un bourg avec relais de poste, où l'on voit une manufacture de porcelaine à l'épreuve du feu. En descendant de ce bourg, on jouit d'une belle vue sur un pays vignoble. La route borde le cours du Doubs, qui fait mouvoir plusieurs forges, offre plusieurs aspects pittoresques, et se dirige ensuite entre des rochers où on cesse de l'apercevoir. Le paysage s'embellit de plus en plus : de beaux villages, de nombreux hameaux sont disséminés dans une fertile contrée jusqu'à Dampierre-les-Faisans, situé près d'une belle vallée remplie de forges et de mines de fer. Après Châteauneuf, la fertilité commence à disparaître, et le sol n'offre presque plus que des rochers et des broussailles. On voit, à gauche, Esvans, et, peu après, Berthelange; à droite, on découvre une belle vue sur le Doubs. En avançant toujours, on découvre Portail-de-Salans, le Moulin-des-Prés, avec des îles et une digue qui forme une jolie cascade, et Antorpe, dernier village du département du Jura, au-dessous duquel on découvre le mont Poupet, Montmahoux, la Dôle et toutes les crêtes du Mont-Jura.

On entre dans le département du Doubs un quart de lieue avant d'arriver à Saint-Vit, bourg avec relais de poste. Après avoir descendu et monté plusieurs côtes, la route traverse les hameaux des Baraques, de la Croix-Rouge, de la Belle-Étoile, de Château-Farine, et le village de Saint-Fergeux, au sortir duquel on aperçoit la montagne de Chaudanne : au bas de la côte, on laisse une route qui va joindre celle de Vesoul et de Béfort, en tournant autour de Besançon, où l'on entre par la porte d'Arènes.

DÉPARTEMENT DU DOUBS.

APERÇU STATISTIQUE.

Le département du Doubs est formé en entier d'une partie de la ci-devant province de Franche-Comté, et tire son nom de la rivière du Doubs qui y coule du midi au sud-ouest, en se dirigeant de l'est au nord, en sorte qu'elle entoure, pour ainsi dire, ce département. Ses limites sont : au nord, le département de la Haute-Saône et du Haut-Rhin; à l'est, la Suisse; au sud-ouest, le département du Jura, et au nord-ouest, celui de la Haute-Saône. — L'air y est pur, mais vif, surtout dans la partie orientale, où les neiges séjournent jusqu'aux mois d'avril et de mai; ce qui rend la température variable et la végétation incertaine bien avant dans le printemps.

Le territoire de ce département se compose de hautes montagnes et de coteaux couronnés de forêts, de plaines fertiles, de landes, de rochers et de marais d'une assez grande étendue. Il est traversé par quatre chaînes des monts Jura, disposées en lignes parallèles à la chaîne des Alpes, et présente dans son ensemble un amphithéâtre incliné de l'est à l'ouest, sous la forme d'un triangle irrégulier. Les principales sommités de la première chaîne sont : le Mont-d'Or, sur le Noirmont (1,500 mètres), et le Suchet, sur la ligne suisse (1,600 mètres). Le Mont-d'Or, dont la cime domine toute la contrée, est la montagne que les voyageurs visitent le plus particulièrement : de son sommet, la vue embrasse un horizon très-étendu et très-varié.

Du sommet aride du Suchet, on jouit aussi d'un horizon immense, borné par les cimes glacées des Alpes, du Mont-Blanc et du Saint-Gothard. — Les sommités les plus remarquables de la seconde chaîne sont : le Mont-Champvent et le Laveron. — Les plus hautes cimes du troisième chaînon sont la côte de Veunes et les Miroirs (996 mètres). Du sommet du Montmahoux, dont l'élévation n'est que de 820 mètres, on aperçoit distinctement, à l'est, la chaîne continue des montagnes de la Suisse, dont les sommets, couverts de glace ou de neige, se colorent aux derniers rayons du soleil, et se dessinent majestueusement sur l'azur des cieux. — Les plus hautes cimes du quatrième chaînon sont le Mont-Poupet et la Roche-d'Or (872 mètres).

Sous le rapport agricole, ce département se divise en trois régions très-distinctes, soumises à l'influence des montagnes, lesquelles en varient la température et les produits. On désigne communément ces trois régions par les noms de hautes et moyennes montagnes, et de pays bas ou de plaine. La région dite des hautes montagnes se compose de vallons compris entre les sommités des deux premières chaînes du Jura qui traversent le département de son extrémité sud-est au canton de Mouthe, jusqu'à Saint-Hippolyte.

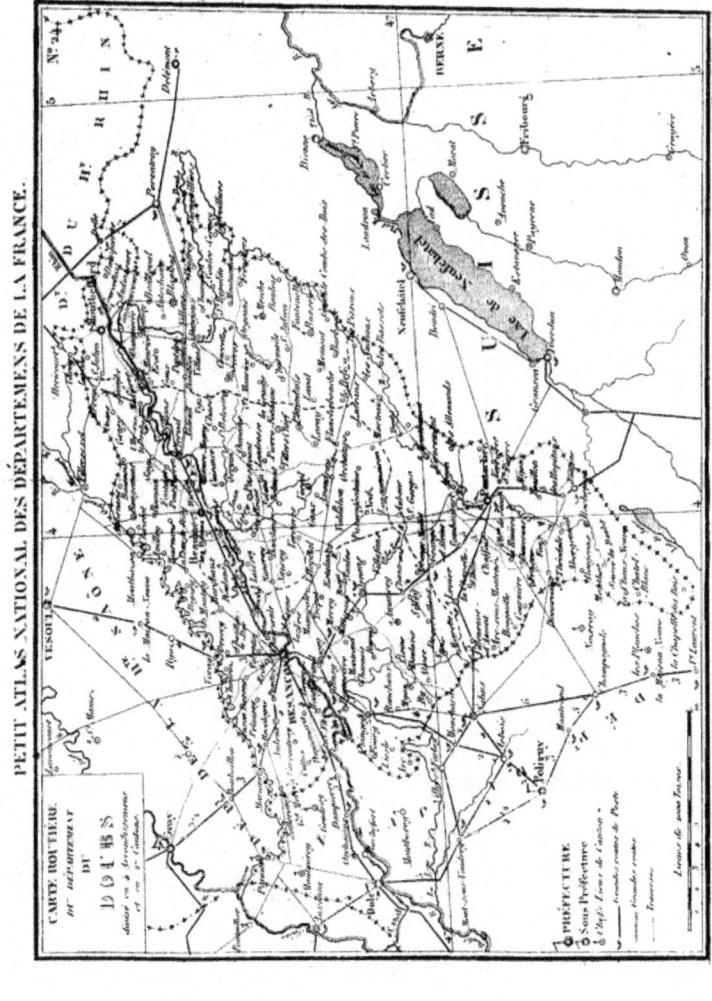

au nord-est; elle comprend l'arrondissement entier de Pontarlier, et les cantons de Russey, de Maiche et de Saint-Hippolyte, arrondissement de Montbéliard. Cette contrée des hautes montagnes, coupée par de vastes forêts de sapins dont la verdure éternelle contraste avec les neiges et les glaces des longs hivers, est hérissée de monts dont les cimes nues et sans végétation sont le séjour habituel des frimas pendant six mois de l'année; mais ses aspects variés égalent les beautés naturelles de la Suisse. Les vallées qu'elle renferme sont peu propres à la culture; on n'y recueille presque partout que des grains de printemps. Mais le revers méridional des montagnes offre d'excellents pâturages pour l'entretien des nombreux troupeaux qui alimentent les laiteries et les fromageries. — La moyenne montagne est comprise dans une zone parallèle à la précédente, formée par deux chaînes inférieures du Jura : elle renferme les cantons d'Amancey, de Vercel, de Pierrefontaine, de Pont-de-Roide, de Blamont, partie du canton d'Ornans, etc. Cette seconde zone est sous une température favorable qui permet la culture du froment; quelques vignobles occupent même les expositions du midi. On y trouve de belles vallées et des plaines assez étendues; les montagnes sont en partie couvertes de forêts. — La plaine est formée de terrains compris entre la rivière du Doubs et celle de l'Ognon, qui sépare le département du Doubs de celui de la Haute-Saône; c'est la partie la plus fertile du département; toutes les espèces de grains y sont cultivées avec succès. Les coteaux sont couverts de vignobles dont plusieurs produisent de bons vins ordinaires. Cette contrée est aussi la plus peuplée du département; elle comprend les cinq sixièmes de l'arrondissement de Besançon et les parties des arrondissements de Baume et de Montbéliard qui avoisinent le Doubs et l'Ognon.

Les vallées qui séparent les chaînons du Jura s'étendent longitudinalement dans le sens des lignes de montagnes du sud-est au nord-est; elles varient beaucoup dans leur largeur; celles de la rivière du Doubs ne présentent souvent qu'une gorge étroite et profonde. On y distingue néanmoins quelques bassins d'une étendue remarquable. De charmants paysages, un grand nombre de villes, de bourgs et de villages, bordent la grande route qui longe la rive droite du Doubs depuis Besançon jusqu'à Montbéliard, et offrent une suite non interrompue de sites variés et pittoresques. Dix rivières, et plus de cent cinquante ruisseaux, qui font mouvoir cinq cents moulins et un grand nombre d'usines de divers genres, sillonnent en tous sens le département; et deux mille fontaines au moins fournissent abondamment aux besoins des habitants.

Le département du Doubs a pour chef-lieu Besançon. Il est divisé en 4 arrondissements et en 27 cantons, renfermant 639 communes. — Superficie, 280 lieues carrées. — Population, 265,535 habitants.

MINÉRALOGIE. Indices de mine d'argent autrefois exploitée sur le flanc du Mont-d'Or. Nombreuses et riches mines de fer, qui cependant ne peuvent suffire à la consommation des hauts-fourneaux établis dans le département (sur dix fourneaux, sept tirent tout ou partie du minerai de la Haute-Saône et du Jura). Mine de houille exploitée à Gémouval. Bois fossile en grandes masses. Tourbières. Carrières de gypse strié de la plus belle espèce, de pierre à bâtir, de marbre coquillier. Marnes, argile, terre à foulon, sable quartzeux, spaths calcaires, pétrifications, e. c.

SOURCES MINÉRALES à Guillon et à Lusigny.

PRODUCTIONS. Céréales de toute espèce (en quantité insuffisante pour la consommation des habitants); maïs, pommes de terre, légumes, navettes, chanvre, lin, vins. Plantes médicinales sur les montagnes. — 8,500 hectares de vignes. — 120,981 hect. de forêts. — Grand et menu gibier. Beaucoup de poisson. Élève en grand de chevaux de race vigoureuse, propres à la cavalerie et au train; ânes et mulets; vaches comtoises, dont le lait fournit à des fabriques considérables de fromages façon Gruyère; bêtes à laine de race médiocre; chèvres de belle espèce; porcs en petit nombre.

INDUSTRIE. Manufactures d'horlogerie et de fournitures d'horlogerie. Fabriques de draps, droguets, toiles de coton, percales, bonneterie, boissellerie, colle-forte, eau de cerises, huile de noix, moutarde, vinaigre. Filatures de coton. Brasseries. Papeteries. Nombreuses tanneries, chamoiseries et mégisseries. Forges, hauts-fourneaux, martinets. Tréfileries, sableries, aciéries, et fabriques de faux, limes et outils.

COMMERCE de draps, cuirs, bois de sapin, fers forgés, fils de fer, tôles laminées, fer-blanc, fonte de fer, horlogerie, eau de cerises, chevaux, bœufs gras, fromages, etc.

DÉPARTEMENT DU DOUBS.

VILLES, BOURGS, VILLAGES, CHATEAUX ET MONUMENTS REMAR
CURIOSITÉS NATURELLES ET SITES PITTORESQUES.

ARRONDISSEMENT DE BESANÇON.

AMANCEY. Village situé à 7 l. 3/4 de Besançon. Pop. 630 hab.

AMONDANS. Village situé sur un ruisseau qui forme une fort jolie chute d'eau, à 5 l. 3/4 de Besançon. Pop. 250 hab.

ARCIER. Village situé près de la rive gauche du Doubs, à 2 l. 1/4 de Besançon. Pop. 190 hab. On voit à peu de distance de ce village des sources extrêmement remarquables par leur abondance, par l'excellente qualité de leurs eaux, et par le parti que les Romains en avaient tiré pour fournir aux besoins des habitants de Besançon, au moyen d'un aqueduc que l'on connaît encore sous le nom de canal d'Arcier. Ces sources, d'un aspect très-pittoresque, jaillissent de deux issues, tombent dans une enceinte de rochers d'une hauteur considérable, et font mouvoir une papeterie importante à leur sortie de la montagne qui leur donne naissance. Les excavations profondes d'où sortent ces sources sont dignes de l'attention des curieux.— Papeterie mécanique.

AUDEUX. Village situé à 3 l. de Besançon. Pop. 160 hab. On y trouve une source d'eau salée.

BESANÇON. Grande, belle et très-forte ville, chef-lieu du département. Cour royale d'où ressortissent les départements du Doubs, du Jura et de la Haute-Saône. Tribunaux de première instance et de commerce. Chef-lieu de la 6e division militaire. Place de guerre de 1re classe. École d'artillerie. Académie des sciences, belles-lettres et arts. Académie universitaire. Faculté des lettres. Collége royal. Société d'agriculture et de médecine. Institution des sourds-muets. Archevêché érigé dans le IIIe siècle. ✉ ⚓ Pop. 29,167 hab.

L'origine de cette ville se perd dans la nuit des siècles. Sous les Gaulois, c'était déjà une cité célèbre, notée dans la table Théodosienne et dans l'itinéraire d'Antonin, sous le nom de *Vesontio*. César y entra l'an 56 avant l'ère chrétienne, non en conquérant, mais appelé par les chefs de la cité pour repousser les Barbares qui menaçaient la Séquanie d'un envahissement total: dans son livre de la Guerre des Gaules, il parle avec éloge de cette ville, et la cite comme une des plus belles et des plus fortes de son temps. Sous Auguste, elle devint la métropole de la grande Séquanie; mais son plus haut période de grandeur fut sous l'empereur Aurélien, qui se plut à l'embellir. Parmi les anciens monuments qui attestent son antiquité, on remarque le pont sur le Doubs et un bel arc de triomphe assez bien conservé. (*Voy. la gravure.*)

Sous la domination romaine, Besançon était célèbre par son école, une des plus estimées de la Gaule, où Quintilien a donné des leçons vers le IVe siècle de notre ère. Cette école était sous la direction de J. Titius, qui fut élevé aux honneurs du consulat. Ausonne fait le plus grand éloge de ce savant, et dit qu'il acquit plus d'honneur par cette charge de directeur des études que par celle de consul, tant on attachait de considération alors à ceux qui se livraient à la culture des lettres et aux soins qu'exige l'enseignement public.

Besançon fut plusieurs fois ruinée par les Allemands, ravagée par Attila, et s'est toujours relevée de ses ruines. Elle fut pendant long-temps ville libre et impériale, et se gouverna en république sous des magistrats et un conseil électif de vingt-huit notables, nommés tous les ans par une assemblée populaire composée de tous les chefs de famille. Elle passa ensuite sous la domination autrichienne, et fut cédée à l'Espagne par le traité de Munster. Louis XIV l'assiégea en personne, et s'en empara en 1660 : le traité de Nimègue en assura la possession à la France, ainsi que celle de toute la Franche-Comté, dont cette ville était la capitale.

En 1814, Besançon fut assiégée sans succès par les armées des puissances étrangères. Les habitants de cette ville ont toujours fait preuve de courage, et l'histoire a consigné leurs traits de bravoure : en 406, contre les Vandales; en 413, contre les Bourguignons; en 451, contre les Huns; en 1288, contre les Allemands; en 1335, contre les ducs de Bourgogne; en 1362, contre les Anglais; en 1814 et en 1815, contre les

Rauch del. Nyon j.e sc.
ARC DE TRIOMPHE A BESANÇON.

RANGOON.

troupes des puissances coalisées contre la France.

Besançon est dans une situation très-agréable, à l'extrémité d'une vallée arrosée par le Doubs, qui entoure la ville presque en entier, et la divise en deux parties inégales, qui communiquent entre elles par un pont de pierres, où l'on remarque deux espèces de constructions; les unes romaines, en gros blocs de pierres dites de Vergennes, bien conservées, les autres modernes, en pierres du pays, ajoutées pour élargir la voie publique. Cette ville est environnée de hautes montagnes couvertes de vignes et de verdure. L'isthme de la presqu'île sur laquelle elle est bâtie est occupé par une masse de rochers que couronne la citadelle, laquelle domine toute la contrée qui s'étend au nord ; mais la citadelle est dominée elle-même au sud, à l'est et au sud-est, par les monts de Chaudane, de Brégille et de la Chapelle des Buis ; ce qui a nécessité la construction de plusieurs forts pour défendre les approches.

La ville de Besançon est une des plus fortes villes de France, et l'une des mieux bâties ; elle compte 1,455 maisons dans l'enceinte de ses remparts, toutes en pierres de taille, à deux ou trois étages, ornées en partie de balcons; les rues sont larges, spacieuses et assez bien percées ; les places publiques vastes, régulières et ornées de fontaines. La promenade de Chamars, située dans l'enceinte de la ville, arrosée par deux bras du Doubs, est remarquable par son étendue. Il existe aussi une autre promenade au milieu de la ville, formée du jardin de l'ancien palais Granvelle ; elle est très-fréquentée, mais beaucoup trop petite pour une population aussi considérable que celle de la ville.

Les édifices et les établissements les plus remarquables de Besançon sont :

L'Église cathédrale de Saint-Jean, vaisseau gothique d'un aspect imposant, reconstruit dans le XIe siècle. On y remarque un beau maître-autel en marbre d'Italie; la chapelle du Saint-Suaire, où se trouvent la belle Résurrection de Vanloo et de bons tableaux de Natoire et de Detroye. A droite, dans la chapelle latérale, est un saint Sébastien de Fra Bartholomeo, maître de Raphaël; vis-à-vis, dans la chapelle de gauche, se trouve un tableau représentant la mort de Saphire, par del Piombino, élève de Michel-Ange. De beaux anges adorateurs en marbre blanc sont placés sur les côtés de l'autel principal. Au-dessous de l'orgue, dans une cavité, on voit le tombeau de Ferri Carrondelet,

L'Église de Sainte-Madeleine, superbe vaisseau d'architecture moderne exécuté par Nicole; le portail n'a été achevé qu'en 1830.

L'Église de Saint-Pierre, édifice exécuté en 1784. On y voit un magnifique groupe en pierre de Tonnerre, exécuté par Breton.

L'Église de Saint-François-Xavier, monument d'une belle architecture, où l'on voit quelques tableaux de maîtres.

L'Hôpital Saint-Jacques, superbe édifice bâti en 1707, orné d'une magnifique grille en fer. La rotonde, qui sert de chapelle, a été construite par l'architecte Nicole : on y voit trois jolis tableaux de Jollin.

L'Hôtel de la Préfecture, ancienne intendance, dont la construction date du milieu du siècle dernier.

Le Collége, fondé par le père du cardinal Grandvelle, qui, lui-même, l'agrandit considérablement. Les bâtiments sont immenses, les cours spacieuses, les jardins vastes et bien aérés ; l'église est fort belle. Ce collége peut contenir 200 élèves sans encombrement.

Le Palais de Justice, construit de 1745 à 1749 pour y recevoir la cour du parlement, transféré de Dôle à Besançon par ordre de Louis XIV. L'architecture de la façade de cet édifice, situé derrière l'hôtel-de-ville, est remarquable. Les statues en plâtre de la Justice et de la Religion décorent le portique qui sert d'entrée à la grande salle de la cour royale.

L'ancien palais Grandvelle, construit au XVIe siècle, dans le goût espagnol, par le célèbre cardinal de ce nom : chaque étage offre un ordre d'architecture différent.

La Citadelle, un des plus beaux ouvrages de Vauban, dont les murs sont en partie taillés dans le roc. De son sommet on découvre la ville entière, les plaines et les montagnes environnantes, le cours du Doubs et la riante promenade de Chamars. Plusieurs prisonniers de marque y ont été enfermés, entre autres le marquis de Saint-Simon, les généraux Bourmont et Radet, etc.

La porte Taillée, rocher coupé par les Romains dans le IIe siècle, pour y faire passer l'aqueduc d'Arcier, qui amenait des eaux abondantes et salubres à Besançon. Les restes de ce canal se voient sur toute la longueur de la route, depuis la porte Rivotte jusqu'à Arcier, situé à 2 l. 1/4 de la ville.

La Grande Caserne, précédée d'une vaste place, aux deux extrémités de laquelle s'élèvent deux beaux pavillons pour le logement des officiers.

La Salle de spectacle, bâtiment isolé,

dont six colonnes d'ordre dorique soutiennent le frontispice. L'intérieur est spacieux et bien décoré.

La Bibliothèque publique, édifice moderne renfermant 50,000 volumes et de précieux manuscrits. Elle est décorée d'un buste en marbre du poète Mairet, et des bustes en plâtre de l'historien Chifflet, du célèbre chirurgien Percy, du jurisconsulte Dunod, du dessinateur Devosges, et de l'archevêque de Pressigny.

Le Musée Paris, renfermant des antiques, une momie, des tableaux, des dessins, des livres et autres objets rares et précieux, légués par le célèbre architecte Paris à sa ville natale.

On remarque encore à Besançon le musée d'antiques et de monuments du moyen âge; le cabinet d'histoire naturelle, contenant une riche et nombreuse collection; l'école de dessin; les fontaines publiques, dont une représente l'apothéose de Charles-Quint, une autre un Bacchus, la troisième un Neptune, et la quatrième une jeune nymphe presque nue, dont les seins versent de l'eau; l'arc de triomphe, etc. — Aux environs, on doit visiter les magnifiques ruines du château de Montfaucon, dont la construction est attribuée à Louis XI; le riant village de Beurre et la chute du Bout-du-Monde.

Patrie du poète Mairet, de l'abbé Bullet, du jésuite Nonotte, de Suard, du maréchal Moncey, des généraux Pajol, Douzelot, Préval, Baudrand, de M. Droz, économiste et philosophe aimable; de MM. Charles Nodier, Victor Hugo, etc.

Industrie. Manufactures d'horlogerie qui occupent 2,000 ouvriers, presque tous isolés, travaillant pour des établissements en grand ou pour des comptoirs d'horlogerie. Fabriques de bonneterie, droguets, siamoises, tapis de pieds, fers creux pour meubles et autres objets, fournitures d'horlogerie, poêles calorifères en fonte et en faïence, fleurs artificielles, papiers peints, quincaillerie, liqueurs, moutarde estimée, eaux minérales factices. Fonderies. Faïenceries. Blanchisseries de cire. Brasseries renommées. Tanneries et chamoiseries.

Commerce de vins, eau-de-vie, liqueurs, vinaigre, draperie, horlogerie, limes, fer, tôle, fer laminé, clous d'épingles, chaînes, charbon de terre, etc. Entrepôt et commerce considérable d'épiceries.

A 22 l. de Dijon, 41 l. de Genève, 98 l. de Paris. — *Hôtels* National, de Paris, de France.

BEURRE. Charmant village, renommé par la beauté de ses vergers, situé à 1 l. 1/4 de Besançon. Pop. 1,000 hab. A peu de distance de Beurre, on remarque la chute et le site curieux du Bout-du-Monde; c'est une culée formée par une longue chaîne de montagnes que la route côtoie depuis Besançon jusqu'à Beurre : là elle s'arrête tout-à-coup comme si elle était coupée, et forme, en s'enfonçant sur la gauche, un bassin profond d'environ un quart de lieue. Bientôt, le bassin se resserre, la lumière devient sombre, et l'on entend le bruit d'une cataracte formée par le ruisseau d'un plateau supérieur, qui tombe perpendiculairement de trente pieds de haut; il se précipite comme une nappe brillante dans le bassin, sur un immense banc de rochers, et forme, en rejaillissant au loin, une pluie fine et abondante : la chute d'eau laisse entre elle et le rocher un vide entre lequel on se plaît à passer. Sur la droite est une autre cataracte moins abondante et moins impétueuse. C'est dans ce lieu pittoresque et sauvage que les familles et les jeunes étudiants viennent, dans les beaux jours, faire des repas champêtres et savourer les fruits délicieux des fertiles jardins de Beurre. — Exploitation de plâtre. — A Gouille, belles forges et manufacture de fer-blanc et de tôle laminée.

BONNEVAUX. Village situé dans le vallon de la Brême, à 5 l. 3/4 de Besançon. Pop. 260 hab. Au-dessous du dernier moulin de ce village, on remarque, dans la montagne, une ouverture haute de 80 pieds, de laquelle s'élance un ruisseau qui va plus bas faire tourner plusieurs moulins.

BOUXIÈRES. Village situé à 3 l. 1/4 de Besançon. Pop. 310 hab.

CHASSAGNE. Village situé à 6 l. 1/2 de Besançon. Pop. 270 hab. On voit sur le territoire de ce village deux belles grottes : l'une appelée la Baume, sur la fontaine d'Arc, et précédée d'une avant-salle dont la voûte est très-élevée. Dans le fond est une ouverture basse et étroite, par où l'on s'introduit dans une grotte profonde, garnie de fort belles stalactites, et au fond de laquelle se trouve un rocher qui donne naissance à une fontaine d'eau vive. La seconde grotte, d'un accès difficile, est très-vaste.

CHATEAUVIEUX. Village situé à 7 l. 1/4 de Besançon. Pop. 170 hab. On y voit les ruines d'un vaste et ancien château, qui, à l'exception de quelques maisons de vignerons encore subsistantes, ne présente plus que le tableau d'une destruction complète. Dans l'enceinte de ces gothiques murailles, derrière les créneaux ombragés de feuil-

PORTE TAILLÉE A BESANÇON.

lages, sont d'énormes crampons de fer; là était l'antique chapelle; plus bas un puits taillé dans le roc à une immense profondeur; un peu plus loin, sont de vastes souterrains où l'on renfermait les vassaux sous le plus léger prétexte. Les magnifiques bâtiments, construits par l'archevêque de Rye, au commencement du XVIe siècle, sont devenus la proie des flammes en 1807; et à la place des lambris dorés, des longues galeries de tableaux, des armes d'acier suspendues au plafond, on ne voit plus que des voûtes enfoncées, des colonnes mutilées, et de chétifs arbrisseaux qui croissent dans les interstices des murailles. De cette splendeur il ne reste plus qu'une fête annuelle, fondée à une époque très-reculée et encore aujourd'hui très-fréquentée : chaque année, le quatrième jour après Pâques, les populations des campagnes voisines se mettent en route de bon matin, pour arriver à l'antique rendez-vous. Des jeux, des tables couvertes de rafraîchissements, des boutiques ambulantes, occupent les principales avenues du château. A midi, les groupes de promeneurs se rendent dans les prés, à l'ombre des arbres, pour faire un repas sur la pelouse. Le propriétaire des anciennes dépendances de la seigneurie se distingue ce jour-là par une fête particulière offerte à ses amis sur une terrasse élevée, d'où l'œil s'égare au loin dans les différentes collines. Vers les trois heures, le son du tambourin annonce l'ouverture du bal champêtre; chacun prend place, et bientôt les contredanses sont en activité. A neuf heures précises, la détonation d'une boîte tirée du sommet d'une roche voisine annonce le feu d'artifice préparé par la jeunesse du vallon, après lequel chacun regagne en chantant son habitation. Il est à remarquer que cette fête champêtre n'a rien de féodal, rien qui sente le vasselage des temps gothiques, et semble au contraire être la suite d'une institution due à la bienveillance d'un châtelain débonnaire.

CHATILLON-SUR-LISON. Village situé sur le Lison, à 6 l. 3/4 de Besançon. Pop. 1,800 hab. — Belles forges.

CHENECEY. Village situé sur le Loue, à 3 l. de Besançon. Pop. 870 hab. — Forges et tréfileries.

Sur le territoire de ce village, on remarque des grottes beaucoup moins étendues que celles d'Osselle, mais offrant des phénomènes particuliers et des stalactites très-brillantes. L'entrée en est difficile; l'intérieur forme une salle spacieuse, composée de plusieurs galeries décorées d'une grande variété de congélations, parmi lesquelles on remarque des troncs d'arbres pétrifiés, debout et très-rapprochés les uns des autres.

CLÉRON. Village situé à 5 l. 1/4 de Besançon. Pop. 500 hab. Aux environs, dans le vallon de Valbois, qui se termine par une suite de bancs de rochers à pic, de forme cintrée, on remarque une fort belle cascade; et plus bas que le pont de Cléron, les sources jaillissantes de ce nom. (*Voy.* ci-après Scey.)

CROUZET. Village situé à 10 l. 1/4 de Besançon. Pop. 250 hab. Sur le territoire de ce village, dans le vallon de Migette, borné par de hautes montagnes boisées, on voit un ruisseau dont les eaux s'épanchent dans un entonnoir naturel au-dessus des rochers de la source du Lison. Dans les grandes eaux, ce ruisseau devient un torrent impétueux, qui se précipite de 370 pieds de hauteur dans un précipice dit le *Puits-Bissard*, qui le reçoit tout entier, et le conduit à la source du Lison par un canal souterrain d'environ cent mètres. Un frêne d'un feuillage sombre croit au fond de cet entonnoir, dont l'aspect a quelque chose de sinistre.

Il existait autrefois dans l'agreste vallon de Migette une abbaye de chanoinesses, fondée sur la fin du XIIIe siècle, dont une partie des bâtiments est occupée aujourd'hui par une belle manufacture de faïence.

ÉTERNOZ. Village situé à 9 l. de Besançon. Pop. 500 hab. Il est bâti au fond d'un vallon étroit, bordé de coteaux couverts de sombres forêts et traversé par un ruisseau qui, resserré au-dessous du village par des rochers sur lesquels on a construit un moulin, se précipite perpendiculairement de 120 pieds de hauteur sur plusieurs bancs de rochers d'un aspect sévère. Le tableau qu'offre cette chute d'eau est on ne peut plus pittoresque.

FERTANS. Village situé sur un ruisseau qui, après avoir fait mouvoir un martinet et un moulin à blé, se précipite de plus de 60 pieds de haut, dans un vallon verdoyant, de l'aspect le plus agréable.

GEVRESIN. Village situé à 9 l. de Besançon. Pop. 950 hab. Au nord-est de ce village, à mi-côte du revers méridional de la montagne de Barrettes, on trouve une suite de grottes profondes et remarquables.

LODS. Village situé sur la Loue, à 8 l. 1/4 de Besançon. Pop. 950 hab.

Sur le territoire de ce village, au fond d'un petit vallon exposé au levant, on remarque une fort belle grotte, connue sous le nom de Grande-Baume. L'ouverture a 15 pieds de largeur, sur 30 pieds de hauteur : on entre d'abord dans une première salle, en forme de four, de soixante-dix pieds de profondeur, parfaitement éclairée ; cette salle est ornée de belles stalactites très-variées et d'un bel effet. Dans l'enfoncement, on aperçoit une ouverture fort étroite par laquelle on s'introduit dans une seconde salle remplie d'une multitude de stalactites et de stalagmites fort curieuses, dont quelques-unes offrent une représentation assez exacte de trois femmes couvertes d'un domino, tenant des enfants dans leurs bras.

Fabriques de kirchenwasser. Forges, tréfileries, clouteries, épinglerie, et belle fabrication de fil de fer à cardes.

MARCHAUX. Village situé à 4 l. 1/2 de Besançon. Pop. 450 hab.

MEREY-SOUS-MONTROND. Village situé à 4 l. de Besançon. Pop. 300 hab.

Aux environs, près de la grange de la Vaivre, on remarque des grottes d'une étendue considérable et fort curieuses.

MONTCLEY. Village situé sur l'Ognon, à 3 l. 1/2 de Besançon. Pop. 470 hab. — Forges et haut-fourneau.

MONTHIER. Bourg situé dans le riant et pittoresque vallon de la Loue, à 9 l. 1/4 de Besançon. Pop. 1,000 hab. Aux environs, dans un site extrêmement sauvage, existe un rocher escarpé, dans le flanc duquel se trouve une belle grotte spacieuse, où l'on ne peut pénétrer qu'à l'aide d'une échelle. Près de Monthier, les eaux du ruisseau de la Craye sont surchargées de carbonate calcaire, et recouvrent les corps qui reposent dans leur lit d'une couche plus ou moins épaisse de cette matière. Les habitants du pays y déposent des fruits, des feuilles et d'autres objets qui, après avoir séjourné dans ces eaux, s'y recouvrent d'un enduit calcaire qui conserve l'image parfaite de ces objets.

On remarque encore à Monthier une belle suite de cascades formées par un ruisseau tombant du rocher de Syratu. La hauteur totale des cascades et des pentes, depuis la source au radier, est de 560 pieds. — *Fabriques* d'eau de cerises.

MORRE. Village situé à 3/4 l. de Besançon. Pop. 315 hab. A peu de distance de ce village, on remarque les ruines du château de Montfaucon, auquel se rattachent des souvenirs historiques.

NANS-SOUS-SAINTE-ANNE. Village situé à 3 l. 1/2 de Besançon. Pop. 270 hab. Sur le territoire de cette commune, dans une gorge bordée de montagnes élevées, couronnée de forêts, et terminée par un rocher à pic, on remarque la source du Lison, jolie rivière qui s'échappe d'une belle grotte taillée dans le roc vif. A sa sortie, ce n'est qu'un faible ruisseau qui coule paisiblement; mais bientôt il s'élargit et se précipite avec impétuosité et en écumant de rochers en rochers, comme s'il descendait les marches d'un escalier. Dans les temps pluvieux, sa nappe, large d'environ 50 pieds, couvre en partie ces rochers saillants, et ne fait qu'une seule chute de plus de trente pieds, qui s'élance dans un vallon profond, dominé par l'immense masse de rochers que couronnait autrefois le château fort de Sainte-Anne, détruit par ordre de Louis XIV.

Sur la gauche de la source du Lison, on voit une autre source très-curieuse, connue sous le nom de Bief-Sarrasin. Le ruisseau de ce nom sort de l'enfoncement d'une caverne taillée par la nature dans une magnifique masse de rochers perpendiculaires, de 565 pieds de hauteur au-dessus du sol. L'ouverture de cette caverne est à la base d'un superbe portique de 450 pieds d'élévation, ayant les formes et les proportions d'un monument majestueux. Le ruisseau, qui se développe en nappe d'eau dans l'étendue de l'excavation, s'échappe de l'antre pour se jeter dans le vallon, en formant de légères cascatelles. Lorsque les basses eaux permettent d'entrer dans la grotte, on aperçoit, à l'extrémité d'un petit lac qui forme le fond de la première salle, une masse de stalactites brillantes : au-delà de ce lac, vers la gauche, existe une seconde grotte, dont le fond est occupé par un vaste lac souterrain, alimenté par des sources lointaines dont on entend le murmure répété par les échos. Les voûtes de cette seconde caverne, où l'on ne peut pénétrer qu'en radeau et avec des flambeaux, sont si élevées que l'on a peine à les distinguer.

On remarque encore, à l'est du village de Nans, une fort belle cascade, formée par le ruisseau de Verneau, qui sort d'une roche en forme d'arcade et s'élance d'une hauteur de 60 pieds.

ORNANS. Petite ville, située dans le riant vallon de la Loue, à 7 l. de Besançon. Pop. 2,982 hab. Elle est divisée, par la Loue, en deux parties qui communiquent entre elles par deux ponts de pierre : la partie qui se trouve sur la rive gauche est la plus ancienne et la moins considérable. Tous les quartiers de la ville sont pourvus de fontaines jaillissantes.

L'église paroissiale, dédiée à saint Laurent, paraît être une construction du XVe siècle; elle est composée de trois nefs vastes, bien éclairées, et décorée de plusieurs tableaux remarquables.

L'hôtel-de-ville, qui renferme la halle et les prisons, est un édifice solidement construit. L'hospice civil, bâtiment placé dans une heureuse situation à l'entrée de la ville, a plutôt l'apparence d'un château de plaisance que d'un hôpital : on y entre par une grille en fer d'un assez bon goût.

Dans une petite gorge au nord-ouest de la ville, sur un plateau élevé, dominé par de hautes montagnes, on remarque d'assez beaux restes du château d'Ornans, ancienne résidence des comtes de Bourgogne. Ce château n'était accessible que du côté du nord, où se trouvaient la porte d'entrée, les ponts-levis et les ouvrages avancés. Des restes d'anciens remparts très-épais, des débris de tours, de bastions, attestent qu'on n'avait rien négligé pour sa sûreté : l'approche de ces fortifications était défendue par un fossé très-large, taillé dans le roc vif, qui coupait dans toute sa longueur la langue de terre par où seulement il était possible d'y arriver. Le château d'Ornans fut démoli en 1678.

Fabriques de papier. Tanneries. Fruiteries ou fromageries, qui fournissent chaque année au commerce 80 à 90 milliers de fromage façon de Gruyère de première qualité. Beaux moulins à blé. Culture en grand du cerisier pour la fabrication de l'eau de cerises. — *Auberges* de la Poste, de la Ville-de-Lyon.

OSSELLE. Village situé à 5 l. de Besançon. Pop. 500 hab.

Vis-à-vis de ce village, sur le revers d'une colline qui s'abaisse vers le Doubs, se trouve l'entrée des célèbres grottes d'Osselle, longue suite de cavités souterraines, tantôt étroites, quelquefois spacieuses, dont les voûtes, inégalement élevées, sont, ainsi que les parois, presque partout garnies de stalactites plus ou moins brillantes, présentent les formes les plus variées. L'entrée de ces grottes est assez large. Après avoir parcouru successivement trois salles, on arrive à une autre plus grande, dont la voûte plate peut avoir 150 pieds dans sa plus grande longueur, sur 70 de largeur. L'intérieur offre une multitude de curiosités naturelles, qu'on ne se lasse pas d'admirer : ici on voit des colonnes ornées de tout ce que la singularité du goût gothique a pu inventer de plus bizarre; là, ce sont des pavillons, des cabinets, des tables, des autels, des statues, etc.

D'un autre côté, l'œil croit apercevoir des guerriers armés, des enfants. Dans certaines pièces, on voit des niches singulièrement ornées; dans d'autres, des figures grotesques, des buffets d'orgues, des chaires à prêcher : les voûtes surtout sont bizarrement ornées de fusées, et de pierres luisantes semblables à des glaçons. Le sol de la grotte est un sable sec, assez fin, luisant; mais le terrain y est fort inégal, à cause des congélations qui s'y sont amassées. La longueur de toute la grotte est de plus d'un quart de lieue. A l'extrémité, est un lac de 20 pieds de diamètre et d'une profondeur considérable. Le nombre des salles se monte à environ 36.

Les grottes d'Osselle sont journellement visitées par des étrangers. Les curieux qui désirent les parcourir doivent, s'ils viennent de Thoraise, longer le canal et suivre la rive gauche du Doubs. En venant par Quingey, on doit passer à Byans, et suivre la rive gauche du Doubs, qui conduit au moulin de la Froidière, très-rapproché des grottes. Enfin, si les visiteurs arrivent par Saint-Vit, ils viendront passer le Doubs au bac de Roset, et remonteront la rive gauche de la rivière jusqu'à la maison du gardien chargé de guider les voyageurs.

QUINGEY. Petite et ancienne ville, située dans un vallon agréable et fertile, sur la Loue, à 6 l. de Besançon. ✉ ⚒ Pop. 800 hab.

Dans le XIIe siècle, Quingey était entourée de murailles flanquées de grosses tours, dont il reste à peine quelques vestiges : on y entrait par trois portes. Cette ville obtint une charte de commune en 1300. Elle fut brûlée en 1459 et en 1478. Le marquis de Villeroy la prit d'assaut et la brûla de nouveau en 1636. — C'est la patrie de Calixte II, élu pape à Cluny en 1115.

Fabriques de cuirs. Forges, martinets et tréfilerie.

RECOLOGNE. Village situé à 4 l. de Besançon. ⚒ Pop. 630 hab.—Exploitation des carrières de marbre coquillier.

ROUGEMONTOT. Village situé à 5 l. 3/4 de Besançon. Pop. 280 hab. On remarque sur son territoire une belle caverne, appelée dans le pays le Trou de la Fée, qui a les dimensions et la forme d'une église. L'entrée a dix pieds de large sur vingt de hauteur, et soixante de profondeur. L'intérieur de cette caverne est fort agréable; et comme les abords en sont faciles, on y donne des repas et des fêtes. A l'entrée jaillit une source d'eau vive très-abondante, qui va arroser les prairies de la commune.

SCEY. Village situé sur la Loue, à 5 l. 1/4 de Besançon. Pop. 380 hab. Sur le territoire de cette commune, plus bas que le pont de Cléron et à cinquante pas de la Loue, on voit une fontaine abondante, fort remarquable, nommée Source jaillissante de Cléron. D'une fente de rocher presque horizontale, l'eau s'élance en plusieurs jets qui quelquefois s'élèvent à neuf pieds de hauteur. Il y a six jets principaux, outre un grand nombre d'inférieurs, qui, tous réunis, forment un ruisseau considérable. — Forges et tréfileries.

THORAISE. Joli village, bâti dans une situation riante et pittoresque, sur la rive droite du Doubs et le canal du Rhône au Rhin, à 3 l. 1/4 de Besançon. Pop. 220 h. Près de ce village, le Doubs rencontrant une petite montagne qui le repousse, tourne brusquement et longe la colline de l'ouest à l'est pendant l'espace d'une demi-lieue, puis il revient par derrière aboutir de l'autre côté de la montagne, vis-à-vis de l'endroit où il a commencé à s'en détourner. Pour éviter ce long circuit, pendant lequel la rivière devient plus rapide et plus difficile ouvert, dans le flanc de la montagne un canal souterrain, que l'on nomme canal de Thoraise. Non loin de là, on voit sur le sommet d'un rocher vertical, un ancien château assez bien conservé, surmonté d'une terrasse d'où l'on découvre un pays délicieux et très-étendu.

TORPES. Village situé sur la rive droite du Doubs, au pied d'un rocher escarpé, couronné par un magnifique château environné de bosquets et de jardins délicieux. — Haut fourneau.

VUILLAFANS. Bourg situé sur la Loue, dans une contrée fertile en vins de bonne qualité, à 7 l. 1/2 de Besançon. Pop. 1,000 h.

Au-dessus de ce village, dans le vallon de la Loue, on remarque une très-belle chute d'eau, dont l'abord est difficile, mais qui mérite d'être visitée.

Fabriques d'eau de cerises. Forges, martinets. Papeterie mécanique. Tannerie.

VIT (SAINT-). Village situé à 4 l. de Besançon. ✉ ☞ Pop. 900 hab.

ARRONDISSEMENT DE BAUME.

ARCEY. Village situé à 6 l. 3/4 de Baume. Pop. 600 hab. Près de ce village, il existe un précipice où l'on jette les animaux morts de maladies épizootiques. On a découvert que cet abîme renfermait des chiens vivants, dont on entend les aboiements : ils se nourrissent de la chair des animaux morts, et ont, pour se désaltérer, une source qu'on entend jaillir dans le fond.

BAUME, ou **BEAUME-LES-DAMES.** Petite et très-ancienne ville, chef-lieu de sous-préfecture. Tribunal de première instance. Collége communal. Bibliothèque publique, contenant 1,100 vol. ✉ ☞ Pop. 2,447 hab.

L'origine de Baume remonte à une époque très-reculée. Il paraît certain qu'elle était considérable au Xe et au XIe siècle, et qu'elle possédait plusieurs paroisses. Dans ces temps éloignés, elle avait une ville haute, bâtie sur le mont Saint-Léger, qui fut détruite vers le milieu du XIIe siècle par le duc Berthod ; depuis cette époque, elle a été réduite à l'étendue qu'elle occupe aujourd'hui.

Baume possédait, avant la révolution de 1789, une abbaye de chanoinesses, fondée vers le VIIIe siècle, et dont on voit encore l'église (reconstruite en 1760), qui sert aujourd'hui de halle au blé.

Cette ville est dans une situation agréable, sur la rive droite du Doubs et sur le canal du Rhône au Rhin, à l'extrémité d'une belle prairie. Elle est bâtie au pied de cinq montagnes, sur l'une desquelles on remarque les ruines d'une des plus importantes forteresses du comté de Bourgogne, détruite en 1576, après la défaite qu'essuya Charles-le-Téméraire aux journées de Granson et de Morat.

On exploite sur le territoire de cette ville une carrière de plâtre très-riche, qui en fournit annuellement 50 à 60 milliers, dont partie est employée aux constructions et décors des habitations, et partie comme engrais pour les prairies naturelles et artificielles. — On remarque aux environs la source d'eau minérale de Guillon. *Voy.* ci-après GUILLON.

Fabriques de chapellerie. Exploitation de gypse. Aux alentours, forges, verreries, tanneries, papeterie. — *Commerce* de bestiaux.

CHAUX-LES-PASSAVANT. Village situé à 2 l. 1/4 de Baume. Pop. 350 hab.

A une demi-lieue de ce village, on remarque la glacière naturelle de la Grace-Dieu, caverne singulière, située au milieu d'une antique forêt, dans le fond d'un massif de rochers. On y arrive par une longue allée de verdure, à l'extrémité de laquelle se trouve une belle grotte, dont le sol s'incline par une pente rapide vers la glacière proprement dite, et sert en quelque sorte de salle avancée pour protéger les glaces du fond de l'influence de la température extérieure. La cavité intérieure de la glacière présente la figure d'un triangle, dont les côtés, à peu près égaux, ont environ 150 pieds; la hauteur, depuis le sol jusqu'à la voûte, est de 83 pieds, mais cette hauteur diminue vers le fond, qui n'est plus que de 40 pieds. La profondeur, depuis l'entrée jusqu'au fond, est de 63 pieds, et la plus grande largeur de 62. Lorsque l'on entre dans cette glacière, l'œil se repose dans tout l'intérieur sur des milliers de stalactites de glace, formées par l'infiltration de l'eau qui se congèle avant de tomber, ou qui tombe et se change au fond en une masse éclatante de cristaux. Le milieu de la voûte est la partie la mieux décorée : rien n'est beau comme cette foule de petites pyramides renversées et suspendues, paraissant vouloir se joindre à celles qui s'élèvent du dessous. — Haut-fourneau. Sablerie renommée.

CLERVAL. Petite ville fort agréablement située, sur le Doubs, à 4 l. de Baume. Pop. 1,100 hab. C'était autrefois une place forte, défendue par un ancien château, dont il reste encore une tour et quelques vestiges de murailles. — Tanneries et haut-fourneau.

COLOMBIER-CHATELOT. Village situé à 6 l. de Baume. Pop. 370 hab. — *Fabriques* de tissus de coton et de fil.

COUR-LES-BAUME. Village situé sur la rive droite du Doubs ; on y remarque la jolie grotte de Buin, dont l'ouverture domine le cours de la rivière.

CUSANCE. Village situé à la source du Cusancin, dans un délicieux vallon où sont établis les bains d'eaux sulfureuses de Guillon. On y remarque les ruines de l'ancien manoir des barons de Cusance, et quelques vestiges d'une célèbre abbaye de bénédictins, fondée dans le VIIe siècle. Non loin de là est le gouffre du Puits-Fenoz, dont les débordements causent quelquefois des ravages considérables. — Papeterie.

FLANGEBOUCHE. Village situé à 5 l. 3/4 de Baume. Pop. 650 hab. On remarque sur le territoire de cette commune un dépôt de bois fossile, susceptible d'une grande exploitation.

D'anciens travaux font présumer que ce dépôt a plus de 200 pieds d'épaisseur. Le bois fossile se présente sous deux aspects bien caractérisés : celui qui se trouve le plus près de la surface du sol, a conservé tout son tissu ligneux ; mais ce tissu n'a aucune analogie avec aucun des végétaux existant actuellement. Le combustible qui occupe la partie inférieure du dépôt ne présente plus aucun tissu fibreux ; la cassure en est unie, et il a entièrement l'aspect du jayet.

GÉMONVAL. Village situé à 6 l. 1/2 de Baume. Pop. 260 hab. — Exploitation de houille.

GONDENANS-LES-MOULINS. Village situé à 3 l. 1/2 de Baume. Pop. 240 hab.

Au sud de ce village, on voit, dans le flanc d'un coteau couvert de bois, une grotte d'où sort un ruisseau abondant, qui fait tourner quatre moulins. A peu de distance de cette grotte, on en trouve quatre autres, dont la principale renferme une quantité considérable de stalactites de formes variées.

GROSBOIS. Village situé à 1 l. de Baume. Pop. 100 hab. On y voit une grotte remarquable par les stalactites extrêmement brillantes qu'elle renferme.

GUILLON. Village situé dans un riant vallon arrosé par le Cusancin, à 1 l. 3/4 de Baume. Pop. 200 hab. — Papeterie.

Ce village possède un établissement d'eaux minérales gazeuses hépatiques fort bien tenu et très-fréquenté depuis quelques années. Les eaux de Guillon s'emploient en boissons et en bains. On en fait usage avec succès dans les maladies de la peau, les obstructions, les irritations chroniques de l'appareil digestif, etc. : elles conviennent aussi dans les douleurs rhumatismales et dans les affections du poumon.

Le bâtiment qui renferme la source et les bains est situé dans la partie la plus agréable du charmant vallon de Cusance. On y trouve de jolis cabinets pourvus de baignoires en pierres, et toutes les commodités de la vie.

ISLE-SUR-LE-DOUBS (l'). Bourg situé sur la rive gauche du Doubs et sur le canal du Rhône au Rhin, à 7 l. de Baume. Pop. 1,100 hab. — *Fabriques* de clous d'épingles. Forges, tréfileries. Tanneries. — *Commerce* de bois.

LONGEVELLE. Village situé à 7 l. de Baume. Pop. 100 hab. On y remarque les vestiges d'un palais romain, renfermant une magnifique mosaïque dont une partie a été extraite et transportée au musée de Besançon.

MAISONNETTES (les). Village situé

près de la belle source du Dessoubre, à 8 l. de Baume. Pop. 110 hab.

La rivière, ou plutôt le torrent du Dessoubre, naît dans l'austère vallon de Consolation, au fond d'un antre dont les eaux s'élancent par sept issues sur un rocher d'où elles retombent en formant de fort belles chutes, qui font mouvoir plusieurs usines, disposées en amphithéâtre sur les plans supérieurs de ces cascades. Non loin de là, on voit les restes de l'ancien monastère de Consolation; et au fond du vallon la roche du Prêtre, qui le domine de plus de 500 pieds. De cette roche on peut, en suivant un sentier périlleux, aller visiter plusieurs grottes remarquables, dont la principale a 80 pieds de largeur sur 40 de hauteur et 120 de profondeur.

MONTAGNEY. Village situé sur la rive gauche de l'Ognon, à 3 l. 1/2 de Baume. Pop. 90 hab. — Forges et haut-fourneau.

NANS. Village situé à 9 l. de Baume. Pop. 280 hab. Aux environs, on remarque une masse de rochers en fer à cheval, de 80 pieds de hauteur, dans les flancs de laquelle se trouvent diverses grottes assez curieuses, qui ont servi de retraite aux habitants dans les guerres du XVIe siècle.

PIERREFONTAINE. Bourg situé à 5 l. 1/2 de Baume. Pop. 1,200 h. Il est sur le ruisseau de Riverottes, qui, de ce village, se dirige vers un enfoncement où se trouve une glacière naturelle, où il tombe perpendiculairement de 24 pieds de hauteur sur une roche calcaire, et s'unit à un a qui sort de la grotte située d' dessous de la chute. Cette grot une banquette taillée dans le laquelle on peut s'asseoir pour chute, qui forme, au devant de l un rideau d'un bel effet.

PONT-LES-MOULINS. Village situé sur le Cusancin, à 1 l. de Baume. Pop. 300 hab. — Forges.

ROUGEMONT. Bourg situé à 3 l. 1/2 de Baume. Pop. 1,450 hab. Au pied d'une colline couverte de forêts, dans le fond d'un vallon étroit, on remarque deux grottes curieuses, dont une est couverte de stalactites mamelonnées d'un bel effet.

ROULANS. Bourg situé près de la rive droite du Doubs, à 3 l. de Baume. Pop. 650 hab.

SERVIN. Village situé à 3 l. de Baume. Pop. 400 hab. On remarque sur son territoire le lac de Grand-Saz, entouré de rochers et dominé par la montagne du Grand-Rucher, qui recouvre une caverne profonde dont les flancs recèlent un lac souterrain qui mérite de fixer l'attention des curieux.

SURMONT. Village situé à 7 l. 1/2 de Baume. Pop. 270 hab. — *Fabrique* de draps, prunelle, casimir de coton, etc.

VALDAHON. Village situé à 5 l. 1/2 de Baume. Pop. 1,010 hab.

VERCEL. Bourg situé à 4 l. 1/2 de Baume. Pop. 1,250 hab. — *Fabriques* de bonneterie. Tanneries.

ARRONDISSEMENT DE MONTBÉLIARD.

ABBEVILLERS. Village situé dans un riant et fertile vallon, à 3 l. de Montbéliard. Pop. 450 hab. On remarque sur le territoire de cette commune le moulin pittoresque de la Doue, bâti près de l'entrée d'une caverne d'où s'échappent les eaux du ruisseau de Glan, qui y prend sa source. Cette caverne est ouverte dans un rocher et se divise en deux parties; la plus reculée renferme la source du ruisseau, dont le lit n'a que deux mètres de profondeur dans les eaux ordinaires; mais quelquefois ces eaux sont si élevées et si impétueuses, qu'elles s'échappent par toute la largeur de l'entrée de la grotte.

AUDINCOURT. Beau village, situé sur la rive droite du Doubs, à 1 l. 1/4 de Montbéliard. Pop. 1,300 hab.

Ce village possède une des plus belles usines de France composée de forges à l'anglaise, laminoirs, haut-fourneau, etc., exploitée par une société anonyme. Les produits, qui sont très-recherchés, consistent annuellement en 20,000 caisses de fer-blanc, 500,000 kil. de tôle, 3,000,000 kil. de fer coulé, et plus de 2,000,000 kil. de fer forgé. — Filature de coton. Tannerie. — *Auberge* de la Balance.

BADEVEL. Village situé à 3 l. de Montbéliard. Pop. 370 hab — Manufacture importante d'ébauches de montres et de pendules à la mécanique.

A un quart de lieue de Badevel, on voit une suite de roches superposées qui renferment plusieurs cavernes : l'une d'elles, où l'on arrive par une pente facile, renferme un gouffre d'eau froide et limpide, nommé Creux de Malfosse, dont on n'a pu encore sonder la profondeur.

BÉLIEU (le). Village situé à 14 l. 1/4

CHÂTEAU DE MONTBRILLANT.

de Montbéliard. Pop. 500 hab. — Verrerie à vitres et à bouteilles.

BIEF-D'ÉTOZ. Village situé à 11 l. 1/4 de Montbéliard. — Forges et martinets pour faux et outils aratoires. Belle verrerie à vitres et à bouteilles.

BLAMONT. Petite ville, située au pied des montagnes, près des frontières de la Suisse, à 3 l. de Montbéliard. ✉ Pop. 650 h. Elle est dominée par un ancien château fort, considéré comme un point militaire de la 6ᵉ division militaire.

CHATILLON-SOUS-MAICHES. Village situé à 6 l. de Montbéliard. Pop. 90 hab. On y remarque les ruines pittoresques d'un ancien château fort.

DAMPIERRE. Village situé à 2 l. 1/2 de Montbéliard. Pop. 500 hab. — Manufacture de vis à bois et de pièces de mécanique et de serrurerie. Forges.

ÉTUPES. Village situé à 1 l. 1/4 de Montbéliard. Pop. 650 hab. — Manufacture importante de vis à bois, qui occupe trois cents ouvriers.

GLAY. Village situé à 3 l. 1/4 de Montbéliard. Pop. 350 hab. — Papeterie.

HÉRIMONCOURT. Village situé à 2 l. 1/2 de Montbéliard. Pop. 550 hab. — Manufacture considérable de vis à bois. Forges et fonderies pour la fabrication des ressorts d'horlogerie, lames de scies, busc, etc. — *Fabriques* de petites pièces d'horlogerie. Filature de coton.

HIPPOLYTE (SAINT-). Petite et ancienne ville, chef-lieu de canton. A 7 l. de Montbéliard. ✉ Pop. 900 hab.

Dans le XIᵉ et le XIIᵉ siècle, Saint-Hippolyte était une des villes les plus importantes de l'Elsgaw. Les Bernois la prirent dans les guerres de Charles-le-Hardi, duc de Bourgogne, et ne la restituèrent qu'à la paix de Zurich, en 1478. Les Français tentèrent, sans succès, de s'en emparer en 1634. Elle a été incendiée trois fois, notamment par les Allemands en 1639.

Cette ville est dans une situation pittoresque, au fond d'un vallon entouré de montagnes, au confluent du Doubs et du Dessoubre. On jouit, en y arrivant, d'un agréable point de vue : l'œil s'égare avec plaisir sur les croupes des montagnes, sur les coteaux cultivés et les vallons délicieux qui avoisinent la ville, dont on découvre le clocher au bas de la montagne. La verdure des chanvres que l'on cultive dans la vallée, les vignes dont les coteaux sont couronnés, la sombre majesté des forêts qui couvrent les monts les plus élevés, la fumée noire qui s'échappe des forges et des établissements industriels des environs, prêtent un charme indescriptible à ce tableau riant et animé.

On remarque sur son territoire le château de la Roche, caverne de 80 pieds de hauteur, à l'entrée de laquelle existait jadis un château fort, détruit pendant les guerres du XVIᵉ siècle.

Fabriques de fromage façon de Gruyère. Brasseries. Tanneries.

MANDEURE. Village situé sur le Doubs, à 2 l. 1/2 de Montbéliard. Pop. 720 hab.

Ce village occupe l'emplacement d'une ancienne ville romaine dont parle César dans ses Commentaires, et désignée sous le nom d'*Epamanduorum* dans les Tables Théodosiennes et la Carte de Peutinger. On y remarque les restes d'un théâtre romain qui parait remonter au IIIᵉ ou au IVᵉ siècle, ainsi que des vestiges de palais, de bains, d'amphithéâtres. Sur toute l'étendue du territoire de la commune, on trouve journellement des médailles, des fragments de vases et de tuiles antiques. Une belle chaussée romaine, fort peu endommagée, conduit de ce lieu à l'Isle-sur-le-Doubs. — *Fabrique* de percale.

MEICHES. Village situé à 9 l. 1/2 de Montbéliard. Pop. 900 hab. On y voit les vestiges d'un ancien château fort. *Voy.* ci-après Montjoie.

MONTANDON. Village situé à 7 l. 1/2 de Montbéliard. Pop. 400 hab. On y remarque une grotte dont l'ouverture a plus de 80 pieds d'élévation, nommée le Foudreau.

MONTBÉLIARD. Jolie petite ville, chef-lieu de sous-préfecture. Tribunal de première instance. Collège communal. ✉ Pop. 4,767 hab.

Il est fait mention pour la première fois de Montbéliard dans la Vie de saint Valbert, qui vivait au commencement du IXᵉ siècle. Dans les XIᵉ et XIIᵉ siècles, cette ville ne consistait que dans un château fort, au pied duquel se groupèrent quelques habitations particulières, dont les habitants furent affranchis par une charte datée de 1285. La partie la plus moderne ne remonte qu'aux dernières années du XVIᵉ siècle. A cette époque, Montbéliard avait une citadelle, dix portes et de hauts murs d'enceinte, flanqués de tours que baignaient de profonds fossés. Les Guises attaquèrent cette place, sans succès, en 1587 et 1588, et les Bourguignons tentèrent inutilement de s'en emparer, à l'époque de la guerre de trente ans. Louis, dauphin de France, l'occupa pendant quinze mois, à la suite d'une capitulation. En 1676, les troupes françaises, sous les ordres du maréchal de Luxembourg, s'en emparèrent et firent détruire la citadelle et les fortifications; la ville et le pays restèrent au pouvoir de la France jusqu'à la paix de Ryswick. En 1586, il s'y tint un colloque célèbre entre des théologiens protestants et réformés, ayant à leur tête le fameux Théodore de Beze, ministre de l'église de Genève.

Cette ville est dans une situation agréable, au centre d'un vallon tapissé de prairies arrosées par l'Allan et la Luzine. Elle est environnée de coteaux boisés et plantés de vignes, généralement bien bâtie, bien percée, ornée de fontaines publiques, de jolies promenades, et renferme une bibliothèque publique, composée de 10,000 volumes. Dans le nombre de ses édifices, on distingue le château, ancienne résidence des souverains de Montbéliard, rebâti en 1751: il est flanqué de deux tours, dont l'une remonte au XVIe siècle; l'autre fut reconstruite en 1594. Ce château, qui domine une grande partie de la belle et riche vallée de l'Allan, sert aujourd'hui de maison d'arrêt et de dépôt pour les archives. Les autres édifices remarquables sont l'hôtel-de-ville, érigé en 1778; les halles, commencées en 1536; l'église Saint-Martin, construite de 1602 à 1607, et dont le plafond, de 80 pieds de longueur sur 50 pieds de largeur, se soutient sans colonnes; l'église Saint-George; l'hôpital; l'ancien collège; la sous-préfecture, qui occupe une partie d'un ancien monastère fondé en 1435.

Montbéliard est la patrie de plusieurs hommes remarquables, mais dont les noms s'effacent tous à côté de celui du célèbre Cuvier, l'un des génies les plus profonds, les plus universels des temps modernes, enlevé aux sciences, à la patrie, à l'Europe entière, et à ses amis, le 13 mai 1832.

Industrie. Manufacture d'horlogerie, où l'on établit annuellement environ 4,000 montres finies, et une grande quantité de mouvements de pendules. *Fabriques* de bonneterie, tissus divers, instruments aratoires, limes, faux, pointes de Paris. Filature de coton. Nombreuses tanneries. — *Commerce* de grains, épiceries, fromages, toileries, cuirs estimés, planches de sapin, merrain, bois de consi d'un commerce considérable — *Hôtels* du Lion-d'Or, de la Treize-Cantons, de la Couronne.

MONTECHEROUX. Village de Montbéliard. Pop. 890 hab. d'outils et de fournitures d' bijoux en fer et acier poli.

MONTJOIE. Village situé à 6 l. 3/4 de Montbéliard. Pop. 100 hab. On y remarque les restes de la chapelle de l'ancien château de Montjoie, qui rappelle les souvenirs les plus atroces de la féodalité, et qu'on serait tenté de révoquer en doute aujourd'hui, s'ils ne se trouvaient consignés dans un procès célèbre : lorsque dans l'hiver les comtes de Montjoie et de Meiches étaient à la chasse, ils avaient le DROIT *de faire éventrer deux de leurs serfs pour réchauffer leurs pieds dans leurs entrailles fumantes!...*

PONT-DE-ROIDE. Village situé sur la rive gauche du Doubs, à 3 l. 3/4 de Montbéliard. Pop. 630 hab. — Haut-fourneau. Tanneries et teintureries.

RUSSEY (le). Bourg situé à 12 l. 1/2 de Montbéliard. Pop. 1,000 hab.

SUZANNE (SAINTE-). Village situé à 1/2 l. de Montbéliard. Pop. 180 hab. Il est adossé à un massif de rochers qui renferme une grotte spacieuse, dans l'intérieur de laquelle on trouve une jolie fontaine.

SELONCOURT. Village situé à 2 l. 1/2 de Montbéliard. Pop. 600 hab. — Manufactures d'ébauches de montres et de peignes en cuivre pour le tissage.

TRÉVILLERS. Village situé à 8 l. 3/4 de Montbéliard. Pop. 620 hab. — *Fabriques* de pendules et de boîtes de montres.

VALENTIGNEY. Village situé à 1 l. 1/4 de Montbéliard. Pop. 110 hab. — *Fabriques* de ressorts d'horlogerie, lames de scies, buscs, fers de rabots, etc.

VAUDONCOURT. Village situé à 2 l. 1/2 de Montbéliard. Pop. 500 hab. A un quart de lieue de ce village, on doit visiter un pont naturel, dont l'arcade unique a été creusée dans un rocher épais, par un ruisseau qui s'est fait jour à travers sa masse : cette arcade porte le nom de Pont-Sarrasin.

ARRONDISSEMENT DE PONTARLIER.

ARC-SOUS-CICON. Village situé à 4 l. 1/2 de Pontarlier. Pop. 1,100 hab. On y trouve une glacière naturelle, à peu près semblable à celle de Pierrefontaine.

CLUSE (la). Village situé à 1 l. de Pontarlier. Pop. 900 hab. On y voit les restes d'un ancien château fort.

DOUBS (SAUT DU). *Voy.* LE LIEU.

FORT DE JOUX.

SAUT DU LOUÉS.

FERRIÈRE-SOUS-JOUGNE. Village du canton de Mouthe.—*Fabriques* de faux, outils aratoires, pointes de Paris, fil de fer. Forges importantes, tréfilerie, scieries hydrauliques, moulins à blé.

GRAND-COMBE-DES-BOIS (la). Village situé près de la rive droite du Doubs, à 6 l. de Pontarlier. Pop. 900 hab. — *Fabriques* de faux, fléaux de balances. Verrerie à vitres et à bouteilles.

GRAS (les). Village situé à 6 l. de Pontarlier. Pop. 850 hab.—*Fabriques* de faux, instruments aratoires, tissus de coton. Martinets à cuivre pour chaudronnerie, tuyères, pompes à incendie, etc.

JOUGNE. Village situé à 4 l. 3/4 de Pontarlier. ✉ ♅ Pop. 1,120 hab. On y remarque les restes d'un château fort, célèbre dans les annales du comté de Bourgogne.— *Fabrique* de faux, serrurerie, fléaux de balances. Tanneries. — *Commerce* de fromages.

JOUX (FORT DE). Château fort, bâti dans une situation pittoresque, sur un mamelon isolé d'environ 600 pieds de hauteur, au pied duquel coule le Doubs. Il défend l'entrée des gorges de la Cluse et de Verrières, et se compose de trois enceintes entourées de larges fossés, sur lesquels sont jetés trois ponts-levis. C'est dans la troisième enceinte qu'ont été renfermés successivement Mirabeau, Toussaint-Louverture, le gouverneur de Rome, Cavalchini ; et dans la seconde, plus récemment, le marquis de Rivière et le général ex ministre de la guerre Dupont, après la capitulation de Baylen. Ce fort est situé à 1 l. de Pontarlier. (*Voy. la gravure.*)

LAC (le). Village situé sur la rive gauche du Doubs, à 9 l. de Pontarlier. Pop. 1,500 hab. — *Fabrique* de faux.

A peu de distance de ce village, on remarque le lac de Chaillaxon, magnifique réservoir formé par le Doubs, qui, de ce côté, sépare la France du canton de Neufchâtel. Au-dessous de ce réservoir, le Doubs coule entre des rochers agrestes couronnés de sapins, qui, se rapprochant à leur extrémité septentrionale, ne laissent plus à la rivière qu'un passage de douze mètres de largeur, par où elle s'élance et se précipite perpendiculairement de 82 pieds de hauteur, avec un bruit imposant, décuplé par les échos : c'est ce qu'on nomme le Saut du Doubs. Pour jouir de la vue d'une si belle cataracte lors des grandes crues d'eau, il faut, par un jour clair et serein, descendre le sentier de la rive gauche pour se placer au-dessous de la chute d'eau, au moment où le soleil s'abaisse vers l'horizon ; alors le spectacle est embelli par les vives couleurs des arcs-en-ciel qui se meuvent au milieu de la rosée perpétuelle produite par les masses d'eau qui se brisent en tombant sur les rochers. Le bruit solennel de la cataracte, son aspect imposant et celui des rochers qui lui servent d'enceinte, font sur le spectateur une impression ineffaçable, que les descriptions les plus animées ne sauraient produire. (*Voy. la gravure.*)

Les bords du lac de Chaillaxon furent embellis pendant plusieurs années par une fête annuelle, qui se donnait de concert avec les autorités suisses.

LEVIER. Village situé à 5 l. de Pontarlier. ✉ ♅ Pop. 1,250 hab.

MÉTABIEF. Village situé à 5 l. 1/4 de Pontarlier. Pop. 220 hab. — Forges et martinets.

MONTBENOIT. Village situé à 4 l. de Pontarlier. Pop. 120 hab.

MONTLEBON. Village situé à 7 l. 3/4 de Pontarlier. Pop. 1,200 hab. — *Fabriques* de siamoises, de faux, instruments aratoires, grosse taillanderie. Martinet à cuivre.

MORTEAU. Bourg très-commerçant, situé dans un beau vallon, près de la rive gauche du Doubs, à 7 l. 1/2 de Pontarlier. ✉ Pop. 1,500 hab. On y trouve une source d'eau minérale ferrugineuse. — *Fabriques* de toiles de coton, siamoises, mouchoirs façon de Rouen, instruments aratoires. Fonderie de cuivre, fonte d'alliage pour cloches, et pompes à incendie. Scieries hydrauliques. Tanneries. Teintureries. Foires très-fréquentées.

MOUTHE. Village situé près du Doubs, à 3 l. 1/2 de Pontarlier. Pop. 1,050 hab.— Nombreuses fromageries façon de Gruyère. — *Commerce* de chanvre.

OUHANS. Village situé à 4 l. de Pontarlier. Pop. 600 hab.

A peu de distance d'Ouhans, on remarque la belle source de la Loue, qui jaillit avec impétuosité d'un antre creusé par la nature, au pied d'un rocher majestueux de plus de 300 pieds de hauteur verticale. Presque toutes les rivières ne sont à leur origine que de simples ruisseaux : celle-ci s'élance avec force du sein de la montagne, fait mouvoir dès sa source un grand nombre d'usines, et s'échappe à travers des masses de rochers perpendiculaires, en formant une multitude de cascades de la plus grande beauté. Le vallon de la Loue offre une foule de variétés et de beautés natu-

DÉPARTEMENT DU DOUBS.

relles qui le rendent digne de l'attention des géologues et des naturalistes.

POINT (SAINT-). Village situé sur le bord occidental du lac de son nom, à 4 l. de Pontarlier. Pop. 150 hab.

Le lac de Saint-Point est formé par le Doubs, grossi des eaux du lac de Remoray, qui en est à une demi-lieue ; c'est une belle nappe d'une lieue et demie de long sur une demi-lieue de large. Il est très-profond, abondant en poissons de toute espèce, et bordé de terrains fertiles couverts de villages, de hameaux et d'un grand nombre d'habitations.

PONTARLIER. Jolie petite ville, chef-lieu de sous-préfecture. Tribunal de première instance. Collège communal. ✉ ☞ Pop. 4,707 hab.

Pontarlier est une des plus anciennes villes de la Franche-Comté. Elle doit son origine à des Bourguignons, qui vinrent se fixer dans cette partie de la Séquanie, vers la fin du Ve siècle. Il en fait mention dans la Chronique de Saint-Bénigne de Dijon, écrite en 1030. Dévastée par les Sarrasins et les Hongrois, elle fut incendiée, ainsi que les villages voisins, par les Allemands, en 1475. Le 16 janvier 1639, elle fut assiégée par le duc de Weimar, qui la prit par capitulation, et y fit mettre le feu après l'avoir pillée, le 2 juillet de la même année. Cinq nouveaux incendies la consumèrent en 1656, 1675, 1680, 1736 et 1754.

Cette ville est agréablement située au pied de la seconde chaîne du Jura, à l'extrémité d'une vaste plaine arrosée par le Doubs et par le Drageon. Elle est régulièrement bâtie, formée de rues droites, propres et bordées de maisons d'une architecture élégante. L'air y est vif et sain.

Placée à l'extrême frontière, à peu de distance du passage le plus commode pour entrer en Suisse, Pontarlier est le premier entrepôt du commerce entre cette république et la France. On y remarque un beau corps de caserne de cavalerie ; le collége ; l'hôpital, la halle ; l'hôtel-de-ville ; la bibliothèque publique ; une jolie promenade, et de belles forges. C'est la patrie du gén' d'Arcon et du général Michaud.

Industrie. Fabriques d'absinthe, sellerie, de faux, outils divers. F , martinets, feux d'affinerie, haut-fourneau. Papeterie. Scieries hydrauliques. Usine à cuivre. Brasserie. Tanneries.

Commerce considérable d'absinthe, d'eau de cerises de la vallée, de fromages façon de Gruyère, de bestiaux de toute espèce, et de chevaux de trait. Commerce de fers et de cuirs ouvrés, de boissellerie, horlogerie, bois de construction, marbre, gypse, etc. Commerce très-actif avec la Suisse. — *Hôtels* des Voyageurs, de la Croix-Blanche, National, de Saint-Pierre, du Lion-d'Or. A 16 l. de Besançon, 113 l. de Paris.

RIVIÈRE (la). Bourg situé à 4 l. de Pontarlier. Pop. 700 hab. C'était autrefois une petite ville forte, entourée de fossés et défendue par un château dont il reste à peine quelques traces : on y entrait par deux portes. — Aux environs, on remarque la source de Goutereau, qui s'échappe d'un lac souterrain peu profond. Non loin de là est une source d'eau sulfureuse peu connue, qui mériterait d'être analysée. — Carrière de plâtre exploitée.

ROCHEJEAN. Village situé sur le Doubs, à 6 l. 1/2 de Pontarlier. Pop. 520 hab. On y remarque les vestiges d'un ancien château fort. — Haut-fourneau, forges, fonderie. L'usine contient en outre onze tournants de moulin à blé, deux huileries, deux scieries à plusieurs lames, deux ribes et un moulin à chanvre.

TOUILLON. Village situé à 4 l. 3/4 de Pontarlier. Pop. 200 hab.

A peu de distance de ce village, à la droite de la route et à l'extrémité d'un pré marécageux resserré entre deux collines calcaires, on remarque une fontaine intermittente, nommée la fontaine Ronde : elle consiste en deux bassins à peu près circulaires, dont l'un, un peu plus élevé que l'autre, a environ 7 pieds de long sur 6 pieds de large. Le fond de ce bassin est tapissé de sable et de petits cailloux colorés en rouge par l'oxide de fer.

FIN DU DÉPARTEMENT DU DOUBS.

IMPRIMERIE DE FIRMIN DIDOT FRÈRES,
RUE JACOB N° 24.

Guide Pittoresque
DU
VOYAGEUR EN FRANCE.

ROUTES DE PARIS A ROUEN ET AU HAVRE

TRAVERSANT LES DÉPARTEMENTS

DE LA SEINE, DE SEINE-ET-OISE, DE L'EURE ET DE LA SEINE-INFÉRIEURE.

DÉPARTEMENT DE L'EURE.

Itinéraire de Paris à Rouen.

ROUTE D'EN BAS, PAR SAINT-GERMAIN ET LOUVIERS.

	lieues.		lieues.
De Paris à Neuilly....☒......	1 1/2	Rosny...........☒........	1 1/4
Courbevoie...........☥..	1/2	Rolleboise................	1
Nanterre...............	1	Bonnières.......☒...☥..	3/4
Port-Marly...............	2	Vernon..........☒...☥..	3
Saint-Germain......☒...☥..	1	Gaillon..........☒...☥..	3 1/2
Poissy...........☒......	1	Louviers........☒...☥..	3
Triel............☒...☥..	2	Pont-de-l'Arche ......☒....	2 1/4
Meulan...........☒...☥..	2	Port Saint-Ouen............	1 3/4
Mantes...........☒...☥..	4	Rouen...........☒...☥..	3

ROUTE D'EN HAUT, PAR PONTOISE ET MAGNY.

	lieues.		lieues.
De Paris à Saint-Denis...☒....☥..	2	Les Tilliers........☒...☥..	4
Herblay..............☥..	4	Écouis.............☒...☥..	4
Pontoise.........☒...☥..	2	Bourg-Baudouin........☥..	3 1/2
Le Bordeu de Vigny........☥..	4	La Forge-Feret.........☥..	2
Magny...........☒...☥..	3	Rouen...........☒...☥..	3

Communication de Rouen au Havre.

	lieues.		lieues.
De Rouen à Duclair.....☒....☥..	4 1/2	Bolbec...........☒....☥..	2
Caudebec..........☒...☥..	3 1/2	La Botte.............☥..	3
Lillebonne........☒...☥..	3 1/2	Le Havre........☒....☥..	4

ASPECT DU PAYS QUE PARCOURT LE VOYAGEUR
DE PARIS A PONT-DE-L'ARCHE ET A BOURG-BAUDOUIN.

Deux routes conduisent de Paris à Rouen, la route dite d'en bas, par Saint-Germain, Mantes et Louviers, et la route d'en haut, par Pontoise et Magny.

La route d'en bas longe, presque sans interruption, le cours riant et sinueux de la Seine, qu'elle franchit jusqu'à six fois pour en éviter les principaux circuits. Lorsqu'on suit cette route, qui est la plus agréable et la plus fréquentée, on sort de Paris par la barrière de l'Étoile, à laquelle on arrive par la grande allée des Champs Élysées, l'une des plus belles avenues que l'on connaisse. Depuis l'arc de triomphe de l'Étoile jusqu'à l'entrée du bois de Boulogne, magnifique parc situé sur la gauche de la route, on passe entre deux rangs de guinguettes, de restaurants et de maisons de plaisance fort agréables. De cet endroit, on découvre la plaine de Saint-Denis et les coteaux de Montmorency.

13e *Livraison*. (EURE.)

On passe devant la porte Maillot, et près du nouveau village de Sablonville, longe jusqu'à Neuilly, joli bourg séparé en deux par la grande route. breuses maisons de plaisance qui l'environnent, on remarque celle de la Folie et le château de Sainte-Foi, belle propriété appartenant au roi des Français. de Neuilly, on traverse la Seine sur un des plus beaux ponts de l'Europe ; il a de longueur et est supporté par cinq arches de 120 pieds d'ouverture et 30 p teur sous clef ; les arches très-surbaissées, et dont l'étonnante courbure n'a été imitée, ne sont qu'une petite portion d'un cercle dont le rayon aurait 150 cet endroit, on jouit d'une fort belle vue sur Courbevoie, Puteaux, Surène et le mont Valérien, que couronne le bâtiment du Calvaire. De Neuilly à Nanterre, le pays qu'on parcourt offre une continuité de terres labourables, de jardins potagers, de champs cultivés en rosiers et plantés d'arbres fruitiers. La route, après Nanterre, se partage en deux branches : l'une passe à Chatou, au Pecq et à Saint-Germain ; l'autre, celle de Marly, que l'on préfère ordinairement, est riante et variée ; elle suit la rive gauche de la Seine, bordée de jolis coteaux et de riants paysages. On passe successivement devant la caserne et le château de Ruelle, dont l'église renferme le tombeau de l'impératrice Joséphine, et devant l'enclos du château de la Malmaison, où cette femme célèbre a terminé ses jours. Le premier lieu que l'on rencontre ensuite est la Chaussée, où l'on voit une des nombreuses maisons que Gabrielle d'Estrées possédait aux environs de Paris ; le second, Bougival, environné de riantes maisons de campagne ; le troisième, Marly-la-Machine, qui se confond avec Port-Marly, et que dominent le joli pavillon et les belles terrasses de Luciennes. Après Port-Marly, on s'élève par une pente douce sur une colline, d'où l'on découvre des points de vue délicieux jusqu'à Saint-Germain-en-Laye, ville où l'on arrive par l'étoile qui forme la jonction des deux routes, vis-à-vis de la grille du château. Au sortir de Saint-Germain, on entre dans la forêt de ce nom, que l'on quitte une demi-lieue avant de descendre à Poissy, ville ancienne et mal bâtie, mais fort agréablement située sur la rive gauche de la Seine ; en cet endroit on passe le fleuve sur un pont remarquable par sa longueur et par la belle vue dont on y jouit sur la vallée de la Seine, dont les bords offrent une continuité de beaux paysages jusqu'au joli bourg de Triel. On continue à suivre la rive droite du fleuve, en passant à Vaux, Melaun, Mezy, Juziers, lieux charmants, bâtis dans une agréable situation, et embellis par un grand nombre de châteaux et de maisons de plaisance. A Limay, bourg qui sert de faubourg à la jolie ville de Mantes, on traverse de nouveau la Seine sur deux ponts, à cause d'une île que forme la rivière en cet endroit ; l'un de ces ponts est l'ouvrage du célèbre architecte Peyronnet. Au sortir de Mantes, la route s'éloigne un peu des bords de la Seine ; on s'en rapproche au village de Rosny, remarquable par un joli château bâti sur la rive gauche du fleuve, dont on suit de nouveau les bords riants jusqu'à Rolleboise, joli village où une partie des maisons sont creusées dans le roc, comme celles que nous avons indiquées aux environs de Tours (4e *Livraison, Indre-et-Loire*). On passe ensuite à Bonnières, et à Port-Villez, village après lequel on passe un ruisseau qui forme la limite du département de Seine-et-Oise et de l'Eure. Le premier endroit que l'on rencontre est Vernon, ville agréablement située dans la vallée et sur la rive gauche de la Seine, rivière dont on continue à suivre la belle vallée jusqu'au hameau du Goulet. Après ce village, la route s'éloigne du fleuve, que l'on rejoint à Gaillon, pour le quitter de nouveau, et parcourir un pays montueux et très-couvert jusqu'à Heudbouville, où la route se partage en deux branches, qui se rejoignent à Pont-de-l'Arche : celle de droite passe au Vaudreuil, beau village situé sur la rive gauche de l'Eure ; celle de gauche conduit par une pente douce à Louviers. Au sortir de cette ville, une route légèrement montante conduit à la forêt de Pont-de-l'Arche, dont on traverse l'extrémité méridionale : on gravit ensuite une montagne assez élevée, qui, par une pente opposée, conduit à Pont-de-l'Arche, ville bâtie dans une situation charmante, sur la rive gauche de la Seine.

Lorsqu'on prend la route d'en haut, on sort de Paris par le faubourg Saint-Denis. Après la barrière, on traverse le bourg de la Chapelle : un peu plus loin, sur la gauche, s'élève la butte Montmartre, la principale hauteur qui domine Paris. La route, large, droite et bordée d'une double allée d'arbres, traverse une plaine vaste et fertile, à l'extrémité de laquelle apparaît la ville de Saint-Denis, dominée par les hautes flèches de son antique abbaye. En sortant de Saint-Denis, on laisse, à droite, la route de Gonesse, et en face, celle d'Amiens, pour prendre, à gauche, celle de Rouen. On longe, à gauche,

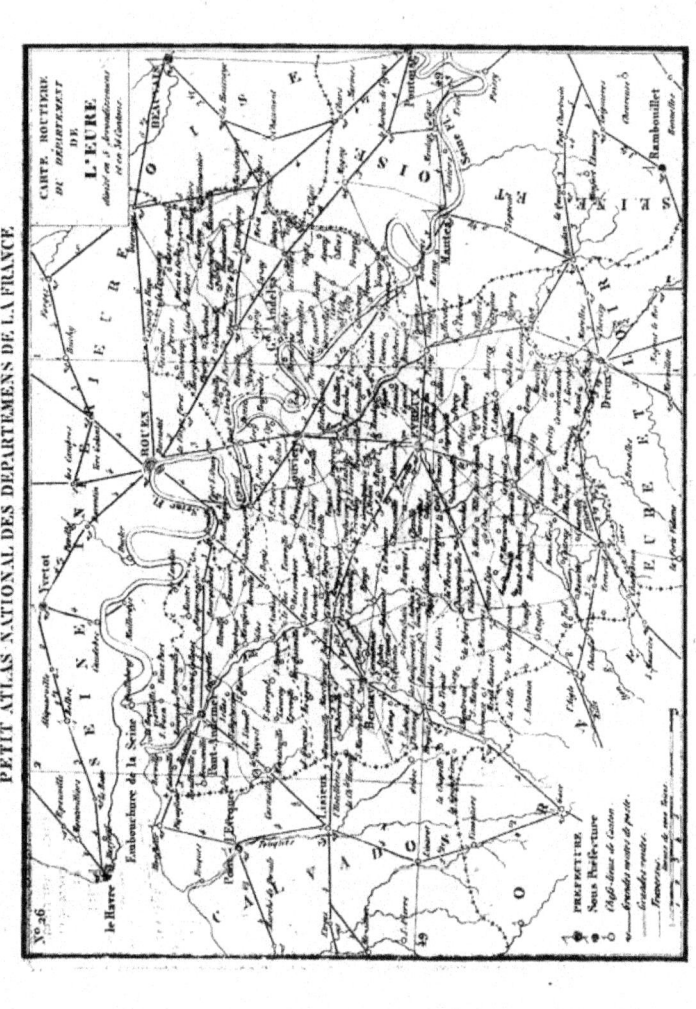

la belle vallée de la Seine, et, à droite, la riante vallée de Montmorency. Le premier village que l'on rencontre est Épinay; on passe ensuite à Franconville, d'où une route assez monotone conduit à Pontoise, où l'on arrive par le faubourg de l'Aumône. On en sort par le faubourg de Notre-Dame pour traverser un pays assez fertile, en passant par le Bordeu, Cléry et Magny, petite ville bien bâtie et remarquable par son église paroissiale. Après avoir traversé l'Aubette, on passe à Saint-Gervais, à la Chapelle-en-Vexin et à Saint-Clair-sur-Epte, bourg où l'on remarque les restes d'un vieux château fort qui a soutenu plusieurs siéges contre les Normands. Au sortir de Saint-Clair, on traverse l'Epte, et l'on passe du département de Seine-et-Oise dans celui de l'Eure. La route n'offre rien de remarquable jusqu'à Écouis, bourg où l'on voit une église de construction gothique, fondée en 1310. Une lieue et demie après Écouis, on gravit une montagne, d'où l'on descend dans le riant et pittoresque vallon de l'Andelle, rivière que l'on passe au joli village de Fleury; peu après une côte longue et sinueuse conduit à la forêt de Lions, qui se termine, de ce côté, à une demi-lieue avant Bourg-Baudouin.

DÉPARTEMENT DE L'EURE.

APERÇU STATISTIQUE.

Le département de l'Eure est formé d'une partie du pays de la Campagne, du Vexin normand, du Roumois, du pays d'Ouche et de Lieuvin, qui dépendait autrefois de la Haute-Normandie. Il tire son nom de la rivière d'Eure, qui le limite depuis Saint-Georges jusqu'à Bueil, puis traverse sa partie orientale du sud au nord, pour aller se joindre à la Seine au-dessous de Léry. — Ses bornes sont : au nord, le département de la Seine-Inférieure; à l'est, ceux de l'Oise et de Seine-et-Oise; au sud, ceux d'Eure-et-Loir et de l'Orne, et à l'ouest, celui du Calvados. — Le climat est en général variable et humide, mais sain et tempéré. Les vents dominants sont ceux du sud-ouest, du nord-ouest et du nord, ainsi que le prouve l'inclinaison habituelle des arbres fruitiers de ses plaines. Les brouillards y sont fréquents; les pluies tombent communément pendant 95 à 100 jours, et la quantité d'eau qu'elles répandent sur le sol a été évaluée à 1 pied, 8 pouces, 6 lignes.

Le territoire de ce département offre un pays de plaines, divisé en six plateaux distincts par les rivières qui le traversent pour arriver à la Seine. — A l'est, l'arrondissement des Andelys, séparé par ce fleuve du reste du département, forme un plateau presque enclavé par les deux vallées où coulent l'Epte à l'est, et l'Andelle à l'ouest : ce plateau est divisé en deux régions naturelles, le Vexin normand, pays de grande culture, et la forêt de Lyons. — A la gauche de la Seine se prolonge, bordée par l'Eure jusqu'à son confluent, l'extrémité d'un plateau étroit qui vient du département de Seine-et-Oise. — Entre l'Eure et l'Iton, qui communiquent ensemble à Verneuil et se réunissent aux Planches, il y a un troisième plateau, divisé en deux régions, la plaine Saint-André, riche en céréales, et la petite portion du Perche, qui dépend de l'Eure. — Entre l'Iton, l'Eure, la Seine et la Rille, se trouve un quatrième plateau, dont la partie septentrionale comprend le Roumois, que bornent, au sud, une suite de vallons qui courent entre Montfort et Elbeuf; au-delà de ces vallons, commence la plaine de Neubourg, qui rencontre, au midi, la partie du pays d'Ouche, dépendant de l'arrondissement d'Evreux. Le pays d'Ouche comprend aussi dans l'Eure l'extrémité d'un cinquième plateau entre la Rille et la Charentonne. — A la gauche de la Charentonne et de la Rille, s'étend la plaine fertile de Lieuvin, limitée à l'ouest par les petites vallées dont les rivières descendent à la Touque. De cette disposition, il résulte que les rivières qui traversent le département coulent du sud au nord sur la rive gauche de la Seine, tandis que leur direction est nord et sud-ouest dans l'arrondissement des Andelys, situé sur la rive droite.

La surface des plateaux est, en général, peu accidentée; quelques rares collines s'y distinguent à peine à l'horizon; mais les vallées sont profondes et leurs flancs rapides. Cette surface est très-variée : sur tous les points elle offre des champs cultivés, des enclos, de belles forêts, des coteaux, des rivières, des marais, et, au nord, du côté de l'embouchure de la Seine, une certaine étendue de côtes. Une culture florissante de céréales donne aux plaines de l'Eure un aspect riche, mais monotone; les pommiers et les poiriers bor-

dent les routes, que leurs fleurs d'un blanc rosé rendent très-agréables au
Dans les vallées, des eaux claires et vives serpentent au milieu de riches prairies,
tretient un système d'irrigation assez bien entendu, mais qui a besoin de pe
ment. Ces vallées offrent des points de vue pittoresques, surtout là où de vieilles
ruinées s'élèvent parmi les bois, sur les points culminants de leurs déclivités. Dans la
vallée de l'Eure, la culture rurale des légumes s'étend de jour en jour; cette culture
occupe aussi les terrains légers de la vallée de la Seine. Dans l'arrondissement de Pont-
Audemer, il y a des herbages qui égalent ceux du pays d'Auge, où l'on engraisse les
plus beaux bœufs de toute la France, dont la majeure partie est conduite aux marchés
de Poissy pour l'approvisionnement de Paris. A ces diverses productions, on doit encore
ajouter la vigne, dont la culture ne s'avance pas au-delà des vallées de la Seine et de l'Eure,
mais qui remonte celles de l'Iton jusqu'à Évreux, et de l'Avre jusqu'à Nonancourt.

Dans ce département, les fermes forment des enclos plus ou moins vastes, suivant la
quantité de terres à cultiver; elles contiennent ordinairement depuis deux jusqu'à huit ou
dix hectares. Chaque bâtiment est distinct et occupe un emplacement séparé; mais les
corps de ferme, c'est-à-dire les maisons, les granges, les pressoirs, les écuries, les étables
et bergeries, réunis dans un enclos particulier, sont bâtis en bois, couverts en tuiles, et
le plus souvent en chaume. L'étendue des terres attachées à chaque ferme est depuis
20 jusqu'à 150 hectares. L'enclos des fermes est formé de haies vives très-fortes, mêlées
d'arbres forestiers, la plupart étêtés, tels que chênes, ormes, frênes, érables, qu'on
ébranche tous les quatre ou cinq ans. Dans les arrondissements de Louviers, d'Évreux et
des Andelys, la majeure partie des clos est entourée de murs de bauge, couverts de
chaume; le long des forêts, ces clos sont formés de bruyères. Les habitations rurales n'ont
qu'un rez-de-chaussée; elles sont construites en bois et terre, et couvertes en chaume:
placées ordinairement dans des lieux bas, elles sont humides et mal aérées; à l'intérieur,
elles annoncent la propreté; à l'extérieur, elles sont décorées de vignes et d'arbustes.

Le département de l'Eure a pour chef-lieu Évreux. Il est divisé en 5 arrondissements
et en 36 cantons, renfermant 799 communes. — Superficie, 307 lieues carrées. — Population, 424,248 habitants.

MINÉRALOGIE. Minera de fer abondant, exploité à ciel ouvert et par veines peu étendues. Ce minerai alimente onze hauts-fourneaux, neuf fonderies et huit forges. Carrières
de pierres de taille, de pierres meulières et de grès à paver; terre à foulon et à faïence, etc.

SOURCES MINÉRALES à Breteuil, Houdeville, Vieux-Conches, Saint-Germain, le Bec,
Beaumont-le-Roger.

PRODUCTIONS. Céréales de toute espèce, en quantité suffisante pour la consommation
des habitants; légumes secs, chanvre, lin de belle qualité, jardinages, foins, pommes et
poires à cidre, noix, gaude, chardon à bonnetier. — 1,679 hectares de vignes, produisant, année commune, 60,000 hectolitres de vin assez agréable au goût, mais acerbe et
dénué de qualité. — 129,227 hectares de forêts. Belles pépinières. Récolte annuelle de
1,350,000 hectolitres de cidre. — Bêtes fauves et menu gibier. — Poisson d'eau douce
(truites, anguilles, écrevisses). — Éducation en grand de la volaille. — Vaches, mulets,
ânes, bêtes à laine, porcs de la grosse espèce. Belle race de chevaux. Les arrondissements
de Bernay et de Pont-Audemer nourrissaient autrefois la véritable race de chevaux normands, renommés pour la cavalerie, la chasse et les équipages de luxe; cette race, presque
éteinte par les réquisitions de l'Empire, paraissait devoir se ranimer par l'établissement
du haras du Bec; malheureusement ce haras vient d'être supprimé.

INDUSTRIE. Manufactures considérables de draps fins et autres. Fabriques de toiles de
fil et de coton, siamoises, coutils, rubans de fil et de coton, rouennerie, toiles peintes,
bonneterie en coton, couvertures et tapis de laine, instruments à vent, peignes de corne
et de buis; ouvrages en paille, quincaillerie, épingles, pointes de Paris, colle-forte, etc.
Hauts-fourneaux, forges (les forges de la vallée d'Andelle sont belles et importantes);
fenderies, clouteries, fonderie et batterie de cuivre. Filatures de coton, de laine et de lin.
Verreries. Belles papeteries. Teintureries. Moulins à foulon, scieries de marbre. Raffineries de sucre. Blanchisseries de toiles. Tanneries nombreuses et renommées. Corroieries
façon anglaise, etc.

COMMERCE de grains, farines, légumes secs, graines fourragères, cidre, poiré, bestiaux,
chevaux normands, laines, chanvre, lin, draperie, étoffes de laine et de coton, bonneterie, papiers, cuirs, fer, épingles, etc.

ARRONDISSEMENT D'ÉVREUX.

VILLES, BOURGS, VILLAGES, CHATEAUX ET MONUMENTS REMARQUABLES; CURIOSITÉS NATURELLES ET SITES PITTORESQUES.

ARRONDISSEMENT D'ÉVREUX.

AMBENAY. Bourg situé près de la rive droite de la Rille, à 10 l. 1/2 d'Évreux. Pop. 1,000 hab. — *Fabriques* d'épingles. Tréfilerie. Papeteries. — *Commerce* de toiles.

ANDRE (SAINT-). Bourg situé à 3 l. 1/2 d'Évreux. Pop. 1,220 hab. — *Fabriques* de dentiers pour filatures. — *Commerce* de bestiaux.

Ce bourg est bâti au milieu d'une vaste plaine entièrement privée de cours d'eau, et souffre périodiquement des sécheresses. On a tenté d'y perforer un puits artésien, mais on est arrivé à près de 700 pieds de profondeur sans aucun résultat.

AVRILLY. Village situé à 2 l. 1/2 d'Évreux. Pop. 200 hab.

BONNEVILLE (la). Village situé sur la Conches, à 2 l. d'Évreux. Pop. 450 hab. — Forges et hauts-fourneaux.

BOURTH. Bourg situé sur l'Iton, à 12 l. 1/2 d'Évreux. Pop. 1,700 hab. — *Fabriques* considérables d'épingles. Haut-fourneau, forges et fenderie.

BRETEUIL. Petite ville, située près de la vaste forêt de son nom, sur la rive droite de l'Iton, dans une contrée abondante en mines de fer, à 8 l. 3/4 d'Évreux. Pop. 2,100 hab. On y remarque les restes d'un antique château que fit bâtir Guillaume-le-Conquérant, et une source d'eau minérale ferrugineuse froide. — *Fabriques* de toute sorte de quincaillerie, clouteries, épingles, etc. Hauts-fourneaux, fonderies. Tréfileries de laiton. Tuileries.

CHENNEBRUN. Bourg situé sur l'Avre, à 13 l. d'Évreux. Pop. 400 hab.

CHERONVILLIERS. Village situé à 12 l. 3/4 d'Évreux. Pop. 900 hab. Verrerie.

COCHEREL. Village situé sur la rive droite de l'Eure, à 3 l. 1/2 d'Évreux. Pop. 300 hab. C'est aux environs de ce village que se livra la bataille de Cocherel, gagnée par Duguesclin, le 6 mai 1364, contre les troupes du roi de Navarre.

COMMANDERIE (la). Hameau situé sur la route de Caen à Évreux, à 5 l. 1/2 de cette dernière ville. Ce hameau occupe un des points les plus élevés du département. On y remarque les restes d'un château gothique, construit par les templiers, dans lequel on voit encore plusieurs tombes d'anciens chevaliers de cet ordre. Il est environné de terrasses très-élevées, d'où l'on découvre un horizon des plus étendus.

CONCHES. Petite ville, située dans une contrée fertile en grains et abondante en pâturages, sur le penchant d'une montagne au pied de laquelle coule l'Iton, à 5 l. d'Évreux. Pop. 2,050 hab. — *Fabriques* d'outils aratoires. Tanneries et mégisseries. Clouteries. Haut-fourneau, forges, fenderies, martinets.— *Commerce* de fer, de poteries et de fontes pour le besoin des arts.

CONDÉ-SUR-ITON. Bourg situé au confluent de deux bras de l'Iton, et à la jonction de deux voies romaines, à 8 l. d'Évreux. Pop. 530 hab.

Suivant M. Auguste Le Prevost, Condé occupe l'emplacement d'un établissement romain qui existait sur la rive gauche du bras de rivière venant de Breteuil, près de la fontaine de Saint-Lambert, et dans un enclos appartenant au sieur Andrieux. On trouve en effet en cet endroit des tuiles et des briques romaines, des cubes polis provenant d'une mosaïque, un canal de 3 à 4 pieds de largeur sur 6 pieds de profondeur, dont on a découvert 25 à 30 pieds de long, se dirigeant de la côte vers la rivière entre deux gros murs romains, etc.—Haut-fourneau et fonderie.

COUTURE (la). Village situé à 7 l. d'Évreux. Pop. 400 hab. — *Fabriques* d'instruments à vent.

DAMVILLE. Bourg situé dans un territoire fertile, sur l'Iton, à 5 l. d'Évreux, Pop. 820 hab.

ÉVREUX. Ville très-ancienne, chef-lieu du département. Tribunal de première instance et de commerce. Chambre consultative des manufactures. Société centrale d'agriculture, sciences, arts et belles-lettres. Collége communal, et cours de botanique, de physique, de chimie, d'économie politique et de droit commercial. Pop. 9,963 hab.

Évreux doit son origine aux Aulerques Éburoviques, qui, sous le règne d'Auguste, fondèrent l'ancienne ville de *Mediolanum*

Aulercorum, sur l'emplacement de la commune actuelle du Vieil-Évreux. Les Romains avaient paré cette ville de leurs monuments et des produits de leurs arts. Un aqueduc de quatre lieues de longueur, des bains, un vaste théâtre, des mosaïques, de nombreuses constructions, une grande quantité de médailles, etc., sont les principaux débris qui en aient subsisté jusqu'à nos jours, et qui ne laissent aucun doute sur son emplacement. Plus heureux que la plupart des villes de la seconde Lyonnaise, Mediolanum subsista jusqu'à la fin du IVe siècle. Ammien Marcellin, qui écrivait vers 390, le cite, immédiatement après Rouen et Tours, au nombre des quatre villes les plus remarquables de cette province. Les médailles les moins anciennes qu'on ait trouvées dans les fouilles, sont de Gratien, mort à Lyon le 25 août 383. Enfin on le voit cité et figuré à la manière des chefs-lieux dans la carte de Peutinger, exécutée à la fin du IVe ou vers le commencement du Ve siècle, ce qui fait supposer que la destruction de cette cité est postérieure à cette époque. Après cette destruction de Mediolanum, ce qui resta des habitants dans le pays, désespérant d'en relever les ruines, et probablement privés d'eau par le mauvais état de leur aqueduc, vinrent, à l'exemple de la plupart des populations contemporaines, se réfugier dans un vallon voisin de leur ancienne demeure, et fonder sur les bords de l'Iton la ville actuelle d'Évreux.

Cette ville fut l'une de celles que les Romains conservèrent le plus long-temps; mais enfin Clovis s'en empara. Saint Taurin et saint Landulphe furent ses premiers évêques. Vers 892, le chef des Normands, Rollon, qui assiégeait Paris, quitta cette place avec une nombreuse armée et vint investir Évreux, qu'il prit et saccagea, et d'où il enleva un grand butin. En 996, Évreux eut ses comtes particuliers. Guillaume, l'un d'eux, étant mort sans enfants en 1118, ce comté passa dans la maison de Montfort; mais le roi d'Angleterre, ennemi de cette famille, s'en empara et refusa de le rendre. Montfort, aidé des comtes d'Anjou et de Flandre, vint mettre le siège devant Évreux, qui lui fut livré par trahison. Entré dans la ville, ses troupes égorgèrent la garnison du roi d'Angleterre et pillèrent les maisons et les églises. L'année suivante, cette ville fut brûlée par les Anglais, à l'exception du château, dont ils ne purent se rendre maîtres. En 1193, tandis que Richard Cœur-de-Lion se couvrait de lauriers en Palestine, son Jean-Sans-Terre, qui s'était emparé partie de ses états, céda à Philippe-Auguste, moyennant mille marcs d'argent, les villes de Verneuil et d'Évreux, pour être réunies à la couronne de France. Cependant Richard étant parvenu à briser ses fers, débarqua à Sandwich en 1194. A cette époque Philippe-Auguste assiégeait Verneuil qui n'avait pas voulu se soumettre. Il avait donné à Jean-Sans-Terre la possession d'Évreux, et ne s'était réservé que le château, où il avait mis garnison; mais l'infâme Jean, sans doute pour se ménager un raccommodement avec Richard, invita à un grand festin les soldats et les officiers français restés dans Évreux, ainsi que les douze chevaliers chargés de la garde du château, et les fit impitoyablement massacrer pendant qu'ils étaient à table. Leurs têtes, au nombre de trois cents, furent placées au bout d'une pique, promenées en triomphe par les rues de la ville, et ensuite attachées à des poteaux sur les plus hautes tours des remparts. A cette horrible nouvelle, Philippe, enflammé de rage, quitte le siège de Verneuil, marche sur Évreux, tombe comme la foudre sur cette malheureuse ville, y met le feu et en fait massacrer les habitants de tout âge et de tout sexe. Évreux fut de nouveau réduit en cendres par le même Philippe, en 1199. Pendant les guerres entre la France et l'Angleterre, un parti de Français l'assiégea et la prit en 1441. Cette ville fut encore assiégée et prise par le maréchal de Biron, quelque temps avant la bataille d'Ivry. Sous la Fronde, elle fut assiégée par les troupes royales. C'est à Évreux que François Ier fit, en 1540, un petit essai de l'inquisition que Paul III l'engageait à établir en France; mais les habitants s'unirent au reste de la Normandie pour repousser cet exécrable tribunal.

A l'époque de la première révolution, Évreux, comme toutes les villes de France, se montra favorable aux réformes reconnues dès long-temps nécessaires. Buzot, homme remarquable par ses talents et plus encore par ses mœurs sévères et son caractère indépendant, fut chargé de la représenter aux États-généraux et ensuite à la Convention. Quand le parti de la Montagne triompha au 31 mai, Buzot fut proscrit, avec plusieurs autres de ses collègues, et plus tard mis hors la loi. Ces proscrits se réfugièrent dans les départements de l'Eure et du Calvados, à Caen et à Évreux, où ils espéraient pouvoir réunir autour d'eux une majorité de Français,

CHÂTEAU DE NAVARRE.

TOUR DE L'HORLOGE D'ÉVREUX.

et établir un gouvernement capable d'anéantir le régime de la terreur. Le 4 juin 1793, le conseil général du département réunit autour de lui deux membres de chaque administration de district, pour maintenir la liberté et défendre la Convention, dominée par la commune de Paris; des corps armés du Calvados et d'Ille-et-Vilaine arrivèrent à Évreux pour soutenir les insurgés. Cependant la Convention, instruite de ce qui se passait, rassembla des troupes et se disposait à employer toute sa sévérité contre la ville d'Évreux; mais la défection de Puisaye, et le canon tiré à Brécourt, ayant désabusé les bourgeois, ils abandonnèrent leurs chefs et rentrèrent à Évreux, qui fit aussitôt partir une députation au-devant des commissaires envoyés par la Convention. Ensuite les sections se réunirent, rapportèrent les délibérations relatives aux affaires du département, et rétractèrent toutes les adhésions données aux différents arrêtés de ce corps administratif.

Évreux est situé dans une jolie vallée fermée de coteaux au nord et au midi, et arrosé par la rivière d'Iton, qui se partage en trois bras avant de baigner de ses eaux vives et transparentes les différents quartiers de la ville. Le premier est un canal ouvert par les ordres de Jeanne de France, fille de Louis-le-Hutin, et femme de Philippe, comte d'Évreux, qui devint par elle roi de Navarre; il passe au milieu de la ville, et commence son cours à une demi-lieue du côté du couchant, près du château de Navarre, que cette princesse avait fait bâtir, et d'où elle aimait à se rendre à Évreux en bateau. Le second bras coule assez près des murailles; le troisième est tout-à-fait hors la ville. De tous côtés, Évreux est environné de jardins, de vignes, de prairies, qui en rendent les dehors très-agréables.

La cathédrale est l'édifice le plus remarquable d'Évreux. Cette église, construite avec beaucoup d'art, existait, disent les historiens, long-temps avant que Rollon pénétrât en Normandie. Elle a seize piliers de chaque côté, qui séparent la nef et le chœur d'avec les chapelles et les bas-côtés. Sa forme est celle d'une croix, dans le milieu de laquelle, c'est-à-dire entre le chœur, la nef et les bras de la croisée, s'élève une espèce de dôme octogone, bâti en pierres de taille et soutenu par quatre piliers. Ce dernier ouvrage a été construit aux frais de Louis XI, par l'entremise et par les soins du cardinal la Balue, lorsqu'il était évêque d'Évreux. Au-dessus de ce dôme est un clocher fort haut, d'un ouvrage délié et en même temps solide, couvert de plomb, tout percé à jour, et terminé en forme de pyramide. Le portail du côté gauche mérite de fixer l'attention, ainsi que les vitraux, qui offrent des détails curieux.

Un monument remarquable par son antiquité est le couvent de Saint-Taurin, qui, ravagé par les Normands, relevé en 1026 par Richard II, duc de Normandie, ravagé de nouveau et de nouveau relevé, porte dans ses ruines la date des différents âges de l'art jusqu'à la renaissance. C'est dans la branche de la croix au midi, du côté extérieur, qu'il faut chercher les vestiges des premières constructions. Ces élégantes arcades romaines, séparées par un fût moresque, et remplies d'un ciment rouge et bleu, appartiennent nécessairement à l'âge le plus reculé de l'architecture chrétienne: sauf la vieille basilique de Notre-Dame-de-Port à Clermont, on en connaît en France bien peu d'autres. Une partie du cloître, qui date de la renaissance, est aussi fort remarquable. Il en est de même de la châsse de saint Taurin, morceau de sculpture aussi riche par la matière que précieux par le travail.

On remarque encore à Évreux la tour de la Grosse-Horloge, bâtie sous la domination des Anglais, en 1417 (*voy. la gravure*); la bibliothèque publique, contenant 10,000 volumes; le jardin botanique; la préfecture; l'évêché; les prisons; le parc; les promenades.

On doit visiter aux portes d'Évreux le château de Navarre. L'ancien château, bâti en 1532 par Jeanne de France, n'existe plus. Celui qu'on voit aujourd'hui est dû à Godefroy de Bouillon, qui en fit jeter les fondements en 1686, sur les dessins de J.-H. Mansard. Cet édifice consiste en un grand corps de bâtiment carré, dont les quatre faces sont de même symétrie. Il est environné d'un talus, en forme de terrasse, élevé d'environ huit pieds au-dessus de l'esplanade, qui est entre un canal d'eau vive qui environne le château. L'on entre dans ce bâtiment par les quatre faces, et l'on y monte par de grands et vastes perrons. À chaque entrée se trouve d'abord un grand vestibule, soutenu par quatre colonnes; les vestibules du sud et du nord ont quelque chose de particulier. Par ces vestibules on entre dans un grand salon de forme ronde, qui occupe une partie du plan intérieur de tout le bâtiment; ce salon est pavé de marbre, de même que les vestibules, et est décoré de bustes antiques en marbre ; à la naissance de la voûte, il est orné d'une corniche très-délicatement travaillée ; le jour y entre par les vitrages des vestibules et par les grandes fenêtres placées dans la calotte du dôme très-élevé qui le couvre. Des vestibules, on entre de plain-pied dans les appartements principaux, au-dessus desquels sont encore des appartements d'une grande beauté. Le château de Navarre, aujourd'hui dans un état affligeant de dégradation, doit à la beauté des bois et à la limpidité des eaux qui l'entourent, des charmes que l'art chercherait en vain à produire ailleurs. L'état d'abandon dans lequel on a laissé ce délicieux séjour ajoute encore à la mélancolie dont on se sent saisi à l'ombre de ces vieux arbres qui ont inspiré la muse de tant de poètes. Tout ce qui était l'ouvrage des hommes a péri dans ces riants bosquets ; mais la nature, rendue à elle-même, y a créé des beautés d'un autre genre. Lorsque l'impératrice Joséphine vint ensevelir ses chagrins à Navarre, l'île d'Amour et le jardin d'Hébé avaient repris une partie de leurs agréments : non moins bonne dans l'adversité qu'au faîte des grandeurs, cette princesse a laissé dans cette retraite les mêmes souvenirs de bienfaisance et de graces qui s'attachaient partout à sa personne. Le domaine de Navarre était naguère la propriété de son petit-fils, qui a été autorisé à le vendre, par ordonnance du 6 février 1834.

Patrie de Buzot, membre distingué de l'Assemblée constituante et de la Convention nationale.

Fabriques de coutils façon de Bruxelles, bonneterie, étoffes de laine, vinaigre, etc. Filatures de coton. Tanneries. — *Commerce* de grains, eau-de-vie, cidre, poiré, huile de lin, draps, toiles, cuirs, etc. Centre du commerce d'épiceries du département.

A 12 l. de Rouen, 29 l. 1/2 de Caen, 26 l. de Paris. *Hôtels* de France, du Grand-Cerf, de Rouen, du Dauphin, de la Belle-Épine, du Cheval-Blanc.

ÉZY. Village situé à 3 l. 3/4 d'Évreux. Pop. 900 hab. — *Fabriques* d'instruments à vents, peignes de corne et de buis, etc.

FERRIÈRES-SUR-RILLE. Bourg situé sur la rive droite de la Rille, à 7 l. d'Évreux. Pop. 500 hab. — Forges et hauts-fourneaux. — *Commerce* de bestiaux.

Ferrières est le lieu de naissance de M. Bréant, vérificateur général des essais à la Monnaie de Paris, à qui les arts sont redevables de plusieurs belles découvertes. Les principales sont : l'affinage de l'étain par la liquation ; le perfectionnement apporté au traitement en grand du platine, dont M. Bréant est en possession de fournir toute l'Europe ; la fabrication du damas d'après les procédés orientaux ; le moyen de faire pénétrer dans des poutres de bois de toutes dimensions, et dans toutes leurs parties, des substances liquides propres à garantir le bois de toute altération, etc., etc.

GRAVIGNY. Village situé à 3/4 l. d'Évreux. Pop. 600 hab. — Filature hydraulique de laine.

GUÉROULDE (la). Village situé près de l'Iton, à 9 l. 1/2 d'Évreux. Pop. 1,220 hab. — *Fabriques* de quincaillerie, fil de fer fin, laiton, etc. Forges et hauts-fourneaux.

ILLIERS-L'ÉVÊQUE. Bourg situé dans un territoire fertile en assez bons vins, à 5 l. d'Évreux. Pop. 820 hab.

IVRY. Bourg situé à 8 l. 1/2 d'Évreux. Pop. 920 hab. Ce bourg est dans une position agréable, sur la rivière d'Eure qui le divise en deux parties, au pied d'un coteau sur lequel on voit les ruines d'un ancien château.

La plaine d'Ivry est célèbre par la bataille de ce nom, gagnée par Henri IV sur l'armée des ligueurs commandée par le duc de Mayenne, le 14 mars 1590. Une pyramide d'environ 50 pieds de hauteur, entourée de grilles en fer, fut élevée en cet endroit vers la fin du siècle dernier par le duc de Penthièvre, pour perpétuer le souvenir de cette victoire mémorable. Cette pyramide, détruite pendant les temps orageux de la révolution, fut réédifiée par Napoléon, en 1809. — *Fabriques* d'instruments à vent renommés, peignes d'ivoire, etc. Filature de coton. Tanneries. — *Commerce* de grains, chevaux et bestiaux. Fête champêtre le 1er dimanche de mai.

MESNIL-SUR-L'ESTRÉES (le). Joli village, situé à 8 l. 1/2 d'Évreux, sur une côte d'où l'on découvre une belle vallée. La rivière d'Avre fertilise de nombreuses prairies qui avoisinent cette commune, fait tourner plusieurs moulins, ainsi que la fabrique de papier de MM. Firmin Didot père et fils, l'une des plus importantes papeteries de France, qui occupe 250 ouvriers. On y fabrique, par les procédés anglais les plus perfectionnés, cinq lieues de papier par jour, sur quatre pieds de large. Les jardins de l'habitation forment des îles délicieuses. On y remarque un saule provenant d'un bouton du saule qui ombrage, à Sainte-Hélène, le tombeau de Napoléon.

La population de Mesnil est de 458 habitants, presque tous propriétaires de leurs maisons ou d'un coin de terre. Il n'existe point de pauvres dans cette commune.

NEUVE-LYRE (la). Joli bourg, situé sur la rive droite de la Rille, à 8 l. d'Évreux. Pop. 1,800 hab. Ce bourg est divisé en deux parties, qu'on appelle la Vieille et la Neuve-Lyre; cette dernière est un lieu agréable, bâti en amphithéâtre sur le bord de la Rille. — Haut-fourneau et forges considérables à la Vieille-Lyre. — *Commerce* de grains, bois, fer, fonte, bestiaux, etc.

NONANCOURT. Petite ville, située sur la rive gauche de l'Avre, à 8 l. d'Évreux. ✉ ⚘. Pop. 1,350 hab. C'était autrefois une place forte, entourée de murs construits en briques, dont il reste encore quelques vestiges. Les rois de France et d'Angleterre y conclurent un traité en 1178. — *Fabriques* de cuirs. Filatures de laine et de coton. *Commerce* de papier, tuiles, briques, cuirs, etc.

PACY-SUR-EURE. Petite et ancienne ville, très-agréablement située, au milieu d'une belle vallée, sur la rivière d'Eure, qui commence en cet endroit à être navigable. A 4 l. d'Évreux. ✉ ⚘. Pop. 1,400 hab. C'était jadis une ville forte, environnée de bonnes murailles, de fossés profonds, et défendue par un château fort. Dans les guerres qui signalèrent l'époque de la rivalité de la France et de l'Angleterre, les Anglais surprirent la ville de Pacy pendant la nuit, la mirent au pillage, et en massacrèrent les habitants.

Cette ville est la patrie de Dulong, député indépendant, ami de Dupont-de-l'Eure, tué en combat singulier par le général Bugeaud en 1834.

PIERRE-D'AUTILS (SAINT-). Village situé à 7 l. d'Évreux. Pop. 900 hab.

RUGLES. Gros bourg, situé sur la Rille, à 12 l. 1/2 d'Évreux. ✉ Pop. 2,000 hab. — *Manufactures* d'épingles et de pointes de Paris. Fabriques de fil de fer, laiton, aiguilles à tricoter, anneaux de rideaux, agrafes, fil à coudre, ruban de fil, toiles de coton, bas au métier, huile de vitriol, quincaillerie. Forges, laminoir pour le cuivre et le zinc. 2,500 ouvriers de Rugles et des environs sont occupés à domicile à la fabrication des épingles, et 3,600 à la clouterie. — *Hôtel* de France.

TILLIÈRES. Village situé dans une vallée, sur la rive gauche de l'Avre, à 7 l. d'Évreux. ✉ ⚘. Pop. 1,150 hab. Il est dominé par un château bâti dans une situation agréable, sur le sommet d'une colline, et environné de jardins en terrasses, d'où l'on jouit d'une fort belle vue. — Papeterie.

VERNEUIL. Ville ancienne, située dans la vallée charmante que baignent les eaux rapides de l'Avre et un assez fort bras de l'Iton, à 10 l. 1/2 d'Évreux. ✉ ⚘ Pop. 4,178 hab.

L'origine de Verneuil se perd dans la nuit des temps. Il est probable qu'elle doit son existence à sa proximité d'une voie antique qui part d'Évreux pour se diriger sur Condé-sur-Iton. Cette ville, qui était autrefois d'une étendue considérable, est célèbre dans nos annales. Orderic Vital nous apprend qu'elle fut consumée par le feu du ciel en 1134. Henri Ier, duc de Normandie, la fit rebâtir et l'environna de formidables remparts. En 1160, on fit à cette forteresse de si importantes augmentations, que, dès lors, elle fut regardée comme inexpugnable. Louis VII l'assiégea en 1174; après un mois de la plus vigoureuse résistance, les habitants se rendirent par capitulation, ce qui n'empêcha pas le roi de faire mettre le feu à l'un des principaux quartiers. Mais il ne jouit pas long-temps de sa conquête: quelques jours s'étaient à peine écoulés, lorsque Henri parut sous les murs de Verneuil. A l'approche de ce redoutable adversaire, Louis prit la fuite, et abandonna la ville à la clémence du vainqueur. En 1194, Philippe-Auguste se présenta devant cette place, que les habitants refusèrent de remettre en son pouvoir. Il y avait déja dix-huit jours qu'il l'assiégeait, lorsqu'il apprit que l'infame Jean-Sans-Terre venait de faire égorger la garnison du château d'Évreux. A cette nouvelle, Philippe quitte le siége de Verneuil, arrive devant Évreux, s'en empare et fait massacrer tous les Anglais qui s'y trouvent, ainsi que la plupart des habitants. Durant ce temps-là, Richard-Cœur-de-Lion arrive au secours de Verneuil avec une puissante armée, culbute les assiégeants, les met en fuite, et entre victorieux dans la ville. En 1204, Philippe-Auguste assiégea de nouveau Verneuil, qu'il emporta d'assaut. En 1356, les Anglais, réunis aux troupes du roi de Navarre, la prirent, la pillèrent et la brûlèrent presque entièrement. Les Français la reprirent en 1424. Le duc de Bedfort, en étant informé, arrive avec son armée sous les murs de cette ville et présente la bataille aux Français, qui l'acceptèrent imprudemment. La victoire, incertaine durant plus de deux jours, se fixa enfin sous les drapeaux du duc de Bedfort, qui resta maître du champ de bataille, et s'empara des bagages de l'armée française ainsi que de la place de Verneuil. Cette ville fut encore prise par le duc d'Alençon, prise de nouveau par les Anglais, et reprise en 1449 par les Français. Elle embrassa le parti de la Ligue en 1585; mais elle se rendit en 1589 à Henri IV, qui la perdit quelques jours après, la reprit en 1590 pour la reperdre une troisième fois, et qui, enfin, en redevint maître après la bataille d'Ivry. Toutefois, les ligueurs s'en emparèrent encore et la conservèrent jusqu'en 1594, où elle se soumit définitivement.

La ville de Verneuil se composait autrefois, indépendamment du château, de trois autres forteresses solidement construites sur pilotis, et environnées de tous côtés par de larges et profonds fossés remplis d'eau : chacune de ces forteresses renfermait, pour ainsi dire, une petite ville dans son enceinte. Au commencement du XVIIIe siècle, on comptait encore à Verneuil onze grosses tours, quarante-trois tourelles et cinq portes principales. Toutes ces fortifications ont été démolies, et de belles promenades ont été plantées sur l'emplacement des anciens remparts; il ne reste plus guère aujourd'hui qu'un redoutable donjon, connu sous le nom de Tour-Grise, élevé au bord de la rivière de l'Avre. Outre cette tour, on remarque encore à Verneuil l'ancienne et belle église de la Madeleine; la maison des bénédictines, congrégation de religieuses qui tiennent un pensionnat de demoiselles; la bibliothèque publique, contenant 3,000 vol.

Fabriques de grosse bonneterie, droguets, bouracans, flanelles, quincaillerie, clous d'épingles à la mécanique, poterie de terre dite d'Armantières. — *Commerce* de toiles de chanvre et de lin, veaux et basanes pour reliures, laines, etc. — *Hôtels* de la Poste, de Saint-Martin, du Grand-Monarque, du Grand-Turc, du Cheval-Blanc.

VERNON. Ville ancienne. Collège communal. ✉ ☿ Pop. 4,888 hab.
Cette ville est dans une belle situation, au milieu d'une plaine fertile, sur la rive gauche de la Seine, que l'on traverse sur un pont de vingt-deux arches qui la sépare du faubourg de Vernonnet. Elle est en général assez mal bâtie, formée de rues étroites, tortueuses, mais arrosées pour la plupart par des ruisseaux d'eau courante. De jolies promenades l'environnent en forme de boulevards : la plus belle est l'avenue du château de Bisy, qui part de l'extrémité occidentale de la ville, en longeant à droite l'arsenal de construction, et se prolonge jusqu'à ce château, situé à un demi-quart de lieue vers le nord, sur le penchant d'un des jolis coteaux qui dominent le charmant bassin dont Vernon occupe le centre. Cette ville offre un séjour agréable, tant par sa position et ses promenades que par la salubrité de l'air qu'on y respire, et la bonne société qu'on y trouve; c'est une des villes des environs de Paris et de Rouen, où les vivres soient à meilleur marché.

L'église paroissiale est un assez bel édifice de construction gothique; une des chapelles renferme un tombeau en marbre blanc, curieux par les costumes du temps qu'il représente. Dans l'église de l'Hôtel-Dieu, hospice fondé par saint Louis, on remarque de jolies colonnes torses en bois, chargées des plus riches sculptures, qui supportent la tribune. La tour aux archives est remarquable par son aspect pittoresque.

Fabriques de plâtre et de chaux. Parc de construction du train des équipages militaires. — *Commerce* de grains, farines, vins et excellentes pierres de taille. — *Hôtels* du Grand-Cerf, du Lion-d'Or. — Petite salle de spectacle. — A 7 l. 1/2 d'Évreux.

VIEIL-ÉVREUX. Village situé à 1 l. 1/4 d'Évreux. Pop. 120 h. On remarque dans ce village, dont nous avons déjà parlé à l'article Évreux, quelques parties d'un aqueduc qui recevait l'eau de l'Iton, et des restes de fortifications, élevées de plus de cent pieds au-dessus de la rivière, au pied desquelles cet aqueduc venait se décharger dans un bassin parfaitement carré de la contenance d'un arpent, entouré de tous côtés par de fortes murailles dont on voit encore les vestiges à rez terre. L'enceinte des murailles du Vieil-Évreux avait environ une lieue et demie : on y a trouvé un grand nombre de médailles et d'autres antiquités.

VILLALET. Village situé à 4 l. d'Évreux. Pop. 220 hab. Il est sur l'Iton, dont les eaux se perdent près de cet endroit en s'infiltrant dans le sable qui forme son lit, après avoir produit une multitude innombrable de petits tourbillons. Cette rivière quitte ses canaux souterrains et reparaît à 15,587 mètres de Villalet.

VILLIERS-EN-DÉSŒUVRE. Bourg situé à 8 l. d'Évreux. Pop. 500 hab. — *Commerce* de bestiaux.

CHÂTEAU GAILLARD.

ARRONDISSEMENT DES ANDELYS.

AMFREVILLE-SOUS-LES-MONTS. Village situé dans une contrée charmante, sur la rive droite de la Seine, un peu au-dessus de l'endroit où elle reçoit l'Andelle, à 3 l. des Andelys. Pop. 400 hab.

Au confluent de la Seine et de l'Andelle, dans le fond d'un vallon charmant, coupé de diverses cultures et semé de villages et de hameaux, parmi lesquels se distinguent les jolies fabriques d'Amfreville, s'élèvent deux monts presque jumeaux qui offrent un des plus beaux points de vue de la Normandie, nommés la Côte-des-deux-Amants. La tradition rapporte que sur le revers du petit coteau où s'étendent maintenant les domaines rustiques des habitants d'Amfreville, se déployaient autrefois les hautes murailles d'un puissant château dont les ruines ont depuis long-temps disparu. Là régnait quelque tyran dont depuis long-temps le nom est oublié. Les gens du pays racontent qu'il fut père de la plus belle des demoiselles, et qu'il avait attaché à la possession de sa main une condition dont les caprices féroces du pouvoir blasé expliquent à peine la bizarrerie. Le chevalier qui attirait les regards de la jeune châtelaine, et qui méritait son choix, ne devait obtenir le titre d'époux qu'après avoir emporté sa conquête du pied de la côte à son sommet. Il lui était prescrit de parcourir, sous son précieux fardeau, tout le sentier rapide qui s'élance si audacieusement vers le ciel, et de ne pas se reposer, de ne pas s'arrêter un moment. Rien n'étonne son courage, rien n'affaiblit sa résolution, ni les difficultés de l'entreprise la plus audacieuse, ni les timides refus de l'amour inquiet. Les juges de l'épreuve en attendaient le résultat au-dessus de la plate-forme du château, sous de superbes pavillons où était préparé l'autel, et où se disposaient les fêtes brillantes de la cérémonie. Plein d'impatience et d'amour, l'époux que cette beauté avait choisi parmi la foule des prétendants, franchit l'espace avec une rapidité qui se ralentit à peine au moment où il allait toucher le but. Cependant on le vit chanceler, fléchir, tenter un dernier effort, parvenir à l'endroit désigné pour le terme de sa course, et puis chanceler encore, et tomber. Un murmure confus d'espoir, d'incertitude et de crainte, avait accompagné ses pas. Un cri de terreur s'éleva. Il était mort. L'amante ne lui survécut pas long-temps, et, suivant la touchante expression de Ducis,

Lui mourut de fatigue, elle de sa douleur.

Tous deux trouvèrent leur tombeau dans le lieu même où l'on venait de faire pour eux les apprêts d'une plus douce union. Puni de son extravagante cruauté par la perte de ce qu'il avait de plus cher, le vieux châtelain fit élever sur cet emplacement une chapelle funéraire, inutile monument de ses regrets.

Quelques siècles après, cette chapelle était devenue un vaste moutier, qu'on appelait le Prieuré-des-deux-Amants. L'église de ce monastère a été détruite, mais la maison du prieuré, située dans une belle position, a été conservée; elle était occupée naguère par une maison d'éducation.

ANDELYS (les). Petite et ancienne ville, chef-lieu de sous-préfecture. Tribunal de première instance. Pop. 5,168 hab.

On comprend sous le nom d'Andelys, deux villes qui ne sont séparées l'une de l'autre que par une chaussée d'un quart de lieue. Celle qui passe pour la plus ancienne, s'appelle simplement Andely ou le Grand-Andely; elle est située dans un vallon, sur le ruisseau de Gambon; l'autre, sur la rive droite de la Seine, s'appelle le Petit-Andely: on dit communément les Andelys.

Andely (le grand) doit son origine à une abbaye de filles, fondée par sainte Clotilde, femme de Clovis, en 511. Cette abbaye subsistait encore en 884; elle fut détruite lors de l'irruption des Normands, rebâtie comme collégiale, et subit diverses réformes en 1245 et en 1634. L'église est une des plus remarquables de la province par la beauté et la conservation de ses vitraux. Le portail principal offre un exemple intéressant de ces doubles rangées de colonnes à jour qui soutiennent les larges ornements de l'ogive; et la porte latérale du nord, élevée sans doute à la fin du XVIe siècle, est un modèle de proportion de l'époque de la renaissance.

L'histoire des Andelys rappelle les souvenirs les plus chevaleresques. C'est un des principaux théâtres des exploits de Philippe-Auguste et de Richard Cœur-de-Lion. Mais tous les événements mémorables de cette grande époque se rattachent aux annales tragiques du château Gaillard, dont les ruines majestueuses dominent le cours de la Seine et le Petit-Andely. Cette forteresse fut construite par Richard Cœur-de-Lion, en 1195. Philippe-Auguste en obtint la propriété entière; mais elle lui fut disputée par les rois d'Angleterre et leurs partisans, qui s'en emparèrent en 1203. Philippe-Auguste l'assiégea et s'en empara par famine, en 1204. Le château Gaillard soutint encore deux siéges mémorables : l'un de sept mois contre les Anglais, en 1418; l'autre de six semaines contre les Français, en 1449. Cette forteresse, en partie taillée dans le roc, fut démantelée sous le règne de Louis XIII; ses ruines sont encore très-pittoresques. On voit, dans les fossés qui les entourent, des casemates où, pendant les siéges, on enfermait les chevaux et les provisions.

Les Andelys ont vu naître le poète Henry, qui fit, un des premiers, résonner la lyre normande, et dont le plus joli de ses ouvrages est le lai d'Aristote; Robert de Bernouville et Royer d'Andely, dont les chansons ont passé jusqu'à nous; Adrien Turnèbe, savant professeur de langue grecque. Le Poussin, l'un des plus célèbres peintres de l'école française, naquit dans une chaumière au hameau de Villiers, près d'Andely, en 1594 : élève de son génie, pauvre et sans protecteur, il se perfectionna à Rome. Ses deux premiers tableaux sont la mort de Germanicus et la prise de Jérusalem; il donna ensuite la Peste des Philistins, la Manne dans le désert, les admirables tableaux du Déluge, de la Cène, du Testament de Léonidas, etc., etc. Il ne reste plus la moindre trace de la maison qu'habitait ce grand artiste; quelques pommiers seuls en ombragent aujourd'hui la place. Un projet fut présenté en l'an X pour élever, aux Andelys, un monument à sa mémoire: on en cherche encore vainement la première pierre.

Fabriques de draps fins, casimirs, ratines, bonneterie en coton, toiles, pipes de terre, sabots. Filatures de coton. Tanneries et mégisseries. Pêche d'ablettes pour la fabrication des perles fausses. — *Commerce* de grains, laine, bestiaux, toiles, bonneterie, draperie, etc. — A 12 l. 1/2 d'Évreux, 10 l. de Rouen, 21 l. de Paris. — *Hôtels* du Grand-Cerf, de l'Espérance, des Trois-Rois.

BEAUDEMONT. Village situé près de l'Epte, à 4 l. des Andelys. Pop. 150 h. On remarque sur une hauteur, aux environs, des restes considérables de fortifications.

BEZULA-FORET. Village situé à 6. l 1/2 des Andelys. Pop. 650 hab. — Verrerie à bouteilles.

BOURG-BEAUDOUIN. Village avec un beau château, situé à 5 l. des Andelys. Pop. 800 hab. C'est à Bourg-Beaudouin que mourut le ministre Rolland. Il s'était caché à Rouen; mais dès qu'il apprit la mort de sa femme, il résolut de ne pas lui survivre. Pour ne pas compromettre les amis qui lui avaient donné asile, après avoir écrit quelques lignes, il prit une canne à épée, et les embrassa pour la dernière fois. C'était le 15 novembre 1793; il était six heures du soir : il suivit la route de Paris, et lorsqu'il fut arrivé à Bourg-Beaudouin, il entra dans l'avenue qui conduit à la maison Normand; là, il s'assit contre un arbre, et enfonça, sans efforts et sans hésitation, dans son sein, le fer de la canne qu'il portait, après avoir placé sur sa poitrine ce billet écrit avec simplicité :

« Qui que tu sois, qui me trouves gisant,
« respecte mes restes : ce sont ceux d'un
« homme qui consacra toute sa vie à être
« utile, et qui est mort comme il a vécu,
« vertueux et honnête. »

CHARLEVAL. Bourg situé sur la rive gauche de l'Andelle, à 4 l. 1/4 des Andelys. Pop. 920 hab. Ce bourg portait autrefois le nom de Noyon-sur-Andelle, qu'il changea pour celui actuel, lorsque Charles IX y fit jeter les fondements d'une maison de plaisance.—Manufacture de toiles peintes de renommée, mouchoirs, etc. Filatures de coton et de laine, moulin à foulon. *Papeterie.*

DOUVILLE. Village situé à 3 l. 3/4 des Andelys. Pop. 340 hab. *Fabriques* de draps. Filatures de coton et de laine.

ÉCOS. Bourg situé à 4 l. des Andelys. Pop. 400 hab.—Tuilerie.

ÉCOUIS. Bourg situé à 2 l. 1/2 des Andelys. Pop. 740 hab. L'église paroissiale, remarquable par sa construction, est une ancienne collégiale, fondée, en 1310, par Enguerrand de Marigny, surintendant des finances sous Philippe-le-Bel, qui fut pendu sous le règne suivant, en 1315, au gibet de Montfaucon. Il fut inhumé dans cette église, après avoir été enterré aux Chartreux de Paris. C'est la patrie du poète Benserade. — *Commerce* de bestiaux.

ÉTRÉPAGNY. Bourg situé à 5 l. des Andelys. Pop. 1380 hab. — *Fabriques* de tricots de laine, dentelles. Filature de coton. — *Commerce* de grains, légumes, chanvre, bestiaux, etc.

FONTENAY. Village situé à 3 l. des Andelys. Pop. 300 hab. On y remarque le château de Beauregard, où naquit le poète Chaulieu, en 1639. M. Gaëtan de La Rochefoucault, à qui l'on doit une notice fort intéressante sur l'arrondissement des Andelys, dont il a été sous-préfet, a donné la description suivante de l'agréable demeure de Chaulieu : « Le parc est le même, dit-il ; « ce sont les mêmes allées qu'il a si souvent « parcourues en rêvant ; ce sont les gazons « qu'il a foulés, et qui renaissent sans cesse « sous les pieds des hommes qui se succè- « dent. On est tout rempli de Chaulieu dans « ce beau parc ; on voit encore un banc au « bord de la pièce d'eau, entre des sapins, « à l'endroit même où il aimait à s'asseoir. « Chaulieu mourut à Paris ; mais son corps « fut, d'après ses désirs, rapporté dans un « caveau de Fontenay. »

GISORS. Petite et ancienne ville, située sur l'Epte, dans une belle et fertile plaine, à 7 l. 1/2 des Andelys. ✉ ⚘ Pop. 3,533 h.

Cette ville est entourée de murs et de fossés, sur lesquels on a élevé de charmantes promenades ; elles ombragent les talus, les remparts, les glacis bastionnés, et offrent une continuité de sites on ne peut plus pittoresques. C'était autrefois une place forte, défendue par un bon château, dont on voit encore les restes imposants ; il était situé sur une petite montagne, à l'extrémité de la ville et près de la rivière d'Epte. Avant l'invention de l'artillerie, ce château devait être presque imprenable, tant par sa situation que par la solidité de sa construction. Il se composait de deux enceintes, avec un donjon placé au milieu de la seconde. Aujourd'hui, une partie du château de Gisors, dont les restes sont remarquables par leur conservation, sert de halle ; ses ruines offrent des points de vue très-pittoresques.

L'église paroissiale, dédiée à saint Gervais et saint Protais, est une construction du XIIIe siècle ; la nef et quelques autres parties sont d'une époque plus récente. Le portail, construit à l'époque de la renaissance, est le plus précieux monument de ce genre qui existe en Normandie. Dans l'intérieur on remarque le beau jubé qui supporte les orgues, ainsi qu'un cadavre en marbre, attribué à Jean Goujon.

On remarque encore à Gisors le magnifique établissement de filature hydraulique et de blanchisserie de M. Davilliers, vaste local environné d'un jardin paysager qu'embellissent les eaux de l'Epte.

Fabriques de buffles pour équipements militaires, toiles de coton. Blanchisseries et apprêts de tout genre. Tanneries. Brasseries. Aux environs, laminoirs pour le cuivre et le zinc. — *Commerce* considérable de grains. — *Hôtels* de la Poste, de l'Écu, du Grand-Monarque.

HEUDICOURT. Village situé à 4 l. des Andelys. Pop. 800 hab.

LYONS-LA-FORÊT. Bourg très-ancien, situé à 5 l. 1/2 des Andelys. ✉ Pop. 1,650 h. L'existence de ce bourg paraît remonter au temps des Romains ; il portait alors le nom de Lochonia. On y a découvert des tombeaux antiques, des médailles de Narva et de Trajan, des fûts de colonnes ornés de festons et de bas-reliefs, dont quelques-uns représentaient des bacchantes.

MAINNEVILLE. Bourg situé à 6 l. des Andelys. Pop. 500 hab.

PONT-SAINT-PIERRE. Village situé à 5 l. des Andelys. ✉ Pop. 750 hab. Au XIIe siècle il y avait un château appartenant au comte de Breuil, qui, ayant encouru la disgrace de Louis VII, fut obligé, pour l'apaiser, de lui donner en otage ses deux filles, et reçut en échange le fils de Raoul Harenc, capitaine du château d'Ivry. De Breuil, peu de temps après, dans un accès de rage, fit crever les yeux du jeune fils de Harenc ; et le roi, pour venger cette offense, fit couper le nez et arracher les yeux à chacune de ses filles. De Breuil fortifia ensuite Pont-Saint-Pierre pour se défendre, si le roi venait l'attaquer ; en effet, ce monarque le poursuivit l'année suivante, attaqua Pont-Saint-Pierre et le brûla. Il paraît que ce lieu fut de nouveau fortifié, car en 1136, ce château fut assiégé pendant un mois, par Thibaut, comte de Champagne, qui ne put parvenir à s'en emparer.

PORT-MORT. Village situé à 2 l. des Andelys. Pop. 700 hab.

RADEPONT. Village situé à 3 l. 1/4 des Andelys. Pop. 700 h. — Filature de coton et moulin à foulon.

ROMILLY-SUR-ANDELLE. Village situé sur l'Andelle, à 4 l. 1/2 des Andelys. Pop. 1,050 hab. Ce village possède une superbe fonderie de cuivre, regardée comme le plus bel établissement en ce genre qui existe en France. On remarque dans ses vastes ateliers des fourneaux d'affinage et des creusets de toutes sortes, des fourneaux à réverbère et à l'allemande, un bocard pour traiter les scories, plusieurs forges à gros marteau, des martinets, des laminoirs simples et doubles, des tours pour clous à doublage, des tréfileries pour fil d'épingles, etc. Les principaux objets de fabrication consistent en cuivre en planches des plus grandes dimensions, fonds de chaudières, baquets, casseroles, barreaux, cercles, clous battus pour doublage. A Romilly, on est parvenu à allier le cuivre et le zinc, malgré le préjugé contraire. On y travaille aussi avec succès le zinc de Silésie, qui, malgré la différence de pureté, peut être comparé à celui de Belgique et de la Manche. Dans cet immense établissement, qui occupe 300 ouvriers, faisant subsister 800 personnes, les oxides de cuivre sont convertis en sulfate de cuivre très-pur et très-recherché pour les teintures : on y emploie annuellement 1,200,000 kil. de cuivre brut du Levant, de Russie, de Suède et du Pérou; 300,000 kil. de zinc de Silésie; 50,000 kil. de fer de Conches; 26,400 hectolitres de charbon de terre d'Anzin, de Saint-Étienne et de Belgique. 300,000 kil. de produits sont exportés par la Seine.

TILLIERS. Village situé à 3 l. des Andelys. ✉ ☞ Pop. 200 hab.

VASCOEUIL. Village situé à 6 l. 3/4 des Andelys. Pop. 300 hab. — Papeteries.

ARRONDISSEMENT DE BERNAY.

AUBIN-DU-THENNEY (SAINT-). Village situé à 3 l. 1/2 de Bernay. Pop. 1,100 hab. — *Fabriques* de frocs et draps communs.

BARRE (la). Village situé à 5 l. 1/2 de Bernay. Pop. 1,000 hab.

BEAUMENIL. Bourg situé à 2 l. 3/4 de Bernay. Pop. 450 hab.

BEAUMONT-LE-ROGER. Petite ville, située près de la belle forêt de son nom, sur la rive droite de la Rille, à 3 l. 1/2 de Bernay. ✉ Pop. 2,520 hab. Elle était autrefois défendue par un château très-fort, bâti sur un rocher escarpé. Au-dessous de ce château, dont il reste à peine quelques vestiges, le comte de Meulan avait fondé une abbaye, élevée sur la pointe du rocher, dont les restes excitent l'admiration par leur aspect pittoresque.

Dans la forêt de Beaumont, on trouve plusieurs restes de constructions rustiques romaines, notamment un camp admirablement placé pour commander les trois vallées voisines. Cette enceinte offre à peu près la forme d'une losange; son entrée, entourée de fossés profonds, est dirigée vers le nord-ouest. Autour des autres côtés, on remarque un espace irrégulier, défendu par un second retranchement curviligne beaucoup moins profond, et qui vient se rattacher au premier par une ligne droite vers son angle sud-ouest. Il ne paraît pas y avoir de jonction du côté du nord.

Fabriques de draps fins, molletons, toiles de lin. Blanchisserie de toiles. Tanneries. Verrerie à vitre et à bouteilles.—*Commerce* de bois, lin, fil et draperies.

BEC-HELLOUIN. Bourg situé à 5 l. 1/2 de Bernay. Pop. 720 hab.

Le Bec est célèbre par l'ancienne abbaye de ce nom, l'une des plus belles de la Normandie, fondée en 1060, par Hellouin, seigneur de Bourneville. Peu de temps après sa fondation, des hommes recommandables par leur savoir se retirèrent dans cette abbaye, pour se livrer dans la retraite à l'étude des connaissances de leur siècle, et y fondèrent la première école qui ait été consacrée en Normandie à l'enseignement des langues et des sciences. La réputation de l'abbaye fut bientôt européenne; et s'il faut en croire les écrivains du temps, elle comptait parmi ses disciples les enfants des familles les plus riches et les plus distinguées de la France et de l'Angleterre. L'église de ce monastère était une des plus belles du royaume; elle a été rasée ainsi que la maison chapitrale; mais tout ce qui était consacré à l'habitation des moines a été conservé. Ce qui existe de cette abbaye ferait un assez beau palais. Les bâtiments sont d'un style moderne aussi simple qu'élégant, dont la construction ne paraît pas antérieure au XVIIe siècle. Il ne reste de l'édifice primitif qu'une vieille tour carrée, qui semble avoir été conservé pour attester l'antique origine de ce couvent.

Un magnifique haras avait été établi au Bec, pour l'amélioration de la véritable race des chevaux normands; ce haras vient d'être supprimé.

BERNAY. Ville ancienne, chef-lieu de sous-préfecture. Tribunal de première instance et de commerce. Chambre consultative des manufactures. Société d'agriculture. Collége communal. ✉ ☞ Pop. 6,605 hab.

Cette ville est agréablement située, sur la rive gauche de la Charentonne. On y remarque l'église paroissiale et les bâtiments d'une abbaye de bénédictins, fondée en 1018 par Judith de Bretagne, épouse de Richard II, qui y fut enterrée.

Manufactures de draps, frocs, flanelles, rubans de fil et de coton, toiles de lin,

ROUGEPERIERS
Habitation de Dupont de l'Eure.

ARRONDISSEMENT DE BERNAY.

percales, basins. Blanchisseries de toiles. Teintureries. Tanneries, etc.

Commerce de grains, cidre, draps, fers, papiers, cuirs, toiles, bougies, chandelles, chevaux, bestiaux, etc. — Foire renommée pour la vente des chevaux, le 15 mars. Cette foire, des plus renommées pour les plus beaux chevaux de la Normandie, dure quatre jours; les deux premiers se vendent les chevaux de luxe du prix de 500 à 3,000 fr. et les deux autres jours, les chevaux de voiture, de poste, de diligence; le lendemain on vend les jeunes chevaux de trois ans. Il se trouve à cette foire de quarante à cinquante mille personnes, qui s'y rendent de 15 à 20 lieues des environs.

A 12 l. 1/4 d'Évreux, 36 l. 1/2 de Paris. — *Hôtels* de la Poste, du Lion-d'Or.

BERTHOUVILLE. Village situé à 3 l. 1/2 de Bernay. Pop. 850 hab. A peu de distance de ce village, près du hameau de Villaret, on a découvert récemment sur l'emplacement de *Canetum*, ancien temple où Mercure était adoré sous le nom de Canetonense, une admirable collection de vases d'argent, qui ont été déposés au cabinet d'antiques à Paris.

BRIONNE. Petite ville, agréablement située sur la rive droite de la Rille, à 3 l. 1/2 de Bernay. ✉ ⚒ Pop. 2,560 hab.

Brionne était autrefois une place très-forte. On voit encore sur la hauteur qui la domine du côté du levant, quelques restes de la citadelle formidable dans laquelle le comte Robert, à la tête d'une garnison de six cents hommes seulement, ne craignit pas d'attendre toute l'armée du duc de Normandie. Comme place forte, c'est une de celles dont le nom figure le plus fréquemment dans l'histoire de ce pays. Elle est célèbre aussi par la fameuse conférence qui y fut tenue en 1040, en présence de Guillaume-le-Conquérant, et dans laquelle la doctrine de Béranger, qui niait la présence réelle dans l'Eucharistie, fut définitivement condamnée. — *Fabriques* de draps. Filature hydraulique de coton. Huileries.

BROGLIE ou **CHAMBROIS.** Bourg situé sur la Charentonne, à 3 l. de Bernay. ✉ ⚒ Pop. 1,000 hab. — *Fabriques* de toiles de coton.

COURCELLE-CHAMFLEUR. Village situé à 2 l. 1/2 de Bernay. Pop. 200 hab. — Forges et fenderie.

DRUCOURT. Village situé à 2 l. de Bernay. Pop. 1,320 hab. — *Fabriques* de percales, de rubans de fil et de coton, qui occupent 4,600 ouvriers, disséminés à Drucourt et dans les communes voisines.

FERRIÈRES-SAINT-HILAIRE. Village situé à 1 l. 3/4 de Bernay. Pop. 600 h. — Forges et fenderie.

GERMAIN-LA-CAMPAGNE (SAINT-). Village situé à 4 l. de Bernay. Pop. 1,450 h. — *Fabriques* de rubans de fil et de coton.

HARCOURT. Bourg situé à 4 l. 1/2 de Bernay. Pop. 1,200 hab. — Établissement agricole, chef-lieu de la société centrale d'agriculture.

HOUSSAYE (la). Village situé sur la Rille, à 5 l. de Bernay. Pop. 250 hab. — Haut-fourneau, fonderie de chaudières, marmites, plaques de cheminées, etc.

MARTIN-LE-VIEUX (SAINT-). Bourg situé à 1 l. 1/4 de Bernay. Pop. 190 hab.

MONTREUIL-L'ARGILLE. Bourg situé à 4 l. 1/2 de Bernay. ✉ Pop. 850 hab.

NEUVILLE-DU-BOSC. Village situé à 5 l. 1/2 de Bernay. Pop. 850 hab.

ROUGE-PÉRIERS. Village situé à 5 l. de Bernay. Pop. 500 hab. — *Fabriques* de basins à corsets.

Ce village n'a, par lui-même, rien de remarquable; mais il est le séjour de l'Aristide des temps modernes, de l'honorable Dupont de l'Eure, et, à ce titre, il mérite une mention particulière. C'est là que cet homme de bien, dans une modeste retraite, se repose des agitations politiques, en cultivant lui-même ses champs.

THIBERVILLE. Bourg situé à 3 l. de Bernay. Pop. 1,200 hab. — *Fabriques* de rubans de fil et de coton.

ARRONDISSEMENT DE LOUVIERS.

AILLY. Bourg situé à 1 l. 3/4 de Louviers. Pop. 1,500 hab.

AMFRÉVILLE-LA-CAMPAGNE. Village situé à 4 l. de Louviers. Pop. 800 hab.

AUBIN D'ÉCROSVILLE. Village situé à 4 l. 1/2 de Louviers. Pop. 1,100 hab.

Saint-Aubin d'Écrosville est le lieu de naissance d'un médecin, aussi modeste que savant, qui fait honneur à notre siècle et à son pays, du docteur Auzoux, créateur de l'anatomie classique, véritable chef-d'œuvre, qui fait aujourd'hui l'admiration de la France et de l'étranger. Au moyen de ces belles préparations artificielles on peut enfin toucher et considérer sans dégoût, dans leurs plus petits détails, les nombreuses parties dont se compose le corps humain, les monter et les démonter à volonté. Cette invention sublime, destinée à faire faire des progrès immenses à la physiologie, facilitera singulièrement l'étude de l'anatomie dans les collèges, et même dans les établissements particuliers consacrés à l'éducation.

GAILLON. Bourg situé à 3 l. de Louviers. ✉ ☞. Pop. 1,150 hab. On y remarquait autrefois le château des archevêques de Rouen, l'un des plus beaux monuments d'architecture du XVe siècle, sur l'emplacement duquel le gouvernement a fait construire une maison centrale de détention pour 1,500 condamnés des départements de l'Eure, d'Eure-et-Loir, de l'Oise et de la Seine-Inférieure. Plusieurs parties de cet édifice, précieuses par la délicatesse des sculptures, ainsi qu'un escalier admirable de légèreté, ont été transportés au palais des Beaux-Arts, à Paris, dont elles seront un des beaux ornements. Les quatre belles tours gothiques, qui flanquaient jadis l'entrée du château épiscopal, ont été conservées et flanquent aujourd'hui l'entrée de la maison de détention. On a conservé également, et adapté aux nouvelles constructions, une galerie plus gothique encore, et une belle terrasse, célèbre par le coup d'œil ravissant qu'elle offre sur la riche plaine de Gaillon. Le point de vue le plus lointain et le plus remarquable à la fois est celui des deux Andelys, qu'on aperçoit à trois lieues de distance vers le nord-est.—*Fabrique* de rouenneries, tapis, ouvrages en paille, etc.

HAYE-MALHERBE (la). Village situé à 2 l. de Louviers. Pop. 960 hab.

LERY-AU-BAC. Village situé à 2 l. 1/2 de Louviers. Pop. 1,050 hab.

LOUVIERS. Ville ancienne, chef-lieu de sous-préfecture. Tribunal de première instance et de commerce. Chambre consultative des manufactures. Conseil de prud'hommes. ✉ ☞. Pop. 9,885 hab.

Louviers, autrefois *Loviers*, est situé sur l'Eure, qui est navigable et sur laquelle les bateaux de la Seine remontent jusqu'à Jarry. Elle est bâtie dans un vallon riant et fertile qu'entourent des bois étendus, et il paraît que les sites, aussi variés qu'agréables qui l'entourent, lui ont fait donner son premier nom, qu'elle a conservé jusque vers le XVe siècle. C'était jadis une ville forte, qui a soutenu plusieurs assauts, lors des fréquentes irruptions des notamment un siège de vingt-trois nes, en 1431, contre Henri VI, roi d' terre, qui la livra au pillage et en fit les fortifications. Tout porte à croire que dès cette époque Louviers avait des fabriques de toiles importantes; ces fabriques étant tombées vers le milieu du XVIe siècle, cette ville commença à tirer ses laines de l'étranger, et s'abandonna particulièrement à la fabrique des draps fins. Tout le monde connaît la supériorité des draps de Louviers, réputés, à juste titre, pour les plus beaux de l'Europe. C'est principalement du règne de Louis XIV que datent les perfectionnements des manufactures de cette ville, dont les progrès ont toujours été en croissant jusqu'à M. Decretot, qui, le premier, adopta les machines à carder, filer et tondre. M. Ternaux a aussi perfectionné ces divers procédés, et c'est lui qui le premier a introduit à Louviers les machines à vapeur.

Cette ville, située jadis sur la rive gauche, et aujourd'hui, par ses accroissements successifs, sur les deux rives de l'Eure, est presque entièrement bâtie en bois dans sa partie vieille, composée de trois ou quatre larges rues, communiquant entre elles par un grand nombre de ruelles. La partie neuve, bâtie en briques et en pierres de taille, a de beaucoup agrandi son enceinte, dont les vieux quartiers rajeunissent aussi tous les jours. La rue longue et belle qui sert de passage à la grande route, franchit les bras de l'Eure sur trois ponts, dont le plus considérable est bombé comme les vieux ponts, et large comme les ponts modernes.

L'église est un magnifique édifice, qui paraît avoir été construit au temps des premières croisades. On reconnaît à ses ogives, plus élancées que celles du VIIIe siècle, les élégantes traditions de l'architecture syrienne. La masse de l'édifice est cependant soutenue par d'énormes piliers d'architecture lombarde. Un certain nombre de croisées mauresques ont été percées dans les murailles. Des colonnes de même goût, admirables par leur élégance et le travail parfait de leurs bases et de leurs chapiteaux, décorent le grand portail. Dans sa partie principale, et dans le pilastre du milieu, on ne peut méconnaître l'époque de la renaissance. La porte extérieure du côté du midi est d'un gothique élégant, où commencent à se développer les brillantes réminiscences du Levant.

On remarque encore à Louviers la mai-

son des templiers, bâtie vers la fin du XIIe siècle, doit le style et le caractère sont d'autant plus curieux qu'il reste infiniment peu d'habitations particulières d'une époque aussi reculée; la bibliothèque publique; la salle de spectacle; les promenades, etc.

Manufactures importantes de draps fins. Fabriques de nankins, siamoises, cardes, mécaniques. Filatures hydrauliques de laine et de coton. Blanchisseries de toiles. Nombreuses teintureries. Tanneries. Briqueteries. — *Commerce* de grains, bois, charbon, lin, laines, chardons à cardes, draps, casimirs et articles de ses manufactures.

A 6 l. d'Évreux, 4 l. d'Elbeuf, 7 l. de Rouen, 24 l. de Paris. — *Hôtels* du Commerce, du Grand-Cerf, du Mouton.

NEUBOURG (le). Bourg situé au milieu de la belle et riche campagne du Neubourg, à 6 l. 1/4 de Louviers. ✉ Pop. 2,150 hab. La campagne du Neubourg offre un vaste plateau entièrement privé de cours d'eau, mais abondant en toute sorte de grains, où quelques bouquets de bois semblent avoir été laissés pour en écarter la monotonie.

Le Neubourg est un lieu fort ancien dont on ne connaît pas bien positivement l'origine. C'était autrefois une place importante, défendue par un château fort très-antique et considérable, où fut célébré le mariage de Henri II, fils aîné de Henri II, roi d'Angleterre, avec Marguerite, fille de Louis-le-Jeune. D'anciennes murailles, encore subsistantes, renferment quelques logements, entre autres une haute et vaste salle dite la salle de la comédie, qui, quoique délabrée, mérite encore d'être citée. C'est dans cette salle que le marquis de Sourdiac de Rieux, seigneur du Neubourg, fit exécuter les premiers essais de l'opéra en France, sous la minorité de Louis XIV. On y représenta un opéra de Pierre Corneille, intitulé la *Toison d'Or*; quelques décorations y furent employées; un châssis sculpté et doré, dernier vestige de cet essai, existait encore il y a quelques années. C'est donc au Neubourg que notre grand opéra, qui excite une admiration si universelle, doit aller chercher son berceau. Depuis long-temps on ne joue plus d'opéra dans la salle du Neubourg; mais elle jouit d'un autre genre de célébrité, qui pourrait bien avoir l'opéra pour origine. Chaque année, le jour de la Saint-Paul, on y donne un bal charmant, où se rendent, de plus de vingt lieues à la ronde, les plus jolies femmes des villes et des châteaux environnants, qui viennent y rivaliser de beauté, de fraîcheur et de grâce, avec les belles fermières du Lieuvin et du pays de Caux.

L'église paroissiale du Neubourg est un édifice gothique, qui mérite sous plusieurs rapports de fixer l'attention. Dans la forêt qui avoisine le bourg, on remarque le vaste château du Champ-de-Bataille, appartenant à M. le comte de Vieux.

Le Neubourg se glorifie d'être le lieu de naissance de M. Dupont de l'Eure, ancien avocat au parlement de Normandie, membre du conseil des anciens et du corps législatif, vice-président de la chambre des députés en 1814 et de la chambre des représentants en 1815, ministre de la justice en 1830, et membre de toutes les assemblées législatives depuis 1817. L'intégrité bien connue de cet honorable magistrat, la constance de ses opinions politiques, la simplicité de sa vie, et l'austère probité de ses principes, l'ont placé au premier rang des hommes les plus vertueux, les plus purs et les plus universellement estimés qui aient traversé les temps orageux où nous vivons.

Fabriques, au Neubourg et aux environs, de molletons, basins, futaines, siamoises, toiles de coton, couvertures, etc. — *Commerce* de grains, grosses toiles, laine, bestiaux, etc. Chaque semaine il se tient au Neubourg un gros marché de bestiaux que l'on y conduit des environs et des départements du Calvados et de la Manche, et qui s'y vendent pour l'approvisionnement de Paris. — *Hôtels* de la Poste, de Saint-Martin, du Mouton.

PONT-DE-L'ARCHE. Petite et ancienne ville, située à 3 l. de Louviers. Pop. 1,500 h.

Cette ville est située sur la rive droite de la Seine, que l'on traverse sur un pont de vingt-deux arches, un peu au-dessus du confluent de l'Eure : la marée se fait sentir jusqu'à cet endroit.

Pont-de-l'Arche doit son origine à Charles-le-Chauve, qui la fit bâtir en 854. Ce fut dans la suite une place importante, entourée de murs flanqués de tours, environnée de fossés, et défendue par un château fort, bâti sur l'autre rive de la Seine. Charles-le-Chauve y fit construire un palais où il assembla deux conciles en 862 et 869, et où il convoqua deux assemblées des grands du royaume, en 862 et 864. Cette ville est la première de toute la France qui se soumit à Henri IV, non pas lorsque la victoire eut sanctionné ses droits, mais immédiatement après l'assassinat d'Henri III. On y remarque une jolie église gothique, ainsi qu'une promenade agréable, élevée sur l'emplacement des anciens remparts. — *Commerce* de bois, arbres à fruits, chevaux et bestiaux.

POSES. Bourg situé à 3 l. de Louviers. Pop. 1,200 hab.

TOURVILLE. Village situé à 6 l. de Louviers. Pop. 1,000 hab.

VAUDREUIL (NOTRE-DAME DU). Joli bourg, situé sur la rive gauche de l'Eure, à 1 l. 1/2 de Louviers. ✉ Pop. On y remarque un ancien d'eau de tous côtés, et un joli derne traversé en divers sens par bras de l'Eure. C'est au vieux Vaudreuil que fut exilée Frédégonde, après l'assassinat de Chilpéric. — Culture en grand de la gaude et du chardon à bonnetier.

ARRONDISSEMENT DE PONT-AUDEMER.

AIZIER. Village situé à 2 l. de Pont-Audemer. Pop. 250 hab.

ANNEBAULT. Village situé sur la rive droite de la Rille, à 2 l. de Pont-Audemer. Pop. 1,150 hab. On y remarque les restes du château d'Annebault, bâti sur pilotis par l'amiral d'Annebault, qui avait conçu le projet de rendre la Rille navigable jusqu'au pied de son habitation, où l'on voit plusieurs anneaux en fer, scellés dans le mur, qui paraissent avoir été destinés à arrêter les bateaux. Le château n'a jamais été achevé. L'église d'Annebault renferme de beaux vitraux, où l'on remarque divers costumes du temps, assez bien exécutés.

BERVILLE-SUR-MER. Village situé sur la rive gauche et près de l'embouchure de la Seine, à 4 l. de Pont-Audemer. Pop. 450 h. On y pêche une immense quantité de poisson de la petite espèce, dont une partie est de si mauvais goût qu'on l'emploie à fumer les terres et à engraisser la volaille.

BEUZEVILLE. Gros bourg situé dans une plaine où l'eau est fort rare, à 3 l. 3/4 de Pont-Audemer. Pop. 2,800 hab. On remarque sur la place de ce bourg un puits à manivelle, construit en petit sur le modèle de celui du château de Bicêtre : une grande roue armée de chevilles permet à un enfant de la faire facilement mouvoir ; un seau énorme monte à la margelle, un crochet le saisit, et, lui faisant faire la bascule, l'oblige à se vider dans un réservoir. La roue tourne dans le sens inverse ; le crochet se détache, le seau redescend au fond du puits pendant qu'un autre apporte son tribut. — *Fabriques* d'huiles. Tanneries et scierie de marbre. La foire de Beuzeville est une des plus remarquables du pays : le blé, des chevaux d'un prix inférieur, les moutons de Présalé y font les principaux objets de commerce, et y attirent plus de dix mille personnes des environs.

BOURG-ACHARD. Bourg situé dans une belle et riche plaine entrecoupée de haies vives et parsemée d'arbres, comme le pays de Caux, à 5 l. de Pont-Audemer. ✉ ☞ Pop. 1,220 hab. — Éducation des mérinos et des chevaux de race anglaise. Pépinière d'arbres fruitiers de l'Europe et de l'Amérique. Marchés considérables.

BOURGTHÉROULDE. Bourg situé à 8 l. 3/4 de Pont-Audemer. ✉ ☞ Pop. 750 hab.

BOURNEVILLE. Bourg situé à 2 l. de Pont-Audemer. Pop. 800 hab.

CAUMONT. Village situé près de la rive gauche de la Seine, à 6 l. de Pont-Audemer. Pop. 950 hab. On y remarque de belles carrières de pierres de taille : le principal souterrain, qui a plus de 500 pieds de diamètre, renferme plusieurs grottes tapissées de stalactites de différentes formes.

CONTEVILLE. Joli bourg situé à 3 l. de Pont-Audemer. Pop. 920 hab.

CORMEILLES. Bourg situé à 4 l. 1/4 de Pont-Audemer. Pop. 1,350 hab. — *Fabriques* de frocs. Tanneries et mégisseries.

FATOUVILLE. Village situé non loin de la rive gauche de la Seine, à 3 l. 1/2 de Pont-Audemer. Pop. 700 hab. En sortant de ce village, on remarque deux sapins gigantesques, désignés par les habitants sous le nom de *Bons hommes* ; leur élévation sur cette côte, qui permet de les distinguer de fort loin sur la Seine, les a fait acheter par la marine, pour servir de guide aux navigateurs le long des côtes.

Le hameau de JOBLES, réunion de malheureux pêcheurs, dépend de la commune de Fatouville. Une fontaine qui jaillit avec rapidité vers la Seine, et se grossit de plusieurs autres sources, y fait tourner un moulin à blé, puis, quelques pas plus loin, une papeterie dont les produits sont employés à doubler les navires, ou servent à envelopper les paquets d'épingles qui se fabriquent à Ruyles et à l'Aigle. En suivant les gracieux contours que forme le ruisseau, on arrive à une scierie de marbre où se travaillent le vert-campan, le bleu turquin, la griotte d'Italie, et plusieurs autres marbres précieux qui, arrivés par mer à Honfleur, sont ensuite charriés à Jobles par blocs énormes. Là, des scies perpendiculaires, au nombre de cinquante-deux, mues par deux tournants, coupent quatre pouces de marbre en vingt-quatre heures : chaque plaque, ayant près de quatre pieds de long sur deux et demi de haut, est de l'épaisseur d'environ un pouce. La chute d'eau, en sortant de la scierie, passe sous la route, se jette par une cascade dans un ravin profond planté d'arbres nombreux, et, après avoir serpenté dans ces gorges sauvages et pittoresques, se rend à deux cents pas de là dans la Seine.

Près de Jobles, dans un petit bassin qui porte le nom de *Val des Anglais*, on voit un retranchement carré de 400 pieds de tour, qui, d'après les traditions locales, est l'ouvrage des Anglais battus par les Français à Jobles, sous le règne de Charles VI.

GEORGES-DU-VIÈVRE (SAINT-). Bourg situé à 3 l. de Pont-Audemer. Pop. 600 hab.—*Fabriques* de toiles. Filature de coton.

GRESTAIN, ou CARBEC-GRESTAIN, village situé sur la rive gauche et près de l'embouchure de la Seine, à 3 l. de Pont-Audemer. Pop. 120 hab. On y remarque les ruines de l'église de l'abbaye de Grestain, où fut enterrée la mère de Guillaume-le-Conquérant.

Aux environs de Grestain est le joli château de LA POMMERAYE, et non loin de là le Mont-Courel, hauteur couverte d'immenses bruyères, d'où l'on jouit d'une vue magnifique sur l'embouchure de la Seine.

LIEUREY. Bourg situé au milieu d'une belle plaine, à 4 l. de Pont-Audemer. ✉ Pop. 2,700 hab. C'était autrefois le chef-lieu du pays connu sous le nom de Lieuvin. — *Fabriques* de coutils, rubans de fil, sangles. A SAINT-LÉGER, grande et belle fabrique de nouveautés en coton.—*Commerce* de grains.

MACLOU (SAINT-). Village situé à 2 l. de Pont-Audemer. Pop. 550 hab. —*Fabriques* de calicots. Filatures de coton.

MARAIS-VERNIER (le). Village situé à 2 l. de Pont-Audemer. Pop. 600 hab.

Ce village est formé de maisons éparses, entourées de vergers, disséminées sur un territoire marécageux, mais d'une prodigieuse fertilité, où l'on cultive principalement des légumes potagers renommés, d'une énorme dimension; par exemple, des navets et des carottes de 5 à 6 pouces de diamètre, et des choux pesant vingt, trente et jusqu'à soixante livres. Le Marais-Vernier est un vaste espace qui s'étend sur la rive gauche de la Seine, entre Quillebœuf et la pointe de Laroque; c'est un terrain en forme de fer à cheval, terminé au nord par la Seine, et enfermé à l'ouest, au midi et à l'est, par une ceinture de coteaux d'environ 250 pieds d'élévation. Son étendue est d'environ 7,200 arpents : la partie la plus basse est occupée par un lac, connu sous le nom de Grande-Marre, qui ne dessèche jamais, abonde en poissons, et est presque toujours couvert d'une nuée d'oiseaux aquatiques. Tout ce marais est divisé en propriétés particulières et en propriétés communales : la partie septentrionale renferme des pâturages d'un bon rapport. Au pied des coteaux sont les jardins potagers, formés de petits parallélogrammes environnés d'eau, où les cultivateurs abordent au moyen de longues perches, qui leur servent pour franchir les fossés et passer d'un jardin dans un autre.

On doit visiter, aux environs de ce village, la Pointe de Laroque, où l'on remarque un vaste retranchement, connu sous le nom de *camp des Anglais;* et la grotte de Saint-Béranger.

MONTFORT-SUR-RILLE. Bourg situé près de la rive droite de la Rille, à 3 l. 3/4 de Pont-Audemer. Pop. 580 hab. On y remarque les ruines encore imposantes d'un ancien château fort, détruit, en 1203, par Jean-sans-Terre, frère de Richard Cœur-de-Lion. Un épais taillis occupe aujourd'hui l'emplacement de cette antique forteresse; à peine y reconnaît-on les vestiges des fortifications; les tours s'écroulent successivement; la nature, qui reprend ses droits peu à peu, couronne d'arbustes les cavaliers et les bastions; l'herbe tapisse les murs et les parapets en ruine, et, sur les glacis de la place d'armes, que les fureurs de la guerre inondaient de sang autrefois, le pâtre fait paître ses troupeaux, s'assied en paix sur les créneaux renversés et couverts de mousse. — *Fabriques* de draps. Papeterie.

PONT-AUDEMER. Jolie petite ville, chef-lieu de sous-préfecture. Tribunaux de première instance et de commerce. ✉ ⚕ Pop. 5,305 hab.

La fondation de Pont-Audemer est inconnue; mais il paraît qu'un nommé Omer ou Odemer y fit construire un pont vers le IXe siècle; d'autres disent à la fin du IIIe de l'ère chrétienne. Cette ville partagea sans doute les vicissitudes dont ce pays fut souvent victime lors des querelles des rois de France et d'Angleterre; mais l'histoire garde le silence à ce sujet jusqu'au moment où Philippe-Auguste s'empara de cette province sur Jean-sans-Terre. En 1378, Duguesclin prit Pont-Audemer sur les Anglais, qui avaient dans leur parti le roi Charles-le-Mauvais, et rasa les fortifications, ainsi que le château. Par sa situation sur la Rille et sa communication avec la Seine, cette ville fut pendant long-temps une des cités importantes de la province. Les Anglais regardaient comme un grand avantage d'en être les maîtres; ils la reprirent et la gardèrent jusque sous le règne de Charles VII, que Dunois vint l'assaillir et s'en emparer. Pendant les guerres de religion, les Anglais prirent la ville et massacrèrent une grande partie des habitants. Après la mort de Henri III, Pont-Audemer se soumit à Henri IV, qui en confia la garde à Hacqueville de Vieux-Pont; mais à peine celui-ci vit-il faiblir le parti du Navarrais, qu'oubliant les protestations de dévouement qu'il lui avait faites, il livra la ville au duc de Mayenne, en obtenant de garder son gouvernement pour prix de sa trahison. Après l'entière soumission de la France au Bourbon, Hacqueville sut encore si bien se replier, qu'il resta gouverneur de la place. Les auteurs de la satire Ménippée n'ont pas perdu de vue cet homme lâche et versatile, et ils l'ont à tout jamais flétri, en disant: « Ayez le front ulcéré et le visage honni « comme l'infidèle gardien de Pont-Aude-« mer, et il vous sera advis que vous serez « prud'homme et riche. »

Cette ville est fort agréablement située, dans une contrée fertile, sur la rive gauche de la Rille, qui commence en cet endroit à être navigable et y forme un petit port assez fréquenté. Elle est ceinte de murailles, environnée de fossés qui se remplissent d'eau vive, bien bâtie, bien percée, rafraichie par des ruisseaux d'eau courante, et n'est pas moins agréable par elle-même que par son site. On y trouve un établissement de bains publics, et une salle de spectacle assez souvent occupée par des acteurs ambulants.

Fabriques de bonneterie, colle-forte, quincaillerie de sellerie. Filat Manufactures de cuirs renommés (4o tanneries, 12 corroieries et 12 ries.)—*Commerce* de grains, cidre, fil, cuirs estimés, etc.—A 17 l. d'Évreux, 12 l. de Rouen, 4o l. 1/2 de Paris. — *Hôtels* du Louvre, du Plat-d'Étain.

PONT-AUTHOU. Bourg situé sur la rive droite de la Rille, à 4 l. 1/2 de Pont-Audemer. Pop. 380 hab.—*Fabriques* de draps. Filature de coton. Teintureries.

QUILLEBŒUF. Petite ville maritime située sur la rive droite et près de l'embouchure de la Seine. Tribunal de commerce. Syndicat maritime. ✉ Pop. 1,350 hab.

Quillebœuf doit en partie son existence à Henri IV; jusqu'à lui, ce n'était qu'un hameau de pêcheurs, végétant sur un rocher aride. Ce roi, dans l'intention d'en faire une place de sûreté en Normandie, fit fortifier la ville, l'augmenta, accorda quelques priviléges capables d'attirer la population; et se flattant qu'il serait plus heureux que François Ier au Havre, il donna au village de Quillebœuf le nom de Henriqueville: mais sa volonté ne lui survécut point.

Le port de Quillebœuf est très-important pour le commerce. Situé à l'endroit où la navigation de la Seine devient difficile à cause des rochers et des bancs de sable qui en obstruent l'entrée, il sert ordinairement de mouillage aux bâtiments qui remontent la Seine. Il reçoit les plus gros navires, qui, ne pouvant remonter jusqu'à Rouen, sont obligés d'y décharger une partie de leurs marchandises; on y a vu quelquefois plus de cent bâtiments réunis. Quillebœuf n'a qu'une seule rue, inclinée entre la rivière et la montagne, et généralement mal bâtie.

Fabriques de bonneterie en coton, dentelles. Pêcheries importantes. — *Commerce* de grains, bois et bestiaux.

ROUTOT. Bourg situé à 5 l. de Pont-Audemer. Pop. 1,200 hab. — *Commerce* considérable de bestiaux.

FIN DU DÉPARTEMENT DE L'EURE.

IMPRIMERIE DE FIRMIN DIDOT FRÈRES, RUE JACOB, N° 24.

Guide Pittoresque
DU
VOYAGEUR EN FRANCE.

ROUTES DE PARIS A ROUEN ET AU HAVRE

TRAVERSANT LES DÉPARTEMENTS

DE LA SEINE, DE SEINE-ET-OISE, DE L'EURE ET DE LA SEINE-INFÉRIEURE.

DÉPARTEMENT DE LA SEINE-INFÉRIEURE.

Itinéraire de Paris à Rouen.

ROUTE D'EN BAS, PAR SAINT-GERMAIN ET LOUVIERS.

	lieues.		lieues.
De Paris à Neuilly	1 1/2	Rosny	1 1/4
Courbevoie	1/2	Rolleboise	1
Nanterre	1	Bonnières	3/4
Port-Marly	2	Vernon	3
Saint-Germain	1	Gaillon	3 1/2
Poissy	1	Louviers	3
Triel		Pont-de-l'Arche	2 1/4
Meulan	2	Port Saint-Ouen	1 3/4
Mantes	4	Rouen	3

ROUTE D'EN HAUT, PAR PONTOISE ET MAGNY.

	lieues.		lieues.
De Paris à Saint-Denis	2	Les Tilliers	4
Herblay	4	Écouis	4
Pontoise	2	Bourg-Baudouin	3 1/2
Le Bordeu de Vigny	4	La Forge-Feret	2
Magny	3	Rouen	3

Communication de Rouen au Havre.

	lieues.		lieues.
De Rouen à Duclair	4 1/2	Bolbec	2
Caudebec	3 1/2	La Botte	3
Lillebonne	3 1/2	Le Havre	4

ASPECT DU PAYS QUE PARCOURT LE VOYAGEUR
DE PONT-DE-L'ARCHE ET DE BOURG-BAUDOUIN A ROUEN ;
ET DE ROUEN AU HAVRE.

Deux routes conduisent de Pont-de-l'Arche (*route d'en bas*) à Rouen. En suivant la première, on passe à Igoville, dernier village du département de l'Eure, situé au pied de la montagne qui porte son nom, et qu'on gravit avec peine, tant à cause de sa nature sablonneuse que de son extrême rapidité. Arrivé à son sommet, on jouit d'une vue ravissante sur la belle vallée de la Seine. Le village des Authieux, qu'on longe au haut de la montée, forme une seule commune avec celui de Port-Saint-Ouen, situé au pied de la descente opposée, où est établi le relais de poste. La route longe, sans interruption, la rive droite de la Seine, bordée d'une colline crayeuse où sont creusées des habitations souterraines qui rappellent celles des bords de la Loire. Depuis le Port-Saint-Ouen, les villages, les habitations, les fabriques, les maisons de plaisance se succèdent sans interruption jusqu'au faubourg d'Eauplet, qui commence à une demi-lieue de la ville de Rouen.

La seconde route, en sortant de Pont-de-l'Arche, est resserrée entre la Seine et une côte couverte de bois: on passe à Bonport, à Criquebeuf, après lequel on traverse une belle vallée et une vaste plaine, qui s'étend jusqu'au village de Martot. Trois quarts de lieue plus loin, on passe à Villette, et ensuite à Caudebec-en-Ouche, village qui touche à Elbeuf. Au sortir de cette ville, la route suit encore pendant quelque temps la rive gauche de la Seine; elle entre dans la forêt de Moulineaux, et va rejoindre à Grand-Couronne la route de Pont-Audemer à Rouen. Après avoir traversé le grand et le petit Couronne, on passe au grand Quevilly, village qui renferme une des plus belles églises à plein cintre des environs de Rouen, ville où l'on entre bientôt après par le faubourg Saint-Sever.

La route d'en haut, que nous avons quittée dans le département de l'Eure à Bourg-Baudouin, traverse un pays fertile, peuplé d'une multitude de villages et de hameaux. Elle passe à Boos, à la Forge-Feret, à Blosseville-Bonsecours, espèce de faubourg de Rouen, célèbre dans toute la Normandie par sa chapelle gothique, dédiée à la Vierge. Peu après on descend une montagne, longue d'une demi-lieue et très-escarpée, d'où l'on jouit d'une vue admirable sur une partie de la ville de Rouen, sur ses maisons bizarrement construites, dominées par les flèches élégantes des clochers de ses nombreuses églises. On embrasse d'un coup d'œil le port et ses innombrables navires, le faubourg Saint-Sever et les prairies qui l'avoisinent; on suit le cours sinueux du fleuve, bordé de rochers pittoresques, parsemé d'îles bocagères, et borné à l'horizon par les coteaux de Bapeaume et de Canteleu. Dans le vallon, on remarque une multitude d'usines, de manufactures, de maisons de plaisance, disséminées sur les bords de la Seine et sur les hauteurs qui l'avoisinent. Partout la nature offre les aspects les plus riants et les plus variés: la beauté des sites, la fraîcheur de la verdure, la richesse de la végétation, prêtent un charme inexprimable au paysage enchanteur que l'on a sous les yeux. En descendant la montagne, on tourne à gauche, ensuite à droite, et l'on arrive à la jonction des deux routes d'en haut et d'en bas, dans le faubourg d'Eauplet.

Communication de Rouen au Havre.

On sort de Rouen par la porte du Havre, après avoir traversé la longue avenue du Mont-Riboudet, bordée, à gauche, par la Seine, par les chantiers de construction et par de belles prairies. On traverse le riche village de Bapeaume, au sortir duquel commence la montée de Canteleu, d'où l'on découvre des points de vue magnifiques sur la vallée de la Seine, sur la ville de Rouen et sur la pittoresque vallée de Déville, arrosée par les eaux abondantes de la rivière de Cailly. Au sommet de la côte, on longe les murs du parc du beau château de Canteleu, bâti dans une agréable situation sur une hauteur boisée qui domine une grande étendue du cours de la Seine. A une lieue plus loin, la route quitte le long plateau sur lequel elle s'est élevée, pour regagner, par une longue descente, la rive droite du fleuve, dont la vallée abonde en belles perspectives. Le premier bourg que l'on rencontre est celui de Duclair, où l'on pêche des éperlans renommés; il consiste en une file de maisons élevées sur le bord de la Seine et adossées à un coteau escarpé. La route devient de plus en plus pittoresque: au bout d'une demi-lieue, on aperçoit dans le lointain les ruines des tours de l'ancienne abbaye de Jumièges. Plus loin, sur la rive opposée, on découvre, de temps à autre, le château de la Mailleraye, et, après avoir gravi une montagne couverte de bois, apparaissent les ruines pittoresques de la célèbre abbaye de Saint Wandrille. Peu après, une pente douce en terrasse, sur la Seine, conduit à la jolie petite ville de Caudebec. En sortant de cette ville, on quitte les bords du fleuve pour gravir une montée extrêmement rapide, dont la cime offre une belle vue sur la Seine, que l'on ne tarde pas à perdre de vue pour entrer dans les riches plaines du beau pays de Caux. La route est cependant assez monotone depuis le village de la Frenaye jusqu'à Lillebonne, charmante petite ville, située dans un riant vallon arrosé par une rivière limpide, ombragée de beaux arbres. Lorsqu'on a dépassé Lillebonne, le paysage devient de plus en plus riant et les sites de plus en plus gracieux jusqu'à la jolie ville de Bolbec, dont les nombreuses fabriques annoncent la prospérité. On sort de cette ville par une montée douce, qui ramène dans les plaines du pays de Caux.

La route parcourt une contrée extrêmement fertile en toute espèce de productions, et

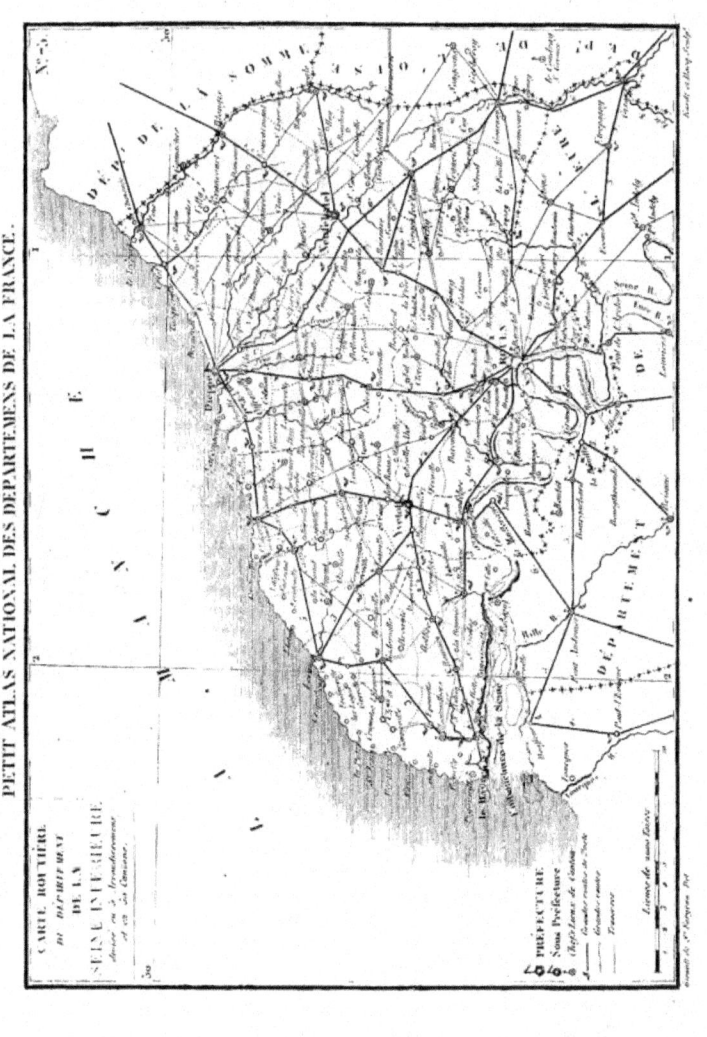

peuplée d'une multitude d'habitations éparses, bâties au milieu d'une cour plus ou moins grande, environnée des quatre côtés de remparts en terre plantés d'ormes ou de hêtres fort élevés; les villages sont tellement entourés de futaies, qu'on ne les aperçoit le plus souvent que par leurs clochers pyramidaux, dont la flèche s'élève au-dessus des arbres. On traverse les villages de Marrecarret, de Saint-Romain-de-Cobolse, de la Botte, de Guéneville, et, après avoir côtoyé pendant assez long-temps une prairie où sont établies un grand nombre de blanchisseries, on aperçoit la jolie petite ville de Harfleur. A mesure qu'on avance, les habitations champêtres deviennent et plus nombreuses et plus belles sur le coteau qui domine la rive droite : elles forment, avec celles qui règnent sur les deux bords du chemin, d'abord le bourg de Graville, qui a près d'une lieue de long, ensuite celui d'Ingouville, sorte de faubourg du Havre, où l'on arrive par une belle avenue d'ormes, qui aboutit à la grande rue, et celle-ci au port.

DÉPARTEMENT DE LA SEINE-INFÉRIEURE.

APERÇU STATISTIQUE.

Le département de la Seine-Inférieure, un des plus riches, des plus peuplés, des plus industrieux et des mieux cultivés de la France, est formé de la partie la plus importante de la ci-devant province de Haute-Normandie, et tire son nom de la partie basse du cours de la Seine, qui s'embouche dans la Manche entre Honfleur et le Havre. Ses bornes sont : au nord et à l'ouest, la Manche; à l'est, les départements de la Somme et de l'Oise; au sud, celui de l'Eure, et une partie de celui du Calvados.

Ce département, bordé par la Manche dans une grande partie de son étendue, couvert à l'est et au sud de forêts, traversé en tous sens par des vallées, arrosé par un grand fleuve et par une multitude de rivières, a un climat très-varié. Les contrées voisines de l'Océan sont, en général, froides et humides; l'air de la mer s'y fait sentir à une assez grande distance. Le climat des larges vallées est aussi fort humide, parce que le sol y est plus bas, et qu'il consiste presque partout en prairies voisines des forêts. Les hivers y sont ordinairement longs et pluvieux; mais le froid n'a pas cependant l'intensité qu'on pourrait attendre de son exposition au nord et du voisinage de la mer. Les vents dominants sont ceux du nord, du nord-est et du nord-ouest : le premier survient inopinément dans les premiers jours du printemps, ramène les rigueurs de l'hiver, et les prolonge quelquefois jusqu'à la fin de mai; celui du nord-ouest ou de basse mer amène des pluies fréquentes, mais de peu de durée. Le vent d'ouest, le plus humide de tous, est le précurseur de pluies qui durent quelquefois au-delà de six semaines sans interruption; il rend la navigation très-périlleuse le long des côtes de la Manche. Le vent du sud-ouest est accompagné de tempêtes et d'orages; mais il est le plus salutaire de tous, et c'est celui qui procure le plus de beaux jours.

Le sol du département se compose de plaines étendues et fécondes, de collines assez élevées et en partie couvertes de forêts, de quelques bruyères incultes, et de nombreux pâturages qui nourrissent une quantité considérable de gros bétail et de chevaux estimés. Les plaines du centre sont entrecoupées de champs fertiles et de bois de haute futaie; les rives de la Seine offrent de belles prairies et d'abondants pâturages. Au Tréport commence une chaine de montagnes ou falaises taillées à pic, de 150 à 700 pieds de hauteur, battues en plusieurs endroits par les flots qu'amènent les hautes marées; elles n'ont d'interruption, depuis la Bresle jusqu'au Havre, que celles des baies. Dans la majeure partie du département, les villages offrent une disposition toute particulière : autour de l'église, les maisons sont groupées en petit nombre, habitées par le pasteur, les aubergistes, les détaillants, le maréchal, etc.; presque aucune maison de cultivateur n'est attachée à ce hameau. Depuis Rouen jusqu'au Havre, et depuis les bords de la Seine jusqu'aux confins du pays de Brai, tous les villages semblent modelés les uns sur les autres; chaque château, chaque maison de plaisance, est entouré d'épaisses futaies, et chaque ferme enclose de larges fossés et de murs en terre, sur lesquels s'élèvent trois ou quatre rangées de beaux chênes, d'ormes, de hêtres, etc. Chaque habitation se trouve ainsi entourée d'un bocage élevé qui la garantit des vents impétueux de l'Océan, qui protége les jardins, et garantit les champs où l'on ensemence les céréales : le grand nombre de bocages ainsi dispersés dans la plaine forme un coup d'œil admirable. Dans toute cette belle contrée, l'habitant des fermes se fait remarquer par sa rare propreté, par les meubles commodes, par les couverts d'argent qui font le luxe de sa table, par les belles plantations qui avoisinent son exploitation, près de laquelle se trouve toujours un jardin enclos d'une haie vive, où l'on réunit, suivant un dire plein de grace, quelques roses pour la beauté, quelques pommiers pour la boisson, quelques poiriers pour les amis.

Le département de la Seine-Inférieure a pour chef-lieu Rouen. Il est divisé en 5 arrondissements et en 50 cantons, renfermant 757 communes. — Superficie, 287 l. carrées. — Population, 693,683 habitants.

MINÉRALOGIE. Minerai de fer en petite quantité. Indices de mine de houille. Carrières de marbre, de pierre de taille, de grès à paver. Craie, argile à briques et à potier. Sable pour verrerie. Marne. Tourbe. Terres vitrioliques.

SOURCES MINÉRALES à Forges-les-Eaux, Aumale, Rouen, Bléville, Gournay, Quiévrecourt, Oherville, Valmont, Mémoulins, Nointot, etc.

PRODUCTIONS. Toutes les céréales, mais en quantité insuffisante pour la consommation des habitants. Plantes oléagineuses, chanvre, lin de belle qualité. Garance, gaude, pastel, chardon à bonnetier, nombreuses prairies naturelles et artificielles. Pommiers et poiriers à cidre, cultivés avec le plus grand soin. Jonc, warech, etc.—Peu de vignes.—73,441 hect. de forêts. — Chevaux de forte taille; ânes. — Éducation des bestiaux, notamment des vaches, qui donnent du beurre et des fromages estimés; des moutons mérinos et métis, des porcs, de la volaille, des abeilles. — Bon poisson d'eau douce. Pêche en grand du hareng, du maquereau et de quantité d'autre poisson de mer.

INDUSTRIE. Manufactures très-importantes et renommées de draps fins et d'étoffes de laine; de tissus de coton de toute sorte, connus sous le nom de Rouennerie; de toiles peintes, mouchoirs, coutils, châles, velours de coton, bonneterie, dentelles. Fabriques de cordages, filets de pêche, pipes de terre, plomb de chasse, mouvements de pendules, toiles cirées, colle forte, soufre raffiné, acides minéraux et végétaux, et autres produits chimiques; rots et mécaniques pour le tissage, ouvrages en ivoire, plumes à écrire, etc. — Filature en grand du coton, de la laine et du lin. Raffineries de sucre. Huileries. Savonneries. Belles blanchisseries. Nombreuses tanneries et teintureries. Corderies pour la marine et le commerce. Verreries, papeteries, faïenceries, brasseries, etc., etc., etc. Chantiers de construction. Armements pour la pêche de la baleine, du hareng et du maquereau.

COMMERCE important des riches productions du sol, des nombreux produits des manufactures, et des denrées coloniales entreposées à Rouen et au Havre. — Commerce très-considérable d'exportation et d'importation avec l'Amérique, les Indes, le Levant et l'Italie, l'Espagne, le Portugal, les puissances du Nord, et généralement avec tous les départements maritimes de la France.

**VILLES, BOURGS, VILLAGES, CHATEAUX ET MONUMENTS REMARQUABLES;
CURIOSITÉS NATURELLES ET SITES PITTORESQUES.**

ARRONDISSEMENT DE ROUEN.

AMFREVILLE-LA-MIVOIE. Village situé sur la rive droite de la Seine, à 1 l. de Rouen. Pop. 820 h.—Verrerie à vitres.

AUBIN-JOUXTE-BOULENC (SAINT-). Joli village, situé sur la rive droite de la Seine, à 4 l. 3/4 de Rouen. Pop. 1,200 hab.

BAPEAUME. Village peu considérable, mais très-important par son industrie, situé sur le ruisseau de Cailly, qui y alimente un grand nombre d'usines. A 3/4 l. de Rouen. Pop. 1,800 hab.—*Fabriques* de toiles peintes. Filatures hydrauliques de lin et de coton. Blanchisseries, teintureries et papeteries.

BARDOUVILLE. Village bâti dans une situation pittoresque, sur la rive droite de la Seine, au pied d'un côteau boisé, dont le sommet est couronné par un ancien château. Pop. 300 hab.

BARENTIN. Village situé sur la rive droite de l'Austreberte, à 4 l. de Rouen. ⌧ ⚭ Pop. 1,790 hab.—*Fabriques* de mouchoirs et de calicots. Filatures de coton. Papeteries. Huileries.

BELBEUF. Village très-agréablement situé sur la rive droite de la Seine, à 1 l. 1/2 de Rouen. Pop. 900 hab. On y remarque un magnifique château bâti sur une colline, dont le sommet est couronné par un beau parc, très-fréquenté dans la belle saison par une partie des habitants de Rouen. De cet endroit, on jouit d'une vue charmante sur le cours de la Seine et sur les plaines de Saint-Étienne et de Sotteville. On doit visiter, aux environs, les roches pittoresques de Saint-Adrien.—Carrière d'argile à potier.

BLOSSEVILLE-BON-SECOURS. Village situé près de la Seine, à 1/2 l. de Rouen. Ce lieu est célèbre en Normandie par une jolie chapelle gothique, dédiée à la Vierge, située sur un coteau élevé qui domine le cours de la rivière. Le portail de ce petit édifice est en ogive, orné de ceps de vigne, de guirlandes et d'ornements à jour. L'intérieur est tapissé d'une multitude d'*ex voto*, au nombre desquels on remarque un grand nombre de petits vaisseaux, déposés sans doute par quelques matelots sauvés du naufrage.—*Fabrique* de coton retors. Tuilerie.

BOOS. Village situé à 3 l. de Rouen. Pop. 930 hab.

BOUDEVILLE. Village situé près de la rive droite du Cailly, à 2 l. 3/4 de Rouen. Pop. 1,050 hab. On y remarque les ruines d'un monastère dont la fondation remonte au-delà du XIIe siècle.—*Manufacture* d'indiennes. Filature hydraulique de coton. Construction de machines.

BOUILLE (la). Bourg situé à 1 l. 1/2 de Rouen. Pop. 1,180 hab. Il est bâti sur la rive gauche de la Seine, au pied d'un coteau escarpé, surmonté par les ruines d'un ancien château, qui fut, selon la tradition, la demeure de Robert-le-Diable. Ce qui reste de ce château est, comme sa chronique, une chose vague et informe qui rappelle quelques événements merveilleux. Aucun souvenir historique n'est lié à la topographie de cet étrange monument : une chronique, une romance, un fabliau, les dits des vieillards et des bergers, tels sont, sur ce qui le concerne, toutes les autorités du passé.

Robert-le-Diable est désigné, dans les annales équivoques du moyen âge, comme un chevalier célèbre par ses exploits aventureux et ses amours désordonnées. Tout jeune, il battait ses camarades d'école et tua son maître d'un coup de couteau : plus tard, il vint tout armé « à un reclusage à une lyeue près « de Rouen, où il y avoit femmes qui vi- « voyent religieusement. Robert entra de- « dans, et fist venir deuant luy toutes les « religieuses, et print laquelle qu'il luy pleut « à force, et l'emmena au boys et la vyolla, « et depuis luy trancha les mammelles[1]. » Tout ce qu'on sait de positif sur ce château, c'est que Jean-sans-Terre le fit démolir à l'époque où Philippe-Auguste réunissait la Normandie à la France.

Les amateurs de beaux sites ne doivent pas négliger de gravir la montagne ; s'ils ne trouvent pas de grands souvenirs dans les débris du château, ils découvriront de cette position élevée un point de vue magnifique. Au bas de la côte, circule le chemin pittoresque de la forêt de Bourgtheroude ; plus loin, quelques villages élégamment groupés enrichissent de leurs fabriques et de leurs vergers les deux rives de la Seine, qui se déroule avec majesté dans une plaine immense à travers les paysages les plus gracieux. A gauche, le lit du fleuve, qui s'élargit de plus en plus, annonce la proximité de l'Océan. De l'autre côté, en suivant les îles de verdure qui se succèdent, qui se confondent, et entre lesquelles la Seine se perd et se retrouve à chaque instant, les regards s'arrêtent sur les superbes tours de Rouen.

La Bouille est un lieu de grand passage ; plusieurs fois par jour des bateaux font régulièrement le trajet de ce bourg à Rouen. Les amateurs de géologie doivent visiter, aux environs, les carrières de Caumont, notamment la carrière Jacqueline, célèbre par la beauté et par la variété de ses stalactites.

BOUVILLE. Village situé à 4 l. 3/4 de Rouen. Pop. 900 hab.—*Commerce* de bestiaux.

BUCHY. Bourg situé à 6 l. 3/4 de Rouen. ⌧ Pop. 500 hab. — *Fabrique* de salpêtre. — *Commerce* de cuirs, laine et bestiaux.

CAILLY. Bourg situé à la source du ruisseau de son nom, à 5 l. 1/4 de Rouen. Pop. 360 hab. Le ruisseau de Cailly, dans un cours d'environ six lieues, fait mouvoir 27 moulins à blé, 25 papeteries, 44 filatures, et 56 autres établissements industriels de différents genres. — *Commerce* de cresson de fontaine, un des principaux objets de culture de son territoire.

CANTELEU. Village situé à 1 l. de Rouen.

---

[1] Chroniques de Normandie.

Pop. 2,950 hab. Il est bâti sur le penchant d'un coteau couvert en partie par la forêt de Roumare et couronné par le beau parc de l'ancien château de Canteleu. Ce château, bâti sous Louis XIII, a été diminué, vers la fin du siècle dernier, par la suppression des pavillons qui le terminaient à ses extrémités; mais sa belle architecture a été respectée et restaurée. Les jardins s'étendent sur une terrasse très-hardie qu'on aperçoit le long de la montagne; le lierre épais qui couvre une très-grande partie de cette terrasse, lui donne un air antique et pittoresque qui plaît à l'amateur de paysages. Du sommet de la montagne de Canteleu, sous la terrasse même du château, au sud de la route, vient s'offrir aux regards un des plus beaux spectacles que le pinceau puisse reproduire, et auquel il ne manque qu'un ciel moins souvent nébuleux que celui de la Normandie. Depuis la côte de Moulineaux à l'extrême droite, jusqu'à la vallée de Déville sur la gauche, dans un rayon de plus de 4 lieues, l'œil embrasse successivement toute la péninsule formée par le contour de la Seine, entre Elbeuf et la Bouille, avec les nombreux hameaux de sa rive gauche, le Petit et le Grand-Quévilly, les deux Couronne, le faubourg Saint-Sever, la verte prairie qui le ceint, la route de Rouen à Paris, bordée de ces roches grises qui, sur une rive ou sur l'autre, accompagnent et marquent, pour ainsi dire, le cours de la Seine. Sur un plan moins éloigné, la côte de Bon-Secours et les grandes roches blanches qui terminent à la barrière Saint-Paul la montagne Sainte-Catherine, bornent la vue à l'est. En suivant le nord, on voit la vallée où se cache Darnetal, la côte Beauvoisine, les hauteurs du Mont-aux-Malades, et enfin la route que suit la rivière de Cailly, depuis Déville jusqu'auprès de Bapeaume, qu'elle traverse dans un lit creusé par la main de l'homme. Entre cette prairie, les îles, qui coupent et embellissent le cours de la Seine, et le rideau que nous venons de décrire, se présente Rouen, avec ses nombreuses églises et leurs flèches d'architecture sarrasine, qui semblent à l'œil autant de minarets. Vue de loin, cette ville, dont on ne distingue plus, sous les grands arbres qui l'entourent, ni les rues étroites, ni les maisons de bois, ressemble à une ville d'Asie, transportée par un magicien sous le ciel du nord.

Canteleu est cité pour une coutume singulière, à laquelle les habitants ne paraissent pas entendre de malice, ce qui prouve de leur part une grande innocence et une grande simplicité de mœurs. Depuis un temps immémorial, on distribue chaque année, à la foire de Saint-Gorgon, de petites figures en émail, des deux sexes: on donne celles du sexe féminin aux garçons et celles du sexe masculin aux jeunes filles, qui les portent suspendues au cou par une faveur rose. Il n'est pas difficile de reconnaître dans cette coutume les traces de l'ancien culte de Phallus.

Commerce d'excellent cidre que l'on récolte sur son territoire.

CAUDEBEC-LEZ-ELBEUF. Village situé sur la petite rivière d'Oison, à 5 l. 1/2 de Rouen. Pop. 3,930 hab.—*Manufactures* importantes de draps façon d'Elbeuf. Filatures hydrauliques de laine.

CLÈRES. Bourg situé à la source du ruisseau de son nom, dans une contrée extrêmement fertile, à 5 l. 3/4 de Rouen. Pop. 530 hab.—*Commerce* de légumes secs, chanvre et bestiaux.

DARNETAL. Petite ville, bâtie dans une charmante situation, au fond d'une vallée étroite, bordée de fabriques et de riches habitations, à 1 l. de Rouen. ✉ Pop. 3,570 h. Elle est traversée dans toute sa longueur par la rivière de Robec, et dans sa largeur par celle d'Aubette, qui y font mouvoir une infinité d'usines en tout genre.

Dans la partie la plus élevée de la ville, on remarque l'église de Longpaon, édifice d'une vaste étendue et d'un gothique assez délicat. A l'extrémité opposée, est une autre paroisse d'architecture moderne, à l'exception de la tour, qui en est détachée et comme isolée, suivant un usage rare en France, mais commun en Italie. Cette tour, de forme carrée et d'un gothique fort ancien, est couronnée par une galerie ou plate-forme, d'où l'on découvre le vaste panorama des deux vallons pittoresques et frais qui se réunissent à Darnetal. Les toits pressés et les hautes tours de Rouen, la magnifique ceinture d'arbres qui remplace ses anciens fossés, terminent au midi l'horizon de ce gracieux paysage, auquel les verdoyantes pelouses de la montagne Sainte-Catherine prêtent quelque chose de grandiose et d'alpestre.

Darnetal est célèbre par ses diverses fabriques de draps et d'étoffes de laine, par ses filatures et par ses teintureries en rouge des Indes. Plus de 1,600 ouvriers sont occupés dans ses filatures de laine et de coton.

DÉVILLE-LEZ-ROUEN. Beau village, situé dans une riche vallée arrosée par les eaux abondantes de la rivière de Cailly, à

3/4 l. de Rouen. Pop. 3,185 hab. La vallée de Déville, qui se continue jusqu'à Bapeaume, est peuplée d'une innombrable quantité de belles habitations, d'usines et de manufactures en tout genre, qui animent et vivifient son charmant paysage.—*Fabriques* de tissus de toute espèce, de toiles peintes, produits chimiques, plomb laminé. Filatures de coton. Papeteries. Teintureries. Moulins à tan et à broyer les bois de teinture, etc.

DUCLAIR. Bourg bâti dans une agréable situation, sur la rive droite de la Seine, près de son confluent avec l'Austreberte. A 4 l. de Rouen. ✉ ⚘ Pop. 1,600 hab. Il consiste dans une haie de maisons rangées le long d'un beau quai qui borde la Seine, et adossées à des falaises blanchâtres, dont quelques-unes présentent des formes bizarres, et quelquefois des masses imposantes.

Ce bourg possède un marché important pour le commerce des grains et des volailles. Les aloses et les éperlans que l'on y pêche jouissent d'une grande réputation, parce que le mérite de ces poissons croît à mesure qu'ils sont pris à une plus grande distance de l'embouchure de la Seine.

ELBEUF. Ville ancienne, célèbre par ses importantes manufactures. Conseil de prud'hommes. Chambre consultative des manufactures. ✉ ⚘ Pop. 10,253 hab.

L'origine de cette ville est peu connue; on sait seulement qu'elle était déjà considérable au commencement du XIVe siècle. L'établissement de ses manufactures remonte à une époque fort éloignée; mais c'est seulement sous le ministère de Colbert qu'elles commencèrent à prendre un état florissant, que suspendit bientôt la révocation de l'édit de Nantes : Leyde, Londres, Leycester se partagèrent les principaux chefs des fabriques d'Elbeuf, qui ne se releva que longtemps après du coup que lui avait porté l'illustre pénitent du père Letellier. Les manufactures commencèrent à prendre quelque extension dans les premières années de la révolution; mais depuis la séparation de la Belgique de la France, elles ont reçu un accroissement immense, et il n'y aurait peut-être pas d'exagération à dire que leurs produits ont triplé depuis cette époque. Aujourd'hui, ces manufactures occupent plus des deux tiers de la population, et environ deux mille habitants des villages voisins.

Elbeuf est une ville agréablement située, sur la rive gauche de la Seine, dans une belle vallée bordée au nord par cette rivière, et au midi par une chaîne de montagnes. Elle est en général fort mal bâtie, mal percée, et encore plus mal pavée : on y remarque cependant une jolie place publique et quelques édifices élégamment construits. Le voisinage de la Seine, la forêt de la Londe, le joli village de Saint-Aubin-Jouxte-Boulenc, situé de l'autre côté du fleuve, les avenues du bois Landry, rendent les environs d'Elbeuf très-agréables.

Elbeuf renferme deux églises, Saint-Étienne et Saint-Jean-Baptiste. — La première se compose d'un chœur, d'une nef et de deux collatéraux : les piliers de séparation sont de forme octogone et surmontés d'une couronne ducale; la voûte du chœur est ornée de culs-de-lampe. Dans la chapelle de la Vierge, située au fond du collatéral gauche, on a pratiqué un faux jour qui produit, sur les ornements dorés environnants, un effet de lumière tout-à-fait mystérieux. A l'extrémité inférieure de ce même collatéral, est un saint-sépulcre. Parallèlement à la chapelle de la Vierge, dans le collatéral opposé, est une chapelle surmontée d'une immense couronne. Les vitraux de cette église sont fort beaux. — L'église Saint-Jean, située dans la rue qui conduit au port, est plus vaste, mais moins ancienne que l'autre; sa distribution est à peu près la même, et les vitraux en sont aussi fort remarquables.

Manufactures renommées de draps fins d'excellente qualité. Filatures et lavoirs de laines. Teintureries. Tanneries. Moulins à foulon. Ateliers pour le tondage et l'apprêtage des draps. — *Commerce* considérable de draperie et de laines. — Établissement de transport par eau pour Rouen, et retour. —*Hôtels* de la Poste, de l'Univers, de l'Europe, du Bras-d'Or.—A 5 l. 1/2 de Rouen.

ÉTIENNE DE ROUVRAY (SAINT-). Village situé près de la rive gauche de la Seine, à 1 l. 1/2 de Rouen. Pop. 1,500 h.

GRAND-COURONNE. Bourg situé près de la rive gauche de la Seine, à 2 l. 1/4 de Rouen. ✉ Pop. 1,200 hab. — Manufacture de tulle de coton.

HOULME (le). Village situé sur la rive droite du Cailly, à 2 l. de Rouen. Pop. 1,770 h. — *Fabriques* de calicots, de toiles peintes. Filatures de coton. Papeterie.

JUMIÉGES. Bourg situé fort agréablement, non loin de la rive droite de la Seine, à 5 l. 1/4 de Rouen. Pop. 1,600 hab.

Ce bourg doit son origine à un monastère fondé en 661, brûlé par les Normands en 841 et en 851, et relevé par Guillaume-longue-épée, qui fit construire le bel édifice dont on admire aujourd'hui les ruines majestueuses. Charles VII aimait beaucoup Jumièges et y résida souvent. C'est là qu'il perdit la gente Agnès Sorel, dont le corps fut inhumé à Loches, ainsi que nous l'avons fait remarquer précédemment [1]; mais son cœur resta à Jumièges, où on lui éleva un magnifique tombeau dans la chapelle de la Vierge.

Les ruines de l'abbaye de Jumièges sont aujourd'hui trop délabrées pour pouvoir donner une juste idée de son ancienne splendeur; mais elles prêtent au paysage le charme de leurs accidents et celui de leurs souvenirs. L'extrémité orientale n'est plus qu'un monceau de débris : au centre, les restes encore subsistants de la lanterne laissent deviner la grandeur des dimensions de la tour. Le toit de la nef a disparu aussi bien que celui qui surmontait la voûte des collatéraux. Ces voûtes elles-mêmes, ébranlées, crevassées dans toute leur longueur, grossiront bientôt par leur chute l'amas de ruines accumulées au-dessous d'elles. Les tours du portail occidental sont encore debout, sauf la toiture de l'un des clochers. Au pied de ces tours, qui signalent au loin, comme deux phares, la route des caboteurs de la Seine, les murailles sans toitures et souvent interrompues de cet ancien monastère élèvent dans les airs leurs pierres blanches, qui ont reçu, sans s'altérer, tant de pluies d'automne, tant de brouillards de printemps; nulle part elles ne sont assez entières pour rappeler les beaux jours de leur longue existence; nulle part aussi la main de l'homme n'a fait assez de ravages pour que tous les vestiges de leur antique splendeur aient disparu. Derrière ces tours, de l'ouest à l'est, s'étend la grande église avec ses colonnes qui ne supportent plus de voûtes, et sa large nef démantelée du côté de l'orient. Au midi de ce vaisseau, l'église Saint-Pierre, longue seulement comme la nef du temple principal, s'étend parallèlement à cette construction; le chapitre et le dortoir des anciens moines sont situés vers le bas de cette seconde basilique; un vaste cloître, au milieu duquel est resté un if, aussi vieux peut-être que le monastère, les séparait de la salle des gardes de Charles VII, qui s'étend du nord au sud, à la hauteur du porche de la grande église; dans cette salle, de vieilles fresques, à moitié enlevées avec le revêtement qui les supportait, et dans lesquelles dominent surtout les couleurs tranchantes, rappellent les traditions de l'antique histoire du monastère, sans leur donner plus d'authenticité. Rien n'est aussi imposant pour les esprits susceptibles d'impressions fortes à la vue des monuments des vieux âges, qu'une promenade à travers les ruines de l'abbaye de Jumièges, sous la voûte de son porche, surmonté de longues tours carrées qu'habitent de nombreuses familles de choucas.

LÉGER-DU-BOURG-DENIS (SAINT). Village situé à 1 l. 1/4 de Rouen. Pop. hab. — Filatures de coton. Blanchisseries. Teintureries. Tuileries.

LONDE (la). Village situé près de la forêt de son nom, à 4 l. de Rouen. Pop. 1,500 hab.

MALAUNAY. Village situé près de la rive gauche du Cailly, à 3 l. de Rouen. Pop. 1,530 hab. — Filatures hydrauliques de coton. Papeterie.

MAROMME. Village situé sur la rive droite du Cailly, qui y fait mouvoir un grand nombre d'usines, à 1 l. 1/4 de Rouen. Pop. 2,411 hab. — *Fabriques* d'indiennes et de tissus de coton. Filatures de coton. Tanneries. Teintureries. Blanchisseries de toiles. Papeteries. Moulin à poudre.

MARTIN-DE-BOSCHERVILLE (St.). Ce village, connu aussi sous le nom de Saint-Georges-de-Boscherville, portait dans le X° siècle le nom de Baucheri-Villa, dont on a fait Boscherville. Il doit le nom de Saint-Georges à une abbaye de bénédictins, fondée vers l'an 1060 par Raoul de Tancarville, chambellan de Guillaume-le-Conquérant. Une partie des bâtiments du monastère a été abattue; mais l'église et le chapitre sont encore debout. L'église est fort massive, sans arcs-boutants ni piliers-boutants: elle a 206 pieds de long en dedans, 60 pieds de large et 50 de haut; la croisée a 96 pieds de long sur 26 de large; elle est terminée en rond-point aux deux extrémités, à peu près comme le fond de l'église. Le clocher est élevé à la hauteur de 180 pieds; deux tours, longues et grêles comme des obélisques, accompagnent à droite et à gauche le grand portail. Cette église appartient tout entière à l'architecture à plein cintre : elle est principalement remarquable par le parfait accord de son ensemble; là, point de partie raccordée et disparate, point de constructions postérieures à la première construction; les deux petites campanilles du portique, et une seule fenêtre en ogive, évidemment fait après coup, sont tout ce

---

[1] 4° Livraison, dép d'Indre-et-Loire, p. 16.

que ce grand et majestueux édifice présente d'étranger au plan du fondateur et au travail du premier architecte.

Une circonstance qui ajoute à l'intérêt de cette basilique, c'est qu'elle devait recevoir la dépouille du vainqueur d'Hastings, de ce Guillaume-le-Conquérant qui, dépouillé, abandonné par des serviteurs ingrats au moment où il venait de rendre les derniers soupirs, était resté nu sur son lit de mort, pendant plusieurs heures, avant que le tumulte qui suit long-temps une bataille finie, et l'ivresse du pillage qui en prolonge les horreurs, eussent permis à un soldat fidèle de s'occuper d'ensevelir ce grand roi, et de procurer un tombeau au plus fameux capitaine de ces temps intermédiaires, à ce prince qui, ayant gagné un empire, faillit manquer d'un cercueil. Grace au soin du chevalier Helluin, qui se chargea par reconnaissance ou par pitié des frais de l'enterrement, les moines et les prêtres de Saint-Georges-de-Boscherville conduisirent enfin processionnellement le corps du roi d'Angleterre à leur église, où s'accomplirent les rites accoutumés des funérailles.

MENIL - SOUS - JUMIÈGES. Village situé près de la rive droite de la Seine, à 5 l. 3/4 de Rouen. Pop. 500 hab.

Ce village doit son nom à la maison ou ménil qu'habitait la belle Agnès Sorel pendant le séjour de Charles VII à Jumièges. On y remarque une petite maison à croisée gothique, où l'on prétend que mourut cette belle des belles. Sans doute on ne peut affirmer que ce manoir ait été habité par l'amante de Charles VII; peut-être aurait-on rencontré plus juste en faisant de cette construction modeste, la chapelle du château qui reçut ses derniers soupirs; mais si la gente Agnès est venue dans cette chapelle offrir sa prière; si elle s'est reposée sur le fauteuil de pierre formé par l'embrasure de la fenêtre gothique, il doit être doux encore d'y venir interroger son ombre, et de s'y figurer son image.

MONT-AUX-MALADES. Village bâti sur le sommet d'une montagne, à 1/2 l. de Rouen. Pop. 150 hab. De cet endroit l'œil plonge sur un immense bassin traversé par le cours de la Seine, bordé de prairies et d'une longue chaine de montagnes, et terminé à l'horizon par des lointains qui se prolongent jusqu'à Elbeuf et la forêt de Pont-de-l'Arche. On découvre une partie de la vallée de Déville, le hameau de Bapeaume et les montagnes qui le dominent, les plaines immenses des deux Quévilly, et les côtes de Canteleu et de Dieppedale qui se prolongent jusqu'à la Bouille. L'œil peut jouir de l'aspect de la ville de Rouen dans son entier, et d'une grande étendue du cours de la Seine, qui, de chaque côté de ses bords, offre une suite non interrompue de paysages enchanteurs.

MONTVILLE. Bourg situé au confluent des ruisseaux du Clères et de Cailly, à 4 l. de Rouen. Pop. 1,650 hab. — *Fabriques* de tissus et filatures de coton. — *Commerce* de bestiaux.

MOULINEAUX. Village bâti dans une belle situation, sur la rive gauche de la Seine et près de la forêt de la Londe, à 4 l. de Rouen. ☞ Pop. .... hab. Aux environs, sur un coteau qui borde la Seine, on remarque les ruines du château de Robert-le-Diable. (*Voy.* LA BOUILLE.)

OISSEL. Bourg très-agréablement situé, sur la rive gauche de la Seine, à 2 l. 1/2 de Rouen. Pop. 3,313 hab. — Filature de coton.

ORIVAL. Village bâti dans une situation pittoresque, sur la rive gauche de la Seine, à 4 l. de Rouen. Pop. 1,530 hab. Près de cet endroit, la Seine est encaissée par des rochers escarpés qui se prolongent sur les bords de la rivière pendant une longueur considérable; tantôt ces rochers, couverts d'arbres toujours verts, dont plusieurs semblent sortir avec efforts par leurs fentes, offrent plusieurs étages dans lesquels les hommes se sont creusé ou bâti des demeures; tantôt ce sont des morceaux de rocs pendants, toujours près de s'écrouler, et qui semblent depuis plusieurs années s'être soutenus dans les airs, mais toujours menaçant d'une chute prochaine l'habitant assez courageux ou assez insouciant pour avoir été s'y loger avec sécurité. Orival possède encore de très-belles caves taillées dans le roc, qui servent de magasins pour les vins et eaux-de-vie; l'on y trouve d'excellentes carrières de pierres de taille, et des carrières de marbre non exploitées. — *Commerce* de noix renommées de son territoire. Brasserie.

PAVILLY. Village situé dans un vallon agréable, sur l'Austreberte, à 4 l. 1/4 de Rouen. Pop. 2,000 hab. — *Fabriques* de toiles. Filature de coton.

PORT SAINT OUEN. Village situé près de la rive droite de la Seine, au pied d'une colline élevée d'où l'on découvre parfaitement la ville de Rouen et ses charmants environs. A 3 l. de Rouen. ☞

QUÉVILLY (le Grand). Village situé

14ᵉ *Livraison.* (SEINE-INFÉRIEURE.)

près de la rive gauche de la Seine, à 1 l. 1/4 de Rouen. Pop. 1,500 hab.

Ce village est très-ancien ; il existait déjà trente ans après la prise de possession de la Normandie par Rollon. Dès 1160, Henri II, roi d'Angleterre et duc de Normandie, y avait un manoir royal, dont on fit une léproserie, aujourd'hui détruite, à l'exception de l'église de Saint-Julien, qui demeura intacte. Cette église est du XIIe siècle : une abside semi-circulaire en forme le chevet. C'est encore le zigzag du XIe siècle qui décore l'intérieur de l'édifice ; mais, étendu en rubans légers sur une file non interrompue d'arcades, il en diminue la monotonie par ses renflements alternatifs. La muraille extérieure est couronnée par de bizarres corbeaux ; mais un cordon gracieux règne au-dessus des fenêtres, et les embrasse dans ses contours arrondis. L'église de Saint-Julien offre encore cette particularité, que l'abside, moins large que le corps de l'édifice, a aussi une toiture moins élevée. Cette église, le plus intéressant et le mieux conservé des monuments de l'architecture à plein cintre des environs de Rouen, sert aujourd'hui de grange.

QUÉVILLY (le Petit). Village situé sur la rive gauche de la Seine, à 1 l. de Rouen. Pop. 1,460 hab. — *Fabriques* de produits chimiques. Construction de machines. Filatures de coton.

ROUEN. Très-ancienne, grande et riche ville maritime. Chef-lieu du département. Cour royale d'où ressortissent les départements de l'Eure et de la Seine-Inférieure. Tribunaux de première instance et de commerce ; chambre et bourse de commerce. Banque. Conseil de prud'hommes. Chef-lieu de la 15e division militaire. Hôtel des monnaies (lettre B). Académie royale des sciences et arts. Académie universitaire. Collége royal. Société d'agriculture. Société d'assurances maritimes. École d'hydrographie de 3e classe. Archevêché. École de peinture, de sculpture et d'architecture. Bureau et relais de poste. Pop. 88,086 hab. — (*Établissement de la marée du port*, 1 heure 15 minutes.)

La ville de Rouen était déjà considérable avant la conquête des Gaules. Elle était connue des Romains sous le nom de Rothomagus, nom qu'elle portait encore au Xe siècle, lors de la conquête des Normands, qui le changèrent en celui de Rouen. Sous les empereurs romains, cette ville devint la métropole de la seconde Lyonnaise. En 841 ou 842, les Normands, peuples venus du nord de l'Europe, entrèrent par l'embouchure de la Seine et s'avancèrent jusqu'à Rouen, qu'ils saccagèrent après l'avoir pillée.

Vers la fin du IXe siècle, Rollon, ce fameux chef des Normands, s'empara de Rouen, qu'il fortifia et dont il fit sa place d'armes : de là il se répandit dans le pays, et y sema tellement la terreur, que Charles III se vit forcé de conclure avec lui un traité en vertu duquel la Normandie forma un duché qui fut concédé à Rollon, et dont Rouen devint la capitale.

Rouen fut le séjour des ducs normands, qui y firent leur résidence jusqu'au moment où Guillaume-le-Conquérant s'empara du trône d'Angleterre. En 1126, cette ville fut presque entièrement détruite par un incendie. Après l'assassinat du jeune Arthur, duc de Bretagne, par Jean-sans-Terre, Philippe-Auguste assiégea et prit Rouen (en 1204), qu'il réunit à la couronne ainsi que toute la province de Normandie. Lors de la démence de Charles VI, Henri V, roi d'Angleterre, mit le siége devant Rouen, et ne parvint à s'en emparer qu'après six mois de la plus vigoureuse défense, où la famine fit périr plus de trente mille habitants. Les Anglais conservèrent cette ville pendant trente années, et y commirent, le 20 mai 1431, un exécrable assassinat juridique sur la personne de Jeanne d'Arc. En 1440, la mémoire de Jeanne d'Arc fut réhabilitée, et l'instruction fit connaître les cruels excès auxquels se portèrent ses abominables assassins. Rouen fut encore assiégée par Charles IX et par Henri IV.

Cette ville est dans une situation très-agréable sur la rive droite de la Seine, au bas d'une vallée très-ouverte, autour de laquelle règne une chaine de montagnes, coupées par les vallées de Déville et de Darnétal. Elle est en général très-mal bâtie ; la plupart des maisons sont construites en bois, les rues sont étroites et mal percées ; quelques quartiers cependant ont des maisons bâties avec élégance. Le quai est superbe et offre une vue magnifique sur le cours de la Seine, couverte de navires et de bateaux de toute espèce. La marée, qui s'y élève très-haut, lui procure l'avantage de recevoir des bâtiments de 200 tonneaux, et la met au rang des villes maritimes de la France. L'aspect de cette ville est riant et pittoresque : les coteaux qui l'environnent et s'élèvent en amphithéâtre, les îles et les prairies qui s'étendent le long de la Seine, les cours et les promenades qui l'entourent, la beauté du fleuve, couvert de bâtiments de commerce de presque toutes les nations, offrent

TOUR DE LA GROSSE HORLOGE
A ROUEN.

le coup d'œil le plus animé, le plus agréable et le plus varié qu'il soit possible de voir. Ses remparts, ses murailles ont disparu pour faire place à de jolis boulevards, dont les allées, de la plus belle verdure, procurent aux habitants de charmantes promenades. Deux rivières, l'Aubette et le Robec, contribuent puissamment à la salubrité de cette ville et à l'industrie de ses habitants.

Les monuments et autres objets remarquables de Rouen, sont :

Le vieux château. Deux tours encore debout, et quelques ruines, sont tout ce qui reste de cette ancienne forteresse, bâtie par Philippe-Auguste en 1205. Elle était flanquée de plusieurs tours et commandait la ville.

La tour de la Grosse-Horloge. Édifice élevé en 1389. C'est dans cette tour, de forme carrée et d'un gothique simple, qu'est placée l'horloge principale de la ville, ainsi que la cloche du beffroi : elle est percée de grandes croisées en ogive et s'élève majestueusement jusqu'à la plate-forme, environnée d'une balustrade en fer. La voûte de la grosse horloge, qui joint l'ancien hôtel-de-ville à la tour, a été construite en 1527. (*Voy. la gravure.*)

L'ancien hôtel-de-ville. Édifice de la plus haute antiquité. Il tient à la tour de l'horloge par une voûte singulière, aux côtés de laquelle sont placés deux grands cadrans qui indiquent l'heure de fort loin.

Le palais de justice. Édifice achevé en 1499. C'est un vaste bâtiment d'un gothique extrêmement délicat et très-hardi dans son exécution. La grande cour est enceinte par une muraille en créneaux du côté de la rue aux Juifs, et est fermée par quatre portes, dont deux plus grandes en forme de voûte. La principale salle de cet édifice, dite la salle des Procureurs, est remarquable par sa longueur, qui est de 170 pieds sur 50 de largeur : la charpente qui lui sert de voûte est le morceau le plus rare en ce genre ; elle représente parfaitement la carcasse d'un vaisseau renversé. Au fond de la salle des Procureurs, à droite, est une porte qui communique dans l'ancienne grand'chambre, regardée comme la plus belle du royaume.

L'église métropolitaine, monument aussi remarquable par l'ancienneté de son origine que par sa structure imposante. Il paraît qu'elle fut reconstruite ou réparée par Rollon, qui, après avoir embrassé le christianisme, y reçut le baptême en 912. Vers l'an 1100, les archevêques de Rouen, ayant senti la nécessité de faire bâtir leur cathédrale sur un plan beaucoup plus vaste, commencèrent par faire élever la nef et les collatéraux de l'église actuelle sur une partie des anciens fondements ; plus tard on ajouta la croisée et les chapelles de l'immense édifice que nous voyons aujourd'hui, ouvrage de plusieurs siècles, à partir du XIIIe jusqu'au XVIe inclusivement, en exceptant la base de la tour Saint-Romain, qui offre des traces d'une antiquité plus reculée.

La façade principale de la cathédrale, quoique bâtie à diverses reprises, n'en offre pas moins un majestueux ensemble et une grande richesse de détails. Sa surface présente une largeur de 170 pieds sur 233 pieds dans sa plus grande élévation. La longueur de cette église, depuis le grand portail jusqu'à l'extrémité de la chapelle de la Vierge, est de 408 pieds ; la largeur d'un mur à l'autre est de 97 pieds ; la hauteur de la nef est de 84 pieds, celle des collatéraux de 42 pieds ; la croisée a 164 pieds de longueur sur 26 pieds de large ; au centre est la lanterne, élevée de 160 pieds sous clef de voûte, et soutenue par quatre gros piliers supportant le soubassement d'une tour carrée, sur laquelle s'élevait naguère, à la hauteur de 396 pieds, un clocher pyramidal en charpente, couvert en plomb. Cette belle pyramide a été détruite par le feu du ciel le 15 septembre 1822 ; mais on s'est occupé de suite de sa reconstruction : déjà la restauration et l'exhaussement de la lanterne sont terminés. De cette nouvelle plate-forme s'élancera majestueusement, à 436 pieds de hauteur, une nouvelle flèche, exécutée en fonte de fer et travaillée à jour, du poids de 1,062,344 livres. La tour méridionale, dite Georges-d'Amboise, est d'une belle structure. Les contre-forts sont décorés de statues, parmi lesquelles on reconnaît celles d'Adam et d'Ève. Deux galeries à jour forment des espèces de ceintures horizontales. Cette partie de la tour est percée de quatre fenêtres sur chaque face, décorées d'entrelacs et surmontées de pignons à jour ; au-dessus des fenêtres règne une terrasse bordée d'une balustrade. En cet endroit la tour prend une forme octogone. La tour dite de Saint-Romain, depuis la base jusqu'à la partie supérieure, est d'une construction très-simple. Le portail, avec ses trois portes ornées de riches sculptures, fut élevé au commencement du XVIe siècle. La tour méridionale, nommée anciennement la tour de Beurre, parce qu'elle fut bâtie des deniers que le clergé exigea du peuple pour lui permettre de manger du beurre pendant le carême, est appelée maintenant Georges-d'Amboise.

Cette tour renfermait la fameuse cloche appelée Georges-d'Amboise, dont le métal fut transporté, en 1793, à la fonderie de Romilly, pour être converti en canons. Quelques fragments portés à l'hôtel des monnaies de Paris servirent à faire des médailles aujourd'hui fort rares. On lit sur une des faces :

MONUMENT DE VANITÉ
DÉTRUIT POUR L'UTILITÉ
L'AN DEUX DE L'ÉGALITÉ.

L'intérieur du temple présente un bel aspect. Il reçoit le jour par 130 fenêtres, garnies pour la plupart de vitraux de couleur, exécutés partie dans le XIIIe siècle, et partie à l'époque de la renaissance.

Le palais archiépiscopal est contigu à l'église cathédrale. La galerie des états est ce que l'intérieur offre de plus remarquable. Elle est ornée de quatre grands tableaux peints par Robert. Ce sont les vues du Havre, de Dieppe, de Rouen et de Gaillon.

L'ABBAYE DE SAINT-OUEN. Cette abbaye, la plus ancienne de toute la ci-devant province de Normandie, fut fondée sous le règne de Clotaire; brûlée et détruite à différentes époques, on doit sa réédification à l'abbé Marcdargent qui, secondé par les libéralités du comte de Valois, posa, le 25 mai 1318, la première pierre de la basilique que nous voyons aujourd'hui. Ainsi que la plupart des temples chrétiens du moyen âge, l'église de Saint-Ouen a la forme d'une croix latine. Quoique construite à quatre reprises différentes, c'est cependant l'un des temples qui offre la plus grande symétrie dans les différentes parties qui la composent et dans ses détails. On ne peut voir rien d'aussi beau, et assurément rien de plus beau que le vaisseau de cette admirable basilique. Du grand portail occidental on aperçoit le chœur dans tout son ensemble; c'est un cercle ou plutôt un ovale entouré de hauts piliers formés de colonnes réunies en faisceaux, et dégagé de toute espèce de cloison qui pourrait en masquer la vue; il est impossible de rien imaginer, sous ce rapport, de plus aérien, de plus séduisant : le fini et la délicatesse de ces piliers est une chose vraiment étonnante. Il existe des basiliques plus vastes, mais il en est peu, sans doute, qui, comme celle-ci, réunissent, à moins de défauts dans les proportions, autant de perfection dans la masse; aussi est-elle considérée à juste titre comme un des chefs-d'œuvre d'architecture gothique. Onze chapelles, y compris celle de la Vierge, environnent le chœur de l'église, dont la longueur dans l'œuvre est de 416 pieds; sa largeur, en y comprenant les collatéraux, est de 78 pieds; sa hauteur est de 100 pieds sous clef de voûte; elle reçoit le jour par 125 fenêtres, sur trois rangs, sans y comprendre les trois rosaces. Le second rang de ces fenêtres éclaire une galerie circulaire intérieure qui règne au-dessus des collatéraux, où plusieurs de ces fenêtres présentent des vitraux d'une grande beauté. Il faut surtout remarquer une sibylle dans la deuxième travée du bas-côté, à gauche en entrant, et les dais gothiques de la verrière en face de la grille du chœur, dans le collatéral du midi. Le chœur était autrefois séparé de la nef par un superbe jubé dont on peut voir la gravure dans l'histoire de l'abbaye, par le P. Pommeraye. Après avoir été mutilé pendant les troubles de 1562, il fut détruit en 1791, lorsque Saint-Ouen fut érigé en paroisse. Contre le premier pilier de droite, en entrant par le portail occidental, est un grand bénitier de marbre; par un effet d'optique assez curieux, on voit, en regardant au fond de ce bénitier, la voûte de l'église dans toute son étendue.

Le portail présente la porte principale de l'église entre deux tours tronquées, placées diagonalement, et construites, l'une à la hauteur de cinquante pieds, l'autre à quarante pieds au-dessus du sol de la place. Indépendamment du portail principal, on entre dans ce temple par deux autres portes situées au midi. Au centre de l'édifice, s'élève majestueusement une magnifique tour, dont la base carrée présente sur chaque face deux grandes fenêtres, surmontées de pignons à jour, du style le plus riche et le plus élégant : la partie supérieure, de forme octogone, est flanquée de quatre tourelles, qui se rattachent aux angles de la tour par de légers arcs-boutants dont l'extrados est orné de jolies découpures; cette partie de la tour, percée d'une fenêtre sur ses quatre faces, est surmontée d'une couronne ducale, travaillée à jour, de l'effet le plus pittoresque. La hauteur totale de la tour, depuis le pavé de l'église jusqu'à sa sommité, est de 240 pieds.

L'ÉGLISE DE SAINT-MACLOU, à l'extérieur, est un diminutif de celle de Saint-Ouen; c'est à peu près le même genre de construction, le style pyramidal s'y retrouve partout. L'intérieur mérite toute l'attention des curieux : nous signalons particulièrement ici le charmant escalier, sculpté à jour, qui conduit à l'orgue. Cette église a conservé presque toute son ancienne vitrerie, décorée en général de figures isolées, dans le style de la renaissance.

L'ÉGLISE DE SAINT-PATRICE, bâtie en 1535, est une des productions les plus brillantes de la renaissance. Elle offre des vitraux de la plus grande beauté, du XVIe siècle, c'est-à-dire de la période la plus brillante de la peinture sur verre en France.

L'ÉGLISE DE SAINT-ROMAIN, quoique moderne, mérite d'être visitée dans tous ses détails; sa construction date de 1679. Elle renferme le tombeau en granit de saint Romain, et est décorée de charmants vitraux provenant des églises de Saint-Maur, de Saint-Étienne-des-Tonneliers et de Saint-Martin-sur-Renelle, supprimées pendant la révolution.

L'ÉGLISE SAINT-VINCENT est une jolie production de la renaissance. L'architecture intérieure est légère et gracieuse; les vitraux en sont remarquables et dans un bel état de conservation.

L'ÉGLISE SAINT-GERVAIS, élevée sur l'emplacement d'une ancienne chapelle construite par saint Victrice en 386, renferme une crypte extrêmement curieuse, qui n'a pas moins de seize siècles d'existence. Elle est placée immédiatement sous le chœur de l'église; on y descend par un escalier de 28 marches en pierre.

FONTAINES PUBLIQUES. Peu de places à Rouen méritent de fixer l'attention; mais plusieurs sont décorées de fontaines. La plus remarquable est celle qu'on nomme fontaine de Lizieux : elle est de forme pyramidale, et représente le Parnasse; les muses décorent dans toute sa longueur cette pyramide, que couronne le cheval Pégase. La partie inférieure de la fontaine offre une cuve qui en reçoit les eaux très-abondantes et qui passent pour les plus saines de la ville. — La fontaine dite la Pucelle, élevée sur le lieu du supplice de Jeanne d'Arc, à l'endroit même où se fit l'exécution, est moderne, d'assez mauvais goût, et surmontée d'une statue de peu de mérite, représentant Jeanne d'Arc. — La fontaine de la Croix-de-Pierre présente trois étages en forme de pyramide; son aspect est infiniment gracieux. — Les fontaines de la Crosse et de la Grosse-Horloge sont anciennes et méritent aussi une attention particulière.

LES HALLES. Les halles bordent les trois côtés d'une place parallélogramme, dont le milieu est abandonné à des marchands ambulants. Elles répondent par leur construction au grand commerce qui s'y fait en tout temps, et peuvent passer pour les plus belles et les plus commodes du royaume, par leur distribution et surtout par leur proximité du port. Chaque espèce de marchandise a sa halle particulière. On monte à la halle aux rouenneries, qui est la plus fréquentée, par un double escalier en pierre, formant sur le reste du bâtiment un avant-corps décoré de quelques colonnes. C'est une salle de 272 pieds de long sur 50 de large, voûtée en plein cintre, et soutenue de distance en distance par des colonnes en pierre. Le rez-de-chaussée de cette salle, également soutenu par de fortes colonnes, sert de magasin pour les marchandises arrivant de la mer. Les diverses halles sont ouvertes tous les vendredis, depuis six heures du matin jusqu'à midi. Elles sont alimentées en grande partie par les immenses fabriques des pays environnants.

LE PORT de Rouen est peut-être l'un des mieux situés du royaume pour la commodité du commerce et le déchargement des navires. Ses quais, d'une fort belle largeur, se prolongent depuis le pont de bateaux jusqu'à la barrière du Mont-Riboudet, et laissent voir dans toute sa longueur une file de bâtiments qui présentent l'image d'une forêt de mâtures et de cordages. Deux promenades fort agréables terminent le port à ses deux extrémités.

LE PONT DE BATEAUX. Ce pont est une espèce de machine flottante, composée de plusieurs morceaux qui haussent et baissent à proportion que le flux et le reflux repousse les eaux de la Seine, ou leur rend la liberté de leur cours : elle est soutenue sur 21 bateaux de front dans la longueur de 270 pas; les deux côtés, à droite et à gauche, qui tiennent lieu de parapets, sont élevés en forme de banquette, et servent pour les gens de pied; le milieu est pavé et destiné pour les chevaux et les voitures. On démonte ce pont avec facilité, lorsque les glaces sont à craindre, ou pour donner passage aux bateaux qui remontent à Paris : il se replie sur lui-même au moyen de roulettes de fer que font jouer des poulies en cuivre, et six hommes avec un cabestan l'ouvrent ou le referment sans peine.

LE GRAND-COURS est l'une des plus belles et des plus agréables promenades de France. L'œil y contemple avec plaisir le canal du fleuve, bordé de hêtres de la plus belle verdure, couronné par la roche Sainte-Catherine, les côtes de Bon-Secours et la chaîne de montagnes qui semble se perpétuer à perte de vue. A droite, une longue suite de prairies qui se prolongent sur l'horizon, et le village de Sotteville, dont les maisons et le clocher, de forme assez pittoresque, occupent généralement la vue; tandis que la rive gauche se prolonge ornée de jolies maisons de plaisance et de diverses manufactures.

On remarque encore à Rouen: la romaine ou la douane; le tribunal de commerce ou les consuls; l'archevêché; l'hôtel des monnaies; l'hôpital général; l'hôtel-dieu; le collége royal; le jardin de botanique; l'hôtel du Bourgtheroude; le musée fondé en 1809 par Napoléon, qui le dota de plusieurs tableaux; la bibliothèque publique, contenant 28,000 volumes et 1,100 manuscrits; la maison de Pierre Corneille et celle de Fontenelle; la salle de spectacle, etc.

Industrie. Manufactures importantes de tissus de coton, connus sous le nom général de Rouenneries. Fabriques de draps, calicots, indiennes, siamoises, nankin, draps de coton, mouchoirs, châles de coton, velours, bonneterie, couvertures, molletons, flanelles, peignes d'ivoire et de corne, confitures, liqueurs fines, colle-forte, savon, acides minéraux et produits chimiques de toute sorte, faïence, papiers peints, toiles cirées, plomb de chasse et laminé, cartes, cartons, pains à cacheter, rouge d'Angleterre. Manufactures de cardes. Nombreuses filatures de coton et de laine, mues par l'eau et par la vapeur. Teintureries renommées. Raffineries de sucre, blanchisseries, tanneries; curanderies; épuration d'huiles; brasseries; moulins à scier le bois et à pulvériser le bois de teinture, fonderies de cuivre et de fer. — A Lescure-lès-Rouen, fabrique de verre à vitres, de soude et de produits chimiques. Blanchisseries de toiles. Rouen possède aussi des cylindres, des calandres et des moulins à fouler et à presser les étoffes. L'art de confire les fruits y est porté au plus haut degré de perfection; c'est une branche de commerce considérable.

Commerce. La ville de Rouen est très-avantageusement située pour le commerce; la marée, qui lui procure l'avantage de recevoir dans son port des bâtiments marchands, peut la faire regarder comme ville maritime. Les principaux objets de commerce consistent en grains, farines, vins, eaux-de-vie, salaisons, huiles de poisson, cuirs, drogueries, épiceries, teintures, cotons en laine et filés, chanvres, laines, fer, ardoises, brai, goudron. Draps, toiles, rouenneries, et autres articles de ses manufactures. Entrepôt réel pour les denrées coloniales et autres marchandises venant de l'étranger. Le commerce d'importation et d'exportation se fait principalement avec l'Amérique, le Levant et l'Italie, l'Espagne, le Portugal, la Hollande, l'Angleterre et les puissances du Nord, et avec tous les départements maritimes de la France.

Rouen est la patrie de Benserade, poète du XVIe siècle; de Berruyer, jésuite, historien, auteur de l'histoire du peuple de Dieu; du P. Brumoy, à qui l'on doit une traduction du théâtre des Grecs; de Corneille (Pierre), le père de la tragédie française; de Corneille (Thomas), poète tragique, frère du précédent; de l'historien Daniel; de Mme du Bocage; d'Édouard Adam, célèbre chimiste à qui l'on doit le perfectionnement de l'art de la distillation; de Fontenelle; de Jouvenet, peintre célèbre du XVIIe siècle; de Mme Leprince de Beaumont, auteur de nombreux ouvrages d'éducation; de Lucas (Paul), célèbre voyageur; de Pradon; du peintre Restout; et d'un grand nombre d'hommes dont les noms, plus ou moins fameux, pourraient figurer avec honneur après ceux que nous venons de citer.

A 21 l. E. du Havre, 14 l. S. de Dieppe, 31 l. N.-O. de Paris.

RY. Bourg situé à 4 l. 1/2 de Rouen. Pop. 320 hab. — *Fabrique* de salpêtre.

SOTTEVILLE-LEZ-ROUEN. Gros village, situé à 1 l. de Rouen. Pop. 3,912 hab. — *Fabriques* de colle-forte, de savon à fouler les draps, de produits chimiques, etc.

ARRONDISSEMENT DE DIEPPE.

ANGLESQUEVILLE-SUR-SAANE. Bourg situé sur la rive droite de la Saane, à 7 l. de Dieppe. Pop. 420 hab. — *Fabriques* de cuirs. Blanchisseries de toiles.

ARQUES. Bourg très-ancien, situé dans une belle vallée, sur la rivière d'Arques, près du confluent de l'Eaulne et de la Béthune. Pop. 850 hab.

Au commencement du XIe siècle, Arques était une ville importante, défendue par un château fort bâti dans une position admirable, sur le sommet d'une petite montagne

Fontenelle.

Gravé sur acier par Hopwood.

Pierre Corneille.

qui domine tout le pays d'alentour. Ce château, célèbre par les siéges qu'il a soutenus, était flanqué de quatorze tours et environné de profonds fossés. En 1202, Philippe-Auguste tenta sans succès de s'emparer de cette forteresse. En 1359, la ville et le château d'Arques furent livrés aux Anglais, en vertu du traité de Brétigny. Talbot et Warwick la reprirent en 1419; mais elle fut rendue à Charles VII par un des articles de la capitulation de Rouen. Cette ville fut encore prise par trahison en 1485. La victoire de Henri IV est le dernier fait d'armes dont le château fut témoin; c'est dans son enceinte qu'était placée l'artillerie qui décida du sort de la bataille, à laquelle la ville a donné son nom. Ce château a été démantelé en 1753, et il n'en reste plus que des ruines informes qui dominent encore au loin la vallée.

L'église d'Arques est une construction du XVIe siècle. Le vaisseau offre de beaux détails d'architecture sarrasine; il est soutenu par des contre-forts liés à l'édifice par des arcs volants sculptés à jour avec infiniment de goût et de richesse. En entrant, on remarque un élégant jubé d'architecture grecque, d'une belle conservation: l'escalier en spirale qui y conduit est d'une grande légèreté. Le chœur et les chapelles ont été dépouillés des jolis vitraux qui les décoraient autrefois; la chapelle gauche offre seule encore quelques vitraux de couleur assez remarquables malgré l'état de mutilation où ils se trouvent.

Fabriques de cuirs. Filatures de coton. — *Commerce* de bestiaux.

AUBERVILLE-SUR-EAULNE. Village situé sur l'Eaulne, à 3 l. 3/4 de Dieppe. Pop. 180 hab. C'est la patrie de Decheux, à qui nos îles d'Amérique doivent la culture du café.

AUBIN-SUR-SCIE. Village situé au pied d'un coteau, près de la Scie, à 1 l. 1/2 de Dieppe. Pop. 500 hab. On y remarque un aqueduc creusé dans toute l'épaisseur de la montagne, qui sert de conduite aux eaux et alimente les fontaines de Dieppe.

AUFFAY. Bourg situé sur la rive droite de la Scie, à 6 l. 1/2 de Dieppe. Pop. 1,050 hab. — *Commerce* de bestiaux.

BACQUEVILLE. Bourg situé sur la rive gauche de la Vienne, à 4 l. 1/2 de Dieppe. Pop. 2,685 hab. — *Fabriques* de serges, coutils et laines à matelas.

BELLENCOMBRE. Bourg situé dans une vallée fort agréable, sur la rive gauche de l'Arques, à 6 l. 3/4 de Dieppe. Pop. 950 hab.

BOURG-D'UN. Bourg situé à 4 l. de Dieppe. ☒ ☛ Pop. 990 hab. On y trouve un beau troupeau de moutons de race anglaise, dite Leycester.

DIEPPE. Grande et belle ville maritime. Chef-lieu de sous-préfecture. Tribunaux de première instance et de commerce. Chambre de commerce. École d'hydrographie de 4e classe. Collège communal. ☒ ☛ Pop. 16,016 hab. (*Établissement de la marée du port*, 10 *heures* 30 *minutes*.)

Dieppe n'est pas une ville fort ancienne. Ce n'est qu'en 1195 qu'elle commence à figurer dans l'histoire. Philippe-Auguste, dans ses querelles avec Richard Cœur-de-Lion, la détruisit de fond en comble. Sous Charles VII, cette ville était au pouvoir des Anglais; mais en 1433, elle fut surprise par une nuit sombre et retomba au pouvoir des Français. Talbot ayant tenté de la reprendre, fut forcé de renoncer à ce projet après neuf mois de siége. Lors de l'exécrable massacre de la Saint-Barthélemi, le gouverneur Sigogne eut le courage de rassembler les habitants de toutes les croyances, et, leur ayant communiqué l'ordre de la cour : « Ce mandat, dit-il, ne concerne que les cal-« vinistes rebelles et séditieux, et, j'en rends « grace au ciel, il n'y en a pas parmi vous. » Le tombeau de cet homme de bien se voit encore aujourd'hui dans l'église de Saint-Remi.

Le 17 juillet 1694, les Anglais bombardèrent cette ville et la réduisirent en cendres : rues, maisons, édifices publics et religieux, tout fut en grande partie ruiné et brûlé. Trois monuments seuls échappèrent au bombardement, le château, l'église Saint-Jacques et celle de Saint-Remi.

Dieppe est une ville très-avantageusement située pour le commerce, au fond d'un petit golfe, sur la Manche, à l'embouchure de l'Arques grossie des eaux de l'Eaulne et de la Béthune. L'air y est pur et favorable à la santé. Les rues sont larges et bien percées; les maisons sont pour la plupart construites en briques, couvertes en tuiles et ornées de balcons. Les eaux y sont abondantes et d'une très-bonne qualité ; on compte 68 fontaines publiques et 216 fontaines particulières. C'est dans la partie de la grande rue qui avoisine le port, et sur les quais même, que sont bâtis les plus riches hôtels publics et ceux des principaux habitants. A l'ouest de la ville, est situé le faubourg de la Barre, et de l'autre côté du bassin, le Pollet, faubourg de Dieppe renfermé dans l'enceinte de cette ville, avec laquelle il communique par un pont de pierre de sept arches, mais dont les habitants, presque tous marins ou pêcheurs, n'ont rien de commun avec le reste des citadins, ni mœurs, ni usages, ni profession, ni langage.

Le port de Dieppe, formé par deux belles jetées, défendu par un château fort et par une bonne citadelle, est excellent; il est entouré de quais revêtus de murs en maçonnerie, et peut recevoir 200 bâtiments de 60 à 600 tonneaux, et autant de bateaux pêcheurs.

Le château de Dieppe, qui s'élève de terrasse en terrasse jusque sur la crête de la falaise de l'ouest, est avantageusement assis, muni de hautes murailles, flanqué de tours et de bastions, et domine tout à la fois la vallée, la ville et la mer. C'est un monument d'un plan original, d'un style bizarre, qui offre dans l'élévation de ses tours, dans les profils de ses murailles, dans l'austérité imposante de son entrée, dans sa vue étendue sur la mer, une variété singulière de scènes sévères, qui rappellent tout à la fois des souvenirs d'esclavage et de gloire. Semblable à tant d'autres forteresses élevées par la main des hommes, il a servi indistinctement à les défendre et à les opprimer.

L'église de Saint-Remi fut fondée en 1522. Elle offre un mélange de l'architecture sarrasine, alors déchue, et du goût antique qui ne refleurissait pas encore. Dans la chapelle de la Vierge est le tombeau de Sigogne, gouverneur de Dieppe à l'époque de la Saint-Barthélémi. L'église Saint-Jacques est plus belle, quoique le caractère de son architecture n'ait guère plus d'unité. Fondée au XIIIe siècle, mais bâtie avec lenteur, au milieu des guerres qui désolaient alors la France, elle se ressent des révolutions dont elle fut contemporaine. On y voit de beaux morceaux d'architecture sarrasine. Les sculptures de la chapelle de la Vierge, tant à l'intérieur qu'à l'extérieur, et celles de la façade du trésor, sont remarquables par la ténuité et l'élégance de leur exécution. Sa tour a une ressemblance frappante avec celle de Saint-Jacques-la-Boucherie de Paris; de sa plate-forme on jouit d'un coup d'œil magnifique, la vue de la mer à Dieppe étant, au témoignage unanime des voyageurs, une des plus belles que les côtes de France puissent offrir.

Un établissement de bains de mer a été formé à Dieppe en 1822. Cet établissement se divise en deux parties distinctes. La première comprend les constructions sur la plage, destinées à recevoir les baigneurs qui s'exposent à la lame. Elles se composent d'une grande galerie de 100 mètres de longueur. Au milieu et à chaque extrémité, étaient projetés trois pavillons élégants, renfermant des salons décemment meublés; au pavillon du milieu, on a depuis substitué un arc ouvert. A proximité de ces pavillons, sont disposés des pontons ou escaliers en bois, qui offrent un accès facile sur le sable, où sont disposées de nombreuses tentes. C'est de là que des nageurs exercés conduisent les baigneurs à la mer. Ces constructions sont entièrement achevées, et offrent un coup d'œil fort agréable. La seconde partie consiste dans l'hôtel où sont établis un grand nombre de logements particuliers pour les différentes classes d'étrangers qui fréquentent les bains.

En face de la salle de spectacle est le bâtiment des bains chauds. On y trouve des bains chauds et froids d'eau de mer et d'eau douce, des douches et des logements meublés de différents prix.

On remarque encore à Dieppe la bibliothèque publique, contenant 3,000 volumes; le cours Bourbon, les jetées et la plage, promenades très-fréquentées par les étrangers. A une demi-lieue nord-est de Dieppe, sur le bord de la côte, est la Cité de Limes, plus connue encore sous le nom de Camp de César.

Patrie de Duquesne, de la Martinière, de J. Lavallée, et du brave marin Boussard, qui, dans la nuit du 31 août 1777, arracha seize personnes à la fureur des flots [1].

Industrie. Fabriques de dentelles, de pipes, de tonnellerie, d'ouvrages en corne, en écaille, en os et en ivoire. Raffineries de sucre, corderies, papeteries. Construction de navires. Pêche du hareng, du maquereau et de la morue. Cette pêche rapporte annuellement 12 à 36 mille barils de harengs,

---

[1] Cet intrépide marin nous rappelle le fait suivant, qu'on ne se lasse pas de citer:

« Un jour de tempête, un vieux matelot de Dieppe, assis sur la jetée, considérait attentivement une barque que la difficulté de l'entrée du port, accrue par l'agitation des flots, mettait en quelque danger. Un étranger, que la curiosité avait attiré à la même place, dit au matelot avec effroi: Ces malheureux vont périr!—Si le danger augmente, répondit le matelot, j'ai là une amarre (une corde), je me jetterai à la mer, et je le leur porterai. — À la mer! elle est terrible; vous périrez! — Peut-être! — Êtes-vous payé pour cela? — Payé! non. — Et vous vous exposez pour rien! — Pour rien! et l'honneur?»

CHÂTEAU DE JOUX.

10 à 12 mille barils de maquereaux salés, et à peu près autant de maquereaux frais.— *Commerce* de vins, eaux-de-vie, vinaigre, sel, clous, fer, acier, meules, etc. Entrepôt d'huitres fraîches et vertes pour Paris et la Flandre; entrepôt de sel et de denrées coloniales. Commerce d'importation et d'exportation avec différentes contrées de l'Europe. Grand et petit cabotage.

A 14 l. de Rouen, 22 l. du Havre, 44 l. de Paris, 33 l. de Douvres. Un paquebot à vapeur part deux fois par semaine pour Brighton, jolie ville d'Angleterre. La traversée dure 5 à 6 heures, et coûte 24 fr. De Brighton à Londres, il y a 18 lieues, que l'on fait en 6 heures pour 5 fr.

ENVERMEU. Bourg situé dans une contrée fertile, sur la rive droite de l'Eaulne, à 3 l. 3/4 de Dieppe. Pop. 1,250 hab. — *Commerce* considérable de grains, de toiles, laines et bestiaux.

EU. Ville ancienne, située à 7 l. de Dieppe. Tribunal de commerce. Collège communal. ✉ ☙ Pop. 3,543 hab.

L'origine de cette ville est antérieure aux premiers temps de la monarchie française. Des restes d'une voie romaine, et une ancienne porte de ville flanquée de deux grosses tours, attestent que du temps des Romains la ville d'Eu et celle de Tréport étaient des lieux considérables. En 1475, Louis XI, craignant que les Anglais ne s'emparassent de cette ville, la fit réduire en cendres, ainsi que sa forteresse, et depuis cette époque elle n'a pu se relever de ses ruines.

Eu est une ville assez bien bâtie, située dans un vallon agréable, sur la Bresle. On y remarque l'église paroissiale, édifice d'un beau gothique, dont on cite la chapelle souterraine; l'église du collège, où l'on voit les tombeaux du duc de Guise et de son épouse. Aux environs, on doit visiter le magnifique château royal d'Eu, entouré d'un beau parc et de vastes jardins, où l'on voit une belle galerie de portraits historiques.

Fabriques de toiles de ménage et de toiles à voiles, de serrurerie de pacotille, de cordages pour la marine, savon vert, etc. —*Commerce* de grains, toiles, chanvre, lin, bois de hêtre et de chêne, etc., qui s'exportent par le port de Tréport, qui en est à 3/4 l. — *Hôtel* de la Poste.

GRANDES-VENTES (les). Bourg situé à 5 l. de Dieppe, ✉ Pop. 1,900 hab.

GUEURES. Village situé dans une vallée riante, au confluent de la Vienne et de la Saône, à 3 l. 1/4 de Dieppe. Pop. 660 hab. — Papeterie mécanique. Filature de coton.

LONGUEVILLE. Bourg situé dans une vallée étroite, arrosée par la Scie, à 4 l. de Dieppe. ✉ Pop. 450 hab. On y remarque les ruines de l'ancien manoir des comtes de Dunois.

NICOLAS-D'ALIERMONT (SAINT-). Village situé à 3 l. 1/4 de Dieppe. Pop. 1,805 hab. — *Fabrique* considérable de mouvements de pendules.

OFFRANVILLE. Joli bourg, situé dans une belle vallée arrosée par la Scie, à 2 l. de Dieppe. Pop. 1,640 hab. On doit visiter l'église, dont un if monstrueux ombrage le cimetière.

TOTES. Joli bourg, situé à 7 l. de Dieppe. ✉ ☙ Pop. 750 hab.—*Comm.* de moutons.

TRÉPORT (le). Bourg maritime, bâti dans une situation avantageuse à l'embouchure de la Bresle dans l'Océan, et à 7 l. de Dieppe. Pop. 2,267 hab.

Il est fait mention de ce bourg dans les Commentaires de César, sous le nom d'*Ulterior Portus*. Vers le commencement du XIIe siècle, il acquit une assez grande importance, qu'il perdit presque entièrement lors de l'accroissement de Dieppe et de Saint-Valery. La passe du port est resserrée entre deux côtes, dont l'une est surmontée par une petite chapelle gothique fort curieuse, où l'on parvient par de longs escaliers; cette chapelle sert de point de reconnaissance à toute la côte.

Fabriques de filets de pêche et de dentelles. Pêche du hareng et du poisson frais.

VARANGEVILLE-SUR-MER. Village situé au bord de l'Océan, à 2 l. de Dieppe. Pop. 1,150 hab. On y remarque le manoir d'Ango, ancienne maison de plaisance du célèbre négociant de ce nom. Du haut d'une des tours de ce manoir, qui offre de beaux restes d'architecture du XVIe siècle, on jouit d'une vue fort étendue.

Aux environs, entre Pourville ou Varangeville, se trouve le cap d'Ailly, dont la pointe est surmontée d'un phare de 80 pieds d'élévation.

ARRONDISSEMENT DU HAVRE.

ADRESSE (SAINTE-). Joli village, bâti près de l'Océan, sur une colline pittoresque, d'où sourdent plusieurs sources d'eau limpide qui alimentent les fontaines de la ville du Havre.

A peu de distance de cet endroit, au bord

de la falaise, sur la pointe même du cap de la Hève, sont élevés deux phares magnifiques, composés de deux tours quadrangulaires, éloignées l'une de l'autre de 186 pieds, de 85 pieds de hauteur au-dessus du sol, et de 385 au-dessus du niveau de la mer. Ces phares sont éclairés par vingt-quatre becs alimentés d'huile, dont la lumière est reflétée par douze réflecteurs plaqués en argent: de leur plate-forme, on jouit d'une vue immense, que plusieurs voyageurs ont comparée à celle de Corinthe ou de Constantinople.

ANGERVILLE-L'ORCHER. Bourg situé à 5 l. du Havre. Pop. 1,100 hab.

BLÉVILLE. Village situé à peu de distance de l'Océan, à 1 l. 1/2 du Havre. Pop. 1,250 hab.—A peu de distance de Bléville, on trouve, au pied d'une falaise, une source d'eau minérale ferrugineuse, que les eaux de la mer recouvrent deux fois par jour. Les géologues ne doivent pas manquer de visiter les falaises de Bléville, formées de bancs alternatifs de silex et d'argile noirâtre, contenant une multitude de coquillages fossiles.

BOLBEC. Charmante petite ville, située dans une position admirable, sur le penchant d'un coteau baigné par la petite rivière de Bolbec, à la jonction de quatre vallées, à 7 l. du Havre. ✉ ☛ Pop. 9,123 hab. Cette ville est bien bâtie, partie en briques et partie en pierres de taille, propre, bien percée, et ornée de belles fontaines publiques; avantages qu'elle doit à un terrible incendie qui la consuma entièrement, à l'exception de dix maisons, le 14 juillet 1765. Bolbec possède une église paroissiale et une église consistoriale réformée, une jolie salle de spectacle, et une petite bibliothèque publique. — *Fabriques* renommées de toiles peintes et de mouchoirs fil et coton; d'étoffes de laine, toiles, dentelles, velours de coton, coutils, etc. Filatures de coton. Tanneries. Teintureries.—*Commerce* de grains, chevaux et bestiaux. Entrepôt de toiles cretonne, fabriquée dans les environs. — *Hôtels* de Rouen, de l'Europe.

BRETTEVILLE. Village situé à 7 l. 3/4 du Havre. Pop. 1,400 hab.

CRIQUETOT-L'ESNEVAL. Village situé à 5 l. 1/2 du Havre. Pop. 1,500 hab.

ÉTRÉTAT. Village situé sur l'Océan, près de la baie de son nom, à 6 l. du Havre. Pop. 1,450 hab. Il est précédé d'une rade bordée de rochers pittoresques, et possède un fort beau parc aux huitres, qui y acquièrent une qualité supérieure à celles des autres huitres de la côte.—*Commerce* d'huitres renommées. Pêche du hareng et du poisson frais.

FÉCAMP. Ville maritime. **Tribunal de commerce. École d'hydrographie de 4e classe.** ✉ ☛ Pop. 9,123 hab. (*Etablissement de la marée du port, 9 heures, 45 minutes*).

Fécamp est une ville très-ancienne, dont quelques historiens font remonter la fondation à l'époque de la conquête des Gaules par les Romains. En 988, Richard Ier, duc de Normandie, y fonda, sur les ruines d'un ancien monastère, une célèbre abbaye, qui a subsisté jusqu'à la fin du XVIIIe siècle. L'église seule a été conservée: c'est un bel édifice, à l'édification duquel ont concouru les arts de cinq ou six siècles, depuis le XIe jusqu'au XVIe. On y descend par 12 degrés; le vaisseau est vaste et les jours y sont habilement distribués; le chœur, revêtu et pavé en marbre, est de la plus grande richesse.

Fécamp est une ville avantageusement située sur l'Océan et à l'embouchure de la rivière de son nom; mais l'abord en est triste, cette petite cité étant comme enterrée entre deux rangs de collines incultes. Elle ne forme, pour ainsi dire, qu'une seule rue de plus de trois quarts de lieue de long, depuis l'église jusqu'au port, qui passe pour un des meilleurs de la côte. L'air y est vif et sain, et le sang très-beau; les femmes surtout s'y font remarquer par une grande fraîcheur, une belle taille, des formes agréables, et tous les attributs de la santé.

Fabriques de toiles, souliers de pacotille, huile de rabette. Filatures hydrauliques de coton. Raffineries de sucre. Tanneries. Construction de navires. Armements pour la pêche de la morue, du hareng et du maquereau. Entrepôt de denrées coloniales, sel, genièvre, etc. — A 10 l. du Havre. — *Hôtels* de la Poste, du Commerce, du Grand-Cerf, du Cheval-Blanc.

GEORGES DE GRAVENCHON (SAINT-). Village situé à 11 l. 1/2 du Havre. Pop. 240 hab. On y remarque les ruines pittoresques d'une ancienne église, dont les murs recèlent un bas-relief dont l'exécution barbare indique un travail gaulois.

GODERVILLE. Joli bourg, situé dans une plaine fertile, à 7 l. du Havre. Pop. 1,140 hab.

GONFREVILLE-L'ORCHER. Village situé à 3 l. du Havre. Pop. 480 hab. On y remarque, près du château, une vaste terrasse, d'où l'on jouit d'une vue magnifique sur l'embouchure de la Seine.

GRAVILLE. Grand village, situé à 1 l. 1/2 du Havre. Pop. 1,200 hab. On y remarque les ruines d'une église d'architecture normande, qui couronnent d'une manière pit-

LE HAVRE.

toresque le sommet d'un plateau, d'où l'on découvre un bel horizon.

HARFLEUR. Ancienne et jolie petite ville maritime, située près de la rive droite de la Seine, à l'embouchure de la Lézarde, à 2 l. 1/2 du Havre. ✉ Pop. 1,450 hab. Elle est bâtie au pied d'une colline, d'où l'on découvre le cours majestueux de la Seine et les riants paysages qui bordent ses deux rives. Les bâtiments d'un léger tonnage peuvent remonter la Lézarde, au moyen de la marée, jusqu'au milieu d'Harfleur; mais on ne voit que peu de navires dans son port, jadis si fréquenté.

L'église paroissiale, bâtie pendant la domination des Anglais, est remarquable par ses décorations intérieures. Elle était naguère surmontée d'une belle flèche en pierre, qui s'est écroulée il y a quelques années.

Fabriques de tulle. Filatures de coton. Raffineries de sucre. Blanchisseries de toiles. Tanneries.

HAVRE (le). Grande, belle, riche et forte ville maritime. Chef-lieu de sous-préfecture. Tribunaux de première instance et de commerce. Chambre et bourse de commerce. École d'hydrographie de 1re classe. ✉ ⚓ Pop. 23,816 hab.

Le Havre n'est point une ville ancienne. Vers le milieu du XVe siècle, il n'existait sur l'emplacement qu'elle occupe aujourd'hui que deux tours qui furent emportées de vive force par les Anglais, sous le règne de Charles VII. Louis XII fit augmenter ces fortifications, vers 1509; mais c'est à François Ier que cette ville est redevable des premiers développements de sa splendeur maritime. Sous Henri II, l'enceinte de la ville s'agrandit; mais on ne comprit toute son importance qu'à l'époque où le prince de Condé la livra à l'Angleterre. Le Havre fut repris en 1563, et ses fortifications furent augmentées. Sous Louis XIV, le Havre fut un des ports principaux où la compagnie des Indes faisait ses armements. Les Anglais la bombardèrent, sans y causer de grands dommages, en 1694. Aujourd'hui le Havre est une place forte entourée d'un triple fossé et de remparts : on y entre par cinq portes à ponts-levis.

Cette ville est dans une situation très-agréable, au bord de l'Océan, sur la rive droite et à l'embouchure de la Seine. Elle est régulièrement bâtie, et se compose de neuf quais et de soixante-cinq rues ornées de vingt fontaines publiques. La rue de Paris est une des plus belles qu'il y ait en France : elle traverse la ville du nord au midi, et aboutit aux quais, d'où on aperçoit au loin la mer; c'est la rue la plus riche et la plus commerçante du Havre.

Le port du Havre est le plus accessible de la France, et le seul de toute la côte où les gros vaisseaux puissent se retirer; il consiste en trois bassins séparés les uns des autres et de l'avant-port par quatre écluses. Sous la jetée du sud, est située une grande écluse, dite la Floride, qui retient les eaux des hautes mers et sert à déblayer l'entrée du port. Outre les bassins, il existe une petite et une grande rade; la première n'est éloignée que d'une portée de canon du rivage; l'autre est à plus de deux lieues en mer.

Le Havre offre peu de monuments remarquables. Les principaux sont : la tour de François Ier, les églises de Notre-Dame et Saint-François, et la salle de spectacle.

LA TOUR DE FRANÇOIS Ier, solidement construite en pierres calcaires, et dont la hauteur est de 21 mètres, et le diamètre de 26, se termine par un parapet découpé de douze embrasures; la plate-forme qui masque ce parapet supporte aujourd'hui un télégraphe marin, qui correspond avec celui de la Hève, à 2 l. au nord du Havre, et qui transmet aux bâtiments de la rade les signaux du port.

L'ÉGLISE NOTRE-DAME, fondée vers 1540 et achevée vers la fin du XVIe siècle. Elle est bâtie en forme de croix dans le style de la renaissance.

L'ÉGLISE SAINT-FRANÇOIS, commencée en 1553; elle n'a été terminée qu'en 1681.

LA SALLE DE SPECTACLE est située vis-à-vis du bassin du commerce, sur un des côtés d'une place très-spacieuse. La première pierre en fut posée par le duc d'Angoulème, le 19 octobre 1817. Ce monument, dont la façade n'a rien de remarquable, offre un intérieur orné avec un goût parfait.

On remarque encore au Havre la citadelle, ou plutôt le quartier militaire, renfermant l'arsenal, dont les salles, d'une beauté remarquable, peuvent contenir 25,000 fusils; le logement du gouverneur, des magasins et huit corps de caserne, tous bâtis sur un plan uniforme, entourent la place d'armes, qui présente un carré parfait et est ornée de deux belles fontaines; l'arsenal de la marine, édifice construit en 1669; la manufacture royale des tabacs; l'entrepôt général; la bourse; la douane; la bibliothèque publique, contenant 15,000 volumes; la maison où naquit Bernardin de Saint-Pierre, simple et vieil édifice, situé rue de la Corderie, no 19, où tous les admirateurs du beau talent de l'auteur de *Paul et Virginie* vont faire leur station : enfin, la jetée du nord, entourée d'un parapet, et à l'extrémité de laquelle on a élevé un petit phare en granit.

Le Havre est la patrie d'un grand nombre d'hommes distingués, parmi lesquels nous citerons Bernardin de Saint-Pierre, Casimir Delavigne, Ancelot, M. de Lafayette et Scudery, etc., etc.

Industrie. Fabriques de produits chimiques, de chaises pour les colonies, de faïence, dentelles, amidon, huiles. Manufacture de tabacs. Raffineries de sucre. Taillanderies. Tuileries et briqueteries. Brasseries. Corderies. Chantiers de construction. Armements au long cours, pour la pêche de la baleine, du hareng et de la morue. — *Commerce* considérable d'importation et d'exportation avec tous les pays maritimes du globe : plus de 1,100 navires fréquentent annuellement le port du Havre.

A 21 l. de Rouen, 13 l. 1/2 de Caen, 52 l. 1/2 de Paris. — *Hôtels* de France, de Londres, de l'Amirauté, des Indes, de New-York, de la Marine, etc.

INGOUVILLE. Joli bourg, situé près du Havre, dont il n'est séparé que par les fortifications. Pop. 5,666 hab. Il est bâti en amphithéâtre sur une côte très-élevée, et se compose en grande partie de belles maisons de plaisance. On y remarque un cabinet d'histoire naturelle particulier, fort curieux, que l'on peut visiter moyennant une légère rétribution. — *Fabriques* de cordages, faïence, produits chimiques. Raffineries de sucre.

LILLEBONNE. Petite et ancienne ville, située à 9 l. du Havre. Pop. 2,930 hab.

Cette ville doit sa fondation à César-Auguste, qui la nomma *Julia Bonna* en l'honneur de sa fille Julie, et qui en fit une forteresse importante. Guillaume-le-Conquérant y fit bâtir un palais, où il résidait fréquemment. Aux environs, on a découvert récemment l'enceinte circulaire d'un théâtre romain, qui atteste l'importance dont ce lieu jouissait autrefois.

Lillebonne est bâtie dans une situation pittoresque, au pied d'un coteau rapide, à l'extrémité d'une vallée boisée, arrosée par la Bolbec.

Le château de Lillebonne, appelé aussi le château d'Harcourt, est un des monuments les plus curieux et les mieux conservés de la Normandie. Il est flanqué, à l'est, d'une tour ronde fort élevée, construite en cailloux, qui s'aperçoit à une grande distance : on monte jusque sur sa plate-forme par un escalier à vis, qui conduit à trois étages différents, dont les plafonds en ogive sont terminés vers le milieu par un cul-de-lampe : on y arrive par un pont-levis de 33 pieds, jeté sur le fossé profond qui l'environne. L'intérieur n'offre plus qu'une vaste cour entourée de plusieurs salles en ruine ; les appartements du premier étage sont éclairés par des fenêtres cintrées avec une architrave supportée par deux petites colonnes. Ces fenêtres sont couvertes et bouchées presque en entier par une grande quantité de lierre ; le pignon d'un des bouts de la principale salle existe encore en entier, couvert, comme le reste de ces ruines, par des lierres d'une grande épaisseur. Du haut du principal donjon de ce vieil édifice, on jouit d'une vue magnifique sur la délicieuse vallée de Lillebonne, couverte de fabriques et de manufactures. (*Voy. la gravure.*)

Fabriques de tissus de coton. — *Commerce* de bestiaux et de miel du pays.

LOGES (les). Village situé à 7 l. 1/4 du Havre. Pop. 1,950 hab.

MONTIVILLIERS. Petite ville, située à l'extrémité d'une jolie vallée arrosée par la Lézarde, à 2 l. 1/2 du Havre. ✉ Pop. 3,828 hab. Cette ville doit son origine à un monastère fondé en 682. Vers la fin du XIVe siècle, on en fit une place forte, dont il ne reste plus qu'une porte voûtée, flanquée de deux tours, et quelques débris de murailles. L'église, de construction gothique, est surmontée d'une tour qui fixe l'attention des curieux. — *Fabriques* de draps, dentelles. Raffineries de sucre. Nombreuses blanchisseries de toiles. — *Commerce* considérable de grains.

ROMAIN DE COLBOSC (SAINT-). Bourg situé dans une contrée fertile, à 5 l. du Havre. Pop. 1,750 hab.

SANVIC. Village situé à 3/4 l. du Havre. Pop. 1,420 hab. — Manufacture de faïence. Tuileries et briqueteries.

TANCARVILLE. Village situé sur le bord de la Seine, à 7 l. 1/2 du Havre. Pop. 420 hab. Sur un promontoire élevé, qui domine le fleuve presque à pic, on remarque les ruines importantes de l'ancien château des barons de Tancarville, dont la masse grisâtre se dessine agréablement sur le fond d'une colline boisée. Les amateurs de beaux paysages ne doivent pas manquer de visiter les restes de cet ancien manoir, d'où l'on découvre une partie du cours de la Seine, qui a dans cet endroit près de deux lieues de large.

CHATEAU D'HARCOURT.

Bernardin de S.t Pierre.

ARRONDISSEMENT DE NEUFCHATEL

ARGUEIL. Bourg situé à 6 l. 1/4 de Neufchâtel. ✉ Pop. 400 hab.

AUMALE. Petite et ancienne ville, très-agréablement située sur la Bresle, à 6 l. 1/4 de Neufchâtel. Collége communal. ✉ ☞ Pop. 1,980 hab.

Aumale était autrefois défendu par un château fort, dont Guillaume-le-Roux s'empara en 1190. Philippe-Auguste emporta cette ville de vive force en 1196, et la détruisit de fond en comble. L'histoire apprend que cette place a soutenu onze siéges et a été saccagée plusieurs fois. A l'une des extrémités du pont qui traverse la Bresle, existait anciennement une porte de ville, où Henri IV, qui revenait de visiter le siége de Rouen, fut atteint dans les reins d'un coup d'arquebuse : deux colonnes ont été érigées aux extrémités de ce pont en mémoire de cet événement.

Aumale est une des premières villes qui se soient adonnées en France à la fabrication des étoffes de laine : sa fabrique de serges a été long-temps la seule du royaume. Dans une prairie au nord de cette ville, on trouve rassemblées dans un beau bassin, trois sources d'eaux minérales acidules ferrugineuses, qui jouissent d'une grande réputation et s'emploient avec succès dans les maladies chroniques. — A peu de distance des murs, on remarque les ruines pittoresques de l'ancienne porte de l'abbaye d'Auchy.

Fabriques de draps, serges, toiles, blondes. Filatures hydrauliques de laine. Faïenceries. Tanneries. Moulin à foulon.

BLANGY. Petite ville très-ancienne, située sur la rive gauche de la Bresle, qui la sépare d'un de ses faubourgs, à 7 l. 1/2 de Neufchâtel. ✉ ☞ Pop. 1,720 hab. — *Fabriques* de toiles à voiles, dentelles, savon, produits chimiques. Blanchisseries. Tanneries renommées.— *Commerce* de bestiaux.

BURES. Bourg situé sur la rive gauche de la Béthune, à 3 l. de Neufchâtel. Pop. 500 hab.

FERTÉ-EN-BRAYE (la). Bourg situé à 6 l. de Neufchâtel. Pop. 650 hab. C'était jadis une place forte qui a soutenu plusieurs siéges.

FEUILLIE (la). Bourg situé à 8 l. 3/4 de Neufchâtel. Pop. 2,300 hab.

FORGES-LES-EAUX. Bourg situé à 6 l. de Neufchâtel. ✉ ☞ Pop. 1,460 hab. Ce bourg est bâti sur une montagne qui domine un vallon agréable, près de la forêt de Bray ; l'air que l'on y respire est très-sain. Il possède des sources d'eaux minérales ferrugineuses, qui jouissent depuis long-temps d'une grande réputation, notamment depuis le séjour qu'y fit Louis XIII, avec la reine Anne d'Autriche et le cardinal de Richelieu, en 1632.

Les sources sont au nombre de trois : la Reinette, la Royale et la Cardinale. Elles sont situées au couchant du bourg, dans un vallon marécageux dominé par de petites éminences, où l'on arrive par une belle avenue. Elles coulent dans un enfoncement pratiqué en maçonnerie dans le sol, de deux mètres à peu près de profondeur, et où l'on a conservé pour chacune un petit bassin séparé. Ces trois sources sont également abondantes pendant l'hiver et l'été, et n'augmentent pas de volume, même dans les plus grandes pluies. Elles se réunissent dans un seul et même canal, après avoir parcouru environ deux mètres de chemin dans une rigole qui termine chacun des petits bassins destinés à recevoir l'eau des sources.

SAISON DES EAUX. On prend les eaux depuis le mois de juillet jusqu'au 15 septembre. Le séjour de Forges est très-agréable : les habitants n'ont rien négligé pour ajouter aux divers agréments de ce lieu, pour multiplier les distractions et varier les plaisirs ; les promenades, les jardins, les sites champêtres, les eaux et les bocages semblent se réunir pour y élever un temple à la santé. Les malades trouvent des maisons commodes et toutes les ressources nécessaires à la vie.

PROPRIÉTÉS PHYSIQUES. Les eaux de Forges sont inodores, claires et limpides à leur source. Leur saveur est d'une astringence métallique très-marquée. Leur pesanteur spécifique diffère peu de celle de l'eau distillée. Leur température est constamment de 6° du th. de Réaumur.

PROPRIÉTÉS CHIMIQUES. D'après l'analyse faite par M. Robert, pharmacien distingué de Rouen, il résulte que les eaux de Forges contiennent, dans différentes proportions, de l'acide carbonique, du carbonate de chaux et de fer, de l'hydrochlorate de soude et de magnésie, du sulfate de chaux et de magnésie, et de la silice.

PROPRIÉTÉS MÉDICINALES. Les eaux de Forges sont essentiellement toniques. On les administre avec succès dans les engorgemens abdominaux, les hydropisies, les leucorrhées anciennes. Elles sont surtout très-recommandées contre la stérilité.

Mode d'administration. On emploie les eaux de Forges en boisson, à la dose d'un verre jusqu'à sept. On commence par boire l'eau de la source de la Reinette; on passe ensuite à celle de la Royale, et insensiblement à celle de la Cardinale, la plus active et la plus pénétrante des trois sources.

FOURCARMONT. Bourg situé sur la rive droite de l'Yères, à 4 l. de Neufchâtel. ☞ Pop. 640 hab. — Verrerie (à Retonval). Commerce de lin et de bestiaux.

GAILLEFONTAINE. Bourg bâti sur l'emplacement d'une ancienne forteresse, à 4 l. de Neufchâtel. Pop. 1,660 hab.— Commerce de beurre et denrées du pays.

GOURNAY. Petite et très-ancienne ville, située à 11 l. 1/4 de Neufchâtel. Tribunal de commerce. ✉ ☞ Pop. 3,030 hab.

L'origine de cette ville remonte avant la conquête des Gaules par les Romains. Dans le moyen âge, elle a soutenu plusieurs sièges et a été le théâtre de plusieurs événements remarquables. Aujourd'hui, c'est une ville très-agréablement située sur les rives gracieuses de l'Epte, assez bien bâtie, entourée de jolis boulevards, et ornée d'une belle fontaine pyramidale. On trouve dans ses environs plusieurs sources d'eaux minérales, dont la plus renommée est celle dite la fontaine de Jouvence.

Fabriques de toiles. Tanneries. — Commerce de bestiaux et de beurre excellent.

GRANDCOURT. Bourg situé sur la rive gauche de l'Yères, à 5 l. 3/4 de Neufchâtel. Pop. 400 hab.

LONDINIÈRES. Bourg situé à 3 l. 1/2 de Neufchâtel. Pop. 1,000 hab.— Commerce de laines et de bestiaux.

MESNIÈRES. Village et joli château, situés près de la rive droite de la Béthune, à 1 l. 1/2 de Neufchâtel. Pop. 600 hab. — Fabriques d'excellents fromages à la crème, connus à Paris sous le nom de fromages de Neufchâtel.

NEUFCHATEL. Petite ville, chef-lieu de sous-préfecture. Tribunal de première instance. Société d'agriculture. ✉ ☞ Pop. 3,430 hab.

Cette ville est agréablement située dans une contrée boisée et montagneuse, sur le penchant d'un coteau et près de la rive droite de la Béthune. Henri Ier, roi d'Angleterre, y fit bâtir, au commencement du XIIe siècle, un château fort, auquel elle doit son nom, et qui l'a rendue célèbre dans les fastes de l'histoire. Neufchâtel fut prise en 1143; emportée d'assaut et saccagée en 1167; prise par le comte de Flandre en 1175; prise en 1201 par Jean-sans-Terre, et reprise sur lui en 1204; conquise par les Anglais en 1419; emportée sur eux après le siège le plus meurtrier, en 1449; prise enfin et brûlée par les troupes du duc de Bourgogne en 1472. A ces calamités succédèrent celles de la Ligue. Neufchâtel éprouva toutes les horreurs de la guerre à cette déplorable époque. Le duc de Parme prit la ville et le fort en 1592, et des dissensions intestines la déchirèrent jusqu'en 1596, époque où furent rasées les principales fortifications des remparts et du château.

Neufchâtel est renommé pour les excellents fromages qui se fabriquent dans les communes des vallées environnantes; on en distingue de trois sortes : la première est celle des fromages à la crème pure; la seconde sorte est celle des cœurs de Bray, moins estimés que les premiers; les fromages ronds composent la troisième sorte.

Fabriques d'étoffes de laine, faïence, porcelaine. Filature de coton. Verrerie.— Commerce de cidre, fromages renommés, excellent beurre, etc. — Hôtels du Grand-Cerf, du Lion-d'Or, de la Ville d'Aumale.

NEUFMARCHÉ. Bourg très-ancien, situé sur la rive droite de l'Epte, à 13 l. de Neufchâtel. Pop. 650 hab. C'était autrefois une place très-forte, où l'on entrait par trois portes.

QUIEVRECOURT. Village situé près de la rive gauche de la Béthune, à 1/4 de l. de Neufchâtel. Pop. 500 hab. On y trouve des sources d'eaux minérales ferrugineuses.

SAENS (SAINT-). Bourg situé sur la rivière d'Arques, à 3 l. 1/4 de Neufchâtel. Pop. 2,330 hab. Ce bourg passe, dans un pays où les femmes sont généralement belles, pour la terre classique des beautés de la contrée. Il doit son origine à un monastère fondé en 675. — Fabriques de toiles, colleforte. Tannerie, verrerie.

ARRONDISSEMENT D'YVETOT.

ALLOUVILLE. Village situé à 1 l. 1/2 d'Yvetot. Pop. 1,050 hab. Ce village est célèbre par un des phénomènes de longévité végétale les plus remarquables peut-être qui

existent en France; c'est un chêne, situé près de l'église, qui n'a pas moins de huit à neuf cents ans. Ce chêne a 34 pieds de circonférence près de terre, et 24 à hauteur d'homme. D'énormes branches naissent du tronc, à 7 ou 8 pieds de sa base, et couvrent de leur ombrage un vaste espace. L'intérieur du tronc est creux dans toute sa longueur, et cette cavité, où l'on pénètre par une ouverture en forme de porte, fermée d'une grille, a été transformée en chapelle de 7 à 8 pieds de diamètre, soigneusement lambrissée, renfermant un autel décoré d'une statue de la Vierge. Au-dessus de la chapelle est une petite chambre, où l'on monte par un escalier qui tourne autour du tronc, dont le sommet est couvert d'un toit pyramidal surmonté d'une croix. Nous engageons les voyageurs qui vont d'Yvetot au Havre, à se détourner un peu de la route, et à aller visiter le chêne-chapelle d'Allouville.

BAONS. Bourg situé à 3/4 de l. d'Yvetot. Pop. 500 hab.

CANY. Bourg situé sur la rive gauche de la Durdent, à 6 l. 1/4 d'Yvetot. ✉ ⚘ Pop. 1,800 hab. Il est assez bien bâti, et possède un joli château dont le parc est embelli par les eaux vives de la Durdent. — *Fabriques* de toiles à claires-voies. Filatures de coton. Nombreuses huileries. — *Commerce* de toiles de toute sorte, graines oléagineuses, huile, lin, fil et bestiaux.

CAUDEBEC. Jolie ville maritime, située à 2 l. 1/2 d'Yvetot. ✉ ⚘ Pop. 2,832 hab.

L'origine de cette ville paraît remonter au-delà du IXe siècle. C'était autrefois une ville très-forte, entourée de murailles flanquées de tours, qui subsistent encore dans presque toute la ligne qu'elles occupaient jadis, et annoncent que ce devait être une place importante. Après la prise de Rouen par les Anglais, en 1419, Caudebec fut assiégée par Talbot, qui ne parvint à s'en rendre maître qu'après six mois de tranchée ouverte. Les Anglais l'évacuèrent en 1450. Durant les guerres de la Ligue, les protestants la prirent en 1582.

La ville de Caudebec est bâtie en amphithéâtre, au pied d'une montagne couverte de bois, sur la rive droite de la Seine, qui y forme un port commode, mais peu fréquenté; la partie située sur le fleuve est bordée de beaux quais bien ombragés, d'où l'on jouit d'une vue magnifique. Elle est arrosée par la petite rivière de Sainte-Gertrude, qui se sépare en deux bras avant de se jeter dans le port, qu'elle divise en deux parties.

L'église paroissiale est un édifice remarquable du XVe siècle, où l'artiste a prodigué à l'extérieur tous les trésors de l'architecture gothique. Le grand portail, en particulier, est un chef-d'œuvre d'élégance et de délicatesse. La tour, surmontée d'une flèche élancée, est entourée de trois couronnes qui semblent figurer la tiare romaine. On ne doit pas manquer de visiter dans l'intérieur la chapelle de la Vierge, qui renferme un pendentif admirable.

Aux environs, on remarque les ruines de l'église Sainte-Gertrude, qui renferme de magnifiques vitraux; et la chapelle de Notre-Dame de Barre-y-va, joli édifice du XIIIe siècle.

Manufacture de toiles à voiles. Fabriques d'amidon, savon, cuirs. Filatures de coton. Blanchisseries. — *Commerce* de biscuit pour la marine, grains, légumes secs, fruits, volailles, etc. Entrepôt de tout le pays de Caux. — *Hôtel* de la Poste.

DOUDEVILLE. Bourg situé à 4 l. d'Yvetot. ✉ ⚘ Pop. 3,172 hab.

FAUXVILLE-EN-CAUX. Bourg situé dans un pays fertile, à 3 l. d'Yvetot. ✉ Pop. 1,400 hab.

FONTAINE-LE-DUN. Bourg situé près de la source du Dun, à 6 l. 1/4 d'Yvetot. Pop. 500 hab. — *Commerce* de moutons.

GRAINVILLE-LA-TEINTURIÈRE. Bourg très-ancien, bâti sur l'emplacement de l'ancienne *Gravinum*, sur la rivière de Durdent. Pop. 2,000 hab.

GUERBAVILLE. Village situé près de la forêt de Brotonne, à 5 l. d'Yvetot. (⚘ à la Mailleraye) Pop. 1,600 hab.

Le hameau de la *Mailleraye*, remarquable par le beau château de ce nom, fait partie de la commune de Guerbaville.

LAURENT-EN-CAUX (SAINT-). Bourg situé à 5 l. d'Yvetot. Pop. 1,100 hab.

OHERVILLE. Village situé sur le Durdent, à 3 l. 3/4 d'Yvetot. Pop. 400 hab. On y trouve des eaux minérales, dont on fait usage avec succès dans diverses maladies.

OURVILLE-EN-CAUX. Bourg situé à 5 l. d'Yvetot. Pop. 1,260 hab. — *Fabriques* de toiles et de bougran.

SASSETOT-LE-MAUCONDUIT. Village situé à 7 l. 1/2 d'Yvetot. Pop. 1,500 h.

VALERY-EN-CAUX. Petite ville maritime, située sur l'Océan, à 7 l. 1/2 d'Yvetot. Tribunal de commerce. ✉ ⚘ Pop. 5,328 h. (*Établissement de la marée du port*, 9 *heures* 45 *minutes*.)

La fondation de cette ville ne remonte qu'au XVIe siècle. Elle est très-agréablement située dans une campagne abondante en bons pâturages, et possède un petit port très-sûr, resserré entre deux falaises, et par conséquent peu susceptible d'agrandissement.

Fabriques de soude. Filatures de coton. — Armements pour la pêche de la morue, du hareng et du maquereau. Les hommes de Saint-Valery ont la renommée d'être d'excellents matelots. — *Commerce* de grains, colza, poisson frais et salé, bestiaux, etc.

VALLIQUERVILLE. Bourg situé à 1/2 l. d'Yvetot. Pop. 1,550 hab.

VALMONT. Bourg situé près de la source de la rivière de Fécamp, à 6 l. 1/4 d'Yvetot. ✉ Pop. 1,050 hab. Ce bourg était autrefois défendu par un château fort, dont on voit encore quelques ruines. Il possède des eaux minérales ferrugineuses, que l'on emploie avec succès dans diverses maladies.

L'église paroissiale de Valmont est un assez joli édifice du XVIe siècle, où l'on remarque de beaux vitraux représentant l'appartement de la Vierge.

VEULES. Bourg situé au bord de la mer, à la source d'une petite rivière renommée par ses charmantes cressonnières, à 7 l. 1/2 d'Yvetot. Pop. 1,530 hab. — *Fabriques* de toiles peintes.

VILLEQUIER. Bourg situé à 4 l. d'Yvetot. Pop. 860 hab.

Ce bourg est dans une charmante situation, sur la rive droite de la Seine, au pied d'un coteau boisé, dont le sommet est couronné par un château. Il n'a qu'une seule rue parallèle au cours de la Seine. On y remarque à la fois la propreté exquise qui règne dans l'intérieur des habitations, et qui rappelle l'aspect des villages hollandais, et des constructions d'une nature toute particulière, suspendues au-dessus des eaux, presque devant chaque maison. A l'ouest s'élèvent des chantiers de construction pour des bâtiments d'un petit tonnage. On jouit près de cette ville d'un des plus beaux sites et des plus beaux points de vue qu'offre le cours de la Seine.

VITTEFLEUR. Bourg situé à 7 l. 1/2 d'Yvetot. Pop. 800 hab.

WANDRILLE (SAINT-). Village situé à 2 l. 1/4 d'Yvetot. Pop. 560 hab. Saint-Wandrille doit son origine à une célèbre abbaye fondée en 684, où le fils du dernier roi de la dynastie mérovigienne termina ses jours. Cette abbaye était une des plus considérables de la Normandie; on y voyait trois églises principales, non compris cinq autres églises renfermées dans l'enceinte du monastère. De tout ce luxe d'édifices religieux, il ne reste plus que les ruines imposantes de l'église abbatiale, dont chaque jour voit tomber une partie; le réfectoire, et le cloître, un des plus beaux qui aient été conservés en France. Ces derniers bâtiments sont aujourd'hui affectés à une filature de coton.

YERVILLE. Bourg situé à 3 l. 3/4 d'Yvetot. Pop. 1,300 hab.

YVETOT. Ville ancienne, chef-lieu de sous-préfecture. Tribunal de première instance et de commerce. Chambre consultative des manufactures. ✉ ☞ Pop. 9,021 h.

Cette ville est assez bien bâtie, dans une plaine élevée entièrement dépourvue d'eau : trois puits très-profonds et plusieurs belles citernes suppléent à cette grande incommodité. Sa situation au milieu d'un pays fertile, couvert d'habitations, de fermes et de villages environnés d'arbres fruitiers, est très-agréable ; ses alentours offrent partout des sites variés et de charmants paysages. Elle consiste, pour ainsi dire, en une principale rue de près d'une lieue de long, formée de maisons basses, construites en bois et couvertes en ardoises, dont l'aspect est assez agréable : le peu de hauteur de ces maisons, si l'on en excepte quelques-unes élevées de plusieurs étages, autour de l'église, vers le milieu de la rue des Carmes, donne à la ville l'air d'un grand bourg. On y remarque la belle promenade de l'Étoile, formée de plusieurs rangs d'arbres bien alignés.

Manufactures de toiles, basins, coutils, velours de coton, toiles de lin. Filatures de coton. *Commerce* considérable de grains et de moutons. — A 8 l. 1/2 de Rouen, 12 l. 1/2 du Havre, 40 l. de Paris.

FIN DU DÉPARTEMENT DE LA SEINE-INFÉRIEURE.

IMPRIMERIE DE FIRMIN DIDOT FRÈRES,
RUE JACOB, N° 24.

Guide Pittoresque
DU
VOYAGEUR EN FRANCE.

ROUTE DE PARIS A BAYONNE,

TRAVERSANT LES DÉPARTEMENTS

DE SEINE-ET-OISE, DU LOIRET, DE LOIR-ET-CHER, D'INDRE-ET-LOIRE, DE LA VIENNE, DE LA CHARENTE, DE LA CHARENTE-INFÉRIEURE, DE LA GIRONDE, DES LANDES ET DES BASSES-PYRÉNÉES.

DÉPARTEMENT DE LA VIENNE.

Itinéraire de Paris à Bayonne.

De Paris à Tours, voy. Route de Paris à Nantes, 1re, 2e, 3e et 4e Livraisons.

	lieues
De Tours à Montbazon.. ⊠ .. ⚘ ..	4
Sorigny................ ⚘ ..	2
Saint-Maure.......... ⊠ .. ⚘ ..	4
Les Ormes............ ⊠ .. ⚘ ..	4
Dangé................	1
Ingrande............. ⚘ ..	2
Châtellerault........ ⊠ .. ⚘ ..	2
Les Barres-de-Nintré.. ⚘ ..	2
La Tricherie......... ⚘ ..	2
Clan................	2
Poitiers............. ⊠ .. ⚘ ..	4
Croutelle............	2
Vivonne............. ⊠ .. ⚘ ..	4
Les Minières......... ⚘ ..	3
Couhé-Vérac........ ⊠ .. ⚘ ..	2
Chaunay............ ⚘ ..	2 1/2
Les-Maisons-Blanches.. ⊠ .. ⚘ ..	2
Ruffec..............	3
Les Nègres.......... ⚘ ..	2
Mansle............. ⊠ .. ⚘ ..	3
Touriers............	2 1/2
Churet............. ⚘ ..	1 1/2
Angoulême......... ⊠ .. ⚘ ..	3
Le Roulet.......... ⊠ .. ⚘ ..	4
Petignac........... ⚘ ..	3
Barbezieux........ ⊠ .. ⚘ ..	4
La Grolle.......... ⚘ ..	3

	lieues
Montlieu............ ⊠ .. ⚘ ..	4
Chiersac............ ⚘ ..	2
Cavignac............ ⊠ .. ⚘ ..	4
Saint-André de Cubzac. ⊠ .. ⚘ ..	4
Cubzac.............. ⚘ ..	1/2
Carbon-Blanc........ ⊠ .. ⚘ ..	2
Bordeaux............ ⊠ .. ⚘ ..	4
Le Bouscaut......... ⚘ ..	3 1/2
Castres.............. ⊠ .. ⚘ ..	3 1/2
Podensac............ ⊠ ..	1 1/2
Cerons............... ⊠ ..	1 1/2
Langon.............. ⊠ .. ⚘ ..	3
Bazas............... ⚘ ..	4
Captieux............ ⊠ .. ⚘ ..	5
Le Poteau........... ⚘ ..	4
Roquefort........... ⊠ .. ⚘ ..	5
Caloy............... ⚘ ..	3
Mont-de-Marsan..... ⊠ .. ⚘ ..	8
Campagne........... ⚘ ..	3 1/2
Meillan..............	1 3/4
Tartas............... ⊠ .. ⚘ ..	2 1/4
Pontons............. ⚘ ..	3
Dax (Saint-Paul-les-Dax). ⊠ .. ⚘ ..	3 1/2
Saint-Geours......... ⚘ ..	4
Saint-Vincent de Tirosse. ⊠ ..	1 1/2
Les Cantons......... ⚘ ..	2 1/2
Ondres.............. ⚘ ..	4
Saint-Esprit.........	2 1/4
Bayonne............. ⊠ .. ⚘ ..	1/4

Communication de Poitiers à Niort (DEUX-SÈVRES) **et à Bourbon-Vendée** (VENDÉE).

	lieues
De Poitiers à Croutelle........ ⚘ ..	2
Lusignan............ ⊠ .. ⚘ ..	5 1/2
La Ville-Dieu........ ⚘ ..	3
Saint-Maixent....... ⊠ .. ⚘ ..	4
La Crèche........... ⚘ ..	2 1/2
Niort............... ⊠ .. ⚘ ..	3

	lieues
Oulme............... ⊠ .. ⚘ ..	5
Fontenay............ ⊠ .. ⚘ ..	3
Mouzeil............. ⚘ ..	3
Luçon............... ⊠ .. ⚘ ..	3 1/2
Mareuil............. ⊠ .. ⚘ ..	2 1/2
Bourbon-Vendée..... ⊠ .. ⚘ ..	5

15e *Livraison.* (VIENNE.)

DÉPARTEMENT DE LA VIENNE.

ASPECT DU PAYS QUE PARCOURT LE VOYAGEUR
DE TOURS AUX MAISONS-BLANCHES.

En sortant de Tours, on parcourt une magnifique avenue tracée au milieu des vastes prairies qui séparent la Loire du Cher, rivière que l'on franchit sur un beau pont. Peu après, on voit le château de Grammont, ancienne maison de plaisance des archevêques de Tours. On laisse, à gauche, la route de Bourges, et l'on tourne à droite, en gravissant une côte assez roide. La route est agréable et variée jusqu'à Montbazon, petite ville agréablement située au milieu des prés et des vignobles qui bordent l'Indre, rivière que l'on passe sur un pont de pierre; sur le sommet de la colline, s'élève un antique château, dont la construction remonte au commencement du XIe siècle. A une demi-lieue de cette ville, est la belle et vaste poudrière de Ripault, qui n'occupe pas moins de deux cents ouvriers. La route que l'on suit traverse une plaine fertile en blé; elle est bordée de beaux arbres jusqu'au bourg de Sorigny, au-delà duquel est placé le relais de poste. Deux lieues après ce relais, on aperçoit, sur la gauche, le village de Sainte-Catherine de Fierbois, où l'intrépide Jeanne d'Arc trouva, dit-on, derrière l'autel de la chapelle du château de Comacre, l'épée glorieuse avec laquelle elle sut bientôt venger sa patrie. A une lieue et demie de là, est la petite ville de Sainte-Maure, remarquable par sa situation pittoresque et par les ruines de son antique château; la route passe à quelque distance, en suivant un chemin agréable, bordé d'arbres et de maisons, dans l'une desquelles est la belle auberge de la Poste. En sortant du faubourg de Sainte-Maure, on passe la Manse, et l'on quitte la route en forme d'avenue que l'on a suivie jusque-là; la contrée devient sablonneuse, et ne produit plus que du seigle. Au bout de deux lieues, on longe, à droite, la ferme de Beauvais; une lieue après, on traverse le village de la Selle, et une demi-lieue plus loin celui de Port-de-Piles, que précède un beau pont jeté sur la Creuse, qui, de ce côté, forme la limite du département d'Indre-et-Loire et de la Vienne.

Après le Port-de-Piles, on parcourt une plaine agréable jusqu'au relais des Ormes, village bâti sur la rive droite de la Vienne, et remarquable par un des plus beaux châteaux du département, dont nous parlerons en son lieu. La route que l'on suit après les Ormes est toujours sablonneuse et peu fertile jusqu'au village de Dangé, où l'on commence à voir les coteaux couverts de vignobles qui bordent la rive gauche de la Vienne, que l'on côtoie, sans l'apercevoir, jusqu'à Ingrande. Après ce village, la vallée de la Vienne se rétrécit et la route se rapproche de la rivière. On longe, à gauche, des montagnes couvertes d'habitations; le sol, quoique toujours sablonneux, s'améliore progressivement en approchant de Châtellerault, ville renommée par l'élégance et le bon marché de sa coutellerie, dont chaque voyageur ne doit pas manquer de faire provision. La Vienne traverse cette ville, ou plutôt la sépare d'un de ses faubourgs. Une belle avenue conduit au magnifique pont en pierre de taille, jeté d'une rive à l'autre : au bout de ce pont est un joli château en forme de porte de ville, flanqué de quatre tours rondes, sous lequel passe la route. Au sortir de la ville, on traverse la petite rivière de Lanvigné, et peu après on entre dans la forêt de Châtellerault, au sortir de laquelle s'étend une plaine fertile en blé. La route parcourt une contrée agréable, peuplée de beaux villages : on passe aux Barres-de-Nintré, à la Tricherie, à Clan, relais situé sur le Clain, qui forme derrière la poste des nappes et des îlots d'un effet agréable. Au hameau de Grand-Pont, on passe l'Auzance sur un pont de pierre. A une lieue de là, la route se rapproche du Clain; un peu plus loin, elle s'élève en terrasse, domine la vallée, et est elle-même dominée par un escarpement calcaire très-pittoresque. Au hameau de la Poquinerie, on aperçoit à une lieue de distance, sur le penchant de la colline opposée, la ville de Poitiers, où l'on entre par la porte basse du faubourg de la Cueille.

On sort de Poitiers par le faubourg de la Tranchée. Au bout d'une demi-lieue on laisse, à gauche, un chemin qui conduit aux ruines d'un aqueduc romain, situé près d'une maison nommée l'Ermitage. La route parcourt une plaine de champs peu variés jusqu'au relais de Croutelle; elle passe ensuite à l'Hommeraye, à Ruffigny, et à Vivonne, petite ville située au confluent du Clain et de la Vonne. Au sortir de cette ville, on passe la Vonne sur un pont de pierre et l'on gravit ensuite une côte rapide. A un quart de lieue de là, on voit, à gauche, le château gothique de Cersigny, entouré par les eaux du

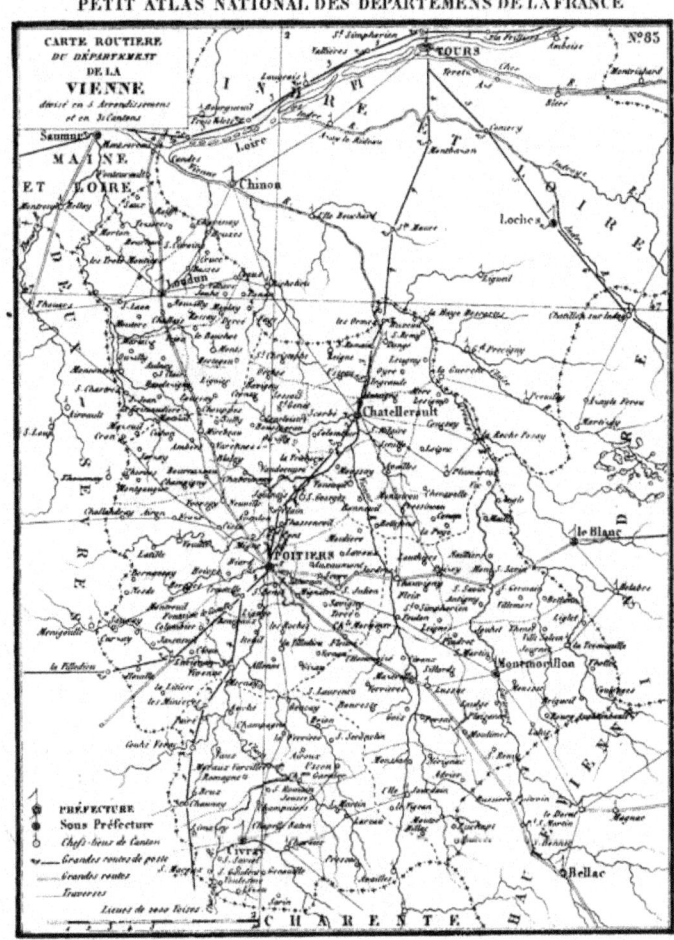

Clain; on suit ensuite une route assez monotone, en passant aux Minières, à Couhé-Vérac et à Chaunay. Après ce relais, on gravit une côte, au bas de laquelle s'étend une vaste plaine qui se prolonge jusqu'au hameau des Maisons-Blanches, enclavé dans le département des Deux-Sèvres, dont la route parcourt une extrémité avant d'entrer dans le département de la Charente.

DÉPARTEMENT DE LA VIENNE.

APERÇU STATISTIQUE.

Le département de la Vienne est formé de l'ancienne province de Poitou, et tire son nom de la rivière de Vienne qui le traverse du sud au nord et va se réunir à la Loire dans le département de Maine-et-Loire. Ses limites sont : au nord, le département de Maine-et-Loire et d'Indre-et-Loire ; à l'est, celui de l'Indre ; au sud, celui de la Haute-Vienne et de la Charente ; à l'ouest, celui des Deux-Sèvres. — Le climat est en général tempéré. Les vents dominants sont ceux du nord en hiver, du sud en été, et du nord-ouest au printemps : ce dernier, connu sous le nom de *galerne*, est quelquefois très-funeste à la végétation par les froids subits et inattendus qu'il amène.

Le territoire de ce département est inégal, varié et entrecoupé de montagnes, de coteaux, de plaines fertiles et étendues, de landes, de bruyères, de vastes forêts et d'excellents pâturages. Le sol, quoique de médiocre qualité, produit cependant des grains de toute espèce, des légumes, des fruits et beaucoup de vin, dont la majeure partie est convertie en eau-de-vie. Les pâturages y sont excellents et particulièrement favorables à l'éducation des chevaux et des mulets.

Le terroir de l'arrondissement de Poitiers est très-inégal en qualité. Dans la partie qui est entre le Clain et la Vienne, les terres sont généralement maigres et sablonneuses : on y trouve la plus vaste forêt du département ; le canton de Dénay est couvert de vignobles qui donnent des vins de bonne qualité. La partie nord est plus fertile : les cantons de Neuville, de Jaulnais, et une partie de ceux de Vouillé, Vouzailles et Mirebeau, sont plantés en vignes. La partie qui est à l'ouest et au sud de Poitiers est bien moins fertile que celle du nord, à l'exception des cantons de Sauzay et de Latillé.

Dans l'arrondissement de Châtellerault, la partie qui s'étend de cette ville aux Ormes offre une plaine sablonneuse peu fertile, qui ne produit guère que du seigle : en tournant vers l'est, on trouve un terrain couvert de landes et de bruyères, qui comprend une partie du canton de Dangé, et la presque totalité de ceux de Pleumartin, de Lésigny et de Montoiron. Une partie du canton de Vouneuil est assez fertile ; mais le reste offre une plaine sablonneuse, en majeure partie stérile. A l'ouest, le canton de Leigné offre de belles plantations de vignes et des terres labourables de médiocre qualité. Le canton de Saint-Genest est le plus fertile de l'arrondissement, et peut-être même du département, dont il est regardé comme le jardin ; on y cultive une grande quantité d'arbres à fruits et de légumes.

Les terres de l'arrondissement de Civray sont en général glaiseuses et froides ; plus du tiers de cet arrondissement est couvert de landes et de bruyères. On y trouve cependant des terres à froment d'une qualité supérieure, et quelques vignes, dont les produits suffisent à peine à la consommation des habitants. La partie du territoire qui borde la Charente est bien cultivée et abonde en grains de toute espèce.

Le terroir de l'arrondissement de Loudun est en général assez fertile ; c'est en quelque sorte un sable gras, propre à la végétation, et dans d'autres parties une terre noire qui a du corps et de la profondeur. Dans quelques cantons, on ne trouve cependant qu'une argile glaiseuse et une marne brûlante. Les vignes des communes de Ranton, Cursai, Saint-Leger, Arçay et Chalais, produisent un vin blanc de bonne qualité et très-spiritueux, dont une partie s'exporte à l'étranger.

Le terroir de l'arrondissement de Montmorillon est généralement stérile ; les trois cinquièmes environ n'offrent que des landes et des bruyères. Presque partout il est formé d'une terre argileuse et maigre, ou d'une terre blanche marneuse, posée sur des bancs d'une pierre tendre. Les environs de Chauvigny sont plantés en vignes, dont le vin est de bonne qualité; il y a aussi quelques vignes dans les environs de Montmorillon, mais elles ne donnent que des vins médiocres.

Le département de la Vienne a pour chef-lieu Poitiers. Il est divisé en 5 arrondissements et en 31 cantons, renfermant 301 communes. — Superficie, 366 lieues carrées.— Population, 282,731 habitants.

MINÉRALOGIE. Minerai de fer abondant. Carrières de marbre, granit, pierres meulières, pierres à aiguiser, pierres lithographiques, pierres à chaux, argile à poterie, marne.

SOURCES MINÉRALES à Availles, à la Roche-Posay.

PRODUCTIONS. Céréales de diverses espèces, légumes secs, pommes de terre, excellentes truffes, châtaignes, très-bons fruits, noix, amandes, chauvre, lin. Abondants pâturages. Pépinière départementale. — 28,491 hectares de vignes. — 63,088 hectares de forêts. — Menu gibier. Élève des chevaux et des mulets. Bêtes à cornes, moutons, chèvres, porcs, volailles.

INDUSTRIE. Fabriques de serges, grosses étoffes de laine, couvertures, dentelles communes, bonneterie, coutellerie fine et renommée, sellerie, amidon. Blanchisseries de toiles et de cire. Tanneries. Forges, hauts-fourneaux. Papeteries.

COMMERCE de grains, farine, légumes secs, châtaignes, vins, eau-de-vie, noix, faînes, cire, miel, laines, chanvre, lin, cuirs, fer, ardoises, etc.

**VILLES, BOURGS, VILLAGES, CHATEAUX ET MONUMENTS REMARQUABLES;
CURIOSITÉS NATURELLES ET SITES PITTORESQUES.**

ARRONDISSEMENT DE POITIERS.

BENASSAY. Village situé à 7 l. de Poitiers. Pop. 1,420 hab.

BENOIT (SAINT-). Village situé à 1 l. de Poitiers. Pop. 500 hab. — Papeterie.

BERUGES. Village situé à 3 l. 1/2 de Poitiers. Pop. 800 h.—*Fabriques* de draps, filature de laine (au Pin).

BIARD. Village situé à 1 l. de Poitiers. Pop. 450 hab. — *Fabriques* de bonneterie. Filatures de coton.

BONNES. Bourg agréablement situé, sur la rive gauche de la Vienne, à 6 l. de Poitiers. Pop. 1,350 hab.

GEORGES - LES - BAILLARGEAUX (SAINT-). Bourg situé à 3 l. de Poitiers. Pop. 1,300 hab.

JAULNAIS. Village situé à 4 l. de Poitiers. Pop. 1,500 hab.

JULIEN-L'ARS. Village situé sur la route de Châteauroux à Poitiers, à 4 l. de cette dernière ville. Pop. 700 hab.

LATILLÉ. Village situé sur la rive droite de l'Auzance, à 5 l. de Poitiers. Pop. 1,200 hab. — Papeterie.

LUSIGNAN. Petite ville, bâtie dans une situation agréable, sur la petite rivière de Vonne, à 7 l. de Poitiers. ⌧ Pop. 2,350 h.

Cette ville conserve quelques restes d'une des plus belles et des plus anciennes forteresses de France, que nos romanciers disent avoir été construite par la fameuse fée Mélusine. Quelques historiens pensent que cette forteresse fut bâtie par Geoffroi à la grande dent; ils se fondent sur ce qu'on voyait autrefois l'effigie du comte au-dessus de la principale entrée de la grande tour: mais il paraît constant que la fondation de ce château est due à Hugues II, dit le Bien-aimé, seigneur de Lusignan. La terre de Lusignan passa, au XIVe siècle, dans le domaine royal: Hugues-le-Brun ayant fait à Philippe-le-Bel des dons considérables, Guy, son frère, irrité de cette disposition, jeta le testament au feu. Le roi le fit accuser de conspiration, et s'empara du comté de Lusignan par voie de confiscation: on rapportait qu'à cette occasion l'ombre de Mélusine s'était lamentée sur la plate-forme du château pendant douze nuits consécutives.....

Le château de Lusignan soutint à diverses époques des siéges très-meurtriers, et fut redoutable à la plupart des généraux qui tentèrent de s'en emparer. Ce château fut pris par Henri II, roi d'Angleterre. Le duc d'Orléans, qui devint roi sous le nom de Louis XII, y fut enfermé. L'amiral de Coligny le prit en 1569, et en donna le commandement au baron de Mirambeau, qui fut forcé de le rendre au mois de septembre de la même année. Les protes-

tants le reprirent en 1574. Peu de temps après, le duc de Montpensier l'assiégea et le prit par famine, le 25 janvier 1575, et en fit ruiner toutes les fortifications, lesquelles, cependant, furent rétablies en 1622; mais peu de temps après, le roi les fit démolir. Ainsi fut détruite cette vaste forteresse, un des plus puissants boulevards de la féodalité. Elle était entourée de trois enceintes, distantes l'une de l'autre de deux cents pas, dominait sur la ville, et en était séparée par une grande esplanade; de ce côté était une espèce de bastion, qu'on nommait la porte Geoffroi. Deux grandes tours et un fossé large et profond défendaient cette porte, par laquelle on entrait par un pont-levis; il fallait encore passer par deux autres enceintes fermées de murs et de fossés; à la dernière était la tour Poitevine. A gauche de la grande place était le beffroi. Hors du corps de la place s'élevait la tour de Mélusine, dont le fond était occupé par la fameuse fontaine de ce nom, sur laquelle on a fait tant de fables. Il ne reste aujourd'hui aucune trace de tant de murs et de tours; on acheva de les détruire sous le règne de Louis XIII.

Sur l'emplacement de cet ancien monument de la féodalité, on a formé une promenade publique, où l'on jouit d'une vue agréable; le château n'offre plus qu'une faible idée de nombreux édifices qui l'entouraient, et dont la grandeur gigantesque exerça l'esprit de nos vieux romanciers.

Fabriques de serges. Tanneries. — *Commerce* important de graines de trèfle et de luzerne, de grains et de mules.

MIGNÉ. Village situé à 1 l. 1/2 de Poitiers. Pop. 1,800 hab.

MIREBEAU. Petite ville, située à 7 l. de Poitiers. ✉ Pop. 2,405 hab. — *Commerce* de grains, vins, laines et moutons.

Mirebeau doit son origine à un ancien château bâti par Foulques Néra, comte d'Anjou. Ce château soutint un siège rigoureux en 1202, parce qu'Éléonore d'Aquitaine, veuve de Henri II, roi d'Angleterre, s'y était renfermée pour se dérober à la poursuite d'Arthus, comte de Bretagne, son petit-fils. Le château de Mirebeau fut détruit dans le XVIIe siècle.

Près de Mirebeau est le village de Puy-Taillé, dont le seigneur avait le privilége héréditaire de chasser les serpents, en leur criant à haute et intelligible voix qu'ils eussent à se retirer, attendu que le seigneur de Puy-Taillé l'entendait ainsi... Ce conte absurde, consigné dans les ouvrages de Berchorius et de Dreux-Duradier, ne doit pas cependant paraître plus extraordinaire que celui sur le don de guérir les écrouelles, que possédaient jadis les rois de France.

NEUVILLE. Bourg situé à 3 l. 1/2 de Poitiers. ✉ Pop. 2,750 hab.

POITIERS. Grande et très-ancienne ville, chef-lieu du département. Cour royale d'où ressortissent les départements de la Vienne, de la Charente-Inférieure, des Deux-Sèvres et de la Vendée. Tribunaux de première instance et de commerce. Chambre consultative des manufactures. Société d'agriculture, belles-lettres, sciences et arts. Académie universitaire. Faculté de droit. Collège royal. École secondaire de médecine. École gratuite de dessin et d'architecture. Évêché. ✉ ☞ Pop. 23,128 hab.

Poitiers est une des plus anciennes villes des Gaules; elle existait avant la conquête que les Romains firent du pays. L'abbé Belley a prouvé, dans une dissertation insérée aux Mémoires de l'Académie des inscriptions et belles-lettres, que c'était la même ville que l'ancienne *Limonum*, place forte et célèbre du temps de la conquête des Gaules par César. Des restes de monuments bâtis par les Romains attestent son importance dans les siècles éloignés. Ammien Marcellin dit que les Pictones furent d'abord soumis par Crassus, qui, les ayant traités avec humanité, les rendit reconnaissants envers leurs vainqueurs : reconnaissance qui ne tarda pas à se manifester, et fut même poussée au-delà de ses bornes naturelles, tant les Gaulois furent de tout temps sensibles, et naturellement portés aux extrêmes. Les Pictones embrassèrent la querelle des Romains contre leurs propres compatriotes les Gaulois; ils s'armèrent contre les Andecavi, et soutinrent un siège rigoureux dans leur capitale, siège entrepris par Dumnacus, chef ou roi de ces Andecavi. Toujours fidèle aux Romains, la ville de Poitiers fut depuis comprise, avec son territoire, dans la seconde Aquitaine, par le faible Honorius. Elle ne tarda pas à devenir, avec les Gaules entières, la proie des Barbares, qui l'envahirent tour à tour, et surtout les Visigoths, dont elle devint la conquête à leur passage dans les Espagnes. Clovis s'en rendit maître après la fameuse victoire qu'il remporta sur leur roi Alaric.

A peine la ville de Poitiers jouissait-elle d'un repos chèrement acheté, qu'une puissance formidable, qui couvrait l'Espagne de ses armées, les précipita, ayant Abdérame à leur tête, sur la France, gouvernée alors par Charles Martel. Abdérame passa les Pyrénées en 732, et entra dans les Gaules par la Gascogne. Il emporta d'assaut la ville de Bordeaux, qu'il livra au pillage. Le duc d'Aquitaine, reculant devant ce redoutable ennemi, avait rassemblé toutes ses forces de l'autre côté de la Dordogne. Abdérame passa cette rivière, attaqua Eudes sur ses bords, le vainquit avec un prodigieux massacre des Aquitains, et le força de s'enfuir de nouveau vers le nord. Eudes passa la Loire, et somma Charles Martel d'oublier leurs discordes pour défendre avec lui la commune patrie. La Gaule semblait menacée du sort de l'Espagne : l'un et l'autre pays étaient affaiblis par les mêmes causes; il y avait de même division entre les grands, corruption dans l'armée, absence d'intérêt public dans le peuple, résolution obstinée dans le clergé de ne point contribuer aux frais d'une guerre qui, cependant, l'intéressait plus qu'aucun autre ordre de l'état. Mais si, à toutes ces causes de désastres, on pouvait joindre l'incapacité des rois de France, les Francs, d'autre part, avaient l'avantage de voir à la tête de leur armée un homme de cœur. Charles, en effet, accueillit honorablement le duc d'Aquitaine, se réconcilia franchement avec lui, et prit aussitôt des mesures pour le secourir avec toutes les forces de la monarchie. Le progrès des musulmans était retardé par la résistance des villes, et peut-être par l'avidité même avec laquelle ils pillaient tout le pays qu'ils traversaient. Ils avaient à peine passé Poitiers, lorsqu'ils rencontrèrent Charles et l'armée des Francs austrasiens. Pendant sept jours, les deux généraux manœuvrèrent en présence l'un de l'autre, pour s'assurer le terrain le plus favorable, ou pour le faire abandonner à l'ennemi; ils semblaient hésiter à livrer une bataille dont les suites pouvaient être si fatales; enfin, ils l'engagèrent un samedi du mois d'octobre 732. Un seul parmi les auteurs contemporains, Isidore, évêque de Reja, en Portugal, a parlé de cette bataille avec un laconisme moins désespérant que le reste des chroniqueurs. Il représente l'armée des hommes du Nord ou des Francs, comme une paroi immobile, comme un mur de glace, contre lequel les Arabes, armés à la légère, venaient se briser sans y faire aucune impression. Les épais bataillons des Maures, brillant de tout ce que l'Asie avait alors de luxe, et la valeur d'éclatant, furent enfoncés par l'impétuosité française. Abdérame lui-même tomba blessé mortellement. Charles, qui sans doute avait chèrement acheté la victoire, ne voulut point s'engager à leur poursuite; il craignit les embuscades que dresserait, dans sa retraite, une armée redoutable. Il partagea le butin entre ses soldats, et ramena ses troupes dans leurs foyers.

La victoire de Poitiers fut importante par ses conséquences : elle rendit aux Francs et aux Aquitains de la confiance; elle refroidit l'ardeur des musulmans pour les conquêtes; elle ralentit surtout l'activité du gouvernement de Cordoue, qui devait attendre de Bagdad le successeur que le calife donnerait à Abdérame, et qui, bientôt, fut troublé par des factions et des guerres civiles.

Plus tard, les champs de Poitiers, après avoir été témoins de tant de vaillance, le furent encore d'une bataille aussi désastreuse pour la France que celle d'un héros avait été glorieuse. C'est dans le village de Maupertuis, à une lieue et demie de Poitiers, que le roi Jean atteignit le fameux prince Noir, commandant l'armée de son père Édouard III, roi d'Angleterre. Ce prince, sentant l'infériorité de ses forces, offrit de payer tout le dommage qu'il avait fait dans ses courses, de rendre toutes les villes, tous les châteaux qu'il avait pris, de remettre en liberté les prisonniers qu'il avait faits, et de ne point porter les armes contre la France pendant sept ans. Ses troupes, fatiguées, manquaient de vivres, de fourrages, et étaient enveloppées de toutes parts par une armée six fois plus nombreuse. Le roi de France, présumant trop de son avantage, rejeta ces offres, et demanda que le prince anglais se rendît prisonnier, lui et toute son armée : il aurait pu, sans verser de sang, le forcer à accepter ces dernières conditions, s'il eût seulement attendu trois jours; mais une ardeur téméraire l'emporta. Il comptait sous ses drapeaux plus de soixante mille combattants. Jamais la France n'avait vu des troupes plus brillantes et conduites par des chefs plus illustres. « Les quatre fils du roi, « les princes du sang, les plus grands seigneurs, ne nul chevalier, dit un historien « du temps, ne écuyer n'avoit osé demeurer « à l'hôtel, de peur d'être déshonoré. » Le roi, ayant disposé son armée en bataille, parcourut les rangs et harangua ainsi ses soldats : « Entre vous autres, quand vous « êtes à Paris, à Chartres, à Rouen ou à « Orléans, vous menacez les Anglois et désirez avoir le bassinet en la tête devant eux; « or y êtes-vous; je vous le montre; si leur « veuillez rencontrer leur maltalent, et contre-venger vos ennemis, et les dommages

« qu'ils vous ont faits, car sans faute nous « combattrons. » On donne le signal, les Français s'avancent et s'engagent dans des défilés; les archers anglais les reçoivent à coups de traits; en un moment la terre est couverte de morts et de blessés : ce premier échec décide du sort de la bataille. Les Français, accablés par l'ennemi, reculent en désordre, se culbutant les uns sur les autres. Un corps de bataille de vingt mille hommes, que commandait le dauphin, en voyant revenir quelques fuyards, fut frappé d'une terreur panique et s'enfuit devant six cents Anglais. Une autre division, commandée par le duc d'Orléans, prend la fuite avant même d'être attaquée; et il ne reste plus dans les plaines que la troupe qui combattait sous les drapeaux du monarque. Le prince Noir, du haut d'une colline, avait aperçu la déroute des deux tiers de l'armée française, déroute qui était principalement due à la lâcheté des princes du sang, hommes sans courage et sans capacités, mais qui, par leur rang, étaient chargés de diriger les mouvements les plus importants; aussitôt il s'avance avec Chandos sur les troupes qui entourent le roi Jean. Le monarque français oppose une ferme résistance et fait des prodiges de valeur. Philippe, le plus jeune de ses fils, âgé seulement de treize ans, combattait à ses côtés avec une ardeur héroïque; il fut blessé en s'opposant aux coups qu'on portait à son père. Déjà tous les chefs français étaient tombés couverts de blessures. Le roi, environné de corps morts, une hache à la main, effrayait tous ceux qui osaient l'approcher; chaque coup qu'il portait était un coup mortel; en vain lui criait-on de se rendre, il ne répondait que par de nouveaux efforts; enfin, ayant deux blessures au visage, il fut de nouveau sollicité de mettre bas les armes, et se rendit à un gentilhomme français, nommé de Morbec.

En 1152, la ville de Poitiers passa sous la domination anglaise par le mariage d'Éléonore d'Aquitaine avec Henri, duc de Normandie, qui devint roi d'Angleterre; elle y resta jusqu'en 1204, époque où elle fut réunie à la couronne par Philippe-Auguste. Les Anglais s'en emparèrent une seconde fois, mais Jean, duc de Berri et comte de Poitou, la leur reprit en 1356; Charles VII, qui lui succéda dans la suite, la réunit à la couronne. Dans ce temps malheureux les Anglais, maîtres de Paris et de la plus grande partie de la France, ne laissaient au roi qu'un petit nombre de provinces. Poitiers devint alors, pendant quatorze ans, la ca-pitale du royaume. Charles VII y tint longtemps sa cour, et le parlement y fut transféré. Cette ville, dont les rois d'Angleterre avaient déjà étendu l'enceinte, reçut alors un nouvel accroissement; mais les guerres de religion diminuèrent beaucoup sa population.

Les habitants de Poitiers embrassèrent des premiers la religion réformée. En 1562, après le massacre de Wassy, les protestants s'emparèrent de cette ville, et, par représailles des mauvais traitements qu'avaient exercés sur eux les catholiques, ils pillèrent les églises, brûlèrent les statues des saints et leurs reliques. Quelque temps après, Poitiers fut reprise par le parti des catholiques, qui y commit d'épouvantables scélératesses : le maréchal de Saint-André fit pendre le maire et plusieurs autres particuliers, abandonna la ville à la licence des soldats, et permit le meurtre des habitants pendant huit jours; le pillage, les massacres, les viols et toutes les cruautés imaginables furent exercés pendant ce temps avec une férocité sans exemple; les chefs et les soldats catholiques luttèrent de cruauté jusqu'à mourir eux-mêmes de lassitude du crime, du meurtre et du brigandage. De Serres rapporte « qu'un homme d'armes du maréchal de « Saint-André fit une fricassée d'oreilles « d'hommes, conviant à ce banquet quelques « siens compagnons, où les blasphèmes furent prononcés si horribles, qu'ils ne peu-« vent s'écrire. »

En 1569, l'amiral Coligny investit cette ville avec une armée considérable; le siége fut long; les habitants se défendirent avec courage, les femmes même partagèrent la fatigue des guerriers. La ville fut sauvée par un de ces travaux que le désespoir enfante et fait exécuter; les assiégés bouchèrent les arcades du pont de Rocbereuil; les eaux du Clain se débordèrent, inondèrent le camp des assiégeants et les forcèrent à la retraite.

La Ligue fut reçue à Poitiers, et s'y maintint par les menées de l'évêque, du maire, et par les prédications furieuses de quelques moines, jusqu'à l'époque où Henri IV fit abjuration. C'est dans cette ville que fut jugé, condamné et brûlé vif, en 1634, le malheureux Urbain Grandier, accusé d'avoir ensorcelé les religieuses de Loudun.

Poitiers possédait jadis un antique château fort, fameux dans l'histoire par les noms de ceux qui l'ont habité et par les événements qui s'y sont passés; cette vaste forteresse fut détruite sous le règne de Louis XIII.

La ville de Poitiers est bâtie sur le sommet et sur le penchant d'un coteau de nature calcaire, qui forme une espèce de promontoire circonscrit par deux vallons, au milieu desquels coulent le Clain et la Boivre, qui se réunissent au-dessous de cette cité et l'entourent ainsi de trois côtés : le confluent de ces deux rivières ; la promenade du pont Guillon qui occupe l'espèce de promontoire où ces deux rivières se réunissent ; les vieilles tours, débris encore imposants du gothique château dont cette promenade a pris la place ; la fraîcheur des eaux, les méandres qu'elles décrivent, les moulins qu'elles mettent en mouvement, les belles allées de boulevards qu'elles baignent, la belle maison des bains qu'elles alimentent, le bâtiment de l'abbaye et de l'église de Moutierneuf, qui s'élève derrière ce tableau, enfin l'amphithéâtre que forme la ville derrière, tout cet ensemble offre une perspective délicieuse ; pour en bien jouir, il faut monter sur le coteau des dunes, qui s'élève en face.

Poitiers est une des plus grandes villes de France, mais elle n'est pas peuplée en raison de son étendue. Elle est ceinte de murailles antiques, flanquée de tours de distance en distance, et généralement mal bâtie. Les rues sont, pour la plupart, étroites, excessivement escarpées et pénibles à parcourir, tant par la rapidité des pentes que par la mauvaise nature des pavés. L'intérieur n'offre qu'un immense amas de maisons sans goût, sans architecture, sans dignité, séparées dans quelques endroits par de vastes jardins, des vergers et même des terres labourables. La place d'armes est remarquable par son étendue.

Plusieurs édifices antiques ont décoré cette ville, mais à peine s'il en reste quelques vestiges : le palais Gallien n'est plus qu'un souvenir ; l'amphithéâtre, bâti au second siècle de l'ère chrétienne, n'offre plus que des décombres ; aux environs, et même dans l'intérieur de la ville, on remarque quelques restes assez bien conservés de trois aqueducs construits avec toute la solidité que les Romains donnaient à leurs ouvrages. Ces aqueducs se terminaient à l'amphithéâtre, et il paraît qu'indépendamment de l'eau qu'ils étaient destinés à fournir pour la consommation des habitants de Poitiers, ils servaient encore à alimenter une naumachie.

L'ÉGLISE CATHÉDRALE, dédiée à saint Pierre, est un bel édifice dont la construction est attribuée à Henri II, roi d'Angleterre. Elle resta long-temps en construction, ainsi qu'on peut en juger par les différentes coupes de fenêtres, dont les unes ont leurs voûtes en ogive et les autres à plein cintre. Néanmoins, dans ce temple règne, avec l'unité de dessin, le grandiose de l'art, qui respire tout à la fois et dans sa vaste étendue et dans la hardiesse de ses voûtes : ses piliers en faisceaux sont d'une délicatesse exquise. Ce temple majestueux n'a rien de cet éclat frivole emprunté à la superfluité des ornements, et le mauvais goût n'y a point chargé le beau gothique d'un mélange confus de figures, de feuillages et de festons ; on y reconnaît une époque de transition vers le modèle plus simple que les œuvres du vieil âge, plus hardi que celles des temps nouveaux. Toutefois c'est avec raison qu'on fait un reproche du peu d'élévation des nefs. Les tours ou clochers qui accompagnent la principale entrée ne sont ni d'un même dessin ni de la même architecture. La tour de l'horloge s'élève avec élégance et délicatesse : une galerie dentelée la couronne, et le même ordre règne autour de l'église. La tour des cloches est plus simple, d'un style moins sévère, et moins agréable à la vue. Une galerie moderne règne dans l'intérieur de ce temple : trois tribunes, supportées par des arceaux aplatis, y soutiennent un orgue d'une beauté remarquable. Les voûtes des arceaux forment, au-dessous, une petite chapelle, au milieu de laquelle sont posés les fonts baptismaux, dont le dessin est de bon goût. Près de la sacristie est un marbre antique, sur lequel on lit une inscription romaine, provenant du temple Saint-Jean, dont nous parlerons ci-après.

Cette église fut le théâtre d'un événement remarquable. En 1100, plusieurs prélats s'y assemblèrent dans le dessein d'excommunier Philippe Ier, qui, ayant fait déclarer nul son mariage avec la reine Berthe, avait épousé Bertrade, femme du comte d'Anjou. On sait que Guillaume VII, comte de Poitiers, s'opposa à cette excommunication. Ce même Guillaume, ayant enlevé publiquement la belle vicomtesse de Châtellerault qu'il cacha dans son palais, encourut lui-même l'anathème de l'évêque Pierre, qui fit assembler le peuple dans la cathédrale pour prononcer solennellement la formule d'excommunication. Mais Guillaume entra dans l'église, saisit l'évêque par les cheveux et le somma de lever l'interdiction sous peine de mort. Pierre refusa avec courage, et le comte, remettant son épée dans le fourreau, lui dit : « Je ne t'aime pas assez pour t'envoyer en « paradis ; » ensuite il le chassa de son siège et l'exila à Chauvigny.

PORTE DU PONT JOUBERT A POITIERS.

L'église de Sainte-Radegonde est une ancienne collégiale, fondée par Radegonde, femme de Clotaire, qui, épouvantée des crimes de son époux, prit le voile et vint se réfugier à Poitiers. Cette église, étant devenue la proie des flammes, fut reconstruite en 1099. On distingue dans son ensemble diverses époques de construction; il ne reste de plus ancienne que la moitié environ de l'édifice, dans lequel se trouve la crypte ou tombeau de sainte Radegonde. L'intérieur paraît beaucoup plus moderne. La tour ou clocher, sous laquelle est l'entrée principale de l'église, appartient également à la construction primitive; mais les ornements d'architecture de ce portail ont été ajoutés postérieurement à son élévation, et ne semblent pas devoir remonter tout au plus au-delà du XVe siècle. Le surplus du bâtiment est absolument moderne.

L'église Saint-Hilaire doit être considérée comme étant d'une fondation très-ancienne : elle existait lorsque Chludwig marcha contre Alaric II. Il paraîtrait, d'après la chronique d'Adémar de Chabanais, que cette église fut incendiée par les Sarrasins en 732. Elle devint de nouveau la proie des flammes à plusieurs époques, et elle n'était point encore reconstruite en 877. Les moines qui la desservaient l'avaient abandonnée depuis les incursions des Normands. L'église collégiale, dont une portion est encore debout, fut commencée par Adèle d'Angleterre, femme d'Èbles, dit Mauzer, comte de Poitiers. Gaultier Coorland en dirigea la construction en majeure partie, et Agnès de Bourgogne, troisième femme de Guillaume III fit parachever l'édifice. Sa dédicace date du 1er novembre 1049 : treize archevêques et évêques y assistèrent. Son clocher s'écroula le 22 janvier 1591. Celui actuel fut commencé et achevé l'année suivante.

Temple Saint-Jean. Le monument connu sous le nom de temple de Saint-Jean, et la pierre sépulcrale de Cluarenille, ont des rapports tellement immédiats entre eux que nous ne séparerons point leurs description et explication. Siauve a publié une dissertation pleine d'érudition sur ce premier monument, dont il a fait graver le plan, ainsi qu'une copie de l'inscription funéraire. Il soupçonne que sa construction remonte au IVe ou au Ve siècle, et qu'il fut affecté primitivement à l'exercice du culte catholique; mais il n'a pas osé se prononcer sur la question de savoir s'il renfermait réellement le bloc tumulaire en marbre blanc que l'on voit aujourd'hui dans la cathédrale. Le temple de Saint-Jean est un quadrifrons ouvert primitivement de ses quatre côtés ; le corps du bâtiment forme un carré long d'environ quarante pieds, sur vingt-cinq pieds huit pouces dans œuvre. Sa hauteur peut être évaluée à cinquante pieds jusqu'au sommet de l'angle que forme le pignon, ou comble, qui a toujours été à double égout. Le portail actuel d'entrée, ou porche, sur lequel on voit une espèce de petit clocher, est un ouvrage grossier ajouté postérieurement et appliqué sur une des façades. Le fond du temple est ouvert par un arceau de onze à douze pieds de haut sur huit de large ; les arcades des deux petites façades n'avaient que huit à neuf pieds de hauteur sur une largeur de six environ ; elles étaient ornées de colonnes d'ordre corinthien, dont il n'est pas facile de distinguer aujourd'hui la couleur primitive, puisqu'elles ont été recouvertes de chaux et de peinture en noir, et qu'elles se trouvent enveloppées dans le mur dont on a fermé ces arceaux : néanmoins elles semblent être de marbre gris, veiné de blanc, à l'exception de celles qui soutiennent le cintre des portes feintes du côté du sud-est, qui sont en marbre fond rouge. Tous leurs chapiteaux différenciés blessent l'œil par le défaut de symétrie. Les petites colonnes de la coupole, ainsi que celles placées auprès des ouvertures, sont toutes sans renflement et hors de proportion.

L'édifice est éclairé sur ses trois façades actuelles, à une hauteur de trente pieds environ du sol, par deux ouvertures formant chacune une moitié de cercle, qui s'élargissent dans l'intérieur, en sorte que leur diamètre extérieur, qui n'est que de deux pieds environ, en a près de trois et demi en dedans. Ces ouvertures ont visiblement éprouvé des changements. Chacune d'elles est ornée de deux pilastres un peu saillants, au-dessus desquels règne une corniche, dont la partie qui s'appuie sur chacun des bords des chapiteaux de ces pilastres est surmontée d'une espèce d'ornement triangulaire à rebords saillants, en forme de fronton dont le milieu est occupé par un cercle renfermant une marqueterie de couleur rouge, qui représente une étoile à six rayons, chacun de forme ovale oblongue. Entre ces deux petits ornements assez bizarres, on en remarque, sur les façades nord-est et sud-est, un autre de même hauteur, coupé en demi-cercle. On a tracé dans celui-ci un cercle entier, dans lequel est renfermée une sorte de croix grecque, ou plutôt de croix patée, dont chacun des quatre rayons s'évase à partir de leur centre commun jusqu'à leur extrémité. Le milieu de cette croix est percé comme le moyeu d'une roue. Le tympan proprement dit offre trois autres ornements d'architecture : celui du milieu forme un carré rempli par une rosace et surmonté d'un revêtement triangulaire, qui présente dans son intérieur le même dessin en marqueterie que celui des deux espèces d'ornements ou frontons de semblable forme qui reposent sur la deuxième corniche. Cette rosace est accompagnée, de chaque côté, par le même ornement qui règne au-dessus de cette dite seconde corniche ; mais il n'est pas placé sur une même ligne perpendiculaire, mais sur une autre plus rapprochée du demi-cercle inférieur. La construction de la coupole, ou chœur, diffère essentiellement de celle originelle par la forme des modillons, la maçonnerie des murailles et les pierres de revêtement. Il est plus que vraisemblable que ce monument ne fut affecté à l'exercice du culte chrétien que vers la fin du Xe siècle au plus tôt, ou peut-être mieux dans les commencements du XIe. Le vandalisme de 1793 avait au moins épargné ce monument : on s'est montré plus barbare en 1820. L'édifice fut mis, cette dernière année, à la disposition d'un fondeur de cloches, qui en a bouleversé tout le sol intérieur.

Dom Martenne qui, en juillet 1708, recueillait dans les archives de l'évêché et du chapitre cathédral, des matériaux pour la nouvelle édition de la Gaule chrétienne, dont son ordre avait été chargé par le clergé de France, dit que la table de marbre sur laquelle est gravée l'inscription en faveur de Cluarenille, fut tirée, il n'y a pas long-temps, de l'église de Saint-Jean. Dreux du Radier, dans sa description de ce temple, parle également du transfert de la table tumulaire de Cluarenille dans l'église cathédrale. La longueur de cette table est de sept pieds un pouce sept lignes, sur vingt-un pouces trois lignes de largeur, et son épaisseur de treize pouces et demi. Voici la traduction de l'inscription :

« La ville des Pictones a ordonné pour
« Cluarenille, fille du consul Claudius Va-
« renus, des funérailles, l'érection d'un
« monument public, accordé un emplace-
« ment pour sa statue. Marcus Censorinus
« Pavius, légat de l'empereur, propréteur de
« la province d'Aquitaine et consul désigné,
« satisfait des honneurs décernés à son
« épouse, a fait élever ce monument à ses
« frais. »

LE PALAIS. Le monument le plus considérable de la cité, et le plus intéressant sous le rapport de l'histoire, est sans contredit le Palais. Son origine remonte à l'époque du gouvernement de Julien dans la Gaule. Les comtes héréditaires de Poitiers fixèrent leur séjour principal dans le palais de cette ville, qui fut désigné sous le nom d'Aula. Guillaume III et V du même nom, dit le Grand, en fit augmenter, ou peut-être mieux reconstruire les bâtiments, qui avaient été renversés précédemment par les Normands. Les approches de son enceinte étaient défendues par un fossé, comme cela se pratiquait. Il s'y tint un grand plaid en 1044. C'est à Jean de France, duc de Berri, comte de Poitiers, dont on voit encore l'écusson dégradé de ses armes dans la grande salle dite des Pas-Perdus, que l'on est redevable des bâtiments actuels du Palais. Les sept statues que l'on remarquait sur les espèces de culées, dans le pourtour extérieur de la façade, et dont quelques-unes sont encore debout, représentaient les sept vicomtés de la province de Poitou. Le duc Jean fit aussi construire la tour nommée Maubergeon, aujourd'hui abattue.

PORTE DU PONT-JOUBERT. Cette porte, la seule existante des six où l'on pénétrait dans la vaste enceinte de l'ancien Pictavi, en était la principale entrée. M. Dufour attribue à Guillaume VII, comte de Poitou, la construction d'une tour voisine de cette porte, bâtie en 1106, afin d'ajouter à ses moyens de défense ; elle fermait l'extrémité du pont qui communiquait de la rue principale à la rive opposée du Clain. La vue que nous donnons de la porte du Pont-Joubert est prise de l'entrée du faubourg Bernage.

On remarque encore à Poitiers la bibliothèque publique, renfermant 25,000 volumes ; l'évêché ; la salle de spectacle ; le quartier de cavalerie ; la pépinière départementale ; la superbe promenade de Blossac ; le jardin de botanique, etc. — A une demi-lieue de Poitiers, on voit une pierre levée d'une énorme dimension.

Fabriques de grosses draperies, couvertures de laine, bonneterie, dentelles, cartes à jouer, vinaigre, peaux d'oies pour fourrures. Tanneries et chamoiseries. — *Commerce* de graine de trèfle, de luzerne et de sainfoin ; de blés, vins, chanvre, lin, cire, miel, cuirs, peaux de moutons et peaux d'oies renommées. — Course de chevaux de 2e ordre, du 15 au 20 mai, pour trente-deux départements.

A 30 l. de Tours, 31 l. d'Angoulême, 19 l. de Niort, 88 l. 1/2 de Paris.—

PONT DE CHATELLERAULT.

de la Poste, d'Évreux, de la Tête-Noire, des Trois-Piliers.

ROUILLÉ. Bourg situé à 8 l. 1/2 de Poitiers. Pop. 2,450 hab.

SAUVENT. Village situé à 9 l. de Poitiers. Pop. 2,420 hab.

SAUXAY. Village situé à 7 l. de Poitiers. Pop. 1,350 hab.

VENDEUVRE. Village situé à 5 l. de Poitiers. Pop. 1,900 hab.

VILLEDIEU (la). Village situé à 4 l. de Poitiers. Pop. 385 hab.

VIVONNE. Petite ville, située sur la route de Bordeaux à Poitiers, à 5 l. de cette dernière ville. ✉ ☞ Pop. 2,700 hab. — *Fabriques* de grosses étoffes de laine et de cardes. — *Commerce* de grains.

VOUILLÉ. Bourg situé sur l'Auzance, à 4 l. 1/2 de Poitiers. Pop. 1,450 hab. L'on a cru long-temps que c'était dans cet endroit que Clovis défit et tua Alaric II, roi des Visigoths, en 507; mais il paraît que le champ où s'est donnée cette bataille est proche la Mothe-de-Ganne et la rivière du Clain; il existe encore à une lieue de la Mothe un endroit qui porte le nom de champ d'Alaric.

ARRONDISSEMENT DE CHATELLERAULT.

ARCHIGNY. Village situé à 6 l. de Châtellerault. Pop. 2,000 hab.

BEAUMONT. Village situé à 4 l. 1/4 de Châtellerault. Pop. 1,500 hab.

CENON. Village situé à 1 l. de Châtellerault. Pop. 300 hab. Suivant le P. Routh et Bourignon, il existait autrefois à Cenon un cimetière très-étendu, qui renfermait plusieurs milliers de tombeaux en pierre, à peu près semblables à ceux que l'on trouve dans le cimetière de Civaux. Le cimetière de Cenon a depuis long-temps disparu et a été remplacé par une pièce de terre labourable.

CHATELLERAULT. Ancienne ville, chef-lieu de sous-préfecture. Tribunaux de première instance et de commerce. Société d'agriculture. Collège communal. ✉ ☞ Pop. 9,437 hab.

Cette ville tire son nom d'un de ses anciens seigneurs, nommé Hérault, qui y fit bâtir un château dont il ne reste plus aucuns vestiges. En 900, cette seigneurie fut érigée en vicomté, qui passa par la suite dans la maison de Bourbon, et fut réunie à la couronne en 1525, après la révolte du connétable de Bourbon.

La ville de Châtellerault est située dans un pays charmant, coupé par des rivières, des vallons, des coteaux et des jardins qui offrent des points de vue agréables et très-variés. Elle est en général assez mal bâtie, sur la rive droite de la Vienne, qui commence en cet endroit à être navigable, et sur laquelle est un joli port très-fréquenté. L'enceinte de cette ville avait été fortifiée avec soin; mais ses épaisses murailles, alternativement défendues par les catholiques et par les protestants, ont été remplacées par de belles habitations et par d'agréables promenades. La Vienne la sépare d'un de ses faubourgs, avec lequel elle communique par un magnifique pont en pierre de taille, dont une des extrémités est occupée par un joli château, flanqué de quatre grosses tours, qui sert de porte de ville, et sous laquelle passe la grande route. La construction de ce château, où l'on arrive par une belle avenue en forme de promenade, est attribuée au duc de Sully, vertueux ministre de Henri IV.

Châtellerault est renommé par ses fabriques de coutellerie. Dès qu'on y arrive, on est assailli par un essaim de femmes qui veulent à toute force vendre des couteaux, et qui offrent civilement leurs jolis magasins; il faut en acheter malgré soi; de jeunes et jolies filles suivent le voyageur partout jusqu'à ce qu'il ait fait quelques emplettes, et il faut avouer qu'il est difficile de ne pas se laisser tenter; ce qu'on offre est si beau, la marchande est si agaçante, quelquefois même elle est peu cruelle, on achète donc, et chacun y trouve son compte. C'est, dit-on, à la galanterie des jolies Châtelleraudaines que nous devons ce proverbe d'amour : « Je te donnerai de petits couteaux pour les perdre. »

On remarque à Châtellerault l'église gothique de Saint-Jean et la tour de l'église Notre-Dame; la grande et belle promenade publique, ornée d'une jolie fontaine; la salle de spectacle; la manufacture royale d'armes blanches.

Fabriques considérables de coutellerie renommée, d'orfèvrerie, quincaillerie, dentelles. Blanchisseries de cire et de toiles. Manufacture royale d'armes blanches. Forges.— *Commerce* de grains, vins, eaux-de-vie, graines de trèfle et de luzerne, pruneaux, pois, haricots, anis vert, chanvre, sel, fer, acier, ardoises, merrains, meules de moulin. Entrepôt d'eau-de-vie.

A 10 l. de Poitiers, 20 l. de Tours, 78 l. de Paris. — *Hôtels* du Grand-Monarque, de la Tête-Noire.

DANGÉ. Bourg situé sur la rive droite de la Vienne, à 4 l. de Châtellerault. Pop. 750 hab.

INGRANDE. Village situé à 2 l. de Châtellerault. ✉ Pop. 850 hab.

LEIGNÉ-SUR-USSEAU. Village situé à 3 l. 1/2 de Châtellerault. Pop. 330 hab.

LENCLOITRE. Village situé à 4 l. 1/4 de Châtellerault. Pop. 1,350 hab.

NAINTRÉ. Bourg situé à 2 l. 1/4 de Châtellerault. Pop. 1,500 hab. Sur le territoire de cette commune, entre le Clain et la Vienne, on trouve quelques vestiges de murs d'une haute antiquité. Ces murs sont d'une épaisseur prodigieuse; ils étaient revêtus de petites pierres cubiques, et, par intervalles, de quelques rangs de briques. On présume que ces murailles sont les restes d'un ancien temple. On y déterre fréquemment des débris de corniches d'ordre corinthien, des monnaies ou médailles des empereurs romains. Cet endroit est connu sous le nom de Vieux-Poitiers, que plusieurs historiens désignent comme le lieu où les enfants de Charles Martel partagèrent le royaume de France.

ORMES (les). Bourg très-agréablement situé sur la Vienne, à 5 l. de Châtellerault. ✉ ✉ Pop. 450 hab. On y remarque un magnifique château surmonté d'une colonne hardie, de 76 pieds d'élévation, autour de laquelle serpente un léger escalier qui se termine par une plate-forme d'où l'on jouit d'un point de vue magnifique; l'œil suit de là le cours sinueux de la Vienne et de la Creuse. Dans l'intérieur du château on admire la salle d'entrée, le salon anglais revêtu de marbre, la chambre à coucher ornée de colonnes, et un bel escalier, calqué sur le modèle de celui du Palais-Royal de Paris. Le jardin anglais et le parc de cette belle habitation s'étendent jusqu'au confluent de la Creuse et de la Vienne. Cet enclos était autrefois consacré à l'éducation des chevaux de race anglaise, et on y avait formé un des plus beaux haras du royaume.

PLUMARTIN. Village situé à 5 l. de Châtellerault. Pop. 1,350 hab.

ROCHE-POSAY (la). Petite ville située au confluent de la Creuse et de la Gartempe, à 6 l. de Châtellerault. Pop. 1,300 hab.

La position de cette ville entre deux coteaux donne naissance à un ruisseau qui disparaît pendant l'été, et à des sources d'eaux minérales très-limpides, découvertes en 1615 par Millon, premier médecin de Louis XIII. Les sources, au nombre de trois, jaillissent au pied d'une montagne calcaire, à 1/4 de lieue de la ville, dans une contrée riante et fertile, qui produit en abondance toutes les choses nécessaires aux besoins de la vie. Les eaux sont reçues dans des bassins, près desquels on a construit récemment un hôpital, desservi par des religieuses hospitalières.

SAISON DES EAUX. On fait usage des eaux de la Roche-Posay depuis le commencement de juillet jusque vers la fin de septembre; leur efficacité est d'autant plus grande que les chaleurs sont plus fortes.

PROPRIÉTÉS PHYSIQUES. Ces eaux sont claires, limpides, d'un goût fade et désagréable; elles répandent une forte odeur d'hydrogène sulfuré. Leur température est à peu près égale à celle de l'atmosphère.

PROPRIÉTÉS CHIMIQUES. D'après l'analyse de M. le docteur Joslé, il résulte que ces eaux contiennent du gaz hydrogène sulfuré en assez grande quantité, du carbonate et du sulfate de chaux, de l'hydrochlorate de soude et du carbonate de magnésie.

PROPRIÉTÉS MÉDICINALES. Les eaux de la Roche-Posay s'emploient avec succès dans les maladies de la peau, les scrofules, les fièvres intermittentes, les engorgements chroniques des viscères abdominaux, les coliques néphrétiques, la chlorose, les leucorrhées, les affections de la vessie, etc. La guérison plus ou moins longue, mais certaine, des personnes qui fréquentent cet établissement, justifie les qualités qui distinguent ces eaux. L'air pur que l'on respire dans cette petite ville, placée sur une colline qui domine une partie de la Touraine, ne contribue pas peu au rétablissement des malades.

On fait usage des eaux en boisson, à la dose de deux ou trois verres jusqu'à douze ou quinze. On les emploie aussi en lotions et en bains; mais il faut alors les faire chauffer pour élever leur température à 28 ou 30° du thermomètre de Réaumur.

SCORBÉ-CLAIRVAULT. Village situé à 4 l. 1/2 de Châtellerault. Pop. 1,500 hab.

THURÉ. Bourg situé à 1 l. 1/2 de Châtellerault. Pop. 1,560 hab.

VOUNEUIL-SUR-VIENNE. Village situé près de la rive gauche de la Vienne, à 3 l. de Châtellerault. Pop. 1,350 hab.

RUINES DE L'ABBAYE DE CHARROUX.

ARRONDISSEMENT DE CIVRAY.

AVAILLES, bourg situé dans un pays fertile, sur la rive gauche de la Vienne, à 6 l. de Civray. Pop. 1950 hab. — *Commerce* de vins et de pierres meulières.

A un quart de lieue d'Availles, près du village d'Albac, sur la rive droite de la Vienne, on trouve des sources d'eaux minérales froides, qui portent le nom d'Availles, soit parce qu'elles ont appartenu autrefois au seigneur de ce lieu, soit que les malades préfèrent les aller prendre dans cet endroit, où on les transporte pour leur usage. Ces sources sourdent près du sommet d'un monticule à environ cent pieds de sa base; elles sont renfermées dans trois puits de huit pieds de profondeur, de trois pieds de diamètre, éloignés de deux pieds environ les uns des autres. Ces puits sont couverts, et on leur a pratiqué un écoulement au niveau de l'eau; ils fournissent environ soixante muids d'eau toutes les vingt-quatre heures.

Les eaux d'Availles sont froides, claires, limpides, légères, pétillantes, d'une odeur vitriolique, d'un goût salé, âcre, astringent, et quelquefois ferrugineux sur la fin de la dégustation. Elles déposent le long de leur courant une boue de couleur obscure.

Ces eaux s'emploient avec succès dans diverses maladies chroniques, la phthisie, les fièvres intermittentes, les crachements de sang, les affections cutanées, etc., etc.

On prend les eaux d'Availles en boisson pendant quinze à dix-huit jours, dans toutes les saisons de l'année. Mais le temps le plus propice est depuis le 15 mai jusqu'à la fin de septembre.

BLANZAY. Village situé à 1 l. 1/2 de Civray. Pop. 500 hab.

BRUX. Village situé à 4 l. de Civray. Pop. 1,400 hab.

CHAMPAGNÉ ST.-HILAIRE. Bourg situé à 7 l. 1/2 de Civray. Pop. 1,220 hab.

CHARROUX. Petite ville située près de la rive droite de la Charente, à 2 l. 1/2 de Civray. Pop. 1,700 hab.

Cette ville doit son origine à un célèbre monastère fondé en 785, par Roger, comte de Limoges, et par Euphrasie son épouse. Charlemagne le dota de grands biens, lui donna une bibliothèque ainsi que plusieurs reliques qui devinrent pour cette maison une source de richesses. L'église de ce monastère fut bâtie vers la fin du VIIIe siècle: elle était alors une des plus belles du royaume. Au-dessus de l'autel, placé au milieu de trois rangs de piliers, s'élevait un dôme en forme de tiare d'une hauteur prodigieuse. Cet édifice fut entièrement détruit pendant les guerres de religion, et n'offre plus aujourd'hui que des ruines, dont l'aspect imposant rappelle la splendeur dont il jouissait autrefois (*Voyez les gravures.*)

CHATAIN. Village situé à 5 l. de Civray. Pop. 1000 hab. — *Commerce* d'excellentes châtaignes que l'on récolte sur le territoire.

CIVRAY. Petite ville, chef-lieu de sous-préfecture. Tribunal de première instance. Société d'agriculture. Collège communal. ✉ ☏. Pop. 2,203.

Cette ville est située dans un riche bassin, sur la rive droite de la Charente, qui y fertilise de belles prairies. L'origine de Civray date du temps des empereurs; elle fut anciennement fortifiée, et l'on y voit encore les ruines d'un ancien château. L'église paroissiale, par sa construction, sa forme et ses sculptures, paraît remonter à une haute antiquité.

Fabriques d'étoffes de laine. — *Commerce* de grains, truffes, marrons renommés, châtaignes, graine de trèfle et de luzerne, bestiaux, etc.

A 13 l. de Poitiers, 16 l. 1/2 d'Angoulême. — *Hôtel* des Trois-Piliers.

COUHÉ-VÉRAC. Bourg situé près de la rive droite de la Dive, à 4 l. 1/2 de Civray. ✉ ☏ Pop. 1,627 hab. — *Fabriques* de grosses étoffes de laine. — *Commerce* très-actif des productions du pays, notamment de mules, mulets, châtaignes, écrevisses renommées, etc.

GAUDENT (SAINT-). Village situé à 1 l. 1/2 de Civray. Pop. 400 hab. — *Commerce* de châtaignes renommées de son territoire.

GENÇAY. Bourg bâti dans une situation pittoresque, sur la Clouère, à 6 l. 1/2 de Civray. ✉ Pop. 920 hab. On y remarque les ruines d'un ancien château. — *Fabriques* de grosses étoffes de laine. Aux environs, exploitation de marne pour l'agriculture.

ROMAGNE. Bourg situé à 4 l. 1/2 de Civray. Pop. 1520 hab.

USSON. Village situé à 6 l. de Civray. Pop. 1,750 hab.

ARRONDISSEMENT DE LOUDUN.

LOUDUN. Ville ancienne, chef-lieu de sous-préfecture. Tribunal de première instance. Société d'agriculture. Collége communal. ✉ Pop. 5,078 hab.

Sous le règne de Hugues Capet, Loudun n'était qu'un château nommé *Castrum Lodunum*, autour duquel s'élevèrent quelques habitations qui s'accrurent insensiblement et formèrent une petite ville que Philippe-Auguste réunit à la couronne, avec le pays de Loudunois. Ce pays, sous Charles V, en fut détaché, mais, en 1476, Louis XI le réunit à son domaine. En 1616, un traité fut conclu en cette ville entre le parti des protestants et celui du roi. Avant la révolution de 1789, Loudun possédait trois paroisses, deux chapitres et plusieurs couvents d'hommes et de femmes. L'un de ces couvents, celui des Urselines, a acquis une bien triste célébrité par le procès de l'infortuné Urbain Grandier, curé et chanoine de Saint-Pierre de Loudun, procès dans lequel on ne sait ce qui doit affliger le plus, ou la condescendance coupable des religieuses, ou la perversité des juges assez scélérats ou assez stupides pour entendre et recevoir comme preuves le témoignage des diables. Nous ne rapporterons que les principaux faits de cette histoire, aussi singulière que révoltante. La possession des deux bénéfices que cumulait Urbain Grandier lui avait fait des ennemis parmi les ecclésiastiques de la ville; sa beauté, son éloquence, son goût pour la galanterie lui firent des jaloux et des rivaux dans plusieurs états de la société. Brouillé avec les prêtres et les maris, favorisé des femmes, il avait cependant su gagner l'estime des savants et des honnêtes gens du pays. Mais il avait un ennemi puissant dans le cardinal de Richelieu, avec lequel il avait eu quelques démêlés, lorsque celui-ci n'était que prieur de Coussay. Richelieu ne put alors se venger du curé Grandier; mais, lorsqu'il fut parvenu au ministère, il en trouva l'occasion. Voici comment elle se présenta. Quelques pensionnaires des Urselines de Loudun, pour épouvanter les religieuses de la communauté, s'étant amusées à jouer le rôle de revenant, les ennemis de Grandier aperçurent, dans ces espiègleries, des moyens de favoriser leur vengeance. Les vieilles religieuses, ayant été effrayées des soi-disant esprits qui fréquentaient la communauté, s'en plaignirent au curé Mignon, qui fit servir à ses projets de vengeance leur crédulité. Au lieu de revenants, il substitua des diables et des possédées; insensiblement il habitua les plus déterminées du couvent à faire des tours de souplesse, à tomber à propos en convulsion, enfin, à jouer passablement le rôle de démoniaques. Ces religieuses, persuadées que les farces auxquelles elles allaient se prêter devaient tourner à la gloire de la religion, déclarèrent, dans le premier exorcisme public, que le malin esprit était entré dans leur corps par le moyen d'un bouquet de roses dont elles avaient respiré l'odeur; quand on leur demanda le nom de celui qui leur avait envoyé ces fleurs, elles répondirent Urbain Grandier. Le 3 décembre 1633, le conseiller Laubardemont arriva secrètement à Loudun, fit saisir Urbain Grandier pendant qu'il se rendait à l'église, et le fit transporter au château d'Angers. Le 9 avril 1634, il en fut tiré et transporté dans les prisons de Loudun. Bientôt après, les exorcismes continuèrent; mais le rôle étrange et fatigant qu'on faisait jouer aux religieuses porta quelques-unes à se rétracter publiquement. Laubardemont ne fit que rire de leur rétractation. Enfin, après une longue suite d'iniquités, de séductions et de violences, Laubardemont et ses vils satellites, qui composaient la commission, s'assemblèrent le 18 août 1634, déclarèrent Urbain Grandier dûment atteint et convaincu de crime de magie, et le condamnèrent à être brûlé vif. Sous prétexte de lui arracher l'aveu des complices qu'il n'avait point, on lui fit donner la question extraordinaire. Pendant ce supplice, les jambes du patient crevèrent, et la moelle sortit des os. C'est dans cet état qu'on le conduisit sur le bûcher; et comme il se disposait à parler au peuple, les moines, qui avaient un grand intérêt à le faire taire, lui jetèrent une si grande quantité d'eau bénite sur le visage, qu'il en fut suffoqué. Peu après, le bûcher fut allumé, et le corps de la malheureuse victime brûlé vif. Ce fut par ces moyens absurdes, iniques et atroces, que la vengeance de Richelieu et l'animosité d'une troupe de prêtres et de moines furent satisfaites. C'est cependant dans un siècle renommé par ses lumières, par les grands hommes qui l'ont illustré, et à l'époque de la fondation de l'académie française, que fut commis cet assassinat juridique. Depuis le jugement des Templiers, la France n'avait pas vu commettre de crime aussi exécrable; crime qui fut cependant surpassé, cent trente-deux ans plus tard, à Abbeville, par le supplice du jeune chevalier de La Barre.

La ville de Loudun est située sur un coteau élevé qui domine une plaine fertile très-étendue, entourée de coteaux couverts de bois et de vignobles qui produisent des vins délicats fort estimés. Elle est assez grande, mais elle n'est pas peuplée en raison de son étendue; la destruction de son château sous le ministère du cardinal de Richelieu et la révocation de l'édit de Nantes en ayant considérablement diminué le nombre des habitants. On y trouve de grandes rues bien percées et des maisons spacieuses. Sur l'emplacement de l'ancien château, dont il reste encore une tour assez bien conservée, on a formé une jolie promenade, dont la position est fort agréable, la vue variée et très-étendue.

Fabriques de draps, toiles, dentelles communes, objets d'orfévrerie remarquables par leur fini. Tanneries.

Commerce de grains de toute espèce, graine de trèfle et de luzerne, vins blancs. Huile de noix, cuirs, cire, miel, fruits secs, lin, chanvre, moutons.

A 15 l. de Poitiers, 9 l. de Saumur, 76 l. de Paris. — *Hôtels* de France, de Saint-Jacques.

MONCONTOUR. Petite ville, située sur la Dive, à 4 l. 1/2 de Loudun. Pop. 850 h.

Dans le XIVe siècle, Moncontour était défendu par un château fort dont la garnison incommodait beaucoup les Anglais, qui s'en emparèrent après six jours de siége, et passèrent la garnison au fil de l'épée. Cette ville est encore célèbre par la bataille que le duc d'Anjou, depuis Henri III, y gagna contre l'amiral Coligny, en 1569. L'armée des protestants fut entièrement détruite dans cette journée; l'amiral Coligny, que le désespoir fit combattre en soldat, eut trois dents cassées d'un coup de pistolet. Le duc d'Anjou se comporta beaucoup mieux qu'à Jarnac, mais il ne sut pas profiter de la victoire.

MONTS-SUR-GUESNE. Bourg situé à 3 l. de Loudun. Pop. 850 hab.

TROIS-MOUTIERS (les). Bourg situé à 1 l. 1/2 de Loudun. Pop. 1,550 hab.

ARRONDISSEMENT DE MONTMORILLON.

ADRIERS. Bourg situé à 5 l. de Montmorillon. Pop. 1,500 hab.

ANGLE. Petite ville, située sur la rive droite de l'Anglin, à 6 l. 3/4 de Montmorillon. ✉ Pop. 1,500 hab. On y remarquait autrefois une abbaye de bénédictins, fondée dans le XIe siècle.

CHAUVIGNY. Petite ville, située dans une contrée fertile en excellents vins, près de la rive droite de la Vienne, à 6 l. de Montmorillon. ✉ Pop. 1,600 hab. — *Fabriques* de serges, droguets et autres étoffes de laine. Tanneries renommées.

CIVAUX. Village situé sur la rive gauche de la Vienne, à 4 l. de Montmorillon. Pop. 770 hab.

Ce village est situé sur une langue de terre plate et unie, longue d'environ trois quarts de lieue et large à peu près de quatre cents pas, bornée d'un côté par la Vienne, et de l'autre par des terres qui s'élèvent presque insensiblement et se terminent en coteaux. Au milieu de cette plage, on trouve un espace de 3071 toises carrées, où l'on a découvert plus de sept mille tombes en pierres de toutes grandeurs, dont la forme ordinaire est précisément celle de nos cercueils en bois. Chacune de ces tombes était couverte d'une grande pierre, souvent plate, quelquefois convexe par-dessus, sans la moindre trace de sculpture. La plaine de Civaux, d'après les découvertes qui ont été faites, particulièrement par Siauve, paraît avoir été un cimetière public, dont l'établissement remonte à l'époque de la domination romaine, et peut-être même antérieurement.

ILE-JOURDAIN (l'). Petite ville, située sur la rive droite de la Vienne, à 6 l. 1/2 de Montmorillon. Pop. 670 hab.

LATHUS. Village situé à 3 l. de Montmorillon. Pop. 1,650 hab.

LUCHAPT. Village situé à 7 l. de Montmorillon. Pop. 850 hab. — Forges.

LUSSAC-LES-CHATEAUX. Petite ville, située près de la rive droite de la Vienne, dans une contrée fertile en chanvre estimé, à 3 l. de Montmorillon. ✉ Pop. 1,250 hab. — *Fabriques* de cordages. Tanneries. Exploitation de carrières de pierre de taille d'excellente qualité.

MONTMORILLON. Petite ville fort ancienne, chef-lieu de sous-préfecture. Tribunal de première instance. Société d'agriculture. ✉ Pop. 3,608 hab.

Cette ville est bâtie dans une situation pittoresque, sur la Gartempe, qui la divise en deux parties. C'était jadis une ville forte, défendue par un château, dont Philippe-le-Hardi fit l'acquisition en 1281. Les ligueurs la prirent dans le XVI⁰ siècle; mais le prince de Conti s'en empara pour Henri IV, le 6 juin 1591, et, sur le refus que firent les soldats de se rendre, il les fit passer au fil de l'épée au nombre de trois cents, et fit détruire les fortifications de la ville, ainsi que le château.

Montmorillon renferme un des monuments les plus remarquables du département, dont il est difficile d'assigner l'époque de la construction; c'est un temple octogone, composé d'un caveau funéraire voûté, au-dessus duquel est une salle également surmontée d'une voûte, dont la clef est percée d'une ouverture ronde, qui répond à une ouverture hexagone de la voûte du souterrain. Cette salle sert comme de vestibule à une petite chapelle qui forme un prolongement détaché de l'octogone, au-devant du pan oriental. Chaque pan de l'édifice a un arceau, au milieu duquel correspondent des fenêtres qui éclairent la partie supérieure de l'édifice. La corniche est supportée par des modillons ornés de figures grotesques. La crypte ne reçoit qu'un jour très-faible de six petites embrasures; la voûte est un arc à plein cintre. On descend dans ce caveau par un escalier coudé et très-étroit, qui aboutit à un second escalier en limaçon.

Au-dessus de la porte d'entrée de l'octogone, existe une ouverture de 7 pieds 2 pouces de large, sur 3 pieds 6 pouces de haut, dans laquelle sont placés quatre groupes de figures, dont jusqu'à présent on n'a donné aucune explication satisfaisante. — Le premier groupe offre, au dehors, une femme nue, ayant de longs cheveux lisses, une face difforme et hideuse; elle tire la langue, et tient entre ses mains deux gros serpents qui s'enlacent entre ses cuisses et sucent ses mamelles pendantes. A cette statue est adossée une femme, également nue, qui tient à la main deux crapauds qu'elle allaite aussi pendus à ses mamelles. — Le deuxième groupe est composé de quatre figures, trois d'hommes à longue barbe, dont une regarde en dehors de la chapelle, et les deux autres placées à droite et à gauche; la quatrième, qui tourne le dos à la première, représente un ange. — Le troisième groupe offre, en dehors et vu de face, un jeune homme, vêtu comme les vieillards, cachant ses mains sous son manteau. Du côté de l'intérieur, on voit attachés au même groupe un homme et une femme se donnant l'accolade. — Le quatrième groupe n'est composé que de deux figures adossées l'une contre l'autre. Ce sont deux femmes dont les cheveux sont partagés en deux mèches tressées qui descendent jusqu'à la ceinture.

Fabriques de biscuits et de macarons renommés. Belles papeteries. Blanchisseries de toiles. — *Commerce* de bestiaux. — A 13 l. de Poitiers, 82 l. 1/2 de Paris.

PERSAC. Bourg situé à 4 l. de Montmorillon. Pop. 1,400 hab.

PIERRE-DES-ÉGLISES (SAINT-). Village situé à 6 l. de Montmorillon. Pop. 1,220 hab.

SAVIN (SAINT-). Petite ville, située sur la rive gauche de la Gartempe, à 4 l. de Montmorillon. ⊠ Pop. 1,420 hab.

TRÉMOUILLE (la). Petite ville, située sur la Benaise, à 4 l. de Montmorillon. Pop. 1,300 hab.

VERRIÈRES. Village situé à 5 l. 1/2 de Montmorillon. Pop. 800 hab. — *Fabriques* d'instruments aratoires. Forges et hauts-fourneaux.

VIC. Village situé à 7 l. 1/2 de Montmorillon. Pop. 1,700 hab.

FIN DU DÉPARTEMENT DE LA VIENNE.

IMPRIMERIE DE FIRMIN DIDOT FRÈRES,
RUE JACOB, N° 24.

Guide Pittoresque
DU
VOYAGEUR EN FRANCE.

ROUTE DE PARIS A BAYONNE,

TRAVERSANT LES DÉPARTEMENTS

DE SEINE-ET-OISE, DU LOIRET, DE LOIR-ET-CHER, D'INDRE-ET-LOIRE, DE LA VIENNE, DE LA CHARENTE, DE LA CHARENTE-INFÉRIEURE, DE LA GIRONDE, DES LANDES ET DES BASSES-PYRÉNÉES.

DÉPARTEMENT DE LA CHARENTE.

Itinéraire de Paris à Bayonne.

	lieues
De Paris à Tours, voy. Route de Paris à Nantes, 1re, 2e, 3e et 4e Livraisons.	
De Tours à Montbazon.. ⊠ .. ℘..	4
Sorigny.................. ℘..	2
Sainte-Maure........... ⊠ .. ℘..	4
Les Ormes............. ⊠ .. ℘..	4
Dangé......................	1
Ingrande................ ℘..	2
Châtellerault........... ⊠ .. ℘..	2
Les Barres-de-Nintré...... ℘..	2
La Tricherie............. ℘..	2
Clan..................... ℘..	2
Poitiers............... ⊠ .. ℘..	4
Croutelle.................	2
Vivonne............... ⊠ .. ℘..	4
Les Minières............. ℘..	3
Couhé-Vérac.......... ⊠ .. ℘..	2
Chaunay................ ℘..	2 1/2
Les Maisons-Blanches ... ⊠ .. ℘..	2
Ruffec................. ⊠ .. ℘..	3
Les Nègres.............. ℘..	2
Mansle................ ⊠ .. ℘..	3
Touriers................. ℘..	2 1/2
Churet................... ℘..	1 1/2
Angoulême............. ⊠ .. ℘..	3
Le Roulet............. ⊠ .. ℘..	4
Petignac................. ℘..	3
Barbezieux............ ⊠ .. ℘..	4
La Grolle............. ⊠ .. ℘..	3

	lieues
Montlieu............. ⊠ .. ℘..	4
Chiersac...................... ℘..	2
Cavignac............ ⊠ .. ℘..	4
Saint-André de Cubzac... ⊠ .. ℘..	4
Cubzac................. ℘..	1/2
Carbon-Blanc........ ⊠ .. ℘..	2
Bordeaux............ ⊠ .. ℘..	4
Le Bouscaut............ ℘..	3 1/2
Castres............. ⊠ .. ℘..	3 1/2
Podensac............. ⊠	1 1/2
Cerons.............. ⊠ .. ℘..	1 1/2
Langon.............. ⊠ .. ℘..	3
Bazas............... ⊠ .. ℘..	4
Captieux............ ⊠ .. ℘..	5
Le Poteau.............. ℘..	4
Roquefort........... ⊠ .. ℘..	5
Caloy.................. ℘..	3
Mont-de-Marsan...... ⊠ .. ℘..	3
Campagne............... ℘..	3 1/2
Meillan.................	1 3/4
Tartas.............. ⊠ .. ℘..	2 1/4
Pontons................ ℘..	3
Dax (Saint-Paul-les-Dax). ⊠ .. ℘..	3 1/2
Saint-Geours........... ℘..	4
Saint-Vincent de Tirosse. ⊠	1 1/2
Les Cantons............ ℘..	2 1/2
Ondres................. ℘..	4
Saint-Esprit............ ℘..	2 1/4
Bayonne............ ⊠ .. ℘..	1/4

Communication de Poitiers à Niort (DEUX-SÈVRES) et à Bourbon-Vendée (VENDÉE).

	lieues
De Poitiers à Croutelle....... ℘..	2
Lusignan............ ⊠ .. ℘..	5 1/2
La Ville-Dieu........... ℘..	3
Saint-Maixent....... ⊠ .. ℘..	4
La Crèche.............. ℘..	2 1/2
Niort............... ⊠ .. ℘..	3

	lieues
Onlme.............. ⊠ .. ℘..	5
Fontenay........... ⊠ .. ℘..	3
Mouzeil................ ℘..	3
Luçon............... ⊠ .. ℘..	3 1/2
Mareuil............. ⊠ .. ℘..	2 1/2
Bourbon-Vendée..... ⊠ .. ℘..	5

16e Livraison. (CHARENTE.)

ASPECT DU PAYS QUE PARCOURT LE VOYAGEUR
DES MAISONS-BLANCHES A LA GROLLE.

A une demi-lieue au-delà des Maisons-Blanches, la route entre dans le **département de la Charente**, en longeant le sommet d'une longue côte, d'où l'on a une belle vue. En descendant de cette élévation, on plonge sur la vallée des Ajois, village environné de belles habitations. Peu après, on entre dans la forêt de Ruffec, dont on traverse une partie, et l'on arrive à la ville de ce nom par une descente longue et rapide. Après Ruffec, la route monte et descend presque continuellement. On passe aux Nègres, à Mansle, où l'on jouit d'une belle vue sur une riche vallée, arrosée par la Charente; un peu plus loin, est Churet. Dans tout ce trajet, on parcourt un pays frais, varié, toujours embelli par de beaux vignobles, mais très-montueux. Au hameau de Pont-Touvre, on passe la Touvre, rivière qui offre en cet endroit un aspect pittoresque, et dont la source, située à une demi-lieue de là, mérite d'être visitée : c'est une source au moins aussi belle que la célèbre fontaine de Vaucluse, mais beaucoup moins connue. Après le Pont-Touvre, on suit sans cesse de riches et gracieux vignobles, en ayant pour perspective la ville d'Angoulême, bâtie sur le sommet d'une colline qui domine au loin tout le pays : on entre dans cette ville par le riche et important faubourg de l'Houmeau, où l'on voit de superbes papeteries.

En sortant d'Angoulême, la route traverse le faubourg de l'Houmeau, situé au pied de la colline sur laquelle la ville est bâtie. Une descente rapide conduit à Saint-Ausone. Sur la droite, on remarque le château de l'Oiselerie, dont la situation est très-pittoresque. A une lieue plus loin, on traverse le bourg de Saint-Jean de la Palu, célèbre par ses nombreuses papeteries, et à deux lieues de cet endroit, le village du Roulet, qu'une autre distance de deux lieues sépare du relais de Petignac, dont la maison de poste ressemble à un château. On gravit ensuite une montée et un tournant difficile à la descente; du haut de cette côte, on découvre un fort bel horizon, à l'extrémité duquel apparaît la ville d'Angoulême. Depuis cette ville, la route que l'on parcourt est constamment agréable et diversifiée jusqu'à Berbezieux, petite ville assez bien bâtie et dans une riante situation. En sortant de cette ville, on franchit une colline étroite, et la route se dirige par une belle vallée jusqu'à Reignac, hameau qui possède une fontaine minérale. Peu après cet endroit, l'aspect du pays devient monotone, notamment aux environs du hameau de la Grolle, situé à peu de distance des confins du département de la Charente-Inférieure.

DÉPARTEMENT DE LA CHARENTE.

APERÇU STATISTIQUE.

Le département de la Charente est formé de l'ancien Angoumois, d'une partie de la Saintonge et du Limousin, et d'une faible partie du Poitou. Il tire son nom de la Charente, rivière qui prend sa source à Charronnat, dans la Haute-Vienne, traverse l'extrémité nord-est du département, pour gagner Civray, dans le département de la Vienne, rentre ensuite dans l'arrondissement de Ruffec, et coule à travers ceux d'Angoulême et de Cognac. Cette rivière roule ses eaux dans un riche vallon, sur un lit de bonne terre; son cours est bordé de moulins et d'usines; sa navigation, qui remonte jusqu'à trois lieues trois quarts au-dessus d'Angoulême, sert avantageusement au débouché et à la circulation

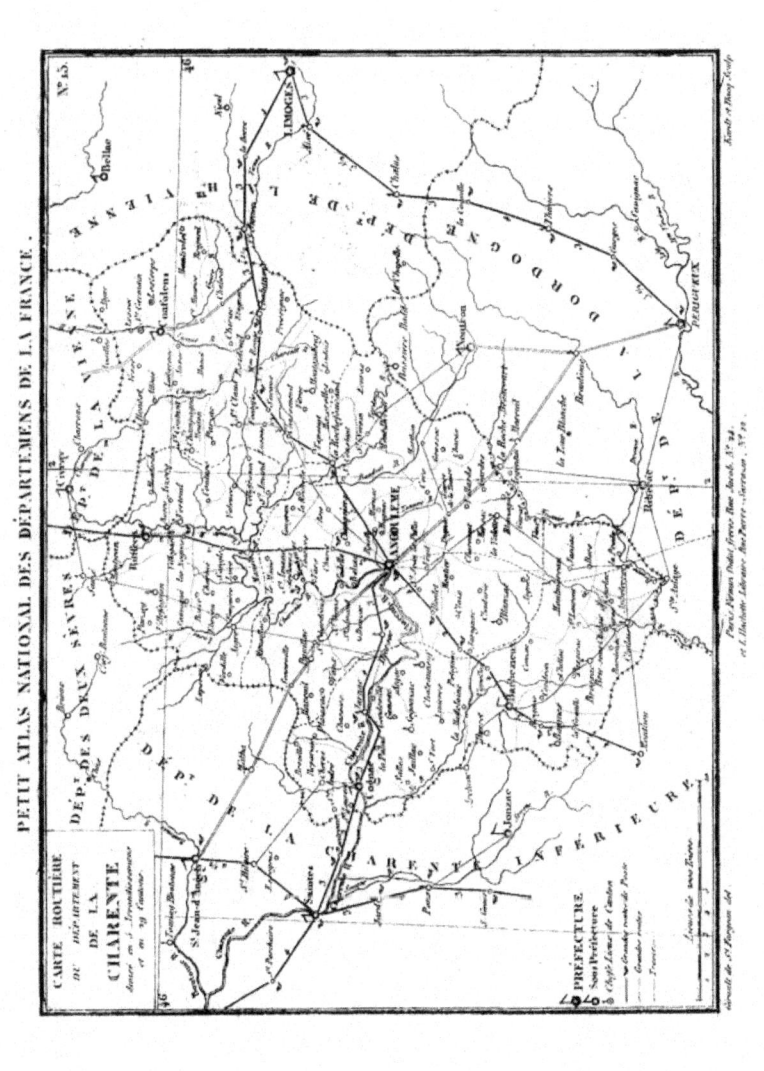

des denrées du pays et des approvisionnements de la marine pour Rochefort; elle sert aussi au transport des canons fondus à la forge de Ruelle. Les bateaux qui servent à la navigation de la Charente portent jusqu'à quatre-vingts tonneaux. La navigation est favorisée et soutenue par vingt-quatre écluses de 6 mètres 50 centimètres de largeur, destinées à tenir les eaux dans un équilibre propre à la faciliter; sans ces écluses, la rapidité du fleuve, dont la pente, réduite sur toute la longueur de son cours, donne quatre lignes pour dix toises, rendrait presque impossible la navigation, surtout en remontant. Les débordements de cette rivière sont des causes de fertilité : les prairies qui en sont couvertes donnent de très-abondantes récoltes. On ignore précisément le temps où la Charente a été rendue navigable : les titres de la maison de Jarnac le font remonter au-delà de 1300; François Ier s'occupa des travaux nécessaires pour améliorer cette navigation, qui enrichissait son pays natal; les écluses ont été ensuite très-multipliées, notamment depuis que Louis XIV eut établi, en 1664, un port de grande marine à Rochefort.

Les limites du département de la Charente sont : au nord, les départements des Deux-Sèvres et de la Haute-Vienne; à l'est, ceux de la Vienne et de la Dordogne; au sud et à l'ouest, ceux de la Dordogne et de la Charente-Inférieure. — Le climat est généralement doux et l'air très-pur.

Le territoire de ce département est inégal, entrecoupé de collines élevées, couvertes en partie de bois de châtaigniers, de plaines sablonneuses et calcaires, de prairies, de landes et de rochers. Le sol est, en général, aride, sec et brûlant : un tiers est employé en terres labourables, un autre à la culture des vignes, et le reste en prairies, bois, terres incultes, etc. Les collines s'y élèvent toutes à la même hauteur; elles sont composées de couches horizontales et verticales, dans lesquelles se trouve une immense quantité de coquillages et de débris de corps marins. Les landes qui couvrent une partie de l'arrondissement de Barbezieux, servent de pacage pour les bestiaux, et pourraient être cultivées avec fruit; celles qui occupent près d'un tiers de l'arrondissement de Confolens sont en général moins susceptibles d'être utilisées; on n'y élève que quelques troupeaux de moutons d'une race chétive.

Le département de la Charente a pour chef-lieu Angoulême. Il est divisé en 5 arrondissements et en 29 cantons, renfermant 324 communes. — Superficie, 298 l. carrées. — Population, 362,531 habitants. — Les principales rivières qui l'arrosent sont : la Charente, navigable de Montignac à la mer; la Vienne, la Touvre, la Dronne, la Nizonne, la Tardouère et le Bandiat. Ces deux dernières arrosent de belles prairies et sont souvent à sec dans les grandes chaleurs; leur lit est bordé de collines formées de rochers qui renferment des grottes d'une immense étendue, et de gouffres d'une profondeur étonnante, où disparaissent une partie de leurs eaux. *Voy.* RANCOGNE, page 9.

MINÉRALOGIE. Minerai de fer d'excellente qualité, mais en quantité insuffisante pour alimenter les usines du département. Indices de mines de plomb, d'antimoine et de cuivre. Carrières de belle pierre de taille, de gypse et de meules à aiguiser. Quinze forges et six hauts-fourneaux.

PRODUCTIONS. Céréales de toutes sortes, surtout sarrasin, épeautre, maïs, en quantité suffisante pour la consommation locale. Navette, colsa. Chanvre et lin de qualité médiocre. Culture du safran.

Les truffes sont regardées comme une production assez importante : elles se trouvent principalement dans les vignes, dans les terres labourables et les chaumes, presque toujours dans le voisinage des chênes, des genévriers, de l'épine noire, des noisetiers ou des charmes : vient-on à abattre quelqu'un de ces arbres, la truffière disparaît et périt. Les truffes sont, comme on sait, fort recherchées par les amateurs de bonne chère, et indépendamment de la très-grande consommation qui s'en fait à Angoulême et dans les principales villes du département, il s'en dirige encore des envois considérables sur Paris et sur Bordeaux. On ne peut apprécier la quantité qui s'en récolte annuellement, parce que ce n'est jamais le propriétaire du terrain dans lequel se trouve une truffière qui les recueille; les paysans les lui volent ou se les volent entre eux pendant la nuit et les portent aux marchés voisins. Mais on peut affirmer, sans rien hasarder, qu'il s'en vend au moins pour 2 ou 300,000 fr. par an. Leur prix varie selon leur abondance, et encore selon le temps qu'il fait à l'époque de la vente. S'il a fait un froid sec pendant 15 ou 20 jours de suite, elles augmentent chaque jour et finissent par valoir quelquefois 5 ou 6 fr. la livre; s'il dégèle, elles ne valent plus que 20 ou 30 sous au marché prochain. Les traiteurs d'Angoulême sont renommés pour leurs pâtés de perdrix aux truffes, et les chapons truffés de Barbezieux et de Blanzac passent pour un des meilleurs morceaux qui se puissent servir sur une table de gourmands. L'expérience a indiqué trois manières de trouver les truffes au sein de la terre; on les cherche à la marque, au pic et avec le cochon. On emploie la première méthode avant les vendanges; les truffes croissent à différentes profondeurs, mais celles qui sont le plus près de la surface de la terre, la fendent et la soulèvent en grossissant, de manière qu'elle est assez sensiblement bossuée pour que des yeux experts distinguent ce travail de la nature de toute autre inégalité qui n'aurait pas la même cause pour principe. On découvre la terre et on y trouve la truffe placée comme une pierre ronde. La truffe, étant encore blanche et n'ayant ni goût ni odeur, il est dommage de troubler sa paisible végétation; lorsqu'elle est une fois déplacée, on la repose inutilement dans sa loge, elle pourrit, quelque précaution que l'on prenne pour la remettre exactement dans la même position. S'il survient une pluie qui détrempe la terre, elle en ferme les gerçures, et alors on ne connait plus les truffes à la marque. Le pic fait plus de ravages: quand les vendanges sont faites, les paysans se répandent dans les campagnes pour ouvrir la terre dans tous les endroits où ils soupçonnent qu'il y a des truffes. Les truffières durent pendant plusieurs années consécutives, à peu près dans le même emplacement, en sorte qu'elles sont toujours connues. Les paysans commencent d'abord à fouiller dans les endroits qui ne paraissent couverts d'aucune plante; s'ils trouvent, selon leur expression, une belle terre, c'est-à-dire si elle est pure, qu'ils n'y rencontrent aucune racine vivace, c'est une marque presque infaillible de la présence des truffes. S'ils trouvent, au contraire, quelques végétaux, et surtout de petits champignons, ils abandonnent leur fouille et vont creuser dans un autre endroit. On cherche les truffes de cette manière jusqu'à la fin du mois de novembre, mais alors le pic devient insuffisant, car toutes les truffières connues ont été exploitées, et cet instrument, ne pouvant faire trouver, sans un travail forcé, les truffes qui seraient seulement à dix pas de la truffière présumée, son produit ne dédommagerait ni du temps ni de la fatigue. Lorsque les truffes sont parvenues à leur maturité, elles dégagent une odeur qui peut déceler leur position; c'est le temps de les suivre pour ainsi dire à la piste, et le meilleur odorat que l'on ait employé pour les trouver, est celui du cochon; l'animal que l'on destine à cette recherche doit être âgé d'environ cinq mois, leste et accoutumé à marcher, afin de pouvoir résister à la fatigue du matin au soir, et parcourir quelquefois 3 ou 4 lieues dans la journée

Le département de la Charente possède 66,500 hectares de vignes. Quelques cantons produisent du vin d'une très-bonne qualité et qui se conserve assez long-temps. L'excédant de la consommation trouve des débouchés utiles dans les départements de la Vienne, de la Haute-Vienne et de la Charente-Inférieure. Mais c'est particulièrement vers la fabrication des eaux-de-vie que se dirige l'industrie des propriétaires de vignes. Ces eaux-de-vie, justement renommées sous le nom d'eaux-de-vie de Cognac, sont un objet considérable d'exportation. Le raisin qui fournit cette précieuse liqueur est la *folle blanche*, dont le fruit produit un vin blanc dénué d'agrément, mais très-spiritueux. L'eau-de-vie que l'on tire des vins rouges est inférieure et n'a pas la douceur et le bouquet que l'on estime dans celle qui provient des vins blancs. Dans les bonnes années, le vin donne le cinquième de son volume en eau-de-vie de 22 à 23 degrés. Dans les mauvaises années, au contraire, il faut jusqu'à neuf, dix et même onze parties de vin pour en faire une d'eau-de-vie. La distillation se fait dans chaque vignoble, chez les pro-

Ruch del. ANGOULÊME. Nyon, 1.º sc.

priétaires, qui ont tous des alambics plus ou moins grands, selon leurs besoins. Les cantons qui fournissent les meilleures eaux-de-vie sont : la Champagne, canton de Blanzac ; le territoire de Cognac, celui de Jarnac, sur la rive droite de la Charente ; de Rouillac et d'Aigre. Toutes les eaux-de-vie du département, et celles de quelques cantons du département de la Charente-Inférieure, figurent dans le commerce sous le nom d'eaux-de-vie de Cognac, et participent plus ou moins des qualités des crûs cités ci-dessus.

On compte dans le département 25,000 hectares de forêts. — Les châtaignes abondent dans l'arrondissement de Confolens, où elles servent à la nourriture des indigents et à l'engrais des porcs. — Peu de pâturages. — Gibier de toute espèce. Poisson de rivière et d'étang en abondance (truites, anguilles et beaucoup d'écrevisses). — Éducation des abeilles, des porcs et de la volaille.

INDUSTRIE. Nombreuses manufactures de papiers remarquables par leur beauté. Fabriques de grosses étoffes de laine, de bouchons de liége, merrain, faïence. Fonderies de fer, batteries de cuivre. Nombreuses distilleries d'eau-de-vie. Tanneries. Poudrière. Fonderie de canons de fer pour la marine.

COMMERCE très-important d'eau-de-vie dite de Cognac, la meilleure que l'on connaisse ; de vins, huile de noix, graines, bétail, truffes, bois merrain et de charronnage, futailles, papiers, chiffons, manganèse, savon, sel, marrons, pâtés et dindes truffés, etc. — Entrepôt de sel provenant des marais salants de la Charente-Inférieure.

VILLES, BOURGS, VILLAGES, CHATEAUX ET MONUMENTS REMARQUABLES, CURIOSITÉS NATURELLES ET SITES PITTORESQUES.

ARRONDISSEMENT D'ANGOULÊME.

AMANT-DE-BOIXE (SAINT-). Bourg situé à peu de distance de la rive gauche de la Charente, dans un territoire fertile en grains, vins et fourrages, à 4 l. d'Angoulême. Pop. 1,550 hab.

ANGOULÊME. Grande et très-ancienne ville, chef-lieu du département. Tribunaux de première instance et de commerce. Chambre consultative des manufactures. Société d'agriculture, arts et commerce. Collége communal. Évêché. ✉ ☞ Pop. 15,186 hab.

Une opinion vulgaire et évidemment erronnée attribue la fondation de cette ville à Angelinus Marrus, capitaine romain, qui vivait 531 ans avant l'ère chrétienne. Des médailles qu'on y a déterrées sont les seuls témoignages de son existence du temps des Romains. Il paraît toutefois qu'elle était la capitale des peuples connus sous le nom d'Agésinates, qui occupaient l'Angoumois. Ausone, qui vivait au IVe siècle, est le premier qui parle de cette capitale des Agésinates, sous le nom d'*Iculisma*, et il en parle comme d'un lieu solitaire et écarté. La notice des provinces de la Gaule classe cette ville parmi celles de la deuxième Aquitaine, sous le nom de *civitas Ecolismensium*. De la domination des Romains, Angoulême passa sous celle des Visigoths, qui la conservèrent jusqu'en 507, époque où Clovis s'en rendit maître après la bataille de Vouillé. Cette ville passa ensuite sous la domination des petits souverains qui, pendant la féodalité, exercèrent tous les abus, et prirent le nom de comtes d'Angoulême : elle a eu jusqu'à dix-neuf de ces suzerains, dont quatorze étaient issus de la race chevaleresque des Taillefer, et cinq de celle des Lusignan. Le comte Turpion est le premier qui, sous Louis-le-Débonnaire, commença cette série de tyranneaux qui formaient, avec leurs voisins, la vaste chaîne féodale sous laquelle gémissait la France entière. La ville d'Angoulême, après avoir été réunie à la couronne, fut cédée aux Anglais après la bataille de Poitiers ; mais ses habitants, indignés de passer sous le joug de l'étranger, chassèrent les soldats de leurs murs. Une telle conduite fut appréciée par Charles V, qui en fit l'apanage des fils de France. Angoulême souffrit, pendant les dissensions religieuses qui armèrent les Français contre les Français, toute l'horreur des guerres civiles. Les calvinistes la surprirent dans le XVIe siècle. Le seigneur de Sansac la reprit en 1562 ; mais elle se rendit, peu de temps après, à l'amiral de Coligny, qui eut à se reprocher d'avoir laissé, à la suite de la prise de cette ville, ses soldats s'y livrer impunément aux plus sanglants abus de la victoire : les églises furent pillées et saccagées, la cathédrale fut détruite, et n'a été rebâtie que dans le siècle dernier.

Si les situations élevées des villes sont loin d'être propices, comme celles de plaines, aux rapports faciles et commodes des habitants, il faut convenir que leur aspect flatte et intéresse le voyageur, qui trouve toujours une grande variété de tableaux dans un sol accidenté, dans ses anfractuosités et ses mouvements. Tel est le site d'Angoulême, bâtie sur une montagne hérissée de rochers, qui domine au loin toute la contrée, et au bas de laquelle coule la Charente. Cette ville n'est pas seulement agréablement située, elle est en général bien construite. Ses rues sont propres, ses maisons sont bien bâties. La promenade en terrasse qui occupe l'emplacement des anciens remparts, offre un horizon des plus vastes par son étendue, et l'un des plus magiques par le tableau qu'il présente de campagnes aussi riantes qu'elles sont fertiles, aussi belles qu'elles sont bien cultivées. Du haut de ces murs, élevés d'environ deux cents pieds au-dessus du niveau de la plaine, l'œil se repose avec plaisir sur le riant bassin de la Charente et sur celui de la petite rivière d'Anguienne, dont les eaux serpentent au milieu de vastes prairies ombragées de touffes d'arbres, et dominées par des coteaux couverts des plus riches vignobles. On voit, d'un autre côté, des rochers agrestes et escarpés, des chemins creux, des forêts immenses ; d'un autre, la vue s'égare sur de vastes plaines traversées par les grandes routes de Paris et de Bordeaux. Des coteaux d'un aspect agréable, qui semblent se perdre dans le lointain, servent de cadre à ce magnifique tableau, dont la perspective est d'un effet admirable.

On parvient à la ville par quatre rampes, deux à l'Houmeau et deux à Saint-Pierre. Les deux rampes de l'Houmeau, dont une descend de la porte Chandos dans le faubourg, et l'autre de la porte du Palet au pont de Saint-Cybard, ont été commencées en 1740. Elles sont encore très-roides néanmoins, mais traitées avec plus d'intelligence que l'ancienne rampe de Saint-Pierre, construite postérieurement, et presque impraticable pour les voitures, qui ne pouvaient passer, il y a quelques années, que par la porte Chandos en faisant un long circuit pour arriver en ville. Aujourd'hui, un superbe chemin de 850 mètres (436 toises) de longueur, planté d'arbres, et qui n'a que 8 centimètres (2 pouces 11 lignes) de pente sur 195 centimètres (6 pieds), descend de la porte de Saint-Pierre, et va jusqu'en bas du faubourg de ce nom se joindre à la route de Paris à Bordeaux. Il se replie sur lui-même, après avoir, dans un premier circuit, embrassé près de la moitié de la circonférence de la montagne sur laquelle la ville est élevée. Cette première partie du chemin se joint à la seconde en formant une belle rotonde plantée d'arbres, environnée de bancs de pierre, et au milieu de laquelle s'élève une colonne d'ordre ionique, de 47 pieds de hauteur, surmontée d'un globe ; monument érigé, en septembre 1816, par les soins de M. Creuzé de Lesser, préfet, et de M. de Lambert, maire.

La promenade la plus belle et aussi la plus fréquentée de la ville, est la place d'Artois, commencée en 1776, et finie en 1787. Plantée d'arbres d'espèces diverses, divisés en trois allées, une grande et deux latérales, elle est séparée des belles maisons qui la bordent de chaque côté par un garde-fou et une rue ; l'hôtel-de-ville et la salle de spectacle la terminent à son extrémité au nord, et elle se joint à l'autre bout au rempart Desaix, qui longe avantageusement la ville jusqu'à la porte du Secours. Les principales portes d'Angoulême sont celles de Saint-Pierre, du Secours, de Saint-Martial, de Chandos et du Palet. Ces portes n'offrent aujourd'hui rien de remarquable. Elles étaient autrefois flan-

MURS D'ENCEINTE A ANGOULÊME.

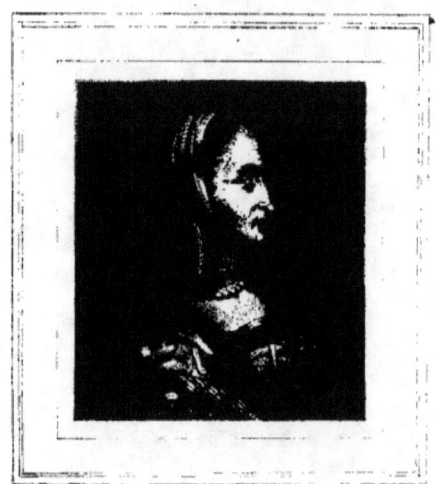

Marguerite de Valois

CHÂTEAU D'ANGOULÊME.

quées de tours qui faisaient partie des fortifications de la ville; mais les tours ont presque toutes été démolies, et à peine reste-t-il quelques vestiges des fortifications.

Un inconvénient attaché à la situation d'Angoulême, et auquel il est très-difficile d'obvier, c'est le défaut d'eau. Les fontaines sont abondantes au bas du coteau; mais leur éloignement fait qu'on est obligé de transporter l'eau dans des barils, à dos de bêtes de somme, pour la vendre aux habitants : car, quoiqu'il y ait beaucoup de puits dans la ville, la plupart ne fournissent qu'une eau de mauvaise qualité, et tous sont si profonds qu'ils n'offriraient que peu de ressources en cas d'incendie.

La grande route de poste ne passe pas dans la ville; elle traverse le faubourg de l'Houmeau, qui est au pied de la montagne, et qui renferme à peu près un quart de la population. C'est dans ce faubourg et dans les environs que sont les fameuses papeteries d'Angoulême; c'est aussi là que se fait le principal commerce de cette ville, favorisé par un beau port sur la Charente, le long duquel règnent un quai et une promenade agréable.

Si l'on pénètre dans l'intérieur d'Angoulême, on y trouve peu d'objets remarquables. Les principaux sont : la cathédrale, surmontée d'un clocher gothique et décorée d'un antique portail; la salle de spectacle, dont le frontispice fait face à la promenade du Cours; la bibliothèque publique, renfermant 16,000 volumes et des manuscrits précieux; le cabinet d'histoire naturelle, de physique et de chimie; le Cours; l'Obélisque; les hôpitaux, etc.

Le Collége royal de la Marine mérite aussi de fixer l'attention. Créé en exécution d'une ordonnance royale du 31 janvier 1816, ce collége a été ouvert, le 1er janvier 1818, dans un superbe bâtiment qui avait été primitivement destiné à recevoir un dépôt de mendicité, et dont la construction, commencée en 1811, était à peine achevée. Il est situé au pied de la ville, dans le faubourg de l'Houmeau, près de la route de Limoges. L'instruction que l'on y donne aux enfants, qui n'y peuvent entrer que de treize à quinze ans inclusivement, est purement théorique, et comprend les belles-lettres, l'histoire, la langue française, la langue anglaise, les mathématiques, l'hydrographie, le dessin et la géographie. Les élèves, en sortant de cette école, sont dirigés sur Rochefort, où, avec le titre d'élèves de la marine de deuxième classe, ils reçoivent, sur les bâtiments, l'instruction pratique qu'ils doivent acquérir.

On doit visiter, aux environs d'Angoulême, la source de la Touvre (*Voy.* ci-après Beaulieu), la plus belle de France après celle de Vaucluse; la fonderie et la forge de Ruelle, affectées au service de la marine.

Angoulême possède un grand nombre de maisons d'éducation renommées, très-fréquentées surtout par les demoiselles de Bordeaux et de Limoges, qui y perdent bientôt l'accent du midi, dont on n'aperçoit aucune nuance à Angoulême. On y parle même très-purement le français; et c'est une chose remarquable que, placée à 120 lieues de Paris, et seulement à 30 l. de Bordeaux, elle n'éprouve aucune influence de ce voisinage, et qu'on n'ait pas plus d'accent à Angoulême qu'à Paris. On trouve chez les habitants le bon ton des sociétés choisies, joint à une grande affabilité; les femmes surtout se distinguent par la beauté de leurs traits, par une grande fraîcheur de teint, par une jolie tournure et par l'enjouement de leurs manières.

Angoulême est le lieu de naissance de Marguerite de Valois, sœur de François Ier, princesse la plus accomplie de son siècle, et l'ornement de la cour de France par sa beauté, sa douceur, son esprit éclairé et l'élégance de ses manières. François Ier la chérissait tendrement, et l'appelait sa mignonne et la marguerite des marguerites. C'est à tort qu'on a soupçonné ses mœurs de ne pas être très-pures, parce que l'on trouve dans ses contes, le plus connu de ses écrits, une liberté qui approche souvent de la licence. Mais il faut se rappeler que c'était là le bon ton de la cour et le langage des honnêtes gens, et que son style est encore plus décent que celui de quelques sermons du temps. On a de cette femme aimable et spirituelle : l'Eptameron, ou les Nouvelles de la reine de Navarre; le Miroir de l'ame pécheresse, et la Marguerite des Marguerites. Le portrait de cette princesse, qui accompagne cette livraison, est tiré d'un manuscrit inédit de la Bibliothèque du roi.

Parmi les personnages remarquables qui ont vu le jour à Angoulême, on distingue encore saint Gelais, Balzac, l'ingénieur Montalembert, et Ravaillac, fanatique assassin de Henri IV.

Fabriques de serges, siamoises. Nombreuses et belles papeteries, dont les produits jouissent d'une réputation très-étendue et justement méritée; nombreuses distilleries d'eau-de-vie. Blanchisseries de cire, belles faïenceries, tuileries, chamoiseries, maroquinerie. Raffineries de sucre. Manufacture d'armes. — Aux environs, forges et fonderie de canons.

Commerce de grains, vins, eau-de-vie, esprits, chanvre, lin, truffes, châtaignes, safran, épicerie, savon, bois merrain, bouchons de liége, liége en planches, fer, cuivre, etc. Entrepôt de sel. Entrepôt de toutes les denrées transportées par la Charente pour Rochefort et les départements voisins. Entrepôt du commerce de Bordeaux et de la majeure partie des départements méridionaux.

A 31 l. de Poitiers, 24 l. de Limoges, 118 l. de Paris. — *Hôtels* de la Poste, du Grand-Cerf, de la Table-Royale, du Cheval-Blanc, de la Croix-d'Or.

BALZAC. Village situé sur la rive gauche de la Charente, dans un territoire fertile en excellent safran, dont il se fait un assez bon commerce. Pop. 1,000 hab.

BEAULIEU. Village situé à 4 l. d'Angoulême, à peu de distance de la source de la Touvre, rivière qui naît au pied d'un coteau escarpé, et qui, dans un cours de trois lieues, alimente la belle fonderie de Ruelle et fait tourner un grand nombre de moulins. La source de la Touvre est digne de rivaliser avec celle de Vaucluse. C'est un bassin de forme circulaire qui se divise en deux parties : l'une, formée d'eaux en quelque sorte dormantes; l'autre, d'eaux jaillissantes dont le bouillonnement s'élève quelquefois à un pied au-dessus du niveau de l'eau. Ce gouffre est situé au pied d'un roc calcaire très-escarpé, en forme de fer à cheval, à peu près comme celui qui domine la source de la Sorgue à Vaucluse.

Au sommet aride du rocher, s'élèvent, encombrées de ronces, et suspendues d'une manière effrayante au-dessus du gouffre, les ruines du château de Ravaillac. On attribue l'origine de la Touvre au Bandiat et à la Tardouère, rivières qui coulent à quelque distance sur un terrain plus élevé, et qui perdent insensiblement de leurs eaux jusqu'à la fin de leur cours. Des expériences faites par des naturalistes ont donné à cette origine une grande probabilité. Le gouffre de la Touvre a la forme d'un cône renversé, dont la base forme le bassin de la rivière, et dont le fond paraît dans les beaux temps, traversé par une infinité de pointes de rochers les uns sur les autres. La sonde, que des observateurs ont jetée dans ce bassin, sans pouvoir en déterminer au juste la profondeur, en est rarement revenue; les rochers qui obstruent tous les passages s'opposent presque toujours au retour des objets pesants que l'on introduit dans l'intérieur de ce gouffre.

La Touvre porte bateau à sa source, et serait facilement rendue navigable, sans la grande quantité d'îles, d'usines et d'établissements industriels qui existent sur son cours. Elle abonde en excellents poissons, et se jette dans la Charente au-dessous du village de Gand, près le faubourg de l'Houmeau.

BLANZAC. Petite ville, située dans un territoire très-fertile en grains et en vins de bonne qualité, à 5 l. 1/2 d'Angoulême. ⊠ Pop. 650 hab. Elle est en général assez mal bâtie, sur le Nay, qui est sujet à de fréquents débordements et en rend l'accès difficile.—*Commerce* considérable de bestiaux.

CHAMPNIERS. Village situé à 2 l. 1/4 d'Angoulême. Pop. 554 hab. — *Fabriques* d'huile. Tuileries. — *Commerce* de bestiaux et de safran que l'on récolte en abondance sur son territoire.

CHEZ-ROBI. Village situé sur le Bandiat, sur les bords duquel on remarque un gouffre d'une immense profondeur. Ce gouffre, en forme de cône renversé, suffirait pour engloutir toute la rivière, si elle n'était retenue par une digue qui détourne son cours. Les eaux qui s'échappent à travers cette digue se précipitent dans cette espèce d'entonnoir avec un bruit effroyable, et à une profondeur incalculable.

COMBIERS. Village situé près de la rive

CHATEAU DE LA ROCHEFOUCAULD.

ARRONDISSEMENT D'ANGOULÊME.

droite de la Nizonne, à 6 l. 3/4 d'Angoulême. Pop. 650 hab. — *Fabriques* de poteries, chaudières, grilles et pièces de mécanique en fonte. Mines de fer, forges et hauts fourneaux.

COURONNE-LA-PALLUE, ou SAINT-JEAN-LA-PALLUE. Village situé près de la grande route de Barbezieux à Angoulême, à 1 l. 1/4 de cette dernière ville. Pop. 2,000 hab. On y remarque les ruines pittoresques de l'église et d'une abbaye commanditaire d'augustins, fondée sous le règne de Childebert. — Nombreuses papeteries, d'où la ville d'Angoulême tire la plus grande partie des papiers qu'elle expédie.

HIERSAC. Village situé sur la grande route de la Rochelle à Angoulême, à 3 l. de cette dernière ville. ⌖ Pop. 640 hab.— *Commerce* d'eau-de-vie.

JEAN-DE-LA-PALLUE. *Voy.* COURONNE-LA-PALLUE.

MARTHON. Petite ville, située sur le Bandiat, à 5 l. 3/4 d'Angoulême. Pop. 600 h. — Tanneries.

MICHEL-D'ENTRAIGUE (SAINT-). Village situé à 1 l. d'Angoulême. Pop. 500 h. — *Fabriques* de toiles métalliques, formes à papier, etc. Papeteries.

MONTIGNAC. Village situé sur la rive gauche de la Charente, qui commence en cet endroit à être navigable, à 3 l. 3/4 d'Angoulême. Pop. 540 hab.

MONTBRON. Petite ville, située sur la Tardouère, à 6 l. 3/4 d'Angoulême. ✉ Pop. 3,172 hab. — Forges et martinets.

MOUTIERS. Village situé à 1 l. d'Angoulême. Pop. 1,350 hab. — Papeteries.

NERSAC. Bourg situé à 2 l. d'Angoulême. Pop. 1,050 hab. — Papeteries.

RANCOGNE. Bourg situé sur la Tardouère, à 5 l. d'Angoulême. Pop. 500 hab. On y remarque de vastes et profondes cavernes, qui offrent le spectacle le plus étonnant et le plus singulier. L'ouverture principale de ces grottes se trouve à quelques mètres au-dessus du cours de la Tardouère. L'entrée en est basse et sombre. Parvenu à quelque distance, on entre dans de vastes cavités dont on aperçoit à peine les voûtes de rocailles en pendentifs, en culs-de-lampe, en couches détachées les unes sur les autres, de mille formes variées. On s'avance en suivant les issues qui se présentent entre les stalactites suspendues aux voûtes et les stalagmites qui couvrent le sol, dont les pointes, en se réunissant en plusieurs endroits, rendent le passage étroit et difficile. A la clarté des flambeaux (seul moyen d'éclairer ces ténébreuses demeures), on parvient à des souterrains remplis de stalactites de différentes formes et de différentes couleurs, qui produisent, par la réflexion de la lumière, l'aspect le plus brillant et le plus riche. Les parois des salles sont, pour la plupart, recouvertes d'un enduit de couleur tigrée, d'un effet surprenant. On jouit constamment dans ces cavernes d'un air tempéré. Un ruisseau, qui les traverse, et qui gronde entre les rochers et les précipices, augmente encore l'étonnement et l'admiration dont on est saisi en les parcourant. On n'a pu encore bien déterminer la longueur et l'étendue de ce vaste et extraordinaire souterrain, dont on attribue la formation aux infiltrations des eaux de la Tardouère à travers les rochers dont la colline de Rancogne est composée. A cette première cause on doit encore ajouter les débordements de la Tardouère, qui ont souvent rempli ces immenses cavernes et entraîné les terres qui unissaient ensemble les différentes couches de rochers inclinés en tous sens dont se compose le coteau. Cette cause est d'autant plus probable, que la Tardouère, dans ses débordements, a souvent bouché la grande ouverture qui forme l'entrée des souterrains, sur laquelle on voit encore aujourd'hui la trace du niveau des eaux qui s'y sont introduites à diverses époques.

Les grottes de Rancogne méritent l'attention des naturalistes par la nature, la forme, la couleur et la singularité des congélations qu'elles renferment, et par l'étonnant assemblage des rochers, des voûtes, des masses, des pyramides, des infiltrations, des précipices, des cavités qu'elles présentent : c'est un diminutif des célèbres grottes d'Arcy, décrites dans notre 8e livraison (*Yonne*), avec lesquelles celles de Rancogne paraissent avoir une grande conformité.

ROCHEFOUCAULD (la). Petite ville, située à 6 l. d'Angoulême. ✉ ⌖ Pop. 2,706 h.

Cette ville est sur la Tardouère, que l'on passe sur un pont fort ancien, qui sert de promenade publique. Elle consiste en une seule rue, dominée par un château flanqué de quatre grosses tours rondes à combles pyramidaux, et d'une tour carrée plus élevée et beaucoup plus ancienne. Le château de la Rochefoucauld, tel qu'il existe aujourd'hui, date de la renaissance; c'est un monument remarquable de cette belle époque. Dans l'intérieur, on remarque un escalier en spirale, construit en pierres de taille et en vignot, qui mérite de fixer l'attention. Le parc sert de promenade publique.

C'est dans ce château qu'est né le célèbre auteur des *Maximes*, qui se plaisait à y réunir les Racine, les Boileau, les Lafayette, les Sévigné, etc. Doué d'un esprit observateur, il étudia les hommes au milieu des troubles civils de la Fronde, et composa des mémoires, où l'on trouve quelquefois la précision et l'énergie de Tacite. Les Maximes lui acquirent surtout une grande célébrité. Mais on s'accorde à reconnaître que cet ouvrage fait plus d'honneur à son esprit qu'à son cœur; ce qui ne doit pas étonner d'un homme qui vécut au milieu des courtisans, et qui prit une part active aux intrigues de la cour et des grands. Le portrait que nous donnons de ce moraliste a été gravé d'après un des plus beaux émaux de Petitot.

Fabriques de toiles, droguets, rubans de fil. Tanneries renommées. — *Commerce* de fil, bois, merrain, lattes, futailles, bestiaux.

ROUILLAC. Bourg situé près de la source de la Nouère, dans une contrée fertile en excellents vins, à 5 l. 1/2 d'Angoulême. ✉ Pop. 1,200 hab.

ROULET. Village situé à 4 l. d'Angoulême. ☞ Pop. 1,350 hab. — Papeteries.

RUELLE. Bourg situé à 1 l. 3/4 d'Angoulême, sur la Touvre et à peu de distance de sa source. Pop. 1,250 hab. On y remarque une belle fonderie de canons de fer pour la marine royale, un moulin à poudre, et plusieurs forges et hauts-fourneaux.

TOUVRE (la). *Voy.* ci-dessus BEAULIEU.

VALETTE (la). Bourg situé à 6 l. d'Angoulême. ✉ Pop. 920 hab.

ARRONDISSEMENT DE BARBEZIEUX.

AUBETERRE. Jolie petite ville, située sur la Dronne, qui la divise en deux parties, à 3 l. 1/4 de Barbezieux. Pop. 800 hab.

Cette ville est bâtie en amphithéâtre, sur le penchant d'une colline dont le sommet est couronné par un ancien château d'un aspect très-pittoresque. On y remarque l'église paroissiale, taillée dans le rocher sous la cour du château, et, aux environs, les ruines du château de MÉRÉ.—*Fabriques* de grosses toiles. Papeteries. — *Commerce* considérable de blé.

BAIGNES. Village situé sur le ruisseau de Pharon, à 4 l. de Barbezieux. Pop. 400 h. — *Manufactures* de faïence commune. Tanneries. — *Commerce* considérable de bœufs et de porcs destinés à l'approvisionnement de Bordeaux.

BARBEZIEUX. Jolie petite ville, chef-lieu de sous-préfecture. Tribunaux de première instance et de commerce. Société d'agriculture. ✉ ☞ Pop. 2,756 hab.

Barbezieux est une ville fort ancienne, qui portait jadis le nom de Barbesil. Dans les malheureux temps de la féodalité, les comtes de Barbezieux firent souvent, avec l'assistance des comtes de Cognac, la guerre aux seigneurs d'Angoulême. On y voyait autrefois un château construit sous le règne de François Ier, dont il ne reste plus aucuns vestiges.

Cette ville est agréablement située dans une contrée fertile en bons vins et abondante en excellents pâturages. Elle est, en général, assez bien bâtie, sur le penchant d'une colline, et possède une fort jolie promenade en forme de boulevards, le long de laquelle passe la grande route. On y remarque les restes d'un ancien château fort, qui sert maintenant de prison. Aux environs (à Reignac), on trouve une fontaine d'eau minérale.

Fabriques de grosses toiles en fil de chanvre. Tanneries importantes dans les environs. — *Commerce* de toiles, grains, truffes, bestiaux, volailles et chapons truffés recherchés, etc.

François 1ᵉʳ

Gravé sur acier par Hopwood d'après l'émail de Petitot.

Larochefoucauld.

CHÂTEAU DE BARBEZIEUX.

A 10 l. d'Angoulême, 27 l. de Bordeaux, 128 l. de Paris. — *Hôtel* de l'Écu.

BROSSAC. Bourg situé à 6 l. de Barbezieux. Pop. 1,300 hab.—*Fabriques* de grosses toiles.

CHALAIS. Bourg situé à 12 l. de Barbezieux. ✉ Pop. 550 hab. Il est bâti sur la rive droite de la Tude et dominé par un ancien château. — Tanneries.

GRAULLE ou **GROLLE** (la). Village situé à 3 l. de Barbezieux. ✉ ☞ Pop. 600 h.

MONTMOREAU. Bourg situé à 10 l. de Barbezieux. Pop. 460 hab.

PALLUAUD. Village situé à 14 l. de Barbezieux. Pop. 730 hab. — Papeterie.

POULLIGNAC. Village situé à 6 l. de Barbezieux. Pop. 300 hab. — Haras.

REIGNAC. Village situé à 2 l. de Barbezieux. Pop. 1,300 hab. On y trouve une source d'eau minérale.

ARRONDISSEMENT DE COGNAC.

CHATEAUNEUF-SUR-CHARENTE. Petite et ancienne ville, située sur la rive gauche de la Charente, dans une contrée fertile en grains, vins et pâturages, à 7 l. de Cognac. Pop. 2,350 hab. C'était autrefois une ville forte, qui portait le nom de *Neo Castellum*. Charles V la prit sur les Anglais après un long siége, en 1380. Aux environs, on remarque une grotte curieuse par les stalactites qu'elle renferme.—*Commerce* de vins, eau-de-vie, sel, merrain, bestiaux, etc.

COGNAC. Petite ville, chef-lieu de sous-préfecture. Tribunaux de première instance et de commerce. Société d'agriculture. Collége communal. ✉ ☞ Pop. 3,409 hab.

Cognac est une ville ancienne où il s'est tenu plusieurs conciles dans le XIIIe siècle. Elle est située sur une éminence, dans un pays charmant, sur la rive gauche de la Charente, qui y est navigable, et dont les eaux limpides fertilisent de vastes et belles prairies. Cette ville est en général assez bien bâtie, mais fort mal percée; elle est dominée par les restes d'un ancien château qui lui servait autrefois de défense. C'est aux environs de ce château que la duchesse d'Angoulême donna le jour à François Ier, en 1494. Cette princesse, en se promenant, fut saisie par les douleurs de l'enfantement; ne pouvant revenir jusqu'au château, elle accoucha au pied d'un orme, que l'on entoura, dans la suite, d'une muraille hexagone, dont on voit encore les vestiges non loin du parc. Ce parc est bien conservé et sert de promenade aux habitants.

Manufactures de faïence. Tanneries. — *Commerce* de vins, eau-de-vie, esprits, graine de lin, genièvre. Entrepôt des excellentes eaux-de-vie qui se fabriquent dans les communes environnantes, dont Cognac fait des expéditions immenses dans toutes les parties de l'Europe et de l'étranger.

A 10 l. d'Angoulême, 124 l. de Paris.— *Hôtels* de France, du Faisan, des Trois-Marchands.

FORT (SAINT-). Bourg situé sur la rive droite du Nay, à 3 l. de Cognac. Pop. 450 h.

A un quart de lieue nord-est de ce village, non loin de celui de Lavaure, on trouve un des monuments celtiques les plus remarquables du département : c'est une table de pierre rougeâtre, d'une forme à peu près carrée, mais irrégulière, ayant environ 7 mètres 52 centimètres suivant la plus longue diagonale, 6 mètres 30 centimètres suivant l'autre diagonale, et environ 45 centimètres d'épaisseur moyenne ; d'où il résulte qu'elle pèse au moins 40,000 kil., sa pesanteur spécifique devant être très-considérable à cause de sa grande dureté. Cette pierre est supportée par trois pierres debout, d'une espèce de roche très-commune, et qui s'élèvent de 1 mètre 40 centimètres à 1 mètre 50 centimètres au-dessus du sol ; la plus grande a environ 2 mètres de largeur sur 50 centimètres d'épaisseur moyenne ; les deux autres n'ont qu'un mètre de largeur. Dans l'intervalle de ces supports, se trouvent des pierres informes, qui paraissent réunir leurs bases, mais qui sont en partie recouvertes par la terre environnante. Ceci semblerait indiquer que l'intérieur était un véritable sépulcre. Ce monument paraît d'autant plus extraordinaire qu'il n'existe dans le pays aucune pierre d'une nature analogue à l'énorme caillou qui en fait la principale partie, et que les pierres qui supportent cette table semblent n'être maintenues dans une position verticale que par le poids considérable dont elles sont surchargées. Les gens du pays prétendent que la sainte Vierge apporta cette pierre énorme sur sa tête; qu'elle avait en même temps les quatre piliers dans son tablier, mais qu'elle en laissa tomber un dans la mare de Saint-Fort, c'est-à-dire en traversant la petite rivière de Nay, et qu'en conséquence il n'en resta plus que trois. Cette pierre, ainsi que toutes les autres de la même nature, est placée dans un lieu élevé, d'où l'on découvre, du côté de la Saintonge, un pays du plus riant aspect.

JARNAC. Jolie petite ville, située dans une contrée très-fertile en vins, au milieu de vastes prairies, sur la Charente, rivière que l'on y passe sur un beau pont suspendu en chaînes de fer, où il y a forme en cet endroit un petit port important par sa situation. A 3 l. de Cognac. ✉ ⚓ Pop. 2,282 h.

Jarnac est célèbre par la victoire que le duc d'Anjou, depuis Henri III, y remporta au mois de mars 1569, sur l'armée des calvinistes, commandée par le prince de Condé, qui, entraîné par sa valeur, pénétra trop avant dans les rangs des ennemis. Voyant qu'il n'avait plus de ressource que dans son courage, il aima mieux périr que de reculer. Obligé cependant de céder au grand nombre, il fut pris par d'Argence, gentilhomme qui lui devait la vie, et qui fit ce qu'il put pour le sauver; mais le prince de Condé, ayant été découvert par les compagnies du duc d'Anjou, dit à d'Argence : « Je suis « mort, tu ne me sauveras jamais! » En effet, Montesquiou, capitaine des gardes, s'étant approché de ce prince, lui cassa la tête d'un coup de pistolet. Une pyramide quadrangulaire fut élevée dans le temps sur le lieu même où cet acte de vengeance fut commis; détruite en 1793, elle a été remplacée par un monument de construction récente.

Industrie. Nombreuses distilleries d'eaux-de-vie en grand. — *Commerce* très considérable d'eaux-de-vie dites de Cognac, qui se fabriquent dans les communes voisines, d'excellents vins rouges, de bestiaux, cuirs.

MARTIN (SAINT-). Village situé à 1/4 de l. de Cognac. Pop. 600 hab. On remarque à peu de distance, vis-à-vis du petit hameau de Céchebé, une grande pierre plate, de la nature de celles qu'on trouve à la surface des carrières, et qu'on appelle vulgairement Chaudron. Elle était originairement placée horizontalement sur d'autres pierres brutes de même nature. Mais quelques-unes de ces pierres s'étant affaissées, une moitié de celle qui les recouvrait s'est, par son propre poids, détachée de l'autre moitié; en sorte que l'un des fragments est maintenant horizontal et l'autre incliné vers le nord-est. La pierre entière, de forme à peu près parallélogrammique, avait environ 5 mètres de longueur, 3 de largeur, 45 centimètres d'épaisseur moyenne, et devait peser au moins 12,000 kil.

MERPINS. Bourg situé sur la rive gauche de la Charente, à 1 l. 1/2 de Cognac. Pop. 520 hab. Aux environs, on remarque sur une éminence les vestiges d'un fort dont la construction est attribuée aux Romains.

SEGONZAC. Bourg situé dans un territoire très-fertile en vins, à 3 l. de Cognac. Pop. 2,620 hab. — *Commerce* considérable d'eau-de-vie de première qualité, dite Champagne de Cognac.

SEVÈRE (SAINTE-). Village situé à 2 l. 1/2 de Cognac. Pop. 600 hab. On y remarque les ruines du fort Sévère, construit par les Romains; c'est un carré parfait, entouré de retranchements et baigné par la petite rivière de Sounoire; il pouvait contenir 10,000 hommes.

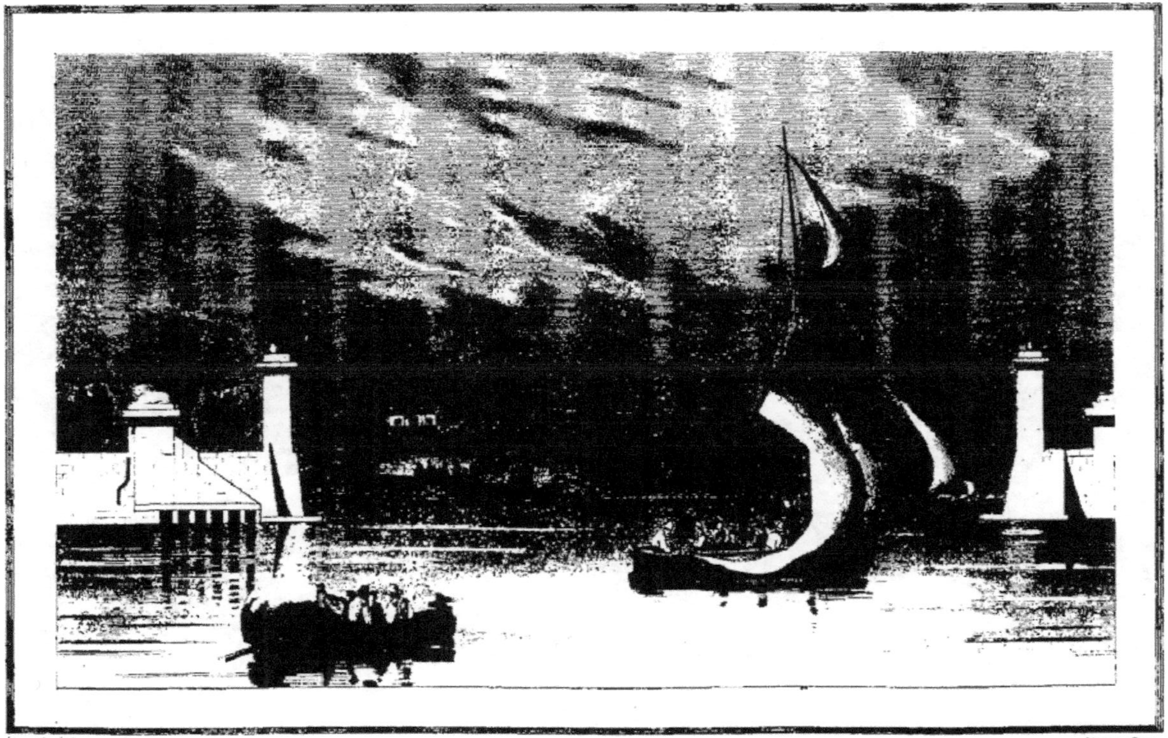

[illegible] CARNAC.

ARRONDISSEMENT DE CONFOLENS.

ALLOUE. Village situé sur la rive droite de la Charente, à 3 l. 1/4 de Confolens. Pop. 1,650 hab. — Mine de plomb argentifère exploitée.

BRIGUEIL. Village situé à 4 l. de Confolens. Pop. 2,210 hab. — Manufacture de porcelaine.

CHABANNAIS. Petite ville, située à 4 l. de Confolens. ✉ ⚜ Pop. 1,780 hab.

Cette ville est bâtie dans une position agréable, sur la Vienne, qu'on y passe sur un pont fort ancien. On y remarque une tour antique et les ruines d'un château qui a appartenu à Colbert. C'est la patrie de l'ex-ministre Dupont de l'Étang. — *Commerce* de grains, haricots, châtaignes et bestiaux.

CHAMPAGNE-MOUTON. Petite ville, située à 5 l. 1/2 de Confolens. Pop. 1,150 h. Elle est près de la petite rivière d'Argent, qui y arrose de belles prairies où l'on élève une grande quantité de bestiaux dont il se fait un commerce considérable.

CHASSENEUIL. Petite ville, située sur la rive gauche de la Bogueure, à 7 l. 1/4 de Confolens. Pop. 1,640 hab.

CLAUD (SAINT-). Bourg situé sur la rive gauche du Son, à 5 l. 1/2 de Confolens. ✉ Pop. 2,000 hab. — *Commerce* de grains et de bestiaux. — Aux environs, forges et hauts-fourneaux.

CONFOLENS. Petite ville, chef-lieu de sous-préfecture. Tribunal de première instance. Collège communal. ✉ Pop. 2,687 h.

Cette ville est bâtie au milieu d'une contrée stérile, au confluent du Goire et de la Vienne, rivières dont les bords riants et fertiles offrent d'abondants pâturages où l'on élève un grand nombre de bestiaux. Elle est ancienne et généralement mal bâtie. On y remarque une petite bibliothèque publique, renfermant 13,000 volumes; et les restes d'une tour carrée, qui dépendait autrefois d'un ancien château fort. On s'arrête avec plaisir sur le pont de la Vienne pour admirer le large cours de cette rivière, la beauté de son onde et les paysages qui bordent ses rives : la construction de ce pont remonte à une haute antiquité.

Industrie. Élève de bestiaux, que l'on envoie dans la Haute-Vienne pour y être engraissés. Tanneries.

Commerce considérable de bois de construction, de merrain, de bœufs gras et autres bestiaux. Foires très-fréquentées.

A 19 l. d'Angoulême, 11 l. 1/2 de Limoges, 101 l. de Paris. — *Hôtels* Courteau, Lagrange.

ESSE. Village situé à 1 l. de Confolens. Pop. 900 hab. On remarque dans cette commune, à l'extrémité d'un champ, près d'un petit village qu'on nomme le Repaire, à peu de distance de la route de Lesterps à Confolens, et sur le bord de celle qui mène à Brigueuil, une pierre brute de forme à peu près pyramidale, ayant deux mètres soixante centimètres de hauteur verticale, un mètre quatre-vingts centimètres de largeur à la base, et environ un mètre d'épaisseur moyenne; la face la plus unie est tournée et légèrement inclinée vers le soleil levant. Cette pierre est d'une espèce de roche granitique très-dure et très-abondante dans le pays, quoiqu'on n'en aperçoive pas aux environs du lieu où elle est située. D'après la pesanteur spécifique qu'on peut raisonnablement lui supposer, elle offre un poids absolu de plus de dix mille kilogrammes.

ÉTAGNAT. Bourg situé à 3 l. 1/2 de Confolens. Pop. 1,500 hab. Aux environs, sur la route qui mène à Confolens, route qui n'a jamais été ferrée, existe une pierre brute, de forme irrégulière et simplement posée sur le sol. Elle a évidemment été brisée en plusieurs endroits, et ne conserve guère plus d'un mètre de hauteur; sa largeur à la base est d'environ un mètre cinquante centimètres, et son épaisseur moyenne de cinquante centimètres seulement; sa face la plus large et la plus irrégulière est tournée vers le soleil levant. Quoique cette pierre, située au milieu de la route, offre un volume peu considérable, on ne s'est point donné la peine de la déplacer, et les voyageurs sont obligés de tourner à droite ou à gauche, pour ne pas la heurter.

GERMAIN (SAINT-). Village situé sur la Vienne, à 1 l. de Confolens. Pop. 350 hab.

En descendant la Vienne, à deux kilom. environ de Confolens, et un peu au-dessous du bourg de Saint-Germain on trouve une île d'un agréable aspect, mais d'une étendue peu considérable. A peu près au centre de cette île et au milieu d'un petit bosquet, est une excavation peu profonde. On y descendait autrefois par quatre marches, mais les deux dernières sont aujourd'hui recouvertes par les parties terreuses et les dépouilles des arbres qui, en s'accumulant, ont insensiblement exhaussé le fond de la cavité. Les terres environnantes sont retenues par de petits murs de soutènement construits en pierres mal taillées et sans mortier, comme la plupart des édifices gaulois. Ces murs, que le temps a dégradés en plusieurs endroits, ne s'élèvent qu'à la hauteur du sol. L'espace ainsi environné, quoique d'une forme peu régulière, donne assez bien l'idée d'un temple découvert; et il n'est pas douteux que ce ne soit un des premiers que les Gaulois aient construits, lorsque, dans leurs pratiques religieuses, ils commencèrent à se départir de leur simplicité primitive. La longueur de ce temple, d'occident en orient, est de douze mètres, et sa largeur moyenne de cinq mètres environ. La figure que présente cette espèce de sanctuaire est terminée par deux lignes latérales, à peu près parallèles, mais qui cependant convergent un peu vers l'orient, où elles sont réunies par une courbe à peu près circulaire. Elles aboutissent, du côté de l'occident, à une autre ligne droite, transversale, et un peu plus sur la droite que la muraille, qui est interrompue par les marches dont nous avons parlé. Vers l'extrémité arrondie, s'élèvent quatre colonnes disposées en quadrilatère à peu près parallélogrammique, mais de telle sorte cependant que celles de devant, espacées d'un axe à l'autre de deux mètres quarante centimètres, le sont un peu plus que celles de derrière, qui n'ont que deux mètres quinze centimètres d'entre-axe. Ces colonnes, toutes semblables, se composent d'un fût d'une seule pièce ayant trente centimètres de diamètre à la base, et un mètre soixante-quinze de hauteur, surmonté d'un chapiteau de deux pièces assez mal taillées, dont la seconde forme tailloir. Le chapiteau, dans son ensemble, présente une hauteur de soixante centimètres. Chaque colonne repose sur une base de trente-cinq centimètres de hauteur, à peu près semblable à la première pièce du chapiteau, et posant elle-même sur une pierre carrée qui forme piédestal, mais que les terres accumulées par le temps recouvrent presque entièrement aujourd'hui. Quoique toutes ces parties soient d'une très-grossière exécution, on remarque dans leur ensemble les premières étincelles du goût. Les colonnes sont agréablement renflées, et seraient même d'une assez belle proportion, si les chapiteaux étaient un peu plus délicats. Sur ces quatre colonnes repose une pierre brute irrégulière, d'une moyenne grosseur, et dont le poids, évalué d'après le volume, peut s'élever à dix-huit mille kilogrammes. Les bords de cette pierre ressortent un peu au-delà des chapiteaux qui la supportent, à l'exception d'un angle arrondi, qui fait une forte saillie du côté de l'orient, c'est-à-dire au-dessus de la partie circulaire du temple, qu'il recouvre presque entièrement. C'est au-dessous de cette partie saillante qu'on avait construit un autel que le temps et les hommes ont renversé, mais dont les débris subsistent encore sous le monument. Le devant de cet autel faisait face à l'occident, en sorte que le prêtre, qui officiait à couvert, était tourné vers le soleil levant. La pierre qui formait le dessus de l'autel, et qui est parfaitement bien conservée, est un parallélogramme rectangle, d'un mètre vingt centimètres de longueur sur soixante-dix-huit centimètres de largeur et trente d'épaisseur. Elle n'est percée nulle part. La face latérale de derrière est plane, mais les trois autres sont évidées en quart de rond, à l'arête inférieure. Il serait possible de reconstruire cet autel dans la forme qu'il avait autrefois, en en rajustant toutes les parties, qui ne sont que désunies.

A l'entrée du sanctuaire et dans l'angle qui se trouve à la droite de l'escalier, est une espèce de bénitier, creusé dans une pierre absolument semblable, pour la forme et pour la dimension, à celle qui compose la première partie de chaque chapiteau. Elle est posée sur un tronçon de colonne également semblable à celles du monument, et s'élève à peu près autant que les murs du temple, c'est-à-dire à la hauteur du sol environnant.

Les colonnes, la pierre qu'elles supportent, l'autel et le bénitier sont d'une espèce de roche granitique très-abondante dans la contrée et qu'on appelle grison.

Il n'a pas été possible de recueillir aucun indice sur l'époque où fut construit ce monument. Les habitants du pays, qui en ignorent l'origine et qui ne conçoivent pas comment des hommes auraient pu enlever une pierre d'un poids aussi considérable, pour la poser sur quelques frêles appuis, lui supposent naturellement une existence miraculeuse; car il est dans la nature de l'homme ignorant et simple, comme dans celle de l'enfant, d'expliquer par le merveilleux tout ce qui passe les bornes de son intelligence. Ils débitent à ce sujet une fable ridicule, analogue à celle que nous avons déjà rapportée à l'article du dolmen de Saint-Fort. Ils disent que sainte Madeleine vint autrefois faire pénitence dans l'île qui avoisine Saint-Germain, et qu'ils appellent l'île de Sainte-Madeleine; qu'en y abordant, elle portait cette pierre énorme sur sa tête, les quatre chandeliers (c'est ainsi qu'ils désignent les colonnes) dans son tablier, et le bénitier dans sa poche; ils ajoutent, sans doute pour rendre le fait plus extraordinaire, qu'elle filait en même temps sa quenouille; ils montrent même, à l'appui de cette singulière assertion, l'empreinte d'une des pantoufles de la sainte voyageuse, sur un rocher très-dur, qui se trouve à découvert à quatre ou cinq cents mètres de la rive gauche de la Vienne. Cette empreinte ressemble en effet médiocrement à celle d'un pied droit de grandeur moyenne; mais l'observateur raisonnable n'y voit qu'un jeu de la nature, dont l'illusion a été probablement favorisée par les meuniers des environs, qui se seront amusés à perfectionner à coups de marteau ce qui se trouvait tout naturellement ébauché. Le pied gauche est, dit-on, marqué de la même manière sur un autre quartier de roche, faisant partie de la digue d'un moulin construit sur la rivière; mais comme les eaux ne la laissent que très-rarement à découvert, il est assez difficile d'en vérifier l'existence. Au reste, comment les gens crédules des campagnes n'auraient-ils pas adopté le conte de la Madeleine morte à Éphèse, et faisant dans le même temps pénitence dans l'île de Saint-Germain, lorsqu'ils ont vu, peu d'années encore avant 1789, le clergé catholique allant tous les ans en procession, le jour de la fête de sainte Madeleine, sur l'autel druidique que nous avons décrit?

LESTERPS ou **ÉTERPE**. Bourg situé à 2 l. de Confolens. Pop. 1,400 hab.

MAURICE (SAINT-). Bourg situé non loin de la rive droite de la Goire, à 2 l. 1/2 de Confolens. Pop. 1750 hab.

Sur la place qui avoisine l'église paroissiale de cette commune, on remarque un lion taillé en pierre granitique du pays, et dont les dimensions surpassent un peu celles de la nature. Le bloc dont il est formé est adossé à un massif de maçonnerie, servant à soutenir la croix de bois au pied de laquelle on dépose les morts. Ce lion, qu'on a représenté couché, offre bien plutôt une ébauche qu'un travail achevé: de simples trous représentent les yeux, le nez, la bouche et les oreilles. La grossièreté du travail, l'imperfection des formes, attestent l'enfance de l'art, et par conséquent une très-haute antiquité; ce que confirme d'ailleurs l'ignorance complète où sont les habitants de Saint-Maurice sur l'origine de ce monument. Comme ils l'ont toujours vu sur la place où il est aujourd'hui, il faut que son existence remonte à une époque éloignée, pour qu'on en ait pu perdre entièrement le souvenir. L'extrême dureté de la pierre qui le compose explique d'ailleurs sa conservation.

MONTEMBŒUF. Bourg situé à 7 l. 1/4 de Confolens. Pop. 1260 hab.

ROUSSINES. Bourg situé près de la rive droite de la Tardouère, à 8 l. 1/2 de Confolens. Pop. 1,200 hab. — Aux environs, forges et haut-fourneau.

ARRONDISSEMENT DE RUFFEC.

ADJOTS (Les). Village situé à 1 l. 1/2 de Ruffec, dans une contrée fertile en excellents marrons, dont il se fait un grand commerce. Pop. 650 hab.

On trouve sur le territoire de cette commune du minerai de fer en globules détachés d'une grosseur variable : souvent ces globules sont réunis et forment masse en veines ou filons plus ou moins considérables. Ces filons, quelquefois très-riches, sont inclinés en tous sens, souvent horizontaux; les ouvriers les suivent par-dessous terre, ou à une très-petite profondeur. La mine rend en fonte de fer environ moitié de son poids; le fer qui en provient est d'une excellente qualité.

AIGRE. Petite ville, très-agréablement située dans une île formée par une petite rivière qui se jette dans la Charente, à 4 l. 1/2 de Ruffec ✉. Pop. 1,580 hab.

Fabriques d'eau-de-vie. Nombreuses distilleries. — *Commerce* de grains, oignons, lins, chanvre, vins et principalement d'eaux-de-vie dites de Cognac.

CONDAC. Village situé sur la rive droite de la Charente, à 1/2 l. de Ruffec. Pop. 470 hab. Minoterie.

MANLES ou **MANSLE.** Petite ville située au milieu de belles prairies, sur la Charente, que l'on y passe sur un pont fort élevé, à 5 l. de Ruffec. ✉ (☏ à un demi-quart de lieue plus loin). Pop. 1,800 hab. — *Commerce* considérable de grains, vins et eau-de-vie.

NANTEUIL-EN-VALLEE. Bourg situé à 2 l. 1/2 de Ruffec. Pop. 1,320 hab.

RUFFEC. Jolie petite ville, chef-lieu de sous-préfecture. Tribunal de première instance. Collége communal. ✉ ☏. Pop. 3,004 hab.

Cette ville est dans une situation agréable, sur le ruisseau de Lieu, renommé par ses excellentes truites, un peu au-dessus de son confluent avec la Charente. Elle est généralement bien bâtie, bien percée, et d'un aspect agréable. On remarque dans ses environs le château de Broglie, bel édifice du moyen âge.

Commerce de grains, marrons, truffes, fromages dits de Ruffec, pâtés de foies d'oies truffés, bestiaux, etc. — Aux environs, forges et beau moulin à blé.

A 12 l. d'Angoulême, 106 l. de Paris. — *Hôtels* Thorel, Lavallette.

TAIZÉ-AIZIE. Village situé sur la rive droite de la Charente, à 1 l. 1/2 de Ruffec. Pop. 850 hab. — *Fabriques* de chaudières à sucre et de poterie de fonte. Hauts-fourneaux, forges, aciérie, martinets et fonderie.

TUSSON. Village situé à 3 l. de Ruffec. Pop. 1,100 hab.

VERTEUIL. Petite ville, située sur la rive droite de la Charente et dominée par un château bâti en 1459. Pop. 1,350 hab. — *Fabriques* de cuirs. — *Commerce* de grains.

VILLEFAGNAN. Bourg situé à 2 l. 1/2 de Ruffec. Pop. 1,620 hab.

FIN DU DÉPARTEMENT DE LA CHARENTE.

Guide Pittoresque
DU
VOYAGEUR EN FRANCE.

ROUTE DE PARIS A BAYONNE
TRAVERSANT LES DÉPARTEMENTS

DE SEINE-ET-OISE, DU LOIRET, DE LOIR-ET-CHER, D'INDRE-ET-LOIRE, DE LA VIENNE, DE LA CHARENTE, DE LA CHARENTE-INFÉRIEURE, DE LA GIRONDE, DES LANDES ET DES BASSES-PYRÉNÉES.

DÉPARTEMENT
DE LA CHARENTE-INFÉRIEURE.

Itinéraire de Paris à Bayonne.

	lieues.		lieues.
De Paris à Tours, voy. Route de Paris à Nantes, 1re, 2e, 3e et 4e Livraisons.		Montlieu............	4
		Chiersac............	2
De Tours à Montbazon..	4	Cavignac............	4
Sorigny............	2	Saint-André de Cubzac...	4
Sainte-Maure.......	4	Cubzac............	1/2
Les Ormes.........	4	Carbon-Blanc.......	2
Dangé............	1	Bordeaux..........	4
Ingrande..........	2	Le Bouscaut.......	3 1/2
Châtellerault......	2	Castres...........	3 1/2
Les Barres-de-Nintré.	2	Podensac..........	1 1/2
La Tricherie......	2	Cerons............	1 1/2
Clan.............	2	Langon...........	3
Poitiers..........	4	Bazas............	4
Croutelle.........	2	Captieux..........	5
Vivonne..........	4	Le Poteau.........	4
Les Minières......	3	Roquefort.........	5
Couhé-Vérac......	2	Caloy............	3
Chaunay..........	2 1/2	Mont-de-Marsan...	
Les Maisons-Blanches...	2	Campagne.........	3 1/2
Ruffec...........	3	Meillan...........	1 3/4
Les Nègres.......	2	Tartas............	2 1/4
Mansle...........	3	Pontons...........	3
Touriers..........	2 1/2	Dax (Saint-Paul-les-Dax).	3 1/2
Churet...........	1 1/2	Saint-Geours......	4
Angoulême........	3	Saint-Vincent de Tirosse.	1 1/2
Le Roulet.........	4	Les Cantons.......	2 1/2
Petignac..........	3	Ondres...........	4
Barbezieux........	4	Saint-Esprit.......	2 1/4
La Grolle.........	3	Bayonne..........	1/4

Communication de Poitiers à Niort (DEUX-SÈVRES) et à Bourbon-Vendée (VENDÉE).

	lieues.		lieues.
De Poitiers à Croutelle......	2	Oulmé............	5
Lusignan..........	5 1/2	Fontenay.........	3
La Ville-Dieu.....	3	Mouzeil..........	3
Saint-Maixent.....	4	Luçon............	3 1/2
La Crèche........	2 1/2	Mareuil..........	2 1/2
Niort............	3	Bourbon-Vendée...	5

17e *Livraison.* (CHARENTE-INFÉRIEURE.)

ASPECT DU PAYS QUE PARCOURT LE VOYAGEUR
DE LA GROLLE A CAVIGNAC.

Après avoir quitté la Grolle, le joli village de Chevanceau est le premier endroit que l'on rencontre, dans le court trajet que parcourt la grande route de Bayonne dans cette partie du département de la Charente-Inférieure. La route, à partir de ce village, domine une campagne aussi riche qu'agréable, traverse un pays charmant, peuplé d'une multitude de villages et de hameaux. On longe successivement ceux de Rouillard, du Carfour, de Pouillac, du Roc et le bourg de la Garde-Moutlieu, où est le relais de poste. Après cet endroit, on passe sur une chaussée d'étang, qui aboutit à une plaine riante et fertile; mais cette fertilité dégénère à mesure qu'on approche du chétif village de Chiersac, situé dans un pays de bois et de landes, dont le terroir sablonneux ne produit que du seigle : la poste est à quelques minutes de là, dans une ferme isolée. La plaine qu'on parcourt est toujours couverte de landes et parsemée d'habitations jusqu'au village de Cavignac, qui appartient au département de la Gironde.

DÉPARTEMENT DE LA CHARENTE-INFÉRIEURE.

APERÇU STATISTIQUE.

Le département de la Charente-Inférieure est formé des ci-devant provinces de Saintonge et d'Aunis, et tire son nom de sa position physique relativement au cours de la Charente, qui y coule de l'est à l'ouest, et s'embouche dans l'Océan au-dessous de Rochefort. Cette rivière, que Henri IV appelait le plus beau fossé de son royaume, coule dans un des plus délicieux vallons qu'il ait été donné à aucune rivière de parcourir. Depuis Angoulême jusqu'à Tonnay-Charente, elle dirige ses eaux au milieu d'une suite de prairies encadrées par les plus charmants coteaux, ayant depuis deux cents jusqu'à mille toises de largeur. Les paysages se succèdent avec la plus agréable variété, mais toujours dans le genre doux et gracieux, sans néanmoins que leur continuité ait rien de monotone, et laisse à désirer ces parties agrestes et sauvages qui semblent nécessaires au complément d'un tableau alpestre. La Charente n'est pas seulement une des plus jolies rivières de France, elle en est une des plus profondes : aussi jouit-elle de l'avantage de posséder sur sa rive droite l'importante ville de Rochefort.

Les limites de ce département sont : au nord, celui de la Vendée; au nord-est, celui des Deux-Sèvres; à l'est, celui de la Charente; au sud, celui de la Gironde, et à l'ouest, l'Océan. — Le climat est tempéré, mais malsain le long des côtes, où l'on trouve des marais d'une grande étendue, dont les exhalaisons sont des causes fréquentes de maladie.

Le territoire du département de la Charente-Inférieure est généralement bas et uni; la sixième partie consiste en marais desséchés et fécondés, comptés aujourd'hui au nombre des terrains les plus productifs, mais qui étaient jadis une cause permanente de maladie et de dépopulation. Ces marais, situés au-dessous du niveau des hautes mers, se divisent en marais salants et en marais desséchés : les digues et les canaux des derniers sont l'objet des travaux de 114 associations particulières. Le sol, en général crayeux et sablonneux, est très-fertile et bien cultivé : une grande partie est cultivée en vignes. Les pâturages sont excellents et nourrissent un grand nombre de bœufs, des chevaux estimés, et beaucoup de moutons. Le long de la côte, règnent des marais salants d'une grande étendue, qui fournissent une immense quantité de sel, estimé le meilleur de l'Europe.

Le département de la Charente-Inférieure est essentiellement maritime. La qualité de ses rades et de ses ports, qui tous offrent la plus grande sûreté; les cours de la Gironde, de la Charente et de la Boutonne, qui le traversent; les îles de Ré, d'Oléron et d'Aix, qui en font partie, lui donnent une grande importance sous le rapport commercial. Riche à la fois de sa situation, de son sol et de son industrie, il est regardé, à juste titre, comme un des plus favorisés de cette partie de la France.

PETIT ATLAS NATIONAL DES DÉPARTEMENS DE LA FRANCE.

ARRONDISSEMENT DE LA ROCHELLE.

Ce département a pour chef-lieu la Rochelle. Il est divisé en 6 arrondissements et en 39 cantons, renfermant 482 communes. — Superficie, 355 lieues carrées. — Population, 445,249 habitants.

MINÉRALOGIE. Indices de mine de cuivre. Carrières de belles pierres de taille. Cailloux transparents; marne fine pour les fabriques de savon et les verreries. Tourbe.

SOURCES MINÉRALES à Pons.

PRODUCTIONS. Grains de toute sorte, en quantité plus que suffisante pour la consommation; maïs, sarrasin, très-bons légumes, safran, salicot, absinthe, fèves de Marennes, moutarde, graine de trèfle, lin, chanvre, fruits, etc. — 90,500 hectares de vignes, produisant, année moyenne, un million 600,000 hectolitres de vin, dont près de 600,000 sont consommés par les habitants : une pareille quantité est ordinairement convertie en eaux-de-vie; le surplus est, en majeure partie, exporté en Bretagne. Lorsque les récoltes ne sont pas assez abondantes dans l'Orléanais, dans la Touraine et dans les autres vignobles qui approvisionnent Paris, cette capitale tire quelques milliers de barriques de ces vins, qui entrent dans ceux que l'on vend en détail. Les vins de la rive droite de la Charente ont presque seuls quelque mérite, comme vins d'ordinaire de troisième qualité; les vins blancs de la rive gauche de la Charente, et ceux que l'on tire de la partie orientale de l'arrondissement de la Rochelle, sont convertis en eaux-de-vie, qui prennent le nom d'eaux-de-vie de Cognac, dont elles ont une partie des qualités : dans toutes les communes, et même dans tous les hameaux de l'arrondissement de la Rochelle, on voit peu de propriétaires aisés qui n'aient des alambics pour distiller les vins de leur récolte. Les environs de Saint-Jean-d'Angely, de Surgères, de la Tremblade, les îles d'Oléron et de Ré, en fournissent aussi une grande quantité. — 41,228 hectares de forêts. Pépinière départementale. — Chevaux estimés, bœufs, moutons, mérinos, porcs. — Quantité de gibier. — Poisson de mer et d'eau douce.

INDUSTRIE. Fabriques de grosses étoffes de laine, bonneterie, cuirs, peaux mégissées, poteries fines, creusets, vinaigre, merrain et bois pour la marine. Nombreuses distilleries d'eaux-de-vie; raffineries de sucre. Exploitation des marais salants, des parcs à huîtres; pêche de la sardine.

COMMERCE de vins, eaux-de-vie, esprits, vinaigre, sel gris et blanc, denrées coloniales, épiceries, beurre, huile, légumes secs, grains, futailles, bouteilles, liqueurs fines. — Armements pour la pêche de la morue et au long cours; cabotage.

VILLES, BOURGS, VILLAGES, CHATEAUX ET MONUMENTS REMARQUABLES; CURIOSITÉS NATURELLES ET SITES PITTORESQUES.

ARRONDISSEMENT DE LA ROCHELLE.

ABS-EN-RÉ. Bourg de l'île de Ré, situé à 3 l. de Saint-Martin-de-Ré, et à 8 l. O.-N.-O. de la Rochelle. ✉ Pop. 3,875 hab.
Ce bourg est bâti sur la côte occidentale de l'île de Ré, au bord de l'Océan, qui y forme une bonne rade et un petit port où il se fait de grandes expéditions de sel. On trouve sur son territoire des cailloux transparents blancs, jaunes et de couleur rose, dont l'éclat et le brillant sont très-remarquables. — Raffinerie de sel.

BENON. Bourg situé près de la vaste forêt de son nom, à 6 l. de la Rochelle. Pop. 980 hab. — Éducation des moutons anglais à longue laine.

COURCON. Village situé à 6 l. 3/4 de la Rochelle. Pop. 1,050 hab.

DOMPIERRE. Joli bourg, situé sur le canal de Niort à la Rochelle, à 2 l. de cette dernière ville. Pop. 2,000 hab. Il est bâti dans un riant paysage, et formé de maisons couvertes d'un crépi blanc qui charme la vue et atteste l'aisance et la propreté des habitants.

FERRIÈRES. Village situé au pied d'une éminence dont le sommet est couronné par un beau château, à 5 l. 3/4 de la Rochelle. Pop. 500 hab.

FLOTTE (la). Petite ville maritime, située dans l'île de Ré, au bord de l'Océan, qui y forme une rade très-sûre et un port commode pour le chargement des navires de deux à trois cents tonneaux. A 1 l. de Saint-Martin-de-Ré, 3 l. 1/2 de la Rochelle.

Syndicat maritime. ✉ Pop. 2,557 hab. — *Commerce* de sel, vins, eaux-de-vie et vinaigre.

JARRIE (la). Bourg situé à 3 l. de la Rochelle. Pop. 950 hab.

MARANS. Jolie petite ville, à 6 l. de la Rochelle. Vice-consulats étrangers, syndicat maritime. ✉ ⚓ Pop. 4,041 hab.

Cette ville est très-bien bâtie, propre, et bien percée; la principale rue est bordée de trottoirs. Elle est avantageusement située, dans un pays entrecoupé de canaux, au confluent de la Sèvre niortaise et de la Vendée : cette dernière y forme une des belles rades foraines de la France. Les bâtiments de cent tonneaux et au-dessous peuvent seuls se mettre en quai ; ceux d'un tonnage supérieur opèrent leurs chargements et déchargements au bas de la rivière, où ils sont en sûreté. La marée monte jusqu'à l'endroit dit le Gouffre, une lieue au-dessus de la ville.

La ville de Marans et son territoire se trouvaient autrefois dans une espèce d'île, entourée de marais impraticables, où l'on ne pouvait aborder que par un chemin établi sur les terres hautes. Cette position a été importante pendant les guerres de religion dont l'Aunis fut long-temps le théâtre. Marans, qui était alors une place forte, fut prise et reprise plusieurs fois par les deux partis, notamment en 1586 et en 1587. Henri IV, qui n'était alors que roi de Navarre, s'en empara en 1588. Ce fut après cette victoire que ce roi écrivit à la belle Corisandre d'Andouin la lettre suivante, qui fera juger de l'ancien état des lieux :

« J'arrivai hier au soir de Marans où
« j'étois allé pour pourvoir à la seureté d'ice-
« lui : ah, que je vous y souhaitois ! C'est le
« lieu le plus selon votre humeur, que j'aye
« jamais vu ; pour ce seul respect suis-je
« après à l'échanger ; c'est une île renfermée
« de marais boscageux, où de cent en cent
« pas il y a des canaux pour aller charger
« le bois par basteaux ; l'eau claire peu cou-
« lante ; les canaux de toutes largeurs ;
« parmi ces déserts, mille jardins où l'on
« ne va que par basteau. L'île a deux
« lieues de tour, ainsi environnée. Passe
« une rivière au pied du chasteau, au milieu
« du bourg qui est aussi logeable que Pau [1] ;
« peu de maisons qui n'entre de sa porte
« dans son petit basteau. Cette rivière s'étend
« en deux bras qui portent non seulement
« de grands basteaux, mais des navires de 50
« tonneaux y viennent : il n'y a que deux

« lieues jusqu'à la mer : certes, c'est un
« canal et non une rivière.... C'est un lieu
« de grand trafic ; tout par bateaux ; la terre
« très-pleine de blé et très-beaux, etc. »

Les marais productifs, au milieu desquels Marans est située, s'étendent au sud à 4 lieues au-delà de la ville, et sont une continuation des immenses marais de la Vendée, que nous décrirons en parlant de ce département. C'est à l'industrie et au génie cultivateur de MM. Siette et Filastre, Hollandais de nation, que la France doit la culture d'un terrain de plus de vingt lieues de diamètre, situé dans ces parages. Combien de peines, de patience et d'argent n'a-t-il pas fallu à ces novateurs pour parvenir au but qu'ils se proposaient ! La mer a reçu des barrières, et, par des égouts d'une pente facile, on l'a forcée de recevoir le surcroit des eaux des marais mouillés. On a formé de terre et de gazon des digues énormes en largeur et d'une étendue de plusieurs lieues, qui servent à détourner les eaux du terrain de desséchement ; et comme leur volume est trop considérable pour espérer de les chasser en entier, on leur a creusé des lits de différentes longueurs, divisés et sous-divisés, pour leur donner une pente facile, un cours naturel dans les ceintures ou grands canaux qui conduisent les eaux à la mer. Toutes ces divisions et sous-divisions des canaux multipliés qui entrecoupent les marais, obligent tous les particuliers à avoir plusieurs bateaux de diverses grandeurs. On fait en bateaux la visite de ses possessions ; c'est en bateau qu'on va voir ses amis ; enfin, sans bateau on serait prisonnier dans sa maison. — Les marais mouillés le sont pendant six mois de l'année ; lorsque les eaux se retirent, ils sont chargés d'herbes succulentes qui servent à l'engrais de nombreux troupeaux, ou ensemencés de divers grains, dont les produits abondants comblent les espérances du cultivateur. — La longue stagnation des eaux dans ce pays en exclut presque absolument les bois ; les aubiers, les saules, les peupliers, sont les seuls arbres de chauffage qui y puissent croître. Toutefois la disette de ce mauvais bois de chauffage est si grande que le cultivateur est forcé d'amasser avec soin les excréments de son bétail, d'en faire des gâteaux, qui, séchés au soleil, servent ensuite à faire du feu pour les besoins de son ménage.

Marans fait un commerce considérable de grains, légumes secs, graines oléagineuses, de luzerne et trèfle, de vins, eaux-de-vie, chanvre, lin, bois, merrain, feuillards,

---

[1] Le château de Marans, qui était défendu par trois forts, fut rasé en 1638.

cercles, et surtout de farines dites *minot*, recherchées pour leur excellente qualité ; on en exporte jusqu'aux Indes orientales. — Dépôt de bois de construction pour la marine royale et marchande. — Entrepôt de sel provenant des marais salants exploités aux environs.

MARTIN-DE-RÉ (SAINT-). Jolie, petite et forte ville maritime. Place de guerre de 3e classe. Tribunal de commerce. Syndicat maritime. Vice-consulats étrangers. ✉ Pop. 2,581 hab. (*Établissement de la marée du port, 3 heures.*)

La ville de Saint-Martin est située à peu près au centre de l'île de Ré, dont elle était autrefois le chef-lieu, dans une position très-avantageuse pour le commerce, sur le bord de l'Océan, où elle a un port commode précédé d'une rade sûre. Elle est assez bien bâtie, et défendue par une bonne citadelle, qui résista, en 1628, aux efforts de l'escadre anglaise commandée par le duc de Buckingham, lorsque Louis XIII assiégeait la Rochelle. Cette ville était alors peu considérable ; Louis XIV la fit agrandir et fortifier par Vauban d'une nouvelle enceinte, composée de six grands bastions et de cinq demi-lunes, de fossés et de chemins couverts. La citadelle commande la ville et la campagne ; c'est un carré régulier défendu par quatre bastions, trois demi-lunes et une demi-contregarde, le tout entouré, excepté du côté de la mer, d'un fossé sec et d'un chemin couvert. Le quatrième côté fait face à la mer, et est coupé par le port et par un grand quai qui règne le long des faces des bastions ; l'entrée de ce port est défendue par un éperon en forme de demi-lune.

La ville de Saint-Martin occupe l'emplacement d'un ancien monastère de l'ordre de saint Benoît, fondé en 735, par Eudes, duc d'Aquitaine, qui y fut enterré avec Valtrude son épouse. Eudes embrassa la vie monastique, après avoir fait crever les yeux à son propre frère, et après avoir abdiqué ses états en faveur de son fils.

Fabriques d'eaux-de-vie. — *Commerce* de vins, eaux-de-vie, vinaigre, sel, poisson frais, chanvre, bois, planches, mâtures, goudron, fer, etc. — Armements pour la pêche de la morue et de la raie. — A 4 l. de la Rochelle.

NUAILLÉ. Bourg situé à 5 l. de la Rochelle. ✉ Pop. 660 hab.

RÉ (ILE DE). Cette île est située vis-à-vis de la Rochelle, entre le pertuis Breton et le pertuis d'Antioche, à une petite lieue du point de la côte le plus rapproché ; mais on n'a pas la facilité de s'y transporter de ce point, les bâtiments destinés au passage ne partant que du port de la Rochelle, d'où on ne la voit même pas, parce qu'elle est cachée par la pointe de Chef-de-Baie. Sa plus grande longueur est de sept lieues, en y comprenant les rochers des Baleines, qui la prolongent d'une lieue. Sa largeur, extrêmement réduite dans son centre, où elle n'a qu'une demi-lieue, est d'environ deux lieues en-deçà et au-delà de cette espèce d'isthme. Son territoire, généralement peu fertile, ne produit ni blé, ni pâturages : les arbres y sont rares ; mais l'île abonde en vignes qui produisent beaucoup de vins, dont la majeure partie est convertie en eau-de-vie. Il s'y trouve des marais salants considérables qui fournissent une immense quantité de sel de première qualité.

La population de l'île de Ré est de 17,982 hab., pour la plupart pêcheurs ou occupés de l'exploitation des marais salants ; elle renferme plusieurs villages, les bourgs d'Ars, de la Flotte et la petite ville de Saint-Martin. Cette île est défendue par quatre forts, qui sont les forts de la Prée, de Martray, de Sablanceaux, et la citadelle de Saint-Martin, dont les fortifications, augmentées depuis par Vauban, resistèrent, en 1628, aux efforts de l'escadre anglaise, chargée de protéger la Rochelle contre l'armée que commandait Louis XIII. Un phare, nommé Tour des Baleines, situé à l'extrémité nord-ouest de l'île, indique les récifs dont elle est environnée, et l'entrée des pertuis.

Industrie. Exploitation des marais salants. Distilleries d'eau-de-vie. Pêche du poisson frais. — *Commerce* de vins rouges et blancs, eau-de-vie, sel, poisson, planches, mâtures, goudron, fers.

ROCHELLE (la). Grande, belle et forte ville maritime, chef-lieu du département. Tribunaux de première instance et de commerce. Académie royale des belles-lettres, sciences et arts. Société d'agriculture. École de navigation de 3e classe. Hôtel des monnaies (lettre H). Collège communal. Direction des douanes. Consulats étrangers. Évêché. ✉ Pop. 14,632 hab.

La ville de la Rochelle doit son origine à un ancien château fort nommé Vauclair, construit dans le but d'opposer quelque résistance aux Normands. Châtelaillon, situé à deux lieues de là, ayant été ruiné, les habitants vinrent s'établir aux environs du château de Vauclair, et y construisirent plusieurs maisons dont le nombre s'accrut insensiblement. Un petit fort appelé *Rocca*, qui y fut construit sur un rocher, donna à ce nouvel établissement le nom de la Rochelle, que la sûreté de son port rendit dans la suite une des places les plus importantes de la côte. Guillaume IX, comte de Poitou, enleva cette place aux comtes de Mauléon et de Rochefort. Ce prince entoura la ville de murailles, et la légua, en 1137, à sa fille Éléonore, qui épousa Louis VII, roi de France. Après la mort de Guillaume, les comtes de Mauléon et de Rochefort reprirent la Rochelle. La princesse Éléonore, répudiée par le roi de France et devenue reine d'Angleterre, conserva les vastes états qui formaient sa dot; elle fit en outre l'acquisition de la Rochelle, qu'elle avait possédée, et augmenta les priviléges des habitants. Par cette possession, Henri II, roi d'Angleterre, devint souverain de cette partie de la France, qui resta sous la domination anglaise jusqu'en 1224, époque où Louis VIII, sur le refus que fit Henri III de lui rendre foi et hommage, assiégea et prit la Rochelle, qu'il promit de n'aliéner jamais. La perte de la bataille de Crécy mit en péril la Rochelle, dont les habitants résistèrent avec courage aux attaques des Anglais. En 1360, cette ville fut cédée à l'Angleterre avec trois millions d'écus d'or pour la rançon du roi Jean, fait prisonnier à la bataille de Poitiers. (*Voy.* le Département de la Vienne, page 5). Pendant la domination anglaise, la Rochelle reçut de cette nation des priviléges nombreux qui accrurent son industrie, augmentèrent sa population, et jetèrent dans son sein les premiers germes de l'esprit de liberté. En 1372, cette ville se rendit aux Français : les Anglais avaient laissé une garnison de cent hommes dans le château de cette place importante, sous le commandement de Philippe Mansel, brave gentilhomme, mais qui ne savait pas lire, et qui n'avait aucune méfiance des bourgeois, ni de leur maire. Comme il dînait chez ce dernier, on apporta une lettre du roi d'Angleterre au maire, qui, après avoir fait reconnaître le sceau à Mansel, commença à lire à haute voix, en substituant ce qui lui convenait à ce qu'il y trouvait écrit. D'après les ordres qu'il supposait contenus dans cette lettre, il fut convenu entre le maire et le commandant que le lendemain, 15 août 1372, les bourgeois et la garnison passeraient une revue sur la place. Dès que Mansel eut fait sortir ses hommes du château, une troupe de bourgeois placés en embuscade par le maire lui coupa la retraite. Ce commandant fut pris, et contraint de livrer la citadelle. Les Rochelois cependant n'ouvrirent point encore les portes aux Français : auparavant, ils voulurent faire leurs conditions. Ils députèrent au duc de Berri, qui était arrivé à Poitiers, et ensuite à Charles V, à Paris, pour demander la confirmation de toutes leurs libertés, et en même temps la destruction du château, qui leur semblait n'être destiné qu'à les enchaîner. Ils reçurent alors Duguesclin dans leurs murs, mais avec deux cents hommes seulement [1].

La Rochelle eut un sort assez tranquille jusqu'au temps où les nouvelles opinions religieuses s'y introduisirent. Enrichie par le commerce, peuplée de citoyens libres et énergiques, les vices du clergé y provoquèrent promptement la réforme, qui en peu de temps fit de grands progrès. En 1568, F. Pontard de Treuilcharais, qui avait adopté les opinions de la nouvelle secte, fut élu maire ; il parvint à faire embrasser à tous les habitants la cause de la réforme, et livra la ville au prince de Condé, qui en fit la place la plus formidable du parti protestant. Après les massacres de la Saint-Barthélemi, les protestants qui échappèrent au poignard des assassins, se réfugièrent dans leurs plus fortes places, Sancerre, Montauban, la Rochelle, etc. ; un grand nombre de fugitifs vinrent dans cette dernière ville mettre leur vie en sûreté, disposés à se défendre vigoureusement contre leurs cruels ennemis. Des ordres avaient été envoyés pour le massacre des Rochellois comme dans les autres places du royaume, mais ils ne purent être exécutés. Voici ce que Catherine de Médicis écrivait à Strozzi, qui commandait un corps de troupes en Saintonge. « Je vous averti que ce jourd'hui 24 août, « l'admiral et tous les Huguenots qui étoient « ici avec lui ont été tués. Partant, avisez « diligemment à vous rendre maître de la « Rochelle, et faites aux Huguenots qui vous « tomberont sous la main, le même que « nous avons fait à ceux-ci ; gardez-vous bien « d'y faire faute, d'autant que craignez à « déplaire au roi, Monsieur mon fils, et à « moi, *Catherine*. » Après cet attentat, les protestants crurent devoir cesser d'obéir à un prince qui assassinait ses sujets, au lieu de les protéger ; ils levèrent l'étendard de la révolte, et se préparèrent à soutenir un long siège. Au mois de novembre 1572, le duc Biron investit la Rochelle, et peu de temps après le duc d'Anjou vint en former

---

[1] Froissard, c. 670 t. VI, pag. 10.

LA ROCHELLE.

le siège. Ce siège fut long et terrible. La ville soutint neuf grands assauts, plus de vingt assauts moins considérables, et près de soixante-dix mines. Les habitants, réduits aux horreurs d'une cruelle famine, se défendirent avec une fermeté héroïque. Enfin, après huit mois d'efforts inutiles, les assiégeants, qui avaient perdu inutilement plus de vingt-cinq mille hommes, conclurent un traité avec les Rochellois, par lequel ceux-ci demeurèrent maîtres absolus de la ville. Ce siège coûta des sommes immenses; un grand nombre de braves capitaines y perdirent la vie : on a même dit que Catherine de Médicis y avait convoqué tous les plus grands seigneurs du royaume, dans le dessein de les exposer à la mort et de s'en défaire.

Sous Louis XIII, l'infraction aux traités, les menées secrètes du capucin Joseph, l'ambition du cardinal de Richelieu, le zèle outré du duc de Rohan, les amours du duc de Buckingham, et son animosité contre le cardinal, causèrent un nouveau siège de cette ville, aussi violent, plus long et plus décisif que le précédent. Ce siège commença le 10 août 1627. Les habitants se déterminèrent à la plus opiniâtre résistance, et élurent Guiton maire de la ville : ce valeureux capitaine dit aux habitants assemblés, en tenant en main un poignard : « Je serai « maire puisque absolument vous le voulez, « mais c'est à condition qu'il me sera per-« mis d'enfoncer ce fer dans le sein du pre-« mier qui parlera de se rendre; je consens « qu'on en use de même envers moi, dès « que je proposerai de capituler, et je de-« mande que ce poignard demeure tout ex-« près sur la table de la chambre de nos « assemblées. »

Le roi, le duc d'Orléans, le cardinal de Richelieu, le maréchal de Bassompierre et tous les généraux les plus renommés se trouvèrent au camp de la Rochelle. On fit faire autour de la ville une ligne de circonvallation, qui occupait l'espace de trois lieues. Aucun secours ne pouvait arriver aux assiégés du côté de terre; le port seul offrait un abord assez facile aux Anglais, et favorisait l'entrée des vivres et des munitions dans la place. Après six mois d'une résistance héroïque de la part des habitants, sans que l'on parlât de se rendre, le fameux architecte Gabriel Metezeau fut chargé de construire une digue immense pour fermer l'entrée du port. Bientôt les effets de ce grand ouvrage se manifestèrent, le défaut de vivres et de munitions commença à se faire sentir.

En peu de temps, les assiégés furent réduits à ne se nourrir que d'herbes et de coquillages; chaque jour la famine enlevait un grand nombre de soldats et de citoyens. Douze mille personnes étaient mortes de faim; la nourriture, les forces manquaient, mais le courage ne manquait pas. Enfin, il ne restait plus aux habitants qu'un souffle de vie, lorsque, le 28 octobre 1628, les Rochellois qui étaient sur les vaisseaux des Anglais et sur ceux de la ville, députèrent dans le même temps pour demander à capituler, après avoir soutenu un siège de quatorze mois et dix-huit jours. Richelieu entra dans la ville en triomphe; les fortifications furent démolies, les calvinistes se virent dépouillés de leur dernière place de sûreté, les habitants désarmés et rendus taillables, l'échevinage et la communauté de la ville abolis à perpétuité. Cette conquête coûta quarante millions. La Rochelle n'était plus qu'une place sans défense, lorsque Louis XIV, qui avait reconnu l'importance de cette ville maritime, fit construire par Vauban, pour la mettre hors d'insulte, de nouvelles fortifications consistant en plusieurs bastions et demi-lunes, avec des chemins couverts. L'entrée du port est défendue par deux tours d'un bel aspect.

La ville de la Rochelle est dans une situation très-avantageuse pour le commerce, sur l'Océan, au fond d'un petit golfe qui lui sert d'avant-port. En face du port, les deux îles de Ré et d'Oléron forment une immense rade, dont l'entrée est le pertuis d'Antioche. On voit encore à marée basse les restes de la digue que fit construire Richelieu pour forcer la ville à se rendre : c'est un long empierrement qui s'étend de la pointe de Coreille à celle du fort Louis, éloignées entre elles d'environ 1,500 mètres. Il est interrompu vers le milieu par un faible intervalle laissé pour le passage des vaisseaux.

Le port reçoit des navires de 4 à 500 tonneaux; il est sûr, commode, garanti par une jetée qui s'avance considérablement dans la rade, et ne participe point à l'agitation de la mer. Quoiqu'il soit réputé un des meilleurs de l'Europe, on a cru devoir y ajouter dans ces derniers temps un vaste bassin ou arrière-port, où les vaisseaux sont mis en carénage et reçoivent leur chargement, quelle que soit l'élévation des eaux de l'Océan.

La ville est généralement bien bâtie, très-propre, bien percée, et offre un beau coup d'œil. La plupart des maisons sont supportées par des portiques sous lesquels on marche à couvert, et dont le double rang donne aux rues un caractère de grandeur et de régularité, qui plaît par sa physionomie hollandaise. — L'hôtel-de-ville est un beau bâtiment construit à l'époque de la renaissance : on montre dans l'intérieur la chambre à coucher de Henri IV, et l'escalier d'où le maire Guiton haranguait le peuple et l'encourageait à la résistance pendant le siége. — La porte de l'Horloge, ornée de trophées et surmontée d'une flèche, offre une assez belle architecture, qui paraît appartenir au XVIe siècle. — La place du Château, dont trois des côtés, garnis d'allées, servent de promenades, est vaste et fort belle. On y jouit d'un coup d'œil magnifique sur l'Océan. Les allées de cette place et celles des remparts forment avec les quais du port de belles promenades intérieures. Hors des murs, est la vaste et belle promenade du Mail. Une autre promenade, appelée le Champ de Mars et située hors de la porte Dauphine, conduit au village de Lafond, où sont les sources et les réservoirs qui alimentent les fontaines de la Rochelle.

On remarque encore à la Rochelle : la bibliothèque publique, renfermant 18,000 volumes; le superbe établissement de bains de mer, construits à l'instar des bains de Dieppe; le cabinet d'histoire naturelle, le jardin de botanique, la bourse, le palais de justice, la cathédrale, l'arsenal, les chantiers de construction, etc., etc.

Patrie de Réaumur, du président Dupaty et de ses trois fils, Emmanuel, Adrien et Charles Dupaty; du trop célèbre Billaud-Varennes, du contre-amiral Duperré, etc., etc.

Fabriques de faïence. Verreries. Filatures de coton. Raffineries de sucre. Construction de navires.

Commerce considérable de vins, eaux-de-vie et esprits; bois, fers, sels, denrées coloniales de toute espèce, fromages, beurre, huile, etc. — Armement pour les îles et pour la pêche de la morue.

A 8 l. de Rochefort, 35 l. de Nantes, 53 l. de Bordeaux, 124 l. 1/2 de Paris. — *Hôtels* des Postes, de France, des Trois-Chandeliers.

ARRONDISSEMENT DE SAINT-JEAN-D'ANGELY.

ARCHAINGEAY. Village situé à 3 l. 1/4 de Saint-Jean-d'Angely. Pop. 1000 hab. On y trouve deux sources d'eaux minérales ferrugineuses froides, réunies dans un bassin auquel on a donné le nom de Fontaine carrée. Ces eaux ont été analysées par Marchand en 1777. — Pépinière.

AULNAY. Bourg situé à 3 l. 3/4 de Saint-Jean-d'Angely. Pop. 1,530 hab.

GEORGES DE LONGUEPIERRE (SAINT-). Bourg situé à 3 l. 1/2 de Saint-Jean-d'Angely. Pop. 500 hab.

HILAIRE (SAINT-). Joli village, situé à 2 l. 1/2 de Saint-Jean-d'Angely. ☙. Pop. 1,350 hab.

JEAN-D'ANGELY (SAINT-). Ville ancienne, chef-lieu de sous-préfecture. Tribunaux de première instance et de commerce. Société d'agriculture. Collége communal. ✉ ☙. Pop. 6,031 hab.

Saint-Jean d'Angely doit son origine à un château bâti par les anciens ducs d'Aquitaine dans une forêt nommée *Angeriacum*. A la place de ce château, Pepin-le-Bref fonda, vers 768, un monastère, où on déposa, dit-on, le chef de saint Jean-Baptiste; cette relique attira un si grand concours de pèlerins, qu'il fallut des hôtelleries pour les loger, lesquelles s'étant beaucoup multipliées, formèrent une ville, comme cela est arrivé dans quantité d'autres lieux. Sous Philippe-Auguste, Saint-Jean-d'Angely était déjà une place forte importante : ce roi y établit un maire et des échevins, auxquels il accorda la noblesse, en considération de ce que les habitants avaient chassé les Anglais de leur ville. En 1562, le duc de La Rochefoucauld, un des chefs du parti des protestants, l'assiégea sans succès. Quelque temps après, les troupes du même parti parvinrent à s'emparer de cette place, et en augmentèrent les fortifications. Le duc d'Anjou, qui depuis fut Henri III, en fit le siége en 1569. Deux mille hommes des plus braves du parti protestant s'y défendirent avec un courage héroïque, et ne se rendirent qu'après avoir tué plus de dix mille hommes aux assiégeants. La ville fut prise; mais elle retomba bientôt au pouvoir des réformés, qui en firent une de leurs places fortes, et la conservèrent jusqu'aux troubles arrivés en 1620 et 1621. Louis XIII la prit alors, et, pour punir les habitants de leur longue résistance, fit raser les fortifications, et voulut même changer le nom de Saint-Jean-d'Angely en celui de Bourg-Louis; mais l'expérience a prouvé que les rois n'ont point en cela le pouvoir de se faire obéir.

Saint-Jean-d'Angely est une ville agréablement située sur la rive droite de la Boutonne, qui commence à cet endroit à être navigable pour des barques de 30 à 40 tonneaux. Elle est assez mal bâtie et mal percée, mais embellie de la propreté générale qui distingue les habitations de cette partie de l'Aunis, où l'on a pour usage de reblanchir à neuf les maisons tous les ans, ce qui leur donne un ton ravissant de fraîcheur et de gaîté. Le milieu de la place principale est occupé par une jolie halle, dont l'enceinte est formée par une petite colonnade; sur la même place est un superbe vauxhall. La maison de l'ancienne abbaye est remarquable par sa façade; elle renferme un beau vaisseau de bibliothèque et un bel escalier. — On remarque encore dans cette ville la salle de spectacle, les bains publics, etc. Sur la rivière de la Boutonne, au sortir du faubourg qui conduit à Saintes, sont deux petites poudrières, dont les produits jouissent d'une célébrité méritée.

Industrie. Distilleries d'eau-de-vie, dont les produits sont répandus dans le commerce sous le nom d'eau-de-vie de Cognac. — *Commerce* de vins, céréales, graines de trèfle et de luzerne, graines oléagineuses. Eaux-de-vie, bois de construction, etc.

A 15 l. 1/2 de la Rochelle, 16 l. d'Angoulême, 119 l. de Paris. — *Hôtels* de France, de Notre-Dame, du Turc.

LOULAY. Village situé à 3 l. de Saint-Jean-d'Angely. Pop. 500 hab.

MATHA. Bourg situé sur la petite rivière d'Antoine, à 4 l. 1/2 de Saint-Jean-d'Angely. ✉ Pop. 1,800 hab.

SAVINIEN (SAINT-). Bourg situé sur la rive droite de la Charente, à 3 l. de Saint-Jean-d'Angely. ✉ Pop. 3,559 hab. — *Commerce* de grains, vins et eaux-de-vie.

TAILLEBOURG. Bourg situé sur la rive droite de la Charente, à 3 l. 1/2 de Saint-Jean-d'Angely. Pop. 540 hab.

Ce bourg existait dès le XIIe siècle, sous le nom de *Talleburgus*. Il était défendu par un château fort, construit sur un rocher élevé, et a été le théâtre de plusieurs événements importants. C'est près de Taillebourg que saint Louis remporta sur les Anglais la victoire de ce nom. On y voit les restes d'un ancien pont, dont on ignore l'époque de la construction.

TONNAY-BOUTONNE. Petite ville, située dans une position agréable, sur la rive droite de la Boutonne qui y forme un petit port, à 3 l. de Saint-Jean-d'Angely. — *Commerce* de grains et d'eaux-de-vie.

VILLENEUVE. Village situé à 4 l. 1/4 de Saint-Jean-d'Angely. ✿ Pop. 700 hab.

ARRONDISSEMENT DE JONZAC.

ARCHIAC. Bourg situé à 3 l. de Jonzac. Pop. 1,700 hab.

BONNET-CONAC. Bourg situé à 4 l. 1/2 de Jonzac. Pop. 1,650 hab.

FORT (SAINT-). Village situé à 6 l. 1/2 de Jonzac. ✉. Pop. 2,000 hab.

GENIS (SAINT-). Joli bourg, situé à 4 l. de Jonzac. ✿. Pop. 1,000 hab.

GEORGES-DES-AGOUTS (SAINT-). Bourg situé à 5 l. de Jonzac. Pop. 700 hab.

GIBAUD. Village situé à 7 l. de Jonzac. Pop. 120 hab. *Fabrique* de sucre de betteraves.

JARNAC-CHAMPAGNE. Bourg situé à 3 l. 3/4 de Jonzac. Pop. 1,450 hab.

JONZAC. Petite et ancienne ville, chef-lieu de sous-préfecture. Tribunal de première instance. ✉. Pop. 2,618 hab.

Cette ville est située sur la Seugne, dans un territoire fertile en grains et abondant en vins dont on fait d'excellentes eaux-de-vie. Le château, placé dans l'enceinte et à l'extrémité orientale de la ville, sur un mamelon dont le pied est baigné par la Seugne, présente un aspect majestueux. Il est entouré de trois côtés par un fossé creusé dans le roc, large de sept mètres et profond de quinze; le quatrième côté est élevé de vingt-deux mètres au-dessus de la rivière; on y entre par un pont-levis. C'était autrefois une petite forteresse, sous laquelle de vastes souterrains se prolongeaient jusqu'aux portes de la ville.

Fabriques de serges, droguets, calmouks et autres grosses étoffes de laine qui se vendent principalement aux foires de Beaucaire et de Bordeaux. — *Commerce* d'eaux-de-vie supérieures, grains, bestiaux, œufs et excellentes volailles pour l'approvisionnement de Bordeaux.

A 29 l. de la Rochelle, 135 l. 1/2 de Paris.

MIRAMBEAU. Bourg situé à 3 l. 1/2 de Jonzac. ✉ ✿ Pop. 2,400 hab. On y remarque un beau château d'où l'on jouit d'une vue magnifique, et une belle église paroissiale, dont on attribue la construction aux Anglais.

MONTENDRE. Petite ville située à 5 l. de Jonzac. ✉ Pop. 1,050 hab.

MONTGUYON. Petite ville située à 5 l. de Jonzac. Pop. 1,500 hab. — Tanneries.

MONTLIEU. Petite ville située à 8 l. de Jonzac. ✉ Pop. 850 hab.

PLASSAC. Joli bourg situé à 2 l. 1/2 de Jonzac. Pop. 1000 hab. On y voit un beau château bâti à peu de distance de la grande route de Saintes à Bordeaux.

ARRONDISSEMENT DE MARENNES.

AIGNAN ou **AGNANT (SAINT-.)** Village situé à 3 l. 1/2 de Marennes. Pop. 1,120 hab.

ARVERT. Bourg situé au milieu de la presqu'île de son nom, à 2 l. 1/2 de Marennes. Pop. 2,500 hab. La presqu'île d'Arvert se compose de tout le pays situé entre la Gironde, la Seudre et la mer; elle est couverte de marais, de pins et d'autres arbres verts; les côtes en sont très-poissonneuses.

BROUAGE. Petite et forte ville maritime. Place de guerre de 3ᵉ classe. ✉. Pop. 800 hab.

Cette ville est située vis-à-vis de l'île d'Oléron, sur un chenal que forment le flux et reflux de l'Océan, qui y forme un port profond où les vaisseaux peuvent mouiller en sûreté. Elle est près du canal de Brouage, entrepris, en 1782, dans le but de dessécher les marais des environs de Rochefort, et rendu navigable en 1807. Ce canal est très-utile pour le transport des sels que produisent les immenses marais salants environnants.

La ville de Brouage fut fondée par Jacques de Pons, en 1555; elle fut agrandie et fortifiée dans le siècle suivant par le cardinal de Richelieu, pour en faire un double boulevard contre les calvinistes et contre l'ennemi extérieur. Par ordre de ce ministre, M. Dargencourt traça le plan des fortifications, lesquelles consistaient en un rempart revêtu de maçonnerie, flanqué de sept bastions et défendu par des fossés larges et profonds. Un gouverneur, un hôpital, un arsenal et des magasins immenses furent établis; la ville fut percée de larges rues coupées à angle droit; quatre cents maisons y furent bâties; on y plaça un siège royal d'amirauté et un bureau des fermes; mais l'insalubrité de cette place fit transporter tous les établissements à Marennes, en 1730. Depuis lors, l'importance et la population de Brouage ont toujours été en diminuant. — Commerce considérable de sel de première qualité.

CHATEAU-ILE-D'OLÉRON. Petite ville forte. Place de guerre de 3ᵉ classe. Vice-consulats étrangers. ✉. Pop. 2,527 hab. A 2 l. 1/2 de Marennes.

Cette ville est située dans la partie de l'île d'Oléron la plus rapprochée du continent, vis-à-vis de Marennes. — Construction de navires. Distilleries d'eau-de-vie. Corderies. — Commerce de grains, fèves, maïs, vins, eaux-de-vie, sels, etc. — Hôtels de la Croix d'or, du Cheval blanc, du Lion d'or.

DENIS D'OLÉRON (SAINT-). Bourg situé vers l'extrémité septentrionale de l'île d'Oléron, à 8 l. de Marennes. Pop. 1,500 hab.

ÉCHILLAY. Village situé à 3 l. 3/4 de Marennes. Pop. 500 hab. On y remarque les ruines d'une ancienne église dont l'aspect est très-pittoresque.

GEORGES-D'OLÉRON (SAINT-). Bourg situé dans l'île d'Oléron, 6 l. 1/4 de Marennes. Pop. 4,500 hab.

MARENNES. Jolie petite ville maritime. Chef-lieu de sous-préfecture. Tribunaux de première instance et de commerce. ✉. Pop. 4,605 hab.

Cette ville est située à 1/2 l. de l'Océan, entre le havre de Brouage et l'embouchure de la Seudre, sur laquelle est un port de mer éloigné de la ville d'un quart de lieue. Elle est bien bâtie, entourée de marais salants d'un grand produit, et serait devenue une place de commerce importante, sans l'insalubrité de l'air qu'on y respire. Les environs produisent quantité de vins rouges, que l'on convertit pour la plupart en eaux-de-vie.

Commerce considérable de sel pour la pêche et pour la consommation de l'intérieur de la France et de l'étranger; d'eaux-de-vie recherchées, de vins rouges et blancs de première qualité; fèves de marais, lentilles, maïs, graine de moutarde, huîtres vertes renommées, marne fine pour les savonneries, etc.

A 12 l. de la Rochelle, 4 l. 1/2 de Rochefort, 128 l. 1/2 de Paris. — Hôtels de France, de la Table royale.

OLÉRON (ILE D'). Cette île est située à une 1/2 l. du continent, vis-à-vis des embouchures de la Seudre et de la Charente; elle a environ sept lieues de long et deux lieues dans sa plus grande largeur. La côte

De la Pylaie del. Nyon j.r sc.

ROYAN.

occidentale porte le nom de sauvage, parce que, continuellement battue par les vents et par les flots, elle n'offre que des rochers affreux entrecoupés de dunes de sables, et point d'asiles aux bâtiments surpris par la tempête.

Oléron était connu des anciens : plusieurs géographes de l'antiquité en font mention sous les noms d'Uliarus ou d'Olerum, etc. : La Sauvagère prétend qu'elle était autrefois unie au continent par l'endroit où est aujourd'hui la passe de Maumusson. Les marins de cette île ont toujours joui d'une grande célébrité ; leurs institutions furent aux Français ce que celles de Rhodes furent aux Romains. Leurs lois relatives à la navigation, appelées Jugements d'Oléron, sont un monument de la jurisprudence maritime; ils appartiennent au XIIe siècle, et n'en sont pas la production la moins remarquable. Éléonore d'Aquitaine, qui les fit rédiger à son retour de la Terre-Sainte, ayant été témoin de la grande autorité qu'avait dans tout l'Orient le livre du consulat de la mer, voulut procurer un bienfait semblable au pays qu'elle gouvernait. Rien ne peut nous guider pour découvrir quel fut le jurisconsulte chargé de cet important travail. Son objet montre qu'il fallait, pour en être digne, des connaissances particulières et une étude préalable des lois maritimes plus anciennes. Mais ce qui ne peut guère être douteux, c'est que l'ouvrage a été fait en France, et qu'il l'a été par un homme à qui l'idiome particulier des provinces dont se composait l'Aquitaine était bien connu, et qu'il ne peut être qu'antérieur au mariage d'Éléonore avec Henri, depuis roi d'Angleterre.

L'île d'Oléron est traversée du sud-est au nord-ouest, dans presque toute son étendue, par une grande route qui vient aboutir à la tour de Chassiron, fanal élevé à l'extrémité septentrionale de l'île pour indiquer aux vaisseaux l'entrée du pertuis d'Antioche, qui la sépare de l'île de Ré. Son territoire est fertile en blé, seigle, orge, maïs, fèves, bois, vins rouges et blancs, et en très-bons légumes. Il renferme de nombreux marais salants qui fournissent une quantité considérable de sels blancs recherchés pour leur légèreté. L'île est divisée en deux cantons; elle renferme les deux villes de Château et de Saint-Pierre-d'Oléron, les bourgs de Saint-Denis, Dolas, Saint-Trojan, Saint-Georges, et plusieurs villages. Sa population est de 16,000 hab. — Distilleries d'eaux-de-vie. Construction de navires. — *Commerce* de grains, sels, vins et eaux-de-vie.

PALAIS-DE-ROYAN (SAINT-). Bourg situé à 5 l. 1/2 de Marennes. Pop. 730 hab.

PIERRE-D'OLÉRON (SAINT-). Petite ville, située dans une belle vallée, au centre de l'île d'Oléron, à 5 l. 1/2 de Marennes. Tribunal de commerce. Vice-consulats étrangers. ✉. Pop. 4,630 hab. — *Fabriques* de tuiles. — *Commerce* de grains, vins, eaux-de-vie, sels blancs, etc.

ROYAN. Petite ville maritime, située à 6 l. de Marennes, à 18 l. de la Rochelle, et à 30 l. de Bordeaux. ✉ Pop. 2,589 hab.

Cette ville est bâtie sur une côte escarpée, à l'embouchure et sur la rive droite de la Gironde, où elle a un petit port de commerce défendu par un fort. C'est une ville ancienne qui, en 1622, soutint un siège remarquable contre l'armée commandée par Louis XIII, qui en fit détruire les fortifications. On y construit des navires de trois ou quatre cents tonneaux, et l'on y compte 70 bâtiments de 15 à 100 tonneaux, occupés au passage des passagers, au cabotage, ou montés par des pilotes côtiers chargés de diriger les bâtiments qui entrent dans la Gironde.

Royan possède un établissement de bains de mer fondé en 1824. Deux plages ou couches sont affectées à leur usage : la première, située à droite du port et désignée sous le nom de Couche de Foncillon, est destinée aux dames, qui peuvent y prendre les bains avec facilité, sur un sable doux et fin, où la mer monte graduellement depuis six pouces jusqu'à deux ou trois pieds. A gauche du port est la plage ou Couche de Royan, séparée en deux parties, l'une pour les hommes et l'autre pour les dames. On s'est dispensé d'établir des cabanes sur cette vaste plage, la mer baignant les murs des habitations du côté de la ville.

Les bains de mer de Royan sont très-fréquentés depuis le mois de juillet jusque vers la fin de septembre. Un bateau à vapeur, spécialement affecté à cet établissement, facilite deux fois par semaine les communications avec Bordeaux.

Les amateurs de perspective maritime qui séjournent à Royan ne doivent pas manquer de faire une promenade sur les récifs, non plus que de monter à la tour des signaux, d'où l'on jouit d'une vue magnifique sur une vaste étendue de mer, sur la tour de Cordouan, le riche pays de Saintonge et la pointe de Grave.

SOUBISE. Petite ville, située au bord de la rive droite de la Charente, sur une hauteur qui lui procure, avec un air salubre, une très-belle vue, à 3 l. 1/2 de Marennes. Pop. 700 hab. On trouve aux environs une source d'eau minérale.

TREMBLADE (la). Petite ville maritime, située à une lieue de l'Océan, sur la rive gauche et à l'embouchure de la Seudre, où elle a un petit port très-fréquenté, qui reçoit des navires de 60 tonneaux. — *Fabriques* d'eau-de-vie, de vinaigre. Cendres gravelées. Verrerie renommée. Construction de navires. — *Commerce* de vin, eau-de-vie, vinaigre, sel, huîtres vertes pour Bordeaux, etc. — A 1 l. 3/4 de Marennes. ✉. Pop. 2,500 hab.

ARRONDISSEMENT DE ROCHEFORT.

AIGREFEUILLE. Bourg situé à 6 l. 1/4 de Rochefort. Pop 1,650 hab.

AIX (ILE D'). Cette île est située vis-à-vis de l'embouchure de la Charente, entre la terre ferme et l'île d'Oléron. Elle a environ un quart de lieue de long sur à peu près un demi-quart de lieue de large, et offre un territoire fertile en vins et en pâturages. On y trouve un village dont la population est d'environ 240 habitants, pour la plupart occupés à la pêche. La population totale de l'île est de 400 à 500 habitants.

L'île d'Aix est bien fortifiée et défendue par un château fort ; c'est un point militaire important qui contribue à la sûreté du port de Rochefort. Les Anglais s'en emparèrent en 1757, et l'abandonnèrent après en avoir fait sauter les forts ; des batteries formidables la mettent aujourd'hui à l'abri de toute nouvelle tentative.

C'est dans la rade de l'île d'Aix que les vaisseaux partis de Rochefort complètent leur équipement, et mouillent en attendant les vents favorables pour appareiller. Il y a un phare à la pointe nord-est.

BALLON. Village situé à 3 l. 1/2 de Rochefort. Pop. 700 hab. — *Fabriques* de sucre de betteraves.

MURON. Bourg situé à 4 l. de Rochefort. ✿. Pop. 800 hab.

PASSAGE (le). Hameau situé sur le bord de la mer, vis-à-vis de l'emplacement de l'ancienne ville ruinée de Chatelaillon, à 4 l. de Rochefort.

ROCHEFORT. Grande, belle et forte ville maritime. Chef-lieu de sous-préfecture. Préfecture maritime. Tribunaux de première instance et de commerce. Collège communal. École d'hydrographie de deuxième classe. Société des sciences et arts. École de médecine navale. ✉ ✿. Pop. 14,040 hab. (*Établissement de la marée du port*, 4 heures 15 minutes.)

Rochefort est une ville nouvelle, fondée sous le règne de Louis XIV, et située à l'extrémité d'une plaine très-étendue, sur la rive droite de la Charente, à 4 lieues de son embouchure dans l'Océan Elle est ceinte de beaux remparts sans fossés, parfaitement ombragés, qui forment une promenade fort agréable. Les maisons sont toutes bâties avec une élégante simplicité ; mais elles sont en général peu élevées, ce qui les rend peu imposantes. Les rues sont bien pavées, larges et coupées à angle droit : les trois principales, larges de soixante pieds, sont plantées de deux rangs de peupliers d'Italie et d'acacias. Au centre de la ville est la place d'armes, régulièrement carrée, ornée d'une belle fontaine, et bordée de chaque côté d'une double rangée d'ormes, dont la longueur est de 210 pieds. Diverses fontaines publiques reçoivent les eaux de la Charente, qui y sont conduites par une pompe à feu, servent à l'arrosement journalier de la ville, et y entretiennent la propreté.

Le port de Rochefort est le troisième port militaire de la France. Peu de ports ont une aussi grande profondeur : elle est de vingt pieds à marée basse, et de près du double à marée haute ; les plus gros vaisseaux de ligne y sont à flot en tout temps. Le port marchand reçoit des navires de 800 à 900 tonneaux, qui peuvent y entrer et en sortir avec leur cargaison.

L'HÔPITAL DE LA MARINE, situé hors de la ville, sur un terrain élevé, et où l'on arrive par une belle avenue, est le plus beau bâtiment de Rochefort ; il se compose de neuf bâtiments isolés qui contiennent 1200 lits en fer, distribués dans des salles vastes et très-élevées : au centre est une vaste cour fermée par une grille en fer placée sur un parapet bordé d'un large fossé, dont l'eau se renouvelle à volonté. On remarque la belle rotonde de l'amphithéâtre de chirurgie, un cabinet d'anatomie, une jolie pharmacie et un jardin de botanique.

L'HÔTEL DU COMMANDANT DE LA MARINE, situé sur le port militaire, est remarquable par un superbe jardin ombragé d'arbres, servant de promenade publique.

L'ÉCOLE D'ARTILLERIE DE LA MARINE

renferme tous les grands établissements, ateliers et magasins destinés à la construction, à l'équipement et à l'armement des plus gros vaisseaux de ligne. Les hangars ou chantiers couverts sous lesquels on construit des vaisseaux à trois ponts, étonnent par leur grandeur, leur élévation et leur légèreté; les bassins de construction, par l'heureuse idée de forcer la mer à venir y chercher les vaisseaux.

Le Batiment de la Corderie est vaste, imposant par son étendue et étonnant par la sévérité de son architecture. Il est composé de deux étages; sa longueur est de près de 1200 pieds, et sa largeur de 24.

On remarque encore à Rochefort l'hôpital civil et militaire, le bagne, le moulin à drager, le grand moulin à scier le bois, la salle de spectacle, etc., etc.

Patrie de La Galissonière, du peintre Gauffier, du naturaliste Audebert.

Fabriques de vinaigre. Raffineries de sucre. Construction de navires. — *Commerce* de grains, épiceries, sels, vins, eaux-de-vie, etc. — *Hôtels* des Étrangers, du Bacha, de la Coquille d'or. — A 8 l. de la Rochelle, 10 l. de Saintes, 124 l. de Paris.

SURGÈRES. Joli bourg, situé dans un pays fertile, sur la Gère, et près de la source de cette rivière, formée par sept ou huit fontaines remarquables. C'était autrefois une place forte défendue par un château démoli par ordre de Louis XI et reconstruit sous le règne de Charles VII. Le plan de ce château est à peu près de forme ovale; il est flanqué de plusieurs tours et entouré de remparts revêtus en pierres de taille. L'église paroissiale est remarquable par la structure singulière de son clocher, et par les figures grotesques qui en décorent le portail. — *Commerce* de vins, eaux-de-vie, bestiaux, etc. — A 6 l. 3/4 de Rochefort. ✉ ⚬. Pop. 2,000 hab.

TONNAY-CHARENTE ou **CHARENTE.** Petite ville maritime, située à 1 l. 3/4 de Rochefort. Syndicat maritime, vice-consulats étrangers. ✉ Pop. 3,206 hab.

Cette ville est bâtie dans une situation agréable sur la rive droite de la Charente, où elle a un port sûr et très-commode, qui peut recevoir des navires de 600 tonneaux. C'était autrefois une place forte, dont le duc de Mayenne s'empara sur les calvinistes en 1577. Louis XIV eut le projet d'y établir, en 1664, un port de marine militaire; mais M. de Mortemart ayant refusé de vendre sa terre, les établissements qui avaient été commencés à Tonnay-Charente furent transférés à Rochefort. — *Commerce* considérable d'eaux-de-vie et esprits dont il se fait des chargements pour l'étranger, de vins en cercles et en bouteilles, grains, graines de fourrages et de moutarde, lin, tartre, etc. Commerce d'entrepôt pour les départements de la Haute-Vienne, de la Charente et de la Charente-Inférieure. — *Hôtels* des Trois-Marchands, du Point-du-Jour, du Bien-Nourri.

ARRONDISSEMENT DE SAINTES.

BURIE. Bourg situé à 5 l. de Saintes. Pop. 1,500 hab.

CORME-ROYAL. Bourg situé à 3 l. de Saintes. Pop. 1,100 hab.

COURCOURY. Bourg situé dans une petite île formée par la Seugne et par la Charente, à 1 l. 3/4 de Saintes. Pop. 1,050 h. On y remarque un tumulus nommé Terrier de la Fée. Aux environs, on a découvert plusieurs restes de constructions romaines et quelques morceaux de sculpture antique.

COZES. Bourg situé à 5 l. de Saintes. ✉ Pop. 1,900 hab. — *Commerce* de grains, vins et fruits.

DOUHET. Bourg situé à 3 l. de Saintes. Pop. 1,000 hab. A peu de distance, on remarque la fontaine de ce nom, qui n'est autre chose qu'une portion de l'aqueduc romain destiné à conduire les eaux à Saintes, aqueduc qui est ici creusé dans le roc, à une hauteur prodigieuse, et voûté à plein cintre. C'est un des plus beaux ouvrages en ce genre; le fond est occupé par un canal bordé de deux larges trottoirs. Près de là est le château de Douhet, dont le parc est alimenté par les eaux de l'aqueduc.

ECOYEUX. Bourg situé à 4 l. de Saintes. Pop. 1,450 hab.

GEAY. Bourg situé à 5 l. de Saintes. Pop. 500 hab. Aux environs de ce village, on remarque un dolmen offrant une pierre plate de circonférence mal arrondie, soutenue à cinq pieds d'élévation par trois autres pierres brutes fichées en terre. D'après une tradition locale, le roi saint Louis se reposa sous ce monument après la bataille de Taillebourg, qui se donna dans les environs.

GEMOZAC. Bourg situé à 4 l. 3/4 de Saintes. Pop. 2,500 hab.

MARIGNAC. Bourg situé à 7 l. de Saintes. Pop. 400 hab.

MORTAGNE-SUR-GIRONDE. Bourg situé près de la rive droite de la Gironde. Pop. 1,450 hab.

PONS. Petite et ancienne ville, située à 5 l. de Saintes. ✉ ⚒ Pop. 3,726 hab.

Cette ville est dans une belle position, sur la rive gauche de la Seugne, qui y arrose un joli vallon, et que l'on passe sur trois ponts. Elle est bâtie sur une colline agréable et se divise en haute et basse ville. Sur la partie la plus élevée de la colline, et au centre de la ville, s'élèvent les restes de l'antique château des sires de Pons, dont il existe encore une tour carrée de cent pieds de haut, qui remonte au IXe siècle et sert aujourd'hui de prison. L'hôtel-de-ville est aussi établi dans ce château. De l'ancien parterre, qui a été converti en promenade publique, on jouit d'une vue charmante sur la vallée de la Seugne.

Pons était autrefois le chef-lieu d'une sirerie fort importante qui comprenait cinquante fiefs. C'était une des places fortes qu'occupaient les calvinistes dans la Saintonge. Louis XIII en fit raser les fortifications, en 1622, après la prise de Saint-Jean-d'Angely. On y trouve une source d'eau minérale.

PONT-L'ABBÉ. Bourg situé à 5 l. 3/4 de Saintes, Pop. 700 hab.

PORCHAIRE (SAINT-). Bourg situé à 4 l. de Saintes. ⚒ Pop. 900 hab. On y remarque un château gothique bâti dans une situation pittoresque, et non loin de là, sur le bord du ruisseau de l'Épine, plusieurs grottes curieuses qui méritent d'être visitées.

SABLONCEAUX. Bourg situé à 5 l. de Saintes. Pop. 600 hab.

Sablonceaux doit son origine à une abbaye de bénédictins fondée par Guillaume, duc d'Aquitaine, en 1136. Cette abbaye, fortifiée comme l'étaient dans les XVe et XVIe siècles la plupart des riches monastères, fut assiégée et pillée par les protestants en 1559. Elle devint la proie des flammes en 1568 et ne fut entièrement réparée qu'en 1621.

A une demi-lieue du bourg, près du village de Saint-Germain-de-Benest, on remarque une des belles antiquités qui nous restent des Romains : c'est une pile massive construite en moellon et ciment, haute de 75 pieds, et connue sous le nom de la Pile de Pirelongue. Le plan de cette pile offre un carré dont chaque côté a 18 pieds de longueur; elle est couverte d'une maçonnerie de forme conique, de 20 pieds de hauteur, composée de sept assises de pierres de taille, sculptées en petites rigoles creusées par compartiments.

A un quart de lieue de cette pile, sont les ruines d'une tour antique, nommée *Turris Longini*, placée au milieu d'un camp romain connu sous le nom de Camp de César. Ce camp, placé sur le sommet d'une petite montagne, d'où l'on découvre un lointain immense, est entouré de fossés de trente pieds de profondeur sur à peu près autant de large. C'est sur la partie la plus élevée du camp que se trouvent les ruines de la tour, qui a une enceinte particulière, formée par un second fossé. Ces ruines offrent encore des murs de douze pieds de hauteur et de sept pieds et demi d'épaisseur; les faces extérieures sont revêtues de pierres cubiques liées avec un ciment très-dur.

SAINTES. Grande et très-ancienne ville. Chef-lieu de sous-préfecture. Tribunaux de première instance et de commerce. Société d'agriculture, arts et commerce. Collége communal. ✉ ⚒ Pop. 10,437 hab.

Saintes est une des plus anciennes villes des Gaules, mentionnée par les géographes sous les noms de *Civitas Santonum*, *Mediolanum Santonum*, etc. Cette ville, ancienne capitale des *Santones*, était déjà florissante lorsque César fit la conquête des Gaules. Sous Auguste, elle fut comprise dans l'Aquitaine; sous Valentinien, elle fit partie de la seconde Aquitaine. Les Visigoths et les Francs la soumirent successivement. Avant les irruptions des Barbares qui ravagèrent l'empire romain, Saintes était une ville importante, fortifiée de murs flanqués de hautes tours, et décorée de plusieurs édifices publics. Les Normands l'assiégèrent, la prirent et la ruinèrent entièrement, en 845 et en 854. Sous le règne de Philippe VI, en 1330, le duc d'Alençon attaqua Saintes par surprise, s'en empara, en chassa les habitants, et en rasa les maisons et les murailles. Cette ville fut encore prise et reprise dans les guerres de religion par les différents partis, qui détruisirent la plupart de ses monuments.

La ville de Saintes est très-agréablement située, dans une belle et fertile contrée, sur le penchant d'une montagne au pied de laquelle coule la Charente. On y arrive du côté de Rochefort par une belle promenade en forme d'avenue, à la suite de laquelle le quai Blair offre une promenade plus agréable encore. L'intérieur de la ville n'est composé que de rues mal percées et de

ARC DE TRIOMPHE DE SAINTES.

maisons mal bâties, parmi lesquelles on en remarque cependant quelques-unes de construction moderne d'un assez bon goût. Mais si l'intérieur n'est pas brillant, de quelque côté qu'on y arrive la ville présente un aspect pittoresque.

Parmi les restes d'antiquités les plus intéressants que possède la ville de Saintes, on remarque :

Les Bains romains, situés sur la rive gauche de la Charente et au nord de cette ville, découverts en presque totalité depuis que La Sauvagère et Bourignon ont décrit les monuments de la capitale de la Saintonge. Les hypocaustes de ces bains sont au nombre de trois, et sont bien conservés ; ce qu'il n'est pas ordinaire de rencontrer. On y voit encore deux baignoires en pierres calcaires, de trois pouces d'épaisseur, ayant six pieds six pouces de longueur sur deux pieds six pouces de largeur et deux pieds de profondeur.

Ruines de l'Amphithéâtre. Cet amphithéâtre, situé hors des murs de la ville, dans un vallon resserré entre les deux collines sur lesquelles sont assis les faubourgs Saint-Eutrope et Saint-Macoul, tient toute la largeur du vallon et, s'appuie lui-même au nord et au midi sur la pente des deux coteaux. Il était composé de soixante arcades, presque toutes différentes les unes des autres quant aux proportions ; deux des principales existent encore.

L'Arc de Triomphe dédié à Germanicus, à Tibère et à Drusus, fils de cet empereur, fut élevé par les Santones, l'an 774, sur la voie militaire de Mediolanum Limonum (Poitiers), et il formait l'entrée de cette voie à son point de départ de la première de ces deux cités.

Cet arc est d'ordre corinthien ; sa hauteur, à partir de la base des pilastres jusqu'à l'attique, est de 38 pieds 10 pouces 3 lignes ; sa longueur de 47 pieds, et sa largeur de 10. Il repose sur un stéréobate ou piédestal continu de 21 pieds 3 pouces d'élévation, massif de maçonnerie engagé aujourd'hui dans les piles du pont, et qui a sa base dans la Charente. La seconde partie se compose de pilastres corinthiens cannelés, ou pieds-droits, dont les entablements servent d'imposte aux bandeaux des deux portes, au nombre de vingt-quatre ; le troisième est une espèce de mézanine qui contient le haut des arcs ; l'attique forme la quatrième. L'édifice est coupé par deux arches en plein cintre, ornées d'archivoltes, posées sur de petites impostes corinthiennes qui couronnent les pilastres. Au-dessus des arcs est un grand entablement qui occupe les deux faces, et dont les angles sont posés sur autant de petites colonnes cannelées, du même ordre, placées dans l'encoignure des retours et posées sur les impostes des voûtes. Les colonnes ont en saillie les deux tiers de leur diamètre, et sont couronnées par une corniche corinthienne ornée de modillons ; la frise de l'entablement est aussi terminée par une corniche à laquelle on ne remarque pas de modillons. Au-dessus de cette corniche s'élève l'attique, composé de trois assises de pierres, dont la dernière est couronnée par une corniche. C'est sur l'attique qu'est gravée en creux la dédicace, ou première partie de l'inscription du monument, en trois compartiments égaux qui en remplissent toute la longueur et la largeur. En voici la traduction :

Première inscription à droite. A Germanicus César, fils de Tibère Auguste, petit-fils du divin Auguste, arrière-petit-fils du divin Jules, augure, flamine d'Auguste, consul pour la deuxième fois, empereur pour la deuxième fois.

Deuxième inscription au centre. A Tibère César, fils du divin Auguste, auguste, souverain pontife, consul pour la quatrième fois, empereur pour la huitième fois, dans la vingt-troisième année de sa puissance tribunitienne.

Troisième inscription à gauche. A Drusus César, fils de Tibère Auguste, petit-fils du divin Auguste, arrière-petit-fils du divin Jules, pontife, augure.

Quatrième inscription. Caïus Julius Rufus, fils de Caïus Julius Otuaneunus, petit-fils de Caïus Julius Gidedmon, arrière-petit-fils d'Épotsorovide, prêtre de Rome et d'Auguste à l'autel qui est près du confluent (de la Charente et de la Seugne), intendant des travaux, a fait la dédicace de ce monument.

Ces inscriptions sont également gravées sur les deux faces du monument, du côté de la ville et du côté du faubourg. On remarque également, sur l'une et l'autre façade, entre les pilastres ou pieds-droits, à la hauteur et de niveau avec les chapiteaux, des bucrânes ou têtes de bœufs sculptées comme aux métopes des frises doriques.

L'arc votif de Saintes est construit de pierres de taille sèches du pays, de trois, quatre et cinq pieds de longueur, sur deux et trois pieds d'épaisseur, posées par assises égales ; il se trouve aujourd'hui au milieu de la Charente, entre le pont gothique de la rive gauche et celui de 1665, bâti sur la rive droite. Outre le stéréobate, les pilastres ou pieds-droits sont encore engagés de six pieds dans le pavé de ces ponts; ce qui rend ces belles portes lourdes, écrasées et sans proportion. Mais ce qui doit consoler les amis des arts d'une disposition aussi nuisible à l'effet de ce monument, c'est la pensée qu'elle assure sa conservation. Il fallait un aussi puissant motif pour porter l'architecte Blondel à une détermination dont le résultat paraît, au premier aspect, un acte de barbarie.

Après les antiquités romaines que possède la ville de Saintes, les monuments les plus intéressants sont :

La Cathédrale, dont la construction est due à Charlemagne. Épargnée lors de la destruction de la ville par les Normands, fort endommagée par un incendie en 997, réparée en 1117, par P. de Confolens, évêque de Saintes, dévastée par les protestants en 1562, rebâtie telle qu'elle est actuellement en 1583, et voûtée seulement en 1763, cette basilique n'offre plus de sa construction primitive que le portail et la belle tour qui le surmonte; la voûte qui sert d'entrée, en face de la nef, est ornée de niches, de statues et de sculptures dentelées, d'un travail admirable. On voit encore au dehors les restes de contre-forts et d'arcades butantes, rangés autour de l'église actuelle, qui indiquent que les anciennes voûtes devaient avoir une prodigieuse élévation.

L'Église de Saint-Eutrope, dont il ne reste plus qu'une partie qui sert aujourd'hui de paroisse, est remarquable par un clocher d'une belle architecture, construit dans le XVe siècle.

On remarque encore à Saintes : la bibliothèque publique, renfermant 25,000 volumes; la salle de spectacle; le palais de justice; la pépinière départementale; les cabinets d'histoire naturelle, de physique et d'antiquités. — Aux environs, on doit visiter les fontaines de Douhet et de Saint-Vénérand. *Voy.* ces mots.

Patrie de Bernard de Palissy.

Fabriques d'étamines, faïence commune, futailles, tanneries et mégisseries. — *Commerce* de grains, maïs, eaux-de-vie dites de Cognac, esprits, bois de construction, laines, bestiaux, etc. — A 18 l. de la Rochelle, 135 l. 1/2 de Paris. — *Hôtels* de France, du grand Bacha, de la Couronne.

SATURNIN DE SECHAUD (SAINT-). Village situé à 3 l. 1/2 de Saintes. Pop. 1,400 hab. On y remarque une tombelle couverte de bois touffus, au sommet de laquelle est une espèce de cratère ou de trou en forme de puits, mais sans revêtement de maçonnerie, qui paraît descendre jusqu'à la base de cette butte.

Aux environs, on voit une sorte de puits ou fosse entourée de bois, nommée Fosse Marmandrèche. Il existe dans le département, souvent en rase campagne et au milieu des bois, plusieurs de ces puits ou souterrains construits de main d'homme, mais dont on ignore l'origine. L'opinion générale parmi les gens du peuple est qu'il y a un veau d'or dans ces souterrains, et que l'accès en est défendu par de fortes grilles en fer.

SAUJON. Bourg situé sur la Seudre, qui commence en cet endroit à être navigable et forme un petit port, à 5 l. de Saintes. ⌧. Pop. 2,150 hab. — *Fabriques* de toiles et d'étoffes de laine. — *Commerce* de sel, grains, vins et eaux-de-vie.

TALMONT. Petite ville, située dans un pays fertile, sur la rive droite de la Gironde, qui y forme un petit port peu fréquenté, à 3 l. 1/4 de Saintes. Pop. 600 hab. — *Commerce* de vins de son territoire.

VÉNÉRAND (SAINT-). Village situé à 2 l. 1/2 de Saintes. Pop. 360 hab. On remarque en cet endroit une fort belle source, qui peut être comparée à la célèbre fontaine de Vaucluse; elle sort de même du pied d'un rocher coupé à pic, en forme de souterrain, dont l'œil ne peut mesurer la dimension. Une petite rivière s'échappe de cet antre, parcourt, au fond d'une espèce de vallon sans débouché, un canal de quelques toises, et fait tourner un moulin bâti à quarante pieds de profondeur, au-dessous duquel elle s'engouffre dans le sein de la terre, pour ne plus reparaître. Pour voir la source, il faut être au pied du roc et dans l'enceinte même, où on ne peut descendre qu'au moyen d'une échelle; c'est au fond de cette ouverture que s'ouvre l'aqueduc en forme de galerie par où s'échappent les eaux.

FIN DU DÉPARTEMENT DE LA CHARENTE-INFÉRIEURE.

IMPRIMERIE DE FIRMIN DIDOT FRÈRES,
RUE JACOB, N° 24.

Guide Pittoresque
DU
VOYAGEUR EN FRANCE.

ROUTE DE PARIS A BAYONNE,

TRAVERSANT LES DÉPARTEMENTS

DE SEINE-ET-OISE, DU LOIRET, DE LOIR-ET-CHER, D'INDRE-ET-LOIRE, DE LA VIENNE, DE LA CHARENTE, DE LA CHARENTE-INFÉRIEURE, DE LA GIRONDE, DES LANDES ET DES BASSES-PYRÉNÉES.

DÉPARTEMENT DE LA GIRONDE.

Itinéraire de Paris à Bayonne.

	lieues.			lieues.
De Paris à Tours, voy. Route de Paris à Nantes, 1re, 2e, 3e et 4e Livraisons.		Montlieu........		4
		Chiersac........		2
De Tours à Montbazon..	4	Cavignac........		4
Sorigny........	2	Saint-André de Cubzac...		4
Sainte-Maure....	4	Cubzac.........		1/2
Les Ormes......	4	Carbon-Blanc....		2
Dangé.........	1	Bordeaux.......		4
Ingrande.......	2	Le Bouscaut.....		3 1/2
Châtellerault....	2	Castres........		3 1/2
Les Barres-de-Nintré.	2	Podensac.......		1 1/2
La Tricherie....	2	Cerons.........		1 1/2
Clan..........	2	Langon........		3
Poitiers.......	4	Bazas..........		4
Croutelle......	2	Captieux.......		5
Vivonne.......	4	Le Poteau......		4
Les Minières...	3	Roquefort......		5
Coubé-Vérac....	2	Caloy..........		3
Chaunay.......	2 1/2	Mont-de-Marsan..		3
Les Maisons-Blanches	2	Campagne......		3 1/2
Ruffec........	3	Meillan........		1 3/4
Les Nègres.....	2	Tartas.........		2 1/4
Mansle........	3	Pontons........		3
Touriers.......	2 1/2	Dax (Saint-Paul-lès-Dax).		3 1/2
Churet........	1 1/2	Saint-Geours....		4
Angoulême.....	3	Saint-Vincent de Tirosse.		1 1/2
Le Roulet.....	4	Les Cantons.....		2 1/2
Petignac......	3	Ondres.........		4
Barbezieux....	4	Saint-Esprit....		2 1/4
La Grolle.....	3	Bayonne........		1/4

Communication de Poitiers à Niort (DEUX-SÈVRES) **et à Bourbon-Vendée** (VENDÉE).

	lieues.			lieues.
De Poitiers à Croutelle	2	Oulme.........		5
Lusignan.....	5 1/2	Fontenay......		3
La Ville-Dieu.	3	Mouzeil.......		3
Saint-Maixent.	4	Luçon.........		3 1/2
La Crèche....	2 1/2	Mareuil.......		2 1/2
Niort.........	3	Bourbon-Vendée		5

ASPECT DU PAYS QUE PARCOURT LE VOYAGEUR

DE CAVIGNAC AU POTEAU.

ENTRE Chiersac et Cavignac, on passe du département de la Charente-Inférieure dans celui de la Gironde, d'un triste pays de landes dans un riant pays de vignes, et d'un mauvais chemin à un beau chemin pavé. Cavignac est un village qui renferme une soixantaine de maisons, dont plusieurs sont des auberges : celle de la poste est aussi belle que bien tenue. La route continue à traverser un pays agréable et fertile, en passant à Baudet, Marceau et Guenard; après, le pays dégénère et offre des prés, des bois et des landes, jusqu'à Saint-André de Cubzac, petite ville qui ne consiste guère que dans la rue principale où passe la grande route. A un quart de lieue ouest, est le joli château de Bouil, qui mérite d'être visité. On descend ensuite une côte rapide qui conduit dans une belle vallée, à l'issue de laquelle on monte une côte assez roide, que l'on descend un peu avant d'arriver à Cubzac, relais de poste, où l'on remarque un joli château; il est situé sur la rive droite de la Dordogne et dominé par les ruines d'un château fort que la tradition attribue aux quatre fils Aymon. Le rocher qui porte les restes de cette gothique demeure renferme plusieurs grottes intérieures qui servent d'habitations. A Cubzac, on passe la Dordogne dans de petites barques à voiles, qui ne peuvent contenir qu'une voiture; moyen de passage qui n'est pas sans danger, mais qui sera bientôt remplacé par un pont dont la construction a été autorisée par les chambres dans la session de 1834. De l'autre côté de la Dordogne, est le village de Saint-Vincent, où aboutit une superbe route qui traverse l'Entre-deux-Mers, pays riant, varié, en grande partie cultivé en vignes, compris entre les deux rivières de la Dordogne et de la Garonne; on y voit de beaux coteaux, d'agréables vallées et une grande quantité de maisons de plaisance. Une côte assez roide conduit au joli village de la Grave-d'Ambarès, d'où l'on descend au hameau de Toutifaut, situé à la jonction de la route de Libourne à Bordeaux. On voit, à droite, un orme dont le tronc a environ dix pieds de diamètre, connu sous le nom de l'arbre de Terrasson. A trois quarts de lieue plus loin, on passe au beau village du Carbon-Blanc, environné de châteaux et de maisons de plaisance remarquables. De cet endroit à la Bastide, on s'aperçoit que l'on approche d'une grande cité : l'industrie éclate de toutes parts; l'activité, la vie qu'elle répand, se communique à tout ce qu'on voit, à tout ce qu'on entend. Les routes sont aussi fréquentées qu'à quelques lieues de là elles étaient solitaires : partout des voitures, des cavaliers, des piétons allant, venant et retournant sur leurs pas. Les hôtelleries, les maisons de campagne, d'opulents villages, et la plus riche culture annoncent que l'on est près d'une grande ville. Pour aller de la Bastide à Bordeaux, on traverse la Garonne sur un magnifique pont de dix-sept arches, construit en briques et en pierres de taille.

On sort de Bordeaux par le faubourg Saint-Julien, en laissant, à droite, la route de Bayonne par les grandes landes. Le premier relais est établi au joli village de Bouscaut, situé dans un pays entrecoupé de vignes et de landes. La route traverse un pays boisé et planté de vignes jusqu'au hameau de la Prade, bâti de l'autre côté du ruisseau du Guémort; sur la droite est le bourg de la Brède, patrie de l'immortel Montesquieu, dont les voyageurs ne doivent pas manquer de visiter le château. Le paysage est riant, animé, et pittoresquement coupé de vignes, de champs et de prairies jusqu'aux environs de Castres. Après cette ville, on parcourt un pays agréable, presque entièrement cultivé en vignes. A peu de distance, sur la gauche, est le bourg de Portez, bâti sur la Garonne, dont on côtoie les rives gracieuses. Un peu plus loin, on aperçoit, de l'autre côté du fleuve, le château gothique de Langoiron, élevé sur le sommet d'une hauteur escarpée. On passe à Podensac, bourg qui s'étend sur la rive gauche de la Garonne, où il y a un petit port : sur l'autre rive, on aperçoit Rions, et un peu plus loin, vis-à-vis de Cerons, on jouit d'une vue enchanteresse sur la petite ville et le superbe château de Cadillac. De Cerons à Langon, la route longe constamment le cours de la Garonne, remarquable par ses charmants paysages et par la richesse de ses vignobles : cette distance est coupée en trois parties presque égales par les gros bourgs de Bersac et de Preignac; à un quart de lieue de ce dernier, on aperçoit le château de Sauternes et le village de ce nom, où l'on récolte les meilleurs vins blancs de Bordeaux.

PETIT ATLAS NATIONAL DES DÉPARTEMENS DE LA FRANCE.

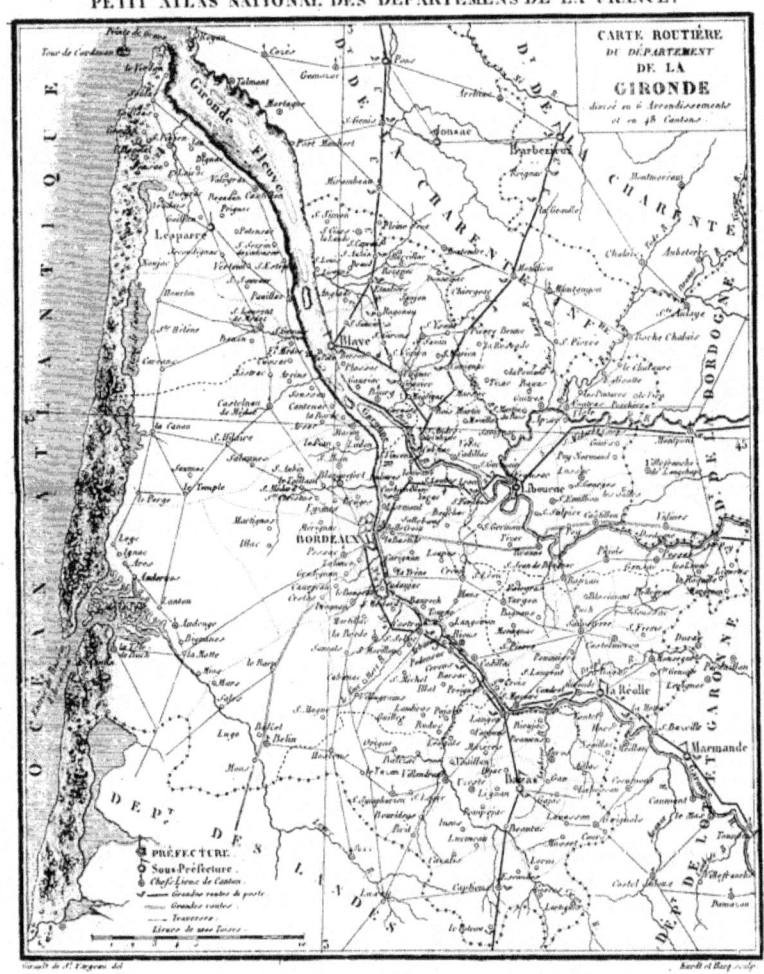

A Langon, ville agréablement située au bord de la Garonne, qui y forme un port commode et très-fréquenté, on abandonne les riants tableaux qu'offrent les rives de ce beau fleuve, pour se diriger vers le pays monotone et mélancolique des petites et des grandes landes. Le sol plat et légèrement sablonneux est cependant assez bien cultivé jusqu'à Bazas, ville ancienne, où l'on remarque une jolie place et une assez belle église gothique. Deux lieues après cette ville, on passe au joli village de Beaulac, après lequel on traverse le Céron ; dès lors on est dans les landes et les forêts de sapins ; on laisse un pays riant pour entrer dans un pays mélancolique, on quitte un sol de la plus grande fertilité pour en fouler un stérile ; enfin, au lieu de campagnes riantes, on ne voit plus que des paysages pâles et monotones. Captieux est un assez joli bourg qui ressort assez agréablement au milieu des plaines immenses qui l'entourent, et qui s'agrandissent encore au-delà : ses environs n'offrent que peu de plantations de pins ; les landes occupent toute l'étendue de l'horizon, et ne discontinuent point d'étaler aux regards attristés jusqu'à Roquefort (*Landes*), leurs vastes tapis de bruyères, rarement interrompus par quelques champs de seigle et de millet, où la charrue ne sillonne que du sable. Ces landes sauvages deviennent de plus en plus arides jusqu'aux environs du Poteau, maison isolée, immédiatement avant laquelle on passe du département de la Gironde dans celui des Landes.

DÉPARTEMENT DE LA GIRONDE.

APERÇU STATISTIQUE.

Le département de la Gironde est formé de l'ancien Bordelais, partie la plus occidentale de la ci-devant province de Guienne. Il tire son nom de la partie inférieure de la Garonne qui, après avoir reçu la Dordogne au Bec-d'Ambès, acquiert la largeur d'un grand fleuve, ou plutôt d'un bras de mer, et prend le nom de Gironde : l'embouchure en est éclairée par le phare de Cordouan. — Ses limites sont : au nord, le département de la Charente-Inférieure ; à l'est, ceux de la Dordogne et de Lot-et-Garonne ; au sud, celui des Landes ; et à l'ouest, l'Océan.

Bordé d'un côté par la mer dans son étendue la plus considérable, sillonné dans plusieurs sens par une multitude de rivières qui se grossissent mutuellement, ce département est exposé à des pluies fréquentes, très-souvent incommodes par leur continuité : en général, les hivers rigoureux y sont rares, mais presque toujours très-humides. La santé publique varie en raison de la situation topographique des nombreuses contrées dont il se compose : l'état sanitaire n'est pas le même dans l'Entre-deux-Mers que dans les landes, dans les landes que dans les pays au bord de la mer, dans ceux-ci que dans les plaines cultivées. Les vents dominants sont ceux du nord-ouest, de l'ouest et du sud-ouest ; ce sont les plus humides et les plus malsains, parce qu'ils apportent sans cesse les émanations de l'Océan et celles des landes qu'ils traversent. La température atmosphérique est généralement humide et douce. Pendant les hivers pluvieux, qui sont les plus ordinaires, le thermomètre descend rarement, à Bordeaux, à zéro : en été, la chaleur, qui est ordinairement de 20 à 25 degrés de Réaumur, s'élève fréquemment jusqu'à 30 et 32.

Le territoire du département de la Gironde est généralement uni ; il présente trois grandes divisions naturelles, formées par le cours de ses rivières, divisions qui diffèrent autant entre elles par l'aspect que par les productions. — La première, située à droite de la Dordogne, se compose de plaines et de coteaux calcaires, couverts de champs, de pâturages, de bois taillis et de vignobles, et renferme, vers le nord-est, une partie des riantes vallées de l'Isle et de la Dronne, agréablement entrecoupées d'arbres, de prairies et de vignes. — La seconde division comprend l'Entre-deux-Mers, ainsi nommé de sa situation entre la Garonne et la Dordogne, et l'ancienne Benauge, pays pittoresque très-varié, qui, par la fertilité et la beauté de ses sites, peut être comparé aux délicieuses vallées de la Loire et de la Saône. Dans cette partie, les plantes céréales et légumineuses disputent le terrain à la vigne et le partagent avec elle. Les belles rives des deux fleuves offrent une suite continuelle de paysages charmants, où domine un pampre dont les ceps sont ordinairement grands comme de petits arbres, et les plus vigoureux que l'on connaisse. — La troisième division, située sur la rive gauche de la Garonne, est généralement sèche et aride; elle comprend le littoral qui s'étend à l'ouest, où se trouve l'ancien Médoc, pays de gravier siliceux, qui produit les meilleurs vins rouges du département; plusieurs bassins, quelques ports et un grand nombre de marais; et au sud le vaste plateau des Landes, véritable désert couvert de bruyères et de sables, au milieu desquels on remarque çà et là quelques bons pâturages et une assez riche culture. En général, les habitants ont su tirer de ce sol ingrat le seul parti convenable : une grande partie de son étendue est couverte de pins qui y réussissent très-bien, et qui fournissent au commerce des bois et une grande quantité de matières résineuses; les autres productions consistent en seigle, maïs, et moutons, dont la laine ne sert guère que pour la bourre des matelas et la fabrication des draps grossiers. Les landes sont séparées de l'Océan par la chaîne des dunes, colonnes mobiles de sable qui envahissaient de jour en jour les terrains cultivés. Ces dunes rendent en général l'accès des bords de l'Océan très-difficile en certains endroits, impraticable dans d'autres, et partout fort dangereux pour ceux qui tenteraient de les traverser sans guides bien expérimentés. On rencontre fréquemment des endroits où les sables, délayés par les eaux pluviales qui s'y écoulent, n'ont acquis aucune consistance, et dans lesquels on risque de s'enfoncer et même de disparaître tout-à-fait. Ces dunes comprennent un espace d'environ 28,850 hectares; elles ne se forment pas au bord de la mer; elles laissent entre elles et l'Océan un espace vide. Long-temps on a pensé que ces sables étaient entièrement stériles et qu'ils ne pouvaient être fixés; mais des tentatives faites récemment ont prouvé que les dunes pouvaient être fixées et rendues utiles au moyen de semis de genêts et d'autres arbustes. Entre ces dunes et la mer, sont trois étangs immenses, servant comme de réservoir commun à toutes les eaux des landes qui s'y réunissent; ils communiquent ensemble par une infinité de ruisseaux, par lesquels le superflu de leurs eaux se jette dans le bassin spacieux d'Arcachon, où elles se réunissent à l'Océan.

L'habitant des landes est un peuple particulier dont les mœurs, le costume et les habitudes présentent une opposition sensible avec les autres habitants des campagnes. Nous donnerons quelques détails sur les mœurs et les usages de ce peuple dans la description du département des Landes, qui fera l'objet de notre 19e Livraison.

Le département de la Gironde a pour chef-lieu Bordeaux. Il est divisé en 6 arrondissements et en 48 cantons, renfermant 542 communes. — Superficie, 554 l. carrées. — Population, 554,225 habitants.

MINÉRALOGIE. Indices de minerai de fer. Carrières de belles pierres à bâtir. Tourbe. Marais salants d'un grand produit.

PRODUCTIONS. Toutes sortes de céréales, en quantité insuffisante pour la consommation des habitants. Excellents fruits, principalement prunes, figues, amandes. Nombreuses prairies naturelles et artificielles. Beaucoup de chanvre. Tabac. Mûriers. — 130,000 hect. de vignes, produisant annuellement environ 250,000 tonneaux de quatre barriques, ou 912 litres, répartis ainsi qu'il suit :

	tonneaux.
Arrondissement de Bordeaux.	85,000
Arrondissement de Bazas	10,000
Arrondissement de Blaye	40,000
Arrondissement de Lesparre.	20,000
Arrondissement de Libourne	60,000
Arrondissement de La Réole	35,000

Les vins de Bordeaux se divisent en vins de Médoc, vins des Graves, vins des Palus, vins des côtes et vins d'Entre-deux-Mers. Les vignobles du Médoc sont situés sur la rive gauche de la Garonne et de la Gironde, depuis les environs de Bordeaux jusqu'à la mer. Les Graves sont des terrains graveleux qui s'étendent depuis Bordeaux jusqu'à environ trois lieues au sud de cette ville. Les Palus sont des alluvions formées par les rivières de la Garonne et de la Dordogne. Les Côtes sont les collines qui bordent la Garonne et la Gironde depuis Langon jusqu'à Blaye. L'Entre-deux-Mers est cette partie du département qui s'étend entre la Garonne et la Dordogne.

Les vignes du département qui produisent les premiers crûs, sont situées sur les bords des landes, et étaient des landes elles-mêmes il y a quelques siècles. Le canton ou district du Médoc fournit ces premiers crûs, désignés sous le nom de Château-Margaux, Lafitte et Latour. Après le Médoc, les contrées les plus abondantes en vins fins sont les Graves : le crû le plus estimé des Graves est le château de Haut-Brion, crû supérieur, qui va de pair avec Château-Margaux, Latour et Lafitte; ensuite viennent ceux de Haut et Bas-Brion, Pessac, Talence, etc., très-inférieurs aux premiers. Les Graves de l'Entre-deux-Mers, les côtes des rivières, les quartiers du canton de Bourg-sur-Dordogne, de Blaye, présentent des crûs très-distingués, qui se classent à l'instar de ceux des Graves de Bordeaux, et dont la qualité détermine le prix. Les premiers vins du Médoc ont besoin d'être attendus pour l'expédition jusqu'à la troisième et quatrième année; ceux des Graves, jusqu'à la cinquième et sixième année; plus attendus encore, ils n'en sont que meilleurs. Quant aux vins des Palus, ou plaines situées sur le bord des rivières, ils sont très-inférieurs à ceux des Graves, à l'exception toutefois des vins de Queyries et du Mont-Ferrand. — Éducation soignée des bêtes à laine. Nombreux bétail et bêtes à cornes. Peu de chevaux. Beaucoup d'abeilles. Menu gibier en quantité. — 90,776 hectares de forêts, composées en grande partie de chênes, d'arbres à liége, et d'arbres verts, qui donnent des produits considérables de résine, goudron et autres matières résineuses.

INDUSTRIE. Manufactures de faïence. Fabriques d'indiennes, mousselines, savon, produits chimiques, cire, bougie, amadou, bouchons, papiers, vinaigre, anisette renommée. Distilleries d'eau-de-vie. Corderies pour les constructions navales. Raffineries de sucre. Extraction de la résine et du goudron. Brasseries. Teintureries. Tanneries. Verreries à bouteilles. Construction de navires. Manufacture de tabac.

COMMERCE de grains, farines, vins, anisette de Bordeaux. Eau-de-vie. Esprit, huile, savon, fromage, fruits, bouchons de liége, chanvre, lin, résine. Entrepôt de sel. Entrepôt réel et fictif. Commerce d'importation et d'exportation avec l'Europe entière, les colonies, l'Amérique et les Indes.

VILLES, BOURGS, VILLAGES, CHATEAUX ET MONUMENTS REMARQUABLES; CURIOSITÉS NATURELLES ET SITES PITTORESQUES.

ARRONDISSEMENT DE BORDEAUX.

ANDRÉ-DE-CUBZAC. Petite ville, située à peu de distance de la rive droite de la Dordogne, à 7 l. de Bordeaux. ✉ Pop. 2,970 hab.

AUDENGE. Village situé au milieu de marais salants, près de l'embouchure du Leyre dans la baie d'Arcachon, à 10 l. 1/4 de Bordeaux. Pop. 1,150 hab.

BARSAC. Bourg situé sur la rive gauche de la Gironde, dans un territoire fertile en excellents vins blancs, à 10 l. 1/2 de Bordeaux. Pop. 2,900 hab. On y remarque une fort jolie place publique et aux environs plusieurs belles maisons de campagne.

Les vins blancs de ce vignoble, et particulièrement ceux de la partie dite le Haut-Barzac, sont comparables pour la qualité et se vendent le même prix que les vins de Sauternes : ils en diffèrent par un peu moins de finesse, de sève et de bouquet; mais ils sont plus spiritueux, au point que, lorsqu'ils proviennent d'une année dont la température a été favorable, ils s'enflamment comme de l'eau-de-vie. — Carrière de pierres dures et de pavés.

BEAUTIRAN. Village situé près de la rive gauche de la Garonne, à 5 l. 3/4 de Bordeaux. Pop. 870 hab. — *Fabriques* de toiles peintes. Filature et tissage de coton.

BELIN. Bourg situé au milieu des landes, dans un petit vallon arrosé par le Leyre, à 14 l. de Bordeaux. ✉ Pop. 1,420 hab.

BELLIET. Bourg situé dans les landes, près de la rive droite du Leyre, à 14 l. de Bordeaux. Pop. 1,050 hab. — Hauts-fourneaux. Forges et aciérie.

BIGANOS. Village situé à 9 l. 1/2 de Bordeaux. Pop. 1,050 hab. — Verrerie de verre blanc.

BLANQUEFORT. Bourg situé à 2 l. 1/2 de Bordeaux. Pop. 2,100 hab.

BORDEAUX. Ancienne, grande, riche et belle ville maritime. Chef-lieu du département. Cour royale d'où ressortissent les départements de la Gironde, de la Dordogne et de la Charente. Tribunaux de première instance et de commerce. Chambre et bourse de commerce. Banque. Hôtel des monnaies (lettre K). Académie universitaire. Faculté de théologie. Athénée. Collége royal. École d'hydrographie et de navigation de première classe. Écoles de médecine, de dessin et de peinture. Institution des sourds-muets. Chef-lieu de la onzième division militaire. Direction des douanes. Syndicat maritime. Consulats étrangers. Archevêché. [⊠ ⛟] (petite poste). Pop. 109,467 hab. *Établissement de la marée du port*, 3 heures.

L'époque de la fondation de Bordeaux se perd dans la nuit des siècles. On ignore comment cette ville tomba au pouvoir des Romains; on sait seulement que c'était dès lors une cité importante, chef-lieu des Bituriges Vibisci, sous le nom de Burdigala. Strabon est le premier qui en fasse mention sous ce nom, que lui donne aussi Ptolémée. Elle fut d'abord, comme toutes les villes, un village, un bourg, dont les maisons étaient de bois et de terre: c'est l'idée qu'en donne César [1]; mais, agrandie par la succession des temps, et surtout grâce à son heureuse situation, elle devint, sous les Romains, la capitale de la seconde Aquitaine; ils la firent entièrement démolir pour la reconstruire (an 260 de notre ère) d'après les dessins et l'architecture des cités d'Italie, et l'embellirent de plusieurs beaux édifices. C'est dans cet état qu'Ausone en a laissé une description dont on reconnaît encore de nos jours l'exactitude. La splendeur antique de Bordeaux disparut avec la présence et par l'invasion des barbares. D'abord, les Visigoths, qui la trouvèrent sur leur chemin en se rendant en Espagne, la saccagèrent et l'occupèrent pendant près d'un siècle; ils en furent chassés par Clovis, en 509, après la bataille de Vouillé. Les Sarrasins, appelés par Eudes, duc de Guyenne, prirent et pillèrent la ville de Bordeaux en 729. Les Alains et les Normands, pirates du Nord, non moins insatiables que ceux du Midi, pillèrent cette ville, détruisirent ce qu'ils ne purent enlever, et abattirent la plupart des édifices. Vers 911, les ducs de Gascogne étant devenus paisibles possesseurs d'un des plus beaux pays que leur enviaient leurs rivaux, les autres grands vassaux de la couronne, la firent rebâtir, mais dans le goût barbare de leur temps, et y appelèrent de nouveaux habitants.

En 1152, Bordeaux passa sous la domination anglaise par le mariage d'Éléonore de Guyenne avec Henri, duc de Normandie, depuis roi d'Angleterre. Son enceinte s'agrandit sous Henri II et sous Édouard III. Cette ville s'accrut et s'embellit sensiblement, après avoir été entièrement affranchie du joug étranger sous le règne de Charles VII, en 1451. Toutefois, la véritable splendeur de Bordeaux ne remonte guère au-delà du règne de Louis XVI, époque où M. de Tourny, intendant de la province de Guyenne, étendit immensément son enceinte, et traça le plan des embellissements qu'on y admire.

Lors de l'établissement de la gabelle, les habitants de Bordeaux, ardemment attachés à leurs priviléges, auxquels le nouvel impôt portait atteinte, prirent les armes, s'emparèrent de l'hôtel-de-ville, mirent en fuite plusieurs magistrats, et massacrèrent le lieutenant du gouverneur Tristan de Monneins, ainsi que quelques commis de la gabelle; mais bientôt les séditieux furent battus ou pris, et les plus coupables punis du dernier supplice. Tout était calmé, lorsque Henri II, qui commençait à régner, crut devoir punir d'une manière exemplaire tous les habitants de Bordeaux. Il envoya dans cette ville, à la tête d'une forte armée, le connétable Anne de Montmorency, qui, bien que la ville n'opposât aucune résistance, fit pointer le canon sur les murs et y entra comme dans une ville prise d'assaut. Une contribution de 200,000 livres fut imposée aux habitants, qui furent en outre obligés de livrer leurs armes; les cloches furent détruites; les priviléges de la cité abolis, ainsi que le parlement. Toutefois, cette punition ne parut pas encore suffisante au duc de Montmorency; il avait amené avec lui des juges qui, après avoir fait le procès à la ville, condamnèrent, de dix en dix maisons, un Bordelais à être pendu et la plupart des officiers municipaux à être suppliciés sur la place publique.... Après avoir exercé ces actes de barbarie sur les malheureux habitants de Bordeaux, le connétable de Montmorency se déshonora par un trait de férocité qui a couvert à jamais son nom d'ignominie. Un des jurats de Bordeaux, nommé Lestonat, ayant été condamné à perdre la vie en vertu des jugements précités, la femme de ce magistrat vint se jeter aux pieds du connétable pour lui demander la grâce de son mari. Elle était d'une beauté rare. Montmorency en fut frappé, et lui fit entendre que la grâce qu'elle sollicitait dépendait du

---

[1] De bello Gall., liv. 7.

RUINES DE L'AMPHITHÉÂTRE GALILÉEN.

sacrifice de son honneur; condition à laquelle cette femme eut l'héroïsme ou la faiblesse de consentir. Après avoir passé la nuit avec elle, le connétable ouvrit une des fenêtres de son appartement, et le premier objet qui frappa les yeux de cette malheureuse femme fut une potence à laquelle était suspendu le corps de son mari!... (1)

La ville de Bordeaux est dans une situation magnifique et très-avantageuse pour le commerce, sur la rive gauche de la Garonne, qui y forme un vaste port. Cette ville présente, à partir du magasin des vivres de la marine aux chantiers de construction, c'est-à-dire en suivant la courbure de la Garonne, qui a plus d'une lieue de développement, un croissant dont la partie orientale comprend la ville, et la partie occidentale le faubourg des Chartrons (remarquable par son étendue, par la beauté de ses édifices et par la richesse de ses habitants, presque tous adonnés au commerce). Quand on y arrive par eau du côté de Blaye, la largeur excessive de la Garonne, les vaisseaux de tant de pays différents et en aussi grand nombre, fixés au port, les édifices modernes qui s'élèvent sur les quais et forment avec le fleuve un arc parfait, présentent le point de vue le plus varié et le plus admirable. L'arrivée à Bordeaux par Saint-André-de-Cubzac et Libourne offre encore un spectacle plus magnifique et plus grand.

Bordeaux se divise en ville ancienne et en quartiers neufs. L'ancienne ville ne présente que des rues généralement étroites et tortueuses, des places irrégulières et resserrées, des maisons assez laides, presque toutes cependant en pierres de taille; mais les quartiers neufs sont d'une grande magnificence. La rue du Chapeau-Rouge, la plus grande et la plus belle rue de Bordeaux, dont la largeur forme une belle place oblongue depuis le port jusqu'au grand théâtre, s'étend jusqu'à l'extrémité de la ville, qu'elle divise en deux parties égales, l'ancienne au sud et la nouvelle au nord. Les allées de Tourny; les différents cours; l'hôtel de la préfecture; la salle de spectacle, le plus bel édifice en ce genre que possède la France; la bourse; le palais-royal; la douane; le jardin public, et surtout le beau pont nouvellement construit sur la Garonne, sont des objets dignes d'admiration, qui rivalisent avec les plus beaux établissements de ce genre situés dans les villes les plus riches de l'Europe.

Le port embrasse presque toute l'étendue demi-circulaire de la rivière, et peut contenir plus de mille navires; il est sûr, commode, et offre un coup d'œil imposant par la quantité de vaisseaux de toutes les grandeurs et de toutes les nations qui y sont continuellement mouillés: son développement est de 5,700 mètres. La largeur de la rivière devant la place Royale est de 660 mètres; sa profondeur est de 6 mètres, et de 12 mètres dans le maximum du reflux. En tout temps, des navires de 500 à 600 tonneaux peuvent y arriver; ceux d'un tonnage plus élevé sont souvent obligés de laisser une partie de leur cargaison à Blaye ou à Poulliac. A l'une des extrémités du port se présente le superbe quartier des Chartrons; au centre est la place Royale qui règne en fer à cheval sur la Garonne, et l'emplacement du château Trompette, maintenant remplacé par un quartier neuf et par de belles promenades; à l'autre extrémité sont les chantiers de construction.

La Garonne est bordée de quais larges, sans parapets, qui descendent par une pente douce jusqu'au bord du fleuve, où les barques peuvent en tout temps être déchargées. Le quai des Chartrons est une des belles chaussées qui existent en France; il est bordé de maisons qui n'ont entre elles aucune uniformité, mais qui n'en présentent pas moins un ensemble aussi agréable qu'imposant par leur élévation et la beauté de leur architecture; on en compte près de trois cents, habitées par de riches négociants, ce qui rend ce faubourg l'un des plus beaux et des plus riches de l'Europe. Des chais ou celliers occupent une grande partie des Chartrons; il en est qui contiennent cinq ou six cents, et même jusqu'à mille tonneaux de vins. A l'extrémité inférieure du quai est l'ancien bâtiment du moulin des Chartrons, vaste établissement construit pour moudre mille quintaux de grains en vingt-quatre heures, au moyen de vingt-quatre paires de meules mues sans interruption par le flux et le reflux de la Garonne; mais le dépôt journalier des vases ayant obstrué les canaux, il sert aujourd'hui de magasin pour les tabacs et d'entrepôt pour les denrées coloniales.

Parmi les nombreux édifices et établissements publics de Bordeaux, on remarque principalement les suivants:

PALAIS GALLIEN. Quoique Bordeaux ait été l'une des cités les plus considérables des Gaules sous les Romains, il n'y reste que de faibles vestiges de leur puissance, que

---

1 Histoire de Bordeaux, par Dom de Vienne.

des traces à peine reconnaissables de ces monuments hardis qu'ils se plaisaient à construire dans tous les lieux où ils portèrent leurs victorieuses armes. Telles sont les ruines d'un amphithéâtre que des archéologues opiniâtres se sont efforcés de vouloir faire passer pour le palais de l'empereur Gallien. Un nombre assez considérable de murs, d'arcades imposantes, et une porte d'entrée signalent encore la grandeur de l'édifice. Ce qu'il en reste prouve que sa construction date du temps du Bas-Empire; il était bâti en petites pierres carrées, entrecoupées de longues briques épaisses, symétriquement rangées. Six murs circulaires, distants de 12 pieds entre eux, le divisaient en cinq enceintes. Tout l'édifice formait une ellipse, dont l'arène avait 238 pieds dans son grand diamètre et 168 dans son petit; les deux premiers pourtours avaient 62 pieds d'élévation. Il ne reste plus que quelques parties des premier, deuxième, troisième, quatrième et cinquième murs circulaires; on ne voit que des fondations du sixième. Les deux portes des deux extrémités du grand diamètre de l'ellipse subsistent encore presque tout entières; elles ont vingt-sept pieds de hauteur et dix-huit de largeur.

L'Église cathédrale, dédiée à saint André, est un bel édifice gothique, qui date, dit-on, du IXe siècle. Détruite par les Normands, le peuple le plus dévastateur du moyen âge, elle fut reconstruite d'abord par les soins d'un pape, et ensuite par les Anglais, qui l'achevèrent dans le XIIIe siècle, lorsqu'ils possédaient la Guyenne. C'est une très-vaste et très-belle basilique, malgré le défaut d'harmonie et de régularité qui dépare sa plus grande et sa plus belle nef, d'une largeur étonnante. La nef du chœur, plus élevée encore, mais d'une moindre largeur, est parfaitement régulière, ainsi que les nefs latérales. L'église a, dans sa longueur, 126 mètres d'une extrémité à l'autre. La nef du chœur est un chef-d'œuvre de hardiesse. Les deux grandes portes latérales présentent intérieurement une grande régularité et un fini parfait dans les ouvrages des deux grandes fenêtres sphériques qui les surmontent. On admire aussi les deux flèches aériennes qui surmontent le portail extérieur septentrional.

Une tour, d'un bon style gothique, nommée tour de Payberland, et séparée de la cathédrale, lui sert de clocher. Elle fut construite de 1481 à 1530, par les soins et aux dépens de P. Berlaud, archevêque de Bordeaux.

L'Église Saint-Michel fut construite en 1160, pendant la domination des Anglais; elle est d'ordre gothique, et d'un style d'architecture plus pur et plus régulier que celui de la cathédrale. Cette église est surtout remarquable par son clocher, qui servait à la fois, par son élévation, de beffroi pour avertir le peuple pendant les guerres civiles, et, par sa solidité, de forteresse pour le garantir. Des balles, empreintes sur sa surface, attestent qu'il brava souvent la mousqueterie des divers partis. Un télégraphe a été placé sur cette tour, en 1823.

Les caveaux souterrains de ce clocher jouissent de la propriété de conserver, sans putréfaction, même sans altération, les cadavres qui y sont ensevelis depuis des siècles.

L'Église Sainte-Croix passe pour être la plus ancienne de Bordeaux; car on fait remonter l'époque de sa fondation à la moitié du VIIe siècle, sous le règne de Clovis II. Cette église, ainsi que le monastère dont elle faisait partie, furent détruits par les Sarrasins; Charlemagne les fit reconstruire. Dans la suite, les Normands les pillèrent; mais ils furent reconstruits de nouveau au commencement du XIe siècle. Le portail de cette église est extrêmement curieux, et décoré de figures, de symboles et d'allégories mystiques, dans lesquels quelques personnes croient reconnaître des obscénités, mais où M. Jouannet, à qui l'on doit une explication de ces allégories, n'a rien vu que de très-moral.

L'Église de Saint-Seurin, d'une construction irrégulière, paraît être antérieure à toutes les autres églises de Bordeaux; elle offre des constructions de différents âges, et possède plusieurs morceaux d'architecture dignes de fixer l'attention des amateurs. On y remarque une crypte ou chapelle souterraine, dédiée à saint Fort, et renfermant son tombeau, qui attire chaque année, au mois de mai, une foule considérable de nourrices et de mères, qui viennent invoquer le saint pour attirer sur leurs enfants la force et la santé. Cette crypte est composée d'une nef voûtée à plein cintre et de deux bas-côtés; le tout ayant 43 pieds de long sur 29 de large. La nef est partagée en deux parties égales; celle du fond renferme l'ancien tombeau de saint Fort, espèce de caisse en pierre brute, de 9 pieds de long sur 3 de large, au-dessus de laquelle on a érigé une élégante construction, dont les détails annon-

SALLE DE SPECTACLE DE BORDEAUX.

cent un ouvrage de la renaissance. On y remarquait autrefois le tombeau du célèbre paladin Roland, enterré primitivement à Blaye, mais dont le corps fut dans la suite transféré à Bordeaux.

L'Église Notre-Dame, une des plus belles et des plus régulières de Bordeaux, fut fondée en 1230, et rebâtie à la moderne, en 1701. On y admire la hardiesse, la largeur, l'étendue et l'élévation de sa principale nef, décorée de pilastres d'ordre corinthien; le maître-autel, en marbre blanc, dont le tabernacle est orné de deux anges de grandeur naturelle et surmonté de groupes d'anges d'un aspect aérien et pittoresque; la chaire, en bois d'acajou, surmontée de la statue de la Vierge; la façade du portail, ornée de colonnes et de pilastres d'ordre corinthien et composite, de vases, de bas-reliefs et autres sculptures bien exécutées.

L'Église des Feuillants, aujourd'hui l'église du Collège, est remarquable par le tombeau, en marbre blanc, de Michel Montaigne, décédé le 15 septembre 1592. Il est étendu sur sa tombe, vêtu d'une cotte-de-mailles; son casque et ses brassards sont à ses côtés, un livre est à ses pieds. On y lit deux inscriptions : l'une grecque, très-emphatique; l'autre latine, très-amphigourique. En voici les traductions :

Inscription grecque.

« Qui que tu sois, qui regardes ce tombeau et qui demandes mon nom, (en disant) est-il mort, Montaigne? cesse d'être surpris. La substance du corps, l'illustration de la naissance, la richesse, l'autorité, la puissance, ne sont pas des choses qui nous appartiennent : ce sont seulement des jouets périssables de la fortune. Être divin, descendu du ciel sur la terre des Celtes, non pas que je sois le huitième des Grecs, ni le troisième des Ausoniens, mais je puis être comparé à tous par la profondeur de la sagesse et les talents de l'élocution, moi qui ai su allier à la doctrine qui respecte le Christ, le doute pyrrhonien. La jalousie s'était emparée de la Grèce et de l'Ausonie; pour terminer cette terrible querelle, j'ai été prendre mon rang parmi les immortels, où est ma patrie. »

Inscription latine.

« A Michel Montaigne, Périgourdin, fils de Pierre, petit-fils de Grimond Rémond, chevalier de Saint-Michel, citoyen romain, né à Bordeaux, ex-maire, homme né pour la gloire de la nature; dont la douceur des mœurs, la finesse d'esprit, la facilité d'élocution et la justesse de jugement ont été regardées comme au-dessus de la condition humaine; qui a eu pour amis les rois les plus illustres, les plus grands seigneurs de France, et même les chefs du parti égaré, quoique lui-même fût d'une moindre condition; observateur religieux des lois et de la religion de ses pères, auxquels il ne fit jamais aucune offense; qui jouit de la faveur populaire sans flatterie et sans injure; de sorte qu'ayant fait toujours profession, dans ses discours et dans ses écrits, d'une sagesse fortifiée contre toutes les attaques de la douleur; après avoir, aux portes du trépas, lutté long-temps avec courage contre les attaques ennemies d'une maladie implacable; enfin, égalant ses écrits par ses actions, il a fait, avec la grace de Dieu, une belle pause à une belle vie. »

Château royal. Ce château, ancienne résidence des archevêques de Bordeaux, fut construit en 1778. Les bureaux de l'administration départementale y furent établis en 1791, et y restèrent jusqu'en 1808, époque où l'empereur Napoléon en fit un palais impérial. Le plan de cet édifice est un vaste quadrilatère borné par les rues de Rohan et de Montbazon, par une portion des allées d'Albret, et par la place de la Cathédrale. La porte d'entrée s'ouvre sur cette place, entre deux péristyles uniformes, d'une noble architecture. Une vaste cour, ayant à droite et à gauche deux bâtiments parallèles, conduit à un perron, d'où l'on entre dans l'intérieur du palais. Les appartements sont distribués avec beaucoup de goût et décorés avec luxe. Le vestibule, les grandes salles du rez-de-chaussée et du premier étage, où l'on monte par un bel escalier en limaçon, répondent à la beauté extérieure de l'édifice, qui offre un aspect imposant par sa longueur et par son élévation. Un vaste et beau jardin, fermé par une superbe grille, s'étend sur le côté opposé à la façade, en face des allées d'Albret.

Le Grand Théâtre. Le grand théâtre de Bordeaux est sans contredit le plus beau théâtre de la France, et, sous certains rapports, de toute l'Europe : architecture, situation, beautés extérieures et intérieures, il réunit tous les avantages. Paris, Londres, Vienne, l'Italie, Naples possèdent des salles plus vastes et plus belles intérieurement; mais aucun théâtre n'approche de la beauté extérieure de celui de Bordeaux.

Le grand théâtre de Bordeaux a été construit, sous le règne de Louis XVI, par le célèbre architecte Louis sur l'emplacement du temple antique de Tutelle, détruit en 1677. Il est entièrement isolé, et occupe un des côtés d'une belle place carrée. Le péristyle, en voûte plate, est décoré de douze magnifiques colonnes d'ordre corinthien; la frise, qui est au-dessus, est couronnée d'une balustrade qui porte douze statues répondant à chacune des colonnes. Les trois autres façades sont ornées de pilastres de la même dimension et du même ordre que les colonnes du péristyle. Du portique on passe dans un vestibule majestueux et d'une extrême hardiesse, dont la voûte plate, ornée de belles rosaces, est soutenue par des colonnes cannelées, d'ordre dorique. Dans le fond de cet immense vestibule, se développe, à droite et à gauche, un double et vaste escalier, d'une forme noble et hardie, éclairé par la coupole, et non moins riche de sculpture que d'architecture : il conduit à un second vestibule, soutenu par un péristyle de huit colonnes ioniques, d'où le public se distribue dans les diverses parties de la salle. Douze colonnes cannelées, d'ordre composite et du plus grand module, élèvent, dans cette salle, leurs chapiteaux dorés jusqu'au plafond, en séparant en autant de balcons chaque rang de loges. Le théâtre, par son immense étendue, répond parfaitement au grandiose de l'édifice, et ne le cède en grandeur à aucun autre théâtre connu. Le jeu des machines s'y exécute avec facilité : on y admire surtout les quatre étages placés au-dessous du théâtre et l'ingénieuse machine qui sert à exhausser à volonté le plancher du parterre au niveau du théâtre. Au-dessus du vestibule est une belle salle de concert, de forme ovale, distribuée en trois rangs de loges et ornée de belles colonnes cannelées, d'ordre ionique. Un grand foyer d'hiver, une grande galerie d'été ornée des bustes des grands maîtres de la scène française, deux cafés et divers appartements occupent le reste de ce bel édifice, qui fut construit par les soins du duc de Richelieu, et ouvert, le 8 août 1780, par la plus belle de nos tragédies françaises, *Athalie*, qui fut représentée trois jours de suite.

Bourse. La Bourse de Bordeaux est un vaste édifice, parallèle à l'hôtel des douanes, qui forme l'aile gauche de la place Royale. L'escalier principal, décoré de belles peintures, offre un aspect imposant. Au premier étage sont les salles du conseil et du tribunal de commerce, et de vastes salles destinées aux ventes publiques, éclairées et chauffées pendant l'hiver. Au centre de l'édifice est une vaste salle décorée d'un double rang d'arcades couronné par un entablement; un balcon règne dans tout le pourtour au niveau du premier étage. Deux cadrans, placés en regard l'un de l'autre, ajoutent à la décoration intérieure de cette salle immense, regardée comme une des plus belles bourses de l'Europe : l'un de ces cadrans indique les heures et leurs nombreuses divisions; l'autre, les différentes aires de vents. Tout l'édifice est éclairé par le gaz.

Palais de Justice. Cet édifice, où siègent la cour royale et le tribunal civil, présente deux façades : celle du midi, qui est la principale, est décorée par six pilastres d'ordre dorique, d'une grande proportion, couronnés par un entablement enrichi de triglyphes et de métopes, et surmonté par un grand fronton. On y remarque les deux salles des Pas-Perdus; un bel escalier conduit à celle du premier étage, dont le fond est orné d'un portique sous lequel est placée la statue en marbre de Montesquieu.

Hopitaux. L'hôpital Saint-André, le plus ancien de Bordeaux, date de 1390. Des signes d'une ruine prochaine s'étant manifestés dans presque toutes ses parties, ont déterminé le conseil municipal de Bordeaux à en voter la suppression et la construction du grand hôpital destiné à le remplacer.

Le Grand-Hôpital, aujourd'hui achevé, est situé sur la partie la plus élevée de la ville. La principale façade donne sur la place du fort du Hâ; elle est décorée, au centre, d'un frontispice de quatre colonnes doriques, et d'un fronton surmonté d'un dôme. Les trois autres côtés, qui couvrent ce vaste établissement, sont isolés. Rien n'a été omis pour l'assainissement de cet hôpital, qui offre aux malades 710 lits ordinaires et 18 chambres particulières; cinq cours et huit jardins y entretiennent la circulation d'un air pur; un puits immense et une machine hydraulique lui procurent en abondance d'excellente eau; des canaux souterrains en débarrassent journellement les immondices, qu'ils conduisent au ruisseau du Peugne.

Bibliothèque publique. Cette bibliothèque occupe un beau local, dont la principale partie donne sur la façade des allées de Tourny. Elle doit sa fondation à M. J.-J. Bel, membre de l'académie de Bordeaux, qui légua à cette compagnie, en 1738, son hôtel et sa bibliothèque, à condition qu'elle serait publique. Depuis lors elle s'est considérablement accrue des dons de MM. Cardoz, Barbot, Beaujon, de la réunion de plusieurs

PLACE DU FORT DU HA
à Bordeaux

bibliothèques de couvents supprimés à l'époque de notre première révolution, et de plusieurs ouvrages de prix donnés par le gouvernement. On y compte aujourd'hui environ 110,000 volumes, au nombre desquels sont plusieurs livres rares, des éditions du XVe siècle, et quelques manuscrits précieux.

Cabinet d'Histoire naturelle. Il occupe le même local que la bibliothèque. La conchyliologie est la partie la plus complète de cette collection ; elle offre tout ce qui est connu en ce genre, divisé méthodiquement par famille, et chaque objet porte un numéro désigné dans le catalogue. L'ornithologie est assez considérable ; les oiseaux sont bien choisis et surtout bien empaillés. Les autres collections sont plus ou moins complètes.

Musée. Divers établissements sont compris sous cette dénomination : outre la bibliothèque et le cabinet d'histoire naturelle, ce sont : le dépôt des antiques, la galerie de tableaux, l'école de dessin et de peinture, et l'observatoire.

Le dépôt d'antiques n'est pas riche, et n'offre que des fragments d'un ordre secondaire.

La galerie de tableaux occupe deux jolies salles rondes qui tiennent à l'une des ailes du château royal. On y remarque quelques tableaux des écoles française, flamande et italienne. La salle des plâtres possède deux belles statues modernes et une statue antique de femme, d'un bon travail.

Places. On compte à Bordeaux quarante places publiques. Les plus remarquables sont les places Royale, Tourny, Dauphine, Richelieu.

La place Royale donne sur le quai ; elle est bordée d'un côté par la Bourse, et de l'autre par l'hôtel des douanes. A cause de sa proximité du port et de la Bourse, elle est le lieu de réunion des forains aux mois de mars et d'octobre.

La place Tourny est située à la jonction des cours de Tourny et du jardin public, des allées de Tourny et de la rue Fondaudège. Elle est décorée de la statue pédestre, en marbre blanc, de l'illustre M. de Tourny, à qui Bordeaux doit ses principaux embellissements.

La place Dauphine, commencée en 1601, reçut son nom à l'occasion de la naissance du dauphin, depuis Louis XIII. Sa forme circulaire, la grandeur et la régularité des édifices qui l'entourent, la mettent au rang des plus belles places de Bordeaux. Le cours de Tourny s'y termine ; en face commence la rue Dauphine ; les fossés de l'intendance y aboutissent ; et sur la droite, parallèlement au cours de Tourny, s'ouvre la longue rue du Palais-Gallien, formant avec ce cours un angle droit.

La place Richelieu présente, du côté de la rivière, un très-beau massif de maisons remarquables par leur élévation, par la beauté et la régularité de leur architecture. La maison Fonfrède, située à l'angle de cette place et de la rue du Chapeau-Rouge, est particulièrement digne d'attention.

Promenades. Bordeaux s'enorgueillit avec justice de ses promenades, qui peuvent passer pour les plus belles de France. Elles se déploient sur une vaste étendue, et forment une enceinte ombragée, large et très-bien entretenue, qui présente une scène perpétuelle d'activité et d'amusement ; nulle part elles ne sont plus fréquentées et ne méritent plus de l'être ; la commodité du terrain, soigneusement entretenu et facile à parcourir, la richesse de la végétation, tout y invite, tout y appelle. Les allées de Tourny sont surtout les plus jolies promenades de la ville ; viennent ensuite les cours de Tourny, du jardin public, d'Albret, de Saint-André, de Saint-Louis et d'Aquitaine. La superbe place des Quinconces est bordée de belles allées d'arbres qui offrent aussi des promenades agréables. Le jardin public, tracé sur le modèle de celui des Tuileries par le génie créateur de Tourny, fut long-temps un des plus beaux jardins de l'Europe ; transformé en champ-de-mars au commencement de notre première révolution, il a été rendu, il y a quelques années, à sa destination première, et offre, sur une surface considérable, plusieurs massifs de beaux arbres, de longues allées et de charmants tapis de verdure.

Bains. Les bains publics de Bordeaux peuvent passer pour les plus beaux établissements de ce genre que possèdent les départements. Ils sont placés dans deux grands édifices quadrilatères, dont l'un est près de la Bourse et l'autre à la droite de la place Lainé. Ces bains ont 104 pieds de façade de chaque côté, et se composent d'un rez-de-chaussée élevé de quatre pieds au-dessus du sol, d'un premier étage, et d'un attique surmonté d'une terrasse décorée de vases et d'orangers ; de cette terrasse, on découvre le port, le cours de la Garonne et les coteaux pittoresques qui en bordent la rive droite de Lormont à Bouillac. Ces deux édifices sont entourés de parterres et de bosquets fermés par une grille en fer : la distribution intérieure en est bien entendue, et le service s'y fait avec célérité.

PONT DE BORDEAUX. Le pont de Bordeaux, qui fait aujourd'hui l'admiration des étrangers, est un monument unique par la difficulté que présentait son exécution. La Garonne, devant Bordeaux, a une profondeur générale de 18, 24, et, dans quelques endroits de 30 pieds : deux fois par jour, le flux et reflux gonflent ses eaux jusqu'à 15 et 20 pieds de hauteur, et ses courants dans l'un et l'autre sens ont souvent une vitesse de plus de 18 pieds par seconde. Cette rivière coulant en outre sur un fond de sable et de vase facile à déplacer, on douta longtemps de la possibilité d'y établir un pont solide, quoique depuis long-temps on en eût reconnu la nécessité. L'illustre Tourny et le maréchal de Richelieu n'osèrent tenter une aussi vaste entreprise; mais Napoléon, qui ne connaissait pas de travaux d'arts impossibles, décréta la construction du pont de Bordeaux, dont les premiers travaux furent commencés en 1810 : ce pont devait être porté par 52 palées en charpente, que l'on décida de remplacer en 1811 par des massifs en pierre. Six de ces massifs furent élevés de 1811 à 1814. Après la paix de 1815, les travaux furent poussés avec activité par la compagnie qui régissait l'entreprise, et le pont fut achevé le 1er octobre 1821. La dépense s'est élevée à 6,500,000 fr., pour le remboursement desquels le péage a été concédé à la compagnie pour 99 ans.

Le pont de Bordeaux est composé de dix-sept arches en maçonnerie de pierre de taille et de brique, reposant sur seize piles et deux culées en pierre. Les sept arches du milieu sont d'égale dimension et ont vingt-six mètres quarante-neuf centimètres de diamètre. L'ouverture de la première et de la dernière arche est de vingt mètres quatre-vingt-quatre centimètres; les autres sont de dimensions intermédiaires et décroissantes. Les voûtes ont la forme d'arcs de cercle dont la flèche est égale au tiers de la corde. L'épaisseur des piles est de quatre mètres vingt centimètres; elles sont élevées à une hauteur égale au-dessus des naissances et couronnées d'un cordon et d'un chaperon. Elles se raccordent avec la douelle des voûtes au moyen d'une voussure qui donne plus de grace et de légèreté à l'ensemble du monument, en même temps qu'elle facilite l'écoulement des eaux et des corps flottants. La pierre et la brique sont distribuées sous les voûtes, de manière à simuler l'appareil des caissons d'architecture au moyen de chaînes transversales et longitudinales. Dans l'élévation géométrale, les voussoirs en pierre sont extradossés sur le dessin d'une archivolte. Le tympan, ou l'intervalle entre deux arches, est orné du chiffre royal entouré d'une couronne de chêne, et sculpté sur un fond de briques. Au-dessus des arches règne une corniche à modillons d'un style sévère. Deux pavillons décorés de portiques avec colonnes d'ordre dorique sont élevés à chaque extrémité du pont. Le parapet est d'un mètre cinq centimètres de hauteur du côté de la chaussée; la largeur de chaque trottoir est de deux mètres cinquante centimètres, et celle de la chaussée de neuf mètres quatre-vingt-six centimètres; la largeur totale du pont est de quatorze mètres quatre-vingt-six centimètres.

Une pente légère, partant de la cinquième arche de chaque côté, et descendant vers les rives, facilite le raccordement de la chaussée du pont avec les places et les quais aux abords, et favorise l'écoulement des eaux. Mais les dégradations causées par les pluies sont bien plus sûrement écartées ou prévenues par une disposition ingénieuse et dont aucun édifice connu n'offre le modèle. Cette masse imposante de voûtes contiguës, en apparence si lourde, est allégée intérieurement par une multitude de galeries semblables à des salles de cloîtres qui sont en communication entre elles d'une extrémité à l'autre du pont. On peut en tout temps explorer l'état des arches sous la chaussée, et il est facile de les entretenir et de les réparer sans interrompre la circulation des voitures. Il existe même sous chaque trottoir une galerie continue en forme d'aqueduc, par laquelle on pourrait amener les eaux des coteaux de la rive droite de la Garonne, et les distribuer dans la ville.

La construction du pont de Bordeaux est un modèle d'une grande difficulté vaincue : la profondeur de l'eau, la rapidité des courants, et surtout la mobilité de la rivière, étaient les principaux obstacles à vaincre; ces obstacles ont été surmontés avec un grand talent par le constructeur. Sous ces divers rapports, le pont de Bordeaux ne souffre de rapprochement avec aucun autre ouvrage du même genre.

Afin qu'on puisse se faire une idée exacte de l'étendue de ce monument, nous donnons le tableau de ses dimensions comparées avec celles des principaux ponts de l'Europe :

DÉSIGNATION DES PONTS.	LONGUEUR du PONT entre LES CULÉES.	LARGEUR du PONT entre LES PARAPETS.	NOMBRE D'ARCHES.	DIAMÈTRE des ARCHES.	ÉPAISSEUR des PILES.
De Bordeaux, sur la Garonne.....	486m 68c	14m 86c	17	26m 49c	4m 21c
De Waterloo, sur la Tamise.....	377 00	12 80	9	36 00	6 9
De Tours, sur la Loire	434 18	14 60	15	24 40	4 87
De la Guillotière, sur le Rhône.	570 00	7 60	18	très-inégal.	inégale.
De Dresde, sur l'Elbe...........	441 00	10 45	18	16 70	16 00

Il faut observer qu'au pont de la Guillotière, comme à celui du St-Esprit sur le Rhône, plusieurs arches sont inutiles, et reposent sur des îles ou sur le rivage.

On remarque encore à Bordeaux : l'hôtel des douanes, édifice parallèle à la Bourse, et qui en forme l'heureux pendant; l'hôtel des monnaies; l'archevêché; la maison Fonfrède; la maison où vécut Montaigne (rue des Minimes, n° 17); l'hôtel-de-ville; la tour de l'horloge; la prison du fort du Hâ; le collége; le théâtre français; le jeu de paume; les deux temples des protestants; la synagogue; les hospices des aliénés, des incurables, de la maternité et des vieillards; l'école de natation, l'entrepôt, les chantiers de construction; le dépôt des bois de la marine; l'abattoir général; les verreries des Chartrons; le magasin des vivres de la marine; la manufacture des tabacs; les fontaines de Saint-Projet, de la Grave et du Poisson salé; le jardin des plantes; la pépinière départementale; le vaste cimetière de la ville, etc., etc., etc.

Biographie. Bordeaux est le lieu de naissance d'un grand nombre d'hommes célèbres : les principaux sont le poète Ausone; l'évêque Saint-Paulin; le pape Clément V; le général anglais connu sous le nom du Prince-Noir; Gensonné; Ducos; Boyer-Fonfrède; Desèze; Carle Vernet; Lebrun des Charmettes; le général Nansouty; Jay; Lainé; Martignac; Peyronnet; Évariste Dumoulin; Rhode; etc., etc., etc.

Industrie. Fabriques de toiles, mousselines, indiennes, étoffes de laine, tissus de coton, gants de peau, bonneterie, cartes à jouer, bouchons de liége, instruments de musique, cordes à boyaux, barriques, amadou, bougie, savon, acides minéraux et autres produits chimiques, liqueurs et anisette renommées. Nombreuses distilleries d'eau-de-vie. Belles raffineries de sucre. Brasseries. Vinaigreries. Verreries à bouteilles. Faïenceries. Corderie pour la marine. Construction de navires. Manufacture des tabacs. Raffinerie de poudre (à Saint-Médard en Jalle près Bordeaux).

Commerce considérable de blés, farines, grains, vins de Bordeaux, eaux-de-vie, esprits, chanvre, lin, résine, goudron, térébenthine, liége, huiles, savon, cuirs, denrées du midi, comestibles, salaisons, quincaillerie, métaux, étoffes, cotons filés, bois pour la marine, agrès, denrées coloniales, etc. Centre du commerce des eaux-de-vie qui se fabriquent dans l'Armagnac, le Marmande et le pays. Entrepôt de sels. Entrepôts réels et fictifs. Commerce d'exportation et d'importation avec l'Europe entière, les colonies d'Amérique et les Indes. Armements pour la pêche de la baleine et de la morue : Bordeaux arme plus de 200 navires par an.

Les vins sont une des grandes richesses de Bordeaux. Les plus estimés sont ceux connus sous les noms de Médoc, de Haut-Bryon et des Graves. Les meilleures qualités de Médoc sont ceux de Lafitte, Latour et Château-Margaux. Ceux des Graves les plus recherchés sont ceux du Haut-Bryon, de Haut-Talence, de Mérignac, Peslac, Langon, Villenave. Une partie du vin de Médoc passe en Angleterre; les vins des Graves se consomment ordinairement en France. La plus grande partie de ceux des Palus s'embarquent pour l'Inde et les colonies; les Hollandais en tirent une quantité considérable. Les vins de côtes et autres qualités inférieures passent en grande partie en Allemagne, en Hollande et dans la ci-devant Bretagne;

le surplus sert à la consommation du pays, ou se convertit en eaux-de-vie et vinaigre.

Bordeaux est à 45 l. de Bayonne, 150 l. de Marseille, 140 l. de Lyon, 86 l. de Nantes, 153 l. 1/2 de Paris. — Départ tous les jours et retour de trois bateaux à vapeur pour Langon, Saint-Macaire, la Réole, Marmande, Blaye, Macau, Pauillac, et deux fois par semaine pour Royan, lors de la saison des bains de mer. — *Hôtels* de France, des Américains, du Prince des Asturies, des Sept Frères-maçons, de la Providence, du Commerce, des Quinconces, Grand Hôtel Richelieu, Grand Hôtel Marin.

BOUSCAUT (Le). Joli petit village situé à 3 l. 1/2 de Bordeaux. Pop. 150 hab.

BRÈDE (La.) Bourg situé sur un ruisseau d'eau limpide qui se jette dans la Garonne. A 4 l. 3/4 de Bordeaux. Pop. 1,330 hab.

On remarque dans ce bourg le château où naquit Montesquieu, le 18 janvier 1689. Ce château est un bel édifice gothique à pont-levis et de forme hexagone, entouré d'un double fossé d'eau vive. Il est placé dans un site charmant, au milieu des prairies et des bois. On lit les vers suivants sur la porte d'entrée :

Berceau de Montesquieu, séjour digne d'envie,
Où d'un talent sublime il déposa les fruits ;
Lieux si beaux, par le temps vous serez tous détruits,
Mais le temps ne peut rien sur son divin génie.

L'intérieur du château est vaste et bien distribué ; mais les jours y sont mal pris, et les appartements y manquent presque tous de lumière. Dans la grande salle, ornée des portraits des aïeux de la famille Secondat, s'ouvre en large fer à cheval une cheminée antique, où les preux et les damoisels des châteaux du voisinage, assis l'hiver autour d'un vaste foyer, ont dû raconter jadis plus d'une aventure d'amour et de guerre. Dans la chambre où travaillait Montesquieu, on a conservé avec soin, tel qu'il était autrefois, l'ameublement qui servit à ce grand homme : il se compose d'un lit fort simple, de quelques fauteuils de forme gothique, et d'une galerie de portraits de famille. L'appartement est boisé et sans peinture ; une fenêtre ouverte au midi laisse apercevoir une prairie d'une immense étendue. A l'issue de cette chambre se trouve un petit escalier très-roide, par où l'on descend dans un cachot féodal où, dans le *bon* vieux temps, chaque seigneur avait droit d'enfermer, sans autre forme de procès que son bon plaisir, ceux de ses vassaux dont il croyait avoir le droit de se plaindre. Un autre escalier conduit au sommet de l'ancien donjon du château, surmonté d'une terrasse circulaire, sur le mur de laquelle on lit les noms des personnes qui ont visité ces lieux. On remarque encore, parmi une longue suite d'appartements gothiques, la bibliothèque, sur les rayons de laquelle Montesquieu a écrit de sa main les titres de quelques-uns de ses ouvrages. Sur la poutre qui traverse cette salle, sont figurés les douze signes du zodiaque.

CADILLAC. Petite ville située dans une plaine fertile sur la rive droite de la Garonne, à 11 l. de Bordeaux. Pop. 1,550 hab.

Cadillac était jadis le chef-lieu du ci-devant comté de Benauge. On y remarque un vaste château qui sert aujourd'hui de maison de réclusion pour trois cents femmes. Il a été bâti par le duc d'Épernon, qui s'était proposé de n'y dépenser que cent mille écus, mais qui y dépensa plus de deux millions : ce château passait pour le plus vaste et le plus bel édifice qu'il y eût alors en France, après les maisons royales.

Quoique bâtie dans une plaine, la ville de Cadillac, avec ses vieilles tours, ses murs à créneaux et son château, offre un aspect très-pittoresque : elle communique avec la Garonne par un ruisseau, où les barques viennent prendre leur chargement. — *Fabriques* considérables de barriques, de creusets, d'outils aratoires. — *Commerce* d'excellents vins de son territoire. Entrepôt de toutes les denrées du canton.

CARBON BLANC. Beau village situé dans une contrée fertile en vins estimés, à 2 l. 1/4 de Bordeaux. Pop. 1900 hab. On remarque aux environs plusieurs belles maisons de campagne. — *Fabrique* de faïence. Laminoir pour le cuivre et le plomb.

CASTELNAU DE MÉDOC. Petite ville située dans un territoire fertile en excellents vins, à 7 l. 1/4 de Bordeaux. Pop. 1,150 hab.

CASTRES. Joli bourg bien bâti, dans une situation agréable, près de la rive gauche de la Garonne, à 7 l. de Bordeaux. Pop. 800 hab. Le bourg de Portez, situé à peu de distance de Castres, a un petit port sur la Garonne, où l'on embarque les diverses productions des landes.

CAUDERAN. Joli village situé à 3/4 de lieue de Bordeaux. Pop. 2,000 hab. Il est environné de nombreuses maisons de campagne, et très-fréquenté par les habitants de Bordeaux, particulièrement le mercredi des Cendres et lundi de Pâques.

CÉRONS. Village situé sur la rive gau-

Пушкинъ

che de la Garonne, vis-à-vis de Cadillac, à 8 l. 1/2 de Bordeaux. ⌂ Pop. 1,600 hab.

CHATEAU-MARGAUX. *Voy.* MARGAUX.

CRÉON. Bourg situé à 5 l. 1/4 de Bordeaux ✉. Pop. 950 hab. — *Commerce* de vins.

CUBZAC. Joli village bâti dans une situation pittoresque au pied d'un rocher, dont les flancs renferment plusieurs habitations, et dont le sommet est couronné par les ruines d'un ancien château. Il est sur la rive droite de la Dordogne, qu'on y passe dans des barques à voiles, mais que l'on traversera bientôt sur un pont dont la construction a été autorisée par les chambres en 1834. A 6 l. de Bordeaux. ⌂ Pop. 1,050 hab. — *Commerce* de vins.

GRADIGNAN. Village situé à 2 l. 1/2 de Bordeaux. Pop. 1,500 hab. Depuis quelques années, des courses de chevaux ont lieu chaque année à Gradignan, du 1er au 10 juillet, dans un vaste emplacement d'une étendue de 2,000 mètres, connu sous le nom d'Hippodrome, où sont dressés des amphithéâtres pour les spectateurs. Trois sortes de prix y sont distribués, savoir : quatre prix locaux, quatre d'arrondissement et un prix principal. Les prix locaux sont destinés pour les chevaux nés ou élevés dans le département ; ceux d'arrondissement sont réservés aux chevaux nés ou élevés dans les départements de la Gironde, de la Charente-Inférieure, de la Dordogne, de Lot-et-Garonne et des Landes. Tout cheval ou jument né en France peut concourir au prix principal, qui est de 2,000 francs. Une foire aux chevaux se tient sur le même terrain le lendemain des courses.

LAMARQUE. Village situé à 10 l. de Bordeaux. Pop. 900 hab. — *Commerce* de vins.

LANGOIRAN. Village situé à 5 l. 1/2 de Bordeaux. Pop. 1550 h. Il est bâti dans une situation pittoresque, près de la rive droite de la Garonne, et dominé par un château gothique élevé sur le sommet d'une hauteur escarpée. On remarque sur la côte plusieurs habitations creusées dans le roc, et trois grottes tapissées de belles stalactites d'une blancheur éblouissante : une de ces grottes est à deux étages et traversée par un ruisseau. — *Commerce* de vins. Exploitation de belles carrières de pierre dure.

LÉOGNAN. Bourg situé dans une contrée fertile en vins estimés, à 3 l. 1/2 de Bordeaux. Pop. 1,620 hab.

LOUBÈS (SAINT-.) Bourg situé à 4 l. 1/2 de Bordeaux. ✉ Pop. 2,500 hab.

LUGOS. Village situé à 11 l. 3/4 de Bordeaux. Pop. 350 hab. — Haut-fourneau, forges et aciérie.

MACAU. Bourg populeux et riche, situé dans un territoire fertile en vins estimés, près de la rive gauche de la Garonne, à 5 l. 1/4 de Bordeaux. Pop. 1,500 hab. Les vins de cette commune sont rudes, dépourvus de moelleux et d'agrément ; ils s'exportent ordinairement en Amérique et dans les Indes orientales, et acquièrent dans le voyage une légèreté et une finesse qui les rendent ensuite fort agréables. Quelques propriétaires possèdent d'excellents crûs, mais celui qui a la prééminence est le château de Chantemerle, beau domaine couvert d'immenses forêts de chênes et de pins, dans lequel on remarque plusieurs belles pièces d'eau bordées d'arbres odoriférants.

MARGAUX. Bourg situé au milieu d'un riche vignoble, près de la rive gauche de la Gironde, à 8 l. de Bordeaux. ✉ Pop. 850 hab.

Cette commune produit les vins les plus estimés de la contrée ; ils réunissent toutes les qualités propres à flatter le goût, et sont particulièrement recherchés des Anglais. C'est dans Margaux qu'est situé le fameux premier crû, si connu sous le nom de Château-Margaux, où l'on récolte annuellement environ 100 tonneaux de vin, dont 80 de première qualité, du prix de 2,300 à 2,400 fr. le tonneau.

Ces vins, parvenus à leur degré de maturité, sont pourvus de beaucoup de finesse, d'une belle couleur et d'un bouquet très-suave.

PESSAC. Bourg situé dans un territoire fertile en vins des Graves très-estimés, à 1 l. 1/4 de Bordeaux. Pop. 1,500 hab. Dans cette commune est situé le château de Haut-Bryon, dont le vin est aussi estimé que celui des trois premiers crûs du Médoc. Le vin de Haut-Bryon n'est potable qu'après six ou sept ans de récolte, quoique les vins des autres premiers crûs peuvent se boire au bout de cinq ans. En général, les vins de Pessac offrent une couleur brillante, et ils ont plus de corps que les vins du Médoc, mais moins de bouquet et de finesse.

Près de Pessac est la ferme expérimentale d'*Arlac*, fondée en 1828. L'éducation des bestiaux et des chèvres du Thibet, les plantations et tous les détails de l'agriculture y sont l'objet de soins particuliers.

PODENSAC. Bourg situé à 10 l. de Bordeaux. ✉ ⚓ Pop. 1,650 hab. Il est bâti dans un territoire fertile en excellents vins blancs, au milieu d'une belle plaine, sur la rive gauche de la Garonne, qui y forme un petit port assez fréquenté. — *Commerce* de vins.

PREIGNAC. Bourg agréablement situé sur la rive gauche de la Garonne, dans un territoire fertile en excellents vins blancs, à 11 l. 1/2 de Bordeaux. Pop. 2,600 hab. On y remarque une jolie place publique, et aux environs plusieurs belles maisons de campagne.

RIONS. Petite ville bâtie dans une situation très-agréable, sur la rive droite de la Garonne, vis-à-vis de Podensac, à 10 l. de Bordeaux. Pop. 1,300 hab. C'était jadis une place forte entourée de bonnes fortifications, dont on voit encore quelques ruines.

SADIRAC. Village situé à 3 l. 3/4 de Bordeaux. Pop. 1,809 hab. — *Fabriques* de poteries et de formes à sucre.

TALENCE. Joli bourg de la banlieue et à 1 l. de Bordeaux. Pop. 1,200 hab. Il est bâti dans une charmante situation, sur le ruisseau des Mallerettes, dans un territoire fertile en excellents vins. Aux environs sont plusieurs belles maisons de campagne, dont les plus remarquables sont celles de MM. Raba et Balguerie.

TESTE-DE-BUCH (La). Petite ville maritime située à 14 l. de Bordeaux, près d'une belle forêt de pins, sur le bord méridional du beau bassin d'Arcachon, où elle a un port de cabotage très-fréquenté et le plus considérable de la côte. ✉. Pop. 2,840 hab.

Cette ville, désignée anciennement sous le nom de *Caput Baiorum*, était jadis la cité ou ville principale des Baïens, premiers peuples qu'on ait vu figurer sur le territoire des Bordelais. Plus tard, ses anciens seigneurs ont marqué dans l'histoire sous le titre de Captal de Buch : l'un d'eux, Jean de Grailly, fut vaincu et fait prisonnier par Duguesclin à la bataille de Cocherel.

Les habitants de la Teste-de-Buch sont presque tous adonnés à la fabrication de la résine et de la térébenthine, ou à la pêche ; ces derniers sont en possession de fournir toute l'année Bordeaux de poisson frais : la grande pêche a lieu aux approches du carême et dure jusqu'à Pâques : les équipages vont jeter leurs filets à 4, 6 et même jusqu'à 20 lieues au large, dans des plages parfaitement connues, et où la mer a moins de profondeur que partout ailleurs. — Bel établissement de bains de mer, très-fréquenté dans la belle saison. — *Fabriques* de porcelaine. Forges. Pêche d'excellentes huîtres et de très-bon poisson. — *Commerce* de résine, brai, goudron, essence de térébenthine, et d'excellents vins rouges de son territoire.

ARRONDISSEMENT DE BAZAS.

AUROS. Bourg situé sur le ruisseau de Loubens, à 2 l. 1/2 de Bazas. Pop. 1,600 hab.

BAZAS. Ville très-ancienne. Chef-lieu de sous-préfecture. Tribunal de première instance. Société d'agriculture. ✉ ⚓. Pop. 4,225 hab.

Bazas existait du temps des Romains ; le père du poète Ausone y est né, et cet écrivain en parle, ainsi que Sidoine Apollinaire et Grégoire de Tours. Ptolémée en fait mention sous le nom de Cassio. C'était autrefois une place importante, dont les habitants, nommés Vasates, étaient les plus puissants de la Novempopulanie. Il y avait jadis un évêché, aujourd'hui supprimé, qui fut un des premiers évêchés établis dans les Gaules ; les ducs de Gascogne l'habitèrent pendant long-temps.

Cette ville est dans une situation pittoresque, sur un rocher escarpé, au pied duquel coule le Beuve. Elle est généralement mal bâtie, entourée de promenades agréables et ceinte de murs ruinés, seuls restes de ses anciennes fortifications. On y remarque une assez jolie place publique entourée d'arcades, sur laquelle s'élève la cathédrale ; c'est un édifice gothique du XIIIe ou du XIVe siècle, d'une grandeur moyenne, mais d'une belle proportion, remarquable par le nombre et par la délicatesse de ses piliers. Près de l'entrée principale est un bénitier, où, par un effet d'optique très-curieux, la voûte de l'église se réflèchit dans toute son étendue.

Fabriques de droguets. Verrerie à bouteilles. Blanchisseries de cire. Tannerie. — *Commerce* de grains, bestiaux, bois de chauffage et de construction, merrain, etc. — A 17 l. de Bordeaux, 154 l. de Paris. — *Hôtels* Dumestre, Gourgues.

CAPTIEUX. Joli bourg bâti au milieu de landes immenses, qui font ressortir son agréable situation. ✉ ⚒. Pop. 1,450 hab. à 5 l. de Bazas.

CASTETS. Joli village situé sur la rive gauche de la Garonne, à 4 l. 1/4 de Bazas. Pop. 1,000 hab. Il est formé de maisons propres, blanches et bien bâties, groupées au fond d'une vallée charmante, de chaque côté de laquelle s'élèvent deux petits tertres, portant l'un une vieille église, et l'autre un beau château, dont la construction date de 1213.

Le château de Castets fut bâti par Guillème de Got, frère de Bertrand de Got, qui fut pape sous le nom de Clément V, et qui, de concert avec Philippe-le-Bel, décida la ruine des Templiers. La position de ce château, sous le rapport de l'attaque et de la défense, dut lui donner une grande importance pendant les guerres féodales et l'occupation des Anglais. Sully rapporte dans ses Mémoires, qu'en 1586, il accourut pour faire lever le siège de cette place, alors investie par les troupes de Henri III, commandées par le maréchal de Matignon. Depuis cette dernière époque, le château de Castets a été successivement dépouillé de ses tours et de ses moyens de défense. Des constructions de meilleur goût ont remplacé la sombre demeure féodale; l'épaisseur prodigieuse de quelques vieux murs et les souterrains en partie comblés par le temps, voilà tout ce qui reste de l'ancienne forteresse. Mais ce qui subsiste encore dans tout son éclat, c'est la beauté du site, la richesse du paysage. Un vaste parc et de magnifiques jardins font de cette belle propriété une des habitations les plus agréables des environs de Bordeaux. (*Voy. la gravure.*)

GRIGNOLS. Bourg situé à 4 l. de Bazas. Pop. 1,700 hab.

LANGON. Jolie petite ville située à 4 l. de Bazas. ✉ ⚒. Pop. 3,566 hab.

Langon était autrefois entourée de murs et défendue par un château. Le marquis de Sauvebœuf en fit le siège le 15 novembre 1649. Il y avait dans la place 300 hommes du régiment de la Marine, l'un des corps de France qui avait le plus de réputation. Comme la ville n'était pas fortifiée du côté de terre, on fit dans le dehors des barricades et des retranchements que les assiégeants furent obligés d'enlever l'épée à la main: le plus grand nombre de leurs meilleurs officiers y périrent. La garnison, réduite aux extrémités, se retrancha dans le château et dans l'église. On la somma de se rendre: elle répondit que le régiment de la Marine ne se rendait jamais. Cependant la valeur fut obligée de céder au nombre, après la plus héroïque résistance.

Cette ville est dans une situation très-avantageuse pour le commerce, dans une plaine charmante, sur la rive gauche de la Garonne, que l'on y passe sur un pont suspendu. La marée, qui se fait sentir jusqu'à cet endroit, lui procure un port commode, où il se fait de grands chargements des excellents vins blancs que produit le territoire de Langon. Elle est en général assez mal bâtie, mais entourée de promenades délicieuses, d'où l'on jouit d'une fort belle vue sur les bords riants de la Garonne, et sur la petite ville de Saint-Macaire, bâtie sur la rive opposée.

Fabriques de tonnellerie. Distilleries d'eau-de-vie. Tanneries. — *Commerce* de vins, eaux-de-vie, merrain, etc. — *Hôtel* de l'Empereur.

SAUTERNES. Bourg situé au milieu du riche vignoble qui produit les meilleurs vins blancs de tout le Bordelais, à 4 l. 1/2 de Bazas. Pop. 1,000 hab. Les vins de Sauternes ont beaucoup de moelleux, de finesse, de spiritueux, une sève aromatique très-agréable et un charmant bouquet. Les crûs les plus estimés sont le clos Duroy, celui d'Yquem-Salus et le clos Filiol.

SYMPHORIEN (SAINT-). Bourg situé à 6 l. de Bazas. Pop. 1,600 hab.

UZESTE. Bourg situé à 2 l. 1/4 de Bazas. Pop. 1,000 hab. On y remarque une belle église gothique, bâtie par le pape Clément V.

VILLANDRAUT. Village situé à 4 l. de Bazas. Pop. 600 hab. C'est le lieu de naissance du pape Clément V. Le château, qu'on dit avoir été bâti par lui, est un très-beau monument, et l'un de ces vieux édifices dont les masses, encore imposantes dans leur décrépitude, la force, les grandes proportions, l'ancienne beauté, la solitude et l'abandon sont de nature à frapper vivement les imaginations rêveuses.

ARRONDISSEMENT DE BLAYE.

AUBIN (SAINT-). Village situé à 5 l. de Blaye. ✉ ☞ Pop. 850 hab.

BLAYE. Ancienne et forte ville maritime. Chef-lieu de sous-préfecture. Place de guerre de quatrième classe. Tribunaux de première instance et de commerce. Société d'agriculture. ✉ ☞ Pop. 3,855 hab.

Blaye est l'ancienne *Blavia* des Romains, qui y entretenaient une garnison. Charibert ou Cherebert, petit-fils de Clovis, y mourut en 570, et y fut enterré dans l'église de l'ancienne abbaye de Saint-Romain. Le corps du fameux guerrier Roland, tué à Roncevaux, et tant célébré par nos anciens romanciers, fut aussi enseveli dans cette église. Suivant les grandes Chroniques, Charlemagne le fit embaumer et transporter à Blaye, « dans une bière dorée, couverte « de draps de soie, et fut en sépulture moult « honorablement, et fut mise son épée Du- « randal à sa tête, et son olifant (petit cor « dont sonnaient les paladins) à ses pieds, « en l'honneur de Notre-Seigneur, et en « signe de sa haute prouesse. » Long-temps après, le corps de Roland fut transféré à Bordeaux, et enterré dans l'église de Saint-Seurin.—Les Anglais s'emparèrent de Blaye, qui fut repris par les Français en 1339. Les protestants surprirent cette ville en 1568, en ruinèrent les églises, et détruisirent le tombeau de Charibert. Quelque temps après, les habitants embrassèrent le parti de la Ligue. Le maréchal de Matignon vint les assiéger; mais les Espagnols, accourus à leur secours, forcèrent ce maréchal de lever le siége. Les Anglais tentèrent inutilement de s'emparer de cette place en 1814.

La ville de Blaye est dans une situation très-agréable et très-avantageuse pour le commerce, sur la rive droite de la Gironde, qui a, dans cet endroit, près d'une lieue de large, et forme une superbe rade où mouillent une partie des bâtiments qui montent ou descendent ce fleuve. Elle est bâtie au pied et sur la croupe d'un rocher escarpé, et se divise naturellement en haute et basse ville. La ville haute, nommée citadelle de Blaye, occupe le sommet du rocher : c'est une fortification moderne élevée autour d'un château gothique, flanqué de quatre grands bastions, et entouré de larges et profonds fossés; les glacis sont plantés d'arbres et forment une promenade agréable.

Blaye est encore défendu par le fort Médoc, construit sur la rive gauche de la Gironde, et par le Pâté, tour fortifiée, élevée sur un îlot, au milieu du fleuve, dont les feux se croisant avec ceux du fort Médoc et de la citadelle, interceptent le passage de la Gironde. On y remarque une belle fontaine publique et un fort joli hôpital. Le commerce et une grande partie de la population sont concentrés dans la ville basse.

Le port de Blaye est fréquenté par des navires français et étrangers, qui s'y arrêtent pour compléter leur chargement, et pour s'y approvisionner des productions de l'arrondissement, dont Blaye est en quelque sorte l'entrepôt.

En 1832, la duchesse de Berri, arrêtée dans la Vendée, fut transférée à Blaye, et enfermée dans la citadelle, sous la garde du général Bugeau. Elle y accoucha d'une fille, et n'en sortit qu'en 1833, pour être reconduite en Sicile.

Fabriques de toiles, étoffes de laine, cendres gravelées. Distilleries d'eau-de-vie. Verreries. Faïenceries. Construction de navires pour le grand et le petit cabotage.

Commerce de vins, eaux-de-vie, esprits, huile, savon, pommes, noix, fruits secs, résine, bois de construction pour la marine, bois de charpente, merrain, etc.

A 13 l. 1/2 de Bordeaux, 11 l. 1/4 de Libourne, 145 l. de Paris. — *Hôtels* des Voyageurs, des Trois-Pigeons.

BOURG. Jolie petite ville, située à 4 l. 1/2 de Blaye. ✉ Pop. 2,350 hab.

Bourg est une ville fort ancienne, fondée, dit-on, par Poncé Paulin, préfet du prétoire sous l'empereur Valentinien, et père de saint Paulin, qui fut disciple d'Ausone. Elle possédait autrefois une abbaye de bénédictins, fondée en 1124, dont il reste encore quelques ruines assez pittoresques, entre autres une porte, qui prouve que ce couvent, comme la plupart des monastères de cette époque, était une espèce de citadelle.

Cette ville est dans une situation avantageuse pour le commerce, sur la rive droite de la Dordogne, à trois quarts de lieue de son confluent avec la Garonne. Elle est assez bien bâtie, ornée de fontaines publiques, et possède un petit port, où remontent des navires de trois à quatre cents tonneaux.

FAIRBANKS' SCALE MANUFACTORY, ST. JOHNSBURY.

On y remarque un joli château construit sur l'emplacement d'une ancienne citadelle, au sommet d'un coteau qui domine le cours de la Dordogne.

De la partie située au sud et à l'ouest du coteau sur lequel la ville est bâtie, on jouit d'une vue admirable sur le Bec-d'Ambès, où s'opère la jonction de la Garonne et de la Dordogne. C'est le lieu le plus convenable pour observer le phénomène étonnant qu'offrent, à certaines époques, les eaux de cette dernière rivière : nous voulons parler du mascaret. A l'embouchure de presque toutes les grandes rivières, la marée produit un refoulement des eaux, que l'on nomme barre à l'embouchure de la Seine, bogatz à l'embouchure du Nil, bore à l'embouchure du Gange, pororoca à l'embouchure de la rivière des Amazones, et mascaret à l'embouchure de la Dordogne. On l'observe principalement quand les eaux de cette dernière rivière sont très-basses; alors on voit, auprès du Bec-d'Ambès, une lame d'eau, haute de quinze à vingt pieds, rouler sur la côte, remonter et parcourir rapidement la rivière dans toutes ses sinuosités, avec un bruit assez fort. A l'approche de cette lame, les bateliers s'empressent de tourner la proue de leurs embarcations vers le courant, afin de n'être pas renversés. Le mascaret remonte la Dordogne jusqu'à environ huit lieues de son confluent; dans certains endroits, il quitte les rives pour s'étendre sur toute la largeur de la rivière, dont les nombreux détours, les bancs de sable, loin d'être des obstacles à son cours rapide, ne font qu'augmenter sa force. La rivière des Amazones est le fleuve où ce phénomène se reproduit avec le plus de majesté. Entre Macapa et le cap Nord, dans l'endroit où le canal du fleuve est le plus resserré par les îles, pendant les trois jours qui avoisinent la pleine et la nouvelle lune, la mer, au lieu d'employer près de six heures à monter, parvient en quelques minutes à sa plus grande hauteur. Un mouvement si rapide, dans une énorme masse d'eau, ne peut se passer tranquillement : à deux lieues de distance, on entend le bruit effrayant qui annonce le terrible flot; le bruit augmente à mesure qu'il approche; et bientôt l'on voit s'avancer une vague de douze à quinze pieds de haut, puis une seconde beaucoup plus élevée, puis une troisième, et d'autres qui se suivent de près, en augmentant toujours. Cette lame, dont la hauteur s'élève quelquefois à cent quatre-vingts pieds, se précipite avec une prodigieuse rapidité, brisant tout ce qui lui résiste; partout où elle se répand, elle produit des ravages affreux, déracine les arbres, renverse les rochers, et bouleverse des terrains de fond en comble.

Commerce de vins. Exploitation de belles carrières de pierres de taille, qui sont particulièrement employées pour la construction des édifices de la ville de Bordeaux.

CAVIGNAC. Village situé à 7 l. de Blaye. Pop. 600 hab.

CIERS-LA-LANDE (SAINT-). Bourg situé à 5 l. 1/2 de Blaye. Pop. 2,700 hab. — *Fabriques* de serges. — *Commerce* de grains.

ÉTAULIERS. Charmant village, formé de maisons propres, blanches, bien bâties, et entourées d'un joli bois. A 2 l. 3/4 de Blaye. — *Commerce* de grosse draperie, tonnellerie, grains et bestiaux.

SAVIN (SAINT-). Bourg situé à 5 l. 1/2 de Blaye. Pop. 2,100 hab.

ARRONDISSEMENT DE LESPARRE.

CARCANS. Village situé dans une contrée sablonneuse, près de l'étang de son nom, à 6 l. 3/4 de Lesparre. Pop. 900 h.

CORDOUAN (TOUR DE). *Voy.* ci-après SOULAC.

LAMBERT (SAINT-). Village situé dans un territoire fertile en vins des premiers crûs du Médoc, à 5 l. de Lesparre. Pop. 1,200 hab.

Le fameux premier crû Château-Latour se trouve dans la commune de Saint-Lambert. Les Anglais apprécient infiniment ce vin, qui a plus de consistance que celui de Château-Lafitte, mais qui a besoin d'être gardé un an de plus en tonneau pour acquérir sa maturité. Le prix du vin de Château-Latour est de 2,300 à 2,400 fr. le tonneau.

LAURENT-DE-MÉDOC (SAINT-). Bourg situé au centre d'une contrée fertile en vins fort estimés, à 5 l. de Lesparre. Pop. 2,850 hab. Le canton de Saint-Laurent produit seul les résines, brais et goudrons que fournit l'arrondissement.

LESPARRE. Petite ville. Chef-lieu de sous-préfecture. Tribunal de première instance. Société d'agriculture. ✉ Pop. 1,232 h.

Cette ville est située dans une contrée extrêmement fertile en grains et en fort bons légumes, au milieu d'un riche vignoble. On estime les fruits que produit son territoire, et les bestiaux que nourrissent ses excellents pâturages. — *Commerce* de chevaux, bœufs, porcs, vins, denrées du pays, etc. Au marché du samedi, le Haut-Languedoc vient s'approvisionner des grains du Bas-Médoc, qui sont abondants et d'une qualité supérieure; l'excédant est conduit à Bordeaux, ainsi que celui du bois, qui, comme le blé, se vend un prix au-dessus de celui des autres contrées.

A 17 l. 1/2 de Bordeaux, 138 de Paris. — *Hôtel* Maurin.

PAUILLAC. Petite ville maritime très-commerçante, située dans un riche vignoble, sur la rive gauche de la Gironde, qui y forme un port commode et une rade très-sûre. A 5 l. de Lesparre. ✉ Pop. 3,352 h.

Les vaisseaux de l'état et les navires marchands d'une forte contenance, qui ne peuvent point remonter la Gironde jusqu'à Bordeaux, avec la totalité de leurs chargements, s'arrêtent à Pauillac. C'est un lieu d'approvisionnement pour les navires qui vont en mer, et un point de relâche pour ceux qui entrent en rivière après une longue navigation.

Près de Pauillac est le lazaret de Tromploup, auquel sont attachés un médecin, un chirurgien, des infirmiers et un aumônier.

Au milieu de la Gironde, qui, dans cet endroit, a une largeur de deux lieues, est l'île de Patiras, ancien lieu de retraite du fameux pirate Monstri.

Le célèbre vin de Château-Lafitte est récolté dans la commune de Pauillac.

SOULAC. Bourg situé à l'extrémité septentrionale de l'arrondissement de Lesparre, entre l'Océan et la rive gauche de la Gironde, près de l'embouchure de ce fleuve, et vis-à-vis du phare de Cordouan, à 6 l. 1/2 de Lesparre. Pop. 660 hab.

Le phare ou Tour de Cordouan a été bâti sur un plateau de rochers, qui découvre d'environ une lieue de diamètre à mer basse, et que la nature semble avoir placé exprès à l'entrée de la Gironde. On ignore l'époque de sa construction primitive : quelques auteurs la font remonter au siècle de Louis-le-Débonnaire, qui fit élever, sur le même rocher, une petite tour, d'où l'on sonnait continuellement du cor pour prévenir les navigateurs du danger; d'autres croient que ce fut le prince de Galles qui en ordonna la construction en 1370. Quoi qu'il en soit, elle a été réédifiée en 1584, sous le règne de Henri II, aux frais de la province, par l'architecte Louis de Foix. Diverses réparations y ont été faites en 1665, en 1729, en 1788 et en 1789; la partie supérieure menaçant ruine, fut démolie jusqu'à la seconde galerie, et fut rebâtie à neuf depuis ce point.

Ce phare, qui fait l'admiration des navigateurs, est regardé comme le plus beau de tous ceux qui existent en ce genre, tant pour sa structure que pour la hardiesse de son exécution. On y arrive au moyen d'une jetée, nommée Peyrat, d'environ sept cents pieds de longueur sur neuf de large. Il est bâti en pyramide, pour que les vents y aient moins de prise, et se compose de trois ordres d'architecture superposés, dorique, corinthien, et composite. Une lanterne, en forme de dôme, à foyer tournant, d'après le système de M. Fresnel, occupe le sommet de la pyramide; elle est soutenue par quatre forts piliers de fer, de la hauteur de 22 pieds; tout le dessus de cette lanterne est couvert en plomb, revêtu de plusieurs couches de blanc de céruse, afin qu'on puisse la distinguer plus facilement de loin. La hauteur totale de la tour et de la lanterne est de 220 pieds, celle du mur d'enceinte est de 26 pieds; le diamètre de ce mur, à la base, est de 126 pieds.

L'intérieur de la tour se compose d'un rez-de-chaussée voûté, d'un premier étage, où se trouve une grande salle avec ses dégagements, et d'un second étage occupé par une chapelle. Quatre gardiens y séjournent constamment pour veiller à l'entretien du foyer du phare : ils ont des vivres pour six mois; car, pendant une partie de l'année, la communication est impossible avec la terre.

Ce phare sert à signaler l'embouchure de la Gironde aux vaisseaux, qui, sans cela, seraient en danger de se perdre la nuit sur les bancs dont l'embouchure du fleuve est embarrassée. Ses feux peuvent être aperçus à plus de dix lieues en mer, par un temps calme.

VIVIEN-LE-TEMPLE (SAINT-). Bourg situé près de vastes marais salants, à 4 l. 1/2 de Lesparre. Pop. 900 hab. — *Commerce* considérable de sel.

ARRONDISSEMENT DE LIBOURNE.

ABZAC. Bourg situé sur la rive gauche de l'Isle, à 4 l. 1/4 de Libourne. Pop. 1,520 hab. On y remarque un beau moulin à eau, à huit paires de meules, où l'on peut moudre 8,000 kilogrammes de froment par vingt-quatre heures.

BRANNES. Village situé à 4 l. de Libourne. ✉ Pop. 580 hab.

CASTILLON. Petite ville, bâtie dans une situation agréable, sur la rive droite de la Dordogne, à 7 l. de Libourne. ✉ Pop. 2,900 hab. En 1451, les Français y défirent les Anglais, dans une bataille sanglante où le général Talbot périt avec son fils, ainsi que la plus grande partie des troupes qu'ils commandaient.

On doit visiter, aux environs de Castillon, les restes du château de Michel Montaigne, que nous décrirons dans la livraison du département de la Dordogne, dont ce château fait partie.

COUTRAS. Petite ville située à 5 l. de Libourne. ✉ Pop. 3,200 hab. Elle est bâtie au confluent de l'Isle et de la Dronne, qui y font mouvoir plusieurs moulins à farine pour l'approvisionnement de Bordeaux.

Le 28 octobre 1587, il se donna, sous ses murs, une bataille sanglante, entre Henri, roi de Navarre, qui fut depuis Henri IV, et le duc de Joyeuse, général de l'armée d'Henri III. Le combat s'engagea sur les huit heures du matin, et, dans l'espace d'une heure, toute l'armée du duc de Joyeuse fut mise en déroute; ses bagages et son artillerie furent pris; un très-grand nombre de seigneurs furent tués dans le combat, où le duc de Joyeuse lui-même perdit la vie. Le roi de Navarre montra beaucoup d'humanité envers les vaincus; mais, au lieu de profiter de sa victoire en poursuivant ses ennemis, il fut déposer aux pieds de la belle Corisandre d'Andouin, sa maîtresse, les vingt-deux drapeaux qu'il leur avait enlevés.

On remarque à Coutras un monument élevé à la gloire du brave Albert, qui enleva aux ennemis le corps du général Marceau, blessé mortellement près d'Altenkirchen.

EMILION (SAINT-). Petite ville très-ancienne, située dans une gorge profonde, au milieu d'une contrée fertile en vins fort estimés, à 1 l. 3/4 de Libourne. Pop. 3,000 h.

Saint-Émilion était autrefois une place forte, entourée de fortifications, dont quelques restes existent encore, ainsi qu'une espèce de donjon quadrilatère, nommé le Château du Roi. On y remarque aussi l'église paroissiale, édifice gothique plein de grace et de légèreté; et la façade du palais du cardinal de Canterac. Mais les édifices les plus curieux de cette ville sont : l'Ermitage de Saint-Émilion; un petit temple monolithe; et une rotonde, dédiés au solitaire qui a donné son nom à la ville. « L'Ermitage est « creusé dans le roc, à vingt pieds au-des- « sous de la place publique : on y voit en- « core le lit, le siége et la table du solitaire; « le tout ménagé dans le roc, ainsi qu'une « fontaine remarquable par l'abondance et « la limpidité de ses eaux. Le temple mo- « nolithe est également taillé dans le roc : il « a 80 pieds de long, et 50 de large; l'en- « trée, qui regarde l'Orient, est décorée « d'une arcade gothique, à plusieurs cintres « en retraite les uns sous les autres, avec « des personnages entre les arcs. Une ga- « lerie latérale, bordée de sépulcres, con- « duit dans la nef, dont la voûte décrit le « sommet d'une étroite parabole, et repose « sur huit piliers énormes. Des bas-reliefs « et diverses sculptures ornent l'entrée et « plusieurs autres parties de ce temple. — « Non loin de ce monument, à gauche, est « la rotonde de Saint-Émilion, petit temple « gothique, d'une admirable légèreté [1]. »

Les vins du territoire de Saint-Émilion sont les plus renommés de l'arrondissement de Libourne. La commune cependant n'en produit presque pas; mais on comprend sous la dénomination de vins de Saint-Émilion les vins des communes de Saint-Martin-de-Mazerat, Saint-Christophe, Saint-Laurent, Saint-Sulpice, Pomerol, Saint-Georges, Néac, Saint-Magne, Castillon et Capitourlans.

Patrie de Guadet, l'un des célèbres girondins décapités à Paris le 10 brumaire an 2.

FOIX-LA-GRANDE (SAINTE-). Petite ville située sur la rive gauche de la Dordogne. A 11 l. de Libourne. ✉ Pop. 2,612 h. — *Fabriques* de bonneterie en laine et en

---

[1] Mémoires de la Société des Antiquaires, t. V, pag. LXVIII.

coton, toiles de chanvre. Tanneries et teintureries. — *Commerce* de vins blancs estimés, eau-de-vie, grains de toute espèce, bestiaux, porcs gras, etc.

FRONSAC. Bourg situé dans une contrée très-fertile en vins estimés, sur la rive droite de la Dordogne, à 3/4 de lieue de Libourne. Pop. 1,500 hab.

GENSAC. Bourg situé à 10 l. de Libourne. Pop. 1,350 hab.

GUITRE. Bourg situé sur la rive droite de l'Isle, au confluent du Lary, à 5 l. de Libourne. Pop. 1,300 hab.

LAUBARDEMONT. Village situé sur l'Isle, qui y fait mouvoir un beau moulin à farine, à dix paires de meules.

LIBOURNE. Ancienne et jolie ville. Chef-lieu de sous-préfecture. Tribunaux de première instance et de commerce. Bourse de commerce. École d'hydrographie de première classe. Collége communal. ✉ ⚓ Pop. 9,838 hab.

L'existence de cette ville remonte à une haute antiquité; le poëte Ausone en parle souvent dans ses épîtres. Elle a été rebâtie, en 1286, par Édouard Ier, roi d'Angleterre, à un quart de lieue de l'ancienne *Condates portus*, dont il ne reste plus de vestiges. Cette ville a été assiégée et prise par trois grands capitaines, Duguesclin, Dunois et Talbot. La cour des aides de Bordeaux y a été transférée à différentes époques, et elle y a tenu ses séances, de 1675 à 1690; le parlement de Bordeaux y a été plusieurs fois exilé.

Libourne est dans une situation très-agréable, au milieu d'un riche et beau pays, sur la rive droite de la Dordogne, et au confluent de l'Isle. Peu de villes sont bâties sur un plan aussi régulier. La place du Centre est vaste et fort belle; les rues sont larges, tirées au cordeau, et bordées de maisons construites avec élégance; de bonnes murailles l'environnent, et de charmantes promenades ajoutent encore au charme de son admirable situation. Son port, où la marée s'élève de dix à quinze pieds, reçoit des navires de 300 tonneaux; il est sur la Dordogne, mais les bâtiments stationnent également sur l'Isle.

Cette ville possède une bibliothèque publique, renfermant 3,000 volumes; une salle de spectacle; un jardin de botanique; un beau quartier de cavalerie, auquel est joint un vaste manége couvert, dont on admire la superbe charpente cintrée. On y remarque aussi un beau pont, en pierres et en briques, de neuf arches à plein cintre, jeté sur la Dordogne; le passage de ce pont a été livré au public en 1825.

Patrie du duc Decazes, ex-ministre de la justice.

Fabriques de petites étoffes. Filature de coton. Verrerie considérable. Tanneries. Corderies. Clouteries. Construction de navires.

Commerce considérable de vins et eaux-de-vie, merrain, fer, houille, etc. Entrepôt de sel. Entrepôt du commerce de Bordeaux.

A 11 l. de Bordeaux, 143 l. de Paris. — *Hôtels* de France, de l'Europe, des Princes.

LUSSAC. Bourg situé à 3 l. 1/2 de Libourne. Pop. 2,400 hab.

PARDON (SAINT-). Joli village, situé sur la rive gauche de la Dordogne, à 2 l. 1/2 de Libourne. ⚓ Pop. 150 hab.

PUJOLS. Bourg situé à 6 l. 1/2 de Libourne. Pop. 900 hab.

RAUZAN. Bourg situé à 5 l. 1/4 de Libourne. Pop. 1,100 hab.

VAYRES. Bourg très-agréablement situé dans un territoire fertile en excellents vins, sur la rive gauche de la Dordogne, à 2 l. 1/2 de Libourne. Pop. 1,500 hab. On y remarque un beau château, de construction gothique, qui a soutenu plusieurs sièges, ainsi que l'attestent plusieurs empreintes de boulets, que l'on aperçoit sur les murs. Le château de Vayres était la propriété de Jeanne d'Albret, qui le vendit, en 1583, à Ogier de Gourgue. La façade, représentée dans la gravure que nous donnons de cet édifice, a été construite par un des descendants de l'évêque de Bazas; mais les autres bâtiments sont tels qu'ils existaient du temps de la reine de Navarre. Dans l'intérieur, on a conservé l'ameublement qui se trouvait dans la chambre où a couché, dit-on, Henri IV, après la bataille de Coutras. Le jardin renferme de superbes cèdres du Liban.

CHATEAU DES VAPEURS.

ANCIEN PHARE DE CORDOUAN.

ARRONDISSEMENT DE RÉOLE.

ARBIS. Village situé à 8 l. 1/2 de la Réole. Pop. 300 hab. On y remarque le château de Benauge, le plus considérable de tout l'arrondissement, et le plus digne de fixer l'attention, par la forme de sa construction, par sa grandeur et son ancienneté. Ses ruines imposantes, et ce qui reste de l'intérieur, donnent une haute idée de sa beauté primitive. Aux environs, on trouve une fontaine intermittente.

BLAZIMONT. Bourg situé à 6 l. 1/2 de la Réole. Pop. 900 hab.

CASTELMORON. Bourg situé à 4 l. de la Réole. Pop. 2,000 hab. On y remarque les ruines d'un vieux château bâti par les Maures.

CAUDEROT. Bourg situé sur la rive droite de la Gironde, à 2 l. de la Réole. ✉ ⚘ Pop. 1,300 hab.

COURS. Village situé à 5 l. 1/4 de la Réole. Pop. 400 hab. On y trouve une source d'eau thermale ferrugineuse.

GIRONDE. Petite ville, située sur la rive gauche du Dropt, un peu au-dessus de son confluent avec la Garonne. Pop. 900 h.

LOUBENS. Village situé à 2 l. de la Réole. Pop. 400 hab. On voit, à peu de distance, le château de Lavison, ancienne demeure des rois d'Angleterre et des ducs de Guienne, remarquable par l'épaisseur de ses murs et la solidité de sa construction.

MACAIRE (SAINT-). Petite et ancienne ville située dans la belle vallée et sur la rive droite de la Garonne, vis-à-vis de Langon, à 4 l. de la Réole. ✉. Pop. 1,600 hab. Elle est généralement mal bâtie, entourée d'antiques murailles assez bien conservées, et possède une belle église gothique, ainsi qu'un petit port sur la Garonne. — *Commerce* de vins rouges de son territoire.

MONSÉGUR. Petite ville située à 4 l. de la Réole. Pop. 1,350 hab.

PELLEGRUE. Bourg situé à 8 l. de la Réole. Pop. 1,900 hab.

PIERRE D'AURILLAC (SAINT-). Village situé à 3 l. 1/2 de la Réole. Pop. 1,300 hab. On remarque aux environs quelques vestiges de constructions romaines.

RÉOLE (La). Ville ancienne, chef-lieu de sous-préfecture. Tribunal de première instance. Société d'agriculture. Collége communal. ✉ ⚘. Pop. 3,787 hab.

La fondation de cette ville remonte à une haute antiquité, ainsi que l'attestent les ruines d'un temple du paganisme, désignées aujourd'hui sous le nom de la Grande-École. Les Visigoths y construisirent une forteresse connue sous le nom de château des Quatre-Sœurs, dont il reste encore deux tours. En 1345, cette place fut prise après une vigoureuse résistance, par le comte de Derby, au nom d'Édouard III, roi d'Angleterre. Toutes les machines de guerre alors en usage y furent employées pour l'attaque : on se servit notamment de deux tours à trois étages, garnies de peaux qui les mettaient à l'abri du feu et où les traits ne pouvaient pénétrer. Ces machines furent approchées des murs, après qu'on eut comblé les fossés. A chaque étage il y avait cent frondeurs ou arbalétriers qui exterminaient tout ce qui paraissait sur les remparts, pendant que deux cents ouvriers, armés de pics, enfonçaient les murs. Après neuf semaines de résistance, la brèche étant devenue considérable, les habitants abandonnèrent la ville et se retirèrent dans le château, d'où le général anglais, plein d'admiration pour une aussi belle défense, consentit à laisser sortir la garnison avec armes et bagages.

La ville de la Réole est bâtie en amphithéâtre sur le flanc d'une colline escarpée, dont le pied est baigné par les eaux de la Garonne. Les rues en sont étroites, d'un accès difficile, mal percées et bordées de maisons mal bâties. On y trouve toutefois une petite place publique, une assez jolie promenade et un petit port. Du sommet des rochers qui dominent la ville, on jouit d'une perspective étendue et des plus agréablement variées. Une quantité prodigieuse de jolies habitations, disséminées sur les bords de la Garonne et sur les hauteurs qui les avoisinent, embellissent singulièrement le paysage; sur plusieurs points, on découvre le fleuve que sillonnent des barques de toute espèce, et qui tantôt s'étend jusqu'au bord de la route et tantôt se dérobe à la vue derrière d'immenses rideaux de peupliers. Sur la partie la plus élevée de la ville, dans le quartier de Lamothe du Mirail, existe une fontaine intermittente; non loin de là est une autre source qui a la propriété de former des incrustations sur les objets qu'on dépose dans ses eaux.

La Réole est la patrie des généraux César et Constantin Faucher, frères jumeaux nés le 20 mars 1759. Ces deux frères eurent une naissance, une vie, une gloire, une destinée et une mort commune; entrés ensemble au service, ils passèrent par les mêmes grades et furent nommés adjudants-généraux et généraux de brigade sur les mêmes champs de bataille. Enthousiastes de la liberté, républicains de mœurs et de caractère, les frères Faucher continuèrent à servir, jusqu'au moment où Bonaparte s'étant emparé du pouvoir, jeta, sous le nom de premier consul, les fondements de l'empire sur les ruines de la république. La cause qu'ils défendaient une fois perdue, les généraux Faucher donnèrent leur démission. En 1815, le général Clausel chargea l'un d'eux du commandement de la Réole; les deux frères servirent avec joie aux lieux où ils avaient reçu la vie : la mort les y attendait. Louis XVIII était rentré pour la seconde fois en France; rien de positif n'assurait qu'il eût ressaisi les rênes du gouvernement; aucun ordre du général en chef ne leur étant parvenu, ces deux braves généraux résolurent de défendre pied à pied le poste qui leur était confié, et finirent par se barricader dans leur propre maison. Ce ne fut que sur des rapports certains qu'ils consentirent à mettre bas les armes. Cette action leur fut imputée à crime. Le 22 septembre 1815, les généraux Faucher furent traduits devant le tribunal de Bordeaux. A la honte d'un barreau illustré par les Vergniaud, les Guadet, les Gensonné, tous les avocats refusèrent de défendre deux citoyens dont tout le crime était d'avoir défendu leur patrie. Les deux jumeaux de la Réole parurent seuls devant la commission, et chacun se fit l'avocat de l'autre. Condamnés à mort, ils marchèrent ensemble au supplice le 27 septembre 1815.

Fabriques de peignes, chapellerie, minots, vinaigre, cuirs. — *Commerce* de grains, farines, vins, eau-de-vie, bestiaux, etc. Marchés très-abondants et principal lieu d'approvisionnement du département.

A 18 l. de Bordeaux, 147 l. de Paris. *Hôtels* Lafond, Desamérique, Régalade.

SAUVETERRE. Petite ville située à 4 l. de la Réole. Pop. 750 hab.

TARGON. Bourg situé à 10 l. de la Réole. Pop. 1,000 hab.

VERDELAIS. Village situé à 4 l. de la Réole et à peu de distance de Saint-Macaire. Pop. 900 hab. Chaque jour de fête de la Vierge, Verdelais est un lieu de réunion, où il se rend un concours extraordinaire de peuple, tant des environs que de la ville de Bordeaux.

FIN DU DÉPARTEMENT DE LA GIRONDE.

Guide Pittoresque
DU
VOYAGEUR EN FRANCE.

ROUTE DE PARIS A BAYONNE,
TRAVERSANT LES DÉPARTEMENTS

DE SEINE-ET-OISE, DU LOIRET, DE LOIR-ET-CHER, D'INDRE-ET-LOIRE, DE LA VIENNE, DE LA CHARENTE, DE LA CHARENTE-INFÉRIEURE, DE LA GIRONDE, DES LANDES ET DES BASSES-PYRÉNÉES.

DÉPARTEMENT DES LANDES.

Itinéraire de Paris à Bayonne.

De Paris à Tours, voy. Route de Paris à Nantes, 1re, 2e, 3e et 4e Livraisons.

	lieues.
De Tours à Montbazon	4
Sorigny	2
Sainte-Maure	4
Les Ormes	4
Dangé	1
Ingrande	2
Châtellerault	2
Les Barres-de-Nintré	2
La Tricherie	2
Clan	2
Poitiers	4
Croutelle	2
Vivonne	4
Les Miuières	3
Couhé-Vérac	2
Chaunay	2 1/2
Les Maisons-Blanches	2
Ruffec	3
Les Nègres	2
Mansle	3
Touriers	2 1/2
Churet	1 1/2
Angoulême	3
Le Roulet	4
Petignac	3
Barbezieux	4
La Grolle	3
Montlieu	4
Chiersac	2
Cavignac	4
Saint-André de Cubzac	4
Cubzac	1/2
Carbon-Blanc	2
Bordeaux	4
Le Bouscaut	3 1/2
Castres	3 1/2
Podensac	1 1/2
Cerons	1 1/2
Langon	3
Bazas	4
Captieux	5
Le Poteau	4
Roquefort	5
Caloy	3
Mont-de-Marsan	3
Campagne	3 1/2
Meillan	1 3/4
Tartas	2 1/4
Pontons	3
Dax (Saint-Paul-lez-Dax)	3 1/2
Saint-Geours	4
Saint-Vincent de Tirosse	1 1/2
Les Cantons	2 1/2
Ondres	4
Saint-Esprit	2 1/4
Bayonne	1/4

Communication de Poitiers à Niort (DEUX-SÈVRES) **et à Bourbon-Vendée** (VENDÉE).

	lieues.
De Poitiers à Croutelle	2
Lusignan	5 1/2
La Ville-Dieu	3
Saint-Maixent	4
La Crèche	2 1/2
Niort	3
Oulme	5
Fontenay	3
Mouzeil	3
Luçon	3 1/2
Mareuil	2 1/2
Bourbon-Vendée	5

19e Livraison. (LANDES.)

ASPECT DU PAYS QUE PARCOURT LE VOYAGEUR,

DU POTEAU A BAYONNE.

Après le Poteau, on continue à voyager au milieu des sables. Sur la route sont plusieurs maisons isolées; celle des Agreaux est peu considérable, mais elle est précédée d'une superbe avenue de chênes antiques d'un bel effet, et environnée de terres bien cultivées. Au-delà de cette habitation, le pays, quoique nu et stérile, offre cependant quelques landes en culture, qui s'améliorent progressivement aux environs de la petite ville de Roquefort, située entre des rochers de tuf, au confluent des vallons de l'Estampon et de la Douze. On passe la rivière de ce nom en sortant de cette ville. A mesure que l'on avance, le pays devient agréable et varié, surtout en approchant du relais de Caloy, établi dans une maison isolée, d'où l'on jouit d'un beau point de vue sur une partie de la chaîne des Pyrénées, qui, à cette distance de trente lieues, offrent une magnifique perspective. Après ce relais, la contrée devient de plus en plus riante; les sables sont cultivés et ombragés de beaux arbres, qui ne contribuent pas moins à les fertiliser qu'à les embellir par la fraîcheur et l'agrément qu'ils y répandent. Ainsi décoré, ce pays uni et sablonneux devient presque un paysage, à travers lequel on arrive à Mont-de-Marsan. On sort de cette ville par une belle avenue, à laquelle succèdent des haies vives hautes et touffues, et des landes presque entièrement couvertes de bois de pins, qui s'étendent jusqu'au relais de Campagne, et de là jusqu'à Tartas, antique cité, située sur la Midouze, qui la divise en haute et basse ville. A une lieue de Tartas, on franchit la rivière du Luzon et l'on traverse un petit bois; la route est agréablement diversifiée; on suit la lisière de la Chalosse, et bientôt les rives agréables de l'Adour. Pontonx est un assez joli bourg, séparé de l'Adour par de belles et riches prairies. Après ce relais, les forêts de pins font place à des bois de chênes, dont les belles futaies prouvent que cet arbre ne redoute pas les sables; viennent ensuite de vastes landes couvertes de bruyères, et entremêlées çà et là de cultures ceintes de haies vives d'une hauteur extraordinaire. Le pays continue à être riant et fertile; on passe à la Hille, devant le château de la Bourse, à Pouy, et à Saint-Paul, d'où l'on jouit d'une belle vue sur la ville de Dax. La route ne passe pas par cette ville, mais à Saint-Paul-lez-Dax, où est le relais de poste; un chemin d'embranchement, long d'un quart de lieue, conduit de ce relais à Dax, où l'on passe l'Adour sur un pont de bois fort long et très-élevé.

En sortant de Dax, on retourne sur ses pas jusqu'à la route, qui se dirige toujours à travers des landes sablonneuses; néanmoins, le sol est généralement fertile, coupé de bois et de prairies, et la contrée présente sans cesse une riante perspective. On passe à Saint-Geours, joli village entouré d'arbres, à Saint-Vincent, autre beau village situé à l'intersection des deux routes de Bordeaux à Bayonne. Même nature de pays, depuis Saint-Vincent jusqu'aux Cantons, et même jusqu'à Ondres, où les landes disparaissent tout-à-fait, et font place à des collines à base de gravier et de galets, recouvertes d'un lit d'argile. Après Ondres, on passe un bras de l'ancien lit de l'Adour, sur lequel est jeté le pont de Casteron. De cet endroit, la route parcourt un pays fort agréable jusqu'à Bayonne, où l'on arrive par le faubourg du Saint-Esprit.

Une autre route conduit de Bordeaux à Bayonne : c'est celle des grandes Landes. Cette route est plus courte que la première, mais peu fréquentée à cause de sa monotonie et du peu de ressources que l'on y trouve; elle parcourt une immense plaine sablonneuse, presque sans autre variété que l'alternative des landes et des forêts de pins qui s'y succèdent sans interruption.

En voici l'itinéraire :

	lieues.		lieues.
De Bordeaux à Gudignan	3	La Bouhère	4
Bellevue	2	Belloc	2
Le Puch	2	La Harie	2
Le Barp	3	L'Esperon	3
L'Hospitalet	2	Castets	4
Belin	2	Majesc	4
Muret	3	Les Monts	2
Lipostey	3	Saint-Vincent	2

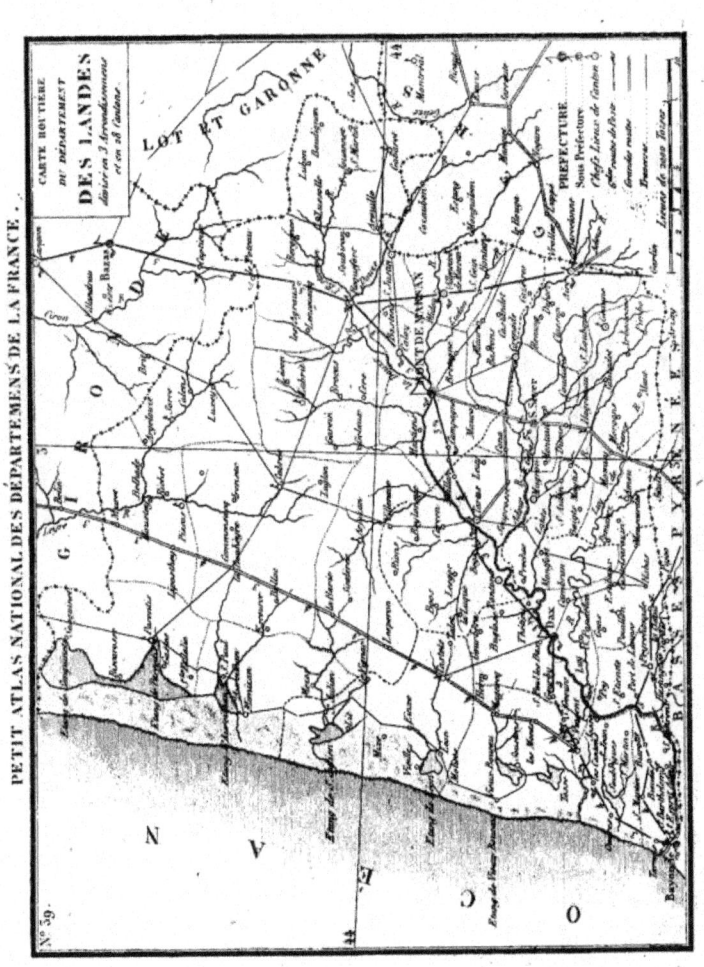

DÉPARTEMENT DES LANDES.

APERÇU STATISTIQUE

Le département des Landes est formé d'une partie de la ci-devant province de Gascogne, et tire son nom de la qualité d'une grande partie des terres sablonneuses et peu fertiles qu'il renferme. Ses limites sont : au nord, le département de la Gironde; à l'est, ceux de Lot-et-Garonne et du Gers; au sud, celui des Basses-Pyrénées, dont l'Adour le sépare en partie, et à l'ouest, l'Océan. — Le climat est malsain sur plusieurs points, principalement à l'ouest : des brouillards épais couvrent en hiver les lieux marécageux.

Le territoire de ce département présente deux divisions naturelles formées par le cours de l'Adour. La première, qui est située au sud de cette rivière, porte le nom de Chalosse; elle offre des plaines couvertes de froment et de maïs, et de riants coteaux tapissés de vignes. La seconde division, qui forme la partie la plus considérable du département, est presque entièrement couverte de bruyères, de bois, de marais, d'étangs et de vastes plaines de sable. Cette contrée est connue sous le nom de grandes et petites Landes, vaste espace qui s'étend le long de l'Océan depuis Bordeaux jusqu'à Bayonne.

L'aspect des Landes est peu propre à inspirer des idées riantes : un sol uni, couvert d'un tapis de bruyère, du milieu desquelles se détachent des massifs de pins, se déroule sans cesse, et ne présente que l'idée d'une continuité de désert. Çà et là, et toujours à d'immenses distances, des bâtiments d'une architecture sauvage sont disposés pour servir de refuge aux bestiaux que le besoin de se procurer une chétive nourriture entraîne loin des habitations. Souvent la vue cherche en vain un objet sur lequel elle puisse se fixer, elle ne découvre que des plaines sans bornes, une espèce d'océan sans rivage, dans l'horizon duquel se dessinent quelques pâtres montés sur de hautes échasses; malheureux que leurs habitudes et le peu de développement de leurs idées ravalent presque jusqu'aux animaux qu'ils soignent. Il est rare que d'autres hommes animent cet étrange paysage; ceux que le hasard y conduit, déposent contre le sol qui les porte, contre le régime qu'ils observent : pâles, décolorés, quelques signes révèlent à peine leur jeunesse, à travers les rides et l'affaissement prématuré qui altèrent leurs traits. Ici, la vieillesse imprime son cachet sur le front d'un homme de quarante ans; et trompée par ce signe funeste, la mort choisit ses victimes long-temps avant l'époque où l'habitant des contrées plus favorisées est atteint par elle. Rarement cette nature sauvage présente quelque épisode qui puisse distraire l'œil attristé. Quelquefois cependant une caravane, composée de plusieurs chars traînés par des bœufs qu'enveloppe une toile blanche, traverse lentement ces vastes plaines ; au désordre qui règne dans le costume des conducteurs, aux peaux de moutons noires qui les couvrent, à leur air, à leurs manières âpres, on se croit transporté au milieu d'un peuple étranger à la civilisation. Quelquefois aussi les masses d'arbres verts offrent d'heureuses combinaisons; mais ces terres sans culture, ces déserts dont le silence n'est troublé que par le cri de la cigale ou par le son du cornet qui sert au pâtre à réunir ses troupeaux (car le chant même des oiseaux ne s'y fait pas entendre); ces déserts ont un caractère de grandiose qui étonne au premier moment et qui ne tarde pas à inspirer une fatigue et un ennui que les habitudes de l'enfance peuvent seules prévenir. Mais quelle est la surprise, quelle est la jouissance du voyageur, lorsqu'à travers les troncs dégarnis des pins il aperçoit un de ces lacs magnifiques qui séparent la contrée des landes de celle des dunes ! Il approche, et sa vue se repose sur une vaste nappe d'eau découpée au milieu des pignadas (forêt de pins), et dont les bords sont ornés de villages d'un effet délicieux. D'immenses prairies, couvertes de bestiaux qu'elles nourrissent, hélas ! sans utilité; des marais dont les roseaux servent de refuge à des buffles, et des landes plus sèches où des troupes de chevaux sauvages déploient leur vitesse, embellissent ce riant paysage, qu'animent les frêles nacelles des pêcheurs. Tout ce qui contribue à la décoration d'un site heureux, tout ce que l'imagination peut créer de plus gracieux, se trouve réuni, et peut-être oublierait-on que l'on parcourt les Landes, si un des côtés du cadre de ce tableau n'était formé par les dunes qui s'étendent le long de la mer sur une distance de vingt-cinq lieues du nord au sud, sur une largeur de deux lieues de l'est à l'ouest, et dont la hauteur varie de 100 à 150 pieds, avec une pente de 25 degrés à peu près du côté de la mer. Le versant opposé offre un talus de 50 degrés. Là, un autre aspect, une autre nature, mais une monotonie plus affreuse encore que celle des Landes, attendent le voyageur : tantôt les dunes sont disposées en chaînes régulières, tantôt elles présentent des surfaces unies; quelquefois, elles sont isolées et séparées par des vallons désignés sous le nom de Lettes. Leur forme varie continuellement : elles s'élèvent, elles s'abaissent, s'éloignent, se rapprochent suivant le caprice des vents qui les poussent dans la direction de l'est à l'ouest, et leur font parcourir chaque année une distance d'environ 20 mètres.

Un ouragan met en mouvement cette masse énorme de sable à laquelle rien ne résiste, et qui couvre les champs les plus précieux, les lieux les plus peuplés; elle avance, et bientôt on ne reconnaît plus la place qu'occupaient les habitations et les terrains cultivés, qu'aux branches de quelques pins jadis plantés devant la porte de chaque maison, et dont la cime perce encore la surface du sol. C'est ainsi qu'à Mimizan, l'église, menacée par une dune de 120 pieds d'élévation, allait disparaître, comme l'a fait une portion considérable du village, lorsque l'ensemencement en pins de cette montagne l'a fixée à 6 pieds environ de l'édifice. C'est ainsi qu'à l'autre extrémité des Landes, à peu de distance de l'embouchure de la Garonne, la flèche élancée du clocher de Soulac voit passer, à travers les élégantes découpures de ses croisées en ogive, les sables qui se sont amoncelés et sur l'édifice dont elle faisait l'ornement et sur une ville déshéritée de souvenirs et de traditions, mais dont l'existence est révélée par le monument d'une architecture trop riche pour avoir appartenu à un simple village. Maintenant, transformée en vigie, cette flèche avertit le navigateur du danger qui l'attend sur une plage où les éléments semblent combiner leurs efforts pour se rendre funestes à l'homme. Tout est triste, tout est mort dans cette malheureuse contrée. A l'exception de quelques oiseaux de mer qui planent à une grande distance, on n'y aperçoit pas d'êtres vivants.

Depuis 1787, on a commencé à fixer les dunes du golfe de Gascogne par du semis de pin maritime; c'est à la persévérance de Bremontier qu'est dû le succès des premiers essais; ils ont prouvé qu'avec des soins assidus on pouvait parvenir à arrêter ces montagnes mobiles qui menacent sans cesse le pays d'une double invasion. Les sables des dunes, chassés dans la plaine par les vents violents du nord-ouest, en portant au loin la stérilité sur des terrains qui offraient auparavant des pâturages qui n'étaient pas sans quelque valeur, ou, en interceptant dans leur marche les chenaux d'écoulement, produisent une submersion à laquelle aucune plante ne peut résister. Nous avons déjà cité l'exemple du village du Vieux-Soulac qui a disparu sous les sables, et que les malheureux habitants ont été forcés de reconstruire à une lieue en arrière dans l'intérieur des terres. Les bourgs de Mimizan et de la Teste auraient subi le même sort, sans les semis qui ont été faits autour de ces communes, rendues maintenant à la plus entière sécurité par ces abris protecteurs. Personne ne peut donc élever de doute sur la grande utilité, sur la nécessité même de poursuivre des travaux aussi importants à la conservation d'un aussi vaste territoire, que nous ne cessons de croire appelé à recevoir un jour les plus grandes améliorations sous le rapport de la salubrité et de la production. Mais, pour que la sollicitude du gouvernement en faveur de cette contrée et de l'entreprise qui doit lui assurer le moyen le plus efficace de défense contre les fléaux dont elle est constamment menacée, ne soit pas sans effet, il est des mesures qu'on ne peut arrêter qu'après des préliminaires indispensables sur le règlement des limites des propriétés de l'État, de celles des communes et des particuliers, ainsi que sur le mode à adopter pour accélérer, autant que possible, les travaux de l'ensemencement des dunes; ceux-ci ne procureraient qu'un résultat trop imparfait s'ils devaient être conduits avec la lenteur qui en a accompagné l'exécution depuis l'origine; il faut enfin faire cesser les collisions trop fréquentes qui s'élèvent entre l'administration forestière et celle des ponts et chaussées, à qui l'ensemencement des dunes est confié. Nous avons fait le relevé le plus exact possible de la contenance des dunes mobiles, des vallons dits lèdes ou lettes, en termes du pays, qui les séparent de la superficie ensemencée et fixée depuis 1787, de ce qui reste à semer, et de celle des grands étangs situés entre le pied des dunes et la plaine des landes.

Il résulte de ce travail que la superficie totale des terres et des eaux ci-dessus comprise entre la pointe de Grave et l'embouchure de la Gironde et de l'Adour sous Bayonne, est de 133,800 hectares, savoir :

En dunes non encore fixées...............	51,018 h.	50
En dunes semées depuis 1787.............	7,851	50
En vallons ou lèdes propres au pacage......	29,327	50
En étangs, y compris le bassin d'Arcachon...	31,367	00
En palus ou marais.....................	6,778	00
En bois ou forêts anciennes..............	7,457	50
Total pareil.....	133,800	00

On voit par ce tableau que depuis 1787, c'est-à-dire dans l'espace d'environ 48 ans, déduction faite des années écoulées entre 1792 et 1800, où l'on n'a que peu ou point travaillé, on n'est parvenu à fixer qu'une superficie moyenne d'environ 225 hectares par an, dans les deux départements de la Gironde et des Landes. En suivant la même marche, il faudrait employer deux siècles et plus pour compléter entièrement cette fixation, en supposant encore qu'aucun de ces incendies, qui trop fréquemment portent le ravage dans les forêts des Landes, ne vinssent pas détruire une partie des plantations. — La dépense d'ensemencement des dunes peut être approximativement évaluée à huit millions. Le résultat de cette opération, outre le salut de plusieurs communes que les sables et les eaux sont près d'envahir, serait un revenu, en résine seulement, de près de trois millions ; malheureusement la somme très-faible affectée chaque année à cet important objet ne permet pas de regarder comme prochain l'ensemencement total. Cinquante mille francs sont consacrés à la conservation des semis précédemment faits et à la création des nouveaux ; tout modiques qu'ils sont, ces fonds produisent un effet très-sensible, parce qu'ils sont employés vers la pointe où l'invasion des sables pourrait avoir les suites les plus désastreuses.

Dans les parties du département qui avoisinent la mer, se trouvent des lacs d'une immense étendue et qui chaque jour prennent un nouvel accroissement, parce que les vents, tendant sans cesse à pousser dans les terres les sables dont se composent les dunes, les canaux qui servent au dégorgement de ces lacs se trouvent obstrués et refoulent dans l'intérieur les eaux que de nombreux ruisseaux apportent en abondance. Ainsi, deux fléaux également destructeurs, les sables et les eaux, tendent à anéantir ce malheureux pays, dont ils ont déjà couvert plusieurs parties naguère habitées. Des villages entiers ont disparu ; chaque jour le laboureur recule devant les eaux qui envahissent son champ ; il voit avec douleur voguer des barques sur la veille sa charrue traçait les sillons, et souvent il aide le pêcheur à dégager les filets arrêtés par les créneaux d'un vieux château fort qui dominait le pays où se trouve maintenant le lac d'Aureilhan. — Les lacs forment une chaîne qui commence aux limites du département, près la Teste de Buch, et se prolonge jusqu'à Bayonne, sur une distance d'environ 25 lieues. Ils n'existaient pas avant que les sables des dunes eussent été poussés dans les canaux qui conduisaient les eaux à la mer : on doit leur formation à ce genre de phénomène contre lequel une société peu avancée en nombre et en civilisation fut sans moyens de défense. Ils ont successivement couvert un espace d'autant plus considérable que le sol étant plat, le moindre accroissement dans la hauteur des eaux les répand sur une immense étendue de pays. Leur élévation s'est accrue jusqu'à ce que les accidents du terrain leur ayant fourni un passage, ils se sont épanchés, d'un côté vers la Teste, dans la baie d'Arcachon ; de l'autre, vers l'Adour. Cette communication, interrompue sur quelques points, a donné lieu à des ouvertures directes vers la mer, au moyen des canaux que les eaux ont creusés. Mais ces canaux sont insuffisants, et les eaux qu'ils ne peuvent faire écouler, refoulées dans les terres, ajoutent aux dangers qui menacent les communes voisines.

Il existe dans les Landes deux classes de marais, désignés sous le nom de marais de première et de seconde classe ; les premiers sont situés sur les deux rives de l'Adour, où ils occupent une étendue considérable des meilleurs terrains. Partout où l'on a tenté de les utiliser, on a vu succéder à l'état de malaise des habitants un aspect d'aisance et de santé, qu'ils n'auraient jamais connu si l'on n'avait fait disparaître les eaux dont la présence anéantissait à la fois et la population et les productions qui devaient la nourrir. Les marais dits de seconde classe ne présentent pas d'aussi grands avantages, mais ils exigent des avances beaucoup moins fortes. Le sol des Landes étant généralement élevé (la rapidité des ruisseaux et la profondeur de leur lit le prouvent), il serait aussi simple que facile d'opérer le desséchement des marais, au moyen du creusement de quelques canaux d'une moyenne étendue; la retraite des eaux laisserait alors à découvert des terres enrichies depuis plusieurs siècles par les débris de la végétation et impatientes d'échapper à leur longue stérilité.

Il est peu de pays en France qui ait plus fixé l'attention de ceux qui s'occupent des améliorations que la vaste étendue de landes comprise entre l'Adour, l'Océan et la Garonne. Une superficie d'environ cinquante lieues carrées, placée sous le climat le plus favorable à une puissante végétation, et dont cependant la plus grande partie reste inculte et inhabitée, ne pouvait manquer, en effet, d'appeler l'attention des observateurs. Les hommes qui, par goût, se livrent à la recherche des moyens de prospérité intérieure, se sont demandé pourquoi, avec des circonstances aussi favorables, on n'avait pas cherché à transformer successivement les Landes en un pays productif et peuplé, et ce sujet a été traité dans plusieurs écrits où sont exposés des projets de défrichement, de culture, de colonisation, etc. Ces projets néanmoins sont jusqu'ici demeurés à peu près sans suite, et les grands amendements que ce pays est propre à recevoir, paraissent encore rangés, dans l'esprit de certaines personnes, au nombre de ces théories dont on peut ajourner l'exécution. Peut-être aussi faut-il attribuer la cause du retard dans les progrès agricoles et industriels qu'on peut opérer dans les Landes à ce que la plupart de ceux qui se sont livrés à des recherches sur ce pays singulier, ont envisagé les choses d'un peu trop haut, et se sont plus occupés de considérations générales que de descendre à des choses bien positives et déterminées. Il ne serait cependant pas exact de dire que cette contrée soit demeurée absolument stationnaire; ceux qui, comme nous, ont été à portée de la parcourir et de l'observer dans toutes ses parties, reconnaissent qu'elle a participé au mouvement général qui depuis quarante ans a produit de si grands changements sur le sol de la France. Des plantations de bois ont été faites sur des lieux où des cours d'eau flottables pouvaient en favoriser l'exploitation, et où le séjour des eaux ne nuisait pas trop à leur développement; des cultures nouvelles ont été essayées; on a fait particulièrement un heureux emploi des eaux à l'irrigation, et déjà des sables arides sont sur quelques points couverts de belles prairies. Mais ces tentatives en très-petit nombre, isolées, sans ensemble et sur une échelle beaucoup trop restreinte, n'ont pas encore sensiblement contribué au bien-être des Landes; elles ont seulement servi à prouver tout ce qu'y produiraient des travaux conduits et disposés d'après un système bien approprié aux circonstances de chaque localité.

Le grand territoire circonscrit entre les limites des départements de Lot-et-Garonne et du Gers, le cours de la Garonne et de la Gironde d'un côté, celui de l'Adour de l'autre, et qu'on peut appeler fort justement le Delta des Landes, dont la base s'appuie sur la ligne des dunes qui bordent l'Océan sur une longueur de soixante lieues, se partage en trois bassins principaux, ceux de l'Adour, du Leyre et de la Garonne. Les sommités les plus élevées à l'origine du Delta ne s'élèvent pas à plus de 150^m au-dessus de la mer; distribué sur une aussi grande étendue que celle qui sépare les hautes Landes, soit des embouchures de l'Adour et de la Gironde, soit des étangs du littoral, lesquels se trouvent eux-mêmes à des niveaux de 10, 15, 20^m et plus au-dessus de l'Océan, ce relief ne peut donner au terrain une pente sensible à l'œil: de là ces plaines immenses, qui n'ont d'autres bornes que l'horizon et dont la triste uniformité n'est interrompue que par de longues lignes de pins maritimes. De là encore ces grands plateaux dont certaines parties, se relevant dans un sens opposé à la pente générale, ne présentent pendant toute ou une grande partie de l'année qu'un pays voué à la submersion, puisque les eaux n'ayant que peu ou point d'issue pour s'écouler, ne peuvent en être extraites que par l'évaporation. C'est ainsi que les Landes apparaissent au voyageur qui les traverse, surtout en suivant les arêtes peu sensibles qui séparent les eaux coulant directement à la mer, de celles qui s'y rendent par les vallées de l'Adour et de la Garonne. On peut juger de cet aperçu que c'est dans la stagnation des eaux sur ces vastes plaines, dont une partie n'assèche même jamais entièrement, que réside la cause la plus immédiate de leur état malheureux. Vainement dans quelques communes les habitants ont-ils cherché à s'en délivrer par des fossés d'écoulement; ces ouvrages, établis sans art et suivant des directions trop peu étudiées, ne remplissent que très-imparfaitement leur objet; mal entretenus d'ailleurs, ils ne con-

HABITATION DES LANDES.

tribuent que bien faiblement à éloigner le fléau de l'inondation, si nuisible au pays.

On compte dans les Landes environ 800,000 hectares de terres vaines et vagues, qui sont livrées à l'abandon, et n'offrent de culture qu'autour des sommités sur lesquelles ont été placées les habitations pour n'être pas atteintes par les eaux. Au lieu des nombreux troupeaux que ces landes pourraient nourrir, si elles étaient desséchées, on n'y rencontre qu'une espèce rare et chétive qui ne subsiste que de quelques plantes broutées au milieu des lagunes où les maladies la déciment chaque année, et où, dans les hivers rigoureux, le manque de nourriture la fait périr presqu'en totalité. Cet état de choses explique pourquoi les pâtres de ces déserts, afin d'échapper aux inconvénients de leur séjour au milieu des flaques d'eau croupissantes, sont obligés de s'élever sur de hautes échasses d'où ils suivent leurs troupeaux dans l'épaisseur des genêts et ajoncs qu'ils ont à traverser; pourquoi ce pays qui, s'il était assaini, serait éminemment propre à l'éducation des abeilles, où ses habitants trouveraient une source de richesses, n'offre cependant en cire et en miel que des produits grossiers et insignifiants; pourquoi la race de chevaux des Landes, si renommés par leur sobriété et leur vigueur infatigable, ne peut s'étendre et s'améliorer sur un sol voué à tant de causes d'improduction et d'insalubrité.

Il est si vrai de dire que le séjour trop prolongé des eaux sur les plaines des Landes est la cause la plus certaine de leur stérilité, que partout où la forme et le relief du terrain en favorisent la prompte évacuation, le pays offre des produits en bois, en céréales et autres cultures, aussi abondants et d'une aussi parfaite qualité que dans les contrées les plus favorisées par le climat et la nature du sol. On peut aisément s'assurer de l'exactitude de cette assertion en visitant les environs du gros bourg de Sabres, où l'on voit de belles moissons; les cantons de Labrit et d'Arjuzanx, où la vigne et les grains de diverses espèces sont cultivés avec tout le succès qu'on peut désirer; le Maransin, couvert des plus belles forêts de pins maritimes, et divers autres points des Landes où l'on peut faire les mêmes observations.

Combien d'espaces plus étendus encore sur ces grands plateaux, où le détritus des plantes est accumulé depuis des siècles et superposé à des couches de sable mêlé de masses d'argile, pourraient, à l'aide d'un labour profond, fournir la combinaison la plus convenable à une riche végétation, soit de céréales, soit de toutes les variétés de prairies artificielles! Il est aussi à remarquer que sur tous les points, trop rares à la vérité dans ce pays, où se rencontrent des eaux saines, comme au chef-lieu du canton de Parentis en Born, par exemple, la population présente l'aspect de la santé et de la vigueur; quelques habitants même se font remarquer par une haute stature et des formes athlétiques.

Des divers produits des Landes, le plus important, celui du revenu le plus assuré, est sans contredit le pin maritime, qui croît spontanément partout dans ce pays. Quoique le chêne et quelques autres essences s'y élèvent aussi à de grandes dimensions, ils sont généralement peu respectés; dévorés à leur naissance par les troupeaux à cause du déplorable usage du parcours, ceux qui survivent sont mutilés plutôt qu'exploités, et l'on ne voit guère de beaux chênes qu'autour des habitations; c'est là où l'on peut juger de quelle admirable végétation le terrain est susceptible. On remarque aussi dans le Maransin des forêts de chênes-liège d'une hauteur et d'un diamètre extraordinaires, et sur les revers des coteaux, à l'exposition du sud-ouest, des châtaigniers, et même quelques hêtres fort beaux. Cependant les habitants du pays ne font rien pour favoriser la propagation de ces essences précieuses; ils paraissent même les négliger entièrement, quelquefois même les sacrifier à l'exploitation du pin maritime, dont ils s'occupent exclusivement. Mais ce qui surtout mérite d'être observé, c'est le volume et la saveur des fruits et des légumes qui croissent dans les jardins que les gardes des dunes ont formés dans les sables des vallons à portée de leurs cabanes, à Mouleau, à Piquey, sur le bassin d'Arcachon, au Flamand, commune d'Hourtins, et au Verdon, près la pointe de Grave. C'est là aussi qu'on trouve des pâturages qui, malgré leur aspect un peu terne, sont cependant si substantiels par la nature des herbes la plupart aromatiques qui y croissent, que les vaches qu'on y nourrit donnent un lait abondant et d'un goût exquis; c'est là encore que quelques hommes laborieux ont établi des prairies artificielles, qui, par leur produit et la qualité de herbes, prouvent tout le parti qu'on tirerait de ces vallons, si les dunes qui les entourent étaient fixées.

Les bestiaux qui, indépendamment de leur utilité comme moyens d'engrais, sont dans tous les pays une des branches les plus lucratives de l'agriculture, ne présentent dans celui-ci aucune chance de profit. Mal nourris, assujettis à un régime destructeur, ils sont sans utilité comme sans valeur; sans utilité, puisque le lait des vaches ne sert à aucun des usages auxquels il pourrait être si utilement employé; que la laine des moutons est de la plus mauvaise qualité; que la petitesse des chevaux empêche qu'ils ne soient affectés à aucun des travaux de l'agriculture. On ne nourrit donc que le bétail nécessaire au labourage; mais il ne donne jamais assez d'engrais pour tenir les terres cultivées dans le meilleur état possible. Les fumiers ne suffisant pas pour toute l'exploitation, on les réserve pour les terres où ils peuvent être employés le plus commodément : aussi ces terres sont toujours en bon état; mais on laisse sans culture une grande étendue des autres, qui ne produisent qu'un maigre pâturage, jusqu'à ce qu'après un repos de plusieurs années, on les laboure pour en obtenir une mince récolte et les rendre ensuite à leur habituelle inutilité. Quels avantages n'obtiendrait-on pas de l'élève des bestiaux, si leur éducation était dirigée vers un but utile, et accompagnée de soins qui peuvent en assurer le succès! Hors du pays où l'on peut observer cet étonnant phénomène d'une routine absurde, on ne voudra pas croire que d'immenses pâturages nourrissent plusieurs milliers de vaches dont on n'a jamais tenté d'obtenir le lait, parce qu'on se persuade qu'elles n'en donnent pas; que chaque année il se fait une importation nombreuse de ces animaux amenés à grands frais de la Bretagne, pour fournir le laitage employé dans la consommation; que leurs produits, frappés du préjugé qui établit que les vaches nées dans les Landes ne donnent pas de lait, sont assimilés à ces dernières; que les usages auxquels on emploie le laitage, les diverses formes sous lesquelles il entre dans la consommation, sont entièrement ignorés; et que, tributaire des bords de la Loire pour l'acquisition des vaches, le département des Landes l'est encore des contrées voisines des Pyrénées, pour celle du beurre, du fromage et des autres produits de ce genre, quoiqu'il possède tous les moyens de fournir à sa consommation et d'exporter beaucoup plus qu'il n'importe.

On a proposé plus d'une fois d'établir des haras dans les Landes, et ce serait une excellente mesure à prendre dans l'intérêt de la remonte de la cavalerie légère. On peut élever avec succès dans ce pays, quand il sera assaini, une race nombreuse de chevaux, d'autant plus précieux qu'ils résistent à toutes les intempéries et à tous les genres de privations. Ils ne sont que très-rarement sujets aux maladies qui attaquent les autres espèces, et jusqu'à plus de vingt ans, un cheval des Landes conserve une grande vigueur et peut rendre de très-bons services.

Les vastes espaces occupés par les landes sont interrompus par des villages où résident un grand nombre de familles très-pauvres et quelques propriétaires fort riches. Dans une société perfectionnée, des nuances insensibles réunissent les diverses positions assignées par la fortune; elles adoucissent même les contrastes trop brusques des contrées entre elles. Ici, rien ne prépare la transition du désert au pays le mieux cultivé; de la cabane du paysan à la demeure d'un riche propriétaire. A l'aspect de ce que la misère réunit de plus affligeant, succède l'appareil d'une grande recherche dans tout ce qui peut contribuer à l'agrément de la vie et au bonheur. Une maison ombragée par de beaux arbres, et entourée d'un tapis de verdure, annonce l'aisance et le bon goût. Dans l'intérieur, une distribution commode, une extrême propreté, confirment l'idée que l'on s'était faite de ce séjour, et bientôt l'hospitalité déploie tout son luxe, comme pour faire oublier au voyageur les fatigues et l'ennui au prix desquels il lui a fallu acheter une aussi flatteuse réception.

Le physique, comme les mœurs de la classe riche, offrent aussi le contraste le plus frappant avec les formes grêles et la rudesse de la classe indigente. Une stature élevée, de belles formes, un air ouvert, des manières distinguées, fruits d'une heureuse éducation, font douter si deux races bien distinctes n'ont pas originairement concouru à former la population de ce pays; mais bientôt la réflexion indique la cause de la disparate, dans la différence du régime, des habitudes et de l'éducation. Ainsi, comme l'Arabie, les Landes ont leurs oasis, et présentent, au milieu des déserts et à côté d'une population chétive et ignorante, une nature plus favorisée et tous les charmes de la civilisation.

Les paysans landais mènent un genre de vie tout-à-fait rustique et presque sauvage; ils habitent dans des cabanes isolées, mal construites, et encore plus mal meublées : la plupart ne sont même que des tentes, afin de pouvoir plus facilement les transporter d'un lieu à l'autre. Ils couchent à terre sur des peaux de moutons, et un capot, pareillement de peau de mouton, leur sert de couverture. Le chef de la cabane dirige le labourage et

HABITANS DES LANDES.

les travaux rustiques, et s'éloigne rarement de l'habitation; les jeunes gens vont couper le bois dans les forêts, souvent à une distance de 8 ou 10 lieues, et en font du charbon; d'autres vont à une égale distance faire paître les troupeaux; ils mènent pendant ce temps-là une vie dure et sobre : chacun emporte quelques fromages, un paquet de sardines et un petit poêlon pour faire cuire son maïs et son lard. Arrivés au lieu de leur destination pour le pacage des troupeaux ou la fabrication du charbon, ils se construisent une cahutte avec des branches d'arbres. Ils ont aussi un fusil pour chasser dans leurs moments d'oisiveté, tirent avec adresse, et fournissent de gibier Bordeaux, Dax, Bazas et les environs. Sauvages comme leurs déserts, les hommes des dernières classes sont trop ignorants pour songer que le bonheur peut exister au-delà de leurs plaines immenses et dans un état de société plus perfectionné. Ils ne le trouvent cependant pas dans les tristes habitations où une misère commune réunit et entasse une foule d'infortunés qui tous n'appartiennent pas à la même famille; car ici la nature épuisée ne se prête pas à une active reproduction. Affaiblis par un régime malsain, ils arrivent à l'âge où commence la faculté de réfléchir, sans l'instruction qui la prépare, sans la force physique qui sert à son développement. — Les travaux se divisent sans choix entre les membres de la famille. L'un conduit des bœufs, avec lesquels il s'associe et dont il partage les fatigues et jusqu'à l'insouciance; il couche près d'eux lorsqu'ils sont dans l'étable; en voyage, sa charrette lui sert de lit et d'abri, et toujours c'est de sa main qu'ils reçoivent leur nourriture. Un autre a le soin des troupeaux; il les accompagne, les suit partout où leur caprice le conduit; se condamnant ainsi à une vie dure et austère, à une solitude que l'uniformité des objets dont il est entouré devrait rendre accablante et insupportable. Le reste de la famille s'occupe de la culture des terres et de la récolte, travaux que l'imperfection des procédés rend également lents et pénibles.

Des vêtements grossiers, toujours mal assortis à la température du climat, les accablent pendant l'été, sans les préserver du froid pendant l'hiver; mais, insouciants sur leurs besoins comme sur leurs jouissances, l'idée d'un changement ne se présente jamais à leur inactive imagination. Conduits par des usages, prévenus contre les innovations, guidés par un intérêt sans calcul, peu accessibles aux affections de la nature, ils semblent réserver leur sensibilité pour les animaux qui forment leur unique richesse. Étrangers à l'esprit de la religion, dont les cérémonies extérieures peuvent à peine les frapper; superstitieux sans fanatisme, on les voit indifférents aux dangers sans être braves, comme ils se montrent accoutumés aux privations sans être économes, et aux fatigues sans être laborieux. Une nature sévère et dont l'aspect ne varie jamais, un retour constant des mêmes occupations, un excès de misère tel qu'il émousse jusqu'au sentiment du malaise, paralysent leur intelligence et les rendent incapables de ces pensées énergiques qui donnent à l'homme la force nécessaire pour se roidir contre le malheur et échapper aux conditions fâcheuses de son existence.

Les rustiques habitants des Landes, au lieu de chapeaux, portent une barette à la manière des Béarnais; ils font usage d'un gilet fort court, ayant des manches qui leur viennent jusque sur les poignets; par-dessus est un autre gilet dont la manche ne dépasse point le coude. Le tout est surmonté d'une espèce de doliman de peau de mouton dont le poil est en-dessus, qui tantôt tombe jusque sur les talons, mais qui ordinairement ne va que jusqu'à la ceinture de la culotte. Au lieu de bas, ils portent des espèces de guêtres qu'ils recouvrent d'une demi-peau de mouton assez mal attachée aux extrémités. Les bergers mettent ordinairement par-dessus tout cet accoutrement un grand manteau de drap gris sale; ils ont sur la tête un capuchon dépendant du même manteau, qui est garni de bandes terminées en pointes barriolées de rouge, et ornées de crins de cheval. Comme il est difficile de marcher dans les sables et dans les flaques d'eau dont le sol des Landes est couvert, ils se servent de longues échasses nommées changuées. L'agilité avec laquelle ils marchent juchés sur ces hauts échalas est étonnante; un cheval au trot ne peut les suivre. Dans cet état, ils tiennent toujours un long bâton dont ils se servent pour les aider à franchir des fossés qui ont quelquefois vingt pieds de large. Quand ils veulent mettre leurs échasses, ils montent sur le haut d'une armoire, ou sur le manteau de la Cheminée, qui est ordinairement fort élevé; mais ce moyen n'est pas nécessaire à la plupart; ils savent fort bien se relever de terre avec les changuées les plus hautes. — Les femmes sont grossièrement vêtues les jours de travail; au lieu de coiffe, elles se mettent deux ou trois serviettes en forme de capuche. Mais les jours de fête ou de cérémonie, elles se parent d'un habillement assez élégant, et leur bonnet est orné de larges barbes dentelées de rouge.

Les Landais agrestes sont d'une taille moyenne et d'un caractère assez doux, quoique peu ouvert et dissimulé. Ce peuple possède peu de chose, mais ce peu qu'il a ne lui appartient plus dès qu'un être souffrant le réclame : l'instruction qui lui manque absolument n'aurait en ce genre rien à ajouter à ses heureuses inclinations. L'hospitalité est dans le pays une vertu d'instinct ; on l'exerce avec un empressement qui ferait croire que le service est pour celui qui le rend. A toutes les époques de l'année, l'étranger, quel qu'il soit, est assuré d'être accueilli dans la plus riche comme dans la plus pauvre habitation de ces déserts, d'y trouver des soins affectueux, des prévenances qu'on lui refuserait dans nos grandes villes.

Le département des Landes a pour chef-lieu Mont-de-Marsan. Il est divisé en 3 arrondissements et en 28 cantons, renfermant 32 villes ou bourgs, 150 villages ou hameaux, et 170 communes rurales, ensemble 352 communes, — Superficie, 490 lieues carrées. — Population, 281,504 habitants.

MINÉRALOGIE. Mines de fer en grains, en bancs et en roches, presque à la superficie du sol. Cristaux de sulfate de fer. Mica, houille. Carrières de marbre, de pierres de taille très-variées, de grès à paver, quartz, de plâtre en roches, de pierres lithographiques, craie, ocre, marne. Alumine. Argile supérieure à celle de Sarguemines, l'une des plus belles de France. Terre à creusets. Fossiles rares et curieux. Tourbières. Mines de bitume, etc.

SOURCES MINÉRALES à Arjuzanx, Escalans, La Glorieuse, Mont-de-Marsan, Onnesse, Castets, Dax, Gamarde, Saint-Laurent, Lit-et-Mixe, Pandelon, Pouillon, Prehacq, Saubusse, Saugnac, Sort, Terciis, Donzacq, Saint-Loubère, Maylis, Pouson, etc.

PRODUCTIONS. Froment en petite quantité, beaucoup de seigle, sarrasin, maïs, millet. Panis en quantité suffisante pour la consommation des habitants. Légumes secs et potagers. Amandes, pruneaux, excellents fruits. Chanvre, lin, safran, garance, pastel. Belles prairies naturelles et artificielles. — Chevaux, mulets, bœufs, nombreux troupeaux de bêtes à laine. Quantité de chèvres. Porcs dits de bois, dont la chair est estimée. Volailles. Abeilles. — 24,556 hectares de vignes produisant annuellement 608,800 hectolitres de vin, qui, au prix moyen de 6 fr. 94 c., donnent 4,225,072 fr. Les vins de premières classes sont ceux du Cap-Breton, de Soustons, de Messange et du Vieux-Boucau. Parmi les vins de la Chalosse, on estime particulièrement ceux de Gamarde et de Montfort. Environ 200,000 hectolitres de ces vins sont consommés par les habitants ; le surplus est livré au commerce d'exportation, ou converti en eaux-de-vie, qui se vendent à Mont-de-Marsan, sous le nom d'eaux-de-vie d'Armagnac, avec lesquelles elles sont en concurrence sur ce marché. — 215,000 hectares de forêts (chênes verts, pins maritimes). — Grand et menu gibier. — Poisson de toute espèce d'étang et de rivière.

INDUSTRIE. Fabriques de grosses draperies, poterie façon anglaise, faïence, liqueurs fines ; six forges et hauts-fourneaux ; six fabriques de noir de fumée. Fonderie de résine, poix, goudron. Verreries. Papeteries. Tanneries renommées. Distilleries d'eaux-de-vie. Brasseries. Teintureries. Huileries. — Exploitation des sapins qui couvrent les landes. — Préparation des jambons délicats connus sous le nom de jambons de Bayonne.

COMMERCE de grains, vins, eaux-de-vie, légumes, huile de lin, fruits, matières résineuses, cire, miel, pelleteries, cuirs, laines, bestiaux, porcs gras. Oies grasses, salées et confites, ortolans de table. Bois de marine et de charpente, etc. — Entrepôt du commerce entre la France et l'Espagne.

**VILLES, BOURGS, VILLAGES, CHATEAUX ET MONUMENTS REMARQUABLES,
CURIOSITÉS NATURELLES ET SITES PITTORESQUES.**

ARRONDISSEMENT DE MONT-DE-MARSAN.

ALBRET. *Voy.* LABRIT.

ARJUZANX. Village situé sur le Bez, dans une contrée fertile en excellents vins, à 10 l. de Mont-de-Marsan. Pop. 900 hab. —Carrières de marne, d'argile et de minerai de fer; indices de mine de houille. Fonte de matières résineuses. Lavoirs de laine.— *Commerce* de vin, grains, draperies, etc.

ARRENGOSSE. Village situé au milieu des landes, à 8 l. de Mont-de-Marsan. Pop. 890 hab. Il est assez bien bâti, en bois et en briques, et renferme un des plus beaux châteaux du département, dont dépendent de beaux jardins paysagers, d'agréables parterres et une magnifique orangerie. De belles promenades, de superbes plantations, plusieurs étangs, et de fertiles prairies arrosées par la rivière de Bez, prêtent un charme indescriptible à cette délicieuse habitation, qu'on est agréablement surpris de rencontrer au milieu d'un désert aride. — Le domaine de CASTILLON, renommé pour ses excellents vins, est une dépendance de cette commune. — Aux environs, mines de fer, vastes tourbières et carrières d'argile à poterie.

AUREILHAN. *Voy.* OREILHAN.

BASCONS. Village situé à 3 l. 1/2 de Mont-de-Marsan. Pop. 1,200 hab. Les métayers de ce village sont dans l'usage d'assurer mutuellement, au moyen d'une modique somme, leurs bœufs de labour. Comme ils sont en général fort pauvres, quoique laborieux, quand ils sont parvenus, au moyen d'une économie soutenue, à se procurer les moyens d'acheter une paire de bœufs pour cultiver leur métairie et faire quelques charrois, ils possèdent de quoi subvenir aux besoins du ménage et élever leurs enfants; mais si malheureusement un bœuf vient à périr, dans l'impossibilité où ils sont de le remplacer, cette perte devient presque toujours le principe de la ruine d'une famille entière.

BELHADE. Bourg et château situés au milieu de landes immenses, sur la rive droite du Leyre, à 19 l. de Mont-de-Marsan. Pop. 500 hab. Les landes de Belhade renferment une multitude de couleuvres qui portent un préjudice considérable aux possesseurs de bestiaux. — *Fabriques* de poterie de terre, et de charbon de bois. Tuilerie, moulins à farine. Mines de fer.

BENQUET. Village et joli château, situés à 1 l. de Mont-de-Marsan. Pop. 1,500 h.

BETBEDER. Village situé sur la rive droite de la Douze, à 7 l. 1/2 de Mont-de-Marsan. Pop. 450 hab. C'est la patrie du jurisconsulte Soubiran, protecteur des pauvres, agronome distingué, propagateur dans cette contrée de la culture de l'olivier, du mûrier et de l'éducation des vers à soie.

BIAS. Village situé près de l'Océan, à 24 l. de Mont-de-Marsan. Pop. 140 hab.— *Fabriques* de matières résineuses.— L'église paroissiale, dédiée à saint Michel, est le but de pèlerinages très-fréquentés, dont le plus considérable a lieu au mois de septembre.

BIGANON. Bourg situé au centre de landes immenses et de vastes marais, à 18 l. de Mont-de-Marsan. Pop. 450 hab. — *Fabriques* de poterie.

BISCAROSSE. Bourg situé sur le vaste étang de son nom, au milieu des landes et des marais, à 18 l. de Mont-de-Marsan. Pop. 1,500 hab. Chaque année il s'y fait, au moyen de filets, une chasse aux bécasses fort amusante et très-productive.

BROCAS. Village et château situés près d'une belle forêt de chênes-liège, à 6 l. de Mont-de-Marsan. Pop. 850 hab.—*Fabriques* de poterie. Carrière de grès.

CAMPET-LA-MOLÈRE. Village situé à 3 l. 1/2 de Mont-de-Marsan. Pop. 600 h. On y voit un château bâti sur un riant coteau, dont le pied est baigné par la petite rivière de Géloux; de belles plantations, de charmantes prairies, une orangerie, des jardins ornés de bassins remplis d'eaux vives, embellissent cette charmante habitation, dont le propriétaire actuel est un des premiers qui aient introduit les moutons mérinos dans le département des Landes.

CANEINS. Village situé au milieu de landes étendues et de vastes marais, à 5 l. de Mont-de-Marsan. Pop. 500 hab. On y remarque un château précédé de belles avenues, bâti dans une situation riante, qui contraste singulièrement avec l'aridité du paysage environnant.—Verrerie (à Réaut).

CASTANDET. Village situé à 4 l. de Mont-de-Marsan. Pop. 1,500 hab.—*Fabriques* de poterie.

CAZÈRES. Petite ville, située dans une contrée agréable et fertile sur la rive droite de l'Adour, à 5 l. de Mont-de-Marsan. ✉ Pop. 950 hab. — Tanneries et teintureries.

CÈRES. Village situé au milieu des landes, près de l'Estrigon, à 3 l. 3/4 de Mont-de-Marsan. Pop. 450 hab. On y remarque une ferme royale pour l'éducation des mérinos, établie dans le beau domaine de M. de Poiféré, agronome distingué, qui, l'un des premiers, s'est adonné dans les Landes à l'éducation des moutons mérinos. Les étrangers qui parcourent cette partie du département sont d'autant plus agréablement surpris de trouver, au milieu d'un désert aride, de belles habitations entourées de cultures variées et très-productives, qu'il passe pour constant dans le pays *qu'aucune culture ne réussit dans les Landes.*

COMMENSACQ. Village situé à 13 l. de Mont-de-Marsan. Pop. 600 hab. Cette commune est une de celles où l'on s'est livré avec le plus de succès à l'amélioration de la culture des landes et au desséchement des marais. On y compte 23,302 ᵐ de longueur de canaux, exécutés à peu de frais, qui ont puissamment contribué à l'assainissement de cette contrée, et qui ont permis d'ensemencer une grande étendue de terrain jadis d'un produit tout-à-fait nul et aujourd'hui en plein rapport.

ESCALANS. Village situé à 12 l. de Mont-de-Marsan. Pop. 700 h. On y trouve une source d'eau minérale.

ESCOURCE. Village situé au centre de vastes landes, à 16 l. de Mont-de-Marsan. Pop. 900 hab. On y voit une fontaine placée sous le patronage de saint Roch, qui attire chaque année, le 16 août, un concours prodigieux d'habitants des communes environnantes, dont les uns viennent boire les eaux soi-disant miraculeuses de la fontaine, et les autres faire des emplettes ou se livrer aux amusements champêtres qu'offre le village d'Escource à cette époque.—*Fabriques* de matières résineuses et de noir de fumée.

FRÈCHE. Village et ancien château, situés à 6 l. de Mont-de-Marsan. Pop. 1,050 h.

GABARET. Petite ville, située à l'extrémité orientale du département, près des confins de ceux du Gers et de Lot-et-Garonne, à 11 l. 1/4 de Mont-de-Marsan. Pop. 900 hab. — Pépinière communale.

GARREIN. Village situé à 7 l. 1/2 de Mont-de-Marsan. Pop. 750 hab.—*Fabrique* de matières résineuses. Carrière de grès fin. — Bonne auberge.

GELOUX. Village situé à 5 l. de Mont-de-Marsan. Pop. 700 hab. — *Fabriques* de poterie.

GLORIEUSE (la). Village situé à 2 l. de Mont-de-Marsan. Pop. 500 h. On y trouve un établissement de bains thermaux.—*Fabriques* de droguets.

GRENADE. Petite ville, bâtie dans une situation agréable, sur la rive droite de l'Adour, à 4 l. de Mont-de-Marsan. ✉ ⚭ Pop. 1,850 hab. C'est la patrie du maréchal Perrignon et du général Durieu. — *Fabriques* d'étoffes de laine, futailles, huile de lin, cuirs, etc.

HONTANG. Bourg situé sur le Ladon, à 5 l. de Mont-de-Marsan. Pop. 1,200 hab.

ICHOUX. Village situé sur un ruisseau qui se jette dans l'étang de Biscarosse, à 16 l. 1/4 de Mont-de-Marsan. Pop. 800 hab. — Mines de fer. Forges et haut-fourneau. Tourbières.

JUSTIN (SAINT-). Bourg situé près de la rive gauche de la Douze, à 6 l. de Mont-de-Marsan. Pop. 1,500 hab.

LABOUHEYRE. Village situé à 14 l. de Mont-de-Marsan. ⚭ Pop. 400 hab. Très-anciennement, ce village était une ville qui portait le nom d'Herbefaverie, où l'on entrait par plusieurs portes en pierres, dont celle du côté de l'est existe encore; l'évêché d'Acqs y fut transféré en 900. Ce n'est plus aujourd'hui qu'un village remarquable par ses jolis jardins, et par un télégraphe qui correspond avec Pissos et Escource.

MONT DE MARSAN.

LABRIT, autrefois **ALBRET**. Village situé au milieu des landes, à 7 l. 3/4 de Mont-de-Marsan. Pop. 750 hab. C'était autrefois une ville assez considérable, chef-lieu du duché-pairie d'Albret, érigé en 1556 par Henri II en faveur d'Antoine de Bourbon, père de Henri IV, qui le réunit à la couronne. Louis XIV céda ce duché au duc de Bouillon en 1651, en échange de la principauté de Sedan.

Depuis long-temps, l'antique ville d'Albret a disparu dans les grandes landes. Il ne reste plus du château, habité jadis par Henri IV, qu'une forte redoute et quelques fossés.

LUXEY. Bourg situé à 16 l. de Mont-de-Marsan. Pop. 1,600 hab. — *Commerce* de grains, cire, miel, laines, pelleteries, etc. Marchés considérables et très-fréquentés tous les dimanches.

Près de Luxey, dans une lande des plus arides, on remarque le vaste champ de bataille de Capdet, où se voient encore quelques vestiges de redoutes.

MIMIZAN. Bourg situé près des dunes qui bordent l'Océan, à l'extrémité méridionale de l'étang d'Aureillan, et à 25 l. 3/4 de Mont-de-Marsan. Pop. 600 hab.

Mimizan était autrefois une ville maritime que les sables de la mer ont fini par détruire : quelques chartes et des fragments historiques conservent le souvenir du port et de la ville, aujourd'hui représentée par quelques maisons groupées près d'une vaste église de construction gothique, qui faisait partie d'une abbaye de bénédictins, construite sous la domination anglaise avec des matériaux étrangers au territoire : cet édifice n'a de remarquable que le portail, décoré de figures bizarres. Le port existait, dit-on, au couchant du monastère, dans l'espace occupé maintenant par la dune d'Udos : il est encore parfaitement dessiné, disait M. Thore en 1810. Son existence ne saurait être contestée, puisqu'elle est prouvée par la présence des carcasses de navires que la mer découvrit, il y a quelques années, à la suite d'une violente tempête, mais qui furent bientôt recouvertes par de nouveau sable. Il était situé à l'embouchure de l'étang, qui était encore très-large et très-profond il y a deux cents ans, à en juger par l'Atlas de Blaeu et le Théâtre des Gaules. C'est à Mimizan et dans les communes environnantes que l'on peut voir, dans toute leur horreur, ces immenses amas de sables connus sous le nom de dunes.

Fabriques de matières résineuses. Pêche du poisson de mer et d'étang. La navigation est réduite à trois ou quatre pinasses de pêche, ayant rôle d'équipage de la marine.

MONT-DE-MARSAN. Jolie petite ville, chef-lieu du département. Tribunal de première instance. Société d'agriculture, commerce et arts. Collége communal. ✉ ⚘ Pop. 3,774 hab.

L'origine de Mont-de-Marsan remonte au commencement du règne de Charlemagne ; plusieurs chartes écrites en langue romane font remonter cette origine à 768. La ville fut rebâtie en 1140 par les soins de Pierre Labaner, un de ses anciens souverains, prince législateur et philosophe qui, dans un siècle où l'ignorance et les préjugés tenaient les hommes à la chaîne, créa des institutions utiles, et fit des lois sages qu'il consigna dans ses chartes. En 1560, Montgommery s'empara de Mont-de-Marsan par escalade, et souilla sa victoire par des cruautés. Cette ville passa dans la maison de Bourbon par le mariage de Jeanne d'Albret avec Antoine de Bourbon, père de Henri IV.

La ville de Mont-de-Marsan est bâtie en amphithéâtre, dans une plaine sablonneuse et bien cultivée, sur la Douze et le Midou, dont la réunion forme la rivière navigable de la Midouze ; un beau pont traverse cette dernière au port, en face la place du Commerce ; un deuxième pont d'une seule arche est jeté sur le Midou, et trois autres ponts traversent la Douze. Les rues sont généralement propres, bien percées, et ornées d'un grand nombre de fontaines publiques ; la rue Royale, qui conduit en droite ligne de l'église paroissiale au port, est surtout remarquable par sa régularité. A l'exception de celle de Saint-Roch, les places publiques sont petites et peu régulières.

Quoique peu populeuse, et l'un des moindres chefs-lieux de préfecture du royaume, cette ville s'est considérablement accrue et embellie depuis quelques années. C'est principalement à la navigation de la Midouze qu'elle doit son grand commerce et sa prospérité toujours croissante, qui se manifeste par ses magnifiques avenues, son beau pont, ses rues larges et droites, ses maisons propres et bien bâties, même par ses édifices publics, au nombre desquels on distingue l'hôtel de la préfecture, le palais de justice, la maison de détention, l'hospice et les casernes. En y arrivant par sa belle avenue de chênes antiques ; en y entrant par sa belle rue Royale ; en traversant une autre rue non moins belle, très-marchande et pourvue de tous les objets de luxe, on pourrait se croire dans une ville de premier ordre, tandis qu'on n'est réellement que dans la capitale du plus grand désert que renferme la France.

On ne peut passer à Mont-de-Marsan sans être frappé de la beauté du sexe de cette ville : les tailles y sont petites, mais bien prises ; les figures presque toujours gracieuses, souvent jolies, quelquefois charmantes; elles sont merveilleusement relevées par un fichu blanc ou rouge, placé avec art autour de la tête. Cette coiffure, aussi simple que propre et élégante, est celle des simples ouvrières et des servantes basquaises. Dans les autres classes, la jeunesse et la beauté des femmes ressortent on ne peut mieux sous les capotes, de couleur ordinairement brune, qui forment leur déshabillé du matin. C'est au spectacle, c'est dans les salons et les bals, qu'elles étalent la richesse de leurs toilettes ; c'est là, c'est le soir qu'on les admire; mais c'est le matin qu'on les aime; c'est sous la coiffure modeste de cette époque de la journée que leurs grands yeux noirs laissent échapper des regards contre lesquels un jeune voyageur doit mettre son cœur en garde.

Outre les édifices dont nous avons fait mention précédemment, on remarque à Mont-de-Marsan un collège, une petite bibliothèque de dix à douze mille volumes, et une petite salle de spectacle. Cette ville possède aussi une pépinière départementale servant de promenade publique; une autre promenade, dite le Jardin de la Vignotte; un établissement d'eaux thermales, et plusieurs établissements de bains publics, dont font usage les habitants de toutes les classes, ce qui prouve moins leur luxe que leur extrême propreté.

Industrie. Fabriques de draps communs, couvertures de laine, toiles à voiles. Tanneries.

Commerce. Le commerce principal de Mont-de-Marsan consiste dans l'expédition à Bayonne des vins et eaux-de-vie d'Armagnac. Pendant la guerre maritime, cette ville acquit un degré d'importance et d'activité, en servant d'entrepôt entre Bordeaux et Bayonne, au moyen de la Midouze et de l'Adour, qui établissent ses relations nautiques avec ce dernier port, et de la Garonne qui, recevant les marchandises à Langon, les transporte à Bordeaux.

A 28 l. de Bordeaux, 29 l. de Bayonne, 190 l. de Paris. — *Hôtels* des Ambassadeurs, de la Couronne, des Diligences.

MOUSTEY. Bourg situé sur le Leyre, à 20 l. de Mont-de-Marsan. Pop. 775 hab. *Fabriques* de noir de fumée et de matières résineuses. Verrerie. Au lieu dit de Campost, mine de fer et carrière de pierres à bâtir.

MURET et **SAUGNAC.** Village situé sur le Leyre, à 22 l. de Mont-de-Marsan. Pop. 1,550 hab. — Verrerie. Lavoirs de laine. Carrière de pierres à bâtir.

NONÈRES. Village situé à 1 l. de Mont-de-Marsan. Pop. 400 hab.

Ce village possède un des plus beaux établissements agricoles du département, formé par M. Matthieu, agronome distingué, auquel on doit le desséchement d'une grande étendue de marais et le défrichement de plusieurs hectares de landes, qu'il a métamorphosés en prairies fertiles, en champs productifs et en beaux jardins.

ONNESSE. Village situé à 15 l. de Mont-de-Marsan. Pop. 600 hab. On y trouve une source d'eau minérale ferrugineuse froide, et, ce qui est assez rare dans cette contrée, d'excellentes auberges.

OREILHAN. Village situé sur le bord occidental de l'étang de son nom, à 23 l. 1/2 de Mont-de-Marsan. Pop. 250 hab. L'étang d'Oreilhan renferme deux petites îles, dans l'une desquelles on remarque les ruines de l'ancien château de Hon.

PARENTIS. Bourg situé sur le bord oriental de l'étang de son nom, à 24 l. de Mont-de-Marsan. Pop. 1,700 hab. — *Fabriques* de matières résineuses. Forge et haut-fourneau. — *Commerce* de grains, laines, résine, etc.

PARLEBOSCQ. Village situé à 12 l. 3/4 de Mont-de-Marsan. Pop. 250 hab. On y remarque un château fort agréable, environné de jardins, renfermant une belle collection de plantes exotiques.

PISSOS. Bourg situé près de la rive gauche du Leyre, à 15 l. de Mont-de-Marsan. Pop. 1,930 hab. — *Fabriques* de poterie. Haut-fourneau. — *Commerce* de grains, vins, laines, matières résineuses, cire, miel, pelleteries, etc.

PONTENX. Bourg situé près de vastes marais desséchés, à 22 l. de Mont-de-Marsan. Pop. 1,100 hab. — *Fabrique* de noir de fumée. Forge et haut-fourneau. Il s'y tient six foires par année ; c'est à celle de juillet que les négociants de six lieues à la ronde fixent le prix des laines.

L'ARBRE DU PRESBYTÈRE.

Aux environs de BOURICOS, on remarque une chapelle dediée à saint Jean, près de laquelle est une fontaine dont l'eau passe pour guérir une infinité de maux. Près de là est une fabrique de noir de fumée.

RICHET. Village situé à l. de Mont-de-Marsan. Pop. 300 hab. Verrerie.

ROQUEFORT. Petite ville située sur la Douze, au confluent de l'Estampon, à 5 l. 1/4 de Mont-de-Marsan. ✉ ☞ Pop. 1,600 hab.
Roquefort tire son nom des rochers de tuf entre lesquels elle est bâtie, et qui bordent le double vallon de l'Estampon et de la Douze. Au centre de la ville, on voit les ruines d'un ancien château fort; et dans la partie sud-est, un joli château moderne, propriété de M. Laurence, membre de la Chambre des députés. — *Fabriques* de poterie estimée. Fours à chaux. — *Commerce* de chanvre, laines, cire, miel et bestiaux.

SABRES. Bourg situé sur le Leyre, au milieu des landes et des marais, à 8 l. 1/2 de Mont-de-Marsan. ✉ Pop. 2,500 hab. On y remarque l'église paroissiale, d'une architecture hardie, que l'on présume avoir été bâtie par les templiers; c'est une des plus belles églises de toutes les Landes. — *Commerce* de grains, matières résineuses, pelleteries, laines, cire, miel, farines, etc. — Bonne auberge près de l'église.

SANGUINET. Village situé sur le bord oriental du vaste étang maritime de son nom, à 30 l. de Mont-de-Marsan. Pop. 900 hab. — *Commerce* de poisson.

SORE. Bourg situé dans un territoire qui produit d'excellents vins, à 12 l. 1/2 de Mont-de-Marsan. Pop. 1,750 hab. On y remarque une belle fontaine, connue sous le nom de fontaine de Buren. — *Fabriques* de poteries. Verreries. Vastes tourbières.

UCHAC. Village situé au milieu de vastes landes et de marais incultes, à 1 l. de Mont-de-Marsan. Pop. 650 hab. — Carrières de grès.

VILLENEUVE-DE-MARSAN. Jolie petite ville, située sur la rive gauche du Midou, au milieu de landes rendues fertiles, à 5 l. de Mont-de-Marsan. ☞ Pop. 1,650.—*Fabriques* de droguets et de grosses étoffes de laine. — *Commerce* de grains, vins, eaux-de-vie, merrain, etc.

YGOS. Village situé à 6 l. de Mont-de-Marsan. Pop. 1,250 hab. Sur plusieurs points de cette commune, on remarque les ruines d'anciens châteaux, détruits lors des guerres de religion.

ARRONDISSEMENT DE DAX.

BIAUDOS. Village situé à 8 l. de Dax. ☞ Pop. 800 hab.

BUGLOSE. Bourg situé à 2 l. de Dax. Pop. 1,100 hab. — Fonderies de cire brute. Lavoirs de laines. — *Commerce* de cire, laines, plumes, pelleteries, etc.
Buglose est le lieu de naissance de saint Vincent de Paul. Une chapelle abandonnée occupe aujourd'hui l'emplacement de la chaumière où il reçut le jour; non loin de là est un vieux chêne, désigné sous le nom de l'arbre du presbytère, sous l'ombrage duquel ce bienfaiteur de l'humanité vint souvent se livrer à de pieuses méditations. (*Voy. la gravure.*) Saint Vincent de Paul naquit en 1567 : ses principaux titres à la vénération publique sont la fondation de l'institution des filles de charité destinées à soigner les malades, de l'hôpital des Enfants trouvés, de Bicêtre, de la Salpêtrière, de la Pitié, de celui de Marseille pour les forçats, de Sainte-Reine et du nom de Jésus. Il mourut en 1650, et fut canonisé par Clément XII en 1737.

CAP-BRETON. Bourg maritime situé près de l'Océan, dans un territoire fertile en vins estimés, mais à proximité de vastes marais qui en rendent l'air malsain. A 8 l. 1/2 de Dax. Pop. 920 hab.
Cap-Breton, qui n'est plus aujourd'hui qu'un bourg, fut autrefois une ville très-considérable, si l'on en juge par son enceinte, par le grand nombre de maisons désertes ou habitées qui le composent, et par celles qui n'offrent que des ruines et qui sont disséminées sur une assez vaste étendue. Tout porte à croire que cette ville dut sa prospérité au changement qu'éprouva, en 1360, le cours de l'Adour, dont le lit, obstrué par d'immenses tas de sable apportés par les vents et la mer qu'agitait une violente tempête, fut obligé de se détourner

à droite, et d'aller se jeter dans la mer à sept lieues de son ancienne embouchure, entre le Vieux-Boucaut et Messanges. Des dunes séparent aujourd'hui le bourg de Cap-Breton de la mer, qui n'en est éloignée que d'un quart de lieue : de petites embarcations viennent aborder en face. Jadis ces dunes n'existaient point ; elles occupent la place d'un port assez vaste et qui était toujours rempli de vaisseaux (on comptait cent capitaines de navires en 1690 ; il n'y en avait qu'un seul en 1824). La principale partie du commerce de Bayonne se faisait alors à Cap-Breton, et cet état de choses dura jusqu'en 1579, époque où l'ingénieur Louis de Foix reporta l'embouchure de l'Adour près de Bayonne.

A une demi-lieue de Cap-Breton, on trouve la dune de Branères, d'où l'on découvre toute la côte, depuis Saint-Jean-de-Luz jusqu'à la montagne de Seignosse. La vue est encore plus étendue de la dune du Pey, d'où l'on aperçoit neuf villages, disséminés au milieu de plaines immenses.

Fabriques de fécule de pommes de terre. — *Commerce* de vins, liège, matières résineuses, cire, gibier, poisson de mer et d'étang, bois de chauffage et de charpente, planches, charbon, etc.

CASTETS. Bourg situé dans un riant vallon, sur la rivière de la Palue, à 5 l. 1/2 de Dax. Pop. 1,500 hab.

Ce bourg possède une fontaine d'eau minérale ferrugineuse, d'une intermittence remarquable. L'église paroissiale, de construction gothique, passe pour avoir été élevée par les Anglais.

DAX. Ancienne et jolie petite ville, chef-lieu de sous-préfecture. Tribunal de première instance. Collège communal. Société d'agriculture. Pop. 4,716 hab.

Dax est l'ancienne *Aquæ Tarbellicæ*, jadis capitale des Tarbelliens, peuples les plus illustres de l'Aquitaine. Elle fut ensuite soumise aux Romains, qui joignirent à ses noms celui d'*Augustæ*. Dans la notice des provinces de la Gaule, cette ville est appelée *Civitas Aquentium*, et placée immédiatement après la métropole de la Novempopulanie. Elle était alors bien plus considérable qu'aujourd'hui ; plusieurs écrivains prétendent même que son nom *Aquæ Augustæ Tarbellicæ* a fourni à la province celui d'Aquitaine ; mais cette prétention, qui a pu flatter l'orgueil patriotique de quelques habitants, n'est pas soutenable. Lors de la décadence de l'empire romain, les Goths s'en emparèrent. Les Francs, à leur tour, en chassèrent les Goths, et en furent eux-mêmes dépossédés par les Vascons. En 910, elle fut prise et saccagée par les Sarrasins. Les Anglais la conquirent au XIIe siècle, et s'y maintinrent jusqu'au XVe, époque où Charles VII les chassa de la Gascogne.

Dax est située dans une plaine fertile, sur la rive gauche de l'Adour, qui la sépare du faubourg de Sablar, avec lequel elle communique par un pont fort élevé ; c'est une ville assez bien percée, généralement bien bâtie, environnée de fossés, et ceinte de remparts de construction romaine, d'où l'on jouit d'une belle vue sur la campagne environnante : elle renferme un château fort, et l'on y entre par trois portes. Ses principaux édifices sont l'ancien palais épiscopal, occupé aujourd'hui par la sous-préfecture et la mairie ; le palais de justice ; la cathédrale, et la prison. Le séjour en est agréable, et l'on peut s'y procurer tout ce qui est nécessaire aux besoins et aux agréments de la vie. Les femmes réunissent à une taille bien prise un physique extrêmement agréable et beaucoup de graces naturelles.

Plusieurs hommes remarquables ont reçu le jour à Dax. Les principaux sont : Borda d'Oro, naturaliste célèbre, dont la vie entière fut consacrée à de bonnes actions et à d'utiles travaux ; le chevalier Borda, chef d'escadre, auteur de la Théorie des vents, et inventeur du cercle de réflexion qui porte son nom ; Roger Ducos, député à la Convention nationale, membre du Directoire, troisième consul et sénateur ; le général Ducos, frère du précédent ; M. Thore, médecin et botaniste distingué, auteur de la Flore des Landes.

Dax possède de nombreuses sources d'eaux minérales : on en rencontre presque partout, dans quelque endroit que l'on creuse de quatre à dix mètres de profondeur. Ces eaux jouissaient d'une grande réputation à l'époque où les Romains étaient maîtres des Gaules ; une voie militaire conduisait de cette ville à Toulouse. Les sources les plus renommées sont au nombre de quatre : 1° La fontaine de Nesle ou fontaine Chaude ; 2° les sources des Fossés ; 3° les sources des Baignots ; 4° les sources Adouriennes.

La fontaine Chaude paraît avoir été connue bien avant la conquête des Gaules, et il est probable que la réputation de cette fontaine a donné l'existence à la ville. Sa chaleur est de 56 degrés de Réaumur, et

LES BAIGNOIS.

FONTAINE DE DAX.

son évaporation est telle que, dans les matinées fraîches, elle forme un brouillard d'une épaisseur extraordinaire, qui enveloppe quelquefois la ville entière. Cette fontaine se trouve dans l'intérieur et presque au centre de la ville. Le bassin qui en reçoit les abondantes eaux a environ 20 à 25 toises de surface et deux pieds et demi de profondeur; il est toujours plein d'une eau fumante, inodore, insipide, si chaude qu'on n'y peut tenir la main, et si transparente qu'on distingue dans le milieu l'espèce de jet par lequel elle sort perpendiculairement de terre. Ce bassin, de forme pentagonale, est entouré de portiques et de grilles de fer qui en défendent l'entrée; il se vide sans discontinuer par six gros robinets.

L'eau de la fontaine Chaude est employée à presque tous les usages domestiques. On a formé récemment, à peu de distance, deux établissements de bains, dont l'un a reçu le nom de Bains de César. Les sources des fossés de la ville sont extrêmement abondantes; elles sont à découvert dans le quartier Saint-Pierre et peu fréquentées.

L'établissement thermal des Baignots est situé à environ 400 pas de Dax, à l'extrémité d'une belle allée d'ormes qui longe le cours de l'Adour. Un vaste corps-de-logis, destiné aux malades, est séparé des bains et fait face à l'Adour; il renferme trente appartements commodes dans leur distribution, et d'une élégante simplicité dans leur ameublement. Une galerie couverte règne sur toute la longueur du bâtiment et fait face à l'Adour, rivière en tout temps navigable et presque toujours couverte de bateaux; une seconde galerie, semblable et parallèle à la première, règne dans toute la longueur de la façade opposée du bâtiment qui regarde le midi. (*Voy. la gravure*)

La source minérale sourd dans un charmant potager, où l'on trouve des bains et des boues thermales à toutes les températures, depuis 25 jusqu'à 49° du th. de Réaum. On peut aussi prendre des bains de vapeur et des douches.

Les sources Adouriennes se présentent en grand nombre sur le bord de l'Adour. Elles sont très-abondantes; mais jusqu'à présent on n'en a tiré aucun parti.

Saison des eaux. Les eaux minérales de Dax se prennent pendant toute l'année, mais surtout au printemps. On y trouve dans tous les temps les moyens nécessaires pour assurer le mode d'administration.

Propriétés physiques. Les eaux de Dax sont claires, sans odeur, peu agréables au goût, parce qu'elles sont très-chargées de principes minéralisateurs. Leur température varie de 25 à 56 degrés Réaum.

Propriétés chimiques. Outre l'acide carbonique, qui se développe à chaque instant à leur surface, les eaux de Dax contiennent des sulfates de chaux et de soude, des hydrochlorates de soude et de magnésie, et du carbonate de magnésie.

Propriétés médicinales. La température élevée des bains fait qu'ils sont employés avec avantage dans les rhumatismes chroniques, les paralysies, les vieilles plaies, les distensions violentes des ligaments articulaires, les contractions de muscles, et dans toute espèce de difficulté de mouvements.

Mode d'administration. On fait peu d'usage à l'intérieur des eaux de Dax, à cause de leur haute température. Il n'y a qu'une source dont on boive communément. On va surtout à Dax pour y prendre les bains. Les bains et boues des Baignots peuvent être employés dans tous les cas pour lesquels on prescrit les bains et douches de Barèges.

Fabriques de liqueurs fines. Faïenceries. — *Commerce* de vins, liqueurs, grains, légumes, oignons rouges de conserve, jambons dits de Bayonne, qui se préparent à Dax et à Tartas; bois de construction, planches de sapin, matières résineuses, cire, miel, etc. — Dépôt de marchandises qui s'expédient de France en Espagne.

A 14 l. de Mont-de-Marsan, 15 l. de Bayonne, 192 l. de Paris. — *Hôtels* de France, de Saint-Étienne, de la Croix d'or, du Jambon.

ESPRIT (SAINT-). Petite ville maritime, située à l'extrémité sud-ouest du département, sur la rive droite de l'Adour, qui la sépare de Bayonne, avec laquelle elle communique par un long pont de bois. Pop. 5,895 hab.

Le Saint-Esprit n'est, à proprement parler, qu'un faubourg de Bayonne, dont cependant il est tout-à-fait indépendant, puisqu'il n'appartient pas au même département. Il renferme la citadelle, ouvrage de Vauban, qui commande tout à la fois Bayonne, le port, la campagne et une vaste étendue de mer; on y jouit d'un des aspects les plus pittoresques qu'il soit possible de voir.

La population du Saint-Esprit est composée en très-grande partie d'Israélites chassés d'Espagne et échappés aux supplices de l'Inquisition. Repoussés par Bayonne, ils se réfugièrent sur l'autre rive de l'Adour et s'établirent au Saint-Esprit, qu'ils ont vivifié et contribuent à vivifier encore par leur activité mercantile, dirigée en grande partie vers le courtage; ils sont en général sobres, laborieux, et exercent honorablement toutes les professions utiles; ils concourent à faire fleurir le commerce de Bayonne même. Cette peuplade juive, tout agglomérée au Saint-Esprit, est presque tout éparse durant le jour dans les rues principales, les carrefours et la place publique, où elle répand la vie et le mouvement. Les juifs du Saint-Esprit ont trois synagogues : tous les samedis, un rabbin espagnol y vient prêcher en castillan.

GAMARDE. Village situé à 3 l. 3/4 de Dax. Pop. 1,220 hab.

Cette commune renferme une source d'eau minérale saline sulfureuse, connue sous le nom de fontaine de Boucurron. Cette source jaillit au pied d'un coteau de 50 mètres de hauteur, à 3,000 mètres de toute habitation. Une autre source jaillit dans le lit même du Louts, au milieu duquel on a formé un bassin d'eau de trois pieds de diamètre, entretenu avec soin, où l'eau minérale jaillit dans trois ou quatre endroits différents. En 1818, M. le baron d'Haussez, alors préfet des Landes, ordonna l'exécution de travaux nécessaires pour la conservation de ces sources et l'agrément des nombreux étrangers qui les fréquentent à l'approche de l'automne.

L'eau de la fontaine de Boucurron est claire, limpide, et répand une odeur de gaz hydrogène sulfuré. Sa température est constamment de 11 degrés au-dessus de 0 du th. de Réaum.

L'évaporation de 24 kilog. de cette eau a donné pour résidu une substance saline du poids de 2 gros 4 grains, que l'analyse a reconnue être composée des principes suivants :

	Gros.	Grains.
Muriate de magnésie	0	08 1/2
Muriate de soude	0	32
Sulfate de chaux	0	09
Carbonate de chaux	1	13
Substances végétales et soufre.	0	01 1/2
Substances végétales	0	02
Silex	0	06
Perte	0	02
	29	04

On remarque entre Gamarde et Saint-Geours d'Auribat les restes d'un camp romain.

GEOURS-DE-MARENNES (SAINT-). Joli village, situé à 4 l. de Dax. Pop. 1,200 hab. — *Fabriques* de bouchons, colophane, essence de térébenthine, etc. *Commerce* de résine, matières résineuses, liège, etc.

HABAS. Bourg situé à 5 l. de Dax. Pop. 1,830 hab. On y remarque une fort belle halle élevée en 1810. — *Commerce* considérable de bestiaux.

HASTINGUE. Bourg situé à 3 l. 3/4 de Dax. Pop. 891 hab. C'était autrefois une ville forte assez importante.

JOSSE. Bourg situé sur la rive droite de l'Adour où il a un port très-fréquenté, à 4 l. 1/2 de Dax. Pop. 440 hab.

LAURÈDE. Bourg situé à 5 l. 3/4 de Dax. Pop. 900 hab. Cette commune possède une source d'eau minérale sulfureuse, située sur la rive droite du Louts, et très-fréquentée par les habitants des communes environnantes.

LAURENT (SAINT-). Village situé à 7 l. 3/4 de Dax. Pop. 700 hab. On y trouve une source saline dont les eaux sont employées par les habitants aux usages domestiques.

LINX. Bourg situé à 7 l. 1/4 de Dax. Pop. 900 hab.

LIT-ET-MIX. Bourg situé près de l'étang de Saint-Julien, à 10 l. 1/2 de Dax. Pop. 1,200 hab.

On remarque près de Lit, au pied d'une dune de sable, une fontaine d'eau minérale ferrugineuse intermittente, connue sous le nom de Yone, qui sourd dans les sables, et dont les eaux se perdent à vingt pas de là. Cette eau a une saveur sensiblement martiale et légèrement acidule; elle est très-renommée parmi le peuple des environs, qui en fait un fréquent usage.

A Uza, hauts-fourneaux, forges et martinets.

LON (SAINT-). Village situé à 3 l. 1/2 de Dax. Pop. 1,500 hab. — Mine de houille exploitée, découverte en 1828.

MAGESC. Joli bourg, bâti dans une situation agréable, quoiqu'au milieu des Landes, à 4 l. 1/2 de Dax. Pop. 1,400 hab. — *Fabrique* de papier. Scierie hydraulique. Forges.

MESSANGES. Village situé dans un territoire fertile en vins d'excellente qualité, à 8 l. de Dax. Pop. 403 hab. — Culture de l'oignon, des roses de conserve, et du lin propre à faire de la dentelle.

MIMBASTE. Village situé à 3 l. de Dax. Pop. 1,300 hab. On y trouve une source d'eau minérale ferrugineuse.

MONTFORT. Bourg situé sur la rive gauche du Louts, à 4 l. 1/2 de Dax. Pop. 1,720 hab. C'était autrefois une ville forte, où l'on entre encore par deux portes. — *Fabriques* de matières résineuses. — *Commerce* de bestiaux.

ONDRES. Village agréablement situé, près de l'étang de Garros, à 9 l. 1/4 de Dax. ⌘ Pop. 750 hab.

PANDELON. Village situé à 1 l. 1/4 de Dax. Pop. 580 hab. Cette commune possède une source d'eau minérale et une belle habitation qui était autrefois la maison de plaisance des évêques de Dax.

PAUL-LEZ-DAX (SAINT-). Village situé à une 1/2 l. de Dax. ⌘ Pop. 1,720 h. — Forges et hauts-fourneaux.

L'église de ce village est un édifice remarquable, construit en 1441. Le chœur est surtout digne d'attention; il est revêtu d'ornements gothiques en marbre blanc, et offre plusieurs arcades, séparées par des colonnes dont les chapiteaux présentent des figures d'animaux, au-dessus desquelles on a représenté la cène et divers autres sujets de la vie de Jésus-Christ. A l'extérieur, sont les statues en marbre des douze apôtres.

PEYREHORADE. Petite ville, située à 4 l. de Dax. ✉ ⌘ Pop. 2,453 hab. Elle est située sur la rive droite du gave de Pau, qui commence en cet endroit à être navigable, et remarquable par un ancien château flanqué de grosses tours. — Entrepôt des bois de marine des Pyrénées.

PORT-DE-LANNE. Village situé près de la rive droite de l'Adour, que l'on traverse sur un beau pont de bois, à 5 l. 1/4 de Dax. ⌘ Pop. 1,100 hab.

POUILLON. Gros bourg, situé dans un territoire fertile en excellents vins rouges et abondant en châtaignes de primeur, à 3 l. 1/4 de Dax. Pop. 3,136 hab. On remarque aux environs l'ancien château fort de Lamothe, entouré de murs et de fossés.

A peu de distance de ce bourg, on trouve, entre deux chaînes de montagnes, une source d'eau saline thermale très-abondante, qui jouit d'une assez grande réputation et paraît avoir été connue des anciens; elle fournit constamment dix-sept mètres cubes d'eau par minute.

PROPRIÉTÉS PHYSIQUES. L'eau minérale de Pouillon est claire, limpide, pétillante, sans odeur, d'une saveur très-salée, un peu amère et ferrugineuse. Elle dépose sur son passage un sédiment limoneux de couleur jaunâtre. Sa température est constamment de 16° du th. de Réaumur.

PROPRIÉTÉS CHIMIQUES. De diverses analyses des eaux de Pouillon faites par MM. Venel, Mitouart, Costel et Meyrac, il résulte que ces eaux contiennent de l'hydrochlorate de soude en excès, de l'hydrochorate de magnésie et du carbonate de chaux. La grande quantité de bulles et de petits jets qui se dégagent à leur surface, suivis de pétillement, portent à croire qu'elles contiennent de l'acide carbonique à l'état libre.

PROPRIÉTÉS MÉDICINALES. On recommande les eaux de Pouillon dans les maladies chroniques de l'estomac, la jaunisse, les fièvres intermittentes, la chlorose, les rhumatismes chroniques, l'hypocondrie, etc.

On fait usage de ces eaux en boisson, à la dose de deux ou trois verres jusqu'à sept ou huit.

POUY. *Voy.* SAINT-VINCENT DE PAUL.

PRÉCHACQ. Bourg situé à 3 l. 1/2 de Dax. Pop. 590 hab.

Ce bourg possède des eaux minérales sulfureuses froides, et un établissement d'eaux et boues thermales, situé à une 1/2 l. de là, sur la rive gauche de l'Adour : la température des eaux thermales est de 58 degrés du th. de R., mais on la réduit aisément dans le bain particulier au degré nécessaire. Ces eaux sont très-pénétrantes et ont un principe très-volatil; elles passent pour être très-efficaces dans les douleurs rhumatismales, les tremblements, la paralysie, les scrofules, etc. Les boues thermales sont encore plus efficaces que les bains. Les bains de Préchacq, célèbres dans le pays depuis un temps immémorial par les cures surprenantes de plusieurs maladies graves, viennent d'être construits à neuf; on y trouve des logements commodes, pourvus, autant que l'endroit le permet, de tout ce qui peut être utile aux malades.

SAUBUSSE. Joli village bâti en amphithéâtre dans une situation agréable, sur la rive droite de l'Adour, à 3 l. 1/2 de Dax. Pop. 1,000 hab. De la terrasse du château, on jouit d'une vue ravissante sur le cours sinueux de l'Adour, bordé de vastes prairies terminées à l'horizon par la chaîne des Pyrénées.

A un quart de lieue nord-est de Saubusse, sont des eaux thermales et des bains connus sous le nom de Jouanin, dont la température est de 27 degrés du th. de R. Dix-neuf kil. de cette eau ont donné par l'évaporation un résidu pesant 3 gros 34 grains, qui a fourni les principes suivants :

	Gros.	Grains.
Muriate de magnésie........	0	18
Muriate de soude..........	2	30
Sulfate de chaux...........	0	54
Substance savonneuse glutineuse.................	0	4
	3	34

Fabriques d'essence de térébenthine et de matières résineuses de qualité supérieure. Verrerie à bouteilles.

SORT. Village situé à 3 l. de Dax. Pop. 930 hab. Sort possède une fontaine d'eau salée, et des sources d'eau minérale froide qui jaillissent au pied du coteau désigné sous le nom de Lous-Castets. — *Commerce* de bestiaux et de cochons gras.

SOUSTONS. Petite ville située sur le bord oriental de l'étang de son nom, à 6 l. 3/4 de Dax. Pop. 2,500 hab.

TERCIIS. Village situé à 2 l. de Dax. Pop. 550 hab.

Ce village, situé dans un joli vallon arrosé par le Luy, possède un bel établissement thermal, très-fréquenté dans la belle saison. Les étrangers y trouvent des logements commodes, propres, bien meublés et bien distribués, ainsi qu'une nourriture saine, abondante, et des soins assidus. L'édifice thermal est bien conçu et bien exécuté. A l'extérieur, il est régulier et de bon goût. Les eaux minérales sont conduites dans un pavillon partagé en cellules, et se distribuent dans les baignoires, séparées les unes des autres et entretenues proprement. L'abondance des eaux est telle que 18 minutes suffisent pour remplir les deux bassins, qui ont 50 pieds de long sur 2 pieds et demi de large. On y trouve aussi des bains de boues très-efficaces, et des douches ont été établies depuis quelques années.

L'eau thermale de Terciis est claire, limpide, d'un goût fade et d'une odeur légèrement ferrugineuse. Sa température est constamment de 33° du th. de Réaumur. Elle tient en dissolution des muriates de soude et de magnésie, du sulfate de chaux, des carbonates de chaux et de magnésie, et un peu de soufre. On en fait usage en bains et douches dans les paralysies, la sciatique, les maladies cutanées, les engorgements lymphatiques, la suppression du flux hémorrhoïdal, etc.

UZA. *Voy.* LIT.

VIEUX-BOUCAUT (le). Village situé à peu de distance de l'Océan, à 8 l. de Dax. Pop. 280 hab.

Le Vieux-Boucaut, autrefois nommé le Plech ou Port-d'Albret, était anciennement un petit bourg bâti à l'embouchure de l'étang de Soustons. Les pêcheurs n'y avaient pas de résidence habituelle, et ne regardaient ce port que comme un lieu de refuge dans le mauvais temps. Lorsque l'Adour abandonna son ancienne embouchure pour se frayer un passage à sept lieues plus au nord (*voy.* CAP-BRETON, pag. 15), les vaisseaux furent aborder au Vieux-Boucaut, qui s'agrandit considérablement et acquit une importance qu'il perdit en 1579, époque où Louis de Foix reporta l'embouchure de l'Adour au-dessous de Bayonne. Le havre de ce lieu était cependant encore assez fréquenté pendant la moitié du XVIIe siècle; des vaisseaux de guerre y mouillaient souvent. Lors du fameux siège de la Rochelle, les habitants de Vieux-Boucaut envoyèrent à l'armée catholique vingt pinasses et autant de chaloupes. Aujourd'hui ce port est abandonné : les sables l'ont envahi en partie; cependant il aurait conservé une sorte d'importance, si le parlement de Bordeaux ne l'avait en quelque manière anéanti, en empêchant qu'on embarquât aucune marchandise ailleurs qu'à Bayonne, à la Teste-de-Buch et à Bordeaux. La difficulté de la passe, ou le manque d'eau dans ce port, ne sauraient être allégués pour justifier l'arrêt du parlement, puisque, dans les plus basses marées, la mer monte dans le canal de dégorgement de l'étang de Soustons à une hauteur suffisante pour le calage des petits vaisseaux. Le havre est, il est vrai, souvent obstrué, et toute communication se trouve quelquefois interdite aux eaux de l'étang avec celles de la mer; mais la fixation des dunes, hautes dans cet endroit de plus de 60 mètres, aurait pu remédier à ce désavantage.

VINCENT-DE-PAUL (SAINT-), autrefois Pouy, village situé à 1 3/4 de Dax. Pop. 700 hab. On y remarque les ruines pittoresques de l'ancien château de Pouy, dont il reste encore quatre tours, que sa situation sur un plateau élevé rendait jadis très-fort.

VINCENT-DE-TYROSSE (SAINT-). Joli bourg, situé à la jonction des deux routes de Bordeaux à Bayonne, dites des grandes et des petites Landes. ⚒ Pop. 700 h.

ARRONDISSEMENT DE SAINT-SEVER.

AIRE. Ancienne et jolie ville, située à 7 l. 3/4 de Saint-Sever. Évêché. ✉ ⚒ Pop. 3,957 hab.

Aire est une ville très-ancienne, siége d'un évêché érigé dans le Ve siècle : on présume qu'elle fut bâtie par l'empereur Honorius. Alaric II s'en empara au commencement du VIe siècle et y fixa son séjour : on voit encore sur le coteau appelé le Mas-d'Aire quelques restes du palais où ce roi des Visigoths fit publier le code Théodosien. C'était autrefois une place forte entourée de hautes murailles. Les Normands la saccagèrent dans le IXe siècle; les Gascons, les Sarrasins et les Anglais s'en emparèrent tour à tour, et les guerres civiles de religion achevèrent de la ruiner.

Cette ville est située dans un pays agréable et fertile, sur le penchant d'une montagne qui borde la rive gauche de l'Adour, rivière sur laquelle on construit en ce moment un beau pont en pierres de taille. Elle est assez bien bâtie et formée de rues propres et assez belles. On y remarque les bâtiments de l'ancien grand séminaire, où sont établis le collége et une école secondaire ecclésiastique. — *Fabriques* de chapeaux. Tanneries.

AMOU. Joli bourg, situé dans une contrée extrêmement fertile, à 7 l. 1/2 de Saint-Sever. Pop. 2000 hab. Il est assez bien bâti, dans une heureuse position, sur le Luy de Béarn, un peu au-dessus de son confluent avec le Luy de France. On y remarque de vastes places, une fort belle halle, et une belles fontaine qui verse ses eaux par trois tuyaux dans un vaste bassin qui ne tarit jamais; en été, ces eaux sont aussi fraîches que celles des Pyrénées, tandis que dans l'hiver elles sont tièdes, et forment tous les matins une espèce de brouillard qui ne disparaît que bien avant dans le jour. L'église paroissiale est un assez bel édifice d'architecture gothique surmonté d'un clocher qui passe pour le plus beau du département.

A l'extrémité nord d'Amou, on voit un beau château construit sur les dessins de Mansard; et, du côté de l'est, un fort beau camp de forme ovale, fermé tout autour par un fossé et par une terrasse de 25 pieds de haut.

Fabriques de futailles, poterie de terre. Distilleries d'eaux-de-vie. Tuileries. Nombreux moulins à farine, à huile et à tan. — *Commerce* de vin estimé de son territoire, connu sous le nom de vin de la côte de Luy; de grains, maïs, jambons, etc.

ARBOUCAVE. bourg situé à 5 l. 3/4 de Saint-Sever. Pop. 400 hab.

BAIGTS. Village situé à 5 l. 3/4 de Saint-Sever. Pop. 1000 hab.

BASTENNES. Village situé près de la rive droite du Luy de France, à 6 l. 1/2 de Saint-Sever. Pop. 500 hab. On trouve dans cette commune une source d'eau minérale ferrugineuse froide, que Carrère compare pour les principes minéralisateurs aux eaux de Barèges. Près du moulin de Rimbla est une source d'eau thermale sulfureuse, et non loin de là une fontaine très-abondante dont les eaux très-froides roulent quelques paillettes d'argent. — Carrières de grès, falunières renfermant des fossiles curieux, marnières bitumineuses exploitées à Dax.

BERGOUEY. Village situé à 4 l. 1/2 de Saint-Sever. Pop. 420 hab. Il possède une fontaine d'eau thermale sulfureuse dont font usage les habitants des communes environnantes. Vastes carrières de plâtre d'excellente qualité.

BRASSEMPOUY. Bourg situé à 5 l. 1/2 de Saint-Sever. Pop. 1,000 hab.

CARCARÈS. Village situé à 7 l. de Saint-Sever. Pop. 400 hab. On y remarque l'église paroissiale, ancien édifice dont la construction remonte à l'année 810.

CARCEN. Village situé à 7 l. 3/4 de Saint-Sever. Pop. 260 hab. On y trouve une source d'eau minérale, des mines de fer en grain, quantité de fossiles et de vastes tourbières.

CASTELNAU. Village situé près de vastes marais, à 6 l. 3/4 de Saint-Sever. Pop. 590 hab. On y remarque les ruines d'un ancien château fort. — *Fabriques* de paniers.

CASTELSARRASIN. Bourg situé à 7 l. 3/4 de Saint-Sever. Pop. 800 hab. L'étymologie du nom de ce bourg paraît venir d'un ancien château fort bâti dans une position qui paraît inexpugnable, et dont il existe encore des restes imposants.

COUDURES. Bourg situé à 2 l. de Saint-Sever. Pop. 930 hab.

DOAZIT. Bourg situé à 3 l. de Saint-Sever. Pop. 1,500 hab. C'est la patrie du célèbre chimiste Darcet. — *Commerce* de vins et de fruits excellents de son territoire.

DONZAC. Bourg situé à 7 l. 1/2 de Saint-Sever, et remarquable par une belle fontaine. — Éducation des vers à soie.

GAUJAC. Bourg situé à 6 l. 1/4 de Saint-Sever. Pop. 1,018 hab. C'était autrefois une petite ville qui fut détruite par les Sarrasins, et dont il resta à peine quelques traces; elle ne forme plus aujourd'hui qu'un grand village répandu sur un espace considérable. On y voit un château à demi ruiné, remarquable par l'étendue de ses bâtiments.

Gaujac possède une source salée très-abondante, qui jaillit presque perpendiculairement, et dont les eaux, reçues dans un beau bassin, sont employées par les habitants pour remplacer le sel. Près du château est une source bitumineuse. Aux environs, riches minières de bitume dans lesquelles se trouvent des fossiles très-variés.

GEAUNE. Bourg situé à 6 l. 1/2 de Saint-Sever. Pop. 950 hab. C'était autrefois une ville forte, fondée dans le XIIe siècle par un duc de Gascogne. Aujourd'hui, elle ne présente que quelques restes de fortifications qui tombent en ruine. On y remarque une fort belle halle.

HAGETMAU. Petite ville située à 3 l. 1/2 de Saint-Sever. ✉ Pop. 3,050 hab. Elle est bâtie dans une position agréable, sur le Louts, au milieu d'une contrée abondante en gibier à plumes de toute espèce. C'était autrefois une ville forte, qui fut pillée, saccagée et incendiée lors des guerres du comte de Montgommery. On y remarque les ruines d'un magnifique château, où mourut Henri III, roi de Navarre. — *Fabriques* de toiles de ménage et de poterie de terre. Nombreux moulins à huile. Tanneries. — *Commerce* de vins excellents du territoire, de graines, maïs, lin, marrons estimés, ortolans, toiles, cuirs et bestiaux.

Entrepôt de merrain et de cerceaux des Basses-Pyrénées destinés pour Bordeaux.

LOUBOUER (SAINT-). Village situé dans une contrée fertile en vins estimés, à 4 l. 3/4 de Saint-Sever. Pop. 1,150 hab. Il possède un établissement de bains d'eaux thermales sulfureuses, très-fréquenté dans la belle saison par les habitants des cantons environnants. Le bâtiment a été reconstruit à neuf en 1820, et on n'y a rien négligé pour la commodité et l'agrément des malades.

MANT. Bourg situé à 8 l. 1/2 de Saint-Sever. Pop. 800 hab.

MAYLIS. Village situé à 3 l. 1/2 de Saint-Sever. Pop. 490 hab. On y trouve une source d'eau minérale.

MONTAUT. Joli bourg, situé à 8 l. 1/2 de Saint-Sever. Pop. 1,400 hab. Il est entouré de boulevards d'où l'on jouit d'une fort belle vue qui se prolonge jusqu'aux Pyrénées. L'église paroissiale est un édifice qui paraît avoir été construit au IXe siècle.

MUGRON. Jolie petite ville, située au pied d'une montagne, près de la rive gauche de l'Adour, qui y forme un port commode, à 4 l. 1/2 de Saint-Sever. Pop. 2,610 hab. —Éducation des vers à soie. Belle distillerie d'eau-de-vie. — *Commerce* considérable de vins et eau-de-vie.

PIMBO. Bourg situé à 5 l. de Saint-Sever. Pop. 535 hab.

POMMARÈS. Bourg situé à 7 l. 3/4 de Saint-Sever. Pop. 2,070 hab. On y voit les restes d'un ancien château fort. — *Fabriques* de paniers.

PONSON. Village situé à 7 l. de Saint-Sever. Pop. 280 hab. Il possède une source d'eau minérale ferrugineuse dont les habitants font usage avec succès dans diverses maladies.

PONTONX. Joli bourg, bâti dans une situation agréable, sur la rive droite de l'Adour, à 9 l. 1/4 de Saint-Sever. ✉ Pop. 1,200 hab.

RION. Bourg situé dans une contrée malsaine, à 11 l. de Saint-Sever. Pop. 1,350 hab. Il possède une source d'eau minérale ferrugineuse, douée, dit-on, de vertus efficaces, et à laquelle il ne manque peut-être qu'un établissement commode pour acquérir une grande célébrité.

SAMADET. Bourg situé à 4 l. 1/2 de

Saint-Sever. Pop. 1,480 h. — *Fabriques* de faïence et de poterie de terre.

SEVER (SAINT-). Jolie petite ville, chef-lieu de sous-préfecture. Tribunal de première instance. Collége communal. ✉ Pop. 5,494 hab.

Saint-Sever doit son origine à une célèbre abbaye de bénédictins, fondée vers l'an 993, par Guillaume Sanche d'Aragon, duc des Gascons, en actions de grace de la bataille navale où il triompha des Normands, qui avaient tenté de faire une descente dans la Gascogne pour la ravager; victoire que ce duc attribua à l'intercession de saint Sever. C'était autrefois une ville forte, entourée de murailles flanquées de tours dont il reste encore quelques vestiges. Les Anglais s'en rendirent maîtres en 1296, après un siége de trois mois et sept jours, pendant lesquels les habitants souffrirent toutes les horreurs de la famine. Charles VII la reprit vers 1426. Les troupes de la reine Jeanne s'en emparèrent en 1569 et y commirent de sanglantes horreurs pendant l'espace de treize mois, après lesquels Montluc la reprit d'assaut et la délivra du joug des religionnaires.

Cette ville est assez bien bâtie et fort agréablement située, dans une contrée extrêmement fertile, sur la rive gauche de l'Adour. On y remarque le prétoire du tribunal civil; la caserne de gendarmerie; l'hôpital; la prison nouvellement construite, et une magnifique église qui faisait autrefois partie de sa célèbre abbaye. Sur le coteau de Morlane existait autrefois un antique palais construit, dit-on, par César, et désigné sous le nom de *Castrum Cæsaris*, qu'il changea ensuite pour prendre celui de Château de Palestrion. C'est au pied de ce château que saint Sever fut martyrisé par les Vandales en 406. Les environs offrent des promenades spacieuses; les plus agréables sont celles de Morlane et la Mirande.

Patrie du général Lamarque.

Fabriques de faïence, huile de lin. Tanneries. — *Commerce* de grains, vins, eaux-de-vie, eaux minérales, marbre, pierres lithographiques, pierres de taille, grès à paver, plâtre, etc.

A 4 l. 1/2 de Mont-de-Marsan, 14 l. de Pau, 195 l. de Paris.—*Auberge*, La Passade.

TARTAS. Ancienne et jolie petite ville, située à 6 l. 1/4 de Saint-Sever. ✉ ⚜ Pop. 2,562 hab.

Tartas était une ville forte de la Gaule dont on ignore l'époque de la fondation. Quelques auteurs présument qu'elle doit son nom aux anciens *Tarusates*; d'autres croient qu'elle doit son origine aux Gascons, qui la bâtirent après s'être emparés du pays où elle est située, vers le commencement du VIIe siècle. Ce qu'il y a de bien certain, c'est que Tartas était une place forte très-importante dans le XVe siècle. Le captal de Buch et le sénéchal de Bordeaux l'assiégèrent en 1440; le siége dura jusqu'en 1441, et pouvait encore se prolonger long-temps, lorsque les assiégeants et les assiégés, également fatigués, conclurent une capitulation portant que le commandement de la place serait remis au seigneur de Cognac et à Dangerot de Saint-Per, deux chevaliers d'une probité reconnue, lesquels remettraient la ville aux Anglais le 24 juin suivant, s'il ne paraissait une armée capable de la secourir, auquel cas elle serait rendue au seigneur d'Albret. On donna des otages de part et d'autre, et les conditions de la capitulation furent publiées dans toute la France, qui attendait avec impatience l'issue de ce siége, car il était d'une extrême importance de secourir une place dont la perte entraînerait la reddition de toutes celles qui reconnaissaient encore la domination française dans cette province. Voici comment s'exprime à ce sujet l'histoire de Charles VII (liv. 5) : « Les Anglois commençoient tellement à négliger leurs affaires, qu'ils avoient vu tranquillement le roi assembler cette armée sans songer à lui en opposer une. Ainsi, le roi partit de Toulouse le 20 juin 1441, chevaucha tant par ses journées qu'il se trouva en personne, le 24 juin, devant la ville de Tartas, mit sur pied la plus belle armée qu'il eût onques dressée depuis long-temps pour tenir la journée de Tartas. Il y avoit eu outre entre les gens qui accompagnoient noblement le roi, cent soixante barons et baronnets, quatre cents lances, huit mille albalestriers combattants de son royaume; et là, tint le roi la journée, et fut lui et tous ses gens en bataille très-grande et très-belle ordonnance et en grands habillements, de chevaux et harnois couverts de soie et d'orfèvrerie. Le roi tint cette journée hautement et honorablement, et n'eurent de la ville aucun secours des Anglois; qui a le sujet, le seigneur de Cognac et de Saint-Per rendirent les otages, et même le premier suivit le parti du roi, et la ville fut rendue après un siége de neuf mois. » Dupleix assure que la fortune de la France se jouait devant la place de Tartas; et de Serres ajoute qu'il ne s'agissait pas seulement de la réputation du roi, mais du salut du royaume, de secourir cette place. — Dans le XVe siècle, Tartas était de ce côté le principal boulevard des calvinistes, qui y avaient un château fort dont la destruction fut ordonnée du temps des guerres de la Fronde.

Tartas est une ville assez bien bâtie, sur le penchant d'une colline élevée, au pied de laquelle coule la Midouze, qui la divise en haute et basse ville. Elle est environnée de promenades très-agréables, et possède un musée où se trouvent des copies en plâtre d'un assez grand nombre de sculptures antiques.

Fabriques d'huile de lin et de vinaigre. Tanneries. Culture du safran—*Commerce* de grains, vins, eaux-de-vie, safran, fruits délicieux, gibier à poil et à plumes, jambons dits de Bayonne, bois de construction, planches, matières résineuses, etc. — Entrepôt d'une partie du commerce des départements de la Gironde, de Lot-et-Garonne, du Gers, et de la ville de Bayonne. — *Hôtels* de Saint-Étienne, du Lion-d'Or.

VIN DU DÉPARTEMENT DES LANDES.

IMPRIMERIE DE FIRMIN DIDOT FRÈRES,
RUE JACOB, N° 24.

Guide Pittoresque
DU
VOYAGEUR EN FRANCE.

ROUTE DE PARIS A BAYONNE,
TRAVERSANT LES DÉPARTEMENTS

DE SEINE-ET-OISE, DU LOIRET, DE LOIR-ET-CHER, D'INDRE-ET-LOIRE, DE LA VIENNE, DE LA CHARENTE, DE LA CHARENTE-INFÉRIEURE, DE LA GIRONDE, DES LANDES ET DES BASSES-PYRÉNÉES.

DÉPARTEMENT DES BASSES-PYRÉNÉES.

Itinéraire de Paris à Bayonne.

	lieues.		lieues.
De Paris à Tours, voy. Route de Paris à Nantes, 1re, 2e, 3e et 4e Livraisons.		Montlieu........⊠...☞..	4
		Chiersac............☞..	2
De Tours à Montbazon..⊠....☞..	4	Cavignac........⊠...☞..	4
Sorigny..................☞..	2	Saint-André de Cubzac...⊠...☞..	4
Sainte-Maure........⊠...☞..	4	Cubzac..............☞..	1/2
Les Ormes..........⊠...☞..	4	Carbon-Blanc......⊠...☞..	2
Dangé...................	1	Bordeaux..........⊠...☞..	4
Ingrande..............☞..	2	Le Bouscaut..........☞..	3 1/2
Châtellerault......⊠...☞..	2	Castres..........⊠...☞..	3 1/2
Les Barres-de-Nintré....☞..	2	Podensac..........⊠...☞..	1 1/2
La Tricherie...........☞..	2	Cerons..........⊠...☞..	1 1/2
Clan...................☞..	2	Langon...............☞..	3
Poitiers..........⊠...☞..	4	Bazas..........⊠...☞..	4
Croutelle..............☞..	2	Captieux..........⊠...☞..	5
Vivonne..........⊠...☞..	4	Le Poteau............☞..	4
Les Minières..........☞..	3	Roquefort...........☞..	5
Couhé-Vérac......⊠...☞..	2	Caloy................☞..	3
Chaunay...............☞..	2 1/2	Mont-de-Marsan..⊠...☞..	3
Les Maisons-Blanches...⊠...☞..	2	Campagne............☞..	3 1/2
Ruffec..........⊠...☞..	3	Meillan..............☞..	1 3/4
Les Nègres...........☞..	2	Tartas..........⊠...☞..	2 1/4
Mansle................☞..	3	Pontons..............☞..	3
Touriers..............	2 1/2	Dax (Saint-Paul-les-Dax).⊠...☞..	3 1/2
Churet................☞..	1 1/2	Saint-Geours.........☞..	4
Angoulême........⊠...☞..	3	Saint-Vincent de Tirosse.⊠...☞..	1 1/2
Le Roulet..........⊠...☞..	4	Les Cantons..........☞..	2 1/2
Petignac..............☞..	3	Ondres...............☞..	4
Barbezieux........⊠...☞..	4	Saint-Esprit..........☞..	2 1/4
La Groffe..........⊠...☞..	3	Bayonne..........⊠...☞..	1/4

Communication de Poitiers à Niort (DEUX-SÈVRES) et à Bourbon-Vendée (VENDÉE).

	lieues.		lieues.
De Poitiers à Croutelle.......☞..	2	Oulme..........⊠...☞..	5
Lusignan..........⊠...☞..	5 1/2	Fontenay..........⊠...☞..	3
La Ville-Dieu..........☞..	3	Mouzeil.............☞..	3
Saint-Maixent......⊠...☞..	4	Luçon..........⊠...☞..	3 1/2
La Crèche............☞..	2 1/2	Mareuil..........⊠...☞..	2 1/2
Niort..........⊠...☞..	3	Bourbon-Vendée...⊠...☞..	5

20e Livraison. (BASSES-PYRÉNÉES.)

ASPECT DU PAYS QUE PARCOURT LE VOYAGEUR
DE BAYONNE A PAU.

Au sortir de Bayonne, on traverse l'Adour sur un pont de bois d'une grande étendue, qui conduit au Saint-Esprit, petite ville et chef-lieu de canton du département des Landes, considérée comme un faubourg de Bayonne, où est bâtie la citadelle qui défend cette place maritime. Après avoir gravi, par une montée courte et rapide, une petite colline, on laisse, à gauche, le chemin de la citadelle, et, en face, la route de Bordeaux, pour prendre, à droite, celle de Toulouse. Elle est bordée de maisons de campagne dans l'espace d'une demi-lieue, et traverse ensuite une contrée montueuse et couverte de landes. Le premier relais est à Biaudos, village où l'on remarque le beau château de ce nom; une demi-lieue plus loin est celui de Biarotte. A Port-de-Lanne, village bâti dans une belle et riche plaine, on traverse l'Adour sur un pont de bois, à une demi-lieue de son confluent avec le Gave de Pau. Sur un promontoire, au-dessous duquel se réunissent les deux rivières, on voit un des plus beaux châteaux du département, que nous avons décrit à l'article Port-de-Lanne (Landes). La route traverse un pays fertile jusqu'à Peyrehorade, petite ville agréablement située au confluent des Gaves de Pau et d'Oloron : elle est ensuite légèrement montueuse et bordée çà et là de coteaux couverts de vignes. Le Gave, dont on côtoie, à plus ou moins de distance, la rive droite jusqu'à Pau, est bordé de riantes habitations d'une blancheur et d'une propreté remarquables. A Puyos, joli village bâti dans une vaste plaine, on entre dans le département des Basses-Pyrénées. A partir de ce village, le sol est assez uni jusqu'aux environs de celui de Baigt, situé entre la route et le Gave; après il redevient légèrement montueux. Orthez est une ville bien bâtie, dans une situation charmante, sur la rive droite du Gave, au milieu d'un pays de plus en plus agréable et fertile. Cinq lieues plus loin, on trouve Artix; une lieue et demie après, on longe, à droite, le village de Daugin; et deux lieues plus loin encore, on voit, sur la gauche, la petite ville de Lescar. Peu après se présente le joli coteau de Jurançon, au-delà duquel apparaissent le parc et l'ancien château de la ville de Pau, où l'on arrive par la place de la Comédie.

DÉPARTEMENT DES BASSES-PYRÉNÉES.

APERÇU STATISTIQUE.

Le département des Basses-Pyrénées est formé de l'ancienne souveraineté de Béarn, du pays de Soule, de la Basse-Navarre, du Labour et d'une partie de la Chalosse. Il tire son nom de sa position à l'extrémité occidentale des monts Pyrénées. — Ses bornes sont : au nord, les départements des Landes et du Gers; à l'est, celui des Hautes-Pyrénées; au sud, les monts Pyrénées qui le séparent de l'Espagne; et à l'ouest, l'Océan. — Situé entre le 42e et le 46e degré de latitude, ce département devrait être un des plus chauds de la France; mais plusieurs causes concourent à y modifier la température et à la rapprocher de celle des départements du nord, soit en changeant partiellement l'ordre des saisons, soit en faisant succéder trop habituellement des jours froids à des jours chauds, et *vice versâ*, soit enfin en faisant éprouver les quatre saisons dans un jour. Ces effets se rapportent à la proximité et à la hauteur des Pyrénées, autant qu'aux neiges qui les couvrent; à l'abondance des eaux qui, offrant dans une infinité de sources, de marais, de grandes rivières et de ruisseaux, une très-grande surface au calorique, diminuent considérablement la chaleur; au changement fréquent des vents du sud au nord, par l'ouest, ainsi qu'au voisinage de l'Océan. Le vent du sud, qui règne constamment depuis la fin de février jusque vers la fin d'avril, change l'hiver en printemps, et, par un passage subit du plus grand froid à

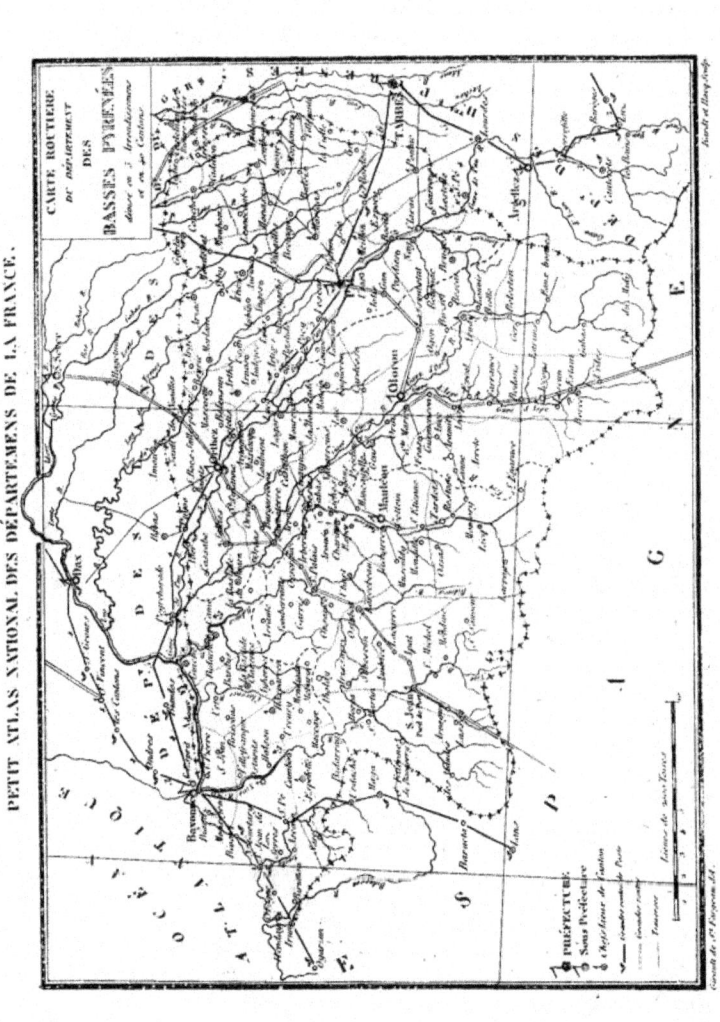

une température plus élevée, est très-nuisible aux vieillards et aux valétudinaires; le vent d'ouest succède périodiquement au vent du sud; il souffle presque sans interruption pendant plus de deux mois; les vents de nord et de nord-est dominent dans l'été et pendant l'automne. Les maladies catarrhales sont très-fréquentes au printemps, et les fièvres en automne. Dans les environs de Pau, l'usage d'un vin très-spiritueux rend les habitants sujets aux hémorrhoïdes. Dans la partie de Narcostet et de Nay, les hommes, et surtout les femmes, sont sujets aux goîtres : chez quelques-unes la glande thyroïde devient si considérable qu'elle excède la grosseur de la tête.

Le territoire de ce département est on ne peut plus varié, et offre les points de vue les plus agréables et les plus diversifiés. Bordé d'un côté par les montagnes des Pyrénées, chargées de neiges une partie de l'année et couvertes d'antiques forêts; baigné de l'autre par l'Océan, il se trouve coupé, dans sa partie méridionale, par différents ordres de collines qui se prolongent plus ou moins sous différents angles. Aux parages maritimes, il réunit des montagnes boisées, des coteaux couverts de vignes qui produisent d'excellents vins, de riches et populeuses vallées abondantes en pâturages, et des plaines fertiles arrosées par les Gaves. Par un contraste frappant, il renferme aussi des landes incultes et sauvages : une bizarrerie non moins choquante a fait cultiver les coteaux, tandis que des plaines très-étendues, et qu'on pourrait rendre fertiles, sont incultes. Les collines qui avoisinent les montagnes sont, pour la plupart, composées de bancs de pierre calcaire; la partie la plus rapprochée de la mer ne présente, en général, que des sables et du gravier; les plaines et les vallées sont principalement couvertes de terres argileuses et marneuses.

Le terroir est généralement sec, naturellement stérile, et ne rapporte qu'à force de travail. Les petites plaines et les vallées produisent du froment, du seigle, de l'orge, du millet et du maïs, dont les habitants font leur principale nourriture; des foins, du lin très-doux et très-fin, qui sert à la fabrique des belles toiles connues sous le nom de toiles de Béarn : on y récolte aussi beaucoup de châtaignes. Les coteaux donnent des vins de bonne qualité. Les montagnes, sur lesquelles s'étendent de bons pâturages, abondent en gibier de toute espèce. Les forêts fournissent des bois de mâture, de charpente et de construction.

De divers points du département, et notamment des hauteurs qui dominent la plaine du Pont-Long au nord de Pau, on a en perspective les monts Pyrénées, qui se présentent sous différents aspects. La grande chaîne de ces monts sépare la France de l'Espagne, et s'étend depuis l'Océan, aux environs de Saint-Jean-de-Luz, jusqu'à Port-Vendres sur la Méditerranée. Cette chaîne se compose, tant du côté de l'Espagne que de celui de la France, de plusieurs rangs de montagnes parallèles, dont la largeur varie de 30 à 40 lieues. Les monts Pyrénées sont, après les Alpes, les montagnes les plus hautes de l'Europe; ils s'élèvent graduellement des rivages de l'Océan jusqu'à la source de la Garonne, et baissent ensuite vers la Méditerranée par une pente peu sensible; leurs cimes les plus élevées sont couvertes de neige une partie de l'année. A la hauteur de 1,200 toises, ces neiges sont permanentes et résistent, à l'est, aux rayons du soleil; mais au nord et à l'ouest elles se fondent presque toujours. Depuis le Marboré jusqu'à la Maladetta, qui est couverte de neige en tout temps, il existe un grand nombre de glaciers, que l'œil exercé reconnaît de loin à leur teinte bleuâtre, à leur coupure nette et aux fentes qui les traversent. — De différents points rapprochés des plaines et des coteaux qui avoisinent les Hautes-Pyrénées, on peut en prendre une vue générale, mais on n'aperçoit que très-superficiellement les gorges qui les sillonnent : la vue ne peut pénétrer jusqu'à ces anfractuosités, jusqu'à ces gouffres, ces écueils qui leur donnent un aspect à la fois terrible et imposant; les pics qui dominent les diverses chaînes sont même en si grand nombre, que l'œil le plus attentif ne saurait les saisir; on ne distingue pas ces lacs nombreux, ces grottes souterraines, ces ponts de neige, ces cascades qui font tour à tour l'admiration des curieux; c'est jusqu'à l'extrémité des vallées qu'il faut pénétrer; c'est sur les grandes sommités qu'il faut s'élever pour jouir pleinement de ces beautés sauvages, de ces jeux de la nature qui étonnent et surprennent agréablement. Rien n'est plus attrayant que l'aspect de ces vallées où l'on trouve des sites tour à tour sauvages et cultivés; tantôt sombres et tantôt riants; ici déserts, là couverts d'habitations. La rudesse des formes de la nature primitive se voit à côté des embellissements qui sont dus à la main de l'homme; près du torrent qui renverse tout ce qui s'oppose à son passage, et qui semble porter dans son sein le ravage et la destruction, circule, avec lenteur et en nombreux méandres, le ruisseau auquel le berger doit la fraîcheur de ses prairies, et où se désaltèrent de nombreux troupeaux; d'antiques forêts, dont l'existence remonte aux premiers âges, couvrent la cime et la croupe des monts; elles servent d'abri au faible arbuste qui croît dans une région moins élevée, et protégent contre les orages, la neige et les vents, l'humble habitation du laboureur. C'est dans les Pyrénées que l'harmonie et les contrastes produisent les plus admirables effets, et jettent les sens dans une sorte d'ivresse. Ce que le pinceau du peintre et l'imagination du poète peuvent présenter de plus enchanteur s'y trouve réalisé.

Le département des Basses-Pyrénées a pour chef-lieu Pau. Il est divisé en 5 arrondissements et en 40 cantons, renfermant 632 communes. — Superficie, 390 l. carrées. — Population, 428,401 hab.

Mœurs et Coutumes. Deux peuples principaux, différents par leur caractère et leur langage, habitent le département des Basses-Pyrénées : les Béarnais et les Basques. Des nuances si marquées les distinguent tellement, qu'ils sont respectivement étrangers les uns chez les autres.

Les Béarnais sont d'une taille peu au-dessus de la moyenne, bien faits et lestes; ils ont en général les cheveux châtains, la peau brune, le regard vif et la physionomie spirituelle : les Béarnaises ont des figures régulières et agréables, peu de teint, mais de beaux traits, et une physionomie généralement noble. Les Béarnais sont fins, dissimulés, méfiants, intéressés, irascibles et jaloux de leur liberté ; c'est un peuple courageux par point d'honneur, prévoyant, propre à tout ce qui demande de l'intelligence et de la souplesse, et dans lequel on remarque un air de fierté, de civilisation et de politesse qu'on ne voit point ordinairement ailleurs. Dans les vallées, il a l'esprit plus délié et un physique plus robuste : il tient à sa religion sans être fanatique ni superstitieux. En général, les mœurs des Béarnais sont douces, même celles des habitants des montagnes : rarement des crimes atroces déshonorent les habitants de cette contrée.

Les Basques occupent un petit territoire divisé en trois contrées, que l'on nomme la Basse-Navarre, la Soule et le Labour; leur langue, qui n'a d'analogie avec aucune langue vivante, paraît avoir été en usage dans toute la péninsule. Les Basques sont moins grands que les Béarnais, mais leur corps est plus vigoureux, leurs muscles plus saillants; ils sont les mieux faits de taille, les plus agiles de corps, et l'on peut dire aussi les plus spirituels et les plus adroits des peuples des montagnes des Pyrénées. Leurs traits sont prononcés et leur physionomie est à la fois douce et fière; bien différents des paysans des autres pays, ils marchent la tête haute et les épaules effacées, et s'inclinent rarement les premiers devant l'étranger qu'ils rencontrent; leur salut a toujours le caractère de l'égalité. Ils sont pasteurs et guerriers, enthousiastes de la liberté, ne s'allient jamais qu'entre eux, et ne permettent aucune innovation dans leur langage ni dans leurs costumes. Braves jusqu'à la témérité, ils ont donné, dans toutes les guerres que nous avons eues à soutenir, des preuves éclatantes de leur courage. L'élévation et la fierté de leurs sentiments leur fait préférer la mort à une mendicité oisive; trop fiers pour tendre la main, s'ils se trouvent dans une nécessité absolue, ils se décident à voler; car quelque horreur qu'ils aient pour le crime, ils partagent l'opinion des Spartiates, de ne mépriser le voleur que lorsqu'il est maladroit. Ennemi de la contrainte, le Basque se roidit contre les menaces et les peines; mais on peut beaucoup sur lui par la douceur et la persuasion. Il est prompt à s'enflammer et facile à s'apaiser ; ennemi implacable, vindicatif, et extrême dans la vengeance; ami fidèle, franc, sincère et infiniment porté à obliger.

Les Basques sont vifs, laborieux, entreprenants, et d'une agilité dans la démarche qui est passée en proverbe : leur costume favorise encore cette légèreté, ou en donne une plus vive apparence. Un petit berret bleu, placé ordinairement sur un côté du front, semble fait plutôt pour orner que pour défendre leur tête du soleil ou de la pluie; il donne ainsi plus de vivacité à leur physionomie. Leur veste, presque toujours jetée sur une épaule, laisse leurs bras nus; leur culotte courte, toujours sans liens au genou, favorise la liberté de leurs mouvements, et laisse souvent paraître, dans une entière nudité, leurs jambes, dont la plénitude des contours et la saillie des muscles annoncent la vigueur. En général, un berret bleu, une veste courte et rouge, un gilet blanc, un mouchoir de soie négligemment noué autour du cou, des culottes d'étoffe blanche ou de velours noir, le tout proprement ajusté, forment leur habillement; ils sont chaussés de souliers, ou de spartilles de cordes, qui rendent le pied sûr et léger. Enfin, une large ceinture de laine rouge ou de soie cramoisie les enveloppe et complète le costume national. Le costume des femmes n'est remarquable que par leur coiffure et par un mouchoir d'un bleu foncé ou d'un blanc éclatant, qui, attaché sur le haut de la tête, flotte derrière les épaules et donne un air piquant d'abandon aux femmes charmantes qui les portent; il semble que c'est la toilette précipitée du saut du lit. Leur sein est comprimé par une brassière qui doit le déformer de bonne heure; mais partout ailleurs se montrent ces contours pleins et potelés qui charment les yeux. Leur démarche est facile, légère, et cela seul indiquerait des formes heureuses et dans une parfaite harmonie. L'éclat de leur coloris, la vivacité de leur regard, leur taille svelte et bien prise, et la grace de leurs mouvements, donnent aux agaçantes Basquaises un charme indescriptible. Celles qui fréquentent les marchés ont toutes les graces de celles qui habitent les villes; elles offrent, dans les rues de Bayonne, un contraste parfait avec les paysannes des landes aux maussades chapeaux de feutre, aux têtes sans expression et sans beauté.

Les Basques aiment les fêtes et les jeux avec passion; la danse et le jeu de paume sont leurs exercices favoris, et ils y excellent; ils tiennent singulièrement aux fêtes locales, et s'y rendent de cinq à six lieues; c'est un supplice pour eux d'en être privés. Les Basques dédaignent la recherche dans leurs logements et dans leur ameublement; ils ne savent vivre que dans les temples, dans les places publiques et dans leur famille; mais leurs habitations sont d'une propreté recherchée; tout y est en ordre et à sa place; tout y est lavé, frotté, essuyé; tout y est brillant d'aisance et de bonheur. En général, ces habitations sont commodément distribuées et très-vastes; car les Basques tiennent beaucoup à ce que, eux, les leurs et jusqu'à leurs animaux, soient à leur aise. La culture de leurs champs se fait remarquer par une grande régularité dans tous les détails; les plus vastes champs sont soignés comme des jardins et des parterres; les intervalles, les alignements, tout semble tracé au cordeau.

MINÉRALOGIE. Indices de mine d'argent. Minerai de cuivre, de fer, de cobalt, de soufre. Carrières d'ardoises, de marbre de toutes couleurs, d'ophite, de granit, d'albâtre, de pierres à bâtir. Tripoli. Marne.

ÉTABLISSEMENTS D'EAUX MINÉRALES à Cambo, aux Eaux-Bonnes, aux Eaux-Chaudes. Sources minérales à Ogen, Escot, Salies, Accous, Sarrance, Boru, Gan, Bedous, aux environs d'Oloron et dans plusieurs autres communes. Sources salées à Salies et à Camou. — Bains de mer à Biarritz.

PRODUCTIONS. Grains de toute espèce, mais en quantité insuffisante pour la consommation des habitants; maïs très-abondant. Châtaignes. Excellents fruits. Très-beau lin. Noix de galle indigènes. — 23,175 hectares de vignes, produisant, année moyenne, 302,600 hectolitres de vin, dont les plus estimés sont ceux de Jurançon, Gan, Monein, Aubertin, Anglet. Le principal commerce s'en fait à Pau et à Bayonne. — 138,881 hect. de forêts (châtaigniers, chênes, pins, sapins), fournissant des bois de mâture et de construction. Grand et menu gibier (chevreuils, lapins, lièvres, ours, isards, grives, ortolans, palombes dont la chasse offre un agréable divertissement). — Chevaux navarreins propres à la cavalerie légère. Mulets. Bêtes à laine et à cornes de petite taille. Porcs de qualité supérieure. — Poisson de mer et d'eau douce (thons, saumons, lamproie, sardines).

INDUSTRIE. Fabriques de toiles de Béarn recherchées, toiles de coton, mouchoirs de couleur, linge de table, couvertures de laine, flanelles, droguets, cadis, cordeillats, capes, étoffes pour capes, bonnets façon Tunis, bonneterie commune, tapis de table et de pieds, chocolats renommés, eaux-de-vie d'Andaye, plumes à écrire, crème de tartre. Filatures de coton. Teintureries. Tanneries, mégisseries et chamoiseries. Papeteries. Distilleries d'eau-de-vie. Faïenceries. Poteries. Trois forges, deux hauts-fourneaux. Construction de navires. Exploitation des carrières de marbre.

COMMERCE de vins, eaux-de-vie, bois et suc de réglisse, chocolat, matières résineuses, peaux préparées, laines fines, cuirs forts, coton filé et teint, planches de sapin, chevaux renommés, mulets, bestiaux, porcs, jambons dits de Bayonne, cuisses d'oies salées, sel blanc recherché, denrées coloniales de toute espèce. Entrepôt de sel. Entrepôt d'un grand commerce avec l'Espagne.

**VILLES, BOURGS, VILLAGES, CHATEAUX ET MONUMENTS REMARQUABLES,
CURIOSITÉS NATURELLES ET SITES PITTORESQUES.**

ARRONDISSEMENT DE PAU.

ASSON. Village situé sur le ruisseau de son nom, à 5 l. 3/4 de Pau. Pop. 2,600 hab. On y remarque des forges considérables, alimentées par l'importante mine de fer de Baburet, située sur la montagne de son nom : on parvient horizontalement à cette mine, extrêmement abondante et exploitée depuis un temps immémorial, par une galerie de 1350 pieds, taillée dans le roc vif à hauteur d'homme. Le minerai est d'une bonne qualité et donne à peu près un tiers de fer.

AURIAC. Village situé à 5 l. de Pau. Pop. 800 hab.

BÉTHARRAM. Calvaire et chapelle célèbres, situés dans une belle vallée, qui forme la communication naturelle des établissements thermaux du département des Basses-Pyrénées à ceux du département des Hautes-Pyrénées. A 6 l. de Pau, non loin du relais de poste de l'Estelle.

La chapelle de Bétharram, dédiée à Notre-Dame, est un charmant sanctuaire, objet de grandes solennités religieuses au 15 août et au 8 septembre. A ces époques, une foule de pèlerins y affluent, venant, les uns par la route de Pau, les autres par celle de Saint-Pé; de chaque côté, deux longues files où l'on voit mêlés les sexes, les âges, les costumes, se croisent, allant et revenant, les habits ornés de festons, les mains garnies de chapelets bénits; tous chemin faisant chantant de vieux cantiques, tantôt en partie simple, tantôt en duo, tantôt en chœurs. L'église est bâtie près du Gave de Pau, que l'on traverse sur un pont d'une seule arche ornée de lierre, au pied d'une colline couverte de chênes; elle est d'une architecture simple, mais régulière, et d'un goût antique : plusieurs statues en marbre décorent la façade; au-dessus du portail est celle de la Vierge. De cette chapelle, près de laquelle on a construit récemment un séminaire, on monte, par un chemin qui serpente en rampe douce, aux neuf chapelles ou stations d'un beau calvaire. Ces chapelles sont ornées des figures de Jésus-Christ, des apôtres et autres personnages de l'Écriture sainte grossièrement sculptés, dans des attitudes plus expressives que gracieuses, et couvertes de couleurs tranchantes. De station en station, les aspects du paysage qu'on a sous les yeux varient et deviennent de plus en plus majestueux : au sommet du calvaire, est une esplanade pratiquée au pied de la croix, d'où l'on jouit d'un point d'optique ravissant; la vue embrasse en panorama le vaste horizon de la plaine et du bassin du Gave d'un côté, et de l'autre, les innombrables accidents que présente la vaste base de l'amphithéâtre des monts Pyrénées, et leurs cimes chenues parmi lesquelles se fait remarquer celle d'Asson. — Un séminaire est établi à l'Estelle.

BIZANOS. Village situé à 1/2 l. de Pau. Pop. 790 hab. — Papeterie.

BRUGES. Bourg situé à 6 l. de Pau. Pop. 1,800 hab. — *Fabriques* de draps. Filatures de laine.

CLARAC. Bourg situé à 4 l. 1/2 de Pau, sur le Gave de ce nom. Pop. 300 hab.

COARRAZE. Village très-agréablement situé dans une belle vallée, au milieu de belles prairies et de vergers, sur la rive droite du Gave, à 4 l. 3/4 de Pau. Pop. 2,320 hab. — *Fabriques* de couvertures de laine et de cappas.

Coarraze est célèbre par l'antique château de ce nom où Henri IV vit s'écouler les premières années de son enfance, et fut préservé de l'éducation efféminée des cours. Il ne reste plus de ce château qu'une tour et l'enceinte d'une cour : le petit château bâti à côté de la tour est moderne ainsi que ses dépendances. Sur l'entrée de l'ancien bâtiment, on lit l'inscription espagnole suivante : *Lo que a de ser no puede faltar* (ce qui doit être, ne peut manquer d'arriver). C'est sur les coteaux déjà assez élevés de ce site enchanteur que le jeune Henri se plaisait à gravir avec ses camarades; c'est près des bords du Gave, dont les eaux offrent la rapidité du torrent, qu'il médita sans doute le proverbe béarnais : *Qui veut aller loin, doit aller vite et ne pas s'arrêter aux obstacles.* C'est au milieu de cette na-

NOTRE DAME DE BETHARRAM.

ture agreste et des bons villageois dont il mangeait le pain bis, l'ail et le lait, que ce prince reçut cette mâle éducation, qui sans doute prépara ses succès militaires.

CONCHEZ. Bourg situé à 11 l. 1/2 de Pau. Pop. 500 hab.

GAN. Village situé dans une contrée fertile en vins renommés, à 2 l. de Pau. Pop. 3,027 hab. Le territoire de Gan produit d'excellents vins blancs, et des vins rouges de la même qualité que ceux de Jurançon, mais beaucoup plus corsés, plus moelleux, et qui se gardent fort long-temps.

GARLIN. Petite ville située à 9 l. 1/4 de Pau. ✉ ☞ Pop. 900 hab.

JURANÇON. Village situé sur un côteau qui fournit les meilleurs vins du département, à 1/2 l. de Pau. Pop. 1,850 hab. Les vins de Jurançon sont de trois sortes : les vins rouges, les vins paillets et les vins blancs. Les premiers ont une belle couleur, du corps, du spiritueux, de la sève et un joli bouquet; les vins paillets, qui proviennent du mélange des raisins rouges et des blancs, sont très-légers, fins, délicats et d'un goût fort agréable; les vins blancs se distinguent par un goût et un parfum approchant de celui de la truffe : ils sont de bonne garde et gagnent à vieillir.

LEMBEYE. Petite ville située dans un territoire fertile en excellents vins blancs, à 7 l. 1/2 de Pau. ✉ Pop. 1,300 hab.

LESCAR. Petite et ancienne ville située dans une belle vallée, sur le ruisseau de l'Herre et près du Gave de Pau, à 1 l. 3/4 de Pau, Pop. 2,100 hab. Elle est bâtie au pied et sur le penchant d'une colline, et se divise en haute et basse ville.

Plusieurs historiens ont cru que Lescar fut bâti sur les ruines de Beneharnum, ville ancienne et considérable, siége d'un évêché, qui fut détruite par les Normands en 845; mais d'Anville a combattu cette opinion, et a prouvé que l'ancienne Beneharnum était située dans les environs d'Orthez. C'est à Guillaume Sanchès, duc de Gascogne, qu'on attribue la fondation de Lescar dans un lieu où il n'y avait qu'une chapelle. Cette ville souffrit beaucoup dans les guerres de religion; le comte de Montgommery saccagea les églises, et détruisit les tombeaux des princes de Béarn, qui avaient leur sépulture dans la cathédrale. Avant la révolution de 1789, il y avait un évêché et une communauté de cénobites qui desservaient un beau collége, dont les bâtiments sont affectés aujourd'hui à une manufacture. — *Fabriques* de toiles, bonneterie en laine. Filatures de coton.

L'ESTELLE. Village situé dans une belle vallée, à 6 l. de Pau et à peu de distance du calvaire de Bétharram. ☞ Pop. 1,000 hab. — Petit séminaire diocésain.

MIREPEIX. Village situé à 4 l. de Pau. Pop. 700 hab. — Papeteries.

MONTANER. Village situé sur le Louet, à 9 l. de Pau. Pop. 900 hab.

MONTAUT. Village situé à 6 l. 1/4 de Pau. Pop. 1,100 hab. — Papeterie.

MORLAAS. Petite ville très-ancienne, située à 2 l. 1/2 de Pau. Pop. 1,500 hab.

Morlaas était anciennement la capitale du Béarn et la résidence des vicomtes de ce pays. Du temps des Romains, il y avait un établissement pour battre monnaie, qui continua de subsister sous la domination des Visigoths, des Francs, des ducs de Gascogne et des vicomtes de Béarn. C'est dans le palais même des vicomtes que la monnaie se fabriquait; ils en réglaient le titre et l'altéraient à leur gré, selon l'usage général de ce temps. La livre de douze onces d'argent s'appelait livre morlane, comme celle de France livre tournois.

Morlaas fut affranchi par Gaston IV, qui y fonda en outre chaque année une course de chevaux où le vainqueur remportait un prix. Cette origine des courses, reproduites de nos jours à Tarbes avec plus d'éclat, est bien antérieure à celle des courses de Newmarket, les plus anciennes et les plus célèbres de l'Angleterre. — *Commerce* de vins.

NAY. Petite ville fort agréablement située à l'extrémité d'une plaine fertile, sur le Gave de Pau et à 4 l. 1/2 de la ville de ce nom. Pop. 3,290 hab.

La ville actuelle de Nay doit son existence aux religieux de Gabas qui, au temps de Gaston IV, dans le XIIe siècle, bâtirent une église dans la plaine de Nay, où avait jadis existé un bourg de ce nom. Plusieurs constructions s'élevèrent autour de cette église, et formèrent par la suite une petite ville qui prit rang en 1302 parmi celles qui devaient être représentées aux états de Béarn. On remarque aux environs les restes du château de Coarraze où fut élevé Henri IV.

Nay est une ville industrieuse qui possède, depuis 1542, plusieurs manufactures de draps et autres étoffes de laine, fondées sous le règne d'Henri d'Albret. C'est la patrie du célèbre métaphysicien Abadie.

Fabriques de draps, cadis, droguets, cordelats, capes, couvertures de laine, tissus de coton, bonneterie en laine, berrets béarnais, bonnets gasquets pour le Levant. Exploitation en grand des carrières de marbre des environs. Tanneries. Teintureries.— *Commerce* de fer, laines, draps, etc. Marché considérable tous les quinze jours pour les bestiaux.

PAU. Jolie ville, chef-lieu du département et siège d'une cour royale d'où ressortissent les départements des Basses-Pyrénées, des Hautes-Pyrénées et des Landes. Tribunaux de première instance et de commerce. Société d'agriculture. Académie universitaire. Collége royal. ✉ ☞ Pop. 11,285 hab.

La ville de Pau doit son origine à un château bâti par un des premiers princes de Béarn, vers le milieu du XIe siècle. Ce prince faisait sa résidence à Morlaas; inquiété par les fréquentes excursions des Sarrazins d'Espagne, qui pénétraient dans ce pays par le passage des Pyrénées, il choisit un endroit propre à la construction d'une forteresse qui servirait à arrêter les courses de ces ennemis audacieux. La partie méridionale de la plaine de Pont-Long lui parut convenable à son projet; elle appartenait aux habitants de la vallée d'Ossau, qui la lui cédèrent, à condition qu'eux et leurs descendants auraient, pendant la tenue de la cour majour (cour souveraine), la première place au haut de la salle du château qui y serait construit. On planta trois pieux sur le terrain choisi pour en marquer les limites, le château fut bâti dans l'endroit où se trouvait le pieu du milieu, et c'est du mot *paon*, qui en béarnais signifie *pieu*, que l'on fait dériver le nom du château, ainsi que de la ville qui fut construite après, laquelle ne commença à prendre quelque extension que vers 1464, sous Gaston IV. Ce roi de Navarre étendit l'enceinte de Pau, et la fit entourer de murs et de fossés; il fit aussi construire une église, et réparer le château. Insensiblement Pau s'agrandit et se peupla. Devenue ensuite la capitale du Béarn, le siège d'un conseil souverain, d'un parlement, d'une académie de belles-lettres, d'un hôtel des monnaies, et d'autres établissements favorables à la population, cette ville était fort importante et prenait encore de l'accroissement dans les derniers temps de l'ancienne monarchie. La révolution arrêta la construction des maisons à demi bâties, empêcha d'achever les plans commencés, et suspendit les différents projets d'embellissement.

La ville de Pau est située à l'extrémité d'un vaste plateau élevé, qui domine une vallée délicieuse où coule le Gave de Pau; les sites qui l'environnent de toutes parts, mais surtout au midi, sont admirables; la perspective des Pyrénées, qu'on aperçoit du château, du pont jeté sur le Gave et de plusieurs autres points, est majestueuse; la vue se promène avec plaisir sur la vallée où s'enfonce le Gave, sur les prairies dont elle est couverte et sur les riches coteaux qui la bordent; au-delà de ces coteaux, s'élève le pic du midi de Béarn qui, par son élévation, domine les plus hautes montagnes sur la ligne centrale desquelles il se trouve placé.

Pau est une ville bien bâtie, bien percée, ornée d'une belle fontaine publique, entourée de promenades agréables, et traversée par les ruisseaux de Hédas et de l'Ousse, qui se réunissent au Gave de Pau : on remarque surtout la grande et large rue qui parcourt cette ville dans toute sa longueur, de près d'une demi-lieue; les rues transversales sont très-courtes, parce que la ville par elle-même est fort étroite. On y remarque quelques édifices publics, tels que la préfecture, le collége et de belles habitations particulières, entre autres les hôtels de Gassion et de Jassel : comme ville parlementaire, elle fut toujours peuplée de gens riches, et l'on trouve dans ses constructions un reste d'opulence que soutiennent encore diverses familles anciennes.

La place Royale fait face à l'église Saint-Louis, non achevée; elle est plantée de beaux arbres, forme une charmante promenade qui s'étend jusqu'au bord du Gave; au centre est une statue pédestre en bronze de Henri IV, élevée sur l'emplacement d'une ancienne statue en fonte de Louis XV : on sait que la demande des citoyens de Pau, qui voulaient placer au milieu de cette place la statue du roi béarnais, fut refusée; par compensation on leur envoya la statue de Louis XV qu'ils ne demandaient point, mystification dont les habitants se vengèrent spirituellement par cette inscription en langue béarnaise, qu'on lisait sur le piédestal :

Celui-ci est le petit-fils de notre grand Henri.

La plus grande et la plus belle place de la ville est celle de la Comédie, qui communique avec un des faubourgs par un court et large pont, jeté sur le profond ravin qui traverse la ville, et la sépare en deux parties inégales d'étendue comme de physionomie.

Nous avons déjà dit un mot des promenades charmantes qui environnent la ville.

Celle de la Plante est un superbe quinconce, dont la plantation est due à la reine Marguerite. Le parc est un bosquet situé sur une éminence qui domine le Gave; il faisait jadis partie du château, et sur ses antiques pentes on voit encore les ruines de Castel Beziat (joli château), que la reine Jeanne avait fait bâtir pour la princesse Catherine; c'est une des promenades les plus agréables qu'il y ait en France, par ses allées, ses beaux arbres, et surtout par ses beaux points de vue.

LE CHATEAU DE PAU, où naquit Henri IV, offre une masse assez considérable par ses tours et ses corps de logis, élevée à l'extrémité occidentale de la ville, sur un rocher taillé à pic qui domine le Gave; sa situation est des plus pittoresques, et le paysage qui l'environne est d'autant plus imposant, qu'au-delà des rives du Gave se dessinent au loin les monts Pyrénées. Il est d'une forme anguleuse, irrégulière, bizarre, et n'offre de remarquable qu'un assez grand escalier en pierre, orné de belles rosaces sculptées, et une superbe terrasse qui règne sur le Gave; on y entre par un pont-levis et par un portail où on lit cette simple inscription: *Château d'Henri IV*. Dans la cour est un beau puits; à gauche est une grande tour, qui servait jadis de prison. Les encadrures des portes et des croisées sont enrichies d'arabesques dans le style antique.

Les appartements, dont on avait fait naguère une caserne, ont été restaurés il y a quelques années; ils se composent, au premier, de l'appartement de Marguerite de Navarre, dont la cour fut si brillante, et de ceux de la reine Jeanne; au second, de la salle du trône des rois de Navarre, et de plusieurs autres appartements.

La chambre la plus intéressante est, sans contredit, celle où est né Henri IV. Sa mère était la célèbre Jeanne d'Albret, fille unique et héritière d'Henri II, roi de Navarre et de Béarn, qui épousa Antoine de Bourbon, duc de Vendôme. Les fruits de cette alliance ne furent pas heureux; deux princes leurs enfants moururent au berceau. Jeanne d'Albret, ayant voulu quelque temps après suivre son époux aux guerres de Picardie, avant son départ le roi son père lui dit que si elle devenait grosse, il voulait absolument qu'elle vînt accoucher à Pau. Suivant le désir de son père, Jeanne étant enceinte et dans son neuvième mois, partit exprès de Compiègne, traversa toute la France, et dans l'espace de quinze jours arriva à Pau. A son retour, le roi lui montra une grosse boîte d'or, entourée d'une chaine de même métal d'une longueur extraordinaire, et dans cette boîte était son testament. Jeanne, curieuse de le voir, lui demanda la boîte; « Elle sera tienne, lui dit-il, dès que tu m'auras montré l'enfant que tu portes; et afin que tu ne fasses pas une pleureuse ou un rechigné, je te promets le tout, pourvu qu'en enfantant, tu me chantes une chanson béarnaise ». Entre minuit et une heure, le 13 décembre 1553, la princesse sentit les douleurs de l'enfantement; lorsqu'elle entendit venir son père, elle se mit à chanter le cantique béarnais qui commence par ces mots: *Noste Dònne deou cap deou pou, adjouda me in aqouesta houra* (Notre Dame du bout du pont, aidez-moi à cette heure). Sitôt qu'elle fut délivrée, le roi lui mit la chaîne au cou, et lui donna la boîte d'or où était le testament: « Voici qui vous appartient, ma fille; mais, dit-il, en désignant l'enfant, ceci est à moi », et il l'emporta dans sa robe de chambre, en s'écriant: *Ma brebis vient d'enfanter un lion*. Henri de Navarre avait fait préparer à l'avance pour le nouveau-né un berceau qui n'avait rien de commun avec les berceaux où les enfants des rois trouvent en naissant un sceptre pour hochet: c'était une vaste carapace de tortue de mer. Il ne souffrit pas que son petit-fils passât ses premières années dans la ville de Pau, où il ne le trouvait pas assez éloigné des courtisans et des flatteurs; il ne le crut en sûreté que dans des lieux où il ne verrait que des forêts, des rochers et des torrents; où il n'aurait pour compagnons des jeux et des plaisirs de son âge que de petits pâtres; où, nourri et vêtu comme eux, à la tête et les pieds nus, il pourrait à leur exemple poursuivre les chamois sur la pointe des rocs et des précipices, se familiariser avec tous les dangers, et braver l'intempérie des saisons. Après la mort du roi de France François II, le roi de Navarre ayant été proclamé lieutenant général du royaume, la mère du jeune Henri, alors âgé de huit ans, vint avec lui à Paris et le fit entrer au collège, d'où il sortit pour être confié aux soins de deux protestants célèbres, la Gaucherie et Florent Chrétien: le premier, au lieu d'étouffer la pensée de son élève sous les rudiments et les grammaires, lui enseigna plus utilement à agir pour jouir, à regarder pour voir, à écouter pour entendre, à faire de ses idées l'image exacte des choses, et de la parole l'image nette et vive de ses idées; le second précepteur, doué d'un sens droit, d'un goût sûr et délicat, préférait, à tout, l'étude de l'histoire et le talent de la parole. L'un et l'autre firent servir à l'instruction du jeune prince les deux meilleurs livres que pouvaient alors offrir pour ce but les bibliothèques royales : les Éléments d'Euclide et les Hommes illustres de Plutarque furent les lectures habituelles d'Henri IV.

On remarque encore à Pau le haras, le beau pont de sept arches, jeté sur le Gave de Pau; la bibliothèque publique, renfermant 18,000 volumes.

Patrie de Henri IV; de J. Gassion, maréchal de France; du vicomte d'Orthez, qui épargna le sang des protestants de Bayonne, à l'époque des horribles massacres de la Saint-Barthélemi; du roi de Suède Bernadotte; du célèbre médecin Antoine Bordeu, etc., etc.

Fabriques de mouchoirs, toiles de Béarn, linge de table renommé. Tapis de table et de pieds. Papeterie. Tanneries. Teintureries.

Commerce de vins renommés, jambons dits de Bayonne, cuisses d'oies, salaisons, marrons excellents, mouchoirs, cotons filés et teints, toiles, fer, etc.

A 30 l. de Bayonne, 10 l. de Tarbes, 205 l. 1/2 de Paris. — *Hôtels* de France, de la Poste, du Grand Cerf, de la Dorade.

PONTACQ. Petite ville située à 7 l. de Pau. Pop. 3,109 hab. — Patrie du général Barbenègre, héroïque défenseur d'Huningue. — *Fabriques* de cordeillats, capes, couvertures, bas de laine, etc,

THÈZE. Village situé à 5 l. 1/2 de Pau. Pop. 850 hab.

ARRONDISSEMENT DE BAYONNE.

AINHOUE. Village situé à 7 l. de Bayonne. Pop. 780 hab. — *Forges.*

ANGLET. Bourg et petit port de pêcheurs situé au bord de l'Océan, à 3/4 de l. de Bayonne. Pop. 2,300 hab.

Ce bourg est bâti sur une plage sablonneuse qui se termine brusquement aux rochers de la Chambre d'amour, dont nous parlerons à l'article BIARRITZ. Son territoire produit des vins blancs très-légers, qui ont un goût sucré fort agréable, lorsqu'on les boit la première année.

ASCAIN. Village situé à 5 l. de Bayonne. Pop. 1,200 hab. Il est bâti sur la rive gauche de la Nivelle, au pied de la montagne de Larhune, et possède une source d'eau minérale ferrugineuse.

BASTIDE DE CLAIRENCE. Petite ville située à 5 l. de Bayonne. Pop. 2,700 hab. On trouve dans ses environs des mines de cuivre jaune et de fer spathique.

BAYONNE. Jolie et forte ville maritime, chef-lieu de sous-préfecture. Tribunaux de première instance et de commerce, chambre et bourse de commerce. Direction des douanes. *Hôtel* des monnaies (lettre L). Place forte de première classe, résidence d'un général commandant. École d'hydrographie de troisième classe. Évêché. ✉ ⚜ Pop. 14,773. (*Établissement de la marée du port, 3 heures 30 minutes*).

La fondation de Bayonne ne paraît pas remonter plus haut que le Xe ou le XIe siècle.

Les évêques de cette ville prenaient dans l'origine le titre d'*Episcopi Lapurdensis*, ce qui a fait conjecturer à plusieurs historiens que Bayonne fut bâtie sur l'emplacement d'un ancien château nommé Lapurdum, détruit depuis long-temps, qui a donné son nom au pays de Labour. Cette ville a eu ses vicomtes particuliers jusqu'à l'année 1193; Jean-sans-terre s'en empara en 1199; les Anglais la réunirent au duché de Guyenne, sous le règne d'Édouard II; mais la ville fut reprise, sous Charles VII, par les habitants, qui obtinrent, entre autres priviléges, le droit de se garder eux-mêmes. Les Espagnols ont tenté deux fois de s'en emparer par surprise, en 1595 et en 1651. — Catherine de Médicis vint à Bayonne en 1565, sous le prétexte d'une entrevue avec sa fille Isabelle, reine d'Espagne, mais réellement pour comploter avec le duc d'Albe l'extermination des protestants, complot qui fut découvert par des lettres interceptées venant de Rome et d'Espagne, mais qui fut enfin exécuté à Paris, le 24 août 1572, pendant la nuit affreuse de la Saint-Barthélemi. Les ordres avaient été envoyés dans les provinces pour continuer les mêmes massacres. Le vicomte d'Orthez, qui commandait à Bayonne, refusa d'être en cette occasion complice des crimes de Charles IX et de sa mère. Il fit au roi cette réponse remarquable : « Sire, j'ai com-
« muniqué le commandement de votre majesté
« à ses fidèles habitants et gens de guerre de
« la garnison; je n'ai trouvé que de bons ci-

Henri IV.

« toyens et fermes soldats, mais pas un bour-
« reau ; c'est pourquoi, eux et moi supplions
« votre majesté vouloir employer en choses
« possibles, quelque hasardeuses qu'elles
« soient, nos bras et nos vies, comme étant,
« autant qu'ils vivront, sire, vos très-hum-
« bles, etc. » Par cette vertueuse désobéis-
sance, la ville ne fut pas souillée de massacres. En 1815, les Espagnols passèrent la
Bidassoa au nombre de 15,000, et firent
une démonstration sur Bayonne; il n'y avait
pas un soldat dans la place : les Bayonnais
coururent aux armes : huit cents hommes de
garde nationale d'élite occupèrent les approches ; trois cents marins, dont quatre-
vingts furent organisés en compagnie d'artillerie, armèrent tous les forts : les hommes
âgés et les vieillards garnirent le camp retranché et les remparts, tous jurèrent de
s'ensevelir sous les ruines de la ville : cette
contenance imposa tellement aux Espagnols,
qu'ils renoncèrent à leur projet. C'est à
Bayonne que, sur la fin du dernier siècle,
fut inventée la baïonnette, arme double-
ment nationale, et par son origine et par
l'emploi que les Français savent en faire.
(*Voy.* SAINT-JEAN-DE LUZ, pag. 14.)

Bayonne est une ville très-avantageusement située, à peu de distance de l'Océan, au
confluent de la Nive et de l'Adour, qui réunissent leurs eaux sous les murs du Réduit;
c'est la seule ville de France qui ait l'avantage d'avoir deux rivières où remonte la marée. La Nive, avant de mêler ses eaux à
celles de l'Adour dans le port même de cette
ville, la divise en deux parties à peu près
égales, désignées sous le nom de grand et
de petit Bayonne, réunies par les ponts
Mayou et Paneco. Ces deux enceintes sont
entourées de beaux remparts flanqués de
bastions et de fossés larges et profonds,
qu'on peut remplir d'eau à volonté : on y
entre par quatre portes. Le grand Bayonne
s'étend sur la rive gauche de la Nive, et
renferme le vieux château ; le petit Bayonne
se prolonge sur la rive droite de la Nive et
la rive gauche de l'Adour, et renferme le
château neuf, flanqué de quatre tours. Un
troisième quartier, que l'on peut considérer
comme faubourg de Bayonne, quoiqu'il n'ap-
partienne ni à cette ville, ni même au département des Basses-Pyrénées, est situé sur
la rive droite de l'Adour; il porte le nom
de Saint-Esprit, et forme une petite ville du
département des Landes, qui communique
avec Bayonne par un beau pont de bois,
sur lequel on traverse l'Adour. C'est au Saint-
Esprit qu'est bâtie la citadelle, qui commande tout à la fois la ville de Bayonne, le
port, la campagne et la mer.

Cette ville est en général fort bien bâtie.
La grande rue où passe la route d'Espagne
est large, bien percée et ornée de beaux
édifices. Mais toutes les autres rues sont
étroites, sans l'être pourtant à l'excès ; ce
qui les rétrécit à la vue est la hauteur des
maisons, élevées de trois ou quatre étages. Ces
maisons sont assez bien construites, les unes
en pierre, les autres en pans de bois. Plusieurs sont bordées d'arcades qui les embellissent, et la plupart ornées de balcons et de
persiennes. La place Grammont, qui donne
d'un côté sur la Nive, et de l'autre sur l'A-
dour et le port, est décorée de beaux édifices ; c'est là que sont réunis, avec la douane
et la salle de spectacle, tout le commerce,
toute l'activité, tout l'agrément de Bayonne.

Le seul édifice public remarquable de
Bayonne est la cathédrale, bâtie sur une
hauteur vers la fin du XIIe siècle : elle est
petite, mais d'une élégante construction gothique.

Les allées maritimes forment une promenade agréable qui ne ressemble en rien à ce
qui existe ailleurs en ce genre ; c'est une espèce de jetée plantée d'arbres, entretenue
et sablée avec beaucoup de soin. L'un des
côtés est bordé de jolies maisons peintes de
diverses couleurs ; de l'autre règne un quai
superbe, où viennent s'amarrer les navires,
et d'où l'on découvre le Saint-Esprit, couronné par la citadelle. Au pied est le chan-
tier de construction appelé le Port, et une
rangée de chais ou magasins. Cette promenade est très-fréquentée et offre un aspect
charmant par la diversité des costumes que
l'on y remarque ; c'est là que l'on peut admirer les aimables Bayonnaises à la physionomie riante, aux yeux vifs et agaçants, à
la taille élégante, à la tournure gracieuse ;
les jolies Basquaises aux tailles sveltes et
bien prises, aux figures vives et piquantes,
à la démarche facile et légère. Il est rare de
trouver dans une grande ville un aussi grand
nombre de femmes attrayantes, et c'est avec
justice qu'on a dit de Bayonne, que :

> Jamais cité n'eut plus de belles ;
> Jamais belles n'ont réuni
> A tant de graces naturelles
> Un art plus simple et plus uni.

Le port de Bayonne est de difficile accès,
à cause d'une barre qui occupe l'embouchure
de l'Adour, et qu'il faut souvent reconn-
naître la sonde à la main ; mais une fois
cette barre franchie, les bâtiments sont en
toute sûreté.

On doit visiter à une lieue de Bayonne le château de Marac, édifice remarquable par son architecture, et célèbre par les événements qui ont donné lieu à la guerre d'Espagne (de 1808 à 1814). Ce château fut construit par l'épouse de Charles II, roi d'Espagne, princesse de la maison palatine de Neubourg, qui alliait à un point extraordinaire la morgue espagnole à l'orgueil germanique : on rapporte que la dame d'honneur de cette princesse ayant eu la maladresse d'entrer la première dans le château de Marac, lorsqu'il fut préparé pour en recevoir la maîtresse, la reine ne voulut plus l'habiter, uniquement par la raison qu'elle n'y était pas entrée la première. — Le château de Marac est construit sur une éminence d'où l'on jouit d'une superbe vue sur la vallée de la Nive ; c'était naguère la propriété de M. Pilot, riche négociant de Bayonne, qui le vendit à Napoléon. Cette belle habitation a été fort endommagée par un incendie en 1825.

Patrie de M. Delaborde, financier célèbre par la protection et les encouragements qu'il prodiguait aux lettres et aux arts ; du lieutenant général Harispe ; de M. J. Laffitte, ancien ministre, nommé député en 1815, et membre, depuis cette époque, de toutes nos assemblées législatives, où il déploya un grand talent dans toutes les questions financières et politiques. L'honorable caractère de cet estimable citoyen, sa bienfaisance et son noble désintéressement sont aussi universellement connus que l'ingratitude dont il fut payé par la plupart de ceux qui lui ont le plus d'obligations.

Fabriques d'eau-de-vie d'Andaye, d'anisette, de chocolat estimé, et de crème de tartre. Corderies pour la marine. Verrerie. Raffineries de sucre. Construction de navires. Armements pour la pêche de la baleine, de la morue et pour les colonies. Grand et petit cabotage.

Commerce de vins. Eaux-de-vie, drogueries, jambons dits de Bayonne (qui se préparent particulièrement à Orthez), denrées coloniales, lin, toiles, laines, goudron, résine, etc. — Entrepôt de denrées coloniales de toute espèce. — Commerce considérable avec l'Espagne : les exportations consistent en toileries, draps, soieries et autres articles des fabriques françaises ; vins, eaude-vie, liqueurs, jambons, matières résineuses, planches de sapin, liège en planches et façonné, peaux d'agneaux, etc. ; les importations comprennent les laines fines, safranum, bois et jus de réglisse, piastres d'Espagne, matières d'or et d'argent, etc.

A 30 l. de Pau, 45 l. de Bordeaux, 198 l. de Paris. — *Hôtels* du Commerce, de Saint-Étienne, du Grand d'Espagne, de Saint-Martin.

BIARRITZ. Bourg maritime situé près de la grande route de Bayonne à Saint-Jean-de-Luz, au bord de l'Océan, qui y forme un petit port, à 1 l. de Bayonne. Pop. 1,000 hab.

Biarritz est renommé pour ses bains de mer, que fréquentent assidûment dans la belle saison les habitants de Bayonne. C'est un spectacle charmant d'y voir, à certains jours, arriver des caravanes de baigneurs et de baigneuses, qui font la partie d'aller se plonger dans la mer. La manière d'exécuter cette promenade est curieuse : on place sur le même cheval ou mulet, de chaque côté du bât, deux petites chaises ou tabourets, sur lesquels, après avoir étendu des tapis plus ou moins élégants, se mettent deux personnes dont le poids s'équilibre au moyen de pierres ajoutées à la plus légère ; l'un des deux voyageurs est le passager, l'autre le conducteur. On trouve de ces équipages, que l'on désigne sous le nom de *cacolet*, au coin des rues et sur les places publiques de Bayonne ; ils y remplacent les fiacres ou les cabriolets de louage, dont on fait usage dans d'autres villes : ce sont presque toujours de jeunes et jolies Basquaises qui conduisent les cacolets.

Le bourg de Biarritz est bâti dans une situation pittoresque, sur des bancs de rochers qui s'élèvent à plus de cent pieds au-dessus du niveau de la mer. La côte est en cet endroit très-enfoncée et la marée y monte très-haut ; les vagues poussées par les vents du nord et de l'ouest, et brisées par les écueils, produisent un fracas épouvantable ; mais ce mouvement tumultueux entretient aux environs une brise légère, qui rafraîchit l'atmosphère, et rend le séjour momentané que l'on fait en ce lieu délicieux, malgré le défaut d'ombrage et de verdure. Le poids et l'agitation continuelle des vagues ont déchiré et creusé de toutes les façons les flancs de la côte, contre laquelle elles exercent leur fureur : de tous côtés on aperçoit des débris de rochers entassés les uns sur les autres et d'un aspect imposant ; les uns ressemblent à des tours antiques ou à des ruines d'édifices ; d'autres à des monts isolés, à des ponts naturels d'une grande hardiesse.

Parmi les grottes nombreuses que l'on rencontre sur cette côte, celle de la Chambre d'amour est la plus vaste et la plus connue : suivant une tradition locale, elle tire son

BIARITZ.

nom du berger Oura et de la bergère Edera son amante, auxquels elle avait offert un refuge contre le courroux d'un père opposé à leur union ; ivres du bonheur d'être ensemble, chacun d'eux ne voyait que l'objet aimé, et ne songeait pas à la marée, dont les flots s'introduisant avec fureur dans la grotte, terminèrent leur existence dans un moment où ils en jouissaient le plus délicieusement. La forme de la Chambre d'amour représente un demi-cercle de 36 à 40 pas de diamètre ; sa plus grande hauteur, à l'entrée, est de 15 à 18 pieds, et cette hauteur diminue graduellement jusqu'au fond de la grotte, où la voûte touche le sol. Au-dessus de l'ouverture croissent une foule de plantes curieuses, telles que le rosier à feuilles de pimprenelle, l'astragale bayonnais, le mufflier à feuille de thym, le lin maritime, etc.

Il n'y a pas à Biarritz d'établissement fixe ; c'est dans une petite anse connue sous le nom de Port-Vieux, sur une belle plage, que l'on se baigne. Là, les personnes des deux sexes, confondues dans la même enceinte, mettent à leurs joyeux ébats une liberté qui n'est pas un des charmes les moins piquants que présentent les bains de Biarritz. On se baigne aussi dans des trous de rochers qu'on appelle bains d'amour : nulle part le terrible golfe de Gascogne n'étant battu par plus de tempêtes, il est arrivé quelquefois que le mouvement rétrograde des flots brisés par le reflux a emporté des baigneuses ; autant de fois de jeunes et vigoureux baigneurs ont volé à leur secours, mais presque toujours sans succès. Le danger est grand ; les exemples sont connus, toutes les mères racontent à leurs filles l'anecdote de la Chambre d'amour et plusieurs autres histoires déplorables ; on écoute, on pleure, et l'on revient aux bains d'amour !

Les habitants de Biarritz sont presque tous pêcheurs et marins intrépides ; ils ont, les premiers avec les habitants de Bayonne et de Saint-Jean-de-Luz, formé des armements pour la pêche de la baleine sur les glaces du Groënland, de Terre-neuve et du Canada.

BIDACHE. Petite ville, fort agréablement située sur la Bidouze qui y est navigable, à 8 l. de Bayonne. Pop. 2,400 hab. — Exploitation des carrières de pierres de taille.

CAMBO. Bourg situé dans un paysage riant et champêtre, à 4 l. 1/2 de Bayonne. Pop. 1,400 hab. Il offre une longue suite de maisons, bâties sur la crête d'un versant rapide qui mène à la Nive, que l'on voit serpenter dans un large et beau bassin.

On trouve à Cambo deux sources d'eau thermale sulfureuse, et une source d'eau minérale ferrugineuse, dont on peut associer l'usage à celui des eaux thermales. Les sources sulfureuses jaillissent sur la rive gauche de la Nive, dans un petit vallon au sud-est de Cambo. Les eaux sont renfermées dans un bassin ou réservoir en forme de trapèze. L'établissement thermal est un édifice construit récemment dans les formes les plus élégantes : une colonnade en péristyle décore la façade et embrasse en demi-cercle les deux côtés ; au milieu est un réservoir qui alimente onze baignoires, disposées à l'entour, qui suffisent aux besoins des malades. L'eau superflue va se rendre dans la Nive.

SAISON DES EAUX. La saison des eaux commence dans les premiers jours du mois de mai, et se prolonge jusqu'à la fin de juin ; elle se renouvelle ensuite le 1er septembre jusqu'à la mi-octobre. C'est à cette époque que le concours des étrangers est le plus considérable : une infinité de personnes s'y rendent de tous les lieux du département et même de quelques provinces de l'Espagne. L'amour, autant qu'Esculape, rassemble surtout dans ce lieu romantique la foule des jolies Bayonnaises. On peut jouir dans la belle saison d'une très-belle chasse aux palombes. La vie est peu coûteuse, les routes superbes.

Napoléon visita Cambo en 1808, et projeta d'y former un établissement thermal militaire, qui devait servir de succursale à celui de Baréges ; 150,000 francs furent affectés à ce projet utile, auquel la chute de l'empire empêcha de donner suite.

PROPRIÉTÉS PHYSIQUES. L'eau thermale de Cambo est claire, transparente ; elle répand une odeur d'hydrogène sulfuré, et son goût est semblable à celui d'œufs couvés. Sa température, beaucoup moins élevée que les autres eaux sulfureuses des Pyrénées, ne s'élève pas au-delà de 18° de Réaumur (21° centigrade). Elle dépose un sédiment ocracé, quand on l'expose à l'air libre.

PROPRIÉTÉS CHIMIQUES. D'après l'analyse de M. Salignac, pharmacien de Bayonne, l'eau de Cambo contient du gaz hydrogène sulfuré, du sulfate de magnésie, de l'hydrochlorate de magnésie, du sulfate de chaux et de l'acide carbonique.

PROPRIÉTÉS MÉDICINALES. Les eaux sulfureuses de Cambo sont apéritives, fortifiantes et légèrement laxatives. Elles conviennent dans les fièvres intermittentes, les pâles couleurs, etc.

MODE D'ADMINISTRATION. Les eaux de Cambo se prennent en boisson et en bains. On les boit à la dose de quatre ou cinq verres.

La source ferrugineuse de Cambo jaillit à une petite distance des sources sulfureuses. L'eau en est claire et limpide ; sa saveur est légèrement astringente ; sa température est de 13° 1/2 de Réaumur. Le carbonate de fer et le carbonate de chaux s'y trouvent contenus en assez grande quantité ; les autres principes constituants sont le muriate calcaire, le muriate de magnésie, le muriate de soude, le sulfate de chaux et la silice.

L'eau ferrugineuse de Cambo s'emploie avec succès dans les maladies chroniques.

ESPELETTE. Bourg situé à 5 l. de Bayonne. Pop. 1,450 hab. — *Commerce* de laines, bestiaux, cire, miel, etc.

GUICHE. Bourg situé à 7 l. de Bayonne. Pop. 1,500 hab.

HARPARREN. Bourg considérable, situé dans un pays fertile et bien cultivé, à 5 l. de Bayonne. Pop. 5,357 hab. — *Fabriques* de cuirs. — *Commerce* considérable de bestiaux. Les marchés d'Harparren sont les plus importants de tout le pays de Labour : on s'y rend des trois cantons basques, et souvent même de la vallée espagnole de Bastan.

HENDAYE ou **ANDAYE.** Bourg situé sur la rive droite de la Bidassoa, près de son embouchure dans l'Océan, à 7 l. de Bayonne. Pop. 400 hab. C'était autrefois une petite ville qui fut prise et saccagée par les Espagnols en 1793 — *Fabrique* d'eau-de-vie d'Hendaye.

JEAN-DE-LUZ (SAINT-). Petite ville maritime, située sur la rive droite de la Nivelle, qui s'y embouche dans l'Océan, à 6 l. de Bayonne. ✉ ⚓ Vice-consulats étrangers. Pop. 2,860 hab.

Saint-Jean-de-Luz était jadis une ville florissante et son port très fréquenté ; mais la violence de la mer dans ce fond du golfe de Biscaye l'expose à de fréquents ravages. En 1777, une tempête affreuse manqua de la submerger et rompit la digue qui la défend contre les vagues. Cette brèche fut réparée ; mais au mois de mars 1782, un ouragan plus terrible encore renversa presque entièrement le quai sur une longueur d'environ 160 toises. La digue fut reconstruite quelque temps après au moyen de pierres énormes, liées entre elles avec de fortes barres de fer, et cependant tout ce travail fut encore emporté par les flots le 21 décembre 1822. Depuis on a fait d'importantes réparations qui paraissent mettre le port de Saint-Jean-de-Luz à l'abri de pareils ravages. Ce port est susceptible de recevoir les plus gros navires, qui malheureusement n'y sont pas en sûreté.

Cette ville est généralement bien bâtie, propre, assez bien percée, et communique par un pont de bois avec le bourg de Sibourre, bâti sur la rive opposée de la Nivelle. Elle est défendue par les forts de Sainte-Barbe et de Soccoa ; près de ce dernier est un phare de troisième ordre, visible à la distance de quatre lieues. Le mariage de Louis XIV avec Marie-Thérèse, infante d'Espagne, y fut célébré en 1660.

Près de Saint-Jean-de-Luz est le camp de la Baïonnette, position dans les Pyrénées où se donna la bataille fameuse par l'invention de cette arme. Les Basques avaient épuisé leurs cartouches ; ne pouvant plus tirer, ils attachèrent leurs couteaux au bout de leurs fusils et taillèrent en pièces les Espagnols : comme cette bataille eut lieu non loin de Bayonne, la nouvelle arme prit le nom de baïonnette.

Pêche de la sardine et du poisson frais. Armements pour la pêche de la morue.

URRUGNE. Bourg situé à 9 l. de Bayonne. ⚓ Pop. 3,067 hab.

URT. Village situé à 4 l. de Bayonne. Pop. 1,500 hab.

USTARITZ. Gros bourg, situé sur la rive gauche de la Nive, à 3 l. de Bayonne. Pop. 1,850 hab. — *Fabriques* d'étoffes de laine. Verrerie. Faïencerie.

Ustaritz est un bourg d'une lieue et demie de longueur, formé de plusieurs bourgades réunies, que l'on nomme quartiers : Arrauntz, Eroritz, Heri-Behère, Pourgonia. Ce bourg a conservé pendant des siècles des prérogatives que la révolution lui a fait perdre ; c'était la résidence d'un grand tribunal de justice civile et criminelle, et c'est là que s'assemblaient, sous le nom de *bilcar*, les états administratifs du Labour. Le bilcar était réellement l'assemblée des propriétaires, des chefs de famille, à la discussion et à la décision de laquelle étaient soumises les questions administratives de toutes les communes du Labour. Le bilcar ne se tenait ni dans un palais, ni dans une enceinte fermée de murailles, mais dans un bois, sur une éminence qui dominait la commune d'Ustaritz : deux quartiers de rochers formaient les siéges du président et du secrétaire ; un autre bloc, dont la surface avait été grossièrement polie, servait de table ; c'est là que s'inscrivaient les délibérations et les arrêts du conseil : les membres composant l'assemblée, debout, appuyés sur des bâtons d'épine, et adossés à de vieux chênes disposés circulairement, avaient autant et plus de respect pour cette enceinte sauvage que les Français de nos jours pour leurs chambres législatives.

ARRONDISSEMENT DE MAULÉON.

ÉTIENNE-DE-BAIGORRY (SAINT-). Bourg situé à 12 l. 1/2 de Mauléon. Pop. 3,463 hab. C'est le chef-lieu du pays de Baigorry, belle vallée arrosée par la Nive et par plusieurs torrents. La commune occupe dans cette vallée près de trois lieues d'étendue et se compose de maisons divisées par groupes, de forges, de cabanes, de granges, dispersées çà et là, et situées depuis les plateaux jusqu'au bord du torrent d'Hourepeteca.

La vallée de Baigorry possède des mines de fer spathique, et une mine de cuivre dont l'exploitation remonte à une haute antiquité, à en juger par quelques médailles qui y ont été trouvées, et sur lesquelles on lit les noms des triumvirs Octave, Antoine et Lépide. — Forges et fonderies.

GARRIS. Bourg situé à 7 l. de Mauléon. Pop. 500 hab.

IHOLDY. Bourg situé à 9 l. de Mauléon. Pop. 1,000 hab.

JEAN-PIED-DE-PORT (SAINT-). Petite ville forte, ancienne capitale de la Navarre. Place de guerre de 4ᵉ classe. ✉ Pop. 1,200 hab.

Saint-Jean-Pied-de-Port doit son nom à sa position au pied des ports ou passage de France en Espagne.

Cette ville est dans une situation pittoresque, sur la Nive, au centre de plusieurs vallons divergents qui pénètrent jusqu'à la frontière. Elle se compose d'un petit nombre de rues étroites, et n'a d'importance que par sa position, qui en fait une des clefs de la France, et surtout par sa citadelle placée sur une hauteur, d'où elle domine les trois gorges par lesquelles on peut arriver d'Espagne. Les environs recèlent des traces de mines d'argent qui furent jadis exploitées.

Aux environs de Saint-Jean-Pied-de-Port, on doit visiter Roncevaux, premier lieu d'Espagne, rendu fameux par la défaite de l'arrière-garde de Charlemagne en 778, où périt le célèbre paladin Roland. Après avoir passé le col couvert d'une épaisse forêt de hêtres, par lequel on pénètre d'un royaume à l'autre, on trouve l'abbaye de Roncevaille, que nous nommons Roncevaux : elle se compose de grands et solides bâtiments, habités par des moines de l'ordre des grands Augustins, qui conservent quelques armes du paladin, entre autres deux boulets de trois pouces de diamètre, attachés par deux chaînons de fer à un manche de deux pieds de long, garni de fer à l'extrémité. Le souvenir de Roland est vivant et glorieux dans ces lieux : c'est dans la plaine, à un quart de lieue au midi de l'abbaye, près du village de Barguette, que se donna la bataille où succomba le preux ; près du lieu dit château Pignon, existe une ruine nommée l'hôpital de Roland, où ce guerrier, blessé mortellement, parvint à se réfugier et rendit le dernier soupir : non loin de là, est une fontaine que les gens du pays regardent comme bienfaisante à cause de Roland.

LARREAU. Village situé près des frontières d'Espagne, à 9 l. de Mauléon. Pop. 950 hab. — Forges.

LICHARRE. Bourg situé à 1/2 l. de Mauléon. Pop. 500 hab.

MAULÉON. Petite ville, chef-lieu de sous-préfecture, dont le tribunal de première instance est à Saint-Palais. ✉ Pop. 1,145 h. Elle est dans une situation agréable, sur le Gave de Gaïson, et se divise en haute et basse ville : la première occupe la pente d'un monticule que surmonte un vieux château ; l'autre est dans la plaine, sur les bords de la route et du Gave.

OSTABAT. Bourg situé à 6 l. 3/4 de Mauléon. Pop. 400 hab.

PALAIS (SAINT-). Petite ville, bâtie dans une charmante situation, sur un coteau élevé, près de la rive gauche de la Bidouze. Tribunal de première instance de l'arrondissement. Collége communal. ✉ Population, 1,350 hab.

TARDETS. Village situé à 3 l. 1/2 de Mauléon. Pop. 500 hab.

ARRONDISSEMENT D'OLORON.

AAS. Village situé à 8 l. 1/2 d'Oloron. Pop. 150 h. On trouve, à peu de distance, l'établissement d'eaux minérales et thermales des Eaux-Bonnes. *Voy.* EAUX-BONNES.

ACCOUS. Bourg situé sur la rive droite du Gave d'Aspe, à 6 l. 1/4 d'Oloron. Pop. 1,600 hab.

Accous possède plusieurs sources d'eaux thermales dont la chaleur est peu élevée; la principale fontaine, nommée Saberlaché, est, selon Bordeu, sulfureuse et ferrugineuse, et s'emploie avec succès contre les rhumatismes.

ARAMITZ. Bourg situé sur la petite rivière de Vert, à 4 l. d'Oloron. Pop. 1,250 h.

ARUDY. Petite ville, fort agréablement située dans un territoire fertile, à 5 l. d'Oloron. ✉ Pop. 1,900 h. Elle est bâtie dans un joli bassin, entouré au nord par une colline semi-circulaire, dont le contour est marqué par les sinuosités du Gave d'Ossau; cette barrière a forcé jadis les eaux à se diriger vers l'ouest, au-dessous du pont Germe, à travers des masses calcaires qu'elles ont profondément creusées, et où elles se précipitent à gros bouillons. Dans le voisinage, se voient de gros blocs de granit, anciennement roulés par les eaux du Gave, des hauteurs de Gabas jusqu'à ce débouché de la vallée. Au sud, le vallon d'Arudy est borné par des rochers de marbre gris, au sein desquels se fait remarquer la profonde grotte d'Espalungue. *Voy.* IZESTE.

Par son heureuse situation au débouché des montagnes, cette petite ville est le centre commercial des vallées et de la plaine; c'est à son marché que les pasteurs des environs viennent échanger leurs laines, leurs bestiaux et leurs autres productions, avec des grains et d'autres denrées de première nécessité dont ils sont dépourvus. — Mégisseries qui rivalisent avec celles d'Hasparren et d'Orthez. Exploitation des carrières de marbre situées aux environs. Papeterie.

BEDOUS. Bourg fort agréablement situé, près de la rive droite du Gave d'Aspe, dans une belle vallée qui forme, en s'élargissant, une grande étendue de paysages agréablement diversifiés. A 6 l. d'Oloron. Pop. 1,100 hab.

BIELLE. Bourg situé sur la rive gauche du Gave d'Ossau, dans un vaste bassin qui offre des aspects magnifiques, à 6 l. 1/4 d'Oloron. Pop. 850 hab. Il est bâti au confluent de l'Arriumage avec le Gave, dont les bords sont couverts de blocs de granit, de pierres ollaires et de serpentines. — Carrières de marbre et d'ardoises; indices de mines de cuivre.

Un peu au-dessous de Bielle, on aperçoit, au-delà du Gave, le joli village de CASTEL, bâti au pied de deux tertres qui s'élèvent au milieu de la vallée, et que décorent pittoresquement, en regard l'une de l'autre, une vieille église et une vieille tour crénelée; ce sont les ruines du Castel-Jaloux, qu'on dit avoir été bâti par Gaston de Phœbus, et où séjournaient quelquefois les anciens vicomtes de Béarn.

BORCE. Village situé sur la rive gauche du Gave d'Aspe. Pop. 850 hab. Il existe sur son territoire une source d'eau minérale ferrugineuse, nommée le Poufrou, dont on fait usage en boissons et sous forme de lotions.

EAUX-BONNES ou **AIGUES-BONNES**, ou **BONNES**. Village du canton de Laruns, commune d'Aas.

Le village des Eaux-Bonnes est situé au fond d'une gorge étroite, à 1 l. sud-est de Laruns [1]. Pour y arriver, on traverse un pont de pierre récemment construit sur le Valentin, torrent dont on côtoie la rive gauche par un chemin montueux, mais facile; ses bords sont couverts d'énormes masses de poudingues, composés de divers cailloux liés par un ciment calcaire. On rencontre une succession de belles cascades, produites, sur divers points du terroir que sillonne le Gave, par la saillie des roches qui ont résisté à son action; de l'autre côté de ce torrent, on remarque plusieurs villages, entre autres ceux d'Assouste et d'Aas, placés en amphithéâtre sur le penchant d'une montagne, dont la base est composée de bancs de chaux carbonatée et de schistes feuilletés. Parmi ces riantes perspectives est celle du château de Livron; près du moulin qui en dépend, est une cascade qui dépose à la surface des rochers sur lesquels elle jaillit des incrustations formées par les parties calcaires que les gouttes vaporeuses de l'eau tiennent en dissolution.

---

[1] Laboulinière, Itinéraire descriptif des Hautes-Pyrénées françaises, t. I, pag. 166 et suiv.

LES EAUX BONNES.

Après ces roches couvertes d'incrustations, la gorge est rétrécie par des mamelons couverts de bois et par d'immenses atterrissements; M. de Castellane, ancien préfet des Basses-Pyrénées, a fait pratiquer au travers une chaussée et un pont sur un petit ravin qui descend du midi; une ouverture dans la roche, et cette belle chaussée ou avenue, ombragée par des arbres majestueux, conduisent au village des Eaux-Bonnes, qui ne se découvre que lorsqu'on est près d'y entrer.

Ce village n'est composé que d'une quinzaine de maisons, dont quelques-unes, nouvellement construites, sont grandes et assez bien bâties. Elles sont adossées de tous côtés au roc, qu'il a fallu faire sauter avec la mine pour se procurer l'espace nécessaire à la construction de l'hôpital, destiné aux militaires qui viennent prendre les eaux. M. le docteur Boin, qui a visité ces thermes il y a peu d'années, comme inspecteur des eaux minérales, en fait la description suivante. « A quelques pas en arrière d'un « grand nombre de maisons rangées autour de « la seule rue qui forme le village, s'élèvent « à pic d'énormes rochers dépouillés; leurs « sommets, cachés dans les nues, forment « l'horizon de l'est à l'ouest, et paraissent « être les barrières du monde; tandis que « l'établissement thermal, appliqué contre la « Butte du trésor, dominée par le Gabison, « semble placé là comme le terme obligé du « voyage. Ce plateau, si resserré sous tous « les aspects, s'ouvre au nord, et s'abaisse « pour se confondre avec une belle et riche « vallée qui reçoit son nom des Eaux-Bonnes. De ce côté le paysage est délicieux. « De vieux chênes, de beaux ormes, des al- « lées d'acacias, des plantations variées et « disposées avec goût, offrent aux malades « de nombreuses promenades et des lieux de « repos ravissants. »

On respire dans l'étroit vallon des Eaux-Bonnes un air tempéré très-convenable aux santés délicates et altérées. Les promenades en labyrinthe, les belles avenues qui embellissent ce séjour, datent de l'administration de M. Castellane; elles ajoutent aux beautés naturelles du voisinage, parmi lesquelles doit être citée l'une des plus jolies cascades des Pyrénées. Elle est formée par un petit torrent, qui, à peu de distance du village, se précipite d'un rocher escarpé dans un gouffre d'où l'air, foulé par la chute d'eau, fait rejaillir à quinze ou vingt pieds de haut une magnifique gerbe d'écume. L'eau, suivant ensuite un plan légèrement incliné, va calmer sa fureur dans un petit bassin en forme de lac, pour reprendre encore de la vitesse jusqu'à un nouveau point de repos, d'où elle s'écoule comme un simple ruisseau. Rien de plus frais que les ombrages qu'on rencontre au-dessus de cette cascade, où la chute du torrent entretient un courant d'air perpétuel, et qui pourrait être dangereux, si on s'y arrêtait trop, ou si l'on ne rétablissait par l'exercice la transpiration supprimée par une atmosphère glaciale. On peut s'y asseoir sur des roches plates en forme de sièges, au pied de superbes hêtres qui interceptent tout-à-fait les rayons du soleil au plus haut de son cours.

Pour s'enfoncer dans la gorge et atteindre les hauteurs, on sort de Bonnes par une avenue d'acacias d'un admirable effet, au milieu des buis et des hêtres séculaires qui ornent les pentes voisines, et s'élèvent de la base au sommet des monts. En remontant aux sources du Valentin, on traverse des solitudes couvertes de bois d'une verdure et d'une fraîcheur admirable, et qui n'offrent que quelques granges pour toute trace humaine. On arrive, par des sentiers plus ou moins escarpés et difficiles, jusqu'aux sommités qui séparent la vallée des Eaux-Bonnes de la vallée d'Azun. Le col de Tortès, qui communique de l'une à l'autre, est assez accessible de ce côté, quoique les approches et les entours aient un aspect repoussant par la nudité des immenses rocs qui forment sa base; on est frappé de l'air de destruction des pics qui le dominent comme d'immenses obélisques déchirés par le temps, et qui menacent le voyageur de la chute de leurs assises en partie détachées. Il faut trois heures de marche pour atteindre ce passage peu fréquenté, d'où l'on parvient, par le revers de la montagne, dans le vallon d'Argelès.

« Aux Eaux-Bonnes, dit un auteur moderne [1], tout se ressent de la nouveauté de la création. Les maisons sont propres, élégantes; les promenades à l'entour bien tracées. Une d'elles serpente sur les flancs du monticule escarpé au pied duquel est l'établissement thermal; c'est ce monticule qui a été nommé la Butte du trésor. Du point de repos au sommet la vue est délicieuse: le regard, dans la direction du torrent, qui semble lutter avec lui de vitesse, jouit du spectacle de la plaine agricole de la vallée d'Ossau, et se repose sur les hautes masses

---

[1] Arbanère, Tableau des Pyrénées françaises.

qui la séparent de la vallée d'Aspe; vers l'est, on découvre les deux gorges sauvages qui mènent dans Azun et au pic calcaire de Ger, qui termine d'une manière grandiose un vallon d'abord riant, et dans lesquelles semble répandu un mystère qui excite le hardi voyageur. Le Valentin, qui s'enfonce brusquement dans les entrailles des monts, offre une multitude de cascades remarquables. Mais si dans ces lieux tous les aspects sont beaux, la nature humaine s'y montre sous les tristes aspects de la décadence et de la douleur. Les établissements thermaux dans les sites riants comme les Eaux-Bonnes, Saint-Sauveur, Cauteretz, font plus péniblement sentir cette discordance entre les malades et le paysage, qui ne semble demander que des heureux aux couleurs rosées, au gai sourire. Peut-être la gaieté du site se communiquait-elle à ce jeune homme pâle et amaigri, qui causait dans la rue avec deux dames placées à la croisée d'un premier étage : tous les trois paraissaient atteints de pulmonie, pour laquelle les Eaux-Bonnes sont spécialement recommandées. L'une de ces dames toussait presque convulsivement à chaque phrase, mais ne paraissait qu'impatiente de recommencer sa conversation; son rire et le discours léger et frivole échappé de ses lèvres flétries étonnaient péniblement l'observateur; le jeune homme, effilé, à la voix caverneuse, était évidemment le plus malade et le plus facétieux. A une question sur sa santé, faite du ton de la plaisanterie, il répondit qu'il allait au mieux, et que par la force de sa constitution il avait fait monter, le matin, le thermomètre de trois degrés dans le bain. Du même ton il parla du wauxhall prochain, des plaisirs qu'il s'y promettait, et le premier mouvement en l'entendant était d'aller le soutenir, tant il paraissait chancelant. Il est ainsi, dans les positions désespérées, une insouciance, effet de l'épuisement de l'âme, qui, après s'être saturée d'angoisses, se lasse de les sentir, oublie le mal, le menaçant avenir, et revient, pour se distraire, aux idées de la gaieté. Dans les ames faibles, cette insouciance est une illusion qu'elles aiment entretenir; dans les ames fortes, elle naît du courage qui donne comme une ivresse dans le danger, une sorte de fièvre morale, qui, comme toutes les fièvres, est la réaction de la vie contre les causes qui la menacent; alors l'extrême énergie produit cette hilarité, ces saillies qui, par le contraste avec la position, ont l'apparence de la folie, et plongent le spectateur dans une profonde stupeur. Ainsi on a vu cette gaieté de désespoir sur les côtes du naufrage, dans l'ombre des cachots, près du tranchant de l'échafaud, et s'exhaler enfin du lit de l'agonie. »

Les sources minérales sourdent au pied de la montagne calcaire au confluent des ruisseaux de la Sonde et du Valentin. Elles sont au nombre de trois. La première, appelée la Vieille, sort d'une grotte qui semble formée par la nature. L'eau est renfermée dans un bassin qui fournit, par un canal pratiqué pour cet usage, non seulement trois bains, mais encore à la boisson par le moyen d'un robinet. La seconde source, nommée la Neuve, est située un peu au-dessous de la précédente, le long du ruisseau de la Sonde. La troisième, appelée source d'Ortechy, est à cent pas environ des autres. Ces trois sources alimentent seize baignoires en marbre.

La découverte des eaux minérales de Bonnes est très-ancienne. Ces eaux acquirent une grande célébrité par les bons effets qu'elles produisirent sur les soldats béarnais blessés à la bataille de Pavie et qui y avaient été conduits par Jean d'Albret, grand-père de Henri IV. Depuis cette époque, elles étaient presque ignorées, lorsque le célèbre docteur Antoine Bordeu et son illustre fils Théophile les mirent en vogue; le second les assimilait, pour leurs qualités douces, onctueuses, balsamiques, à celles de Barèges, après lesquelles il plaçait, sous ces trois rapports, les eaux de Cauteretz et de Luchon; réservant la troisième place à celles de Bagnères-de-Bigorre, comme les plus sèches, les plus dures. Ce grand médecin a contribué beaucoup à la célébrité des eaux minérales des Pyrénées.

SAISON DES EAUX. On prend les eaux de Bonnes depuis le mois de mai jusqu'à celui d'octobre. L'établissement est annuellement fréquenté par près de quatre cents personnes des deux sexes. Les quatorze ou quinze maisons des Eaux-Bonnes renferment environ deux cent trente chambres tant de maîtres que de domestiques.

PROPRIÉTÉS PHYSIQUES. Les eaux à la sortie de la source sont en général claires et limpides; elles charrient pourtant des matières floconneuses d'une couleur blanchâtre, qui se déposent par le repos. Elles pétillent dans le vase qui les reçoit et forment de petites bulles, qui, après bien des mouvements, viennent crever à leur surface. Ces eaux sont grasses, douces et onctueuses au toucher, d'une saveur d'abord aigrelette, puis fade au goût; elles ont une odeur d'œufs cuits durs, bien moins désagréable que celle des œufs couvés. Ce sont les eaux les plus douces des Pyrénées parmi les eaux sulfureuses. La température de la Vieille source est de 26 degrés du thermomètre de Réaumur; celle de la source Neuve est de 24 degrés.

ANALYSE DES EAUX. M. le docteur Poumier, dans l'analyse qu'il a faite de l'eau de la source dite la Vieille, a trouvé que vingt litres de cette eau contenaient, outre le gaz hydrogène sulfuré,

	Gros.	Grains.
Muriate de magnésie.......	0	19 1/2
Muriate de soude.........	0	27
Sulfate de magnésie......	1	6
Sulfate de chaux.........	1	57
Carbonate de chaux.......	0	41 1/2
Soufre..................	0	4
Silice..................	0	4 1/2
Perte..................	0	5
	4	20

PROPRIÉTÉS MÉDICINALES. Les eaux de Bonnes s'emploient avec succès dans les affections chroniques des viscères abdominaux, les fièvres intermittentes rebelles, les maladies de la peau, l'hystérie, l'hypocondrie. Elles sont spécifiques dans les affections catarrhales vulgairement connues sous le nom de rhumes et dans la plupart des maladies chroniques de la poitrine. Théophile Bordeu, riche de son expérience et de celle de son père, regarde les eaux de Bonnes comme un des meilleurs vulnéraires dont on puisse user dans les vieilles plaies; il rapporte des cas où elles ont combattu efficacement des ulcérations fistuleuses au rectum, en les donnant en injections. Ces eaux sont en grande réputation pour les phthisiques des deux sexes, qui y affluent de toutes parts. On y voit une foule de jeunes personnes qui s'y rendent pour arrêter les progrès du marasme : elles se vivifient en quelque sorte dans ces eaux et semblent se relever de leur état de langueur.

Ces eaux sont également propices, comme celles de Cauterez, à la guérison des chevaux, à qui on les donne surtout pour les traiter de la pousse, à laquelle sont sujets particulièrement les étalons (trop nourris sans travail). On en envoie régulièrement plusieurs, chaque année, du haras de Pau.

MODE D'ADMINISTRATION. Les eaux de Bonnes se prennent principalement en boisson. On les administre aussi en injections, en douches et en bains; mais l'eau de la source de la Vieille est si peu abondante, qu'on peut à peine emplir six ou sept baignoires. On boit les eaux de Bonnes, soit le matin à jeun, soit avant ou après le repas, et même en boisson ordinaire dans quelques circonstances : la dose est depuis trois verres jusqu'à quinze, et même plus, si l'on est bien disposé.

Bonnes est à 1 l. 1/4 d'Oloron, 1 l. S.-E. de Laruns, 10 l. S. de Pau, 215 l. S.-S.-E. de Paris.

EAUX-CHAUDES ou AIGUES-CAUDES. Village et établissement thermal du canton et à 1 l. de Laruns.

L'établissement thermal des Eaux-Chaudes est situé sur le Gave de Pau, dans la principale gorge de la vallée d'Ossau. Les montagnes qui forment l'entrée de cette gorge sont tellement rapprochées, que les eaux ont eu peine à s'ouvrir un passage, et les ont comme trouées, ce qui a fait nommer ce défilé *Hourat* en langage du pays. Il a fallu l'élargir aux dépens des rochers, qu'on a creusés en forme de galerie à jour pour en rendre le passage praticable; le chemin, taillé sur le flanc de la montagne, domine des précipices d'une profondeur effrayante : travail énorme et le plus remarquable en ce genre de toute la chaîne des Pyrénées. C'est sous l'administration de M. D'Étigny, intendant d'Auch et de Béarn, que ce passage fut agrandi et transformé en belle route, sur les plans de M. Daripe, directeur de la Monnaie de Pau, qui en dirigea les travaux. A l'issue du défilé, dans un petit oratoire consacré à la Vierge, se voient deux inscriptions gravées sur le marbre; elles consacrent le passage, en cet endroit, de Catherine, sœur de Henri IV, en 1591. M. Bordeu a donné la traduction suivante de ces deux inscriptions :

« Arrête-toi, passant : admire ce que tu
« ne vois pas et regarde des choses que tu
« dois admirer : nous ne sommes que des
« rochers, et cependant nous parlons; la
« nature nous a donné l'être, et la princesse
« Catherine nous a fait parler; nous l'avons
« vue lisant ce que tu lis; nous avons ouï ce
« qu'elle disait, nous l'avons soutenue. Ne
« sommes-nous pas heureux, passant, de
« l'avoir vue, quoique nous n'ayons pas
« d'yeux ? heureux toi-même de ne l'avoir
« pas vue ! Nous étions morts, et nous avons
« été animés; toi, voyageur, tu serais de-
« venu pierre. Les muses ont érigé ce monu-
« ment à Catherine, princesse des François-
« Navarrois, qui passait ici l'an 1591. »

« Dieu te garde, passant! ce que tu vois
« avait péri, mais la mort l'a fait renaître.

« Ne te plains pas de la vétusté qui a détruit
« le monument de la princesse Catherine,
« car l'injure du temps a été réparée, quand
« ce marbre a été rétabli par les soins de
« messire Jean de Gassion, conseiller d'é-
« tat, président au parlement de Navarre,
« et intendant général des domaines du Roi,
« de la justice, police et finances dans la
« Navarre, le Béarn, la Chalosse, le Bigorre
« et le Vic-bil, l'an 1646. »

Après le défilé de Hourat, qui a eu pour but de conduire aux Eaux-Chaudes, distantes d'une demi-lieue, on chemine à travers des masses de poudingues à fond granitique et à ciment calcaire, sur les flancs déchirés de montagnes d'un marbre gris, disposé par masses ou bancs diversement inclinés, dirigés et traversés de veines spathiques. Le Gave, moins resserré qu'auparavant, n'offre sur ses bords ni habitations, ni cultures; et la sévérité des lieux continue jusqu'à l'établissement des bains, où, malgré les difficultés du local, on a construit ou restauré quinze ou vingt maisons le long de la route d'Espagne; ce sont aujourd'hui des habitations propres et commodes.

Les Eaux-Chaudes, que fréquentent environ deux mille personnes chaque année, offrent diverses sources, qui sourdent en partie du granit, surmonté de bancs calcaires coquillers à peu près horizontaux. L'Esquirette fournit à sept baignoires en marbre; la Hou deu Rey ou La fontaine du Roi alimente également sept baignoires, et a une douche de quatre pieds d'élévation; ces deux sources sont dans un assez bel édifice en pierre, construit sous l'administration de M. La Chapelle, intendant d'Auch. La fontaine du Clot ou de l'Arresec n'a que deux baignoires; sa température est moins élevée que les précédentes, qui ont environ 29° de Réaumur; c'est celle dont on fait le plus d'usage en boissons. Au-dessus de cette source on a gravé l'inscription suivante:

A DAME CATHIN (Catherine)
DE FRANCE,
SŒUR DU ROI TRÈS-CHRÉTIEN,
HENRI IV,
EN JUIN 1591.

Outre ces sources il y en a une quatrième, qui est froide et porte le nom de Mainvielle.

Ces eaux étaient jadis très à la mode à la cour de Béarn; on les nommait communément Imprégnadères, les regardant comme douées d'une vertu particulière pour la génération; toutes les eaux minérales ont à cet égard leurs miracles assez naturels, mais sur lesquels s'est exercée la plaisanterie.

Ce lieu sévère, dont le paysage est aussi borné que peu varié, n'est entouré que d'arides rochers d'un marbre gris compacte, qui recouvre le granit primitif. Ces rochers semblent dérober le ciel à la vue des habitants, et il faut s'élever au-dessus d'eux, sur la trace des chèvres qui vont brouter l'herbe et les arbrisseaux des précipices, pour respirer avec quelque liberté.

En s'élevant vers les hauteurs qui dominent le vallon où se trouvent les eaux minérales, on trouve des aspects et des sites imposants, d'une beauté pittoresque. C'est ainsi qu'on peut aller par un sentier fort roide et impraticable à cheval, à l'ombre impénétrable des hêtres et des sapins, jusqu'au quartier appelé Abes, distant de trois heures de marche; c'est là que les bergers de la vallée d'Aston mènent paître leurs troupeaux, et que se présente la belle perspective des montagnes d'Abes et de Jave, dont la cime est couverte de neiges éternelles. En quittant les Eaux-Chaudes pour se diriger vers les gorges supérieures, on rencontre à un quart de lieue une fort jolie cascade. A une lieue plus loin on trouve l'hôpital de Gabas, station ordinaire des curieux; il est situé dans un vallon étroit et profond, exposé une grande partie de l'année aux froids, aux neiges, aux épais brouillards. Cet hospice fut anciennement construit pour servir d'asile aux voyageurs, ainsi que nous le verrons en parlant d'autres gorges des Pyrénées, à l'imitation des hospices de Saint-Bernard et du Mont-Cénis dans les Alpes. Les montagnes escarpées qui couronnent l'étroite enceinte de Gabas, sont la retraite habituelle des ours qui désolent ce canton.

SAISON DES EAUX. La saison des Eaux-Chaudes commence au mois de juin et se prolonge jusque vers le 15 septembre.

PROPRIÉTÉS PHYSIQUES ET CHIMIQUES. L'eau de toutes les sources est fade, nauséabonde, sent fortement le soufre, et répand une odeur d'œufs couvés.

L'analyse de 40 livres d'eau a produit:

	Gros.	Grains.
Muriate de magnésie	0	18
Muriate de soude	0	26
Sulfate de magnésie	1	4
Sulfate de chaux	1	51
Carbonate de chaux	0	40
Soufre	0	5 3/2
Silice	0	3 1/2

PROPRIÉTÉS MÉDICINALES. Ces eaux s'emploient avec succès dans les rhumatismes chroniques, les paralysies, les engorgements des viscères abdominaux, les dérangements de l'appareil digestif. Elles réussissent aussi dans les vertiges, les migraines, les coliques et les diarrhées chroniques.

MODE D'ADMINISTRATION. On administre ces eaux en bains, demi-bains et douches. En boisson, la dose est de cinq à six verres chaque matin.

Les Eaux-Chaudes sont à 10 l. de Pau et 215 de Paris.

ESCOT. Village situé dans la vallée d'Aspe, sur la rive droite du Gave de ce nom, à 4 l. d'Oloron. Pop. 800 hab. Près de ce village sont des eaux minérales fréquentées seulement par de pauvres gens de la vallée et des plaines voisines. L'eau est prise dans un bassin profond par une pompe, que fait aller la roue d'un moulin à eau mue par le Gave. Cette eau est tiède, et on est obligé de la faire chauffer dans des chaudières pour lui donner la température convenable. Bordeu assure que de son temps les eaux d'Escot étaient employées pour les poitrines délicates, les obstructions, les fièvres invétérées et les embarras qui en sont la suite.

GABAS. Hameau situé dans une vallée agreste, sur les premiers échelons du pic du midi de Pau ou d'Ossau, à 1 l. 1/2 de Laruns. C'est ordinairement de ce hameau que partent les voyageurs qui se proposent d'escalader le pic du midi d'Ossau.

L'ascension de ce pic est, durant une partie de son cours, fort pénible, car il faut s'aider des mains comme des pieds. On gravit sur le rocher nu; c'est la pente la plus roide et la plus longue des Pyrénées. Les spartilles ou souliers de cordes sont indispensables; mais à leur défaut des bas de laine peuvent les suppléer. On monte d'abord sur un rocher un peu incliné et large d'environ une toise qu'on trouve à droite au pied du pic; après avoir fait quelques pas, se présente, entre d'autres rochers, un passage un peu escarpé, mais où l'on gravit facilement, parce qu'il y a des fentes et des saillies, auxquelles il est aisé d'accrocher les mains et de placer les pieds. Cette première difficulté vaincue encourage, et bientôt l'aisance avec laquelle on franchit les autres passages fait qu'on est étonné de ne pas trouver de plus grands obstacles. Après avoir grimpé pendant près d'une heure et demie sur des quartiers de roches, tantôt à pic, tantôt faiblement inclinées, mais toujours avec une certaine facilité, quelquefois même en marchant sur un gazon formé d'une espèce de petits joncs, on parvient presque aux trois quarts du pic, qui prend alors la forme d'un toit écrasé, hérissé de débris de rochers faciles à escalader. Du côté de l'est, se présente un rocher isolé de médiocre étendue, qui a la forme d'un pain de sucre et plus d'élévation que le reste de la masse; c'est le seul endroit qui soit véritablement dangereux, parce qu'il est très-escarpé, et que l'immense précipice qui s'ouvre au-dessous est capable de causer de la frayeur; il faut, pour en atteindre la cime, descendre quelques pas, et puis gravir ce rocher. L'espace au sommet est si étroit, que, si la tête n'est point faite aux aspects des montagnes, la vue du précipice circulaire qui environne le voyageur est capable de donner des vertiges. Du côté de l'ouest, la montagne plonge perpendiculairement sur le vallon de Bious, et la surface est hérissée de mille pointes des bancs brisés du granit; c'est le plus effroyable précipice qui puisse frapper les yeux. Vers le sud-ouest est la seconde cime, qui se lie à la principale par un isthme inaccessible. Toutes deux sont vues de France, et donnent à la montagne cette apparence fourchue, qui la rendrait si reconnaissable, quand même sa hauteur ne l'isolerait pas de toutes celles de cette partie de la chaîne.

Le pic du midi d'Ossau s'élève au milieu d'une vaste enceinte de montagnes, qui offrent un vaste cirque de fronts chauves et tristes: les forêts de sapins ne montent qu'à moitié de sa hauteur; au-dessus sont des pâturages. Du sommet de ce pic, la vue se repose avec plaisir sur les riantes cultures des vallées d'Aspe et d'Ossau; elle s'étend jusqu'au pic du midi de Bigorre, si reconnaissable à sa forme de coupole; Vignemale apparaît avec son imposante et perpendiculaire masse; le Marboré et le Mont-Perdu se montrent avec les éternels glaciers qui les parent. Plus loin encore, à l'extrémité de l'horizon, on reconnaît la Maladetta. Au sud se dessine au loin le sol montueux de l'Espagne.

Il faut de quatre heures et demie à cinq heures pour gravir le pic du midi de Pau, que l'on peut descendre en moins d'une heure et demie.

IZESTE. Village situé à 5 l. 1/2 d'Oloron. Pop. 550 hab. C'est la patrie du célèbre médecin Théophile Bordeu, mort à Paris, pendant son sommeil, d'une apoplexie foudroyante, ce qui donna occasion de dire alors que la mort craignait si fort cet habile médecin, qu'elle l'avait surpris en dormant.

Au-dessus d'Izeste, on remarque des roches de marbre gris, au sein desquelles est creusée la profonde grotte d'Espalungue, dont l'entrée est en partie fermée par un mur. Cette grotte est une des plus grandes de celles qui existent dans toute la chaîne des Pyrénées ; elle est ornée de nombreuses stalactites, très-variées dans leurs formes et leurs accidents.

LARUNS. Bourg situé à 8 l. 1/4 d'Oloron, dans le fond d'une vallée assez large où débouchent les deux vallées étroites des Eaux-Bonnes et des Eaux-Chaudes. Ce bourg est sujet aux ravages de l'Arriousé, torrent qui descend impétueusement des montagnes boisées de l'ouest. C'est le premier dépôt des mâtures et autres bois de marine qui s'exploitent dans les montagnes au-dessus de Gabas. On y remarque de vastes hangars pour les mâts, et des forges où l'on répare les outils employés à l'exploitation.

LASSEUBE. Bourg situé sur la rive gauche de la Baise, à 3 l. 3/4 d'Oloron. Pop. 2,700 hab.

LESCUN. Village situé au pied du pic d'Anie, sur la rive gauche du Gave d'Aspe. Pop. 1,000 hab. — Carrières de marbre.

LOUBIE. Village situé à 5 l. 1/2 d'Oloron. Pop. 1,500 h. Il est sur la rive droite du Gave d'Ossau, que l'on passe sur un pont d'où l'on jouit d'une vue ravissante. Aux environs, dans les montagnes de Loubie-Dessus, il existe de belles carrières de marbre blanc statuaire. — Forges.

LUC. Bourg situé à 3 l. d'Oloron. Pop. 900 hab.

MARIE (SAINTE-). Jolie petite ville, située vis-à-vis d'Oloron, dont elle n'est séparée que par le Gave d'Aspe. Pop. 3,371 h.

Cette ville, autrefois le siège de l'ancien évêché d'Oloron, possédait un collège, un séminaire et une maison de charité ; ce dernier établissement s'est seul maintenu, malgré la diminution considérable de ses revenus. Elle est bien bâtie, bien percée, et fait pour ainsi dire partie d'Oloron, auquel elle est réunie par un pont très-élevé, sous lequel on voit plusieurs moulins dont le fougueux Gave d'Aspe menace l'existence dans toutes ses crues.

MONEIN. Jolie petite ville, située dans une contrée fertile en excellents vins, à 3 l. d'Oloron. ✉ Pop. 5,028 hab. Elle est bien bâtie, bien percée, et possède une jolie place publique, où aboutissent les principales rues. On trouve aux environs une source d'eau salée, et des mines de cuivre, de fer et de plomb. — Commerce de vins.

OGEN. Village situé à 2 l. 1/4 d'Oloron. Pop. 1,700 hab. On y trouve une source d'eau minérale tiède.

OLORON. Ville ancienne, chef-lieu de sous-préfecture. Tribunal de première instance. ✉ Pop. 6,458 hab.

Oloron était une ancienne ville de la Novempopulanie, connue sous le nom d'*Iluro* ou *Elorensium civitas*; elle existait au temps d'Honorius, et sa place est marquée dans la notice de l'empire et dans l'itinéraire d'Antonin. Les Normands la détruisirent de fond en comble, vers le VIIIe siècle, et elle resta ensevelie sous ses ruines jusqu'à l'époque où Centulle II, vicomte de Béarn, releva les murs de l'ancienne ville, y fit jeter un pont, et bâtit l'église de Sainte-Croix (vers 1080). Centulle y attira des habitants en leur promettant des privilèges ; sept hommes de Campfranc (Espagne) furent les premiers qui l'habitèrent ; il en vint aussi de plusieurs autres parties de l'Aragon : les nuances de cette origine subsistent encore et sont entretenues à cause du voisinage de l'Espagne, par les mœurs, les alliances, les relations des habitants. Une charte, concédée par Centulle, déclara exempts de cens, de lods de ventes, de tout impôt et de péage dans la seigneurie de Béarn, tous les individus résidant à Oloron. Cette charte est écrite en béarnais ; ce qui est d'autant plus digne de remarque, qu'à cette époque les souverains de l'Europe n'osaient encore employer dans les actes publics la langue de leur pays. En voici les principaux articles : « Si quelque habitant veut vendre « ses terres ou sa maison à quelqu'un de la « cité, il le pourra librement, sans le con-« sentement tant des seigneurs particuliers « que du seigneur majeur ; et, s'il veut chan-« ger de seigneurie, le vicomte sera tenu « de le faire conduire sain et sauf hors des « limites de la seigneurie. Si un homme, de « quelque lieu qu'il soit, vient s'établir dans « la ville, et y réside pendant un an et un « jour, le vicomte le défendra contre tout « seigneur qui voudrait le réclamer. Aucun « des habitants ne sera tenu de suivre le « seigneur majeur à l'armée ou à la che-« vauchée, hors le cas d'invasion.... Si le « vicomte veut faire arrêter un habitant « accusé d'un délit, si quelque habitant le « cautionne, l'accusé sera libre. La peine « de l'adultère sera, pour les deux coupa-« bles, de courir nus dans les rues de la « ville. Le voleur manifeste sera livré au « seigneur. Si un voisin est tué par un voi-« sin, le meurtrier paiera soixante-six sols

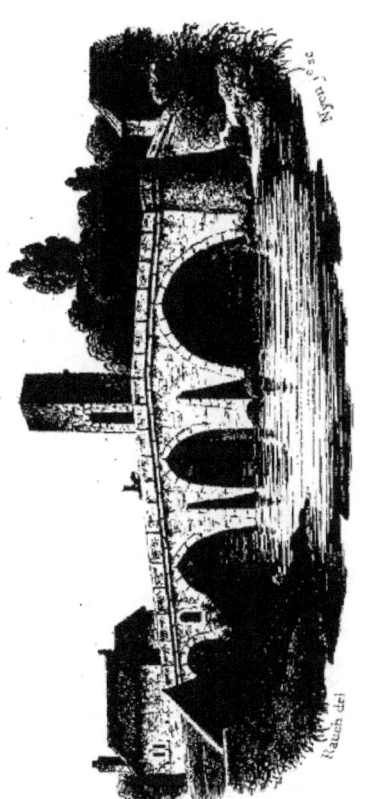
PONT D'ORTHEZ.

« d'amende, et fera droit au plaignant entre
« les mains du vicomte. Nul étranger n'at-
« taquera à force ouverte un habitant de
« l'enceinte de la ville ; et si quelqu'un ose
« violer cette défense, il paiera au seigneur
« neuf cents sols et une médaille d'or.... Le
« vicomte se réserve le droit de vendre les
« vins et cidre de son crû pendant le mois
« de mai au plus haut prix courant. Le
« vicomte s'engage à ne jamais mener à sa
« suite, dans la ville, le débiteur d'un habi-
« tant, ou tout autre qui pourrait avoir
« offensé quelqu'un des citoyens, » etc., etc.

Cette ville est située au sommet et sur le penchant d'une colline, au confluent des Gaves d'Ossau et d'Aspe, qui s'y réunissent et forment le Gave d'Oloron, que l'on passe sur un pont très-élevé, avec lequel on communique à la petite ville de Sainte-Marie. On trouve sur son territoire deux sources d'eau minérale : l'une porte le nom de Féas, l'autre celui d'Armendiou.

Fabriques de draps, cordeillats, bas et bonnets de laine, peignes de corne et de buis. Filatures de laine. Tanneries. Nombreuses papeteries.

Commerce considérable de laine du pays, de laines de la Navarre et de l'Aragon, entrefines, agnelins pour la chapellerie, peaux de moutons à longue soie, jambons dits de Bayonne, salaisons, bestiaux, chevaux navarreins, etc. — Dépôt général de bois de mâture pour la marine, exploités dans les Pyrénées.

A 8 l. de Pau, 205 l. de Paris. — *Hôtels* de France, des Voyageurs, de la Providence.

REBENAC. Village fort agréablement situé, dans une contrée couverte de bois et bien arrosée, au pied du pic de Rebenac, dont les flancs renferment la belle source du Nées, qui peut être comparée à celle de Vaucluse. A 5 l. d'Oloron. Pop. 1,000 hab.

SARRANCE. Bourg situé sur la rive gauche du Gave d'Aspe, à 4 l. 3/4 d'Oloron. Pop. 1,250 hab. Le 15 août et le 8 septembre de chaque année, l'église de ce bourg est l'objet d'un pélerinage aussi fréquenté que les célèbres chapelles de Heas et de Bétharram. — Source d'eau minérale. — Papeterie.

URDOS. Village situé à 10 l. 3/4 d'Oloron, sur la rive droite du Gave d'Aspe et près des frontières d'Espagne. — Forges.

ARRONDISSEMENT D'ORTHEZ.

ABIDOS. Village situé à 4 l. d'Orthez. Pop. 250 hab. — Scieries hydrauliques et moulins à farine.

ARTHEZ. Bourg situé à 3 l. 3/4 d'Orthez. Pop. 1,350 hab.

ARTIX. Village situé au milieu d'une vaste plaine, à 5 l. d'Orthez. Pop. 700 h.

BASTIDE-DE-BÉARN (la). Petite ville, située à 4 l. 1/2 d'Orthez. Pop. 900 hab.

LAAS. Village situé à 3 l. 3/4 d'Orthez. Pop. 550 hab. — *Manufacture* de faïence et de poterie de terre vernie. Tuileries.

LAGOR. Bourg situé sur le Gave de Lozoe, à 3 l. 1/4 d'Orthez. Pop. 1,700 hab.

MASLACQ. Village situé près de la rive gauche du Geu, à 2 l. d'Orthez. — Papeterie.

MORLANNE. Bourg situé à 6 l. d'Orthez. Pop. 900 hab.

NAVARREINS. Jolie et forte ville, place de guerre de 4e classe. Pop. 1,550 hab. Cette ville est dans une riante situation, au milieu d'une plaine agréable et fertile, sur la rive droite du Gave d'Oloron, à 5 l. d'Orthez. Elle est percée de rues larges, droites, et défendue par quatre bastions. — *Fabriques* de capes et de cordeillats. — *Commerce* de chevaux estimés pour la cavalerie légère.

ORTHEZ. Ancienne et jolie ville, chef-lieu de sous-préfecture. Tribunal de première instance. Collège communal. Pop. 7,121 hab.

Orthez était connu dès le IXe siècle sous le nom d'Orthésium. Vers l'an 1104, Gaston IV, vicomte de Béarn, l'enleva à Navarus, vicomte d'Acqs. Gaston VII y fit bâtir, sur le plan et sous le nom de château de Moncade en Espagne, un château fort dont la magnificence fut long-temps un objet d'admiration ; c'est dans ce château que fut enfermée par Gaston IV, comte de Foix, la princesse Blanche, fille et héritière des états de Jean, roi de Navarre et d'Aragon ; elle y mourut empoisonnée par sa sœur cadette, après deux ans de captivité. Il ne reste plus aujourd'hui que des ruines du château de Moncade, mais ces ruines sont imposantes et l'on y jouit d'un horizon très-étendu : le peuple le nomme le château de la reine Jeanne, mère de Henri IV, qui y fit long-temps son séjour. Cette princesse établit à Orthez la religion réformée, qu'elle rendit dominante, y fonda une université pour cette secte, et appliqua à son entretien les biens du clergé catholique.

Le territoire, ou plutôt la ville d'Orthez, a été, en 1814, le théâtre d'une bataille sanglante, où 20,000 Français, commandés par le maréchal Soult, soutinrent le choc de 70,000 Anglais, Espagnols et Portugais, commandés par le général Wellington, qui n'acheta la victoire qu'en laissant 12,000 morts sur le champ de bataille.

Cette ville est fort agréablement située, sur le penchant d'une colline dont le pied est baigné par le Gave de Pau, qui coule en cet endroit dans un lit très-escarpé et sur lequel est jeté un pont gothique très-étroit et d'un aspect pittoresque (*Voy. la grav.*). Elle est bien bâtie, bien percée, mais elle manque de fontaines publiques, et les habitants sont obligés de payer cinq ou six sous la voie d'eau aux porteurs qui vont la chercher aux environs.

Fabriques d'étoffes de laine. Tanneries renommées. Teintureries. Martinets à cuivre. — Aux environs, exploitation des carrières d'ardoises.

Commerce considérable de cuirs, jambons dits de Bayonne, plumes d'oies, laines, mégisseries, lin, bois de construction, pierres, marbres, chevaux, bestiaux, etc., etc.

A 10 l. de Pau, 15 l. de Bayonne, 204 l. de Paris. — *Hôtels* Bergerot, Séné.

PUYOO. Village remarquable par la blancheur et par la propreté de ses maisons, situé dans un fertile territoire, à 3 l. d'Orthez. Pop. 600 hab.

SALLIES. Petite ville, située à 4 l. d'Orthez. Pop. 8,420 hab.

Cette ville tire son nom d'une source salée très-abondante, qui fournit une quantité considérable de sel aussi remarquable par son extrême blancheur que recherché pour sa qualité, à laquelle est due la réputation des salaisons renommées du département des Basses-Pyrénées, et surtout celle des fameux jambons connus sous le nom de jambons de Bayonne. — *Commerce* de sel, salaisons, chevaux et bestiaux.

SAULT. Bourg situé à 3 l. 1/2 d'Orthez. Pop. 1,520 hab.

SAUVETERRE. Petite ville, agréablement située sur une hauteur au pied de laquelle coule le Gave d'Oloron, à 5 l. 1/2 d'Orthez. Pop. 1,400 hab.

FIN DU DÉPARTEMENT DES BASSES-PYRÉNÉES.

IMPRIMERIE DE FIRMIN DIDOT FRÈRES,
RUE JACOB, N° 24.

www.ingramcontent.com/pod-product-compliance
Lightning Source LLC
Chambersburg PA
CBHW071701300426
44115CB00010B/1278